JN115910

徳之島町史　通史編Ⅰ

先史・古代・中世・近世

徳之島町

刊行のことば

平成三十（二〇一八）年の町制施行六十周年を経て、奄美群島の日本復帰七十周年を迎えるこの記念すべき年に、町誌編さん事業の集大成である『徳之島町史 通史編』全二巻を刊行する運びとなりました。

本町では約五十年ぶりとなる町誌編さん事業が平成三十年度から本格的に始動し、これまでに三冊の資料集（『叢書』）と古文書翻刻集をまとめました。そして、令和三年度に『徳之島町史 自然編 恵みの島』、『徳之島町史 民俗編 シマの記憶』を刊行しております。

さて、本町では町政の羅針盤である第六次総合計画（令和四年策定）において、「『人・自然・みらい輝く』新たな時代へのまちづくり！」を基本理念に掲げ、基本目標の一つに「歴史・文化の継承」を位置づけました。その実現には、『徳之島町史』の成果を十分に活用していくことが不可欠です。『徳之島町史 通史編』全二巻が多くの町民のみなさまや郷土出身のみなさまに親しまれ、また、新たな探究の扉を開き、わきゃ島・シマをあらためて見つめなおす一助となれば幸いです。

最後になりましたが、町史の刊行にあたり御尽力いただいた編纂審議会委員・編集委員・各部会委員の先生方をはじめ、調査や資料提供等に御協力をいただいた町民のみなさまや関係各位に対し深く感謝申し上げます。

令和五年十一月吉日

徳之島町長　髙岡秀規

刊行にあたって

昭和四十五（一九七〇）年三月に『徳之島町誌』（以下『町誌』）が刊行され、町内外の方々や研究者の方々に活用されてきました。しかし、半世紀以上に時が経過し、その間には奄美諸島における考古学・文献史学などの貴重な発見が数多くありました。その一方で、消滅、または形骸化した伝統文化もあります。時の移ろいとともに、古き良き伝承文化は忘却のかなたに押しやられようとする昨今です。

このような現状を鑑みて、徳之島町では先の『町誌』刊行以後の新たな研究成果をふまえ、かつ島の様々なできごとが風化しないよう記録して未来への道しるべとすべく、『徳之島町史』と名称も装いも改めて刊行することとなりました。

『町誌』においては、概観、歴史、政治、経済、文化、民俗等を一書にまとめておりましたが、『徳之島町史』は自然編、民俗編、通史編、さらにこれらのエッセンスを凝縮させ、島のわれんきゃ（子どもたち）にも気軽に読んでいただける簡易版（副読本）をそれぞれ刊行するのが特徴となっています。

今回、『徳之島町史 通史編』全二巻がより幅広く、より深みをもって刊行されましたことに、御尽力くださった各委員のみなさまへ審議会委員一同、心から感謝申し上げます。

このたびの町誌編さん事業は、町民、郷土出身者、シマ（集落）、町にとりまして極めて価値あるものです。郷土につながるすべての方々と世代を越えて共有することのできる『徳之島町史』を、ぜひお読みいただきたいと願っております。

令和五年十一月吉日

徳之島町誌編纂審議会委員長

町田　進

まぶーる君

平成 29（2017）年 3 月 7 日の奄美群島国立公園登録の日に誕生したマスコットキャラクター。その名前は徳之島の言葉で「守られる・恵まれる」を意味する「まぶられる」、英語で牡牛を意味する「Bull」に由来する。

町　章

昭和 39（1964）年制定。“とくのしま”の「と」の字を図案化したもので、一本の軸を中心に描かれた円は、町民の“和”を表している。

◆徳之島町のあゆみ

徳之島は『続日本記』文武三（六九九）年七月十九日条において、「度感島」として初めて記録にあらわれる。そして徳之島町域の集落名の初見記事は、時をくだって万暦二十八（一六〇〇）年に首里王府が発給したノロ辞令書の「とくのにしめまぎりのてでのろは」である。

近世の徳之島は三つの間切とそれぞれ二つの噯という行政区画から構成されており、徳之島町域に該当するのは東間切亀津噯・井之川噯、西目間切岡前噯の一部であった。

近代に入ると、明治二十（一八八七）年の行政区画の変更を経て、明治四十一（一九〇八）年の島嶼町村制施行により徳之島は三か村（亀津・天城・島尻（のち伊仙））となった。大正五（一九一六）年には天城村から分離して東天城村が誕生し、昭和十七（一九四二）年一月には亀津村が亀津町となった。

その後、アジア・太平洋戦争敗戦後のアメリカ軍政下を経て、昭和二十八年十二月二十五日に日本へ返還された。そして同三十三年四月一日、亀津町と東天城村が合併して徳之島町が発足、現在に至っている。

平成三十（二〇一八）年には徳之島町制施行六十周年を迎え、本書を刊行する令和五（二〇二三）年は奄美群島の日本復帰七十周年という節目となる。

町　木　アダン

1 年を通して大きな実をつけ、「南国」徳之島町をイメージさせるアダンは、海岸に群生し防砂林の役割ももっている。暑い日差しのもと、木陰で涼をとるなど、島になくてはならない木である。平成 22 年 3 月制定。

町　花　ユウナ（オオハマボウ）

徳之島の子守唄にも登場するユウナの花は、海岸に群生し防砂林の役割をもつなど、古くから徳之島の人びとの生活に根づいている。小さく丸い黄色の花が見る人の心を和ませる。平成 22 年 3 月制定。

徳之島町町歌

上田武義　作詞
徳山博良　作曲

一、
のぼる朝日はうららかに
望む海原ようようと
青空高くあざやかな
つゞく高ねにまもられて
ずい気みなぎるわが町の
その名もゆかし徳之島町

二、
なぎさは長く砂白く
大島小島ほの見えて
におう浜風さわやかに
みのり豊かな理想郷
つらなる町はいやさかえ
とわに伸びゆく徳之島町

三、
あゝうるわしき白百合の
ゆかしくひらくわが里の
その名のかおる人々の
かがやくほまれたゝえつつ
力合わせてはつらつと
い[illegible]おこさん徳之島町

真提供：中村正弘

健康のまち宣言

昭和 60 年 11 月 23 日

わたしたちは、恵まれた自然と人情豊かな環境のもとで、健康をたかめ、産業をおこし、活力にみちた地域づくりにつとめ、健康と長寿のまちづくりをめざして、「健康のまち」を宣言する。

写真提供：寳田健二

❖ 徳之島町のいにしえを語る遺産 ❖

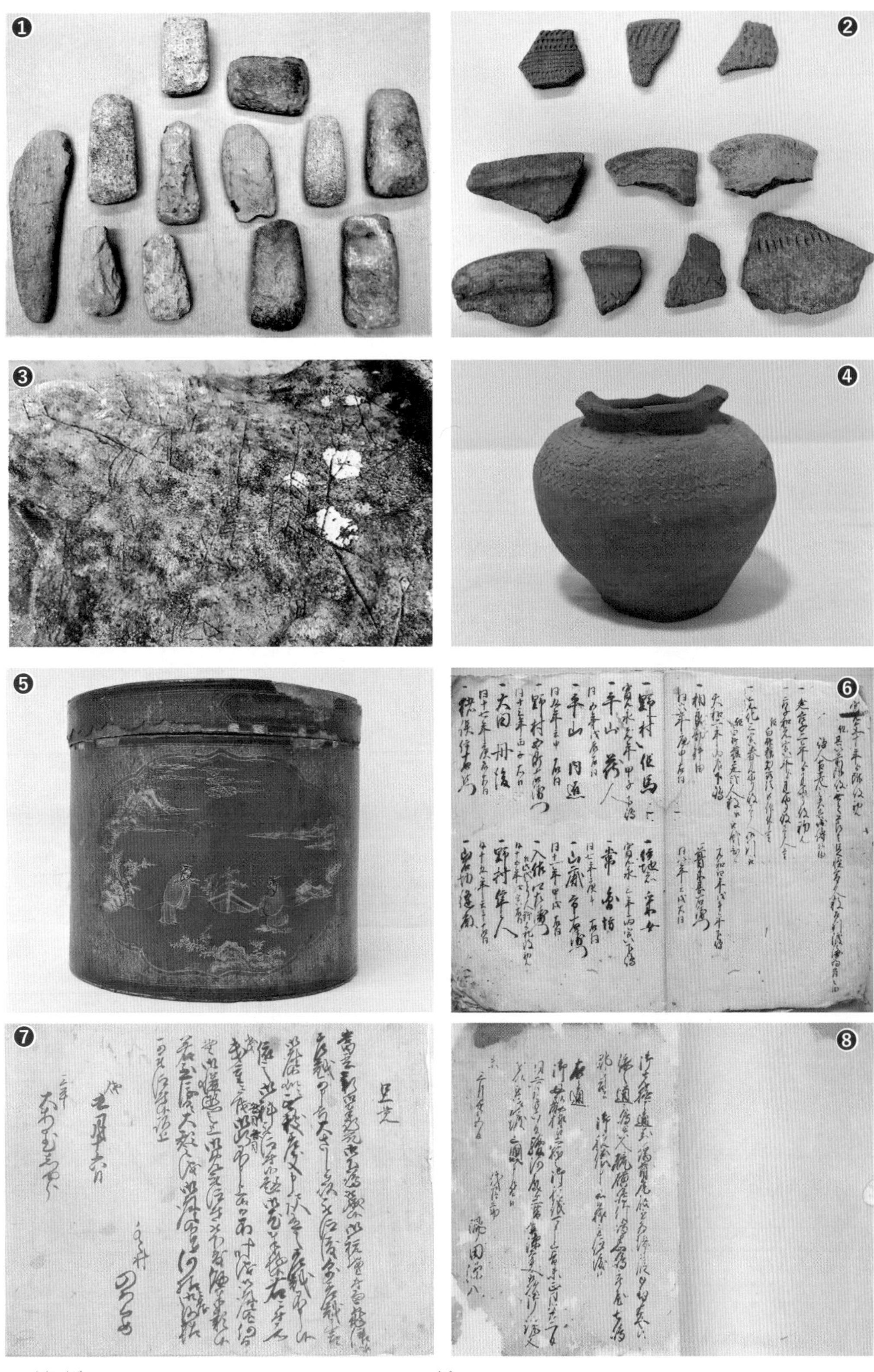

❶城畠(ぐすぃくばて)遺跡（花徳）出土の石斧　❷ナーデン当(とう)遺跡（諸田）から表採された土器片

❸母間の線刻画　❹徳之島町域で発見されたカムィヤキ（個人蔵）　❺朱漆山水人物箔絵丸櫃(しゅうるしさんすいじんぶつはくえまるびつ)

❻『前録帳』（福田家本）　❼『深見家文書』　❽『佐和統上国日記』

凡例

① 本書は、『徳之島町史』通史編全二巻のうち第一巻で、旧石器時代（約三万年前）から明治十二（一八七九）年頃までを対象とし、十五世紀～十六世紀を境として「先史・古代・中世」と「近世」に分けた。

② 本文は、原則として常用漢字および現代かなづかいを用いたが、固有名詞・史料の引用等において常用漢字以外の漢字を用いた場合や、難読・誤読のおそれがある漢字などについては適宜ふりがなを付した。

③ 鹿児島県内の遺跡名のよみがなについては、鹿児島県立埋蔵文化財センター「埋蔵文化財情報データベース」（https://www2.jomon-no-mori.jp/kmai_public/）によった。

④ 史料の引用にあたってはなるべく現代語訳または読み下し文にし、下段の脚注欄に原文などを記した。

⑤ 本文中の年代表記は、「先史・古代・中世」においては第五章を除き西暦を用い、和暦を（　）内に補った。「先史・古代・中世」第五章および「近世」においては和暦を用い、西暦を（　）内に補い、場合によっては中国暦も記した。

⑥ 図版については、章ごとに通し番号を付し、所蔵機関・画像提供者などの出所については巻末「図版一覧」に記した。

⑦ 本文の叙述にあたって参照・引用したこれまでの研究成果や史資料の出典については、下段に注記している。

⑧ 引用した史料にこんにちでは不適切な言葉や表現が使われているものがあるが、同時代史料に基づいた叙述を行う立場から削除等はしていない。なお、差別やこれを助長することは一切認めないというのが基本姿勢である。

⑨ 本文中の研究者・公人の氏名については敬称を省略したが、謝辞等に記された人名についてはその限りではない。

⑩ 本文の執筆分担は、巻末に一覧を掲載した。

徳之島町史　通史編I　目次

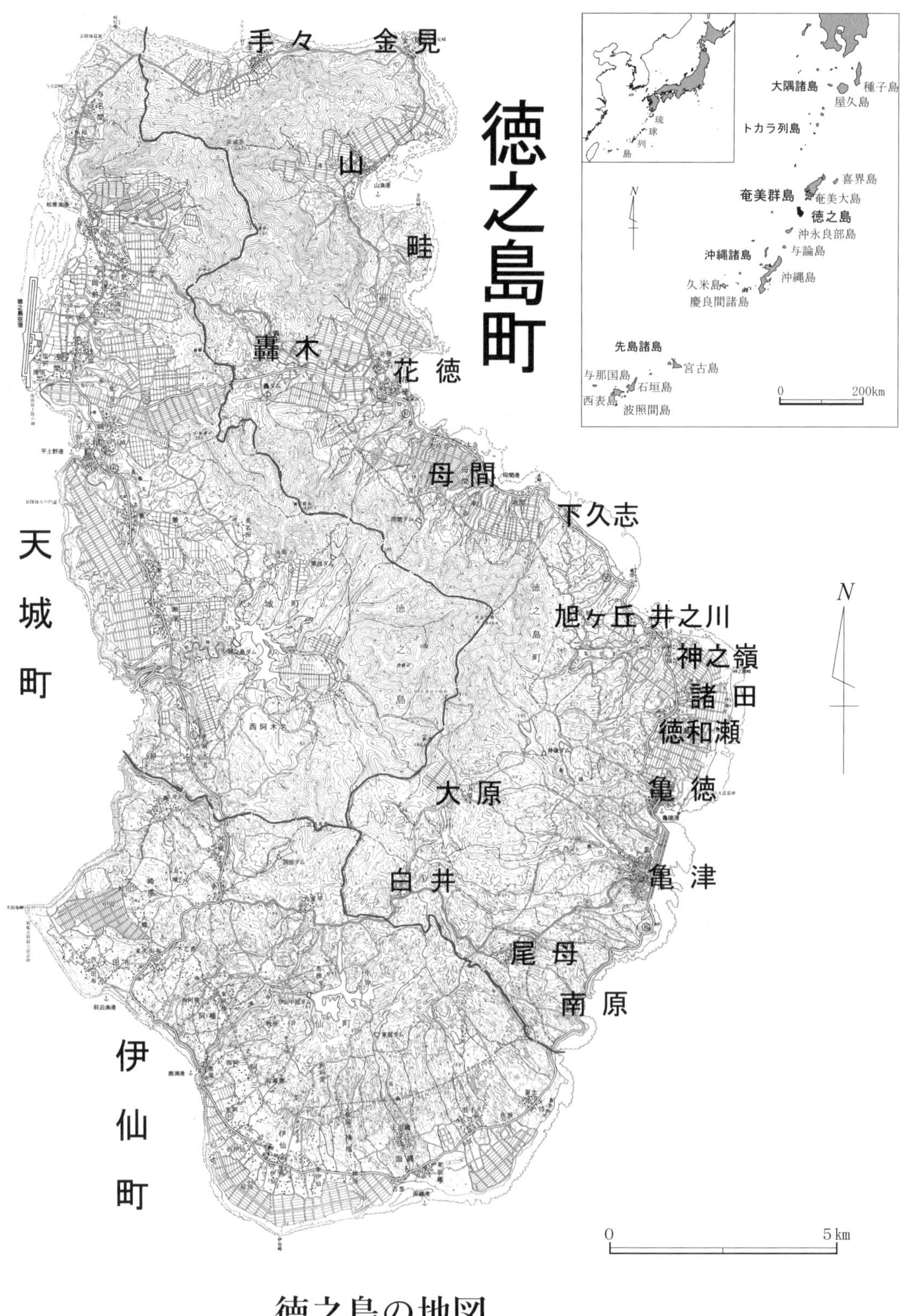

徳之島の地図

『徳之島の水中・沿岸遺跡分布調査報告書』
（徳之島三町教育委員会、2021 年）掲載の図 3 を加工

I

先史・古代・中世

約三万年前〜十六世紀頃までを中心に

第一章　徳之島の先史・原史時代と本編の構成

上：ナーデン当遺跡（徳之島町諸田）出土の石器
下：ナーデン当遺跡で表採された土器片

第一節　先史・原史時代とは

私たちの祖先はいつ頃から徳之島に住み始めたのだろう。

この素朴な疑問に対しての最新の考古学の成果によるとこの島にヒト[*1]が足を踏み入れたのは約二万五千年前から約三万年前らしい。本編では、このヒトが徳之島にその姿を現してから、おおよそ十六世紀までの期間を対象とする。実に徳之島の九八パーセント以上の歴史をカバーするのである。ここで厳密に定義をすると、歴史時代とは文字を使用し始めてからの時代のことを言い、それ以前の人間集団は存在していたが文字のない時代を先史時代という。さらに、文字は有していないが、第三者によって記録の残る時代を原史時代という。本編では、先史時代および原史時代を主な対象とする。[*2]文字のない時代あるいはほとんど文字記録の残っていない時代であるから、先史・原史時代を理解するためには考古学および関連分野によるアプローチが必須となる。これらの分野の調査成果およびデータの蓄積により、先史時代は約三万年前から約一万年前の旧石器時代、約一万年前から約千年前までの貝塚時代、原史時代は一般的にグスク時代（十一世紀後半から十六世紀）としている（表1）。

簡単に説明すると、旧石器時代とは土器の出現以前で主に石器（打製石器）を利用していた時代である。氷河時代とも言われ、本土では約三万五千年以前にヒトが出現したと考察されているが、彼らは主に徒歩で本土に到達している。一方ほぼ同時期に奄美諸島にも旧石器時代の遺跡が知られている。本土への拡散が徒歩であったのに対して、奄美諸島やその南の沖縄諸島（および先島諸島）へは、舟で渡っている。この地域の旧石器時代人の逞しさが想像できる事実である。貝塚時代とは徳之島を含む奄美・沖縄諸島で土器が登場した時代である。貝塚時代（文化）とは、主に沖縄諸島の先史時代呼称として用いられてきた。現在、文化内容の吟味から、最大領域としてトカラ列島から沖縄諸島におよぶ文化名称として、長期間にわたって、外洋に面したサンゴ礁域内を主な食用貝類・魚類の採集空間とし、また、多様な貝製品を製作・使用する文化、と定義づけられる。[*3]この時代の遺跡からは貝類や魚骨が

＊1 第四章第一節で述べるように、生物学的に人を研究対象とする際、カタカナで「ヒト」とする。

＊2 本編は『先史・古代・中世』と題しているが、後述するように、この地域の考古学では「旧石器時代」「貝塚時代」「グスク時代」を時代名称として利用することが一般的であり、本編では「古代」の代わりに「貝塚時代後期」、「中世」の代わりに「グスク時代」あるいは「原史時代」を使用することもある。

＊3 黒住耐二「琉球先史時代人とサンゴ礁資源：貝類を中心に」高宮広土・伊藤慎二（編）『先史・原史時代の琉球列島：ヒトと景観』（六一書房、二〇一一年）、八七－一〇七頁。

多量に出土することから海洋資源の重要さがしばしば指摘されているが、貝塚時代の人々は森林資源も大いに活用した。「貝塚時代」が時代用語とされた歴史およびその研究史は古く、戦前にさかのぼる。[*4] この時代は大きく、貝塚時代前期と後期に区分され、さらに前者は五期、後者は二期に細分される。そして貝塚時代の後に続く「グスク時代」とは、琉球列島各地に多くの「城」[*5]が築かれた時代を指す。これは考古学の分野から名付けられた時代名称で、今日では、日本史年表上の平安時代後期から戦国時代（十一世紀中頃〜十六世紀）に対比されている。[*6] 数多くの城（ぐすく）が築城されたのに加えて、この時代には農耕がはじまり、階層社会が進化し、日本本土に加えて中国などとの長距離交易をおこなった時代である。

表 1-1　奄美・沖縄諸島の編年

^{14}C年代(年前〜)	奄美・沖縄諸島	本 土 (北海道を除く)
32000〜10000年前	旧石器時代	旧石器時代 縄文時代草創期
14000〜7000年前？	（土器文化の始まり？）	縄文時代早期
7000年前	貝塚時代前１期	
6000年前	貝塚時代前２期	縄文時代前期
5000年前	貝塚時代前３期	縄文時代中期
4500年前	貝塚時代前４期	縄文時代後期
3300年前	貝塚時代前５期	縄文時代晩期
2800年前	貝塚時代後１期	弥生・古墳時代
1500年前	貝塚時代後２期	飛鳥・平安時代
1000〜500年前	グスク時代	鎌倉・室町時代

＊本土編年とのおおよその比較であり、南島中部圏の時代区分とは必ずしも一致しない。
＊^{14}C 年代はおおよその年代を示している。
＊編年の詳細については表 2-3「琉球列島土器様式の比較」を参照。

＊4 TOKUNAGA, Shigeyasu. 1936. Bone Artifacts Used by Ancient Man in the Riukiu Islands. Proceedings of the Imperial Academy. Vol.XII-10 pp. 352-354.

＊5 奄美・沖縄の方言で「城」を「グスク」という。

＊6 沖縄考古学会（編）『南島考古入門―掘り出された沖縄の歴史・文化』（ボーダーインク、二〇一八年）。

第二節　本編の構成とポイント

奄美・沖縄諸島にはこのような時代があったのであるが、それぞれの時代に人々はどのように島で暮らし、どのような文化を築いてきたのであろうか。このような問いに答えるために、本編は以下の六つの章から構成されている。「第一章　徳之島の先史・原史時代と本編の構成」、「第二章　先史・原史時代を解明する三つのアプローチ」、「第三章　遺跡からみた先史・原史時代の徳之島町」、「第四章　遺跡からみた徳之島のヒトと文化」、「第五章　文献から見た徳之島」および「第六章　まとめと展望―ヒトと環境―」である。

第一章は本編の大まかな内容を紹介する章である。第二章はバックグラウンド的な情報を提供する章である。ここではまず、旧石器時代と貝塚時代について解説する。徳之島やその北に位置する奄美大島および南にある沖縄諸島からは旧石器時代の遺跡が報告されているが、その特徴について述べる。つづく貝塚時代はサンゴ礁域の資源や森林の資源を糧にして生計を立てた時代である。この時代になり、土器を作り、定住生活がはじまり、また貝を利用した日本本土との長距離交易が行われた。貝塚時代は以前推察されていたより、とても躍動的な時代であったことが判明しつつあり、そのような情報を提供する。その後、グスク時代を考察する。グスク時代は貝塚時代に後続する時代であるが、この時代への移り変わりは緩やかに貝塚時代からグスク時代へと移行したのではなく、文化の大激変をともなってグスク時代（文化）は始まった。グスク時代とはどのような時代・文化であったのであろう。グスクとは一体何なのであろう。

上記のような背景的情報を提供したのち、第三章では「遺跡からみた先史・原史時代の徳之島町」について概説する。この章をお読みになって以下の二点にお気づきになるだろう。まず、第一点として、徳之島町における考古学的な研究の歴史が古いことである。第二点は、第一点にもかかわらず、考古学的データ（遺跡の発掘件数）が多くはないことである。第二点目の要因は、徳之島町のデータを中心に本編を構成することを非常に難しくしている。そのため、本編では、将来発掘調査が行われたらおそらく徳之島町においても同様な傾向が期待できるであろうとして、第四章以降は隣の伊仙町や天城町および奄美諸島の他の島々や沖縄諸島のデータを援用して先史・原史をみていくことにした。

第四章では、先史・原史時代の徳之島で暮らしていた人々と彼らの文化について紹介する。この章はまず二節に大別され、第一節ではどのような容姿をした人々が旧石器時代からグスク時代まで暮らしていたのかを考古学的資料のみならず関連した分野のデータをもとに検討する。第二節はこれらの人々が展開した文化に焦点を当て、彼らの暮らし方、暮らすために製作した道具（石器・土器・骨器・貝器など）、暮らすために食した動物食や植物食、家族で暮らしていたであろう住居の構造、そして亡くなった方のあの世への送り方について述べる。

第四章までは、考古学や関連分野の情報をもとに先史・古代・中世をみてきたが、第五章では文献資料をもとに徳之島・奄美諸島の七世紀から琉球王国成立初期の期間を考察する。徳之島に関する文献資料は七世紀末と十四世紀のはじめのころの記載しか確認できないが、奄美諸島あるいは南島というくくりでは、この期間を考察できる資料がある程度残っており、考古学やその関連分野ではみてとれない史実が報告されている。また、同様に文献史学からは古代の境界についての興味深い情報も提供されている。第四章までの考古学的データに加え、第五章の文献史学の情報によりダイナミックな奄美諸島が復元され、その復元を通して徳之島町の先史時代から原史時代が想像できるであろう。第六章は本編のまとめと展望の締めくくりの章である。

本編では、これらの章でカバーできなかったテーマあるいは各章をよりやさしく理解できるようになるためのテーマをコラムとして提供している。そのため、コラムから読み始めることも一手かもしれない。本編を通して読者の方々が徳之島町および奄美諸島の先史・原史時代により魅力を感じていただければ執筆者一同幸いである。

（高宮広土）

コラム 1

文字のない時代を読み解くアプローチ

文字のない時代の人々の歴史や文化はどのようにして理解することができるのであろう。この問いに対して、多くの読者の方々は「考古学的アプローチ」とお答えになるであろう。実際、考古学的な発掘調査により出土した遺物や遺構などがなければ、過去を知ることができない。しかし、文字のない時代を理解するためには、いろいろな分野からの情報が必要となる。まず、お目当ての遺物や遺構を発掘調査により遺跡から検出することに成功したとしよう。すぐに頭に浮かぶ疑問が「これは古いの？」という疑問であろう。この疑問に対する理論は地質学の「地層累重（ちそうるいじゅう）の法則」（図1）から提供された。つまり、地層が確認されると、「上の層は新しく、下の層は古い」という法則である。この法則をもとにたとえば、遺跡から出土した土器の新旧関係がわかる。

本編で度々登場する南島爪形文（つめがたもん）土器は、最近までは最も古い層から知られており、南島爪形文土器の下の層からの土器は未発見であり、「最古」と認識されていた。しかし、下原（したばる）洞穴遺跡では、南島爪形文土器の下方から波状条線文（はじょうじょうせんもん）土器が出土し、さらに下の層では細隆線文（さいりゅうせんもん）土器が検出され、

図 1-1　「地層累重」の例（徳之島町手々の火山灰層）

南島爪形文土器より古い時期に土器をともなった文化が存在した可能性が提示されている。このようなAはBより古い・新しいという時代の読み方を専門用語で「相対年代」という。相対年代に対して「絶対年代」という専門用語もある。絶対年代とは遺物や遺構などが「今から何年前?」という質問に答えるものである。この方法は物理学などの理化学的なアプローチである。たとえば、考古学で最も利用される炭素14年代測定法は、コラム3でも説明されているように、物理学的な原理を元にしている。二〇二二年、沖縄科学技術大学院大学のスパンテ・ペーボがネアンデルタール人のゲノム研究等でノーベル生理学・医学賞（もう一つの過去を知る分野）を受賞したが、この年代測定法を開発したウィラード・リビー（シカゴ大学）は、この功績により、一九六〇年にノーベル化学賞を受賞している。

「どちらが新しい?古い?あるいは『何年前』」がわかると、つぎはどのような疑問が浮かぶだろうか。土器や石器をながめているとこの土器のもととなった粘土は地元のものなのか、石器の石材は他所から来たものか、という疑問も浮かぶかもしれない。ベテランの考古学者はその経験からこれらの質問に答えることができるかもしれない。しかし、より具体的に理解するためにやはり理化学的な分析が援用されることがある。たとえば、中性子放射化分析という化学的な方法で土器を分析すると、その土器が地元産なのか他所から持ち込まれたのかを理解することができる。さらに、「石器」の項で「徳之島の黒曜石はすべて腰岳産」と紹介されているが、それは蛍光X線分析法という分析方法により明らかになった。

「文字のない時代の人々の暮らした環境はどんな環境だったのだろう」という疑問を心に描く読者もいるかもしれない。この質問に関しては花粉分析という手法によって過去の環境を復元することが多い。読者の皆さんは驚かれるかもしれないが、条件がよければ花粉は数千年あるいは数万年以上保存されることが知られている。遺跡から採集した花粉を分析して、過去の植生を復元するのである。ポリネシアの島々では、ある時まで木本類の花粉が優勢で、ある時を境にして突然草本類の花粉が増加する。ポリネシアの考古学では、この植生の移り変わりは人間集団の植民により森林資源が利用され、その結果草原が出現したと解釈されている。奄美・沖縄諸島ではその条件が悪く、花粉の残りは良好ではないが、長年実施された花粉分析の結果からは、貝塚時代には森林の環境があったが、グスク時代になると森林が縮小したことが示唆されている。脊椎動物の分析や貝類の分析も過去の環境復元に有効である。たとえば、イノシシやアマミノクロウサギの検出は森林環境の存在を提示する。カタツムリの研究でも森林なのか、草原であったかが理解できる。奄美・沖縄諸島の場合は、貝類の分析により、サンゴ礁環境形成についても一つの仮説を提供している。そのサンゴ礁環境の形成については地理学的なアプローチも強力な助っ人となっている（コラム11）。遺跡から出土した脊椎動物や貝類あるいは種実の分析は、そこで暮らした人々の食性の解明に大きく貢献している。

文字のない時代の人々の社会や文化を理解するために文化人類学、経済学あるいは社会学などの文系の分野からヒントが得られることがある。たとえば、本編で対象とした旧石器時代からグスク時代は狩猟・採集・漁撈民と農耕民の時代であるが、それぞれの時代の人々の社会（たとえば、平等社会や階層社会）を推察するために膨大な文化人類学のデータが役立つ。経済学的なアプローチはヒトの行動を理解するのに一石を投じることもある。ヒトの行動といえば、生態学（特に、人間生態学）もここ四十年ほど貴重なデータを提供している。過去の人間関係を模索する際は社会学や心理学あるいは民俗学の分野も援用できるかもしれない。宗教学や心理学は精神文化の理解の手助けになるかもしれない。最近では、多くの文系の分野と同様に統計学やコンピューターサイエンスも大いに役立っている。過去の人々の容姿や遺伝学的な関係を探究するには、形質人類学（自然人類学）も第四章第一節およびコラム8にあるように、貴重なデータを提供する。第四章第二節で紹介するように、古人骨の化学的な分析からは、そのヒトが生前どのようなグループの食料を食べていたかについての情報を得ることができる。また、古人骨の別の化学的な分析では、そのヒトの出身地がわかることがある。

文字のない時代の人々の歴史や文化を理解することは、多くの読者の皆さんには大きなロマンであろう。しかし、このロマンをより具体的・客観的に描写する―より真実の過去を復元する―ためには考古学のみならず、いろいろな分野のアプローチが必要不可欠なのである。将来新たな学問分野や分析方法が展開していくだろう。文字のなかった時代の人々の歴史や文化は一層深く、鮮明に理解されることになるであろう。

（高宮広土）

編年

文字の無い先史時代は、暦など文字記録によって年代を決めることができない。したがって、流行の変化や消耗が速い土器や陶磁器などの焼物の形・文様から分類された一群（型式・様式）を時空間ごとに配列し、その移り変わりをもって暦がわりの時間軸とする。これを編年という。地域ごとに時間軸が決まれば、空間軸として周辺地域との違いを比較する。交流・交易などによって、時代・時期の定まった別地域の異系統土器などが持ち込まれていると、持ち込まれた地域にその年代を与えることができる。これを併行（並行）関係という。ところが、交流・交易はいつの時代も同じ頻度で行われているわけではないため、併行関係が把握できない時期は、放射性炭素年代測定など、理化学的に年代を測定し、比較することになる。

編年は細かければ細かいほど、文化や社会の変化のあり方を詳細にとらえることが可能となるため、考古学の世界では、第二次大戦後、実に多くの時間を費やして研究されており、奄美諸島も含め、現在もなお続けられている。

本編では、先史時代を旧石器時代と貝塚時代、原史時代（文字記録の少ない時代）をグスク時代と呼称しているが、貝塚時代（文化）とは、主に沖縄諸島の先史時代（文化）呼称として用いられ、現在、最大領域としてトカラ列島から沖縄諸島におよぶ文化名称として用いられる。多くの時期において共通・類似した文化を持ち、同質性が高いことにより、奄美諸島にも貝塚時代（文化）を用いる。

貝塚時代は長期間にわたって外洋に面したサンゴ礁を主な食用貝類の採集空間とし、また、多様な貝製品を製作・使用する文化と定義づけられる。これは主に、日本列島の縄文文化との差異（自律性）のほうに着目する研究者によって用いられる。最盛期には、サンゴ礁環境の貝類や海生大型獣であるジュゴン、陸上のイノシシなどの大型獣の骨などで特異な道具を製作、多用する文化である。尖底土器を好み、縄文文化の土偶、石棒などの祭祀具はほとんど見られない。これに対して、土器文化の起源、縄文土器の特徴である口縁部突起、狩猟採集社会の共通性（主要食性：堅果類）などをもとに、縄文文化の一地域性とする研究者も少なくない。どちらが正しいという訳ではなく、どの要素に着目するかで、研究者によって時代・文化呼称も異なることを把握していただければ良い。

グスク時代の編年については、ようやく土器編年も整備され始めているが、詳細に年代が区分されている中国陶磁器の編年を援用し、世紀単位で表すことが多い。そのため、ほぼ全国の同時期性と各地の地域性が詳細に議論できる素地が培われている。時代名称として、本土と同じ中世を用いる研究者も多い。

（新里貴之）

第二章　先史・原史時代を解明する三つのアプローチ

上：大谷山(おおたにやま)遺跡（徳之島町尾母(おも)）出土のカムィヤキ片
下：ウキボージガナシ周辺（徳之島町井之川(いのかわ)）で採集された青磁(せいじ)片（左）、山里(さんさと)集落で採集された白磁(はくじ)片（右）

第一節　世界の「島嶼」環境との比較

三つのアプローチ

徳之島を含む奄美・沖縄諸島の先史・原史時代を解明するためには三つのアプローチがある。一つはこの地域の文化史の復元である。この地域で「いつ、どこで、なに」があったのかを理解することを目的とする。二つめは一つめのアプローチで判明したことを日本列島における文脈で読み取ることである。たとえば、北海道を除く本土では弥生時代に稲作農耕が導入されたが、この地域ではそのころどのような状況であったのかというように本土との比較研究による見方である。三つ目のアプローチはこの地域の特徴である「島嶼」環境に焦点を当て、世界の他の島々とそこで暮らした人々とに関する研究をとおしてこの地域の先史・原史時代を検証する方法である。一つ目と二つ目のアプローチは新里貴之（しんざとたかゆき）と新里亮人（しんざとあきと）によって本章第二・第三節で説明されている。ここでは第三のアプローチでまず奄美・沖縄諸島の先史・原史時代をみてみたい。

奄美・沖縄諸島の先史・原史時代を第三のアプローチで検証すると、世界的に大変まれな文化現象があったことが近年の調査研究によって明らかになりつつある。本節で紹介するその文化現象は以下の四つである。すなわち、「旧石器時代にヒト（ホモ・サピエンス）のいた島」「狩猟・採集・漁撈民[＊1]のいた島」「狩猟・採集・漁撈から農耕への変遷のあった島」および「自然と調和した可能性のある島」である。近年理解されつつあるこれらの文化現象が将来否定されなければ、奄美・沖縄諸島の先史・原史時代は世界史あるいは人類史に新たなページを加える可能性がある。では、それぞれを簡単に紹介しよう。

旧石器時代にヒト（ホモ・サピエンス）のいた島

ヒトの節（第四章第一節）で述べるように直立二足歩行で移動する動物（ヒトの定義）は約七百万年前には存在していた。ホモ・エレクトス（原人）の時代には、最初の出アフリカ（約二百万年前）があり、彼らはヨーロッパ、

＊1　貝塚時代には漁撈も大変重要であったが、以下では「狩猟採集」とする。

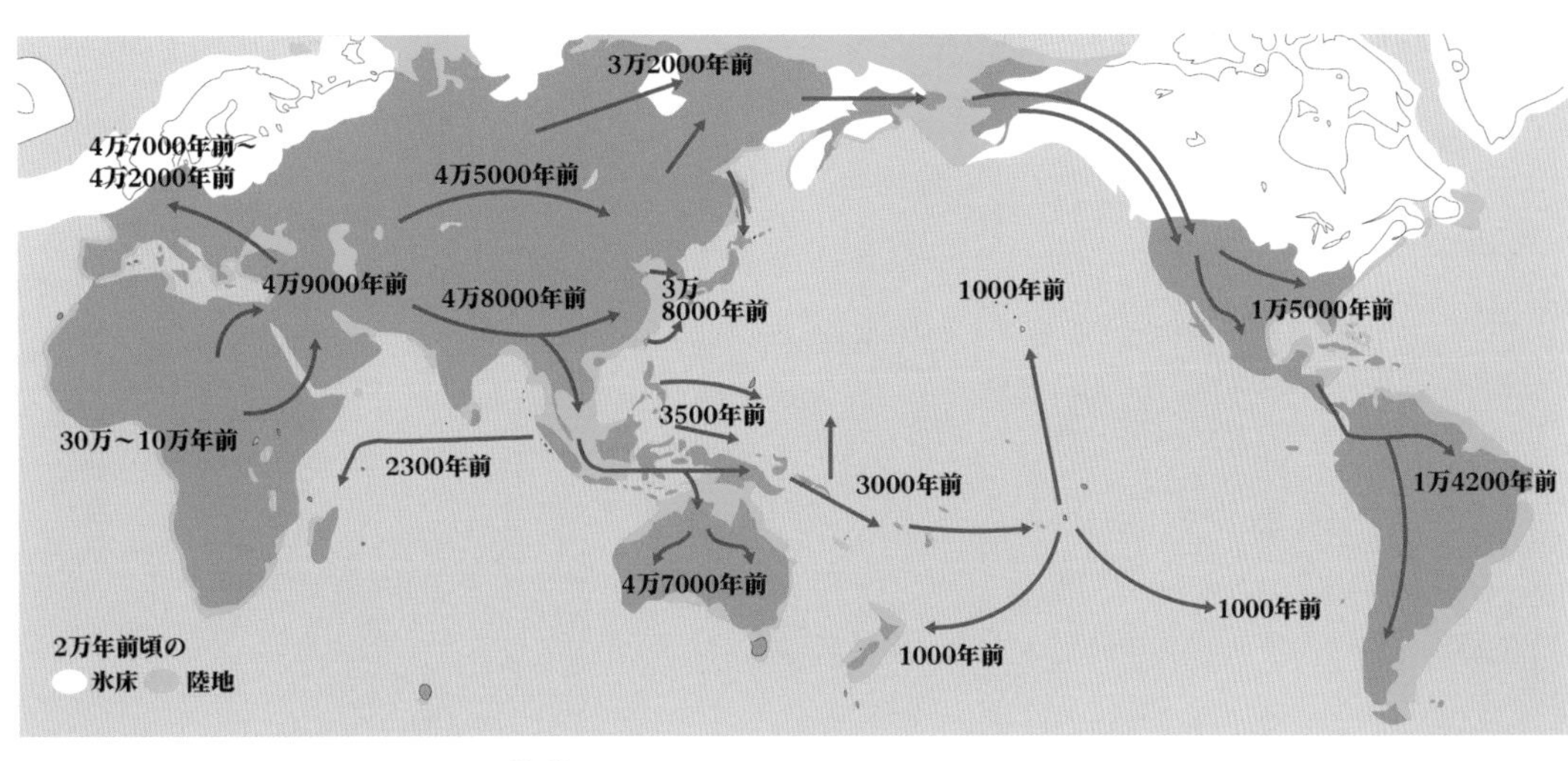

図 2-1　ホモ・サピエンスの移動

東アジアおよび東南アジアへ拡散している。おそらく、はじめて島へ渡ったヒトの祖先は原人の段階であったであろう。今世紀のはじめにフローレス島で発見されたホモ・フローレシエンシスは人類学の定説を覆す大発見であった。[*2] その年代は六万年前以前と言われているが、この島からは約百万年前の遺跡が知られており、それらの石器を製作・利用したのはホモ・フローレシエンシスの祖先であると考えられている。このころ、フローレス島は島であり、百万年前には海を渡る技術があったことが示唆される。ホモ・サピエンス以外で海を渡ったヒトの証拠はこの事例のみである。[*3]

そのホモ・サピエンスは同じくヒトの節で述べるように、約二十万年前にアフリカで誕生した。[*4] 彼らは多様な環境への適応能力を発揮し、一万年前までには南極大陸を除くすべての大陸へ拡散していった。驚くべきことに、彼らは約一万六千年前にアラスカに到達したが、約一万年前までには南米の最南端まで進出している。これはホモ・サピエンスの多様な環境への適応能力の高さを如実に物語るものである。さらに覚えておきたいことは、彼らは狩猟採集民であった。すなわち、狩猟採集民は多様な環境に適応できる高い能力を有していたのである。

＊2　マイク・モーウッド、ペニー・ヴァン・オオステルチィ『ホモ・フロレシエンシス　一万二〇〇〇年前に消えた人類』（ＮＨＫブックス、二〇〇八年）。

＊3　Van den Bergh, G., Mubroto, B., Aziz, F., and P. Y. Sondaa 1996 Did *Homo erectus* reach the Island of Flores? In Bulletin of the Indo-Pacific Prehistory Asssociation 14: 27-36.

＊4　テルモ・ピエバニ、バレリー・ゼトゥン『人類史マップ』（日経ナショナルジオグラフィック社、二〇二一年）。

ここで、簡単に狩猟採集民について説明したい。その理由は彼ら、彼らの文化を正しく理解していないと、この地域（徳之島を含む奄美・沖縄諸島およびその他の琉球列島の島々）に狩猟採集民がいたことが誤解をともなって解釈されると思われるからである。一般的に狩猟採集民は「野蛮」「未開」「遅れた人たち」という印象がもたれている。いわゆる「原始人」像である。自分たちの生きている環境を熟知しておらず、一日中食料を求めてさまよっている人たち。一九六〇年以前には、一般の人たちはもちろん、研究者も前述のような狩猟採集民に対しての印象を抱いていた。しかし、一九六〇年頃より人類学者が狩猟採集民の調査を本格的に実施するようになると、その研究成果はそれ以前の狩猟採集民の印象とは一八〇度異なる事実を提供してきている。たとえば、彼らの労働時間（狩猟採集）はものすごく短時間であること（週に十二時間程度という報告がある）。その労働には高齢者や子供は参加しないこと。短時間の労働時間にもかかわらず、バランスの良い、栄養十分な食料を取っていたこと。労働時間が短いので、その他の時間はおしゃべりをしたり、友人を訪問したり、ダンスをしたり、と余暇として利用されること。平等社会であること。戦争などが存在しないこと。つまり、半世紀前以前のイメージとは全く異なり、狩猟採集という生き方はヒトにとって最も楽な、安定していた生き方であったことが明らかになったのである。[*5]

そして、前述したように、彼らは多様な環境への適応能力も優れていた。しかし、このような適応能力の高い狩猟採集民でも、島へ移住し生活を営むことは至難の技であった。それは彼らに海を渡る（渡海）能力が欠けていたからではない。オーストラリア大陸では約五万年前の遺跡が報告されている。このころは氷河時代でオーストラリアとニューギニアはサフールランドと呼ばれる一つの大陸を形成しており、一方、東南アジアの多くの島々はスンダランドという大きな半島の一部となっていた。しかし、スンダランドとサフールランドが陸続きになることは一度もなかった。ヒトは海を渡ってサフールランドを植民（しょくみん）したのである[*6]（図1）。黒曜石（こくようせき）の産地として知られる地中海に浮かぶメロス島へギリシャ本土の旧石器時代人はその石材を手に入れるために渡っていた。[*7] 伊豆諸島に

＊5　マーシャル・サーリンズ『石器時代の経済学』（法政大学出版局、二〇一二年）。
ダイアモンド、ジャレド『銃・病原菌・鉄』（草思社、二〇〇〇年）。

＊6　印東道子『島に住む人類　オセアニアの楽園創世記』（臨川書店、二〇一七年）。

＊7　Phoca-Cosmetatou, Nellie 2011 The First Mediterranean Islanders: Initial Occupation and Survival Strategies. University of Oxford School of Archaeology: Oxford

ある神津島も黒曜石の産地であるが、本州の旧石器時代人も黒曜石入手のためにこの島を訪れていた。[*8] このように、約一万年前にはヒトは海を渡る能力を有するようになっていた。では、約一万年前以前にヒトのいた島はどれだけあると思われるであろうか。

世界には星の数ほど島があるが、今から約一万年前以前にヒト（ホモ・サピエンス）のいた島は実は多くはない。カリフォルニア沖約四〇キロメートルに浮かぶチャネル諸島には一万三千年前の遺跡が確認されている。[*9] ニューギニアの北東部にあるニューブリテン島とニューアイルランド島には約二万年前から三万年前の遺跡が報告されている。ニューブリテン島およびニューアイルランド島の西に位置するマヌス島では約一万二千年前の遺跡が発掘調査されている。[*10] また、ソロモン諸島に属するブカ島では約三万年前にヒトのいた痕跡が知られている。ティモール島では約四万年前の遺跡が報告されている。この遺跡では古い時期から外洋魚を多量に捕獲しており、約四万年前にはヒトは高い航海技術を持っていたことを示した点でもよく知られている。[*11] ウォーレシアに浮かぶいくつかの島でも今から二万年前ほどの遺跡がある。[*12] 地中海へ行くとキプロス島に約一万年前の遺跡がある。[*13] つまり、世界には数え切れないほどの島があるが、一万年前以前にヒトのいた島は、十〜二十ほどである。

それに対して奄美・沖縄諸島ではどうであろうか。奄美大島では、奄美市笠利町でヤーヤ遺跡、喜子川遺跡および赤木名グスク遺跡が旧石器時代の遺跡であったと報告されている。徳之島では伊仙町の天城遺跡およびガラ竿遺跡から旧石器時代の石器が出土している。[*14] また、近年発掘調査の行われている天城町の下原洞穴遺跡では一万四千から一万三千年前の土器が検出されているが、[*15] この遺跡ではより古い時期のヒトのいた痕跡も発見されるかもしれない。沖縄諸島へ目を向けると、沖縄島では人類学で著名な港川フィッシャー遺跡や近年旧石器時代の常識を覆すような発見がなされているサキタリ洞遺跡がある。沖縄島ではその他に桃原洞穴遺跡、大山洞穴遺跡および山下町第一洞穴遺跡が旧石器時代の遺跡として報告されている。伊江島ではゴヘズ洞穴遺跡およびカダ原洞

＊8　堤隆『黒曜石3万年の旅』（NHKブックス、二〇〇四年）。

＊9　Rick, Torben C. and Jon M. Earlandson 2008 Human Impacts on Ancient Marine Ecosystems. University of California Press: Berkeley and Los Angeles.

＊10　前掲註6に同じ。

＊11　O´Connor,S., R. Ono, and C. Clarkson 2011 Pelagic Fishing at 42,000 Years Before the Present and the Maritime Skills of Modern Humans. Science 334: 1117-1121.

＊12　小野林太郎『海の人類史 東南アジア・オセアニア海域の考古学』（雄山閣、二〇一七年）。

＊13　前掲註7に同じ。

＊14　山崎真治『島に生きた旧石器人 沖縄の洞穴遺跡と人骨化石』（新泉社、二〇一五年）。

＊15　天城町教育委員会（編）『下原洞穴遺跡・コウモリイョー遺跡』二〇二〇年、一二七―一三九頁。

穴遺跡が発見されている。久米島では、下地原洞穴遺跡と呼ばれる旧石器時代の遺跡がある。*16

「旧石器時代の島嶼環境とヒト」という視点では、奄美・沖縄諸島の北と南に位置する島々も言及に値する。すなわち、南島北部圏*17の種子島では横峯C遺跡、大津保畑遺跡および立切遺跡で三万五千年前の遺跡が存在する。*18 南島南部圏では、宮古島において約二万五千年前のピンザアブ洞穴遺跡がある。さらに、その南へ行くと石垣島の白保竿根田原洞穴遺跡は旧石器時代の埋葬跡と解釈され、サキタリ洞遺跡とともに大変意義あるデータを提供している。*19 「島嶼環境とヒト」という脈略で世界の島々と比較すると、世界では旧石器時代にヒトがいた島は十〜二十であるのに対し、琉球列島ではすでに種子島、奄美大島、徳之島、沖縄島、伊江島、久米島、宮古島および石垣島という八つの島にヒトがいたことが判明している。この点は世界に肩を並べるものと思われる。

図 2-2　国立科学博物館「3万年前の航海 徹底再現プロジェクト」

＊このプロジェクトでは航海の難しさが確認された。

狩猟採集民のいた島

旧石器時代にヒトがいた島が意外と少ないことには読者の皆さんは驚かれたのではないであろうか。私自身も学生のころ、このことを知って大きなショックを受けたことを鮮明に覚えている。少なくとも五万年前には航海技術を獲得していたのに、なぜ一万年前以前にヒトのいた島はほんのわずかなのだろうか。いくつかの理由が考えられている。たとえば、先ほど「一万年前にはヒトは海を渡る能力を有するようになっていた」と述べたが、やはり渡海はリスクを伴うものであった（図2）。今日のテクノロジーを持ってしても、海を渡ることは一〇〇パーセン

＊16 前掲註14に同じ。

＊17 国分直一は貝塚時代相当期には琉球列島に三つの文化圏が発展したと提唱した。すなわち、奄美・沖縄諸島を中心とする南島中部圏、種子島・屋久島から構成される南島北部圏、および先島諸島・八重山諸島からなる南島南部圏である（国分直一「南島の先史土器」『考古学研究』第一三巻二号、一九六六年、三一―四〇頁）。

＊18 石堂和博「大隅諸島の先史文化にみられる生業の特徴と変遷」高宮広土・新里貴之（編）『琉球列島先史・原史時代における環境と文化の変遷に関する実証的研究 研究論文集 第2集』（六一書房、二〇一四年）、一五九―一七〇頁。

＊19 前掲註14に同じ。

ト安全とはいえない。一万年以上前となると海を渡るリスクの方が成功より大きかったであろう。[＊20]「渡海」の問題以外にも克服しなければならないチャレンジが考察されているが、そのうちの一つが約一万年前まで世界中の人々はすべて狩猟採集民であったことである。狩猟採集民の特徴の一つは遊動（移動）生活がその基盤となっていることである。彼らはキャンプをはり、その周りから必要な食料を得る。キャンプと狩猟採集を行う場所がある程度の距離になると遊動し、新たなキャンプをはり、再び狩猟採集生活を営む。彼らはこの遊動生活を年に何回か繰り返して、生存してきた。遊動生活を繰り返し行うためには、ある程度の面積が必要であるという。[＊21]

ジョン・チェリー[＊22]という地中海の考古学を専門とする研究者は、約四十年前に地中海への島々へのヒトの植民のタイミングを検証した。その結果、全ての島が一万年前以降にヒトによって植民されたことを明らかにした。（第四章第一節で述べるように）地中海の大陸側では一万年前より古い遺跡は数多く発掘調査なされている。なぜ、ヒトは一万年以前に地中海の島々へ植民できなかったのであろうか。一万年前、というのがキーワードになるが、一万年前は人類史において農耕の始まった時期であった。ジョン・チェリーの解釈によれば、人々は農耕を伴ってはじめて島に植民することが可能となったという。農耕と狩猟採集を比較して前者に利点があるとすると、それは単位面積から得られる収穫量の違いである（第四章参照）。つまり、小さな面積でも狩猟採集と比較すると農耕によって得られる食料の量が格段に増加するのである。地中海の分析を通して、チェリーは島を植民するには農耕が必要という結論を提唱した。実際、地中海、[＊23]オセアニア[＊24]およびカリブ海[＊25]の島々のほとんどは農耕民によって植民されている。この考えでいくと、農耕のなかった約一万年前以前（つまり狩猟採集の時代）に島へ渡って植民することは困難をきたすことが想像できる。

しかしながら、狩猟採集民のいた島も例外的に知られている。それらの島は以下の特徴がある。[＊26]①面積のある島。たとえば、タスマニア島は約六万平方キロメートルの面積がある。これほど面積があれば、遊動生活が可能である。②大陸あるいは大きな島に近接する島。種子島からは旧石器時

＊20　Keegan, W.F. and J. M.Diamond 1987 Colonization of Islands by Humans: A Biogeographical Perspective. Advances in Archaeological Method and Theory, ed. by M. Schiffer, pp. 49-92. Academic Press: New York

＊21　Cherry, John F. 1981 Pattern and Processes in the Earliest Colonization of the Mediterranean Islands. Proceedings of the Prehistoric Society 47: 41-68.

＊22　前掲註21に同じ。

＊23　Knapp, B.A. 2013. The Archaeology of Cyprus. Cambridge University Press: Cambridge.
Patton, M. 1996 Islands in Time. Island Sociogeography and Mediterranean Prehistory. Routledge: London.

＊24　前掲註6に同じ。
Kirch, P. V. 1984 The Evolution of the Polynesian Chiefdoms. Cambridge University Press: Cambridge.

＊25　Keegan W. F. and C. L. Hofman 2017 The Caribbean Before Columbus. Oxford University Press: Oxford.

＊26　高宮広土『奇跡の島々の先史学：琉球列島先史・原史時代の島嶼文明』（ボーダーインク、二〇二一年）。

代（＝狩猟採集民の時代）の遺跡が報告されているが、この島の面積は四四五平方キロメートルである。面積は小さいが、この島は九州島から約四〇キロメートルに位置している。大陸や大きな島に近いと、いざという時に避難することができる。③アザラシなどの海獣がある程度コンスタントに入手できる島。イヌイットの人たちの住む環境では主食料となる植物食がほとんどないが、あの極寒の地で生存できているのは栄養満点といわれている海獣が手に入るからである。④食料となる動植物の母集団環境からの持ち込み。島では食料となる自然資源が貧弱という問題を解決するために、母集団環境から食料となる動物や植物を持ち込んだ例がある。たとえば、ニューブリテン島などではニューギニアからクスクスという動物やカンランという植物を持ち込んでいる。[*27]⑤①〜④の組み合わせの可能な島。カリフォルニアチャネル諸島は、面積は二五〇平方キロメートル以下であるが、大陸に近接し、さらに海獣へのアクセスもある。以上が狩猟採集民のいた島の特徴である。

奄美・沖縄諸島の島々はどうであろうか。まず、面積のある島であろうか。世界中の島への植民を検証したキーガンとダイアモンド[*28]はカリブ海に浮かぶグアデロープという島（面積約一七〇〇平方キロメートル）を狩猟採集民が住むには面積が小さいと認識している。彼らの認識をもとにすると沖縄島（一二〇〇平方キロメートル）や奄美大島（七一〇平方キロメートル）は狩猟採集で生存するには小さな島の部類に入る。つぎに奄美・沖縄諸島は大陸や大きな島に近接しているだろうか。両諸島とも大陸や大きな島から約三〇〇〜六〇〇キロメートルの位置にある。海獣の利用はどうであろうか。奄美・沖縄諸島でジュゴンなどの海獣が大量に捕獲され、食されたという遺跡は今日まで知られていない。海獣は重要な資源ではなかったようである。では、食料となる動植物の持ち込みはどうであろうか。現時点において、持ち込まれた動物はイヌのみであり、それを積極的に食料としたというデータはないようである。また、この地域に唯一もたらされた植物はヒョウタンであり、主な食料とはなりえない。前述の①〜④が認められないので、当然⑤の組み合わせも不可能であった。では、貝塚時代の人々は農耕民であったのであろうか。あるいは狩猟採集民であったのであろうか。その答えは

＊27 前掲註12に同じ。

＊28 前掲註20に同じ。

第四章に述べるように、狩猟採集民（より正確には狩猟・採集・漁撈民）であった。さらに、彼らは今まで人類学・考古学などで知られていない適応手段で島の環境に適応していた。その主な内容（表1）はつぎのようである（編年については本編五頁を参照）。

このような方法で島の環境に適応した狩猟採集民は世界で他に知られていない。

貝塚時代には狩猟採集民がいたことが明らかになりつつあるが、その前の旧石器時代は世界的に狩猟採集の時代であるので、奄美・沖縄諸島にこの時代いた人々も狩猟採集民であったであろう。旧石器時代人の島への適応手段の解明はこれからであるが、この時代に関しても世界的に知られていない新たな適応手段を人類史・世界史に提供する可能性が高いと思われる。

表 2-1　奄美・沖縄諸島の環境への適応

時期	適応
前1期	イノシシ＋貝類＋堅果類
前2期〜前3期	非サンゴ礁魚類＋貝類＋堅果類
前3期〜後2期	サンゴ礁魚類＋貝類＋堅果類

狩猟採集から農耕への移り変わりのあった島

このように、奄美・沖縄諸島貝塚時代（および旧石器時代）は狩猟採集民が長きにわたり、存在していた島として世界的に大変珍しい島なのである。さらに、貝塚時代に関しては、世界的に知られていない適応方法で島の環境に適応していた。旧石器時代の生業が理解されたあかつきにはおそらく新たな適応方法を人類学・考古学・世界史に提供することであろう。第四章で紹介するように、旧石器時代人が奄美・沖縄諸島に植民し貝塚時代人へと進化したとすると数万年間の狩猟採集の時代があったことになる。仮に旧石器時代人と貝塚時代人との連続性がなく、貝塚時代人がその後島の環境に適応した人々だとしても数千年間という、島嶼環境を考慮すると大変長期にわたり、狩猟採集民が存在していたことになる。しかし、この長期にわたる狩猟採集民の時代もとうとう終焉を迎えることになる。第四章で説明するように、長い奄美・沖縄諸島の先史時代において、狩猟採集から農耕への変遷は「突然」で「一瞬」のできごとであった。奄美諸島では八世紀から十二世紀、沖縄諸島では十世紀から十二世紀に農耕が導入された。農耕は北から南へ拡散したのである。

世界的にみると「狩猟採集」から「農耕」への移り変わりのあった島も多くはない。前述したように世界中の多くの島は農耕民によって植民されたので、狩猟採集の時代はない。一方、狩猟採集民のいた島では、ヨーロッパ人が「発見」するまで狩猟採集を生活の糧としていた。[*29] この生業の変化のあった島という点でも世界的に稀有な考古学的データを提供する島であると思われる。このデータは人類学的・考古学的に大変意義のある問いを提供する。すなわち人類学・考古学では最も重要かつ難解なテーマの一つである「なぜ、どのように農耕が拡まったのか」という問いである。奄美・沖縄諸島の文脈で問い直すと「貝塚時代人が農耕を受け入れたのか」あるいは「農耕を伴った人々が植民したのか」という問いになる。第四章で述べるが、南海産貝交易（「貝の道」、本章第二節参照）を通して弥生農耕の存在を知っていた貝塚時代人が農耕を受け入れた（後1期農耕仮説）という仮説が提唱されていたが、この仮説を積極的に支持するデータはない。後1期に続く後2期にも農耕は存在しなかったようである。そして、再三述べているようにこの地域では農耕は「突然」「一瞬」に拡散した。奄美・沖縄諸島における農耕のはじまりを理解するためには「突然」と「一瞬」がキーワードとなると思われる。なぜ、農耕は「突然」起こり、「一瞬」にして狩猟採集から農耕への移り変わりがあったのであろうか。

可能性として高いと思われるのが、農耕民の植民である。第四章で議論するように貝塚時代人とグスク時代人は形質学的に本土における縄文時代人と弥生時代人との違い以上に違いがあるという（図3）。土肥直美によれば、[*30] 貝塚時代人は「華奢・低身長・短頭」で特徴づけられ、グスク時代以降の人々は「頑丈・高身長・長頭」（第四章参照）で特徴づけられるという。さらに、縄文時代人およびそ

＊29　前掲註20・21・前掲註23 Patton,M 1996・前掲註24・25に同じ。

＊30　土肥直美「人骨からみた沖縄の歴史」『沖縄県史 各論編2 考古』（沖縄県教育委員会、二〇〇三年）、五七三―六〇九頁。

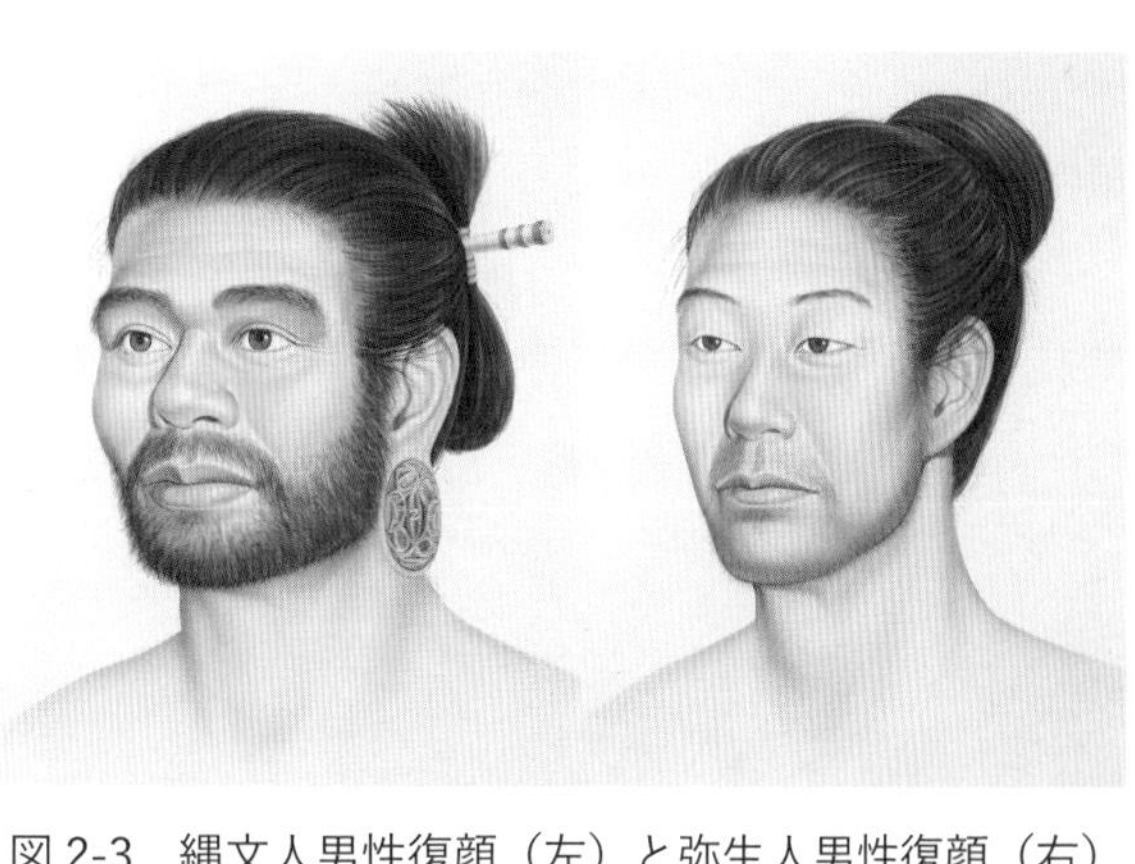

図 2-3　縄文人男性復顔（左）と弥生人男性復顔（右）
（イラスト：石井礼子／監修・画像提供：国立科学博物館）

の子孫であるアイヌの人たちに形態的に類似すると考えられていた現代奄美・沖縄人はその直接の祖先である近世人の分析から、縄文時代人・アイヌ人と同じカテゴリーではなく、渡来系弥生人とその子孫に近いことが判明している。[*31] さらに、近世人の直接の祖先はグスク時代人である。形質人類学的データは農耕の開始は渡来系弥生人の子孫によるものであることを強く示唆している。この形質人類学（第四章第一節を参照）からのデータは近年の遺伝学的データによっても支持されつつあることは第四章で述べる。

　さらに、言語学的データでは琉球方言が日本祖語から派生していたことは一世紀以上前にチェンバレンによって指摘されていた。[*32] その後の言語学的研究も日本祖語と琉球語の関連性についてなされており、著名な例としては服部四郎による言語年代学的な分析がある。[*33] この分析により服部は日本祖語と琉球語が分岐したのは五世紀ごろと考察した。また、オモロ研究の第一人者である外間守善はその分岐年代に幅を持たせ、三世紀から七世紀ごろとした。[*34] しかし、最近の研究では、分岐の年代は七世紀以前であるが、その言語は南九州に数世紀とどまり、十世紀前後に南下したのではないかといわれている。[*35] つまり、農耕を有した、頑丈・高身長・長頭で琉球語の話者が十世紀前後に南九州から琉球列島へ南下した可能性が近年多くの研究者によって支持されている。[*36]

　つまり、奄美・沖縄諸島は「島嶼環境」の中では、狩猟採集から農耕への移り変わりがあった島として大変珍しい事例を提供する島であるが、その移り変わりは貝塚時代の狩猟採集民が農耕を受け入れたのではなく、農耕民が十世紀ごろに植民したことを明示しているようである。この点はべ

＊31 百々幸雄「アイヌと琉球人は」『朝日ワンテーママガジン』14、一九九三年、七三―八四頁。
Pietrusewsky, M. 1999 A Multivariate Craniometric Study of the Inhabitants of the Ryukyu Islands and Comparisons with Cranial Series from Japan, Asia, and Pacific. Anthropological Science 107(4):255-281.

＊32 河村只雄『南方文化の探究』（講談社学術文庫、一九九九年）。

＊33 服部四郎『日本語の系統』（岩波書店、一九九九年）。

＊34 外間守善「沖縄の言語とその歴史」小野晋・柴田武（編）『岩波講座日本語 11 方言』（岩波書店、一九七七年）、一八一―二三三頁。

＊35 トマ・ペラール「日琉祖語の分岐年代」ワークショップ（編）『琉球諸語と古代日本語に関する比較言語学的研究』二〇一二年、一―一三頁。

ルウッド[*37]などによる世界的な傾向を支持するものである。すなわち、農耕の拡散は農耕民の植民による可能性が高い。また、この考えの裏を返せば、狩猟採集民はよほどのことがない限り農耕を受け入れないということである。実際、南海産貝交易（「貝の道」）を通して貝塚時代人は弥生農耕を知ってはいたが、彼らは農耕には飛びつかなかった。本土では弥生時代にいち早く農耕が始まり、奄美・沖縄諸島では長い間狩猟採集の生活が行われたことを文化が「停滞した」と解釈した研究者もいた。しかしながら、文化が「停滞した」のではなく、奄美・沖縄諸島の自然資源は狩猟採集で生存するに十分豊かだったので、農耕への魅力を感じなかったのだろう。一六ページにも述べたように、ほぼ全ての点で狩猟採集の方が農耕より楽で安定しているようである。人類学者が農耕民と隣り合わせに生活している狩猟採集民に「なぜ、農耕を受け入れないの?」と質問したところ、「あんなめんどくさいの」という答えが報告されている。弥生農耕の存在を知っていた貝塚時代人もそう感じたのかもしれない。

自然と調和した可能性のある島

世界的にみて「島嶼環境とヒト」として検証すると他の島々ではみられないあるいはほとんど知られていないデータを三つ紹介した。ここで述べる四つ目のテーマも世界の他の島々を研究している考古学者や人類学者からは「信じられない」というコメントを国際会議でいただいたテーマである。海外の研究者の一致した意見につぎの二点がある。まず、島の環境は大変デリケートである、という点である。島の環境へ動植物がたどり着き、何万年あるいはそれ以上の年月をかけて、バランスのとれた生態系が形成されていた。そこに他の生物が適応するとそのバランスのとれた生態系はいとも簡単にバランスを崩すといわれている。[*38]その生物の中でも最も厄介なのがヒトである。ヒトはヒト一種が植民しても、島嶼環境のバランスに影響を与える。たとえば、雑食性であるヒトは植物相のみならず動物相にも手を出すであろう。さらに、それらを効率よく食すために、森林資源を燃料として利用したり、住居や舟などにも利用したであろう。実際、世界中の多くの島々ではヒトの植民の後の環境の大きな変化が報告

＊36 Jarosz et al.2022 Demography, Trade and State Power: A Tripartite Model of Medieval Farming Language Dispersals in the Ryukyu Islands. Evolutionary HumanSciences4, e4, page1 of 22 doi:10.1017/ehs.2022.1

Robbeets, M et.al a 2021 Triangulation Supports Agricultural Spread of the Transeurasian languages. Nature. DOI https://doi.org/10.1038/s41586-021-04108-8

＊37 ピーター・ベルウッド『農耕起源の人類史』（京都大学学術出版会、二〇〇八年）。

＊38 MacArthur, R. H. and E. O. Wilson 1967 The Theory of Island Biogeography. Princeton University Press: Princeton.
Whitaker, R. J 1998 Island Biogeography. Ecology, Evolution, and Conservation. Oxford University Press: Oxford.

図 2-4　リュウキュウムカシキョン（オス）の骨格復元標本

されている。そこで、二つ目の意見が定説のように海外の研究者では共有されている。すなわち、ヒトの植民後、島嶼環境に劇的な変化が起こることである。[*39]

奄美・沖縄諸島ではどうであろうか。旧石器時代に関してはヒトによる環境への影響に関するデータはほとんどない。リュウキュウムカシキョン（図4）などのシカの仲間が沖縄島や宮古島で約三万年前に絶滅しているが、それがヒトによるものか気候変動によるものかは明らかになっていない。興味深い点は、シカ類が絶滅したのち、リュウキュウイノシシ（以降「イノシシ」）が動物相のリストに加わっている点である。このころ奄美・沖縄諸島は島であったので、イノシシの導入に関して二つの可能性がある。一つは泳いで渡ってきた。二つ目はヒトが連れてきた。どちらの仮説が正しいか現時点ではわからないが、イノシシの出現は島嶼環境へ少なからず影響を与えたことであろう。旧石器時代におけるヒトによる環境への影響の解明はこれからである。

約七千年前から約一千年前まで続いた貝塚時代はどうであろうか。この約六千年間安定してヒトの集団は存在したようである。[*40] さらには人口の増加した時期も確認できる。前5期になると大型住居や堅牢な石棺墓（せっかんぼ）も検出されており、島嶼環境で土木工事なども行っていたことが判明している。[*41] 明らかに環境に能動的に働きかけているようである。考古学的な方法でヒトによる島嶼環境への影響は探知できるのであろうか。

まず、多くの島から報告されている動物種の絶滅は確認されていない（樋泉岳二（といずみたけじ）氏、私信による）。他

＊39　前掲註20・24に同じ。

＊40　伊藤慎二「先史琉球社会の段階的展開とその要因—貝塚時代前I期仮説」高宮広土・伊藤慎二（編）『先史・原史時代の琉球列島〜ヒトと景観』（六一書房、二〇一一年）、四三—六〇頁。

＊41　前掲註26に同じ。

の島々の状況をもとに、ヒトによる環境への影響を考察したことがある。その際、対象とした時期は前4期から後1期で、脊椎動物と貝類を分けて検証した。すると、脊椎動物および貝類ともに時間の経過とともに狩猟・採集に効率の良い動物種から効率の悪い方へとシフトしていったことがみて取れた。つまり、時間の経過とともによりコストや危険性のかかる動物種が対象となっていた。たとえば、脊椎動物でいうとサンゴ礁域の魚類からイノシシへ移り変わるという具合であった。この結果は、ヒトが島の環境に影響を与えたため、効率の悪い方へ余儀なく変化していったと考えられた。[*42] そこで、特に後1期をフード・ストレスの時期とした。世界の島々と同様に貝塚時代の人々も環境に影響を与えたと思われた。しかし、その後この結論を検証した樋泉[*43]は第四章にみるように、貝塚時代における脊椎動物利用は安定していたと考察している。また、奄美・沖縄諸島遺跡出土の貝類を長年研究している黒住(くろずみ)も同様に、この地域における貝類利用に関しては大きな変化は貝塚時代にはないと考えている。[*44] 彼らによれば、貝塚時代の脊椎動物および貝類利用からはヒトによる環境への影響はみて取れないという。

世界の島々では、動物に加えて、植物の分析も行われており、花粉分析などからヒトが島嶼環境を変えた事実が報告されている。奄美・沖縄諸島貝塚時代においては、花粉の保存状態が良好な遺跡はほとんどないが、多くの遺跡で花粉分析が行われてきている。その残りの悪い状況からも過去の環境がみえてきている。すなわち、島嶼の自然環境がヒトによって強い影響を受けたことを示す積極的なデータは貝塚時代には認められないようだ。[*45] 貝塚時代の人々はある程度自然と調和して生きていたのかもしれない。あるいは自然に対しての影響を最小限にしていたのかもしれない。この点も、世界的にみると大変珍しい現象であり、理論的には容易に理解できない。が、今日の古環境を復元する分析方法では、貝塚時代における人間集団による環境への影響は明確にみえないのである。そして、続くグスク時代になると農耕の始まりとともに、貝塚時代と比較すると環境への影響が大きくなった。貝塚時代における「自然と調和していた可能性のある島」および「グスク時代

＊42　前掲註26に同じ。

＊43　樋泉岳二「琉球先史時代人と動物資源利用―脊椎動物を中心に―」高宮広土・伊藤慎二（編）『先史・原史時代の琉球列島～ヒトと景観』（六一書房、二〇一一年）、一〇九―一三二頁。

＊44　黒住耐二「琉球先史時代人とサンゴ礁資源―貝類を中心に―」高宮広土・伊藤慎二編『先史・原史時代の琉球列島～ヒトと環境』（六一書房、二〇一一年）、八七―一〇七頁。

＊45　上田圭一「植物遺体からみた琉球列島の環境変化―花粉分析・植物珪酸体分析を中心に―」高宮広土・新里貴之（編）『琉球列島先史・原史時代における環境と文化の変遷に関する実証的研究　研究論文集　第2集』（六一書房、二〇一四年）、九七―一〇九頁。

図 2-5　徳之島で撮影されたアマミノクロウサギ

における人間集団による環境への影響（わずからしいが）は最新の環境復元方法であるボーリングコア分析でも支持されている。[＊46]

近年の研究で個人的に衝撃を受けたのがアマミノクロウサギ（図5）である（このことについても「とる」の項で触れるが）。今日奄美諸島においては、世界自然遺産のシンボル的存在になっているが、少なくとも七千四百年前から食料の対象となっていた。可能性としては、一万年前から食料としていたようである。それほど繁殖力が高くなく、行動もどちらかといえば鈍重であるこの哺乳類は、世界の他の島々であれば、食料の対象となって間もなく絶滅していたのではないであろうか。ヒトの食料の対象となっても今日まで生存してきたことは驚嘆に値する。

稀有な四つの文化現象

本節では奄美・沖縄諸島の先史時代を世界の他の島々との比較という第三のアプローチから概観してみた。近年の研究成果により、奄美・沖縄諸島の先史時代のデータには世界的に類まれな文化現象があったことが分かりつつある。「旧石器時代にヒト（ホモ・サピエンス）がいた島」：何回か述べたように、世界中のほとんどの島は狩猟採集で生活するには面積が十分ではなく、農耕民によって初めて植民された。その農耕は約一万年前に人類の生業としてはじまった。そうであれば、旧石器時代（＝狩猟採集の時代）にヒトが島に住むことは難しかったと思われる。それゆえ、今後このような事例の増加はあまりないであろう。「狩猟採集民のいた島」：世界には例外的に狩猟採集民のいた島もあることを紹介した。それらの島々は五つの特徴があった。奄美・沖縄諸島貝塚時代には確かに狩猟採集民がいたようである。しかし、奄美・沖縄の島々では前述の五つの特徴は認められていない。近年の研究は、貝塚時代人は今日までの考古学や

＊46 山田和芳・瀬戸浩二・五反田克也・藤木利之・原口勉・米延仁志「内湾堆積物に記録された過去2000年間の沖縄諸島環境史」高宮広土・新里貴之（編）『琉球列島先史・原史時代における環境と文化の変遷に関する実証的研究 研究論文集 第2集』（六一書房、二〇一四年）、三―一七頁。

先史・原史時代を解明する三つのアプローチ

人類学で知られていない方法で島の環境に適応していた狩猟採集民であったことを明らかにしつつある。「狩猟採集から農耕への移り変わりのあった島」：このような島々でも八世紀から十二世紀の間に農耕がはじまった。狩猟採集から農耕への移り変わりがあった島という点でも世界的に珍しい。島でこの移り変わりがあったということは、人類学・考古学で難問の一つである「農耕の拡がり」に関してヒントを与えるものである。そして、この地域での農耕の始まりの要因は農耕民の移住である可能性が高い。世界的に農耕の拡散では農耕民の移住が提唱されているが、奄美・沖縄諸島のデータはこの点を強く支持するものと思われる。「自然と調和した可能性のある島」：島嶼環境は大変もろく、特にヒトの集団が植民するとその環境に激変が起こることは海外の多くの島の考古学者が賛同している点である。奄美・沖縄諸島でもヒトによる環境への影響の復元が試みられたが、貝塚時代（おそらく旧石器時代も）にはヒトによる環境の劇的な変化をみることができない。貝塚時代人（おそらく旧石器時代人も）はあたかも自然と調和して生活を営んでいたようである。このような島も世界的には知られていない。

ここでは世界的にみて大変珍しい文化現象を四つ紹介したが、「島嶼環境とヒト」という観点からは、島の環境でこれらの一つでも認められるとその島はとても稀代な島とされている。奄美・沖縄諸島では四点も確認されている。おそらくこのような島は世界に他に存在しないかもしれない。

このような先史時代のあった奄美・沖縄諸島であるが、次節では第一および第二のアプローチでこの地域の先史・原史時代を紹介したい。奄美・沖縄諸島の先史時代は「旧石器時代」「貝塚時代」および原史時代である「グスク時代」から構成されているが、それぞれの時代を第一のアプローチ「いつ、どこで、何があったか」と第二のアプローチ「本土などとの比較」によりみていこう。

（高宮広土）

第二節　いつ、どこで、何があったか／本土との比較――先史時代（旧石器時代・貝塚時代）

第一・二のアプローチ

本節では、第一と第二のアプローチで、徳之島の先史・古代・中世について紹介したい。ヒトはいつ頃、この島に住み始めたのか。その後どのように暮らし、どのような文化を持っていたのか。島嶼環境で孤立していたのか、それともよその地域との交流・交易を行っていたのか。

このような問いに答えるために、本節ではまず、先史・古代に相当する「旧石器時代」と「貝塚時代」について述べ、次に中世に相当する「グスク時代」について概説する。

奄美諸島の旧石器（更新世）文化

日本における旧石器時代とは、約四万年前に人類が渡来してきてから、約一万五千年前に土器が出現するまでの、狩猟採集をしていた非定住生活時代である。約二万年前に最寒冷期を迎え、平均気温は現在よりも、七～八度低く、海水面が現在より一〇〇メートル以上も下がり、琉球列島においても植生や海洋動物相は変化し、陸地面積が大幅に拡大したと考えられている。奄美諸島の旧石器時代遺跡は現在五か所で確認されているが、このうちの二遺跡では九州起源の広域降下火山灰（図6）が確認され[*47]、火山灰の上下の層の文化遺物を日本列島規模で比較することができる重要な遺跡である。

徳之島の伊仙町・ガラ竿遺跡では、AT火山灰（約二万九千年前）よりも五〇センチメートル下の層から砂岩製の敲石と花崗岩製の磨石の二点が出土した。奄美市笠利町・土浜ヤーヤ遺跡では、AT火山灰の火山ガラスを含むとされる層およびその下部から三八点の頁岩製削器および剥片、磨製石斧の一部が確認された。同市同町・喜子川遺跡ではアカホヤ火山灰層（約七千三百年前）より下位、AT火山灰より上位から積石、積石内の集石土坑などが検出されている。その遺構の内外よりチャート製

＊47 約二万九千年前に、鹿児島本土錦江湾奥に位置する姶良カルデラが破局的噴火を起こした際に、姶良Tn火山灰（AT火山灰）が噴出し、九州南部の生物相に壊滅的な打撃を与えた。また、約七千三百年前には三島村海底に位置する鬼界カルデラが破局的噴火を起こし、北海道に至る範囲まで火山灰が堆積した（アカホヤ火山灰）。これら火山噴出物は、遠隔地にほぼ同時期に降り注ぐため、広域的に時代を特定できる重要な鍵層となる。奄美諸島では直接的な影響はなかったと考えられる。

の石核と剥片各一点が出土している。そのほかにも出土層は不明ながら、型式学的に古いと考えられるものに、伊仙町・天城遺跡でチャート製の台形石器、抉入石器、掻器・削器、石核、彫器とされる石器群が確認されており、奄美市笠利町・赤木名グスク遺跡ではチャート製の剥片（石核？）が確認されている。

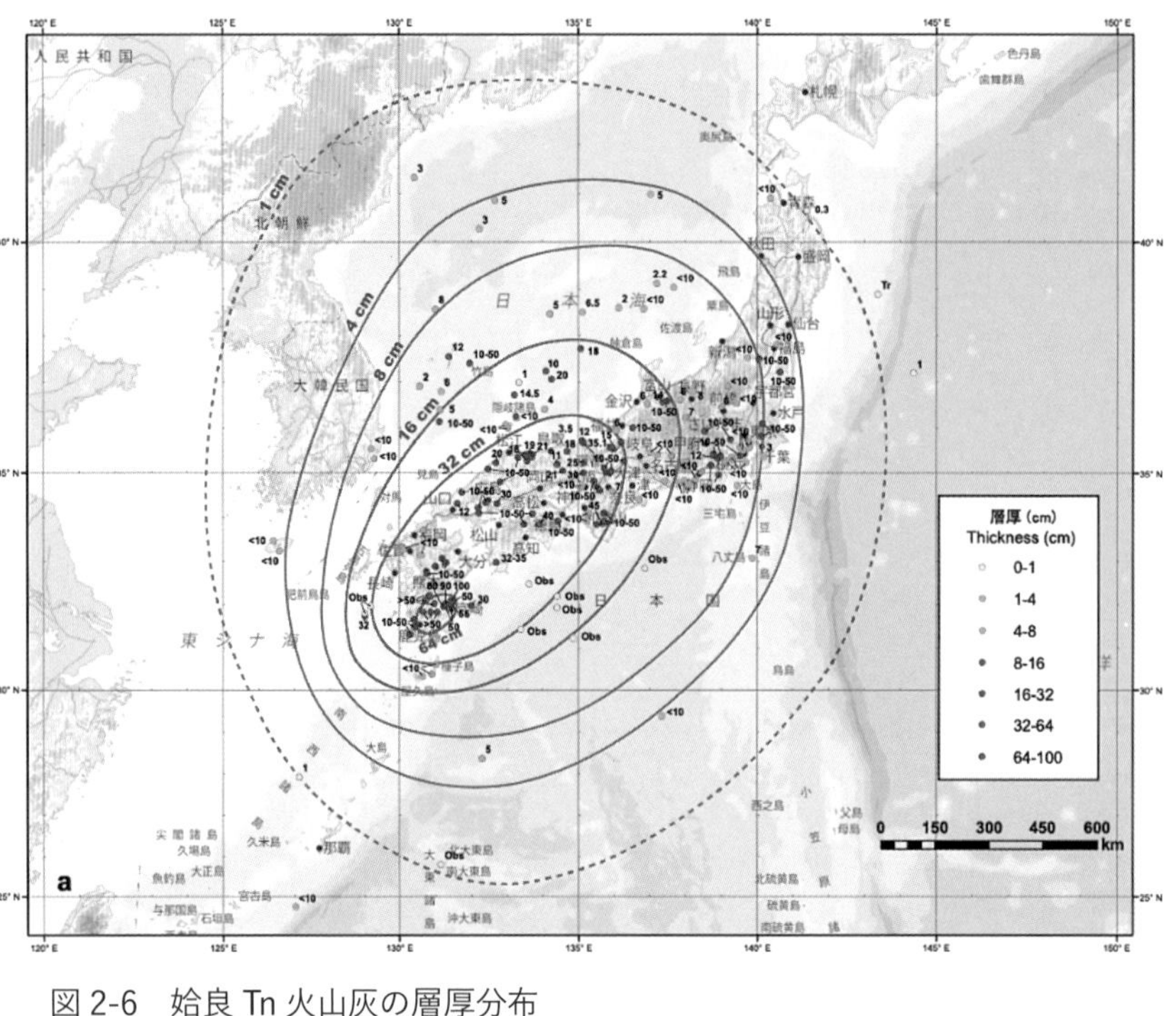

図2-6　姶良Tn火山灰の層厚分布
（産業技術総合研究所地質調査総合センター編大規模噴火データーベース）

以上のように、奄美諸島地域の旧石器群は砂岩、花崗岩、頁岩、チャートと素材も器種も多様であるが、種子島で確認されるAT火山灰下位の砂岩製敲磨石類や、沖縄山下町第一洞穴出土の第三紀砂岩製の敲石・礫器などに共通性を見出す見解もある[＊48]（表2）。それと対照的に、定型化しない剥片石器が多い石器文化が、南方を起源とする可能性も指摘されている[＊49]。喜子川遺跡で集石・配石遺構が確認されているが、奄美諸島では遺構例が少ない（図7）。奄美諸島地域では人骨の出土や、動植物など環境の詳細も分かっていないが、調査の進んでいない洞穴遺跡において、沖縄諸島のように旧石器時代人骨と物質文化の関係性のつかめる遺跡の発見が期待されている。

＊48　小田静夫『黒潮圏の考古学』（第一書房、二〇〇〇年）。

＊49　加藤晋平「南西諸島への旧石器文化の拡散」『地学雑誌』第一〇五巻第三号、一九九六年、三七二―三八三頁。

表 2-2　琉球列島旧石器時代の遺構・遺物・人骨

種子島	奄美大島	徳之島	沖縄島・久米島	宮古島	石垣島	(参考年代)
						7000年前
アカホヤ火山灰(約7300年前)						
						10000年前
サツマ火山灰(約11500年前)						
焼土跡 細石刃核 頁岩						
土坑 細石刃核 頁岩						
スクレーパー 頁岩						
石鏃 頁岩						
湯向降下軽石(約15000年前)						
			人骨 剥片 石英			
		(彫器) チャート				16000年前
		(先端加工石器) チャート				
		(石核)(剥片) チャート				
		(掻器)(削器) チャート	利器 貝		崖葬	20000年前
	(剥片?) チャート	(抉入石器) チャート	人骨 釣針 貝		人骨	
		(台形石器) チャート	(埋葬) ビーズ 貝		人骨	23000年前
	削器 剥片 頁岩		(炉跡)		人骨	
	集石 磨製石器 頁岩		人骨		人骨	
土坑 敲石 磨石 砂岩	配石 石核 砕片 頁岩				人骨	27000年前
AT火山灰(約29000年前)						
焼土跡 敲石 磨石 砂岩	剥片 頁岩					
礫群 台石 砥石 砂岩		敲石 砂岩				
土坑 礫器 砂岩		磨石 花崗岩		人骨		30000年前
フレイク 砂岩						
種IV火山灰(約33000年前)						
陥穴 ハンマー 砂岩			礫器 砂岩			
礫群			人骨 敲石 砂岩			36000年前
土坑						
種III火山灰(約40000年前？)						
敲石 砂岩						

（　）内の石器は年代的位置づけがあいまいなもの
（参考年代）は放射性炭素年代測定値（較正年代）

図 2-7　奄美諸島（奄美大島）の旧石器時代の遺構　喜子川遺跡

赤道付近で暖められた黒潮は、北上してフィリピンの東から台湾の南岸に達し、そこから東シナ海側に流れ込み、琉球列島の小さな島々の西岸を洗う。その温暖な海流は約八千年前頃から島々を取り巻く造礁サンゴを発達させ、約四千年前までには現在のような北限のサンゴ礁地域を形成した。造礁サンゴは多様な魚類・貝類の生息地を育み、沖合から打ち寄せる高波を消波する防波堤となって、島々の人たちにとって豊かで安全かつ安定した食料資源を保証してきた。

奄美諸島の貝塚時代前期文化

貝塚文化とは、主にトカラ列島・奄美諸島・沖縄諸島を中心とした地域において、サンゴ礁環境の生物と森林の堅果類を主要食性とし、厚い貝殻を用いた多様な生活道具や装身具を生み出し、それを約七千〜一千年前までの長期にわたって継続・発展させた文化である。主に九州の縄文・弥生・古墳・古代文化と散発的・継続的に交流しながらも、一種の独特な文化圏を築いてきた。また、この貝塚文化は、島嶼という極めて資源性に乏しい環境下にありながら、長期にわたって環境を改変せずに自然と共生してきた特性も確認され始めてきている。[＊50]

貝塚時代は大きく前期と後期に区分される（表3）。

貝塚時代前期は、概ね七千年前〜約三千年前の日本の縄文時代に相当し、前1期から前5期の五期に細分される。時期区分の目安は土器様式であり、爪形文系・条痕文系・隆帯文系・沈線文系・肥厚口縁系・無文尖底系がある（図8）。近年、この時期をさかのぼる年代をもつ土器文化が奄美・沖縄諸島で確認されつつあり、その起源が注目されている。[＊51] 貝塚文化の土器は深鉢形であり、口の部分に四、五か所の突起をもつ波状口縁も存在することから、おおむね九州・本土の縄文土器の系譜に連なると考えられているが、土器の器面に縄文（縄を転がして付ける縄目文様）がないことや、九州・本州と比較した際、土器様式（型式）開始期の大幅なズレがあるなど、地域性を持つ。また、縄文時代を特徴づける狩猟具（石槍・石鏃）や漁労具（釣針）などの種類が乏しいことや、石棒や土偶などといった精神文化を反映するような道具の類が著しく少ないことなどから、縄文時代（文化）とい

＊50 高宮広土『奇跡の島々の先史学』（ボーダーインク、二〇二一年）。

＊51 沖縄考古学会（編）『沖縄の土器文化の起源を探る』研究発表会資料集、二〇一七年。

表 2-3　琉球列島土器様式の比較

参考年代	日本列島 本州・九州・大隅諸島		琉球列島	トカラ列島	奄美諸島	沖縄諸島		宮古諸島	八重山諸島
約40000年前 約30000年前 約20000年前	旧石器時代			旧石器時代 （後期更新世）				旧石器時代 （後期更新世）	
約15000年前～	縄文時代	草創期			（細隆線文土器）				
約11000年前～		早期	貝塚時代		波状条線文系 （横位条線文系） （連続押引文系）	赤色条線文系 有肩押引文系			不詳土器
約7000年前～			前1期		爪形文系				
約6000年前		前期	前2期	条痕文系					
約5500年前～		中期							
			前3期	隆帯文系			先島 新石器時代		
約4500年前～		後期	前4期	南九州 市来式系	沈線文系 籠目文系	点刻線文系	前期 （下田原期）	下田原式系	
				肥厚口縁系					
約3300年前～		晩期	前5期						
約3000年前～	弥生時代	早期		無文尖底系					
約2800年前～		前期	後1期						
約2400年前～		中期		沈線文脚台系					
1世紀～		後期							
2世紀～		終末期							
3世紀中～	古墳時代	前期					後1期 （無土器期）	貝斧・石斧系	
5世紀		中期							
6世紀		後期	後2期	？	くびれ平底系				
7世紀	（飛鳥時代）	終末期							
8世紀	（奈良時代）								
9世紀～11世紀	（平安時代）			土師器系					

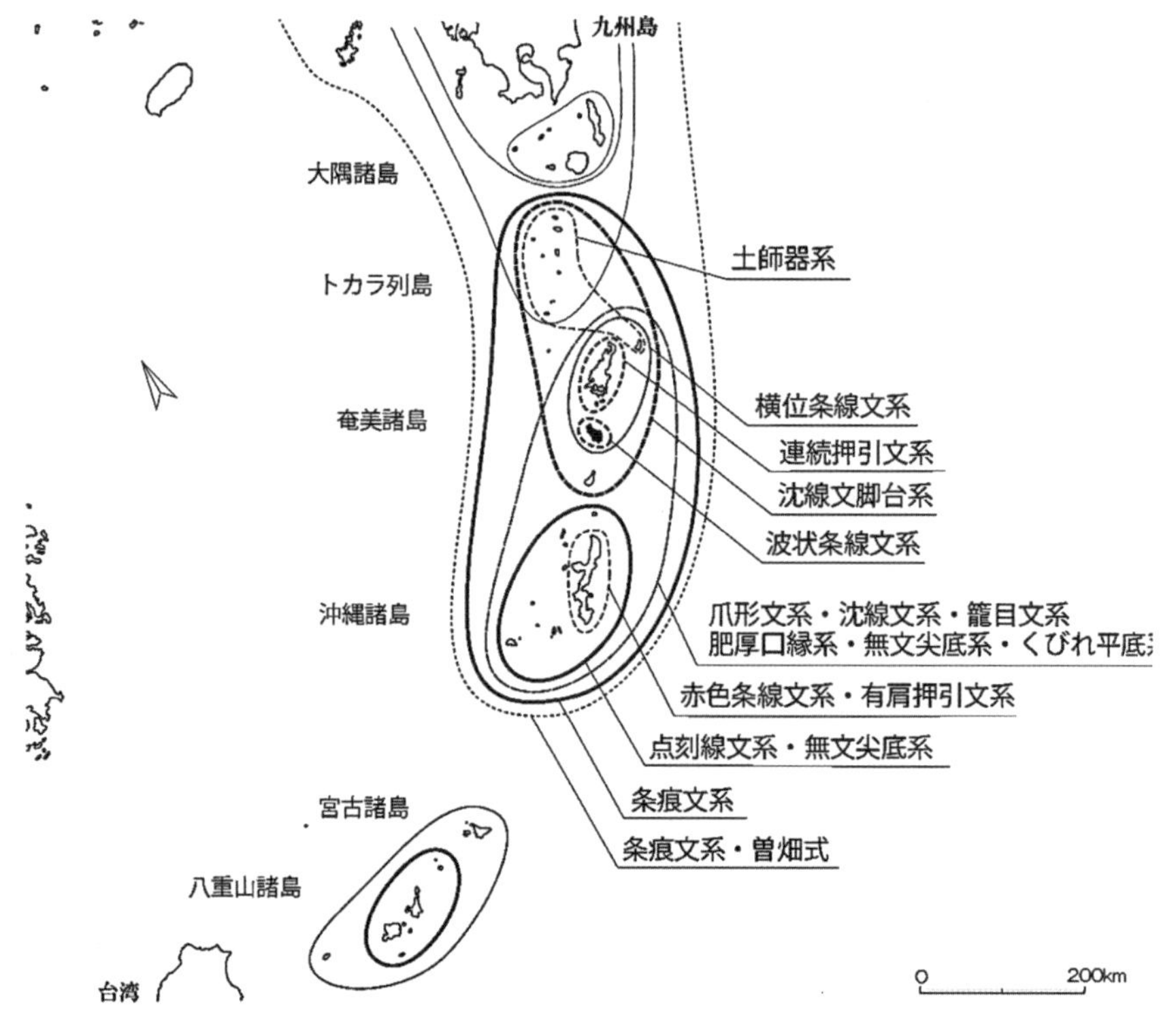

図 2-8　琉球列島土器様式の分布　＊想定範囲も含まれる

う枠組みを使用せずに、日本列島の温帯系の縄文文化に対して亜熱帯系の「琉球縄文文化」という枠組みで説明する動きもある。*52

　現在、トカラ列島以南の琉球列島で最も古い竪穴住居跡は、龍郷町半川遺跡において検出されているが（約一万一千年前）、この時期は、主に洞穴を居住・生活域とした遺跡が多いとみられる。前3期後半（隆帯文系〜沈線文系）には内陸部の開発によって、台地・段丘上に竪穴住居跡が数基規模で検出されるようになり、前4期（沈線文系）以降には台地上にも砂丘上にも竪穴住居跡が数多く確認されるようになる（図9―1）。竪穴住居跡は円形や不整形、方形などがあり、規模は平均三×三メートルほどであるが、前5期（肥厚口縁系や無文尖底系）になると、石組・石囲住居跡への変化や、集落内において数基の大型住居跡が出現し（天城町塔原遺跡が最大：八×六メートル強）、貝塚時代前期のなかで最も遺跡数、集落数ともに増加する。複数基の住居跡群が同じ場所に建て替えられ、台地縁辺に密に集落が形成される（図9―2）。このような一定の土地に執着するような拠点的集落の様相は、トカラ・奄美・沖縄諸島の各地で確認される。奄美諸島では未確認であるが、沖縄諸島では、数基の陥穴が一定間隔をもって配列した状況や、河口付近における堅果類の水さらし遺構も検出され、拠点的集落の形成も含め明らかに集落構成員の増加と、生業における長期的な計画性、土地に根差した社会的系譜をもった集落単位の協業の姿を想定することができる。

奄美諸島の貝塚時代前期文化の交流

　奄美諸島の貝塚時代前期の交流として、前1期以前は隆線文土器（徳之島）、前2期に在地化する九州・曽畑式土器（喜界島・奄美大島・徳之島・沖縄諸島）、搬入品としての西日本・船元系土器（沖永良部島、沖縄諸島）、南九州・春日式土器（宝島・徳之島）などが確認される。九州系である曽畑式土器は、奄美・沖縄諸島の斉一的な変化にも大きく影響を与え、この時期の漁業の変化やイヌの飼育なども想定されている。*53 ほかにも石匙や打製石鏃も沖縄諸島にもたらされたが、曽畑式土器文化以外、これらの道具は在地の文化に影響はなかったようで、断続的・断片的な交流であるといえる。しかし、前3期後半以降、前4期前半になると、奄美

＊52　伊藤慎二『琉球縄文文化の基礎的研究』（ミュゼ、二〇〇〇年）。

＊53　山崎真治（編）『港川人の時代とその後：琉球弧をめぐる人類史の起源と展開』（沖縄県立博物館・美術館、二〇一六年）。

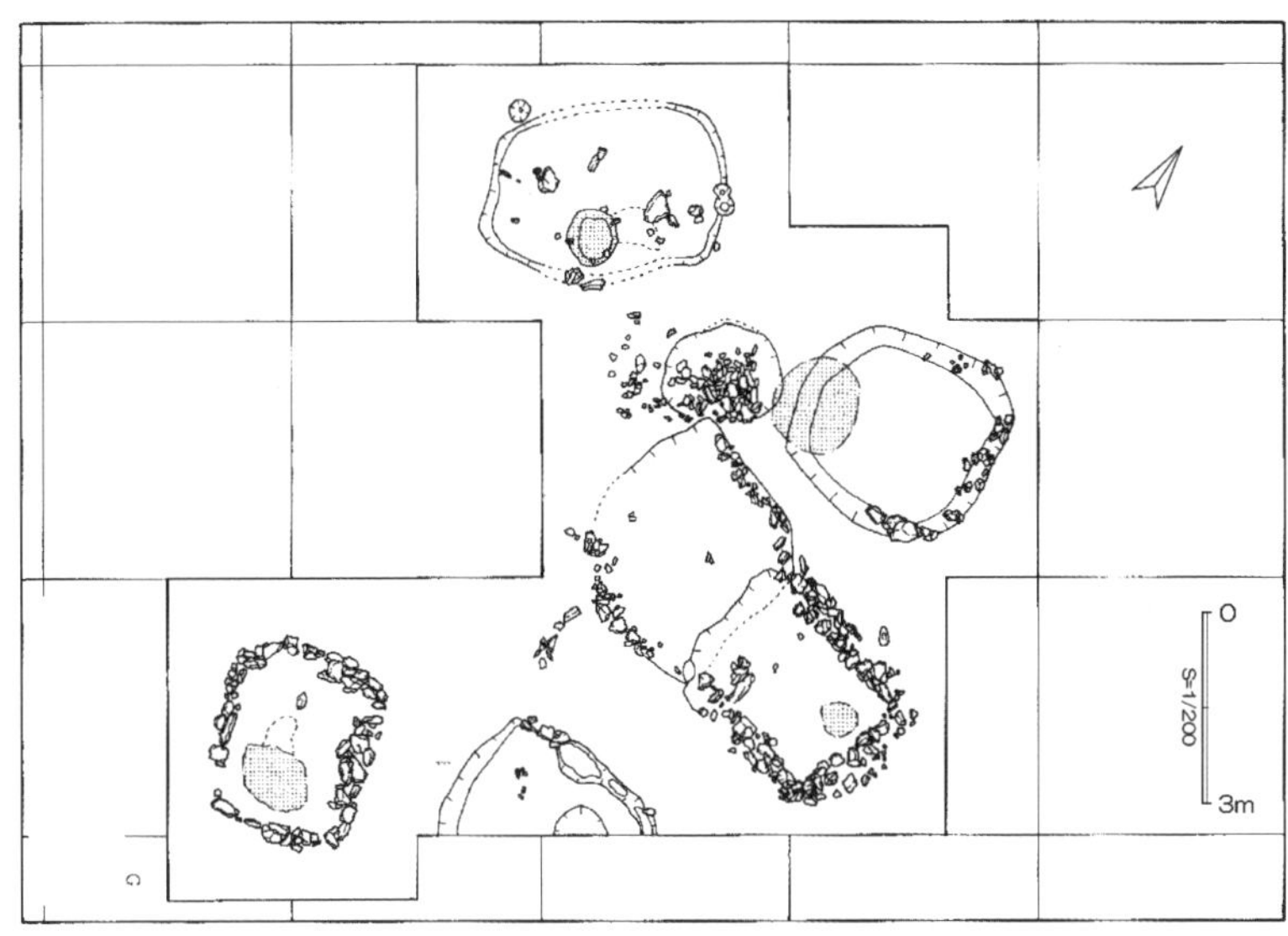

1　貝塚時代前４期の住居跡（奄美大島・サモト遺跡）

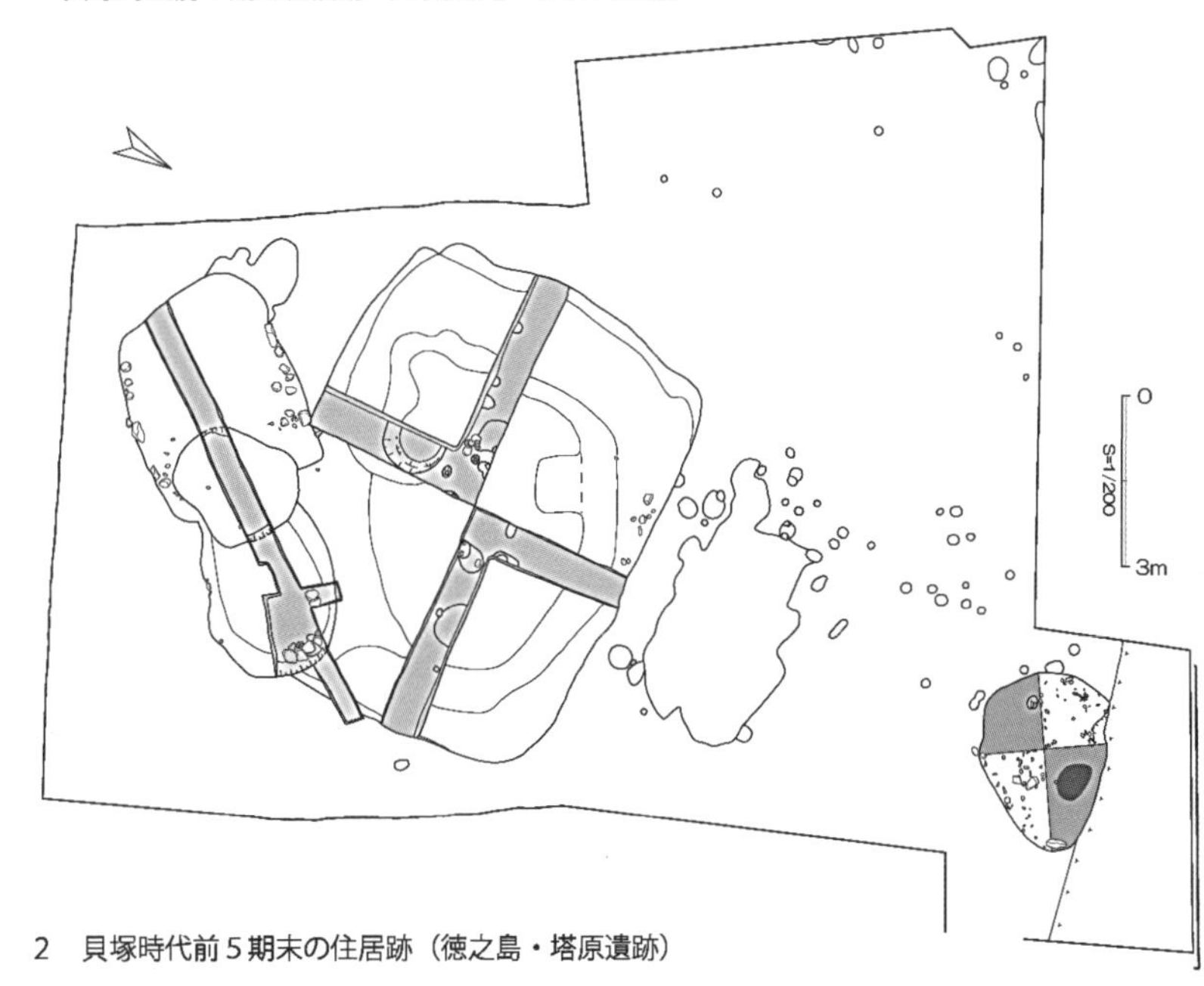

2　貝塚時代前５期末の住居跡（徳之島・塔原遺跡）

図 2-9　竪穴住居規模の違い

諸島で南九州・松山式土器や市来式土器の、大きく拡張した口縁部文様帯、平底の要素を採用し在地化する。搬入品として西日本系の津雲A式土器も確認される（奄美市宇宿小学校構内遺跡）。前4期後半以降は、狩猟具である打製石鏃文化の導入や、佐賀県腰岳産黒曜石（天城町塔原遺跡が琉球列島最多の出土量）や新潟県糸魚川産ヒスイ（伊仙町トマチン遺跡）なども琉球列島にもたらされる時期であり、琉球列島に生息していないシカの角や骨で作られた製品も出土するようになる（伊仙町犬田布貝塚、知名町住吉貝塚など）（図10）。南九州地域の土器だけでなく東日本系の大洞式系統の土器なども琉球列島で散発的に確認されている（喜界町池治矢筈遺跡、奄美市手広遺跡・サモト遺跡、伊仙町トマチン遺跡）。[*54]琉球列島各地で拠点的集落が形成され、社会的、経済的安定化の進む貝塚時代前4・5期は、約一〇〇〇キロメートルの距離を越えた遠隔地の物品を入手するという情報網の拡大、文化受容の素地もできはじめた。

貝塚時代後期の奄美諸島

貝塚時代後期は、概ね九州本土の弥生時代・古墳時代・飛鳥時代・奈良時代・平安時代（約三千年前〜一千年前）に並行する時期である。土器様式の違いによって、奄美諸島では後1期の無文尖底系（阿波連浦下層式）・沈線文脚台系（サウチ遺跡段階・イヤンヤ洞穴段階・長浜金久第Ⅳ段階・宇宿港段階・スセン當式）、後2期のくびれ平底系（兼久式土器）と大きく二時期に分けられる。沈線文脚台系は、南九州の弥生土器と古墳時代土器（成川式土器）の形態的特徴を導入しながらも、沈線文様や突帯文様などに奄美諸島独自の要素を付加する特徴を持つ。

奄美・沖縄諸島では、水田など灌漑水稲耕作に関わる遺構や遺物は確認されておらず、農耕文化の定着はなく、貝塚時代前期（縄文時代）とほぼ変化のない獲得経済であったと考えられている。また、前方後円墳のような特定個人のために巨大な墳墓が造営されるような、階層化がより強固になった巨大モニュメントを持つ社会でもないため、古墳文化も定着していないといえる。この時期の奄美諸島の調査例は少なく、様相はほとんど分かっていないが、先史時代における交易の盛んな時期であるため、ここでは南島物産としての貝種の違いで大きく二つの時期に分けて説明したい。

＊54　設楽博己「南西諸島の大洞系土器とその周辺」『東京大学考古学研究室研究紀要』第三一号、二〇一八年、四七―六〇頁。

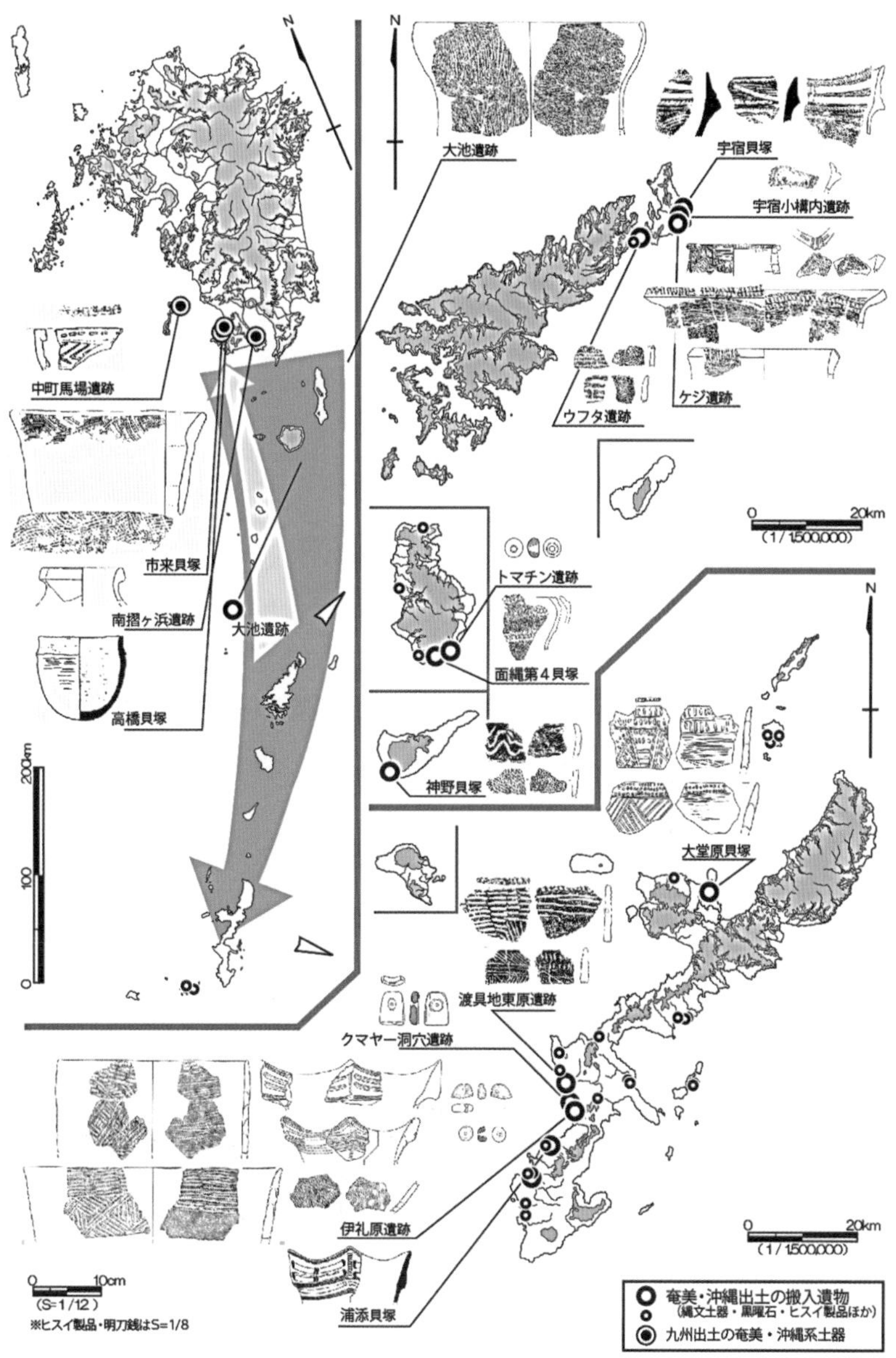

図 2-10　貝塚時代前期の交流

貝塚時代後1期：南海産貝交易（ゴホウラ・イモガイ・オオツタノハ）

南海産貝交易[*55]は南島物産が消費地で大きく評価された時代である（図11）。貝交易とは、沖縄諸島を中心としたゴホウラ・イモガイ、大隅諸島・トカラ列島・奄美諸島を中心としたオオツタノハなど、琉球列島特産の南海産大型貝の貝輪を九州・本土にもたらした交易である。遠くは朝鮮半島北部、北海道まで確認されている。これらは弥生時代中期の九州を中心に祭祀者の装身具として用いられ大量に消費される。弥生時代の終わりごろから一時的に停滞するが、古墳時代中期には再度、九州地域の首長層の腕輪（貝釧）として用いられるようになり、貝交易は活況を取り戻す。やがて古墳時代後期には製品は腕輪（貝釧）ではなく、イモガイ製馬具（飾金具の象嵌）のみに収斂されていくが、その流通には、古墳時代当時、南海産貝の最大の消費地、種子島が関わっていた可能性が高い。その分布は、遠く朝鮮半島南部、関東地方にいたる。

貝交易の対価品の一部として、九州系の弥生土器や金属製品（鉄器・青銅器）、石器、ガラス玉類などがもたらされるが（遺跡には残らないが穀類・酒・布なども想定されている）、それは大型貝の集積（交易品のストック）が検出され、南海産大型貝最大の供給地とされている沖縄諸島で顕著である。奄美諸島のこの貝交易への対応は、いまなお不明な部分が多いものの、沖縄諸島と同様に、交易に利便性の良い砂丘地に遺跡の立地が変化することや、奄美諸島の沈線文脚台系土器が沖縄諸島に数多く運ばれていることから、交易の仲介者集団の一部が奄美諸島に存在したことを示すと考えられている[*56]。柱状片刃石斧（喜界町池治矢筈遺跡、奄美市宇宿小学校構内遺跡）や磨製石鏃（奄美市サウチ遺跡・宇宿港遺跡）、磨製石鏃を模造した磨製貝鏃（奄美市あやまる第2遺跡）、土製紡錘車（サウチ遺跡）、ガラス丸玉（喜界町大ウフ遺跡）などは、貝交易に関わり、その異文化接触によって文化要素の一部を導入した証拠として捉えられ、和泊町西原海岸遺跡採集のゴホウラ貝輪未製品は、貝輪加工にも奄美諸島集団が関わっていたことを示し、種子島広田下層貝符（奄美市サウチ遺跡）の出土は、古墳時代最大の貝製品消費地である種子島と関係していた可能性を示す資料と考えられる[*57]。

＊55 木下尚子『南島貝文化の研究：貝の道の考古学』（法政大学出版局、一九九六年）。

＊56 新里貴之「貝塚後期文化と弥生文化」設楽博己・藤尾慎一郎・松木武彦（編）『弥生時代の考古学1：弥生文化の輪郭』（同成社、二〇〇九年）、一四八―一六四頁。

＊57 新里貴之「沖永良部島のゴホウラ貝輪未製品資料」新東晃一代表還暦記念論文集刊行会（編）『南の縄文・地域文化論考』中巻、二〇〇九年、九一―一〇四頁。

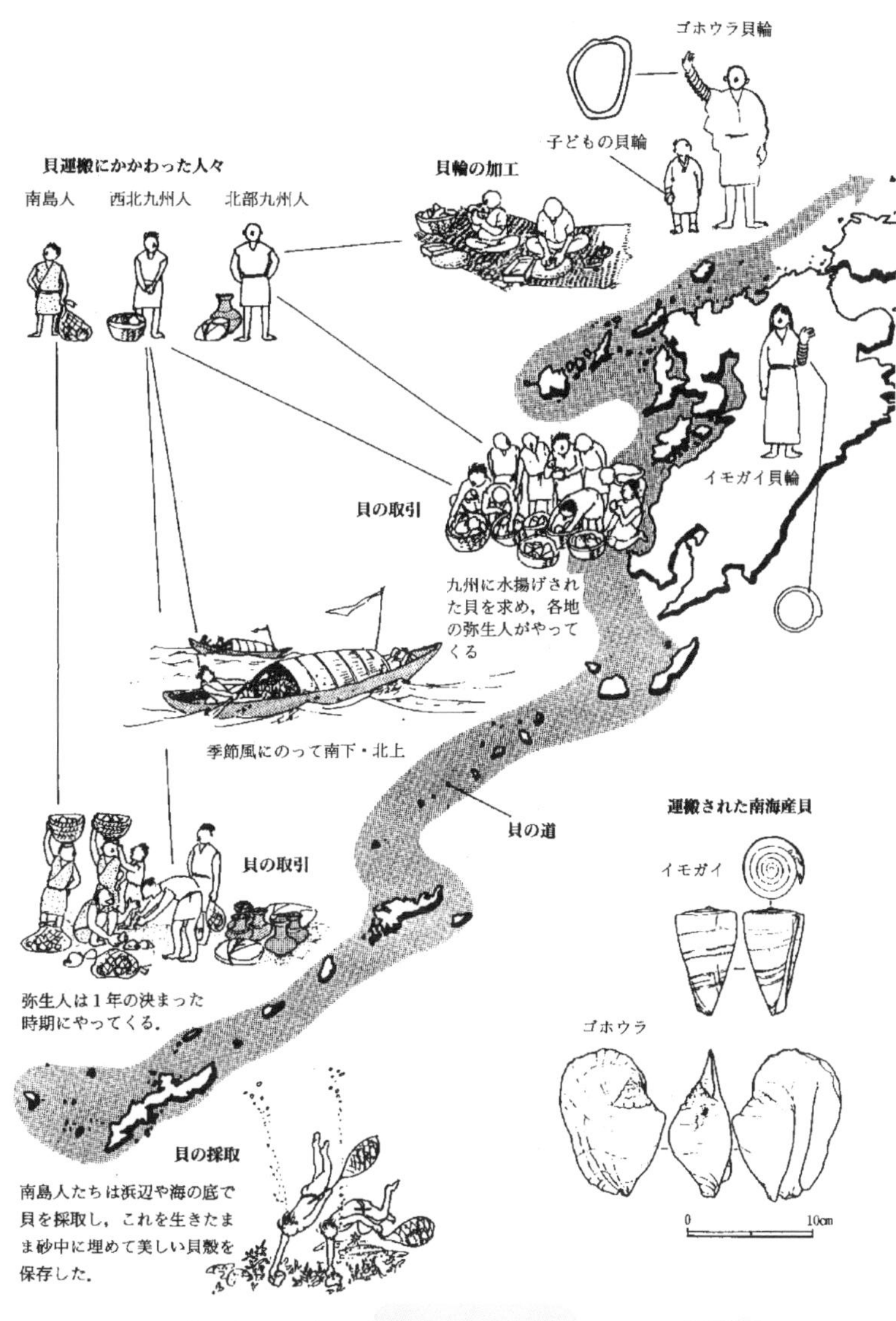

図 2-11　貝塚時代後１期の南海産貝交易

住居跡の例として、龍郷町ウフタⅢ遺跡では貝塚時代後1期初頭の石積み石囲い竪穴住居跡が一基、奄美市のサウチ遺跡では後1期中頃の、和泊町西原海岸遺跡では、後1期後半の楕円形竪穴住居跡が確認されているものの、集落構造が分かる例は確認されていない。墓は奄美市宇宿港遺跡で一例確認されている。

貝塚時代後2期：南海産貝交易（ヤコウガイ）

六世紀後半には奈良・飛鳥に中央集権国家が成立し、東アジア諸国と政治的・文化的なつながりを持つ天皇と貴族を中心とした政治支配体制は、階級社会を形成し国内の支配を実施する。八世紀には京都に遷都し、以後、政治・文化の中心となった。律令制度は戸籍と計帳で人民を把握し、租・庸・調と軍役を課すことで官僚制度を支える。これに基づく統一国家の体裁を整えるための勢力伸長が進められ、遣唐使を度々送り、唐をはじめとする大陸の文物を導入した。「掖玖」、「南島」として琉球列島が確認できるのもこの国土拡大期である。奄美については八世紀前後の関係記事が多い（第五章参照）。

奄美諸島の貝塚時代後2期は、九州以北に展開した丸底をもつ土師器甕と異なり、くびれ平底系・兼久式土器を指標とする文化が展開していた。沖縄諸島とも共通する土器様式である。遺跡から出土する動物遺体や植物遺体、そして土器、石器の組み合わせからみても、生業形態は貝塚時代前期からほとんど変化していない。ただし遺跡の立地は、時代を追うごとに砂丘だけでなく、台地上にも立地するようになる。概ね六世紀後半〜十一世紀前半までが相当する。

文献史学の成果から、この時期には南島と、中国（唐）や日本とのヤコウガイ交易が想定されており、この史実を実証するものとして、奄美諸島において採取されたヤコウガイ（図12・13）が大量に出土する遺跡（奄美市マツノト遺跡、フワガネク遺跡など）が認識されるようになってきた。現在ではヤコウガイ交易における集積・供給の結節地点を示すものと考えられている。[*58] 奄美諸島で出土する九州・本土の土師器・須恵器は、鉄器関連遺物を含めて日本との、開元通宝は中国（唐）との交易の対価物と想定されている。しかしながら、六世紀後半から十一世紀前半とされるヤコウガイ大量出土遺跡

図2-12　ヤコウガイ

＊58 ヤコウガイ交易に関しては、以下の研究がある。
木下尚子「開元通宝と夜光貝」高宮廣衞先生古稀記念論集刊行会（編）『琉球・東アジアの人と文化』上巻（尚生堂、二〇〇〇年）、一八七―二二〇頁。
高梨修『ヤコウガイの考古学』（同成社、二〇〇五年）。
安里進「ヤコウガイ交易二つの口と一つの口：論点の整理と検討」ヨーゼフ・クライナーほか（編）『古代末期・日本の境界：城久遺跡群と石江遺跡群』（森話社、二〇一〇年）。

の年代観と、日本の大量消費地における年代には未だ隔たりがあり（十二世紀代の中尊寺金色堂など）、古代日本とのヤコウガイ交易の存在は、考古学的には確定できたとまでは言えないまでも、海産資源を南島物産とする琉球列島の特性を認識できる魅力ある説であることに間違いはない。

この時期の住居跡は、掘立柱建物跡が主体となる。砂丘に立地する奄美市フワガネク遺跡では、中央部に炉跡をもつ四棟が確認されており、同じ砂丘立地である奄美市安良川遺跡では砂利敷きの一棟が検出されている。砂丘立地の掘立柱建物跡は建面積がやや小さく、柱穴の配置には規格性がなく（時には柱穴も検出されない）、中央部に炉も位置しているため土間であることが分かる。それに対して、喜界町半田口遺跡は、段丘上に遺跡が立地し、比較的大きく主軸方向がおおむねそろった規格性のある二×三間の掘立柱建物跡が五棟、整然と配置されており、庇のつく建物跡も存在する。明らかに貝塚文化の伝統とは異なる外来の文化がいち早く定着している（次頁図15）。

このような喜界島（図14）の特異性は住居跡だけでなく、奄美・沖縄諸島でくびれ平底系土器を使用している段階に、喜界島では九世紀後半代には、九州・大隅諸島・トカラ列島と共通する土師器甕を使用し始めること、越州窯系青磁、白磁などの初期貿易陶磁、日本産の須恵器や緑釉陶器などの出土、仏教的要素を持つ須恵器を蔵骨器とした墓が確認されること、琉球列島で最も古い八世紀代にさかのぼる栽培穀類があったことなど、喜界島は地理的に奄美大島に近接していながら、断続的に日本文化との南限地域であった特性を持つ。

近年確認されている貝塚時代前4・5期の拠点的集落の存在を見ても、喜界島の特性は古代だけに限られたものではないのかもしれない。また、貝塚時代に後続するグスク時代の幕開けはこの島が大きな役割を果たした可能性を示唆するものである。では奄美・沖縄諸島に特有なグスクとは何か、グスク時代とはどのような文化を持つ時代であったのか、次節で見ていきたい。

（新里貴之）

図 2-13　ヤコウガイの真珠色の光

図 2-14　喜界島の百之台

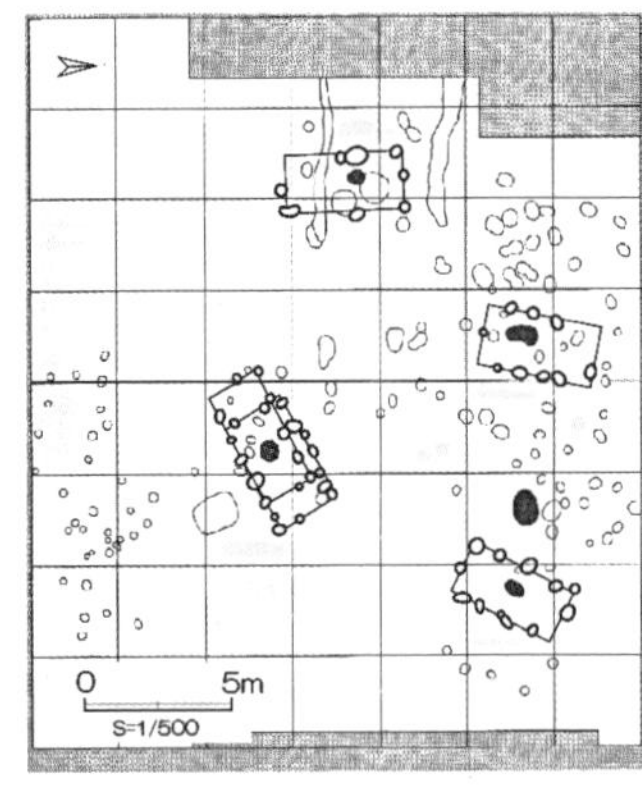

1　貝塚時代後２期の住居跡
（奄美大島・フワガネク遺跡）

2　貝塚時代後２期の住居跡（喜界島・半田口遺跡）
＊太線の建物跡が該当

図 2-15　掘立柱建物規模と建物方向の違い

放射性炭素年代測定

炭素の中性子の数（重さ）で区別される三つの同位体（^{12}C・^{13}C・^{14}C）のうち、放射性同位体である炭素 14（^{14}C）が、一定の割合で崩壊・減少していく性質を利用した年代測定法のことをいう。

地上からはるか上空では、宇宙線が大気中の原子と衝突し、中性子が生成される。中性子は窒素（^{14}N）と結合し、炭素（^{14}C）ができあがる。^{14}C は酸素（O）と結合して二酸化炭素（CO_2）として地上の大気中に拡散する。その ^{14}C は光合成によって植物に取り込まれ、草食動物がこれを取り込み、肉食動物は草食動物を捕食して体内にこれを取り込むという食物連鎖のなかで、生物の生存中は体内に大気中と同じ濃度の ^{14}C が存在する。ところが生物が死ぬと、^{14}C は生物の体内に取り込まれることがなくなり、体内に残された ^{14}C は一定の割合で減少していくことになる。

^{14}C の減少の割合は、5730 年で半分になるとされているため（半減期）、過去の生物の ^{14}C の濃度を測り、半分になっていれば約 5700 年前に死んだものであると考えることができる。ところで、過去の ^{14}C 濃度は、太陽周期や地磁気の変化で変化する宇宙線のために、時代によって変動し一定でないことが分かっている。そのため過去の ^{14}C 濃度が一定であるという仮定で計算された測定値と、我々が西暦などで用いる暦年代とは誤差が生じる。生育年の分かる樹木年輪などの ^{14}C 濃度を測り、測定値の上に重ねるとズレがある。これが大気中の ^{14}C 変動を表す較正曲線（図 16）である。この較正曲線は分析資料の増加や入れ替えによって更新されており、現在、Intcal20 という 2020 年に更新されたデータが使用されている。

なお、海洋生物の場合、^{14}C の較正曲線はまた異なる。海洋深層水が約 1500 年の周期でゆっくりと表層と循環するため、海洋中の ^{14}C 濃度は大気中の ^{14}C 濃度に比べて低い。そのため、海洋生物起源の資料は、陸上生物起源の資料に比べて、その測定値が平均値で 400 年ほど古くなるとされる。これを海洋リザーバー効果という。そのため、貝類や魚類などの ^{14}C や、それを主食とした生物遺体の ^{14}C 濃度を測るときには注意が必要となる。現在は海洋生物の ^{14}C 変動を示す較正曲線 Marin20 などが利用されている。

（新里貴之）

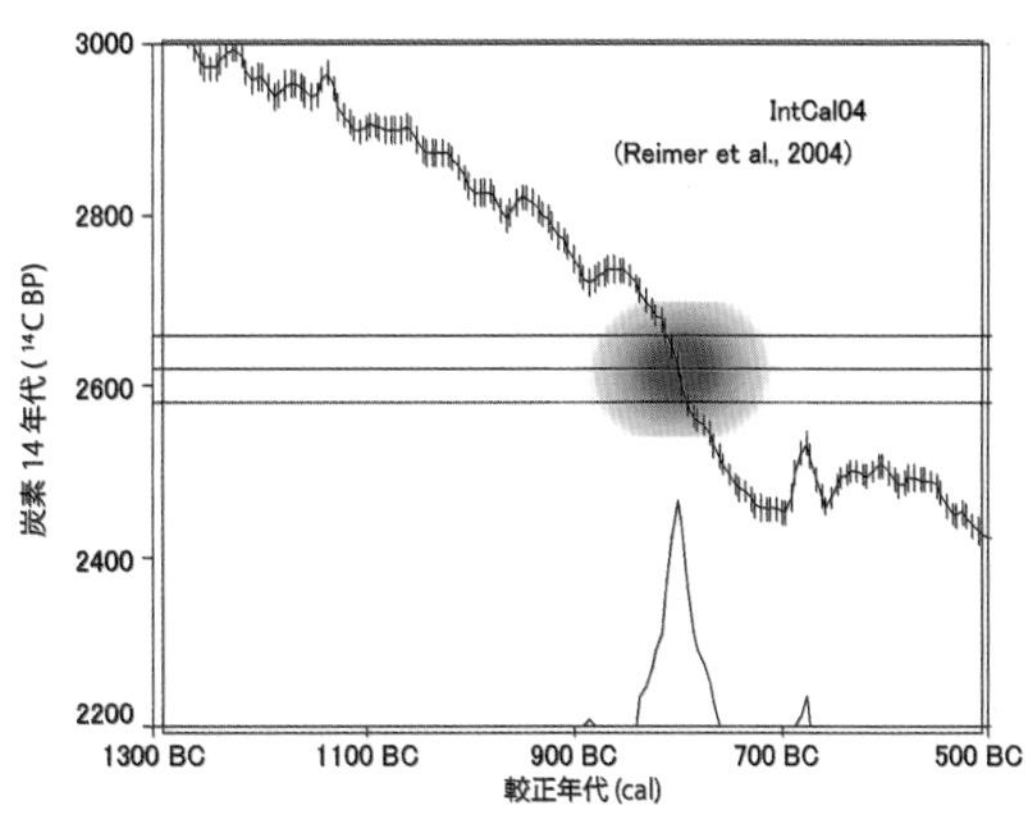

図 2-16　較正曲線

出典：藤尾慎一郎「土器型式を用いたウィグルマッチングの試み」（『国立歴史民俗博物館研究報告第 137 集』2007 年）より転載

第三節　いつ、どこで、何があったか／本土との比較 ——原史時代（グスク時代）

グスク時代とは

貝塚時代の後に続く「グスク時代」とは、琉球列島各地に多くの「城」が築かれた頃を指す。これは考古学の分野から名付けられた時代名称で、日本史の年表上では平安時代後期から戦国時代（十一世紀中頃〜十六世紀）に対比される（第一章第一節参照）。研究が始められた当初、現在のグスク時代は貝塚時代後期の次の貝塚時代晩期とされていた。[＊59] これは、城跡とみられる遺跡より貝塚時代後期の土器と共に須恵器、陶磁器が採集されることから順序付けられたものである。一九六〇年代以降、沖縄本島のグスクの名が付く石垣に囲まれた遺跡の調査によって、その最下層から貝塚時代後期の生活跡が発見され、グスクと呼ばれる遺跡が貝塚時代後期遺跡の後に出現することが実際の発掘調査によって明らかとなった。[＊60] 沖縄本島中南部に特に多いグスクは按司の居城とされ、[＊61] 貝塚に続いて現れる石垣に囲まれた遺跡は城跡と考えられることから、後年、貝塚時代晩期は「城時代」と呼ばれるようになった。[＊62] 今日ではカタカナによって「グスク時代」と表記するのが一般化している。[＊63]

グスク時代遺跡の発掘では、貝塚時代とは特徴が異なる形状の土器の他、特定の産地から運ばれた石製の鍋、窯で焼かれた硬質の陶器、陶磁器類の他、鉄製の農具、武具、建材、屋根瓦など様々な材質の色々な遺物が出土する。また、イネ、ムギ類、アワなど栽培植物が各地で見つかることは農業が広く普及したことをうかがわせる。サンゴ礁漁労と野生植物の採集経済に支えられた貝塚時代文化に対し、農耕に重きを置き、島外から運搬された品物を日常的に用いる生活文化をここでは「グスク文化」と呼んでおく。

＊59 多和田眞淳「琉球列島の貝塚分布と編年の概念」『琉球政府文化財要覧』（那覇出版社、一九五六年）、一二—一三頁。

＊60 グスクに関する基本文献には以下などがある。
名嘉正八郎『琉球の城』（アドバイザー、一九九三年）。

當眞嗣一（編）『ぐすく　グスク分布調査報告（Ⅰ）—沖縄本島及び周辺離島—』沖縄県文化財調査報告書第53集（沖縄県教育委員会、一九八三年）。

大城慧（編）『ぐすく　グスク分布調査報告（Ⅱ）—宮古諸島—』沖縄県文化財調査報告書第94集（沖縄県教育委員会、一九九〇年）。

沖縄県立博物館（編）『城（グスク）—城に語らせたい地域の歴史—』（沖縄県立博物館、一九九二年）。

＊61 比嘉春潮『沖縄の歴史』（沖縄タイムス社、一九五九年）、二一—二四頁。

＊62 高宮廣衞「沖縄（古墳文化の地域的概観）」『日本の考古学』Ⅳ（河出書房新社、一九六五年）、五三二—五三五頁。

＊63 沖縄考古学会（編）『南島考古入門—掘り出された沖縄の歴史・文化』（ボーダーインク、二〇一八年）。

グスク文化の成立

貝塚時代後期とグスク時代は、人々が利用した生活用具の違いによって区別されている。グスク時代の土器は、それ以前の甕形土器と異なり、その形状は寸胴鍋形で、素材粘土の中に滑石と呼ばれる軟らかい石材の細片が混ぜられることが多い（図17）。沖縄本島北部にある熱田貝塚の発掘調査によって、このような土器と一緒に九州産の滑石製石鍋が出土したことから、グスク時代の土器は外来の石製調理具に形の由来があることが判明した。[*64]

滑石製石鍋は中国産白磁やカムィヤキと呼ばれる徳之島産の硬質陶器と共に見つかることが多く、これらの三点セット（図18）はグスク時代の到来を告げる標準の資料とされている。[*65]調査・研究が進んでこれらが十二世紀前後に年代付けられたことから、グスク文化はこの頃に成立したと考えられるようになった。それまでの先島諸島は、土器を使わない無土器の時代（無土器時代文化）にあったが、農耕文化とともに滑石製石鍋、カムィヤキ、中国産白磁が伝わって、さらには鍋形の土器も製作されるようになった。このことはグスク文化が貝塚時代の文化圏を飛び越して別の文化圏にあった先島諸島にも定着したことを示すと同時に、[*66]琉球列島全域が共通した生活文化圏にまとめられて、生活用具を自足することに加え、必要な品を遠隔の地から入手する商品経済が広い地域ではじまったことを意味する。また、農耕の定着は、食用となる植物を「集める」時代から「育てる」時代への移り変わり、すなわち生産経済のはじまりを表している。イネやムギ類の野生種は琉球列島には自生していなかったので、島々で野生種から栽培種への品種改良が行われたとは考えにくい。種子の運搬に加えて、栽培植物を育成する知識や耕作地を整備・管理する方法を含む体系的な農耕技術は、他所の地から伝えられたと考えられる。

こうしたことに注目すると、琉球列島のグスク文化とは、貝塚時代文化や無土器時代文化の延長に自立して成立したのではなく、そこに住んだ人々と遠く離れた地域の人々とのダイナミックな交流・交易・交渉、さらには人々の移住を背景に誕生したとみることができる。琉球列島のグスク文化とは、一．広域な生活文化圏の出現、二．商品経済の開始、三．生産経済のはじまりに代表

＊64 金武正紀・比嘉春美（編）『恩納村熱田貝塚発掘調査報告書』沖縄県文化財調査報告書第23集（沖縄県教育委員会、一九七九年）。

＊65 前掲註63に同じ。

＊66 金武正紀「土器→無土器→土器—八重山考古編年試案—」『南島考古』14（沖縄考古学会、一九九四年）、八三—九二頁。

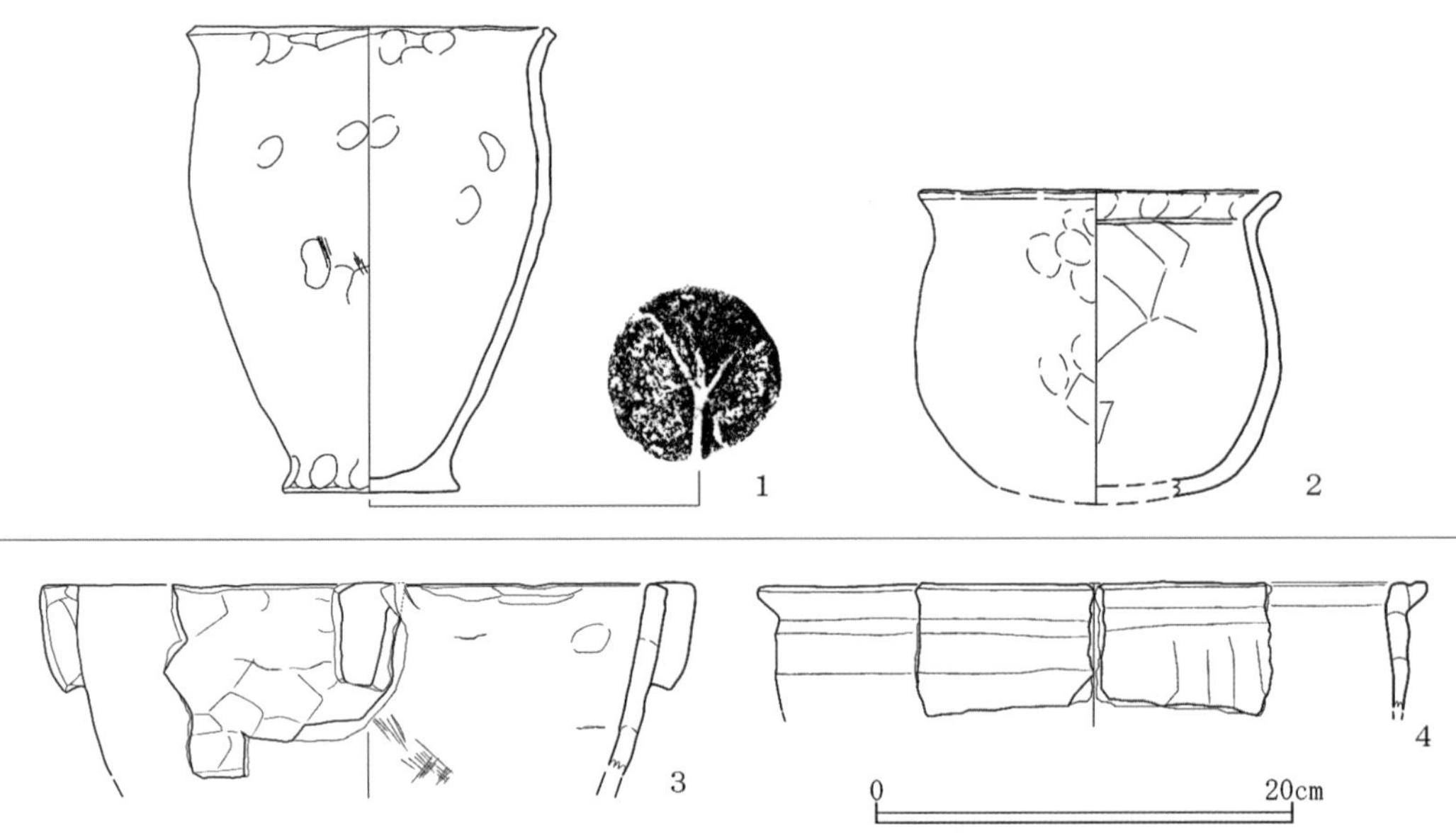

図 2-17　貝塚時代後２期の土器（上段）とグスク時代の土器（下段）

（1：川嶺辻遺跡　2：山田半田遺跡　3：山田半田遺跡　4：山田半田遺跡）

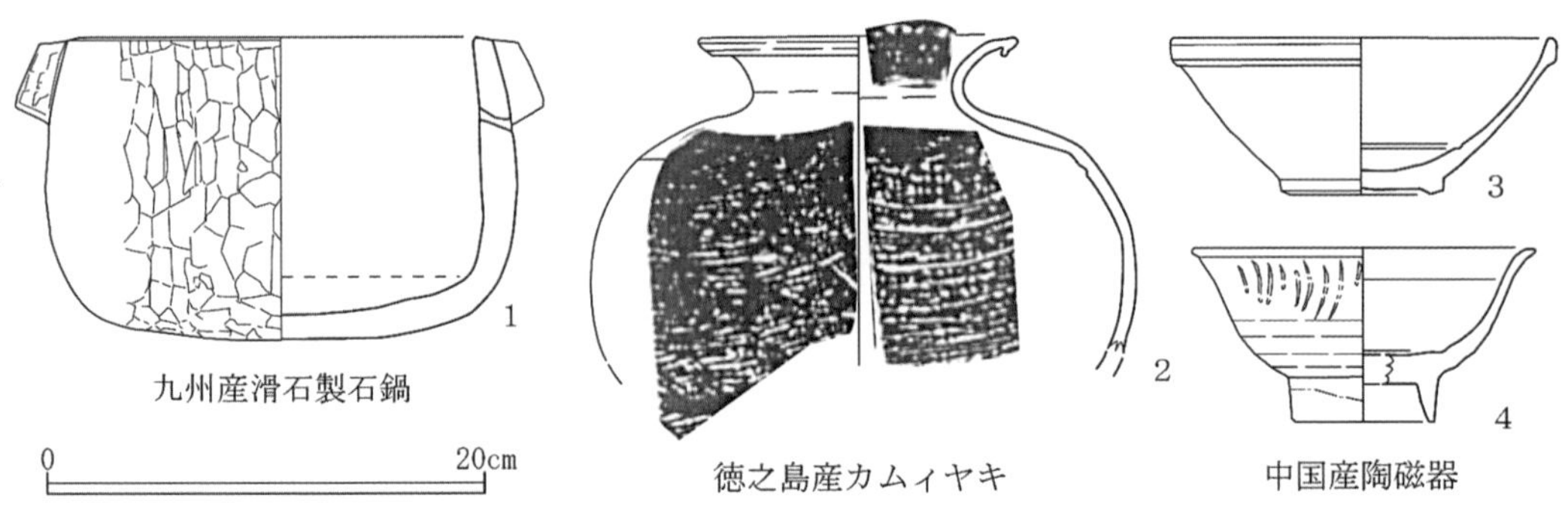

図 2-18　グスク時代の３点セット

（1：海の中道遺跡　2：徳之島カムィヤキ陶器窯跡　3：大ウフ遺跡　4：銘苅原遺跡）

される文化の大激変の上に登場したものといえる。

グスク文化を理解する上で重要な遺跡は奄美諸島においても多く発見されている。まず、食器三点セットの一つであるカムィヤキの生産地は徳之島にあり、島南部の山中には百を超す多くの窯跡（図19）がのこされている。[*67] また喜界島には、一三万平方メートルを超える範囲から無数の建物跡、埋葬跡などが検出された城久（ぐすく）遺跡群（図20）があり、そこからは滑石製石鍋、中国陶磁器、カムィヤキを中心とした遺物が一般的な遺跡とは比較にならないほど多く出土している。遺跡は城久Ⅱ期とされる十二世紀前後に隆盛を迎えることから、[*68] グスク時代開始期における琉球列島と九州を結ぶ交易の拠点にふさわしいとされる。[*69] 食器の一大生産地や交易拠点など特別な遺跡が集中する奄美諸島はまさしくグスク文化の発信地であり、沖縄諸島を越えて先島諸島に至る共通した文化圏の成立に大きな役割を果たした地域として高い評価を得ている。

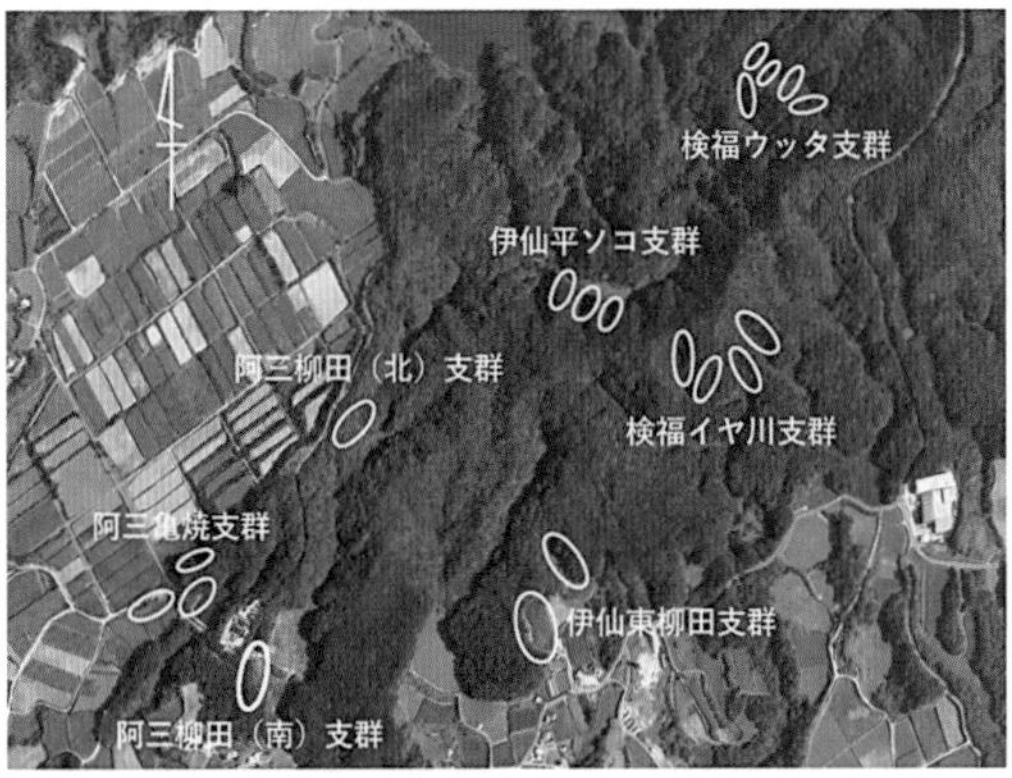

図2-19　カムィヤキ古窯跡群の生産跡の分布
＊1つの白線枠内に複数の窯跡がみつかっており、100ヘクタールを超す森の中に100基以上の窯跡がのこされている可能性がある。

図2-20　城久遺跡群山田半田遺跡の発掘状況
＊奄美大島を望む東側から撮影した航空写真で、白線は掘立柱建物跡の発見位置を示す。

＊67 新東晃一・青崎和憲（編）『カムィヤキ古窯跡群Ⅰ』伊仙町埋蔵文化財発掘調査報告書(3)（伊仙町教育委員会、一九八五年）。新東晃一・青崎和憲（編）『カムィヤキ古窯跡群Ⅱ』伊仙町埋蔵文化財発掘調査報告書(5)（伊仙町教育委員会、一九八五年）。青崎和憲・伊藤勝徳（編）『カムィヤキ古窯跡群Ⅲ』伊仙町埋蔵文化財発掘調査報告書(11)（伊仙町教育委員会、二〇〇一年）。新里亮人（編）『カムィヤキ古窯跡群Ⅳ』伊仙町埋蔵文化財発掘調査報告書(12)（伊仙町教育委員会、二〇〇五年）。池田榮史（編）「南島出土須恵器の出自と分布に関する研究」平成14年度～平成16年度科学研究費補助金基盤研究(B)―(2)研究成果報告書（琉球大学法文学部、二〇〇五年）。

＊68 松原信之・野崎拓司・澄田直敏・早田晴樹（編）『城久遺跡群―総括報告書―』喜界町埋蔵文化財発掘調査報告書(14)（喜界町教育委員会、二〇一五年）。

＊69 池田榮史「琉球列島史を掘りおこす―十一～十四世紀の移住・交易と社会的変容―」『琉球の中世』（高志書院、二〇一九年）。

グスク時代のくらし

食生活の変化とともに、くらしの場も大きく変化した。遺跡の位置が海岸周辺から琉球石灰岩の台地上に移ったのは、農耕に適した地を選んだ結果といえる。[*70] 貝塚時代後期と比べて遺跡数は増加し、その面積も大きくなる。生活用地と耕作地の拡大のため、開発しやすい平坦な土地を求めたのであろう。ボーリング調査[*71]や動物骨の分析[*72]によると、貝塚時代と比べて森林の伐採も進んだようで、こうした変化は遺跡数の増加（＝人口の増加）とも対応している。こうした地で人々は掘立柱の木造家屋に住み、太い四本柱をもつ建物に食料を蓄えた。

水田跡（図21 a）や畠跡（図21 b）と想定される遺構の発見状況によると、農地は集落の隣接地に営まれることが多かったようだ。耕作や収穫には鉄製の農具が用いられ、貝塚時代後期には生息していなかったウシやウマが島外から運び込まれた。これらは農作業用に飼育されていたとみられる。[*73] 遺跡からは焼け焦げて炭化した穀類がまとまった量出土することが多く、年代測定の結果、赤木名グスク遺跡のイネは十二世紀前後のものであることが明らかにされている。[*74] 栽培植物の内訳はイネ、オオムギ、コムギ、アワ、キビで、これらの集計によれば、イネを主体とする遺跡、アワが多い遺跡など、遺跡ごとに様相が異なるようである。[*75] 土器には穀類の圧痕（スタンプ）が付いていることもある（図21 c）。貝塚時代から利用されていた堅果類（イタジイ）も出土するので、伝統的な植物資源の利用は続いていたようだが、サンゴ礁での漁労活動はやや停滞したらしく、生活の中で農業が占める時間は確実に長くなったとされる。[*76]

食器の種類も増えた。貝塚時代の主な種類は煮炊き用の甕と貯蔵用の壷であったが、先に紹介したようにグスク時代は甕に代わって鍋が主流となり、食卓に並ぶ小型の碗や皿がこれらに加わって現代でもなじみの深い形のものが多くなる。食生活の変化と関係して穀物を食べるのに便利な食器が流行したことを表している。煮炊き具は土製、石製、貯蔵具は土製、陶製、食膳具は土製・陶製・磁器製と器の種別と素材に対応関係がみられ、使い方に適した材質の器が用いられていたことがうかがえる。

＊70　前掲註63に同じ。

＊71　山田和芳・瀬戸浩二・五反田克也・藤木利之・原口強・米延仁志「内湾堆積物に記録された過去約二〇〇〇年間の沖縄諸島環境史」『琉球列島先史・原史時代における環境と文化の変遷に関する実証的研究　研究論文集　第2集　琉球列島先史・原史時代の環境と文化の変遷』（六一書房、二〇一四年）。

＊72　樋泉岳二「脊椎動物遺体からみた奄美・沖縄の環境と生業」『先史琉球の生業と交易―奄美・沖縄の発掘調査から―』平成11～13年度科学研究費補助基盤研究（B）（2）研究成果報告書（熊本大学文学部、二〇〇二年）。

＊73　樋泉岳二「脊椎動物遺体からみた琉球列島の環境変化と文化変化」『琉球列島先史・原史時代における環境と文化の変遷に関する実証的研究　研究論文集　第2集　琉球列島先史・原史時代の環境と文化の変遷』（六一書房、二〇一四年）。

＊74　高宮広土・千田寛之「琉球列島先史・原始時代における植物食利用―奄美・沖縄諸島を中心に―」『琉球列島先史・原始時代の環境と文化の変遷に関する実証的研究　研究論文集　第2集』（六一書房、二〇一四年）。

＊75　前掲註74に同じ。

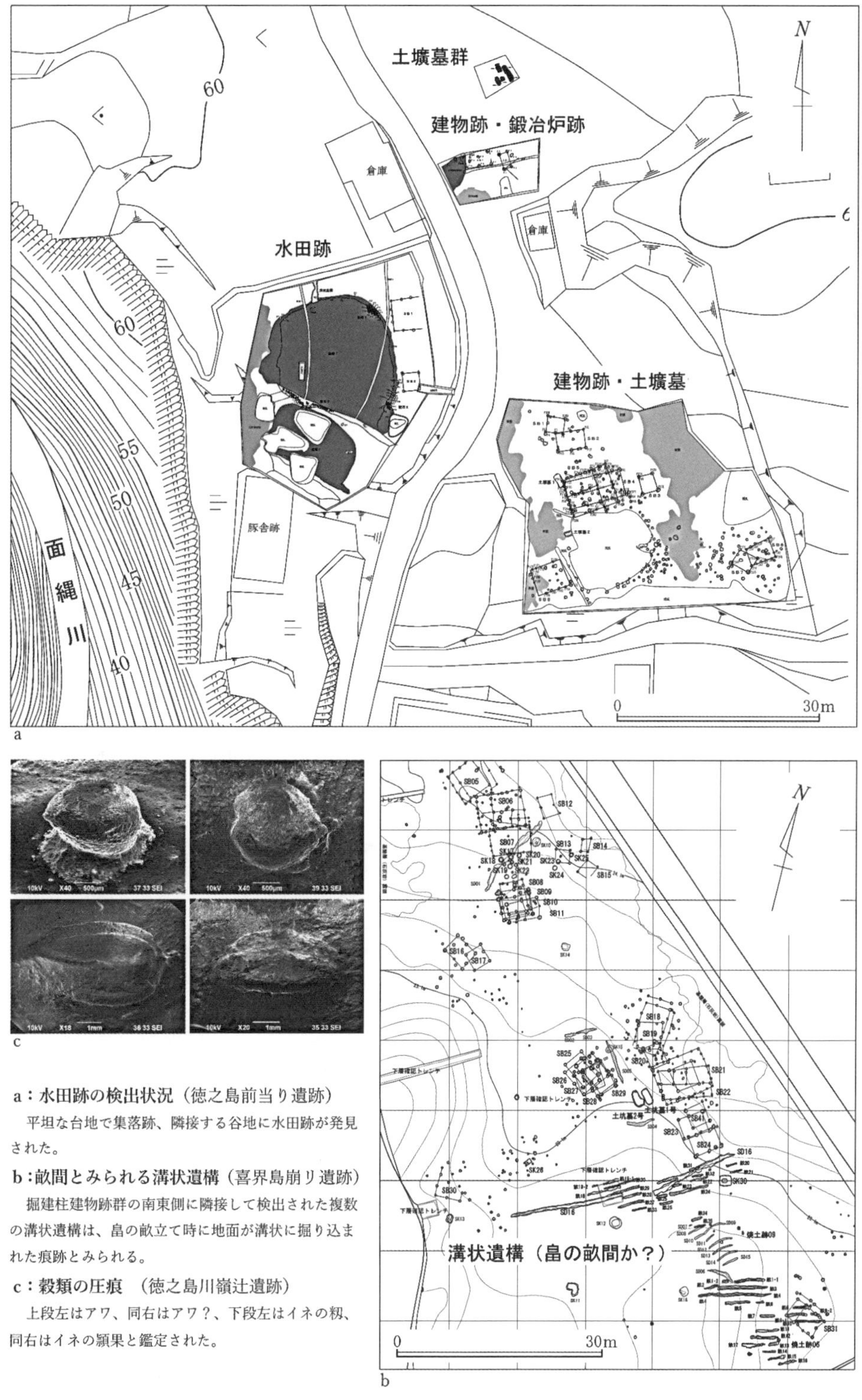

a：水田跡の検出状況（徳之島前当り遺跡）
平坦な台地で集落跡、隣接する谷地に水田跡が発見された。

b：畝間とみられる溝状遺構（喜界島崩リ遺跡）
掘建柱建物跡群の南東側に隣接して検出された複数の溝状遺構は、畠の畝立て時に地面が溝状に掘り込まれた痕跡とみられる。

c：穀類の圧痕（徳之島川嶺辻遺跡）
上段左はアワ、同右はアワ？、下段左はイネの籾、同右はイネの穎果と鑑定された。

図 2-21　遺跡から発見された農耕関連遺構と土器にのこされた穀類圧痕

『平家文書』という史料中に、奄美大島の「戸口村大城」、「玉城」、「松当城」などの記載があり、古くは城が築かれていたことが記されている。[*77]『奄美史談』の按司屋敷は、琉球王国以前の按司割拠時代の証拠とされ、徳之島では、按司の居所は「グスク」と伝えられている[*78]（コラム5）。徳之島町尾母の大谷山にも「按司屋敷跡」と呼ばれる地があるようだ。[*79] 戦後、沖縄におけるグスク研究の進展と歩調を合わせるように奄美諸島の自治体誌にもグスクに関する内容が記載されるようになり、[*80] 国内の城郭研究においても奄美諸島のグスクや按司屋敷などが取り上げられるようになった。[*81] 調査の結果、奄美大島には山の斜面を削って傾斜をきつくする切岸、山の尾根に溝を掘り移動を難しくする堀切、土を盛って防壁とする土塁などをもつグスクがあることが明らかとなり、[*82] 沖縄県に多い石垣に囲まれたグスクとは異なる特徴が知られるようになった。軍事的な視点をもって土地の改変状況を確認し、地図上で城の構造を検討する縄張り研究によると、奄美大島のグスクは堀切や切岸によって周囲から独立させる特徴があり、日本の中世城館と類似するという。[*83] また、グスクは現集落の裏山に当たる見晴らしの良い場所にあることが多いため、当時の村落と関係して築かれたとされ、構造や規模の違いによって村落を支配する拠点や戦いの際の村落民の逃げ城など様々な機能が想定されるようだ。[*84] 赤木名グスク遺跡の発掘調査では、掘立柱建物跡とともに食器類やイネ、オオムギが見つかっており、有力者が集落を展望できる丘陵上にて生活していた可能性があるという。[*85]

奄美のグスク

奄美大島の北部地域においてはグスク名称を残す遺跡とそうではない遺跡の両者があり、後者の遺跡が多いとされる。[*86] 名瀬や笠利半島西岸側には、山の尾根筋に堀切・土塁を設けて行く手を阻む構造をもつ遺跡が目立つ一方、笠利半島東海岸側の遺跡は、台地上に立地し、その周辺を溝で囲って防御する例が多いという。[*87] 前者は曲輪（平坦面）が小規模な一方で、後者は広い平坦面をもち、構造上の差異は立地の違いと対応している。こうした特徴から奄美大島には九州本土の影響を受けた城郭[*88]と沖縄からの影響を受けたグスク[*89]の両者が併存していることが指摘されている（図22）。

＊76　黒住耐二「貝類遺体からみた沖縄諸島の環境変化と文化変化」『琉球列島先史・原史時代における環境と文化の変遷に関する実証的研究　研究論文集　第2集　琉球列島先史・原史時代の環境と文化の変遷』（六一書房、二〇一四年）。

＊77　高梨修「奄美におけるグスク研究のパースペクティブ」『南日本文化』第30号（鹿児島短期大学附属南日本文化研究所、一九九七年）、三七―六〇頁。

＊78　坂井友直『徳之島小史』一九一七年。

＊79　廣瀬祐良『昭和八年度調査　郷土史研究　徳之島ノ部』一九三三年（徳之島町誌編纂室（編）『「徳之島町史」基礎資料集』所収、二〇一九年）。

＊80　名瀬市誌編纂委員会『名瀬市誌』（名瀬市役所、一九六八年）。

＊81　鹿児島県教育委員会（編）『鹿児島県の中世城館跡』一九八七年。

＊82　中山清美「境界域の奄美　赤木名グスク遺跡と倉木崎海底遺跡」『日琉交易の黎明　ヤマトからの衝撃』（森話社、二〇〇八年）。

＊83　鶴嶋俊彦「赤木名グスク遺跡の構造」『赤木名グスク遺跡』（奄美市教育委員会、二〇〇八年）。

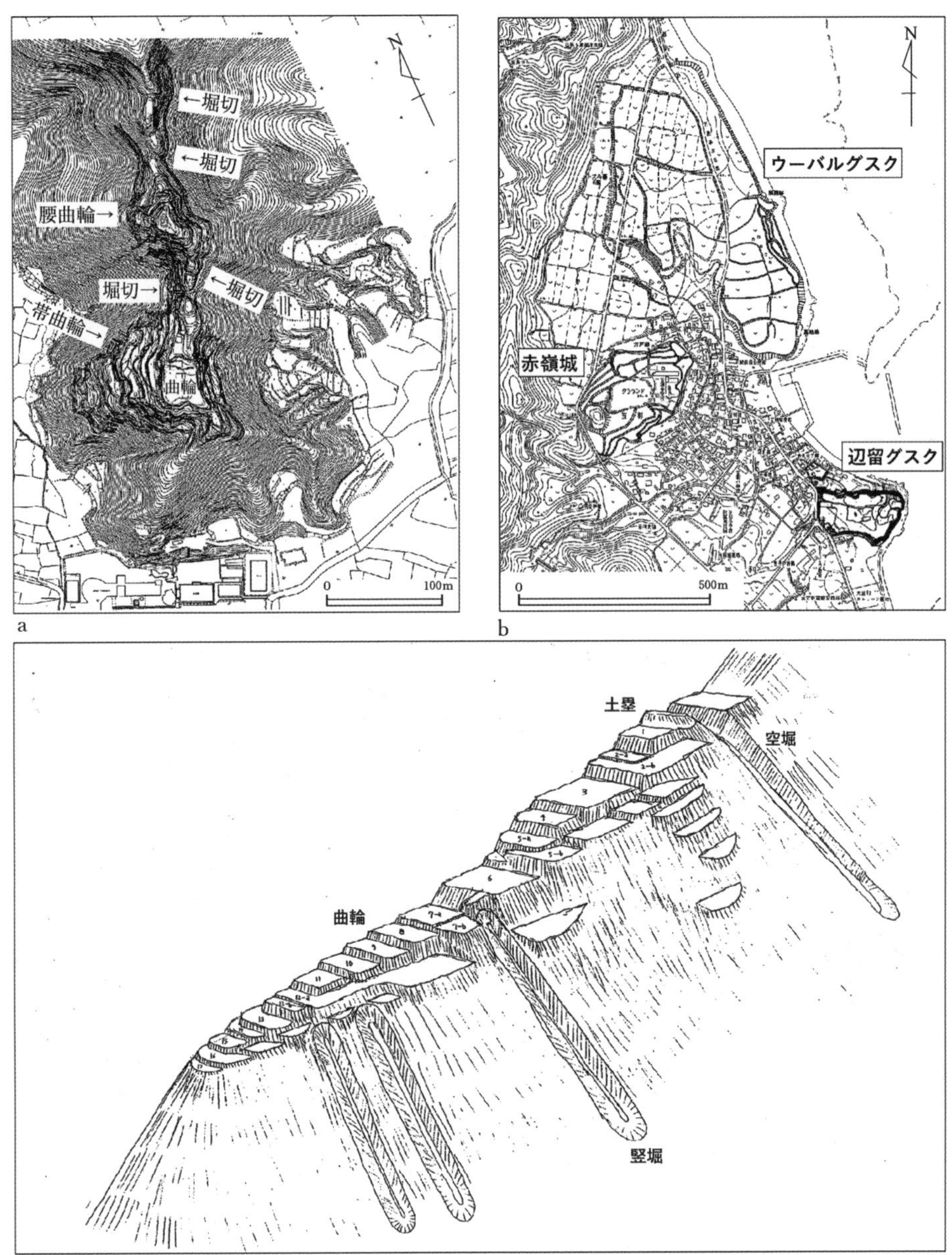

図 2-22　奄美大島の各種グスクおよび城郭遺跡

a：赤木名城跡地形測量図（奄美大島奄美市）

奄美大島を代表するグスクで、卓越した規模をもつとされる。城域とされる範囲の最高所に曲輪が設けられ、その防御を意図した構造が認められるとされる。その構造からは日本本土の城郭からの影響が想定されている。

b：笠利半島東海岸のグスク分布（奄美大島奄美市大笠利地区）

笠利半島の東海岸には海に面した台地上に複数のグスクが構築されている。山稜にあるグスクと異なり広い平坦面（曲輪）をもち、地表面観察では土塁や堀切等が確認できないが、発掘調査によって溝状遺構が検出されることが特徴とされる。

c：名瀬勝・ハーゲ（赤貝）遺跡のイメージ図（奄美大島奄美市）

名瀬市教育委員会（当時）作成の遺跡概略図に基づいて作成された想定図。全長は約 99m あり、丘陵の細尾根に曲輪が階段状に連結し、土塁や堀切によって動線を遮断している様子がよくわかる。グスク地名を残さないことから城郭遺跡と仮称されている。

一方、沖縄本島にも堀切や土塁をもつグスク（土グスク）があるという。丘陵に営まれた集落が土グスクへと発展して後の十四世紀前後に石垣で囲まれたグスク（石グスク）へと改築される例や石垣が築かれずに元の姿のまま存続する例もあるという。[*90] 奄美大島には石グスクでなく、土グスクが圧倒的に多いので沖縄諸島とは改築の事情が大きく異なるようだ。琉球列島では時間の経過とともに多様なグスクが出現し、各地域で独特な様相がみられる。このことは島々の有力者達がしのぎを削って攻防し、多様な城を構築していた状況を表しているのかもしれない。

この他、砂丘上にある宇宿貝塚では断面V字状の溝に囲まれた生活跡が発見されているが、[*91] 近隣グスクとの関係性などは不明な点が多く、これをグスクと呼ぶかどうかも含めこれからも検討が必要となる。徳之島町尾母の標高一九〇メートル大谷山にある按司屋敷は、その立地から堀切や土塁が発見される可能性がみこまれ、今後詳細な調査が望まれる。

グスク時代の交易

グスク時代を代表するカムィヤキは、グスク文化の圏外にあった熊毛諸島、上三島にも広がった。[*92] 九州の天草地方や大村湾周辺においても発見されており、[*93] 薩南の島々も含めて九州との活発な交流・交易が行われていたことをうかがわせる。また、グスク時代の三点セットはほとんど全ての島で出土しており、大小を問わず琉球列島の島々にまんべんなく行き渡った。

島外で生産された物資が船で運ばれたことは想像しやすいが、奄美諸島の海域ではこれらの海上輸送を示唆する遺跡も発見されている。奄美大島宇検村の焼内湾には倉木崎海底遺跡があり、海中の潜水調査によって十二、十三世紀の中国産陶磁器が大量に回収された。[*94] 船そのものは未発見だが、商品を積んだ船が近海を航行していたことを想定させる遺跡である。

碇石の引き上げ例も多い（図23）。碇石とは船の停泊に使う木製の碇を海に沈める柱状の重石のことで、その中心に固定のための溝や抉りが設けられる点に特徴がある。[*95] その発見地は船の航路上に当たる可能性があり、当時の交易の様子を知る上で重要な手掛かりとされる。碇石は奄美大島、徳

＊84 森幸一郎「奄美群島における防御的機能を有する“グスク”あるいは“城郭”と呼ばれる遺跡について」『中山清美と奄美学―中山清美氏追悼論集―』（奄美考古学研究会、二〇一九年）、五三―六四頁。

＊85 吉岡康暢・門上秀叡『琉球出土陶磁社会史研究』（真陽社、二〇一一年）。

＊86 高梨修（編）『奄美大島名瀬市グスク詳細分布調査報告書』名瀬市文化財叢書三（名瀬市教育委員会、二〇〇一年）。

＊87 前掲註84に同じ。

＊88 甲元眞之「考古学からみえる城久遺跡群」松原信之・野﨑拓司・澄田直敏・早田晴樹（編）『城久遺跡群―総括報告書―』喜界町埋蔵文化財発掘調査報告書⒁（喜界町教育委員会、二〇一五年）、五六―五九頁。

＊89 前掲註84に同じ。

＊90 前掲註85に同じ。

＊91 笠利町教育委員会『国指定史跡宇宿貝塚 宇宿貝塚ふるさと歴史の広場整備事業報告書』二〇〇一年。

＊92 中園聡（編）『黒島平家城跡・大里遺跡ほか』三島村埋蔵文化財調査報告書1（三島村教育委員会、二〇一五年）。

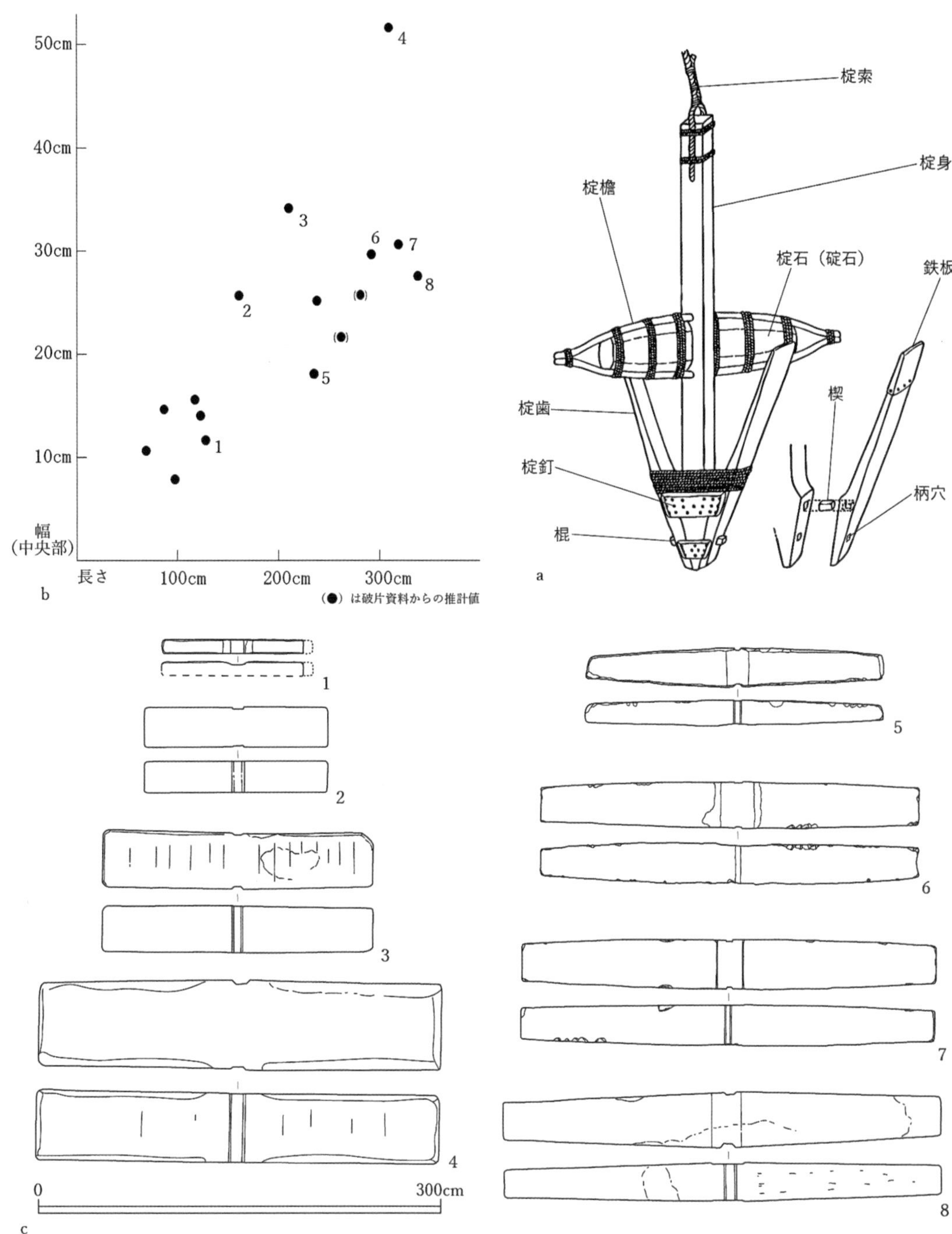

図 2-23　琉球列島発見の碇石

a：木石碇の部位名称
b：琉球列島発見碇石の法量分布（長さ × 中央部幅、番号は c の図面番号と一致する。）
c：奄美大島発見の碇石
1：宇検村田検小学校碇石　2：奄美市屋仁小学校碇石　3：龍郷町公民館碇石　4：奄美市奄美アイランド碇石　5：奄美市奄美博物館碇石　6：宇検村生涯学習センター碇石　7：宇検村公民館碇石　8：龍郷町秋名の碇石

之島、沖縄本島、久米島において確認されていて、中でも奄美大島での件数が大半となる。碇石の大きさは、それを載せた船の規模と相関するので、[*96]全長二・五メートル以上の大型品が複数発見されている奄美大島には大型船の往来機会が多かったと考えられる。奄美大島の碇石は、笠利湾、龍郷湾、名瀬港、住用湾、焼内湾の付近に現存しており、[*97]サンゴ礁が発達しにくい水深の深い海域に集中する。長距離を運航する外洋船が寄港するには沿岸の地形環境が重要であったようだ。徳之島でも発見されている長さ一・五メートル以下の小型碇石は、近隣の島々への渡海に適した小型船の停泊に使われたのであろう。

各種碇石の存在はグスク時代の琉球列島に様々な大きさの船が往来していたことを今に伝え、その発見状況は、船の運航に際する島ごとの役割があった様子をほうふつとさせる。島外の遠い地と多くの島々をくまなく結んだグスク時代の交易は、島を越えた役割の分担と密な連携に支えられて成立していたとみることもできる。同じ頃の東アジアに目を向けると、九州の博多に国際貿易の拠点港が整備され、宋代の中国や高麗時代の朝鮮半島などからの物資が貿易された経済上の転換期に当たる（日宋貿易、日麗貿易）。こうした品々の一部である陶磁器類が琉球列島にも少なからず運ばれたことは、島々が博多を通じて東アジアの経済圏に接続したことを物語っている。

琉球列島側から出荷された特産物としては螺鈿細工の材料となるヤコウガイが考えられているが、[*98]火薬の原料として利用される硫黄も主要な輸出品として注目されている。[*99]上三島の薩摩硫黄島は良質な硫黄の産地として著名であるが、徳之島の西方にある硫黄鳥島からの採掘物はこれに含まれていたのであろうか。今後の調査・研究も注目される。

琉球王国と奄美

一四二九年、首里に成立した琉球王国は、その後まもなく奄美の島々も版図に収めた。[*100]王府との攻防に関する記録も残されており、[*101]遺跡から出土する鉄製の矢じりなどはこうした戦闘の物証となる可能性が高い。ただし、物資の交易は続いていたようである。徳之島の恩納城跡（ウガンウスジ）では、十五世紀前後の青磁碗が完全な形で十一点以上見つかっている

＊93 柴田亮「カムィヤキの出土はなにを意味するのか―肥前西部地域での出土事例の検討―」『先史学・考古学論究』Ⅷ（龍田考古会、二〇二〇年）、一四三―一五六頁。

＊94 林克彦（編）『倉木崎海底遺跡発掘調査報告書』宇検村文化財調査報告書2（宇検村教育委員会、一九九九年）。

＊95 當眞嗣一「南西諸島発見碇石の考察」『沖縄県立博物館紀要』22（沖縄県立博物館、一九九六年）、九―三二頁。

＊96 前掲註95に同じ。

＊97 南西諸島水中文化遺産研究会・鹿児島大学法文学部物質文化論研究室（編）『水中文化遺産データベース作成と水中考古学の推進 海の文化遺産総合調査報告書―南西諸島編―』（アジア水中考古学研究所、二〇一三年）。

＊98 木下尚子「貝交易と国家形成―9世紀～13世紀を対象に―」『先史琉球の生業と交易』平成11～13年度科学研究費補助基盤研究(B)研究成果報告書（熊本大学文学部、二〇〇二年）、一一七―一四四頁。

＊99 山内晋次『日本史リブレット75 日宋貿易と「硫黄の道」』（山川出版社、二〇〇九年）。

図 2-24　恩納城発見の青磁碗（伊仙町面縄）

が（図24）、この頃の奄美諸島で使われた陶磁器類は、王国の貿易港那覇に集積されたものが持ち込まれたと考えられている。[*102]

また、徳之島では王国との交易や友好な関係についての言い伝えも土地の人々に語り継がれており、[*103]近年その証拠となる貴重な資料が確認されている。徳之島町手々集落には掟大八目の墓と伝えられる墓地がある（図25）。掟大八目は築城の技術に優れた豪傑で、「沖縄城」の築城竣工時にて活躍したため、琉球国より唐物の酒器を褒美として授けられたとされる[*104]（「沖縄城」は首里城のことか）。それ以来、これら酒器はとある家の宝として大切に保管されていたが、二〇一一年、徳之島町郷土資料館での管理となり、町指定文化財としての指定を受けて今では一般に公開されている。[*105]酒器の内訳は、青花、藍釉のポットそれぞれ一点、青磁の皿二点、青磁の坏一点、青花の小杯一点の計六点で、酒を嗜むにふさわしい品々だと判断できる。産地はすべて中国産とみられ唐物であることは間違いない上に、一般的な遺跡から出土する資料と同類とはみなしがたい。こうした資料は伝承を侮ってはいけないことを我々に教えてくれる（コラム6）。

（新里亮人）

＊100　弓削政己「中山政権と奄美」『沖縄県史 各論編3 古琉球』（沖縄県教育委員会、二〇一〇年）、二一七―二三九頁。

＊101　前掲註100に同じ。

＊102　亀井明徳「南西諸島における貿易陶磁器の流通経路」『上智アジア学』11（上智大学アジア文化研究所、一九九三年）、一一―四五頁。

＊103　泉義正（著）・大村達郎（編）『鹿児島県大島郡（徳之島）伊仙町の民俗文化―泉義正遺稿集―』二〇〇四年。

＊104　前掲註78に同じ。

＊105　大屋匡史「伝掟大八酒器一式について」『廣友会誌』10（廣友会、二〇二一年）、一四七―一五〇頁。

図 2-25　掟大八目の墓と伝えられる墓地（徳之島町手々）

コラム4

グスク論争

グスクが城であることは戦前より指摘されており、そこには世の主や按司と呼ばれる支配者がいたことが伝えられることから、グスク＝支配者の居城との認識が一般的であった（居城説）。これに対して民俗学や考古学の立場からはグスクの起源に関する諸説が発表され、学術誌上での活発な議論が交わされた。これがいわゆる「グスク論争」である。

沖縄県下のグスクと名の付く地を調査した仲松弥秀は、グスクには城や支配者の居所として不合理な点（分布・構造上の諸問題、水の利便・通行上の欠陥など）が多いことを挙げ、グスクとは、村の神の聖所（御獄）と村落民の拝所が一体となった石垣に囲まれた聖域で、その一部には聖地を取り込んで後に城として発展するものもあったと考えた（聖域説）。一方、嵩元政秀は、グスクの大多数を占める「発生、興亡すら文献上、口碑上よりも不明確な点の多い野面積みの石垣遺構をもつグスク」を「グスクB式」と分類し、発掘調査から出土する遺物が祭祀や権力者の存在を象徴する特殊品ではなく一般的な生活資材が主となることから、グスクとは自衛意識をもって形成された集落を起源とするとの見解を示した（集落説）。この集落説に異議を唱えた国分直一は、グスクで確認される葬所が拝所へと変化したと考え、聖域説の立場に立った。

民俗学および考古学的な調査から想起されたグスクの正体について、歴史学を専門とする高良倉吉や友寄英一郎らは、これら諸説は互いに矛盾するものではなく、時間の経過によって多様化、複雑化、大規模化していくグスクの発展過程として理解する視点を示した（図26）。特に友寄は、グスク論争から提起された今後の課題とはすぐれて言語学上の問題とする。

グスクモデルの提示によって論争はいったん収束したようにもみえたが、グスクの発掘調査が進捗すると、石垣はグスク出現当初から構築されていたのではなく、十四世紀頃に登場し、石垣内には削平や造成による平坦地（郭）、建物跡等が存在することが明らかとなった。こうした成果に注目した當眞嗣一は、多くのグスクに防御・防衛的な要素が備わっていることから、グスク＝城であるとの立場に立ち、日本の中世城館跡との比較研究の必要性を説いた。その具体的な方法としては実地踏査に基づく地形図の作成、石垣の構造的解明などから軍事的側面を検証することを挙げている。

このような情勢の中、奄美諸島のグスクも注目を集め、南九州や沖縄の城郭研究者による縄張り図の作成や沖縄のグスクとの構造比較など調査のメスが入れられはじめた。特に、最も規模が大きい赤木名グスク遺跡（奄美市笠利町）では、高い

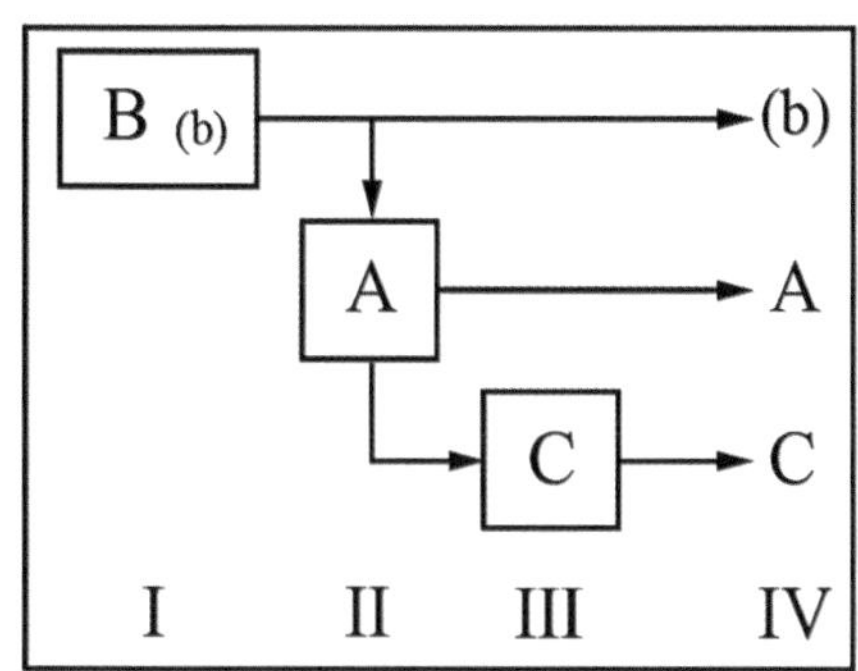

高良倉吉によるグスクモデル

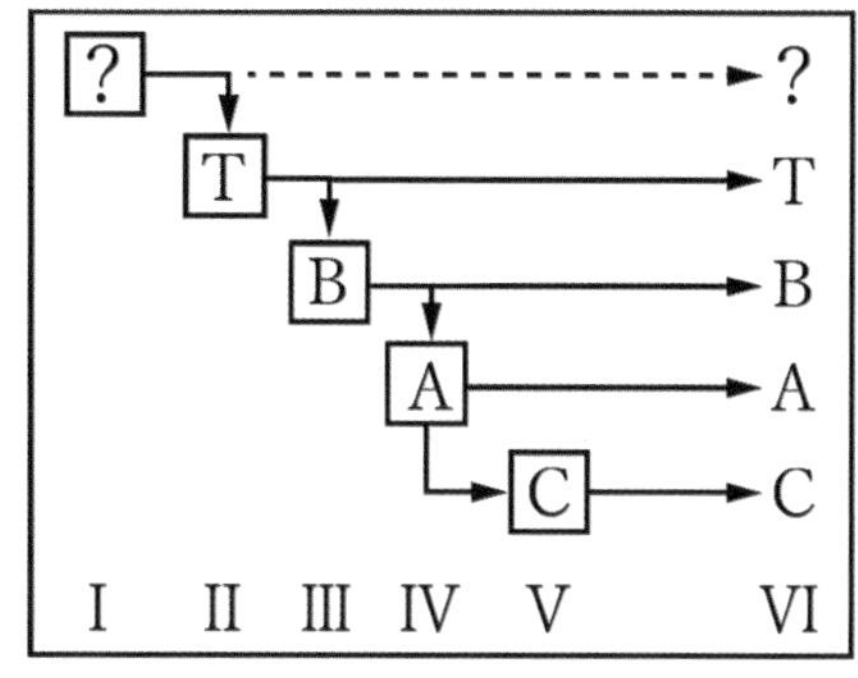

友寄英一郎によるグスクモデル

凡例
・A、B、Cは嵩元によるグスク分類とおおむね対応する。嵩元による分類は以下の通り。
　A式：首里城、今帰仁城、中城など文献上よりも明らかな支配者の居城
　B式：発生、興亡すら文献上、口碑上よりも不明確な点の多い野面積みの石垣遺構をもつ
　C式：特殊なグスク
・(b）は聖域を指す。
・Tは墓および聖域を指す。
・？は今後の研究課題を指す。
・I〜VIは時代の推移を指す（I→II→III→IV→V→VI：古→新)。

図2-26　高良倉吉、友寄英一郎によるグスクモデル

石垣ではなく堀切（ほりきり）や土塁（どるい）が確認されることから、奄美大島では土でできたグスクが特徴的に分布することが次第に知られるようになった。

グスクの起源を明らかにするには、グスク内の最も古い施設が何であったのかを明らかにし、構築当時の状況を復元する以外に方法はない。奄美諸島のグスクからも論争決着の糸口が見つかるかもしれず、今後も積極的な調査の実施が望まれる。

（新里亮人）

【参考文献】

国分直一「グシクをめぐる問題」『南島考古』No.1（沖縄考古学会、一九七〇年）
高良倉吉「沖縄原始社会史研究の諸問題」『沖縄歴史研究』第10号（沖縄歴史研究会、一九七三年）
嵩元政秀「「グシク」についての試論」『琉大史学』創刊号（琉球大学史学会、一九六九年）
嵩元政秀「再び「グシク」について」『古代文化』23―9・10（古代學協會、一九七一年）
當眞嗣一「七　グスク論争」『論争・学説　日本の考古学』第1巻（雄山閣、一九八七年）
鳥羽正雄「沖縄の城」『城郭と文化』（大東出版、一九四四年）
友寄英一郎「再グシク考」『南島考古』No.4（沖縄考古学会、一九七五年）
仲松弥秀「「グシク」考」『沖縄文化』第5号（沖縄文化協会、一九六一年）
仲松弥秀「再「グシク」考」『南島考古』No.3（沖縄考古学会、一九七三年）
比嘉春潮『沖縄の歴史』（沖縄タイムス社、一九五九年）

コラム5

自然の地形を生かした徳之島の城館跡

奄美諸島や沖縄諸島では、グスクと呼ばれる、石灰岩の石積みや土塁状の施設がめぐる城館跡が数多く存在する。坂井友直著の『徳之島小史』（一九一七年）によると、「往昔当島は所々に酋長の如きものありて、其の部落土人を支配せり、之を按司といひ、按司の居所を「グスク」と称へたり、今猶所々部落の後方なる丘上に何々「グスク」と名付ける所あるは即ち按司屋敷の遺跡なりと云伝ふ」と記されていることから、昔から徳之島には按司という有力者の存在が知られ、集落の後方にはグスクと呼ばれる按司屋敷があったことがわかる。現在でも徳之島の各地には按司にまつわる伝承が多く残されている。

では徳之島には按司の城館とされるグスクの数はどのくらいあるのだろうか。『鹿児島県の中世城館跡』（一九八七年）によると、城館跡とされるものは一三城（徳之島町四城、天城町三城、伊仙町六城）と報告されている。全ての城館跡は、川や谷などの自然の地形を利用した場所に築かれていたようだ。伊仙町在住の筆者は町内に所在するグスクに足を運ぶ機会が多く、中でも面縄に所在する恩納城跡は、深さ二〇メートル以上はあると思われる深い谷に囲まれた丘陵上に位置する。そのため遺跡の背後と西側は断崖絶壁の地形を成しており、高所恐怖症の筆者は崖部近辺を歩くと毎回足が竦み、恐怖を感じるほどであった。攻め込みづらく、防御性に優れた城跡である。

徳之島町内には、遺跡として取り扱われている城跡が三件（神之嶺の神之嶺城跡、花徳の宮城山、手々のヤト城跡）、按司屋敷跡が一件（尾母の大谷山遺跡）ある。今回、各城跡の空撮を行う機会があり、上空から城跡を見ることができた。四遺跡の概要については次の通りである。

神之嶺に所在する神之嶺城跡（図27）は標高八〇メートルの丘陵上に位置し、十五世紀ごろに築城したとされるグスクである。築城者はウシシギャと呼ばれる強豪な武芸の達人とされる。城の北側は断崖になっており下降には神之嶺川が流れている。

花徳の宮城山（図28）は海岸部に面する独立した山に築かれた城跡である。山の形状が擂鉢を逆さまにしたような形をしていることからスリバチヤマとも呼ばれている。築城者はケドウアジ（花徳按司）とされ、十二～十六世紀に築城したと言い伝えられている。山の北側は急な崖、西側は緩やかな坂道、南西側には石積みがある。現在は頂上部にイビガナシ（ご神体）が祀られており、山自体が信仰の対象となっている。

手々に所在するヤト城跡（図29）は標高五〇メートルほどの海岸部沿いの丘陵地に位置する。築城者は掟大八という石

図 2-27　神之嶺城跡空撮

図 2-28　宮城山空撮

図 2-29　ヤト城跡空撮

図 2-30　大谷山遺跡空撮

工の技術者で武人であったと伝えられている。掟大八は加計呂麻島の諸鈍城攻略に参加し手柄をあげた人物だが、矢を受けて負傷し、小舟の中で死亡したとされる。ヤト城跡前方には、掟大八と家来が共に祀られているという墓がある。

尾母に所在する大谷山遺跡（図30）は、按司屋敷跡として伝えられている。築城者は不明である。徳之島町と伊仙町の町境を流れる本川の中腹に位置する小高い山が遺跡と推測されるが、石灰岩の石積みなど屋敷跡とみられる痕跡は確認されていない。蓮弁文青磁やカムィヤキの完形品が出土している。

四遺跡に共通するのは川や谷に阻まれた天然の城館であることだ。断崖絶壁によって守られた城は敵の侵入を難しくさせる作用があるため、好条件な場所であるといえる。非常事態（攻め入れられる、または自然災害など）には按司だけでなく近隣に暮らす住民たちも一時的に避難することができたであろう。加えて、海が見える高台を選んでいたことから、海上における船の動きや波の変化を監視していたと推測される。実際に遺跡からは海が一望でき、大谷山遺跡と神之嶺城跡からは東シナ海、宮城山とヤト城跡は奄美大島の加計呂麻島が見え、海を渡る船を鮮明に見ることができるのである。

その後、秋徳港の戦い（一六〇九年）によって徳之島は薩摩の支配下となるわけだが、グスクから見えていた海の景色は時代とともに大きく変化していったことだろう。

（榎本美里）

【参考文献】

鹿児島県教育委員会『鹿児島県文化財調査報告書(43)　鹿児島県の中世城館跡』一九八七年
義憲和「徳之島のグスク」『特別展　グスク―グスクが語る古代琉球の歴史と文化―』（沖縄県立博物館、一九八五年）
坂井友直『徳之島小史』同編著『奄美郷土史選集　第一巻』（国書刊行会、一九九二年）、原著は一九一七年
廣瀬祐良「昭和八年度調査　郷土史研究　徳之島ノ部」（稿本）『徳之島町誌叢書(1)『徳之島町史』基礎資料集』（徳之島町誌編纂室、二〇一九年）
三木靖「徳之島の城郭についての資料（資料紹介）」『南日本文化』(35)（鹿児島国際大学附属地域総合研究所、二〇〇一年）

掟大八酒器一式

徳之島町誌編纂の一環で徳之島町指定文化財「掟大八酒器一式」を観察、図化する機会を得たので、以下にその所見と年代的な位置付けを述べ、資料の重要性について考えてみたい。

「掟大八酒器一式」とは、二〇〇七年八月二十九日、徳之島在住の重久勇氏、加島信弘氏の調査により、民家（手々集落内）での保管が確認された陶磁器類で、所有者が先祖より受け継いできたものとされる（図31）。二〇〇九年当時、伊仙町歴史民俗資料館に勤務していた筆者は、重久、加島両氏と共に所有者と面会し、本資料を確認した。その貴重性と適切管理の必要性から、公的機関である徳之島町郷土資料館への寄託を打診したところ、後日、幸いにもご理解を得ることができた。二〇一一年に所有者からの寄託が実現し、これらは二〇一七年六月三十日付けで徳之島町の有形文化財（歴史資料）に指定された。

資料の観察所見については既に報告があるが、器に描かれた文様を中心に若干の補足を加える（図32・表4）。

1は青花の小杯で、外面は口縁部および高台上端に淡青色の界線が配され、胴部に花唐草文が描かれている。内面は口縁部と底部が界線で区画され、底面に詳細な形状が不明な文様がある。高台の内端が削り取られるため断面は三角形状を示す。

2は青磁の坏で、内外面ともに貫入（釉薬のひび割れ）が著しい。高台外面は釉が掻き取られて露胎となるが、外底には半円状に釉が残る。内面には圏線が巡り、印花文が施される。

3、4は青磁の菊花皿で、内面に丸彫りの蓮弁が施される資料である。3は外面に細蓮弁文、内底面に不明瞭な格子目文をもつ外底輪剥ぎの資料で、内面には貫入が認められる。4の外面は無文で、その内底に不明瞭な印花文が残る。外底は露胎で、内外面共に貫入が著しい。

5は藍釉の水注で、外底は露胎となっている。皿状を呈する口縁部の内面には白色釉の施釉が確認される。欠損した把手と注口部の割れ口は鉛状の金属により塞がれているため、破損後、液体を入れる容器に転用されたとみられる。

6は、ふくよかな注口をもつ青花の水注で、その形状から乳瓶またはケンディー形水注と呼ばれるものである。鍔形の口縁をもつ蓋付きの器種で、全面に文様が描かれる。口縁部、肩部、底部に一ないし二本の界線があり、底部に如意頭文、胴部に宝相花唐草文、肩部に蓮弁文と霊芝雲文、口縁部に芭蕉葉文が描かれている。ルソン島のカイ・トマス遺跡102 1号墓より類似品の出土報告がある。

1・3　2・4

5　6

図 2-31　手々集落に伝わる掟大八酒器一式の確認時の状況（＊番号は図 32 と対応する）

1と6の青花は景徳鎮産、2、3、4は龍泉窯産とみられるが、5の産地は判断できない。沖縄の陶磁器研究を参考にすると、2、3、4は十五世紀後半から十六世紀前半の所産、また、器種は異なるものの、今帰仁城跡主郭1・2層（十七世紀以前の堆積層）から6と類似した文様をもつ青花瓶が出土している。1は湧田古窯跡に出土例があり、十七世紀頃の資料と想定される。5は今のところ類例が確認できていないので、追加調査が必要である。

以上をまとめると、5は今後の調査を要するものの、掟大八酒器一式はほとんどが十五・十六世紀代のものであり、十七世紀代に1が追加されて、現在に伝えられたと判断することができる。

これら酒器にまつわる掟大八とは、坂井友直が著した『徳之島小史』（大正六年刊）にて言及されている剛勇かつ築城技術に秀でた人物で、沖縄の城工事に召集された際、手腕を振るい、その褒美として琉球王より唐物の酒器を受け取ったと伝えられている。『徳之島小史』には、「郷宅手々に送り今猶家宝として保存されあり」とあるので、「掟大八酒器一式」は記載にある家宝そのものである可能性が非常に高い。

本件と関連しそうな記録が沖縄側に残されており、「添継御門の南のひもん」（尚清二十＝嘉靖二十五年＝一五四六年）や「やらさもりくすく（屋良座森城）の碑」（尚清二十八＝嘉靖三十三年＝一五五

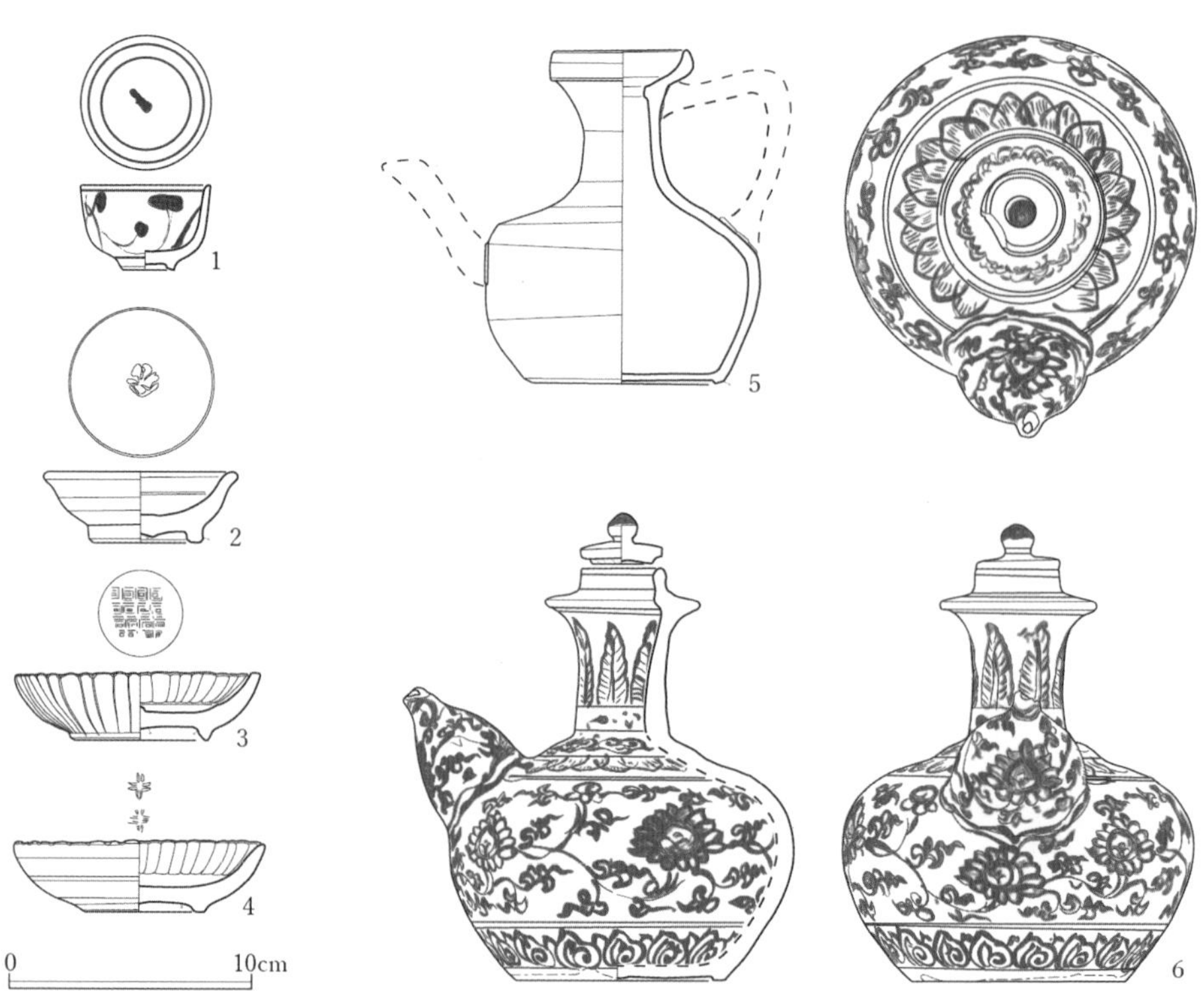

図 2-32　掟大八酒器一式実測図

表 2-4　掟大八酒器一式観察表

番号	種別	器種	口径	底径	器高	胎土	焼成	釉薬	文様およびその他所見
1	青花	小杯	5.2	2.1	3.4	緻密	良好	淡白色	外面に草花文 内底の施文は花文か？ 内外面共に界線の発色が悪い
2	青磁	坏	8.0	4.4	2.8	緻密	やや不良	黄緑色	内底に印花文が施されるが仕上がりは不明瞭
3	青磁	皿	10.1	5.6	2.6	緻密	やや不良	黄緑色	外面に細蓮弁文 内面に丸彫りの花弁文 内底に格子目文が施されるが仕上がりは不明瞭
4	青磁	皿	10.3	5.0	2.8	緻密	良好	明緑色	内底に印花文が施されるが仕上がりは不明瞭
5	藍釉	水注	5.4	7.9	13.2	緻密	良好	濃青色	口縁部内面には白色釉が施される
6	青花	水注	2.8	8.6	16.6	緻密	良好	淡灰白色	界線、蓮弁文、芭蕉葉文は一部発色不良 胴部に明瞭な稜線が認められる

＊数値の単位はｃｍ

四年）には、首里城の外郭整備と屋良座森城（やらざもりぐすく）の築造にあたって、諸地域からの人民が動員されたことが記されている。

また、前掲『徳之島小史』には、石垣構築で王の信認を得た掟大八は「諸鈍（しょどん）城（加計呂麻島）の攻取りの命」により渡航し、敵将を討ち取ったものの残った老将の射た矢により命を落としたとある。討伐に関する記録は奄美側の系図にみられ、嘉靖年間（一五二二〜一五六六年）における諸鈍追討や辞令書の検討では、琉球王府による諸鈍や名柄（ながら）の追討は一五四五年から一五五五年の間と推定されている。

文献史の研究を参考にすると、掟大八のエピソードは、嘉靖年間の築城や大島討伐に関連して語り継がれたもので、十六世紀中頃における琉球王国の地方統治や地方有力者の人物像をある程度反映している可能性が高い。掟大八の実在を証明することはまだまだ難しいが、彼が十六世紀中頃の存命人物と仮定すると、ここで報告した酒器一式のうち2から6は築城時の活躍の褒美として与えられた品々とみても年代的には問題はない。少し想像を膨らませると、これらが掟の死後もしばらく手々の郷宅にて酒器として利用される中、十七世紀代に1の小杯が加わり、家宝として代々伝えられたと考えることもできる。こうした点を明らかにするために今後も追跡調査を続けていきたい。

（新里亮人）

【参考文献】

大屋匡史「伝掟大八酒器一式について」『廣友会誌』第10号（廣友会、二〇二一年）
沖縄県教育委員会『湧田古窯跡（Ⅰ）』沖縄県文化財調査報告書第111集、一九九三年
瀬戸哲也「沖縄における12〜16世紀の貿易陶磁―中国陶磁を中心とした様相と組成―」『貿易陶磁研究』第30号（日本貿易陶磁研究会、二〇一〇年）
高橋一郎「第Ⅵ章 増補 辺留グスクをめぐる歴史と民俗―古奄美社会の記録・記憶そして伝承―」『辺留城（グスク）発掘調査報告』（奄美市教育委員会、二〇〇八年）
高良倉吉「古琉球碑文に見る王国中枢の防衛体制」『琉球アジア文化論集：琉球大学法文学部紀要（2）』（琉球大学法文学部、二〇一六年）
田中和彦「ルソン島中部、墓地遺跡出土の交易陶磁器と土器」『貿易陶磁研究』第13号（日本貿易陶磁研究会、一九九三年）
今帰仁村教育委員会『今帰仁村発掘調査報告Ⅱ』今帰仁村文化財調査報告書第14集、一九九一年
弓削政己「第四章 中山政権と奄美」『沖縄県史 各論編3 古琉球』（沖縄県教育委員会、二〇一〇年）

第三章　遺跡からみた先史・原史時代の徳之島町

上：熊本大学による城畠（ぐすぃくばて）遺跡発掘調査（1989 年）
下：徳之島町山（さん）港における水中調査（2016 年）

第一節　これまでの遺跡調査

上野原縄文の森ホームページ内の埋蔵文化財情報データベースによると、徳之島町内の遺跡は現在、四十四か所確認されている。本節では、それらがどのような調査（表1）によって発見されていったのか振り返ってみたい。

遺跡調査のはじまり

徳之島町内で初めて遺跡が発見されたのは、一九三一（昭和六）年であった。[*1] 入れ墨の調査で来島していた早稲田大学学生の小原一夫と伊仙町出身で鹿児島朝日新聞社（現、南日本新聞社）の通信員であった廣瀬祐良が、亀津村（現、徳之島町）の本川貝塚、亀津貝塚（現、美代願山）、尾母大谷山遺跡を発見し、試掘調査を実施したことが本町の考古学的調査の始まりである。亀津貝塚および本川貝塚については、現在の考古学の成果に照らし合わせると貝塚時代後2期に相当する。大谷山遺跡の試掘調査の成果は不明だが、尾母集落の某家で保管されていた土器（カムィヤキ）については廣瀬が借用し、鹿児島県史蹟調査委員山崎五十麿に送付、七五〇〜九〇〇年前のものと鑑定を受けている。[*2] これを廣瀬は按司時代（グスク時代）のものと評価し、詳細なスケッチ（図1）を残している。本川貝塚と亀津貝塚の発掘調査で得られた資料は、東京にある大山史前学研究所で研究が進められていたとされるが、[*3] 一九四五年三月の東京大空襲によって本川・亀津両貝塚の資料は焼失したと思われる。その後しばらく、徳之島町内での継続的な考古学的調査や研究が行われることはなかった。

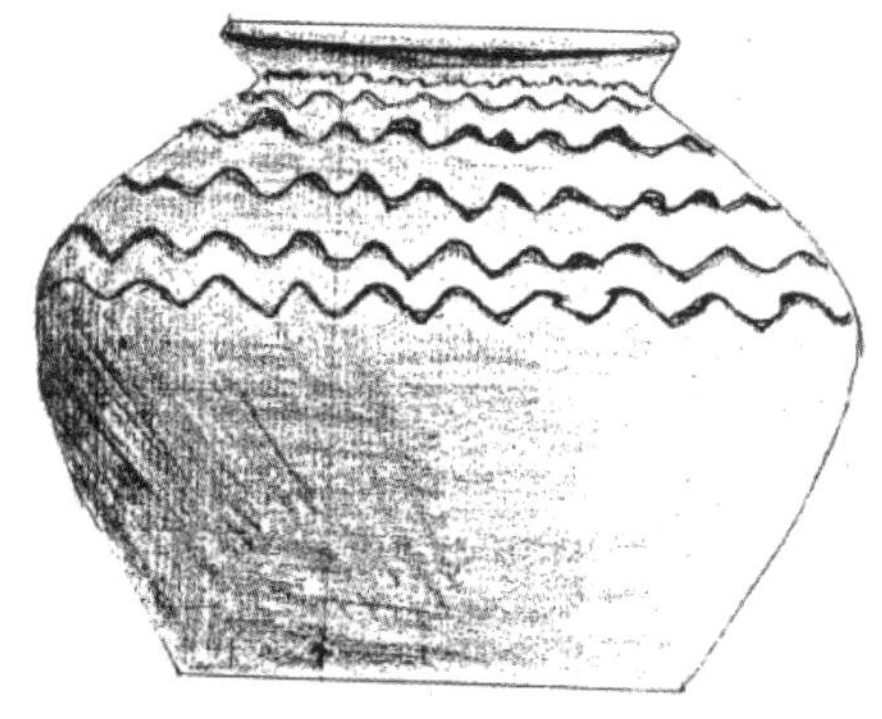

図3-1　尾母集落で発見されたカムィヤキのスケッチ

＊1　遺跡は不明であるが、一九二七年に茂野幽考が徳之島において八個の石斧を採集している（表1参照）。

＊2　鹿児島県史蹟調査委員は、現在の鹿児島県文化財保護審議委員に相当。
当時、山崎五十麿宅には京都帝国大学考古学研究室助手島田貞彦がおり、山崎・島田両名で鑑定を行ったと推定される（廣瀬祐良「昭和八年度調査　郷土史研究　徳之島ノ部」（稿本）『『徳之島町史』基礎資料集』(1)徳之島町誌編纂室、二〇一九年）、四三頁。

＊3　前掲註2廣瀬二〇一九：二五頁。

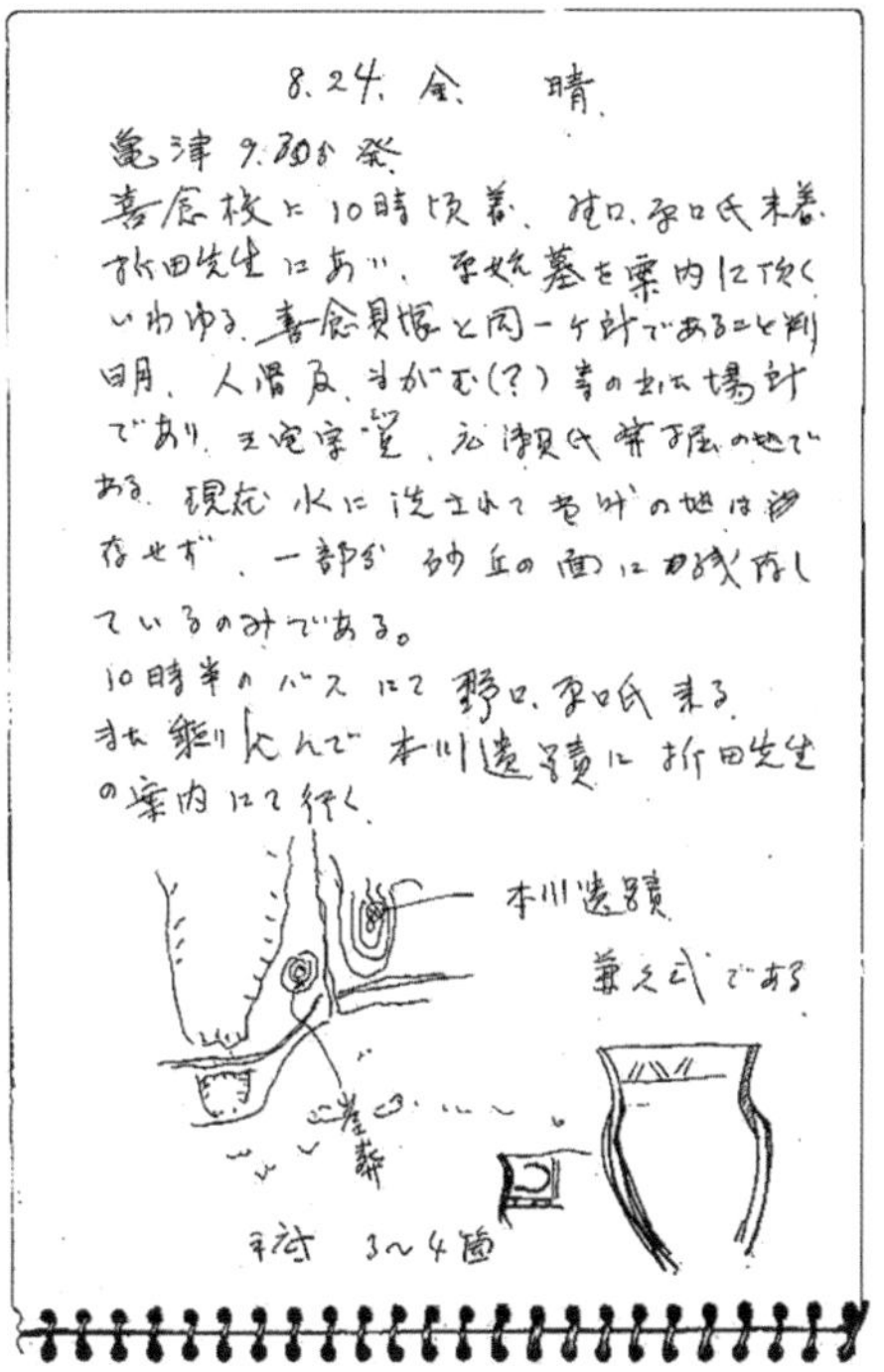

図3-2　九学会連合考古班の河口貞徳による本川貝塚調査日誌

　一九五三(昭和二十八)年、奄美諸島が日本復帰し、その三年後の一九五六(昭和三十一)年、九学会連合考古班[*4]によって伊仙町の面縄第二貝塚と第四貝塚の発掘調査および周辺遺跡の踏査が行われた(図2)。本川貝塚では、土器と貝類が採集されている。[*5]後に、河口貞徳が奄美諸島の土器編年を発表する際に、本川貝塚で採集された土器を写真で紹介し、兼久式と命名した。[*6]一九六九(昭和四十四)年の鹿児島短期大学附属南日本文化研究所による徳之島調査では、白木原和美が島内の遺跡の分布調査を行い、十遺跡を発見、一部の遺物については図化されている。さらに白木原は、神之嶺石アナダ(シキマント)遺跡の試掘調査を行った。[*7]

町内遺跡の増加

　一九八〇年代に入ると、徳之島町在住者や出身者によって遺跡が発見されるようになってきた。重久淳一は、一九八五(昭和六十)年に、神之嶺石アナダ(シキマント)遺跡内において、スプリンクラー設置工事中に土器・石器を採集し、住居跡の一部を確認した。また、文化財保護審議委員や郷土史研究家とともに、仮称「金見貝塚」(金見)、城畠遺跡(花徳)、洞窟墓(同)、ナーデン当遺跡(諸田)などで遺物を採取したと報告している。[*8]また、町田進も、町内に所在する遺跡の発見や遺物の採集を行っている。[*9]

　行政的な遺跡分布調査もこの年代から始まる。一九八二年度から五か年にわたり、鹿児島県下の中世城館の分布調査が行われ、徳之島町では四か所が城跡として報告された。[*10]さらに、町

＊4 九つの学会が学際的共同研究のため連合し結成されたもの。一九五六年当時は、言語学、考古学、社会学、宗教学、心理学、人類学、地理学、民俗学、民族学で構成されていた。

＊5 国分直一他「奄美大島の先史時代」九学会連合奄美大島共同調査委員会編『奄美―自然と文化(論文編)』(日本学術振興会、一九五九年)。

＊6 河口貞徳「奄美における土器文化の編年について」『鹿児島考古』第9号、一九七四年。

＊7 白木原和美「徳之島の先史学的所見」『南日本文化』第三号、一九七〇年。

＊8 重久淳一「徳之島シキマント遺跡発見の竪穴住居址について」『天城郷土研究会報』第四号、一九八七年。

＊9 町田進氏は、鹿児島県文化財保護指導員や明治百年記念館の調査員として委嘱され、民俗調査や指定文化財の巡視の際に遺跡を発見したと思われる。

＊10 鹿児島県教育委員会『鹿児島県の中世城館―中世城館跡調査報告書』一九八七年。

内にある遺跡の分布調査では、二十八か所で遺跡が確認された。そのうち、ナーデン当遺跡では、試掘調査も行われている。[＊11]

二〇一九・二〇二一年度は、大谷山遺跡（尾母）の試掘調査が行われ、カムィヤキを主体にグスク土器、白磁が出土した。今後、周辺への遺跡の広がりを確認する調査が行われる予定である。

水中遺跡の継続的な調査

二〇〇〇年代になると国内各地において、水中文化遺産の調査が推進され、研究成果等がメディアを通じて知られるようになった。そのような中、鹿児島大学法文学部物質文化論研究室と南西諸島水中文化遺産研究会によって町内沿岸域の遺跡分布調査と潜水調査が実施され、海岸・沿岸域七か所の遺物散布地と山港において碇石三本が確認され、成果が報告された。[＊12] 二〇一七年より徳之島町・天城町・伊仙町では、相互に連携・協力し、国と鹿児島県からの補助を受け、埋蔵文化財の調査の一環で水中遺跡の調査を行い、山港（図3）で碇石を、金見海岸で鉄錨（図4）を確認した。[＊13]

徳之島町における水中遺跡の調査もまた、大きな期待が寄せられている。

図3-3　山港の碇石

図3-4　金見海岸の鉄錨

＊11　鹿児島県教育委員会『奄美地区埋蔵文化財分布調査報告書Ⅰ』鹿児島県埋蔵文化財調査報告書(49)、一九八九年。

＊12　南西諸島水中文化遺産研究会・鹿児島大学法文学部物質文化論研究室編「第二章　現地調査　第六項　徳之島」『水中文化遺産データベース作成と水中考古学の推進　海の文化遺産総合調査報告書―南西諸島編』二〇一三年。

＊13　天城町・伊仙町・徳之島町『徳之島の水中・沿岸遺跡分布調査報告書』二〇二一年。

表 3-1　徳之島町域をフィールドとした考古調査（抄）

調査年	調査者など	遺跡名	内容	参考文献
1927年	茂野幽考	採集遺跡不明	1927（昭和２）年10月、徳之島で民俗調査の際に石斧を８個採集[1]	『奄美』第４巻第４号（奄美社、1928年）
1931年	廣瀬祐良・小原一夫	本川貝塚 亀津貝塚（現・美代願山） 大谷山	本文参照。遺物の実測図や発掘場所の土層断面図は見られない 本文参照。遺物の実測図や発掘場所の土層断面図などは見られない 本文参照	徳之島町誌編纂室「①廣瀬祐良[著]「昭和八年度調査　郷土史研究　徳之島ノ部」（稿本）」『『徳之島町史』基礎資料集』2019年
1935年	三宅宗悦		論文中で、美代願山貝塚と本川貝塚を紹介。南島の貝塚について、砂丘地と海に面した高所（今でいう低位段丘上）に立地することに触れている	三宅宗悦「南島の石器時代について」（『ドルメン』４巻６号、1935年）
1940年	三宅宗悦		論文中で、美代願山貝塚と本川貝塚、亀津で磨製石斧が発見されていることを紹介[2]	三宅宗悦「南島の先史時代」（『人類学・先史学講座』(16)、1940年）
1952年	多和田眞淳		林業調査の一環で、徳之島に来島。母間付近にも遺跡が発見される可能性があると指摘している	多和田眞淳「琉球列島の貝塚分布と編年の概念」（『文化財要覧』1956年） 安里嗣淳「多和田眞淳「東苑随想」「東苑随想その２」」（『紀要沖縄埋文研究』第５号、2008年。再録『沖縄考古学史探訪』2012年）
1956年	九学会考古班	本川貝塚	８月24日表面踏査。土器と少量の自然遺物（貝類）を採集	九学会考古班「奄美大島の先史時代」『奄美（自然と文化）』1959年　（復刻版　沖縄県立図書館史料編集室　1996より発刊）
1969年	白木原和美		本文参照	白木原和美「徳之島の先史学的所見」（『南日本文化』第３号、1970年）
1982年	義憲和・町田進	神之嶺城跡 佐安元屋敷（秋津神社） 宮城山 ヤト城跡	本文参照。神之嶺城跡の略測図有 本文参照 本文参照 本文参照	鹿児島県教育委員会『鹿児島県の中世城館跡―中世城館跡調査報告書―』1987年
1985年	重久淳一	神之嶺石アナダ（シキマント遺跡）	本文参照。この他、金見貝塚（仮称）や城畠遺跡、花徳にある洞窟（洞窟内に近世陶器と人骨）に案内されている	重久淳一「徳之島シキマント遺跡発見の竪穴住居址について」（『天城郷土研究会報』第４号、1987年。『大河』第７号、2000年に再録）
1988年	鹿児島県教育委員会	徳之島島内の遺跡分布調査 ナーデン当遺跡	本文参照	鹿児島県教育委員会『奄美地区埋蔵文化財分布調査報告書Ⅰ』1989年
1989年	熊本大学文学部考古学研究室	城畠遺跡	貝塚時代前５期の土器、石器が出土。竪穴住居跡を９基検出	徳之島町教育委員会『城畠遺跡』1990年
1991年	鹿児島県教育委員会	石京當原遺跡 下田遺跡	石京當原遺跡は出土遺物、検出遺構なし 貝塚時代前５期末の土器と石器が出土	徳之島町教育委員会『石京當原遺跡　下田遺跡』1991年
1995年	義憲和		徳之島町内の交通に関する港や旧跡4か所を報告	鹿児島県教育委員会『海の道　歴史の道調査報告書第三集』1995年
2005年	宮城弘樹他	徳之島島内の水中文化遺産	沿岸部での踏査を行ったが、伝承があるオランダ船座礁地点では陶磁器などの採集は認められなかった	宮城弘樹他「南西諸島における沈没船発見の可能性とその基礎的調査（Ⅱ）―海洋採集遺物からみた海上交通―」（『沖縄埋文研究３』、2005年）
2009～2011年	鹿児島大学法文学部物質文化論研究室		本文参照	南西諸島水中文化遺産研究会・鹿児島大学法文学部物質文化論研究室『水中文化遺産データベース作成と水中考古学の推進　海の文化遺産総合調査報告書―南西諸島編―』2013年
2013～2015年	新里亮人	徳之島島内の水中文化遺産	面縄港沖で新たに鉄錨を２本発見した。山港の２本の碇石の発見状況を図化し、引き上げた	
2017～2020年	天城町・伊仙町・徳之島町教育委員会		本文参照	天城町教育委員会・伊仙町教育委員会・徳之島町教育委員会『徳之島の水中・沿岸遺跡分布調査報告書』2021年

1）採集した石斧については、2点が本山彦一氏に、6点が京都帝国大学考古学研究室と東京帝国大学考古学研究室(理学部人類学教室)に寄贈された。

2）亀津で発見されたとされる磨製石斧については、関西大学博物館において、昭和7年に末永雅雄氏が編集した『本山考古室録』の石器時代資料登録番号1086に該当する可能性が高いことを、関西大学博物館山口卓也氏よりご教示を受けた（2021年3月15日）。

第二節　各時代の代表的な遺跡

　ここでは、第一節で述べた考古学調査の結果から確認されている各時代の徳之島町の代表的な遺跡を紹介する。あわせて、各遺跡で採集された資料の実測図と観察の所見を図11～13と表2・3に整理した。[*14]

旧石器時代

　現在、徳之島町内では旧石器時代の遺跡は発見されていない。しかしながら、島内においては、伊仙町に所在する天城(あまんぐすく)遺跡やガラ竿(ざお)遺跡が約三万年前の遺跡として報告されている。前者は、年代測定等は行われていないが、縄文時代の石器製作とは技術的に異なることから、旧石器時代の石器と判断されている。[*15]後者は、AT火山灰(約二万九千年前から二万六千年前)の層より磨石(すりいし)と思われる石器類が確認されている。

　徳之島町手々(てて)集落のはずれの斜面からは、AT火山灰だけでなく、年代不明の硫黄鳥島(いおうとりしま)から噴出した火山灰層が確認できる場所がある(コラム1の図1)。現時点では、徳之島町において旧石器時代の遺跡は存在しないが、年代基準となる火山灰層は認められるため、今後の調査の進展によって、旧石器時代の遺跡が発見される可能性がある。

貝塚時代前期

　徳之島町内では、諸田(しょだ)のナーデン当(とう)遺跡、神之嶺石(かみのみねいし)アナダ(シキマント)遺跡、母間(ぼま)の下田(しもだ)遺跡、花徳(けどく)の城畠(ぐすいくばて)遺跡で発掘調査が行われ、亀津南(かめつみなみ)遺跡付近でも遺物が採集されている。[*16]いずれの遺跡も低位段丘上に位置しており、貝塚時代前5期の土器である宇宿上層式(うしゅくじょうそう)土器や前5期末の仲原(なかばる)式土器、木を伐り倒す磨製石斧(ませいせきふ)、木の実をすりつぶすために使う磨石(すりいし)・敲石(たたきいし)・石皿(いしざら)等が多量に出土・採取されている。また、手々の神田(かんだ)遺跡では佐賀県腰岳(こしだけ)産の黒曜石(こくようせき)が二点採取されている。この時期は、低位段丘上の海が眺められる場所に遺跡が多く立地し、数は少ないが砂丘地に遺跡があることが知られている。

　以下に徳之島町内の貝塚時代前期を代表する遺跡を紹介していきたい。

＊14　徳之島町史先史・古代・中世部会における町内遺跡表面採集および実測図作成の結果である。

＊15　伊仙町教育委員会『天城遺跡 下島権遺跡』県営畑地帯総合土地改良事業(木之香地区)に伴う埋蔵文化財発掘調査報告書、一九九四年。

＊16　亀津南遺跡では、土器は発見・採集されていない。

〈ナーデン当遺跡〉（図5）　徳之島町諸田にあり、井之川岳の裾野で標高約一一六メートルの中位段丘上にあり、海岸から約二・五キロメートルの内陸にある。周辺は起伏の激しい丘陵がいくつも続いている。井之川在住の町田進によって発見され、一九八八（昭和六十三）年に鹿児島県教育委員会によって試掘調査が行われた。二×二メートルの試掘トレンチを四か所設けて、調査を実施、層序は大きく四枚に分かれ、第二層が遺物を含む層である。用途不明のピットが十八基検出された。出土遺物はいずれも肥厚口縁系・宇宿上層式と考えられる土器総数二七九八点、石器は二四二点見つかっている。ナーデン当遺跡で出土した土器は、頸部外面に×印などの模様を付けるという特徴がある。

〈神之嶺石アナダ（シキマント）遺跡〉（図6）　徳之島町神之嶺に所在し、標高二〇〜三〇メートルの低位段丘上にある。一九六九（昭和四十四）年、白木原和美により発見され、試掘調査が行われたが、その際は、遺構や遺物を確認することができていない。その後、重久淳一がスプリンクラー工事中の現場を確認し、竪穴建物跡と思われる遺構と肥厚口縁系の宇宿上層式土器を一九一点、石器を三点採集した。

〈下田遺跡〉　徳之島町母間の標高約三二メートルの低位段丘上に遺跡があり、東側は海を眺めることができる。一九九〇（平成二）年に鹿児島県教育委員会が県の農地開発事業に伴い、二×四メートルのトレンチを五か所設けて試掘調査を行った。五か所のトレンチのうち、一か所で遺物が含まれる地層を確認している。層序は大きく四枚に分かれるが、第二層は遺物が含まれていた層である。遺構は発見されておらず、遺物は貝塚時代前5期末の無文尖底系・仲原式土器が四四九点、石器一一点、チャート製の石器などを採集している。

〈城畠遺跡〉（図7）　徳之島町花徳の標高六四・五メートルの台地上に立地しており、海を北側から眺めることができる。また、遺跡のある場所の北側には万田川、南側には下田川が流れて

図3-5　ナーデン当遺跡

図3-6　神之嶺石アナダ（シキマント）遺跡

いる。現在は、畑地となっている。この遺跡は、一九七八（昭和五十三）年に町田進により発見され、一九八九（平成元）年に熊本大学文学部考古学研究室によって発掘調査が行われた。層序は大きく五枚に分けることができ、遺物を含む地層は第三層だが、遺構に含まれている埋土からも遺物が発見されている。遺構は、竪穴遺構九基と焼土一基、年代不明のピットが多数検出されている。遺物は、調査面積が約二八平方メートルにもかかわらず、肥厚口縁系の宇宿上層式土器の破片が約八〇〇〇点、石器二五一点と多量の遺物が発見されている。

貝塚時代後期

徳之島町内では、花徳のハンタ遺跡（貝塚時代後1期中葉から後葉）、亀津の美代願山と本川貝塚（貝塚時代後2期）がこの時期に該当する。海岸砂丘地で遺跡は発見されていないが、現在の集落の地中深くに眠っている可能性がある。一方で、標高七〇メートル前後の低位段丘に立地する遺跡も見られる。

以下、徳之島町内の貝塚時代後期の遺跡について紹介する。

〈ハンタ遺跡〉（図8）　徳之島町花徳の台地の縁辺部にある標高約五〇メートルの遺跡である。井之川在住の町田進によって発見された。発掘調査は行われていないが、貝塚時代前5期の宇宿上層式土器、貝塚時代後1期の沈線文脚台系土器（図12－11～13）、南九州の弥生土器である入来Ⅰ式（図12－10）、グスク時代のカムィヤキ（図12－15）、青磁片、石器（図12－14）などが見つかっている。

〈美代願山〉　徳之島町亀津字美代願山にある。低位段丘の先端部分の南側斜面で、標高約一〇メートル前後の場所にあり、北東側には、大瀬川が流れている。また、昭和四十年代の臨海埋め立て工事が行われるまでは、海岸まで約三〇〇メートルの近距離だった。小原一夫によって発掘調査が行われ、土器、石器、貝製品、貝殻や動物骨などの自然遺物が発見されている。

〈本川貝塚〉（図9・10）　徳之島町亀津字本川にある。立地は標高約四〇メートルの低位段丘上

図3-7　城畠遺跡航空写真

図3-8　ハンタ遺跡周辺

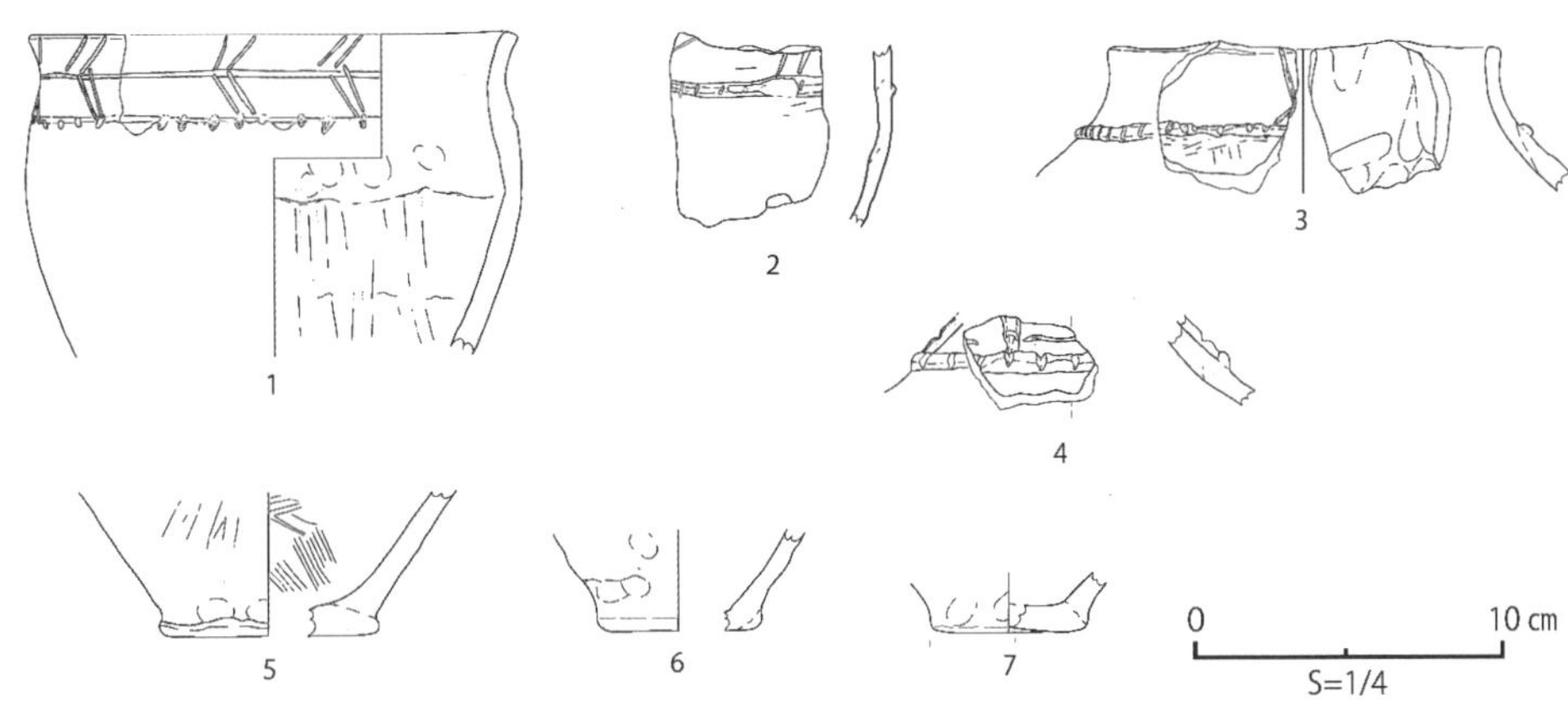

図３-９　本川貝塚採集品（河口コレクション）実測図

図３-10　本川貝塚採集資料

の平地にある。南西側に徳之島町と伊仙町の境となっている本川が流れている。また、東側からは海を見ることができる。廣瀬祐良と小原一夫が発掘した時は、土器片や貝製品・石器・骨製品など合せて木箱三箱分出土したようである。その後、九学会考古班の周辺遺跡踏査で兼久式土器と自然遺物が採集されている。その際には、既に耕作放棄地になっていたとされており、現在は畑地として利用されている。

その他の資料として、貝塚時代やそれに属すると考えられる資料が採集されている。

亀津南遺跡では製作途中の資料を含めた磨製石斧が五点、敲石類が二点採集されている(図11―2~8)。花徳新村遺跡においても磨製石斧一点が確認されている(図12―9)。卸口は遺跡ではないものの、船の係留と関わるような地名である。ここからはヘラ状の骨製品が採集されている(図11―1)。山里集落においては、貝塚時代前5期の肥厚口縁系・宇宿上層式などや石斧、磨石・敲石類、貝錘などが採集されている(図13―1~7)。

グスク時代

徳之島町内においては、尾母の大谷山遺跡や神之嶺の神之嶺城跡、手々のヤト城跡が知られている。また、山里集落や母間反川の畑でも遺物が採集されており、いずれも段丘上に遺跡が存在する。正確な場所は不明だが、井之川からは完形のカムィヤキが発見され、現在は奄美市立奄美博物館に保管されている。

大谷山遺跡は、標高約一九〇メートルで高位段丘面に存在するが、それ以外は標高七〇メートルの低位段丘に存在する。同遺跡においては、郷土史家や文化財関係者が数度表面踏査をしており、カムィヤキを主体にグスク土器、白磁や青磁が採取され(図12―1~7)、一部資料については論文などで紹介されている。[*17] 正式な報告書は刊行されていないが、二〇一九年と二〇二一年の試掘調査では、四枚の層が確認され、地表面から三番目の黒褐色の地層からカムィヤキを主体に、グスク土器、わずかな量だが白磁や滑石、石製品が確認されている。山里集落においては、滑石混入土器やカムィヤキ、白磁などが採集されている(図13―8~11)。

特殊な例として、古くから大切にされ世代を越えて伝わった伝世品もある。手々集落の某家で保管されてきた資料で、掟大八酒器一式の資料中の青磁皿は、十五世紀末から十六世紀前半のものと考えられている(コラム6)。

＊17 新里貴之「奄美諸島のグスク系土器」『Archaeology from the South 鹿児島大学考古学研究室二十五周年記念論集』二〇〇六年。
大屋匡史「徳之島町尾母大谷山採集資料について」『南島考古』第三八号、二〇一九年。

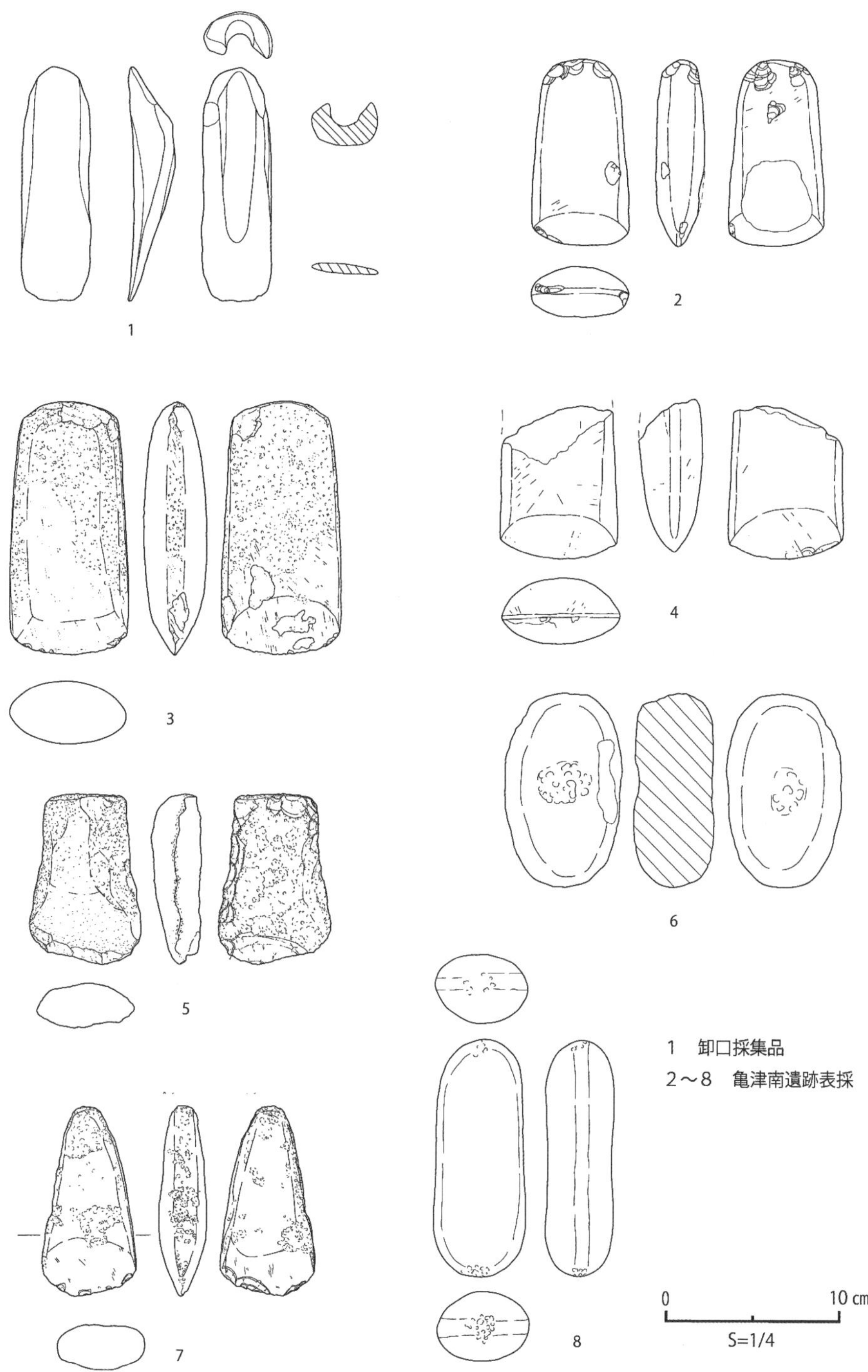

図3-11　徳之島町内で採集された遺物の実測図（1）

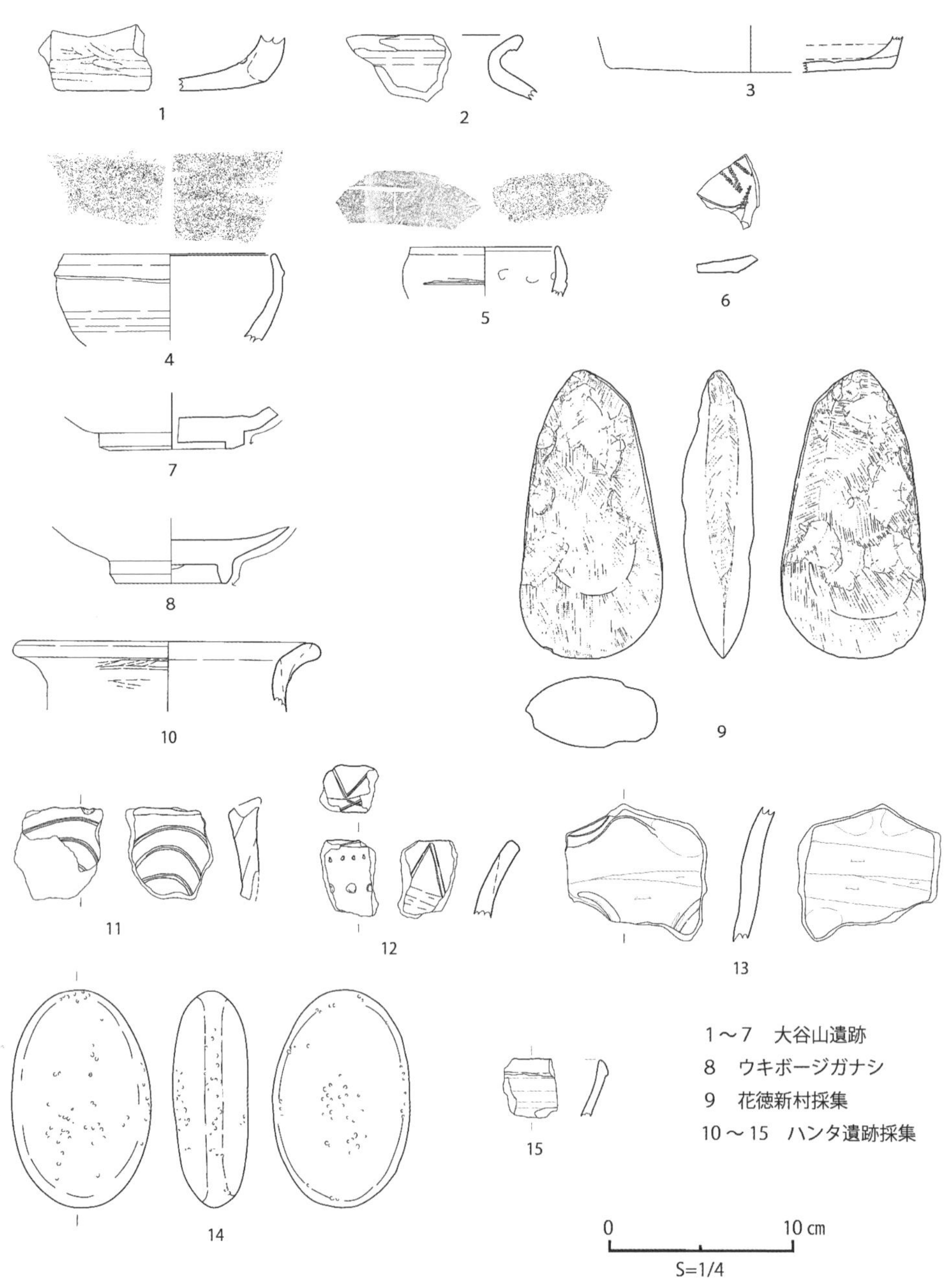

図 3 -12 徳之島町内で採集された遺物の実測図（２）

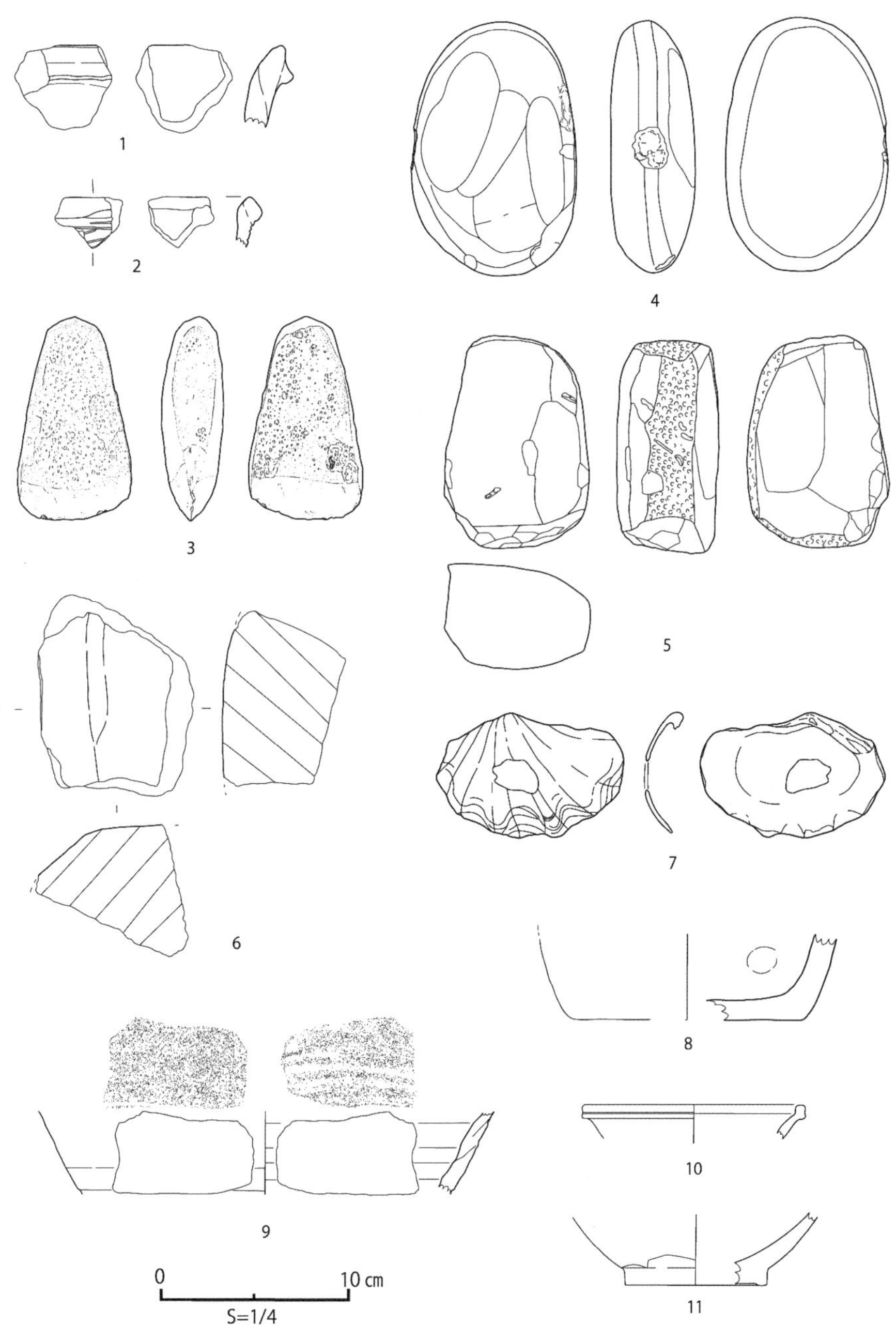

図３-13　山里（さんさと）集落遺物散布地採集資料の実測図

表 3 -2　徳之島町内で採集された遺物の観察表（1）

図版番号	遺跡名など	遺物名	時期	特徴など
図3-9-1	本川貝塚	兼久式土器	貝塚時代後２期	甕形で、口径15.2㎝。文様：(外器面)沈線文で波状文と刺突文で区画を施している。器面調整：(外)指ナデ、指オサエ。(内)指ナデ、指オサエ、ハケ状調整。色調:(外)明赤褐色、(内)橙色。焼成は良好。胎土：泥質で緻密、白砂や長石を含む
図3-9-2	本川貝塚	兼久式土器	貝塚時代後２期	甕形の胴部。文様：外器面に刻目凸帯と沈線文を施す。器面調整：(外)指ナデ、指オサエ、ヘラナデ。(内)不明。色調：(外)にぶい黄橙色、(内)灰褐色。焼成は良好。胎土：泥質でやや粗い、白砂を含む
図3-9-3	本川貝塚	兼久式土器	貝塚時代後２期	壺形で、口径12.0㎝。文様：(外器面)刻み目凸帯、沈線文。器面調整：(外)指ナデ、ヘラなで。(内)指ナデ、指オサエ。色調：(外)にぶい黄褐色。(内)灰黄褐色。焼成：良好。胎土：泥質で緻密、白砂を含む
図3-9-4	本川貝塚	兼久式土器	貝塚時代後２期	壺形の胴部。文様:(外器面)刻み目凸帯、沈線文。器面調整:内外面とも指ナデ、指オサエ。色調:(外)にぶい赤褐色。(内)明赤褐色。焼成は良好。泥質でやや粗く、長石・白砂を含む
図3-9-5	本川貝塚	兼久式土器	貝塚時代後２期	器種不明。底径7.2㎝、文様はなし。器面調整:(外)指ナデ、指オサエ、ヘラナデ。(内)指ナデ、ハケ状調整。色調:(外)明赤褐色。(内)橙色。焼成は良好。胎土：泥質で緻密。白砂・雲母を多量に含む
図3-9-6	本川貝塚	兼久式土器	貝塚時代後２期	器種不明。底径5.4㎝で文様はなし。器面調整：(外・内)指ナデ・指オサエ。色調：(外)明赤褐色、(内)灰褐色。焼成は良好。胎土：泥質で緻密。白砂や長石を含む
図3-9-7	本川貝塚	兼久式土器	貝塚時代後２期	器種不明。底径5.2㎝で文様はなし。器面調整：(外・内)指ナデ・指オサエ。色調：(外)褐灰色：(内)にぶい橙色。焼成：良好。胎土：泥質でやや粗い。白砂・長石を含む
図3-11-1	卸口海岸	ヘラ状骨製品		ヘラ状に研磨されているが、動物種や部位については不明
図3-11-2	亀津南遺跡	磨製石斧	貝塚時代	基部が破損。両刃使用後の研ぎ直しが見られる
図3-11-3	亀津南遺跡	磨製石斧	貝塚時代	一部破損個所があるがほぼ完形品。バチ形の平面形
図3-11-4	亀津南遺跡	磨製石斧	貝塚時代	完形品で、平面形は短冊形。敲打による整形後、基部の大部分と側面は研磨が行われていない。緑色岩系の石材を使用
図3-11-5	亀津南遺跡	磨製石斧	貝塚時代	破損品。基部の一部と刃部が欠損。緑色岩系か
図3-11-6	亀津南遺跡	敲石	貝塚時代	表面の一部に欠損が見られるが、ほぼ完形品。表面・裏面に敲打痕あり。火山岩系の石材
図3-11-7	亀津南遺跡	石斧未成品	貝塚時代	長さ9.3㎝、幅6.3㎝、厚さ3.4㎝。整形剥離後の敲打整形を行っている。正面は原礫面を残す。緑色岩系の石材か
図3-11-8	亀津南遺跡	敲石	貝塚時代	上端部と下端部に敲打痕あり
図3-12-1	大谷山遺跡	グスク土器		鍋形の底部、底径不明。外・内器面ともナデとハケメ状調整。胎土は泥質、焼成は良好。混和材に1～4㎜の千枚岩や石灰質粒が多く含まれる
図3-12-2	大谷山遺跡	カムィヤキ	11世紀後半～13世紀前半	A群、小壺。底径15.6㎝。外器面回転ナデ、ヘラ削り。内器面回転ナデ、ハケ目調整。焼成は良好で、硬質
図3-12-3	大谷山遺跡	カムィヤキ	11世紀後半～13世紀前半	A群、碗。口径11.6㎝。外器面：ハケメ調整、回転ナデ、回転ケズリ。内器面：ハケメ調整、回転ナデ。焼成は良好で硬質
図3-12-4	大谷山遺跡	カムィヤキ	11世紀後半～13世紀前半	A群、壺。外器面：回転ナデ、口縁部下にヘラ削り、平行文タタキ。内器面：回転ナデ、平行文線あて具。焼成は良好で硬質
図3-12-5	大谷山遺跡	カムィヤキ	13世紀後半～14世紀前半	B群、碗。口径8.0㎝。外器面：回転ナデ、平行線タタキ目、横位に一条の沈線。内器面：回転ナデ、無文あて具痕。焼成は良好で硬質

表３-３　徳之島町内で採集された遺物の観察表（２）

図版番号	遺跡名など	遺物名	時期	特徴など
図3-12-6	大谷山遺跡	青磁	12世紀後半～13世紀前半	大宰府新分類龍泉窯青磁Ｉ類（劃画文）碗の底部。底径6.0㎝、素地は灰色。釉調は淡緑色
図3-12-7		青磁	12世紀後半～13世紀前半	大宰府新分類同安[甫口]窯系青磁の皿。内面に櫛描文と弧状文。素地は灰白色で、釉調は、内面は灰オリーブ色
図3-12-8	ウキボージガナシ	青磁	14世紀前半～中葉	龍泉窯青磁。沖縄分類青磁碗Ⅳ、Ⅳ’類の高台
図3-12-9	花徳新村集落	磨製石斧	貝塚時代	完形で平面形がバチ形を呈する両刃の石斧である。整形剥離後に研磨が行われているが、徹底していないものの、刃部と基部の境が分からないほど滑らかである。刃部右側が摩耗している。石材は緑色岩系と思われる
図3-12-10		入来Ｉ式土器	貝塚時代後１期中葉（弥生時代中期前半古段階）	壺形の口縁部片、口径16.0㎝。外器面ミガキ調整、焼成良好
図3-12-11		沈線文脚台系土器	貝塚時代後１期中葉（弥生時代中期前半古段階）	甕形の口縁部片。南九州の弥生土器を模倣。入来Ｉ式段階。外器面：指ナデ。焼成良好
図3-12-12	ハンタ遺跡	沈線文脚台系土器	貝塚時代後１期中葉	口縁部片と思われるが、器種は不明。南九州の弥生土器を模倣。弥生時代中期の可能性。外器面：指ナデ、内器面：指ナデ、ヘラナデ。焼成良好
図3-12-13		土器（型式名称不明）	不明	胴部片。弥生時代前期か古墳時代。外面にヘラ状工具で曲線を描いている。外器面：指ナデ、内器面：指ナデ、指頭圧痕
図3-12-14		磨石		完形。正面、裏面、上面、下面、側面に磨り痕
図3-12-15		カムィヤキ	11世紀後半～13世紀前半	Ａ群と思われる壺。内器面：回転ナデ、回転ケズリ
図3-13- 1		宇宿上層式土器	貝塚時代前５期	深鉢形。内器面および外器面は指ナデ。焼成は良好。摩耗している
図3-13- 2		宇宿上層式土器	貝塚時代前５期	深鉢形。焼成は良好。摩耗している
図3-13- 3		磨製石斧		平面形はバチ形で、両刃の石斧である。敲打整形後、刃部に研磨が施されているが、全面に至っていない。磨製石斧の未成品。石材は緑色岩と思われる
図3-13- 4		磨石		表面・裏面と磨った痕が見られ、表面は局部的に磨った場所が4か所見られる。左側面に敲打痕あり
図3-13- 5		磨石・敲石		表面および裏面に磨られた面が見られ、上部と側面に敲打痕が見られる。石材は砂岩と思われる
図3-13- 6	山里地区	磨石		破損品
図3-13- 7		貝錘		シャコガイ科シラナミ。中央部に穿孔。全体に強い水磨を受けている
図3-13- 8		グスク土器		鍋形の底部で底径12.4㎝。内器面に指頭圧痕。滑石が混入されている
図3-13- 9		カムィヤキ	11世紀後半～13世紀前半	Ａ群、鉢。口径12.0㎝
図3-13-10		カムィヤキ	11世紀後半～13世紀前半	Ａ群、壺。焼成は良好で硬質
図3-13-11		白磁	11世紀後半～12世紀前半	底径7.4㎝。白磁碗Ⅳ類

＊貝塚時代の土器の編年について、貝塚時代前期は伊藤慎二「琉球縄文土器（前期）」（小林達雄編『総覧 縄文土器』アム・プロモーション、2008年）、後期は新里貴之「琉球縄文土器（後期）」（同）を参考にした。
＊カムィヤキの分類については、伊仙町教育委員会編『カムィヤキ古窯跡群Ⅳ』2005年を参考にした。
＊中国産陶磁器の分類については、14世紀以前は太宰府市教育委員会編『大宰府条坊跡XV―陶磁器分類編―』2000年、14世紀以後は瀬戸哲也「沖縄における貿易陶磁研究―14～16世紀を中心に」（『紀要 沖縄埋文研究5』）、瀬戸哲也「14･15世紀の沖縄出土中国産青磁について」（『貿易陶磁研究』No.35、2015年）を参考にした。

第三節　遺跡の立地

前述したように、徳之島町内では四十四遺跡が知られているものの、発掘調査の事例が少なく、調査面積も狭いため、考古学的知見は限られている。

ここでは、第二節で確認した遺跡の立地の傾向や変化について説明していきたい。徳之島町内にある遺跡については、図14および表4に示している。なお、資料が採集された場所の中には、かつて遺物が採集されていたが、現在は遺物が見られない場所も含まれる。

沖縄諸島ではこれまでの発掘調査や研究をもとに、時代ごとの遺跡の立地の変化が明らかになっている。[*18] それによると、沖縄諸島のグスク時代までの遺跡立地の変化は、旧石器時代は洞穴遺跡が多く、貝塚時代前1期〜前3期は海岸部に移る。貝塚時代前4期から前5期は丘陵上に移り、貝塚時代後期は、海岸部に遺跡が多く立地するようになる。続くグスク時代になると丘陵上に遺跡が立地することが分かっている。

今回、それを参考に徳之島町内の各時代における遺跡の立地の変化を示すと図15のようになる。徳之島町には、陸上と水中に遺跡が存在する。陸上については、地質学の研究成果を踏まえると、徳之島は奄美大島と同様の高島タイプの島であるものの、平らな台地が山地の裾野を取り巻いており、標高により三つの段丘に分かれる。標高二〇〇〜一五〇メートルの高位段丘面、標高一四〇〜七〇メートルの中位段丘面、標高七〇メートル以下の低位段丘面である。[*19] 高位段丘面にある遺跡は、尾母に所在する大谷山遺跡で、中位段丘面には、諸田にあるナーデン当遺跡が知られている。その他の町内のほとんどの遺跡は、低位段丘面に立地する。現在のところ、貝塚時代前5期以前の遺跡は発見されておらず、海岸砂丘地の遺跡は少ない。貝塚時代後期の遺跡の発見例は少ないが、低位段丘上あるいは崖に近い場所に立地している。その後のグスク時代の遺跡も低位段丘上にその多くが立地する。

＊18　宮城弘樹「沖縄先史文化の特徴」『平成二十八年度博物館特別展 港川人の時代とその後―琉球弧をめぐる人類史の起源と展開―』二〇一六年。

＊19　成尾英仁「徳之島の地形」『鹿児島の自然調査事業報告書Ⅲ　奄美の自然』(鹿児島県立博物館、一九九六年)。
成尾英仁「徳之島の地質と岩石(二)　徳之島の地形の特徴」『徳之島町史　自然編　恵みの島』(南方新社、二〇二一年)。

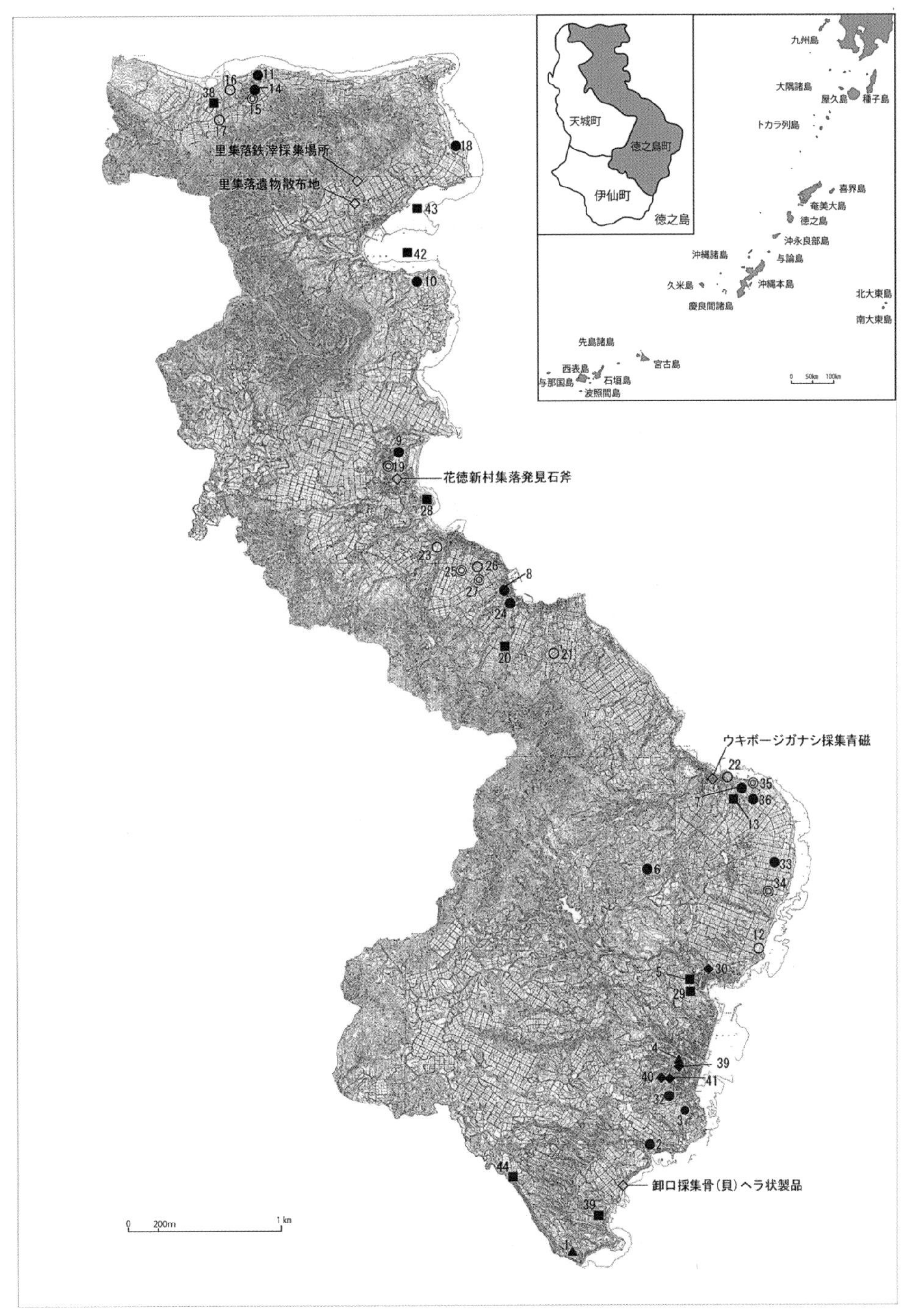

図 3 -14　徳之島町管内遺跡地図

《凡 例》

●は貝塚時代前期の遺跡　▲は貝塚時代後期の遺跡　■はグスク時代の遺跡　◆は近世の遺跡

◎は複数の時期にまたがる遺跡　○は時期不明の遺跡

◇は鹿児島県の遺跡地図に掲載されていないが、遺物が採集された場所（遺物名を表記した）

＊この地図は鹿児島県の遺跡地図をもとに発掘調査報告書や論文、徳之島町が保管する資料の知見を加味して作成している。そのため、鹿児島県が公開している遺跡地図の情報と異なることがある。

＊図中の番号は表 4「徳之島町管内遺跡一覧表」の遺跡番号に対応している。

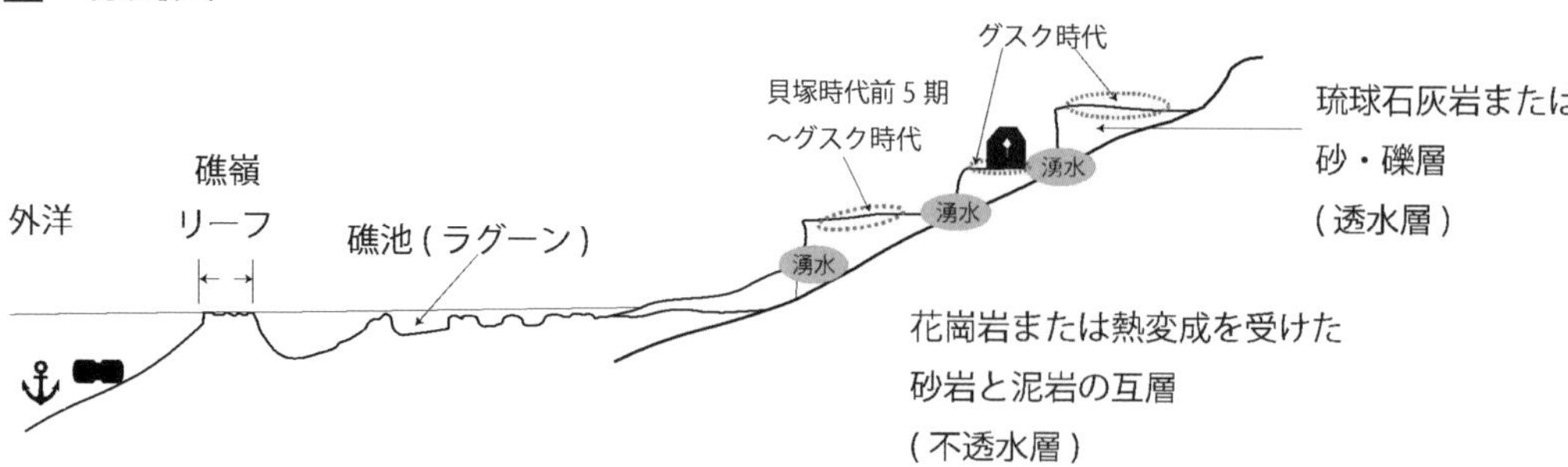

図３-15　徳之島町の遺跡の立地

これらのことから、徳之島町内の遺跡の立地の変化については、貝塚時代前5期からグスク時代まで低位段丘上に遺跡が立地する傾向が続くと考えられる。しかし、これまでの調査では、現在の生活域に相当する低位段丘上の遺跡を調査していることが多く、海岸砂丘地の遺跡を調査している例はほとんどない。貝塚時代後期の遺跡は、奄美・沖縄諸島においては海岸砂丘地に多く立地する傾向があるので、徳之島町でも海岸砂丘地に立地する集落部を調査することで貝塚時代後期の遺跡が発見される可能性は高い。以上のように、現在のところ居住域の長期にわたる変化を見ることは難しいが、今後の調査の進展によっては、町内の遺跡数は増加し、時期ごとの遺跡立地の変化がより明確にわかってくるであろう。なお、徳之島に特徴的な線刻画群（近世編コラム2）については、中位段丘の内陸部側に確認される傾向にある。

水中遺跡については、現在のところ船を停泊させる時に使用した碇（錨）が見つかっている。石製は山港沖（コラム7）、鉄製は金見海岸にある。これらの周辺に陶磁器などの破片が落ちておらず、時期の特定は難しいものの、石製についてはグスク時代、鉄製については近世に使用されたものと考えられている。

（大屋匡史）

表 3-4　徳之島町管内遺跡一覧表

番号	いせきめい 遺跡名	所在地	時 代	備 考
1	ほんがわ 本川	亀津本川 7041	貝塚時代後 2 期	
2	おくながわ 奥名川	奥名川白貞 6293	貝塚時代前期	消滅
3	かめつ みなみ 亀津 南	亀津塔原 4597	貝塚時代前期	
4	みょうごやま 美代願山	亀津 3357	貝塚時代後 2 期	旧称：亀津貝塚
5	さかもと 坂元	亀徳 2087	グスク時代	
6	なーでんとう ナーデン当	諸田中代ナギタ	貝塚時代前 5 期	
7	かみのみねいしあなだ 神之嶺石アナダ	神之嶺アナダ 146 他	貝塚時代前 5 期	別名：シキマント
8	おおあたり 大 当	母間反川 8040	貝塚時代	
9	ぐすぃくばて 城 畠	花徳 1740	貝塚時代前 5 期	
10	あぜ 畦	畦 1434-63	貝塚時代前期	
11	てて 手々	手々 3203	貝塚時代前期	
12	よんかねくかいづか ヨン兼久貝塚	亀徳		消滅
13	かみのみねぐすくあと 神之嶺城跡	神之嶺アギマス	グスク時代	
14	かんだ 神田 1・2	手々字神田	貝塚時代	
15	やまだ 山田	手々字山田	グスク時代	
16	おおはいだ 大配田	手々字大配田		
17	かんげさく カンゲサク	手々字カンゲサク		
18	したしおとびや 下汐飛屋	山字下汐飛屋	近世	
19	はんた ハンタ	花徳坪久	貝塚時代前 5 期～後 1 期	
20	たしきし 田志喜志	母間字田志喜志	グスク時代・近世	
21	みやしろ なかわら 宮城・中和原	母間字宮城・中和原		
22	とひゃらしゅんこうかいづか トヒャラ下川貝塚	神之嶺字トヒャラ下川	貝塚時代	

番号	遺跡名	所在地	時代	備考
23	石京當原	母間字石京當原		
24	下田	母間字下田	貝塚時代前5期末	
25	溜り水	母間字溜り水	貝塚時代後期から近世	
26	上ヤチクル	母間		
27	中長迫	母間字中長迫	貝塚時代後期～グスク時代	
28	宮城山	花徳宮城	グスク時代	
29	殿地跡	亀徳里	グスク時代	
30	カンジャエ	亀徳カンジャエ	グスク時代～近世	
31	朝良	南原	グスク時代	
32	永久	亀津	貝塚時代	
33	イチミ	諸田	貝塚時代	
34	アミバテ	徳和瀬	貝塚時代	
35	アナダB	神之嶺	貝塚時代	
36	八之嶺	神之嶺	貝塚時代	
37	高浜	諸田	貝塚時代	
38	ヤト城跡	手々	グスク時代	
39	亀津代官所跡	亀津 2841-1	近世	
40	殿内墓	亀津 3146 外	近世	出典文献には「とのうちばか」とある
41	殿内跡	亀津 3148-100	近世	出典文献には「とのうちあと」とある
42	山港沖海底A遺跡	山	グスク時代～近世	
43	山港沖海底B遺跡	山	グスク時代～近世	
44	大谷山遺跡	尾母 338 外	グスク時代	

出典：上野原縄文の森ホームページ内「埋蔵文化財情報データベース」（鹿児島県立埋蔵文化財センター）

コラム7 山港発見の碇石

町内北東の山(さん)集落近海から引き上げられた石(せき)製品について紹介したい。山港は現在漁港として利用されているが、古くから港があったことが知られている。二〇〇九年の潜水調査で発見された二点の石製品は、外形や大きさから碇石(いかりいし)（木製の碇のおもりとなる石製品）の可能性が高いと推定されていた。二〇一六年一月の再調査により、これらのうち二本の発見状況を記録し、海中からの引き上げ作業を実施した（図16）。

二〇一六年四月、伊仙町歴史民俗資料館にて、サンゴなど付着物の除去作業を行なった後、車両用の計測機を利用して重量を計り、二〇二二年八月に実測図（図17）を作成した。これらは現在徳之島町郷土資料館にて収蔵されている。

図17―1は、1号碇石とされるもので、中央部に若干の凹(くぼ)みをもつ。中央部の断面は整った長方形をなし、すべての面が平滑に仕上げられているため、人為的な加工が施された製品と判断できる。石材は溶結凝灰岩(ようけつぎょうかいがん)と鑑定されており、島外から持ち込まれた可能性が高い。長さ八八・五センチメートル、幅一九・〇センチメートル、厚さ一一・五センチメートルで、推計重量は三〇キログラム前後であった。

図17―2は、2号碇石として引き上げられた砂岩(さがん)製の資料で、外縁が打割(だかつ)によって成形され、長楕円形(ちょうだえんけい)状の平面形を示す。表裏面共に自然面が残るが、中央部にはわずかな凹みが認められ、装着痕とみることもできる。右半の中央から先端にかけては打割により厚みが減じられている。長さ一〇一・五センチメートル、幅二〇・五センチメートル、厚さ一四・〇センチメートルを計り、重量は六〇キログラム前後と推定される。

引き上げた二本の石製品は中央部に凹みが確認されることから、釣り合いを重視した道具であり、何らかへの装着物であったと想定される。図17―1は明らかに島外産の石材で、何より港内の海底で発見されたという事実は、これらが船に搭載された碇石であった可能性を強く示唆する。今後も類例を探し、碇石と断定する確実な証拠を集める必要がある。

（新里亮人）

【参考文献】

小川光彦「海域アジアの碇石航路誌」四日市康博（編著）『モノから見た海域アジア史―モンゴル～宋元時代のアジアと日本の交流』（九州大学出版会、二〇〇八年）

南西諸島水中文化遺産研究会・鹿児島大学法文学部物質文化論研究室『水中文化遺産データベース作成と水中考古学の推進　海の文化遺産総合調査報告書―南西諸島編―』（アジア水中考古学研究所、二〇一三年）

1．引き上げの準備

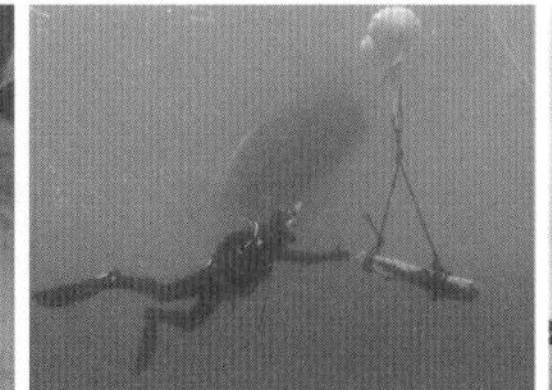
2．バルーンによる引き上げ

3．船上での引き上げ作業

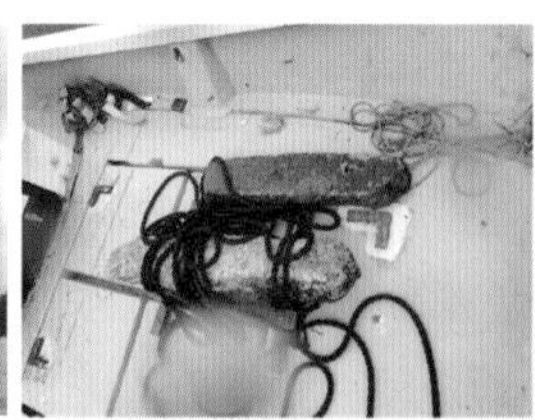
4．引き上げ直後の石製品

5．サンゴの付着状況

6．サンゴの除去作業

7．クリーニング後の1号碇石

8．クリーニング後の2号碇石

図 3-16　石製品引き上げ作業とクリーニング作業の様子

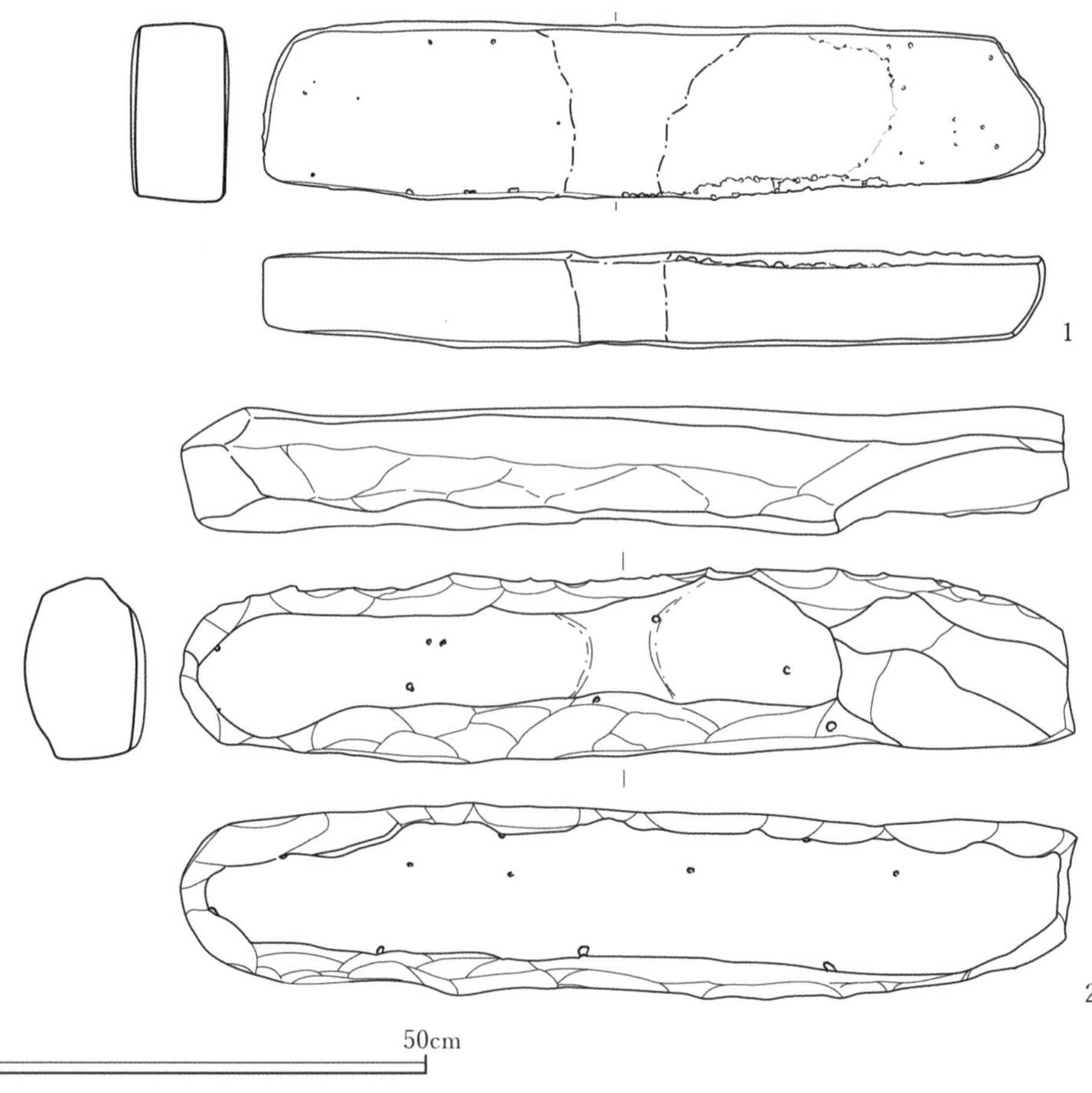

図 3-17　山港発見の碇石とみられる石製品（1：1号碇石、2：2号碇石）

第四章　遺跡からみた徳之島のヒトと文化

上：大谷山(おおたにやま)遺跡（徳之島町尾母(おも)）から採集された遺物

下：大谷山遺跡（同上）から検出された掘立柱建物跡

第一節 ヒト

この島で活躍した人々

この島で活躍した人々はどこからきたのであろうか。また、どのような容姿をしていたのであろうか。本編で紹介する遺物や遺構などのページをめくると、これらのモノをのこし、先史・原史時代にこの島で活躍した人々に興味がわいてくる。ここで以下に使われる「ヒト」という用語の説明を簡単にしたい。生物学的に人を対象とするとき、カタカナでヒトと表記することになっている。[*1] 本編で「ヒト」となっている場合は、生物学的な意味合いであることを了解していただきたい。ここでは、この島を舞台として躍動した人々の形質人類学的[*2]な特徴や遺伝学などから示唆されるルーツについて紹介したい。

ヒトの定義・起源・拡散

ところで、ヒトは他の動物と何が異なるのであろうか。換言するとヒトはどのように定義されるのだろうか。古い時代の化石が発見され、それがチンパンジーなどの類人猿の祖先ではなく、ヒトの遠い祖先であるとする判断基準は何なのであろうか。

ヒトは「直立して二本足で歩く動物」[*3]で定義される。つまり過去に直立二足歩行によって移動する動物が認められたらその動物はヒトと判断される。直立して、二本足で歩く動物の歴史は今から約七百万年前にアフリカで幕を明けた。サヘラントロプス・チャデンシスと命名されたヒトである。[*4] 私たちのように完成された直立二足歩行ではなかったようであるが、人類進化への第一歩を歩みはじめたのである。三十年ほど前から考えると想像もできなかったことだが、サヘラントロプス出現以降、二十種類以上の直立二足歩行したヒトが発見されている。教科書では猿人→原人→旧人→新人と教えられているが、人類進化はかなり複雑であったことがここ三十年ほどで明らかになっている。その二十数種類の中から運よく一種類のみが今日まで生き延びた。それが、私たち、学名でいうホモ・サピエンス（新人あるいは現生人類）である。ホモ・サピエンスは約二十万年前に起源したといわれている。やは

＊1 渡辺直経編『人類学用語事典』（雄山閣出版、一九九七年）、二二六頁。

＊2 形質人類学とはヒトを生物学的に研究する学問で、その一つに遺跡から出土した人骨を丹念に研究し、その容姿や形態を復元し、どのようにヒトが進化したかを研究する学問。自然人類学ともよばれる。

＊3 中橋孝博『日本人の起源』（講談社、二〇〇五年）、三九頁。

＊4 ピエバニ、テルモ、バレリー・ゼトゥン『人類史マップ』（日経ナショナルジオグラフィック社、二〇二一年）、二〇八頁。

＊4 前掲註3に同じ。

り、その起源地はアフリカであった。ホモ・サピエンスの歴史は七百万年前に幕を開けた人類の歴史からみるとほんのわずかだが、二十数種類いた直立二足歩行の動物としてはもっとも成功した種である。

成功したといえるのはその拡がりである。[*5] 今日、七十五億人以上のヒトが地球上のいたるところで生活を営んでいる。これほど世界の隅々まで拡散したヒトはホモ・サピエンスのみであり（他の動物を入れても）、生物学的にはこの拡がりを「成功」と解釈する。ホモ・サピエンスがアフリカを出た（出アフリカ）のは今から約七万年前であった。彼らは約五万年前にオーストラリアに達し、約四万年前にヨーロッパや東アジアにたどり着いている。[*6] その数千年後（三万八千年前〜三万六千年前）には日本本土にもホモ・サピエンスが登場したようだ。[*7]

そして、彼らの一部は琉球列島へも姿を現した。琉球列島は地質学的に種子島・屋久島を中心とする北琉球、奄美・沖縄諸島から構成されている中琉球および宮古・八重山諸島からなる南琉球に区分されることがある。北琉球では約三万五千年前の遺跡が種子島で確認されている。南琉球では宮古島で約二万五千年前の遺跡、そして最近では約一万四千年前から二万七千年前の遺跡が石垣島で発見されている。中琉球でも北・南琉球とほぼ同じ時期の遺跡が存在していることが奄美大島、徳之島、沖縄島、伊江島および久米島から報告されている。前述したように東アジアや日本列島にホモ・サピエンスがたどり着いたのは三万八千年前から三万六千年前といわれている。すなわち、琉球列島におけるヒトの最古の痕跡は本土にヒトが足を踏み入れたのとほぼ同時期であり、この点は注目に値する。それは本土と異なり、琉球列島（特に中・南琉球）に拡散するためには長距離航海を必要としたからである。このころすでに、海を恐れることなく渡海し、これらの島々に到達した人々がいたわけである。では、琉球列島に拡散し、島の環境で暮らした人々はどこから来たのであろう。どのような容姿をしていたのであろう。

これらの問いに関する答えを用意してくれるアプローチに主に遺跡から出土した人骨の形を調べ

＊5　スコット・C・ジェームズ『反穀物の人類史―国家誕生のディープヒストリー』（みすず書房、二〇一九年）、六七頁。

＊6　前掲註3に同じ。

＊7　日経新聞「長野の石刃、国内最古と判明　現生人類流入の手掛かり」『日経新聞』二〇二一年六月二日号。

る方法と遺跡出土の人骨や現代人の遺伝的情報から研究する方法がある。つぎにこれらのアプローチで明らかになっていることを紹介したい。

旧石器時代

沖縄県南城市（旧具志頭村）に所在する港川フィッシャー遺跡は、世界的に最も著名な遺跡の一つである。その理由は東アジアにおいて最古級に入るホモ・サピエンスの化石人骨を出土したのみならず、出土した化石人骨の保存状態がきわめて良好であったからである。そのため、東アジア人の起源や日本人の起源を検証する際、避けては通れない化石人骨となっている。

たとえば、日本人の起源を生涯検証してきた形質人類学者埴原和郎は現代日本人のルーツの根底に港川人をおいた『日本人二重構造モデル』という仮説を提唱した。[*8] この仮説は現代のアイヌ、本土日本人および琉球人（奄美諸島から先島に居住している人たち）がどのような過程を経て進化して今日に至ったかを説明する仮説であるが、ここでは埴原仮説をもとに琉球の人々の起源について簡単に述べる。埴原は、現代琉球人の元々の祖先を港川人などこの地で躍動した旧石器時代人と考察し、港川人が貝塚時代人へ、その貝塚時代人から今日の琉球人へと進化していったと『日本人二重構造モデル』において、現代琉球人の起源について説明した（図1）。この地に住む人々は港川人などの旧石器時代人を遠い祖先とするのであろうか。では、その港川人らの旧石器時代人はどのような人々だったのであろう。港川フィッシャー遺跡より検出された化石人骨は最低四個体分（約二万二千年前）あり、そのうちの一個体、港川人一号は全身の骨格の保存状態がきわめて良好であった。港川人一号は成人男性で、身長約一五三センチメートルであった。港川フィッシャー遺跡出土の成人女性（三個体分）の平均身長は約一四四センチメートルと報告されている。[*9] 港川人は上半身は華奢であったが、下半身はしっかりとしており、移動あるいは脚を使う活動が重要であったと解釈されている。[*10]

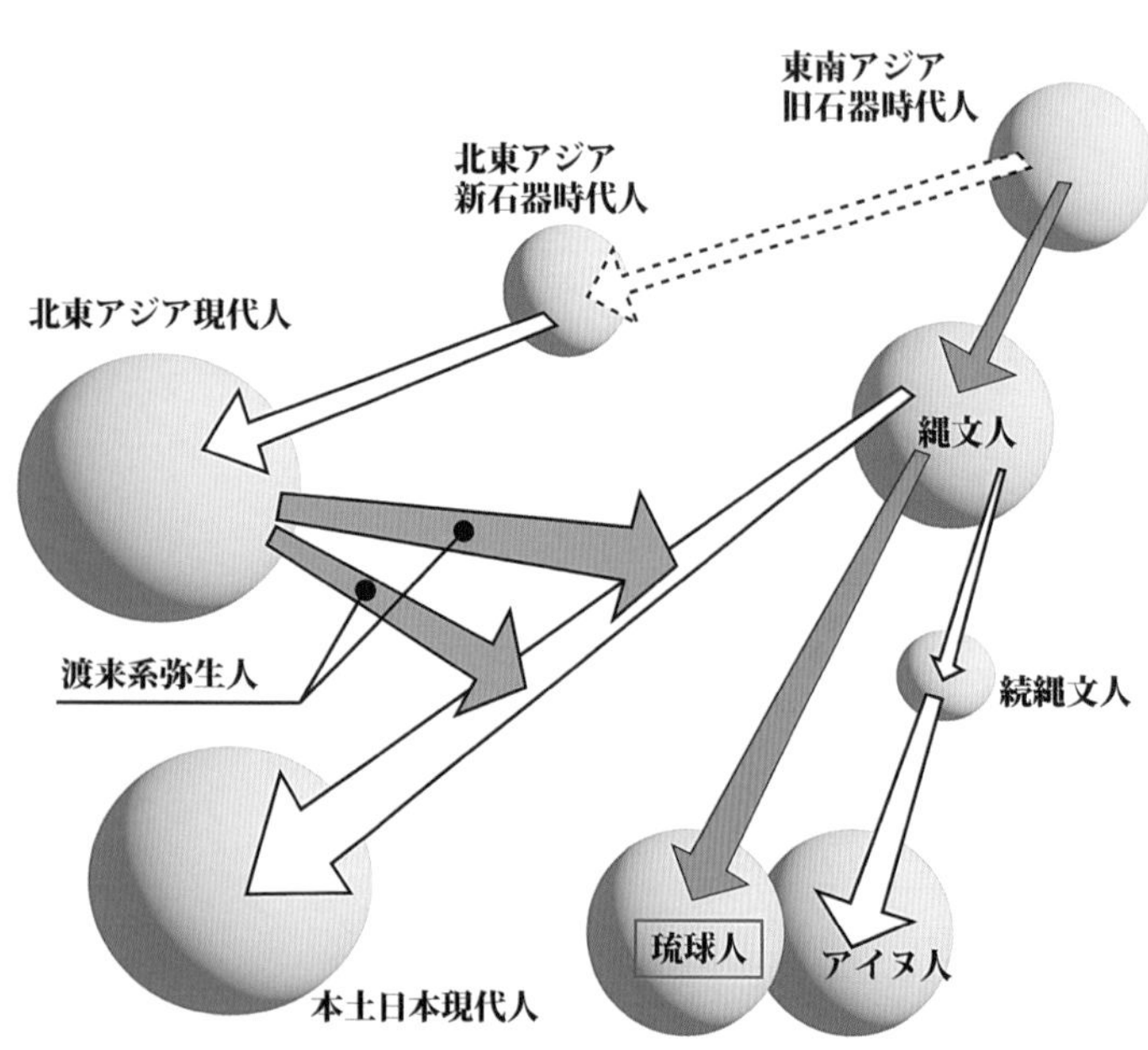

図 4-1　日本人二重構造モデル

＊8　Hanihara, Kazuro 1991 Dual Structure Model for the Population History of the Japanese. Japan Review 2 1-33.

＊9　Suzuki, H. and Hanihara K. eds. 1982 The Minatogawa Man: The Upper Pleistocene Man from the Island of Okinawa. University of Tokyo.

図 4-3　近年復元された港川人

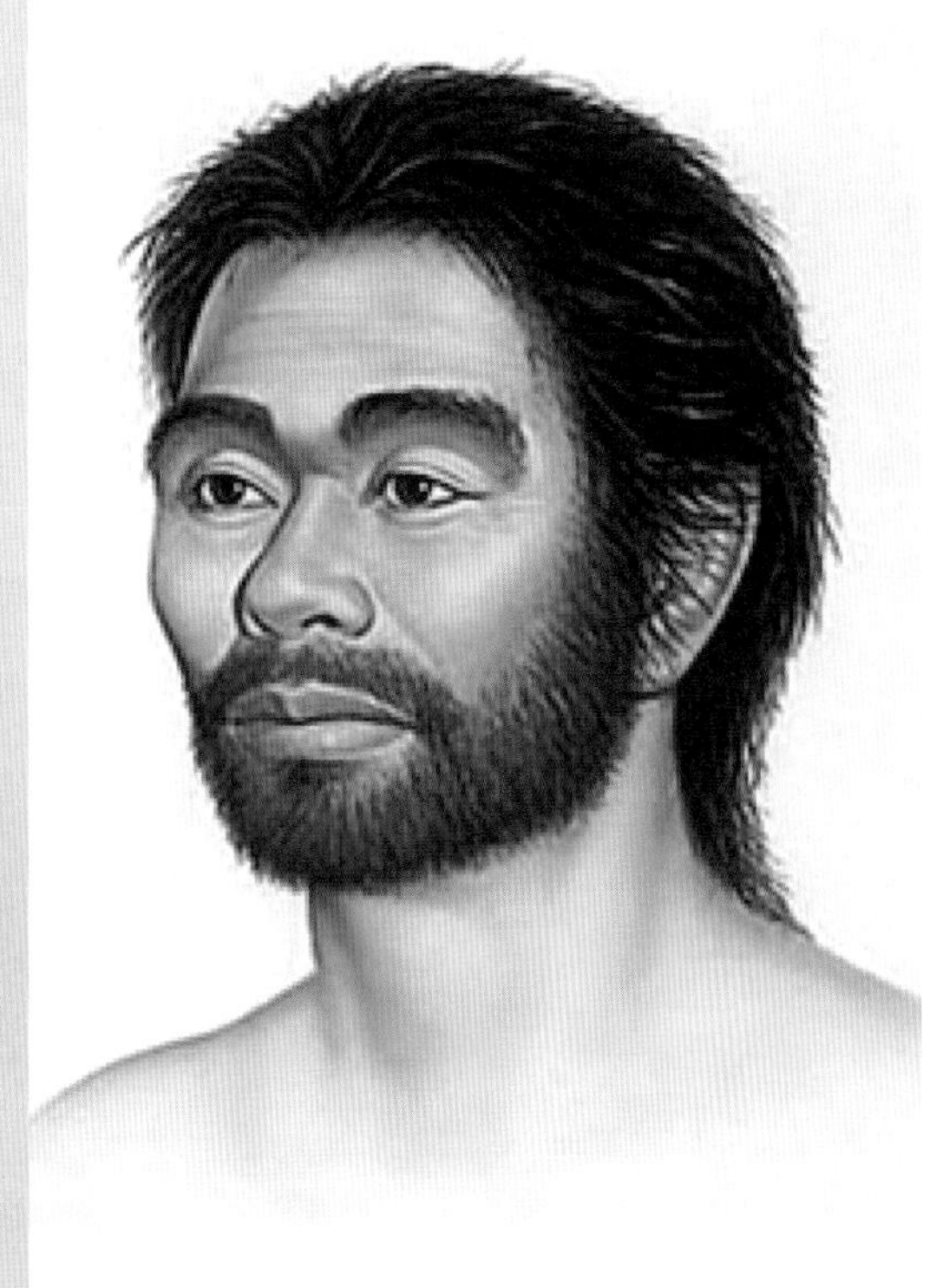

図 4-2　約 20 年前に復元された港川人

では、港川人はどのような顔立ちだったのであろうか。二十年ほど前に復元された顔は現代の奄美・沖縄の人々を彷彿させるような顔立ちだった。このころは『日本人二重構造モデル』にみられるように、港川人は貝塚時代人の祖先と考えられており、その貝塚時代人の子孫が現代奄美・沖縄人と推察されていた。それゆえ、港川人の風貌は現代奄美・沖縄人に似たような復元になったのであろう(図2)。

また、港川人の頭蓋骨を検証した鈴木・埴原は、[*11] 中国北部の山頂洞人および中国南部の柳江人と港川人を比較した。その結果、港川人は柳江人と共通点が多いことを抽出し、港川人のルーツを中国南部に求めた。その後、ターナーⅡや埴原あるいは馬場悠男による研究[*12]では、中国南部より東南アジアの人々に形質的に近いことが示唆

＊10　馬場悠男「港川人は琉球人の祖先か」『沖縄県史 各論編2 考古』（沖縄県教育委員会、二〇〇三年）、五二三―五七二頁。
馬場悠男「港川人は琉球人の祖先か―島嶼適応の観点から―」高宮廣衞先生古希記念論集刊行会編『琉球・東アジアの人と文化（下）高宮廣衞先生古希記念論集』（高宮廣衞先生古希記念論集刊行会、二〇〇〇年）、四一三―四二三頁。

＊11　前掲註9に同じ。

＊12　前掲註10 馬場 二〇〇三：五五〇頁。

された。さらに、近年港川人一号人骨の下顎の復元に若干問題があることがCTスキャン調査の結果判明し、その点をコンピュータ上で修正して再復元したところ、彼は中国南部ではなく、東南アジア（オーストラロ・メラネシア系）の人々により近い顔立ちであり、港川人の起源地は東南アジアであろうとされた。[*13] この新見地をもとにした港川人一号人骨の顔の復元図は旧石器時代に東南アジアに分布した人々を祖先に持つオーストラリアのアボリジニーのようにされている（図3）。

では、港川人を含む沖縄の旧石器時代人は東南アジアから北上したのであろうか。石垣市に所在する白保竿根田原洞穴遺跡では化石人骨が破片なども含めて一千点以上出土している。そのうち全身の残存状況のよい四号人骨（二万七千年前）の頭蓋骨を三次元デジタル復元し、その計測結果を他集団と比較したところ、中国南部や東南アジアの人々と近いことが判明した。[*14] さらに、白保竿根田原洞穴遺跡の後期更新世（更新世：地質学的な時代区分で、約二百五十八万年前から約一万年前まで。そのうち後期は約十二万年前から一万千七百年前）の化石人骨ではミトコンドリアDNA分析も行われ、形態的な分析成果を支持する結果を得た。すなわち、彼らは（サンプル数＝2）ハプロタイプB4eとハプロタイプRで、[*15] 両タイプともに中国南部や東南アジアの人々の特徴である。ちなみに、この遺跡の後期更新世の男性は一六〇センチメートル以上あったようで、港川人男性より高身長であった。[*16]

旧石器時代には、先島諸島から沖縄諸島までは東南アジア的なあるいは少し広げて中国南部を含む南方系の人々が住んでいたのかもしれない。

徳之島を含む奄美諸島では人骨が出土しておらず、本土から南下したのか、沖縄諸島の人々がさらに北上したのかについては現時点では明らかになっていない。

貝塚時代

旧石器時代人と貝塚時代人は遺伝的につながっていたのであろうか。つまり、旧石器時代人がその後進化して貝塚時代人となったのであろうか。貝塚時代人の顔の特徴は広く低い顔面、角張った眼窩（眼球の入っているところ）などは港川人に類似しているという。形質人類学者の土肥直美は顔面を含む頭蓋骨の類似から旧石器時代人と貝塚時代人に連続性があると考察する。[*17] ま

＊13 Kaifu, Y., et al. 2011 Late Pleistocene Modern Human Mandibles from the Minatogawa Fissure Site, Okinawa, Japan: Morphological Affinities and Implications for Modern Human Dispersals in Ease Asia. Anthropological Science 119(2) 137-157.

＊14 河野礼子・岡崎健治・土肥直美「3次元デジタル復元に基づく白保4号頭蓋形態の予備的分析と顔貌の復元」沖縄県立埋蔵文化財センター編『白保竿根田原洞穴遺跡　重要遺跡範囲確認調査報告書3—補遺編—』（沖縄県立埋蔵文化財センター、二〇一九年）、九七—一一六頁。

＊15 篠田謙一・安達登「白保竿根田原洞穴遺跡出土人骨のDNA分析」沖縄県立埋蔵文化財センター編『白保竿根田原洞穴遺跡』（沖縄県立埋蔵文化財センター、二〇一三年）、一一九—一二八頁。

＊16 土肥直美・徳嶺里江・片桐千亜紀・河野礼子「出土人骨3—1人骨」沖縄県立埋蔵文化財センター編『白保竿根田原洞穴遺跡　重要遺跡範囲確認調査報告書2—総括報告編—』（沖縄県立埋蔵文化財センター、二〇一七年）、六四—八五頁。

た、港川人骨を丹念に研究した馬場悠男によると、[*18]港川人は縄文人よりやや小さいが、四角く立体的な顔面などは本土の縄文人と本質的な違いはないという。しかし、前述した港川人の下顎を修正し、新たな情報を元にして検証した海部らによると、[*19]港川人の下顎は縄文人の下顎と比較してよりほっそりとしていたことが判明し、従来唱えられていた港川人と縄文人の系統的な関係は見直しが必要であろうということである。

今世紀のはじめのころまで、約二万二千年前（港川人の年代）から約七千年前（貝塚時代の最古の土器＝貝塚時代の開始期）まで人類の痕跡を示す遺跡が奄美・沖縄諸島で発見されず、「空白の時期」とされ、[*20]そのため旧石器時代人と貝塚時代人はつながらない、[*21]という仮説も提唱された。しかし、ここ二十年間の発掘調査の成果はこの「空白の時期」を埋めつつあり、連続性を示す傾向にあるようだ。つまり、形質人類学的データはつながりを示唆するデータと反対に連続性の再検証を迫るデータがあり、考古学的データは前者を支持する可能性を提供しているようである。

一方、近年その進展の目覚ましい遺伝学的なアプローチでは非連続性が提起されている。たとえば、白保竿根田原洞穴遺跡の旧石器時代人はハプロタイプB4eやRで特徴づけられ、[*22]中国南部や東南アジアの人々に近いという成果を述べたが、貝塚時代人はこのハプロタイプではなく、ハプロタイプM7aで特徴づけられるという。[*23]このハプロタイプは本土の縄文系にみられるハプロタイプである。二〇二一年に港川人、縄文人、弥生人および現代日本列島人のミトコンドリアDNAの分析結果が発表され、港川一号人骨のミトコンドリアDNAは縄文時代人、弥生時代人および現代日本人に近いものはみつからなかった。港川一号と完新世（かんしんせい）（地質学的な時代区分で、約一万年前から今日まで）に日本列島に存在した（している）人々と直接のつながりがないようである。この研究成果は港川人と貝塚時代人の遺伝的なつながりがなかったことを提示するものである。[*24]

では、貝塚時代人はどのような顔や身体を有していたのであろう。一九九〇年代以降、主に沖縄県で出土した人骨を精力的に研究してきた土肥直美によると、貝塚時代人は「華奢・低身長・短頭」と

＊17　土肥直美「人骨からみた沖縄の歴史」『沖縄県史 各論編2 考古』（沖縄県教育委員会、二〇〇三年）、五七三―六〇九頁。
安里進・土肥直美『沖縄人はどこから来たか』（ボーダーインク、二〇一一年）、一六〇頁。

＊18　前掲註10に同じ。

＊19　前掲註13に同じ。

＊20　沖縄県立博物館・美術館『沖縄県南城市　サキタリ洞遺跡』（沖縄県立博物館・美術館、二〇一八年）、二七八頁。

＊21　高宮広土『島の先史学：パラダイスではなかった沖縄諸島の先史時代』（ボーダーインク、二〇〇五年）、二二七頁。

＊22　前掲註15に同じ。

＊23　篠田謙一「DNAからみた南西諸島人の成立」高宮広土編『奄美・沖縄諸島先史学の最前線』（南方新社、二〇一八年）、六九―八四頁。
篠田謙一『人類の起源　古代DNAが語るホモ・サピエンスの「大いなる旅」』（中央公論新社、二〇二二年）。

図4-4　最大長と最大幅

いう身体的特徴があるという。[*25] 短頭というのは頭を真上からみた際、「おむすびあるいは円形」のような頭の形である。最大頭幅を最大頭長で割り、一〇〇をかけた値（頭長幅指数）が八一以上を短頭という（図4）。貝塚時代前5期の遺跡で沖縄県読谷村に所在する渡具知木綿原遺跡は沖縄ではじめての箱式石棺墓が検出された著名な遺跡である。この遺跡より検出された人骨の推定身長は、女性は一四一～一四二センチメートル（サンプル数＝2）で、男性は一五五～一五九センチメートル（サンプル数＝4）であった。また、頭長幅指数は約八五であった。同じく読谷村に所在する大当原遺跡出土の人骨は身長が一五八センチメートルで、頭長幅指数は八八・八と報告されている。形質人類学では頭長幅指数が八五以上をさらに「過短頭型」と分類するので、低身長でかなり頭の形が円形であることがわかる。[*26] また、貝塚時代の人骨からは、強度の扁平性および柱状性が四肢骨から認められない点などから、華奢な体型を有していたと解釈されている。このような人骨は、伊仙町に所在するトマチン遺跡[*27]や面縄第1遺跡[*28]からも報告されている。

貝塚時代人のミトコンドリアDNAはハプロタイプM7aで特徴付けられることを前述したが、近年の研究では渡来系弥生人特有のハプロタイプDが沖縄の貝塚時代人骨から検出されており、このころポツリポツリと渡来系弥生人が奄美・沖縄諸島で生活していたことも注目する点であると思われる。[*29]

＊24　Mizuno, F., et al. 2021 Population Dynamics in the Japanese Archipelago since the Pleistocene Revealed by the Complete Mitochondrial Genome Sequences. Scientific Reprots. https://www.nature.com/articles/s41598-021-91357-2

＊25　前掲註17　土肥二〇〇三：一六〇頁。

＊26　佐野一「木綿原遺跡出土の人骨について」『木綿原』（沖縄県教育委員会、一九七八年）、一二一－一二四頁。

＊27　竹中正巳「トマチン遺跡出土の人骨」新里貴之編『徳之島トマチン遺跡の研究』（鹿児島大学、二〇一三年）、一四九－一六二頁。

＊28　竹中正巳「徳之島面縄第1貝塚から出土した人骨」伊仙町教育委員会編『面縄貝塚総括報告書』（伊仙町教育委員会、二〇一六年）、一四二－一四九頁。

＊29　前掲註23に同じ。

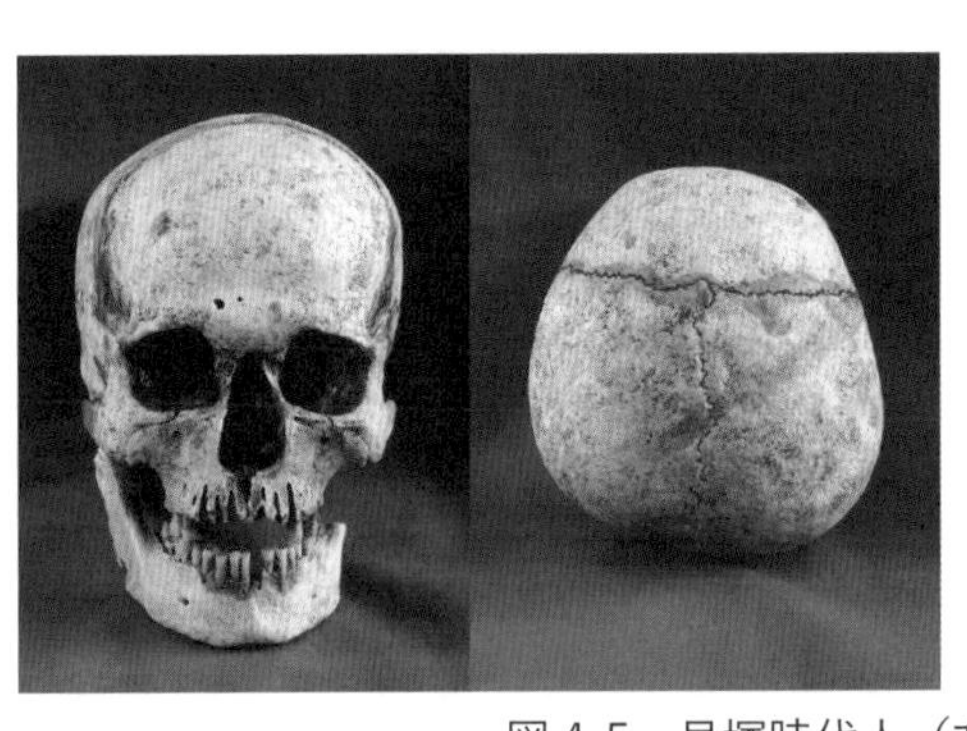

図 4-5　貝塚時代人（左）とグスク時代人（右）

グスク時代

再び以下の質問からはじめよう。「華奢・低身長・短頭」であった貝塚時代人はその後、グスク時代人へと進化したのであろうか。一昔前までは、（繰り返しになるが）港川人（旧石器時代人）→貝塚時代人→グスク時代人→現代奄美・沖縄人と考えられていた。しかし前述したように港川人と貝塚時代人の遺伝的なつながりは最近の研究では支持されていないようである。では、貝塚時代人とグスク時代人はどうであろうか。この三十年程における土肥[*30]や竹中正巳の研究[*31]によりグスク時代人の形態が徐々に明らかになってきている。まず、質問の答えを紹介したい。近年の研究によると、貝塚時代人とグスク時代人の形態はかなり異なっている。土肥はその違いを「本土における縄文人と弥生人以上」（第二章図3・本章図5）と述べている。「華奢・低身長・短頭」で特徴づけられた貝塚時代人と異なり、グスク時代人は「頑丈・高身長・長頭」であったという。[*32] 長頭とは頭を真上から見た際「ラクビーボール（楕円形）」のようにみえる形である。頭長幅示数は七五・九以下である（図5）。土肥はグスク時代人の特徴を以下のように述べている。「沖縄島およびその周辺地域で出土したグスク時代の人骨は少ない。〈中略〉（グスク時代人は）全体に骨格が頑丈になり、身長も高くなっている。また、頭骨は顔の高さが増し、上から見た形も長くなっている」。[*33] 今世紀最大の発見といわれた遺跡に喜界町に所在する城久遺跡群がある。人骨の残りは全般的に良好ではないのが多いが、一個体保存状態の良い人骨が前畑遺

＊30　前掲註17 土肥二〇〇三。

＊31　竹中正巳「喜界島城久遺跡群前畑遺跡土壙墓7号および8号出土の人骨」喜界町教育委員会編『城久遺跡群　前畑遺跡・小ハネ遺跡』（喜界町教育委員会、二〇一一年）、一六〇―一六三頁。

＊32　前掲註17 土肥二〇〇三。

＊33　前掲註17 土肥二〇〇三。

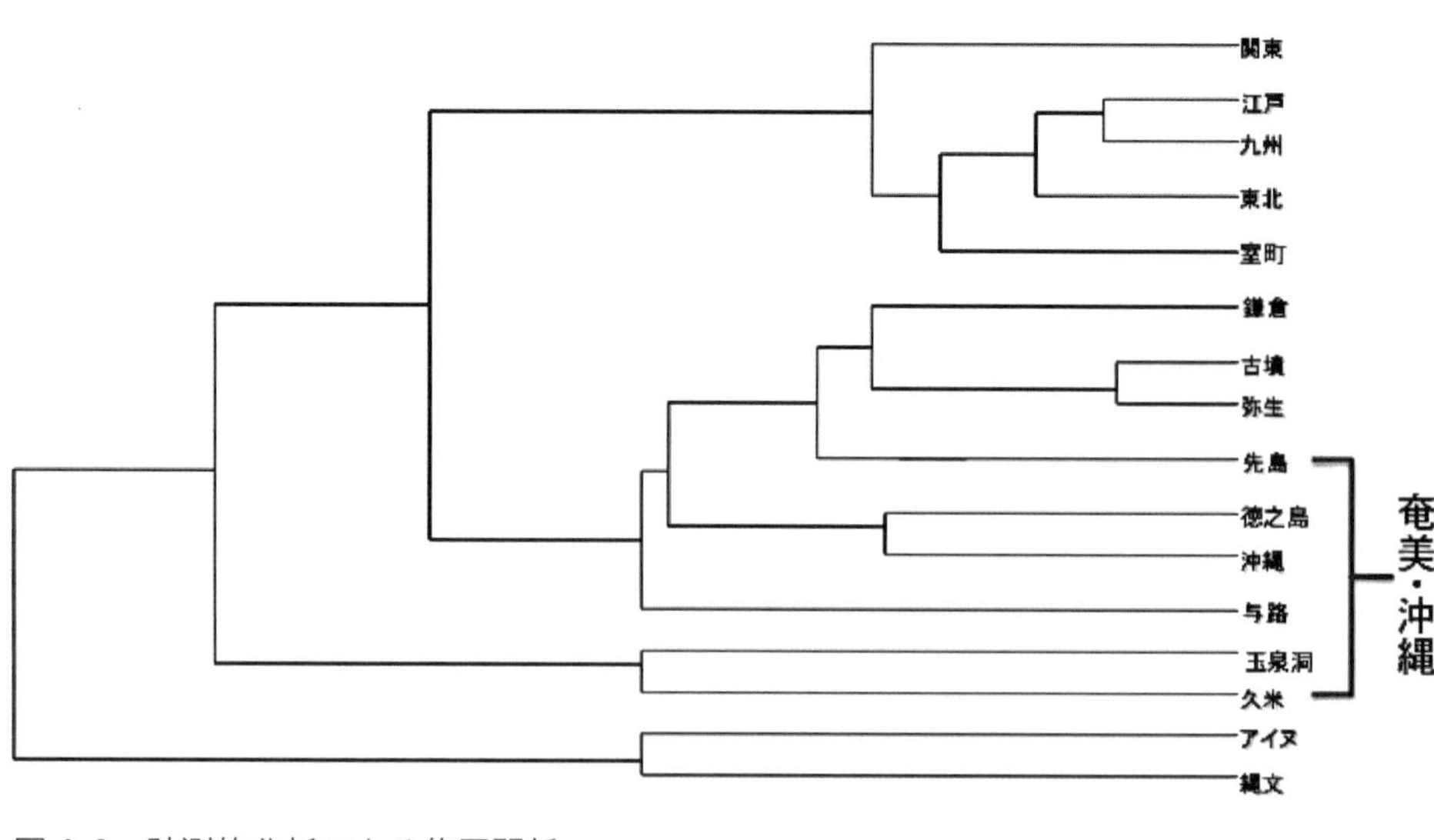

図 4-6　計測的分析による集団関係

跡より出土している。この人骨を含め城久遺跡群出土の人骨を分析した竹中は「中世（グスク時代）の奄美・沖縄の人々の特徴は、脳頭蓋が長頭化し、顔面は高顔化し、顔面の扁平性も先史人に比べ強くなっている。身長も、先史人に比べ、高くなって」いると報告している。[*34]

このようにグスク時代の人々は貝塚時代の人々とかなり異なった顔・容姿を有していた。かつて、現代奄美・沖縄の人々は縄文時代人とその子孫であると考えられていたアイヌの人たちと形態的に同じグループにみなされていた。他方、渡来系弥生人とその子孫（本土の古墳時代以降の人々）がもう一つのグループを形成していた。しかしながら、一九九〇年代からの二つの形質人類学的研究は現代奄美・沖縄人が渡来系弥生人のグループに含まれていることを明示した。一つはプエトロゼウスキーによる頭蓋骨の計測的分析である[*35]（図6）。この方法は頭蓋骨の長さや幅などいくつかの箇所を計測し、統計学的に処理し集団間の類似の度合いを検証する方法である。彼は、縄文時代人、アイヌ人、渡来系弥生人とその子孫（本土の人々）、現代奄美・沖縄人の直接の祖先であり、グスク時代の直接の子孫である近世の人々などを分析の対象と

＊34　前掲註31　竹中二〇一一：一六三頁。

＊35　Pietrusewsky, M. 1999 A Multivariate Craniometric Study of the Inhabitants of the Ryukyu Islands and Comparisons with Cranial Series from Japan, Asia, and Pacific. Anthropological Science 107(4): 255-281

した。その結果、従来いわれていたように縄文時代人とアイヌ人は同じグループに属することが支持された。一方、近世奄美・沖縄人は「縄文・アイヌ人」のグループではなく、渡来系弥生人とその子孫のグループに属していた。

二つ目の研究は百々幸雄(とどゆきお)によるものである。百々は形態小変異という方法で頭蓋骨を分析した。[*36] この方法は計測することはできないが、神経が通る穴が一般人より多く「ある・ない」、のように病気ではないがさらなる神経の穴が「ある・ない」、あるいは平均的なヒトにはみられない骨の部位が「ある・ない」という検証方法である。百々は日本列島より出土した人骨に加え、エスキモーなどのグループも分析の対象とした(図7)。この分析結果も縄文時代人とアイヌ人が同じグループであったのに対し、近世奄美・沖縄人は渡来系弥生人のグループに含まれていた。これらの研究はそれまでの「定説」を覆す研究成果であり、現代奄美・沖縄人は渡来系弥生人に由来していることを示唆したのである。さらに、貝塚時代人が立体的な顔立ちであったのに対し、近世奄美・沖縄人は扁平な顔立ちであることも理解された。[*37] 顔面の扁平性は渡来系弥生人の特徴である。

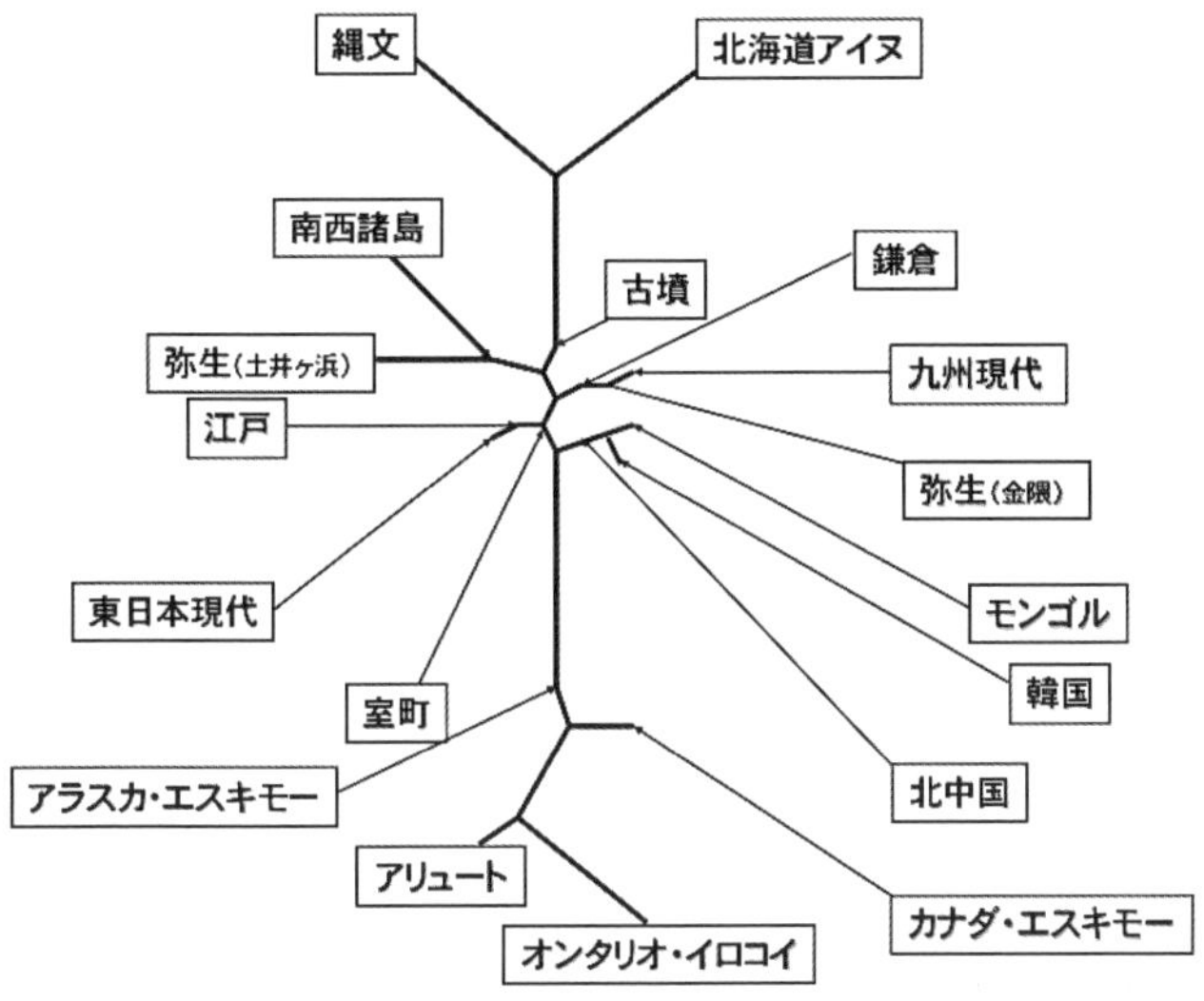

近年の遺伝学的研究も前述の形態学的研究を支持している。すなわち、渡来系弥生人のミトコンドリアDNAのハ

図 4-7　形態小変異分析による集団間関係

＊36　百々幸雄「アイヌと琉球人は」『朝日ワンテーママガジン』一四号、一九九三年、七三―八四頁。

＊37　前掲註17に同じ。

プロタイプDがグスク時代以降の奄美・沖縄人に優先しているという。[*38] ミトコンドリアDNA分析では、喜界島の中世の人々は宮崎県の中世の人々に近いと考察されている。「頑丈・高身長・長頭」で、平坦な顔立ち、およびハプロタイプDという形態学的にも遺伝学的にも貝塚時代人と異なる人々は、貝塚時代のおわりからグスク時代のはじめにかけてこの地域に渡来したのであろう。近年の核DNA分析においても飛鳥時代から平安時代にかけて本土系の人々との混血がはじまったと推定されている。[*39]

人類史のダイナミズム

旧石器時代の港川人が発見され、人類学者によって詳細に分析された後、港川人は現代奄美・沖縄人の直接の祖先であると提言された。一九八二年のことであった。[*40]

近年の人類学では、伝統的な形質人類学的分析方法は数十年前と比較すると格段に進歩してきた。同時に遺伝学的分野は形質人類学的分析にも増して飛躍的に進展してきた。この両アプローチからみえてきていることは、形態学的方法では港川人などの旧石器時代人と貝塚時代人に連続性がみられるという意見とそうではないという見解があるということである。しかし、遺伝学的な方法では連続性を支持することが難しいことが明らかになりつつある。貝塚時代人とグスク時代人に関しては、両アプローチともに新たな人々の植民（しょくみん）（おそらく南九州から）が示唆されるようである。徳之島を含む奄美・沖縄諸島における人類史はかなり複雑かつダイナミックであったことが近年の研究により解明されつつあるが、今日の徳之島町・伊仙町・天城町、そして地域をさらに広げて奄美・沖縄諸島（および先島諸島）の人々の直接の祖先は、貝塚時代のおわりからグスク時代にかけて本土（おそらく南九州）から南下した人々であったであろう。

（高宮広土）

＊38　前掲註23に同じ。

＊39　斎藤成也『核DNA解析でたどる日本人の源流』（河出書房新社、二〇一七年）、一四七頁。

＊40　前掲註9に同じ。

コラム8 近世の人骨

近世の奄美・沖縄諸島では、洗骨改葬が行われた。島内に琉球石灰岩が広がる地域では、岩陰や洞穴が基本的に洗骨改葬墓として用いられた。奄美大島北部の琉球石灰岩が広がる地域では石灰岩岩陰や洞穴が、それに対し、大島南部は火山岩が広がるため、砂地の開地に墓が営まれた。亡くなった方が出ると、まず、土坑墓や石灰岩岩陰墓が使われた。

土地土地の人々は、自然地形に応じ、一次葬の場所を選び、白骨化後、洗骨改葬を行った。洗骨後、珊瑚板石による積石墓（図8）や石囲墓、石灰岩岩陰墓（図9）などに改・再葬された。蔵骨器も用いられた。奄美諸島の開地の墓地には薩摩の影響を受けた本土的墓石を持つ近世墓もあり、その下にも蔵骨器がある。その中に複数の人骨が納められている。蔵骨器の数も複数の場合が多い。奄美諸島の近世人骨は、このような墓の考古学調査の際、出土する。

図 4-8　珊瑚板石を積んだ積石墓（洗骨改葬墓）　＊宇検村平田墓地

図 4-9　石灰岩岩陰を利用した洗骨改葬墓　＊伊仙町中筋川トゥール墓

奄美諸島から出土した近世人骨に関する発掘調査報告は、奄美大島の「和野トフル墓」、徳之島の「中筋川トゥール墓」、沖永良部島の「世之主の墓」、「屋子母セージマ古墳跡」および「新城花窪ニャート墓」と少ない。そのため、人骨から得られる近世の人々の生活誌に関する知見は多くはないが、形質（顔つきや体つき）については、時代的特徴をあげられる。

中世奄美諸島の人々には、貝塚時代以前の人々に比べ、長頭・高顔・高身長化が起こった。この変化は、古代から中世にかけての人の移動や交流の活発化による遺伝的変化の影響による。この遺伝子の変化が近世の人々にも受け継が

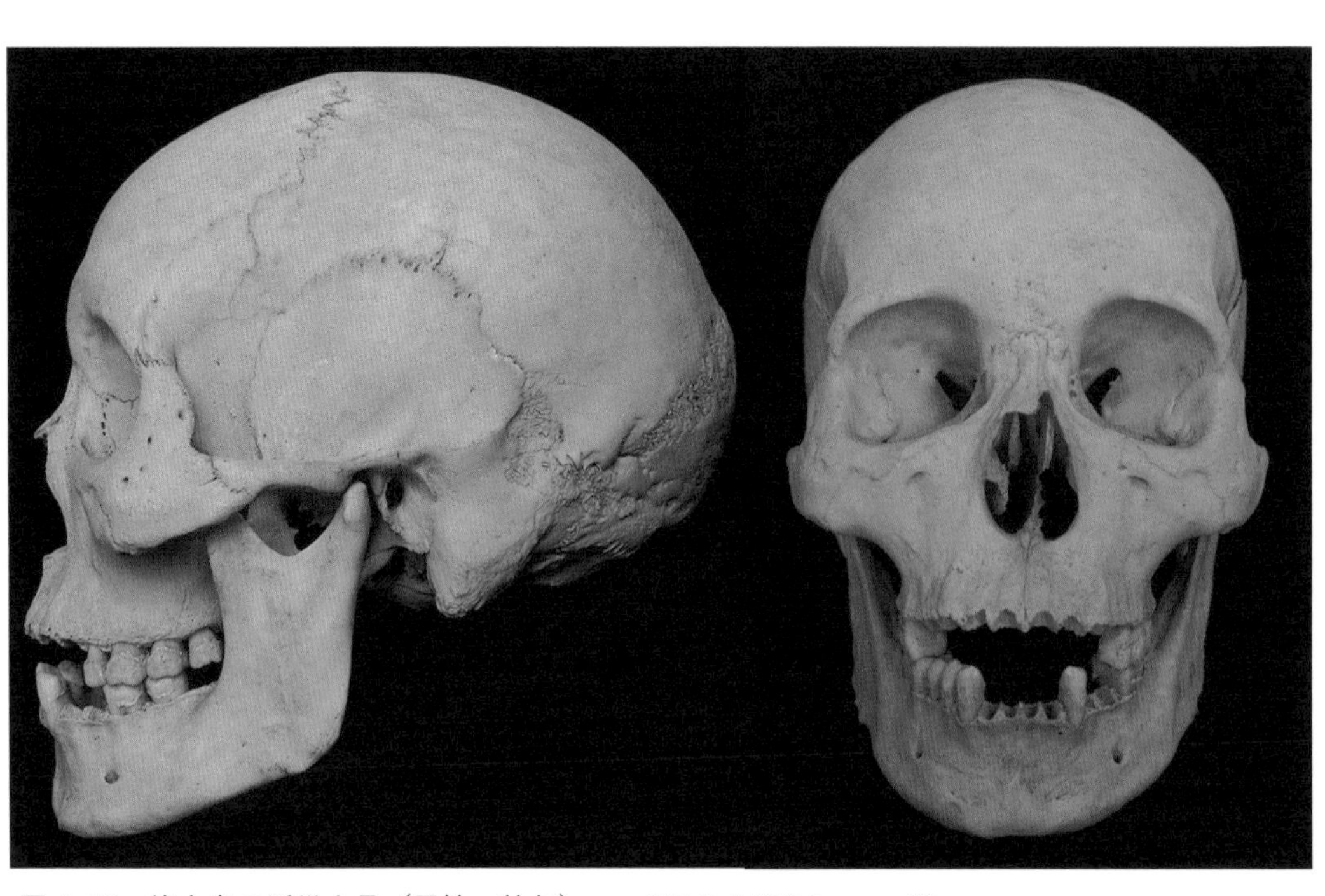

図 4-10　徳之島の近世人骨（男性・壮年）　＊伊仙町中筋川トゥール墓

れている。中世と同程度の長頭と顔高が近世の人々にも形質の面で引継がれている（図10）。奄美諸島の近世人は、日本列島の近世の中で、高顔・高身長のグループには入らないが、貝塚時代以前の奄美諸島の人々よりも、面長である。中世以来の長頭の形質も引き続き認められる。骨を含め、体の形質は遺伝と環境の影響を受け変化する。近世の人々の長頭という形質も、明治以降の生活環境の変化により、急速に短頭化が進んでいく。

（竹中正巳）

【参考文献】

小片丘彦・峰和治・川跨則友・山本美代子・岡元満子「鹿児島県奄美大島和野トフル墓出土の人骨」『下山田Ⅱ遺跡 和野トフル墓』鹿児島県埋蔵文化財発掘調査報告書(45)（鹿児島県教育委員会、一九八八年）

新里亮人編著『中筋川トゥール墓跡』伊仙町埋蔵文化財発掘調査報告書(14)（伊仙町教育委員会、二〇一〇年）

竹中正巳「世之主の墓に納められた人骨」『和泊町の古墓1 世之主の墓 チュラドゥール3号墓』和泊町埋蔵文化財発掘調査報告書(8)（和泊町教育委員会、二〇一九年）

竹中正巳「屋子母セージマ古墳跡の人骨」『知名町の古墓1 屋者琉球式墳墓 アーニマガヤトゥール墓 新城花窪ニャート墓 屋子母セージマ古墳跡』知名町埋蔵文化財発掘調査報告書(14)（知名町教育委員会、二〇一九年）

竹中正巳「新城花窪ニャート墓の人骨」『知名町の古墓1 屋者琉球式墳墓 アーニマガヤトゥール墓 新城花窪ニャート墓 屋子母セージマ古墳跡』（知名町埋蔵文化財発掘調査報告書(14)（知名町教育委員会、二〇一九年）

竹中正巳・渡聡子・鐘ヶ江賢二・大西智和「奄美大島平田墓地積石墓から出土した人骨（概報）」『Anthropological Science Vol.126』2018.

第二節　文化

1　くらす

先史時代（旧石器時代～貝塚時代）の人々の生活と文化はどのようなものであったのであろうか。徳之島町内では、発掘調査の事例が少ないため、旧石器時代～貝塚時代のくらしを理解できる情報は少ない。そのためここでは、隣接する天城町や伊仙町および奄美諸島の他の島々や沖縄諸島の発掘調査成果などを参考にしながら、当該時代の徳之島町の人々の「くらす」について推察する。今後の調査の進展によっては、本町においてもこれから紹介するものが発見される可能性がある。なお、旧石器時代からグスク時代の埋葬跡（墓）については第4項「ほうむる」において詳細にとりあげるため、本項では発見例の紹介にとどめたい。

すまい　琉球列島において、ヒトの住まいの痕跡は洞穴や開けた場所でみつかっている。中でも洞穴の利用は最も古く、それは旧石器時代にさかのぼる。沖縄県域においては、南城市のサキタリ洞穴遺跡や那覇市の山下町第一洞穴遺跡、石垣市の白保竿根田原洞穴遺跡などが挙げられ、こうした遺跡からは旧石器時代の化石人骨が発見されている。一方、奄美諸島においては、伊仙町の天城遺跡やガラ竿遺跡などが知られているものの、石器が散在的に出土している状況が確認されているのにとどまり、彼らの生活空間はまだ明らかにはなっていない。

洞穴を利用したくらしの痕跡は、貝塚時代前1期以前の土器を有する時期（約一万四千年前～約七千年前）から貝塚時代前1期の遺跡でみつかるようである。本町では未確認であるが、洞穴遺跡の代表例として、奄美諸島では奄美市の土浜ヤーヤ洞穴遺跡、天城町の下原洞穴遺跡とコウモリイョー洞穴遺跡、伊仙町のヨヲキ洞穴遺跡、沖永良部島知名町の中甫洞穴遺跡が知られている。また、沖縄諸島では、うるま市の藪地洞穴遺跡や南城市のサキタリ洞穴遺跡が挙げられる。いずれの遺跡も貝塚時代では古い時期の土器や火を使った痕跡が確認されている。

ところで、洞穴は貝塚時代以降も利用され続けることも知られている。知名町の鳳雛洞・大山水鏡洞遺跡では、グスク土器やカムィヤキ、貝製品、貝類、動物骨、オオムギ、人骨が発見され、前者は農耕祭祀遺構、後者は一時的な居住地と考えられている。[*41]

貝塚時代の前3期以降、当時の人々が建てた建物の痕跡が明確になる。貝塚時代における建物跡には竪穴建物跡と掘立柱建物跡があり、前者が古く、後者が新しく出現する傾向にある。

竪穴建物跡とは、地表を掘り下げて床面を作った建物跡で、竪穴住居跡や竪穴式住居跡と呼ばれていた。

奄美・沖縄諸島の竪穴建物の特徴として、竪穴部分の周りに石灰岩で壁を作ることが挙げられ、貝塚時代前5期に多く見られる。当該期の遺跡である龍郷町のウフタⅢ遺跡（貝塚時代前5期末）（図11）とうるま市の仲原遺跡（貝塚時代前5期末）の竪穴建物跡は復元されている。また、竪穴部分やその外側に柱穴を設けることもある。竪穴建物内に炉跡と呼ばれる火を使用した痕跡が見られることもある。

掘立柱建物跡は柱穴を掘り、柱の根元を直に入れて立て、柱の周りに掘った土を入れて固定する建物跡である。[*42] 近代以降に建てられ

図4-11　ウフタⅢ遺跡の竪穴建物を復元（龍郷町立赤徳小中学校）

＊41　新里貴之編『沖永良部島 鳳雛洞・大山水鏡洞の研究』（鹿児島大学埋蔵文化財調査センター、二〇一四年）。

＊42　宮城弘樹『沖縄貝塚時代の終焉とグスク出現に関する研究～研究成果報告書～』（今帰仁村教育委員会、二〇〇七年）。

た民家の研究から、屋根材には茅や葦、板、樹皮が用いられ、板や草を使って壁をつくり、床は土床（藁や筵を敷いた）や板張りのものと考えられるが、発掘調査によってこれらの材質は確認されていない。貝塚時代後期の遺跡から検出されている掘立柱建物跡は、後のグスク時代のものに比べて柱の間隔が一定ではなく、さらに柱が直線的に並ばないという特徴がある。[*43]

　徳之島の竪穴建物跡は主に貝塚時代前期のもので、今のところ最も古いものは下原Ⅲ遺跡の貝塚時代前4期前半である（図12）。貝塚時代前4期になると、琉球列島の遺跡数が増加することが知られ、前述した下原Ⅲ遺跡のように居住用の建物跡を伴う遺跡が確認されるようになるものの、竪穴建物跡を伴う遺跡はそれほど多くはなく、その数は一桁にとどまる。また、貝塚時代前4期前半の竪穴建物は二×二メートル～四×四メートルに収まるものが多く、本土の縄文時代に比べて小ぶりである。

図4-12　下原Ⅲ遺跡の竪穴建物跡

　貝塚時代前4期後半から前5期になると、奄美・沖縄諸島において、「すまい」に大きな変化が見られるようになる。貝塚時代前4期前半の一遺跡における竪穴建物跡の検出事例は前述のとおりであるが、前4期後半から前5期になると竪穴建物跡を伴う遺跡が増加する。奄美諸島においては喜界町のハンタ遺跡、知名町の住吉貝塚や友留遺跡、与論町の上城遺跡などである。沖縄諸島の例では、うるま市の宮城島に所在するシヌグ堂遺跡、その近くにある高嶺遺跡、伊計島の仲原遺跡、宜野湾市にある喜友名東原ヌバタキ遺跡などがある。

　さらに、一遺跡で検出される竪穴建物跡の数も増

＊43　杉井健「沖縄諸島における居住形態の変遷とその特質」木下尚子編『先史琉球の生業と交易―奄美・沖縄の発掘調査から』（熊本大学文学部木下研究室、二〇〇二年）。

図4-13　復元された仲原遺跡の集落

加する。例えば、喜界町の川尻（かわじり）遺跡や今帰仁（なきじん）村西長浜原（はまばる）遺跡のように一遺跡から検出される竪穴建物跡の数が十基を超える例が確認される。前述のシヌグ堂遺跡では、約六十基、高嶺遺跡では二十基以上の竪穴建物跡が報告されている。さらに興味深いことは、前4期の竪穴建物跡の平均サイズが二・五×三・二メートルで、それより飛びぬけて大きいあるいは反対に小さな竪穴建物跡が見られないのに対して、貝塚時代前5期になると竪穴建物跡のサイズにバリエーションが見られることである。シヌグ堂遺跡では、最小サイズ〇・九×一・二メートルであるが、最大七×七・五メートルであった。大型の竪穴建物跡については、集落のリーダーが住んでいた、[*44]あるいは集会場のような役割が想定されている。[*45]

前5期の集落に関しては、竪穴建物が全て同時期に利用されていたのではなく、大型の竪穴建物一棟に六〜七棟が加わって一時期の集落を構成していたものと考えられている[*46]（図13）。また、龍郷町に所在するウフタⅢ遺跡では、多重構造をもった石積み石囲いの竪穴建物跡が発見されている（図14）。この竪穴建物跡はリーダーの住居だったのか、それとも集会場だったのだろうか。まだ結論には至っていない。

この貝塚時代前5期の竪穴建物跡の傾向は、徳之島でも見られる。まず、徳之島島内でこの時期の遺跡数が増加する。天城町の塔原（とうばる）遺跡、中里（なかざと）遺跡、伊仙町のカンナテ遺跡で発掘調査が

＊44　宮本長二郎「沖縄の先史時代住居」『沖縄美術全集5』（沖縄タイムス社、一九八九年）。

＊45　安里嗣淳「第二章　石斧　第一二節「石斧」の結び」『沖縄諸島先史時代石器文化の研究—石斧・石鏃・石皿・台石—』（沖縄サンゴ礁文化研究所、二〇一九年）。

＊46　宜野湾市教育委員会「まとめにかえて—喜友名東原ヌバタキ遺跡の集落構成と建築」『喜友名東原ヌバタキ遺跡—都市計画街路2—1—1号建設に係る緊急発掘調査の概要報告—』一九九〇年。

図 4-14　ウフタⅢ遺跡の竪穴建物跡

行われており、大型の竪穴建物跡も検出されている。徳之島町内でもそのような画期があったようであり、神之嶺石アナダ（シキマント）、城畠遺跡などの遺跡で竪穴建物跡が検出されている。

神之嶺石アナダ遺跡を断面観察した重久淳一によると、[*47]形状は不明であるが竪穴の円周は四・三メートル、深さは二〇センチメートルであった。また、竪穴の中に二本の柱穴と二基の焼土が確認された。城畠遺跡では、九棟の竪穴建物跡が検出されているが、竪穴建物同士の切り合いと後世の攪乱を受けているため、全体のサイズが分かっているものはない。建物跡を上からみた形である平面形については、隅丸方形や長方形のものがある。竪穴建物跡に伴う柱穴や焼土も確認されている。[*48]

貝塚時代後期の竪穴建物については不明なことが多かったが、奄美市のサウチ遺跡（貝塚時代後１期）や沖永良部島和泊町の西原海岸遺跡（後１期）で検出されている。サウチ遺跡で検出された竪穴建物跡は三・一×二・五メートルで、平面形は楕円形である。西原海岸遺跡で検出された竪穴建物跡は一基で約七×七メートル、平面形は円形である。この時期においては非常に珍しい事例だが、宜野湾市の真志喜安座間原第一遺跡や第二遺跡のように円形の竪穴建物跡が数多く見つかっている（図15―5・6）。第一遺跡では、九十基前後の竪穴建物跡や掘立柱建物跡に伴う柱穴、屋外炉が検出されている。掘立柱建物に伴う柱穴が多数検出されているが、どのような形になるかは不明である。第二遺跡では四五基の竪穴建物跡が検出されている。円形の竪穴建物跡が一基検出され、直径約五・五メートルであ

＊47　重久淳一「徳之島シキマント遺跡発見の竪穴住居址について」『天城郷土研究会会報』第四号、一九八七年。

＊48　熊本大学文学部考古学研究室編『城畠遺跡』徳之島町文化財調査報告書　第1集（徳之島町教育委員会、一九九〇年）。

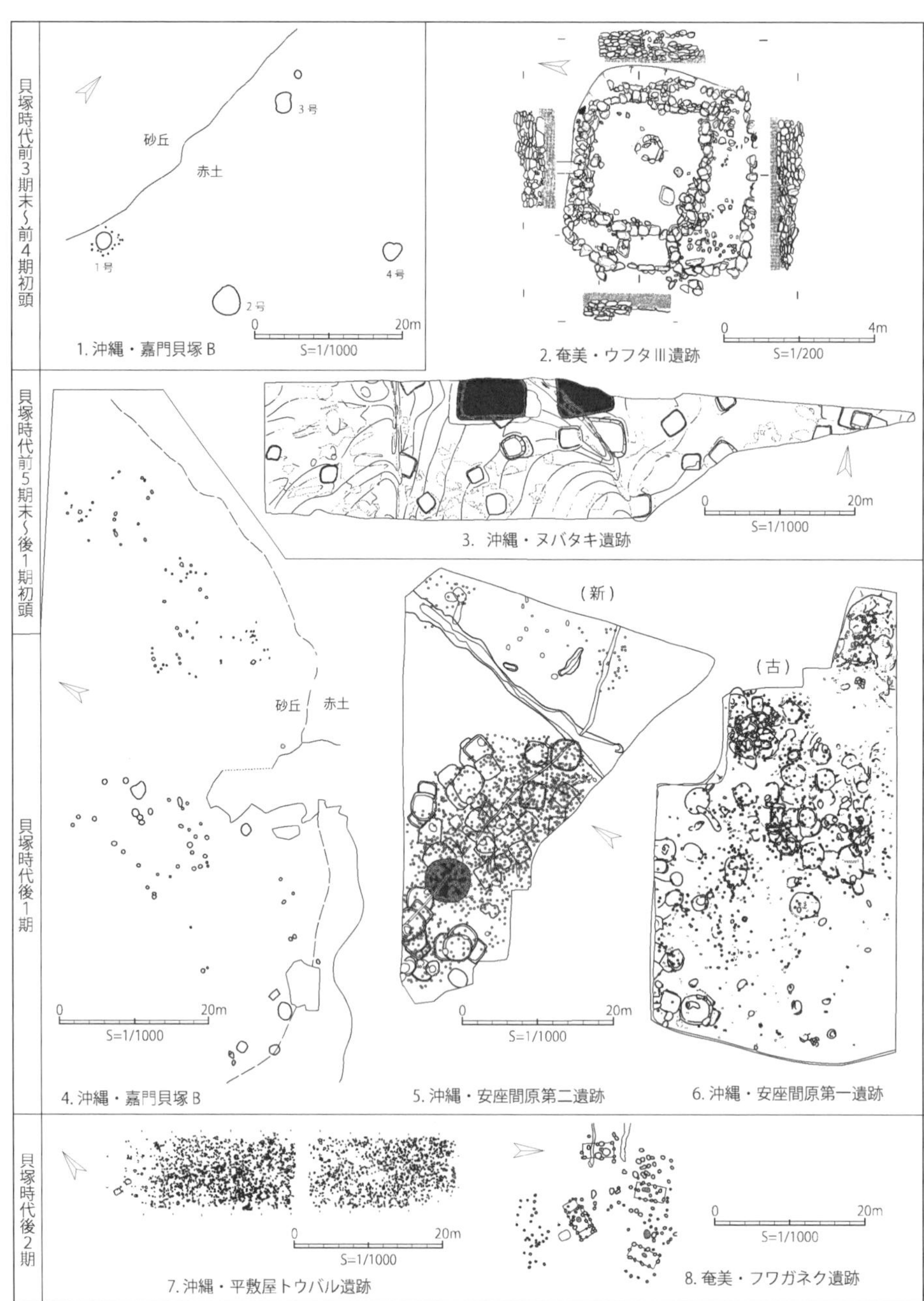

図 4-15　貝塚時代集落の変遷（網かけは大型住居）

る。方形の竪穴住居跡は一辺が二・五メートル、隅丸方形のものは一辺が三〜四メートルであった。さらに、イモガイの集積や住居跡群から離れた場所に墓があった。また、奄美・沖縄諸島では数は少ないが、掘立柱建物もこの時期の遺跡から検出されるようになる。奄美市の小湊フワガネク遺跡（図15—8）や龍郷町の手広遺跡、沖縄県伊江村のナガラ原西貝塚、うるま市の平敷屋トウバル遺跡（図15—7）などが挙げられる。ただし、奄美市の小湊フワガネク遺跡では、柱同士の間隔が一定で、直線的に並び、四×二・五メートルの長方形の建物跡が四棟建っていたと想定されている。これらには炉跡が伴っている。そのため、同時代の掘立柱建物跡と様相が異なるようである。同遺跡では、兼久式土器をはじめヤコウガイが大量に発見され、島外交易用のヤコウガイ製の貝匙を製作していたと考えられている。

竪穴建物跡の利用として、非常に珍しい事例だが、うるま市の仲原遺跡（前5期）では、竪穴建物として使用した後に、竪穴部分を墓として再利用している。なお、沖縄県北谷町の伊礼原遺跡や宜野座村前原遺跡では、オキナワウラジロカシなどの木の実をアク抜きのため水でさらし貯蔵した水場遺構、宜野湾市の普天間古集落遺跡や普天間後原第二遺跡からは地山を二メートル掘りこんだ大型土坑が二十二基報告されており、貝塚時代前4期〜5期の落とし穴である可能性が指摘されている。[*49] このような事例を参照すると、徳之島島内においても同様の遺構の発見が期待される。

火を使う

貝塚時代の人たちは、火を使う行為によって獣肉や魚を焼き、煮炊きをし、土器などを作りくらしてきた。また、火は体を温めたり、夜間照明や肉食動物を追い払う役割を果たすなど、生活の快適化にも役立てられる。人類と火の利用の歴史はかなり昔からあったようで（おそらく自然発火によって生じた火を利用）、百万年以上前に火を使用したことがアフリカの遺跡から示唆されている。生物人類学者のリチャード・ランガムによると、イスラエルのゲシャー・ベノット・ヤーコブ遺跡では七十九万年前に人類が火を利用した明確な痕跡があると

＊49 沖縄県立埋蔵文化財センター『キャンプ瑞慶覧内病院地区に係る文化財発掘調査報告書4―普天間古集落遺跡・普天間後原第二遺跡』二〇一七年。

いう[*50]。

おそらく奄美・沖縄諸島にはじめて渡ってきた旧石器時代の人々も火を利用する技術をもって島へ移住してきたであろう。琉球列島最古の遺跡である山下町第一洞穴遺跡やサキタリ洞穴遺跡からは炭化物が報告されているが、それがヒトによるものか、自然によるものかはわかっていない。ただ、サキタリ洞穴遺跡出土のモクズガニには焼けた跡があるので、旧石器時代に火を利用していたと考えられている。火を使った痕跡は円形や楕円形に赤く変色した焼土や焼け砂として遺跡にのこされ、木炭も共に確認される。こうした箇所が炉跡（ろあと）である。奄美諸島で最も古い火を使った痕跡は天城町の下原洞穴遺跡や龍郷町の半川（はんごう）遺跡で確認されている。

石を集めて炉とした集石（しゅうせき）遺構の検出例もある。集石遺構は調理に特化し、地面を掘りそこに数十個の石を焼き、その熱で食材を植物の葉に包んで焼いたり蒸したりする。熱帯地域の民族事例にある「石蒸し料理」が調理法の参考になる。徳之島では、面縄貝塚で発見されており（図16）、奄美諸島では、貝塚時代前4期前半の遺跡から発見されることが多い。

図 4-16　面縄第２貝塚の集石遺構

土器の製作にも当然火を使う。土器を焼いた火の跡は発見されていないが、この頃は集落に住む各個人が野焼きして土器を製作していたと考えられる。ちなみに野焼きした場合の火力は約六百度になるといわれている。製作した土器を使って煮炊きをする際は、屋外炉や竪穴建物内にあった屋内炉を使用したと考えられる。

捨てる

生活をしているとゴミはつきものだ。現代の私たちは、住んでいる市町村のルールによってゴミを分別し、指定された日にゴミを出す。そして、ゴミは

＊50　リチャード・ランガム『火の賜物　ヒトは料理で進化した』（ＮＴＴ出版、二〇一〇年）。

回収され、処理される。

貝塚時代の人々はどのようにしてゴミを処理したのであろうか。貝塚時代の人達は、むやみやたらに自分達の住んでいるまわりにゴミを捨てたのではなく、彼らには彼らなりのルールがあったようである。貝塚時代前3期末〜前4期前半の遺跡である沖縄本島の古我地原遺跡（うるま市）では、崖上に貝塚時代前4期の集落が形成され、その崖下に貝殻や骨が大量に投棄され貝塚が形成されていた。おそらく貝塚時代人は、住む場所とゴミを捨てる場所のルールを持っていたのであろう。

奄美・沖縄諸島では遺跡名に「○○貝塚」と付くことがよくある。貝塚は、食料として食べた貝類や動物骨、破損した土器や石器、貝・骨製品が捨てられた場所と考えられ、現在でいうゴミ捨て場である。奄美・沖縄諸島の貝塚は、地層にびっしりと貝類や動物骨などが含まれる純貝層ではなく、土や砂と貝類や動物骨、遺物が混じりあう場合が多い。時期的な傾向として、貝塚時代前1期からみられるようになり、現在のサンゴ礁環境が完成する貝塚時代前4期に多くなる。貝塚では貝殻のカルシウムが酸性の土壌を中和するので、自然遺物の保存状態が良い。一方、貝塚時代前5期には、台地や段丘上に遺跡が形成される。その土壌は酸性であり、さらに貝塚がほとんど形成されないため、貝類や動物骨を検出するのが非常に難しくなる。海岸砂丘地に立地する貝塚時代後期の遺跡では、砂層から多くの自然遺物が発見されるので、自然遺物などの保存状態は、遺跡の土壌環境と大きく関わっていることがわかる。

人間が地面に穴を掘った痕跡である土坑と呼ばれる遺構もある。死者を葬る墓や食料を保管する貯蔵穴として使用されていたと考えられているが、使用した道具や食べ物の残りを捨てる場所でもあった。ただし、土器や貝殻・動物骨などが全く検出されない穴や用途不明な穴に対しても土坑と名づけることもある。現在のところ、徳之島町では土坑は未発見であるが、天城町の下原Ⅰ遺跡（貝塚時代前4期）、中里遺跡、伊仙町の面縄第2貝塚（貝塚時代前4期）、川嶺辻遺跡

図 4-17　下原Ⅰ遺跡の土坑

第5遺構面（貝塚時代後2期）で発見されている。下原Ⅰ遺跡で検出された土坑は直径約五〇センチメートル、深さ約四〇センチメートルで磨石（すりいし）と思われる遺物が二十個投げ込まれた状態で見つかっている（図17）。この遺構は火による熱を受けていないため、土坑であると判断されたようである。また、川嶺辻遺跡では長軸八〇センチメートル、短軸五〇センチメートル、深さ二五センチメートルの土坑に兼久式土器の甕や壺だけが廃棄されていた（図18）。

貝塚時代のくらしとその展望

「くらし」について、徳之島町ではデータが十分でないため、伊仙町や天城町、奄美諸島のその他の地域および沖縄諸島の遺跡から検出されている遺構を例にあげ、くらしの様子について説明した。「すまい」に関しては、旧石器時代についてはよくわかっていないことが多いが、石灰岩の洞穴を拠点に、見晴らしのいい場所を交互に移動するような短期間での遊動生活をしていたのかもしれない。

続く、貝塚時代は前1期〜3期とそれ以後では様相が異なるようである。貝塚時代前1期〜前3期は、開けた土地で生活をするようになるが竪穴建物跡は見られない。貝塚時代前4期〜前5期では、貝塚時代前4期には竪穴建物跡を伴う遺跡が見られるようになり、前5期になると一遺跡で十棟以上の竪穴建物跡が検出されるようになる。貝塚時代後1期の住居跡については、竪穴建物跡に加え、掘立柱建物跡（柱の間隔が一定ではなく、さらに直線的に並ばない）が検出される。貝塚時代後2期には竪穴建物跡が造られなくなったと考えられる。

くらすためには、「すまい」のほかに食べ物を確保し、調理しなければならない。調理のため

図 4-18　川嶺辻遺跡の土坑

には、火が必要である。火を使用した痕跡としては焼土や炉跡があり、また、調理に特化したものとして集石遺構がある。それらの場所では、火を起こして、解体したイノシシや魚を焼き、土器の中に貝や野草などを入れて煮炊きをし、スープにして飲んでいたであろう。火は調理だけにとどまらず、暖をとる、灯(あか)りをともすなどの役割を果たした。

同じ場所にくらし続けると、ゴミの問題がでてくる。貝塚時代人は、くらしている場所から少し離れた場所に穴を掘りゴミを捨てるか、崖上に生活していた場合は、そこから崖下へゴミを投げ捨てたことも発掘調査で明らかになっている。

貝塚時代の「くらし」については、まだまだ解明されていないことも多い。例えば、貝塚時代の遺跡から土器が大量に発見されるが、材料となる粘土を採掘した場所や土器を焼いた場所が見つかっていない。日本列島においては、発掘調査でも縄文土器を焼いた跡が見つからないため、野焼きをしていたと考えられている。一方、弥生土器については、土器を焼いた施設と思われる遺構とそこに残された熱を受けた粘土の塊、東南アジアの民族事例を参考にした焼成実験などから、土器の上部を藁などの植物繊維で覆い、その上に土や灰をかぶせて焼く方法や植物繊維の上から粘土を貼り簡単な窯構造で焼く方法などが考えられている。[*51]

また、狩猟具が少ない貝塚時代には危険の伴うイノシシ猟をどのように行っていたのだろうか。生活空間と墓を分けるようになったのはいつからなのか。今後の発掘調査や研究の進展により、「くらし」の様相がより明らかになることを期待したい。

（大屋匡史）

＊51　本田道輝「鹿児島の縄文土器と弥生土器」『やきものづくりの考古学―鹿児島の縄文土器から薩摩焼まで―』（鹿児島大学総合研究博物館、二〇一一年）。

グスク時代のすまい

グスク時代の住まいは掘立柱建物が主であったと考えられており、前節で紹介した貝塚時代後期のものと比べると、グスク時代の掘立柱建物跡は柱の穴の跡が一定間隔で直線的に並ぶ特徴がある。遺跡からは柱穴の跡は見つかるが、木製の建材はほとんど残らないので、上部構造については不明な点が多いものの、床面が地上より高い位置にある高床式の構造であったと推定される。柱穴の大きさ、本数、配置から平面形が推定でき、居住用の建物の他、貯蓄用の倉庫、土庇（つちびさし）付大型建物もあったとされる。[＊52] 柱穴の本数により一間×二間や二間×三間といった柱の配置がみられ、その規模は一般的なもので一〇〜二〇平方メートル程度、大型となると四九平方メートル以上[＊53]の占有面積をもち、その規模が様々である点に特徴がある。

グスク時代の遺跡からは無

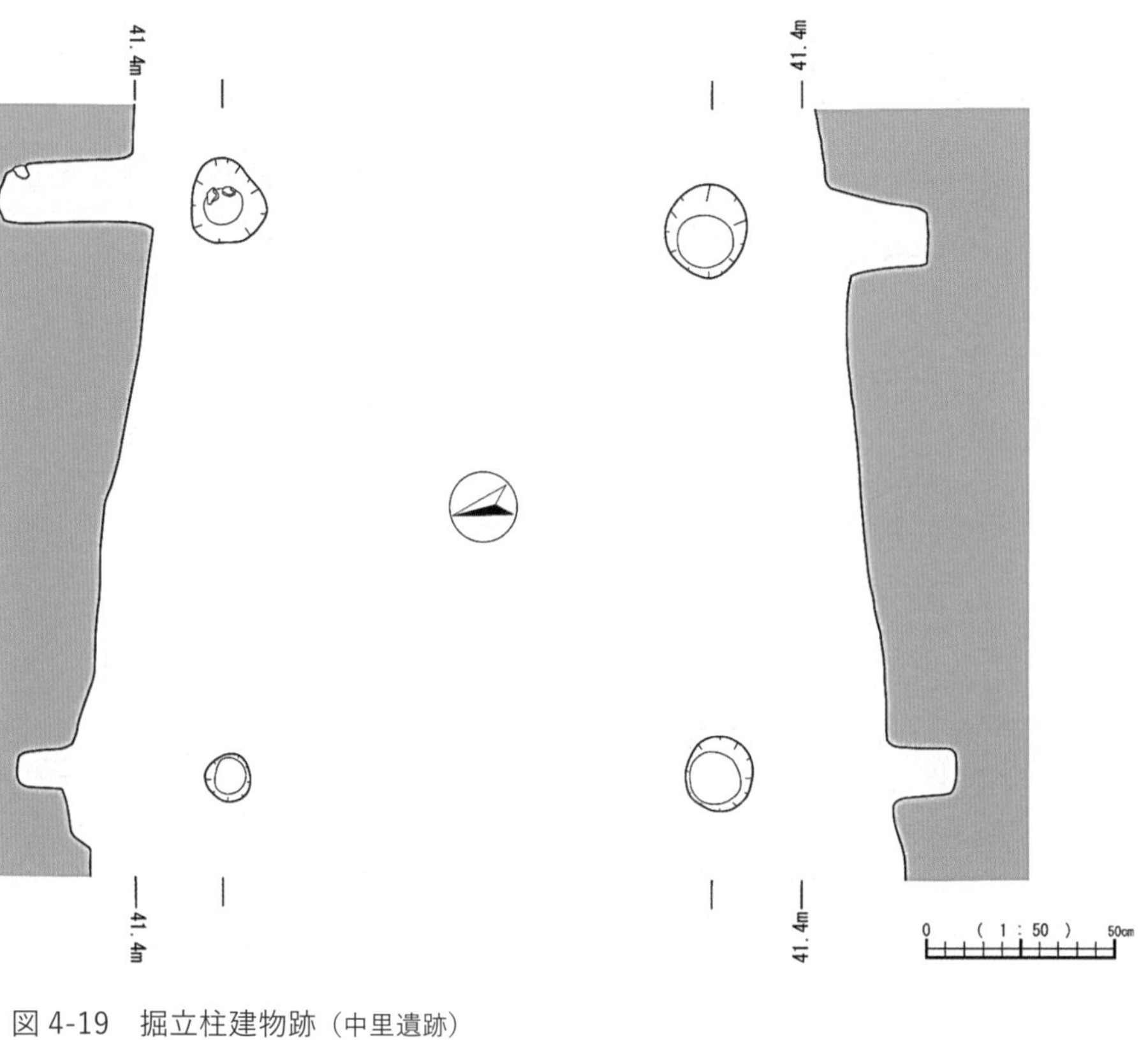

図4-19 掘立柱建物跡（中里遺跡）

＊52 宮城弘樹『沖縄貝塚時代の終焉とグスク出現に関する研究～研究成果報告書～』（今帰仁村教育委員会、二〇〇七年）。

宮城弘樹「琉球列島におけるグスク時代建物跡集成」『中山清美と奄美学―中山清美氏追悼論集』（奄美考古学会、二〇一九年）。

杉井健「沖縄諸島における住居形態の変遷とその特質」『先史琉球の生業と交易―奄美・沖縄の発掘調査から―』（熊本大学、二〇〇二年）。

＊53 山田半田遺跡掘立柱建物跡四一号参照（澄田直敏ほか編『城久遺跡群山田半田遺跡（山田半田A遺跡・山田半田B遺跡）』喜界町埋蔵文化財発掘調査報告書⑽（喜界町教育委員会、二〇〇九年）。

数の柱穴が発見されることが多く、丘陵や台地上に数十棟単位の掘立柱建物が復元される場合もある。[*54] 天城町と伊仙町で検出例が報告されているので、徳之島町でも発見が見込まれる。

天城町天城所在の中里遺跡[*55]は標高四二メートルの台地上に位置し、カムィヤキや中国陶磁器、滑石製石鍋などグスク時代の遺物が出土する層からは複数の柱穴跡が確認されている。そのうち、柱穴が比較的大きい四本柱の掘立柱建物跡（図19）は高倉であった可能性が想定されている。

伊仙町面縄の標高六〇メートル前後の石灰岩台地に位置する前当り遺跡[*56]（図20）から三〇〇基を超える柱穴が確認され、配置状況（図21）から少なくとも八棟の掘立柱建物があったとされている四本柱で、それらには正方形のもの、複数の柱をもつ長方形のもの、中柱をもつものがあり、構造の違いは、住居、倉庫、工房といった建物の用途の違いに対応すると推測される。同町古里に所在する才上遺跡は標高九五メートル前後の石灰岩台地上にあり、九棟の掘立柱建物跡が発見されている。そのうちの二棟は大型の柱穴をもつことから高倉であった可能性が推測されている。遺跡の西側はさらに多くの掘立柱建物跡があることが確認されている。

島外に目を向けると、喜界島ではグスク時代における遺跡が数多く見つかっており、中でも城久遺跡群[*57]が注目されている。遺跡群は標高九〇～一六〇メートルの海岸段丘上の縁辺部に立地し、出土した遺物から九世紀から十五世紀ごろの遺跡とされる。遺跡群からは四〇〇棟を超える掘立柱建物跡が確認され、大規模な集落であったことが明らかとなっている。

グスクと呼ばれる城館跡からも柱穴が発見され、掘立柱建物跡の存在が確認されている。伊仙町所在の恩納城跡の発掘調査では直径二〇から四〇センチメートルほどの柱穴跡が複数確認され、構造は明らかとなっていないものの複数の掘立柱建物があったと考えられている。奄美市所在赤木名グスク遺跡[*58]でも同様に大小様々な柱穴跡が確認され、大きな柱穴跡内からは柱を補強する根石が検出されている。

掘立柱建物跡の分布や検出状況は集落の構造や廃絶を示唆することがある。伊仙町の前当り遺跡

＊54　松原信之ほか編『城久遺跡群 総括報告書』喜界町埋蔵文化財発掘調査報告書⑭（喜界町教育委員会、二〇一五年）。

＊55　具志堅亮編『中里遺跡』天城町埋蔵文化財発掘調査報告書⑷（天城町教育委員会、二〇〇九年）。

＊56　新里亮人・常未来編『前当り遺跡・カンナテ遺跡』伊仙町埋蔵文化財発掘調査報告書⑰（伊仙町教育委員会、二〇一八年）。

＊57　前掲註54に同じ。

＊58　中山清美（編）『赤木名城』笠利町文化財報告第26集（笠利町教育委員会、二〇〇三年）。

図 4-20　掘立柱建物跡（前当り遺跡）

図 4-21　掘立柱建物跡配置図（前当り遺跡）

では掘立柱建物跡と土坑墓が検出されているが、七基の土坑墓のうち五基は、生活域から少し離れた北側の台地上から検出されており、生活域と墓域が区別されている様相をみせる。しかし、残りのうち一基は、掘立柱建物が取り壊された後につくられていることから（図22）、集落が廃絶した後に墓地へと変化した可能性を示している。

火を使う

グスク時代の遺跡からは、鉄製品や硬質の陶器を製作するための炉や窯などの特別な施設や火力を上げるための道具が検出される。このことから、グスク時代の人々は貝塚時代とは異なる火の高温度（千度以上）管理を行なう技術を取得していたことがわかる。鉄製品の製作については本節の「鉄製品」で紹介するため、ここでは陶器の生産についてまとめてみたい。

伊仙町の中央部、標高一五〇～二〇〇メートルの丘陵地に広がる森の中には、琉球列島で最古とされる陶器の生産遺跡、カムィヤキ古窯跡群（図23）が発見されている。

現在までの調査によって七つの窯跡群[＊59]があることが明らかとなり、そのうち窯跡十基、灰原二十枚、掘り込み遺構一基の発掘調査が行われている。ここでは、火を使うことに関係する窯の立地や構造について紹介し、生産されたカムィヤキそのものの特徴などにつ

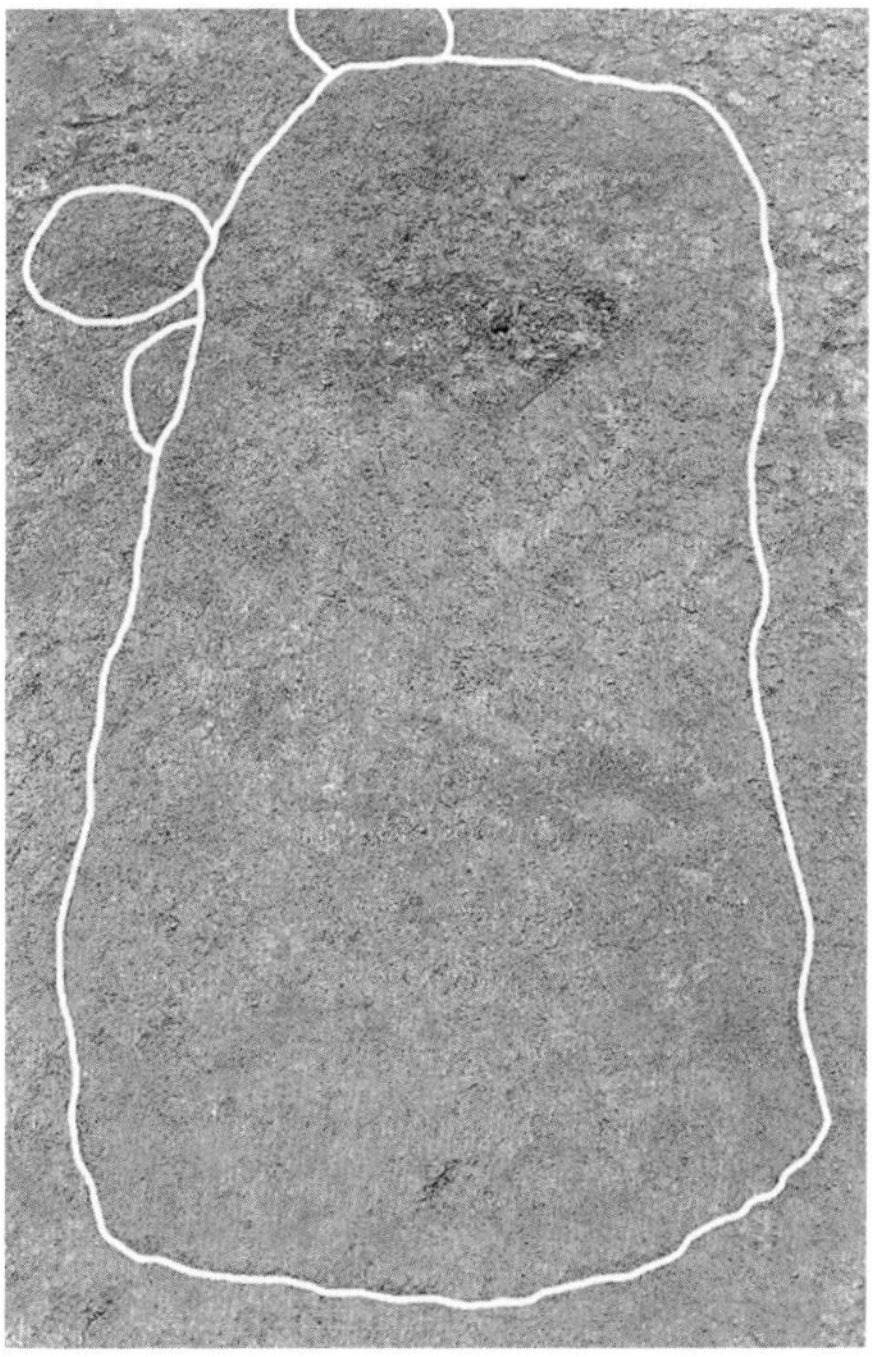

図 4-23　窯跡の全景（カムィヤキ古窯跡群）

図 4-22　柱穴跡と切り合い関係が見られる土坑墓（前当り遺跡）

＊59　阿三亀焼支群、阿三柳田（南）支群、阿三柳田（北）支群、伊仙東柳田支群、伊仙平ソコ支群、検福イヤ川支群、検福ウッタ支群の七支群。

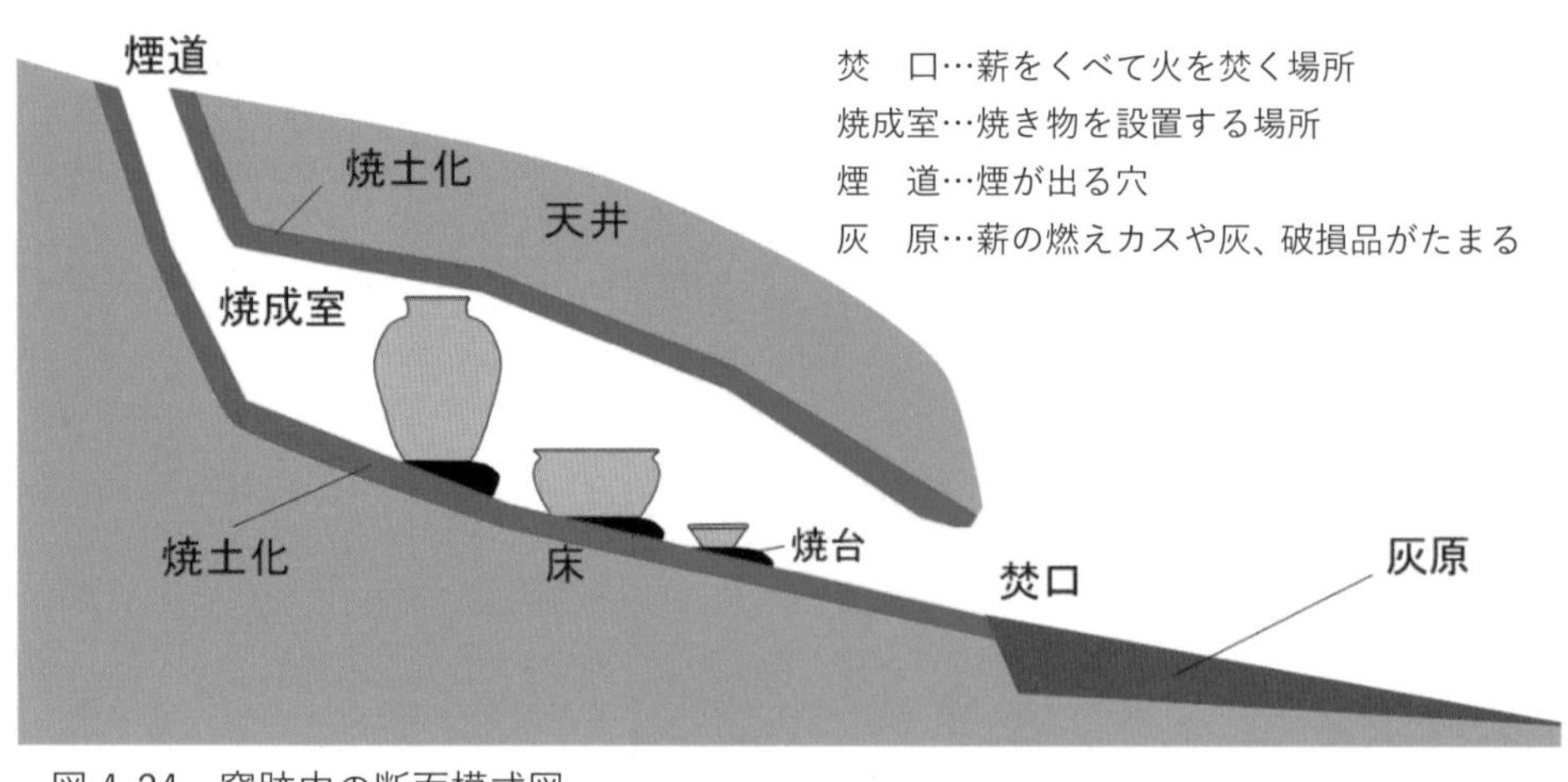

図 4-24　窯跡内の断面模式図

いては本節第二項「つくる・つかう」を参照いただきたい。

伊仙町の地質の大部分は琉球石灰岩に由来するカルシウムを多く含む土壌であるが、窯が構築された丘陵地一帯には、鉄分を含む黒雲母花崗岩の風化土が分布する。この風化土はカルシウムを含む土に比べて、高温に強く、硬質な焼き物の製作に適すことから[＊60]、工人たちがこの地を選んだと想定される。さらに、窯場の周辺に当たる琉球石灰岩地帯は焼き物作りに欠かせない水（地下水）に恵まれることに加えて、燃料となる薪も容易に得られることから、焼き物作りには素材粘土の加工だけでなく高温度の火を長時間維持するのに適した環境も重要であったと考えられる。

窯跡（図24・25）は、丘陵から谷地に下る斜面にトンネル掘りで作られている。これは地下式窖窯と呼ばれる自然地形を利用して作られたもので、その基本構造は斜面の低い方から焚口、焼成室、煙道で構成される。窯の平面形は、焚口が極端にしぼんだ風船の形を呈する。焼成室の規模は、長さ二・二〜三・四メートル、幅一・八〜二・二メートル程度である。焼成室は傾斜が強く、焼き物が転げ落ちないように粘土の焼台で固定する工夫が凝らされている。崩落した窯の内壁（窯壁）を観察すると、火があたる面側の厚さ五センチメートルほどが青灰色に変色し、硬化がみられる。これは還元焔焼成という酸素が乏しい状態で炎が燃える

＊60　三辻利一「徳之島カムィヤキ古窯跡群出土陶器の化学的特性」『徳之島カムィヤキ古窯跡群（Ⅳ）』（伊仙町教育委員会、二〇〇五年）、六五―八一頁。

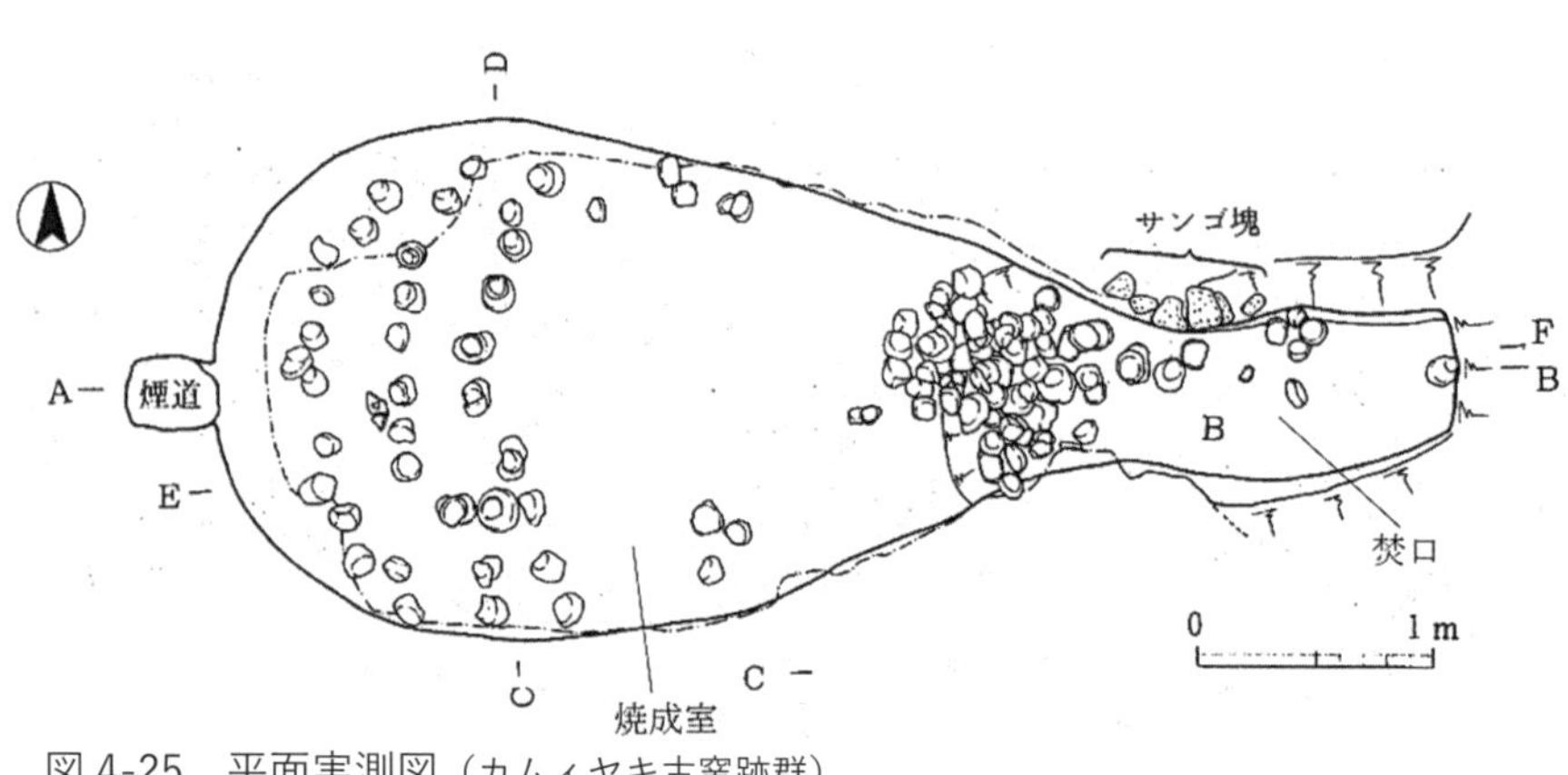

図 4-25　平面実測図（カムィヤキ古窯跡群）

ことによっておこる現象で、窯の開口部が塞がれ、外部からの酸素供給が遮断された状態で火が燃えていたことの証拠となる。直接火にあたらない窯壁の芯部でも一〇数センチメートル程赤みを帯びて焼土化しているので、窯内の温度が相当のものであったことがわかる（焼成室の温度は一千度以上と推測される。一方、貝塚時代の野焼きの温度は六百〜八百度といわれる。）。焚口の外側には窯から掻き出された灰や炭化木（燃料の残滓）が溜まって層を成している。これを灰原というが、灰原からは焼成中に破損した、いわゆる失敗品も多く出土する。

以上のことから、グスク時代の生産に関わる人々は貝塚時代とは異なり、高温の火を生み出す知識や操る技術を取得していたことは確かな事実であり、窯の操業という新たな産業を築き上げたことを私たちに伝えてくれる。

作物を育てる

日本の耕作の技術は、北部九州地域を玄関口として縄文時代晩期ごろに大陸から伝わったとされる。この技術は人々に受け入れられ、弥生時代には本土（北海道除く）に伝播した。しかし、同時期（貝塚時代）の奄美・沖縄諸島の人々は、本土との交流・交易によってイネなどの栽培植物の存在は少なからず知っていたはずだが、農耕技術には見向きもせず（不必要と判断したのか）、依然として野生の動植物を採取する狩猟採集の生活をしていたようだ。だが、ついに狩猟採集のみの生活に終止符が打たれた。グスク時代の遺跡からはイネやオオムギ、コムギ、キビ、アワといった栽培植物遺体が次々見つかるようになり、人々が栽培植物を受け入れていたことが確認される。

これまでの研究により琉球列島から出土する古手の穀類資料は、奄美諸島と沖縄諸島で年代測定値に時期差がみられ、奄美諸島は八世紀から十二世紀、沖縄諸島は十世紀から十二世紀と、奄美諸島の方では早い段階から農耕がはじまっていたことが明らかとなっている。[*61]

奄美諸島の遺跡からは炭化した穀類などが確認されているものの、それらの育成場となる生産遺構は徳之島と喜界島を除いて現在のところ発見されていない。その中でも水田跡は天城町と伊仙町

＊61　高宮広土『奇跡の島々の先史学』（ボーダーインク、二〇二一年）、一六一頁。

で発見されており、天城町では中組遺跡[*62]、伊仙町では、川嶺辻遺跡[*63]、前当り遺跡、大セノ嶺遺跡[*64]、上トハ遺跡[*65]、上桃木迫遺跡[*66]、才上遺跡で検出例が報告されている。

伊仙町で発見された水田跡は、いずれも琉球石灰岩台地上の小谷地に位置する。大セノ嶺遺跡から発見された水田跡（図26）は、琉球石灰岩の礫を利用した石列に土をかぶせて畔（畦畔）を設け、畔で区画された四面の水田跡が確認されている。上桃木迫遺跡では水田の拡大とともに畦畔を増築していく経過も明らかとなった。これらの遺跡に共通することは、水田跡の下から湧水する溝がみつかる点にあり、水の管理に適した場所を選んで土地を開墾した可能性が示唆される。沖縄諸島においてもグスク時代の水田遺構の検出例が報告されており、畦畔に伴う木杭も見つかっている[*67]。

図 4-26　谷地に構築された水田跡（大セノ嶺遺跡）

くらしの転換期

グスク時代の「くらす」について、徳之島や奄美諸島、沖縄諸島の遺跡から検出されている遺構を例に挙げて述べてきた。五千年以上続いた貝塚時代と比較すると人々の暮らしぶりには大きな違いがみられたことだろう。

生活の拠点は台地上へと移動し、住む家の形態も変化し、地面に穴を掘り、柱を立てる掘立柱建物が「すまい」となった。集落内には数十棟もの掘立柱建物が建っていたと推測され、建物の種類も様々で、住居用の建物、貯蔵用の高

＊62　具志堅亮編『中組遺跡』天城町埋蔵文化財発掘調査報告書(6)（天城町教育委員会、二〇一三年）。

＊63　新里亮人編『川嶺辻遺跡』伊仙町埋蔵文化財発掘調査報告書(13)（伊仙町教育委員会、二〇一〇年）。

＊64　榎本美里編『大セノ嶺遺跡』伊仙町埋蔵文化財発掘調査報告書(19)（伊仙町教育委員会、二〇二一年）。

＊65　榎本美里編『上トハ遺跡・上桃木迫遺跡』伊仙町埋蔵文化財発掘調査報告書(21)（伊仙町教育委員会、二〇二二年）。

＊66　前掲註 65 に同じ。

＊67　片桐千亜紀・久貝弥嗣・崎原恒寿『新城下原第二遺跡』沖縄県埋蔵文化財センター調査報告書第 35 集（沖縄県立埋蔵文化財センター、二〇〇六年）。

倉などがあったとされている。さらに、グスク時代に台頭する「按司（あじ）」の居城跡（コラム5）でも柱穴跡は見つかっており、掘立柱という形態の建物は一般的となっていた。

加えて、新たな技術の導入によって「モノ」づくりが開始した。貝塚時代では「火をつかう」ことで加熱調理が可能となり、暖を取り、照明として使うなど、火そのものを利用した使い方をしていたが、グスク時代では高温の「火をつかう」技術を取得していた。その結果、鉄製品や陶器の製作が活発になった。徳之島では、カムィヤキの操業が開始し、多くの窯が築かれた。窯で焼かれた製品は島内だけにとどまらず、海を越えて広く消費されるようになる。硬質の焼き物になるには一千度という高温の火が長時間必要とされ、さらに、焼き物の製作に適した環境も重要であり、これらの技術や知識が、グスク時代の人々のくらしを大きく飛躍させたことは間違いないことだろう。

同じく大きな変化となったのが農耕技術である。グスク時代の遺跡からは栽培植物の痕跡が見つかり、これらを育成させる生産遺構も発見された。グスク時代の始まりは長く続いた狩猟採集社会の終焉と、「作物を育てる」という農耕社会の幕開けである。人々は地形の特徴を十分に生かした土地利用をし、段丘上の小谷には階段状に連なる水田を構築した。時間と共に生産面積は拡大していくことから、作物を育てることはくらす上で重要な意味を持っていたことだろう。

貝塚時代からグスク時代へと変わりゆく時期、徳之島町も生産上の変革期を迎えていたであろうが、その様相を明らかにする遺跡は現在のところ発見されていない。農耕技術や窯業技術が導入される前後の歴史が解明されれば、この空白期間は解消されるはずである。今後の発掘調査や研究に期待したい。

（榎本美里）

2 つくる・つかう

石器

徳之島の石材環境

徳之島の地質を概観すると、付加体（図27）と呼ばれる海底堆積物[68]を起源とする地層が基盤となっており、そこに今から約六千百万年前にマグマが貫入して冷えて固まり、花崗岩体が出来上がっている。[69] これら付加体と花崗岩体が徳之島の骨格となり、その周囲には第四紀[70]以降に堆積した琉球層群と呼ばれるサンゴ礁堆積物を主体とする地層が分布する。

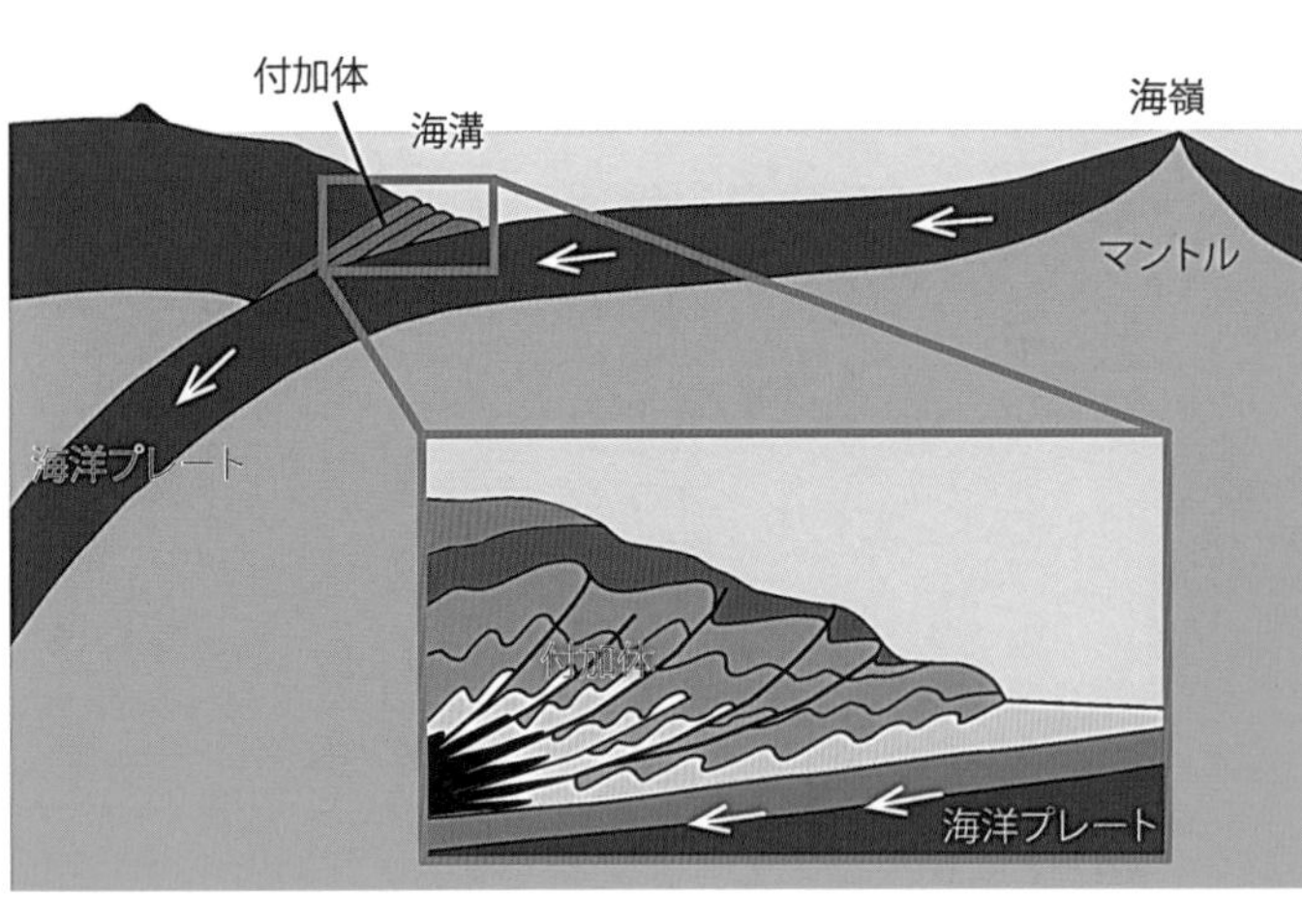

図4-27　付加体の概念

徳之島の付加体は四万十層群と呼ばれるもので、千葉県の房総半島から南九州を経て、沖縄諸島までの約一八〇〇キロメートルもの広い範囲に分布する。この付加体には、玄武岩や砂岩、泥岩、チャートなどが層状に堆積しており、これらが熱を受けて変成し、硬くなっており、石斧の素材として適している石材が含まれる。また露頭する花崗岩から剥落した礫が、川をくだり円礫となっており、磨石や敲石に適した素材が河口に多く認められる。

徳之島の西側では、琉球層群の中に玉石層が堆積しており、その玉石には、剥片石器などに使用可能な良質のチャートの玉石も含まれる。地質学的に見ると、徳之島は石器石材が多く産出する島と考えられ、先史時代には、これらの岩石を石器素材として多用してきたことがうかがえる。

＊68　木村学・大木勇人『図解・プレートテクトニクス入門』（講談社、二〇一三年）。

＊69　斎藤眞・尾崎正紀・中野俊・小林哲夫・駒澤正夫『20万分の1地質図幅「徳之島」』（独立行政法人産業技術総合研究所地質調査総合センター、二〇〇九年）。

＊70　地質時代区分の一つで、約二五八万年前から現在に至るまでの時代のこと。

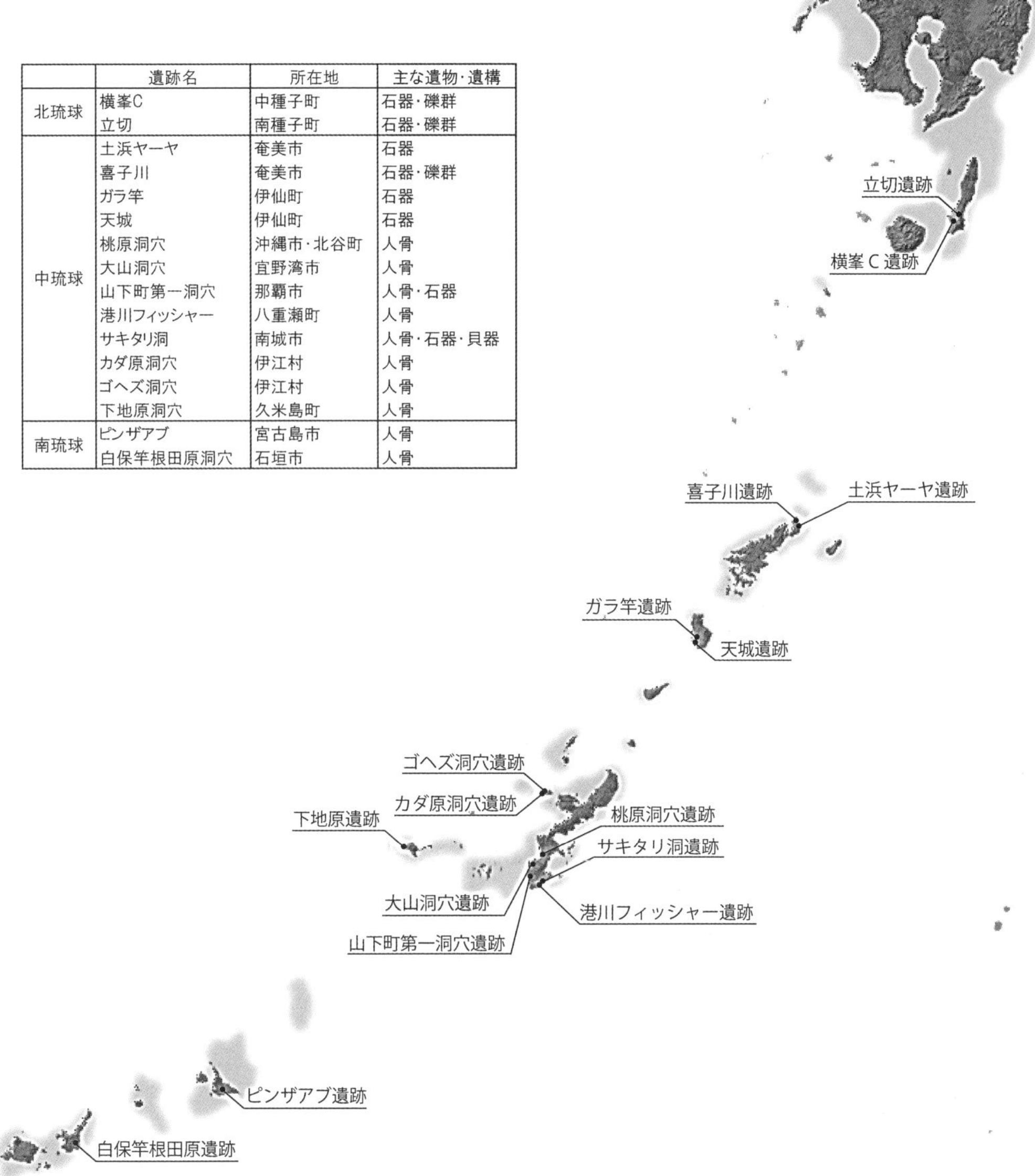

	遺跡名	所在地	主な遺物・遺構
北琉球	横峯C	中種子町	石器・礫群
	立切	南種子町	石器・礫群
中琉球	土浜ヤーヤ	奄美市	石器
	喜子川	奄美市	石器・礫群
	ガラ竿	伊仙町	石器
	天城	伊仙町	石器
	桃原洞穴	沖縄市・北谷町	人骨
	大山洞穴	宜野湾市	人骨
	山下町第一洞穴	那覇市	人骨・石器
	港川フィッシャー	八重瀬町	人骨
	サキタリ洞	南城市	人骨・石器・貝器
	カダ原洞穴	伊江村	人骨
	ゴヘズ洞穴	伊江村	人骨
	下地原洞穴	久米島町	人骨
南琉球	ピンザアブ	宮古島市	人骨
	白保竿根田原洞穴	石垣市	人骨

図 4-28　琉球列島の主な旧石器時代遺跡（国土地理院電子地形図 25000 を加工して作成）
*灰色の塗りは最終氷期最盛期の陸域を示す

旧石器時代の石器

日本列島にわれわれの祖先である新人（ホモ・サピエンス）が到達したのは、約三万八千年前と考えられている（本章第一節参照）。それから約一万六（三）千年前までの時代を「旧石器時代」といい、主に石器（石を打ち割って作った道具）を使用し、狩猟・採集を生業とした。石器には、石材を打ち割ったり押し剥いだりして製作する打製石器と、敲打や剥離をしてから研磨して製作する磨製石器がある。旧石器時代の石器は、世界的に打製石器を基本とするが、日本列島においては、部分的に研磨して製作した石斧である局部磨製石斧が後期旧石器時代前半期から存在する。なお、日本の旧石器時代は、約二万九千年前の姶良Tn（AT）火山灰[*71]の降下を境に前半期と後半期に区分されている。

徳之島では、これまでに旧石器時代の遺跡が二か所確認され、それぞれの遺跡から石器が出土しているものの、遺跡数が限られているため、ここでは琉球列島の他地域も含めながら概観する。

琉球列島の旧石器時代遺跡については、北琉球・中琉球・南琉球のいずれの地域においても確認されている。しかし、これらの遺跡の内容には大きな差がみられ、奄美諸島以北では石器や礫群が検出されている一方で、沖縄諸島以南の地域では石器や遺構の出土例がほとんどなく、発見されるものの多くが化石人骨であるという特徴がある（図28）。

現在までに確認されている奄美諸島の最古段階の旧石器時代遺跡は、徳之島のガラ竿遺跡[*72]（伊仙町小島）である。ガラ竿遺跡では、AT火山灰よりも下位の層から磨石が二点出土しており（図29）、層位的に黒色帯のローム層に対比できることから、後期旧石器時代前半の可能性があると考えられている。奄美大

図4-29　磨石（ガラ竿遺跡）

＊71　鹿児島湾北部の姶良カルデラより噴出した火山灰で、北海道にまで到達した。ATは後期旧石器時代の編年研究において重要な鍵層として位置づけられている。

＊72　四本延宏・伊藤勝徳「徳之島・伊仙町小島ガラ竿遺跡の確認調査—AT火山灰下層の出土石器について—」『南島考古だより』69（沖縄考古学会、二〇〇二年）。

島の土浜ヤーヤ遺跡[*73]（奄美市笠利町）でも、AT下位から剥片石器や磨製石斧と推定される研磨面のある石器が出土している（図30―2・3）。また、AT上位からも削器（図30―4）や剥片が出土している。同じく奄美大島の喜子川遺跡[*74]（奄美市笠利町）では、AT付近から楔形石器や剥片が出土している。その他、徳之島の天城遺跡[*75]（伊仙町木之香）からも、一九九三年に行われた発掘調査により、チャート製の台形様石器（図30―8～10）や掻器・削器（図30―5・6）などが二五点出土している。いずれも二次堆積層からの出土ではあるが、台形様石器の出土および技術形態的特徴や石器組成から旧石器時代に帰属する可能性が指摘されている。

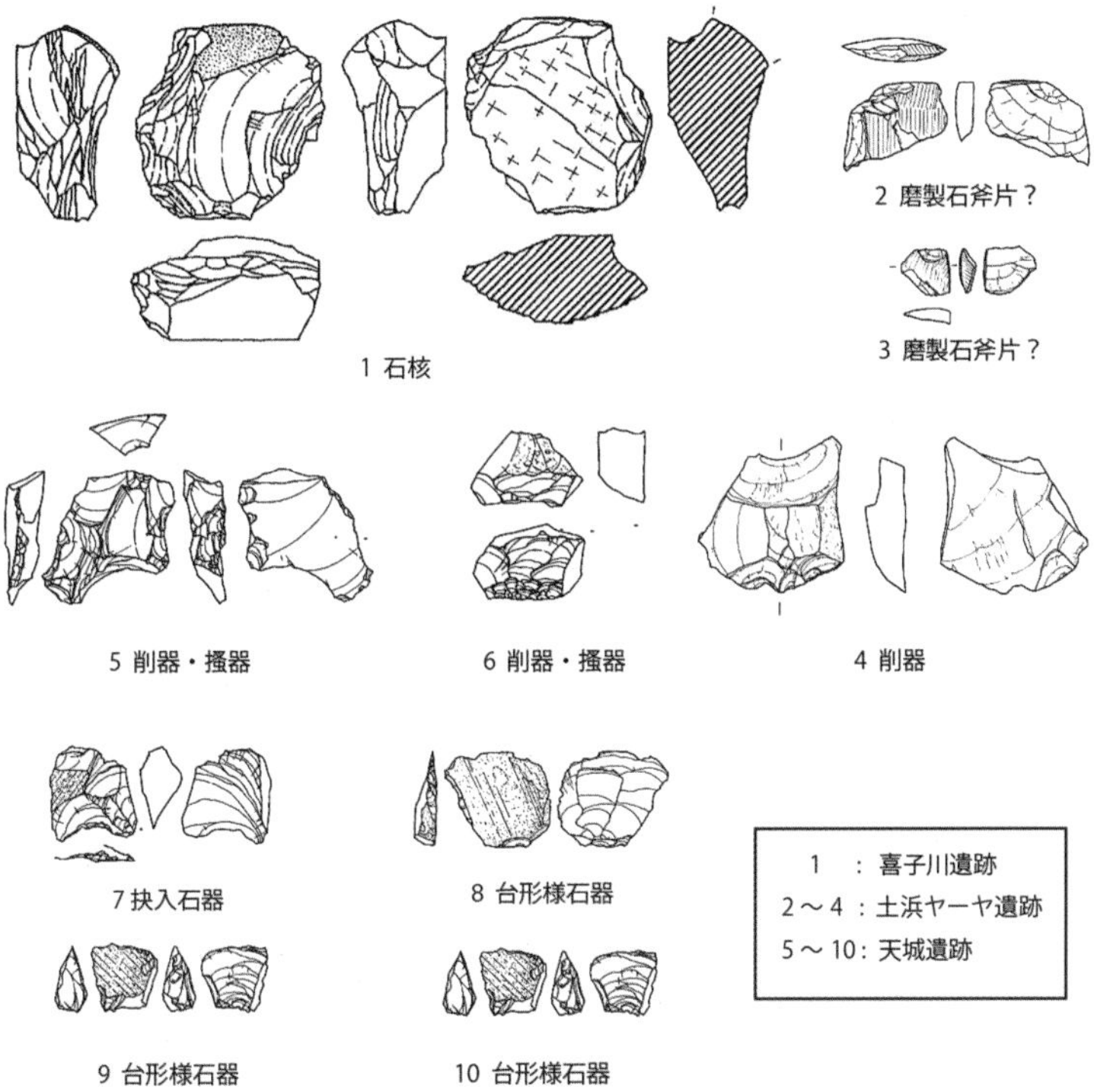

1　石核　2　磨製石斧片？　3　磨製石斧片？　4　削器　5　削器・掻器　6　削器・掻器　7　抉入石器　8　台形様石器　9　台形様石器　10　台形様石器

1　：喜子川遺跡
2～4：土浜ヤーヤ遺跡
5～10：天城遺跡

図 4-30　奄美諸島の旧石器時代の石器（S＝1/3）

以上のように、奄美諸島の旧石器時代の石器は、九州本土などでみられるナイフ形石器などの定型石器がみられないことから、東南アジアや台湾などの地域から北上してきた「不定形剥片石器文化」として位置づけられる考え[*76]がある。一方で、磨製石斧の存在など九州本土との共通点が指摘されており[*77]、日本列島から南下した石器文化として位置づけられる考え[*78]もある。これらの石器文化が南方由来のものであるのか、日本列島から南下したものであるのか見解が分かれている。

＊73　鹿児島県教育委員会『土浜ヤーヤ遺跡』鹿児島県埋蔵文化財発掘調査報告書(47)、一九八八年。

＊74　池田治・田村晃一編「喜子川遺跡第三次・第四次発掘調査報告」『青山史学』第一四号（青山学院大学文学部史学研究室、一九九五年）。

＊75　伊仙町教育委員会『天城遺跡・下島権遺跡』伊仙町埋蔵文化財発掘調査報告書(9)、一九九四年。

＊76　加藤晋平「南西諸島への旧石器文化の拡散」『地学雑誌』一〇五巻三号、一九九六年。

＊77　宮田栄二「南九州の旧石器文化」『日本考古学協会一九九八年度沖縄大会資料集』一九九八年。

＊78　堂込秀人「琉球列島の旧石器時代遺跡」『考古学ジャーナル』No. 564（ニュー・サイエンス社、二〇〇七年）。

近年、徳之島において下原洞穴遺跡[*79]（天城町西阿木名）をはじめとする、土壌堆積の厚い洞窟・岩陰遺跡の調査が進められており、旧石器時代の遺物の発見が期待されている。今後これらの遺跡の調査が進むことで、これまで土壌堆積が薄く年代決定が難しかった奄美諸島の旧石器時代遺跡の研究が進展する可能性が期待できる。

貝塚時代の狩猟具

近年の下原洞穴遺跡発掘調査において、貝塚時代前1期および、それ以前の文化層が保存状態よく確認されており、当時の石器製作や生業を窺い知ることができるようになってきた。特に、南島爪形文土器に伴って、石を研磨して作った「磨製石鏃（矢じり）」が多く出土している。

磨製石鏃には様々な形状があったようで、二等辺三角形状となる「長身細型」、正三角形状となる「短身広型」、幅広の二等辺三角形状となる「長身広型」、有茎の「木葉型」の大きく四つに分類することができ、木葉型以外は基本的に体部に二つまたは一つ穴があけられる（図31）。この磨製石鏃の素材となった粘板岩は、下原洞穴遺跡近くの海岸でその露頭が認められる。遺跡からは、完成した磨製石鏃だけでなく、製作途中で廃棄されたと考えられるものや、製作中に生じる細片などが大量に出土する。また、ハンマー的な役割を担う敲石や、研磨に使用する砥石、穴を開ける際に使用された石錐など製作に使用されたと考えられる道具類も併せて出土しており、ここで盛んに磨製石鏃の製作が行われていたことがうかがえる。[*80]

四つに分類される磨製石鏃のなかで、下原洞穴遺跡では長身細型が最も多く出土しており、主体となる形状と考えられる。その製作工程（図32）をみると、①素材となる粘板岩を作

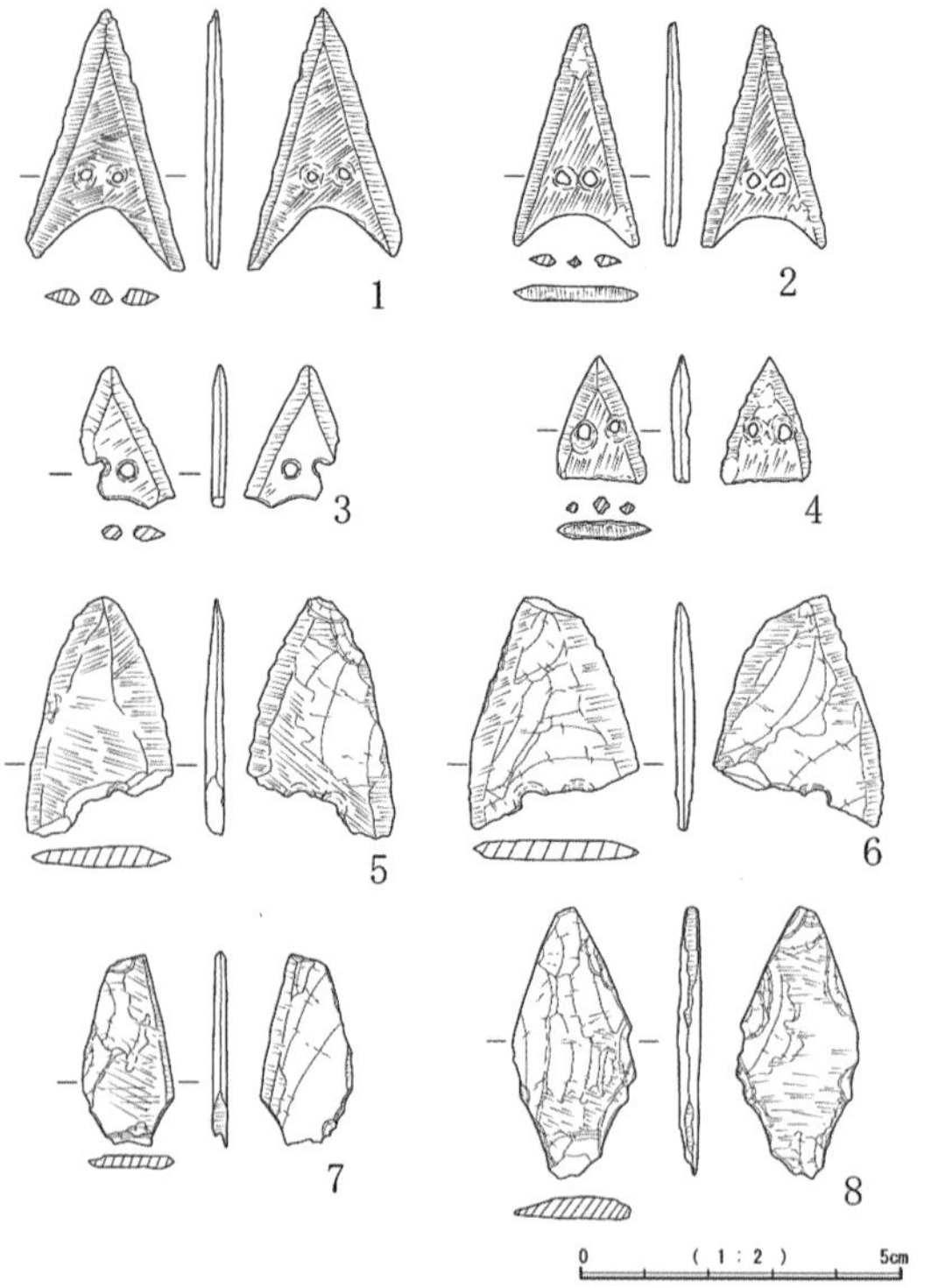

1 2 3 4 5 6 7 8
0 （1：2） 5cm

1・2長身細型、3・4短身広型、5・6長身広型
7・8木葉型

図4-31 下原洞穴遺跡から出土した磨製石鏃の形状

＊79 天城町教育委員会『下原洞穴遺跡・コウモリイョー遺跡発掘調査報告書』天城町埋蔵文化財発掘調査報告書(9)、二〇二〇年。

＊80 前掲註79に同じ。

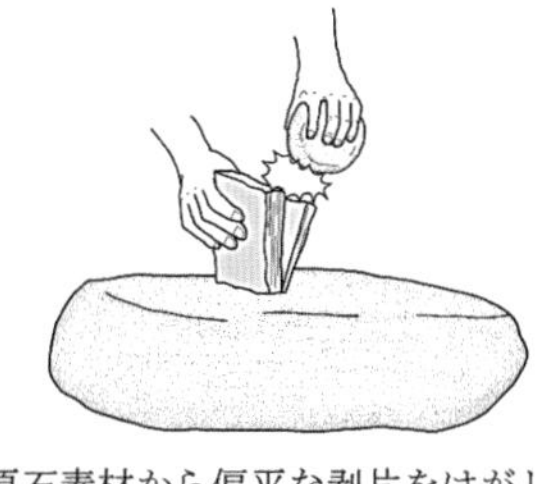
①原石素材から偏平な剥片をはがし取る

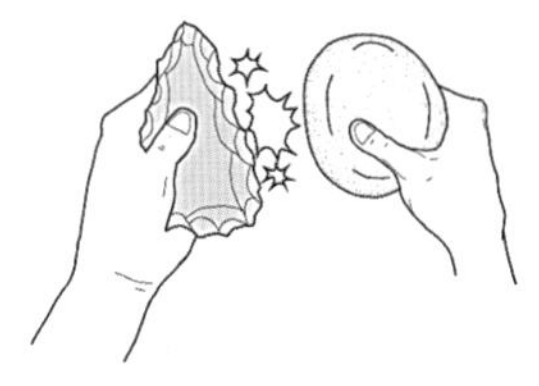
②剥片の周囲を敲打し三角形状にする

③側面を研磨して平坦にする

④表裏面を研磨する

⑤刃部を研磨し鎬を作り出す

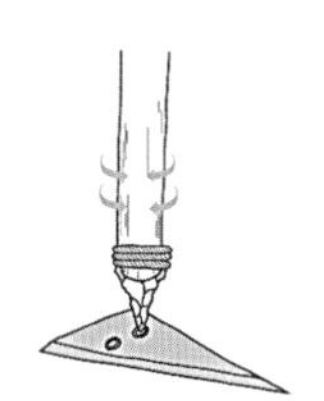
⑥穴をあける

図 4-32　磨製石鏃の製作工程

業台となる台石の上に立て、その真上から敲石によって敲打する。これにより、敲打による衝撃と台石から跳ね返って伝わる衝撃を素材となる粘板岩に与えて扁平な剥片を取り出す。②その剥片の周囲に敲打を加えて剥片を三角形状に整える。その後、③側面に研磨を施し、敲打によってできた凹凸を平坦にする。そして、④表裏面の体部を研磨するとともに、⑤研磨して刃部を作り出し、体部との境に鎬が形成される。最終的に、⑥体部に二つの穴をあけて完成となる。*81

注目されることとして、この磨製石鏃に共伴して、これと形状が類似する貝製鏃（貝殻でできた矢じり）が出土（図33）しており、その製作過程で生じたと考えられる残欠品なども出土していることから、磨製石鏃製作とともに貝製鏃の製作が行われていたことがうかがえる。

貝製鏃（鏃状貝製品）については、盛本勲*82による精緻な検討が行なわれており、潜水鏃を含めた鏃（矢じり）としての機能が推定されている。その系譜に関しては、国分直一が台湾西海岸や中国江南

*81　磨製石鏃製作の大まかな工程を示すために便宜的に番号を付している。各工程の順番は前後した可能性もある。

*82　盛本勲「琉球列島出土の貝鏃様製品小考」『列島の考古学　渡辺誠先生還暦記念論集』（渡辺誠先生還暦記念論集刊行会、一九九八年）。

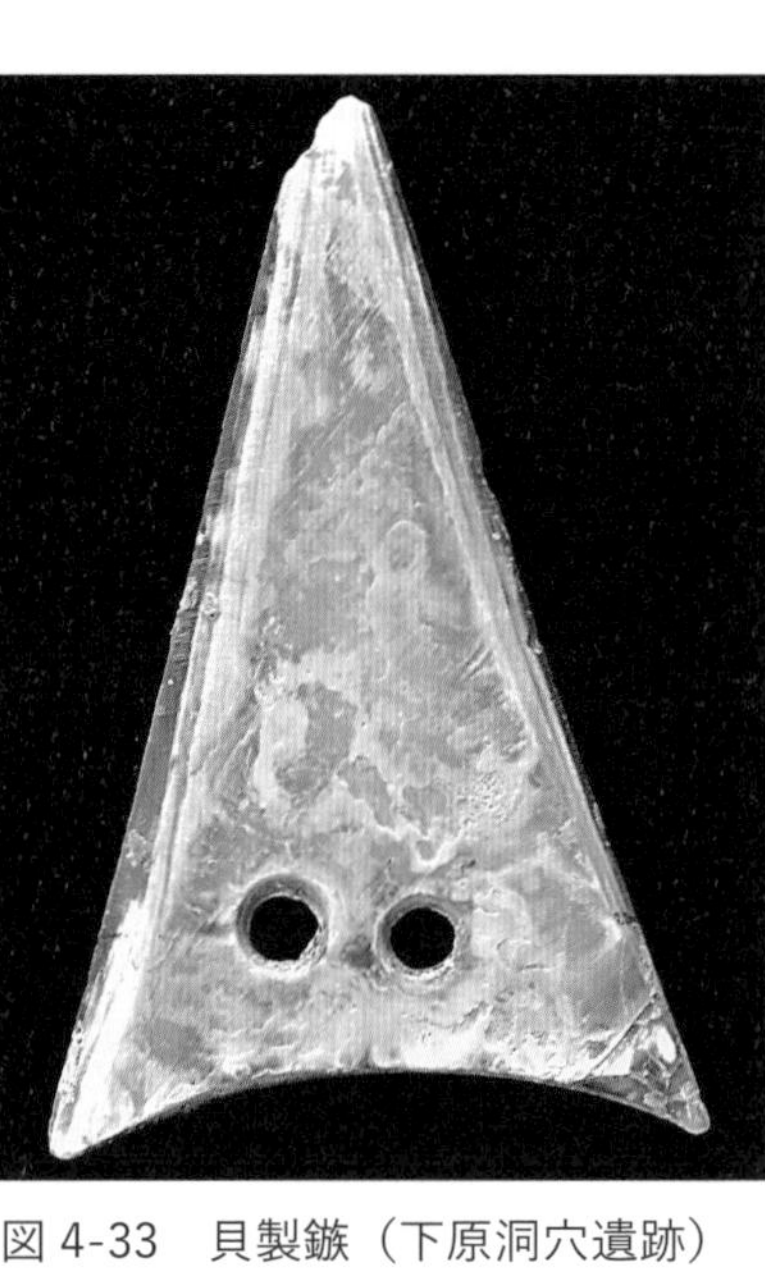

図 4-33　貝製鏃（下原洞穴遺跡）

地域の先史時代の磨製有孔石鏃を祖として推定しているが、[*83]沖縄諸島と台湾島との間にある先島諸島では鏃状貝製品が出土しておらず、その関係性については、慎重にならざるをえない。[*84]

大隅諸島や南九州においては縄文時代草創期から早期にかけて磨製石鏃が出土しており、そのなかの穴をあけたものが、種子島に集中して見られる傾向が指摘されてきた。[*85] 南九州で出土する全磨製石鏃には大きく二つの系統があり、沖縄諸島や奄美諸島で使われてきた貝製鏃が大隅諸島で石製品として作られ、この時期の磨製石鏃の一つの系統となった可能性が指摘されている。[*86] 南九州で想定される貝製鏃から磨製石鏃への変化が、下原洞穴遺跡で確認されたことはこの時期に既に、貝製鏃や磨製石鏃の製作技術といった情報が南九州と南島との間で行き交っていたことを示す。

これらの磨製石鏃や貝製鏃は南島爪形文土器よりも古いと考えられている波状条線文土器とも共伴して出土することから、古い段階から弓射による狩猟が行われていたことがうかがえる。遺跡からは、リュウキュウイノシシやアマミノクロウサギなどの獣骨が数多く出土する一方で、魚骨などはほとんど出土しない。そのため、陸生哺乳類を狩猟するために、磨製石鏃や貝製鏃が使用されたと考えられるが、これらは非常に薄い形状となるため、その強度についての疑問も残る。

南島爪形文土器の時期に盛んに製作された石鏃であるが、それ以降、石鏃の出土は低調となる。これは、石鏃が弓射によって使用され、その多くが回収できない消耗品的な道具であることも、遺跡から出土しない要因の一つと考えられるが、徳之島において、貝塚時代前2期以降、石鏃が遺跡の発掘調査によって確認されているのは、カンナテ遺跡からの一点のみである。[*87] 貝塚時代前2期以

＊83　国分直一『南島先史時代の研究』（慶友社、一九七二年）。

＊84　山野ケン陽次郎「先史琉球列島における貝製品の変化と画期—貝製装飾品を中心に—」『琉球列島の土器・石器・貝製品・骨製品文化』（六一書房、二〇一四年）。

＊85　宮田栄二「縄文時代早期の磨製石鏃について」『縄文の森から』創刊号（鹿児島県立埋蔵文化財センター、二〇〇三年）。

＊86　堂込秀人「南九州縄文時代の磨製石鏃考」『中山清美と奄美学—中山清美氏追悼論集—』（奄美考古学会、二〇一九年）。

＊87　伊仙町教育委員会『前当り遺跡・カンナテ遺跡』伊仙町埋蔵文化財発掘調査報告書(17)、二〇一八年。

降、弓射は主要な狩猟方法ではなかった可能性が高い。

貝塚時代前5期の遺跡である天城町兼久の塔原遺跡において、多くの黒曜石やチャート製の剥片石器が地域住民によって表面採集されており、その中に打製石鏃が含まれる。この表採資料の内容から黒曜石とともに剥片石器製作技術が伝播されるなかで、打製石鏃が製作され、使用された状況がうかがえるが、これも限定的であったと考えられる。

貝塚時代の加工・伐採具

石器のなかでも、古くから継続的に使用されてきたものとして石斧があげられる。石斧には木材の加工、伐採、土堀、など複数の機能があり、生業を考察するうえで重要な遺物であることから、先学によって古くから、徳之島から出土する石斧について論考されている。三宅宗悦は南島の先史時代を概観するなかで、徳之島で発見された石斧を確認したうえで南島独自の石斧型式は認め難いことを指摘している。[*88] また、昭和四十四年（一九六九）に南日本文化研究所による徳之島総合学術調査が行われ、この調査によって徳之島の石器を調査した白木原和美は、石斧、石鍬（打製石斧）以外の刃器に類するものが稀であるのが、南島石器の特色としている。[*89]

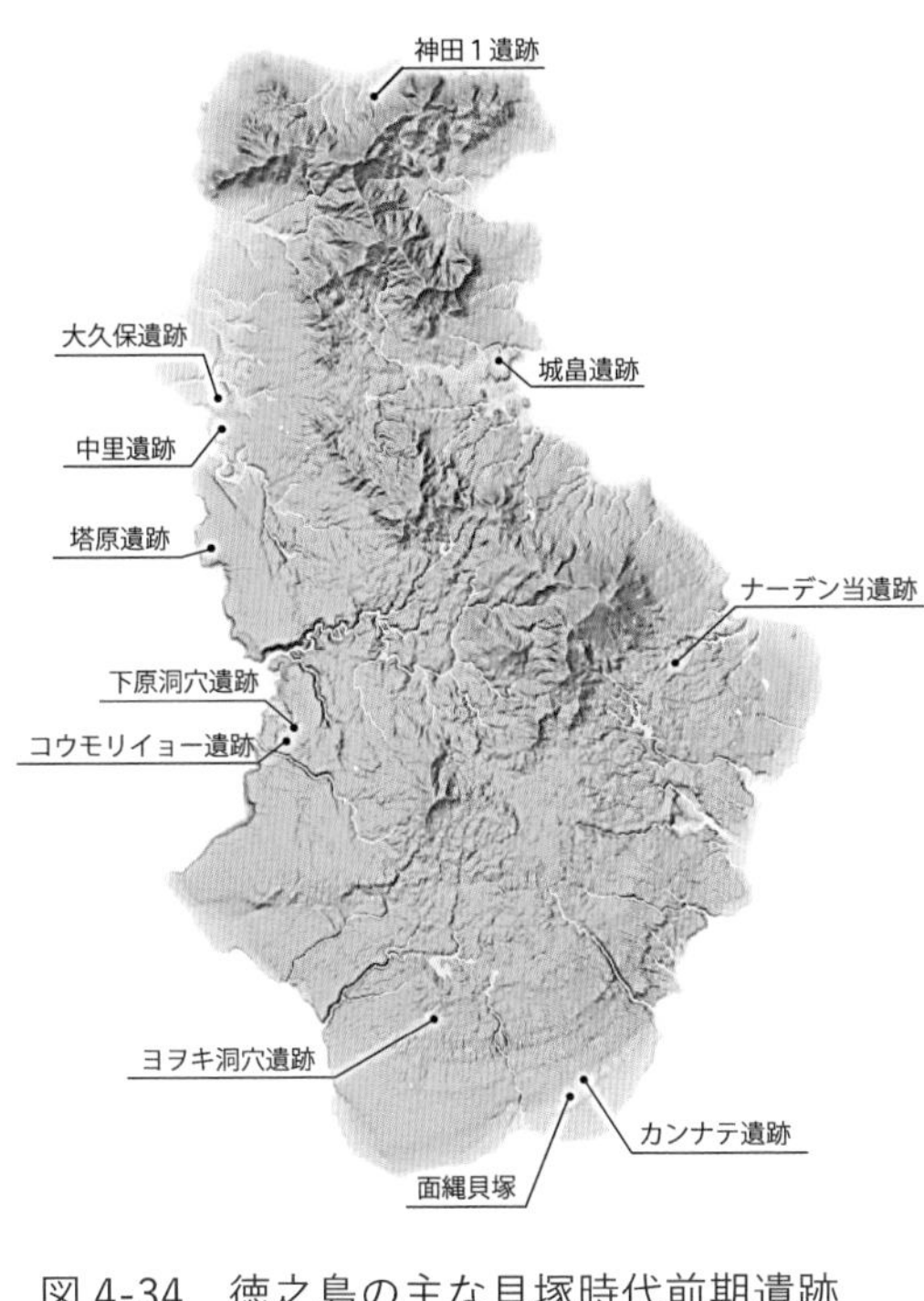

図4-34　徳之島の主な貝塚時代前期遺跡

近年、徳之島の発掘調査件数が増加することによって（図34）、多くの石器資料が蓄積され、石斧の時期的な変遷や各時期の組成が追えつつあり、両刃石斧と片刃石斧、小型石斧、打製石斧などが認められる。

＊88　三宅宗悦「南島の石器時代に就いて」『ドルメン』第四巻第六号、一九三五年。

＊89　白木原和美「徳之島の先史学的所見」『南日本文化—徳之島総合学術調査報告書—』第三号（鹿児島短期大学附属南日本文化研究所、一九七〇年）。

図 4-35　石斧未製品（下原洞穴遺跡）

石斧は下原洞穴遺跡において、南島爪形文土器以前の地層から検出した遺構から、砂岩製の石斧未成品（製作途中で完成していないもの）が出土（図35）しており、貝塚時代の早い段階から、石斧が使用されていた状況がうかがえる。

コウモリイョー遺跡においても、南島爪形文土器や面縄前庭式土器などとともに、磨製石斧が二点出土している。その一つは敲石へ転用されており、多頻度で使用されるごとに研ぎ直しが行われるなかで斧身が短くなる。そのため着柄できなくなり敲石へと転用されたと考えられる。

沖縄本島においては、南島爪形文土器に伴って刃の部分のみに研磨が行われる大型の特徴的な刃部磨製石斧が出土する。これらは、議論のあるところだが、九州以北の地域で使用された縄文石器とは別系統の石器と指摘されている。[*90] 出自が明らかでない南島爪形文土器の誕生過程を考えるうえで重要な石器であるが、今のところ徳之島を含む奄美諸島においては、この刃部磨製石斧は出土していない。

徳之島では貝塚時代前1期から3期までの遺跡の調査件数が少なく、面縄第4貝塚において、室川下層式土器[*91]や面縄前庭式土器[*92]に共伴して小型石斧が出土しているが、資料の蓄積もほとんどないため、その様相は不明な部分が多い。

その後、徳之島においては、貝塚時代前4期から遺跡が増加するとともに、石斧も安定的に出土する。この時期から竪穴住居跡が確認されはじめるため、これを建てるために木の伐採やその加工

＊90　大堀晧平「爪形文土器段階における石材運用―野国タイプ型石斧の再定義と評価を中心に―」『紀要沖縄埋文研究』7（沖縄県立埋蔵文化財センター、二〇一二年）。

＊91　貝塚時代前2期の今からおよそ五千年前頃の土器である。沖縄県沖縄市室川貝塚が標式遺跡となる。

＊92　貝塚時代前3期の今からおよそ四千年前頃の土器である。伊仙町面縄第4貝塚が標式遺跡となる。

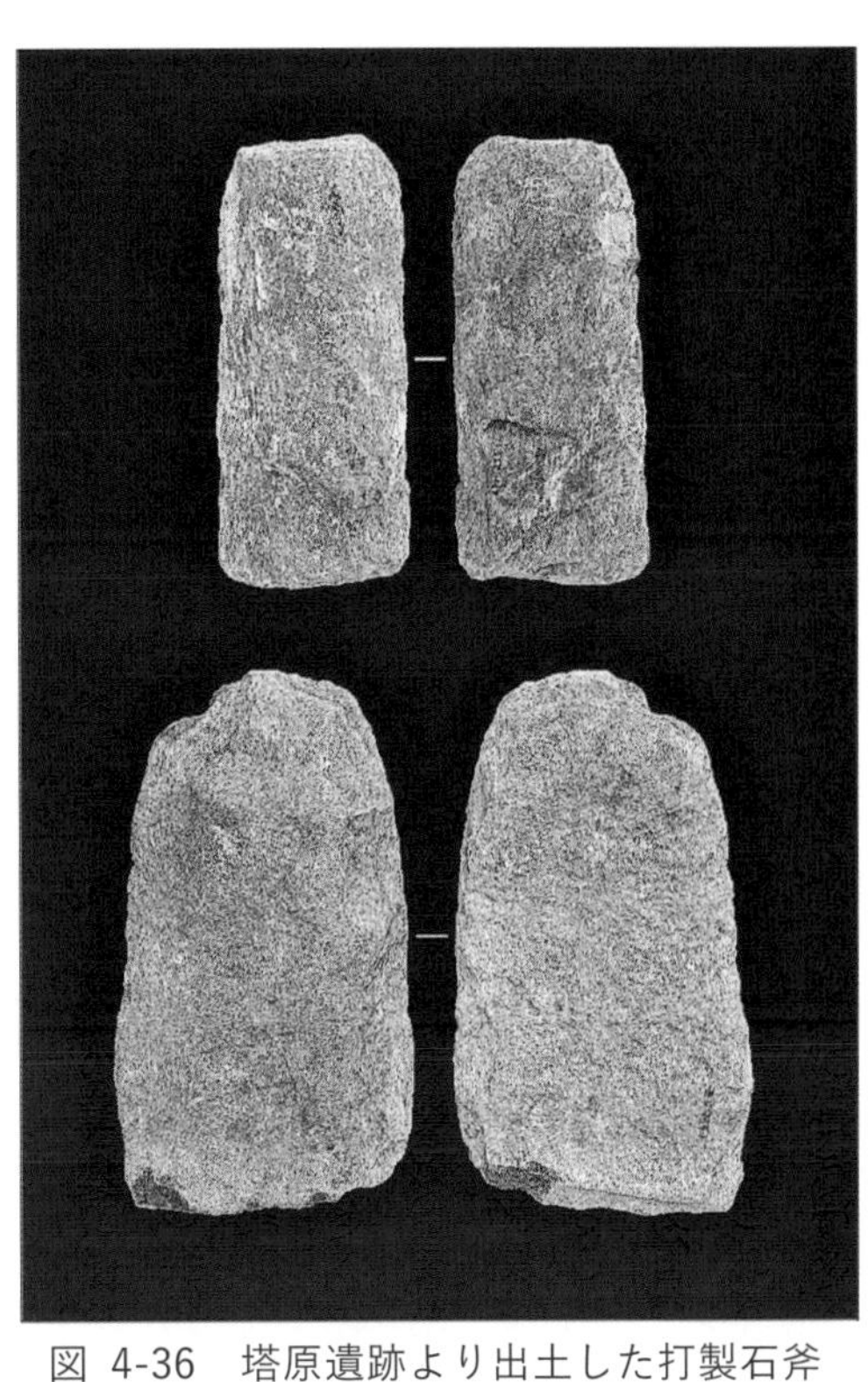

図 4-36　塔原遺跡より出土した打製石斧（土堀具）

に石斧が多く用いられたことが推定される。

　その後、貝塚時代前5期になると、さらに遺跡が増加する。遺跡の規模も大きくなり、多くの竪穴住居跡が検出されるとともに多くの石器が出土するようになる。一九九三年から塔原遺跡の発掘調査が行われ、この調査においても多くの石斧（図36）が出土している。[*93] そのなかでも、頁岩や粘板岩[*94]を石材として、それから打ち割って取り出した縦長の剥片の周りを敲いて整形を行った打製石斧は土堀具の機能が推定されている。さらに、奄美大島のサモト遺跡などで出土している頁岩・粘板岩製の横長剥片を素材として、刃部形成を行ったものは石製収穫具としての機能が指摘されている。この時期、朝鮮半島と九州の畑作文化が融合し、その情報が南下したことが想定されているが、[*95] 遺跡からは栽培植物遺体は検出されていない。植物遺体として残存しにくい植物の栽培が行われたのであろうか。

　前述したとおり、徳之島においては、貝塚時代前5期に多くの石斧が出土する。徳之島の東側では、白亜紀後期に堆積した付加体である尾母層の中に、玄武岩や蛇紋岩などが含まれており、これらも広域変成作用を受けているため、多くが硬質化し石器素材として利用可能な石材となっている。このような地質が分布する徳之島町花徳の城畠遺跡や諸田のナーデン当遺跡からは、多くの石斧が出土しており注目される。

＊93　天城町教育委員会『塔原遺跡(2)』天城町埋蔵文化財発掘調査報告書(2)、一九九九年。

＊94　頁岩や粘板岩は広域変成作用を受け、岩石中の鉱物が平行に並んでいる特徴がある。そのため平行に割れやすい特徴を持つ。

＊95　堂込秀人「奄美諸島の石製土堀具と石製収穫具」『琉球・東アジアの人と文化—高宮廣衞先生古希記念論集』（高宮廣衞先生古希記念論集刊行会、二〇〇〇年）。

ナーデン当遺跡は、昭和六十三年（一九八八）に分布調査の一環で試掘調査が行われており、一六平方メートルという狭い調査面積にかかわらず、一二点もの石斧が出土している。[*96]また、地域住民などによって、一帯から四九九点もの石器などが採集されており、そのうちの七九点[*97]が石斧類となっている。採集された石斧類をみてみると、素材となる自然石や、それを打ち割った剥片、敲打されて形を整えた剥片、研磨調整が施され石斧となったものが認められ、石斧の製作工程の各段階の資料が採集されていることから、この遺跡で石斧製作が行われていた可能性が高いと考えられる。城畠遺跡についても、一一二平方メートルという決して広くない発掘面積にもかかわらず九五点もの石斧が出土している。[*98]一方で三万五〇〇〇平方メートルほどの遺跡範囲と推定され、大規模な集落跡であったと考えられている塔原遺跡では、これまでに九度の調査によって二一四二平方メートルの広い面積が発掘されているが、石斧は九八点[*99]しか出土していない。このように、ナーデン当遺跡と城畠遺跡は、石斧の出土密度が他遺跡に比べ著しく高いことがうかがえる。このことは、出土した石斧が単に遺跡での消費を目的に製作されたものではなく、他の消費地に供給することも目的として製作されたものであると考えられる。

貝塚時代の敲打・粉砕具

磨石・敲石は貝塚時代前1期以前から貝塚時代後2期まで、全時期を通じて出土する石器で、堅果類などの食物加工や石器製作に使用されたと考えられる。白木原和美は、貝塚時代前5期末頃から敲石や凹石などが著しく数を増すことを指摘している。その背景として、これまでの堅果類に加え、湿地などに群生する根菜類の利用が加わり、生業形態が複雑化したことを推定している。[*100]

塔原遺跡からは、多くの磨石類や石皿（いしざら）が出土しており、植物食に依存していたことが想定されている。大型の二六号竪穴住居跡において炉跡の周囲から磨石、敲石、石皿が出土しており、それらに付着した残存デンプン分析が行われている。その結果、堅果類や根茎類、ユリ科、レンコン（スイレン科）などの可能性があるデンプンが検出された。[*101]遺跡に残りにくい根茎類などのデンプンが検出

＊96 東和幸「ナーデン当遺跡の発掘調査」『奄美地区埋蔵文化財分布調査報告書Ⅰ』鹿児島県埋蔵文化財調査報告書(49)、一九八九年。

＊97 遺跡発見者である徳之島町在住の町田進氏が昭和五十六年四月に採集した資料と、平成三十年に成尾英仁氏と筆者（具志堅）が採集した資料を集計した。

＊98 徳之島町教育委員会『城畠遺跡』徳之島町文化財調査報告書（第一集）、一九九〇年。

＊99 発掘調査において出土または調査区にて採集された石斧を集計した数値であり、未報告資料も含む。塔原遺跡では地元在住の郷土史家である向井一雄氏によって、石斧三八点が採集されているが、これらは含めなかった。

＊100 白木原和美「琉球弧の考古学」『海と列島文化 琉球弧の世界』第六巻（小学館、一九九三年）。

＊101 天城町教育委員会『塔原遺跡』天城町埋蔵文化財発掘調査報告書(4)、(8)、二〇一七年。

図 4-37　クガニイシ（塔原遺跡）

されたことは、今後この時期の生業を考察していくうえで重要である。

また、貝塚時代前5期になると「クガニイシ」[*102]（図37）とよばれる南島特有の石器が多く出土するようになる。この石器は大型の楕円礫の上辺を両側から抉ることで凸帯を作り出しており、下辺は太く丸みをもち大きく弧を描く。この形状は、上に両手を当てて左右にシーソーのように動かし、対象を押し砕くのに使用されたと考えられている。[*103] 奄美諸島全体でみると、貝塚時代前4期から使用がはじまり、貝塚時代後期まで出土しているが、徳之島では貝塚時代前5期に集中している。

そして、これと時期を合わせるかのように、貝塚時代前5期の遺跡からは、面取りしたように磨面が形成される磨石が出土するようになるとともに、磨石、敲石、石皿などの植物食料加工具の著しい増加が認められるようになる。前述した打製土堀具の存在と併せて、石器からみると、この時期に大きな生業の転換が示唆される。

石器の製作と流通網

徳之島では貝塚時代前5期頃の遺跡から、黒曜石製の石器が出土する。黒曜石は琉球列島には原産地が無く、九州島から持ち込まれたものである。これまでに、琉球列島内の三十六遺跡で出土しており[*104]、徳之島では、神田Ⅰ遺跡（徳之島町手々）、ヨヲキ洞穴（伊仙町阿三）、塔原遺跡、中里遺跡、大久保遺跡[*105]（天城町天城）の五遺跡で確認されている。理化学分析によって産地推定が行われた神田Ⅰ遺跡、ヨヲキ洞穴、塔原遺跡の資料は全て佐賀県伊万里市腰岳産のものであった。[*106]

塔原遺跡発見者である地元在住の向井一雄は、三十年以上塔原遺跡周辺で採集活動を行っており、

＊102　この石器が徳之島町神之嶺集落で行われる「モチタボレ」と呼ばれる家々を回って餅を貰う稲の予祝行事において「クガニイシ」と呼ばれ使用されていたことから、石器の名称としても使用されるようになった。

＊103　白木原和美「クガニイシ」『南西諸島の先史時代』白木原和美南島関係論文選（龍田考古会、一九九九年）。

＊104　小畑弘己・盛本勲・角縁進「琉球列島出土の黒曜石製石器の化学分析による産地推定とその意義」『石器原産地研究会会誌　Stone Sources』No. 4（石器原産地研究会、二〇〇四年）。

＊105　中里遺跡と大久保遺跡は二〇〇四年以降に黒曜石の出土が確認されたため、前掲註104の小畑などによって集成された黒曜石出土遺跡に含まれていない。

＊106　前掲註104に同じ。

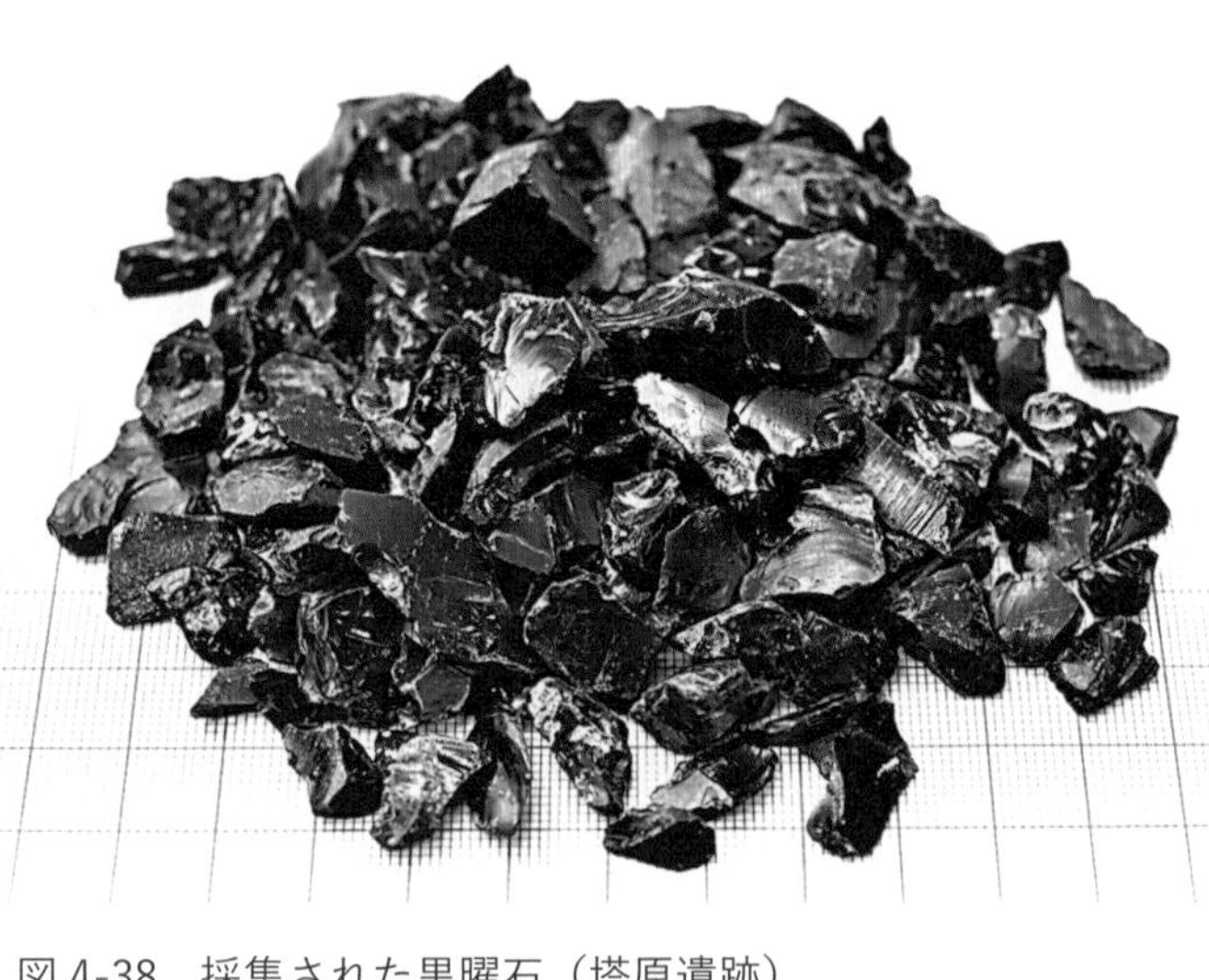

図 4-38　採集された黒曜石（塔原遺跡）

その間に二六五点もの黒曜石を採集している（図38）。そのうち製品と考えられるものが二二点（石鏃一一点、削器一点、楔形石器一点、加工痕のある剥片九点）確認されている。[*107]

琉球列島内の黒曜石出土遺跡には、製作剥片やチップを持たず、製品のみで構成される遺跡がある。その一方で、塔原遺跡のように黒曜石が他遺跡に比べ多量に出土し、石器の製作の痕跡が認められる遺跡も存在する。周辺遺跡に黒曜石を再分配した拠点集落が存在したことが指摘されるが、黒曜石の絶対量が少なく恒常的な交易拠点であったとは考えにくいとされる。[*108]

塔原遺跡では黒曜石製石器とともに、チャート製石器やその剥片などが一六八点と多量に採集されている。その中には石鏃や掻器などの製品だけでなく、石核や素材剥片[*109]、製作剥片などが含まれることから、黒曜石と併せてチャートを用いた剥片石器製作が行われていたと考えられている。また、一号竪穴住居跡からは一三×一〇×六センチメートルの大型のチャートの石核が出土しており、それには、打点を転移しながら剥片を取り出し、剥片石器製作に用いた状況がうかがえる。ここで製作されたチャート製石器も黒曜石とともに、周辺地域へと運ばれた可能性が考えられる。

この北部九州から黒曜石を運び、奄美・沖縄諸島において、チャート製石器とともに石器製作を行い再分配した流通網は、その後の南海産貝交易の下地となったことが指摘されている。[*110]

（具志堅亮・奥綾那）

＊107　天城町文化財活性化実行委員会『天城町内文化財悉皆調査報告書』二〇一二年。

＊108　前掲註104に同じ。

＊109　石核は剥片石器の素材となる剥片を剥がし取った原石のこと。素材剥片は、石器の素材とする目的で打ち剥がされた剥片のこと。

＊110　木下尚子「南海産貝輪交易考」『南島貝文化の研究 貝の道の考古学』（法政大学出版局、一九九六年）、初出は一九八九年。

コラム9 ヒスイ製玉類

先史時代の琉球列島では、貝製・骨製の装身具に比べて、石製装身具の文化はあまり発達しなかった。しかし、例外的に石製装身具が増加する時期がある。それは縄文文化に最も高頻度で接触し、北陸産のヒスイ製品が琉球列島にもたらされる貝塚時代前4期ごろである。先史琉球で石製装身具はこの時期に増加し始めるため、その影響を受けたものと捉えることができる。

図 4-39　トマチン遺跡出土のヒスイ

日本最大のヒスイ産地は、プレートの沈み込み帯が存在する新潟県と富山県の県境の糸魚川市に存在する。縄文時代中期には東日本一帯に流通し、縄文時代後・晩期以降に西日本まで拡大するヒスイ流通圏は、沖縄本島やその周辺島にまで達しており、糸魚川市との直線距離は約一五〇〇キロメートルにも及ぶ。琉球列島では現在、一二遺跡二二点が確認されており、徳之島では伊仙町トマチン遺跡で二点出土している（図39）。奄美諸島ではこれ以外に確認されていない。

トマチン遺跡の一点（図39左）は、九州・本州にない形状をしており、大珠や管玉などの比較的大型な製品を分割再生した製品であると考えられる。琉球列島のどこかで加工された可能性がある。もう一つは端正な丸玉（図39右）であり、琉球列島で確認される丸玉のなかでは最も整調な玉である。琉球列島には貝塚時代前4期前葉（縄文時代後期中葉）頃から増加するが、トマチン遺跡にもたらされたのは貝塚時代前5期末（弥生時代前期）頃になると考えられる。

図 4-40　カンナテ遺跡出土の石製装身具（一部）

貝塚時代前4期後葉（縄文時代後期末葉）頃の徳之島では、犬田布貝塚やカンナテ遺跡において、板状に分割する粘板岩を用いた石製装身具（図40）が確認される。ひとつの遺跡から比較的数多く出土するのもこの時期の特徴であり、沖縄諸島でも共通する要素である。これらはヒスイ流通を背景に、琉球列島で生み出された文化であると考えられる。

（新里貴之）

土器

貝塚時代前期

考古学において、暦がわりに用いる年代単位としての土器型式・様式名[*111]は、最初に確認された遺跡から名づけられる。その遺跡名はその出土地名から付けられるため、土器の名称はその地域一帯の、時代と空間をあらわす重要な指標となる（コラム2）。

これまで奄美諸島で付けられた貝塚時代前期の土器様式・型式名は、表1の通りである。[*112]奄美諸島で付けられた型式名称は十六型式あり、そのうち五型式が徳之島で最初に発見・調査され名づけられた（表1のゴシック体）。他にも候補となっているのが、天城町下原洞穴遺跡で出土している波状条線文系などで、徳之島を代表する最古級の土器として注目されている。徳之島町ナーデン当遺跡の肥厚口縁系土器もまた、将来的に徳之島型として地域的に限定された型式名として定着していくだろう。

ここでは、伊藤慎二[*113]による成果に拠りつつ、最新の情報を含めて述べることとする（各時期の土器の分布については第二章図2—8参照）。

表4-1　奄美諸島の土器様式と型式

時期	様式	型式	徳之島主要遺跡など
前1期以前	波状条線文系ほか	未設定	下原洞穴遺跡・ウンブキ水中鍾乳洞遺跡・ヨヲキ洞穴遺跡
前1期	爪形文系	野国タイプ　ヤブチ式　東原式	下原洞穴遺跡・面縄貝塚
前2期	条痕文系	曽畑式　条痕文　室川下層式　神野A式	下原洞穴遺跡・面縄貝塚・喜念原始墓
前3期	隆帯文系	神野B式　具志川A式・B式　具志川C式・神野C式　**面縄前庭式**　古我地原Ⅰ式	面縄貝塚・本川貝塚
前4期	沈線文系	古我地原Ⅱ式・Ⅲ式	下原Ⅰ・Ⅲ遺跡
	籠目文系	面縄東洞＋市来式　**面縄東洞式**　嘉徳Ⅱ式　嘉徳ⅠA式　神野D式　嘉徳ⅠB式	面縄貝塚・ヨヲキ洞穴遺跡
前5期	肥厚口縁系	**面縄西洞式**　（**犬田布式**）　**喜念Ⅰ式**　宇宿上層式	カンナテ遺跡・カメコ遺跡・犬田布貝塚・面縄貝塚・喜念貝塚・塔原遺跡・城畠遺跡・ナーデン当遺跡
	無文尖底系	仲原式	塔原遺跡・カメコ遺跡・中里遺跡・トマチン遺跡

＊111　土器型式は、ある土器で一定の時空間を代表させた概念。様式は、雰囲気・質感などよく似た型式をまとめた概念。連続した系統としてとらえられる。

＊112　この表は、奄美諸島に展開する様式・型式名を抜き出したもの。沖縄諸島でのみ確認される様式・型式名は除いた。

＊113　伊藤慎二『琉球縄文文化の基礎的研究』（ミュゼ、二〇〇〇年）。

前1期以前・先爪形文系（波状条線文系ほか）（約一万一千～七千年前）（図41、図43―1～20）

近年、天城町下原洞穴遺跡で確認された古式の土器で、ウンブキ水中鍾乳洞遺跡でその明確な器形が確認されるに及び、その起源が話題となった（図41）。口縁部に貝殻等で数条一単位の波状条線文を描く[*114]のが特徴で、深鉢形（波状口縁あり）、口径の大きな壺形などがある。底部形状は不明である。現在、徳之島でのみ確認されている（図43―5～8）。

龍郷町半川遺跡出土土器二種で、ひとつは連続押引文と沈線文を上下段交互に、あるいは列として交互に組み合わせるものである。九州南部の平栫式土器の壺形土器の文様に類似性が指摘されている（図43―9～15）。もう一種は刺突文と貝殻条線を上下段に交互に組み合わせるもので、喜界町総合グラウンド遺跡出土土器に共通要素を持つ（図43―18・19）。

また、前述の下原洞穴遺跡では本土の縄文時代草創期土器の細隆線文土器（約一万三千年前）ではないかとされる破片資料も確認されており（図43―1～4）、今後の調査が期待されている。

沖縄諸島の古式土器である赤色条線文系・有肩押引文系[*115]なども含め、分布域が発見された島にしかないため未だ不明確な部分が多く、起源の問題を含めより詳細な分析が求められている。

前1期・爪形文系（約七千～六千年前）（図42、図44―21～26）

奄美諸島～沖縄諸島に分布する。外器面全体を、成形の際につけられた指の痕やヘラ描きによる爪形文が覆う。現在、野国タイプ、ヤブチ式、東原式に分類されている。薄手の土器で、胴の長いフラスコ状の器形をもち、尖底や丸底がある。徳之島では、下原洞穴遺跡で大量に出土している。

前2期・条痕文系（約六千～五千年前）（図44―27～34、図45）

トカラ列島～沖縄諸島に分布する。西北九州起源の曽畑式の南下定着から開始される。貝殻条痕[*116]で文様が施されるもので、砲弾状の器形で尖底が主となる。厚手のものが多い。ほかに条痕文、室川下層式、神野A式などに型式区分される。徳之島では面縄貝塚で主体的に出土し、ヨヲキ洞穴遺跡、喜念原始墓にも出土

＊114　条線文　二枚貝の腹縁部のギザギザを使って文様を描くもの。

図4-41　ウンブキ水中鍾乳洞遺跡土器（広部俊明氏採集）

＊115　山崎真治「沖縄先史文化起源論をめぐる近年の動向と課題」『南島考古』第三四号、二〇一五年、五一―八頁。

＊116　貝殻条痕　二枚貝の腹縁部のギザギザを使って土器器面全体を整形するもの。

図4―42　爪形文系土器（奄美市・喜子川遺跡）

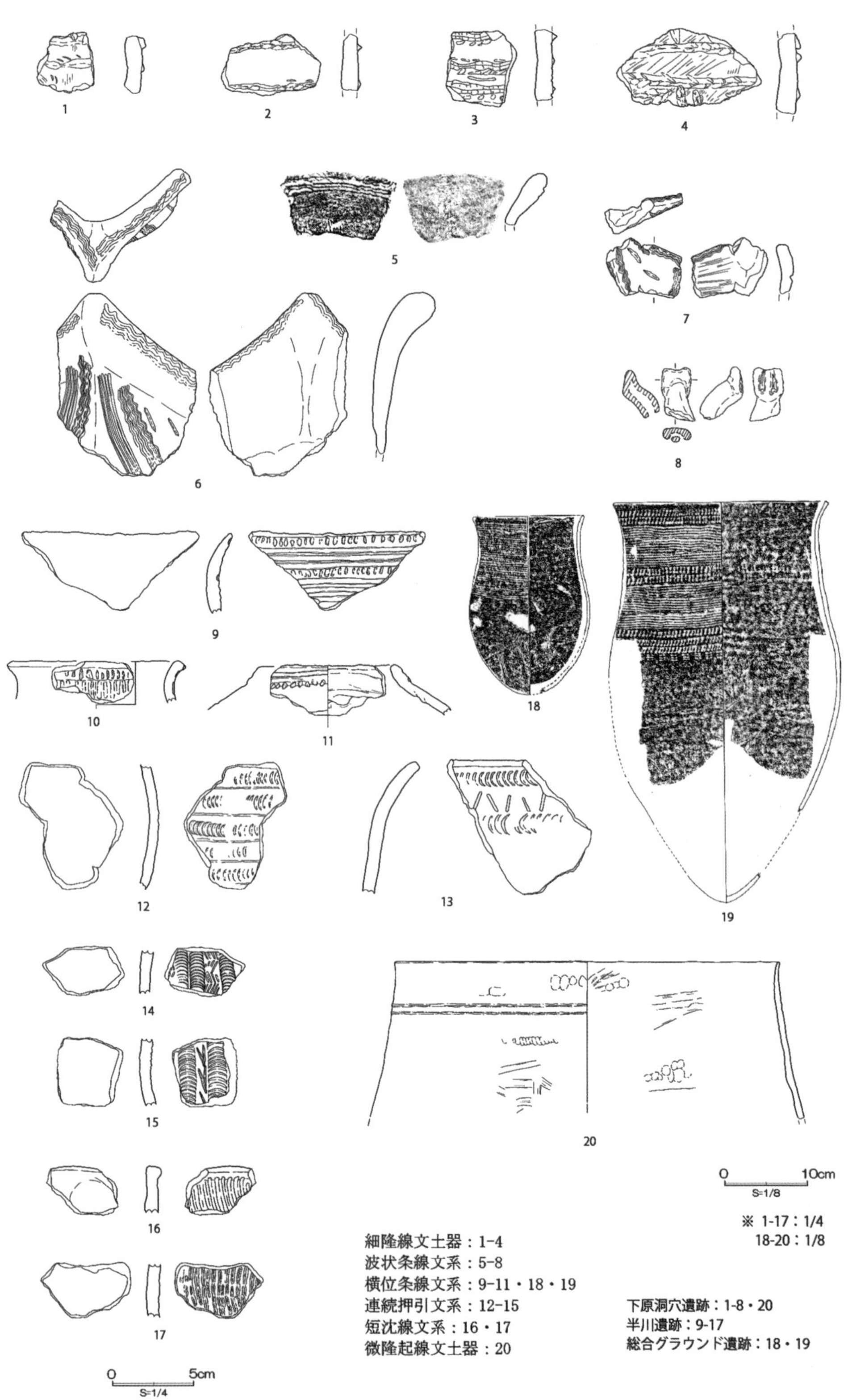

図 4-43　奄美諸島貝塚時代前１期以前の土器

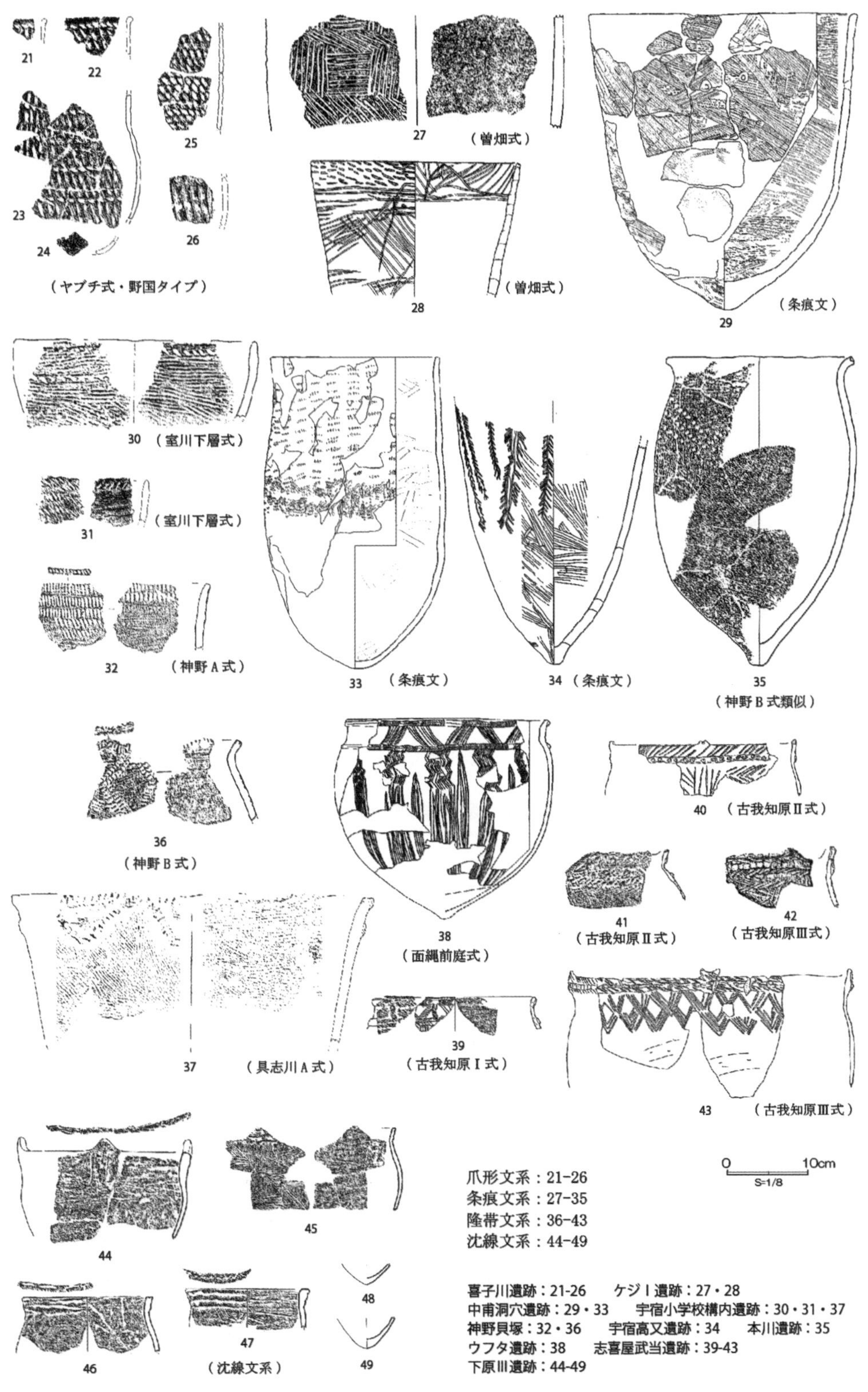

図4-44　奄美諸島貝塚時代前１～３期土器

している。

曽畑式は奄美・沖縄の在地土器型式として取り込まれており、条痕文土器段階には南九州系の深浦式がトカラ列島まで搬入され、室川下層式段階には、奄美・沖縄に西日本の船元系や南九州系の春日式、野久尾式なども搬入される。逆に室川下層式は、種子島に北上する例がある。

前3期・隆帯文系（約五千年～四千五百年前）（図44―35～39、図46）

トカラ列島から沖縄諸島に分布する。口縁部に粘土紐を貼り付けて連続刺突文を施し、頸部でくびれ胴部が丸く球胴形となり、集合沈線文を多用する土器で、尖底である。琉球列島に特徴的な土器として分布する。口径の小さな壺形もこの時期にあらわれる。神野B式、具志川A／B式、具志川C式／神野C式、面縄前庭式、古我地原I式に区分されている。神野B式類似土器は徳之島では本川遺跡採集品例や面縄貝塚で主体的に出土する。この時期には他地域の土器が搬入されることが少なくなっている。

前4期・沈線文系・籠目文系（約四千五百年～三千三百年前）（図44―40～49、図49―50～66）

奄美諸島では比較的短い期間で、沈線文系から籠目文系へ変化する。沈線文系古我地原II／III式までは尖底土器であるが、籠目文系の面縄東洞＋市来式より平底となる。口が開き、波状口縁も少なくない。口縁部外面に帯状に文様が集約されるもので、ほかに面縄東洞式、嘉徳II式、嘉徳IA式、神野D式、嘉徳IB式に細分されている。徳之島では下原洞穴遺跡や面縄貝塚（図47）、ヨヲキ洞穴などで確認される。この時期から前5期の初めまで、沖縄諸島では点刻線文系土器群が展開している。

南九州系松山式は奄美諸島の在地土器として分布し、南九州系市来式は奄美諸島に多く、沖縄諸島にも搬入される。市来式土器は貝塚時代前期で最も多く搬入される土器であり、その平底器形が奄美・沖縄の土器に採用される。

図4―45　条痕文系土器（奄美市・宇宿高又遺跡）

図4―46　隆帯文系土器（知名町・神野貝塚）

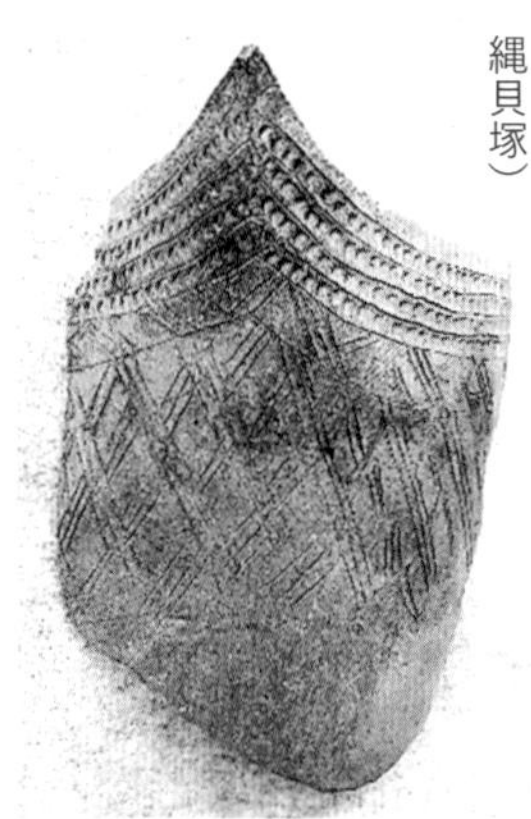
図4―47　籠目文系土器（伊仙町・面縄貝塚）

前5期・肥厚口縁系・無文尖底系（約三千三百年前〜二千八百年前）（図49—67〜91）

トカラ列島から沖縄諸島に分布する。肥厚口縁系[*117]面縄西洞式は直線状に口の開く平底器形であり、浅鉢形も一定量増加し、バリエーションが増加する。犬田布式・喜念Ⅰ式・宇宿上層式より肥厚口縁の口の狭い尖底に変化する。喜念Ⅰ式・宇宿上層式はそれに後続し、徐々に文様を失っていく。徳之島町ナーデン当遺跡の土器（図48）や城畠遺跡の土器は、頸部に独特な沈線文を施すことから、この犬田布式と喜念Ⅰ式・宇宿上層式の間に位置づけられる可能性が高い。ほかにも犬田布貝塚、カメコ遺跡、カンナテ遺跡などで面縄西洞式と同時期と考えられている良好な資料が得られている。

無文尖底系は仲原式に代表される土器で、肥厚部も小さくなり、薄手の幅広肥厚口縁へ変化し、やがて飾りのない簡素な土器へと変化する。しかし、器種に脚台のつく浅鉢形や皿形が加わり、食器としてのバリエーションは豊かになる。徳之島では塔原遺跡、中里遺跡、カメコ遺跡、トマチン遺跡などで良好な資料が得られている。徳之島町では下田遺跡がある。

仲原式土器前後には、東日本の大洞式系統土器が奄美・沖縄諸島に点在し、大洞系土器が西日本に拡散する時期と重なっていることから、貝塚時代後1期（弥生〜古墳時代）貝交易以前の土器の広域拡散の重要性を指摘する意見も出てきている。[*118]

以上のように、貝塚時代前期土器の特徴は、前1期・爪形文系から一貫して自立しない不安定な尖底の土器群であり、これが南島土器の大きな特徴となっている。前4期・籠目文系の時期に、文様帯の集約化や、平底の安定した器形に変化するが、これは南九州系・市来式土器の要素を取り入れたものと考えられる。しかしながら、前5期には再び尖底へ変化していく現象は、南島土器文化の尖底器形への強いこだわりを物語っているといえよう。

（新里貴之）

図4-48　肥厚口縁系土器（徳之島町・ナーデン当遺跡）

＊117　肥厚口縁　土器の口に厚手の粘土紐を貼り付け、丸く膨らませたもの。

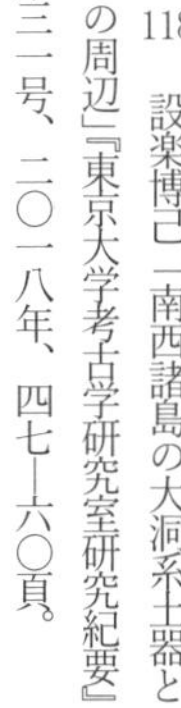

＊118　設楽博己「南西諸島の大洞系土器とその周辺」『東京大学考古学研究室研究紀要』第三一号、二〇一八年、四七—六〇頁。

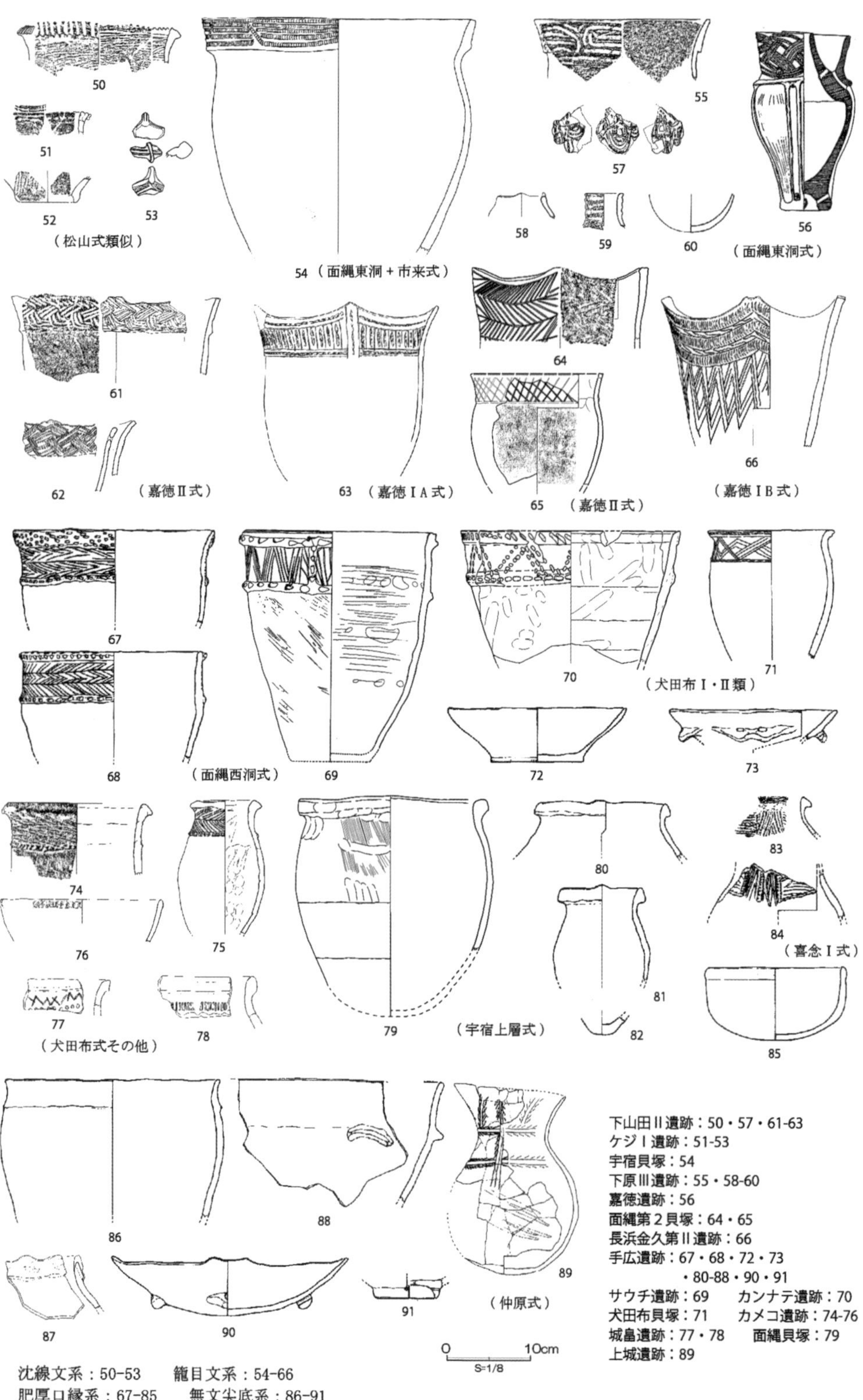

図4-49　奄美諸島貝塚時代前4・5期土器

コラム10 土器

土器出現の歴史的な意義は、それまで食べることのできなかった、繊維やアクのある植物、殻の堅い貝類などを煮炊きによって簡単に美味い食材に変えることができ、食糧の幅を増大させた人類史上画期的な道具のひとつ、ということである。材料の粘土は柔らかく、思いの形に造形することができ、器面に様々な文様を描き割り付けることができる。形や文様という時代の流行はいち早く過ぎ去っていくため、土器を時間の単位にすると、土器の違いで時間を細かく分けるモノサシとなる。また、材料の粘土は、焼くと化学変化を起こし鉱物化するため、地中に埋もれても溶けて無くなることはない。また、割れて多くの破片になり、遺跡から大量に出土するため、格好の分析資料となる。

これらは通常、遺跡から雑然と出土するので、個々の土器を形や文様の類似したグループとして分類することになる。土器づくりには一定のイメージ（「範型」）をもつ製作者の存在が想定できる。同じ範型をもって製作された土器は、形や文様に共通性を持つことになり、その土器のグループが「型式」として認識される。この型式が共有される範囲が、共有する範型をもつ集団の拡がりとして把握されることになる。また、型式は製作技術的に持つ効果・流儀によって、より大きな概念である「様式」として捉えられる。この様式は出現、展開、消滅にいたる段階をたどり、次の様式が生まれ、時代によって空間的範囲も拡大・縮小を繰り返す。たとえば、本編でいう「隆帯文系」などの「系」は様式をあらわし、そのなかの神野B式、具志川A／B式などの「式」は型式をあらわしている。

土器の形態をあらわす言葉も様々である。口の形状として土器を横から見て水平の平坦な口は平口縁、王冠のように突起のある口を山形口縁や波状口縁という。底の形状としては尖ったものや丸い不安定な底をそれぞれ、尖底、丸底と呼び、安定的な平たい底を平底という。

土器の文様は、複雑なものから単純なものまで最も多様である。ここでは琉球列島の土器文様に即して説明する。文様は浮文（貼付文）と沈文に大きく分けられる。浮文は、貼り付ける粘土紐の幅や形状によってさらに区別され、隆起線文や隆帯文、突帯などと呼ばれる。沈文は、工具などによって区別され、土器を作る際に指でつまむため、指の痕が凹部を形成するものを指頭圧痕、その際に指の爪がつくものを爪形文、二枚貝の腹縁部で文様をつけるものを貝殻条痕文（あるいは条痕文）、竹あるいはススキのような管状の節間や茎を工具として用いる竹管文などがある。また、これらは施文の仕方や角度でも区別され、器面に対して工具を突き刺す刺突文や押捺文、小刻みに突き刺す刻目文、器面に工具を刺し引いて線を描く沈線文、器面から工具を離すことなく強弱をつけて刻む押引文などがある。描くモチーフによっては、山形文や波状文、鋸歯文、籠目文などと呼ばれることもあり、実際にはこれらの名称を組み合わせて用いる場合も少なくない（刻目突帯文、波状沈線文など）。あまりにも多くの用語があるが、これは、多様な土器文様の様子を端的に、そして的確にイメージできるよう表現しようとしてきた研究者たちの観察眼と知恵の蓄積なのである（図50）。

（新里貴之）

【参考文献】

小林達雄『縄文人の世界』朝日選書五五七（朝日新聞社、一九九六年）
小林達雄（編）『総覧縄文土器』（アム・プロモーション、二〇〇八年）

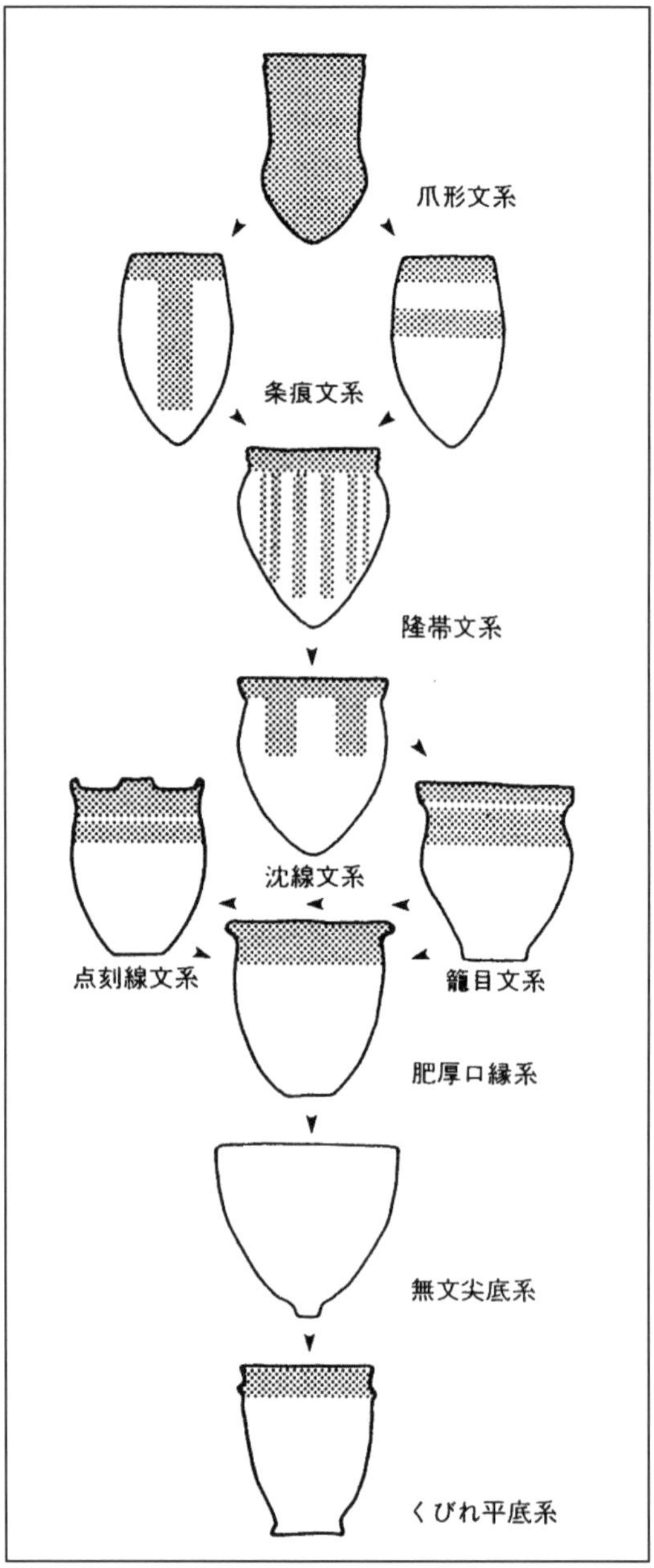

図 4-50　琉球列島の土器文様

貝塚時代後期

貝塚時代後期において製作される土器の種類は甕（かめ）（食物を煮るなど）、壺（水、食べ物を保存する）、鉢・皿（食べ物を盛り付けるなど）が挙げられ、時代によってそれら食器類の組み合わせは異なる。奄美諸島における貝塚時代後期の土器については表2のとおりである。

表 4-2　奄美諸島の土器様式と型式（貝塚時代後期）

時期	様式	型式	徳之島主要遺跡など
後1期前半	無文尖底系・沈線文脚台系	阿波連浦下層式類似・弥生模倣土器（型式名未設定）	花徳ハンタ遺跡
後1期後半	沈線文脚台系	スセン當式土器	上トハ遺跡・面縄貝塚
後2期前半	くびれ平底系	兼久式土器	本川貝塚・面縄貝塚
	土師器系（喜界島・奄美大島北部）	型式名未設定	なし
後2期後半	くびれ平底系（奄美大島南部・徳之島 沖永良部島・与論島）	兼久式土器	川嶺辻遺跡・中組遺跡

＊119　新里貴之「南西諸島における弥生並行期の土器」『人類学研究』一一号（人類史研究会、一九九九年）、七五―一〇六頁。

＊120　前掲註118に同じ。

＊121　前掲註119に同じ。

貝時代後1期前半（約二千八百年前～二千百年前）

貝塚時代後1期の初めは前期末の様相を引き継いで、甕、壺、鉢・碗を製作し、その形状も前期末の特徴をよく残す[＊119]（図51）。しかし土器の文様の一部に、東日本の縄文時代晩期終末の土器からの影響が見られる[＊120]。また弥生時代前期の弥生土器ももたらされており、日本本土ないし九州地域との交流の様子が見られる。

そして日本本土が弥生時代中期ごろになると、奄美諸島では南九州の弥生土器の形状に類似した新たな甕が作られ、壺や鉢・碗はほとんど製作されなくなる[＊121]（図52）。徳之島町花徳のハンタ遺跡でも同様の甕が見られ、器面には鋸歯状・曲線状・点状の文様が描かれる。

このころの島の土器文化は前期末の特徴を引き継ぐ土器が姿を消し、弥生風の土器へと一新されるが、土器には奄美諸島独自の装飾が施される他、弥生の壺や高坏（たかつき）を島内で

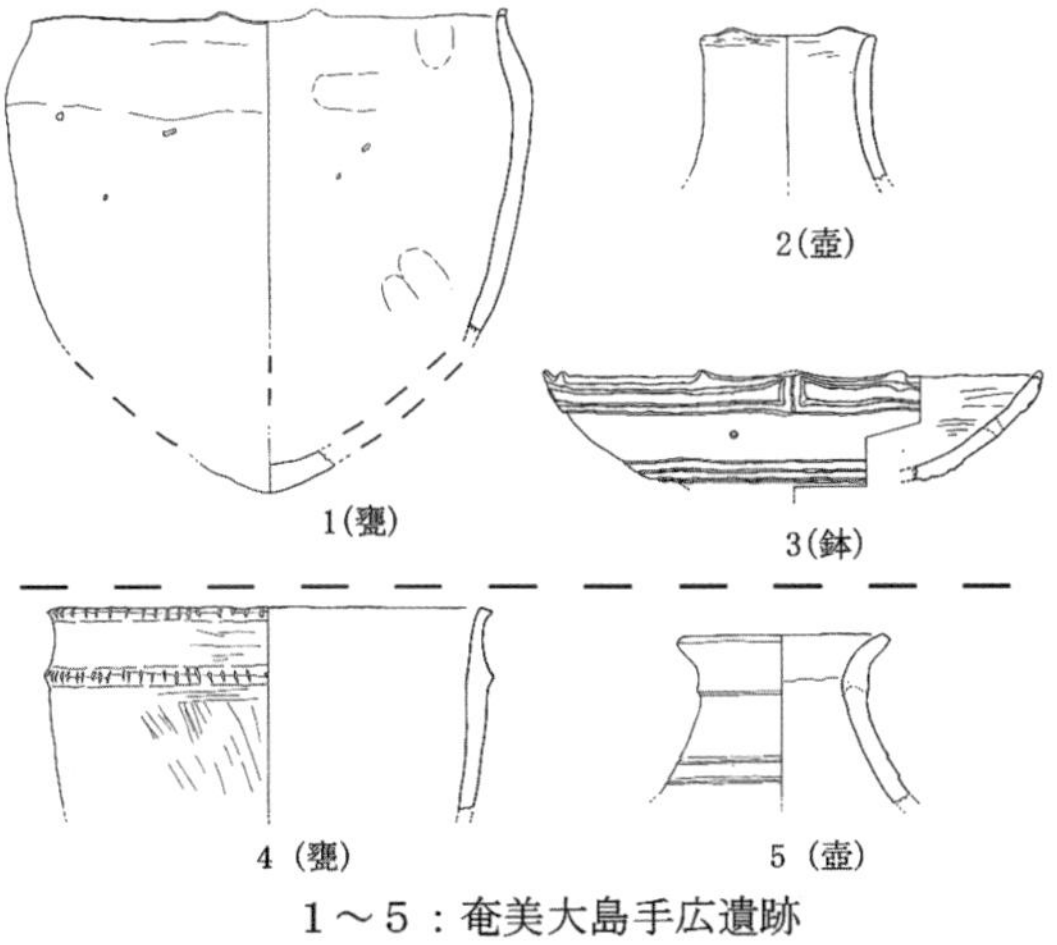

1(甕)　2(壺)　3(鉢)
4(甕)　5(壺)
1～5：奄美大島手広遺跡

図 4-51　貝塚時代後1期初頭の土器（上）と弥生土器（下）

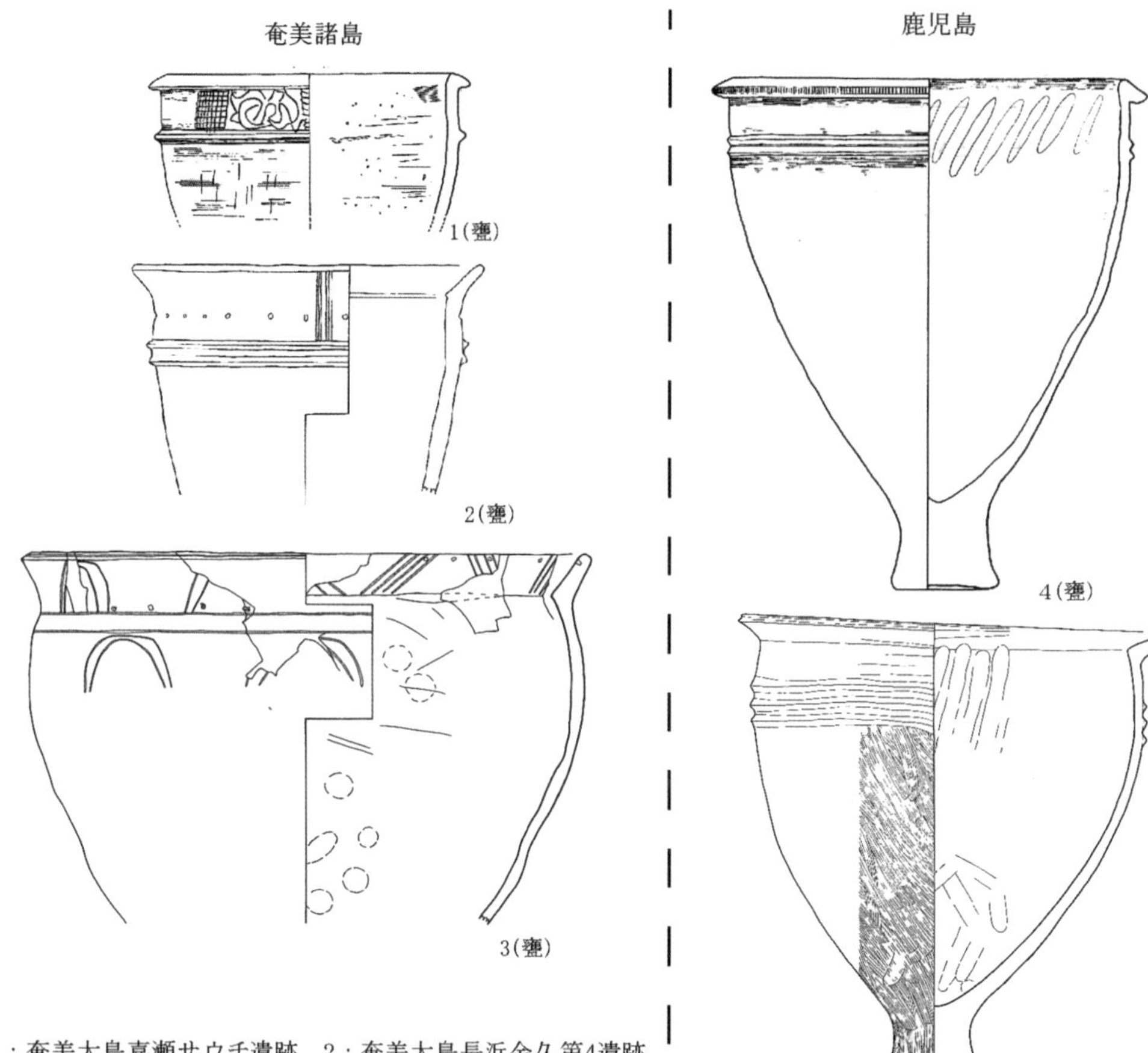

図 4-52　貝塚時代後 1 期前半の土器（左）と弥生土器（右）

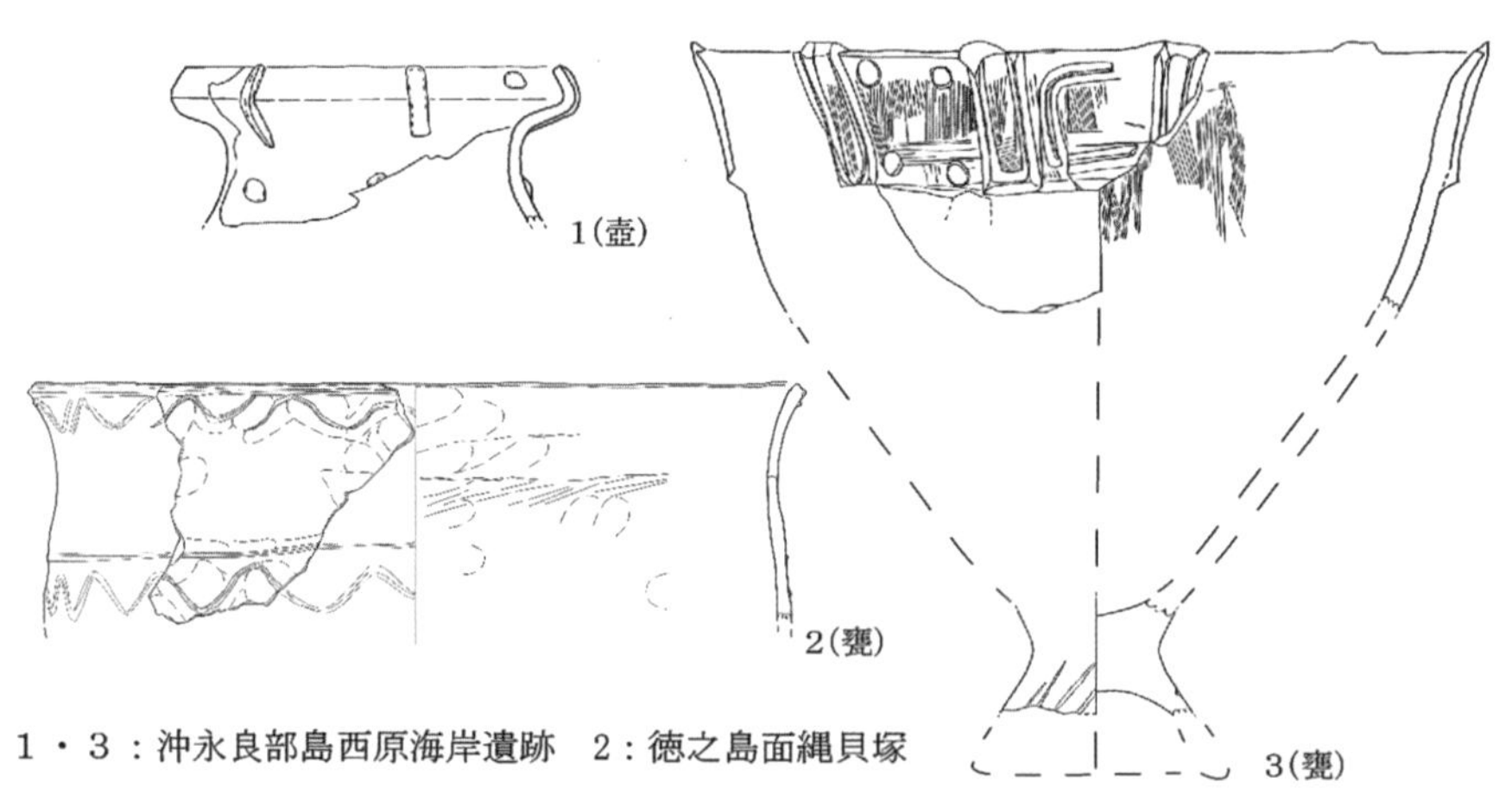

図 4-53　貝塚時代後 1 期後半の土器

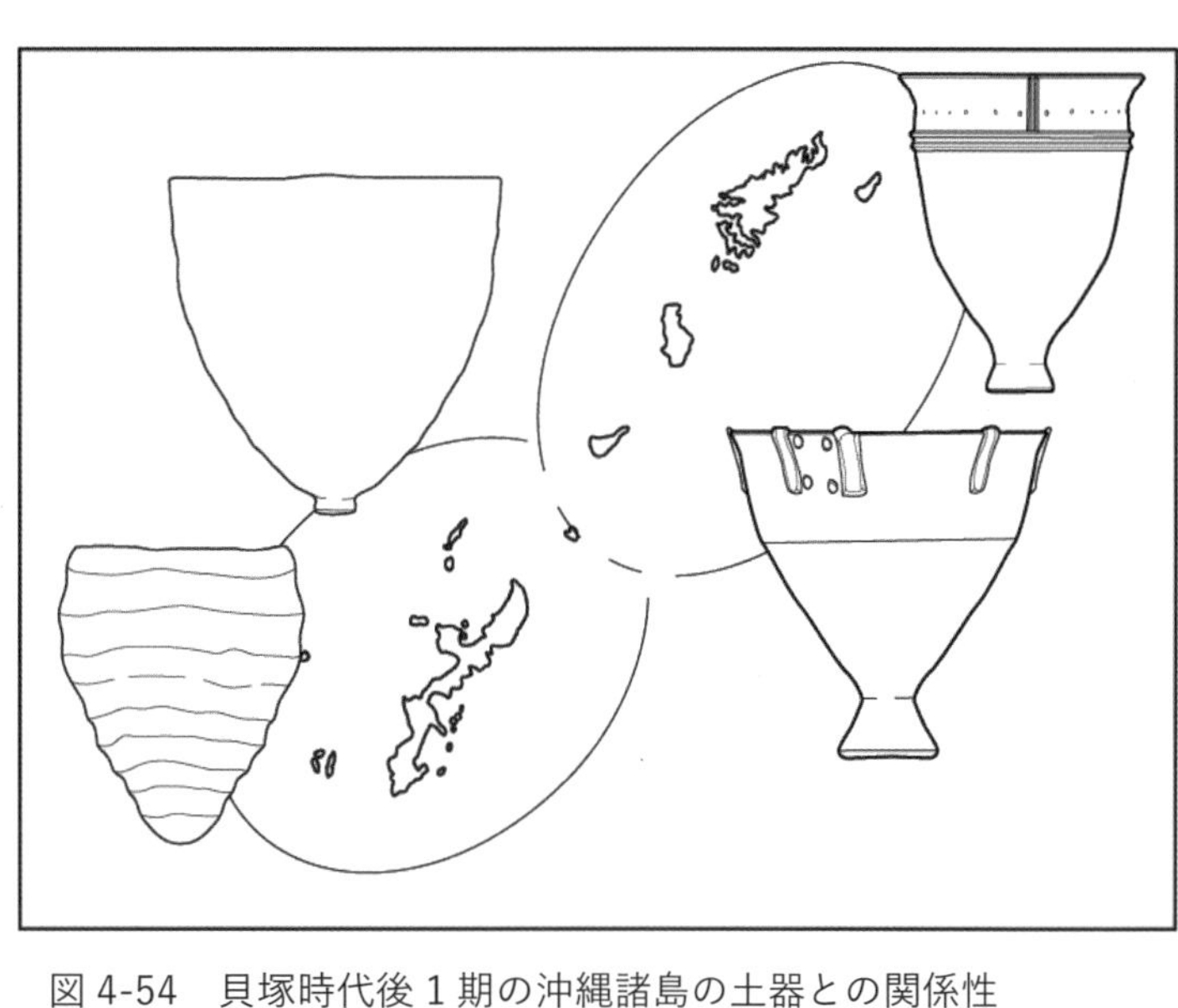

図4-54　貝塚時代後１期の沖縄諸島の土器との関係性

製作していない。[*122] すなわち貝塚時代後1期前半は土器文化に弥生文化の要素が見られるほど、島内の人々は弥生文化との関係性がより密接になってはいたが、弥生文化にあるような穀物を中心とした食事文化を受けいれたわけではない。むしろ本来の島の食事文化の中に弥生文化を部分的に取り込みつつ、新たな土器文化を作ったようである。[*123]

この背景には、奄美諸島以南でとれる大型の貝類を求めた九州の人々との交易の活発化がある。[*124] しかし、奄美諸島と同じような弥生文化との関係性にあった沖縄諸島では貝塚時代前期の伝統を引き継いだ土器を作りつづけ、島によって弥生文化の受け入れは異なる（図54）。

貝塚時代後1期後半（二千百年前〜五世紀）

貝塚時代後1期後半になると甕のほか、壺も一定量製作されるようになる。甕の底には台（脚台）がつき、南九州の古墳時代の土器に共通するが、土器全体の形状や文様は奄美諸島独自のものである[*125]（図53・55）。このころの資料は奄美諸島全体であまりよくわかっていない。徳之島では、伊仙町面縄（おもなわ）貝塚でこのころの甕が確認される。土器の文様には細い粘土を張り付けて波線や曲線を表現する手法が見られる。

このころに製作された土器は後1期前半と比べて南九州の影響は少ない。このころより南九州社

＊122　中村直子・上村俊雄「奄美地域における弥生土器の型式学的検討」『人文学科紀要』四四号、一九九六年、四七―六一頁。

＊123　前掲註119に同じ。

＊124　前掲註119に同じ。

＊125　新里貴之・北野堪重郎「奄美諸島・貝塚時代後1期の土器文化」『琉球列島先史・原史時代における環境と文化の変遷に関する実証的研究　研究論文集第一集』（六一書房、二〇一四年）、一四五―一五六頁。

図 4-55　貝塚時代後 1 期後半の土器（和泊町・西原海岸遺跡）

会の交易活動は縮小傾向にあり、[*126] そのため奄美諸島の土器文化への南九州からの影響は限定的なものとなったのだろう。

一方沖縄諸島では南九州の影響は受けずに独自の形状の土器が製作され、甕のほか壺、皿、鉢などその種類が豊富である。このころ奄美諸島の食卓は食事を盛る土器はほとんどなく簡素なもの（木器や貝器があったかもしれないが）であるのに対して、沖縄諸島ではさまざまな土器に食事を盛りつけ食卓を飾り、両諸島で食事風景は大きく異なった可能性がある。

貝塚時代後２期前半（六世紀～八世紀）

貝塚時代後２期前半になると底が平らな甕が作られ、壺や鉢が一定量製作される[*127]（図 56）。徳之島町では南原（みなみばら）の本川（ほんがわ）貝塚で確認される。土器の器面に鋸歯（きょし）状や直線状に文様が彫り込まれ、刻目を付けた粘土の紐を土器に巻き付ける装飾が施される。また土器の底には植物の葉のスタンプがみられる（図 57）。このころ製作される土器の特徴や種類は奄美諸島と沖縄諸島でおおよそ共通し、土器文化は両諸島で大きな差はなかったのだろう。ただし奄美諸島の土器には底に植物の葉のスタンプをつけることが多く、沖縄諸島では装飾される文様が多種多様であるなどの違いもある。[*128]

図 4-56　貝塚時代後 2 期前半の土器の種類（奄美市・小湊フワガネク遺跡）

＊126　中村直子「ナガラ原東貝塚出土の成川式土器の位置づけ」『ナガラ原東貝塚の研究　五世紀から七世紀前半の沖縄伊江島』（熊本大学文学部木下研究室、二〇一三年）、二五九―二六八頁。

＊127　鼎丈太郎「奄美群島における兼久式土器について」『琉球列島先史・原史時代における環境と文化の変遷に関する実証的研究　研究論文集　第一集』（六一書房、二〇一四年）、一七三―一八六頁。

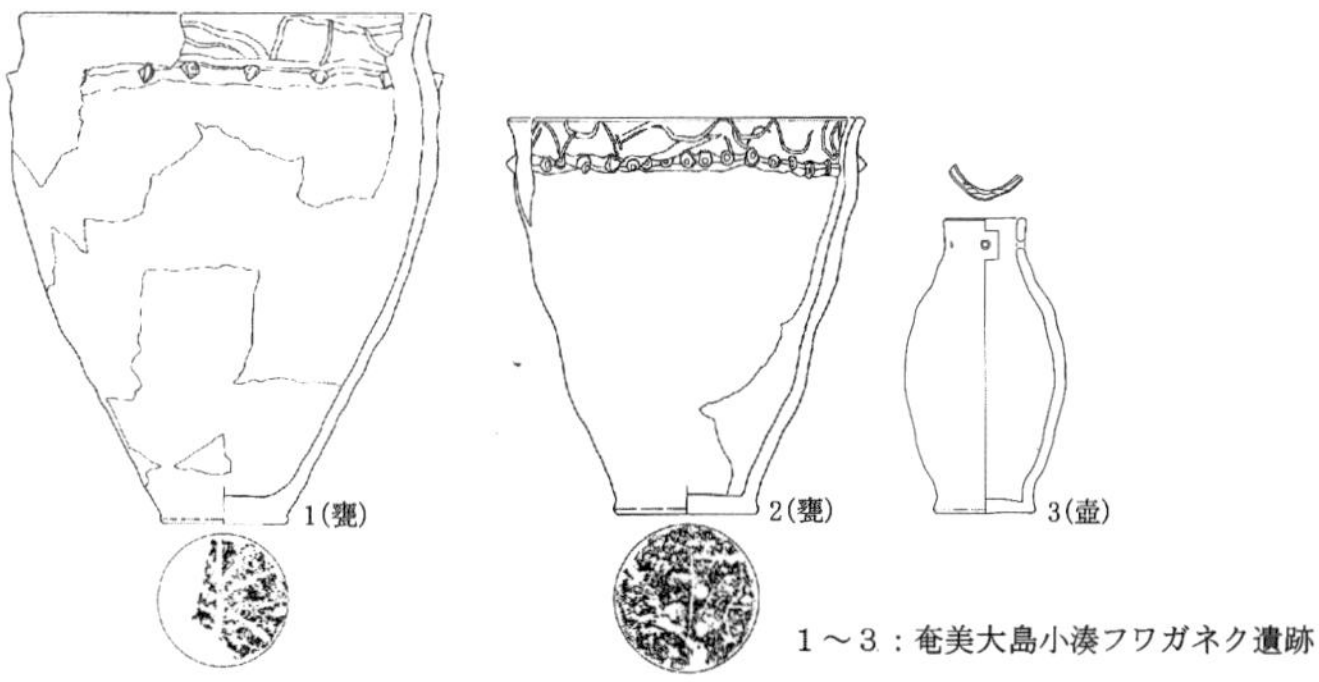

1（甕）
2（甕）
3（壺）
1～3：奄美大島小湊フワガネク遺跡

図 4-57　貝塚時代後 2 期前半の土器

後2期前半の土器が作られた背景（図58）には、南九州地域から奄美諸島へ、さらに奄美諸島から沖縄諸島へと土器文化の影響があったとする意見がある。[*129] 一方で奄美諸島と沖縄諸島との間で交流が活発化したことによって、両諸島に共通する新たな土器文化が生み出されたとする意見もある。[*130]

貝塚時代後2期後半（九世紀～十一世紀）

貝塚時代後2期後半になると奄美大島北部と喜界島では、日本本土の土師器（はじき）の甕を真似た土器（図60）が出現し、しだいに伝統的な土器は製作されなくなる。[*131] また日本本土から貯蔵用の須恵器（すえき）の壺なども持ち込まれており、一部島内で利用していた可能性もある。

一方で、このころの徳之島の状況は伊仙町川嶺辻（かわみねつじ）遺跡・天城町中組（なかぐみ）遺跡で確認でき（図59）、伝統的な土器づくりを続けている。ただ土器の文様は非常に質素で、文様がない土器も多く、この状況は徳之島以南の島々でも共通する。[*132]

このころより奄美諸島と沖縄諸島ではイネなどの穀物類が少しずつ確認され、両諸島で狩猟採集の生活から農耕の生活へと移り変わりつつある。[*133] 特に喜界島では日本本土からの品物が豊富で、日本本土の律令国家（りつりょうこっか）からの直接的な影響が考えられ、[*134] 他の島に比べて農耕技術がより直接的に伝わったのだろう。そういった生活スタイルの劇的な変化が製作される土器に現れたのかもしれない（図61）。

徳之島以南の島々では土器文化に大きな変化はなかったが、貝塚時代を通じてあった土器を文様で飾る文化は衰退した。土器を製作する人々の意識になんらかの変化が起きてきたのだろう。

（與嶺友紀也）

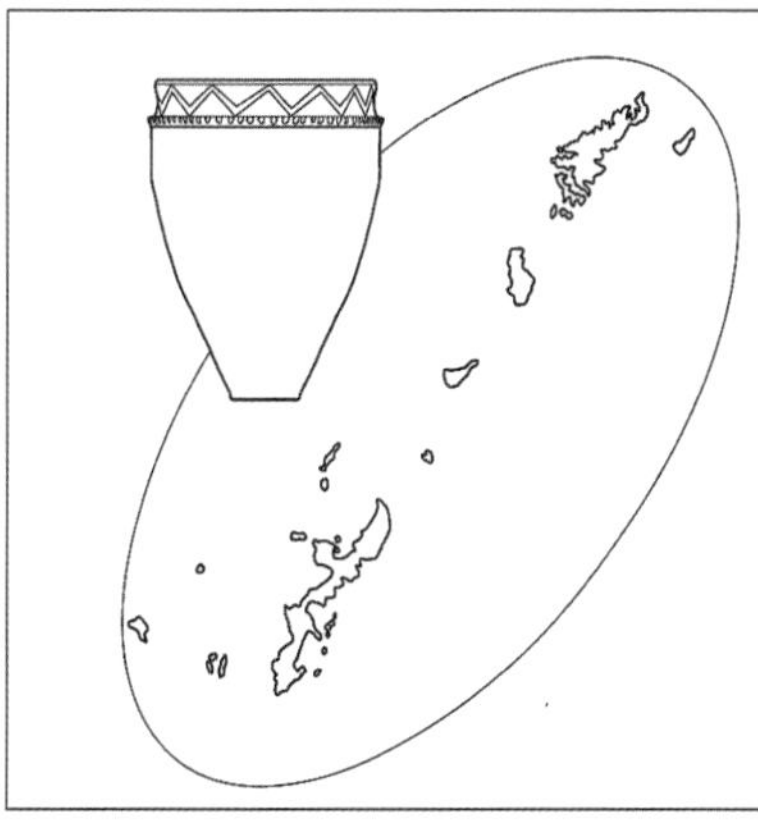

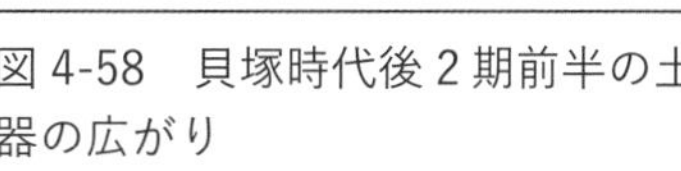

図 4-58　貝塚時代後 2 期前半の土器の広がり

＊128　河口貞徳「奄美における土器文化の編年について」『琉大史学』第六号（琉球大学史学会、一九七四年）、二五―七八頁。

＊129　池田榮史「沖縄貝塚時代後期の土器とその年代的位置づけ」『第2回奄美博物館シンポジウム サンゴ礁の島嶼地域と古代国家の交流』（名瀬市教育委員会、一九九九年）、四一―五八頁。
高梨修「考察と分析 小湊フワガネク遺跡群第一次調査・第二次調査出土土器の分類と編年」『小湊フワガネク遺跡群Ⅰ』名瀬市文化財叢書七（名瀬市教育委員会、二〇〇五年）、九一―一三四頁。

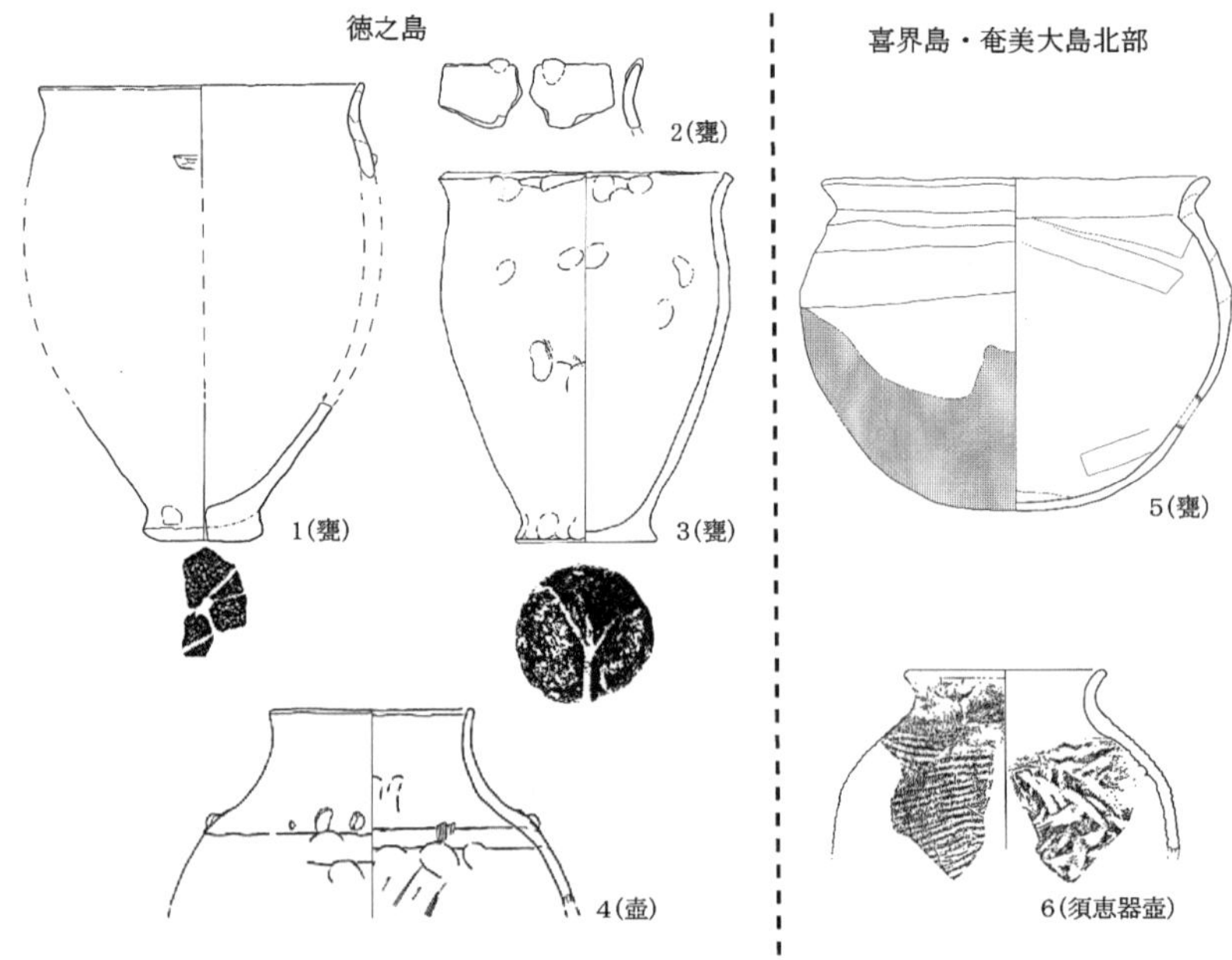

図 4-59　貝塚時代後 2 期後半の土器と須恵器

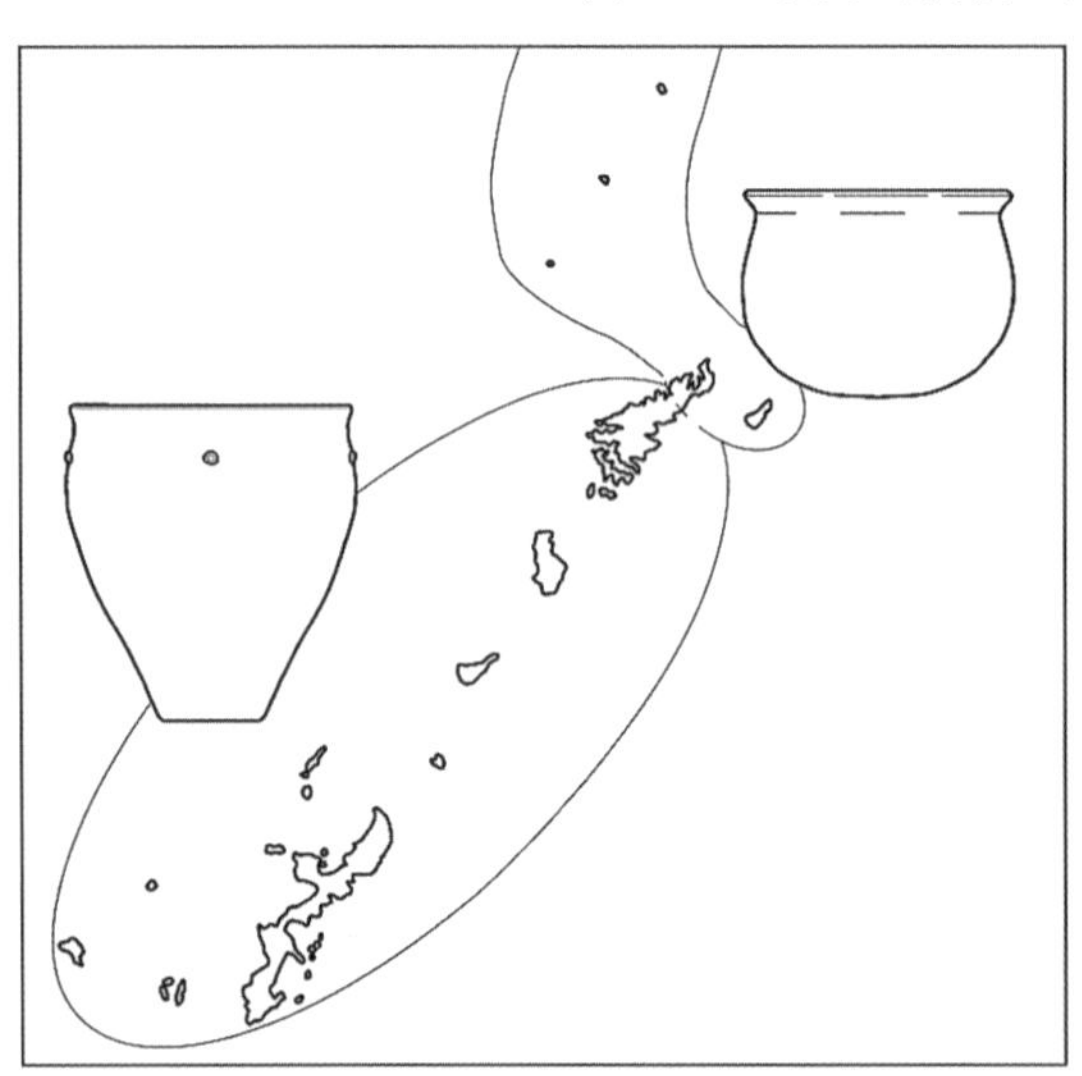

図 4-61　貝塚時代後 2 期後半の地域性

図 4-60　土師器系土器（喜界島山田半田遺跡）

＊130　川口雅之「大隅諸島上能野式土器の年代及び兼久式土器成立の背景について」『中山清美と奄美学—中山清美追悼論集』（奄美考古学会、二〇一九年）、八三—九八頁。

＊131　與嶺友紀也「奄美諸島における土師器模倣甕の出現と展開」『先史学・考古学論究Ⅷ』（龍田考古学会、二〇二〇年）、一二九—一四二頁。

＊132　前掲註127に同じ。

＊133　高宮広土・千田寛之「琉球列島先史・原史時代における植物食利用—奄美・沖縄諸島を中心に—」『琉球列島先史・原史時代における環境と文化の変遷に関する実証的研究 研究論文集 第二集』（六一書房、二〇一四年）、一二七—一四二頁。

＊134　松原信之・野﨑拓司・澄田直敏・早田晴樹編『城久遺跡群—総括報告書—』喜界町埋蔵文化財発掘調査報告書(14)（喜界町教育委員会、二〇一五年）。

グスク時代

第二章にて若干ふれられているように、グスク時代の土器は、貝塚時代後期の終わりに使用されていたくびれ平底系土器の系列には並ばず、九州や中国など島外の遠隔地から持ち込まれた食器類がモデルとなって誕生した[*135]（図62）。このことは、グスク時代の土器文化が貝塚時代後期の土器文化からの経年的な変化によるものでなく、外来の食器文化からの強い影響によって成立したことを意味している。

器の形に注目すると、これらには鍋形、羽釜形、甕形、壷形、碗形があり、その大半は遠い地の大量生産品がモデルとなっていた。一部に貝塚時代後期のくびれ平底系土器の系譜に連なるものも製作されていた可能性も指摘されているが[*136]、主流とはならなかったので、その多くはグスク時代に新たに出現したものといえる。ここでは、土器の用途と形状に注目しながら各器種のルーツについて紹介したい。なお、これらの利用方法は煮沸（煮炊き）、貯蔵（蓄えるまたは保存する）、供膳（食事を盛る）に分けられ、使われる場所は前二者が主に調理場、後者が食卓となるので、それぞれの用途の別に説明する。

【煮沸用の土器】

土器の中で最も多く出土する種類で、火にかけて使うためススやコゲの付着が確認される。こうした土器には鍋形、羽釜形、甕形がある。

❖鍋形土器（図63―1）

鍋形土器は口の部分に二対の方形把手が付けられ、滑石粒が混入する特徴から、九州産滑石製石鍋がモデルとなっていたことがわかっている[*137]。時間が経過するにしたがい器形は湾曲化し、把手は立方状からコブ状へと変化し、後に消失する[*138]。口が大きく開く鉄鍋の形状を示すものもある。

❖羽釜形土器（図63―2）

胴の上半に鍔がめぐるもので、原形は羽釜形の滑石製石鍋あるいは土製の羽釜に求められている[*139]。滑石粒が混ぜられている例もある。出土遺跡は限定的で、鍋形土器ほどは流行しない。

＊135　金城亀信「グスク土器の出現」『考古学ジャーナル』320（ニュー・サイエンス社、一九九〇年）、一三―一六頁。

＊136　與嶺友紀也「グスク時代におけるくびれ平底土器の系譜」『南島考古』41（沖縄考古学会、二〇二二年）、九九―一〇八頁。

＊137　金武正紀・比嘉春美（編）『恩納村熱田原貝塚発掘調査報告書』沖縄県文化財調査報告書23（沖縄県教育委員会、一九七九年）。

＊138　宮城弘樹・具志堅亮「中世並行期における南西諸島の在地土器の様相」『慶友会誌』3（慶友会、二〇〇七年）、二―一六頁。

＊139　安里進「14. 沖縄」中世土器研究会（編）『概説　中世の土器・陶磁器』（真陽社、一九九五年）、二一二―二一三頁。

❖甕形土器（図63―3）

口が「く」の字状または逆「L」の字状に屈折し、その内側には明瞭な稜線（りょうせん）が廻る特徴から土師器甕（はじきかめ）の影響を受けて製作されたと考えられている。時代が新しくなると器の高さが低くなり鉢形の形状へと変化する。

【貯蔵用の土器】

固体や液体などの内容物を一定期間保管する容器のことを指す。地面に据え置かれるか胴体が土中に埋められた状態で利用されるが、時に運搬用の容器として用いられることもある。口が狭く胴体が膨らむものは壷形（つぼがた）、口径が胴径の三分の二以上と広いものは甕形（かめがた）と呼ばれる。

❖壷形土器（図63―4）

口が外開き気味になる特徴がある。同時代には徳之島でカムィヤキが生産されているため、その壷がモデルであった可能性が高い。

❖甕形土器（図63―5）

出土例は非常に少ないが、口が短く、上方へ立ち上がる形態の甕が数例発見されている。

【供膳用の土器】

料理や飲料を盛り食膳に提供する器で、土製のものはグスク時代に出現する。同時代の中国陶磁器を模して製作されたと考えられている。[＊140]

❖碗形土器（図63―6）

胴部は丸みを帯びて湾曲する。底部に高台がなく平底となるなど中国陶磁器との形態上の違いもある。

❖坏（つき）形土器（図63―7）

直線的な胴部をもち、碗よりは浅く、皿より深い形状となる。

＊140 前掲註135に同じ。

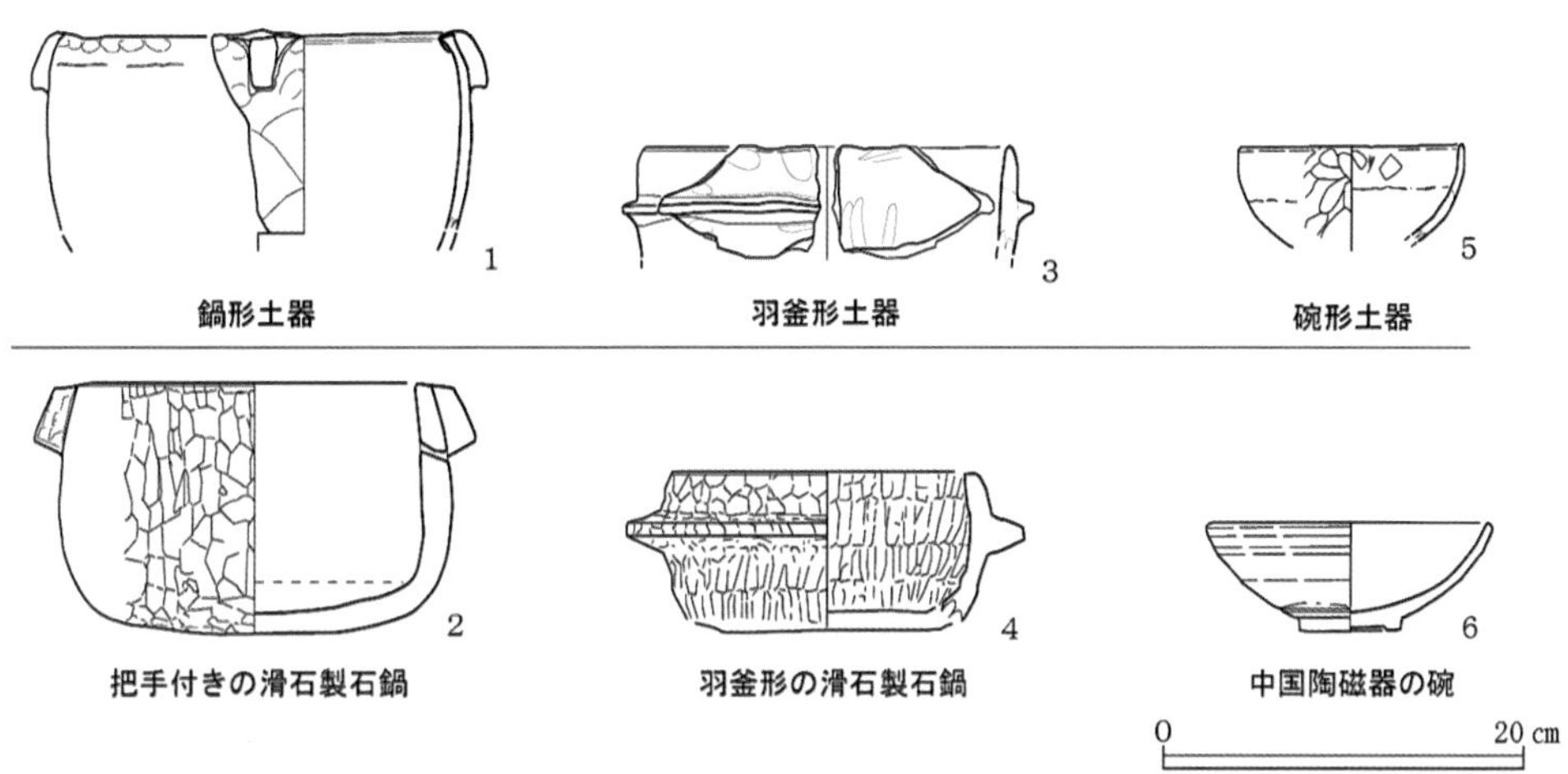

図 4-62　グスク時代の土器（上段）とモデルとなった食器類（下段）
1：熱田貝塚　2：海の中道遺跡　3：稲福遺跡　4：大宰府史跡　5：糸数城跡　6：今帰仁城跡

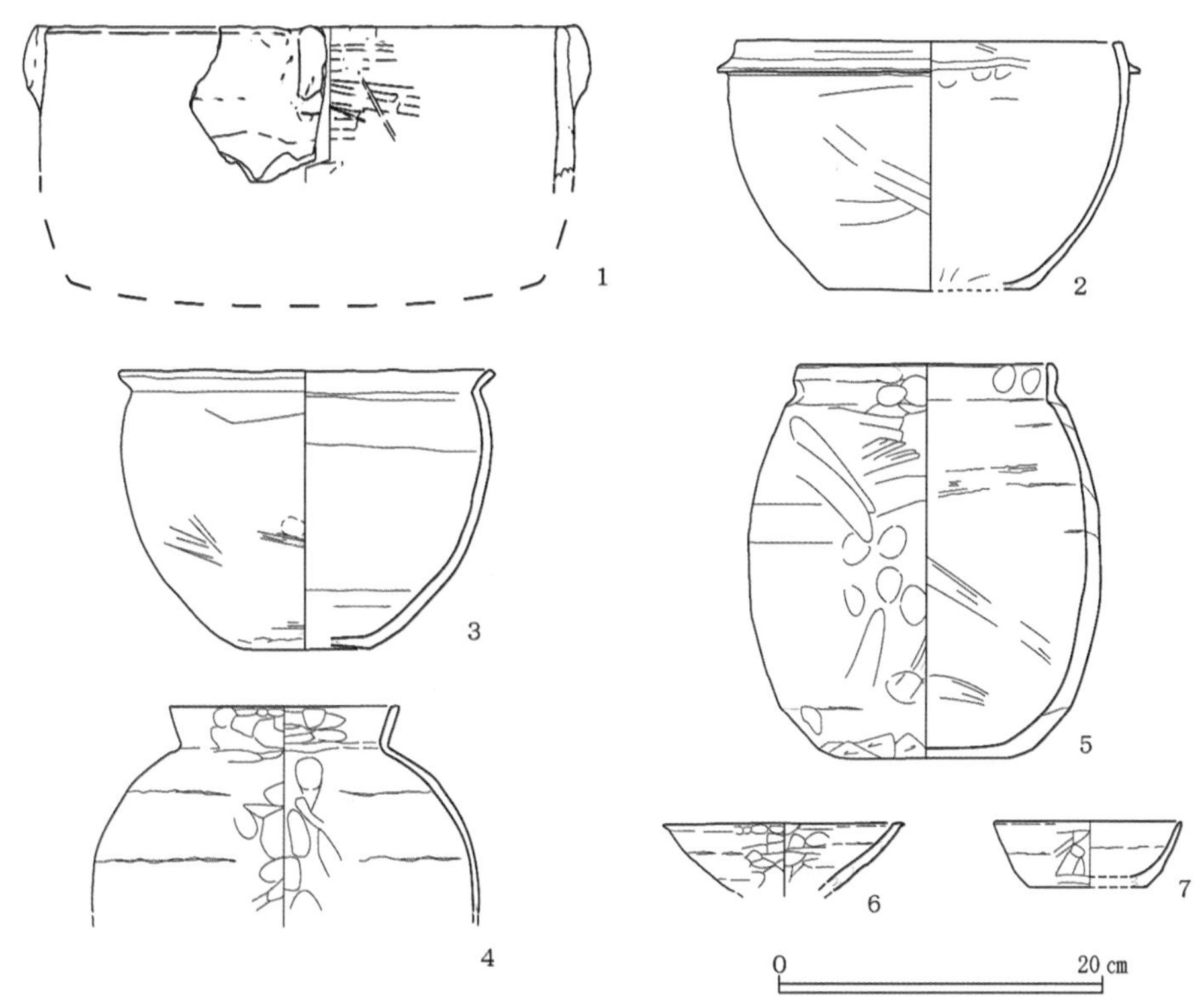

図 4-63　グスク時代の各種土器（1～3：煮沸具、4・5：貯蔵具、6・7：供膳具）
1：鍋形土器（前当り遺跡）　2：羽釜形土器（勝連城跡）　3：甕形土器（屋部前田原貝塚）
4：壺形土器（糸数城跡）　5：甕形土器（糸数城跡）　6：碗形土器（糸数城跡）
7：坏形土器（糸数城跡）

表 4-3　各諸島における時代別の土器構成

時代	奄美諸島	沖縄諸島	先島諸島
十一世紀中～十二世紀中	煮沸具（鍋、甕）	煮沸具（鍋、甕、羽釜）	煮沸具（鍋、甕）
十二世紀中～十三世紀中	煮沸具（鍋、羽釜、甕） 供膳具（碗）	煮沸具（鍋、羽釜、甕） 貯蔵具（壺、甕） 供膳具（碗）	煮沸具（鍋）
十三世紀中～十四世紀中	煮沸具（鍋）	煮沸具（鍋） 貯蔵具（壺、甕） 供膳具（碗、坏）	煮沸具（鍋） 貯蔵具（壺）

グスク時代の土器文化は、器の組み合わせの違いによって定められた三つの段階を経て展開したとされている。[*141] その様相を島嶼別にまとめてみると（表3）、沖縄諸島では時間の経過とともに様々な用途の土器が作られるようになる一方で、奄美諸島と先島諸島の土器はほぼ煮炊き用に限られ、貯蔵具と供膳具の製作があまり盛んでない様子が見て取れる。各諸島の土器構成は地域の実情に即して個性的な顔つきをみせるようだ。

中世日本の煮沸具は、鍋や釜が主となるので、[*142] 琉球列島全域で見つかる甕形の煮炊き具は貝塚時代後2期後半に喜界島で製作されていた土師器甕形の在地土器から派生したと考えられている。[*143] これは滑石製石鍋を祖型とする鍋形土器とセットになって琉球列島全域で発見されるので、グスク時代を代表する煮炊きの道具は喜界島を起点として広がった可能性が考えられ、この島がグスク時代の土器文化の発信源であったとみることもできる。[*144]

徳之島の土器についてみると、滑石が混ぜられる土器が非常に大きな割合を占め、[*145] 奄美諸島と類似した傾向にある。しかし、少量ながら土器碗が含まれることから、奄美大島、喜界島とは異なる様相もみせる。土器の碗は十三世紀後半以降の沖縄本島に多い器種であることから、[*146] その利用は徳之島から沖縄本島で特徴的に認められる文化現象となる可能性がある。[*147] 徳之島町の大谷山（おおたにやま）遺跡からもこの時代の土器が多数採集されているが、[*148] 今後、調査の次第によっては新たな知見が得られるであろう。

＊141　前掲註138、新里亮人『琉球国成立前夜の考古学』（同成社、二〇一八年）。

＊142　浅野晴樹「Ⅳ生活の諸相　概説」小野正敏（編）『図解・日本の中世遺跡』（東京大学出版会、二〇〇一年）、一三〇―一三一頁。

＊143　野﨑拓司「第Ⅴ章まとめ　第1節　遺構・遺物から見た城久遺跡群」『城久遺跡群―総括報告書』（喜界町教育委員会、二〇一五年）、四三―五五頁。
池田榮史「奄美諸島における土師器甕形土器―喜界島城久遺跡群の評価をめぐって―」『南島考古』No. 36（沖縄考古学会、二〇一七年）、二一一―二二二頁。
與嶺友紀也「奄美諸島における土師器模倣甕の出現と展開」『先史学・考古学論究』Ⅷ（龍田考古会、二〇二〇年）、一二九―一四一頁。

＊144　池田榮史「琉球列島史を掘りおこす―十一～十四世紀の移住・交易と社会的変容」『琉球の中世』（高志書院、二〇一九年）、一三―三七頁。

＊145　宮城弘樹「南西諸島出土滑石製及び滑石混入土器出土遺跡集成」『廣友会誌』8（廣友会、二〇一五年）、一九―三一頁。

＊146　前掲註141に同じ。

滑石製石鍋

滑石製石鍋とは、滑石と呼ばれる軟質の石材をくりぬいて作られた鍋のことを指す。産地は山口県、福岡県、長崎県で確認されているが、長崎県の遺跡が最大の規模を誇る。[*149]精力的な分布調査によって百か所以上の製作跡が確認されていて、北は青森県から南は沖縄県の波照間島に分布することが明らかとなっている。[*150]平安時代の記録には石鍋一つで牛四頭とあり、[*151]平安時代、鎌倉時代の高級な煮沸具であったことが知れる。

滑石製石鍋は、口縁に二対の方形把手をもつもの（九世紀後半～十一世紀中頃、図64―1～3）、口縁外面に鍔がめぐるもの（十二世紀中頃～十三世紀中頃、図64―4・5）、底径が狭く鍔が短いもの（十三世紀後半～十五世紀、図64―6・7）、把手も鍔もない鉢形のもの（十六世紀代、図64―8）の順に形が変化する。[*152]方形把手のものはキューブ状、鍔付きのものは円形に切り出した素材を削って作られたことも明らかとなっている。[*153]方形把手をもつ石鍋は九州に多く、鍔がめぐるものは西日本一帯と鎌倉など東日本の都市部で利用されたといわれる。[*154]

琉球列島では把手付石鍋が多く、鍔がめぐるものはさほど出土しない。滑石製石鍋の形をしたグスク時代の土器も同じ傾向にある。奄美諸島では、奄美大島の小湊フワガネク遺跡[*155]や宇宿貝塚[*156]などの例が知られていたが、近年、喜界島の城久遺跡群で豊富な外来食器とともに滑石製石鍋が他の島を圧倒する量出土することが明らかとなった。のこぎり状の道具で切り込みを入れて折り取られた破片は、[*157]滑石粒を土器に混ぜ込むため分割されたものと考えられ、意図的に割った破片も交易・交換の対象となっていた可能性が高い。[*158]

また、上三島の黒島における発掘調査でも相当量が確認されている。不思議なことに古手の滑石製石鍋は奄美大島や沖縄本島などの大きな島というよりも、小さな島において非常に多くする傾向にある。特産品の入手のために商人が往来した際、彼らの生活用具としてこうした島に滑石製石鍋が持ち込まれたのかもしれない。[*159]

＊147　前掲註141に同じ。

＊148　大屋匡史「徳之島町尾母大谷山採集資料について」『南島考古』38（沖縄考古学会、二〇一九年）、七九―八二頁。

＊149　松尾秀昭「滑石製石鍋の生産・流通―中世西海地域の特産品―」『石が語る西海の歴史　倭寇とキリシタン世界を読み直す』（アルファベータブックス、二〇一六年）、五七―七七頁。

＊150　石塚宇紀「石鍋出土遺跡集成」『駒沢考古』第33号（駒澤大学考古学研究室、二〇〇八年）、八五―九四頁。

＊151　前掲註149に同じ。

＊152　木戸雅寿「13. 石鍋」中世土器研究会（編）『概説　中世の土器・陶磁器』（真陽社、一九九五年）、五一一―五二一頁。森田勉「滑石製容器―特に石鍋を中心として―」『佛教藝術』148（佛教藝術學會、一九八三年）、一三五―一四八頁。

＊153　東貴之「滑石製石鍋製作所について」『西海考古』5（西海考古同人会、二〇〇三年）、二一―四二頁。

＊154　前掲註141　新里二〇一八。

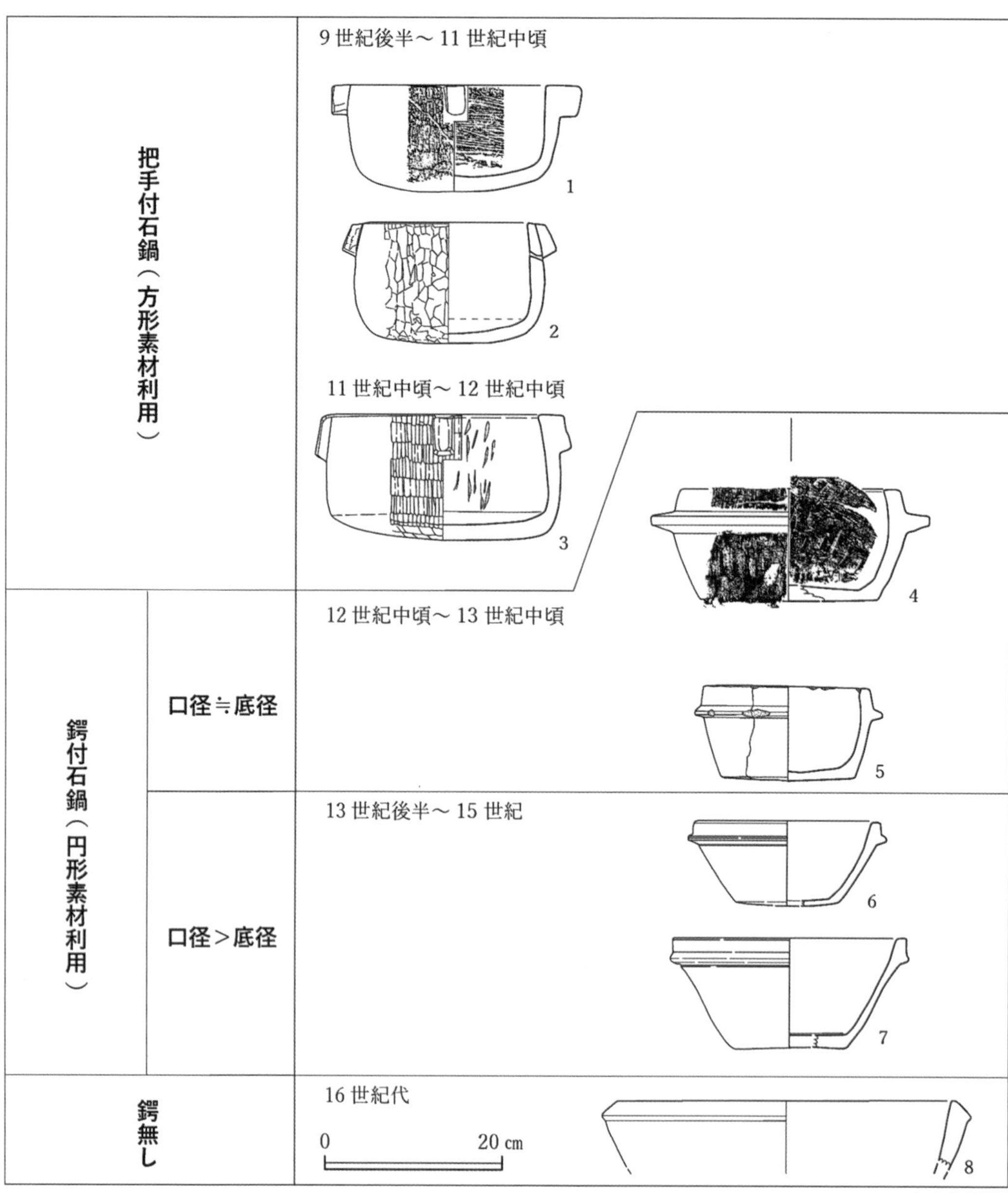

図4-64　各種の滑石製石鍋

（1：福岡県大宰府史跡　2：福岡県海の中道遺跡　3・4：福岡県博多遺跡群　5：喜界島志戸桶　6～8：広島県草戸千軒遺跡）

＊155 高梨修（編）『小湊フワガネク遺跡群遺跡範囲確認調査報告書』名瀬市文化財叢書四（名瀬市教育委員会、二〇〇三年）。

＊156 河口貞徳（編）『宇宿貝塚』笠利町文化財調査報告書（笠利町教育委員会、一九七九年）。

＊157 新里亮人「通史編Ⅰ 考古 第Ⅲ章 中世」宇検村誌編纂委員会（編）『宇検村誌 自然編・通史編』（宇検村教育委員会、二〇一七年）、二〇一－二三二頁。

＊158 池田榮史「第八章 第一節 穿孔を有する滑石製石鍋破片について」高梨修（編）『小湊フワガネク遺跡群』名瀬市文化財叢書四（名瀬市教育委員会、二〇〇三年）、八二－八五頁。

＊159 前掲註141 新里二〇一八。

陶器（カムィヤキ）

グスク時代の遺跡からは、貝塚時代以来作られてきた土器とは質感や色調が異なる無釉（釉薬がかけられていない）の焼き物が出土する。そのほとんどは本節の第一項で紹介したカムィヤキと呼ばれる徳之島の伊仙町で大量に生産されたものと鑑定できる。

カムィヤキは、窯の中で焼かれたため、表面が還元されて黒灰色を示し、土器よりもはるかに硬い。内外面にある凹凸の文様は、当て具（バレン状の木製品）と叩き具（羽子板状の木製品）を使って粘土が叩かれた痕跡で、粘土を叩いて薄く延ばし、中の空気を取り除く作業が行われたことを示している。表裏面には細い筋が巡るように観察できるので、表面を平滑に仕上げるためろくろが利用されたことがわかる。こうした技術は貝塚時代の伝統的な土器作りとは全く異なるので、カムィヤキの生産は島外からの新たな技術導入によって始まったことをうかがわせる。[＊160]

器の種類は貯蔵に使う壺が圧倒的に多く、焼仕上がりの雰囲気は高麗時代における朝鮮半島の陶器によく似ている（図65―6）。その他には供膳の道具である碗、鉢、水注が焼かれており、中国陶磁器の形状と似たものも作られていた（図65）。火にかける鍋などの道具は見当たらないので、煮沸の道具が主となる土器とは使い分けがなされていたようだ。

カムィヤキの編年研究も盛んに行われており、生産の期間は十一世紀中頃から十四世紀中頃であったことが明らかにされている。壺、鉢、甕の口縁部に注目すると、立体的な形状から平面的で単純なものへと系列的に変化していくことがわかってきた。両者の特徴を比較すると、前者を薄づくりで密な叩き文様が残るA群、後者を厚手で無文化が進んだB群に分けることができ、時間が経過するのと共に、A群からB群へと変化したとされる[＊161]（図66）。近年はこの違いと素材粘土の成分が対応する見解も示されている。[＊162]

A群には壺、鉢、碗、水注があり、B群になるとこれらに大型の甕や鉢などが加わるようになる。A群からB群への変化は十三世紀中頃とされ、この頃にカムィヤキの生産は大きな変革を迎えたと考えら

＊160　池田榮史「須恵器からみた琉球列島の交流史」『古代文化』52（古代學協會、二〇〇〇年）、三四―三八頁。

＊161　前掲註141　新里二〇一八。

＊162　J. H. Sterba, M. Shinoto, A. Shinzato, M. Enomoto, Y. Yomine　2021　Provenancing of pottery from Kamuiyaki Site in East Asia by neutron activation analysis　Archaeometry 63(3) 500―515.

図4-65 カムィヤキ古窯跡群出土資料（右列）と大宰府史跡出土陶磁器類（左列）の形状比較

1・2・7・8：碗 3・9：水柱 4・5・10・11：鉢 6・12：壷／1～5：中国産陶磁器類 6：高麗陶器 7～12：カムィヤキ

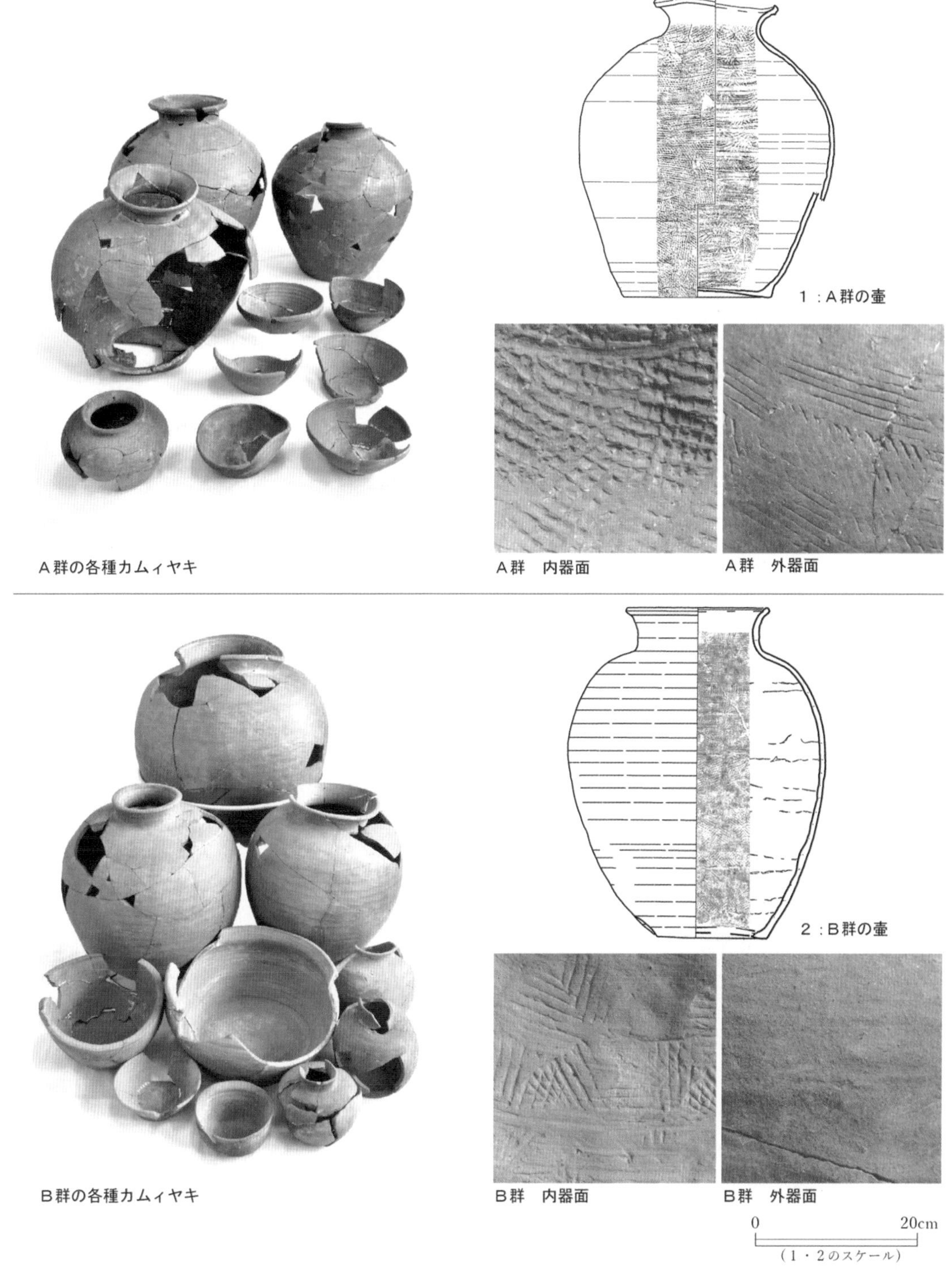

図4-66　カムィヤキA群とカムィヤキB群の特徴（1・2：カムィヤキ古窯跡群）

れている。[*163] 後述するように、十三世紀中頃以降、琉球列島には中国陶磁器が多く持ち込まれるようになるので、カムィヤキ生産のこうした変化は、中国産の壷類と市場競争を図るために量産化を目指した結果とみることもできる。

カムィヤキの産地である徳之島の遺跡からは、他の島と比べて多くのカムィヤキが出土し、その種類も豊富であることが知られている。徳之島町の大谷山遺跡からも各種のカムィヤキが出土しているが、島内の他遺跡と同じような傾向にあるのだろうか。その解明にあたり今後の調査が注目される。

陶磁器

中国陶磁器

陶磁器(とうじき)とは、陶土(とうど)を利用し高温度で焼いた焼き物の総称で、そのうち、釉薬(ゆうやく)がかけられたものは施釉(せゆう)陶器、磁土(じど)が用いられ、溶けるとガラス質になる釉薬がかけられたものは磁器と分類される。中でも磁器は、このガラス成分によってコーティングされることから水分が浸透せず、なおかつ質感に優れ、衛生的でもあるため食器として重宝された。白色の素地に無色の釉薬をかけたものを白磁(はくじ)、青緑色の釉薬がかけられたものを青磁(せいじ)という。白地に青色で絵付けされたものは青花(せいか)と呼ばれる。中国では窯跡も多く発見されており、中国陶磁器は生産地が特定できるほど研究が進んでいる。

琉球列島では多くの中国陶磁器が出土することが知られ(図67)、中国明(みん)王朝と琉球王国との朝貢(ちょうこう)貿易によって多くの陶磁器が運び込まれた史実があることから、沖縄県を中心にその研究が盛んである。特に、種別の分類や編年と関わる研究は全国への貢献度が高い。遺跡から出土する陶磁器の種類は碗や皿が中心となり、粥や炊き米など飯類が食膳に並んでいた様子をほうふつとさせる。琉球列島での陶磁器の出現は、貝塚時代とは異なり穀類を食べる食生活へと変化したことと深く関係しているようだ。

中国陶磁器が琉球列島で一般的に使われるようになったのはグスク時代以降だが、奄美諸島からは沖縄県域ではほとんど確認されていない古手(ふるて)の陶磁器が出土する。奄美諸島は陶磁器の歴史を知る上では欠

*163 前掲註141 新里二〇一八。

かすことのできない重要な地域であるため、以下では、遺跡から出土する陶磁器類の特徴を貝塚時代後2期までさかのぼって年代順に紹介し、これらが持ち込まれた経路についてもふれてみたい。

八世紀から十一世紀前半（貝塚時代後2期）

日本で発見されているこの頃の中国陶磁器は初期貿易陶磁器と呼ばれる。国や地方の役所跡地や関連施設などから出土することが多いため、[*164]役人など特定の階層が使用した食器と考えられている。唐代では浙江省の越州窯青磁（八～十一世紀）、北宋代では江西省の景徳鎮で焼かれた白磁（十世紀後半～十一世紀前半）などが著名である。

以前、越州窯青磁は種子島が分布の南限であったが、[*165]最近ではトカラ列島や喜界島、徳之島での出土が確認されるようになった[*166]（図67―1～3）。この時代の出土陶磁器は碗が圧倒的に多いが、出土量が少ないため、島民の需要に応じた商品というよりも、九州方面から往来する人々の携行品（移動時の生活用具）として持ち込まれた可能性が考えられる。

十一世紀中頃から十二世紀中頃

日宋貿易によって「白磁の洪水」と表現されるほど大量の中国陶磁器が博多に運び込まれ、これらが全国的に普及しはじめた時代である。この影響は琉球列島全域にもおよび、広東産や福建産の白磁が博多を経由して運び込まれた。琉球列島の中では奄美諸島での出土例が非常に目立つ。

器の種類は碗と皿で、代表的なものとして口が丸くて肥厚する「玉縁口縁碗」（図67―4～6）や口が外側に反る「端反り碗」がある（図67―7）。稀に褐色の釉薬がかかった陶器の壷も出土する。この時代の陶磁器は滑石製石鍋、カムィヤキとともにグスク時代のはじまりを告げる標準的な遺物として知られている。

十二世紀中頃から十三世紀中頃

前の時代とは異なり青磁が中心となる時代で、龍泉窯産、同安窯系青磁が琉球列島各地で出土する。

＊164　亀井明徳『日本貿易陶磁史の研究』（同朋舎出版、一九八六年）。

＊165　亀井明徳「南西諸島における貿易陶磁器の流通経路」『上智アジア学』11（上智大学アジア文化研究所、一九九三年）、一―四五頁。

＊166　野﨑拓司・澄田直敏・後藤法宣「城久遺跡群の発掘調査」『日本考古学』第29号（日本考古学協会、二〇一〇年）、一三七―一四六頁。新里貴之「トカラ列島の弥生時代と平安時代―中之島地主神社敷地内発掘調査成果から―」『日本考古学協会第83回総会研究発表要旨』（日本考古学協会、二〇一七年）、一七八―一七九頁。

この時代の龍泉窯青磁は重心が低いどっしりとした形状となり、器の内側に花の絵柄が描かれる（図67―11・12）。同安窯系には櫛状の工具で草花文を表現したものがある（図67―9・10）。宇検村の倉木崎海底遺跡から回収されている陶磁器はこの時代に属するものであった。[*167] 十三世紀には外面に蓮の花弁が彫り込まれる青磁が流行した（図67―13・14）。

器種は前時代と同様に碗と皿の組み合わせとなる。この時代の陶磁器は九州と同様のものが多いことから、白磁の時代と同様、博多に集められた陶磁器が運び込まれたと考えられる。喜界島、奄美大島では出土例にあまり恵まれないが、徳之島の事例によると前の時代から引き続いて陶磁器が安定的に出土することがわかっている。[*168]

十三世紀中頃から十四世紀中頃

龍泉窯の青磁や福建産の白磁によって構成される時代である。元寇（一二七四年・一二八一年）という軍事的衝突により東アジア情勢は不安定であったものの、日元貿易により多くの品々が持ち込まれるなど、中国との経済的な交流は続いていた。[*169] 陶磁器の器種は碗と皿が中心となるが（図67―15～19）、褐釉陶器の壺や鉢も一定量ある。徳之島では白磁の壺や景徳鎮産の青白磁の壺など大型の優品も出土している。[*170]

一方、先島諸島や沖縄諸島では全国での出土例が少ない薄手の浅い碗（今帰仁タイプ、図67―20・21）や厚手で内湾する碗（ビロースクタイプ、図67―22・23）などが出土するようになる。[*171] 少量ではあるが後者は奄美諸島にも持ち込まれている。

白磁の出土状況に注目すると、奄美諸島では九州に多い口の内側の釉薬がはがされた白磁（白磁口禿碗・皿、図67―18・19）が使われる傾向が強いが、先島諸島ではこれが非常に少ない。沖縄諸島には口禿白磁、ビロースクタイプ、今帰仁タイプが均等に出土し、どちらかというと奄美・先島諸島の中間的な様相をみせる。

この時代の特徴は、陶磁器の組み合わせが奄美、沖縄、先島の各諸島で異なることである。奄美諸島では前の時代から引き続いて九州方面から陶磁器が持ち込まれる一方、先島諸島では、今帰仁タイプや

*167 林克彦（編）『倉木崎海底遺跡発掘調査報告書』宇検村文化財調査報告書2（宇検村教育委員会、一九九九年）。

*168 新里亮人（編）『川嶺辻遺跡』伊仙町埋蔵文化財発掘調査報告書⒀（伊仙町教育委員会、二〇二〇年）。

*169 榎本渉「日宋・日元貿易」『中世都市・博多を掘る』（海鳥社、二〇〇八年）、七〇―八一頁。

*170 前掲註168に同じ。

*171 木下尚子（編）『13～14世紀の琉球と福建』平成17～20年度科学研究費補助金基盤研究（A）（2）研究成果報告書（熊本大学文学部、二〇〇九年）。

ビロースクタイプが故郷の福建省あたりから直接的に運搬されたことによってこうした状況が生まれたと考えられている。[*172] このことは琉球列島が北と南に開かれた発達した物流によって支えられる時代へと移り変わっていったことを物語っている。

十四世紀中～十六世紀代

明王朝との朝貢貿易によって多く物品が那覇港に集められ、これらが中継貿易によって各地へと運ばれた時代である。運び込まれてくる陶磁器類の産地は中国だけでなく日本、朝鮮半島、東南アジアなど様々な地域に広がった。

その量は以前よりも圧倒的に増え、著名なグスクからは碗や皿のみでなく大型の盤や壷も出土するようになる。食事用の日用品だけではなく、特別な催しで使う、あるいは人目につくところに飾って自らの力を誇示するなど、陶磁器の利用が日常生活以外の様々な場におよぶこととなった。大正時代、伝掟大八目の酒器一式（コラム⑥）が正月の振る舞い酒用の器に用いられたとあるので、[*173] これらは陶磁器の使用方法を考える上でも重要な資料となる。

奄美諸島の十四・十五世紀の遺跡は、これまで発掘例が少なかったが、近年、喜界島や徳之島にて調査が進んでおり、沖縄県域で確認されている口が外側に広がる青磁や白磁の出土例が増え始めている[*174]（図67―24・25）。また、伊仙町大セノ嶺遺跡では備前焼のすり鉢、[*175] 天城町中組遺跡では蓮の花を線刻で表現した青磁（青磁細蓮弁文碗）など、[*176] 十五、十六世紀代の陶磁器類も発見されている（図67―27）。

全国の中でも中国明代の陶磁器は沖縄県での出土量が最も多い。この頃の陶磁器は奄美諸島と沖縄諸島で共通するものが多いことから、これらは南の沖縄本島を経由して持ち込まれたといわれる。[*177] これらはさらに北上してトカラ列島、九州、朝鮮半島へも運ばれたので、沖縄本島を起点として島伝いに九州方面へといたる物流の中心域に奄美諸島は位置することとなった。このような状況と奄美諸島の人々の暮らしや文化がどのように関係していたのかまだ定かではない。これからの調査に期待するところが大きい。

＊172　前掲註171に同じ。

＊173　大屋匡史「伝掟大八酒器一式について」『廣友会誌』10（廣友会、二〇二一年）、一四七―一五〇頁。

＊174　松原信之・野﨑拓司・安武憲司（編）『崩リ遺跡』喜界町埋蔵文化財発掘調査報告書⑯（喜界町教育委員会、二〇一八年）。

＊175　榎本美里（編）『大セノ嶺遺跡』伊仙町埋蔵文化財発掘調査報告書⑲（伊仙町教育委員会、二〇二一年）。

＊176　具志堅亮（編）『中組遺跡』天城町埋蔵文化財発掘調査報告書⑹（天城町教育委員会、二〇一三年）。

＊177　前掲註165に同じ。

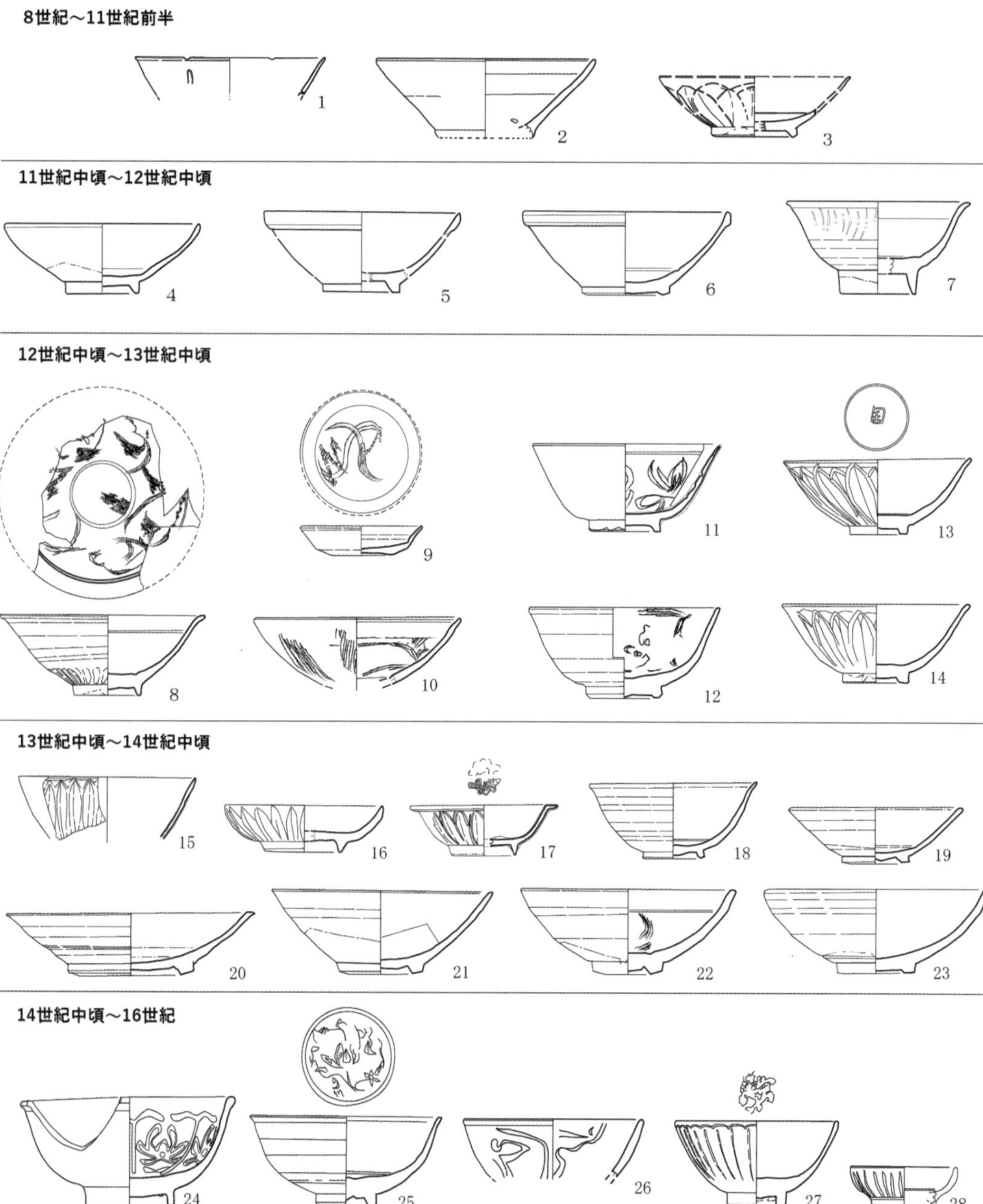

図 4-67　琉球列島出土の中国陶磁器供膳具

1：山田中西遺跡　2：前畑遺跡　3：川嶺辻遺跡　4：山田半田遺跡　5：熱田貝塚　6：大ウフ遺跡　7：銘苅原遺跡
8：銘苅原遺跡　9：川嶺辻遺跡　10：玉城遺跡　11：ビロースク遺跡　12：勝連城跡　13：今帰仁城跡　14：今帰仁城跡
15：今帰仁城跡　16：川嶺辻遺跡　17：今帰仁城跡　18：川嶺辻遺跡　19：今帰仁城跡　20：今帰仁城跡　21：今帰仁城跡
22：今帰仁城跡　24：山田半田遺跡　25：住屋遺跡　26：川嶺辻遺跡　27：中組遺跡　28：川嶺辻遺跡

朝鮮半島産の陶磁器類

奄美諸島の遺跡からは朝鮮半島産の無釉陶器（釉薬がかかっていない陶器）や青磁が出土することがある（図68）。前者は高麗陶器[*178]、後者は初期高麗青磁[*179]と呼ばれ、北部九州でよく出土することが知られていた[*180]。高麗陶器と徳之島産のカムィヤキは、見分けることが難しいほど色合いや質感がよく似ている。器の種類は壷を主とし、その口の部分に縁取りを加える特徴や胴部の中央部が膨らむ形状も類似する。窯跡の形や構造にも共通点があるため、両者は技術的な関係が深いと考えられている[*181]。しかし、よく見比べてみると、カムィヤキには琉球石灰岩の粉末と考えられる白色の鉱物が混入し、断面の発色は赤みが強く、器に厚みがあるなど高麗陶器よりは仕上がりが粗雑なので、熟練すれば判別がつく。朝鮮半島と徳之島では素材となる粘土や鉱物が異なるためこうした違いが現れるのであろう。

高麗陶器や初期高麗青磁が奄美諸島へ持ち込まれる時代は、白磁の時代と同じ十一世紀中頃で、カムィヤキの生産が始まる時代とも見事に重なる。しかし、カムィヤキや中国陶磁器ほど多くは出土せず、琉球列島の人々が用いる日用品として輸出されたとみるにはあまりにも数が少ない。そのため高麗陶器や初期高麗青磁は琉球列島向けの商品として出荷されたというよりも、これを日常的に用いる人々が自らの生活用具の一部として持ち込んだとみる方が理解しやすい。つまりこれらは朝鮮半島からの渡来者が島で一定期間を暮らすために持ち込んだ渡航時の生活具であったと考えられるのである。

高麗陶器や初期高麗青磁は、交易の拠点遺跡であった喜界島城久遺跡群やカムィヤキ生産の本拠地があった徳之島など特別な遺跡がある島で出土する傾向が強い。このことを考えれば、喜界島には商業活動を目的に、徳之島にはカムィヤキの技術を伝えるため、朝鮮半島の人々がたびたび来島していたことが推測できる。

高麗陶器や初期高麗青磁が出土したことにより徳之島のカムィヤキのルーツが朝鮮半島にあった蓋然性は非常に高くなった。これらが生活道具として持ち込まれたとするならば、カムィヤキとは技術だけでなく、技術者の移動によって出現し、徳之島の特産品となったとみることもできる。（新里亮人）

＊178　赤司善彦「高麗時代の陶磁器と九州および南島」『東アジアの古代文化』130（大和書房、二〇〇七年）、一一八—一三二頁。

＊179　宮崎亮一（編）『大宰府条坊跡XV—陶磁器分類編—』太宰府市の文化財4（太宰府市教育委員会、二〇〇〇年）。

＊180　山本信夫「東南アジア海域における無釉陶器」『貿易陶磁研究』23（日本貿易陶磁研究会、二〇〇三年）、七六—八九頁。

＊181　前掲註141　新里二〇一八。

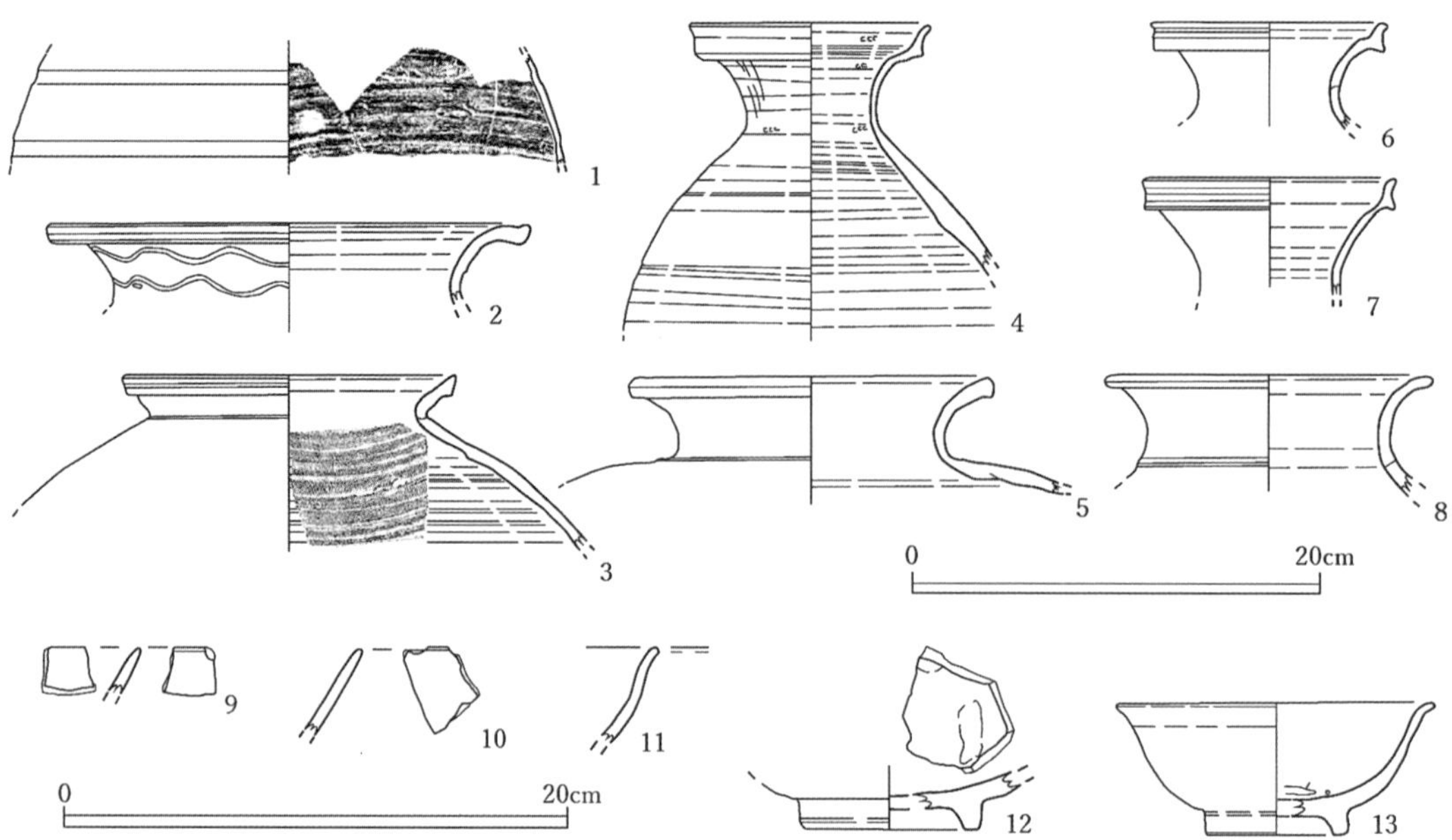

図 4-68　高麗陶器（1～8）と初期高麗青磁（9～13）

1・9・10：山田半田遺跡　11・12：川嶺辻遺跡　2・3・13：大宰府史跡　4：博多遺跡群　5～8：舞将里窯跡

貝製品・骨製品

素材と利用法

徳之島の浜辺には、実に様々な貝が生息している。一番に思い浮かぶのはやはり「ヤコウガイ」（図69・71ａ）だろうか。ヤコウガイはとても美しく魅力的な貝のひとつである。他にも庭先や玄関に魔除けとして置かれる「スイジガイ」（図70・71ｂ）、酒のつまみに「マガキガイ」（図71ｃ）、タバコの灰皿として「シャコガイ」（図71ｄ）など、海に囲まれた徳之島において貝はとても身近な存在である。

徳之島は貝だけでなく動物相も豊かである。「アマミノクロウサギ」は徳之島の代表的な動物だろう。さらに「イノシシ」や「ウミガメ」、遠くの洋上には「クジラ」が顔を出すこともある。「サメ」の歯を使ったアクセサリーなど、お土産店でみかけることもあるだろう。これらの生き物たちは先史時代の人々にとって身近な食料であった。さらにその貝殻や貝は加工のしやすさや豊富さから道具として多用された。先史時代における貝から作られた製品の素材は多岐にわたっている。貝製品に使用される主な貝種は、腹足綱（巻貝）、二枚貝綱（二枚貝）、掘足綱（ツノガイ類）に分類され、その形状は様々である。なかでも、サラサバテイ、オオツタノハ、カサガイ、マガキガイ、タカラガイ、イモガイ、ゴホウラ、スイジガイ、ヤコウガイ（および貝蓋）、シャコガイ、ツノガイなどが製品素材として選定される。

また、先史時代の人々は動物の骨も利用して道具を製作した。骨製品は主に、哺乳類（陸生哺乳類、海獣類）（図71ｅ・ｆ）、鳥類、魚類の骨が利用される。これらは骨に加えて、角や歯なども利用される。陸生哺乳類では主にイノシシの製品が多い。海獣類はクジラやジュゴンを用い、特に大型製品の素材として重宝された。魚類はサメが好んでつかわれている。

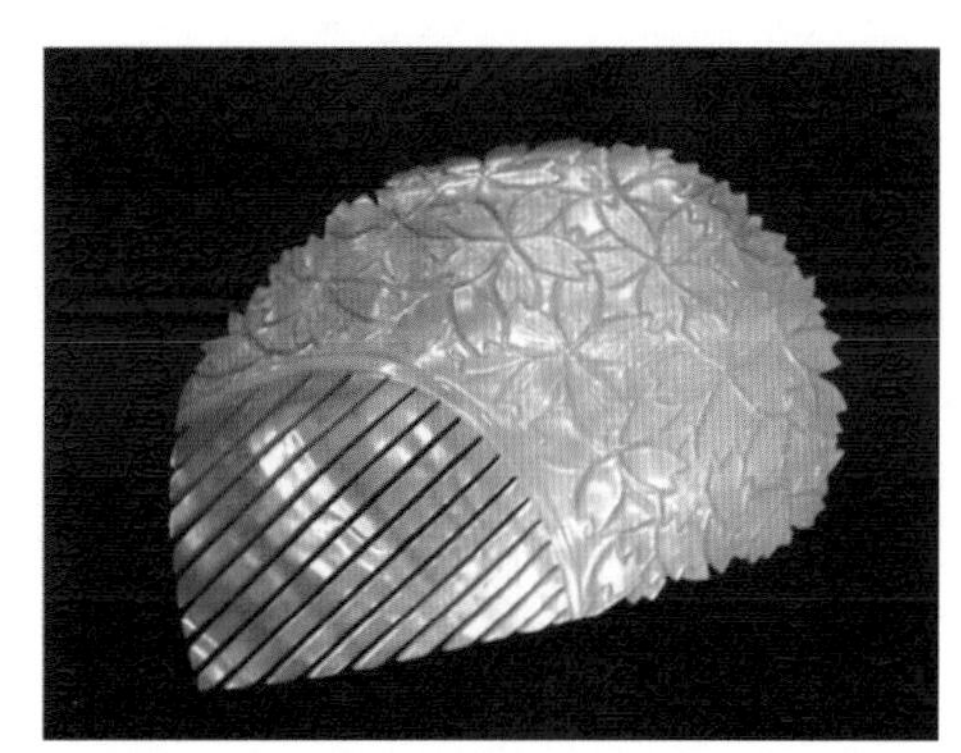

図4-69　ヤコウガイ製の工芸品

図4—70　魔除けのスイジガイ（徳之島町母間）

a　ヤコウガイ
b　スイジガイ
c　マガキガイ
d　ヒレシャコガイ
e　陸生哺乳類（リュウキュウイノシシ）
f　海獣類（ザトウクジラ）

図4-71　素材となる貝や動物

これらの貝製品や骨製品はさまざまな用途で利用された。その用途は大きく、加工・狩猟・漁撈など生業に利用された道具類（＝生産用具）、腕輪や垂飾など装身や葬送のために用いられた装飾類（＝装飾品）に大別できる。本項では、まず、先史時代における貝製品と骨製品の利用について述べる。製品に利用される素材や製作される器種は、遺跡立地や時代背景によって異なっているので、利用方法について述べた後、時代的な移り変わりについて解説する。

生産用具

まず生産用具は、ヤスや針、ノミ、錐、鏃など先端を尖らせた利器や、刃をつくりだした削器、固さを利用した敲打具などが挙げられる。また、ナイフ状やヘラ状の製品も見られる。加えて漁具としての錘（おもり）や釣針、食具として匙や皿などの器が存在する。

刺突具（ヤス・ノミ・針・錐など）（図72a）

貝殻の魅力は、その美しさだけでなく強さ、つまり強度の高さにある。スイジガイやホラガイは数本の突起をもつ形状をしており、その先端を研磨しノミや錐として利用していた。スイジガイ製利器については使用痕や加工痕の分析、また民俗例における「アサリ金」の存在から農漁撈具兼用品であると想定されている。[＊182]

また、イノシシの尺骨・脛骨・橈骨、鳥骨や魚骨などを素材として、多様な利器が製作された。先端を尖らせ一端に孔を穿った針状の骨製品は裁縫などに用いられたと考えられ、骨針といわれている。他にも、錐状に尖らせたもの、両先端を尖らせたもの、先端をヘラ状にしたものなど、様々な形の利器が見られ、それぞれ鑿や錐、ヤスといった日常利器として多様な役割を持っていたと考えられる。刺突具の中でも比較的大型品であるもの、冠部の整形が丁寧であるもの、孔や抉りなどの加工を施したものに関しては、簪としての利用法も想定されている。

鏃・刃（図72b）

鏃とは「やじり」のことで、狩猟などに利用された、弓矢の先端に取り付ける道具である。琉球

＊182　上原靜「いわゆる南島出土の貝製利器について（特にスイジガイ製利器とホラガイ製利器について）」『南島考古』第七号（沖縄考古学会、一九八一年）。

列島においては貝製の鏃と考えられる製品が出土しており、柄を持つもの、中央に一孔設けたものなどがある。これらの鏃状製品は、鏃としての機能が想定されるほか、その形状や加工、素材の強度によっては、装飾品とみなされるものもある。

また、貝の側面を砥いだ貝刃は、削ぐ、切るなどの利用が推測される。シレナシジミなどの二枚貝を押圧剥離（骨や木などを押し付け、薄く剥離する方法）によって刃部をつくりだす製品が確認されている。

敲打具（図72c）

周囲を欠いたヤコウガイ蓋製品が多く出土しており、一般的に「螺蓋製敲打具」という名称で呼ばれている。これらの使用痕を観察し具体的な利用方法を検討した結果、穂積具や掻く・削ぐ・切るなどの道具、調理用利器、敲打具など、いくつかの利用方法が想定されている。[*183] また、民俗例には海草を掻き取る道具として利用された例がみられるようだ。[*184]

錘・釣針（図72d）

琉球列島の遺跡から出土する釣針は非常に少なく、釣漁法は未発達もしくは不必要であった可能性が高い。当時の食性の分析によってもイノー（礁湖）（コラム11図97）内に生息する魚類を中心に食していたとされ、イノー内における網漁が盛んに行われていたと考えられる。二枚貝のリュウキュウサルボウやシャコガイ、またタカラガイなどに孔を穿ち錘とする民俗例が認められ、孔周囲に使用形跡が確認される貝製品は、錘（図73a）としての利用が想定される。[*185]

匙・皿（図72e）

ヤコウガイを素材とした匙や杓子のような製品は、実用儀礼用の容器として重要であっただろうとの見解が示されている。[*186] また、シャコガイの内側を打ち欠く、磨くなどの加工が施された貝製品が出土するが、これらは調理器具や食器として利用された可能性が高い。食糧残滓との区別がつき

＊183 島弘「第Ⅳ章 第三節 人工遺物 a貝製品」『備瀬貝塚―下水道工事に伴う緊急発掘調査報告―』（本部町教育委員会、一九八六年）。

＊184 渡喜仁浜原貝塚調査団『渡喜仁浜原貝塚調査報告書（Ⅰ）』（今帰仁村教育委員会、一九七七年）。

＊185 上江州均『沖縄の民具』（慶友社、一九七三年）。

＊186 木下尚子「貝製容器小考」『南島考古』第七号（沖縄考古学会、一九八一年）。

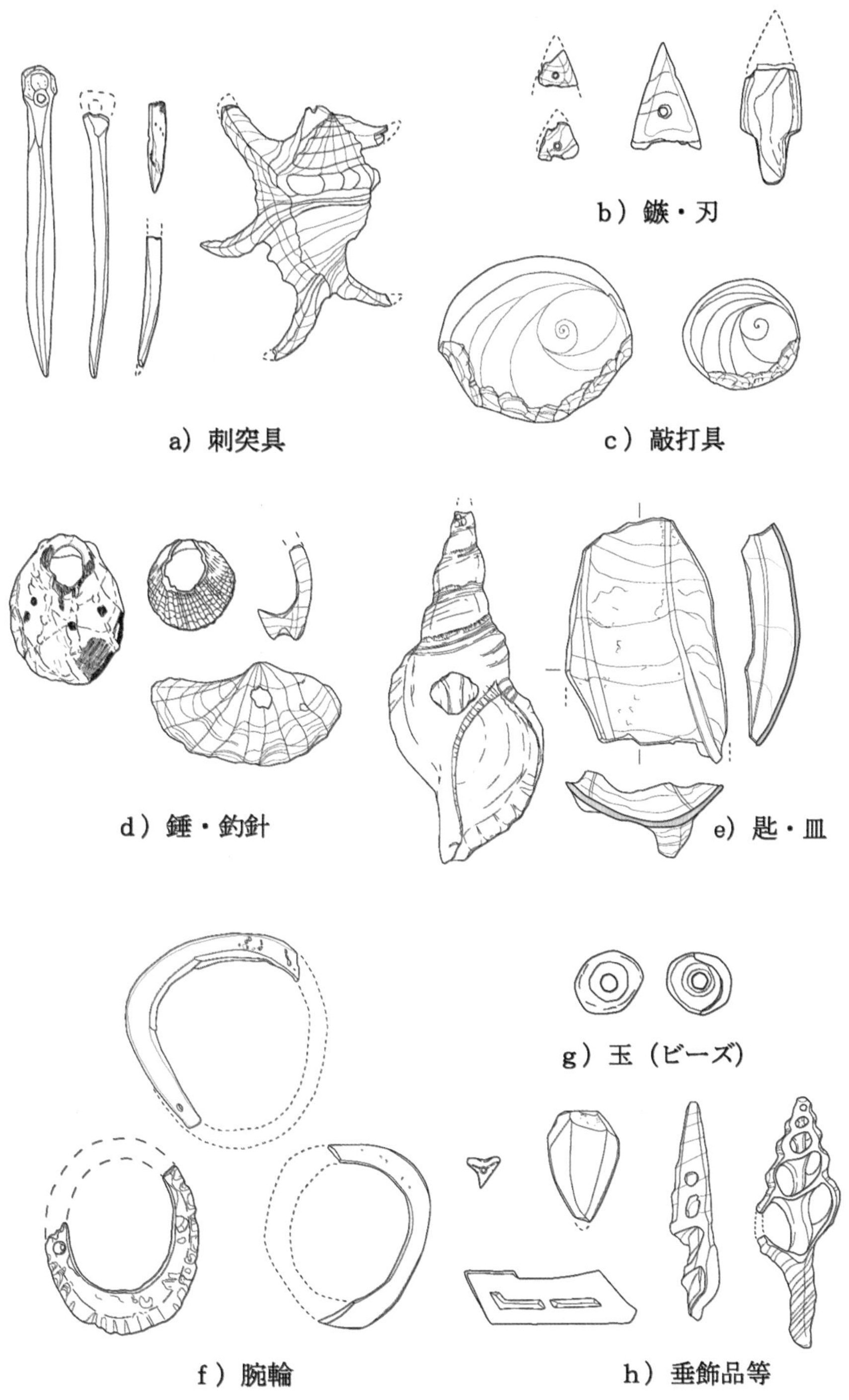

図 4-72　製品の分類（伊仙町面縄貝塚出土遺物より作成）

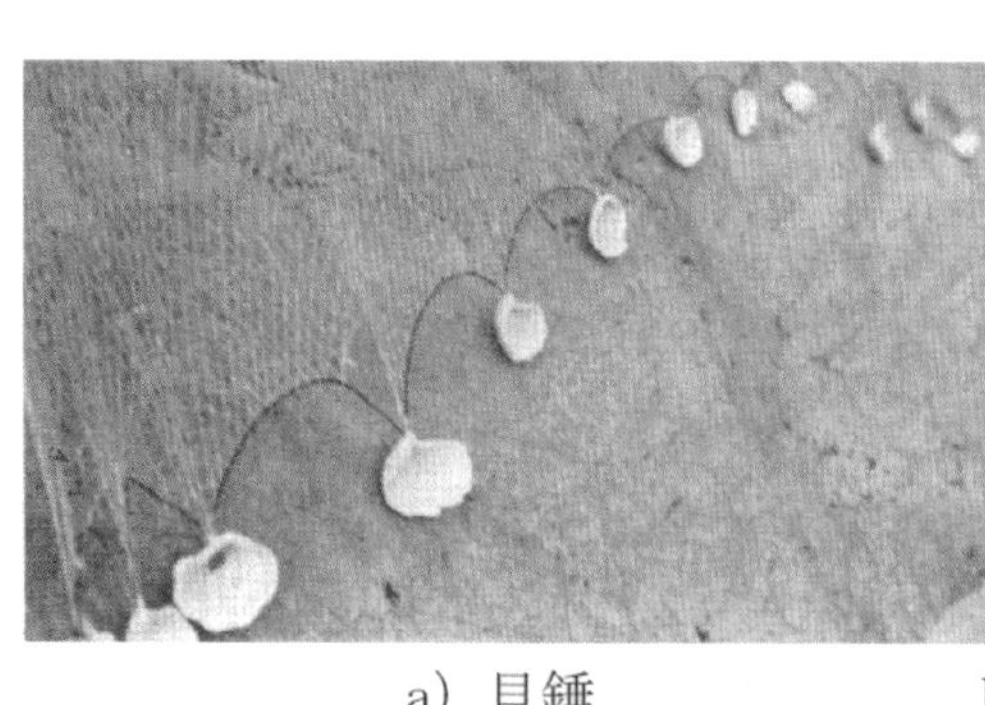

a）貝錘

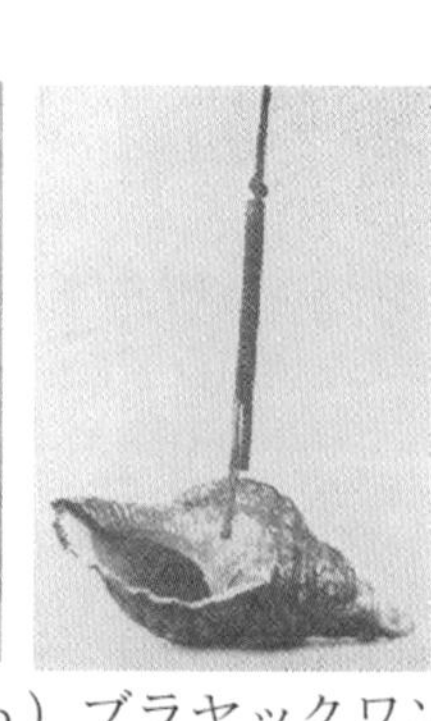

b）ブラヤックワン

図4-73　民俗例

にくく、報告されない例も多々ある。ホラガイに孔を穿った製品は、湯沸しや調理に使用された「ブラヤックワン」（図73ｂ）に近似している。[＊187]

装飾品

装飾品は、腕輪や玉類、腰や胸などに飾ったと考えられる垂飾類が確認されている。これらの装飾品は、副葬品や葬送具として利用されているものも多い。

腕輪（図72ｆ）

貝製のものと骨製のもの、いずれも存在するが、貝製腕輪が種類、数ともに圧倒的である。素材となる貝本来の形状を生かした製品が多く、オオツタノハ、オオベッコウガサガイ、ゴホウラ、イモガイ、サラサバテイなどの大型品を円環状や半環状に切り取り製作されている。製品として利用できる大型のオオツタノハはトカラ列島以北に多いため、奄美諸島の遺跡で出土するオオツタノハ製品は搬入品の可能性もある。

玉（ビーズ）（図72ｇ）

貝製玉類および椎骨製玉類が出土する。玉類も貝でできたものが多く、椎骨製は少数である。玉類に利用される貝種は、小型のイモガイやマガキガイなどの巻貝で、螺頭部を横切りにし研磨し成形される。これらの貝種は自然貝の状態でも、海に洗われると玉状になるため、採集してきた打ち上げ貝を、特に加工を施さずそのまま使用することもあった。

＊187　前掲註185に同じ。

垂飾品等（図72ｈ）

多種多様な垂飾品等が確認されている。ここではいわゆる装飾的で呪具的な意味合いを持っていたであろう製品全般を「垂飾品等」としている。タカラガイやイモガイなどを方形や長方形、また具象的な形に切り取り整形したもの、巻貝類を研磨したもの、彫刻したものなど、様々な形の製品がみられる。骨製のものも少数だが存在する。なかでも、「貝符」[*188]や「サメ歯模造品」[*189]と呼ばれる製品は、南島北部・中部圏において広く分布しており、徳之島でも発見されている。サメ歯模造品の利用方法については、当製品がサメ歯（図74）の表裏を意識して製作されている点、また生存時の表面を認識して精緻に模造している点から、表面を見せるように飾られた装飾品の類であると想定されている。[*190]

時代ごとの特徴

琉球列島は海産資源が豊富であり、貝文化と称される文化的特徴をもつ時代が認められる。本稿では、貝製品を中心として時代的な特徴を示しつつ、付け加える形で骨製品について述べていきたい。地域的には徳之島を主眼におきながら琉球列島全体の動向に触れ、貝塚時代において文化的特質を異にしている南島南部圏については言及しないこととする。

貝製品の登場　旧石器時代（約三万年前〜約一万年前）

琉球列島における旧石器時代の様相は遺跡数の少なさから判然としない部分も多いが、近年調査事例が増えてきている。旧石器時代に属することが確実な骨製品は琉球列島では未だ発見されていないが、南城市サキタリ洞遺跡では旧石器時代（約二万年前〜約一万年前）に属する貝製品が出土している。出土した製品は、マルスダレガイ科製の扇形製品やクジャクガイ製品などの生産用具と、ツノガイ類、マツムシ、シマワスレなどを利用した玉類（ビーズ）である。[*191]徳之島においては、伊仙町ガラ竿遺跡で旧石器時代のものとされる磨石が出土しているが、貝製品や骨製品の出土は確認されていない。[*192]

＊188　貝を札状に切り出し、彫刻などを施した製品。

＊189　サメの歯を模倣してつくられた製品。貝製、骨製、石製の模造品が確認されている。

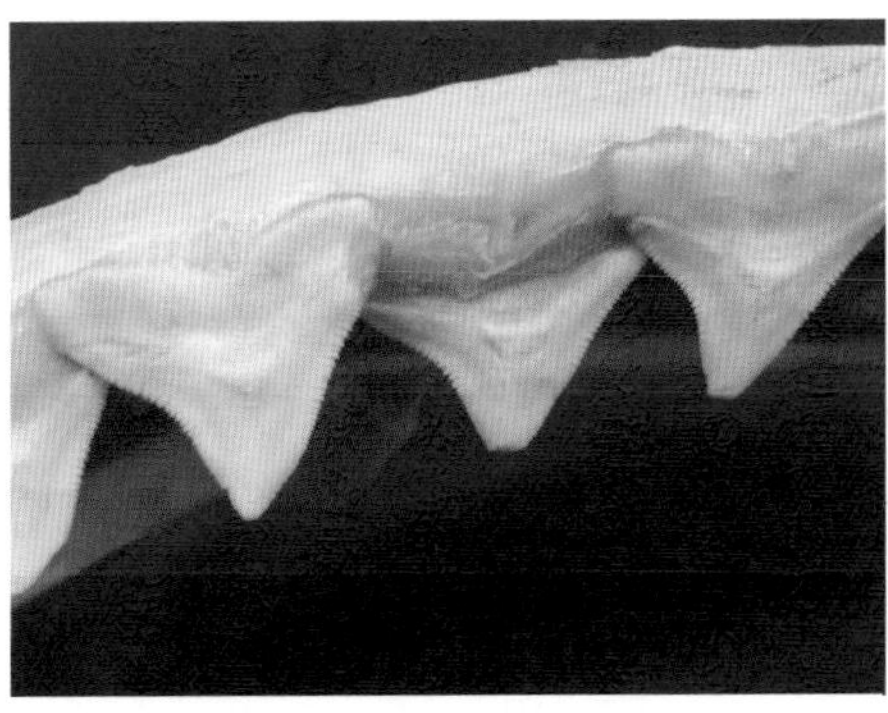

図4-74　サメの歯

＊190　安田未来「琉球列島のサメ歯製品および模造品について」『先史学・考古学論究Ⅷ』（龍田考古学会、二〇二〇年）。

＊191　山崎真治「サキタリ洞遺跡出土の旧石器時代の貝器とその特質」『沖縄県南城市サキタリ洞遺跡発掘調査概要報告書Ⅲ』（沖縄県立博物館・美術館、二〇一六年）。

骨製品に関しては今後の調査成果が待たれるが、琉球列島では旧石器時代に、貝を素材とした製品が出現していたことが示されている。

生産用具の隆盛　貝塚時代前1期（約一万年前〜約七千年前）

貝塚時代前1期に入ると、沖縄本島の南島爪形文土器にともない骨製のヤスや針、錐、鏃状貝製品や貝刃などの生産用具がみられるようになる。

徳之島では天城町下原洞穴遺跡の南島爪形文土器を主体とした層およびその下層から、多数の鏃状貝製品（図75ａ）が出土している。この鏃状貝製品は同形の石製品を伴っており、三角形状の中央に二つの孔が穿たれている。これらの鏃状貝製品は、マクガイ類やヤコウガイを利用しており、刃部を持つものと持たないものがあることから、生産用具と装飾品いずれの可能性も考慮されている。その他、ヤコウガイ製匙、マガキガイやイモガイ製玉類、漁撈で使うタカラガイ製のおもりと考えられる貝製品が出土しているが、いずれの使用方法も推測の域をでない。[＊193] また、伊仙町面縄第一貝塚では洞窟内の最下層で南島爪形文土器とともに、鏃状の貝製品（図75ｂ）が出土している。製品の素材としてウグイスガイ科のクロチョウガイもしくはシュモクアオリ等の真珠層をもつ貝類を利用しており、全面に研磨の痕が残されている。[＊194]

このように前1期の徳之島の遺跡で骨製品はほとんどみられないが、貝製品においては生産用具と考えられる鏃状貝製品を主体として、装飾品の類とみられる貝製品が少量出土していることが確認される。

装飾品の増加　貝塚時代前2期〜前3期（約七千年前〜約四千五百年前）

貝塚時代前2期には、前時代と比較して様々な貝製品が出土するようになる。[＊195] 南島中部圏全体を見ると、前2期からは貝殻本来の形を活かした玉類や単純な形態の装飾品が増加し、前3期になるとクジラやジュゴンの骨を利用した特徴的な装飾品や、トリやイノシシなどを利用したヤスなどが

＊192　四本延広・伊藤勝徳「徳之島・伊仙町小島ガラ竿遺跡の確認調査―AT火山灰下層の出土石器について―」『南島考古だより』六九（沖縄考古学会、二〇〇二年）。

＊193　具志堅亮編『下原洞穴遺跡・コウモリイョー遺跡発掘調査報告書』（天城町教育委員会、二〇二〇年）。

＊194　新里亮人編『面縄貝塚総括報告書』（伊仙町教育委員会、二〇一六年）。

＊195　山野ケン陽次郎「先史琉球列島における貝製品の変化と画期―貝製装飾品を中心に―」『琉球列島の土器・石器・貝製品・骨製品文化』（六一書房、二〇一四年）。

出土するようになるとされる。[*196]

徳之島では伊仙町面縄貝塚で、スイジガイの先端を研磨した利器や、リュウキュウサルボウに孔をもうけた錘、ヤコウガイの蓋を利用した敲打具（図75c）などが出土している。

骨製品に関しても特徴的な製品が目立つようになる。天城町下原洞穴遺跡の埋葬跡からは、前3期に属する面縄前庭式土器に伴い、ハリセンボンの上顎骨を素材とした骨製品（図75d）が見つかっている。上顎骨を丁寧に削り、二つの孔をあけた特徴的な形をしており、貝製小玉と共伴して出土した。当製品は女性の腰付近から出土しているが、上半身は後世の撹乱を受けており、着装部位は判断できない。[*197] 類似品が奄美市下山田Ⅱ遺跡でも出土しており、二つの製品の使用方法には何らかの共通点があると考えられる。下原洞穴遺跡ではほかにも、タケノコガイの側面を研磨した製品（図75e）や鏃状の貝製品（図75f）、小型巻貝の玉類（図75g）などが発見されている。これらの製品は墓域から人骨と共に発見されているため、副葬品（葬儀に際して死者と共に埋葬される器物）と判断される。

このように徳之島においても、貝・骨製品ともに数や種類が増加している傾向が読み取れる。

独特な貝文化の始まり　貝塚時代前4期〜前5期（約四千五百年前〜約三千五百年前）

貝塚時代前4期には、南島中部圏において貝殻や骨を加工する技術が隆盛を極め、装飾性が高く意匠に富んだ作品が次々と産み出されるようになる。例えば蝶形や獣形のデザインである。これらはイモガイやシャコガイ、タカラガイなどの貝類やジュゴンの骨を利用し製作され、特に沖縄本島で際立った製品が多くみられる。

＊196　久貝弥嗣「貝塚時代骨製品の出土状況」『琉球列島の土器・石器・貝製品・骨製品文化』（六一書房、二〇一四年）。

＊197　前掲註193に同じ。

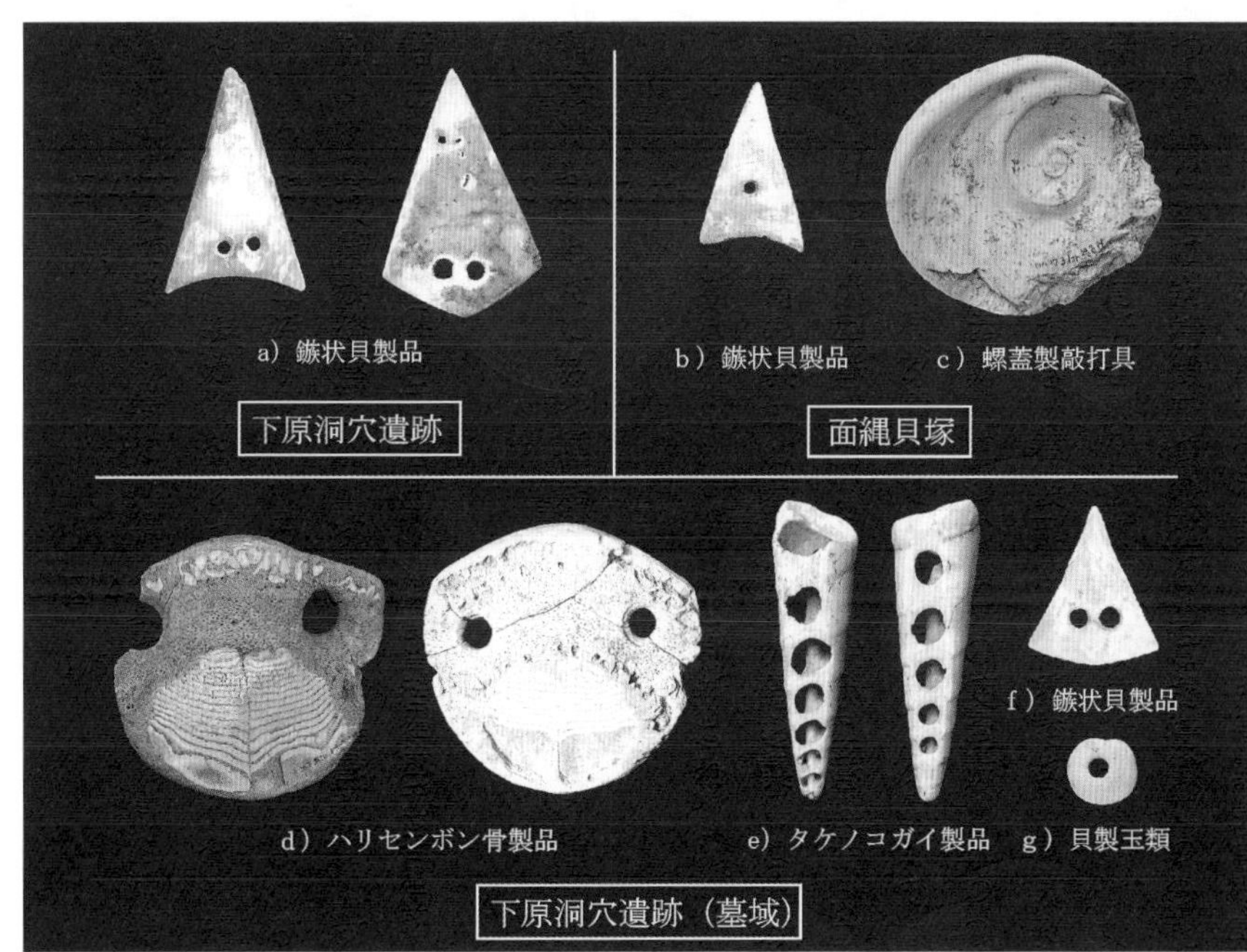

図4-75　貝塚時代前1期〜前3期（スケール不同）

　これら蝶形や獣形のモチーフにみられるように、何かを模造する、モチーフにするという行為が当該時期に顕著にあらわれるようになった。[*198] 最たる例がサメ歯の模造品である。サメの歯に穿孔した製品は古くから認められるが、前4期になるとそれらを貝や骨、また石などで精巧に模した製品が現れる。徳之島においては伊仙町面縄貝塚でホオジロザメ歯模造品（図77 a）が出土している。面縄貝塚出土のホオジロザメ歯模造品は比較的簡素なつくりで、歯の外形を模して二等辺三角形状に切り取った貝に、穿孔と補修痕がみられ、薄く鋸歯（鋸のような線）が刻まれている。サメ歯模造品は、出現初期には精緻に造形される傾向にあるが、時代が下るにつれて徐々に簡素なつくりになっていくことが示されている。[*199] 面縄貝塚ではほかにも、大型のシャコガイを利用し特徴的な彫画を施した垂飾品がみられる（図77 b）。

図4-76　喜念クバンシャ岩陰墓

　これら精巧な貝製品の出現は擦切技法の導入が要因となっている。[*200] 擦切技法は薄い石材で対象物を擦り切り彫画していく手法で、前4・5期に九州から琉球列島へ導入された可能性があるとされる。[*201] 擦切に利用されたと考えられる石製品は「熱田原型石器」としてひとつの形式に分類され、[*202] 伊仙町喜念クバンシャ遺跡でも、類似した石製品（図77 g）が出土している。[*203]

　ほかに当該期の徳之島を代表する遺跡として、伊仙町犬田布貝塚が挙げられる。犬田布貝塚では貝製骨製ともに多くの生産用具、装飾品が発見されている。生産用具は利器類や敲打具、食器類がみられ、特にヤコウガイ製匙状製品（図77 o）が豊富に出土した。装飾品は、当時島内に生息していない鹿の角を用いた製品（図77 j）も発見され、島

＊198　島袋春美「沖縄・奄美諸島における『骨製品』と『模造品』について」高宮廣衞先生古稀記念論集刊行会編『琉球・東アジアの人と文化』上（尚生堂、二〇〇〇年）。

＊199　新里貴之・上村俊雄「南西諸島に分布するサメ歯製品及びその模造品について」『南島考古』17（沖縄考古学会、一九九八年）。

＊200　前掲註195に同じ。

＊201　山崎純男「東アジア新石器時代の擦切技法」『日韓新石器時代交流研究会第三回鹿児島大会資料集』（九州縄文研究会、一九九九年）。

＊202　仲宗根求「熱田原型石器の提唱：アッズ・ブレイドの類例集成」『廣友会誌』5、二〇〇九年。

＊203　立神次郎・長野真一編『喜念原始墓・喜念クバンシャ遺跡・喜念クバンシャ岩陰墓』（伊仙町教育委員会、一九八八年）。

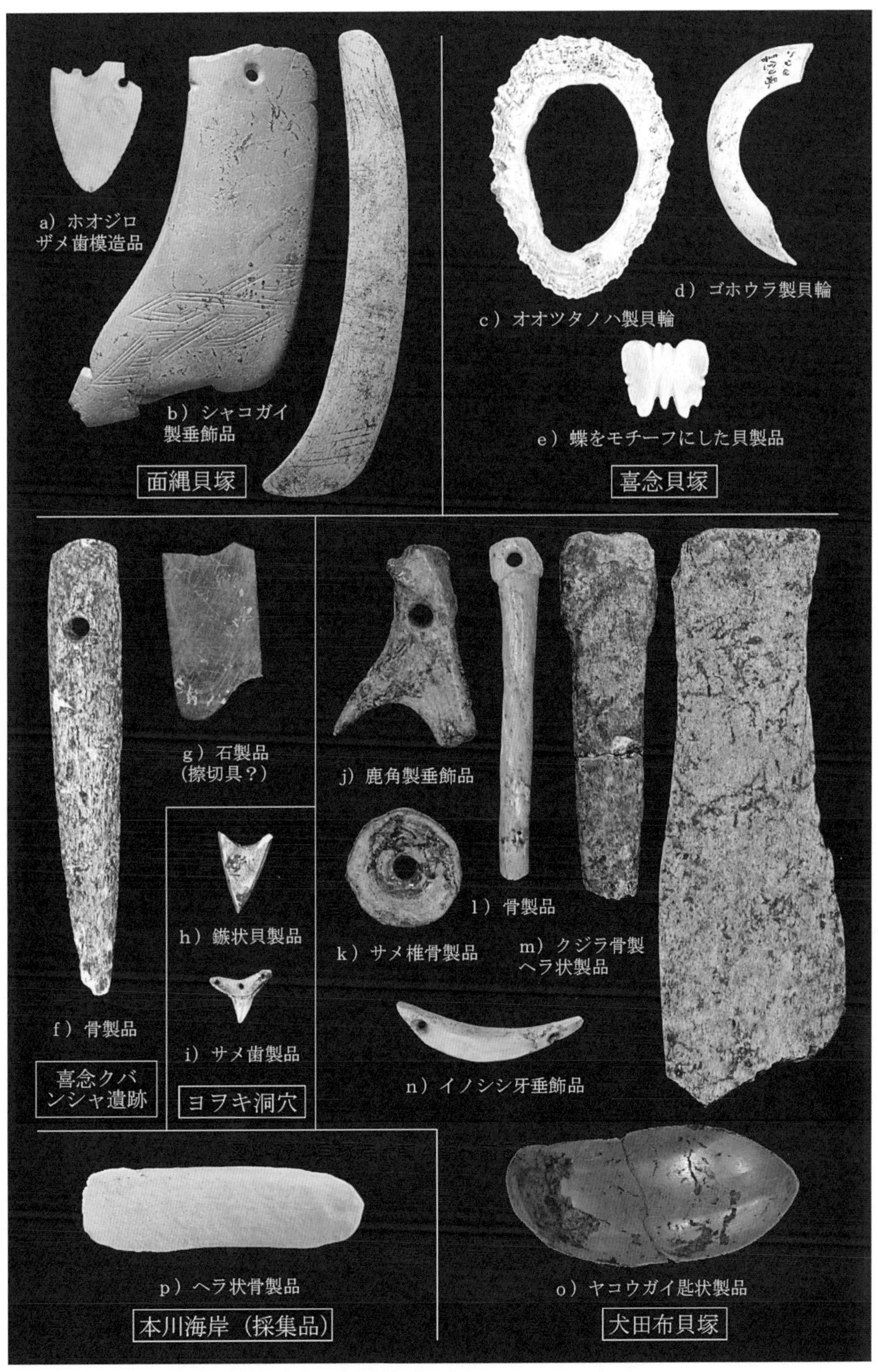

図 4-77　貝塚時代前 4 期～前 5 期（スケール不同）

外と交流していた様子を見ることができる。[*204] そのほか多種多様な装飾品がみられ、大型の骨を利用した棒状やヘラ状の製品（図77 l、m）、サメの椎骨やイノシシ牙に穿孔した製品（図77 k、n）が出土している。この時期は特に海獣類から得られる大型の骨が好んで利用されたようで、喜念クバンシャ遺跡でも海獣類の骨を利用したとみられる骨製品（図77 f）が見つかっている。伊仙町ヨヲキ洞穴では、サメ歯製の装飾品（図77 i）や貝製平玉、また生産用具と思われる貝鏃（図77 h）が発見された。サメ歯製品は主にイタチザメやホオジロザメが素材となる場合が多いが、ヨヲキ洞穴のサメ歯製品はアオザメの歯根部に三孔を穿った特徴的なものであった。[*205] また、伊仙町喜念貝塚からはオオツタノハ製貝輪（図77 c）、ゴホウラ製貝輪（図77 d）、蝶をモチーフにした貝製品（図77 e）などが採集されている。[*206] 徳之島町においては、本川海岸で海獣類と思われる骨がヘラ状に加工された製品（図77 p）が採集されており、その特徴から当該期の遺物である可能性が高いと考えられる。

貝交易の活発化　貝塚時代前5期末～後1期（約二千四百年前を中心とする前後）

貝塚時代前5期末、つまり日本本土における弥生時代にはいると、九州以北の人々は南の島々の貝を交易品として求めるようになる。彼らはゴホウラやイモガイ、オオツタノハなどの貝種を限定的に欲し、それらの貝を利用して積極的に腕輪を作っていた。この「南海産貝交易」は、北部九州から玄海灘沿岸や響灘沿岸を渡り、琉球列島につづく「貝の道」を通じて活発に行われた。[*207] 沖縄本島では、輸出するための貝をストックしていたと考えられる遺跡もみつかっている。もちろんその「貝の道」上に位置する徳之島も貝殻の供給地になったと考えられるが、その根拠となる遺跡は現在のところ確認されていない。

徳之島では、当該期を主体とした埋葬跡である伊仙町佐弁トマチン遺跡から、多様な貝製副葬品が確認されている。トマチン遺跡は海岸砂丘上の小高い丘に位置する箱式石棺型の埋葬跡であるが、周辺地域にはみられない珍しい構造をしており、下段、中段、上段と、一か所に三段の埋葬施設が重ねて築造されている。この墓には、多くの副葬品が捧げられていた。貝の有孔製品にゴホウラ製

＊204　吉永正史・宮田栄二編『犬田布貝塚』（伊仙町教育委員会、一九八四年）。

＊205　牛ノ浜修・井ノ上秀文編『ヨヲキ洞穴』（伊仙町教育委員会、一九八六年）。

＊206　新里亮人・山野ケン陽次郎「徳之島伊仙町喜念浜採集の貝製品について」『南島考古だより』第八四号（沖縄考古学会、二〇〇八年）。

＊207　木下尚子『南島貝文化の研究　貝の道の考古学』（法政大学出版局、一九九六年）。

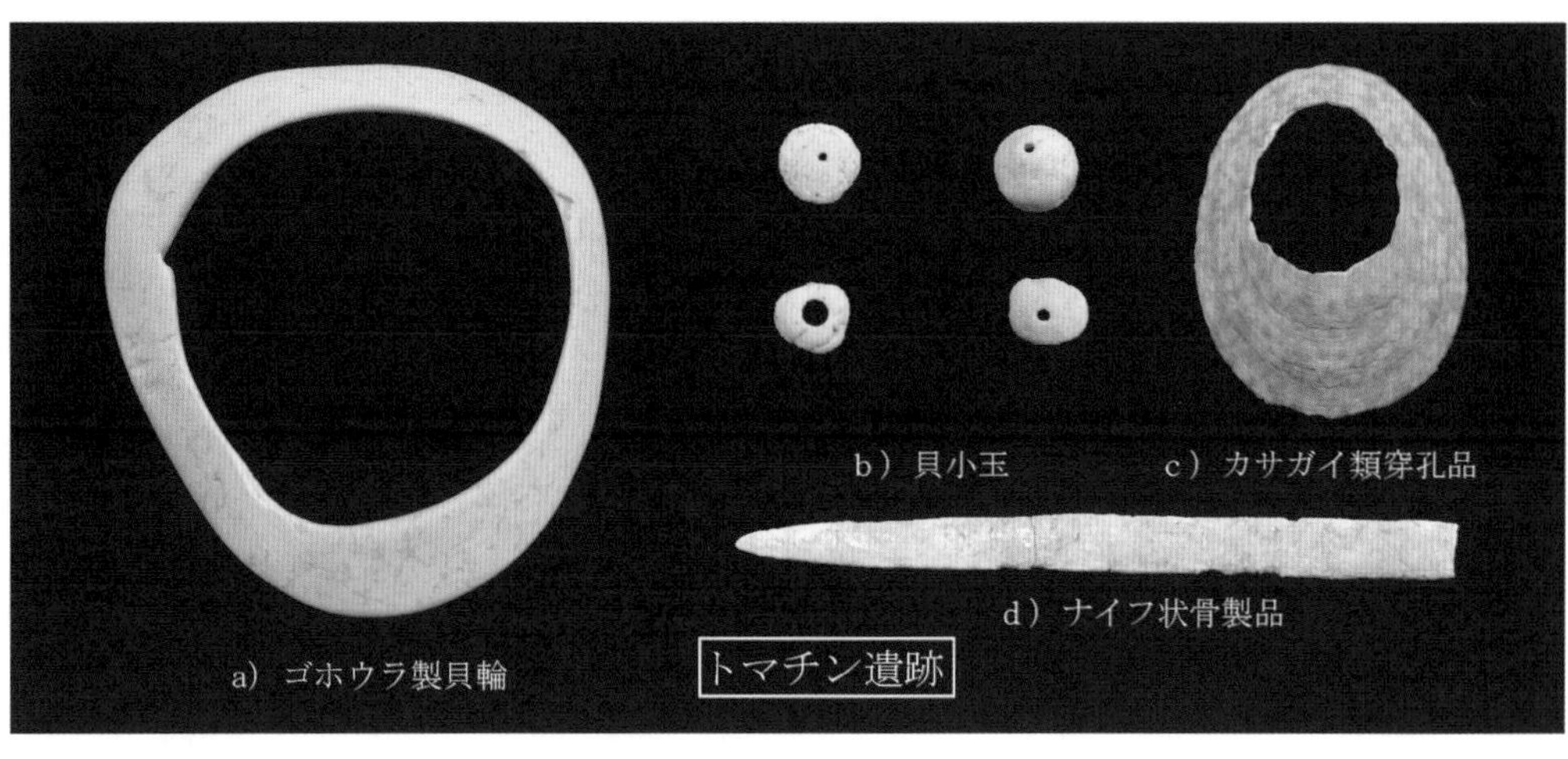

図 4-78　貝塚時代前 5 期末～後 1 期前半（スケール不同）

腕輪（図78ａ）、貝製玉類（図78ｂ）のほか、オオベッコウガサガイ・カサガイの中央に孔をあけた製品（図78ｃ）が複数見つかっている。骨製品はわずかであるが、石棺墓下から大型のナイフ状骨製品（図78ｄ）と椎骨製品が発見された。[＊208]

貝交易が活性化すると、前4期から前5期前半に頻繁につくられていた匠の意匠(いしょう)ともいえる具象モチーフの製品や模造品などは姿を消し、骨製品も減少の一途を辿った。

貝文化の転換　貝塚時代後1期後半（一～五世紀）

貝塚時代後1期後半になると南島北部圏において、貝文化の転換期が訪れる。ここでいう貝文化は、種子島の広田(ひろた)遺跡で局地的にみることができる。広田遺跡は砂丘上につくられた埋葬跡であり、その墓の中には人骨と共におびただしいほどの貝製装飾品が副葬されていた。[＊209] その装飾品の中でもひときわ目を引くのが、「貝符(かいふ)」や「竜佩(りゅうはい)状貝製品」とよばれる札(ふだ)状の製品であり、これらは外形の意匠のみならず美しい彫刻にその特徴がみてとれる。後1期後半には南島中部圏において骨製品の出土数が一気に落ち込むが、徳之島では当該期の遺跡はほとんど確認されておらず、いずれの現象においても言及することはできない。これらの特徴的な

＊208　新里貴之編『徳之島佐弁トマチン遺跡の研究』（鹿児島大学埋蔵文化財調査センター、二〇一三年）。

＊209　石堂和博・徳田希乃『広田遺跡』（南種子町教育委員会、二〇〇七年）。

貝製品は広田遺跡を中心に約三百年間利用された。つづく貝塚時代後2期には、簡易な模様を描く貝符が南島中部圏の島々でみられるようになり、伊仙町東部の砂丘地に広がる喜念貝塚でも、簡易な彫刻が刻まれたイモガイ科製の貝符（図79）が採集されている。

交易品の変化　貝塚時代後2期（七～九世紀を中心とする）

貝塚時代後2期には「南海産貝交易」の時代が幕を閉じ、ヤコウガイを中心とした貝交易が始まったと想定されている。奄美大島ではヤコウガイが大量に出土する遺跡が発見されており、匙を主体とした貝製品の製作地であることが示されている。九州以北において当該期のヤコウガイ匙の出土が確認されていないこともあり、交易の実態を解明するには至っていないが、これらの遺跡は古代のヤコウガイ供給地であったと考えられている。[*210] 少し時代を下ると、文献史料や正倉院宝物から螺盃や螺鈿細工（貝片を器物等の木地や漆面に装着して施す装飾法）にヤコウガイが使用されていたことが認められる点から、螺鈿原料となるヤコウガイの輸入を目的とした日本本土（ヤマト）や大陸側との交易が行われていた可能性は高いとされる。[*211] ただし、徳之島においてそのような現象を裏付ける遺跡は発見されていない。

当該時期の南島中部圏においては貝製品のみならず骨製品も激減している。

製品の減少　グスク時代（十一世紀～十六世紀）

琉球列島においてグスク時代は、農耕の開始期にあたり、時代の大きな変化の画期であった。グスク時代初期になると貝殻・動物骨ともに製品としてはほとんど製作されず、利用されなくなった。しかし、十四世紀になると再び骨鏃（ウシやウマの骨を材料としたやじり）が増え始める。骨鏃は鉄鏃の代用品であり、武器として機能したと考えられる。

図 4-79　貝塚時代後 1 期後半～後 2 期（スケール不同）

＊210　高梨修編『小湊フワガネク遺跡』（奄美市教育委員会、二〇一六年）。

＊211　木下尚子「開元通宝と夜光貝：七～九世紀の琉・中交易試論」高宮廣衞先生古稀記念論集刊行会編『琉球・東アジアの人と文化』上（尚生社、二〇〇〇年）。

移り変わりとその背景

琉球列島においては旧石器時代から貝製品が利用されていたということが示されており、続く貝塚時代前1期には生産用具的な用途で使用されたとみられる貝製品や骨製品、例えばヤスや針や鏃といったものを中心に種類が増加していく様子がみられる。南城市サキタリ洞遺跡での貝製品の発見は、貝製品製作における技術レベルが世界的にも非常に高いことを示した。[*212]

貝塚時代前1期における器種の貧弱さの要因として、当時のサンゴ礁環境が未発達であったとする考え方[*213]があるが、遺跡に残る動物遺体の分析からは既にある程度サンゴ礁環境が整っていたとする説[*214]もあり、当時の自然環境についてはいくつかの見解が示されている。いずれにせよ貝・骨製品ともに生産用具的な要素の強い製品が多数を占めるという共通点がみられる。

貝塚時代前2期から前3期にかけては、前1期と比較して貝製骨製ともに生産用具・装飾品の製品数が増加傾向にある。当該時期は、土器の流通や類似した墓制から示されるように、琉球列島と九州縄文文化との長距離間の交流が活発化し始めた時期である。琉球列島の貝製装飾文化は九州の貝製装飾品の習俗（しゅうぞく）が伝播（でんぱ）してきたことがひとつの要因として考えられている。[*215] 骨製品に関しては当該時期の出土遺跡数が少ないため傾向としては判然としないが、その数少ない遺跡から種類豊富な骨製品が発見されることから、貝製品同様に骨製品の需要も増加していることがうかがえる。

貝塚時代前4期にはいると、非常にバリエーション豊かな貝文化が認められるようになる。これは広く「南島貝文化」と称され、貝製品に蝶や獣など生き物の具象的モチーフを込めるようになり、貝輪や貝製玉類においてもさまざまな貝種が利用されるようになった。[*216] この傾向は骨製品でも同様にみられ、蝶形骨器や竜形骨器とよばれるジュゴン骨製品があらわれるのもこの時期である。沖縄本島において重宝されたジュゴンの骨は、奄美諸島においてはあまり利用されておらず、地域による動物種への選択性の違いをみることができる。このような動向は前5期まで続くが、多くの製品で徐々に装飾的意匠が減退していった。

＊212　前掲註191に同じ。

＊213　河名俊男「琉球列島におけるサンゴ礁形成史と地震・津波」高宮広土・伊藤慎二編『先史・原史時代の琉球列島：ヒトと景観』（六一書房、二〇一一年）。

＊214　黒住耐二「琉球先史人のサンゴ礁資源：貝類を中心に」高宮広土・伊藤慎二編『先史・原史時代の琉球列島：ヒトと景観』（六一書房、二〇一一年）。

＊215　新里貴之「貝塚時代後期文化と弥生文化」『弥生時代の考古学Ⅰ　弥生文化の輪郭』（同成社、二〇〇九年）。

＊216　前掲註195に同じ。

土器に加え黒曜石やヒスイなど搬入品が多く出土していることから、貝塚時代前4期から前5期にかけての琉球列島と九州縄文文化は、より活発な交流があったと考えられる。これらのモノの移動と共に製品彫刻における「擦切技法」などの製作技術も伝わったとされ、琉球列島のサンゴ礁環境（コラム11）が整った[*217]ことも貝文化を成熟させる一助となったであろう。

貝塚時代前5期末に始まった北部九州と琉球列島における「南海産貝交易」は、後1期前半にかけてより積極的な動きをみせた。北部九州では南海産のゴホウラやイモガイを利用して貝輪をつくり、これらは首長層を中心に利用された。それに伴い、これまで製作していた貝製品や骨製品に減少傾向がみられ、特に骨製品に関しては前5期に重宝されたジュゴンやクジラなどの海獣類の製品も含め大幅に減少する。本土で青銅器生産が始まると、これら南海産の貝を用いた製品は青銅器で模倣されるようになり、南海産の貝は青銅製の銅釧（どうくしろ）、巴形銅器（ともえがたどうき）へと代わっていく。

後1期後半に入ると、種子島広田遺跡を中心とした貝文化が花ひらくこととなる。この貝文化は、南島中部圏における前4・5期の貝文化を系譜としている可能性が示唆されている。[*218]当該期における「南海産貝交易」では、広田遺跡の所在する種子島は九州から南の島々への窓口として機能し、奄美諸島が貝交易の中継地兼運搬者、そして沖縄諸島が貝殻の供給地となっていた可能性が高いと想定される。[*219]

現在、広田遺跡の開始期はいくつかの説が示されている。弥生文化の影響も含め弥生時代後半ごろから形作られたとする説と、古墳時代社会との影響で古墳時代に入ってから形成されたとする説[*220]である。二つの社会の特質から交易関係にあった当時の南島社会と古墳社会は、お互いの文化や生活には大きな影響を及ぼさず、当時すでにこの二地域には明瞭な境界意識が存在したという見解がある。

貝塚時代後2期、古墳時代が終わりを告げると、日本本土では貴族を中心にきらびやかな文物が大いに流行することとなる。南島北部圏および南島中部圏では「南海産貝交易」に続き「ヤコウガ

＊217　菅浩伸「琉球列島のサンゴ礁形成過程」『琉球列島先史・原史時代の環境と文化の変遷』（六一書房、二〇一四年）。

＊218　前掲註195に同じ。

＊219　前掲註215に同じ。

＊220　橋本達也「古墳と南島社会―古墳時代における南の境界域の実相・広域交流・民族形成―」『国立歴史民俗博物館研究報告』二一一、二〇一八年。

イ交易」が開始し、南島的で独特な貝製品が減少、代わりに交易のために多くのヤコウガイが搬出されたと考えられる。

グスク時代になると、カムィヤキ古窯跡群の操業と農耕の開始に伴い、南の島々は大きな時代の画期を迎えた。狩猟採集社会は減退し、貝や骨などを利用した製品も激減していった。グスク時代における骨鏃の利用は、金属器の代用品として戦闘に伴い増加したもので、先史時代における製品利用とは違った意味合いを持つものであった。

島の人々と貝・骨

数万年前から確認される南島の人々の痕跡は、多様な自然とともに発展してきたことを今に伝えている。貝製品はいくつかの転換期と隆盛期がみられ、骨製品の利用は前3期および前4期が最盛期であり、グスク時代にも一部製品において需要があった。貝製品は特にその希少性や特殊性から交易品として重宝され、島の人々にとっては精神的かつ呪術的な意味合いも強かったと考えられる。

その時々によって使用される貝種や動物種は異なるが、南の島の人々は長い間一貫して、自然に寄り添い、そして自然の威(い)を拠り所とし、生活してきたのであった。

（安田未来）

鉄製品

鉄の特徴と鉄製品の作り方

金属とは鉱物に高熱を与えることによって得られる物質で、代表的な種類として金、銀、銅、鉄、アルミなどがある。中でも鉄は、鉄鉱石や砂鉄を炉の中で木炭と共に熱することによって人為的に作り出される、人間にとっても最もなじみ深いものといえる。原料を加熱して金属鉄を獲得することを製錬というが、製錬直後の時点では不純物（炭素）が多く含まれてもろいので、それを取り除くために鉄槌で叩き、小鍛冶に適した素材へと変える作業が行われる。小鍛冶の素材に適した鋼や軟鉄を作る工程を精錬鍛冶または大鍛冶と呼ぶ。これに対して、精錬された素材鉄を再び熱し、叩き伸ばすことは鍛錬鍛冶あるいは小鍛冶といわれる。

製品の作り方にも種別があり、金属を叩いて道具を形作ることを鍛造、溶かした金属を鋳型に流し込んで製品を作ることを鋳造という。鍛造品は強度が強いという特性があり、鋳造は複雑な形状への加工と量産に向いているので、鉄製品の製作には用途や形状に適した方法が採用される。鍛造品、鋳造品を問わず、包丁や刀のような刃物は刃部を鋭利にするため砥石で研ぐ作業、鉄鍋などには器面を滑らかにするため研磨作業が行われる。

各工程に用いられる技術に注目すると、製錬するため鉱物に火をかける技術は土器作り、製品を作るために鉄を叩いたり磨いたりする技術は石器作りのそれと共通することに気が付く。自然界から金属を獲得し、金属製の道具を作ることは、人類が長年をかけて得た生活技術が土台となっていたということができる。

遺跡から出土する鉄製品

鉄は元素記号でFeと記され、大気や水に含まれる酸素に反応して赤色の酸化鉄（Fe_2O_3）となる。鉄の劣化部分は酸化鉄にあたり、サビとして表面にあらわれる。遺跡から出土する鉄製品は長期間地中に埋まっていることからサビでふくれた状態で発見されることがほとんどなので、元の形状を確認するためにはサビの除去やX線写真の撮影など特別な作業が実施

a

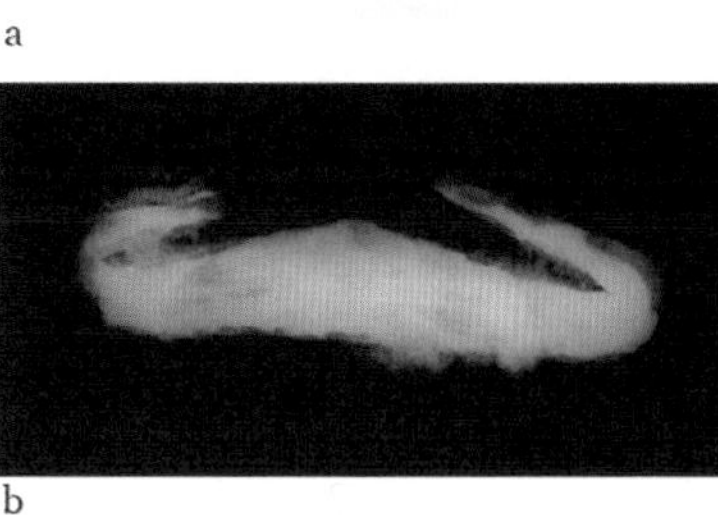

b

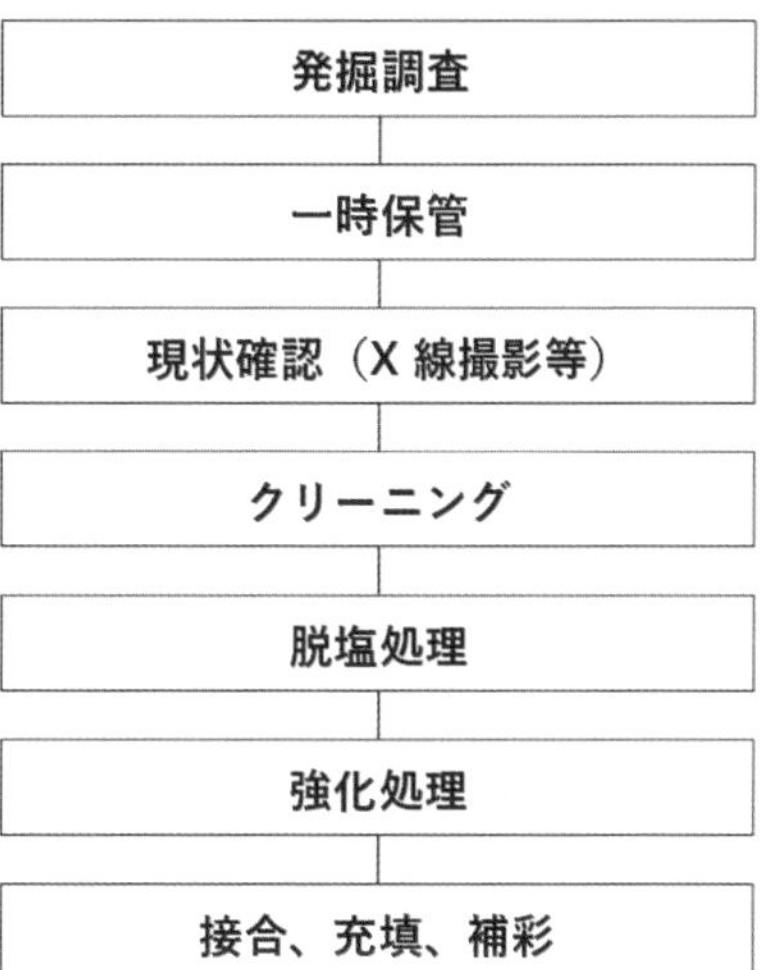

c

図4-80　鉄製品の取り扱い
a：屋鈍遺跡出土鉄製品の現状写真
b：屋鈍遺跡出土鉄製品のX線写真
c：鉄製品の保存処理の工程

される（図80）。

遺跡から出土した鉄製品をそのまま室内で保管すると、発錆や裂損など劣化がさらに進む。そのため、博物館などで保管する際には経年劣化を遅らせるための科学的な保存処理が実施される。

金属製品の特徴を以上のように理解した上で、以下では、琉球列島の遺跡から出土した鉄製品および遺跡で確認された製品の製作場について紹介したい。

貝塚時代後期の鉄製品

琉球列島の遺跡から鉄製品が発見されるようになるのは貝塚時代後1期の頃で、宇堅貝塚（沖縄本島）の板状鉄斧（柄にほぞ穴を掘って装着する）と砥石、中川原貝塚の袋状鉄斧（柄に装着する部分がソケット状になる鉄斧）がその代表例となる。これらの遺跡からは弥生時代後期（3世紀頃）の土器が出土しているので、弥生文化圏にある地域との交流によって鉄製品が持ち込まれたと考えられている。[*221]古墳時代と同じ頃を貝塚時代後1期後半とすると、奄美大島小湊フワガネク遺跡調査区24のVb層の釣針がこの時期のものに該当し、[*222]奄美大島屋鈍遺跡Ⅳ・Ⅴ層の鉄片二点もその可能性が残る。[*223]貝塚時代後1期の鉄製品は現在のところ事例はさほど多くはなく、琉球列島全域で鉄製品が一般化したわけではなさそうだ。ただし、小湊フワガネク遺跡では鉄の精錬時に出る不純物（鉄滓）が出土し

＊221　大城慧「沖縄の鉄とその特質」『考古資料より見た沖縄の鉄器文化』（沖縄県立博物館、一九九七年）、一二一―一七頁。
當眞嗣一「沖縄の鉄器」『考古資料より見た沖縄の鉄器文化』（沖縄県立博物館、一九九七年）、一八―二三頁。
當眞嗣一「沖縄における鉄器研究について」『沖縄県立博物館紀要』31（沖縄県立博物館、二〇〇五年）、一―一一頁。

＊222　高梨修（編）『小湊フワガネク遺跡群遺跡範囲確認調査報告書』名瀬市文化財叢書四（名瀬市教育委員会、二〇〇三年）。
木下尚子「小湊フワガネク遺跡と広田遺跡―奄美大島の鉄器導入期の考察―」『中山清美と奄美学―中山清美氏追悼論集―』（奄美考古学会、二〇一九年）、一四九―一六七頁。

＊223　西園勝彦（編）『屋鈍遺跡』鹿児島県立埋蔵文化財センター発掘調査報告143、二〇〇九年。

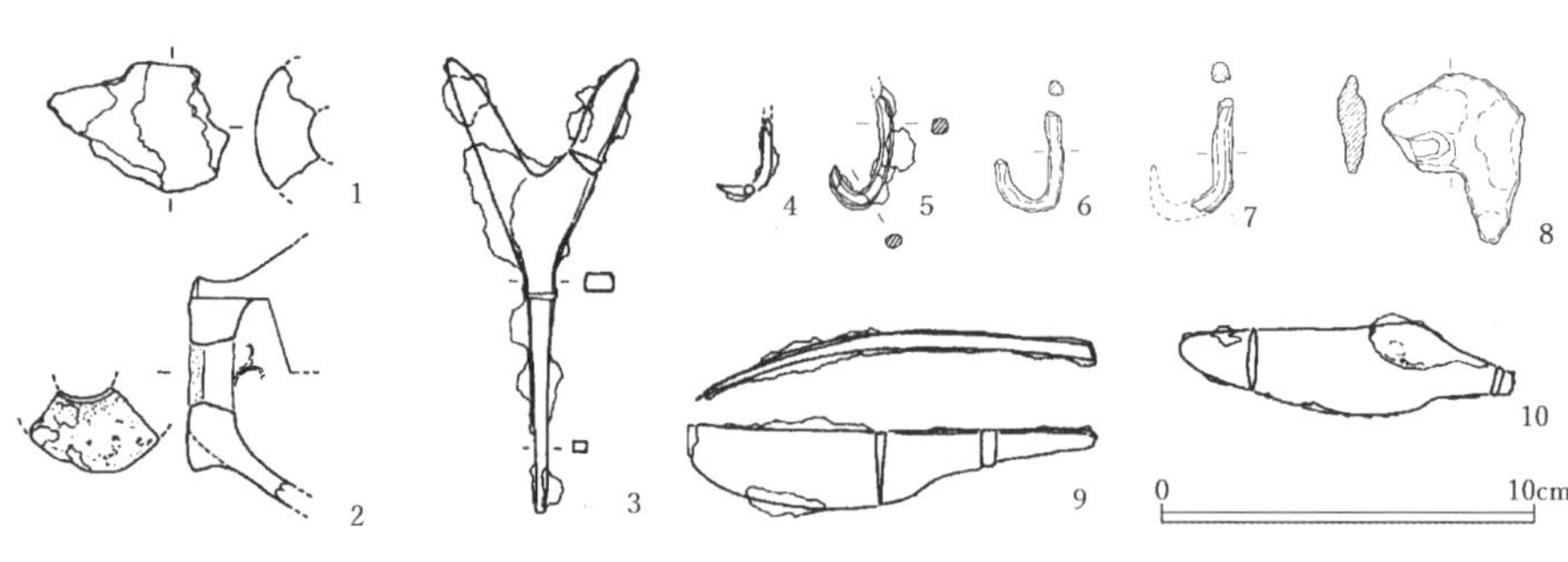

図4-81　貝塚時代後2期の鉄関連遺物

1：鞴羽口（マツノト遺跡）　2：土器転用鞴羽口（マツノト遺跡）　3：鴈又鏃（マツノト遺跡）　4〜7：釣針（4：マツノト遺跡、5：安良川遺跡、6・7：フワガネク遺跡）　8：鎌状鉄製品（フワガネク遺跡）　9・10：刀子（マツノト遺跡）

ているので、単に鉄製品が持ち込まれたのではなく、生産に関わるなんらかの作業が遺跡内で行われていたことが推定できる。鉄製品の生産方法を知る人々によってその技術が導入されたのであろう。

その後、貝塚時代後2期となると、鉄に関連する遺跡や遺物の数量は増加する（図81）。鉄製品が兼久式土器と一緒に見つかることはよく知られていたが、[*224] 奄美大島マツノト遺跡、サウチ遺跡、徳之島前当り遺跡では鞴の羽口が出土していることから、この時代の人々が小鍛冶の技術を習得していたことは確実とされる。[*225] 鞴とは製鉄炉や鍛冶炉を高温度にするための空気を送る木製や布製の装置（図82）、羽口とは鞴から炉に空気を送る土製や石製の管のことを指す。形状から判断できる鉄製品の種別は、釣針と刀子（現在でいう小刀）が目立ち（図81―4〜7、9・10）、魚類の捕獲や生活で用いる刃物として利用する道具が多い。漁労・採集に役立つ道具が好まれて利用されていたのであろう。なお、フワガネク遺跡から発見されている鎌形の鉄製品は（図81―8）、海の岩礁帯に生息する貝や甲殻類を捕獲する「イソガネ」との形態的な類似が指摘されている。[*226] ヤコウガイなどサンゴ礁リーフ外縁に生息する海産物の採集活動に鉄製品が利用されていたことを明らかにするためにも、今後類例の増加が望まれる。

図4-82　現代の鞴（徳之島町郷土資料館所蔵）

＊224　白木原和美「南西諸島の初期金属器」『金山・樺製鉄遺跡群調査報告書―小岱山麓における製鉄遺跡の調査―』下巻（荒尾市教育委員会、一九九二年）、六九―八二頁。
高梨修『ヤコウガイの考古学』（同成社、二〇〇五年）。

＊225　川口雅之「南島における鉄器生産の開始と普及について」『南島考古』40（沖縄考古学会、二〇二一年）、三七―五二頁。

＊226　馬籠亮道「南島の海人道具―喜界島城久遺跡群出土用途不明鎌形鉄製品の評価を巡って―」『中山清美と奄美学―中山清美氏追悼論集―』（奄美考古学会、二〇一九年）、四二一―四三三頁。

グスク時代の鉄製品

琉球列島の全域に鉄製品が普及したのはグスク時代のことであった。[*227] 貝塚時代後2期と比べて鉄製品の数と種類は格段に増え、さらには素材鉄の生産や製品加工に関連する遺構や遺物の検出例も飛躍的に増加する。鍛冶炉、砂鉄の貯蔵穴、鞴の羽口、精錬や鍛錬の際に産出される鍛冶滓（不純物）などがこれに該当し、[*228] こうした資料の存在は鉄製品を利用するばかりでなく、素材鉄の生産、製品のメンテナンスや再加工が日常化したことを示す確たる証拠となる。グスク時代とは琉球列島全域が鉄器社会へと移り変わった産業上の画期でもあった。

貝塚時代後2期に出現した釣針、刀子、鎌形鉄製品に加えて、農具（鍬、鎌、ヘラ）、紡績具（紡錘車）、工具（鏨）、調理具（鍋）、建築材（鉄釘）、武器（鉄鏃、短刀）、武具（鎧、兜）など鉄製品の種類は多種におよび、生活のあらゆる場面で鉄が使用されるようになったことがわかる[*229]（図83）。

鉄製農具の出現は、農業を基盤とする生活文化の普及と対応しており、武器や武具の存在は、グスクの構築と関係して武装化した人々の姿を物語る。貝塚時代後2期と異なるのは鉄刀や鉄製紡錘車などが墓に副葬された状態で発見される点にあり、[*230] 特定の道具を所有する人物の存在は社会の複雑化（階層化や労働分業）が進んでいたことを想像させる。十三世紀以降の遺跡から確認される鉄鍋は、煮炊き具として利用されたとみられるが破片で出土することも多いため、[*231] 鉄製品の素材として再加工される可能性にも注意しておきたい。

グスク時代の遺跡から発見される刀子（鉄製のナイフ）は、柄の部分が日本本土のものと異なる独自のもので、その系譜は貝塚時代後2期のマツノト遺跡発見資料に連なるとされている。このことから、グスク時代の鉄器文化は奄美諸島を起点として沖縄諸島へと普及したと推定されており、[*232] 土器文化や農耕文化と同様、グスク時代を代表する鉄器文化も奄美諸島を起点に沖縄・先島諸島へと伝えられた可能性が考えられる。

＊227　前掲註221に同じ。

＊228　前掲註225に同じ。

＊229　沖縄県立博物館（編）『考古資料より見た沖縄の鉄器文化』（沖縄県立博物館、一九九七年）。

＊230　新里亮人・常未来（編）『前当り遺跡・カンナテ遺跡』伊仙町埋蔵文化財発掘調査報告書⒄（伊仙町教育委員会、二〇一八年）。

＊231　川口雅之「鹿児島県における古代・中世鉄器の基礎的研究」『地域・文化の考古学：下條信行先生退任記念論文集』（下條信行先生退任記念事業会、二〇〇八年）、六三七—六五四頁、前掲註225に同じ。

＊232　村上恭通「中世・南島における鉄器生産の基礎的研究—鞴羽口を中心に—」『中山清美と奄美学—中山清美氏追悼論集—』（奄美考古学会、二〇一九年）、三〇七—三一三頁。

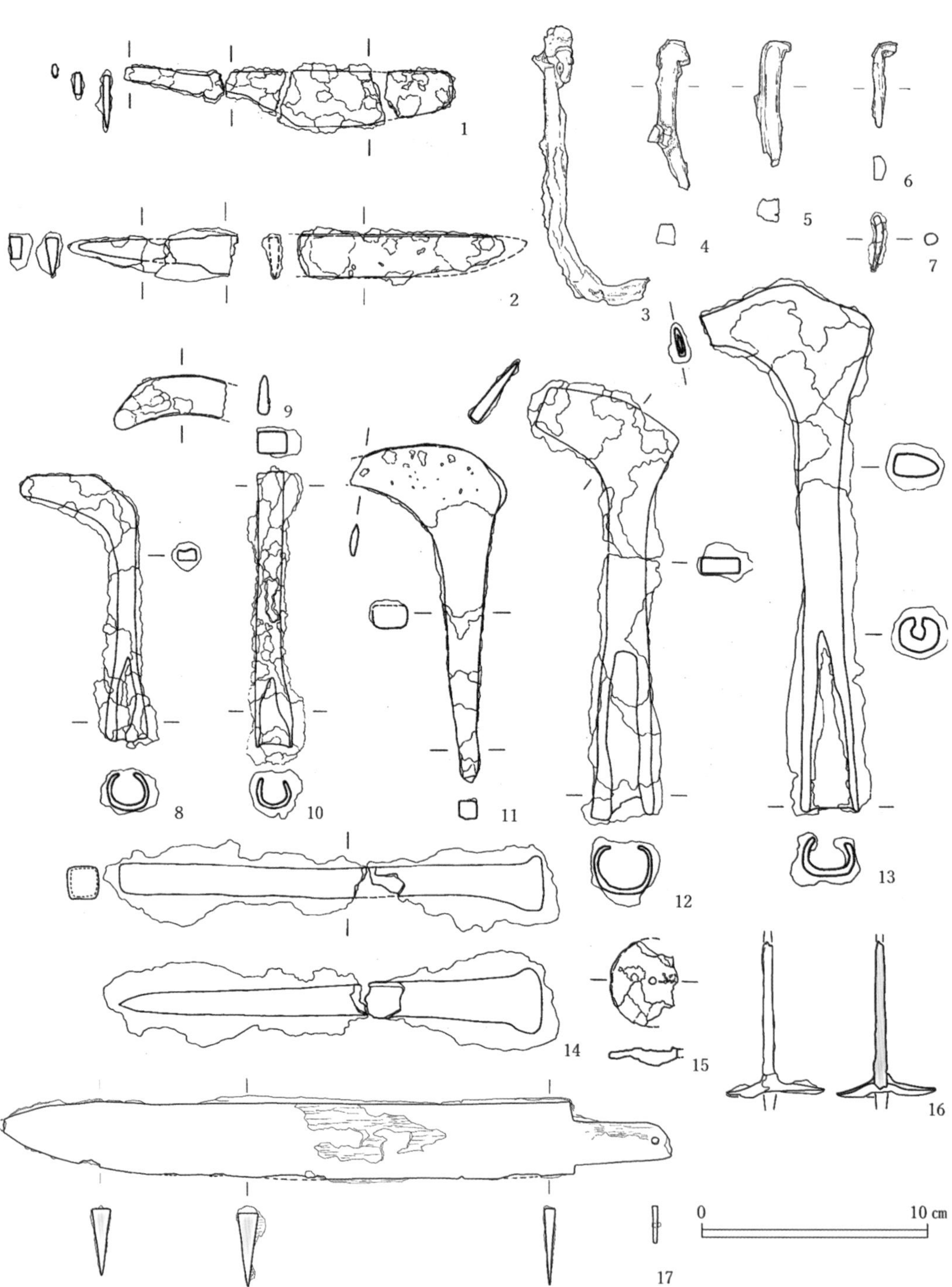

図 4-83　グスク時代の鉄製品

1・2：刀子（前畑遺跡）　3：釣針（用安湊城）　4〜7：鉄釘（4〜6：用安湊城、7：前畑遺跡）　8〜13：鎌状鉄製品（8〜12：前畑遺跡、13：小ハネ遺跡）　14：鏨（前畑遺跡）　15・16：紡錘車（15：前畑遺跡、16：前当り遺跡）　17：鉄刀（前当り遺跡）

鉄製品の生産跡

グスク時代の遺跡からは焼土遺構がよく見つかる。このうち、強い火力によって被熱部分が灰黒色に硬く焼き締まり、周辺から鞴の羽口や鉄滓が出土するものは鍛冶炉跡と報告されている。[*233] 平面の形状は円形で、深さは皿形にくぼんだだけのものやしっかりとした穴が掘られたものなどがある。このような遺構は単独で見つかることもあるが、奄美大島の用安湊グスクでは、四本柱建物跡の中央部付近で検出されており（図84—a）、鉄の加工に関する諸作業が特定の建物内で行われていた可能性も考えられる。

鉄の生産と関わる重要な遺構が喜界島において発見されている。[*234] 喜界島城久遺跡群の一つである大ウフ遺跡（図84—b・c）では、十世紀から十二世紀の遺物が出土するA区において複数の焼土遺構が見つかっており、そのうち焼土跡4号は、平面形がひょうたん形で、片方が深く掘られ、他の焼土遺構よりも強く火を受けている特徴をもつ（図84—c）。そこから発見された鉄滓は砂鉄製錬滓（砂鉄から鉄を製錬する際の不純物）と分析されたことから、焼土跡4号は砂鉄から鉄を製錬する炉と推定された。[*235] これに対して、円形を示す焼土跡2号は（図84—b）、発見された鉄滓が精錬鍛冶滓と鍛錬鍛冶滓であったことから製鉄炉とは区別できる鍛冶炉とされる。付近からは砂鉄ピット（砂鉄を貯蔵した穴）も見つかっていることから大ウフ遺跡では製錬、精錬、鍛錬、製品加工という鉄製品生産の一連の作業が行われ、鉄製品の生産工程に応じて異なる構造の炉が利用されていた可能性が示された。[*236] また、城久遺跡群の南西側に位置する崩リ遺跡（図84—d・e）には鉄滓が多く出土する土坑32号と溝状遺構17号があり、溝状遺構では炉壁（鉄を溶かすために設置された筒状の炉）とされる粘土のかたまりや製錬時に炉外に流れ出した鉄滓（流出滓）が出土したことから、製鉄（金属鉄の製産）に利用された炉と結論付けられている。[*237] これら製鉄跡は、大ウフ遺跡が十世紀代、崩リ遺跡が十二世紀前後のグスク時代とされ、製鉄に関連する遺跡の分布が喜界島に限られることから、この期間における琉球列島の鉄製品は喜界島を起点に普及したとみる意見もある。[*238]

鞴の羽口は、寸法が大きいほど送風量が増えてより高火力を得ることに適する。そのため、羽口のサイズは鉄生産の規模や程度を計る上で重要な要素とされる。琉球列島から出土する羽口は直径六センチ

＊233　具志堅亮（編）『中里遺跡』天城町埋蔵文化財発掘調査報告書(4)（天城町教育委員会、二〇一〇年）。

＊234　松原信之・野﨑拓司・澄田直敏・早田晴樹（編）『城久遺跡群—総括報告書—』喜界町埋蔵文化財発掘調査報告書(14)（喜界町教育委員会、二〇一五年）。

＊235　野﨑拓司・松原信之・澄田直敏（編）『城久遺跡群大ウフ遺跡・半田遺跡』喜界町埋蔵文化財発掘調査報告書(12)（喜界町教育委員会、二〇一三年）。

＊236　前掲註234に同じ。

＊237　村上恭通「第Ⅳ章　自然科学的分析　第1節　崩リ遺跡の製鉄関連遺物について」『崩リ遺跡Ⅰ　第二分冊　中世遺構・図版編』喜界町埋蔵文化財発掘調査報告書(16)（喜界町教育委員会、二〇一八年）、八三—八五頁。

＊238　前掲註225、226に同じ。

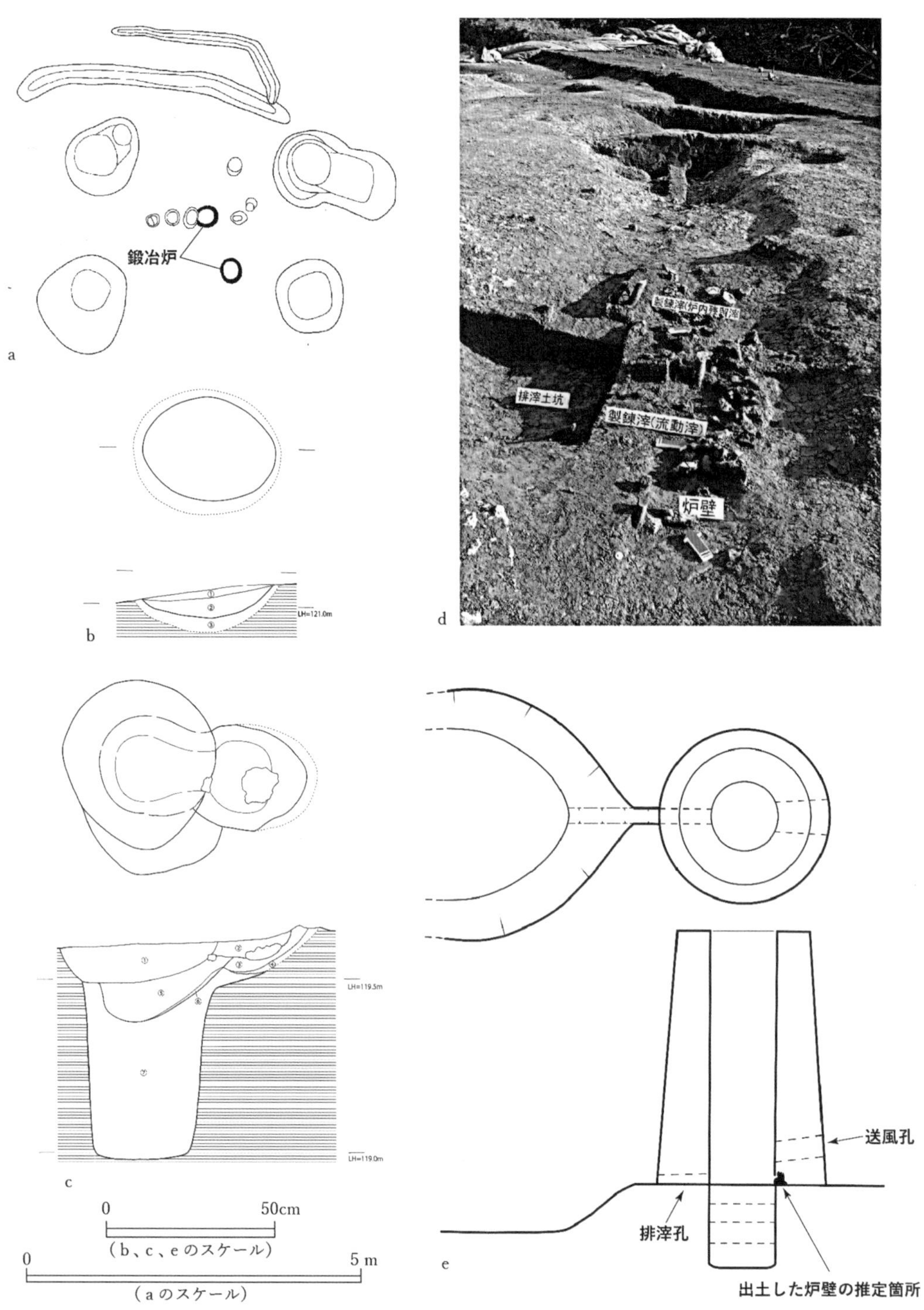

図 4-84　鉄の生産関連遺構
(a：用安湊城の鍛冶炉　b：大ウフ遺跡焼土跡２号　c：大ウフ遺跡焼土跡４号　d：崩リ遺跡 SD17 号検出状況
e：崩リ遺跡 SD17 号の調査成果による製鉄炉の復元図)

図4-86　図85を上（送風口側）からみる

図4-85　徳之島町域で発見された石製の羽口

メートルから八センチメートル前後の一般的なものだが、十四世紀には沖縄諸島において一五センチメートル前後の大型品が出現する。[*239] 大型の鞴羽口は九州中南部に類例があることから、琉球王国成立直前には九州からの鍛冶技術が再度導入されたことが想定されている。[*240] これは大型の羽口に応じた規模の製鉄炉が利用されたことと対応し、鍛冶の工程に適した各種羽口が使い分けられていた可能性を示すとされる。[*241] このことはグスク時代から琉球王国時代にかけて鉄器の生産がさらに活発化・大規模化していく様子を物語っている。

ただし、徳之島では砂鉄[*242]（図87）、沖永良部島では褐鉄鋼[*243]の採取ができるとされ、原料調達の観点からするとこれらの島での鉄の製錬は不可能ではない。貝塚時代後2期からグスク時代開始期にかけての鉄の製錬と素材鉄の供給を喜界島が独占していた理由はまだ明らかになっておらず、今後、各島々において鉄生産跡を探索するなどさらなる調査・検討が必要となる。

（新里亮人）

＊239　前掲註232に同じ。
＊240　前掲註232に同じ。
＊241　前掲註232に同じ。
＊242　重久勇氏によるご教示。
＊243　北野堪重郎（編）『大当遺跡』和泊町埋蔵文化財発掘調査報告書(9)（和泊町教育委員会、二〇二〇年）。

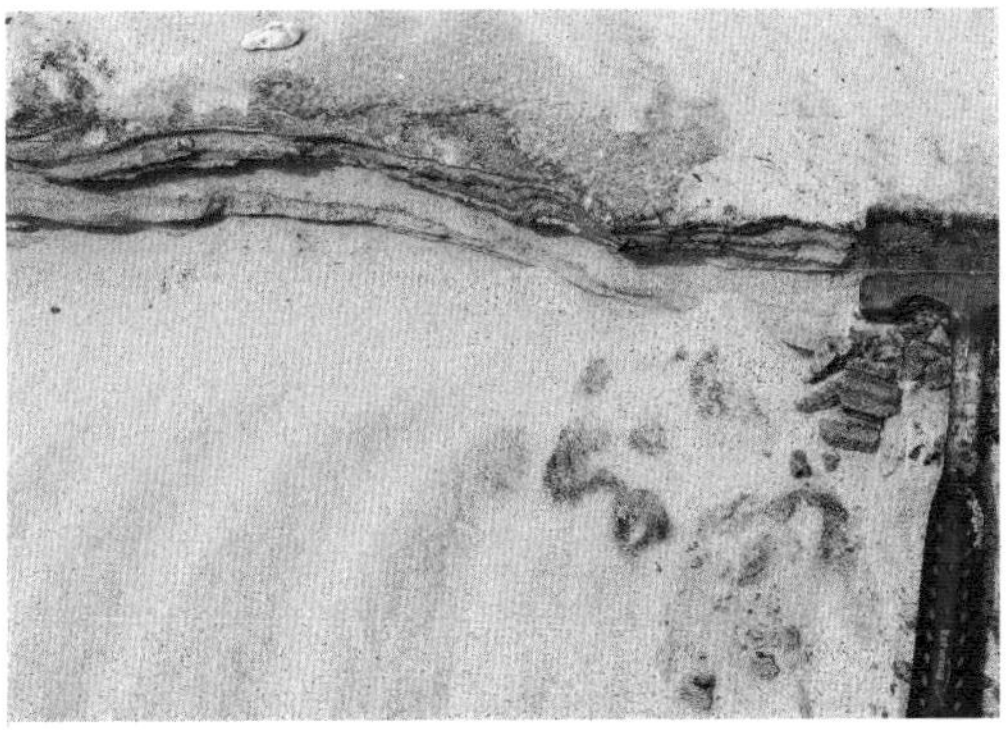

図4-87　山集落の窪田浜にみられる砂鉄

3 とる

過去のヒトは何を食べたか

ヒトは食べなければならない。ヒト以外の動物は生きるために食するが、ヒトは生存のために加えて、文化的にも食を利用する。その最たる例がコミュニケーションの場における食であろう。それゆえ食を研究することは現代において最も注目されているテーマの一つである。このことは過去についても同様であり、過去の人々がどのようなものを食べたのかを解明することは彼らの生きた術や食文化を理解するうえで大変重要な課題となっている。過去の人々は何を食べたか。彼らは何を「獲り（狩猟・漁撈）」、何を「採り（貝類・野生植物の採集）」、そして何を「穫った（農作物の収穫）」のであろうか。[*244] そして、この地では、いつ野生の動植物に依存していた時代から、栽培植物や家畜動物利用の時代へと移り変わったのであろうか。「とる」では、先史・原史時代における食について紹介する。他の項や章と同様に徳之島町では先史・原史時代における「とる」に関する情報は皆無に等しい。それゆえ、伊仙町や天城町あるいは他の南島中部圏の島々の情報をもとに解説したい。「とる」については以下の順で説明する。まず、「とる」に関して、最近ようやく若干みえてきつつある旧石器時代における「とる」について述べる。つぎに、貝塚時代における動植物の「採る」と「獲る」について説明する。三番目にグスク時代における「穫る」について述べる。グスク時代は貝塚時代の自然資源を「採る」・「獲る」から栽培植物および家畜動物の「穫る」へ激変した時代であった。最後に動・植物食の「とる」についてまとめ、それをもとに徳之島町先史・原史時代における「とる」を推察してみたい。

旧石器時代

徳之島ではこれまでに旧石器時代の遺跡が二遺跡報告されている。伊仙町に所在する天城（あまんぐすく）遺跡とガラ竿（ざお）遺跡である。[*245] 徳之島の北に位置する奄美大島でも旧石器時代の遺跡が奄美市笠利町で報告されている。ヤーヤ遺跡、喜子川（きしかわ）遺跡[*246]および赤木名（あかきな）グスク遺跡[*247]である。約二万五千年前～約三万年の遺跡と解釈されているが、石器のみ出土しており、これらの遺跡で旧石器時

*244 ここでは「獲る」と「採る」は自然のもの、つまり、狩猟・採集・漁撈を指す。また、「穫る」は育てたものを収穫した意味としたい。つまり、農耕・家畜を意味する。「穫る」は「とる」とは読まないが、狩猟・採集・経済に合わせるためにここでは「とる」とする。

*245 山崎真治『島に生きた旧石器人 沖縄の洞穴遺跡と人骨化石』（新泉社、二〇一五年）、九六頁。

*246 前掲註245に同じ。

*247 笠利町歴史民俗資料館編『赤木名グスク遺跡』（笠利町教育委員会、二〇〇三年）、九八頁。

代人がどのような動植物を「とった」のかに関するデータは得られていない。

二〇〇九年より開始された沖縄県南城（なんじょう）市に所在するサキタリ洞遺跡における発掘調査からは、この時代の人々の食文化の一部を垣間見ることができる。サキタリ洞遺跡は旧石器時代の層が三層確認されている。第Ⅰ層が約一万三千年前から約一万四千年前、第Ⅱ層が約一万六千年前から約二万年前、第Ⅲ層が約二万六千年前から約三万六千年前といわれている。[*248] そのうち第Ⅰ層および第Ⅱ層よりこの時代の「とる」について示唆的なデータが提供されている。[*249] まず、サキタリ洞遺跡は今日もっとも近い海から一キロメートル以上離れているが、海に棲む魚類が少量出土している。それらはアナゴ属やブダイ科である。また海棲の貝類も報告されている。これらの貝は今日南九州以北に分布するマツヤマワスレやトコブシ（ナガラメ型）などで、奄美・沖縄諸島の当時の環境が今日より冷涼であったことがわかる。一方、第Ⅰ層では少数ではあるが、キバアマガイ・ホソスジイナミなどの現在の奄美諸島でみられる貝が回収されており、海水温は現在と同程度であったという仮説もある。これらの貝類に加えて、モクズガニやオオウナギなどが出土している。モクズガニのサイズは大型で、秋がもっとも旨味があるらしい。民俗例でもサキタリ洞遺跡近くの人々は秋にこのカニを採集したという。つまり、サキタリ洞遺跡出土の動物遺体は秋における食事事情を示しているようだ。この解釈を支持するものとして、シイ属（シイノミ／イタジイ）も第Ⅱ層から検出されている。[*250] 他の季節にどのようなものを食料の対象としていたのであろうか。春・夏・冬の食事事情の解明も楽しみである。

徳之島では近年、天城町の下原（したばる）洞穴遺跡からは、一万三千年前とされる層から貝類が出土しており、サキタリ洞遺跡と同様にカワニナ類が多く出土している。また、わずかではあるが現在は奄美・沖縄諸島には生息していないアワビ類を含む海産貝類も得られている。海産種では岸側の潮間帯にすむオオベッコウガサやベッコウガサが目立っている。この遺跡における調査も旧石器時代の食生活についてヒントを与えるものとなるであろう。

南島南部圏になるが、石垣島に所在する白保竿根田原（しらほさおねたばる）洞穴遺跡[*251]ではイノシシの骨が多く検出されて

＊248　沖縄県立博物館・美術館編『沖縄県南城市サキタリ洞遺跡発掘調査報告書Ⅰ』（沖縄県立博物館・美術館、二〇一八年）、二〇頁。

＊249　前掲註245、248に同じ。藤田祐樹『南の島のよくカニ食う旧石器人』（岩波書店、二〇一九年）、一三六頁。

＊250　松元美由紀・宮城ゆりか「沖縄県南城市サキタリ洞遺跡出土の大型植物遺体（予報）」沖縄県立博物館・美術館編『沖縄県南城市サキタリ洞遺跡発掘調査報告書Ⅳ』（沖縄県立博物館・美術館、二〇一七年）、九五―一〇一頁。

＊251　沖縄県立埋蔵文化財センター編『白保竿根田原洞穴遺跡』（沖縄県立埋蔵文化財センター、二〇一七年）、二〇一頁。

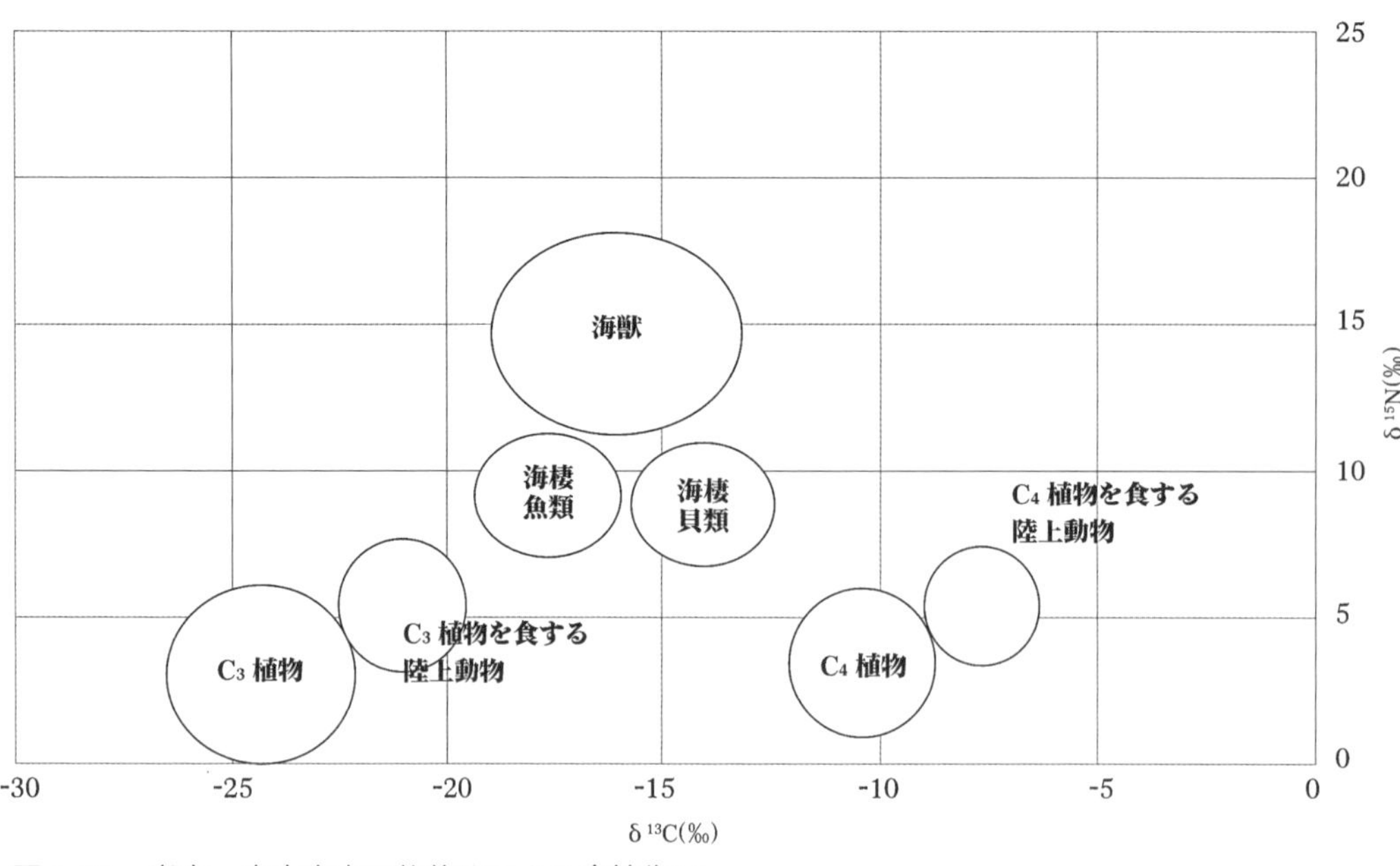

図 4-88　炭素・窒素安定同位体比による食性復元

おり、イノシシはそのころから「獲られていた」であろう。また、人骨の化学分析によって、その人骨の持ち主が生前どのようなグループのものを食していたかが分かる方法がある。炭素・窒素安定同位体比分析である。[252] この分析によって、その人骨の持ち主が生前どのようなグループの動植物を主に食していたか、が示唆されるのである。大きく分けて、ヒトの食料の対象となる動植物は炭素・窒素安定同位体比によりC_3植物、C_4植物および海洋資源に分類することができる。C_3植物にはどんぐりなどの堅果類やイネやオオムギおよびコムギが含まれ、C_4植物にはアワやキビおよびトウモロコシがその代表的な植物食として知られている。興味深いことに、ヒトや他の動物の骨から得られる炭素・窒素安定同位体比はそのヒトあるいは動物が生前食していた動植物に近似するのである。つまり、C_3植物を食べていたら、そのヒトあるいは動物はC_3植物に近い値に、C_4植物を食していたら、C_4植物に類似した同位体比が期待できるのである。また、C_3植物とC_4植物を半々食べていたら、その値はC_3植物とC_4植物の間になることが予測できる。同様に海獣が

＊252　高宮広土「炭素・窒素安定同位体比分析からわかる先史時代の食性」高宮広土編『奄美・沖縄諸島先史学の最前線』(南方新社、二〇一八年)、一六四―一七三頁（一部修正）。

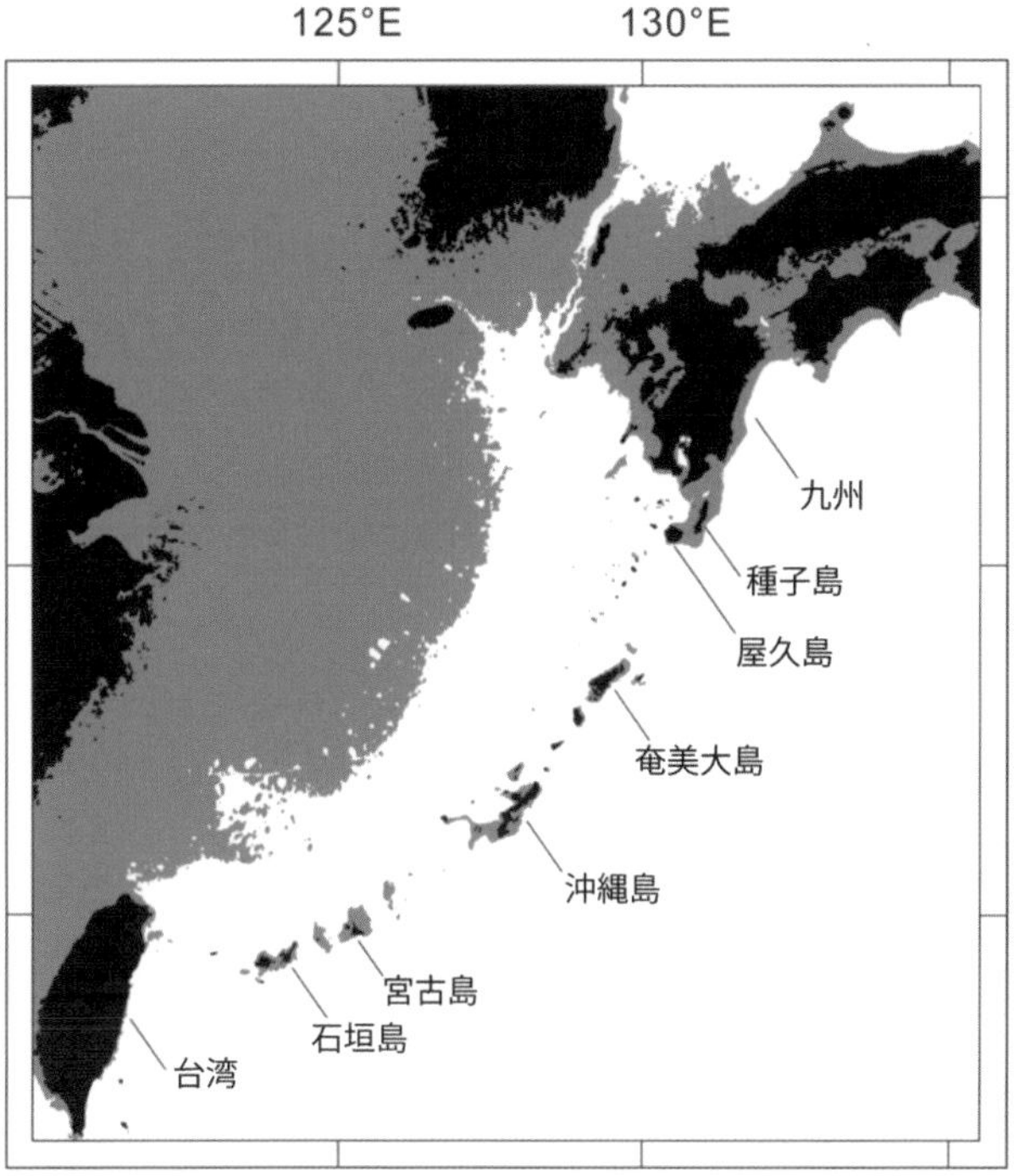

図4-89　更新世末の琉球列島

食料の主な対象であれば、海獣に近い同位体比が期待できる（図88）。この分析を白保竿根田原遺跡出土のヒトとイノシシで実施したところ、ヒトもイノシシもC_3植物を主に食べていたことが明らかになった。C_3植物を主に食していたことは判明したが、その植物がなにであったのかまでは理解することはできない。サキタリ洞遺跡（前述したようにシイ属検出）やつぎの貝塚時代を参考にすると、おそらくどんぐりなどの堅果類であったのであろう。[*253]

この時代、海に囲まれた琉球列島の島々で魚はほとんど遺跡から出土していない。魚類が主に利用されるのはまだまだ数千年後のことであった。この傾向は貝塚時代の早い時期の遺跡から出土した動物遺体からも示唆されている。

ところで奄美諸島を含む琉球列島には中期更新世[*254]以前にシカ類が生息していたことがシカ類の化石出土で判明しているが、二万年前から三万二千年前の間にシカ類の化石骨がみられなくなる（図2―4）。どうやら絶滅したようだ。シカ類が絶滅したころ、奄美諸島（および沖縄諸島・先島諸島）にヒトが姿を現すが、シカ類が狩猟の対象となったという痕跡はまだ認められていない。シカ類の絶滅がヒトによるものか、自然によるものかはまだ分かっていない。[*255]興味深いことに、リュウキュウイノシシ（以下イノシシ）はシカ類が繁栄したころには存在せず、

＊253　米田穣・覚張隆史・内藤裕一・板橋悠・瀧上舞・大森貴之・松崎浩之・小林紘一・廣田正史・伊藤茂「年代・安定同位体　白保竿根田原洞穴遺跡における人間活動の年代学的検討」沖縄県立埋蔵文化財センター編『白保竿根田原洞穴遺跡』（沖縄県立埋蔵文化財センター、二〇一三年）、二〇一―二〇九頁。

＊254　更新世：地質学的時代区分で約二六〇万年前～一万年前まで。

＊255　Fujita, Masaki and Mugino O. Kubo. 2016. *Ryūkyūjika kenkyū ni okeru kinnen n seika to kadai* [A Review of Recent Studies o Extinct Deer in the Ryūkyūs]. Bull. Mus. Okinawa Pref. Mus. Art Mus. 9: 7-11.

シカ類が絶滅した後に化石骨が発見されはじめる傾向にある。イノシシはどのようにして琉球列島に出現したのであろうか。このころは氷河時代で、今日より海水面が低く、台湾から奄美・沖縄諸島へ伸びる細長い陸橋が存在し、ヒトもイノシシもこの陸橋を徒歩で渡ってきたと推察されたことがある。しかし、近年の研究では、琉球列島の島々は、氷河時代には今日より若干広い面積を有していたが、「島」であり、陸橋はなかったとされている[*256](図89)。奄美諸島をはじめ、旧石器時代の遺跡が認められるということは、人々はすでに海を渡る高い航海術を会得していたのである。そして、ヒトがイノシシを持ち込んだのかもしれない。そうであれば、旧石器時代という古い時代に動物を持ち込んだということで、世界的に大きな衝撃を与えるニュースとなるであろう[*257]。

旧石器時代がおわり、貝塚時代に入ると動植物資源利用のようすを示す考古学資料(動植物遺体など)が増加してくる。以下では貝塚時代の「採る・獲る」についてみてみよう。

貝塚時代

旧石器時代は世界的に狩猟採集の時代であった。更新世のおわりから完新世[*258]にかけて世界のいくつかの地域で農耕がはじまる。貝塚時代は完新世をほぼカバーする時代である。このころ、徳之島を含む奄美・沖縄諸島で農耕は存在したのであろうか。世界のほとんどの島は農耕民によって植民されており、第二章で述べたように、島への植民は農耕なしでは困難という考えが海外の研究者の間では常識となっている。一九九〇年代前半までに、特に沖縄諸島を中心に貝塚時代に農耕が存在したのではないかという仮説が提唱されていた。沖縄諸島で農耕が営まれていたとしたら、奄美諸島でも農耕が生業であった可能性が高い。そこで、ここではまず簡単に貝塚時代農耕仮説を説明する。

貝塚時代農耕仮説

奄美・沖縄諸島では考古学の導入の早い時期から動物遺体の回収・分析はなされていた。貝塚時代の遺跡から回収・分析された動物遺体はイノシシやサンゴ礁の海から得られる貝類および魚類が多く

＊256 菅浩伸「琉球列島のサンゴ礁形成過程」高宮広土・新里貴之編『琉球列島先史・原史時代における環境と文化の変遷に関する実証的研究 研究論文集 第2集』(六一書房、二〇一四年)。

＊257 藤田祐樹「更新世の琉球列島における動物とヒトのかかわり」高宮広土・新里貴之編『琉球列島先史・原史時代における環境と文化の変遷に関する実証的研究 研究論文集 第2集』(六一書房、二〇一四)、二九—四〇頁。
Kawamura, A., C-H. Chang and Y. Kawamura. 2016. Middle Pleistocene to Holocene Mammal Faunas of the Ryukyu Islands and Taiwan: an Updated Review Incorporating Results of Recent Research. Quaternary International 397: 117-135.
Takamiya, H. and M. Hudson In Press The Archaeology and Historical Ecology of the Ryukyu Archipelago. In Oxford Handbook of Island and Coastal Archaeology. Oxford University Press:

＊258 完新世：更新世の後の約一万年前～今日まで。

出土していた。家畜動物はイヌのみであり、この時代の「とる」が野生動物をタンパク源としていたことがうかがわれた。しかしながら、貝殻や動物の骨と比較して、サイズが小さく、大変脆い植物遺体（種など）は発掘中に目につくことはほとんどない。実際奄美・沖縄諸島では十九世紀後半から考古学的調査がなされていたが、一九九〇年代はじめまでに植物遺体が回収された遺跡は沖縄諸島で八遺跡[*259]、奄美諸島で二遺跡[*260]の計十遺跡のみであった。これらの遺跡から報告された植物遺体は数量も少なく、断片的であった。その少量かつ断片的な情報からは、堅果類などの野生植物が食されていたことを示唆するものであった。しかしながら、この時代の植物食利用を理解するにはデータがあまりにも不十分であった。このような背景の中、貝塚時代には農耕があったのではないかという仮説が提唱された。

まず、後1期農耕仮説[*261]。この時期には奄美諸島で弥生土器が検出され、沖縄諸島では南海産貝交易（貝の道）を通しての本土弥生社会との交易が活発に行われていた。この本土弥生人との接触により、この時期に稲作農耕が受け入れられたという仮説である。つぎに、前5期農耕仮説[*262]。この時期になるとその前後の時期と比較して動物遺体が激減し、石皿などが増加する。石皿は植物食の加工（たとえば製粉）に利用されたと理解されており、この傾向は、動物食の役割が減少した一方で、植物食が重要であったと解釈された。また、遺跡の立地が開けた空間や台地上・丘陵上にあり、このような空間で農耕が営まれたのではないかという仮説である。三番目の仮説は前4期農耕仮説[*263]。この時期の遺跡の立地が本土の同時期の遺跡と比較すると標高の高い場所に位置し、さらにオキナワヤマタニシが多量に遺跡から検出されていた。このカタツムリは開けた空間に生息するカタツムリで、この時期に焼畑農耕が行われていたという仮説である。『前4期』農耕仮説[*264]は前3期のおわりから前4期にヒトの集団がはじめて奄美・沖縄諸島に適応したと仮定して、この時期を『前4期』と表記し、前述したように世界的にみてほとんどの島の入植者が農耕民であった事実をもとに、『前4期』の人々は農耕民であったのではないか、という仮説である。さらに、民俗学で著名な柳田国男は日本文化の根幹となるも

＊259　渡辺誠「喜友名東原ヌバタキ遺跡出土の植物遺体」宜野湾市教育委員会編『ヌバタキ』（宜野湾市教育委員会、一九九一年）、一一四—一二二頁。

＊260　中山清美『掘り出された奄美諸島』（財団法人奄美文化財団、二〇〇九年）、一五七頁。

＊261　高宮廣衞「沖縄と弥生文化」金関恕・佐原真編『弥生文化の研究　九　弥生人の世界』（雄山閣出版、一九八六年）、一三七—一四七頁。

＊262　新田重清「最近の沖縄における考古学会の動向」『琉大史学』創刊号、一九六九年、六一—七〇頁。

＊263　伊藤慎二「琉球縄文文化の枠組」『南島考古』第一三号、一九九三年、一九—三四頁。

＊264　高宮広土「先史時代の沖縄本島におけるヒトの適応過程」『古文化談叢』第三〇号、一九九三年、一〇八九—一一〇七頁。

のは水田稲作であり、その水田で栽培された日本米（学名：オリザ・サティバ・ジャポニカ）が縄文時代のおわりから弥生時代のはじめにかけて南中国・台湾から琉球列島を経由して日本本土にもたらされたと考察した。[*265] 最後にイネの遺伝学的研究者である佐藤洋一郎（さとうよういちろう）は東南アジアで栽培されているジャバニカ米（学名：オリザ・サティバ・ジャバニカ）が縄文時代（貝塚時代前期）に琉球列島を通過して本土に導入されたという仮説を発表した。[*266] このように、貝塚時代には農耕があった可能性が議論されていた。

植物食利用

一九九〇年代前半より、炭化した種実を回収する方法として開発されたフローテーション法（図90・91）が遺跡発掘調査に援用されるようになり、それまでほとんど検出されることがなかった炭化した種実を偶然ではなく、目的を持って回収する試みがなされてきた。その結果、貝塚時代の植物食利用が徐々に明らかになっている（図92）。さらに、沖縄本島では有機物の保存状態の大変良好な低湿地遺跡三遺跡が発掘調査の対象となり、多量の植物遺体を得ることに成功した。

驚くべき発見として、前1期以前と考えられる土器を伴う遺跡である半川（はんごう）遺跡（龍郷町）がある。[*267] この遺跡では発掘中から堅果類が目についた。前述したように、発掘中に植物遺体が確認されることはまずないが、この遺跡は唯一筆者が発掘中からも炭化した植物遺体を回収することができた遺跡であった。フローテーション法より得られた植物遺体はほぼシイ属とシイ属と思われる堅果類の破片であった。本遺跡出土のシイ属を年代測定すると約一万一千年前以前という予想外の年代が得られた。旧石器時代に続き貝塚時代の古いころからシイ属は重要な食料であったようである。また、沖縄本島中部の北谷（ちゃたん）町と宜野湾（ぎのわん）市にまたがる地に所在する新城下原（あらぐすくしちゃばる）第二遺跡は低湿地遺跡で三十種以上の植物遺体が含まれていたが、すべて野生種であった。[*268] この遺跡からは堅果類は回収されなかったが、花粉分析によると遺跡の近くにはブナ科の森が存在したという。この遺跡の人々も堅果類を食していたであろう。前2期の遺跡では北谷町に所在する低湿地遺跡である伊礼原（いれいばる）遺跡がある。[*269] この遺跡からは

＊265　柳田国男『海上の道（第19刷発行）』（岩波書店、一九九三年）、三二八頁。

＊266　佐藤洋一郎『稲のきた道』（裳華房、一九九二年）、一六六頁。

＊267　高宮広土「半川遺跡（第二次調査）出土の植物遺体」奄美考古学会編『中山清美と奄美学―中山清美氏追悼論集―』（奄美考古学会、二〇一九年）、四八五―四九二頁。

＊268　高宮広土「植物遺体」沖縄県立埋蔵文化財センター編『新城下原第二遺跡』（沖縄県立埋蔵文化財センター、二〇〇六年）、二八七―二九四頁。

＊269　辻誠一郎・大松しのぶ・辻圭子「伊礼原遺跡の植物遺体群」北谷町教育委員会編『伊礼原遺跡』（北谷町教育委員会、二〇〇七年）、四三三―四四四頁。

図 4-90　炭化した種などを回収するために開発されたフローテーション法

＊1：アクリルの容器。ここに水をためる。2：ステンレスの容器。底面は1 mm のメッシュで、微細な人工・自然遺物の回収が可能。3：浮いてきた炭化種子などを回収するメッシュ。上が 1mm、下は 0.42mm

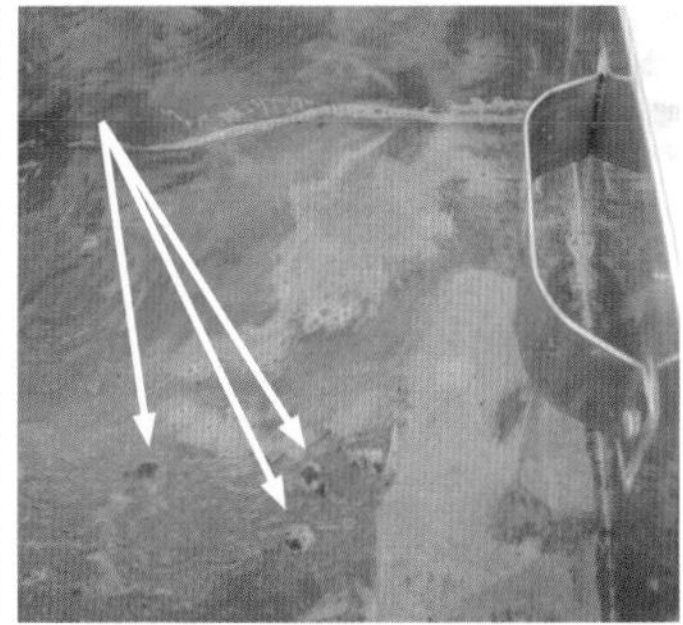

図 4-91 フローテーション法の工程

（左）遺跡からサンプリングした土壌をフローテーションに投入。

（中央）炭化物などが浮いてくる（浮遊物という）。

（右）回収されている浮遊物。

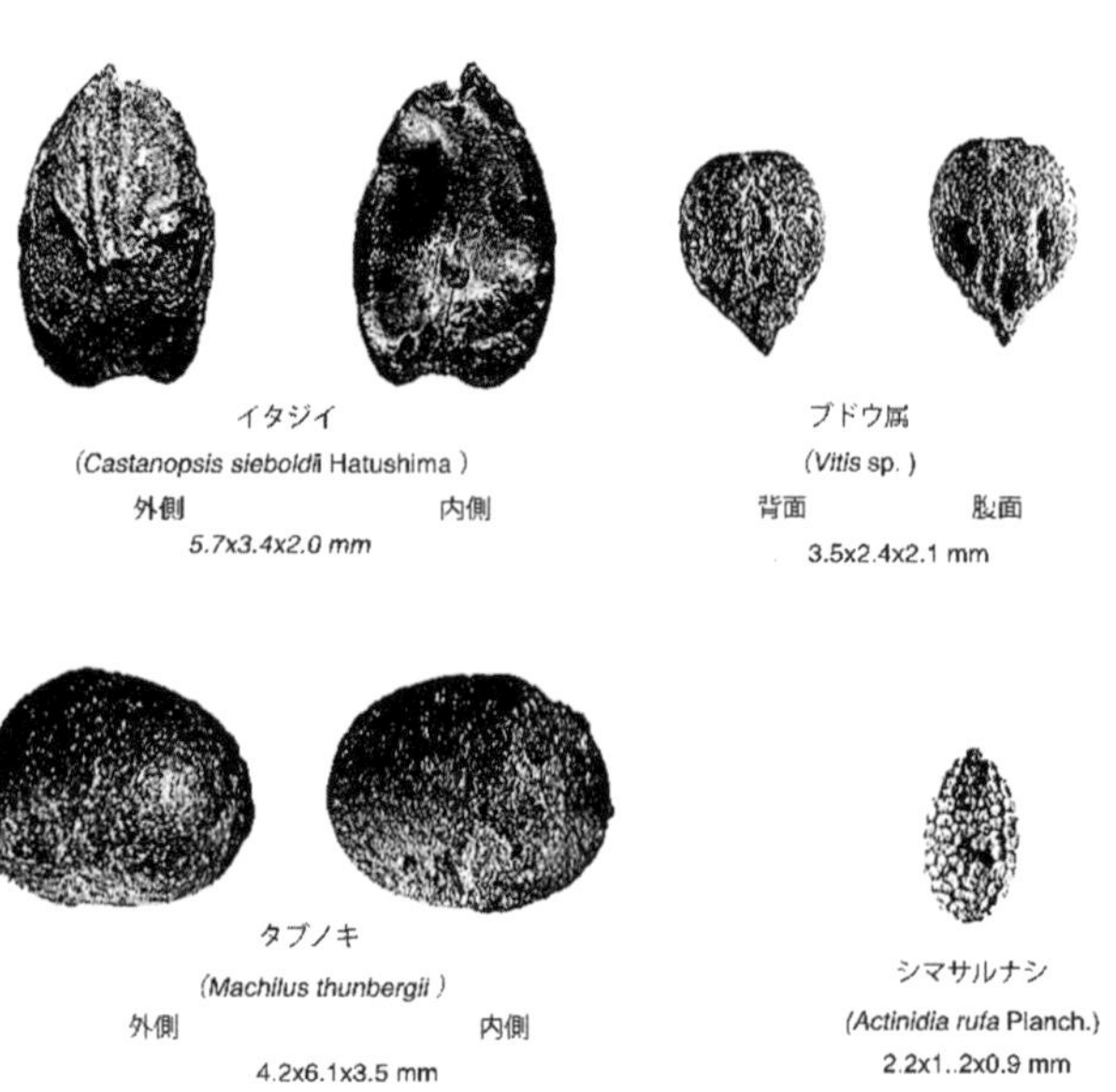

図 4-92　貝塚時代遺跡出土の主な植物遺体
＊サイズ：長さ×幅×厚さ

六十種以上の植物遺体が検出された。この遺跡では最古の栽培植物が検出された。ヒョウタンである。それ以外は全て野生種であった。特筆すべき点として、この遺跡ではオキナワウラジロガシやシイ属が多量に検出されている。

前3期のみに属する遺跡からの分析はないが、伊仙町に所在する面縄第4遺跡は前3期から前4期の遺跡である。[*270] この遺跡からは、堅果類とシマサルナシが少量報告されている。前4期では沖縄県宜野座村に所在する低湿地の遺跡である前原遺跡から約六十種類の植物遺体が検出された。全て野生植物であった。[*271] この遺跡は奄美・沖縄諸島ではじめて本格的に発掘調査がなされた低湿地遺跡であった。前原遺跡でも多量のオキナワウラジロガシやシイ属が報告された。また、喜界町に所在する崩リ遺跡[*272]では堅果類やシマサルナシが検出され、沖永良部島知名町に所在する神野貝塚ではタブノキが多量に検出された。タブノキは食料としての利用が今日知られておらず、また民俗学的にもその利用法に関する情報はない。[*273] しかし、多くの貝塚時代の遺跡から検出されており、おそらく貝塚時代においては重要な食料の一つであったと思われる。前5期の遺跡は知名町に所在する住吉貝塚、[*274] 伊仙町に所在するカンナテ遺跡[*275]および天城町に所在する塔原遺跡[*276]から植物遺体が検出された。これらの遺跡から同定された植物遺体もシイ属などの堅果類、シマ

＊270　高宮広士「面縄第1貝塚、面縄第4貝塚出土の植物遺体」伊仙町教育委員会編『面縄貝塚総括報告書』（伊仙町教育委員会、二〇一六年）、一四〇―一四一頁。

＊271　大松しのぶ・辻 誠一郎「前原遺跡から産出した大型植物遺体群」宜野座村教育委員会編『前原遺跡』（宜野座村教育委員会、一九九九年）、二二三―二二四頁。

＊272　高宮広士「崩リ遺跡出土の植物遺体」喜界町教育委員会編『崩リ遺跡発掘調査報告書』（喜界町教育委員会、二〇一八年）、一二二―一三二頁。

＊273　前掲註259に同じ。

＊274　高宮広士「住吉貝塚出土の植物遺体」知名町教育委員会編『住吉貝塚』（知名町教育委員会、二〇〇六年）、一〇〇―一〇七頁。

＊275　高宮広士「カンナテ遺跡出土の植物遺体」伊仙町教育委員会編『前当り遺跡・カンナテ遺跡発掘調査報告書』（伊仙町教育委員会、二〇一八年）、一一七―一一九頁。

＊276　高宮広士「塔原遺跡出土の植物遺体」天城町教育委員会編『塔原遺跡（4）―平成24～26年度町内遺跡発掘調査等に係る埋蔵文化財発掘調査報告書―』（天城町教育委員会、二〇一七年）、七七―八六頁。

サルナシおよびタブノキなどの野生種のものであった。

後1期の遺跡は沖縄県読谷村に所在する高知口原貝塚[*277]で植物遺体が回収されている。この遺跡からはシイ属、キイチゴ属、タブノキなどの野生植物のみであった。この時期、沖縄諸島では南海産貝交易(貝の道)を通して本土弥生文化との交易が行われており、奄美・沖縄諸島の人々は、稲作の存在を知っていたであろう。しかし、それにもかかわらず、彼らは稲作農耕には飛びつかなかった、あるいは拒否したのである。[*278] 後2期の遺跡は笠利町に所在する用見崎遺跡、安良川遺跡、マツノト遺跡および沖縄県伊江村に所在するナガラ原東遺跡から植物遺体が報告されている。[*279] マツノト遺跡では野生植物も栽培植物も検出されなかったが、他の三遺跡からはタブノキや堅果類が出土している。以上の結果は、貝塚時代には農耕は存在せず、この時代の人々は野生植物を「採って」生計を立てていたことを明示している。

では、もう一つの「とる(動物の獲る・採る)」はどうであったであろうか。貝塚時代の人たちはどのような動物をとっていたのであろうか。まず、脊椎動物について述べ、つぎに貝類利用をみていきたい。

脊椎動物(魚・ウミガメ・鳥獣類など)の利用

前1期の脊椎動物利用の特徴はイノシシが脊椎動物の大半を占めることである。たとえば、沖縄本島嘉手納町に所在する野国貝塚群B地点においては、イノシシが最小個体数(出土した骨の中に最小で何個体分が含まれているかを示す数)で約六六〇個体分が出土しているのに対し、他の脊椎動物は、ジュゴン二点、魚類二五点およびカメ類(数量不明)であった。[*280] イノシシが最小個体数であるのに対し、その他は同定された骨の点数で報告されているので、圧倒的にイノシシが多いことがわかる。この遺跡で興味深い点は、魚類の少なさである。後述するように、魚類は後の時代(貝塚時代前2期以降)に主なタンパク源となる資源であるが、野国貝塚群B地点からの出土はごく少ない。また、報告された魚類はサメ類、大型アジ類やクロダイなどであり、サンゴ礁域の魚が少ない点も特徴である。[*281] このイノシシを中心と

*277　高宮広士「植物遺体からみた柳田国男『海上の道』説」『民族学研究』第六三巻第三号、一九九八年、二八三―三〇一頁。

*278　安里嗣淳「琉球諸島の先史遺跡と小笠原」小田静夫・早川泉編『小笠原諸島他遺跡分布調査報告書』(東京都教育委員会、一九九二年)、五九―六四頁。

*279　高宮広士「南島中部圏先史時代遺跡出土の植物遺体」木下尚子編『ナガラ原東貝塚の研究』(熊本大学文学部、二〇一三年)、三一七―三二五頁。

*280　沖縄県教育委員会『野国　野国貝塚群B地点発掘調査報告』(沖縄県教育委員会、一九八四年)、二七八頁。

*281　前掲註280に同じ。

する「獲る」のパターンは同時代の他の遺跡でも確認されている。たとえば、沖縄本島北谷町から宜野湾市に所在する新城下原第二遺跡では、最小個体数比でイノシシが九割近くをしめ、魚類はごくわずかであった。[*282] 沖永良部島に所在する中甫(なかふ)洞穴遺跡も、出土の多くはイノシシで魚類はまれであった。[*283] なぜこの時期イノシシが脊椎動物食の主食料源で、魚類が少ないのかは十分にわかっていない。サンゴ礁地形学者の菅浩伸(かんひろのぶ)によると、[*284] 今日私たちが目にするサンゴ礁の環境は貝塚時代前2期〜前3期に相当する約五千年前から四千年前に成立した(コラム11)。菅の仮説によれば、前1期にはこのような環境は存在していなかったことになる。それゆえ、サンゴ礁域の魚類を食料として利用することができなかったのであろうか。このサンゴ礁環境については、後述する貝類のセクションで他の意見を詳述する。サンゴ礁環境があったのか、なかったかの問題に加えて、漁獲する知恵や道具類が未発達であったのではないかと樋泉岳二(といずみたけじ)は考察している。[*285]

しかし、前2期に入ると徐々にイノシシの脊椎動物遺体における割合が減少しはじめる。たとえば、沖縄本島北谷町に所在する伊礼原遺跡(低湿地区)では最小個体数に換算してイノシシが三四〇個体ほどであったのに対して、魚類は約三三〇個体であった。[*286] 沖縄本島名護(なご)市に所在する大堂原(うふどうばる)遺跡(VII層)では、イノシシが五個体に対して、魚類は一四個体と報告されている。脊椎動物の出土数は少ないが、魚類が逆転している。[*287] イノシシ利用が減少する一方で、魚類が増加傾向にあることがわかる。「やはり」と多くの読者はご自分の推測に合点したのではないであろうか。そしてつぎの推測はおそらく、ブダイなどのサンゴ礁域の魚類を連想されたのではないであろうか。残念ながら、その答えはサンゴ礁域の魚類ではなく、ハリセンボンなどの内湾や波静かな海域に生息する魚類であった。このころ、これらの魚類の割合がイノシシと同等あるいはそれ以上になる。前2〜3期の遺跡である笠利町に所在する宇宿(うしゅく)小学校遺跡では最小個体数比で七割近くが魚類であった。「とる」の中心が「獲る」から「漁撈(とる)」になったのだ。この時期魚類の割合が増加した理由の一つとして、樋泉はこのころの「海の縄文人」として知られる九州の曽畑(そばた)式土器を有した人々との接触による影響の可能性をあげている。[*288]

*282 金子浩昌・久貝弥嗣「動物遺体」沖縄県立埋蔵文化財センター編『新城下原第二遺跡』(沖縄県立埋蔵文化財センター、二〇〇六年)、二六一—二八六頁。

*283 鹿児島県立埋蔵文化財センター「中甫洞穴」『吐噶喇・奄美の遺跡』(鹿児島県立埋蔵文化財センター、二〇一九年)、七一—九八頁。

*284 前掲註256に同じ。

*285 樋泉岳二「遺跡出土脊椎動物遺体からみた奄美・沖縄諸島の動物資源利用」高宮広土編『奄美・沖縄諸島先史学の最前線』(南方新社、二〇一八年)、一〇九—一二八頁。

*286 樋泉岳二「伊礼原遺跡から出土した脊椎動物遺体群」北谷町教育委員会編『伊礼原遺跡』(北谷町教育委員会、二〇〇七年)、四八〇—五三四頁。

*287 パリノ・サーヴェイ株式会社「獣魚骨」名護市教育委員会編『大堂原貝塚』(名護市教育委員会、二〇〇五年)、三三二—三五七頁。

前2期から増加した魚類利用は、その後、前3期から後2期まで脊椎動物利用の中心となる。前2期に多く食されたハリセンボンなども継続して漁撈の対象となったが、前3期になるとサンゴ礁域の魚類がメインターゲットとなる。前述したように、菅[*289]によると今日私たちが目にするサンゴ礁の環境はこのころ成立した。このタイミングでサンゴ礁域より得られる魚類が重要な役割を果たしはじめたのであろう。サンゴ礁という環境は「海の畑」ともたとえられるように、奄美・沖縄諸島においては豊富な食料を提供する環境である[*290]（図93）。

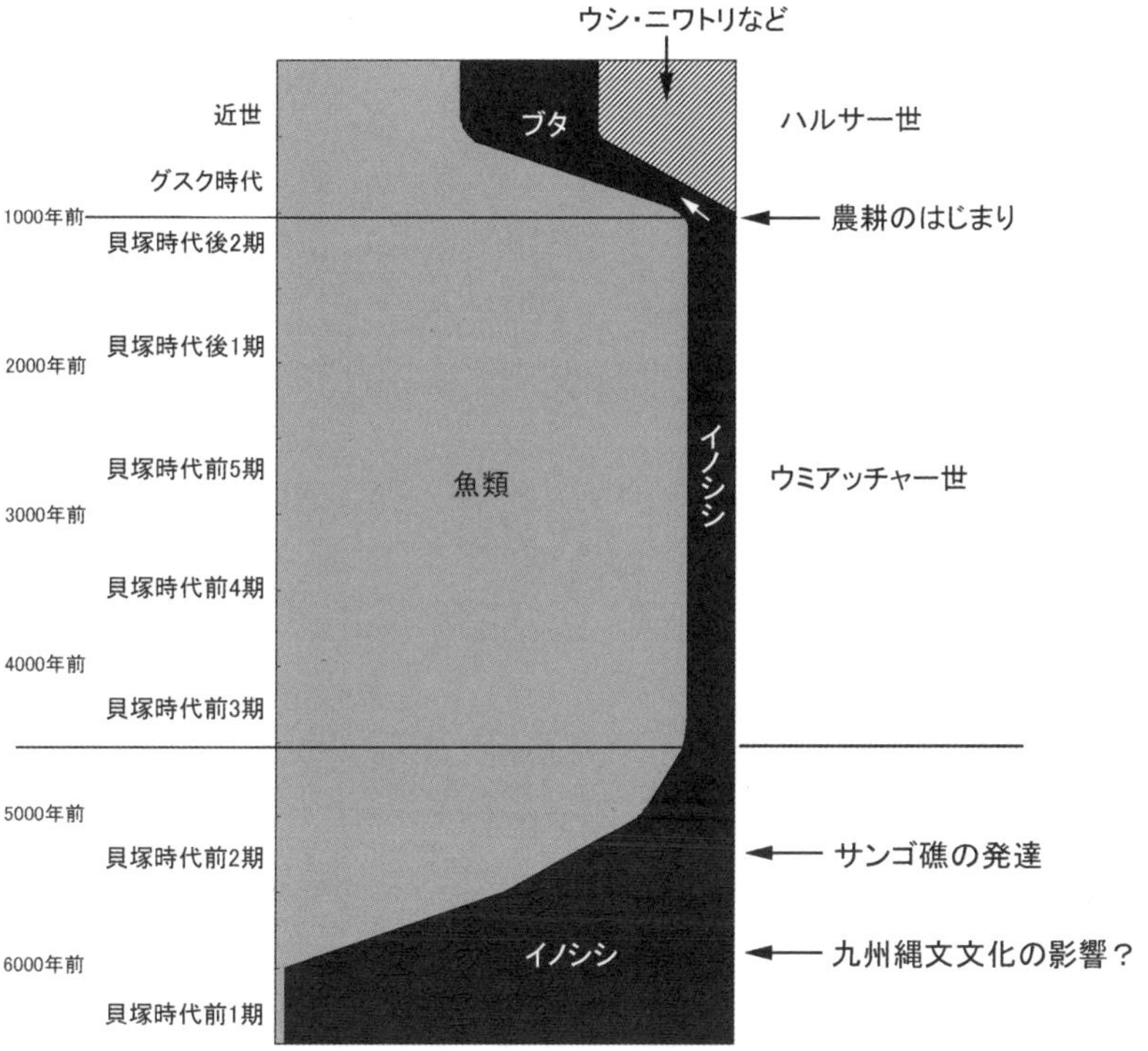

図4-93　先史・原史時代の脊椎動物利用

しかし、奄美諸島と沖縄諸島では漁撈の内容が異なっていた。沖縄諸島をまず述べよう。沖縄本島うるま市に所在する前3期の古我地原（こがちばる）貝塚では三一四六個体分の脊椎動物遺体が検出されているが、そのうち三〇五九個体は魚類であった[*291]。その魚類のうち、サンゴ礁域の代表的な魚であるブダイ科が五〇パーセント以上であった。また、同じく前3期の伊礼原遺跡（砂丘区）では、計四〇個体分出土した脊椎動物のうち魚類が三一個体であり、やはり魚類の半数がブダイ科であった。一方

＊288　前掲註285に同じ。樋泉岳二「脊椎動物からみた琉球列島の環境変化と文化変化」高宮広土・新里貴之編『琉球列島先史・原史時代における環境と文化の変遷に関する実証的研究　研究論文集　第2集』（六一書房、二〇一四年）、七一―八六頁。

＊289　前掲註256に同じ。

＊290　前掲註285に同じ。樋泉岳二「琉球列島先史時代人と動物資源利用―脊椎動物を中心に―」高宮広土・伊藤慎二編『先史原史時代の琉球列島～ヒトと景観～』（六一書房、二〇一一年）、一〇九―一三一頁。

＊291　金子浩昌「節足・脊椎動物遺存体」沖縄県教育委員会編『古我地原貝塚』（沖縄県教育委員会、一九八七年）、三六三―三八七頁。

名護市に所在する大堂原遺跡（Ⅳ層、前3～4期）では、広い意味でのサンゴ礁魚類ではあるが、サンゴ礁周辺の浅い砂地の海に多く見られるベラ科の仲間が半数以上であった。こうした違いはそれぞれの遺跡の人びとが漁場としていた海の環境の差を反映したものと思われるが、いずれにせよ、これらの遺跡ではサンゴ礁やその周辺にすむさまざまな魚の中からブダイ科あるいはベラ科やフエフキダイ科といった特定の種類の魚を選択的に（選り好みして）獲っている点が特徴である。沖縄諸島では、以後こうした傾向が後2期にいたるまで広く確認されている。

一方、奄美諸島はどうであろうか。ここでも、サンゴ礁域の魚類が重要なタンパク源であった。伊仙町に所在する前4期の面縄第2遺跡[*292]で出土した脊椎動物遺体七五個体中五六個体が魚類で、前5期のトマチン遺跡[*293]（伊仙町）、友留（ともる）遺跡[*294]（沖永良島・知名町）、奄美大島に所在するマツノト遺跡[*295]（後2期）やフワガネク遺跡[*296]（後2期）でもやはり、魚類中心の生業システムが確認されている。このように、奄美諸島でも約一千年前までサンゴ礁域の魚類が重要な資源となっていた。しかし、上記の通り、沖縄諸島ではブダイ科あるいはベラ科・フエフキダイ科を中心とした選択性（選り好み）の強い漁撈がなされていたが、奄美諸島では若干様相が異なる。貝塚時代の奄美諸島の人々はブダイ科のように特定の種類の魚を漁撈の対象としていたのではなく、多様な魚類を利用していた。たとえば、面縄第2貝塚や奄美大島に所在する前4～5期の宇宿小学校遺跡では、ブダイ科・ベラ科・フエフキダイ科・ハタ科などが同じような比率で出土している。その他の貝塚時代の遺跡でも一つの科が卓越している遺跡は奄美諸島ではほとんどない。この多様性の要因については二つの仮説がある。一つは名島弥生（なしまやよい）によるもので[*297]、奄美諸島と沖縄諸島におけるサンゴ礁環境の発達の違いを思案している。奄美諸島と沖縄諸島を取り囲むサンゴ礁環境を比較すると一般的に後者は前者よりより発達している。こうした環境の違いが両地域の漁撈の差の背景となっているとする説である。この考えに対して、樋泉[*298]は両地域の文化的な違い、すなわち人間の嗜好性や選択性がその主な要因ではないかと考察している。

こうした地域性はあるものの、奄美・沖縄諸島前3期から後2期における脊椎動物利用の大きな特

＊292 樋泉岳二「面縄貝塚から出土した脊椎動物遺体群の特徴と重要性」伊仙町教育委員会編『面縄貝塚　総括報告書』（伊仙町教育委員会、二〇一六年）、一一八―一三九頁。

＊293 樋泉岳二「トマチン遺跡出土の脊椎動物遺体」新里貴之編『徳之島トマチン遺跡の研究』（鹿児島大学、二〇一三年）、一七四―一八五頁。

＊294 樋泉岳二「友留遺跡から出土した脊椎動物遺体群」知名町教育委員会編『友留遺跡』（知名町教育委員会、二〇〇九年）、八三―一〇六頁。

＊295 樋泉岳二「マツノト遺跡一九九一年調査で採集された脊椎動物遺体群」笠利町教育委員会編『マツノト遺跡』（笠利町教育委員会、二〇〇六年）、一八三―一九九頁。

＊296 名島弥生「琉球列島における遺跡出土魚種組成の比較」『東海史学』第三八号、二〇〇三年、一〇一―一二二頁。

＊297 前掲註296に同じ。

＊298 前掲註285に同じ。

徴は、前述したようにサンゴ礁環境に生息する魚類の利用が卓越している点にある（図93）。

奄美諸島の奄美大島と徳之島に関してはもう一つ特筆に値する点がある。それはアマミノクロウサギを食料として利用していたことである。アマミノクロウサギはこの二島にしか生息しないので、世界唯一のデータとなる。伊仙町の面縄第2貝塚（前4期）などにおいて、アマミノクロウサギが陸上動物資源の中で、イノシシについで重要な食料の対象となっていた。[*299]さらに天城町下原（したばる）洞穴遺跡における最新の調査成果によれば、アマミノクロウサギは約七千四百年前からすでに食料の対象となっていたことが明らかになった。下原洞穴遺跡で暮らしていた人々は、一万年前からアマミノクロウサギを食料としていた可能性も示唆されている。[*300]行動もそれほど俊敏ではなく、繁殖力もイノシシほどではないアマミノクロウサギが古い時代から食料として利用され、今日まで生存している事実はいくら強調してもしすぎることはないと思われる。[*301]第二章でも述べたように世界の他の島々であればおそらく食料の対象となって間もなく絶滅していたであろう。

貝塚時代の人々はときにはイノシシ（および奄美大島や徳之島ではアマミノクロウサギ）を食料の対象としていたが、サンゴ礁域に生息する魚類は貝塚時代の大部分の時期に、重要な食料源であった。そして、そのサンゴ礁環境からは、もう一つの必要不可欠な資源があった。

貝類の利用

奄美・沖縄諸島貝塚時代の人々による貝類利用は六千～七千年前の遺跡から理解されている。代表的な遺跡は沖縄本島嘉手納町に所在する野国貝塚群B地点である。前述したように、この遺跡は爪形文土器や曽畑式土器の出土および最小個体数で六六〇以上のイノシシ骨が検出されたという点で多くの研究者の注目を浴びている。野国貝塚群B地点では貝類遺体の保存状態も良く、爪形文土器が検出された層から一万点を超えた貝類遺体が回収されている。[*302]出土数のほとんどがマガキガイで占められており、シャコガイ類も目立っている。旧石器時代の遺跡から回収された貝類とは異なり、今日

＊299　前掲註285に同じ。

＊300　前掲註285　樋泉二〇一八：一〇九―一三一頁。

＊301　樋泉岳二「下原洞穴遺跡から採集された脊椎動物遺体」天城町教育委員会編『下原遺跡・コウモリイョー遺跡』（天城町教育委員会、二〇二〇年）、一二七―一三九頁。

＊302　前掲註280に同じ。

奄美・沖縄諸島の人々にとっても馴染み深い貝類を「採って」いたことがわかる。ここで一つ興味深い点は、これらの貝類はサンゴ礁域に生息する貝類である。脊椎動物のセクションでは、菅[*303]による今日私たちが目にするサンゴ礁の環境が五千年前ごろ成立したことを紹介した（コラム11）。この考えに対して、遺跡出土の貝類を研究してきた黒住耐二は[*304]、野国貝塚群B地点出土の貝類にアンボンクロザメ、チョウセンサザエ、ムラサキウズ、サラサバテイラやヤコウガイが含まれていることから、約七千前にはサンゴ礁の環境が存在したと考察する。また、沖縄本島に所在する港川フィッシャー遺跡からも約八千年前のアンボンクロザメが出土したことも、黒住の推察を支持し、サンゴ礁環境はこの時期にはあったと黒住は主張する。加えて、野国貝塚群B地点より出土した魚類には少量であるが、サンゴ礁域に生息する魚類が含まれていることに着目し、黒住は、小規模なサンゴ礁の環境があったのではないかと考えている。野国貝塚群B地点より出土した多量の貝類と少量の魚類は小規模ながらこのころサンゴ礁環境が存在し、それが徐々に成長して約五千年前前後に今日私たちが目にするサンゴ礁環境が成立したというプロセスを示唆しているかもしれない。

前述したように、前1期・前2期にはサンゴ礁域の魚類はほとんど利用されなかった。しかしながら、貝類利用に関しては、約七千年前から約一千年前までサンゴ礁域に生息する貝類が大いに活用されていた。前1期の遺跡である野国貝塚群B地点ではマガキガイが六〇パーセントをしめており、同時期の新城下原第二遺跡ではチョウセンサザエやヤコウガイが、大堂原貝塚ではニシキウズ、マガキガイ、チョウセンサザエやアラスジケマンガイが報告されている[*305]。奄美・沖縄諸島の遺跡出土の貝類を長年同定してきた黒住によるとこの傾向は貝塚時代を通してほとんど変化がないという。

ここで、奄美諸島における貝塚時代の貝類利用を反映していると考えられている徳之島伊仙町に所在する面縄貝塚より出土した貝類を紹介したい[*306]。面縄貝塚は、二〇一七年に国の史跡に指定された前1期からグスク時代の遺跡である。昭和三年に発見され、時期の異なる遺跡群から構成され、何度か発掘調査が実施されている。各発掘調査において貝類のサンプリング方法が異なり、それゆえ各時期

＊303　前掲註256に同じ。

＊304　黒住耐二「琉球先史時代人とサンゴ礁資源―貝類を中心に―」高宮広土・伊藤慎二編『先史・原史時代の琉球列島～ヒトと景観～』（六一書房、二〇一一年）、八七―一〇七頁。

＊305　黒住耐二「貝類遺体からみた沖縄諸島の環境変化と文化変化」高宮広土・新里貴之編『琉球列島先史・原史時代における環境と文化の変遷に関する実証的研究 研究論文集 第2集』（六一書房、二〇一四年）、五五―七〇頁。

＊306　黒住耐二「面縄貝塚の貝類遺体（予報）」伊仙町教育委員会編『面縄貝塚 総括報告書』（伊仙町教育委員会、二〇一六年）、一〇三―一一七頁。
黒住耐二「奄美の遺跡から出土する貝」高宮広土編『奄美・沖縄諸島先史学の最前線』（南方新社、二〇一八年）、九一―一〇五頁。

の貝類利用を正確には比較できないが大まかに以下の傾向がみて取れる。まず、前2期の面縄第3貝塚では、五ミリメートルのメッシュで水洗されたサンプルとピックアップ法[＊307]による資料が同定されている。この貝塚では、オハグロガキが最も多く出土し、カワニワ、イソハマグリおよびヤコウガイが優占種として報告されている。前2・3期の遺跡として面縄第4遺跡（東洞部）が分析の対象となった。この貝塚は昭和五十七年度および五十九年度に発掘調査され、サンプリングはピックアップ法による。多く検出された貝類はシラナミ類、イソハマグリ、クモガイ、ヤコウガイ、ニシキアマオブネ類およ

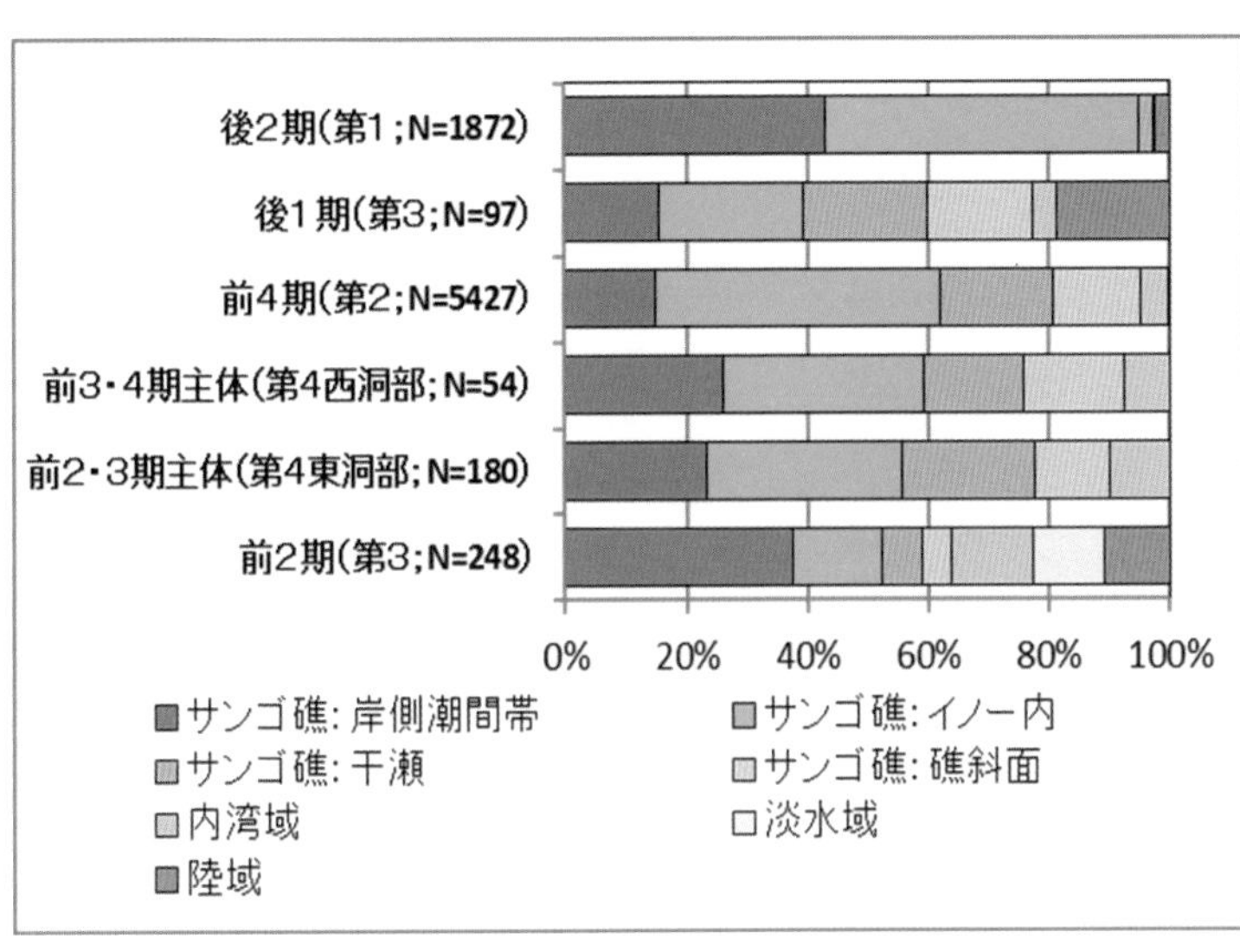

図4 -94　面縄貝塚出土貝類の生息場所

びリュウキュウマスオであった。前3・4期の遺跡である面縄第4貝塚（西洞部）では、ピックアップ法によりサンプリングがなされた。出土数は多くはなかったが、シラナミ類、イソハマグリおよびチョウセンサザエが優占種であった。前4期の遺跡としては、面縄第2貝塚があげられる。ここでもサンプリング方法はピックアップ法であった。回収された貝類にはマガキガイとヤコウガイが多かった。加えて、チョウセンサザエ、シラナミ類およびクモガイも多く報告されている。後1期の遺跡は平成十九年度調査のスセン當式土器が検出された面縄第3貝塚第2トレンチで、包含層からのピックアップ法による。この時期の貝類遺体にはヤコウガイが多かった。加えて、チョウセンサザエやオキニシも報告されている。面縄第1貝塚は後2期の遺跡である。ここでは、フローテーション法により回

＊307　ピックアップ法とは、発掘中に目にする人工および自然遺物を回収する方法。脊椎動物の骨や貝殻など大きめの遺物が回収されやすい傾向にある。

収された貝類が分析の対象となった。後2期ではリュウキュウヒバリとミドリアオリが卓越していたことが判明した。

さて、前述した貝類はどのような環境に生息しているのであろうか。黒住[*308]は貝類の生息場所を「サンゴ礁：岸側潮間帯」、「サンゴ礁：イノー内」、「サンゴ礁：干潟」、「サンゴ礁：礁斜面」、「内湾域」、「淡水域」および「陸域」に大別し、面縄貝塚出土の貝類の生息場所を検証した（図94）。出土した貝類はこのような多様な空間に生息しているが、全ての貝塚でサンゴ礁域に生息する貝類が六割以上を占めていた。サンゴ礁域の貝類の占める割合が最も少なかった遺跡は後2期でそれでも約六〇パーセントであり、他の遺跡では八〇パーセント以上であった（遺跡によってはほぼ一〇〇パーセント）。このように約六千年前から一千年前の面縄貝塚の人々は貝類採集の「採る」についてもサンゴ礁環境を大いに活用していた。この長い貝塚時代においてサンゴ礁環境は重要なタンパク源であったが、若干「採る」に変化のあった時期もあった。すなわち、前2期から後1期まで利用された貝類に変化はみられないが、後2期にはリュウキュウヒバリとミドリアオリという小型の貝にウェイトを置くようになったようである。樋泉[*309]は貝塚時代における脊椎動物利用について「安定性」があったことをその大きな特徴として述べているが、黒住による貝類遺体分析結果もサンゴ礁資源の「安定性」を顕著に表している。この点は「島嶼環境とヒト」という観点で世界的にみると特筆に値する。

貝類利用を語る際、ヤコウガイ大量出土遺跡についても言及しなければならない。後2期のころ奄美大島では、大量にヤコウガイが出土する遺跡が確認されている。笠利町に所在するマツノト遺跡と用見崎（ようみさき）遺跡および名瀬大字小湊（こみなと）に所在するフワガネク遺跡である。この大量に出土したヤコウガイをめぐって、この時期の食料であったという仮説[*310]がある。多量に遺跡から貝類が出土していればこれは一般的な解釈であろう。しかし、この食料説に加えて、「交易品としてのヤコウガイ」という仮説も提唱されている。ヤコウガイより製作された貝さじや螺鈿（らでん）の原材料として本土[*311]あるいは中国[*312]（唐）へ輸出されたという仮説である。しかしながら、この時期の本土あるいは中国で確実に奄美産のヤコウガ

＊308　前掲註306黒住二〇一八に同じ。

＊309　前掲註285に同じ。

＊310　笠利町歴史民俗資料館編『マツノト遺跡』（笠利町教育委員会、二〇〇六年）、二一七頁。

＊311　高梨修『ヤコウガイの考古学』（同成社、二〇〇五年）、三〇二頁。

＊312　木下尚子「開元通宝と夜光貝：七〜九世紀の琉・中交易論」髙宮廣衞先生古稀記念論集刊行会編『琉球・東アジアの人と文化（上巻）髙宮廣衞先生古稀記念論集』（髙宮廣衞先生古稀記念論集刊行会、二〇〇〇年）、一八七―二一九頁。

イが発見されたという報告はないようである。食料として「採った」のであろうか、あるいは交易品として「採った」のであろうか。もし、「交易品」として採ったのであれば、現在でもヤコウガイの多い徳之島でもヤコウガイ大量出土遺跡が確認されてもよいと思われるが、面縄貝塚の状況をみると「ヤコウガイ交易」のあったと考えられる後2期ではヤコウガイはほとんど出土していない。前2期の遺跡（面縄第3貝塚）からはまとまった数のヤコウガイが出土している。おそらくヤコウガイは奄美・沖縄内での貝さじの交易品の可能性はあるが、食料として主に「採られた」のではないかと思われる。[*313]

この森の恵みとサンゴ礁域の豊富な資源を利用した生業は数千年安定して人々の生活を支えたが、後続するグスク時代になると「とる」は動物・植物ともに激変する。では、グスク時代の「とる」はどのようなものであったのであろうか。

グスク時代

奄美・沖縄諸島ではある時期、ついに狩猟採集から農耕へと移り変わった。その移り変わりは長い先史時代の中では一瞬で突然の出来事であった。貝塚時代のセクションで述べたように、貝塚時代の大部分は狩猟採集の時代であった。では、どのタイミングで「一瞬」かつ「突然」農耕がはじまったのであろうか。

植物食利用

奄美大島笠利町に所在する赤木名（あかきな）グスク遺跡ではたった六リットルの土壌サンプルから二〇〇（粒/片）以上の炭化した植物遺体が回収された。[*314] そのうち、八〇パーセント以上はイネであった。オオムギやキビなども回収されたが、少量であった。この結果をもとに奄美諸島（と沖縄諸島北部）はイネ中心の可能性が推測された。赤木名グスク遺跡は滑石製石鍋やカムィヤキの出土より十一世紀後半から十二世紀の遺跡と考察されていた。

ちょうどそのころ、琉球列島において今世紀最大の発見と言われた喜界島城久（ぐすく）遺跡群の発掘調査がはじまった。城久遺跡群は八つの遺跡から構成されているが、そのうちの四遺跡[*315]（山田中西遺跡、山田半

＊313　黒住耐二氏、私信による（二〇二一年）。

＊314　高宮広土「赤木名グスク出土の植物遺体（速報）」笠利町教育委員会編『赤木名グスク遺跡』（笠利町教育委員会、二〇〇三年）、六六—六七頁。

＊315　高宮広土「山田中西遺跡出土の植物遺体：速報」『城久遺跡群　山田中西遺跡Ⅱ』（喜界町教育委員会、二〇〇八年）、九九—一〇〇頁。

イネ
(*Oryza sativa* L.)
4.6x2.9x1.7mm

コムギ
(*Triticum aestivum* L.)
3.4x2.4x2.2mm

オオムギ
(*Hordeum vulgare* L.)
5.6x2.5x1.9mm

アワ
(*Setalia italica* (L.) Beauv.)
1.2x1.2x1mm

キビ
(*Panicum miliaceum* L.)
1.7x1.8x1.4mm

図 4-95　貝塚時代おわりからグスク時代遺跡出土の主な植物遺体
＊サイズ：長さ×幅×厚さ

田遺跡[316]、小ハネ遺跡[317]、前畑遺跡[318]）から回収された植物遺体が分析されている。出土遺物より、その年代は十一世紀後半から十二世紀と考えられていた。山田半田遺跡では赤木名グスク遺跡ほどではなかったが、イネが多く検出され（七割ほど）、「奄美・沖縄諸島北部イネ中心」仮説を支持するものかと思われた。しかし、出土量は多くはないが、山田中西遺跡ではイネとオオムギがそれぞれ四〇パーセントほど確認された。小ハネ遺跡ではオオムギが最も多く回収され、約三〇パーセントで、アワが約二〇パーセントでオオムギについでいた。また、前畑遺跡では、アワ約三〇パーセントで、オオムギが約二〇パーセントであった。前畑遺跡ではムギ類（オオムギかコムギかどちらかだが、保存状態が悪くそのどちらにも同定できないもの）が約二五パーセントであった。この遺跡からはコムギは検出されていないので、おそらくムギ類の多くはオオムギと考えられる。そうであれば、前畑遺跡ではオオムギが重要であったことが示唆される。このように、ほぼ同時期で隣接している城久遺跡群の四つの遺跡では、イネ中心仮説は否定され、栽培食利用の多様性が示されている。

徳之島ではどのような状況なのであろうか。徳之島では伊仙町や天城町のいくつかの遺跡でフロー

＊316　高宮広土「山田半田遺跡より出土した植物遺体」喜界町教育委員会編『城久遺跡群 山田半田遺跡（山田半田A遺跡・山田半田B遺跡）』（喜界町教育委員会、二〇〇九年）、一七七―一八二頁。

＊317　高宮広土・千田寛之「城久遺跡群小ハネ遺跡出土の植物遺体」喜界町教育委員会編『城久遺跡群　前畑・小ハネ遺跡』（喜界町教育委員会、二〇一一年）、二七六―二七八頁。

＊318　高宮広土・千田寛之「城久遺跡群前畑遺跡出土の植物遺体」喜界町教育委員会編『城久遺跡群　前畑・小ハネ遺跡』（喜界町教育委員会、二〇一一年）、一七五―一七八頁。

テーション法が行われた。そのうちまとまって炭化種実が出土したのが伊仙町に所在する前当り遺跡である。[*319]赤木名グスク遺跡や城久遺跡群と同様に出土遺物から十一世紀後半から十二世紀と考えられていた。前当り遺跡では、赤木名グスク遺跡や城久遺跡群とは全く異なる結果が得られた。その結果とは、アワ（六〇パーセント以上）がメインであったのである。奄美諸島ではほぼ同時期に多様な農耕の形態があったようである。

　これらの遺跡は出土したカムィヤキ、滑石製石鍋および中国産陶磁器より前述したように十一世紀後半から十二世紀前半と考えられていた。しかし、各遺跡から出土したイネ、オオムギおよびコムギを直接年代測定すると奄美諸島では八世紀から十二世紀に農耕がはじまったことが明らかになった。つまり、長い先史時代を振り返ると農耕への移り変わりは「突然」で「一瞬」であった。ちなみに、沖縄諸島では十〜十二世紀に農耕がはじまっており、農耕は奄美諸島から沖縄諸島に南下したことが判明しつつある。[*320]では、グスク時代の動物の利用はどのようなものであったであろうか。

脊椎動物（魚・ウミガメ・鳥獣類など）の利用

　グスク時代になるとサンゴ礁域の魚類中心の生業システムにも劇的な変化がおこった。それまで、この地域に存在しなかった脊椎動物が遺跡から出土するようになるのである。すなわち、ウシなどの家畜動物の導入である。グスク時代の植物食利用について農耕のはじまりとして説明したが、奄美・沖縄諸島では農耕のはじまりとほぼ同時期にウシなどが持ち込まれている。最新の研究成果によれば、喜界島の崩リ遺跡で十世紀末から十一世紀はじめ、沖縄本島の南城市サキタリ洞遺跡でも十世紀末から十二世紀前半にはウシが利用されていたことが出土した骨の年代測定によって確認されている。[*321]農耕開始および家畜動物の導入によって、脊椎動物利用も一変する。貝塚時代のほとんどの時期で六〇パーセント以上占めていたサンゴ礁域の魚類を主とした魚類の出土量が減少する。[*322]樋泉の分析によると、沖縄本島嘉手納町の屋良城跡では、魚類は約四〇パーセントおよび今帰仁村の今帰仁城周辺

＊319　高宮広土「前当り遺跡出土の植物遺体」伊仙町教育委員会編『前当り遺跡・カンナテ遺跡発掘調査報告書』（伊仙町教育委員会、二〇一八年）、六一―七〇頁。

＊320　高宮広土『奇跡の島々の先史学：琉球列島先史・原史時代の島嶼文明』（ボーダーインク、二〇二一年）。

＊321　前掲註248に同じ。

＊322　前掲註285に同じ。

遺跡では四六パーセントなどとなっている。中には魚類の出土量の多い遺跡もあるが、貝塚時代にみてきたようにコンスタントにサンゴ礁域の魚類が主体となるというパターンではなくなっている。魚類の減少した遺跡で増加している脊椎動物はウシ、ニワトリおよびイノシシを含むブタ類などである。前述したように、ウシは農耕が開始されてほぼ同時期に奄美・沖縄諸島にその姿を現している。ウシは食料としてのみではなく、農作業のための使役動物としても利用されたようである。また、興味深いことに鳳雛洞と呼ばれる総延長二千メートル以上の洞窟が沖永良部島知名町にある。その中の光が差さない漆黒の場所に第4洞口遺跡という遺跡がある。そこからは動物遺体ではウシの骨のみ、植物遺体ではオオムギのみが検出された。出土した考古学的データをも加味し、発掘担当者である新里貴之はこの遺跡は農業に関する儀礼の場だったとしている。[*323] ウシは儀礼にも重要な動物であったのかもしれない。

奄美諸島では、グスク時代の遺跡で脊椎動物の分析がなされた遺跡は少ないが、沖縄諸島のように魚類が少量の遺跡と多量の遺跡が報告されている。喜界町に所在する中増遺跡（十三〜十五世紀）では、魚類が三〇パーセントほどとなっている。一方同じく喜界町に所在する和早地遺跡では魚類が八〇パーセントと報告されている。沖縄諸島と同様に、サンゴ礁域の魚類がコンスタントに利用されたという傾向ではないようである。奄美・沖縄諸島グスク時代におけるこの脊椎動物利用の傾向を樋泉は[*324]農耕との関連で説明している。すなわち、農作業に多くの時間を取られ、海が近くて遠い存在になったと考える。

貝類の利用

前述したように貝塚時代の人々にとって眼前に広がるサンゴ礁域に生息する貝類がタンパク源として大きな役割を果たしたわけであるが、グスク時代になるとこの傾向が脊椎動物利用および植物食利用と同様に一変する。まず、貝塚時代と比較すると貝類が多量に出土する遺跡がほとんど確認され

＊323 新里貴之編『沖永良部島 鳳雛洞・大山水鏡洞の研究』（鹿児島大学、二〇一四年）。

＊324 前掲註285に同じ。

表4-4　貝塚時代およびグスク時代（近世）における貝類利用

	サンゴ礁型	内湾型	マングローブ型	他類型	計
貝塚時代前1期	2				2
2期	1		1		2
3期			1		1
4期	6	1	4	1	12
5期	6			1	7
後期	14	2	3	1	20
グスク時代	3	7	7	6	23
近世	1	4			5

なくなる。また、確認できてもその数量は貝塚時代と比較して激減する。[*325] たとえば、沖縄諸島貝塚時代の遺跡では、貝類出土数二千個体では少ない方であるが、グスク時代ではこの数が多い方となる（ただ十三世紀以降のグスク本体では貝類の出土数は多くなる）。さらに興味深いことに、貝塚時代の人々は主にサンゴ礁環境から貝類を「採って」いたが、グスク時代になるとサンゴ礁域中心ではなくなることが沖縄本島における分析結果から示されている。表4は黒住[*326]による貝塚時代からグスク時代にかけての貝類の採集場所をまとめたものである。貝塚時代では分析対象とされた遺跡のうち約六五パーセントがサンゴ礁域を利用しているが、グスク時代になるとサンゴ礁域が卓越した遺跡は一〇パーセント台となっており、内湾型、マングローブ型（プラス他類系）が増加する。なぜ、このような激変が起こったのであろうか。黒住[*327]と同様に樋泉[*328]は、農耕への従事をその要因としている。

先史・原史時代の食性

奄美・沖縄諸島における「とる」について旧石器時代からグスク時代にかけて紹介した。旧石器時代の遺跡からは近年まで化石人骨と少量の石器のみが知られており、「とる」に関する情報はほとんどなかった。しかし、二〇〇九年度から発掘調査が実施されているサキタリ洞遺跡においてオオウナギ、モクズガニ、貝類およびシイ属が出土した。これらは秋に食されたようで、旧石器時代人の季節性の一部が明らかになっている。更新世末に絶滅したシカ類を「獲った」という確実な情報は現在のところ確認されていない。世界では旧石器時代の人々はビッグ・ゲームハンターとの異名を持つほど、マンモスなどの大型獣を狩猟の対象としていたが、奄美・沖縄諸島では新たな旧石器時代人の側面を提供する可能性がある。

＊325　前掲註304、305に同じ。

＊326　前掲註304に同じ。

＊327　前掲註304に同じ。

＊328　前掲註285に同じ。

貝塚時代になっても継続して堅果類を含む野生種を「採って」いたことが明らかになりつつある。約一万一千年前から一千年前までシイ属などの堅果類、タブノキおよびシマサルナシなどが主に貝塚時代の遺跡から報告されている。そして、八世紀から十二世紀の間に突然「採る」から「穫る」へと移り変わった。穀物農耕のはじまりである。この時期に属する遺跡からはオオムギ、コムギ、イネおよびアワなどの栽培植物が主に検出されるようになる。

脊椎動物利用はどうであったであろうか。脊椎動物利用は、前1期から前2期の半ばごろまで、イノシシをメインに「獲って」いた。しかし前2期の半ばあたりからイノシシ猟に加えて漁撈（とる）が増加し、前3期頃からはサンゴ礁域の魚類がイノシシを凌駕する。しかしながら、このサンゴ礁魚類中心の「獲る・漁撈（とる）」は、グスク時代になると激変する。それまでこの地に存在しなかったウシやウマなどの家畜動物の導入である。

貝類利用についても、グスク時代に大きな変化があったことが判明しつつあるが、まずは貝塚時代のはじめからまとめてみよう。前1期にはサンゴ礁域を含む魚類はほとんど出土していないが、貝類に関しては前1期より、マガキガイなどのサンゴ礁域に生息する貝類が「採られて」いた。この貝類利用はその後数千年間変化することはなかった。しかし、グスク時代になるとあれほど「採って」いた貝類の遺跡からの出土数が激減する。また、「採った」貝類も貝塚時代のサンゴ礁域の貝類から内湾型やマングローブ型などの場所からの貝類採集へと変わっていく。興味深いことに、脊椎動物研究者の樋泉も貝類研究者の黒住もこの劇的な変化を農耕の導入が主な要因であったと解説する。すなわち、農耕へ従事する時間が増大した結果、海洋資源利用に上限がかかったというのである。

以上、奄美・沖縄諸島先史・グスク時代における「とる」について紹介してきた。徳之島町では「とる」についてのデータはこれからであると思われるが、おそらく本項で紹介してきた「とる」のパターンが得られるのではないであろうか。しかし、異なるパターンが解明されたとしても、それは十分に価値がある。

（高宮広士）

コラム11 サンゴ礁の形成史

徳之島町や隣の伊仙町および天城町あるいはもう少し広くみて、奄美諸島、沖縄諸島および先島諸島の人たちに「島のアイデンティティは?」と訊ねると、多くの方は「サンゴ礁の海」と答えるのではないだろうか。あの美しいサンゴ礁の海（図96）を眺めていると心が安らぐ。波の音も心地よい。この島のアイデンティティはもちろん島外の人々の心をも癒してくれる。また、「海の畑」となぞらえるように、地元の方々にとっては貴重な食料を提供する場でもあった。さらに、そこは多種多様の生き物の棲家となっている。サンゴ礁の海は島の宝といっても過言ではないであろう。

さて、ではこの島の宝はどのような過程を経て形成されたのであろう。ここでは、琉球列島におけるサンゴ礁形成史の第一人者である九州大学の菅浩伸の研究を中心にこの地域におけるサンゴ礁の形成史を紹介したい。サンゴ礁形成の発端となったのはまずは黒潮の東シナ海への流入のはじまりからである。この暖かい海流を運ぶ黒潮が今日のコースを通りはじめたのは約九千年前と考えられている。黒潮は年間を通して、二〇度から三〇度の海水温があるらしい。その暖かい海流がサンゴ礁形成の契機となった。この海流は南から北へ流れているが、サンゴ礁の形成のはじまりも南の方が北の方より少し早い。菅によると、琉球列島の南の端石垣島周辺およびやや中間に位置する沖縄本島周辺では、約八千五百年前に今日の海面下一五～二〇メートルでサンゴ礁の形成がはじまった。沖永良部島では約七千九百年前、琉球列島の北端の馬毛島では約六千五百年前にその形成がはじまった。興味深いことに、喜界島ではその開始期は九千九百年前と琉球列島で最も早い。

このように黒潮の流入期をきっかけにサンゴ礁が形成されるのであるが、その過程を久米島のデータをもとにした模式図を概観しながら説明したい（図97）。サンゴ礁の海というと、波が礁に当たり砕け白波が立つシーンが思い浮かぶのではないであろうか。約八千年前にサンゴ礁の形成がはじまるが、そのころから約六千五百年前までそのような景観は存在していなかった。約七千年前に海水面が今日の水準に到達するのであるが、このころからこの海水面を目指してのサンゴ礁の成長が始まったのである。つまり、約八千年前から約六千五百年前までサンゴ礁による消波効果はなく、自然の防波堤は存在していなかった。そのため、海岸付近で生活するには非常に厳しい環境であった。暖かいこの地域では、その後もサンゴ礁は形成を続けた。琉球列島では、サンゴ礁の成長は一年間に約四ミリメートルとい

図 4-96　徳之島町諸田のサンゴ礁

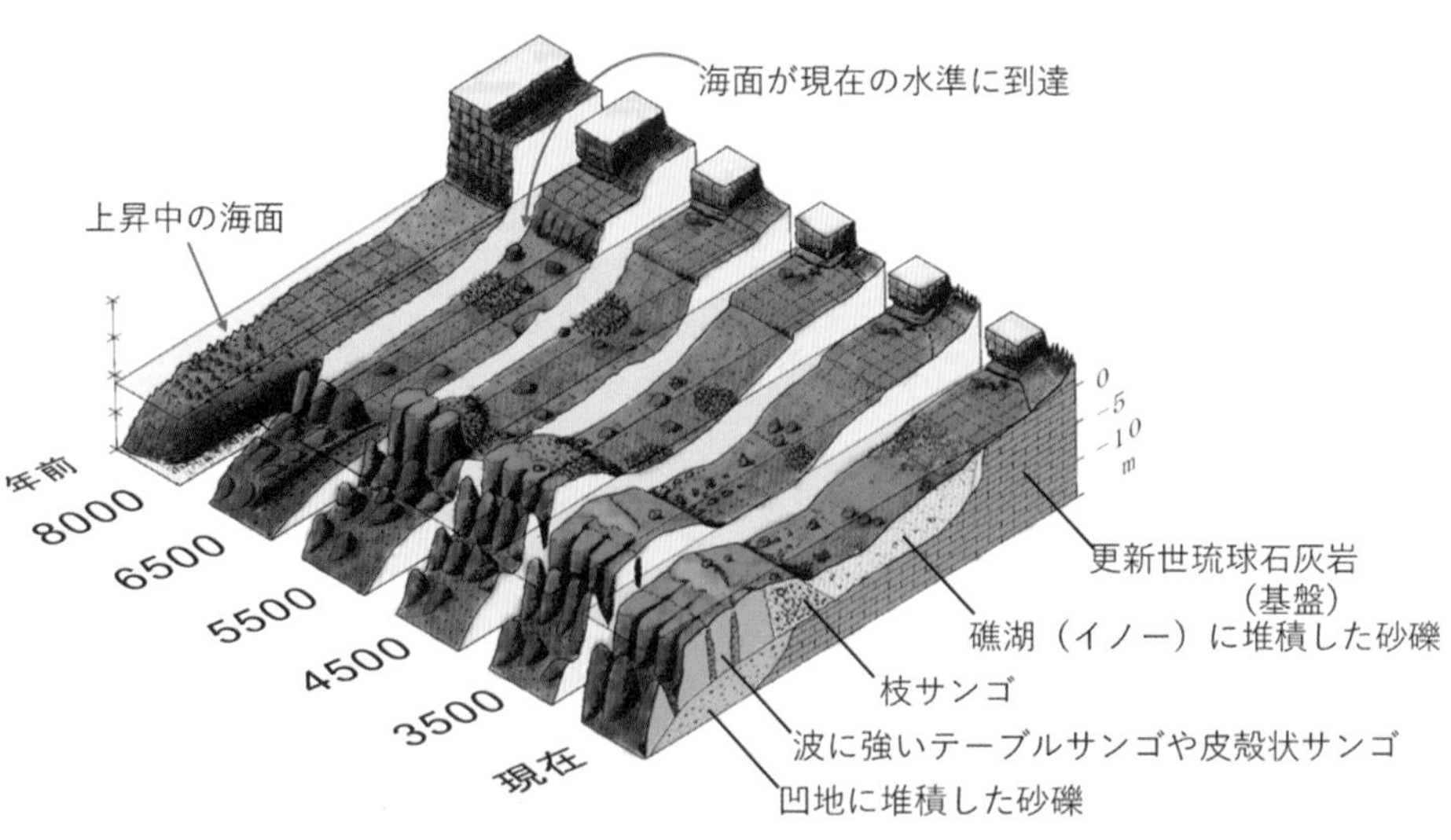

図 4-97　琉球列島におけるサンゴ礁形成模式図（九州大学菅浩伸教授作成）
＊年代は暦年。礁形成過程は久米島の事例をもとに著したものである

われている。約八千年前から年間四ミリメートルほど成長し、その数千年後の約五千五百年前についに海面に到達した。海水面に到達したサンゴ礁はその後ゆっくりと幅広く、がっしりしたサンゴ礁を形成するようになり現在へと成長していった。数千年の過程を経て、ようやく私たちが思い浮かべるサンゴ礁の景観が完成したのである。

サンゴ礁の形成は多くの恩恵を人々にもたらした。まずは豊富な食料である。第四章第三項（「とる」）にあるように、サンゴ礁の形成とほぼ同時期から人々はサンゴ礁域の魚類や貝類を貴重なタンパク源としていた。ある研究によると、貝塚時代におけるサンゴ礁資源の役割は大変大きく、約五〇パーセントの食料をこの環境から得ていたようである。また、サンゴ礁域に生息する貝類は食料のみならず、本土との交易品としても重要な素材となった（第二章）。本土ではみられない、これらの南海産の貝類はとても珍しく、美しく、彼らの渇望の的となった。さらに、サンゴ礁の環境は自然の防波堤を提供し、外海から押し寄せる波のエネルギーを消波した。その結果、人々にとって海岸付近でもすみやすい環境となったのである。サンゴ礁の環境は今も昔も「島の宝」だったのである。

（高宮広士）

【参考文献】

菅浩伸「琉球列島におけるサンゴ礁の形成史」（『考古学ジャーナル』第五九七号、二〇一〇年）、二四―二六頁
菅浩伸「琉球列島のサンゴ礁形成過程」高宮広士・新里貴之編『琉球列島先史・原史時代における環境と文化の変遷に関する実証的研究　研究論文集』（六一書房、二〇一四年）、一九―二八頁

4 ほうむる

亡くなった人を悼むあるいは畏れる想いから、生者は死者を葬るために墓をつくり、モノを供え祀る。その行為は今も昔も変わらないが、時代によって墓の形や埋葬方法、副葬品（供え物）は変化し、現在にいたっている。墓が死者や祖先への想いを込めたものであるなら、考古学的に埋葬遺跡からは、その時代の死者への想いの一端が分かることになり、時代ごとに確認できれば、死生観の移り変わりを知ることができることになる。ここでは奄美諸島を中心として、場合によってトカラ列島・沖縄諸島・八重山諸島などを含めて、弔いの方法とそれにともなう儀礼について概説していくことにしたい。

葬制には、葬送後、遺体を埋めたままの一次葬と、骨化した後に遺体に手を加える二次葬（再葬）がある。土中などに埋められる埋葬には一次葬が多く、埋めずに岩陰などに安置される風葬などでは二次葬が多い。

一次葬は埋葬したままであるので、自然の営為や小動物の食害などが無ければ、埋葬姿勢がそのまま残る。通常の寝る姿勢である手足を伸ばした伸展葬（図98―4）や、胎児のように身体を強く折り曲げる屈葬、手足をわずかに折り曲げたり、手足のどちらかを弱く折り曲げるといった屈肢葬という埋葬姿勢がある（図98―1・2）。このほかに体の向きでも分類され、仰向けになったもの（仰臥）、横向きにするもの（側臥・横臥）、うつ伏せにするもの（伏臥）などが見られるが、時代を超えて継承される埋葬姿勢や、ある時代・時期、地域によって顕著になるものがある。

いっぽう二次葬（再葬）は、岩陰・洞穴部の墓で著しく、動かした骨をまた元の位置に近い場所に配置したものや、横にどけたようなもの、頭骨や手足の骨をそれぞれ集めたものなどがある。また、骨の一部を動かすものや抜き取るもの、骨の大半を抜き取ったりする様子もうかがえる。沖縄諸島では頭骨のみを土坑内に一～二個体分入れた事例（頭骨再葬）や、土器棺墓という土器内に骨化した

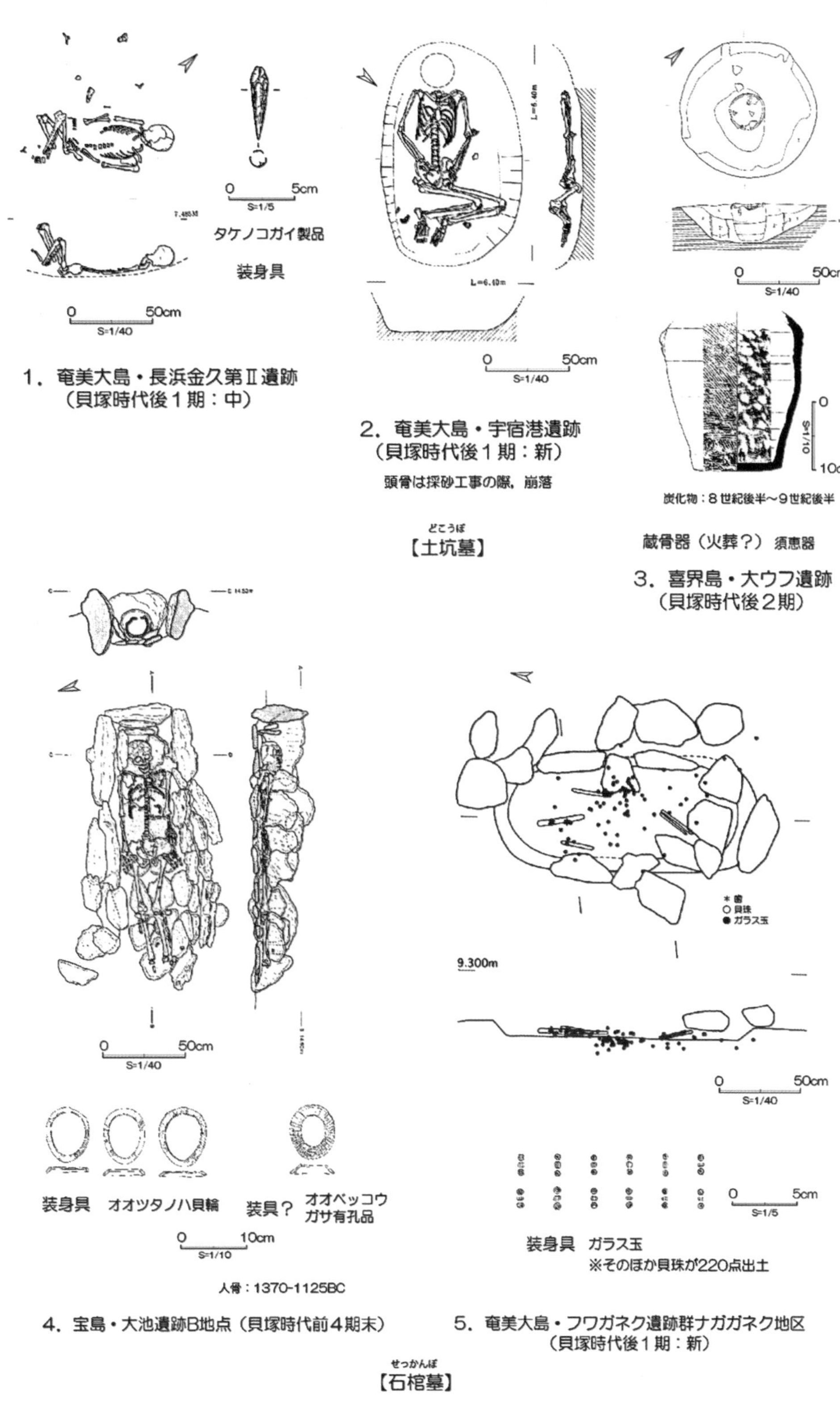

図 4-98　トカラ列島・奄美諸島貝塚時代の葬墓制

頭骨を入れる事例もある。さらに、奄美・沖縄諸島では、埋葬された人骨が火を受けた例として、焼骨（骨化後に焼かれたもの）と火葬骨（遺体として焼かれたもの）があることが明らかになっている。二次葬もまた、時代を超えて存在するものや、ある時代・時期・地域に限定されて確認されるものがある。

後期更新世の葬墓制[*329]（約三万～一万一千年前）

後期更新世（旧石器時代）において、埋葬遺跡とされる遺跡が数例確認されている。奄美諸島では未だ不明であり、沖縄諸島（沖縄本島）のサキタリ洞遺跡、先島諸島（石垣島）の白保竿根田原洞穴遺跡で確認されている。サキタリ洞遺跡では、仰臥葬で埋葬された人骨が下半身を除き、良好に確認されている。人骨の上部に三〇センチメートル大の礫が四個置かれていたとされる。約九千年前とされた層のさらに下位からの検出なので、古い埋葬例の可能性が高い。白保竿根田原洞穴遺跡では、約二〇体分の人骨が確認された。二次的に動いた人骨がほとんどであるが、通常の骨の位置とは天地が逆となった、対になる大腿骨と頭骨が近接して確認されていることから、仰臥屈葬の風葬のような状況も想定されている。三七点の人骨の年代測定で約二万八千～一万三千年前を前後する数値が出ており、洞穴・岩陰を利用した埋葬・風葬のような遺跡が古くからあったとも想定されている。

貝塚時代前期の葬墓制[*330]（約七千～二千八百年前）

奄美諸島においては、約七千から五千年前にさかのぼる貝塚時代前1・2期の埋葬遺跡は確認されていないが、約四千年前以降になる貝塚時代前3期末以降、特に前4・5期になると埋葬遺跡数が増加する。埋葬遺跡は、隆起サンゴ礁の岩陰や洞穴、海辺の砂丘地で確認される例が多い。これらの遺跡からみていくと、奄美・沖縄諸島では当初、仰臥伸展葬が一般的で、沖縄諸島では時間の経過とともに伏臥伸展葬も増加するのが特徴であり、伏臥という不自然な姿勢が少なくないのは、事故などの異常死による凶葬だけでなく、出自や習俗としての社会的なルールや外部からの文化的影響の存在も想定されている。また、二次葬（再葬）も、埋葬して儀礼が終了するのではなく、埋葬

＊329　更新世の墓については、沖縄県立博物館・美術館（編）『平成二八年度博物館特別展　港川人の時代とその後：琉球弧をめぐる人類史の起源と展開』（二〇一六年）を参照した。

＊330　貝塚時代の墓については、新里貴之「南西諸島の先史時代葬墓制の展開と石棺墓導入の背景」『徳之島トマチン遺跡の研究』（鹿児島大学、二〇一三年）を参照した。

後、さらに墓場に赴いて死者に手を加える習俗が古くから存在していたことを示していることになる。

徳之島では、天城町下原洞穴遺跡において貝製・魚骨製の装身具とともに、一か所に数体分を埋葬した墓が二基確認されている。貝塚時代前3期末の埋葬例であると考えられるが、仰臥伸展葬で埋葬された後、一部、あるいは大半の骨が動かされており、焼骨も混じる（図99、図100―1・2）。伊仙町喜念原始墓もまた、複数体の人骨とともに貝製装身具・葬具類が確認された例であり、出土土器の主体が仲原式土器であることから、貝塚時代前5期末の埋葬遺跡と考えられる。

墓は、一般的には土坑墓（地面を掘った穴に埋葬するもの）が最も多く古くから存在するが（図98―1・2）、配石墓（墓坑内にわずかの石を配列したもの）、石囲墓（墓坑内に石を積み上げるもの）、石棺墓（お棺のような配列で墓坑内に石を配置したり、積み上げたりするもの。蓋石を持つこともある）（図98―4、図100―3、図101～104）など、貝塚時代前4期以降、時間の経過とともにバリエーションも増加していく。

石材を用いる墓は、重量のある大きなサンゴ石灰岩の塊を棺材として用いるものが主で、死者に対してどれだけ手の込んだ墓をつくったか、という視点にたてば、墓構造の複雑なものは、それだけ死者に対して手厚く葬った、あるいはその死者が当時、その地域にとって社会的に重要な人物だった、という可能性も考えられてくる。しかしながら、琉球列島においてどのような社会構造的な差異があったのかは分かっていない。

奄美・沖縄諸島では、意図的に、過去に埋葬した死者の上部に新たな死者を埋葬するという、重層構造を持った墓もしばしば見られる。特に著名な伊仙町トマチン遺跡は、石棺そのものが重箱のように上・中・下段の三層構造になっており、それぞれの層が底石で区切られる。最初の埋葬（下段埋葬）の骨はそのほとんどが二次的に除かれており性別も分からない。続いて構築される中段の埋葬は仰臥伸展葬の女性で、骨化後に頭骨が抜き取られる。上段埋葬は三体分の男性が埋葬されているが、最初と二番目に埋葬された者は、石棺墓内の脇に二次的に動かされ、三番目の最終埋葬が中央

図4-99　岩陰墓・崖葬墓（天城町・下原洞穴遺跡）

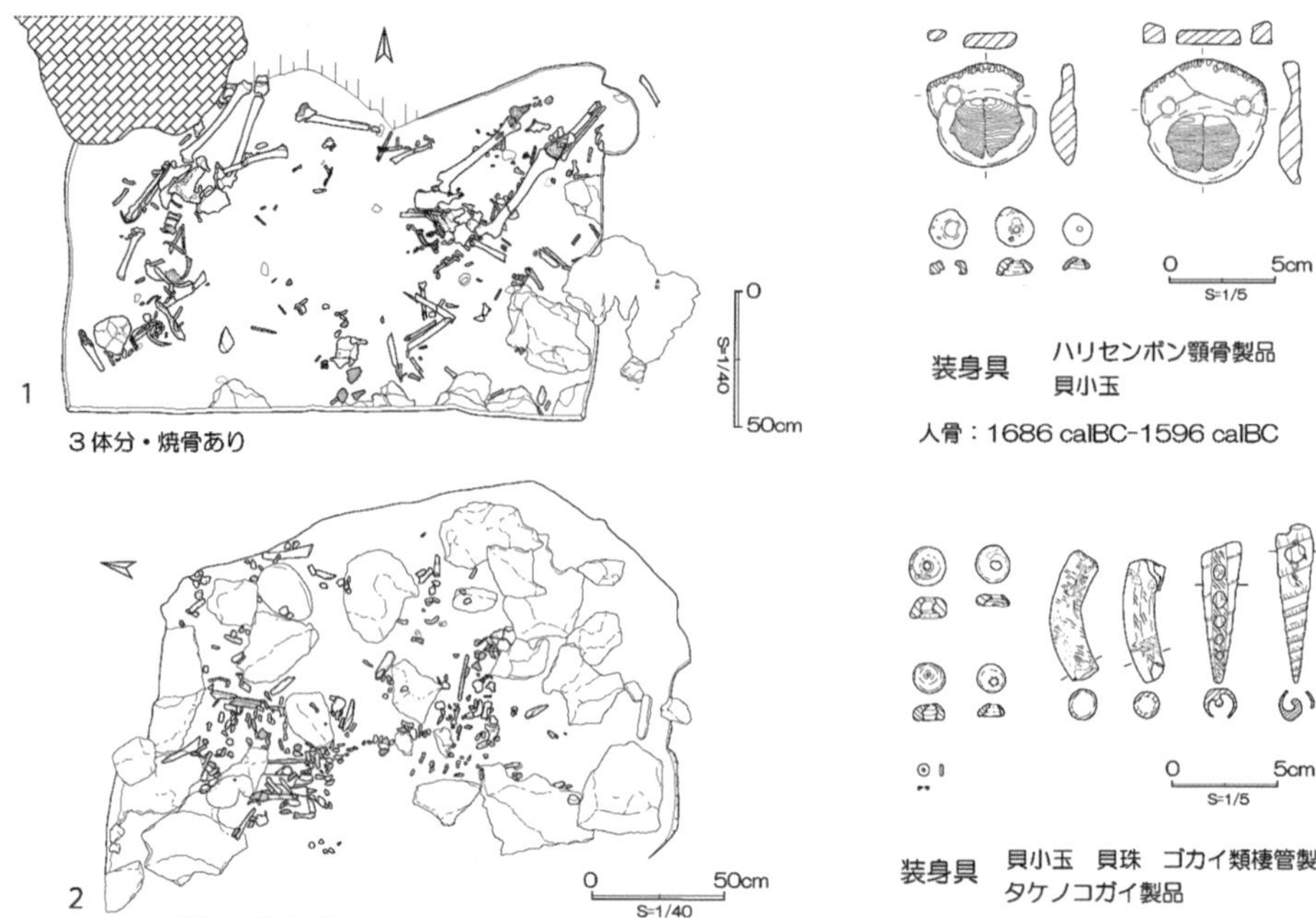

下原洞穴遺跡（貝塚時代前３期末）

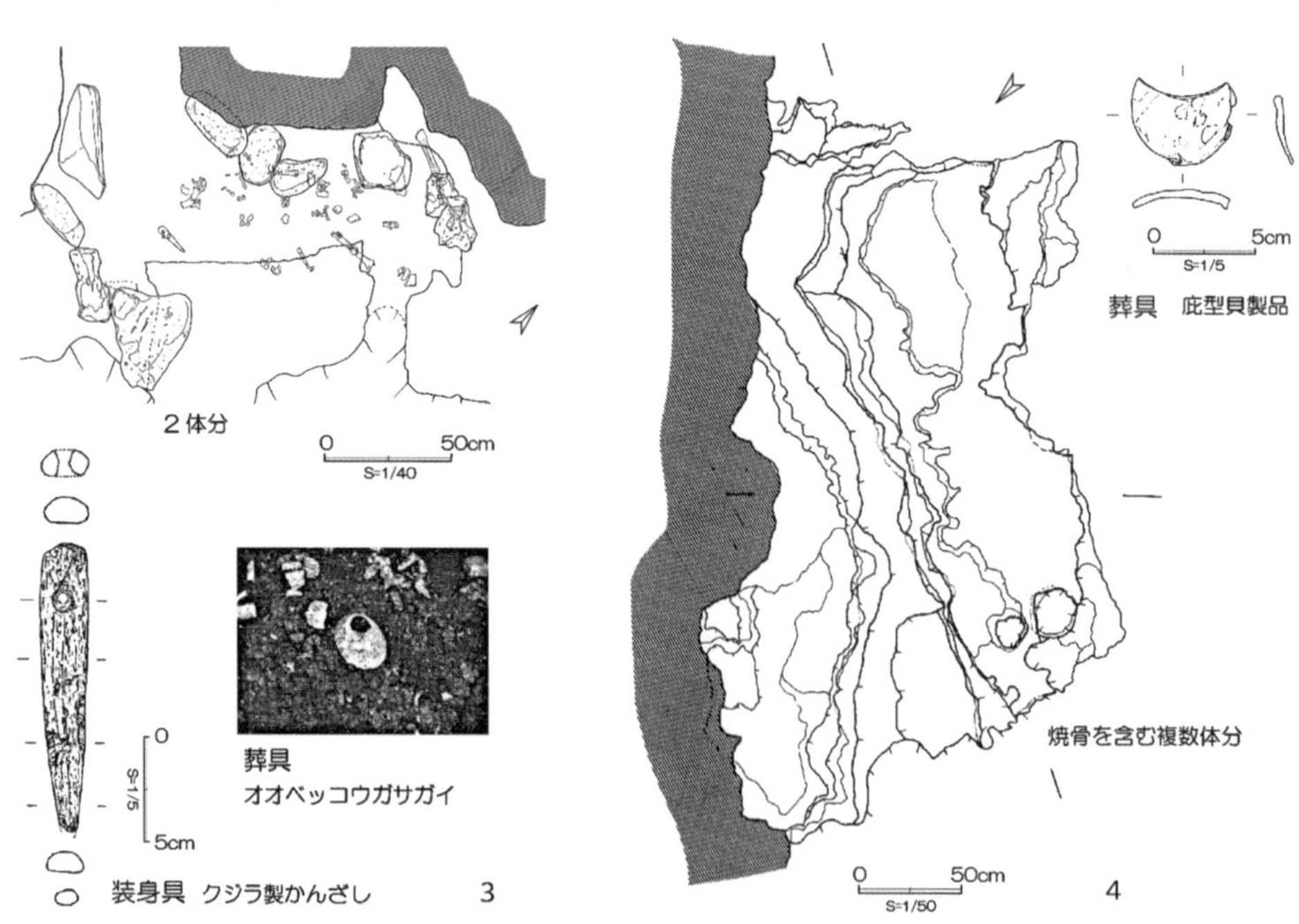

喜念クバンシャ岩陰墓（貝塚時代後１期：古）

【岩陰墓（いわかげぼ）・崖葬墓（がいそうぼ）】

図 4-100　徳之島貝塚時代の葬墓制（1）

図４-101　石棺墓（伊仙町・トマチン遺跡）

に仰臥伸展葬で埋葬される。興味深いことは、中段の女性の頭骨は上段の三体分の人骨が埋葬されている間も大事に上段部に安置され続けたことである。中段埋葬骨と上段最初の埋葬人骨には、遺伝性の骨腫瘍が確認され、親族関係をもつ可能性が高いとされている（図101、104）。墓坑内の重層構造は土坑墓だけでなく石囲墓などでも確認されているが、それもまた親族墓としての性格が強いと考えられる。

埋葬された死者に対する副葬品（葬具）には、土器、石器が用いられることもあるが、圧倒的に多いのが各種の貝製品および自然貝であり、サンゴ礫なども使用される。副葬された土器は胴部や底部に意図的に孔を開けているものや口や底の部分を打ち欠いて使用できないようにした例もあり、自然貝やサンゴ礫などはいずれも海辺で拾われたことを示す水磨（水による摩耗）を受けたものが多い。貝はシャコガイを利用したものも多く、死者の目の部分に置くもの、胸の上に置くもの、下腹部や足元に置くもの、背中に配置するもの、ふたつの貝で頭を挟み込むもの、シャコガイだけでなく、多種の二枚貝を腕に沿って配置するものなど、バリエーションがある。頭骨などの抜き取られた墓坑の外にホラガイが安置された例などもある。しかし、奄美諸島ではシャコガイやホラガイを葬送に用いることがほとんどない。身体の特定個所に副葬品を置く例は、生前の病的疾患の治癒への祈願、あるいは死者を畏れ、動きを封じ込めるなどの呪術的な意味合いも大きいのかもしれない。また、小児の頭部を土器で覆い隠す例もある。副葬品には死者が身に着けていた装身具も含まれるが、これらはブレスレット（貝輪など）やネックレス（ヒスイ・貝小玉など）などがあるものの、奄美・沖縄

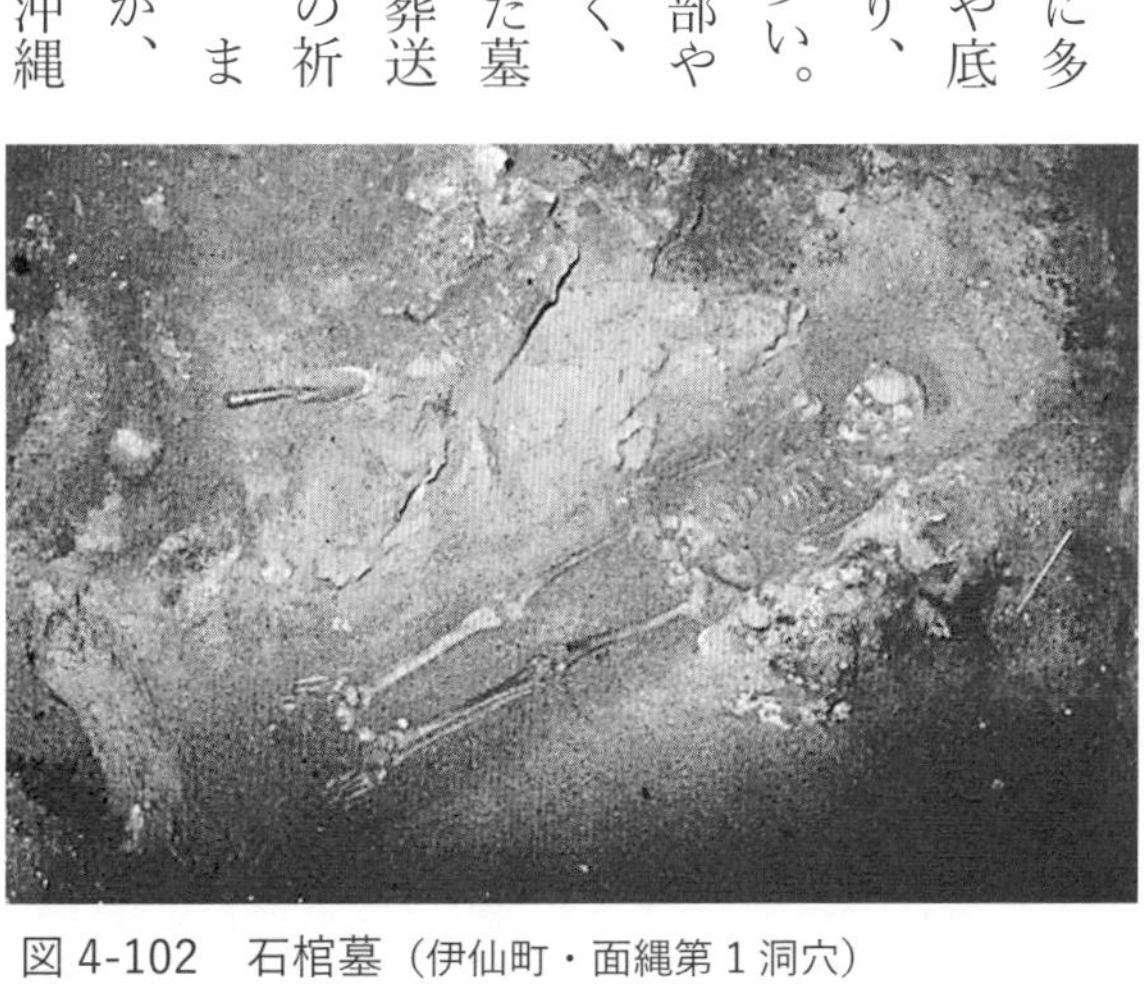

図４-102　石棺墓（伊仙町・面縄第１洞穴）

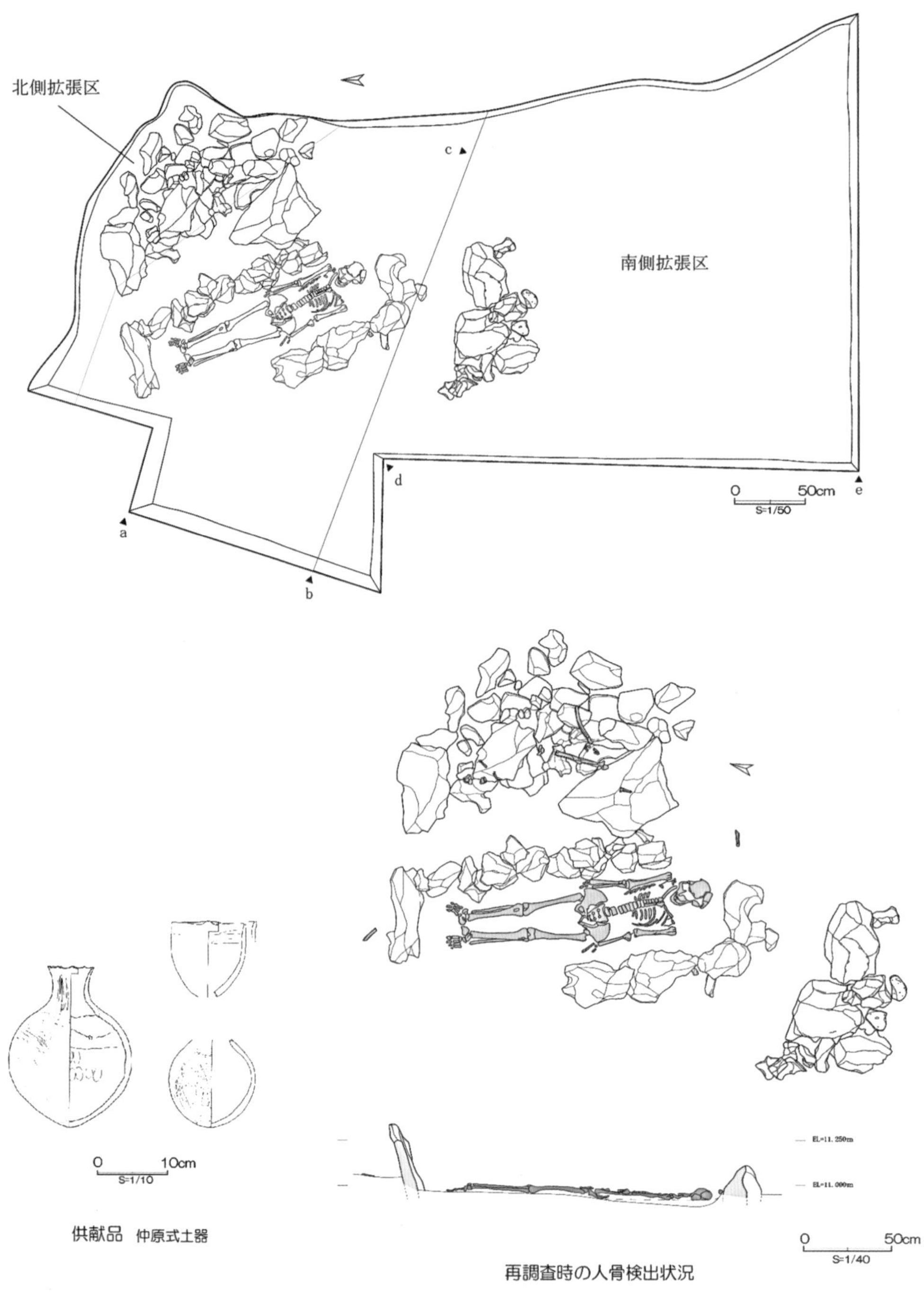

徳之島・面縄第１洞穴（貝塚時代前５期末）

図 4-103　徳之島貝塚時代の葬墓制（２）

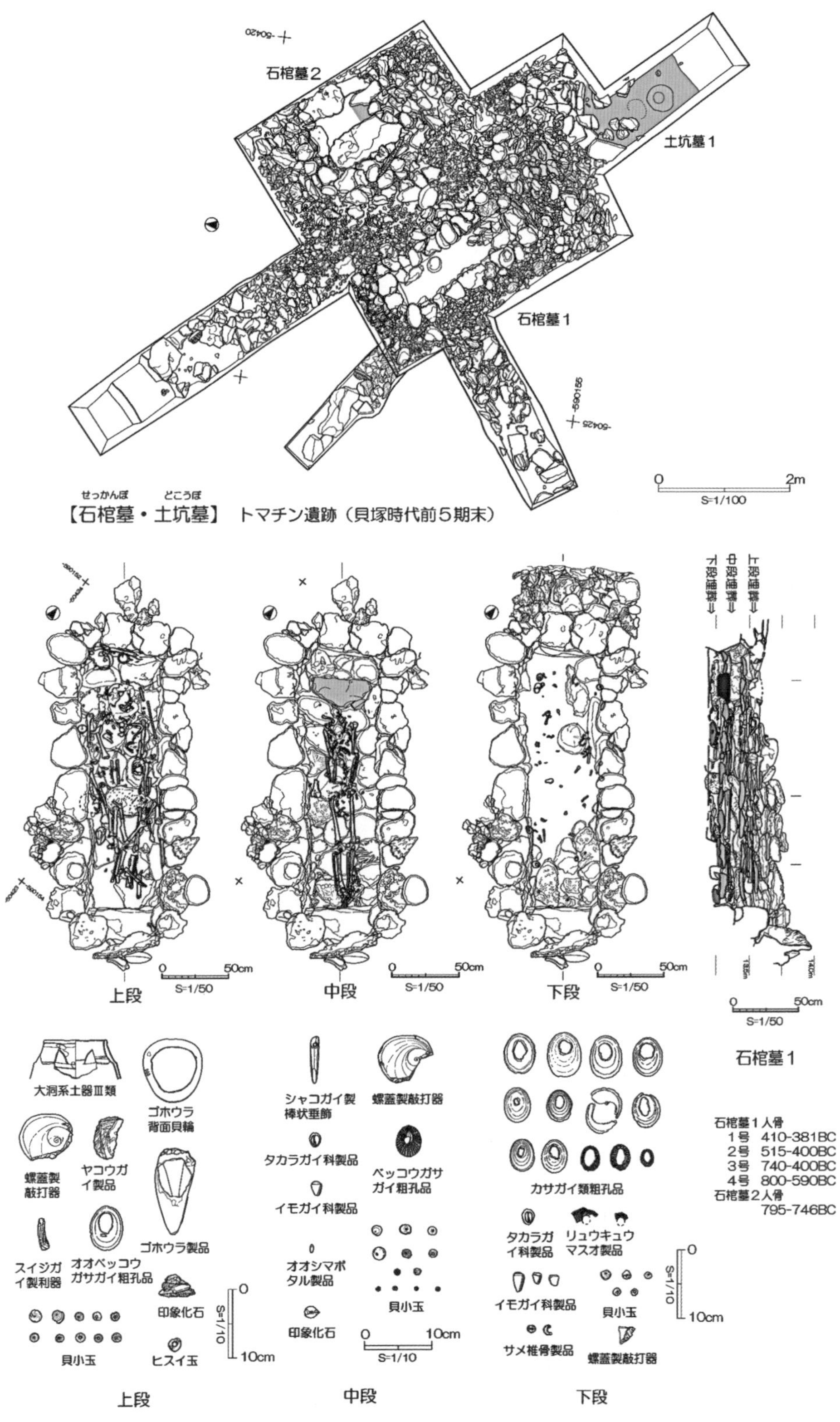

図 4-104　徳之島貝塚時代の葬墓制（3）

諸島では日常的な動きが制限されるほどの、多数の装身具を身に着けていたわけではなさそうである。

貝塚時代後期の葬墓制（約二千八百～一千年前）

貝塚時代後期になると、後1期前半（弥生時代前期～中期）において奄美・沖縄諸島では埋葬事例が極端に減少し、様相が分かりにくくなる。そのなかにおいて、徳之島伊仙町喜念クバンシャ岩陰墓（図100―3・4、105）は重要な遺跡である。三基の墓が調査されているが、そのひとつには石囲が設けられている。いずれの墓もバラバラに散在した複数体の人骨が確認され、かんざし、貝輪などの装身具、庇型貝製品や有孔貝製品などの葬具も出土している。前述の喜念原始墓もまた、弥生系土器が出土しているので、この時期まで使用されている可能性が高い。

後1期後半（弥生時代後期～古墳時代）の大隅諸島で、砂丘地の埋葬遺跡が目立つようになる。それまで概ね南九州地域と文化的に同一歩調を合わせてきた大隅諸島が、それまでと異なった華麗なる琉球列島的な貝製装身具文化を突如として開花させるのは、日本列島と琉球列島間の南海産貝交易の拠点となることが背景となっているとみられる。

種子島の広田（ひろた）遺跡では沖縄諸島周辺で入手したイモガイ・ゴホウラや、近海で入手したオオツタノハを用いて、精緻な文様を刻んだ多種多様な貝製品を製作し、頭・首・腕に華麗な装飾品を大量に身につけるという、極限まで貝利用を推し進めた文化で、これ以後同種の貝文化が現れることはなかった。このような大量の装身具を身につけたままでは日常生活には不便であり、生業活動に従事しなくとも良い階層が生じたのか、あるいは埋葬のための特別な装束だったのか、まだ説明はついていない。

墓は土坑墓（どこうぼ）が中心で、覆石墓（ふくせきぼ）という礫で墓の上部を覆うものや石棺墓などが存在するが、これらにはサンゴ礫やサンゴ塊が使用されることもある。また葬具としての副葬品は、土器を供える例が

図4-105　岩陰墓・崖葬墓（伊仙町・喜念クバンシャ岩陰墓）

図 4-106　火葬墓（喜界町・大ウフ遺跡）

多く、まれに水磨を受けたシャコガイやヤコウガイ貝匙などもみられる。埋葬姿勢の主体は、仰臥・側臥の屈肢葬・屈葬であり、子ども以外に伸展葬は見られない。

以上のように、琉球列島先史時代の葬墓制の要素は多様で、弔いやそれにまつわる儀礼も島嶼ごとに様々な違いをもっている。しかし、大隅・奄美・沖縄諸島といった島嶼群単位を超えて、墓の材料、葬儀道具、装身具として、貝やサンゴなど海起源のものが多用されていることは、サンゴ礁環境に育まれた琉球列島最大の文化的特徴であり、海に関わるものに死後の世界観をみる社会性を共有していたことも示している。

琉球先史時代のなかでも、貝塚時代後2期（奈良・平安時代）の埋葬遺跡はほとんど分かっておらず、依然不明瞭なままであるが、喜界島に古代須恵器（すえき）の蔵骨器（ぞうこつき）を伴う土坑墓（火葬?）が確認されている。土坑墓に火を受けた骨が納められた蔵骨器を略円形の土坑に埋納するものである（喜界町・大ウフ遺跡：図98―3、106）。火葬骨や焼骨が確認される事例は貝塚時代前期から確認されるものの、火葬骨や焼骨が蔵骨器に入る事例は、この時期以外にはない。宇宿（うしゅく）貝塚でも一例確認されており（図107）、こちらは骨化した骨を焼いた焼骨を須恵器に納めたものであり、奄美諸島の一部に、日本からの仏教的外来文化が流入し、在来の文化（再葬）と新規流入の文化（火葬）が融合していることは確かである。ただし、一般の埋葬事例がほとんど確認されていないために、その文化の定着の度合いについては、今なお不明な部分が多い。

図 4-107　焼骨再葬墓（奄美市・宇宿貝塚）

グスク時代の葬墓制[*331]（十一世紀〜十六世紀）

グスク時代の葬墓制は、近年の喜界島の調査成果により、かなりの情報が蓄積されてきた。その特徴と変遷について、喜界島の遺跡を例に確認しておきたい。

城久遺跡群の四九基に及ぶ埋葬墓の調査成果から見ると、十一世紀代には、前述の貝塚時代後2期の火葬墓のような円形土坑を受け継ぐものや、長方形の墓坑が確認されているものの、蔵骨器は使用せず、火葬骨を土坑内に納め（焼骨再葬）、蔵骨器ではなく副葬品としてカムィヤキと白磁碗・ガラス玉などを埋納するものが出現する。基本的には遺体を焼くなどの手の加えられた二次葬が多くなる。長方形土坑内部に木棺を安置した一次葬も確認されており、同様に副葬品を持つ。副葬品としては、土師器甕、鉄刀や刀子、鑿、銅椀、銭貨（崇寧重寶・無文銭）などがあり、ほとんどが外来物か外来の技術で製作されたものに、副葬品の価値が付与されている。副葬品を持たない一般の層と副葬品を持つ特定個人があったのかについては、詳細が分かっていない。なかには人間の焼骨に混じって貝・魚骨などが検出された土坑墓も確認されているが（喜界町・崩リ遺跡土坑墓2号）、貝塚時代のように、海浜部で得られた貝などに副葬品の価値を見ていたと捉えることは難しく、グスク時代からは確実に、貝塚時代と大きく離れた葬送観念に変質していることが分かる。

十二世紀後半以降は、副葬品を持たない土坑墓（土葬）に変化したと考えられ、仰臥伸展葬もあるものの（図109―4）、仰臥屈肢葬と強い屈葬が多く見られるようになる（図109―3・5・6）。なかには一八二センチメートルの深さに埋葬されたものがあり（喜界町・大ウフ遺跡）、他に類例が無い。この手足を折り曲げる埋葬姿勢の状況は、ほぼ同時期の沖縄諸島や先島諸島にまで及ぶことが判明している。十三世紀の事例として、喜界島長石の辻遺跡の岩陰に仰臥屈葬で埋葬された土坑墓が確認されている。遺骨の一部は骨化後に動かされているとされる。副葬品として龍泉窯系鎬蓮弁文青磁碗が一点確認されている。なお、喜界島川尻遺跡では、十四世紀代を中心とする二から五体分の骨を納めた木棺墓（確認できる埋葬姿勢は屈肢葬：図109―6）や土坑墓が確認されている。このような状況の埋葬例

＊331 グスク時代の墓としては、以下のものを参照とした。
松原信之（編）『城久遺跡群 総括報告書』（喜界町教育委員会、二〇一五年）。
宮城弘樹「グスク時代初期の土坑墓」『奄美大島・喜界島調査報告書』地域研究シリーズ（45）（沖縄国際大学南島文化研究所、二〇一九年）、一一―一四頁。

図4-108　土坑墓（伊仙町・前当り遺跡）

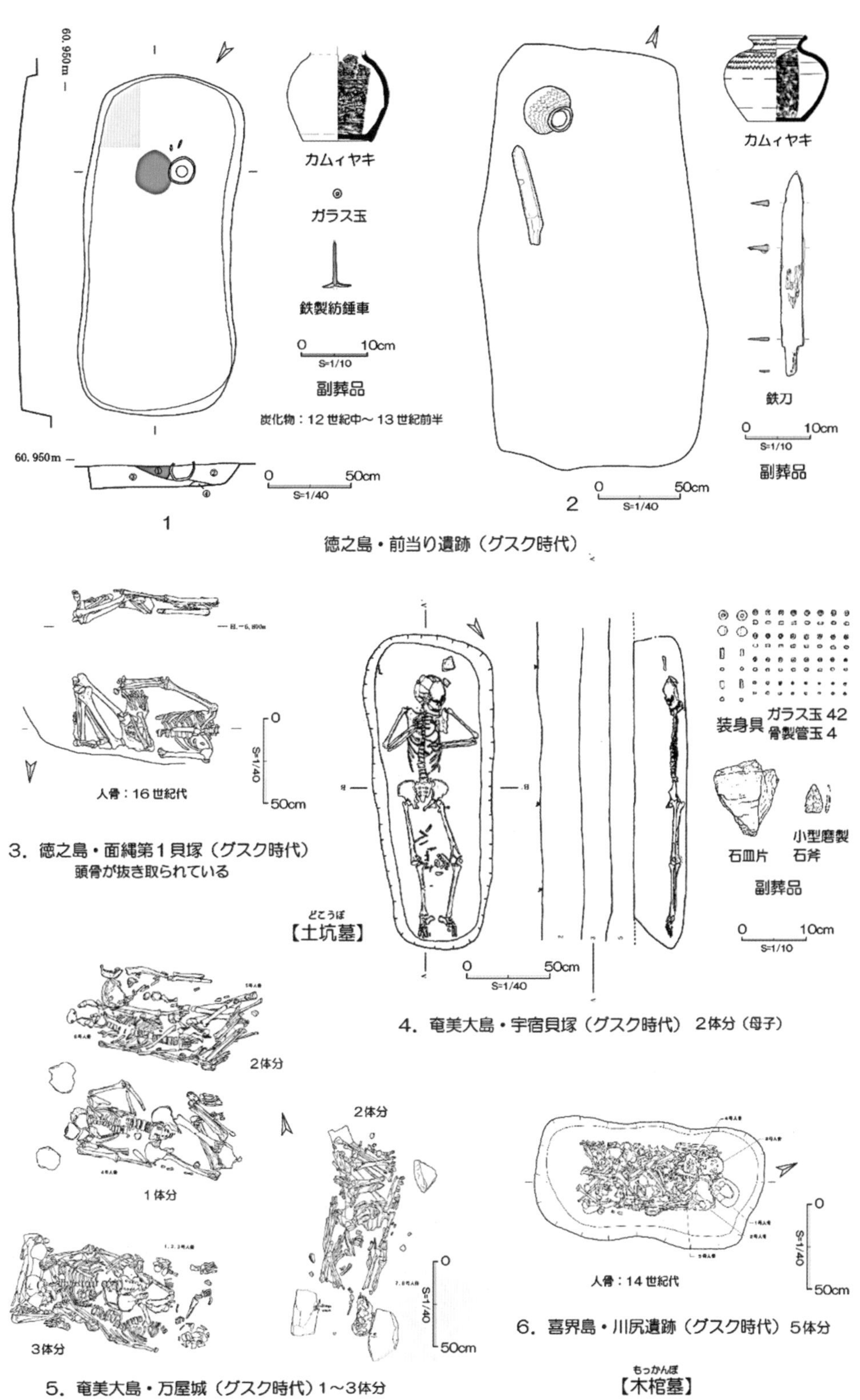

図 4-109　奄美諸島グスク時代の葬墓

は、奄美大島万屋城（まんやぐすく）においても確認されている（図109—5）。

徳之島の例も大きくはその葬墓制に合致している。伊仙町前当り（まえあた）遺跡で七基の土坑墓が確認されている（図108）。うち四基が調査され、残りは現地保存された。ひとつは焼骨が底面に拡がる円形土坑であり、カムィヤキが副葬されている。また、長方形土坑でカムィヤキと鉄刀が副葬され、土坑内に焼骨を伴うと思われるもの、焼骨を伴い、副葬品として鉄製紡錘車（ぼうすいしゃ）とカムィヤキ小壺、ガラス玉が確認されているものや、半分が攪乱によって失われてはいるものの、底面が二段掘りになった土坑墓も確認されている（図109—1・2）。

近世の葬墓制[*332]（十七世紀～十九世紀）

近世の奄美諸島の葬墓制については、在来の葬制と捉えられている、岩陰を掘りこんで墓室をつくり、土葬・風葬後、遺骨を洗骨し安置する共同の墓所、トゥール墓（奄美・徳之島・沖永良部島）、モヤ・ムヤ（喜界島）、ジシ・ギシ（与論島）が最も一般的である。そのほか、島外の石材を求めて構築する石塔墓、木桶などに座葬で埋葬する例が多くなるのも、薩摩侵攻後のこの時期からである。トゥールと同様に在来の葬墓制と考えられるものには、砂丘地における土坑墓、木棺墓、テーブルサンゴなどを用いて石棺墓を構築するものなどがある。考古学的な調査例は少ない（図111—2）。

徳之島伊仙町中筋川（なかすじがわ）トゥール墓（図110）は、琉球石灰岩に横穴を穿ったものであり、約五・八×三・三メートル規模、入口高約一・〇メートルである。前庭部も石積みによって構築されている。墓坑内部には甕・壺・石厨子（いしずし）に納められた人骨と、周辺に集積・散乱された人骨があり、取り上げられた人骨数は骨片を含めて四〇〇である。蔵骨器は東南アジア産陶器、中国産陶器もあるが、薩摩産を主体に肥前産も少なくない。無銘の琉球石灰岩石厨子もある。副葬品に碗・瓶があるが、肥前産を主体に、琉球産、中国産

図4-110　トゥール墓（伊仙町・中筋川トゥール墓）

＊332　近世の墓については、新里亮人「奄美諸島の様相」『琉球近世墓の考古学』（沖縄考古学会、二〇一三年）、三一—三三頁を参照した。

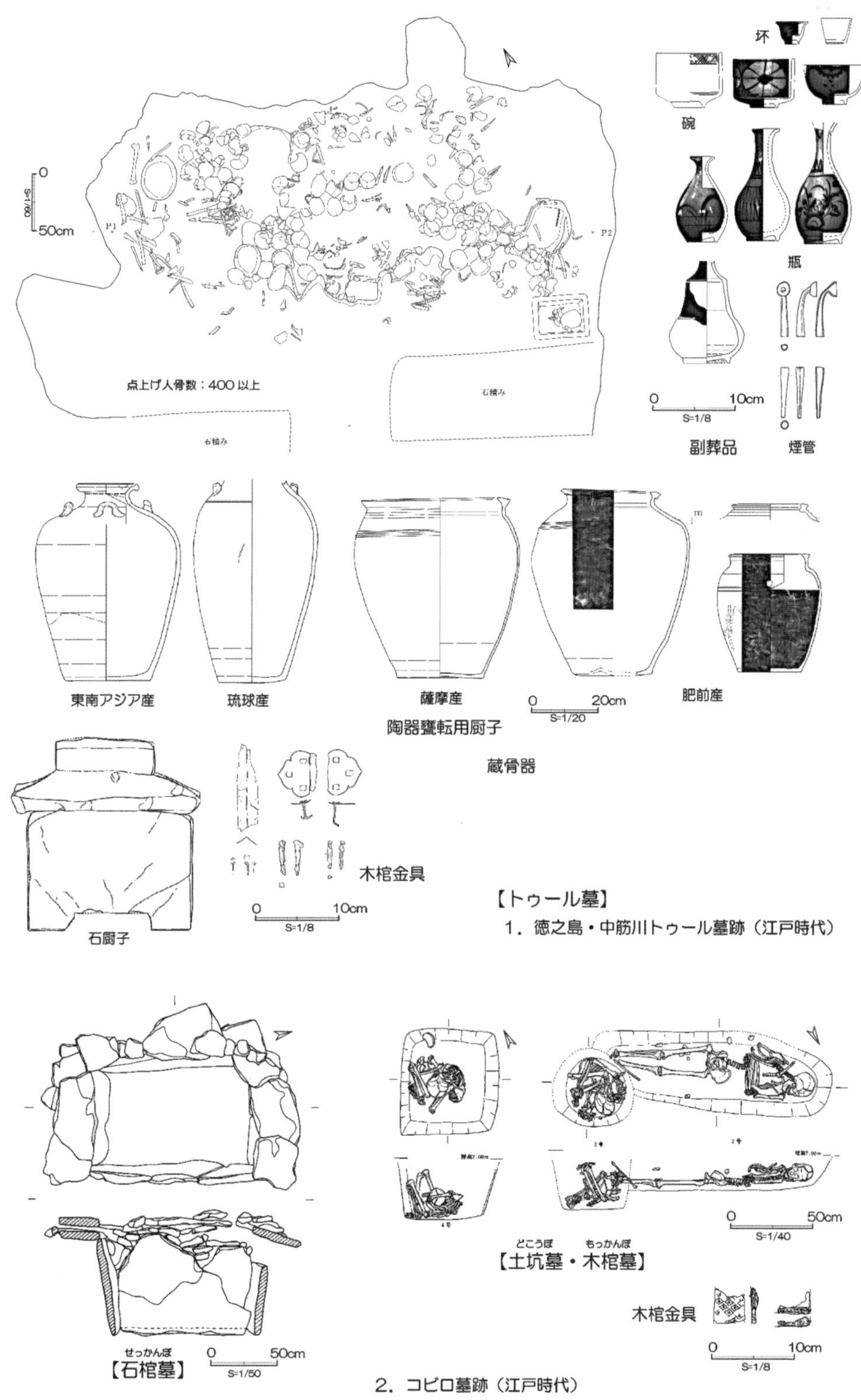

図 4-111　奄美諸島近世の葬墓

が含まれる。キセルの雁首と吸口もある。なお、青銅製の蝶番や飾金具、鉄釘などが得られており、木製厨子も存在していたとされている（図111―1）。

習俗的抜歯（図112）

葬送に伴うものではないが、人骨が残っていると、当時の習俗が分かる例がある。そのひとつが習俗的抜歯である。ひとと相対した時に見える健康な歯を意図的に抜く（あるいは折る）ものであり、幼児骨や小児骨には見られないこと、世界の民族例などから、痛みに耐える成人儀礼のひとつとされている。ほかにも結婚・出産・死別・再婚時にも実施されたと考えられている。日本では縄文時代に流行し、墓地の埋葬者の割合でみると九割強が施術しているとされるが、奄美・沖縄諸島においては二割程度と少ない。また、縄文時代の抜歯が上下顎の切歯・側切歯・犬歯の抜歯が主流であるが、奄美・沖縄では下顎の切歯・側切歯の抜歯が主流で、犬歯を抜く例は少ない。徳之島では伊仙町の喜念原始墓、面縄第一洞穴、トマチン遺跡出土人骨などで確認される。抜歯型式の違いは、帰属する集団の違いを表すものと解釈されている。[*333]

また、人骨を利用した製品の出土もあるが（伊仙町・面縄第二貝塚）、琉球列島に類例は少ない。

動物の埋葬・埋納（図113、114、115）

琉球列島においても動物の埋葬が確認された例がある。[*334] 奄美諸島における検出例を見ると、最も古い例では、貝塚時代前2期条痕文系の段階に二頭のイヌの埋葬が知られている（奄美市・宇宿小学校構内遺跡）。うち一頭分は埋葬された状態で検出されており、円形土坑の中に横たえられている。体高

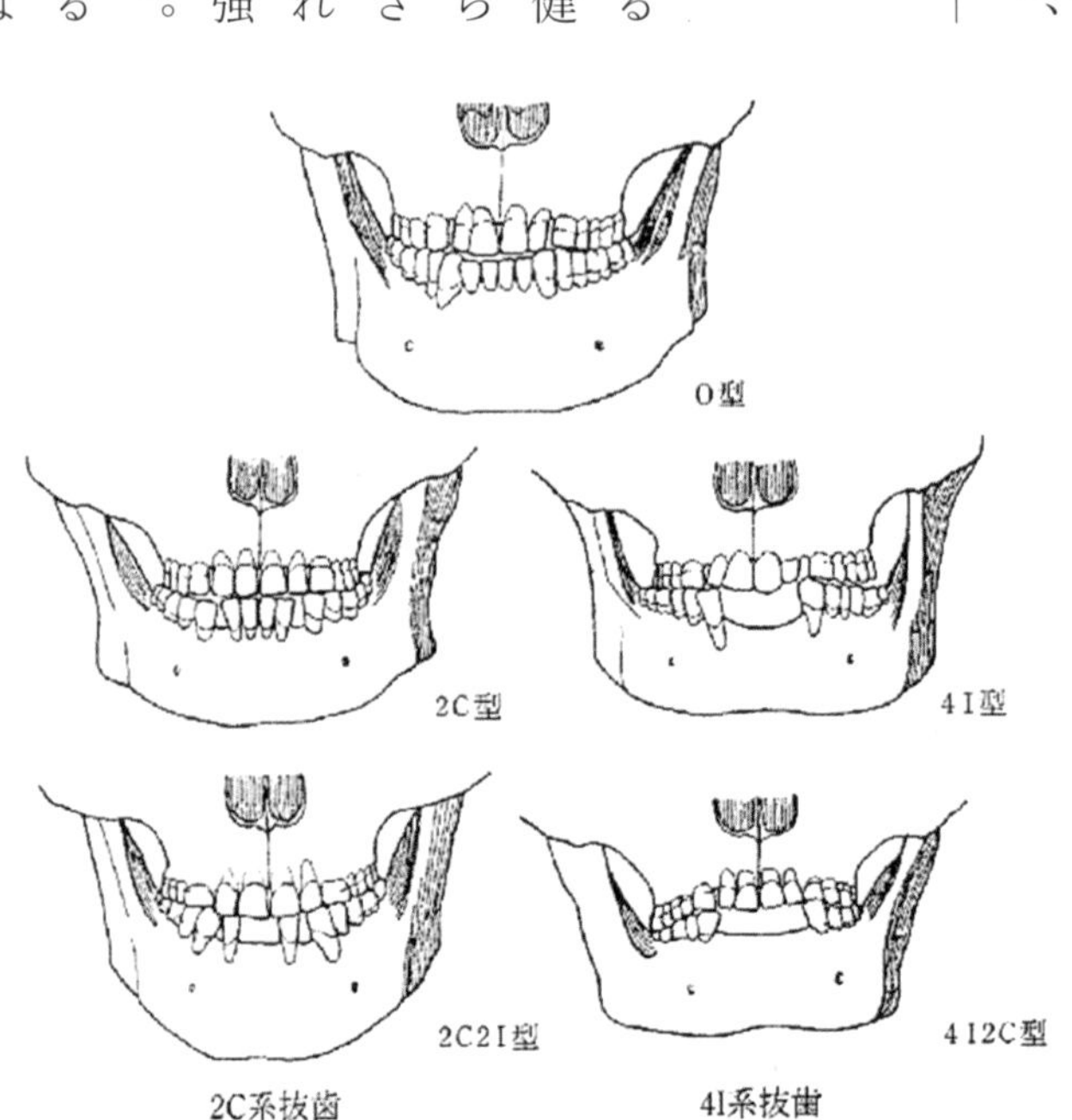

図4-112　縄文文化の抜歯型式

＊333　春成秀爾『縄文社会論究』（塙書房、二〇〇二年）。

＊334　西中川駿『遺跡から出土する動物たち』（上・下巻）（西中川駿先生古希記念論集刊行会、二〇一一年）。

四〇センチメートルの中小級で、本州の縄文時代犬とさほど変わらない大きさとされる*335（図113）。

グスク時代と思われるものに、一部関接しているが、バラバラに解体されたウシ埋納例と思われるもの（奄美市・宇宿貝塚）がある。二体分とされているが、詳細不明である（図114）。近世には仔ウマの埋葬例がある（喜界町・川尻遺跡）。楕円形状の土坑内に、後肢を前方に揃えて向けて横たえられている。体高は一〇八センチメートルとされる（図115）。土坑内には薩摩焼や施釉陶器が出土している。また、ウシの埋葬例も確認されているが（奄美市・長浜金久第一遺跡）、砂丘の自然移動のためか一体分の骨が散在している。年代はかなり新しい可能性もある。

以上、琉球列島において、動物の埋葬は散発的に確認されるにとどまり、時代的に継続しているとは言い難いが、猟や農耕に使役する動物に対しても、伴侶動物としての想いをもつことがあったことを示す好例である。しかしながら、どれも人間の墓域や、人間とともに埋葬される例はないため、現代的な愛玩動物としての意味とは異なるのかもしれない。

（新里貴之）

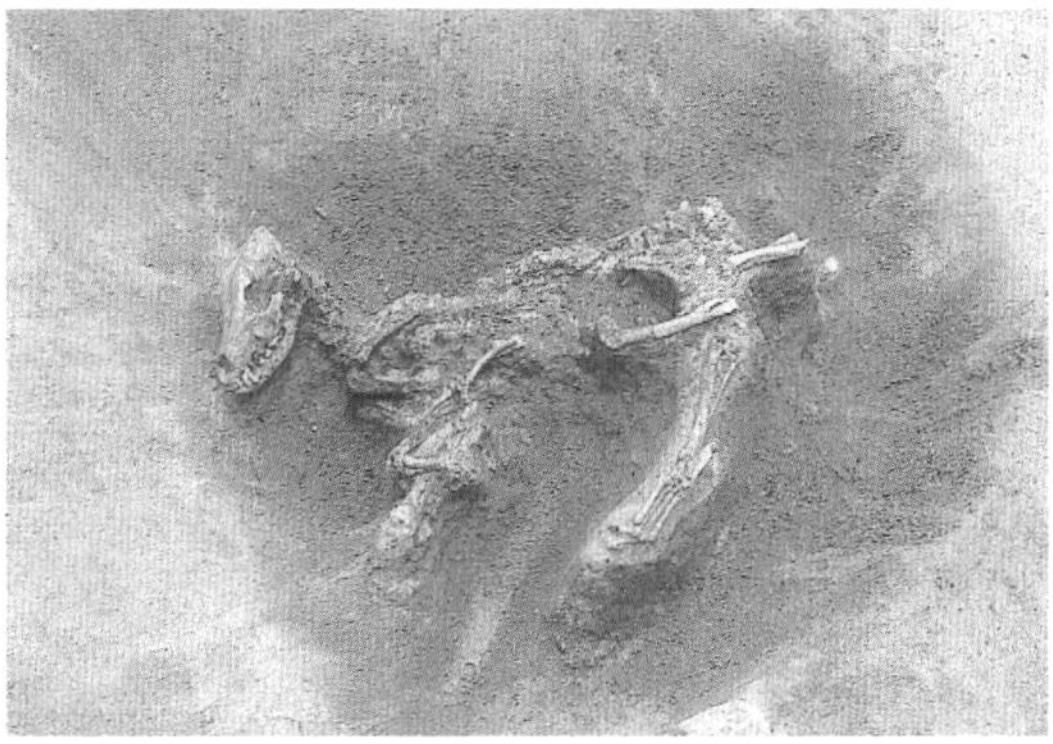

*335　中山清美（編）『奄美考古』第五号（奄美考古学研究会、二〇〇三年）。

図 4-113　イヌの埋葬例（奄美市・宇宿小学校構内遺跡）

図 4-114　ウシの埋納例？（奄美市・宇宿貝塚）

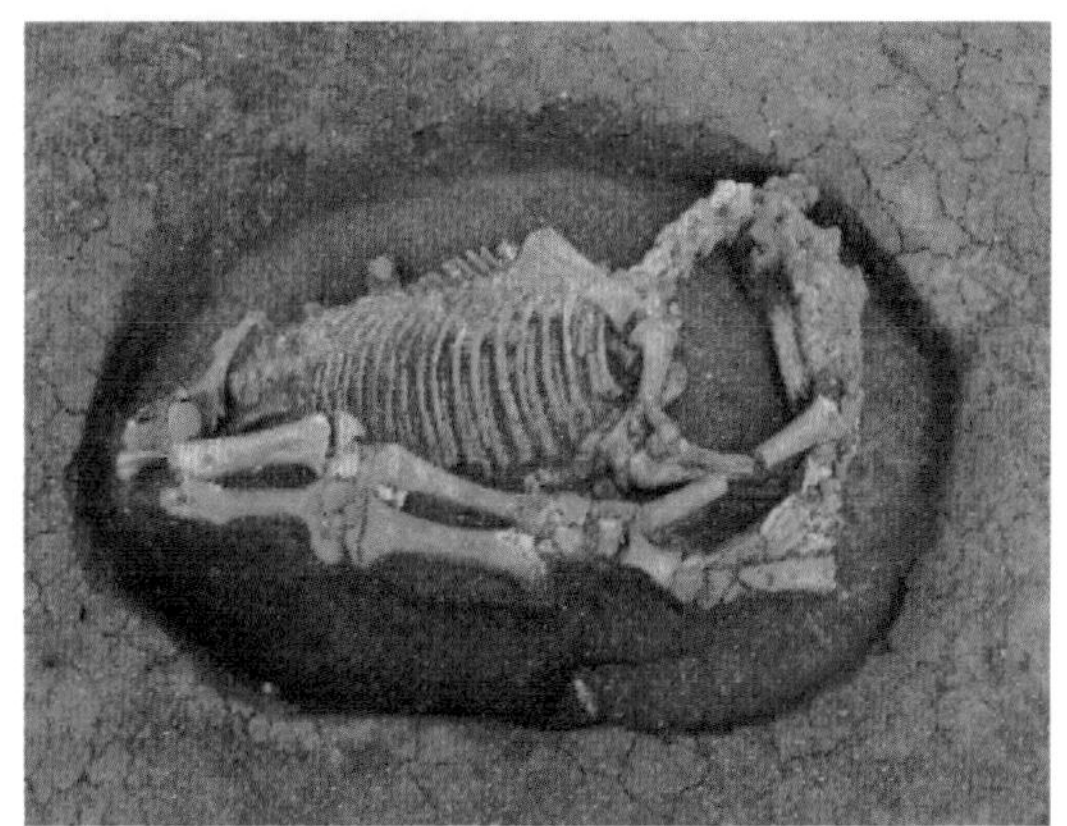

図 4-115　ウマの埋葬例（喜界町・川尻遺跡）

第五章　文献から見た徳之島

『続日本紀』巻一（写本）文武三年七月辛未条（国立公文書館所蔵）
＊傍線にある「度感嶋」は徳之島を指すと考えられており、本史料は徳之島の初見記事である

この章では、おおよそ琉球王国が成立するまでの範囲で徳之島の歴史を、主に文献資料から見ていくことにするが、ここではまず二つのことについて述べておく。まず、徳之島の歴史に触れた文献資料はきわめて少ない。そもそも、奄美諸島・琉球列島の歴史に触れた資料もその数は限られたものでしかない。そこで、この章では、広くとって奄美諸島や琉球列島の歴史を見る中で、徳之島でどのような歴史が展開したのかを見ていくことにする。つぎに、文献資料については、①典籍、②聖教、③古文書、④古記録、⑤絵図・絵巻という分類がある。[*1] また、一次史料と二次史料という分類もある（一次史料は、書簡・日記・公文書などで、当事者がその時々に残した史料であり、「そのとき」「その場で」「その人が」の三要素がそろったものである。二次史料は、伝記・編纂物などで、上記三要素を満たさないものである）。いずれにしても、書かれている内容が事実とは限らないこともあるのであって、史料批判が必要である。

＊1 佐藤信「歴史資料について」『古代の遺跡と文字資料』（名著刊行会、一九九九年）。

第一節 ヤク・タネ・アマミの登場

流求とヤクの初見

中国の歴史書『隋書』の流求伝によれば、隋の皇帝煬帝は、大業元年（六〇五）に武官の朱寛を流求に派遣して服属させようとしたがうまくいかず、翌年再び朱寛を流求に派遣して慰撫を試みた。これも失敗に終わったのであるが、朱寛は戦利品として布甲（一種の甲）を持ち帰り、折から隋に来ていた倭国の使（遣隋使小野妹子の一行）は、その布甲を見て「これは夷邪久国人が用いるものである。」といった。これが、流求の初見記事である。この流求が具体的にどこをさすのかについては、沖縄説と台湾説があり、未だ決着がついていない。[*2]

このころ流求の社会が布甲と呼ばれる武具が必要とされる状況にあったこととともに、布甲に関する情報がヤマトにも届いていたことから、ヤマトと南の島々との間に何らかの通交があったことがわかる。

『日本書紀』には、推古二十四年（六一六）に、ヤク（掖玖・夜勾）人が、三月に三人、五月に七人、

＊2 近年の台湾説は田中史生『国際交易の古代列島』角川選書（KADOKAWA、二〇一六年）、沖縄説は山里純一『古代日本と南島の交流』（吉川弘文館、一九九九年）、村井章介『古琉球 海洋アジアの輝ける王国』角川選書（KADOKAWA、二〇一九年）。

七月に二十人、合計三十人帰化してきたので、朴井に住まわせたが、帰還を果たす前に全員死んでしまったという記事がある。朴井については、奈良市西木辻町、大阪府岸和田市西之内などに比定する説があるが、詳細は不詳である。さらに、『日本書紀』推古二十八年（六二〇）八月条には、掖玖人二人が伊豆島に流れ来たったという記事がある。

そして舒明元年（六二九）四月に、田部連（名は不詳）を掖玖に派遣し、翌年九月に帰還したという記事がある。

この時期に多くのヤク人がやって来た背景に、『隋書』に見える流求と『日本書紀』に見えるヤク人の居た地域が同じであると考え、中国大陸において隋から唐への王朝交代に伴う混乱が起こっており、こうした動きの余波が流求／ヤク地域の人々にも及んでいたとする説がある。[*3]

こう考えると『日本書紀』に見えるヤク人が住む地域は、現在の屋久島のみをさすのではなく、南の島々の総称であったとするのが妥当であろう。これに関連して、平安時代にまとめられた辞書『和名類聚抄』は「錦貝」の項で、「夜久の斑貝。今、俗説をみてみると、紅螺の杯は西海の益救島で産出されるとされている。それゆえ、俗の呼称を益救貝という。」と記している。夜久貝はヤコウガイのことと考えられており、ヤコウガイは現在の種子島を北限とし、奄美諸島以南で多く採れるから、こうした地域まで含めてヤク島と呼ばれていると考えられる。

アマミとタネ

白雉四年（六五三）・白雉五年には相次いで遣唐使が派遣された。『日本書紀』白雉四年五月壬戌（十二日）条によれば、この時の遣唐使は、大使吉士長丹ら合計一二一人の乗り込む第一船と、大使高田首根麻呂ら合計一二〇人の乗り込む第二船の二隻で派遣された。第一船は北路（北九州から朝鮮半島沿岸を経由して黄海を渡るルート）、第二船は南島路（南西諸島を経由して東シナ海を横断するルート）を採ったと考えられる。『日本書紀』白雉四年七月条によれば、第二船は薩麻の曲と竹島の間で沈没して多くの人が亡くなり、五人だけが板にすがって竹島に流れ着いた。そのなかのひとり門部金が、竹をとって筏をつくり、神島に泊まり、六日六夜食うや食わずで生還する

*3　田中聡『日本古代の自他認識』（塙書房、二〇一五年）。

ことができた。そこで政府は、金に褒美として位を進め、禄を給与したという。第二船には、南島路の開拓任務が与えられていたという説もある[4]。

第二船が遭難したことで、翌年にはさらに遣唐使が派遣された。『日本書紀』白雉五年（六五四）二月条によれば、高向史玄理、河辺臣麻呂らが二船に分乗し数か月をかけて、新羅経由で中国山東半島の莱州に泊し、都長安で皇帝高宗に謁見した。

この時の遣唐使の一行に関する記事が『唐会要』巻九十九倭国条に見える。「永徽五年十二月、使を遣し、琥珀・瑪瑙を献上した。（中略）高宗は書を降して、これを慰撫した。そこでは、『王国と新羅と接近している。新羅は以前から高麗（高句麗）・百済によって侵犯されている。もし危急の事態となったら、王は宜しく兵を派遣してこれを救援せよ。』と述べた。倭国の東海嶼中の野人に、耶古・波耶・多尼の三国がある。皆倭に従属している。（下略）」とあって、この時の遣唐使が、当時の東アジア情勢と深く関わる任務を帯びることになったことがわかる。またその中で、ヤマト政権が耶古・波耶・多尼の三国を従属させていたことが特に記されていた。耶古・波耶・多尼はともに地名で、耶古はヤク（掖玖・夜勾・夜久）、多尼はタネ（多禰・多褹）と考えられる。波耶は隼人との関わりを想定する説もあるが[5]、ハヤという地名は南九州には確認できていない。

『日本書紀』白雉五年（六五四）四月条に「吐火羅国男二人、女二人、舎衛女一人が風に吹き流されて、日向に流れついた。」、同斉明三年（六五七）七月丁酉（二十四日）条に「覩貨邏国の男二人、女四人が筑紫に漂着した。彼らは『私たちは最初海見島に漂着しました。』と言った。彼らを駅馬に乗せて京に召喚した。」という記事がある。これらの記事の中に見える吐火羅国・覩貨邏国がどこにあたるかについては諸説があり、鹿児島県鹿児島郡十島村を中心とする吐噶喇列島とする説もあるが、いまのタイのメナム河下流域にあったドヴァラヴァティ王国のこととする説が有力である。また、白雉五年の記事に見える舎衛は、ガンジス河中流のシュラーヴァスティをさすという説もある[6]。この記事は、アマミの初見記事である。

*4 森公章『遣唐使の光芒』角川選書（角川学芸出版、二〇一〇年）。

*5 伊藤循「古代天皇制と南島」『古代天皇制と辺境』（同成社、二〇一六年）。

*6 坂本太郎他 岩波古典文学大系『日本書紀』（岩波書店、一九六五年）。

タネ人の朝貢

『日本書紀』天武六年（六七七）二月是月条によれば、多禰島人が朝貢してきて、朝廷は彼らを飛鳥寺の西の槻（ケヤキ）の下で饗した。壬申の乱で勝利をおさめた大海人皇子は即位して天武天皇となり、絶大な権力を握り、天皇を中心とする体制を構築していた。

中国の諸王朝は、文明の中心にあり、その周りには野蛮な人々が住んでいると考えた。その人々は、方位を冠して東夷・南蛮・西戎・北狄とされ、総称して夷狄と呼ばれた。夷狄が皇帝に貢ぎ物を献上することを朝貢とよぶが、これは夷狄が皇帝の徳の高さを慕って行うものとされ、朝貢は、皇帝の徳の高さを示すものであり、また皇帝の徳の高さが遠く離れた夷狄の住む地にまで知れ渡っていることを示した。こうしたあり方を華夷秩序と呼ぶ。

『日本書紀』天武八年（六七九）十一月己亥（二十三日）条によれば、政府は倭馬飼部造連を大使、上寸主光父を小使とする使節を多禰島に派遣した。天武十年（六八一）八月丙戌（二十日）条によれば、使節が帰還し、多禰国図をもたらした。この記事によれば、「その国は京を去ること五千余里で、筑紫の南の海中にあり、髪を切り草を裳とし、粳稲は常に豊かで、一回殖えると二回収穫ができ、土地の産物は支子・莞子及び種々の海産物などが多い。」とする。この使節は、多禰島人を伴って帰還したようで、九月庚戌（十四日）条には、多禰島人らを飛鳥寺の西の河辺において饗し、その際種々の楽が奏されたと記されている。天武十一年（六八二）七月丙辰（二十五日）条によれば、多禰人・掖玖人・阿麻彌人がそれぞれに禄を与えられた。同じ頃、南九州の隼人も朝貢を行い、阿多と大隅に分かれて相撲を取り、飛鳥寺の西の広場で饗された。天武十二年（六八三）三月丙午（十九日）条によれば、多禰に派遣した使節が帰還したというが、この使節がいつ派遣されたものかは明らかでない。持統九年（六九五）三月庚午（二十三日）条には、文忌寸博勢・下訳語諸田らを多禰に派遣し、蛮の居る所を求めさせた、とある。

近年、奈良県明日香村で飛鳥寺西方遺跡の調査が行われた（図1・2）。石敷きの広場跡が見つかっており、その中央部で確認された石敷が円形に抜けている場所が槻木のたっていた跡であるとされ

図5-1　飛鳥寺西方遺跡１

図5-2　飛鳥寺西方遺跡２

ている。多禰人・掖玖人・阿麻彌人らはこの場所でもてなされたと考えられる。

第二節　多褹嶋の時代

覓国使の派遣と度感島

『日本書紀』に続く政府編纂の歴史書である『続日本紀』によれば、文武二年（六九八）四月壬寅（十三日）条に、「文忌寸博士ら八人を南島に派遣して国を覓めさせた。そこで戎器を支給した。」という記事がある。「国を覓め」るとは、未知の国を探し求めることであり、この覓国使派遣記事では二つの点が重要である。まず、一点目は「南島」という語の初見記事であるという点である。これまで、ヤク・アマミ・タネなどの個別の島名が見えていたが、南方の島々をまとめて「南島」という括りで把握するようになっている。二点目は、覓国使には戎器（武器）が支給されており、政府側がこの国を覓める行動に南島側の武器を用いての抵抗が起こることを予想していた点である。

文武三年（六九九）七月辛未（十九日）条（本章扉）によれば、「多褹・夜久・菴美・度感等の人が朝宰に従って来て、方物を貢いだ。それぞれに位や物を与えた。度感島が中国に通じるのは是に始まった。」とある。この時の都は藤原京であった（図3）。この記事についても、いくつか指摘しておく。第一に、度感島は徳之島のことと考えられており、徳之島の史料上の初見となる。政府の派遣した調査団が徳之島までやって来たと考えてよい。第二に、多褹・夜久・菴美・度感からの貢ぎ物は、政府にとっても極めて重要な意味を持っていたため、これらは伊勢大神宮及び諸社に献上されることになったことである（同年八月己丑（八日）条）。第三に、「中国」という語が見える点である。「中国」は、世界の中心にある国ということであり、東アジアの世界では隋・唐などの王朝をさすのであるが、ヤマト政権も自らの政権が周辺に住む夷狄を従える存在であるという認識（日本版華夷思想）を持つに至って、「中国」と自称するようになったことがわかる。この時、夷狄とされていたのは、

図5- 3　藤原宮大極殿跡

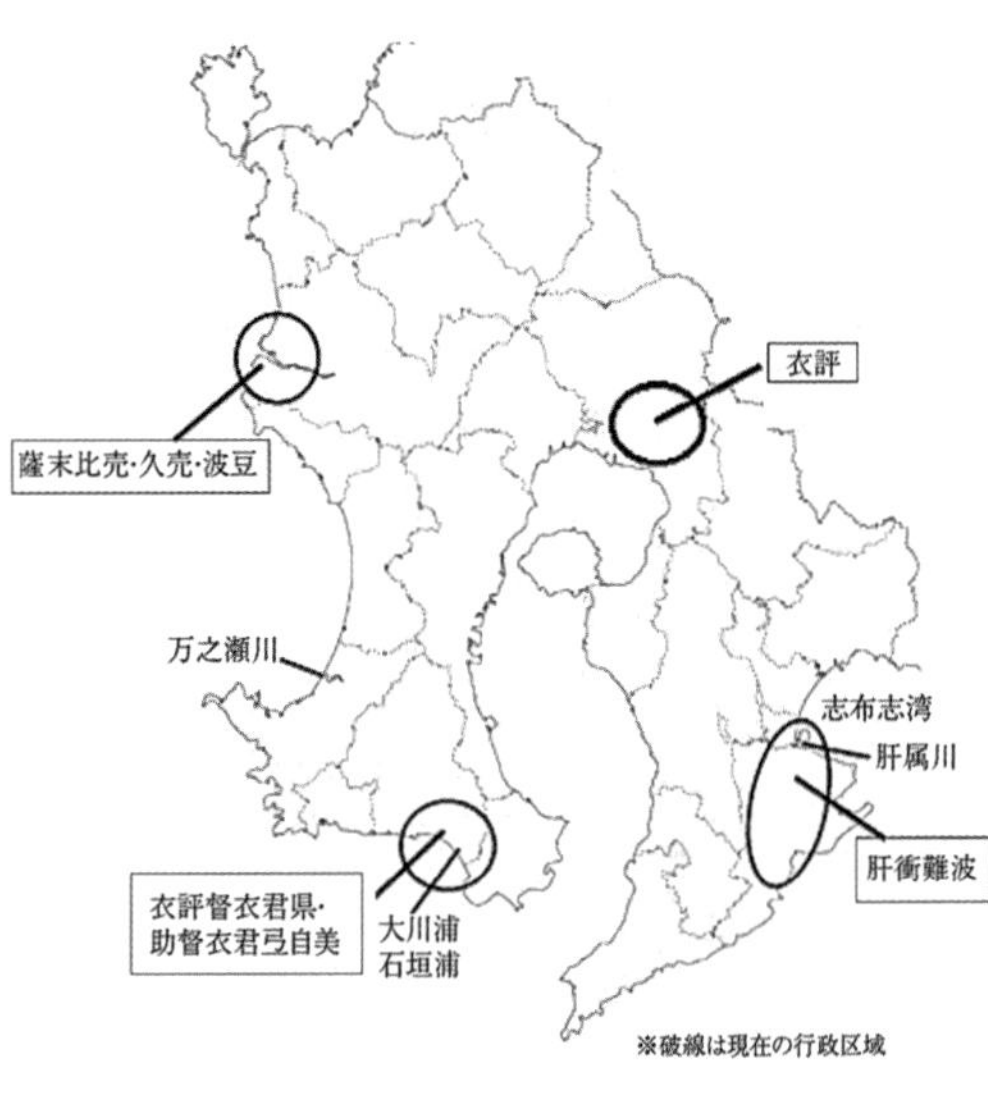

図5-4　覓国使剽刧事件

蝦夷・隼人・南島人であった。

覓国使は、二手に分かれて行動したようで、一方は七月までに多褹・夜久・菴美・度感等の人々を引率して帰朝し、他方は文忌寸博士・刑部真木らで十一月までに南島から帰朝し、それぞれ位が与えられた（同年十一月庚寅（四日）条）。そして、この覓国使は、予想通りに、軍事的抵抗を受けていた。

文武四年（七〇〇）六月庚辰（三日）条には、「薩末比売・久売・波豆、衣評督衣君県・助督衣君弖自美、また、肝衡難波は、肥人[*7]らを従え兵（兵器）を持って、覓国使刑部真木らを剽刧した。ここに於いて、竺志惣領に勅して、その罪に応じて処罰させた。」という記事があり、薩末（薩摩）・衣（頴娃あるいは曽於）[*8]・肝衡（肝属）地方の有力者たちが、覓国使を襲撃していたというのである（図4）。

大宝元年（七〇一）、政府は大宝律令を完成させ、面目を一新した国家の成立を伝えるため、翌年三十数年ぶりに遣唐使を派遣した。この遣唐使は、唐に「日本」という新しい国号を伝えたとされている。この遣唐使が、どのような航路を採用したか明らかではないが、文武三年の覓国使派遣の目的の一つは南島路の開拓にあったとする説もあり、大宝二年の遣唐使が、往路あるいは復路で南島路を採用した可能性がある。

多褹嶋の成立

大宝二年（七〇二）八月朔（一日）条に、

薩摩と多褹が、天皇の徳の高い政治に背を向け、命令に逆らった。そこで、兵を派遣して征討し、ついに戸籍を造り、役人を置いた。

＊7　肥人については、肥国に関わるとする説があるが、ヤマト王権に奉仕する職掌に関わるとする説もある。柴田博子「肥人についての再検討」『国立歴史民俗博物館研究報告』二三二号、二〇二二年。

＊8　江平望「古代の「衣評」はどこにあったか」『続島津忠久とその周辺』（高城書房、二〇一七年）は、「衣」を「ソ」と訓んで、大隅国曾於郡につながるとする。

とあって、戸籍づくりなどを進めようとする政府に対して、薩摩・多褹地方（図5）で抵抗が起こっていたことが分かる。政府側は、大宰府を中心とする兵力によってこの抵抗を鎮圧し、十月丁酉（三日）条によれば、辺境守備の任務に当たる唱更国司が柵を建て戍（守備兵）を置くことを申請し、政府によって許可された。唱更国司は、日向国・薩摩国司のことで、この時までに多褹嶋が成立していたか否かは不明である。和銅二年（七〇九）六月癸丑（二十八日）条に、「勅を下して、大宰率より品官に至るまで、事力を半減させた。ただし薩摩・多禰両国の国司及び国師僧らは半減の対象としない。」とあって、この年までに多褹嶋が成立しており、同七年（七一四）四月辛巳（二十五日）条に「多褹嶋の印一面を支給した。」とあって、律令制度に基づく国としての体裁が整ったことが分かる。なお、事力とは、従者や雑役の任をつとめた農民のことである。

さて、『続日本紀』慶雲四年（七〇七）七月辛丑（六日）条には、「使を大宰府に派遣して、南島人にそれぞれに応じて位を授け、物を与えた。」という記事がある。この年、南島人の朝貢が行われたが、南島人は上京しておらず、大宰府（図7）で朝貢に関する儀式が行われた。

図5-6　多褹嶋木簡（奈良文化財研究所所蔵）
＊平城宮で出土した多褹嶋の官人の勤務評定作業に関わる木簡

『続日本紀』和銅七年（七一四）十二月戊午（五日）条によれば、太朝臣遠建治らが、南島の奄美・信覚・球美などの島人五二人を引率して南島から帰還した。信覚・球美はそれぞれ石垣島・久米島とする説があり[*9]、政府との関係ははるかに南に広がったことになる。そして、彼らは翌年の正月元日の儀式に

＊9　新井白石『南島志』。

図5-5　阿多地方
＊大宝二年の戦いの中心地は阿多地方（万之瀬川下流域）であった可能性が高い

図5-7　大宰府政庁跡

参列することになった。『続日本紀』霊亀元年（七一五）正月甲申朔（一日）条には、

> 天皇が大極殿に出御し朝賀をうけた。皇太子も初めて礼服を着て拝朝した。陸奥・出羽の蝦夷並びに南島の奄美・夜久・度感・信覚・球美らが来朝し、それぞれに方物を貢いだ。その儀では、朱雀門の左右に、鼓吹と騎兵が列をなした。元日朝賀の日、鉦・鼓を用いるのはこの時から始まった。

とあって、皇太子（のちの聖武天皇）が初めて元日朝賀の式に参列し、また蝦夷と南島人が夷狄として天皇の徳の高さを示す役割を果たすことになった。この時は、度感＝徳之島の人々が朝貢を行っていることが確認できる。こうしたことから、前年末に南島人を引率してきた太遠建治については、覓国使であったと同時に、南島人を元日朝賀の儀式に参列させる目的で派遣されたとすることができる。この後、期待通りの役割を果たした蝦夷および南島の七七人にそれぞれ位が授けられた（正月戊戌（十五日）条）。

『続日本紀』養老四年（七二〇）十一月丙辰（八日）条によれば、遠くから来た人を手なずけるために南島人二三二人それぞれに位が授けられ、神亀四年（七二七）十一月乙巳（八日）条によれば、南島人一三二人が来朝し、それぞれに位が授けられた。これは南島人が朝貢したことを示すが、この時の朝貢が慶雲四年（七〇七）のように大宰府までだったのか、都まで赴いたものであったのかは不明である。『続日本紀』などには、これ以降南島人が朝貢する記事は見られなくなる。ここでは三つの点に注目してみたい。

第一に、朝貢が行われた養老四年十一月は、隼人の戦いの真っ最中であったということである。養老四年の隼人の戦いは、同年二月隼人によって大隅国守が殺害されたことをきっかけに始まり、三月以降中納言大伴旅人を持節征隼人大将軍とする征討軍を発遣し、翌年七月に征討軍が帰還するまで、大隅国・薩摩国を舞台として大規模な軍事衝突が起こっていた。南島人の朝貢は、軍事衝

図5-8　平城宮大極殿
＊平城京遷都1300年にあわせて復元された

突が起こっている南九州を経由しなければならず、この朝貢は政府側にとっても南島側にとっても重要な意味を持っていたと考えられる。

第二に、朝貢人数が二三二人・一三二人という多数におよんでいる点である。南島は、朝貢する品をそろえ、朝貢する人々を選定し、船を用意し、さらに政府から与えられた品々を分配できるような社会の仕組みが生まれており、単純な狩猟・漁撈・採集段階の社会ではなく、首長によってまとまりを持つ首長制の社会であったと考えられる。[*10]

第三に、七二七年以降には朝貢が行われなくなったのかという点である。後に述べるように大宰府不丁地区から出土した木簡を見ると、天平年間（七二九～七四九）に南島産の品が大宰府まで運ばれていたことは確実であるから、この後も交易は続いていた。これも後に述べるように、平安時代にも政府は南島から赤木などの品々を確保している。これが朝貢として行われていたものか、交易によるものであったのか明らかではないが、朝貢であったとしても、少なくとも八世紀末に『続日本紀』の編纂に携わった人々が、南島人の朝貢に『続日本紀』に掲載する価値を認めなくなっていたということができる。

図5-9　第11次遣唐使復路

＊①～④は第1船～第４船を示す。

遣唐使の南島路

南島は、遣唐使の航路上にあった。そのため、遣唐使に関する史料の中に南島の姿を見ることができる。遣唐使は全部で十八回の派遣が実施あるいは計画されたが、[*11]このうち第二次（六五三年派遣）、第九次（七三三年派遣）、第一一次（七五二年派遣）（図9）、第一七次（八三八年

＊10　鈴木靖民「南島人と日本古代国家」『日本古代の周縁史』（岩波書店、二〇一四年）、初出は一九八七年。

＊11　森公章『遣唐使の光芒』（角川学芸出版、二〇一〇年）。

派遣）は、ほぼ確実に南島路を利用している。第二次については、すでに述べておいた。第九次（七三三年派遣）・第一一次（七五二年派遣）では復路で南島路をとっており、その後に帰還支援策が打ち出された。

鑑真の伝記である『唐大和上東征伝』によれば、天平勝宝五年（七五三・唐暦天寶十二年）十一月十六日に黄泗浦を出帆した四船のうち、第一・第二船は二十一日、第三船は二十日に阿児奈波島（沖縄本島か）に着いた。十二月六日南風が起こり、大使藤原清河・阿倍仲麻呂が乗船した第一船は座礁して動けず、第二・第三船は多禰に向けて出帆し、七日益救島に至った。両船は十八日に益救を出帆し、翌日は強い風雨にあって、二十日に副使大伴古麻呂・鑑真らの乗った第二船は薩摩国阿多郡秋妻屋浦に着き（図10）、大宰府を経て、天平勝宝六年二月四日入京した。副使吉備真備が乗船した第三船は、漂流して紀伊国の牟漏埼に着いた。第四船は、出帆後まもなく火災を起こし、四月十八日に薩摩国石籬浦（南九州市頴娃町石垣）に来着した（図11）。

さて、帰還した第二・第三船のもたらした情報により、政府は、帰還支援策を採った。『続日本紀』天平勝宝六年（七五四）二月丙戌（二十日）条に次のような記事がある。

> 大宰府に次のように勅した。「去る天平七年、故大弐従四位下小野朝臣老が高橋連牛養を南島に派遣して牌を樹てさせた。其の牌は年を経て今は既に朽ち壊れている。元通りに修理して樹てさせよ。牌ごとに到着した島の名や船が停泊した場所、水が得られる場所、行き来する国までの道のり、遠くに見える島の名を書きつけ、漂着した船に帰り着くべき所を知らせるようにせよ。」

最初に牌がたてられたのは天平七年（七三五）の第九次遣唐使（留学していた吉備真備・僧玄昉らが帰国）の帰還を受けてのことであった。大宰府は、南の島々に関してかなり詳細な情報を持っており、これを牌に記させたのである。

図5-10　鑑真上陸地

図5-11　石籬浦

また、座礁した第一船はその後消息不明となった。これに関して、『続日本紀』同年三月癸丑（十七日）条には、「大宰府が次のように報告してきた。使を派遣して遣唐第一船を捜索させました。その報告によれば、第一船は帆を挙げて奄美島に向けて出発しましたが、その到着地は不明です。」とあって、大宰府からの調査団が、阿児奈波島に至っていたことがわかる。なお、遣唐第一船はその後安南（ヴェトナム）に漂着し、多くの人が亡くなったが、藤原清河・阿倍仲麻呂は長安に戻り、この二人は結局日本に戻ることなく、唐で客死した。

『延喜式』大蔵省の入諸蕃使条によれば、遣唐使の一行の中に新羅語と奄美語の訳語（通訳）を乗せることになっており、これは航路を北に外れた場合は新羅に、南に外れた場合は奄美に漂着する可能性が想定されていたことを示していて、南島航路の存在が前提となっていたことがわかる。

なお、空海は、延暦二十二年（八〇三）遣唐留学生として唐の福建に到着した際に書いた文章（『遍照発揮性霊集』所収「大使、福州観察使に与ふるが為の書」）で、「凱風（南風）朝に扇いで肝を耽羅（韓国の済州島）の狼心に摧き、北気（北風）夕に発つて胆を留求の虎性に失う。」とあって、琉球は北風に吹かれて流れ着く場所であり、そこには虎の心性を持つものが住んでいるとする。また『隋書』琉求伝や延暦寺第五世座主となった円珍（八一四～九一）の伝記『智証大師伝』には、「人の死ぬ者有れば、邑里共に之を食う」や「人を喫うの地」などの記事があり、琉球には食人の風習があったとする。

こうした琉球観は、後世にも引き継がれることになった。

大宰府出土南島木簡

先に触れた大宰府不丁地区出土の木簡について簡単に見ていこう。大宰府は、西海道統治の中心であり、また唐・新羅との外交の窓口でもあった。政庁を中心に官衙が置かれていたが、政庁の南に位置する不丁（府庁に由来するとされる）地区では周辺官衙の中でもとりわけ建物が密集し、土器・瓦類・生産関連遺物なども膨大に出土し、かつ天平六・八年（七三四・三六）の紀年銘木簡や紫草木簡、南島木簡など豊富な木簡が発見された。

さて、東限を区画する南北溝ＳＤ二三四〇は、幅五・二から六メートル、長さ南北約一四〇メー

図5-12（右）掩美嶋木簡（九州歴史資料館提供）図5-13（左）伊藍嶋木簡（同上）

トル、深さ一・二五〜一・五五メートルで、南に向かって傾斜している溝であって、この溝から合計一八六点の木簡が出土した。その中に、「掩美嶋」（〈五〇〉・一九・三）、「伊藍嶋竹五」（〈七七〉・一八・四）[*12]などの貢進物付札（図12、13）があった。樹種は不詳であるが、この木簡は、大宰府が南島から集められた品々につけたもので、それをまとめて都に送ったため、個々の品々につけられていた木簡が不要になり溝に捨てられたものと推定されている。「掩美嶋」は奄美大島、「伊藍嶋」は沖永良部島あるいは与論島のことであると考えられており、伊藍島からは竹が送られていたことがわかる。[*13]

多褹嶋の停廃

すでに述べたように、南島の一番北に位置していた種子島・屋久島の地域は、大宝(たいほう)二年（七〇二）に多褹嶋(たねとう)に編成された。多褹嶋を設置した理由については、①律令国家の版図(はんと)拡大、②南九州の隼人支配の円滑化、③南島人の朝貢支援、④遣唐使の航路支援などをあげることができる。多褹嶋の財政基盤は貧弱であったため、直接的には大宰府からの支援をもとに維持されていた。

②の隼人支配の円滑化については、延暦(えんりゃく)十九年（八〇〇）に薩摩・大隅両国で班田制(はんでんせい)が完全実施され、隼人の朝貢も終了して、隼人支配は完了した。③の南島人の朝貢は、すでに見たように神亀(じんき)四年（七二七）を最後に記録からは消えてしまう。④は、第一一次（七五二年派遣）以降では、第一七次（八三八年派遣）の復路のみとなった。多褹嶋の存在意義は大きく減じていたということができる。

＊12　（　）は法量で、長さ・幅・厚さの順に記し、〈　〉は残存長で、単位はミリメートルである。

＊13　九州歴史資料館『大宰府政庁周辺官衙跡Ｖ—不丁地区 遺物編２—』二〇一四年。

八世紀後半以降、大宰府管内では飢饉や疫病が続き、特に弘仁十三から十四年（八二二〜二三）には疫病が蔓延し、税収の減少と、賑給（米や薬酒などの救援物資を支給する）などの救済策の実施による支出増大を招いた。政府は、弘仁十四年二月に、大宰府の申請に基づいて、公営田制と呼ばれる政策を発令した（『類聚三代格』巻十五　易田并公営田事）。これは、農民に与えられていた口分田・乗田（班田後に残った田）などから七万六五八七町の水田を設定して、農民たちに耕作させ労賃・食料を支給することで、生活の基盤を保障するとともに、大宰府の財源および各国の財源を確保しようとする政策であった。多褹嶋の財源は乗田からの地子であったから、公営田制の導入により地子が三分の一に激減したことにより、存在意義を大きく減じていた多褹嶋の廃止と大隅国への併合が検討されることになった。

『類聚三代格』巻六に載せる天長元年（八二四）九月三日付太政官符によれば、年間の人件費が三万六〇〇〇束余りと膨大であること、多褹嶋の貢納物が鹿皮一〇〇枚余りとわずかであること、多褹嶋の人口は一郡にも満たず、その先には国も敵もなく、有名無実、多損少益の存在であるという理由を挙げて、能満・馭謨・益救・熊毛の四郡を馭謨（屋久島）・熊毛（種子島）の二郡にまとめた上で大隅国に併合することになった。[*14]

南島の交易品

南島との主要な交易品は、赤木・檳榔・ヤコウガイ（夜光貝）であった。[*15] 赤木は紫檀に次ぐような高級材で、『延喜式』内蔵寮諸国供進条には大宰府が進上するものとして「赤木二十村」があり、民部下には「赤木。南島の進めるもので、その数は得られるだけにせよ。」とある。正倉院には赤木軸の経巻があり、「東大寺献物帳」には赤木を用いた倭琴が見え、また親王の位記の軸に赤木が用いられることになっていた。

檳榔については、藤原宮跡から「檳」の文字が記された木簡が三点出土しており、これらは檳榔に関わるものと考えられる。『続日本紀』宝亀八年（七七七）五月癸酉（二十三日）条によれば、渤海使の帰国に際して渤海王へのみやげとして檳榔扇一〇枚を贈った。平安時代の史料では、践祚大嘗祭

＊14　永山修一「天長元年の多褹嶋停廃をめぐって」東京大学文学部国史学科古代史研究会『史学論叢』第一一号、一九八五年。

＊15　山里純一『古代の琉球弧と東アジア』（吉川弘文館、二〇一二年）。

図5-14　檳榔毛車（『平治物語絵巻』）

において、天皇の禊のために建てられる百子帳という仮屋の屋根は檳榔で葺くことになっており、また車箱の表面を檳榔の葉で飾った「檳榔毛車」（図14）という牛車には、天皇・太上天皇及び四位以上の者しか乗ることができなかった。檳榔は、かなりの高級品であったということができる。

ヤコウガイ（図15）については、いくつかのヤコウガイ大量出土遺跡が調査されている。奄美大島の奄美市名瀬小湊の砂丘に立地する小湊フワガネク遺跡では、六世紀から八世紀の貝匙の加工過程が確認されたが、完成品はごくわずかで、基本的に完成品は交易品として島外に運び出された可能性が指摘されている。また、ヤコウガイ大量出土遺跡では、鉄器が確認されており、貝匙の対価として鉄器がもたらされた可能性も指摘されている。従来考古学の分野では、南島社会がグスク時代に入るまで、狩猟漁撈採集段階の階層化されていない社会とされていた。一方、文献史学の面では、正史に見える南島人の朝貢などをもとに、朝貢を可能にする階層化された首長制の社会を想定していたが、[＊16] 小湊フワガネク遺跡の調査によって、文献史学の面での想定が正しかったことが明らかになった。[＊17]

正倉院には、ヤコウガイの螺鈿を用いた鏡・琵琶・琴・箱など二〇点以上やヤコウガイの貝殻そのものも伝来している。[＊18] 螺鈿の問題については、後述する。

奝然が、永延二年（九八八）にその弟子嘉因を入宋させた際、宋皇帝へ献上した品々の中には、仏典、琥珀、青紅色の水晶、紅黒木槵子の念珠、染皮、金銅の水瓶、金銀蒔絵の硯筥・扇筥などの工芸品のほか、螺杯・法螺・赤木梳・螺鈿の梳函・書案・書几・鞍・轡など、南海産の品々やこれ

＊16　前掲註10に同じ。

＊17　高梨修『ヤコウガイの考古学』（同成社、二〇〇五年）、高梨修『小湊フワガネク遺跡 総括報告書』（奄美市教育委員会、二〇一六年）。

＊18　荒川浩和「正倉院の螺鈿」『正倉院紀要』二〇（宮内庁正倉院事務所、一九九八年）。

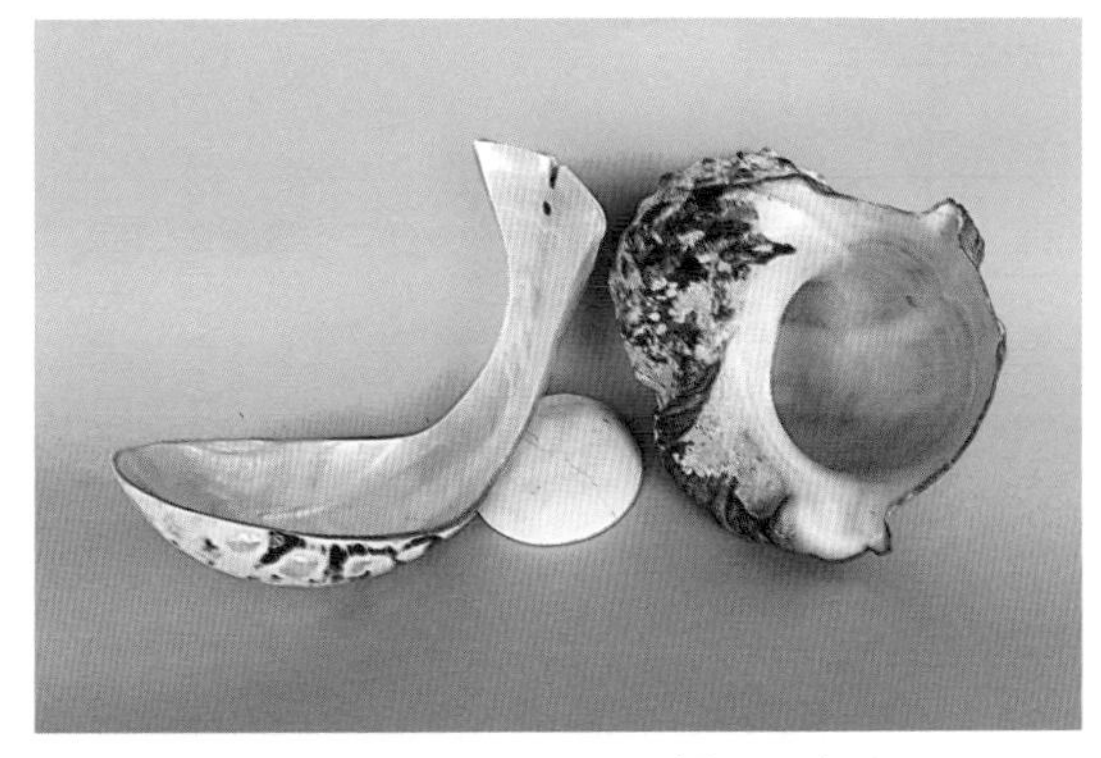
図5-15　ヤコウガイと貝匙（復元品）

らを原材料とした工芸品が数多く含まれていた。[19]

延喜十年（九一〇）代の成立とされる年恒例の行事についてその起源や沿革を記した『本朝月令』には、六月朔日の「造酒正醴酒を献ずる事」で口嚼酒について、「今、南島人の為す所、此の如し。」とあって、南島で口嚼酒が造られているという情報が都にも届いていたことがわかる。

南島の情報

『延喜式』雑式には、「大宰府は、南島に牌を樹て、牌ごとに到着した島の名や船が停泊した場所、水が得られる場所、行き来する国までの道のり、遠くに見える島の名を書きつけ、漂着した船に帰り着くべき所を知らせるようにせよ。」とあって、『続日本紀』天平勝宝六年（七五四）二月丙戌（二十日）条に見られた措置がそのまま大宰府の任務として規定されている。空文化していた可能性もあるが、一方で、喜界島（鹿児島県大島郡喜界町）の城久遺跡群のあり方から見ると、ある程度実施されていた可能性もある。

二〇〇三～二〇〇九年に調査された城久遺跡群は、喜界島中央部の標高九〇～一六〇メートルの海岸段丘上に立地し、面積約一三万平方メートルにおよぶ九世紀～十五世紀の遺跡であり、大きくⅠ期（九世紀～十一世紀前半）・Ⅱ期（十一世紀後半～十二世紀）・Ⅲ期（十三世紀～十五世紀）の三期に分けられている。[20] ここではⅠ期についてみておこう。

Ⅰ期の遺構は確認されていないが、越州窯系青磁や初期高麗青磁、東美濃産灰釉陶器など大宰府との関係を強く示唆する遺物が出土しており、越州窯系青磁の中には九世紀中葉の年代が与えられるものがあり、量は少ないが高級品が多く、出土遺物の七〇パーセントは島外からの搬入品が占めている。これに関して、天長元年（八二四）の多褹嶋停廃後、大宰府は南島経営の拠点を現在の種子島から喜界島に移したのではないかという説が示されている。[21]

＊19　『宋史』日本伝。坂上康俊「八～十一世紀日本の南方領域問題」九州史学研究会編『境界からみた内と外』（岩田書院、二〇〇八年）。

＊20　松原信之・野﨑拓司・澄田直敏・早田晴樹『城久遺跡群 総括報告書』（喜界町教育委員会、二〇一五年）。

＊21　亀井明徳「南島における喜界島の歴史的位置―“五つのカメ”伝説の実像―」『東アジアの古代文化』一二九号、二〇〇六年。

第三節　キカイガシマの時代

南蛮襲来事件とキカイガシマ

『日本紀略』長徳三年（九九七）十月一日条によれば、一条天皇が南殿に出御して孟冬旬という儀式が行われ、儀式が進み庭立奏が行われている最中に、大宰府からの飛駅が参入してきて、「南蛮が管内諸国に乱入し、人や物を奪い取った。」と言ったので、奏楽の後、諸卿がこの件について陣定をおこなった。この儀式に出席していた権中納言藤原実資の日記『小右記』の同日条に引用されている大宰府の解文（上申文書）には、「奄美島の者が、船に乗り武器を携えて、筑前・筑後・薩摩・壱岐・対馬の海夫らを掠奪し、殺害や放火を行い、人や物を奪い取って、海に去った。国々の人々があちこちで合戦に及び、奄美人の多くが矢に中った。ただし、国々の人が多く拉致され、その人数は三百人に及んだ。また、先年奄美島人が来て、大隅国の人民四百人を拉致していったが、その時は言上しなかった。」とある。

『日本紀略』によれば、同年十月十三日に筑紫の騒動への対応として幣帛使を諸社に派遣し、十一月二日には大宰府の飛駅使が、南蛮四十余人を伐ち獲えたと報告し、十一月五日におそらくこれを賞する官符を大宰府に賜った。翌年九月十四日に、大宰府が貴駕島に対して南蛮を捕らえ進めよと下知したことを報告してきて、さらにその翌年の長保元年（九九九）八月十九日に、大宰府が南蛮賊を追討したと言上してきた。

この一連の記事によれば、九九七年以前から奄美島人が大隅国などに襲来して多くの人々を拉致しており、九九七年に大規模な襲来があった。政府はこれに対して貴駕島に南蛮追討を命じた。これがキカイガシマの初見記事となる。キカイガシマは、奄美とは区別される存在で、大宰府の命令を受けてこれを遂行する人々がいるか、あるいはその出先機関が置かれていた可能性が高い。

こうした事件の背景には、九州以北の勢力と南島との間の交易に関するトラブルがあったのではないかとされている。[*22] 一例を挙げると、ヤコウガイを用いた螺鈿は、十世紀から十一世紀にかけて、

＊22　永山修一「キカイガシマ・イオウガシマ考」『日本律令制論集　下巻』（吉川弘文館、一九九三年）。

技術的に大きく進歩した（図16）。平塵地螺鈿・蒔絵螺鈿という新しい技法が登場したが、[*23] これは螺鈿需要の増大と表裏の関係にあると考えられ、材料の需要が高まり、ヤコウガイ交易は活発化していたと考えられる。

また、北部九州あたりの勢力が武装して高麗沿岸を襲う事件が起こっており、九九七年の五月には高麗からこれを非難し対処を求める外交文書が届いていたため、十月に報告された南蛮襲撃事件に際して、近衛府の官人たちは高麗の報復ではないかと考えたらしい。奄美諸島から壱岐対馬に到る正確な地理認識と交通情報は、奄美島人のものとは言えず、高麗や宋の交易者のものであり、繰り返される人民略奪も奴隷交易との関わりがあるのではないか、大宰府―南九州―喜界島の交易ラインに対抗する交易者の動きが南蛮襲来事件の背景に存在するのではないかという説が示されている。[*24] 中国諸港と、南西諸島、九州の西海岸、対馬・壱岐、高麗を結ぶ流通ルートや海上勢力ができあがりつつあり、奄美や南蛮の襲来は、その現象が日本本土に及ぼした余波の一つとする見方もある。[*25]

大隅国府焼き討ち事件と南島

『小右記』長元元年（一〇二八）八月二十一日条には、おそらくその前年に大宰大監平季基が大隅国府・国守船守重の館・藤原良孝の居宅などを焼き討ちした事件に関して、平季基らの召喚を命じる太政官符案が見える。それを遡る八月二日条によれば、被害者の藤原良孝が右大臣実資のもとに色革・赤木・檳榔・夜久貝を贈っていた。一連の出来事の背景には、平季基が、万寿年間（一〇二四〜二八）に日向国諸県郡島津駅付近の無主荒野の地を開発し、大宰大弐藤原惟憲を通して関白藤原頼通に寄進することで成立した島津荘を、大隅国・薩摩国に拡大しようとする動きがあり、実資の家人であった船守重は焼き討ち事件について実資に説明し、良孝は実資に進物を贈って助力を願ったという事情があったと想像される。良孝が贈った赤木・檳榔・夜久貝はいずれも南島産品であり、また大隅掾為頼は檳榔二〇〇把・營貝（具体的な貝種は不詳）五口を、薩摩守文任は蘇芳（染料）一〇斤などを実資のもとに贈っており（『小右記』万

8世紀	9世紀	10世紀	11世紀	12世紀
木地螺鈿 →	木地螺鈿 →	木地螺鈿 →	木地螺鈿 →	木地螺鈿
漆地螺鈿 →	漆地螺鈿 →	漆地螺鈿 →	漆地螺鈿 →	漆地螺鈿
貴石地螺鈿			平塵地螺鈿 →	地蒔螺鈿
			↳	沃懸地螺鈿
玳瑁地螺鈿			蒔絵螺鈿	蒔絵螺鈿

図5-16　古代漆技法の展開

＊23　中里壽克「古代螺鈿の研究」上・下（『国華』一一九九号・一二〇三号、一九九五・一九九六年）。

＊24　前掲註2田中二〇一六。

＊25　坂上康俊「八―十一世紀日本の南方領域問題」九州史学研究会編『境界からみた内と外』（岩田書院、二〇〇八年）。

寿二年（一〇二五）二月十四日条・同四年七月二十四日条・長元二（一〇二九）年三月二日条）、南九州の有力者たちも、南島との交易を行い、その産品を中央に贈っていた。[*26]

十一世紀半ばごろ藤原明衡が著した『新猿楽記』は、当時の世相・職業・芸能・文物などを列挙したもので、そこに登場する八郎真人は、利益第一で妻子や他人を顧みず、東は「俘囚之地」から西は「貴賀之島」まで交易に従事する商人の首領であった。八郎真人は実在の人物ではなく、当時各所で活動していた商人たちをモデルに造形されたものであったと考えられる。唐物・本朝物に分けて多数の交易品が列挙されており、本朝物の中には阿古夜玉（真珠）・夜久貝・流黄（硫黄）・色革などが見える。

キカイガシマは西の境界領域とされており、貴族に人気の高い品々を産出するキカイガシマの「キ」音は、「貴」というプラスイメージの文字が使用されている。

図5-17　城久遺跡群全景

南島の転回

考古学的に見ると、十一世紀に九州から南島にかけて大きな変化が起こっている。詳しくは前章までに見てきたので、要点のみをあげる。

第一に、滑石製石鍋の流入が見られる。滑石の主たる産地は長崎県の西彼杵半島であり、滑石製石鍋には、縦耳型と羽釜型があり、従来は前者が十一世紀、後者が十二世紀以降とされていたが、最近、縦耳型は十世紀代にさかのぼるとされている。[*27] 南島で確認されるのはほぼ縦耳型であり、また大量の石鍋の破片が見られる。

第二に、玉縁口縁白磁碗（大宰府分類白磁Ⅳ類）・初期高麗青磁など輸入陶磁器が大量に流入し始める。

第三に、徳之島でカムィヤキ類須恵器の生産が始まる。

400
350
300
250
200
150
100
50
0
8世紀末～10世紀
10世紀後半～11世紀
11世紀後半～12世紀前半
12世紀中頃～後半
13世紀前後～前半
13世紀後半～14世紀前半
14世紀初頭～後半

図5-18　城久遺跡群出土陶磁器数

＊26　永山修一「『小右記』に見える薩摩・大隅国からの進物の周辺」『鹿児島中世史研究会年報』五〇号、一九九五年。

＊27　松尾秀昭『石鍋が語る中世　ホゲット石鍋製作遺跡』（新泉社、二〇一七年）。

カムィヤキ類須恵器は、長崎県大村市の竹松遺跡を北限、沖縄県の波照間島を南限として分布する中世四大広域流通陶器の一つで、徳之島伊仙町のカムィヤキ古窯跡群で生産された。その製作技術は高麗無釉陶器と関係が深いとされており、どのような勢力が、この技術を導入し、生産を管理し、流通に関わったのかが大きな問題となる。[*28]

第四に、喜界島の城久遺跡群（図17）が最盛期を迎える。十一世紀後半から十二世紀後半に集落は最盛期をむかえ、遺跡の最も高所に当たる地点では、倉庫を伴う大型の四面廂付掘立柱建物が検出されている。また、玉縁口縁白磁碗や滑石製石鍋、カムィヤキなど、この時期の琉球、奄美地域で広く認められる遺物が多量に出土（図18）するとともに、この地域では唯一の製鉄炉が検出されるなど、琉球、奄美地域における交易圏の中心となったと考えられる。[*29]

こうした変化の背景を考えるうえで、ひとつには北部九州の動きが重要である。大宰府における貿易陶磁は十一世紀中頃に画期があるといい、大宰府の第Ⅲ期政庁は十一世紀初頭までには建物やその機能を失い、また鴻臚館（外交および海外交易の施設）が十一世紀に半ばに廃絶し、貿易の中心地は宋人居留地が営まれた博多遺跡群に移って、いわゆる住蕃貿易が開始される。[*30] 宋人たちの活動が活発になり、南島交易にも積極的に参入してきたと考えられる。また、カムィヤキについては、南島交易の対価として用いられたとする説に対して、はじめから九州島以北から南島に移住してきた人々に対する供給を目的として生産され、また滑石製石鍋や滑石製品の破片は滑石を混入した石鍋模倣土器をつくるために持ち込まれたとする説もある。[*31]

キカイガシマとは何か

長徳四年に南蛮追討を命じられた貴駕島（キカイガシマ）には大宰府の出先機関が所在したかあるいは大宰府管下の官人が常駐していたと考えられ、これは南の島々の中で現在の喜界島（大島郡喜界町、以下喜界町喜界島と呼ぶ）の城久遺跡群のⅠ期の遺物に大宰府との関係を強く示唆するものが多いことから、貴駕島（キカイガシマ）は、もともとは喜界町喜界島をさす個別島名であった可能性が高い。[*32] 南の島々が王朝貴族の垂涎の的である数々の品を産

＊28　新里亮人『琉球国成立前夜の考古学』（同成社、二〇一八年）。

＊29　前掲註20に同じ。

＊30　大場康時『中世日本最大の貿易都市・博多遺跡群』（新泉社、二〇〇九年）。

＊31　池田榮史「琉球列島史を掘りおこす」中世学研究会編『琉球の中世』（高志書院、二〇一九年）。

＊32　永山修一「文献から見たキカイガシマ」池田榮史編『古代中世の境界領域』（高志書院、二〇〇八年）。

出することから、キカイガシマという名称は、「貴」「喜」などプラスのイメージの用字で、広く南の島々をさす集合名称として用いられるようになっていった。時代は下るが、『平家物語』延慶本には、「鬼界島ハ異名也。惣名ヲバ流黄島トゾ申ケル。端五島奥七島トテ、島ノ数十二アムナル内、端五島ハ昔ヨリ日本ニ随フ島ナリ。奥七島ト申ハ、未ダ此土ノ人渡タル事ナシ。端五島ノ中ニ流黄ノ出ル島々ヲバ、油黄ノ島ト名付タリ。」とあって、キカイガシマは十二の島からなっているとする。その用字が鬼界島となっている点、惣名がイオウガシマ（流黄島）とされている点については、後に見ていくことにしたい。

第四節　イオウガシマをめぐって

硫黄交易

日本・中国・朝鮮の史料には、日本列島産硫黄の交易に関する以下のような記録が見える。

（a）端拱元年（九八八）、入宋僧奝然が弟子を宋に送って、宋の皇帝に献上した品々の中に七〇〇〇斤（約四二〇〇キログラム）の硫黄が見える（『宋史』巻四九一・日本国伝）。

（b）一〇五三から六四年頃に成立した藤原明衡『新猿楽記』の登場人物である商人八郎真人が扱う日本産品（本朝物）の中に硫黄が見える。

（c）熙寧二年（一〇六九）に、後に入宋僧成尋の通訳となる明州の商人陳詠が日本国より輸入した商品に留黄（硫黄）が見える。

（d）延久四年（一〇七二）成尋を便乗させた広州の商人曽聚らは日本国より留黄・水銀などを得て買い来った（cdともに『参天台五台山記』延久四年六月五日条）。

（e）一〇八四年に知明州馬珫が、商人を募って、一〇万斤毎に一綱（商人集団）とし、日本国で硫黄五〇万斤（約三〇〇トン）を購入する計画を立て実行された（『続資治通鑑長編』巻三四三・神宗・元豊七年二月丁丑条、『朝野群載』巻五　応徳二（一〇八五）年十月二十九日付陣定文には、参来した商客たちへの対応に関する陣定が行われたことが見える）。

（f）一〇九三年、朝鮮半島沿岸で高麗の守備隊によって拿捕された日本から宋に向かう貿易船と推測される船の積荷に硫黄が見える（『高麗史』巻一〇・宣宗十年七月癸未条）。

（g）一一四五年、温州平陽県僊口港に漂着した日本商人の船の積荷に琉黄（硫黄）が見える（『建炎以来繋年要録』巻一五四・高宗・紹興十五年十一月丁巳条）。

これらの史料から、日本列島産硫黄の中国への輸出開始時期は十世紀末頃とされている。[*33] 中国では、十世紀以降、唐王朝の崩壊から五代十国の分裂、宋王朝による中国の再統一の過程で、火薬の武器への転用が進められ、火薬に不可欠の原料である硫黄の需要が高まった。しかし、宋王朝の支配領域には火山はほとんどなく、黄鉄鉱から抽出された硫黄では需要をカバーすることができず、火山由来の自然硫黄を輸入する必要が生じた。（e）の頃、宋王朝は西夏と戦っており、硫黄の調達が急務であったとされている。[*34]

図5-19　薩摩硫黄島

硫黄島への注目

二〇一九年に行われた福岡市博多遺跡群の第二二一次調査で、十一世紀後半～十二世紀初め頃に使用されたと推定される港湾施設の石積遺構が出土し、その海渚側から複数の硫黄の小塊が検出された。これらの硫黄塊は、日宋貿易の輸出品で荷積みする際にこぼれ落ちた「かけら」とされ、安定同位体比分析によれば、大分県くじゅう硫黄山、塚原・鍋山地域などを産地とする一群と鹿児島県の薩摩硫黄島を産地とする一群が混在しているという。[*35] この調査によって、十一世紀後半～十二世紀初め頃、薩摩硫黄島産の硫黄が日宋貿易で輸出されていたことが確実になった。当然ながら、

＊33　山内晋次「日本列島の硫黄とアジアにおける「硫黄の道」」鹿毛敏夫編『硫黄と銀の室町・戦国』（思文閣出版、二〇二一年）。

＊34　山内晋次『日宋貿易と「硫黄の道」』日本史リブレット（山川出版社、二〇〇九年）。

＊35　前掲註33 山内二〇二一、大庭康時「博多遺跡群出土の中世初頭の硫黄」鹿毛敏夫編『硫黄と銀の室町・戦国』（思文閣出版、二〇二一年）。

図5-20　「天」ヘラ書カムィヤキ

硫黄を産出する薩摩硫黄島（図19）は注目すべき存在となり、イオウガシマは南の島々を代表する島名となった。『平家物語』延慶本では、鬼界島を異名とし、流黄島を惣名としている。また、端五島の中でイオウを産出する島々を「油黄ノ島」と呼び、集合名称としての流黄島と個別島名としての油黄ノ島を区別している。

その一方で、個別島名としてのイオウガシマが、南の島々を代表する名称であるキカイガシマと呼ばれるようにもなっていく。

南島の出土文字資料

南島では、文字の書かれた古代から中世前期の遺物が出土あるいは伝世されている例は数少ないが、カムィヤキ・滑石製石鍋・輸入白磁でいくつか知られているので、簡単に紹介しておく。*36

まず、カムィヤキでは、明らかに文字と思われるものが三点ある。①体部外面に「天」のヘラ書きを持ち大島郡龍郷町出土の伝承を持つ奄美市立奄美博物館蔵の壺、②底部外面に「天」というヘラ書きを持つ奄美市立歴史民俗資料館（奄美市笠利町）蔵の小壺（図20）、③体部外面に「天」というヘラ書きを持つ沖縄県浦添市の浦添グスク出土の碗の三点である。いずれもヘラ書きは焼成前の柔らかい粘土に書き記すのであるから、徳之島カムィヤキ古窯跡群で作られたものであることは確実である。「天」の墨書土器は、全国の数多くの遺跡から出土しているが、三点の「天」ヘラ書きカムィヤキは、十一世紀から十四世紀という、全国的には墨書土器が姿を消す時期につくられていることをどのように理解すればよいだろうか。沖縄県浦添市の「浦添ようどれ」からは、「癸酉年高麗瓦匠造」や「大天」「天」の銘のある瓦が出土している。また、「大天」「天」の銘

*36　永山修一「出土文字資料二題」「薩摩国出土古代墨書土器集成・補遺（2）大隅国出土古代墨書土器集成・補遺（1）」（平成二七年度～平成三〇年度科学研究補助金（基盤研究（C））「古代日本における地域社会への文字文化の伝播と識字に関する研究」（研究代表者・柴田博子）研究成果報告書）、二〇一八年。

のある瓦は、韓国でも出土しており、「大天」「天」の文字も高麗に由来する可能性がある。一方、琉球王国にはいわゆる「天」の観念・思想があるとされており、これは十三世紀代の英祖王の時代まで遡る可能性があるという。以上のようなことから見ると、「天」のヘラ書きカムィヤキは、高麗の文字資料や琉球の「天」の観念・思想との関連のもとに作られた可能性が考えられる。[*37]

次に、刻書のある滑石製石鍋が、喜界町城久遺跡群（大ウフ遺跡）から一点出土している（図21）。滑石製石鍋には、縦耳型と羽釜型があり、前者が十一世紀代まで、後者が十二世紀以降とされるが、大ウフ遺跡のものは縦耳の上面に「大」と刻書されている。刻書は、釘のような尖ったもので記すものであり、長崎県西彼杵半島などの石鍋の生産地で記されたものか、あるいは消費地に運ばれて記されたものか、さらには運搬の途中で記されたものかは不明である。現時点で知られている刻書のある滑石製石鍋は、このほかに鹿児島市不動寺遺跡（縦耳の上面に「卅」）、姶良市柳ガ迫遺跡（体部内面の縦耳のちょうど裏側の位置に「夫」）、長崎県大村市寿古遺跡（縦耳の上面に「建部吉實」）の四点が知られている。[*38]

図5-21　城久遺跡「大」刻書滑石製石鍋

輸入白磁については、瀬戸内町の与路集落遺跡で確認された底部外面に「荘綱」と墨書された白磁碗がある（図22）。これは、十二世紀半ばくらいのものとされている。「荘綱」と墨書された中国産陶磁器については、福岡市の博多遺跡群で二点、韓国の馬島の沈没船で三点確認されている。博多遺跡群では、多くの墨書白磁が出土しているが、中国の人名が墨書されたものや、「〇〇綱」と書かれたものが

＊37　永山修一「鹿児島県の墨書土器について」『古代文化』第六六巻II号、二〇一四年。

＊38　前掲註36に同じ。

図5-22　「荘綱」墨書白磁（赤外線写真）

含まれている。それらの墨書白磁の時期はおおよそ十一世紀後半～十二世紀代になるとされている。[*39]「〇〇綱」の意味については、「輸送のために組織された貨物の組」とする理解が有力であり、墨書の目的については「綱首ないし綱司の所有に帰する陶磁の荷物を識別する一もの」「綱＝組ごとに仕分けられた荷物の帰属を示す識別」とされている。

黒島（鹿児島県鹿児島郡三島村）の大里遺跡では、軒平・軒丸・鴟吻などの中国系瓦が出土しており、宋人によって寺院が建立された可能性が指摘されている。[*40]

鹿児島県大島郡瀬戸内町では、貝塚時代前期（縄文時代併行）から薩摩藩統治時代まで総数五四の遺跡が確認されているが、貝塚時代後2期（古墳時代後期～平安時代併行）の一六遺跡からグスク時代（十一世紀後半～十五世紀前半）には四九遺跡に一気に拡大する。四九遺跡中三四遺跡でカムィヤキが、四三遺跡で青磁や白磁が確認されている。[*41]よく知られているように奄美大島宇検村の倉木崎海底遺跡や南さつま市の万之瀬川下流遺跡群でも、十二世紀後半から十三世紀前半の大量の中国産陶磁器が検出されている。十一世紀以降、南島海域で、交易活動が一気に拡大していったとすることができる。

与路集落遺跡から出土した「荘綱」墨書白磁は、十二世紀代に宋商人を含む活発な交易活動が行われる中で、この時代に、奄美諸島に持ち込まれたものと考えて、何ら不自然ではない。この墨書白磁の発見は、こうした状況の一端を証明する遺物と考えて良い。当然ながら、与路島のすぐ南に位置し、中国産陶磁器が多数出土している徳之島も、こうした活発な交易活動の中に位置づけられていたと考えられる。

＊39　大庭康時『中世日本最大の貿易都市 博多遺跡群』（新泉社、二〇〇九年）。

＊40　中園聡編『黒島平家城遺跡・大里遺跡ほか』（三島村教育委員会、二〇一五年）。

＊41　與嶺友紀也『瀬戸内町内の遺跡1』（瀬戸内町教育委員会、二〇一七年）。

第五節　日本の外のキカイガシマ

喜界島人の漂着

皇后宮権大夫・権中納言源師時（一〇七七〜一一三六）の日記『長秋記』天永二年（一一一一）九月四日条には、喜界島の者が紀伊国に来着する事について陣定が行われたことを伝える記事がある。現在の閣議にあたる陣定には、議題によって改元定・院号定・宋人定・罪名定・諸国申請雑事定・造宮定・受領功過定があり、宋人の来航という外交事案の決定には陣定の開催が必要であった。[*42]この時の陣定は「宋人定」に準ずるものであったと考えられ、喜界島の者は宋人のように日本の境外からやって来る者であり、喜界島は日本の外側に位置付けられていたことがわかる。すでに見ておいたように、十世紀末の南蛮人（奄美島人）襲来事件に際して、キカイガシマは大宰府より南蛮追討の下知を受けており、日本の内側に位置づけられていたが、十二世紀初頭には日本の外側に位置づけられることになった。十一世紀の約百年の間に、キカイガシマは日本の内から外へとその位置づけを変化させていた。

日本の四至

古代に日本がどのような空間的広がりを持つかについて、延長五年（九二七）に撰進された『延喜式』巻十六に載せる追儺祭の祭文には、「東方陸奥、西方遠値嘉、南方土佐、北方佐渡」という四至が見える。四至の中で陸奥・土佐・佐渡が国名であるのに対して遠値嘉のみが五島列島の小地名に求められていることを、遣唐使の渡海ルートの最終出発点であったことによるとする見解がある。[*43]出発点であったことは重要であるが、『日本三代実録』貞観十八年（八七六）三月九日条によると、大宰権帥在原行平は、肥前国松浦郡の庇羅・値嘉の二郷をそれぞれ上近郡・下近郡に昇格させ、この二郡を肥前国から切り離し値嘉嶋を置くことを申請し許可されている。『延喜式』には値嘉嶋が見えないから、値嘉嶋は結局設置されなかったか、設置されたとしても短期間で廃止されたと考えられるが、『延喜式』撰進の段階で遠値嘉は国に準ずる存在感を持つものであったと考えられる。追儺祭は、宮中で大晦日に行われる祭事で、悪鬼・疫神を日本の

＊42　大津透「摂関期の国家」宮地正人・佐藤信・五味文彦・高埜利彦編『新体系日本史1　国家史』（山川出版社、二〇〇六年）。

＊43　応地利明「空間認識としての「日本」」『岩波講座　天皇と王権を考える　第8巻　コスモロジーと身体』（岩波書店、二〇〇二年）。

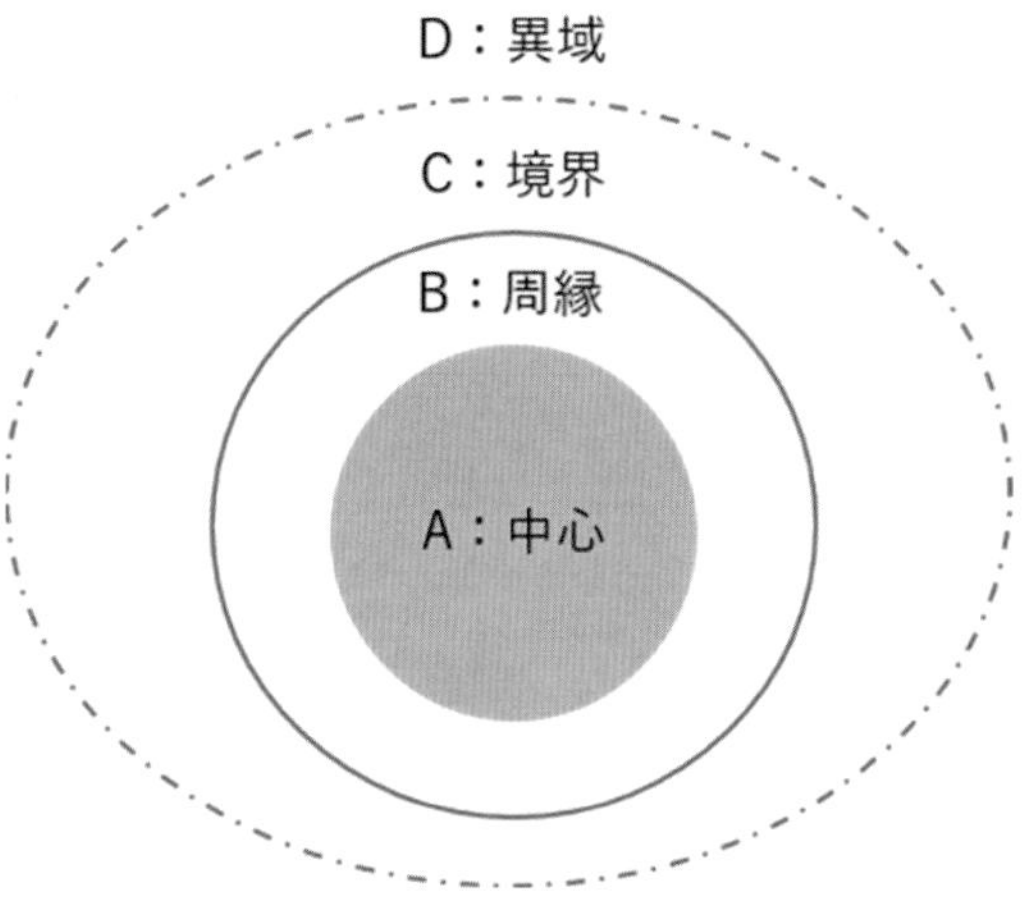

図5-23　中心と周縁空間のイメージ

四至の外に追い払うための儀式であった。四至の内を清浄に保ち、穢れを四至の外に放逐するこの儀式は、日本の国家が中心と周縁という空間関係を〈浄―穢〉の大系で理解しようとしていたことを示す。

〈浄―穢〉の間には遷移空間（図23）があり、内から外に向かって、A：中心、B：周縁、C：境界、D：異域となる。*44

境界・異域の認識

王朝貴族が境界・異域をどのように認識していたかについて、二つの相反する史料がある。鳥羽院政期に摂関家のトップに立った藤原頼長の日記『台記』の天養二年（一一四五）正月二十四日条には、「人が云うに、南蛮人が悪風にのって、西府に来るということだ。去年にこの事が有った。西府の民は、大府の福によって、この瑞が有るのだといっている。【大府は禅閤のことである】」とあって、大宰府管内の人々は南蛮人が大宰府に来たことを祥瑞（よろこばしい前兆）と認識していた。禅閤とは頼長の父で内覧の藤原忠実である。

九条兼実の日記『玉葉』承安二年（一一七二）七月九日条には、源頼政の知行国である伊豆国の島に来着した五、六人の鬼形の者の話があり、島人を殺害し、南海に向かって逐電したとされる。蛮夷の類とされ、これに取材した説話が『古今著聞集』巻第十七　変化第二十七「承安元年七月伊豆國奥島に鬼の船着く事」にみえる。

また、『今昔物語集』に見える異域に関する説話の分析から、異域は「異形の人間」が住む異域Ⅰと「人形の異類」が住む異域Ⅱに分けることができるとされる。*45 これらについては、後述する。

＊44　村井章介「中世日本列島の地域空間と国家」『アジアの中の中世日本』（校倉書房、一九八八年）。

＊45　応地利明『絵地図の世界像』岩波新書（岩波書店、一九九六年）。

表5-1　キガイガシマの用字の変化

用　字	出　典
貴駕島	『日本紀略』長徳四年(998)九月十四日条
貴賀之島	『新猿楽記』11世紀半ば頃成立
喜界島	『長秋記』天永二年(1111)九月四日条
貴海島	『吾妻鏡』文治三年(1187)九月二十二日条
貴賀井島	〃　文治四年(1188)二月二十一日条、三月五日条、五月十七日条
貴賀島	文治五年(1189)十二月八日付　(外山幹生蔵福田文書) 鎌倉遺文50094号
貴賀島	建久三年(1192)二月二十八日付頼朝下文写(佐田文書) 鎌倉遺文581号
鬼界が島	『宝物集』(1189～1200？)
鬼海島	『保元物語』承久(1219～22)頃成立、その他
貴賀国	『漂到琉球国記』(1244)
鬼界島	『平家物語』・『八幡愚童訓』など、多数
鬼界島	『中山世鑑』(明)成化二年(1466)
鬼界島	『海東諸国紀』(1471成立)

流刑地としてのキカイガシマ・イオウガシマ

『平家物語』の諸本によれば、治承元年（一一七七）に、藤原成親・師光（西光）・成経・平康頼・僧俊寛など後白河法皇の近臣が、京都東山鹿ケ谷にある俊寛の山荘で平家討伐の密議を行なったが、多田行綱の密告によって発覚し、平家の弾圧をうけた。西光は斬首され、成親は備前国に流された後、殺された。俊寛・平康頼と成親の男成経は鬼界島に流された。これを鹿ヶ谷事件とも鹿ヶ谷の謀議とも呼ぶ。三人のうち康頼と成経は翌二年に帰京を許されたが、俊寛はついに許されなかった。この鬼界島は、薩摩硫黄島と喜界町喜界島のどちらを指しているのだろうか。

平康頼は、赦免後京都へ戻って『宝物集』を著しており、その中で「三年間の夢は、わずかに覚えてはいるけれども、一生涯の嘆きは、いまだに晴れているわけではなく、人に知られているわけでもないので、どのようにして尋ねてきてくれるのだろうか。鬼界ヶ島の様子は、語っても無益であろう。鬼界ヶ島にいて、まだ生きていることを、母のもとへ申し伝えた。」と書いている。表1にキカイガシマの用字をまとめたが、これは、キカイガシマの「キ」音が「鬼」字を以て表記される初例となる。『吾妻鏡』正嘉二年（一二五八）九月二日条に、康頼の孫の俊職が祖父と同じ硫黄島に配流されたという記事があり、『平家物語』の諸本では俊寛の配流地は火山島として描かれているので、このキカイガシマは、薩摩硫黄島のことと考えられる。

キ音が「貴」「喜」から「鬼」の字を用いるようになった背景には、異域に対する恐怖心や地獄観あるいは流刑地としての利用の影響などが考えられる。[*46]

＊46　前掲註22に同じ。

表5-2　イオウガシマへの配流

年　代	配流の実否	配流者・配流さるべき者	その身分・地位	出　典
1191年	×	佐々木定綱	幕府御家人	『吾妻鏡』
1258年	○	平俊職	〃	『吾妻鏡』
1265年		実慶・子息	春日社の僧	春日社司等解
1277年		渋谷氏	幕府御家人	『入来文書』
1278年		〃	〃	〃
1279年	○	松夜叉丸	南都児童	『台明寺文書』
1303年頃	○	小坂孫三郎盛直重	幕府御家人	『諏訪大明神絵詞』
1319年		島津氏被官下部	島津氏の下部	『薩藩旧記雑録』
1330年	○	文観	僧	『醍醐寺新要録』
〃	×	護良親王	皇子	『太平記』

第六節　鎌倉幕府と十二島

頼朝によるキカイガシマ征討

源頼朝が、元暦二年（一一八五）三月に、壇ノ浦で平家を滅ぼすと、その後、頼朝と義経の対立が深まった。十月義経が後白河上皇から頼朝追討の院宣を得ると、大軍を上洛させた頼朝は、逆に十一月後白河上皇から義経追討の院宣を得て、十二月には義経らの追討と平家の残党鎮圧のためとして朝廷に守護地頭の設置を認めさせた。義経は、反鎌倉の貴族・寺社勢力に匿われたが、義経の与党は次々に滅ぼされ、義経は、文治三年（一一八七）二月、平泉の藤原秀衡のもとで匿われることになった。文治三年九月頼朝は、宇都宮信房を九州に下向させ、鎮西奉行の天野遠景とともに、義経の与党が隠れていると考えられていた貴海島の追討を命じた。これは、その前年に河辺平太通綱が貴海島に渡ったとの情報を得たことによるものであった（『吾妻鏡』文治三年九月二十二日条）。

十二月に天野遠景からは、郎党らを貴賀井島に派遣して形勢を調査させた結果、追討は可能であるものの、鎮西御家人の協力が得られず、重ねて御教書を下されたいという申請が行われ、宇都宮信房からは、自ら貴賀井島へ渡海する準備をしたが、天野遠景が制止したので、精兵である親類を渡海させたという報告書が一月に到着した。この追討計画を伝え聞いた摂関家は諷諫して計画の停止を求めたので、頼朝は計画の延引を遠景に命じた（『吾妻鏡』同四年二月二十一日条）。

二月、宇都宮信房が鎮西より書状を進めて、貴賀井島への渡海についてもろもろ言上し、前年の貴賀井島渡海に際して作製した海路の次第を描いた図を献上し頼朝の御覧に供した。頼朝は、この絵図を見た後、三月五日に改めて追討を決意し、この間の功績に対して信房に恩賞を与えた。（『吾妻鏡』同年三月五日条）。

五月には、遠景以下の御使らが貴賀井島に渡って合戦を遂げ、貴賀井島を帰降させたことが言上された。そして宇都宮信房の勲功が特に大きかったため、以前に検非違使（藤原頼実）家の領とされていた信房の近江国の領所を還付することが検討された（『吾妻鏡』同年五月十七日条）。

また、宇都宮信房は、建久三年二月二十八日に源頼朝の袖判下文（「佐田文書」『鎌倉遺文』第二巻五八一号文書）によって豊前国伊方庄の地頭に補任されたが、これは、前地頭の貞種が貴賀島に渡らず、奥州追討の時に参会しなかったために改替されたもので、キカイガシマ征討時には北部九州の御家人も動員されていたことがわかる。

キカイガシマと十二島地頭職

この時、頼朝が征討を命じたキカイガシマは、薩摩硫黄島のことなのか、それとも喜界町喜界島のことなのか。この征討されたキカイガシマについて、『吾妻鏡』文治三年九月二十二日条によれば、平家が勢力を持っていた時代に、薩摩国の住人阿多忠景が勅勘を蒙って彼の島に逐電したため、これを追討するために、筑後守平家貞を派遣した。家貞は数度にわたって追討をこころみたが、結局風波を凌ぐことができず、空しく帰洛したとあって、『吾妻鏡』文治四年二月二十一日条にみえる摂関家の諷諫では、キカイガシマは三韓と同列に論じられ、日本ではその故実を知ることが難しいとされていた。勅勘を被ってキカイガシマに逐電したということは、キカイガシマは勅勘が効力を発しない場所、すなわち日本の域外と考えられていたことを意味する。薩摩硫黄島は、薩摩半島から視認できる距離にあり、またすでに俊寛らの流刑地として利用され、流刑地の管理の問題からいっても、平氏政権の支配下に置かれていたと考えられるので、これが頼朝が征討を命じたキカイガシマであった可能性は低く、南九州から遠く離れ、日本の支配下から外れている喜界町喜界島がそれにあたると考えておく。

これに関連して、嘉禄三年（一二二七）十月十日付の左衛門尉惟宗忠義宛ての将軍藤原頼経安堵下文には「十二島地頭職」[*47]が見えており、「十二島地頭職」は頼朝のキカイガシマ征討によって設定された所職と考えられる。十二島は、『平家物語』の諸本によれば、端五島と奥七島からなるという。奥七島については、現在の十島村の島々とすることができ、端五島については、現在の三島村の竹島・硫黄島・黒島の三島は問題ないが、残りの二島を、口永良部島・屋久島とする説と[*48]、宇治

＊47　小田雄三「嘉元四年千竈時家処分状について」『年報中世史研究』第一八号、一九九三年。

＊48　五味克夫「平安末・鎌倉初期の南薩平氏覚書―阿多・別府・谷山・鹿児島郡司について―」『南九州御家人の系譜と所領支配』（戎光祥出版、二〇一七年）、初出は一九七三年、前掲註22永山一九九三。

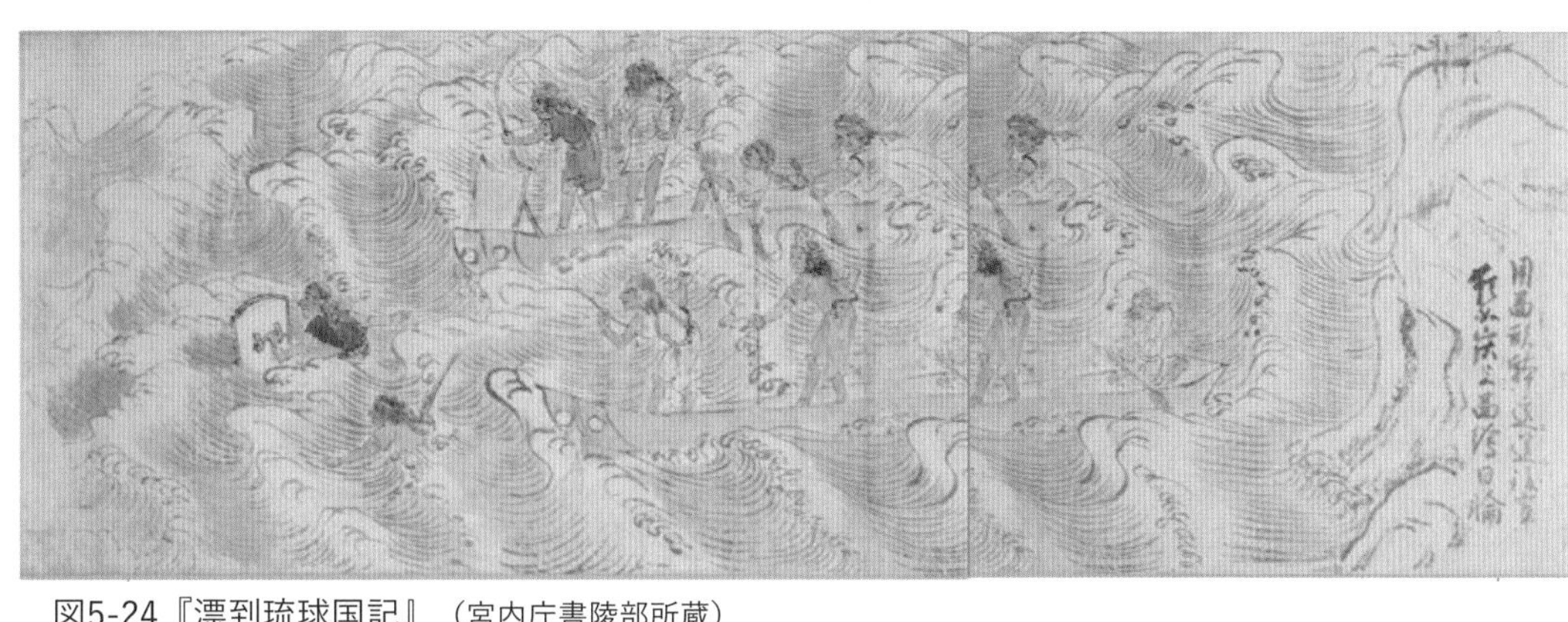

図5-24『漂到琉球国記』（宮内庁書陵部所蔵）

群島・草垣群島とする説[*49]がある。しかし、いずれにしても奄美諸島には、何らの所職も設定されていない。これについては、後述する。

『漂到琉球国記』

『漂到琉球国記』は、関白九条道家の兄にあたる園城寺の僧慶政が、渡宋の途中で琉球国に漂着した人々からの伝聞を記録したものである。一行は寛元元年（一二四三）九月八日に小値賀島から宋に向けて出帆した。同月十七日には「流球国ノ東南方ニ漂到ス、船裏ノ諸人衆口討論ス、或ハ貴賀国ト云、或ハ南蕃国ト云、或ハ流球国ト云フ。終ヒニ即チ皆謂フ、是レ流球国也、命ハ朝暮ニ在リ、奈何々々」、十九日には何人かで探索に出かけ「一ノ仮屋ヲ見ル、草ヲ以テ之ヲ葺ク。其ノ柱ハ赤木ナリ。屋高ハ六七尺、其ノ内ニ炭爐有リ。其ノ中ニ人骨有リ。諸人魂ヲ失フ。此ニ従リ長ク知ル既ニ流球国ニ来ルコトヲ。即チ船裏ニ還テ、此ノ凶事ヲ告グ」とあって、人骨を見たことが食人のイメージへとつながり、漂到した場所が「人を食う」琉球国であるという判断につながっていった。翌二十日上陸して別の方向を探査し、赤い巾を被り鉾を手にした人を見つけた。二十一日には、赤色の衣服を着て赤い巾を被った将軍（首長のことか）に率いられた船が十数艘やって来た。一船に十数人乗り、鉾楯を持っており、激しく矢を射掛けてきた。また、楯を持って水鳥のように海面に浮いている者もいた。二十二日、一行は弓や鉾を捨て、手を挙

＊49　村井章介「中世国家の境界と琉球・蝦夷」『日本中世境界史論』（岩波書店、二〇一三年）、初出は一九九七年。

げて和平の意志を示した。二十三日夜、好風が吹いてきたので、密かに出帆しようとしたが、三十余艘の船が追撃してきて、大いに戦った。巻末に附された絵（図24）は、二十一日の記事に対応するものと考えられる。中央の女性の髪飾りは、『南島雑話』所収の奄美大島の祝女のものに、腰の鎌状の鉄製品も『南島雑話』に見える祝女の持ち物（耨器と武器を兼ねる）に似ているとの指摘[＊50]がある一方、台湾の風俗にも似ているとの指摘（木下尚子氏のご教示）がある。

『漂到琉球国記』に見受けられる琉球像は、食人・野蛮という先入観を前提とするものであって、渡宋者たちは、自らの体験にもかかわらず、意識の中に新しい琉球観を根づかせることは無く、けっきょく琉球は鬼の国、人を食う国のまま捨ておかれたとされる。[＊51]

第七節　千竈時家譲状と徳之島

千竈時家譲状と南島

十四世紀初頭の段階で徳之島の島名を確認できる史料が、嘉元四年（一三〇六）四月十四日付の千竈時家譲状（図25）である。千竈氏は尾張国愛智郡千竈郷を本領とする御家人であり、得宗被官であった。千竈時家は、自らの持つ所領を、嫡子貞泰・次男経家・三男熊夜叉丸・女子姫熊・女子弥熊・弥熊母・烏丸女房の七人に相続させるとしており、この譲状には、得宗北条貞時の外題が付されていて、譲状の内容を主人たる得宗が承認し・保証するものとなっている。表3は譲状の内容をまとめたものである。この譲状が、中世になって多くの南島名が確認できる初めての史料であり、島々の部分を列記すると、嫡子貞泰には口五島・わさの島・喜界島・大島、次男経家には永良部島、三男熊夜叉丸には七島、女子姫熊には徳之島、女子弥熊には屋久島下郡が譲られており、徳之島・屋久島下郡は一期分であって、姫熊・弥熊が死亡した後は嫡子貞泰のものとなることになっていた。

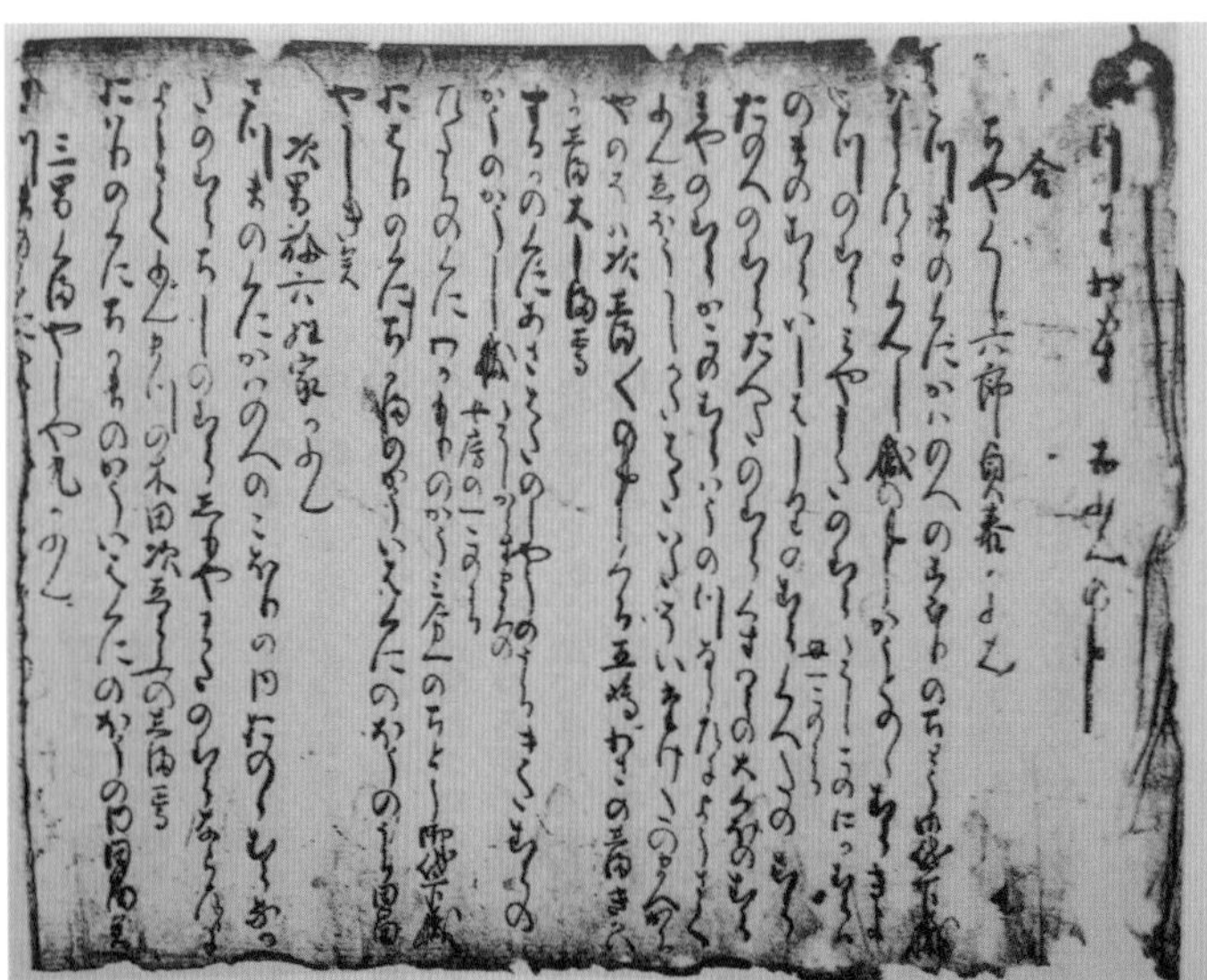

図5-25　千竈家文書

＊50　恵良宏「漂到琉球国記について」『南島研究』四号、一九六五年。

＊51　村井章介「中世日本の国際意識・序説」『アジアの中の中世日本』（校倉書房、一九八八年）。

千竈氏の河辺郡支配の実態

まず、千竈時家が河辺郡の所領を支配する根拠は、薩摩国河辺郡地頭代官職ならびに郡司職にあった。「建久八年（一一九七）薩摩国図田帳」には、

河辺郡二百二十町内同御庄寄郡　地頭右衛門兵衛尉（島津忠久のこと）
府領社十町　下司平太道綱
公領二百十町　郡司道綱

とあって、河辺郡は島津荘の寄郡となっており、河辺郡地頭は惟宗忠久（島津氏初代）、河辺郡司は平姓の河辺道綱であった。河辺郡地頭職についてみると、嘉禄三年（一二二七）十月十日付の将軍藤原頼経安堵下文（『薩藩旧記雑録』前篇一の三五一号文書）に「左衛門尉惟宗忠義に下す、早く領知すべき、越前国守護職・島津庄内薩摩方地頭守護職并びに十二島地頭職【但し、河辺郡・揖宿郡・伊作庄（中略）を除く】（中略）の事」とあって、島津氏は十二島地頭職を保持する一方で、この年までに河辺郡地頭職を失っていた。その後河辺郡地頭職が誰の手に渡ったか明確に示す史料は見当らないが、観応三年（一三五二）正月二十一日付の足利直冬下文（『二階堂文書』二。『南北朝遺文』第三巻三三一一号文書）に「河辺郡地頭郡司職得宗跡」と明記されていることから、最終的には得宗家（鎌倉幕府執権北条氏の嫡流）の手に帰したことが知られる。千竈氏は、得宗の家臣であったから、河辺郡地頭の代官に補任されたのである。

一方の河辺郡司職については、承久の乱後に平姓河辺氏は河辺郡司職を幕府に没収されたとされている。*52 弘安二年（一二七九）四月十一日に幕府は、千竈六郎入道に対して硫黄島に流されていた殺害人松夜叉丸の召喚を命じているが（『台明寺文書』『薩藩旧記雑録』前篇一の八〇三号文書）、これによれば、千竈氏は十二島のひとつである硫黄島を流刑地として管理していたことになり、十二島地頭職は一貫して島津本宗家が保持していたから、千竈氏のこの任務は、河辺郡司として命じられたものであったと考えられる。

それでは、千竈氏と河辺郡の関係は具体的にどのようなものであったのか。千竈氏は得宗家と強

＊52　江平望「得宗領薩摩国河辺郡について」『鹿児島中世史研究会報』三六号、一九七六年。

表5-3　千竈時家譲状に見える所領

嫡子貞泰	薩摩国河辺郡地頭代官職并郡司職・神殿村・清水村・宮下村・野間村・石走村・久恵田村・田之上村・田部田村・楠原の大久保村・宮村・鹿籠村・坊津、用作分鳥帽子田畠・畠添・竹田前・篝屋側、（次島々事）口五島・わさの島・喜界島・大島、駿河国浅服庄内北村郷郷司職、常陸国若杜郷三分一地頭御代官職
次男経家	尾張国千竈郷いはくに方内田畠屋敷　薩摩国河辺郡内小野村・永田村・ちし村・下山田村、用作分松木田、（次）永良部島、尾張国千竈郷いはくに方内田畠
三男熊夜叉丸	薩摩国河辺郡内野崎村・平山村・上山田村・大泊津、用作分平山に一丁、（次島事）七島、尾張国千竈郷いはくに方内田畠
女子姫熊	薩摩国河辺郡内古殿村半分、用作分大くたり、（次）徳之島（一期後は貞泰分）
女子弥熊	薩摩国河辺郡内古殿村半分、用作分宮下しやうくわう房跡の田一丁、（次）屋久島下郡（一期後は貞泰分）
弥熊母	薩摩国河辺郡内清水村・宮下村、用作分上山田薗田（一期後は貞泰分）
鳥丸女房	駿河国浅服庄内北村郷郷司職（一期後は貞泰分）

い主従関係で結ばれた近臣であり、鎌倉に滞在して日常的に得宗家御内人として日々の仕事をこなしていた可能性が高く、河辺郡には直接惣領が張り付くように下向するのではなく、家人や代官などを派遣するに留まっており、河辺氏の存在を前提にしたものであったとする説[*53]があるが、南九州市川辺町大字野崎の馬場田遺跡では、十三〜十四世紀を中心とする中国・国内産の陶磁器の優品が多数出土していて、威信財として数えられる鎌倉モデルの陶磁器類が小片ながら一通り揃っていること、瀬戸・東海の陶器類が出土していること、野崎は熊夜叉丸の所領があった場所であり、この遺跡は千竃氏とは断定できないものの有力御家人の居宅であった可能性が高いとされる。[*54]また、嫡子貞泰・次男経家は鎌倉に常駐して得宗被官としての活動を担う一方、三男熊夜叉丸は河辺郡に常駐して、村や津などの経営にあたったともされている。[*55]

千竃氏と南島

千竃氏と南島の関係は具体的にどのようなものだったのだろうか。言うまでもなく、千竃氏が南方の二十近くの島々に所領を設定して年貢等を収取するような直接支配を行っていたわけではないが、これには大きく二つの考え方が示されている。まず、島の現地勢力との交易による利潤そのものを果実とするものであったとする説がある。[*56]一方で、南西諸島の島々と博多などを往復する船が、寄港した坊津や大泊津で納めていた「交易上分」だったとする説がある。[*57]先ほどみたように、熊夜叉丸が河辺郡に常駐していたと考えられるならば、前者の理解が妥当であろう。馬場田遺跡では、徳之島で焼かれたカムィヤキも検出されており、南島との関連が考えられる。

＊53　黒嶋敏「鎌倉幕府と南の境界」藤原良章編『中世人の軌跡を歩く』（高志書院、二〇一四年）。

＊54　上田耕「馬場田遺跡の紹介」『南九州市 薩南文化』（南九州市図書館、二〇一〇年）。

＊55　田中大喜「薩摩千竃氏再考」『国立歴史民俗博物館研究報告』第二二六集、二〇二一年。

＊56　前掲註49に同じ。

＊57　黒嶋敏「鎌倉幕府と南の境界」藤原良章編『中世人の軌跡を歩く』（高志書院、二〇一四年）。

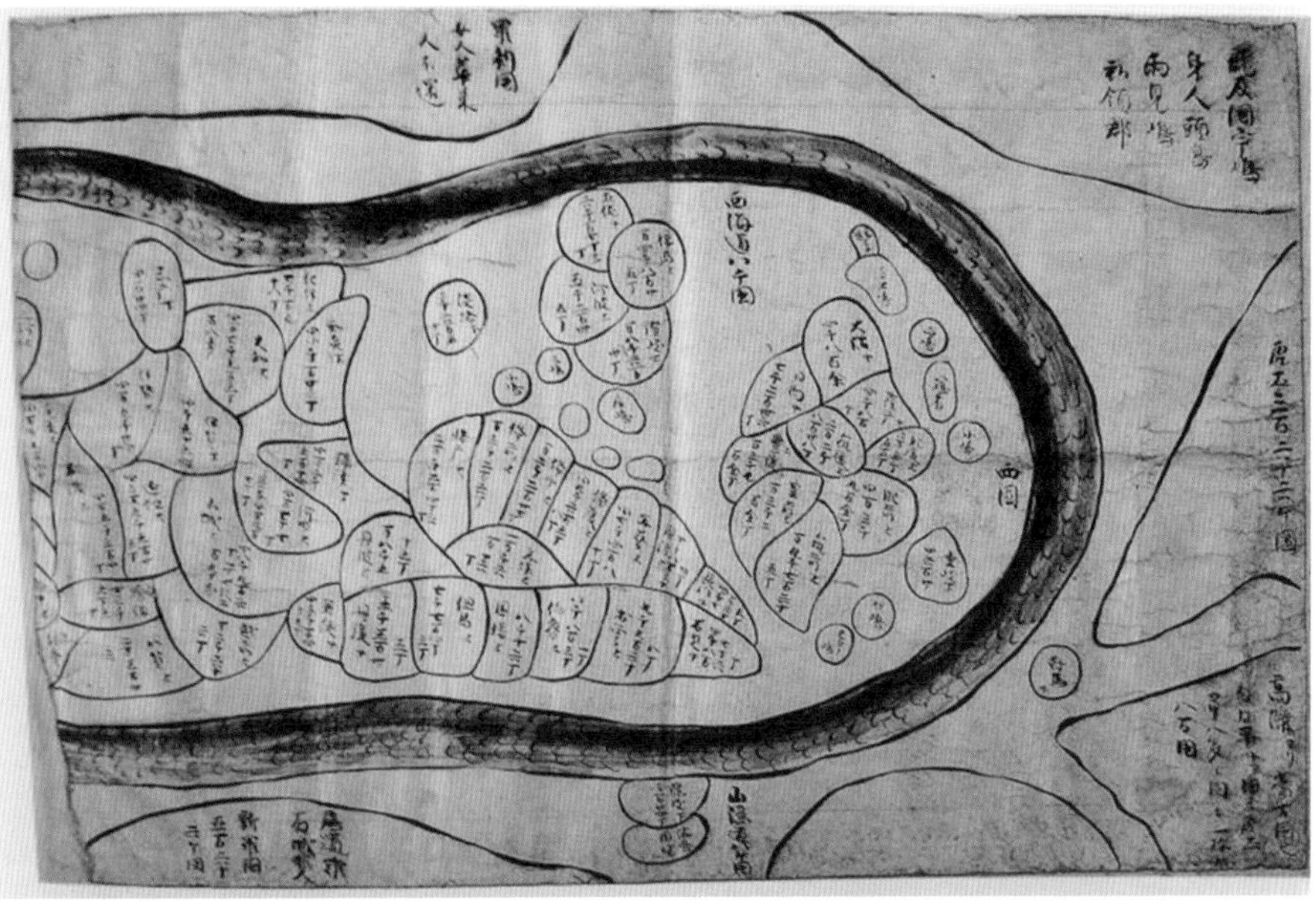

図5-26　金沢文庫蔵「日本図」

第八節　アマミ・リュウキュウを載せる地図をめぐって

南島に関する記載をもつ地図は、表4のように一五知られている。日本を描いた地図・絵

日本図に見える島嶼世界

図は、A律令国郡図系、B密教図系（独鈷）系、C拾芥抄系、D境外描写系、E海を渡った行基図の五つに分類できる。[＊58]本節では、琉球王国成立前の段階で描かれ、奄美諸島や琉球の記載をもつ地図・絵図についてみていくことにする。

金沢文庫蔵「日本図」

この図（図26）を収める金沢文庫は、義時の孫にあたる北条実時が、武蔵国久良郡六浦荘金沢村（横浜市金沢区金沢町）に建てた文庫で、元弘三年（一三三三）北条氏滅亡の後は称名寺の管理下におかれた。この図は、東日本を欠いており、鱗に覆われた体が日本を取り巻いていることから

表5-4　日本図に見える島嶼世界の表記

No	史料名	年　代	所蔵者	島嶼世界の表記
1	延暦二四年輿地図	延暦二十四年(805)改定、江戸時代後期模写	国立歴史民俗博物館	多禰島・鬼界島
2	日本図	14世紀初頭	称名寺(神奈川県立金沢文庫保管)	向島・タネ島・ミヽエ島・八島有・小島・龍及国宇島身人頭島、雨見島私領郡
3	日本国図	応永九年(1402)書写	ハーバード大学	雨見島　大隅中□□（寺島？）
4	日本扶桑国之図	室町時代	広島県立博物館保管	種子島・鬼界島・黒島・エラウ・甑島・龍及国頭□□□
5	琉球国図	享徳二年(1453)頃、元禄九年(1696)写	沖縄県立博物館・美術館	種島・高嶋・硫黄島・鷺・恵羅武・黒島・口島・中島・悪石・臥蛇・小臥蛇島・多伊羅・諏訪湍・島起湍・鬼界島・大島・島子・思柯未・度九島・小崎恵羅武・与論島
6	海東諸国紀所載海東諸国総図	成宗二年(1471)成立、1512年頃刊		種島・高島・亦島・硫黄島・恵羅武・口島・中島・悪石・黒島・小臥地島・小蛇島・多伊羅・島起湍・諏訪湍・渡賀羅・島子・鬼界島・大島・度九島・与論島・小崎恵羅武島
7	日本国考略所載日本地理図	嘉靖二年(1523)初版		硫黄出山・琉球
8	拾芥抄所載日本図	天文十七年(1548)	天理大学附属図書館	大隅領多袮
9	南瞻部洲大日本国正統図	室町時代後期(1557年頃)	唐招提寺	大隅浜四郡・硫黄島・黒島・雨見島　他
10	日本図	永禄三年(1560)	妙本寺	イワウ島・コシキ島、鬼海島・タムロサム・琉球国身人頭島
11	日本図纂所載日本図	嘉靖四十年(1561)		硫黄山・七島・種島
12	籌海図編所載日本国図	嘉靖四十一年(1562)		硫黄山・七島・種島
13	日本一鑑所載日本行基図	嘉靖四十五年(1566)頃		大隅浜四郡・硫黄島・悪海島・黒島・雨見島・島・島・島・大
14	南瞻部洲大日本国正統図	寛永年間(1624～1644)	東京大学総合図書館	種島・硫黄島・大隅浜四郡・鬼海
15	大日本地震之図	17世紀前半	神戸市立博物館	たねかしま・いわうかしま・りうきう

＊58　村井章介「「日本」の自画像」『岩波講座日本の思想第3巻　内と外』（岩波書店、二〇一四年）。

「蛇躰囲繞日本図」とも呼ばれていたが、蛇躰とされたものは日本の国土を守る龍の体であることが明らかにされ、モンゴル襲来を背景に作製され、*59 その成立年代については十四世紀初頭ころとされている。*60 日本を囲繞する龍の外側に六つの陸地の表現があり、そのうちの五つにA「①羅刹国　女人萃来人不還」、B「②龍及国宇島　身人頭鳥　③雨見島　私領郡」、C「④唐土三百六十六ケ国」、D「⑤高麗ヨリ⑥蒙古国之自日平トヨ国云　唐土ヨリハ多々国々　一称八百国」、E「⑦雁道　雖有城非人　⑧新羅国　五百六十六ケ国」の記載がある。ここには①～⑧の国名・地名が記されているが、②③④⑤⑥⑧は実在する国名・地名であり、①⑦は実在しない。①「羅刹国」は、六四六年成立の『大唐西域記』をはじめ、十二、十三世紀成立の『今昔物語集』や『宇治拾遺物語』などに収録されている「僧迦羅（僧伽羅）国」の説話などを背景に構想・設定された南方の異国とされており、中世の孤語である⑦「雁道」は、中世の物語世界ではよく知られていた北方を指す「雁門」（『文選』『本朝文粋』にも見える）の知識をもとに、日本の北方に架空の異界として設定されたという。*61 注目したいのは、B「龍及国宇島　身人頭鳥　雨見島　私領郡」の記載である。龍及国も雨見島も、日本の国土を守護する龍の体の外側に描かれているから、日本の境域外と認識されていたことは明らかである。アマミについては、十一世紀～十三世紀の文献資料には確認できなかったが、嘉元四年（一三〇六）千竈時家譲状に喜界島・大島・永良部島・徳之島が見え、ほぼ同じ頃に描かれたこの金沢文庫蔵「日本図」に「雨見島」の記載が見えるのである。「雨海島」の記載は、ハーバード大学蔵「日本国図」にも見える。

ハーバード大学サックラー美術館蔵の密教図画集『日本須弥諸天図』巻一の冒頭に「日本国図」が収められている（図27）。これは、応永九年（一四〇二）に書写されたもので、『拾芥抄』「大日本国図」にきわめて近いが、境外の表現が大きく異なり、四つの陸地の表現（F～I）がある。陸奥の東にはF「東夷」、九州の西には「西戎」の文字の下にG「雨見島」、紀伊の南の「南蛮」の文字の下にH「羅刹州」、山陰道の北の「北狄」の文字の上にI「雁道　雖有城　形非人　居所云々」

*59 黒田日出男『龍の棲む日本』岩波新書（岩波書店、二〇〇三年）。

*60 前掲註58に同じ。

*61 前掲註59に同じ。

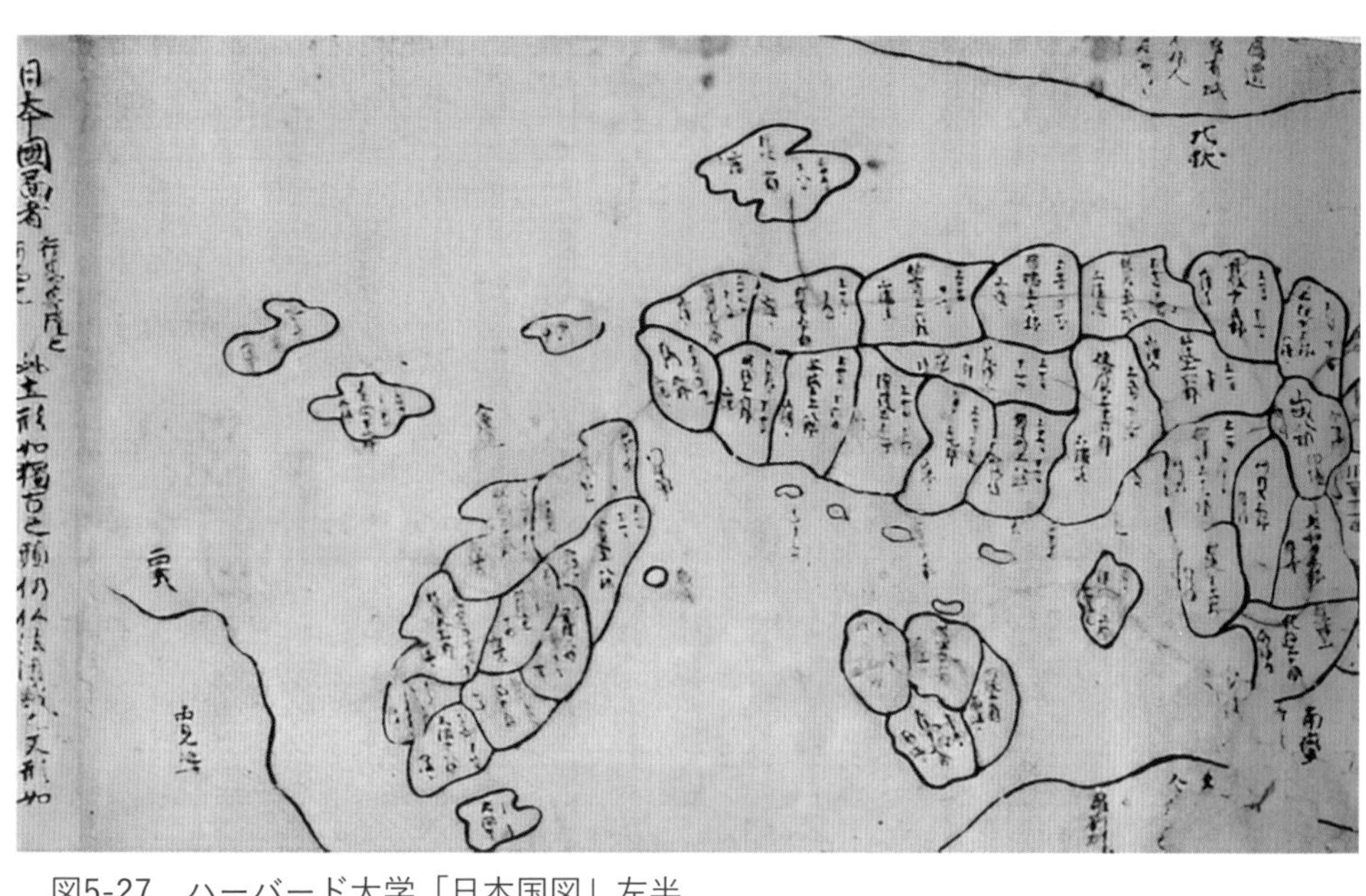

図5-27　ハーバード大学「日本国図」左半

と記載されている。[*62]「雨見島」は西戎と認識されていたことがわかる。

雨見島が、奄美大島あるいは奄美諸島を指すことは明らかであろうが、これに附されている

「雨見島　私領郡」について

「私領郡」をどのように理解するかについては、二つの説が示されている。まず、この地図が、北条一門である金沢氏が設けた金沢文庫に収められていること、永仁四年（一二九六）から正和五年（一三一六）に金沢実政・金沢政顕（北条実時の子・孫）が相次いで九州の統括責任者である鎮西探題を勧めていることから、千竈氏に関する情報が幕府中枢に達しており、国家領域観念上は領域外であるということと千竈氏が奄美諸島に権益を有しているという現実との矛盾が「私領郡」という表現に表されているという説である。[*63]もう一つは、金沢実政の弟時直が大隅国守護になると、島津荘大隅方惣地頭職は名越氏のもとに残されたため、直時は守護の新たな拠点を確保すべく、守護所の構成員を被官として、彼らの持つ所領を「守護私領」に設定しており、この「私領郡」も「守護私領」[*64]に由来するものであるとする説である。先に見た弘安二年（一二七九）四

*62　前掲註58に同じ。

*63　柳原敏昭「中世日本の北と南」『中世日本の周縁と東アジア』（吉川弘文館、二〇一一年）、初出は二〇〇四年。

*64　前掲註53に同じ。

月十一日に幕府が、千竈六郎入道に対して硫黄島に流されていた殺害人松夜叉丸の召喚を命じた文書は、大隅国『台明寺文書』に収載されている点から考えて、松夜叉丸の召喚命令を千竈氏に取り次いだのは大隅国守護の可能性が高く、弘安二年当時の大隅国守護が北条一門の名越公時であったらしいこと、そして千竈氏が得宗被官であったことから、この北条氏の被官関係のラインによって召喚命令が伝達されていったとする見方が可能である。[*65] とすれば、後者の「守護私領」によるとする説もあり得るが、その場合でも、千竈氏による「雨見島」経営の存在が前提となるため、前者の説も充分に成立すると考えられる。

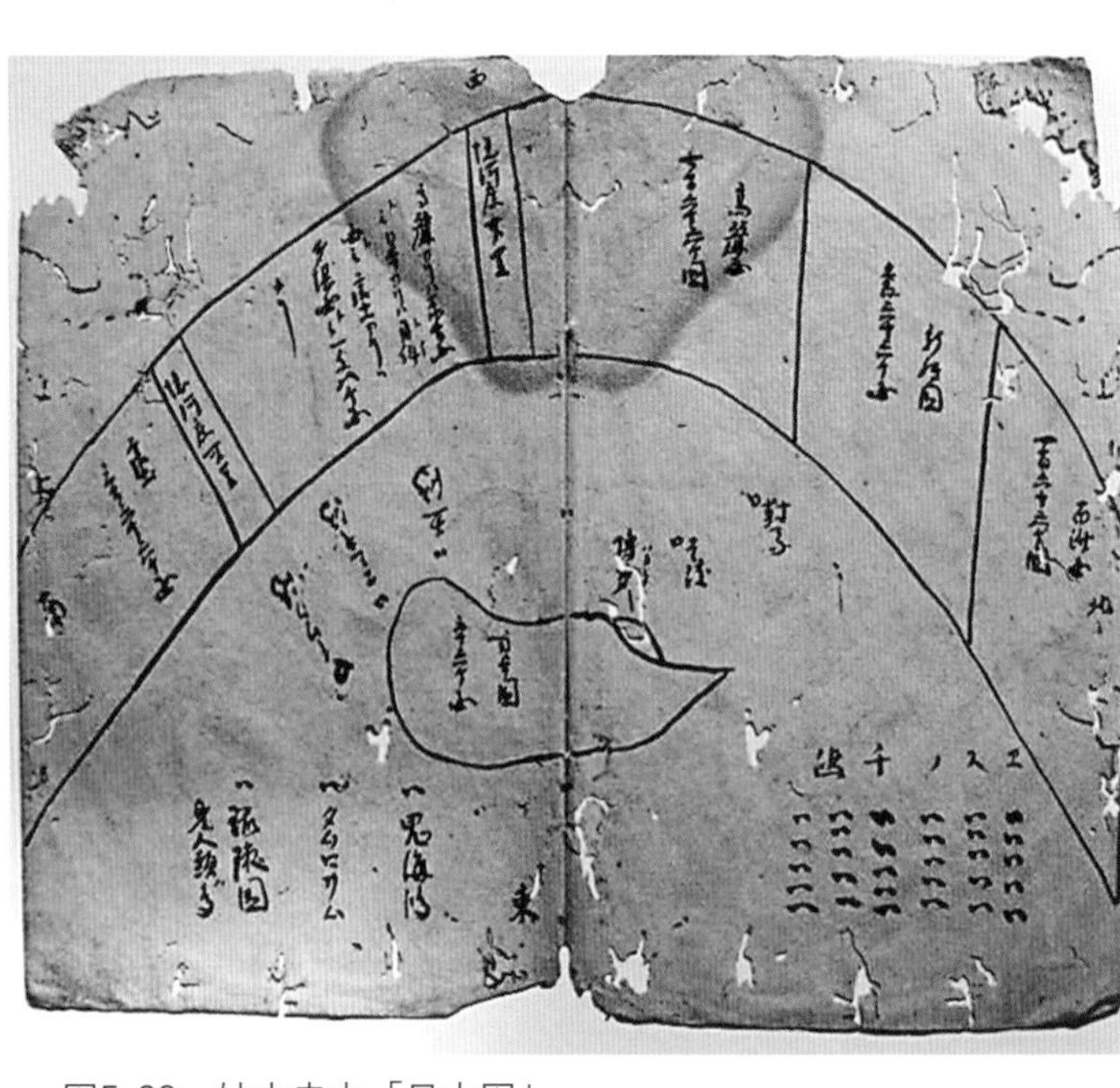
図5-28　妙本寺本「日本図」

「龍及国宇島　身人頭島」について

「龍及国宇島」の「宇島」については、大島の音をとったものと考えられている。[*66] 「身人頭島」については、妙本寺蔵「日本図」（図28）にも「琉球国身人頭島」の記載があり、広島県立博物館保管「日本扶桑国之図」（図29）に見える「龍及国頭［　］」の「頭［　］」も「頭島身人」のことと考えられる。[*67] 「身人頭島」あるいは「頭鳥身人」という記載そのものをどのように理解すれば良いだろうか。

金沢文庫蔵「日本図」では龍及国と雨見島が同じ陸地の表現の中に描かれており、ハーバード大学蔵「日本国図」には「西戎」のすぐ下に雨見島が描かれていることから、リュウキュウ国は、方

＊65　前掲註22に同じ。

＊66　前掲註59に同じ。

＊67　久下実『初公開！世界を驚かせた日本人の地図づくり』（広島県立歴史博物館展示図録第五三集）二〇一八年。

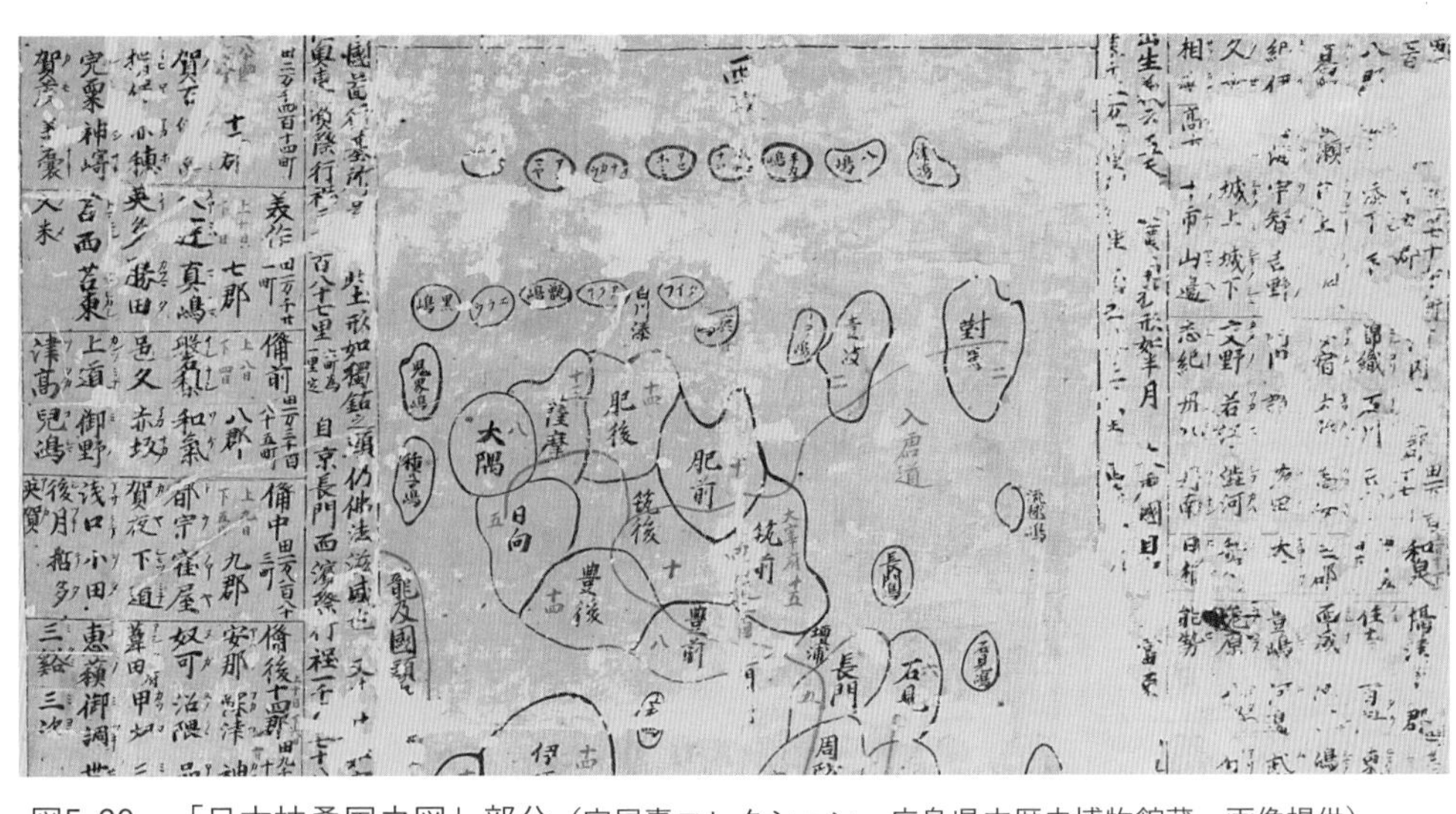

図5-29　「日本扶桑国之図」部分（守屋壽コレクション、広島県立歴史博物館蔵・画像提供）

位的に西方に位置するという認識があったと考えられる。また、獣頭人身像については、中国や新羅から日本にも十二支像が入ってきており、すでにキトラ古墳壁画には獣頭人身の十二支像が描かれていた。また、聖武天皇の皇子の墓とされる那富山墓には、それぞれ子・戌・卯・丑の獣頭人身像が線刻された四基の石造物が知られている。[*68] 十二支像でいえば、酉は西方に当たっており、西方に「頭鳥身人」の異類が住んでいるという見方ができる。十二支は、十二神将と習合し、辟邪的役割を担うものであった。数少ない例ではあるが、追儺で本来は鬼を払う役割を担っていた方相氏が、十世紀には鬼として追われる立場にかわっている。[*69] 辟邪的役割をもった「頭鳥身人」が、追い払われる存在に転化していく可能性も皆無ではない。[*70]

また、『日本書紀』以来、境外に住むものは鬼とされた。『日本書紀』景行天皇四十年七月十六日条に「朕が聞けらく、東夷では、山に邪神が、郊に姦鬼がある」とされ、欽明天皇五年十二月条では、粛慎人を鬼魅としている。さらに、鬼の属性としては「食人」があげられる。『出雲国風土記』大原郡阿用郷の項に目一つの鬼が来て、佃る人の男を食う話が見え、『伊勢物語』芥川の段に女を一口で食う鬼が見え、『日本

＊68　文化庁・東京国立博物館・奈良文化財研究所・朝日新聞社編『特別展キトラ古墳壁画　図録』（朝日新聞社、二〇一四年）。

＊69　神野清一「賤身分と卑賤観」『日本古代奴婢の研究』（名古屋大学出版会、一九九三年）、三宅和朗「古代大祓儀の基礎的考察」『古代国家の神祇と祭祀』（吉川弘文館、一九九五年）。

＊70　永山修一「日本図に見える異域としての「リュウキュウ」国」『地域考古学研究の可能性Ⅱ』（指宿市考古博物館Coccoはしむれ記念論集刊行会、二〇二二年）。

三代実録』仁和三年（八八七）八月十七日戊午条に美婦人を屠殺した鬼物が見える。[*71] 追儺では、疫鬼は境外に追い払われることになっており、鬼は頭鳥身人の姿をとることがあり、[*72] リュウキュウはすでに見ておいたように、隋書や空海・円珍の時代から「人を食う」国とされており、こうした点からも、リュウキュウに「頭鳥身人」の異類が住んでいるとされたと考えられる。

『平家物語』長門本は、きかいは十二の島からなり、日本に従うくち五島と従わないおく七島があって、そこは冥土に続くともいわれ、人が通うことがなく、そこに住む者の体は牛のように黒く、鬢は夜叉のようで、まったく鬼のようだと記している。

すでに見たように、中世日本の空間編成に関して、〈浄―穢〉の体系として理解し、〈中心→周縁→境界→異域〉という空間的配列が示されている。[*73] 異域をさらに「異形の人間」の住む異域Ⅰと「人形の異類」の住む異域Ⅱに分けることも行われている。[*74] これから見ると、キカイガシマは、鬼のような人の住む異域Ⅰとなり、さらにその遠方に位置する「人を食」い、「頭鳥身人」の人ならぬものが住むリュウキュウは、異域Ⅱとして位置づけることができる。

以上、琉球王国成立までの奄美諸島の歴史を文字資料の面から見てきた。奄美諸島に関する史料は少ないながらもそれなりの量が残っており、近年史料集がまとめられているが、[*75] 徳之島そのものに関する史料はほとんどなかった。徳之島は、七世紀末に「度感島」として初めて史料上に姿を現し、次に徳之島の島名が確認できるのは嘉元四年（一三〇六）四月十四日付の千竈時家譲状であった。その間の六百年の動きは、奄美諸島の動きから推測せざるを得ないが、特に十一世紀後半以降は南島の歴史展開にきわめて重要な役割を果たすカムィヤキの窯が営まれており、徳之島がきわめて重要な役割を果たしていたことは明らかである。将来的には出土文字資料の発見も期待される。考古学の発掘調査の進展とともに、さらに立体的な歴史像が姿を現してくることを期待したい。

（永山修一）

＊71　飯倉義之『鬼と異形の民俗学』（ウェッジ、二〇二一年）。

＊72　『今昔物語集』（第一三の第一）の「修行僧義睿、大峰ノ持経仙ニ値フ語」には「様々ノ異類ノ形ナル鬼神共来ル。或ハ馬ノ頭、或ハ鳥ノ首、或ハ鹿ノ形、如此クノ多ノ鬼神出来テ」とある。

＊73　前掲註44に同じ。

＊74　前掲註43に同じ。

＊75　石上英一『奄美諸島編年史料　古琉球期編　上・下』（吉川弘文館、二〇一四年・二〇一八年）。

コラム12 遣唐使と史料

本論（第五章）でも述べておいたように、政府は大宰府に命じて天平七年（七三五）に南島に牌を建てさせ、天平勝宝六年（七五四）に朽損していた牌を修理させた。

天平五年（七三三）四月三日に多治比広成を大使とする遣唐使は、第一船から第四船に分乗して難波津を進発した。大使や留学を終えた吉備真備・玄昉らの乗る遣唐第一船は、翌年十月に唐を進発し、十一月二十日に多祢島（種子島）に来着した（『続日本紀』）。同時に唐を進発した副使中臣名代の乗る第二船は、唐に吹き返され、天平八年八月に中臣名代は唐人三人（皇甫東朝[*1]・道璿・袁晋卿）と波斯人（ペルシア人）一人（李密翳）を引き連れて聖武天皇に拝謁した。「天平八年薩摩国正税帳」（『正倉院文書』）には、高城郡がこの遣唐第二船に対して穎稲七五束六把と酒五斛三斗を供給した記載がある。なお、道璿は、天平勝宝四年（七五二）東大寺大仏開眼供養会の呪願師をつとめている。

判官平群広成の乗った第三船は、難破して崑崙国（チャンパ王国、南ベトナム）に漂着し、一一五人中四人だけが生き残って、天平十一年（七三九）十月に、渤海経由で帰朝した。第四船は消息不明となった。

こうしたことから、天平七年の段階で、南島に牌を樹てることの必要性を政府に認識させることができたのは、天平六年までに帰朝を果たしていた遣唐第一船であったとすることができる。

天平勝宝四年（七五二）に藤原清河を大使、大伴古麻呂・吉備真備を副使とする遣唐使が派遣された。翌天平勝宝五年正月、大使一行は唐長安城の大明宮含元殿で玄宗皇帝に謁見した。この遣唐使が、鑑真とその弟子二四人を伴って帰朝することになった。鑑真一行は、最初大使の乗る第一船に乗ったが、唐の許可が下りなかったことから、大使藤原清河は一行を下船させた。これを副使大伴古麻呂が密かに自らの第二船に乗船させた。この遣唐使の復路に関する情報は、鑑真の伝記である『唐大和上東征伝』（以下『東征伝』）に見える。『東征伝』は、弟子のひとり思託が著した『大唐伝戒師僧名記大和上鑑真伝』や鑑真の行状を伝聞して、宝亀十年（七七九）に『懐風藻』の編者としても知られる淡海三船（真人元開）が著したものである。

『東征伝』によれば、十一月十六日に黄泗浦（中国江蘇省張家港市）を出帆し、二十一日に第一船・第二船が多禰島の南西にある阿児奈波島（沖縄）に到着した。副使吉備真備の乗り組んだ第三船はその前夜に同じ場所に停泊していた。十二月六日に南風が吹いたが、第一船は座礁して出帆できず、第二船が多禰に向けて出帆した。

十三世紀半ばに東大寺の宗性がまとめた『日本高僧伝要文抄』第三の「思託伝」（思託撰の『延暦僧録』の逸文）によれば、この日のこととして次のようなできごとがあった。鑑真の弟子のひとり義静が阿児奈波島の石窟に入って坐禅をすると、魑魅に遭って失神した。思託が採った檳榔を使って義静を救い、義静は乗船することができた。檳榔（蒲葵・ビロウ）は魅を祓うものであった。[*2]

『東征伝』には「七日益救島に至る」とある。六日に阿児奈波を出発して翌日の七日に益救島（屋久島）に到着したということに疑問をもつ節もあり、『東征伝絵巻』（永仁六（一二九八）に鎌倉極楽寺の忍性が作らせ、唐招提寺に寄進）の詞書きでは「十二月六日南の風はけしく吹て、第一の船石にあたりてさらす。第二の船多禰をさしてさりぬ。十二日益救の嶋にいたりぬ。」とあり、「七日」は日付ではなく所要日数との理解を示している。しかし、『続日本紀』天平勝宝六年（七五四）正月癸丑（十七日）条に「大宰府が次のように奏上した。『入唐副使従四位上吉備朝臣真備の船は、去年十二月七日に益久島に来着しました。』と。その後、益久島から進発し、漂って紀伊国牟漏埼（和歌山県田辺市付近）に着いた。」とあるので、阿児奈波から第三船も同時に進発し、出帆の翌日の十二月七日には屋久島に到着していたことが確認できる。なお、沖縄の糸満の漁師は、二日足らずで屋久島に来ていたといい、[*3]船の大きさはかなり違うものの、風の具合によっては遣唐使船が二日で沖縄から屋久島まで航行することは可能であったと思われる。

遣唐使船が阿児奈波島に到着して、益救を発出するまでの日付をユリウス暦に変換すると、七五三年十二月二十日から七五四年一月十六日となる。季節風の風向は、沖縄付近では、北または北東となり、風向があまり変わらず長い時間吹き続けるために海上では波が高くなるという。[*4]この時期、北あるいは北西からの季節風が卓越するなかで、ようやく吹いてきた南からの風に乗って、阿児奈波島から、あるいは益救島から出帆したと考えられる。屋久島では、北風を避けるため島の南側に停泊したと考えられ、屋久島町麦生の鯛ノ川の河口付近に停泊地（図30）を求める説もある。益救島から出帆後にかなり厳しい状況に遭遇したことは、第二船が暴風雨にあって二十日の午時（午前一二時頃）ようやく薩摩国阿多郡秋妻屋浦（南さつま市坊津町秋目）に到着したこと、また第三船が遠く紀伊半島に漂着することになったことから明らかである。

第四船は、黄泗浦を出帆した後船火事を起こし、四月十八日に薩摩国石籬浦（南九州市頴娃町石垣）に帰着した。その船火事は、強い順風のなかで、突如船尾から出火し燃え広が

図 5-30　吉備真備上陸地標柱
（屋久島町麦生鯛ノ川バス停そば）

ったもので、肥前国松浦郡出身の舵取り川部酒麻呂は手が焼け爛れるのにも構わず舵を回して船首を風上に向け火を消し止めることができた。この功労により酒麻呂は一〇階昇叙され、松浦郡員外主帳に任じられ、宝亀六年（七七五）外従五位下に叙された（『続日本紀』同年四月壬申（十日）条）。

座礁した第一船のその後については、本論で述べたように、大宰府が調査団を派遣し、奄美島に向けて出帆したことを確認したが、安南（ヴェトナム）に漂着してしまった。長安に戻った藤原清河は、その後帰国を許されず客死することになるが、清河と唐人の女性との間に唐で生まれた娘藤原喜娘は、宝亀九年（七七八）に遣唐第一船に乗って肥後国天草郡西仲島（鹿児島県出水郡長島町）に来着した（『続日本紀』同年十一月乙卯（十三日）条）。

天平勝宝度の遣唐使は、多くの史料によってその様子を復元できる。近年は、考古学の調査によって地中から文字の書かれた資料が検出されているが、残念ながら奈良時代の出土文字資料は南島では未検出である。調査の進展によって、出土文字資料が検出され、新知見が得られることを期待したい。

（永山修一）

【註】

＊1　二〇一〇年には奈良市の西大寺旧境内の溝から「皇甫東朝」の名を墨書した土器が発掘された。

＊2　吉野裕子『新版　扇』（人文書院、二〇二一年）は、沖縄ではビロウの生の葉はもっとも威力が強く「祓い」に使われたとする。

＊3　『日本丸木舟の研究』（法政大学出版局、一九九一年）の著者、故・川崎晃稔氏のご教示。

＊4　気象庁沖縄気象台ホームページ「沖縄の平年の天候」二〇二三年二月二十六日閲覧。

第六章　まとめと展望——ヒトと環境——

徳之島町内の製鉄跡とみられる場所で確認された鉄滓・羽口・ヤコウガイ

水中考古学調査の一環として徳之島町沿岸で採集された遺物
（沖縄産無釉陶器、薩摩焼〔陶器・磁器〕、カムィヤキ、肥前〔波佐見焼〕）
＊徳之島町・天城町・伊仙町が連携して推進している水中考古学の取り組みは、全国的にも先駆的と評価されている

徳之島町では現在四十四か所の先史・原史時代の遺跡が確認されている。将来町内における遺跡確認調査などで、おそらくこれ以上の遺跡が眠っていることが判明されるであろう。今後、これらの遺跡が発掘調査されることで、徳之島町の先史・原史時代の復元が可能となるであろう。今回、徳之島町では本格的な発掘調査がほとんどなされていないことから、隣町の伊仙町や天城町および奄美・沖縄諸島の先史・原史時代のデータを主に紹介した。これらのデータからつぎのような徳之島町の先史・原史時代が推察できる。

旧石器時代

現時点において、徳之島町では旧石器時代の遺跡は発見されていない。しかし、伊仙町では約二万五千年前から約三万年前の遺跡が知られている。また、奄美大島、沖縄島、伊江島、久米島や琉球列島の北端の種子島および南端の宮古島や石垣島で旧石器時代の遺跡が報告されている。このような状況は旧石器時代に琉球列島には渡海能力のすぐれた人間集団が存在したことを示唆する。さらに、天城町の下原(したばる)洞穴遺跡では一万年前より古い土器が検出されており、旧石器時代の文化層が確認される可能性もありそうである。よって、旧石器時代に徳之島町にもホモ・サピエンスは存在したであろう。琉球列島における旧石器時代人の存在は疑う余地もなくなっているが、彼らの物質・精神文化や「とる」についてはほとんど分かっていない。徳之島町で将来旧石器時代の遺跡が発見され、発掘調査されることによって、旧石器時代人の物質・精神文化や「とる」について一筋の光を当てることになることを期待したい。

貝塚時代

現在徳之島町で確認されている最古の遺跡は諸田(しょだ)のナーデン当(とう)遺跡、神之嶺(かみのみね)の石(いし)アナダ（シキマント）遺跡、花徳の城畠(ぐすぃくばて)遺跡で貝塚時代前5期の遺跡であるという。貝塚時代にしても伊仙町や天城町の情報をもとにすると、町内にももっと古い時代の文化が存在したことが期待できる。伊仙町では貝塚時代前1期の爪形文(つめがたもん)土器が面縄第1貝塚から報告されている。また最近天城町の下原洞穴遺跡からも爪形文土器が検出された。さらにこの遺跡では、爪形文土器の下方から波状(はじょう)条線文(じょうせんもん)土器という新たな土器が確認され、その年代が約七千四百年前であったことが判明した。層位学的にも理化学年代的にも爪形文土器より古い可能性のある土器が発見されたわけである。驚くべきことに、下原洞穴遺跡では波状条線文土器の下の層から、細隆線文土器が検出された。細隆線文土器は本土では縄文時代草創期の最古級の土器である。このようにみていくと徳之島町でも前5期以前におそらく人々が生活を営んでいたであろう。

徳之島町でも人々は貝塚時代の初期のころから前4期ごろまでは遊動生活をし、それから徐々に定住的な生活へと移り変わっていったのであろう。天城町には大型住居が検出され、黒曜石を伴った塔原遺跡が知られているが、前5期には徳之島町にも大型住居で暮らした集落が存在していたかもしれない。石斧が多量に出土したナーデン当遺跡などの発掘調査には大きな期待がもてそうである。貝塚時代後1期になると沖縄諸島を中心に南海産貝交易（貝の道）が活発になる。土器の分析から、奄美諸島の人々が本土と沖縄諸島の貝交易の仲介者としての役割が提唱されているが、徳之島町および徳之島全体ではどのようにこの交易に関わったのであろうか。また、後2期になると「ヤコウガイ交易」が存在した可能性が奄美大島の遺跡から提言されている。徳之島町および伊仙町・天城町の同時代の人々はどのようにこれらの交易に関わったのであろうか。この問いに答えるために、徳之島町の考古学的データが将来貴重になるであろう。

世界的に旧石器時代人は狩猟採集の時代であったので、おそらく旧石器時代の徳之島町の人々も狩猟採集民であったであろう。長年の動物考古学的分析によると貝塚時代の人々の唯一の家畜動物はイヌであり、イノシシやサンゴ礁域より得られる魚類や貝類が主なタンパク源であったことが判明している。さらに奄美大島と徳之島（伊仙町と天城町）ではアマミノクロウサギが食されたことが分かっている。徳之島町でも動物食利用は上記のようなパターンであったのであろう。また、植物食利用ではシイノミなどの堅果類が主な炭水化物源であったことが明らかになりつつある。堅果類を中心にした植物食利用はおそらく徳之島町の貝塚時代人にも当てはまるであろう。

グスク時代

グスク時代のはじまりは奄美・沖縄諸島の歴史の中で最も革新的な時代の幕開けであった。まず、狩猟採集から農耕への移り変わりがあった。奄美諸島では八世紀から十二世紀に農耕がはじまった。伊仙町や天城町では十世紀から十一世紀後半になるとすでに農耕を営む人々が出現した。特に伊仙町の前当り遺跡などでは水田跡も確認されているが、出土した穀類はアワが最も多かった。おそらく、このころには徳之島町でも農耕が生業の中心となっていたであろう。グスク時代になると鉄器も普及する。同時に石器の出土量が減少するが、この石器から鉄器への移り変わりも徳之島町であったであろう。奄美・沖縄諸島ではこの時代に貝塚時代の平等社会から階層社会へと進化していった。『徳之島小史』によると徳之島にも按司屋敷が存在し、按司の居住は「グスク」と伝えられているという。つまり、階層社会の存在を示唆する。徳之島町の大谷山遺跡にも按司屋敷跡があったようである。伊仙町や天城町と同様にこのころ階層社会が徳之島町にも存在していた可能性は高い。グスク時代を特徴づける文化要素として長距離交易があげられる。伊仙町のカムィヤキ古窯跡群で製作されたカムィヤキは琉球列島の北端から南端に所在する遺跡から報告されているのみならず、長崎県大村市竹松遺跡からも出土している。カムィヤキは徳之島町でも報告されているが、このカムィヤキ交易における徳之島町の役割はどのようなものであったであろうか。また、この時代長崎県西彼杵半島産の滑石製石鍋や中国産の陶磁器が琉球列島全域から報告されている。徳之島町でもこれらは検出されているが、徳之島町はどのようなルートでこれらを入手したのであろうか。徳之島町からは水中考古学により碇石も発見されており、当時の徳之島町の人々が、交易にかかわっていたあるいは交易が行われていたことを知っていた。当時の徳之島町の人々は積極的に陶磁器や滑石製石鍋を手に入れたのであろうか。さらに、グスク時代の扉を開いたといわれる喜界町城久遺跡群であるが、徳之島町と城久遺跡群との関連はどのようなものであったであろうか。徳之島町において、農耕・鉄器・交易がどのように階層社会の出現に関与したのであろうか。

さらに、形質人類学的データによると貝塚時代人は「華奢・低身長・短頭」で特徴づけられるのに対し、グスク時代人は「頑丈・高身長・長頭」で特徴づけられるという。また、遺伝学的にも貝塚時代人とグスク時代人は異なっていることが明らかになりつつある。さらに、言語学的データからは琉球方言は奈良時代以前に日本祖語と枝分かれし、十世紀ごろ琉球列島へ拡散したという。これらのデータは「頑丈・高身長・長頭」で今日の琉球語となる言語を話し、さらに農耕を伴っていた人々が十世紀ごろ南九州から南下したことを強く示している。奄美・沖縄諸島における農耕のはじまりのタイミングと新たな人々の流入には整合性がある。徳之島町でもこのようなヒトの移住があって、狩猟採集から農耕への移り変わりがあったのではないであろうか。

ここでは述べることができなかったが、本編で取り扱ったその他のテーマ（石器、骨器・貝器、土器（容器）、住居跡および埋葬等）についても徳之島町からおそらく同様なデータが得られると思われる。

以上、旧石器時代からグスク時代にかけての考古学的データをまとめ、徳之島町の先史・原史時代を推察してみたが、文献資料は考古学的なデータからは想像もできないデータを提供してくれる。最後に文献資料からみた古代・中世についてまとめてみたい。

文献資料と徳之島

台湾を指すのか沖縄のことなのか未解決であるが、「流求」という地名が『隋書』六〇七年に登場する。これが琉球列島を示唆する文献資料における初出という。アマミはその五十年後筑紫に漂着した覩貨邏国の人々による「私たちは海見島に漂着した」という報告ではじめて記録に現れる。外国の漂着民によってアマミの存在が歴史に残ることは興味深いが、ヤマト政権はそのころまであまり南島に関心がなかったことを示すのかもしれない。

徳之島に関する記述は六九九年に徳之島と解釈されている度感島がはじめて資料上に確認できる。「多褹・夜久・菴美・度感等の人が朝宰に従ってきて、方物を貢いだ。それぞれに位や物を与えた。度感島が中国に通じるのは是に始まった。」という記述である。覓国使と呼ばれる政府による未知の国を探求するための調査団に関連する記述であるが、この調査団は徳之島もその対象としたと考えられている。また、中国とは日本版華夷思想を持つ日本が自身を世界の中心と称するために用いた。つまり、日本からみるとこれらの島々の人々は夷狄に分類されていた。七一四年にも覓国使が五十二人、奄美・信覚（石垣島？）・球美（久米島？）・度感島の人々を引き連れて帰還している。その際、彼らは翌年の元旦に朝賀に参列した。やはり、夷狄とされていた。その後、徳之島が言及されるのは一三〇六年であり、千竈時家譲状に女子姫熊に徳之島を譲ることが記されている。このように徳之島の古代・中世の姿を文献資料からうかがうことは非常に難しい。しかし、奄美諸島を含む琉球列島に関する記録は少なからず残っており、それを元に徳之島の古代・中世を考察することができる。

　古代日本は南島に多大な関心を寄せていた。調査団をしばしば派遣し、その調査団に島名、船の停泊場所、水のありかなどを記した牌をそれぞれの島に樹てさせたことなどからうかがい知ることができる。古代日本としては主に以下の四点により南島を重要視したのであろう。まず、檳榔・赤木・ヤコウガイなどの南島産の品々へのアクセス。つぎに遣唐使の航路としての南島路の必要性。三番目に日本版華夷思想の確立。最後に出先機関的な役割（城久遺跡群は大宰府の出先機関等と解釈されている事による）。これらの事実から古代において日本は南島の情報を相当蓄えていた。一方、南島の人々（少なくとも一部は）も中央の情報に接していた。それは南島で調査を実施した人々との接触によってもたらされたであろうし、何よりも朝貢などで中央へ赴いたことからも推察できる。

　境界のテーマも興味深い。日本版華夷思想によって南島人は夷狄とされていた。南島の情報を相当蓄えていた日本はおそらく喜界島の人口が少なかったことにより、この島を大宰府の出先機関的な島と位置づけた。日本の一部と認識されることになったのである。しかし、その後は喜界島を含め南島は日本の外になる。日本の内側と考えられた際の喜界島の「キ」は「喜」や「貴」のようにポジティブな表記が用いられ、外側に位置した際には「鬼」のようにネガティブな表現が用いられた。境界の存在は日本図にも明瞭に描かれている。たとえば、金沢文庫蔵の日本図には日本国内は龍に囲まれ、その外に奄美や沖縄は位置している。さらに、そこには身人頭島（頭島身人）あるいは『漂到琉球国記』にあるように、野蛮な食人を行う人々が住んでいたと想像されていた。ただし、金沢文庫蔵日本図には雨見島を「私領郡」と記していることから、一部には、日本の内側とする見方も存在した可能性がある。この点からも、この地域が境界性を帯びていたことが分かる。

文献資料には徳之島に関する記述は少ないが、古代においては、この島の人々が朝貢を行ったこと、調査団がこの島で調査を実施したことが記されている。この島の一部の人々は日本に関する知識を有していた。その情報は彼らにどのように影響したのであろうか。さらに日本の情報はその他の島民にどの程度伝わったのであろうか。中世においては、徳之島の人々は千竈氏らと交易を行っていたのかもしれない。また、文献資料からは、徳之島の人々も古代には夷狄、中世には日本の外の異域の人々と考えられていたであろう。

喜界島城久遺跡群および奄美市小湊（こみなと）フワガネク遺跡の発掘調査により、近年考古学的データと文献資料の接点が増加している。徳之島町にもこのような遺跡が発見され、発掘調査されるかもしれない。

（高宮広土）

Ⅱ 近世

一四〇〇年頃～一八八〇年頃までを中心に

序章　近世の徳之島

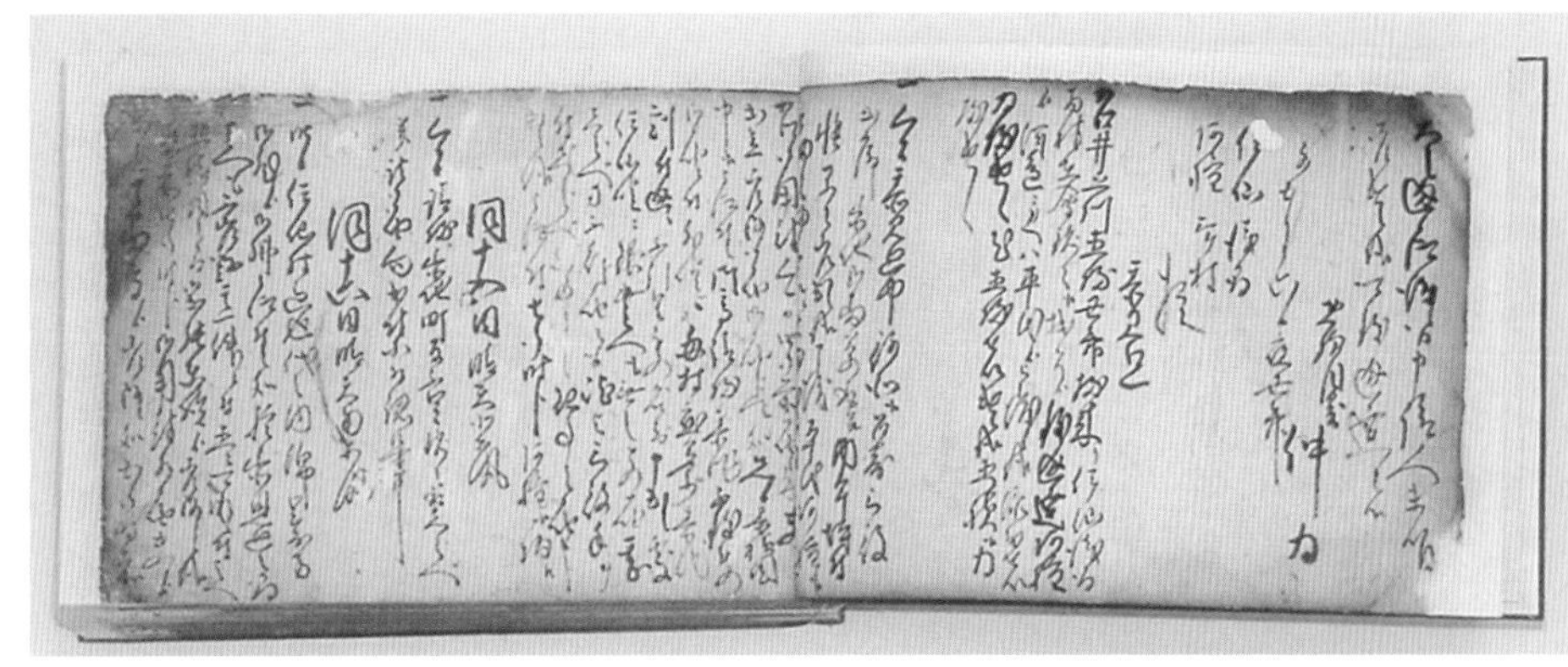

上：島役人を務めた仲為の日記（部分）
下：『徳之島事情』に描かれた「男女手踊の図」

第一節　奄美諸島史のなかの徳之島

近世の奄美諸島史の特徴は、薩摩藩による直轄支配のもとにあったこと、藩による黒糖専売制が実施されたこと[*1]、その一方、琉球国の一部でもあり続け、中国とのあいだの冊封体制の外縁に位置づけられたことにあると考えられている。表1「徳之島に関わるおもなできごと」（以下、略年表）をもとに、近世の各時期における藩の施策、詰役人の配置、島役人の体制、琉球との関係などを関連づけ、十五・十六世紀に遡って奄美諸島史における徳之島の主なできごとを概観してみたい。便宜的に百年ごとに区分する。

1　十五世紀・十六世紀の状況

二つの軍事侵攻

一四二九年（または一四二二年）、中山・山南（南山）・山北（北山）の三つの勢力に分かれていた沖縄島を尚巴志が統一した。こうして誕生した琉球国は、やがて周辺の島々へと版図（領域）を広げていくことになる。琉球の軍事侵攻を受け、奄美大島は一四四〇年代に、喜界島は一四六六年頃にその統治下に入ったとみられる。徳之島が版図に組み込まれたのは、それより早い時期のことであろう。奄美諸島には間切という行政区画が適用され、首里大屋子などの役人が置かれた。また、島々から貢納物が沖縄島へ送られ、十六世紀半ばの首里城の城壁の増築には人夫（労働者）が動員された。しかし、今度は薩摩の島津氏が奄美諸島へと侵攻する。慶長十四（一六〇九）年の琉球侵攻である。この時、徳之島でも激しい戦いが展開された。この侵攻に琉球が敗れ、奄美諸島は薩摩藩が統治することになる。

＊1　幕府や藩が流通を独占し利益を獲得しようとした制度。江戸中期以降、財政窮乏対策として特産品の育成と流通統制が盛んに行われた。諸藩の専売品としては、紙・漆・木綿・砂糖などが知られる（『角川新版日本史辞典』角川書店、二〇〇四年、六〇八頁）。

2　十七世紀の状況

蔵入地化と新田開発

慶長十六（一六一一）年、島津氏の琉球侵攻の直後、琉球国の一部であった奄美諸島が薩摩藩の直轄地とされたのを契機として、十七世紀前半には藩の施策が相次いで適用される。慶長十八（一六一三）年、奄美諸島全域を管轄する詰役人として大島奉行が設置されるとともに、島々の間切・シマ役人に対する知行目録が発給され、藩への忠誠が求められた。詰役人とその管轄は早々に再編される。元和二（一六一六）年、大島と喜界島は大島奉行（のち大島代官）、徳之島・沖永良部島・与論島は徳之島奉行（のち徳之島代官）の所管となった。奄美諸島が二つに区分されたうえ、徳之島奉行が新設されたのである。

元和九（一六二三）年、藩家老の連署によって支配の基本方針である『大島置目条々』（全三十四条）が布達された。大親役の廃止など琉球統治下の制度を根本から見直す内容であった。翌年の寛永元（一六二四）年には、元和十年竿の結果として、奄美諸島は蔵入地化する。ここにいたって、年貢は藩に直接納められることとなった。近世の奄美諸島史、島々と薩摩藩および琉球との関係でも画期といえよう。藩の機構において奄美諸島を所管したのは財政担当の部署の御物座である（のち勝手方掛と改称）。なお、寛永十一（一六三四）年頃には、徳之島の人びとに宗門手札が渡されている。

十七世紀後半の徳之島では、詰役人の配置と所管、島役人の体制に変化を見いだせる。その背景には生産活動の進展があった。万治二（一六五九）年の万治内検[*2]によって、徳之島の石高は一万三六九九石余となった。寛文十（一六七〇）年頃には諸田村で溜池が造成された。台地を水田にするための灌漑施設の整備であり、新田開発が進められていたことがわかる。同年には、大島と喜界島よりも遅いものの、詰役人として附役二名が配置された。一方、島役人では、寛文十一（一六七一）年、間切を所管する用人（のち与人）を補佐する惣横目が新設された。大親役の廃止から五十年近く、万治内検からも十年余が経ち、島役人の体制も整いつつあったのである。附役の配置と同時期であることに

＊2　薩摩藩は慶長・寛永・万治・享保の四回にわたり領内の検地を行った。幕府による検地に対して、このような薩摩藩が実施した検地を内検という（『鹿児島県史第二巻』鹿児島県、一九四〇年）。

気づく。

また、元禄四（一六九一）年に沖永良部島代官、元禄六（一六九三）年に喜界島代官が新設される。前者は徳之島代官の所管から分離した沖永良部島と与論島、後者は大島代官から分離した喜界島を担当した。代官の所管する島の再々編であるが、以降は固定される。

3　十八世紀の状況

換糖上納制と人口減少

徳之島では十八世紀前半までには黒砂糖生産が開始される。正徳三（一七一三）年、薩摩藩は大島・喜界島・徳之島（以下、三島）に対して第一次砂糖定式買入制を実施する。制度適用はサトウキビ栽培が十七世紀末頃から徳之島でも始まっていたことを示そう。享保二十（一七三五）年、これも大島より遅いものの、サトウキビ栽培を管理する島役人である黍横目が噯ごとに設置される。三つの間切はそれぞれ二つの噯に区分され、四十四か村が属した（間切と噯の関係は表2参照）。この段階で島役人でも噯三役といわれる与人・惣横目・黍横目が出揃ったのである。しかし、この頃までは新田開発も行われていたことに留意したい。前後する享保十一（一七二六）年の享保内検によると、徳之島の石高は一万五三一八石余、同年の人口は一万七四二三人であった。宝暦三（一七五三）年の宗門手札改めまでに人口は二万二三九二人と増加している。徳之島における宗門手札改めは寛永十一（一六三四）年を最初とし、以後、『徳之島前録帳』によると十三回の実施が確認される。薩摩藩全体ではおおむね七、八年に一回のペースで行われ、明治維新までに三十回ほど実施されたという。[*3]

なお、享保四（一七一九）年、琉球国王を冊封するため、中国皇帝の使者である冊封使が琉球に来航した。この時から、冊封の際に奄美諸島から豚・鶏・玉子などの貢納が始まった。十七世紀末の元禄十（一六九七）年からは、奄美諸島に漂着した中国人・朝鮮人は琉球経由で送還されることとなっ

＊3　原口泉ほか『鹿児島県の歴史』（山川出版社、一九九九年）。

た。冊封体制のもとでの奄美諸島の位置づけ、琉球との関係に変化があったといえよう。寛保三（一七四三）年には奄美諸島に唐通事が設置されている。

宝暦十（一七六〇）年、徳之島でも換糖上納制が開始される。年貢の米をすべて砂糖に換えて上納するものである。十八世紀後半にいたり、大島や喜界島と並び、砂糖の生産地として重視されたことを意味しよう。ここにおいて、徳之島の農業生産は米からサトウキビへと大きく転換し、水田は減少する。安永六（一七七七）年に第一次砂糖惣買入制、天明七（一七八七）年に第二次砂糖定式買入制と変更されながら、三島で実施されている。

サトウキビ生産へと転換した時期は、天然痘や麻疹などの流行とも相まって、地域社会に大きな影響が生じている。数百人単位での死者が出るとともに、安永二（一七七三）年までに徳之島から大島への逃亡が相次ぎ、西目間切からは相当数の身売りがあった。天明五（一七八五）年の宗門手札改めでは人口が一万二七三四人にまで減少している。

4　十九世紀の状況

第二次砂糖惣買入制と東アジアの歴史の変動

文政十三（一八三〇）年、薩摩藩は三島に第二次砂糖惣買入制を実施する。定式買入制では許されていた砂糖の脇売りは禁止された。耕作すべき黍地面積が定められ、そこから産出された砂糖は藩からの品物とのみ交換が許された。島民が入手できる品物の値段は、大坂相場の約四倍から九十二倍という著しい不等価であった。さらに貢租分や諸経費を差し引いた手取り分（正余計糖）は、砂糖現物ではなく、「羽書」と呼ばれる補助貨幣で流通させた。第二次砂糖惣買入制は、耕作の強制・惣買入・砂糖と品物の不等価交換というそれまでの砂糖政策とは一線を画す内容であり、調所広郷の財政改革の根幹をなすものであった。存続期間は明治五（一八七二）年までの四十年以上にわたり、余計糖の取り引きは停止された。藩の担当部署として三島方掛が設置されている。[*4]

十九世紀には、災害が頻発したこともあって、税や砂糖の取り立てへの徳之島の人びとの抵抗が表面化することもあった。しかし、その背景や性質は異なる。文化十三(一八一六)年の母間騒動の詳細は不明であるが、出米(賦課税の一種)に抗議し代表者が藩当局に訴え出る(越訴)までに発展している。これに対し、元治元(一八六四)年の犬田布騒動は、第二次砂糖惣買入制のもとでの島内における厳しい砂糖取り立てで、砂糖密売を疑われ捕らえられた者を救出するため、百姓などが蜂起する事態となった。両者とも島外まで抵抗の情報が拡散し、支配層に大きな衝撃を与えた。

こうしたなか、麻疹や天然痘の流行時には多数の死者が出ているものの、徳之島の人口は十八世紀末から増加を続け、嘉永五(一八五二)年の宗門手札改めでは二万三四四七人に達している。宝暦三年の水準に回復したうえ、上回ったのである。安政四(一八五七)年の砂糖産出量は三四〇万斤余に及んでいる。しかし、十八世紀から確認できる流行病のほか、たび重なる自然災害にも見舞われていた。

文化十一(一八一四)年、未曾有の大風・高波によって多数の家屋が流失・倒壊している。本章の略年表を見るだけでも、文化七(一八一〇)年、天保三(一八三二)年、嘉永五(一八五二)年に被害があったことを確認できる。そのなかには藩の統治拠点である亀津村も含まれていた。亀津村は弘化三(一八四六)年に大規模な火災にも遭遇している。十九世紀中頃、詰役人の指示によって、徳之島各地で河川改修、溜池の造営、道路開設などインフラ整備が実施されている。災害からの復興の意味もあったのだろう。

同時期、琉球は異国船の来航と東アジア国際秩序の再編という歴史の変動に直面していた。弘化元(一八四四)年のフランス艦船の来航を契機として、薩摩藩は海防体制強化のため「異国方」を琉球に派遣する。嘉永四(一八五一)年には大島に「守衛方」を派遣した。関連して徳之島でも絵図の作製が命じられるなど、奄美諸島は同じ歴史の波動のなかにあったのである。

*4 原口虎雄『幕末の薩摩 中公新書101』(中央公論社、一九六六年)。

表序 -1 徳之島に関わるおもなできごと（略年表）

年	できごと
慶長５（1600）	西目間切のノロを任命する辞令書が首里王府から発給される
慶長14（1609）	島津氏の琉球侵攻、大島・徳之島・沖縄島で戦闘、徳川家康、島津家久に琉球を与え、仕置を命じる
慶長16（1611）	大島・加計呂麻島・与路島・請島・喜界島・徳之島・沖永良部島・与論島が鹿児島藩の直轄領とされる
慶長18（1613）	大島奉行が置かれ、奄美諸島全域を管轄する 「道之島」の与人らに知行目録が発給される
元和２（1616）	徳之島奉行（のち徳之島代官）が置かれ、徳之島・沖永良部島・与論島を管轄する
元和７（1621）	大島・喜界島に検地を実施する（元和検地）
元和９（1623）	『大島置目条々』が布達される 首里王府が『おもろさうし』第3巻以下の編纂を行う
寛永元（1624）	奄美諸島を蔵入地とする、藩では御物座（のち勝手方掛）が奄美諸島を所管する
寛永８（1631）	那覇に琉球在番奉行を派遣する、寛永５（1628）年には在番仮屋が設置される
寛永11（1634）	代官入佐郷左衛門のときに初めて「手札」が島民に渡される
万治２（1659）	万治内検、石高13,699石余
寛文８（1668）	石高10,009石7斗（『琉球国郷帳』）
寛文10（1670）	諸田池の造成および観音堂を建立する 附役が配置される
寛文11（1671）	用人（のち与人）を補佐する惣横目が新設される
元禄４（1691）	沖永良部代官が新設され、徳之島代官の所管から沖永良部島と与論島が分離する 道之島与人の上国始まる
元禄６（1693）	喜界島代官が置かれる
元禄10（1697）	奄美諸島に漂着した中国人・朝鮮人は琉球経由での送還となる
元禄15（1702）	「文書改」のため来島していた伊地知重張が客死、諸田村に葬られる
宝永３（1706）	藩当局が奄美諸島に系図・古記録の提出を命じる 道之島与人の上国が御祝儀の際のみに変更される
宝永５（1708）	天然痘流行
正徳３（1713）	大島・喜界島・徳之島で第一次砂糖定式買入制始まる
享保４（1719）	琉球への冊封使来航に合わせ、奄美諸島からの貢納始まる
享保11（1726）	享保内検、石高15,318石余、人口17,423人
享保13（1728）	『大島御規模帳』が布達される
享保20（1735）	徳之島に黍横目が置かれる
元文５（1740）	天然痘流行
寛保３（1743）	奄美諸島に唐通事が設置される
延享２（1745）	宗門手札改めにより人口20,568人
延享４（1747）	大島で換糖上納制始まる
宝暦３（1753）	宗門手札改めにより人口22,392人
宝暦４（1754）	麻疹流行
宝暦５（1755）	飢饉により3,000人余りが餓死する

年	できごと
宝暦10（1760）	徳之島で換糖上納制始まる
宝暦11（1761）	宗門手札改めにより人口19,645人
明和４（1767）	天然痘流行
安永元（1772）	宗門手札改めにより人口19,217人
安永２（1773）	前年より大熱病流行、死者数1,700人余、同年、藩当局が徳之島から大島へ逃亡した者を西目間切の荒地開墾に充てるよう指示し、300人余を連れ戻す、また、西目間切から三間切に身売りした者も荒地開墾のため返すよう指示があり実施される
安永５（1776）	麻疹流行
安永６（1777）	大島・喜界島・徳之島で第一次砂糖惣買入制始まる（第一次専売制）
天明元（1781）	台風被害などにより凶年となる
天明４（1784）	異常気象により凶年となる
天明５（1785）	宗門手札改めにより人口12,734人
天明７（1787）	大島・喜界島・徳之島で第二次砂糖定式買入制始まる
寛政２（1790）	天然痘流行、患者数6,848人、死者数431人
寛政11（1799）	宗門手札改めにより人口16,427人
享和元（1801）	大島・喜界島・徳之島に白糖製造が命じられる
文化７（1810）	麻疹流行、同年、大風高波により亀津村の海辺の家40軒流失する
文化11（1814）	大風波のため流失家屋・倒壊家屋などの被害多数、大凶年となる
文化12（1815）	宗門手札改めにより人口16,522人 天然痘流行、患者数9,672人、死者数1,891人
文化13（1816）	出米（賦課税）をめぐり母間村の630余人が代官所、代表者が藩当局に訴え出る（母間騒動）
文政７（1824）	宗門手札改めにより人口18,155人、うち流罪人184人
文政９（1826）	宗門手札改めにより人口18,338人
文政13（1830）	大島・喜界島・徳之島で第二次砂糖惣買入制始まる（第二次専売制）、藩に担当部署として三島方掛が設置される
天保２（1831）	宗門手札改めにより人口18,963人
天保３（1832）	台風・高波の被害により数百軒が倒壊し、翌年まで飢饉となる
天保９（1838）	宗門手札改めにより人口19,664人、うち遠島人199人
天保10（1839）	大島・喜界島・徳之島で羽書制度始まる
弘化元（1844）	琉球に第一次守備兵（異国方）が派遣される
弘化２（1845）	宗門手札改めにより人口20,910人
弘化３（1846）	亀津村の居木屋から失火して代官所など施設含む170軒が焼失する
嘉永２（1849）	徳之島各地で嘉永５（1852）年にかけて河川改修、架橋、溜池の浚渫や造営、道路開設などインフラ整備が集中的に実施される

年	できごと
嘉永４（1851）	大島大和浜に守衛方が派遣される、同年、「島中絵図」作製の指示があり、翌年修正のうえ藩当局に提出する
嘉永５（1852）	宗門手札改めにより人口23,447人、うち流罪人195人（女性１人含む） 大洪水のため三間切で被害、また、台風により多数の家が倒壊し、再度の洪水被害もあり、飢饉となる
嘉永６（1853）	沖永良部島で砂糖惣買入制始まる
安政４（1857）	全島で砂糖生産好調、出来高は340万526斤、前年は稲作も豊作
安政６（1859）	与論島で砂糖惣買入制始まる
文久２（1862）	麻疹流行、患者数22,622人、死者数1,677人 西郷隆盛配流される
元治元（1864）	砂糖隠匿疑惑の取り調べをめぐり犬田布村150人余が蜂起する（犬田布騒動）
明治３（1870）	天然痘流行、死者数約2,000人

【参考文献】

『徳之島町誌』、松下志朗『近世奄美の支配と社会』、小林茂『農耕・景観・災害』、『鹿児島県の地名』、松下志朗・下野敏見編『鹿児島の湊と薩南諸島』、知名町教育委員会編『江戸期の奄美諸島』

【註】

＊人口の増減率は第4章表4-2、災害と疾病は第6章表6-1を参照。

表序-2　徳之島の行政区画の変遷（近世～現在）

近世~明治14年			明治15年（「布達」）	明治20年（「公報」・『事情』）		明治41年(島嶼町村制施行)		～ 現 在		
西目間切	兼久噯（九か村）	三京村	阿木名村	阿布木名村外九村（阿布木名方）	西阿木名村	天城村		天城町 昭和36年1月	三京	
		阿木名村							西阿木名	
		当部村			当部村				当部	
		瀬滝村	瀬滝村		瀬滝村				瀬滝	
		平山村								
		大津川村			大津川村				大津川	
		兼久村	兼久村		兼久村				兼久	
		九年母村								
		阿布木名村			阿布木名村				平土野	
									天城	
	岡前噯（六か村）	浅間村			浅間村				浅間	
		岡前村			岡前村				岡前	
									前野	
		松原村			松原村				松原	上区
										西区
		与名間村			与名間村				与名間	
		手々村		山村外五村（山方）	手々村		東天城村 大正5年5月	徳之島町 昭和33年4月	手々	
		金見村			金見村				金見	
東間切	井之川噯（七か村）	山村			山村				山	山里
										内千川
										港川
									畦	
		轟木村			轟木村				轟木	
		母間村			母間村				母間	花時名
										大当
										反川
										池間
					花徳村				花徳	上花徳
										前川
										新村
		久志村		亀津村外八村（亀津方）	下久志村	亀津村	亀津町 昭和17年1月		下久志	
		井之川村			井之川村				旭ヶ丘	
									井之川	
		神之嶺村			神之嶺村				神之嶺	
		諸田村			諸田村				諸田	
	亀津噯（六か村）	花徳村								
		和瀬村			徳和瀬村				徳和瀬	
		秋徳村			亀徳村				亀徳	
		亀津村			亀津村				亀津	東区
										北区
										中区
										南区
									大原	大原 1
										大原 2
									南原	
		尾母村			尾母村				尾母	
		崎原村								
					白井村				白井	
				面縄村外十六村（面縄方、のち伊仙方）	崎原村	島尻村	伊仙村 大正10年6月	伊仙町 昭和37年1月	崎原	
面縄間切	伊仙噯（九か村）	小島村			小島村				小島	
		糸木名村			糸木名村				糸木名	
		犬田布村			犬田布村				犬田布	
		木之香村			木之香村				木之香	
		八重竿村			八重竿村				八重竿	
		馬根村			馬根村				馬根	
		阿権村			阿権村				阿権	
		浅間村			阿三村				阿三	
		伊仙村			伊仙村				伊仙	
	喜念噯（八か村）	検福村			検福村				検福	
		古里村			古里村				古里	
		面縄村			面縄村				面縄	
		中山村			中山村				中山	
		目手久村			目手久村				目手久	
		白井村								
		佐弁村			佐弁村				佐弁	
		喜念村			喜念村				喜念	

＊「布達」は「鹿児島県布達」、「公報」は「鹿児島県公報」、『事情』は吉満義志信『徳之島事情』。

第二節　近世の奄美諸島史をめぐる研究動向

1　『徳之島町誌』の刊行

到達点と問題点

徳之島町誌編纂委員会によって『徳之島町誌』が編まれたのは昭和四十五（一九七〇）年である。[*5] 第二編第四章と第五章が近世にあたる。第四章「近世」の七項目は、「総論」「奉行」「代官所の機構」「地方役所」「統治の基本方針」「税制」「砂糖総買い上げ制度」である。薩摩藩による奄美諸島の直轄支配（統治）と黒砂糖専売制、そのなかの徳之島の状況を概観した内容といえる。藩当局の布達や徳之島関係史料が引用されるとともに、「福岡富隆氏記録及び亀沢道喜氏談」など五十年余り経った現在では得がたい聞き取り調査の記録が反映されていることを指摘しておく。[*6]

図序-1　昭和45（1970）年に刊行した『徳之島町誌』

第五章「徳之島前録帳よりみた近世の徳之島」では、同時期に刊行された『道之島代官記集成』[*7]にも収録された『徳之島面縄院家蔵前録帳』を駆使し、徳之島近世三百年の歩み（できごと）を検討した点に特徴がある。『前録帳』とは、奄美諸島の代官記の一つであり、代官など詰役人の在任期間ごとに徳之島での主なできごとを記事として立項した編年記である。期間は元和二（一六一六）年から安政四（一八五七）年にわたる。記事は統治する

＊5　徳之島町誌編纂委員会編『徳之島町誌』（徳之島町役場、一九七〇年）。刊行までの経緯については、長澤和俊氏による「あとがき」参照。

＊6　第四章の執筆者は小林正秀氏である。末尾の参考書には、典拠史料として、二種の「前録帳」とともに「院道統日記」「仲為日記」「安田佐和応日記」「永喜系図」、さらには自家所蔵雑録があげられている。

＊7　野見山温（福岡大学）編『福岡大学研究所資料叢書　第1冊　道之島代官記集成』（福岡大学研究所、一九六九年）。本史料の底本は鹿児島県立図書館所蔵本であり、徳之島町諸田の福田宮栄氏所蔵本によって校合が加えられている。

以下、『徳之島面縄院家蔵前録帳』については、『徳之島前録帳』または『前録帳』と略記する。異本は別に表記する。

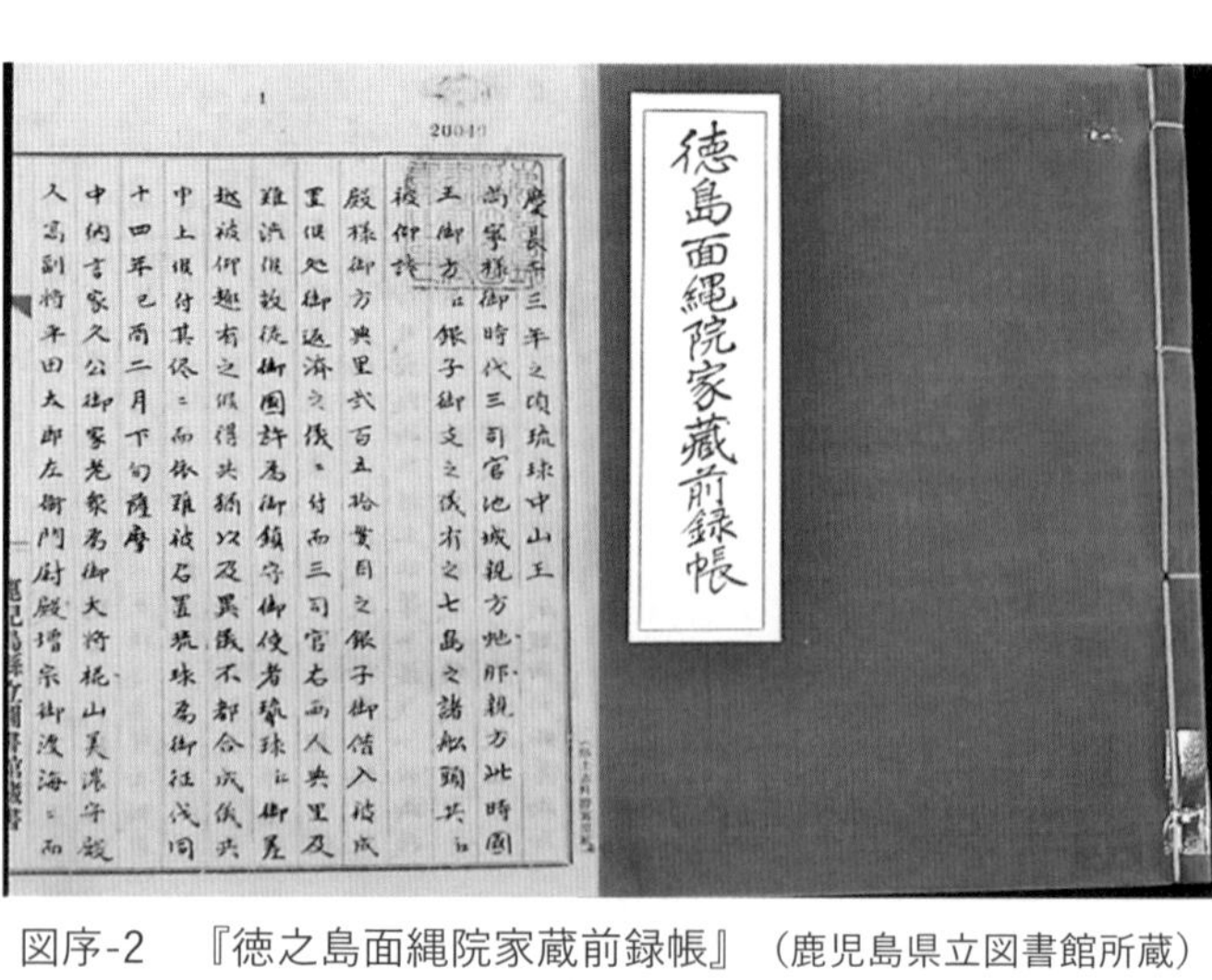

図序-2　『徳之島面縄院家蔵前録帳』（鹿児島県立図書館所蔵）

側の視点からまとめられているが、島役人のみならず、時には人びとの状況や動向も垣間見える。また、添付文書として藩当局からの通知などが引用されている。

同章の七項目は、「初期の道之島支配」「道之島支配の原則」「農地開発とキビ栽培」「支配体制の強化」「島民を苦しめた災害」「徳之島をめぐる国際情勢」である（「はじめに」除く）。それぞれ、『前録帳』から関連する記事を丁寧に引用したうえで説明がなされている。三項目に「支配」の語句が見える一方、「災害」と「国際情勢」も取り上げられている。後者に掲載された「前録帳に現れた徳之島災害年表」と「前録帳に現れた外国船漂着・来航一覧表」は現在でも有用である。

しかし、現在からすると問題点もいくつかあるように思える。一つは、徳之島町の各地域ごとの具体的なできごとが見えにくいこと、一つは、ヒト・モノ・情報の移動に関わるが、奄美諸島・鹿児島・琉球とのあいだを往来した大和船（やまとぶね）や徳之島船の様相が把握できないこと、一つは、琉球との関係への言及が少ないことである。三点目は、刊行当時、奄美諸島史と琉球史の研究では相互を意識する視点が希薄といわざるをえない環境であったことに起因する問題であることを指摘しておく。

市町村史と史料集

なお、奄美諸島の市町村史は、『徳之島町誌』に先行して『名瀬市誌』の刊行が開始され、一九七〇年代後半には、徳之島のほかの自治体からも『天城町誌』と『伊仙町誌』が刊行されている。[＊8] さらに、一九六〇年代前半から一九八〇年代前半にかけて、

＊8　『天城町誌』第四編第十五章「藩政時代の事件」では、『仲為日記』を用いて三十一項目が設けられており、各見出しには斬新さがある（小林正秀氏執筆）。

市町村史と並行して、近世史料を含む史料集が奄美諸島の関係機関から刊行されたことをあげておきたい。名瀬市誌編纂委員会による『名瀬市史資料』全三輯、鹿児島県立図書館奄美分館による『奄美史料』全十二冊である。[*9]

そのあとの一九九〇年代に刊行された『改訂名瀬市誌編纂委員会資料集』と『名瀬市立奄美博物館資料集』では、奄美大島各地に伝来する家文書の一部が活字化された。[*10]この間、歴史研究の基盤ともいえる同時代史料の収集と刊行が着実に進められていたのである。この間、徳之島においては、一九六七年に刊行が始まった『徳之島郷土研究会報』において八件の近世史料が活字化され、『前録帳』『道統上国日記』の注解も試みられている。

＊9　『名瀬市史資料』第三輯（名瀬市史編纂委員会、一九六四年）には、吉満義志信『徳之島事情』が収録されている。

＊10　前者は三冊、前者を継続した後者は一冊が刊行された。前者では基家文書と慶家文書、後者では津島家文書がいずれも翻刻・読み下し・現代語訳されている。

2　奄美諸島・薩摩藩・琉球の相互関係

新たなアプローチ

一九八〇年代、近世の奄美諸島史の研究にインパクトと変化があった。金城正篤は、十七世紀初頭の島津氏の侵攻のあとも、奄美諸島は琉球を通して冊封体制の外縁に措定されたこと、十八世紀前半以降、冊封使渡来の際には島役人が沖縄島に渡航して貢納したことを指摘した。[*11]奄美諸島を琉中関係史と関連づけて検討する必要性、薩摩藩による統治や同藩との関係のみに収斂されない歴史像が示されたといえよう。

松下志朗は、藩当局および領内や島々に伝来する文献史料を博捜した研究成果を『近世奄美の支配と社会』にまとめた。[*12]特に、第八章「道之島における海運」は、十九世紀に鹿児島と奄美諸島・琉球のあいだを往来し、黒砂糖を搬送した大和船の様相を具体的に明らかにしている。また、書名には「支配」の語句があるが、第五章のタイトルは「糖業社会への編成強化と島民の抵抗」である。

弓削政己は、薩摩藩による奄美諸島の黒砂糖専売制を検討するうえで、蓄積として屋久杉専売制があったことを認識する視点の必要性を述べた。[*13]これが、弓削による琉球・奄美諸島・トカラ列島・

＊11　金城正篤「冊封体制と奄美」（『琉大史学』第十二号、一九八一年）。

＊12　松下志朗『近世奄美の支配と社会』（第一書房、一九八三年）。五十件に及ぶ工夫がこらされた表が掲載され、巻末の参考書目の分類は詳細かつ懇切である。

＊13　弓削政己「奄美から視た薩摩支配下の島嶼群」（『新沖縄文学』八十一号、一九八九年）。

屋久島とのあいだでの米の流通や分業など藩当局による琉球を含む島嶼部の産物の差配、奄美諸島と琉球の島嶼間交易に関する一九九〇年代以降の一連の研究に連続することになる。[*14]

二〇〇〇年代に入ると、豊見山和行（とみやまかずゆき）は、弓削による島嶼間交易の議論を踏まえ、沖縄島と奄美諸島を往還する渡名喜（となき）船や奄美諸島船に着目し、それに便乗して移動や越境する渡名喜島の壺売り・乞食・遊女（ゆうじょ）などの存在に言及した。[*15] 近世の奄美諸島史をめぐる研究の視座は、薩摩藩の統治や冊封体制への位置づけといった政治的枠組みだけではなく、その担い手が島役人のみではない交流史が提示され、現在に至っている。

琉球史研究との歩調

琉球史研究では、薩摩藩だけでなく、奄美諸島との関係を視野に入れることが定着しつつある。徳之島を含め、軸足を置く島や地域によって歴史の見え方は異なると思われるが、今後は、奄美諸島史と琉球史の研究の双方において、奄美諸島・鹿児島・琉球を射程にとらえ、相互関係や全体像を提示することがより求められよう。なお、一九八〇年代には、琉球大学史学会が第十四回大会を奄美大島で開催したこと、[*16] 沖縄国際大学南島文化研究所が徳之島の総合調査を三年にわたって実施したことに触れておく。後者の成果である調査報告書四冊のなかでは、徳之島の窪田家文書の一部が紹介されている。[*17]

図序-3　『奄美史料集成』

3　研究環境の刷新

基本史料の刊行と近年のトピック

二〇〇〇年代以降、奄美諸島史関係史料が相次いで復刊・刊行されている。『道之島代官記集成』を含む基本史料が『奄美史料集成』として復刊された。[*18]『南西諸島史料

＊14　弓削政己「近世奄美船の砂糖樽交易と漂着」（『琉球王国評定所文書』第十巻、浦添市教育委員会、一九九四年）、同「奄美島嶼の貢租システムと米の島嶼間流通について」（『沖縄県史』各論編四 近世、沖縄県教育委員会、二〇〇五年）など。

＊15　豊見山和行「島嶼性と海上交通からみた近世の琉球社会」（『別冊 環6 琉球文化圏とは何か』藤原書店、二〇〇三年）。

＊16　前掲註11の金城正篤論文は同大会での研究報告をもとにしている。琉球大学史学会は、一九七四年に奄美郷土研究会との合同大会、一九八七年に第二十一回大会、二〇一二年に第四十五回大会をそれぞれ奄美大島で開催している。

＊17　仲地哲夫「宝暦期の徳之島における逃散関係史料―窪田家文書の紹介を中心に―」（『徳之島調査報告書（1）―地域研究シリーズNo.6―』（沖縄国際大学南島文化研究所、一九八四年）。

＊18　松下志朗編『奄美史料集成』（南方新社、二〇〇六年）。

集』全五巻では、薩摩藩による布達および奄美諸島の島役人の上国日記とともに、多様な一次史料を含む各地域に伝来する家文書(いえもんじょ)が集約的に活字化されたのは特筆されるべきである。[＊19] さらには、十九世紀後半に徳之島の間切(まぎり)レベルの島役人を務めた琉仲為(りゅうなかため)の公務日記である『仲為日記』(徳之島町郷土資料館小林正秀文庫蔵)の全文が翻刻・現代語訳のうえ刊行された。[＊20]

また、奄美郷土研究会は、鹿児島県歴史資料センター黎明館(当時)からの委託を受け、二〇〇二年から三年間にわたって「奄美群島歴史資料確認調査」を実施した。件数一万点に及ぶ目録が作成されている。[＊21] 各地に伝来する史料が網羅的に把握されたことは、今後の研究や史料調査にとって確かな基礎となろう。

さらには、近年、市町村史が新たに相次いで刊行されている。『喜界町誌』、『大和村誌』、『瀬戸内町誌(歴史編)』、『宇検村誌』である。近世に関わる記述についても研究環境の進展を踏まえた工夫がそれぞれこらされている。また、二〇〇九年は島津氏の琉球侵攻から四百年に当たる年であった。琉球新報社と南海日日新聞社の合同企画として「薩摩侵攻400年　未来への羅針盤」が計画され、当時の最新の研究成果が反映された全三十一回の連載が双方の紙面に掲載された。[＊22] 徳之島町と知名町ではシンポジウムが開催され、その成果が充実した内容で刊行されている。[＊23]

琉球側史料に見える奄美諸島

琉球史研究に関しても、一九八〇年代後半から現在にいたるまで、基本史料が断続的に刊行された。㋐『琉球王国評定所文書(りゅうきゅうおうこくひょうじょうしょもんじょ)』[＊24]、㋑『歴代宝案(れきだいほうあん)』校訂本・訳注本、[＊25] ㋒『親見世日記(おやみせにっき)』である。[＊26] そこには奄美諸島に関わる史料が少なからず含まれている。奄美諸島史関係史料との照合が可能となり、できごとのその後の経緯を知ることができるほか、当該史料でしか確認できない内容もある。これによって、奄美諸島史を立体的に検討・構築する条件が整ったのである。

㋐は首里王府の評定所が作成・管理した国内外に関わる記録類や文書の控えや写しである。たとえば、王府から鹿児島琉球館に送付された文書群の控えとして「案書(あんじょ)」があるが、王府高官の三司官(さんしかん)

＊19　山下文武編『南西諸島史料集』第五巻(南方新社、二〇一二年)。同巻には奄美諸島各地の家文書十五件が翻刻のうえ収録されている(同第四巻にも一件)。このうち、徳之島は、奥山家文書(徳之島町郷土資料館寄託)、叶生家文書、窪田家文書の三件である。

＊20　徳之島町郷土資料館編『仲為日記　文久三年九月二十一日途中より明治元年正月十三日まで』(徳之島町教育委員会、二〇一二年)。なお、徳之島町郷土資料館小林正秀文庫には、平成四(一九九二)年に小林氏の御遺族から寄贈された約千点の資料が収蔵されている。本章扉図の同日記とともに、『勇喜応上国日記』『佐和統上国日記』などの原本、原本・写本は現存しないが小林氏が筆写した近世史料が含まれ、徳之島の近世史研究を進めるうえで貴重な史料群となっている。同文庫の史資料は本編でも活用されている。

＊21　本事業では前近代から近代にいたる八千数百点に及ぶ史料の調査カードが作成され、それに記された史料に関する情報は二〇〇五年から鹿児島大学附属図書館により「奄美古文書所在目録データベース」として公開されている。

図序-4　『歴代宝案　校訂本』（琉球王国交流史・近代沖縄史料デジタルアーカイブより転載）

から鹿児島琉球館を介して徳之島の詰役人に宛てた書状が収録されている。㋑は、琉球国王が明清両朝の皇帝および福建省や北京の担当機関とやりとりした外交文書の控えや写しのファイルである。琉球から中国に送付した文書には、十八・十九世紀に奄美諸島に漂着した中国人・朝鮮人漂着民が琉球経由で送還される際の記載を見いだせる。㋒は、王府の下部機関として那覇四町を所轄とした親見世の日記である。那覇港を発着する船舶の管理も所管していた。十八世紀前半から中頃の船改めの記事には奄美諸島船が多数登場する。

4　近世各章のポイント

さて、『徳之島町誌』の刊行から五十年余りを経て、研究成果の蓄積や環境の変化など前述した背景があっての『徳之島町史　通史編』の近世である。機は熟したといえる。第一章から第八章のタイトルや見出しの付け方にも注目していただきたい。各章で工夫した点とポイントは以下の通りである。

第一章のタイトルは「島の景観と地域のできごと」である。第一節では、十九世紀中頃の情報を有する「徳之島全図」（鹿児島県立奄美図書館所蔵）を取り上げ、徳之島の山並みと海岸線の描かれ方の特徴を指摘した。山並みでは同図に記された山の名称の字の向きと尾根との関係に着目した。海岸線では、図中に目印となる岬が存在することを確認し、そのあいだの海岸線の景観はそれぞれ異なり、多様性に富むことを述べた。第二節では、前節での景観の差異を踏まえ、現在の徳之島町域を九つの地域にグルーピングした。そのうえで、同図に記載された陸上と海上の砂糖輸送に関わる情

＊22　琉球新報社・南海日日新聞社編『薩摩侵攻400年　未来への羅針盤　新報新書[1]』（琉球新報社、二〇一一年）。

＊23　沖縄大学地域研究所編『薩摩藩の奄美琉球侵攻四百年再考』（芙蓉書房出版、二〇一一年）、知名町教育委員会編『江戸期の奄美諸島―「琉球」から「薩摩」へ』（南方新社、二〇一一年）。後者はシンポジウム当日の記録だけでなく、事後の座談会でのやりとり、関係者の論考が収録されている。巻末に掲載された「沖永良部島船・与論島船と琉球」などの各年表は研究動向を踏まえた意欲的な取り組みである。

＊24　琉球王国評定所文書編集委員会編『琉球王国評定所文書』全十八巻・補遺別巻（浦添市教育委員会、一九八八年～二〇〇二年）。

＊25　沖縄県立図書館史料編集室ほか編『歴代宝案』校訂本・訳注本各全十五冊（沖縄県教育委員会、一九九二年～二〇二二年）。

＊26　高良倉吉ほか主編『国立台湾大学図書館典蔵　琉球関係史料集成』第一巻・第二巻（国立台湾大学図書館、二〇一三年・二〇一四年）所収。

報を地域ごとに丹念に紹介した。また、『徳之島前録帳』の十八、十九世紀の記事から地域の具体的な状況がうかがえるできごとを取り上げ、近世の徳之島の全体像と関連づけることにつとめた。

　第二章「中世から近世へ」は、近世の徳之島を考える前提として、奄美諸島が琉球王国の統治下にあった時代を対象としている。第一節では、十五世紀の南島の状況を確認した上で、琉球王国による奄美・喜界島の征服と、その後の統治のあり方について述べた。島津氏の琉球侵攻を扱う第二節では、侵攻の経過を記すと共に、徳之島で展開された戦いに注目した。第二章で対象とした十五世紀から十七世紀初頭の徳之島に直接関わる文献資料は必ずしも豊富にあるわけではない。そのため、この章では奄美大島をはじめとする他の島々の記述も多くなるが、様々な史料にもとづいて奄美諸島の状況を押さえた上で、当時の徳之島について考えたい。

　第三章は「薩摩藩による徳之島統治」とした。第一節では、慶長の検地から御蔵入までの過程と、『大島置目条々』および『大島御規模帳』からうかがえる特徴的な統治の方針を紹介した。宗門手札改めおよび鉄炮改めについて、すでに知られている法令を確認するとともに、徳之島に伝来する手札の現物や『仲為日記』を用い、薩摩藩の意図と時に葛藤する島民の実態に注目した。第二節では、奄美諸島統治に関する薩摩藩の行政機構と詰役人の具体像に迫った。例えば、複数回数勤務の傾向と詰役人の履歴書ともいえる史料から個人のキャリアを紹介した。そして、徳之島赴任中に死去した詰役人など派遣役人が葬られた二か所の墓地を取り上げ、その空間配置から支配関係がうかがえること、墓石の刻字から島役人層の「家」意識の表れを検討した。

　第四章は「砂糖生産と島嶼間交易」とした。第一節では藩政初期の新田開発の状況を確認したうえで、その後の薩摩藩による独占的なサトウキビ生産・販売の仕組みとその変遷を概観した。あわせて、島民の砂糖生産の実態について、『徳之島事情』の挿絵や家譜史料から水車・金輪車などの機具がもたらした変化をみた。また、大坂市場や江戸での奄美諸島産砂糖の取り扱いについて、近世大坂を描いた地図や同時代人の随筆、当時のランキングともいえる番付から検討した。第二節では、砂糖樽・帯竹の木材交易、冠船の琉球来航時における貢物負担といった支配政策に関連するモノの流通を紹介した。また、「稼人」の人びとや遊女、医師、職人の海を介した移動に注目した。最後に、一般の人びとが暮らしのなかで使用していたモノを絵画史料などから取り上げた。

第五章は「近世徳之島の地域社会」である。近世期の徳之島には村を最小単位とし、複数の村を管轄する間切・噯による行政機構が形成された。地域行政の展開を、行政を担った島役人の変遷から概観したうえで（第一節）、島役人を輩出した家々に残された系図や、漂流によって徳之島の外から訪れ徳之島を記録した『徳之島物語』を題材に、徳之島地域社会の様相を確認した（第二節）。また、徳之島町手々に伝来した「堀田・深見家文書」から、地域の信仰を集め、奄美諸島内でも独自の神役組織である「三平所」の存在と、ノロを中心とした神役と地域のつながりを紹介し、祈りの世界を概観した。

第六章は「災害と抵抗」である。第一節では、主に近世の徳之島社会に大きな影響を与えた近世後半期の災害（台風・干ばつ）と疫病を、奄美諸島・琉球列島の位相から復元した。徳之島には、災害を時系列で詳細に記す『前録帳』という稀有な史料が存在することから、これまでも年々の災害については詳しく取り上げられてきた。本章では、広域的な視点から、気候変動の影響を受けて推移した一七八〇年代および一八三〇年代の災害の特徴を詳述した。また、第二節では、文化十三（一八一六）年に起こった母間騒動を中心に、近世期に見られた支配への抵抗の諸相を概観した。

第七章は「海域史のなかの徳之島」である。第一節では、『仲為日記』を用い、一八六四年の徳之島における大和船の発着状況、往路で輸送した物品と給付、復路で搬送する砂糖樽の積み渡しについて、第一章で触れた砂糖の海上輸送と関連づけながら説明した。第二節では、『親見世日記』と『仲為日記』に収録された徳之島に関わる「津口通手形」三件の文面と発給手続きを具体的に紹介した。同手形は、薩摩・奄美・琉球のあいだの海上交通で必要な証明書である。第三節では、十八、十九世紀に沖縄島に向かった徳之島船の事例を概観した。また、『琉球王国評定所文書』に収録された首里王府関係史料と『前録帳』の記事を付け合わせ、徳之島から大島と沖縄島への逃亡、島役人のみならず地域の人びとによる鳥島との往還や活動について検討した。

第八章「徳之島と近世東アジア」では、近世の東アジア国際関係や国際秩序のなかにおける徳之島の立ち位置を検討した。第一節では、主に中国船の徳之島漂流・漂着事件、琉球人の流刑地としての徳之島、中国皇帝による琉球国王叙任儀礼（冊封）と徳之島、「五島一件」からみる奄美諸島というトピックを取り上げている。ここでは、特に清朝中国の政策転換が徳之島の行政システムや人々の生活に変化をもたらしたこと、また、徳之島を含む奄美諸島が近世日本と琉球の「境界領域」として存在していたことを示している。第二節では、幕末に徳之島に到来したイギリス船の動向とともに、日本や琉球への異国船渡来が徳之島に与えた影響を取り上げた。また、西郷隆盛が発出した書状から徳之島での西郷の生活や徳之島の人々との関わりを紹介した。

（深澤秋人）

第一章　島の景観と地域のできごと

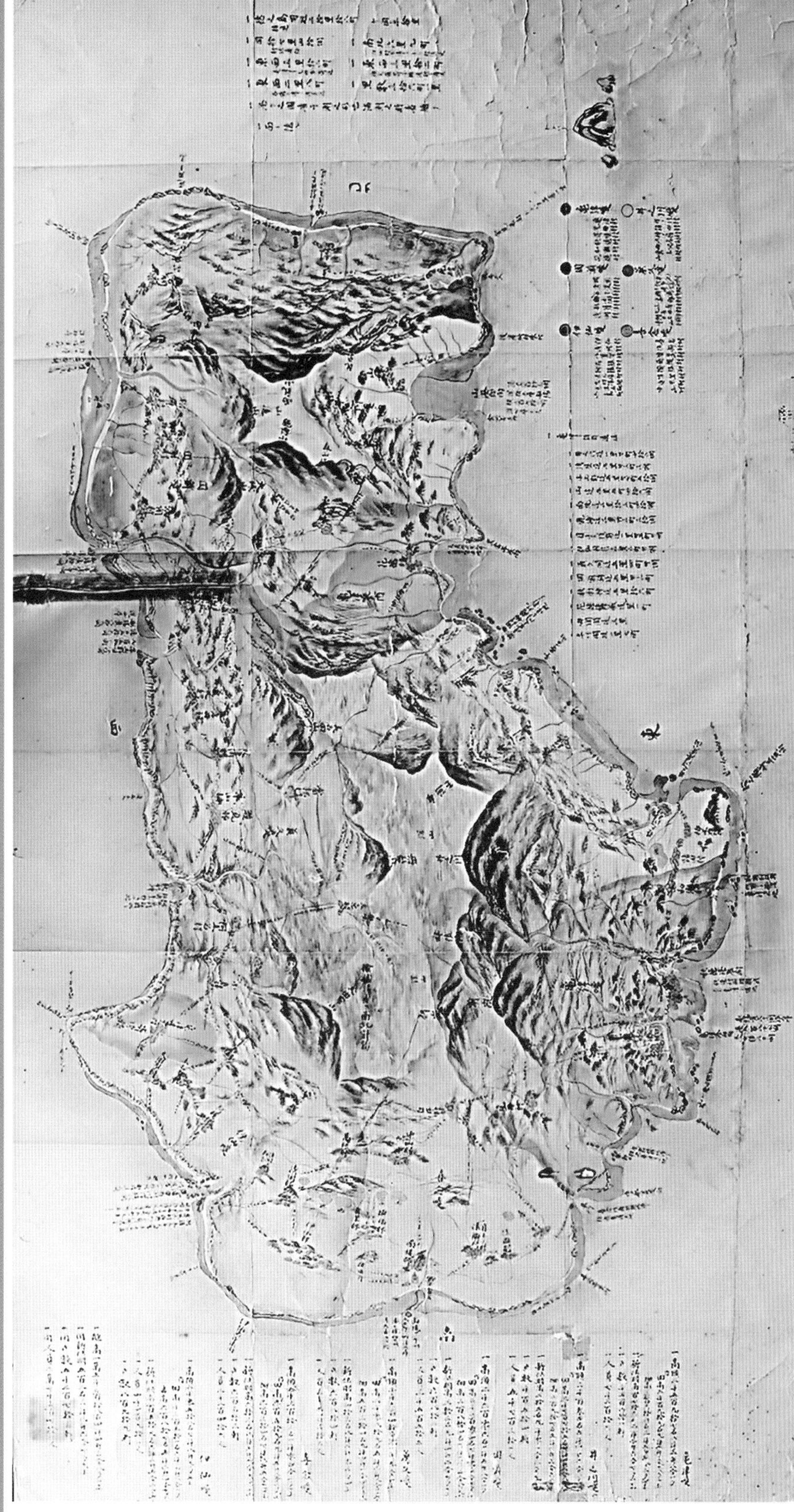
「徳之島全図」（鹿児島県立奄美図書館所蔵）の全体図

第一節　「徳之島全図」の尾根と海岸線

1　徳之島の山並みの特徴

「徳之島全図」（鹿児島県立奄美図書館所蔵）について

図1-1　北側上空から見た徳之島の尾根

『徳之島前録帳』によると、嘉永四（一八五一）年、詰役人から島役人に対し、「御前御用」のため「島中絵図」を作製のうえ藩当局に提出するので、十一月二十九日の期限までに手分けして「山嶽・川・海辺」の測量（「縄引」）を実施し、結果を報告するよう指示があった。三間切からの報告と、翌年二月から四月にかけて伊仙噯与人などによる「作場」（サトウキビ畑）の再測量と数値の修正報告を踏まえ、絵図（原図）は完成し、当局に提出されたとある。[*1] ただし、徳之島には絵図の控えが保管されていたようである。これに一八七〇年代設置の白井村の情報などを追加して成立したのが「徳之島全図」（鹿児島県立奄美図書館所蔵）と考えられる（本章扉図参照）。原図が作成された同時期には、徳之島各地でインフラ整備が実施されていた（序章略年表参照）。

近代移行期の徳之島が描かれた絵図としては、地租改正の際に作成された「鹿児島縣下徳之島全圖」（神戸大学附属図書館住田文庫蔵）もある。[*2] 最終的な成立時期は同時期であるが、「徳之島全図」の情報は基本的には近世に直結すると考えられるため、本節では「徳之島全図」を用いることとする。

＊1　図中の喜念噯と伊仙噯の境界付近には「検福ヨリ手々南北針筋」の文字が見える。東側の海上には、六つの噯ごとの村名と「亀津ヨリ諸所道法」（道法は距離）、南側の海上には、噯ごとの高頭（石高）・新仕明高・戸数・人員および総計が記されている。

＊2　松下志朗ほか編『街道の日本史55　鹿児島の湊と薩南諸島』（吉川弘文館、二〇〇二年）。

図 1-2　寝姿山　東西の尾根を南側から望む

山の名称と文字の向き

徳之島は薩南諸島の島々のなかでも高島タイプの島として位置づけられる。[*3] しかし、独立峰の高島ではなく、南北に天城岳・三方通岳・美名田山・井之川岳などの山並みが連なっている。折れ曲がって背骨のような尾根を形づくっていること、島の中央から少し東側にかたよっていること、南北だけでなく、東西にも尾根が分岐することが特徴としてあげられる。[*4] すなわち、天城岳や井之川岳は尾根の高峰という性格を有するのである。さらには、現在の天城町浅間からは日常的に天城岳が連なる山並みを望むことができるが、それは浅間を目線の基点とした山の姿であり、山にはそれぞれの場所から見た表の顔と裏側があるという指摘がある。[*5] ある場所からは見えない裏側であるが、歴史を考えるうえで、そこに生活する人びとがいたこと、地域社会が存在したことを認識する必要性を示唆するものであろう。

そのうえで「徳之島全図」に描かれた山並みを見てみると、どのような特徴を見いだせるだろうか。「山嶽」の情報は詳細かつ豊富で、現在の地形図に見えない山も含まれる。図中の各村と山の名称を記した文字の向きに注目し、岡前噯・井之川噯・亀津噯・喜念噯・伊仙噯・兼久噯を以下のような六つの地域に分類し、山の名称を配置してみた。

岡前噯北側	手々村・金見村	剥嶽・中盛・雨氣山・乾岳・松山
井之川噯	山村～諸田村	東風嵐山・森山辻・馬驅山・母間山・井之川山・深山
亀津噯	和瀬村～尾母村	前嶽・呼佐山・剥嶽・深山
喜念噯・伊仙噯	喜念村～小島村	犬田布山
兼久噯	阿木名村～阿布木名村	丹髪山・美名田山
岡前噯西側	浅間村～與名間村	大城山・山道山・関平山・猫鼻・犬呼鼻

＊3　目崎茂和『琉球弧をさぐる』（沖縄あき書房、一九八五年）。

＊4　徳之島町誌編纂室編『徳之島町史 自然編 恵みの島』（南方新社、二〇二一年）。

＊5　岡村隆博「徳之島の山～その地名考～」（『徳之島郷土研究会報』第三一号、二〇一一年）。

図 1-3　岡前噯北側（「徳之島全図」を改変）

徳之島の北端に相当する岡前噯北側（図3）では、東西に連なる尾根の中央に「雨氣山」（天城岳）が聳える山並みが描かれ、五つの山の名称が手々村と同じ文字の向きで記されている。西から海岸線近くに「剥嶽」、やや離れた手前に「中盛」、奥の天城岳に連なって「乾岳」「松山」である。これらは手々村の集落側から見た山並みが反映されているのではないだろうか。*6 なお、「松山」は山の形状が明確に描かれておらず色遣いもほかとは異なる。

＊6　金見から見える山の名称については上江洲均「徳之島聞書」がある。徳之島町誌編纂室編『徳之島町誌叢書(3)徳之島町「民俗文献」選集』（同編纂室、二〇二一年）所収。

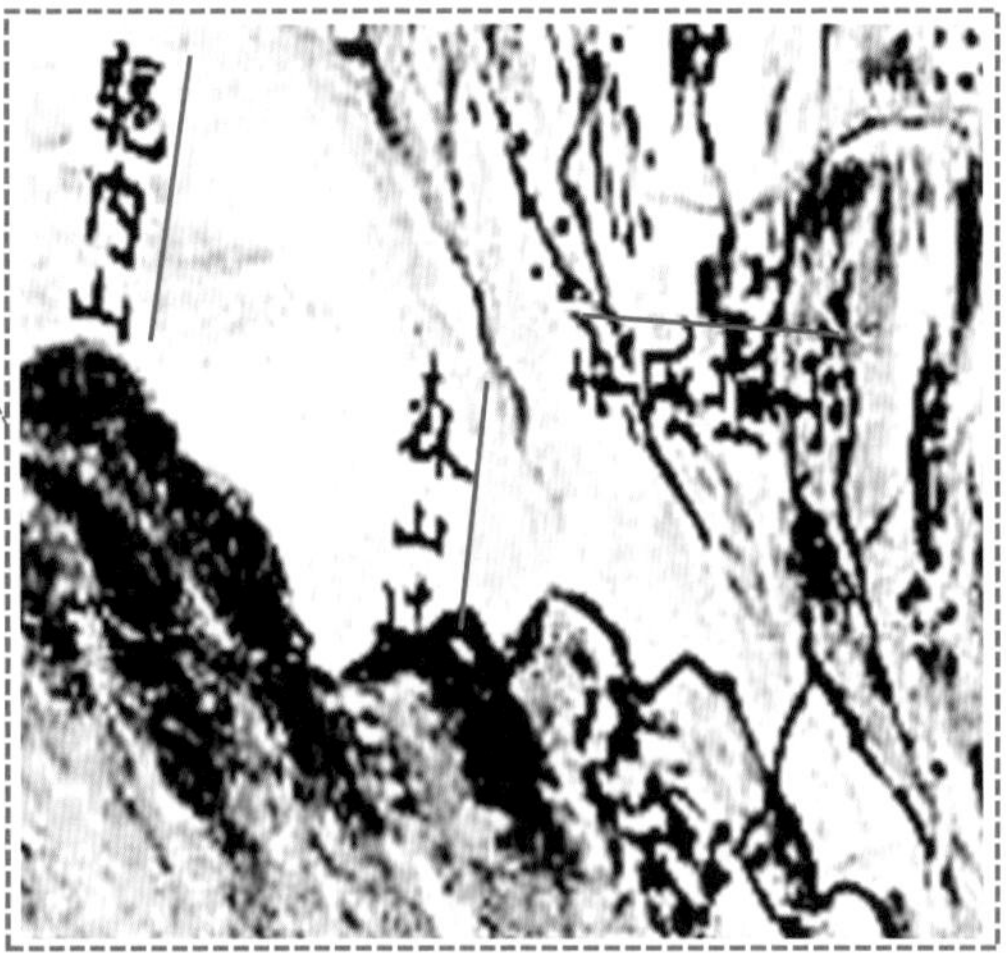

図 1-4　井之川噯（「徳之島全図」を改変）

徳之島東側でも北側にあたる井之川噯（図4）では、海岸線に沿った山村・母間村・井之川村など同じ文字の向きで、北から「東風嵐山」、離れて「母間山」「井之川山」（井之川岳）を見いだせる。山並みが連なる母間山と井之川岳の奥に同じ向きで「深山（みやま）」があることに留意しておきたい。[*7] 「松山」と同様な描かれ方がされている。さらには、亀津噯の花徳村と母間村の花時名（けどきな）から延びる道路（朱線）が井之川噯側で合流し、文字の向きを背にした「美名田山」の東側を通り、分岐して兼久噯の當部（とうべ）村に通じるのを確認できる。徳之島の南北の尾根の山中を横断する道路といえよう。一方、轟木村とその北側で東西に連なる「森山辻」「驅内山」（馬鞍岳）の文字は同じ向きであるが、ほかの山とは平行していない。森山辻の東側の東風嵐山とは直角に反転、西側の「大城山」と集落は正対している。同村が内陸部の盆地に位置することがうかがえよう。集落の北側で東西に連なる森山辻と馬鞍山が身近な山であったと思われる。

徳之島東側でも南側にあたる亀津噯（図5）では、亀津村や尾母村などと同じ文字の向きで、手前から折り重なるように「前嶽」「呼佐山」「剥嶽」（剥岳）、そして奥に「深山」を見いだせるが描かれ方は同様である。呼佐山は井之川岳とも連なる。「深山」は喜念噯の「犬田布山」（犬田布岳）や兼久噯の「丹髪山」（丹発山）と位置は近いが、向きからして、そこは亀津噯側から「深山」と認識されていたことが反映されているのではないだろうか。集落からは見えなくとも、人びとの生活にとっては、遠くの山ではなく、むしろ身近な山であった可能性もあろう。また、徳之島の南北の尾根の一部であり、山中では、井之川噯の「深山」と連続していた可能性もあろう。[*8] さらに、和瀬村と秋徳村および亀津村から延びる道路がそれぞれ前嶽の南北の山麓を通り、呼佐山と剥岳のあいだで合流し、「深山」

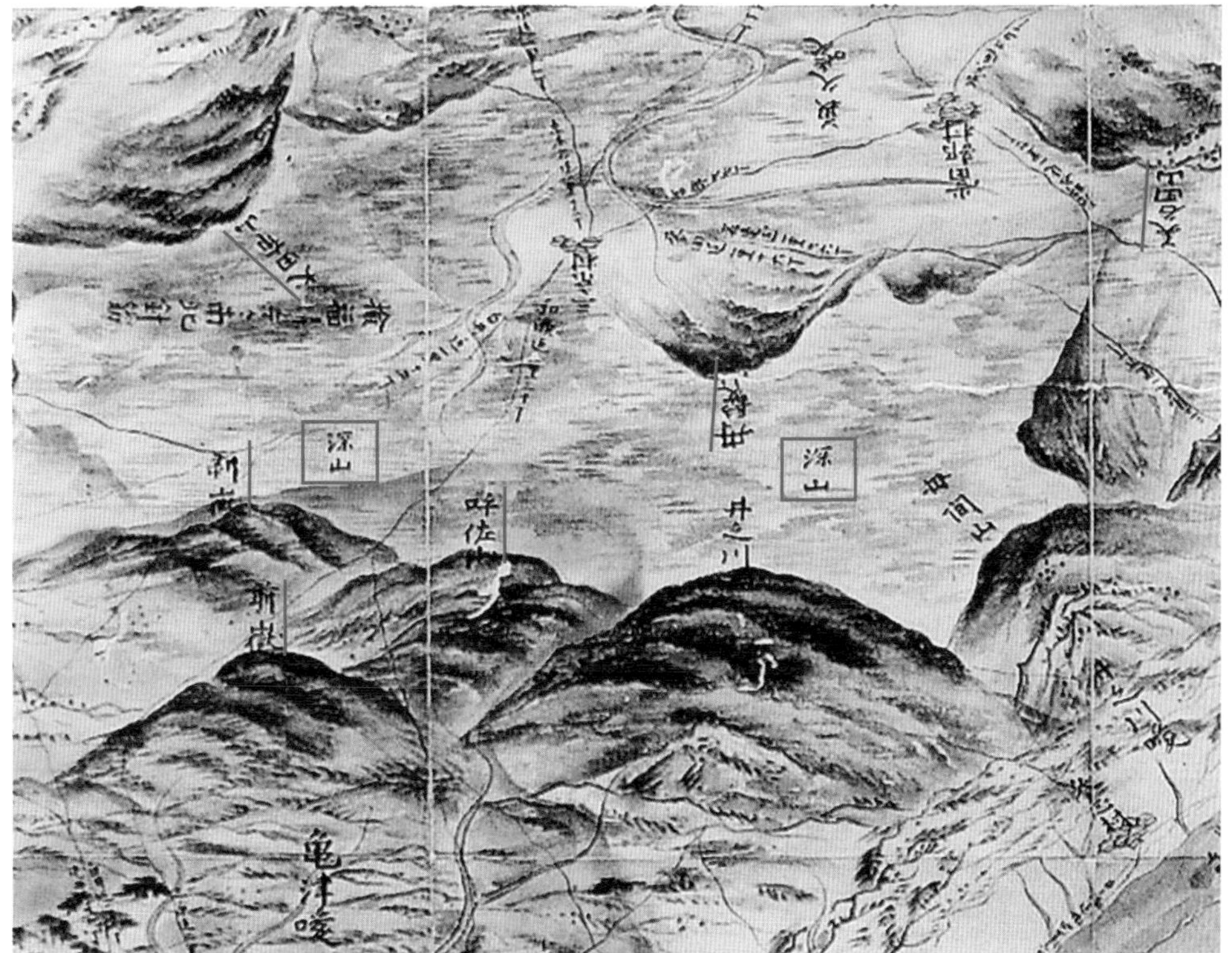

図1-5 亀津噯/喜念噯・伊仙噯/兼久噯（「徳之島全図」を改変）

*7 図4・5では深山の文字を赤線で囲んだ。

図 1-6　岡前噯西側（「徳之島全図」を改変）

の北側を通過して、丹発山の麓に位置する兼久噯の三京(みきょう)村に到るのを確認できる。なお、井之川噯の神之嶺村と諸田村の文字の向きは亀津噯の和瀬村と同じであることにも触れておく。

　徳之島西側でも北側にあたる岡前噯西側（図6）には、浅間村・岡前村・松原村の文字と同じ向きで、南から「大城山」「山道山」（三方通岳）の山並み、海岸線近くの手前に「猫鼻」を見いだせる。「関平山」は三方通岳と連なってはいるが直角（横）に反転している。文字は松原村に向いている。地域から見える山並みが反映されているのだろう。これに対して、與名間(よなま)村のすぐ近くに描かれた「犬呼鼻」は「関平山」の文字と直角に向き合っている。岡前噯は多くの山の名称が記されているが、岡前噯北側で扱った「剥嶽」は與名間村からは背にするかたちである。それぞれ異なる空間であったことがうかがえる。ここにおいて、同じ岡前噯の山々でも、「雨氣山」と「山道山」の文字は直角に反転し、「関平山」は「中盛」「犬呼鼻」と相対していることに気づく。山々が単独の尾根に連なっていたわけではないこと、さらには、それぞれの集落から望む山並みも決して同一ではなかったことがうかがえよう。

　徳之島は尾根が南北だけでなく東西にも複雑に分岐する高島であるが、天城岳は岡前

図 1-7　米軍撮影空中写真の猫鼻
（米国国立公文書館所蔵）

＊8　『徳之島町誌』第五編第三節「民俗」の民具の項目によると、砂糖樽のクレ木（樽木）は深山に行って採取した、主に椎の木を用いたとある。なお、本節次項の花徳村・母間村・轟木村の項目では、三つの噯をまたいだ山中での人びとの活動に触れている。

曖北側、三方通岳は岡前曖西側、美名田山は兼久曖側、井之川岳は井之川曖と亀津曖とそれぞれ異なる向きで描かれていることを確認しておきたい。前述したように、「徳之島全図」は島役人からの報告に基づいて作製されたが、「山嶽」に関する情報には名称だけでなく、集落との関係である向きも含まれていたのではないだろうか。それは地域社会で生活する当時の人びとの認識と著しく乖離したものではなかったと思われる。

2　徳之島の海岸線の特徴

岬と区間

「徳之島全図」は、陸上だけでなく、海岸線の岬や干瀬および湊や入り江（湾入）の描写も特徴的であり、海岸地名に関する豊かな情報が記されている。岬は名称と方位、干瀬は規模について記載を見いだせる。同図をよく見ると、現在の徳之島町域に当たる徳之島東側の海岸線には、図中の目印（＝ポイント）となる岬が四か所存在することに気づく。北から南に向けて「金見　丑向（北北東）」（金見崎）、「神之嶺崎　丑寅向（北北東から北東）」、「船見嵜　巳向（南南東）」（船見崎）、「喜念嵜　辰向（東南東）」（喜念崎）である。うち三か所には相互の位置関係が記されている。神之嶺崎の近くには「此ヨリ金見嵜亥（北北西）ノ方」、船見崎には「此ヨリ神之嶺嵜子丑（真北から北北東）ノ方」、喜念崎には「此ヨリ船見嵜丑（北北東）ノ方」「此ヨリ伊仙嵜申酉（西南西から西）」とある。図上の問題だけでなく、実際に目視することができたのではないだろうか。

そうであるとすれば、徳之島東側の海岸線は、大きくは、金見崎と神之嶺崎、神之嶺崎と船見崎、船見崎と喜念崎のあいだの三つの区間に区分することができると考える。*9 はたして、それぞれの区間の海岸線には特徴や相違点を見いだせる。同時代的にも異なる空間や地域と認識されていた可能性が想定されよう。三つの区間を中心に、徳之島の海岸線を時計回りに概観すると以下の通りである。

*9　図8・10・11では目印となる岬を赤線で囲んだ。

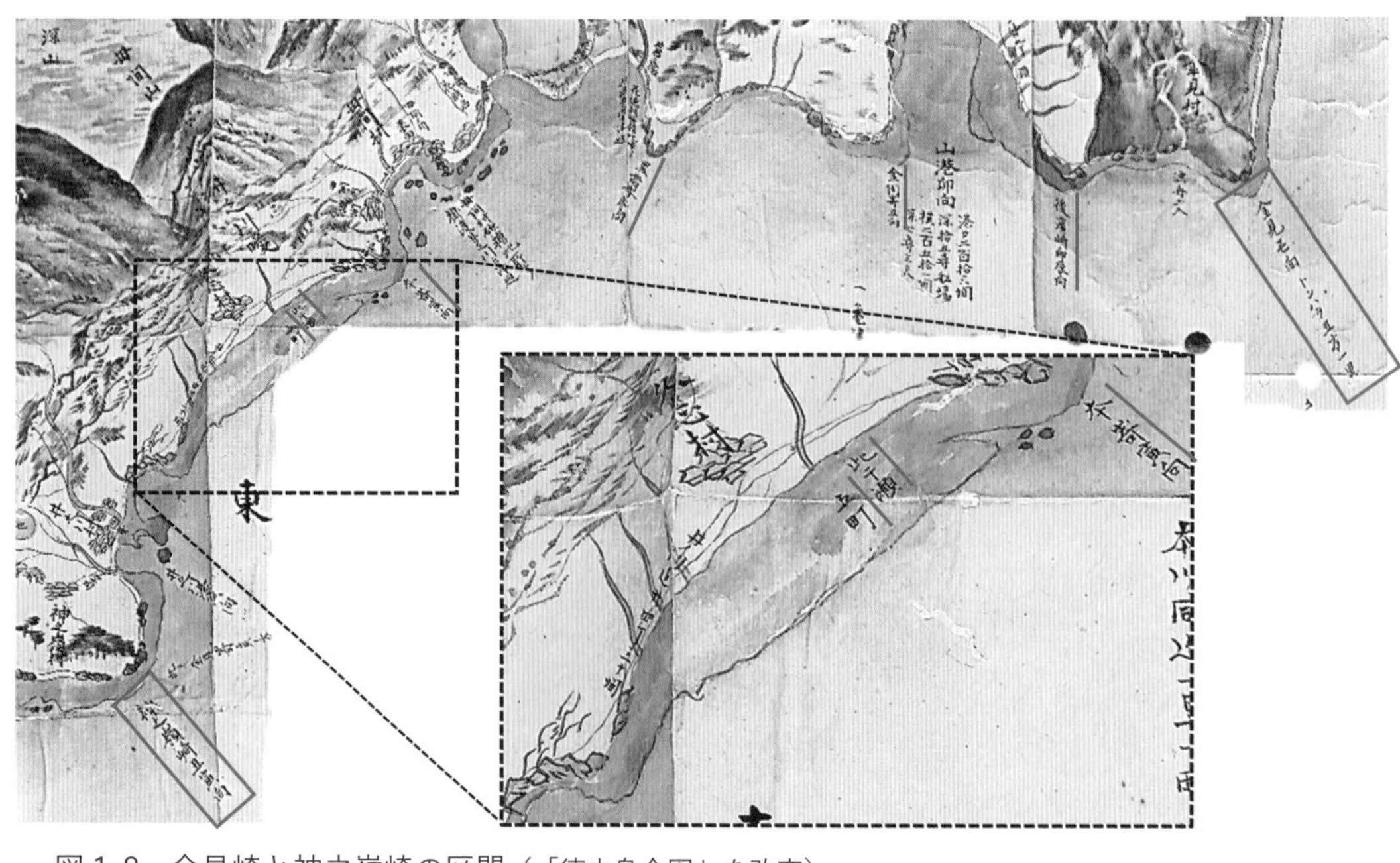
図 1-8　金見崎と神之嶺崎の区間（「徳之島全図」を改変）

東側の三つの空間

まず、岡前噯北側・井之川噯・亀津噯北側にまたがる金見崎と神之嶺崎の区間（図8）は最も距離が長い。図の北東端の金見崎を囲むように描かれ、陸上と色分けされた海岸線の黄土色の部分は干瀬であろう。「後濱崎」の先まで連続している。この区間には、目印となる二つの岬のほかにも、北から「後濱崎　卯辰向（東から東南東）」、「金間嵜　丑向（北北東）」（金間崎）、「黒當嵜　辰向（東南東）」（黒當崎）、「本嵜　寅向（東北東）」（本崎）の四つの岬がある。北側の後濱崎と金間崎のあいだの大きな入り江が後述する「山港　卯向（東）」である。奥部は浜となっている（図20参照）。黒當崎の対岸に描かれた断崖は摺鉢山（＝宮城山）であろう（図9）。そのあいだの海岸線の小さい入り江の奥は浜である。干瀬はいったん途切れている。

これに対して、本崎から神之嶺崎までの南側は干瀬が連続している。特に本崎の先には「此干瀬五町」の文字を見いだせ、長大な干瀬が広がっていたことがうかがえる。水色で描かれた箇所は海水溜まり（ミズワリなど）が反

図 1-9　母間の本崎より摺鉢山（手前）を望む
（『徳之島町誌』口絵より転載）

図 1-10　神之嶺崎と船見崎の区間（「徳之島全図」を改変）

映されているのではないだろうか。[*10]干瀬の南端近くの割れ目が「井之川港　寅向（東北東）」である。概して、この区間の北側は海岸線が入り組み、岬のあいだにいくつも入り江や浜があるのに対して、南側は干瀬が発達しているといえよう。南北では異なる景観であったのである。海岸線に点在する岩礁と陸地の岩は描き分けられている。また、比較的流路の短い河川が多数描かれ、干瀬や浜に注いでいる。金見崎から黒當崎のあいだは十一本、黒當崎から神之嶺崎のあいだは十五本の計二十六本、うち、干瀬に注ぐのが前者で九本、後者は十本である。[*11]

次に、井之川噯と亀津噯南側にまたがる神之嶺崎と船見崎の区間では、二か所のほか岬はない（図10）。干瀬が複雑に発達した海岸線が続き、そのあいだの大きな割れ目が「秋徳港　辰向（東南東）」と「亀津港　卯向（東）」である。両者のあいだには「此干瀬八町」（北瀬と中瀬）の文字と海水溜まりを見いだせる（図32参照）。「秋徳港」の奥は浜のようであるが、金見崎と神之嶺崎の区間のような大きな景観の差異は見いだせない。また、河川の数は四本と少ないが、うち二本は流路が長く（亀徳川と大瀬川）、合流点も描かれ、それぞれ干瀬の割れ目である「秋徳港」と「亀津港」に注いでいる。名称は記されていない。

＊10　ミズワリの名称は、徳之島町誌編纂室編『徳之島町史　民俗編　シマの記憶』（南方新社、二〇二二年）所収、下久志の「海の呼称（下久志北側）」による。以下、海岸地名や河川の名称などは『民俗編』に基づく。その都度注記はしない。

＊11『民俗編』下久志と母間の「水利」の項目では、後者に該当する河川について詳細に述べられている。

図 1-12　西側の海岸線（「徳之島全図」を改変）

そして、亀津噯南側と喜念噯にまたがる船見崎と喜念崎の区間（図 11 ）には、中ほどに「唐船嵜 辰向（東南東）」（唐船崎）が位置する。北側の船見崎からは海岸線が入り組み、「戸蔵」と「卸口」の海岸地名を見いだせる。唐船崎から喜念崎までは断崖である。「戸蔵」の西岸の南側には、亀津噯と喜念噯の境界でもある本川の河口がある入り江に「本川」とある。この区間は、基本的に干瀬が発達しているが、「卸口」の奥には小規模な浜（南原浜、大浜）も存在した。海岸線の距離は長くないものの、複雑な様相を呈しているといえよう。河川は五本あるが、うち四本は北側の唐船崎までのあいだに見いだせる（南原川、双ツ川）。「戸蔵」に注ぐ河川は比較的流路が長い。本川は徳之島東側の海岸線に注ぐ河川で唯一名称が記されていることに触れておく。

西側と北側の海岸線

喜念噯と伊仙噯から北上して、徳之島西側の海岸線を兼久噯に向かうとどのような様相を呈するのであろうか（図 12 ）。まず、伊仙噯の「シテ嵜 申向（西南西）」（シテ崎）、「鹿浦 申酉向（西南西から西）」、「犬田布崎 戌向（西北西）」から兼久噯の「秋利神」、「平土野港 戌

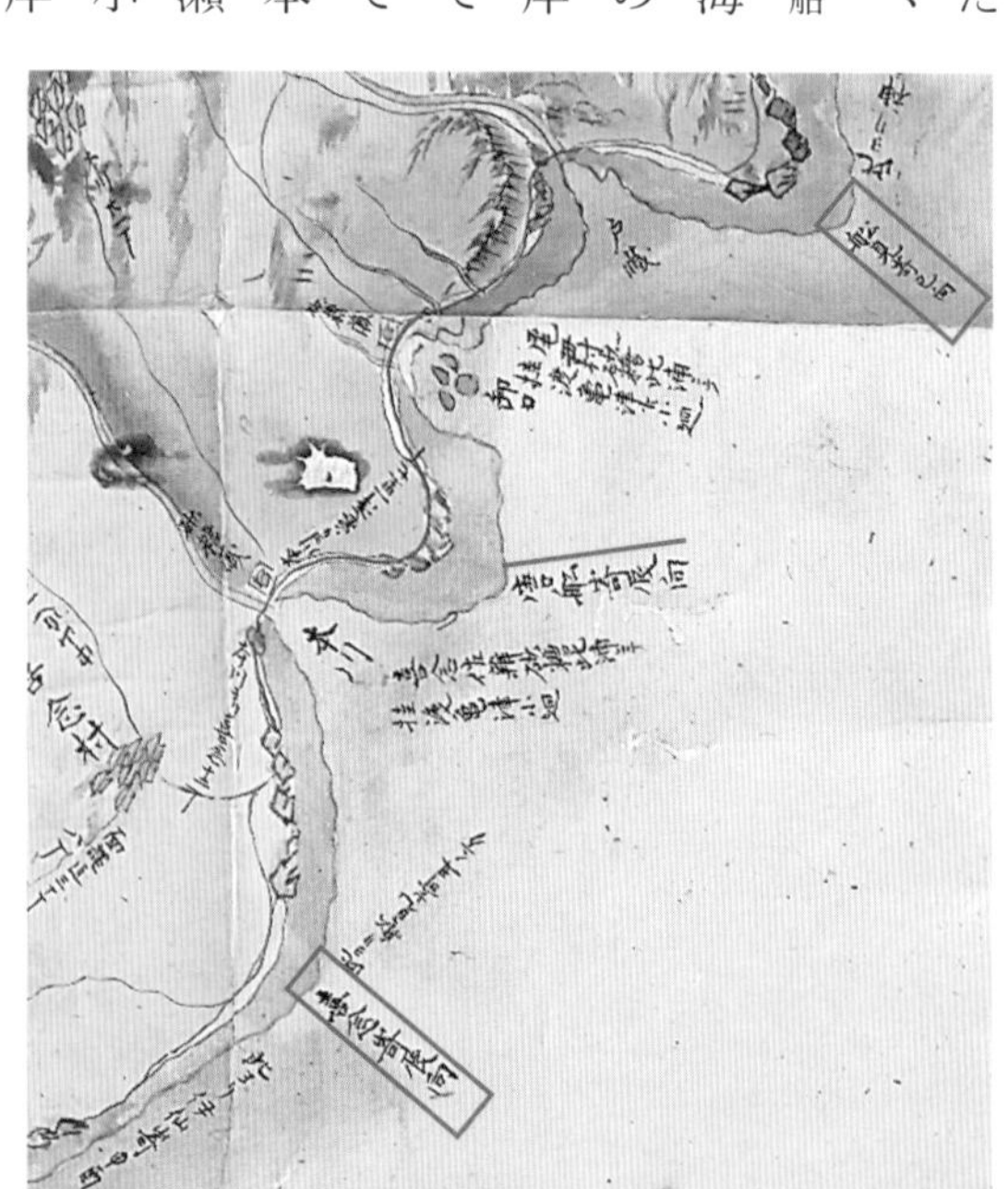

図 1-11　船見崎と喜念崎の区間
（「徳之島全図」を改変）

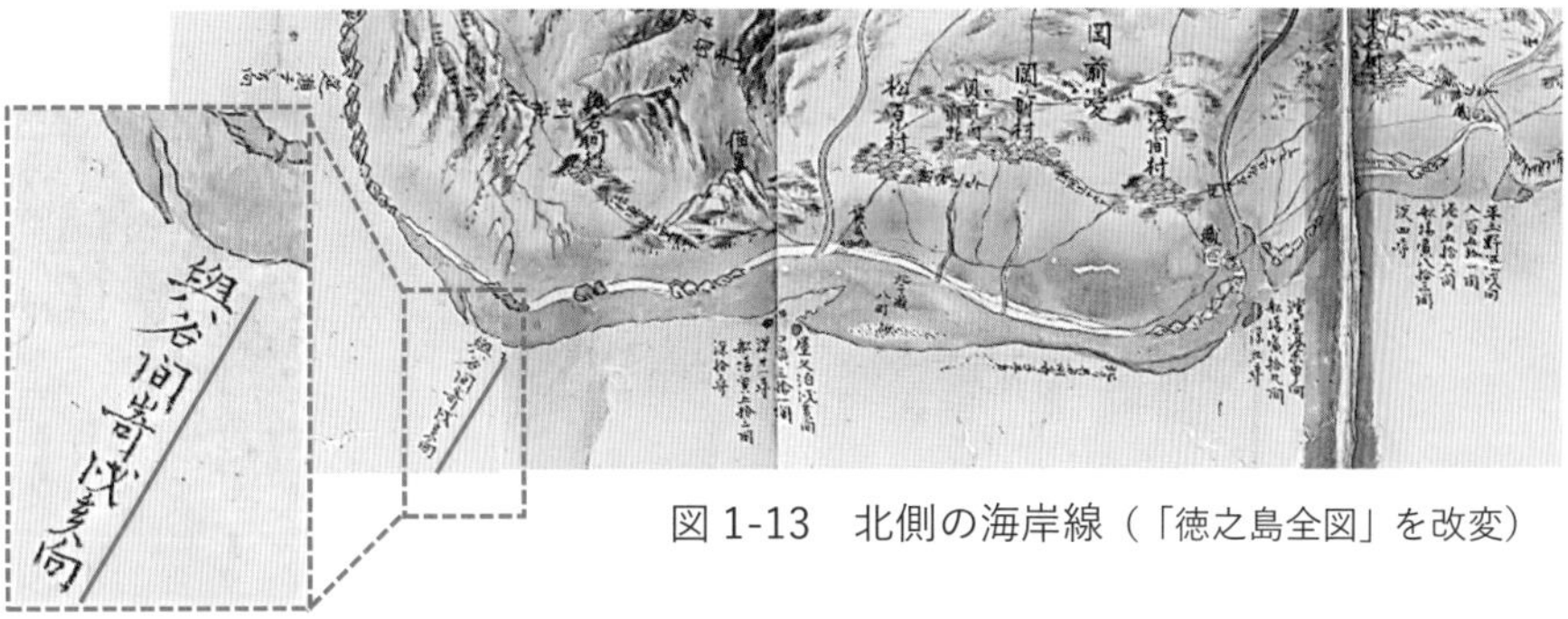

図 1-13　北側の海岸線（「徳之島全図」を改変）

向（西北西）」の手前まで、切り立った断崖が長い区間にわたって連続する点が特徴的といえる。喜念崎から犬田布崎の手前までは干瀬が連続しているが浜はない。その先の平土野港までのあいだは干瀬もほとんど見いだせない。また、鹿浦・秋利神・平土野港は流路が比較的長い河川の河口であるが、ほかには流路の短い二本の河川（面縄川と阿権川）を喜念嘜と伊仙嘜に見いだせるのみである。東側の海岸線の景観とは異なるといえよう。

　最後に、徳之島北側の海岸線にあたる岡前嘜西側と北側まで回り込むとどうであろうか（図13）。まず、兼久嘜の「平土野港」から徳之島北西端の「與名間嵜　戌亥向（北西）」（与名間崎）と北東端の金見崎までは干瀬が断続的に続いている（本章扉の全体図参照）。平土野港は入り江に位置し、奥には小規模な浜もある。北上すると、兼久嘜と岡前嘜の境界でもある流路の長い河川（湾屋川）の河口に「湾屋港　未申向（西南）」、南北に長大な干瀬（「此干瀬八町」）の割れ目に「屋久泊　戌亥向（北西）」の文字を見いだせる（図14参照）。岡前嘜西側ではやや流路の長い河川（港川）と短い河川（南川など）が東西に並行して三本、北側では坂元川など四本の河川が南北に干瀬に注いでいる（図16参照）。景観としては、前述した金見崎の先に延びる東側の海岸線につながるといえよう。徳之島西側と東側の海岸線は決して隔絶された空間ではなかったのである。

3　湊と砂糖輸送に関する情報

湊の規模に関する記載

「徳之島全図」では、徳之島東側と西側の海岸線に九つの湊を確認できるが、うち七つは方位とともに、進入路と思われる「港口」「港入」と停泊地である「舩場」

の規模や水深などについて詳細な記載を見いだせる。ここでは、まず、その情報を海岸線と同じく時計回りで紹介したい。必ずしも表記は統一されていないが、前記の順番の通りとする。また、東側と西側は海岸線の目印（＝ポイント）であった喜念崎で区分することとする。

東側には四つの港が存在するが、記載があるのは、井之川嗳の山港と亀津嗳の亀津港の二つである。山港の「港口」は二百三十間・水深十五尋、「船場」は横二百五十一間・水深七尋三尺、亀津港は「港入」百八十七間、「港口」横二十間、「船場」は広さ三十一間・水深三尋と記されている。後者にのみ「港入」の項目があるのは、干瀬の割れ目に位置したことと関係するのではないだろうか。*12 両者の「船場」を比較すると、岬のあいだの入り江に位置した山港が規模は八倍、水深も二倍であったことがわかる。井之川港と秋徳港は方位が記されるのみである。

西側の五つの港にはすべてに記載がある。喜念嗳の「面縄港　午向（南）」は、「入」は五十六間・水深五尋、「港口」は横十七間とある。*13 干瀬の割れ目に位置した港であるが、「港口」は亀津港とほぼ同規模であったことがうかがえる。伊仙嗳の鹿浦は断崖が切り立つ海岸線に注ぐ河川（竃瀬川）の河口部に位置した。「川内」横八間、「川尻」は広さ一丁十間、「船場」の水深三間、そして五枚帆一艘掛かりとある。港湾整備については後述するが、船舶の情報が記されているのは鹿浦のみである。

兼久嗳の平土野港と岡前嗳の湾屋港はそれぞれ河川（真瀬名川と湾屋川）の河口に位置した。前者は「入」百五十一間、「港口」五十六間、「船場」は広さ八十三間・水深四尋、後者は「船場」は広さ十九間・水深九尋とのみある。近接しているが、平土野港の「船場」の広さは湾屋港の四倍あったことがわかる。そして、岡前嗳の屋久泊は、「口」（港口）の広さ三十一間、水深二十一尋、「船

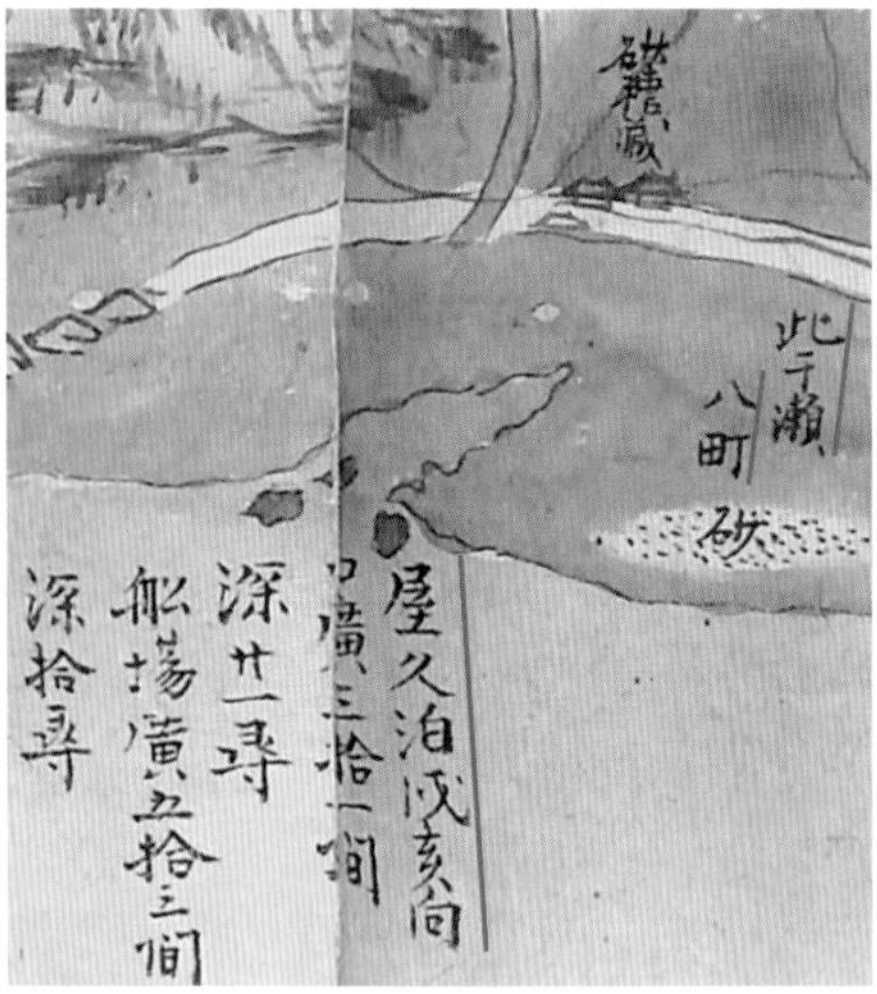

図 1-14　屋久泊（「徳之島全図」を改変）

*12 『民俗編』亀津の「海の呼称（亀津中部）」によると、真ん中の瀬と中瀬のあいだのサンドマイがかつての湊とされている。

*13 ほかに、面縄港にのみ「港出口」の語句と規模の記載があるが、規模は□□四間と読み取れない。

場」は広さ五十三間・水深十尋である。情報があるなかでは「港口」「船場」ともに水深が一番深かったことがわかる（図14）。

砂糖の積み出し場所と集積地

さらに、同図の海岸線には、各村で製造された砂糖の海上輸送に関する情報が図中に九か所ほど記載されている。徳之島北側の岡前噯北側に一か所、東側では井之川噯に一か所、亀津噯北側と南側に四か所（一か所は「卸口」）、喜念噯に一か所（「本川」）、西側では伊仙噯と兼久噯に各一か所（「鹿浦」「秋利神」）である。岡前噯西側には見いだせない。東側に六か所が分布すること、海岸地名が記された入り江や河口など四か所が含まれていることを確認しておく。

砂糖輸送に関する記載は、生産地・「掛渡」の場所・輸送先とパターン化されている。岡前噯北側の場合であれば、「手々村砂糖是にて掛け渡し、屋久泊へ津廻し」とある（図16）。ここが砂糖の「掛渡」の場、すなわち積み出し場所だったのである。手々村で製造された砂糖は、干瀬の割れ目（フゥーグチ）の近くで船に積み込み、岡前噯西側の屋久泊に「津廻」（＝輸送）したことを示している。

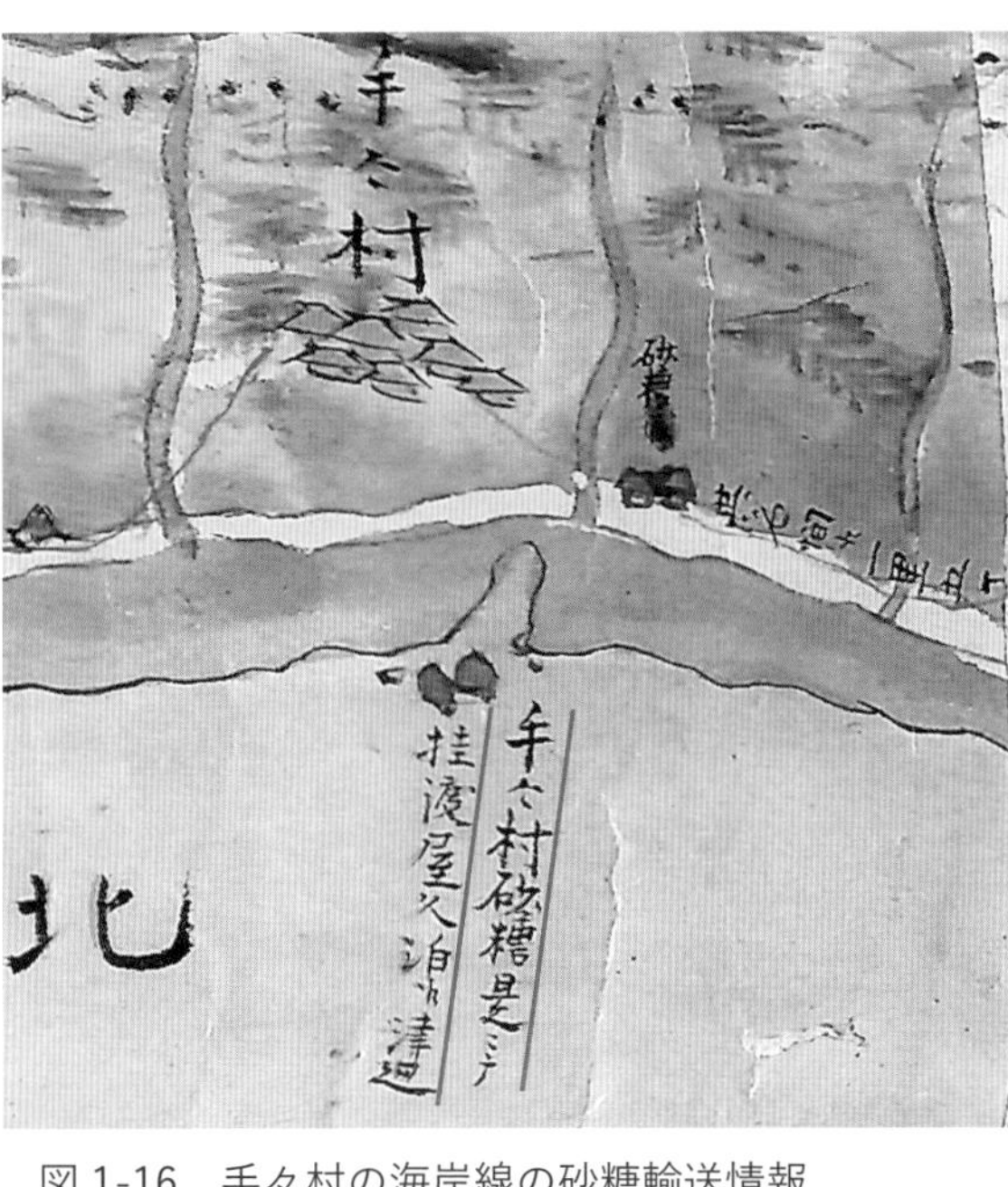

図 1-16　手々村の海岸線の砂糖輸送情報
（「徳之島全図」を改変）

砂糖を積み込んだ具体的な場所とともに、徳之島における砂糖の集積地（輸送先）がわかる重要な情報といえる。井之川噯と亀津噯の積み出し場所は次項で具

図 1-15　米軍撮影空中写真の屋久泊（米国国立公文書館所蔵）

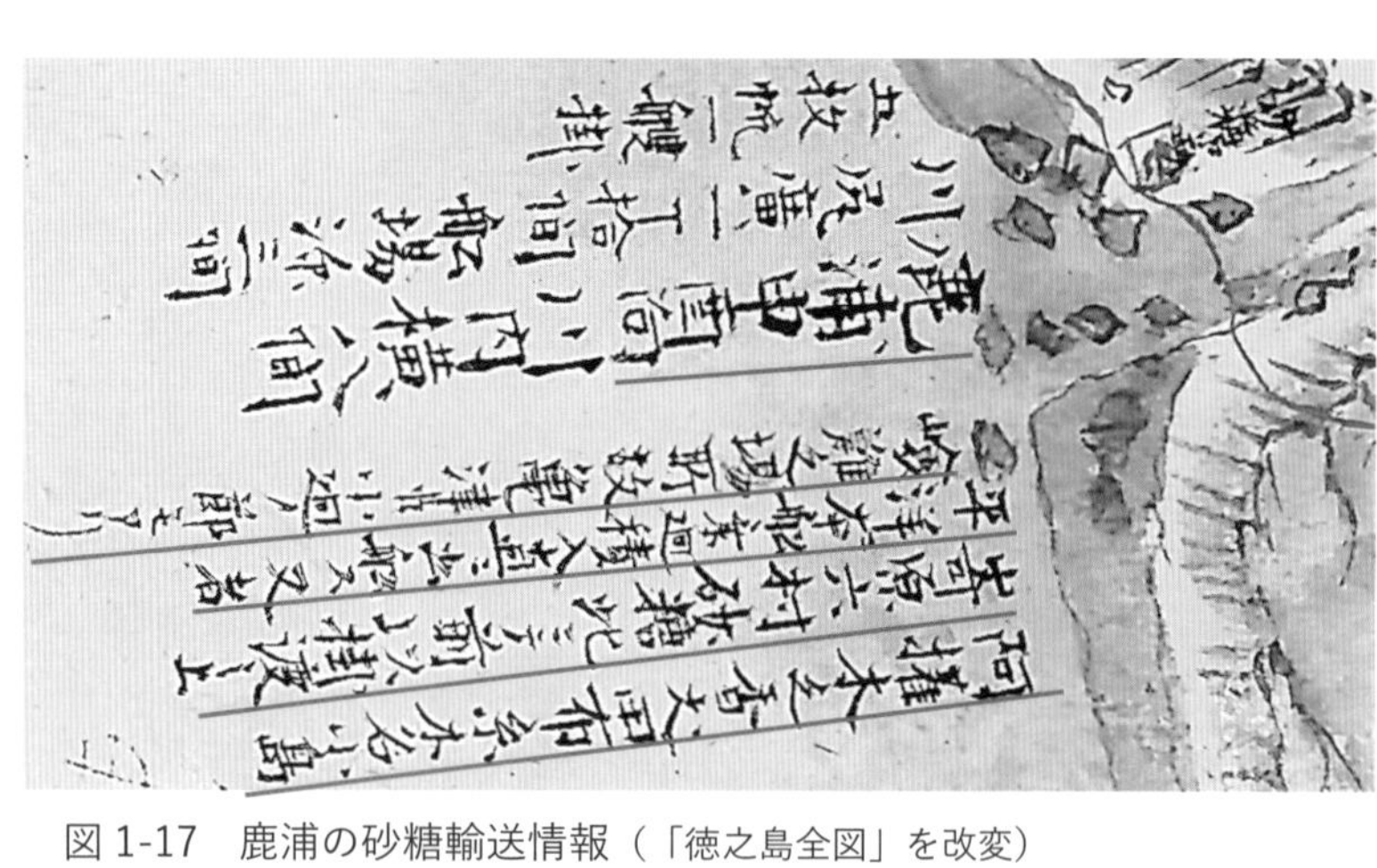

図 1-17　鹿浦の砂糖輸送情報（「徳之島全図」を改変）

体的に紹介するが、それぞれ陸上の砂糖蔵と近い位置関係にある。集積地ごとに積み出し場所と生産地（村名）の関係をまとめると以下の通りである。[*14] 生産地の村数は十五にのぼる。

屋久泊（岡前噯）	手々村
井之川（井之川噯）	花徳村・母間村
亀津（亀津噯）	和瀬村・秋徳村・卸口（尾母村）・本川（喜念村・佐弁村）
鹿浦（伊仙噯）	鹿浦（阿権村・木之香村・犬田布村・糸木名村・小島村・崎原村）
平土野（兼久噯）	秋利神（阿木名村）

集積地は屋久泊・井之川・亀津・鹿浦・平土野の五か所であった。ここから大和船によって薩摩藩へと搬送されたのである（第七章参照）。同図の九つの港と重複するが、ここでは山港・秋徳港・面縄港・湾屋港は見いだせない。井之川・亀津・鹿浦の三か所には、複数の村の砂糖が輸送されていたことがわかる。なかでも亀津と鹿浦の集積地としての特徴や関係に触れておきたい。

亀津には、神之嶺崎と船見崎のあいだの亀津噯の二か村だけでなく、その先の喜念崎までの区間に位置する「卸口」「本川」からも砂糖が輸送されていたことがわかる。後者は喜念噯の両村の砂

＊14　括弧がない村名は積み出し場所と生産地が一致する。「海岸地名」（村名）とある場合は海岸地名が積み出し場所、村名が生産地である。

糖の積み出し場所であった。一方、鹿浦の記載には、「阿権・木之香・犬田布・糸木名・小島・崎原六村砂糖此にて前以て掛け渡しの上、平洋に本船乗り廻り積み入れ、直に出船す。又は嶮難（けんなん）の場所ゆえ亀津へ小廻の節もあり」と見える（図17）。すなわち、鹿浦は伊仙噯の阿権村など六か村の砂糖の積み出し場所であり、かつ、波が穏やかな「平洋（へいよう）」の条件であれば、本船（大和船）が乗り付け、砂糖樽を積み入れそのまま出発する集積地でもあったのである。しかし、前述したように、断崖が切り立つ「嶮難」の場所であるため、亀津に輸送されるケースもあったことがわかる。[*15] 五か所のなかでも特徴的といえよう。同図が作製された十九世紀中頃の状況が反映されていると思われる。亀津には、亀津噯と喜念噯だけなく、場合によっては伊仙噯の砂糖が輸送されることもあったことを確認しておきたい。

＊15　ここでは亀津への海上輸送に「小廻（こまわり）」の語句が用いられている。全体的にも積み出し場所から集積地への輸送は「津廻」が五件、「小廻」が四件と分かれる。距離の遠近によるものではないようである。

第二節　『徳之島前録帳』にみる地域の状況

1　徳之島町域の地域区分

これまで見てきたように、徳之島北側から東側の海岸線は、岬・入り江・干瀬からなる変化に富んだ特徴的な景観を有しており、そこに、現在の徳之島町の町域に当たる岡前噯の手々村から井之川噯と亀津噯の十四の村々の集落が分布していた（噯と村の関係は第五章表5―1参照）。しかし、井之川噯の轟木村は盆地、亀津噯の尾母村は台地などすべての村が海岸線に接していたわけではなかった。また、徳之島西側の断崖に接する崎原村も亀津噯である。それぞれの集落から望む尾根のかたち、見える山も異なった。地域差があり、いくつもの地域が形成されていたと考えるべきであろう。

そこで本項では、村単位だけでなく、景観的特徴とともに村を越えた人びとのつながりなどを踏まえ、次のように九つの地域にグルーピングして、『徳之島前録帳』に見える近世のできごとや歴史的特徴を紹介する（以下、『前録帳』）。九つの地域は、㋐手々村・金見村（岡前噯）、㋑山村（井之川噯）、㋒花徳村（亀津噯）と母間村・轟木村（井之川噯）、㋓久志村・井之川村（井之川噯）、㋔神之嶺村・諸田村（井之川噯）と和瀬村（亀津噯）、㋕秋徳村（亀津噯）、㋖亀津村（同前）、㋗尾母村（同前）、㋘崎原村（同前）である。

各項目では、『前録帳』のできごととともに、再び「徳之島全図」を用いて、砂糖輸送の記載とともに、砂糖蔵の立地、各村の集落との位置関係を確認する。集落のなかに所在、集落から離れたもしくは完全に外れた立地など、集落内外でも差異があることにあらかじめ触れておく。村によっては、描かれていない場合もあり、記載が省略されたこと、すべての村に設置されず、近隣の村の砂糖蔵に納入されたことも想定される。さらに、岡前噯・井之川噯・亀津噯で比較的多く見いだせるのに対して、喜念噯・伊仙噯・兼久噯では三か所とその数が少ない。前述した「本川」「鹿浦」の積み出し場所などの砂糖蔵に集約して納入されたことはあるにせよ、図中では現在の徳之島町域に相当する地域の方が砂糖蔵に関する情報量が多い。*16

また、序章で掲げた近世の略年表のできごとは『前録帳』の記事を典拠とするものが多く含まれる。災害やインフラ整備を少なからず見いだせるが、これまでに詳細に取り上げられているため、*17すべてを扱うのではなく、地域や人びととの具体的な状況がうかがえるものに絞ることとする。火災では、最大規模もしくは焼失した米や砂糖の数量が明記された事例、*18インフラ整備では、できごとに地域の人びとがどう関わったのかを明らかにするためにも、民衆に課された労役の負担である夫遣（ぶづかい）に注目し、対象範囲や人数などの情報が具体的な事例を紹介する。史料の記述上の制約もあり、十八世紀前半から十九世紀中頃までの情報が多くなることをあらかじめお断りしておく。

2　各地域のできごと

手々村・金見村（岡前噯）

「徳之島全図」では、手々村の砂糖蔵は、集落の西側（右側）を南北に流れて干瀬に注ぐ河川（坂元川）の対岸に位置する。与名間村に通じる道路（朱線）沿いに「砂糖蔵」の文字と二軒の建物が描かれている。ほかの村では建物が四角に囲まれていることもあるがそれはない。集落からは離れた位置といえる。干瀬の割れ目（フゥーグチ）と岩礁（クサデン石）の近くに砂糖の海上輸送に関する記載が見いだせるのは前述した通りである（図16参照）。時には輸送途中で事故が発生することもあった（第七章参照）。

金見村の集落は金見崎の手前に固まった状態で描かれている（図18）。砂糖蔵は見いだせない。十九世紀後半の徳之島の島役人の記録によると、岡前噯西側の大城山・山道山・関平山で猪狩りをした詰役人が、尾根の山中を移動、いったん金見村に滞在したあと、「松山」などで再び狩りをして

＊16　一方、「鹿児島縣下徳之島全圖」では、喜念噯・伊仙噯・兼久噯の陸上の情報が亀津噯などに比べて豊富である。いずれも作製過程や目的と関係する可能性がある。

＊17　『徳之島町誌』所収「前録帳に現れた徳之島災害年表」、松下志朗『近世奄美の支配と社会』（第一書房、一九八三年）所収「表29 徳之島における溜池工事」など。

＊18　焼失した物品として、米や砂糖、筵などの上納物のほか、宗門手札が見える場合がある。

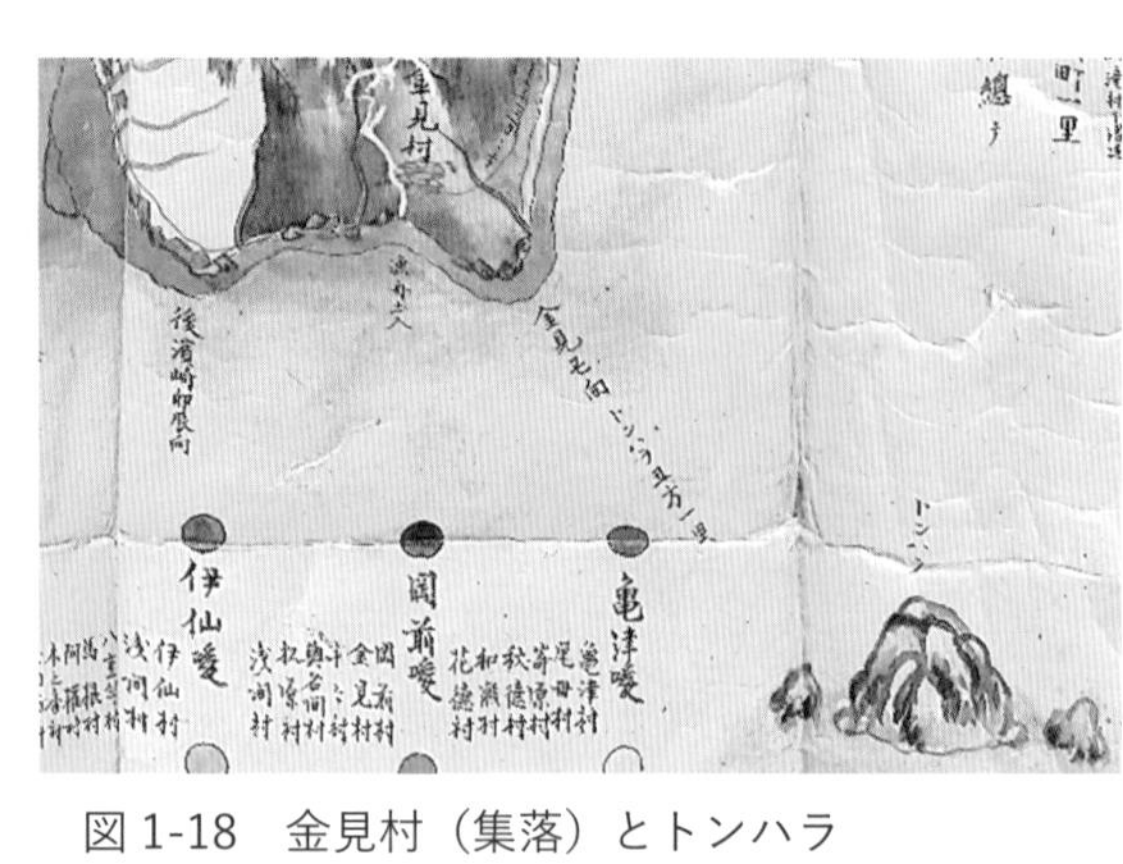

図 1-18　金見村（集落）とトンハラ
（「徳之島全図」部分拡大）

山村に抜けることもあった。[*19] また、図中の金見崎には名称と方位に続き、「トンハラ丑方（北北東）一里」とあり、トンハラとの距離が記されている。はたして海上には「トンハラ」が描かれている。十九世紀中頃の琉球側の記録によると、久高島の海民八名が七島（トカラ列島）の宝島でイラブー（エラブウミヘビ）漁をした復路、くり船四艘のうち一艘が「とん原」付近で沈没した。乗っていた三名は金見村の海岸まで泳ぎ着き、同村で介抱されている。[*20] 海上の目印であるとともに、付近の海域は熟練者が操る船が遭難する難所でもあったことがうかがえる。

山村（井之川噯）

「徳之島全図」では、山村の砂糖蔵は、短い距離ながらも集落からやや離れた場所に位置する。集落の南側（左側）を東西に流れて山港の浜に注ぐ河川（港川）河口近くの北岸に面し、対岸で分岐して轟木村と花徳村に通じる道路沿いに、周囲の三軒とは区別された「砂糖蔵」の文字と囲いがある建物が描かれている（図19）。

『前録帳』によると、十八世紀前半、山村に中国船が漂着した事例を二件確認できる。宝永五（一七〇八）年正月、金間湊に南京船一艘、享保六（一七二一）年二月にも南京船一艘が金間濱に漂着している。乗船者数や出発日および帰帆方法に関する情報はないが、いずれも南京船である。長崎貿易で東シナ海を往還の途中に漂着したものであろう。漂着した金間湊と金間濱は山湊の入り江でも金間崎寄りの場所だったと思われる。[*21]

また、詳しくは秋徳村の項目で扱うが、嘉永二（一八四九）年七月、朝鮮人の板付船（漁船）が大島に漂着、九月に出帆したものの、逆風のため山湊に漂着し、山村に十一日間ほど

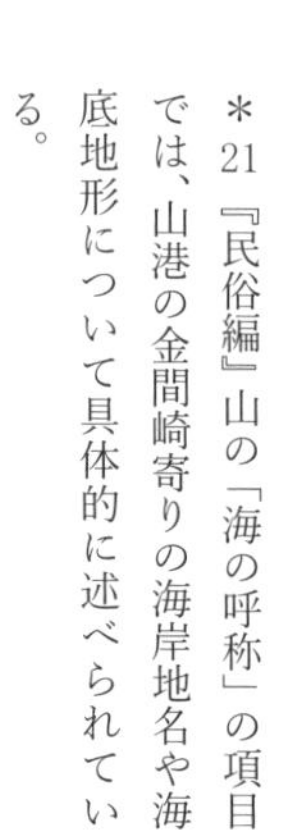

図 1-19　山村集落と砂糖蔵（「徳之島全図」部分拡大）

＊19　『仲為日記』文久三（一八六三）年十二月二日・同三日・同八日条・同九日条。

＊20　「年中各月日記（咸豊六年）」（『琉球王国評定所文書』第十一巻）二九五―二号文書。

＊21　『民俗編』山の「海の呼称」の項目では、山港の金間崎寄りの海岸地名や海底地形について具体的に述べられている。

収容されている。翌年、嘉永三（一八五〇）年には、宮古島から年貢の粟七十九石を積んだ琉球船が那覇に向かったところ、海上で船梶を破損、帆柱も切り捨てた状態で亀津に漂着した。帆柱の用材を与名間と山から調達、亀津に搬送して修理している（関連して第七章参照）。十九世紀中頃、短期間であるものの、山村に漂着した朝鮮人が収容されたこと、漂着した琉球船の帆柱の供給地の一つに選定されたことに触れておく。

なお、『前録帳』では、宝永七（一七一〇）年以降、徳之島代官など詰役人の乗船の到着地が明記されるようになる。当初から井之川湊が頻出するが、一八二〇年代以降は亀津が増加する。そのなかで山湊（山村湊）（図20）の事例も四件ほど見いだせる。文化八（一八一一）年三月、代官の中馬宗之進と附役の新納源之助が初出である。弘化二（一八四五）年四月には、代官の町田孫六などが山湊に到着したあと、亀津に「御廻着」とある。嘉永四（一八五一）年四月にも代官の税所源左衛門などが到着したのち、亀津に廻船とあることから、海路で移動したものと思われる。もう一件は文化十一（一八一四）年である。

図 1-20　山港（「徳之島全図」部分拡大）

さらには、朝鮮人の漂着と同年の嘉永二（一八四九）年九月、藩当局から大島・喜界島・徳之島での白塩焇製造の指示を受けた特殊技能者である「焚子」の小八と伊太郎および「手先」（補助者）の善助の三名が、大島から徳之島に移動してきた。「御領国中」には白塩焇の原料である焚砂が多くないため、前年大島に派遣され、大島では五千四百斤、喜界島からも焚土を取り寄せ一千十九斤半を製造、すでに搬出まで終えていた。徳之島に到着した三名は、三間切の村々の焚砂を実地調査したうえ、白塩焇を製造す

図 1-21　米軍撮影空中写真の山港の浜
（米国国立公文書館所蔵）

る焚木屋の立地条件として、水と薪が潤沢であり、かつ利便性の良い場所をと希望している。そこで選定されたのが山村であった。[*22] 木屋の規模は長さ九間・横三間三尺であり、費用などは三間切の「割合」（負担分割）によって設置された。技能者も山村に滞在したのであろう。身のまわりの世話をする水夫が一日あたり一人ずつ配置されている。山村の人びとも動員されたと思われる。[*23] ほかにも、補助者の「手先」を三人追加するようにとの藩当局の指示に基づき、遠島人のなかから「達者成る者」が増員されている（遠島人はコラム6参照）。

＊22『民俗編』山の「塩と炭づくり」の項目では、山では集落背後の山林資源を活用した炭焼きが盛んであったこと、七十三基もの炭焼き窯跡を確認できることが指摘されている。

＊23 水夫が焚子二名にのみ配置されたとしても、製造期間からして百九十人余（延べ）が動員されたことになる。

製造期間は十二月八日から翌年三月十五日までの三か月余り、製造量は二千九十五斤半であった。山湊に停泊していた大和船によって搬出されている。要した燃料と原料は、薪の総量が生木十二万四千斤（一日につき一千四百斤）、焚土（砂）は一日につき二斗五升入りの俵が三十俵ずつ、小灰も二斗五升入りの俵で五、六俵ずつであった。三間切によって負担されたと思われる。また、「焚子」の食糧（真米と味噌）は御物から御蔵払いで支出され、塩焇を干す工程で必要とした尺筵二十五枚は上納分と差し引きされ、これとは別に、ワラ筵四十枚も岡前御蔵から支出されている。

このように、山湊には大和船が停泊、中国船や朝鮮船が漂着し、山村は山林資源が豊かであったことにより、藩当局から派遣された特殊技能者が短期間滞在するなど、断片的ではあるものの、域外との接点があったことを指摘できよう。

花徳村（亀津噯）・母間村・轟木村（井之川噯）

「徳之島全図」では、花徳村の砂糖蔵は、集落の北側（右側）を東西に流れて浜に注ぐ河川（万田川）河口の対岸（北岸）、海岸線の浜から山村に通じる道路沿いに「砂糖蔵」の文字と二軒の建物が描かれている（図22）。台

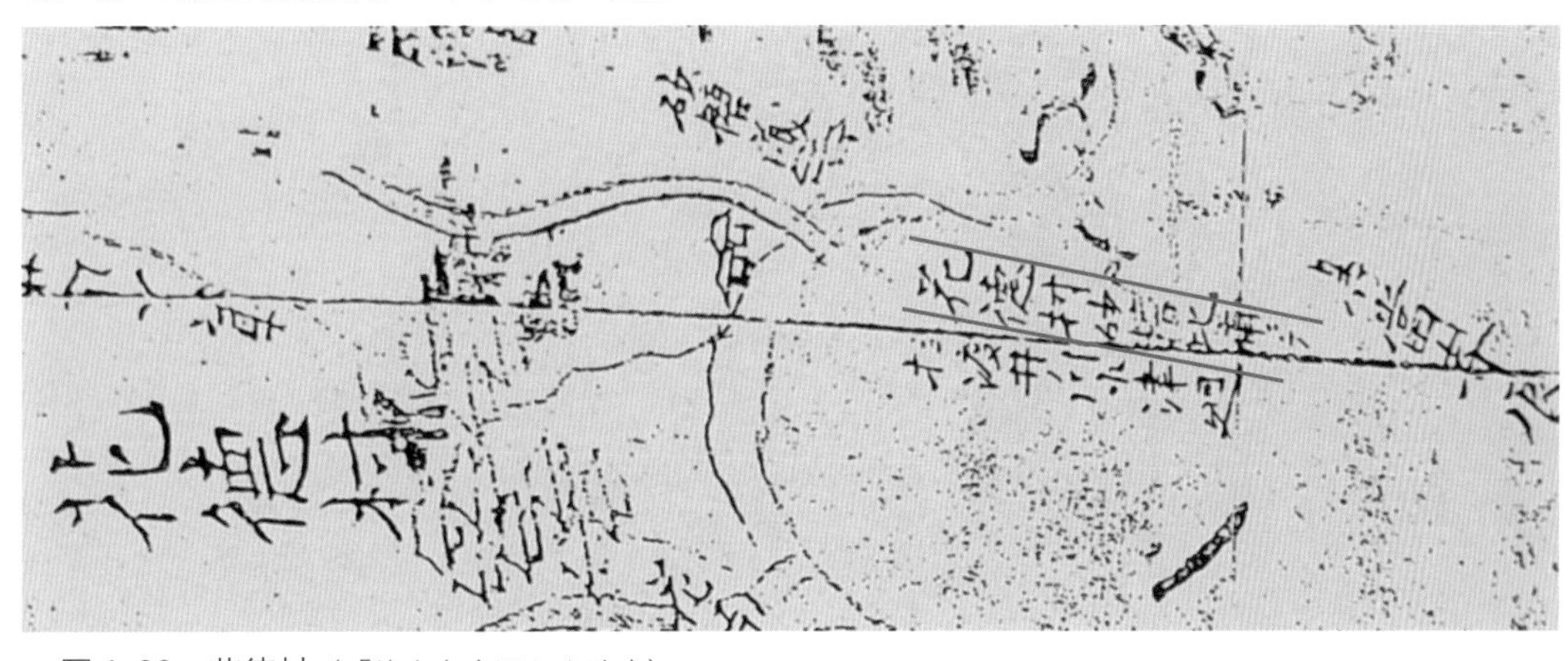

図 1-22　花徳村（「徳之島全図」を改変）

地にある集落からは完全に外れた位置といえる（図23）。これに対して、母間村の場合は、干瀬に接して「母間ノ内麦田」の文字がある集落北側に「砂糖蔵」の文字と囲いがある建物を見いだせる（図24）。集落のなかに位置するといえる。また、前者は入り江の河口近く（「此浦」）、後者は干瀬の先に点在する岩礁の近くに（「此所」）砂糖輸送に関する記載を見いだせる。

また、『前録帳』によると、天保十二（一八四一）年二月、母間村の花時名の有杉居木屋から出火し、民家五十二軒・高蔵八か所、牛五疋・上納筵百五枚・芭蕉二丸・手札（宗門手札）二枚などとともに、砂糖百三十丁余（一万七千斤余）が焼失している。これは砂糖の数量が明記された事例では最多である。「徳之島全図」では花時名に砂糖蔵は描かれていない。麦田の砂糖蔵に収納される前の砂糖樽が花時名の集落で焼失したのではないだろうか。なお、安政三（一八五六）年、詰役人の協議により、砂糖を集積地の大和船に輸送する際に発生する「津廻シ賃米」が減額されている。砂糖輸送の記載にある、母間から井之川や、花徳から井之川だけでなく、山から井之川と花徳から山の区間も設定されている。花徳村で生産された砂糖は、場合によって山に輸送されることもあったようである。

轟木村については、嘉永四（一八五一）年頃、同村から岡前噯への道筋はそれまで「川中」を通過していたため、詰役人から変更と造成の指示があり、「前尾道筋」を通る「本通」に変更したと

図 1-23　花徳村の砂糖蔵跡

図 1-24　母間村（「徳之島全図」を改変）

ある。同時期のインフラ整備の一環と思われる。従来は川沿いの道もしくは川（万田川上流か）が道であったのを、尾根筋伝いのルートに変更したのであろう。[*24]

「徳之島全図」では、轟木村の集落の西側から岡前噯に至る道路（朱線）が二股に分かれ、一方は「岡前迄一里」と「松原迄一里二丁」、一方には「浅間迄一里六丁」と記されている。同村が井之川噯から岡前噯への陸路の要衝であったことがわかる。前者の道路は「驅内山」（馬鞍山）の山麓から「大城山」の山中や「山道山」（三方通岳）とのあいだを通って岡前村と松原村、後者は「大城山」の南側を迂回して浅間村に通じている。原図の作製とルートの変更が同時期であるため、図中に反映されているかは不明であるが、変更があったのは前者の「大城山」までの区間ではないだろうか。

なお、『徳之島事情』第十章の三「神社・寺院・旧蹟」によると、慶応元（一八六五）年、花徳村と母間村の人民が西目間切兼久村上山字モールンツツの雑木を濫伐して畑を開墾した際、兼久村に限って牛馬百余頭が相次いで倒れて死ぬ事態が発生した。兼久村の有力者である時直政が亀津村の安住寺の法師に「悪疫掃攘」を依頼し、モールンツツ山に秋葉神社を建立し、雑木の濫伐を止めたところ、牛馬の死亡は治まったという。

ここでは、花徳村と母間村の人びとが越境して兼久噯の山の雑木を濫伐していたことに注目したい。村を越えた人びとのつながり、三つの噯をまたいだ山中での活動があったのである。それは両村から見える山並みや「深山」の奥にまで及んでいた。さらには、そのつながりと活動は陸上だけに限定されなかった（第七章参照）。

＊24 『民俗編』轟木の「水利」の項目には、万田川上流の名称や地名があげられている。

久志村・井之川村（井之川噯）

「徳之島全図」では、井之川村の集落の西端、干瀬に注ぐ河川（名田川）の河口右岸近くの位置に「蔵」の文字と囲いがある建物を見いだせる（図25）。薩摩藩の施設としての性格を持つ井之川御蔵である。*25 御蔵が位置したのは、徳之島の三間切全体では、東間切は井之川村とともに亀津噯亀津村、面縄間切は喜念噯面縄村、西目間切は兼久の平土野（阿布木名村）と岡前噯の湾屋（浅間村）である。*26 文政十三（一八三〇）年に始まった第二次砂糖惣買入制のもと、薩摩藩が大島・喜界島・徳之島に給付した米・大豆・繰綿・茶などの物品は五十七品目を数える。*27 これらは領内の海商の船や当局がチャーターした御用船などの大和船によって搬送され、御蔵に収納されたのち村ごとに配当された（第七章参照）。

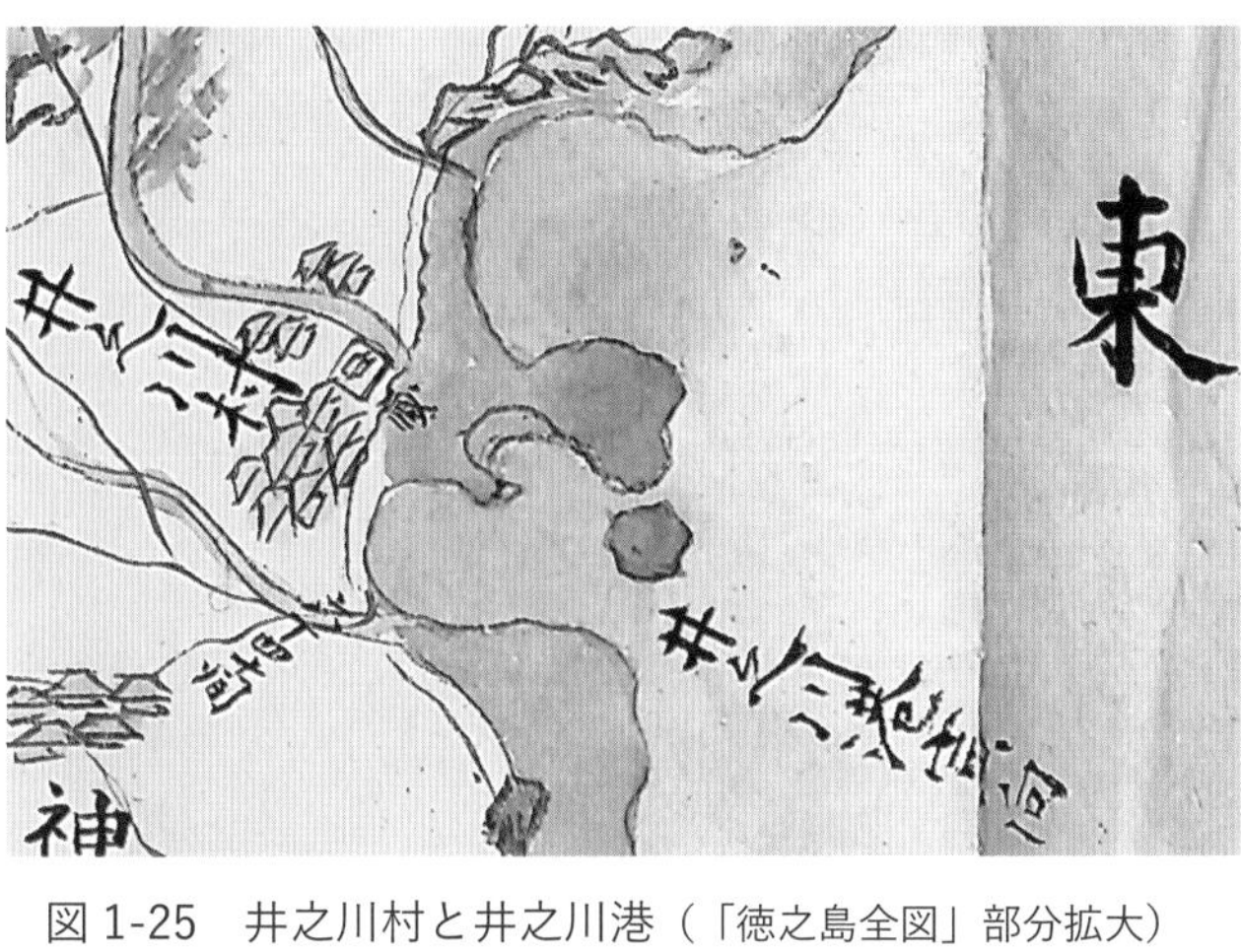

図1-25 井之川村と井之川港（「徳之島全図」部分拡大）

『前録帳』によると、井之川御蔵は十八世紀前半に二回にわたって火災が発生しており、収蔵された御米にも被害があった。宝永六（一七〇九）年十二月の出火では御米が相当数焼失した。当時、徳之島全体で疱瘡が流行して大飢饉の状態にあった（序章略年表参照）。詰役人は焼け残った米の品質を検査のうえ、拝借米として支出することを指示している。享保八（一七二三）年正月の出火でも御米が焼失した。このときは焼けた米の品質検査を経て、「所御入付」として扱われている。両度とも焼失した御米の数量は不明であるが、事後の対処や処理の仕方に違いがあったことがわかる。

山村の項目で述べたように、『前録帳』には徳之島代官など詰役人の乗船の到着地として井之川港が頻出する。任期を終えた詰役人が出発するまで滞在する施設として移

＊25 御蔵（御用蔵）の位置については、『民俗編』井之川の「場所の記憶（井之川 宝島・伊宝）」を参照。

＊26 『仲為日記』慶応二（一八六六）年十月十三日条には平土野御蔵の竣工をうかがえる記事が見える。一方、「徳之島全図」でも蔵の文字と囲いがある建物を見いだせる。

＊27 『鹿児島県史』第二巻第三編第一章第八節「甘蔗耕作及び製糖」所収の「文政十三年の諸品代糖表」で各品目に対する代糖の量を確認できる。

仮屋(かりや)が設置されていた。天保三（一八三二）年二月には、井之川村諸横目宅が火元となり、移仮屋などの施設とともに人家六十六軒に延焼する大規模な火災が発生した。[*28] 折からの北風によって和瀬村の人家十軒も類焼している。井之川村で焼失した施設は、代官所一軒、大仮屋(おおかりや)、横目仮屋二軒、附役仮屋二軒、津口番所一軒、与人役所一軒に及んだが、御蔵には延焼しなかったようである。「徳之島全図」では井之川村に砂糖蔵は描かれていないが、このとき、同村で上納砂糖六千斤、和瀬村でも少々（数量不明）が焼失している。一方、久志村でも、安政四（一八五七）年二月の火災により、家四十二軒・砂糖二千百斤余・尺筵(しゃくむしろ)四十二枚が焼失している。「徳之島全図」が作製されたあとのできごとであるが、同村にも砂糖蔵は描かれていない。井之川に輸送される前の砂糖が集落で焼失したものと思われる。両村を合わせ火災による被害が少なくなかったのである。

なお、天保十（一八三九）年、井之川村の移仮屋は、島役人の請願が認められ、亀津村の借仮屋をもって充当するとされた。移仮屋の家屋は入札され、五つの噯へ代米によって売却処分されることとなった。大仮屋は亀津噯（申受人(もうしうけにん)は井之川村）、上仮屋は兼久噯、下仮屋は伊仙噯、東仮屋は井之川噯、西目仮屋は喜念噯である。天保三年の大火災のあと、大仮屋などは再建されたようである。上仮屋と下仮屋が横目仮屋、東仮屋と西目仮屋は附役仮屋に相当すると思われる。一方、亀津村では、前後する一八一〇年代から一八三〇年代にかけて、大仮屋など四つの仮屋が改修・再建されている（コラム1参照）。この時期、薩摩藩の統治拠点は亀津村への集約化が進んだといえよう。

鹿児島とのあいだでヒトやモノが行き交った井之川港であったが、十九世紀前半、「湊頭(みなとがしら)川筋」の河口に砂が流出し、次第に水深が浅くなったため、御用船を繋留する場所にも不都合が生じた。そのため、与人・津口横目・黍横目格筆子が願い出て、島役人の負担によって、文政二（一八一九）年秋に川筋の付け替えが竣工している。「湊頭」に砂が堆積しないよう河口付近の流路を変更したのである。十九世紀のインフラ整備でも、島役人による負担では早い事例であることに触れておく。「徳之島全図」では、井之川村の集落の両端に二本の川筋を見いだせるが、河川改修が反映されて

図1-26　井之川集落「場所の記憶」（『民俗編』部分拡大）

＊28　文化元（一八〇四）年十月にも東仮屋が火元の火災により、井之川移仮屋は全焼、五十六世帯が焼失している。

図 1-27　現在の前川の河口

いると思われる。集落東側で干瀬の割れ目に注ぐ河川（前川）の河口部はこのとき流路が開削されたものである（図27）。

井之川湊に到着したのは大和船ばかりではなかった。嘉永三（一八五〇）年八月、井之川沖に「流物」（浮遊物）を発見し、井之川村と久志村の人びとが板付船で出動したところ、それは異国船の船具であった（異国船は第八章参照）。帆柱三本、白帆の切れ端五十〜六十件、鉄金具の鎖一丈二尺余（重量五十八斤余）を回収している。井之川与人がその旨を報告したところ、回収した物品は代官所のある亀津に運ばれ、さらには御国元（鹿児島）まで輸送されている。藩当局による検分のためと思われる。

また、嘉永五（一八五二）年十一月、亀津御蔵の御米が払底したため、同朔日に井之川御蔵から御米百俵を板附船に分載して「津廻」（輸送）しようとしたところ、井之川湊口で転覆してすべて流失する事態となった。翌二日から回収に着手している。流失は広範囲にわたったのだろう。二十日頃までにようやく三十七、八俵を取り揚げている。しかし、六十俵余りは失われたことになる。御米の損失は御蔵の出火ばかりではなかったのである。ここでも生業が海や船に関わる井之川村と久志村の人びとが米俵の回収に携わった可能性があろう。こうした役割を担った集団は、ほかでも「水入人数」として散見するが、井之川の港湾労働は両村の人びとの夫遣によって支えられていたと考えられる。[*29]

神之嶺村・諸田村（井之川噯）**・和瀬村**（亀津噯）

「徳之島全図」では、和瀬村の砂糖蔵は、近接する諸田村の集落とも離れた東側の海岸線、和瀬村の集落の南側（左側）を流れて干瀬に注ぐ河川（ハマジゴか）の近くに「砂糖蔵」の文字と二軒の建物が描かれている（図28）。

＊29　大和船に砂糖樽が積み込まれたのち出発前に破船することもあった（第七章参照）。

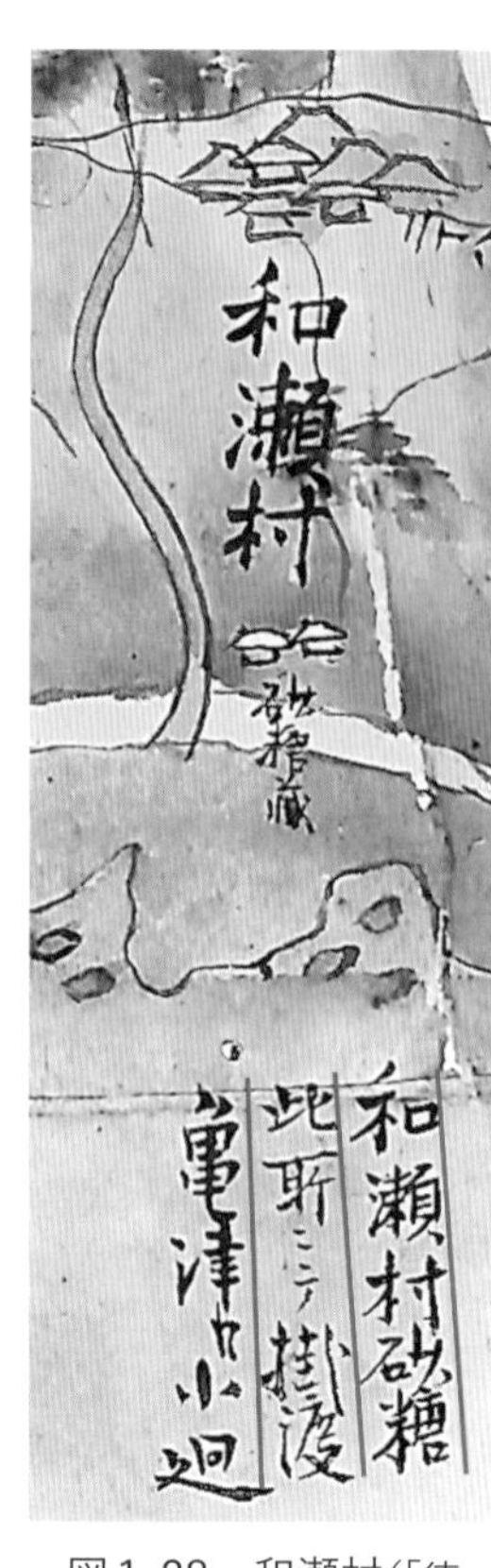

図1-28　和瀬村（「徳之島全図」を改変）

和瀬村と諸田村の集落から合流して砂糖蔵まで通じる道路がある。台地と段丘上の集落から完全に外れた位置といえる。干瀬の小さな割れ目（ナングモイか）に点在する岩礁近く（「此所」）に砂糖輸送に関する記載を見いだせる。

和瀬村の御田地に供する用水と生活用水のための溜池（ミィ池か）は、天明二（一七八二）年に大規模な改修がされた。しかし、『前録帳』によると、十九世紀前半になると溜池から用水への流路である「樋」（水道か）が破損するなど老朽化が進んだようである。修理のため夫数一五四〇人が動員され、文政二（一八一九）年九月に竣工している。夫遣の延べ人数が具体的にわかる貴重な事例である。同村に設置された「板書」には経緯の詳細が記されていた。同年の井之川村での川筋の付け替えは島役人の負担であったが、これは民衆に課した夫遣によるものであり、両者のあいだに差異があること、十八世紀後半段階ですでに改修が実施されていたことを指摘しておく。

また、徳之島全体でインフラ整備が集中した時期に当たる嘉永四（一八五一）年頃には、亀津から井之川までの「本通道筋」の和瀬村と神之嶺村のあいだが通行不便なため、指示により、「新道筋」を造成したとある。「和瀬村川」から「神之嶺上高樋」までの区間を「和瀬川」より「西上通リ」に変更するものであった。夫遣か島役人の負担のいずれかは不明である。同時期には、諸田村で溜池の浚渫、＊30 和瀬村では溜池の「頭」に新たな溜池（ウン池か）の造営が島役人の負担によって実施されている。前者は亀津噯黍横目・井之川噯田地横目・井之川村掟ほか四名、後者は

図1-29　神之嶺村・諸田村・和瀬村の集落位置（「徳之島全図」部分拡大）

＊30　諸田池は寛文十（一六七〇）年頃に造成されている。新田開発との関係は第四章参照。

亀津噯津口横目による。諸田村の場合、指示を受けたうえ、島役人が「堀方（ほりかた）」を願い出ており、和瀬村での造営でも「右同断」と明記されている。島役人の負担であっても、まず、徳之島代官など詰役人の指示があり、申請手続きをしていたことがうかがえよう。

三件の土木工事は、「徳之島全図」の作製と同年であるが、図中には和瀬村の集落の西側から神之嶺村方面に通じる道路（朱線）、諸田村と和瀬村の溜池と「池」の文字、和瀬村の溜池には隣り合ってもう一つの池が描かれている。竣工した状態が反映されていると思われる（図29）。

秋徳村（亀津噯）

「徳之島全図」では、秋徳村の砂糖蔵は、集落東端に位置し、浜（ユドゥバマ）に面した場所に「砂糖蔵」の文字と建物が描かれている（図30）。集落の近くであるといえる。入り江の入口に砂糖輸送に関する記載を見いだせる。後述する尾母村も含め、徳之島北側から東側に位置した十四か村のうち砂糖蔵が描かれているのは七か村、集落のなかや集落近くに位置したのは母間村と秋徳村の二か村のみであることに触れておく。

図 1-30　秋徳村集落と砂糖蔵（「徳之島全図」部分拡大）

秋徳湊（図31）には、十八世紀後半から十九世紀中頃にかけて、徳之島のほか喜界島や大島に漂着した中国船や朝鮮船が廻船（かいせん）（移動）・停泊している。[*31]『前録帳』によると、明和五（一七六八）年六月、尾母村下の卸口浦に唐船（中国船）一艘が漂着した。船尾を破損したため、秋徳湊に廻船のうえ修理を終え帰帆したとある。乗船者数は二十六人であった。文化六（一八〇九）年三月、唐船一艘が井之川湊沖に漂着した際にも、牽船（ひきぶね）で秋徳湊まで曳航（えいこう）している。牽船は井之川村と久志村の

＊31　徳之島に漂着した中国船と朝鮮船の全体状況については、第八章表8―1を参照。

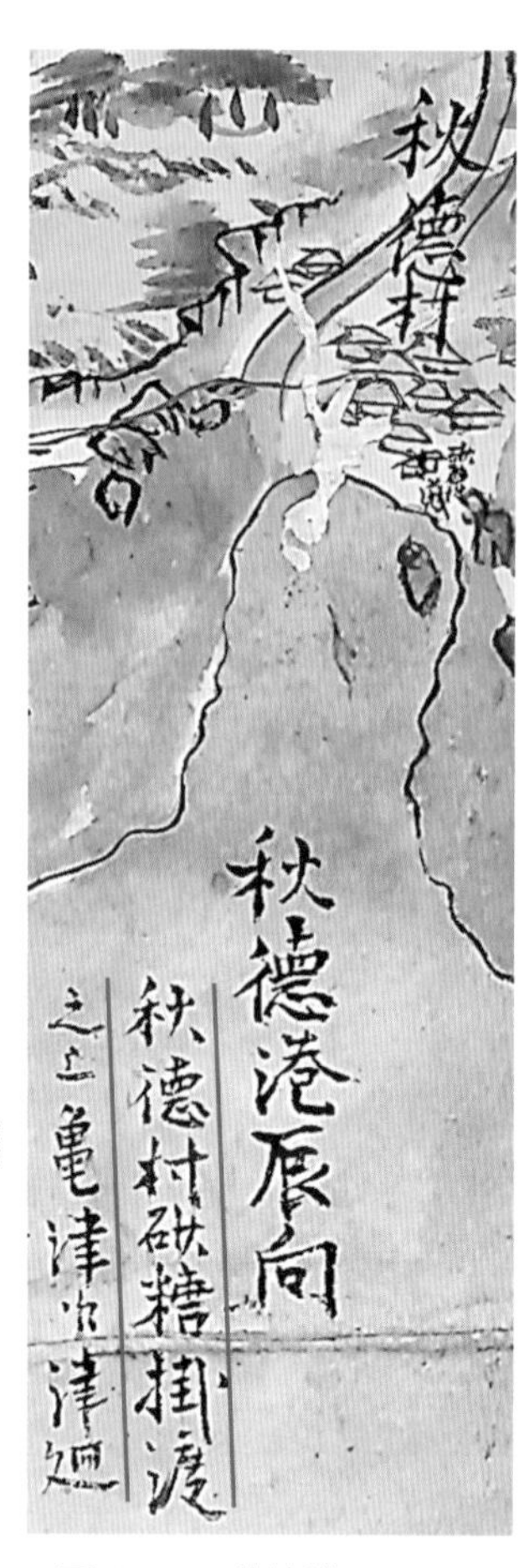

図 1-31　秋徳港
（「徳之島全図」を改変）

人びとが夫遣によって動員された可能性もあろう。結果的に秋徳湊で破船したものの、修理のため曳航されたのではないだろうか。乗船者数は不明であるが、四月には琉球に送還されている。*32

天保十二（一八四二）年正月には喜界島で唐船が破船した。二月、生存者を本琉球（沖縄島）に送還する板附船三艘のうち一艘が秋徳湊に停泊している。唐船の乗船者百一人に対して三十九人が溺死、生存者は六十二人であった。板附船には十一人が乗り込み、喜界島の唐通事一名も同乗していた。*33 また、嘉永二（一八四九）年九月五日、朝鮮人七人が乗船した板付船が山湊に漂着した。唐通事が出張り、言語が通じないため筆談を試みたところ、七月に出漁したものの漂流して七日目に大島に漂着、前日の九月四日に出帆したが風向きが変わって徳之島に漂着した経緯が判った。山村に十一日間ほど収容されたものの、「遠方」で何かと不便であるため、同十五日、本船（板付船）に唐船方津口横目が同乗して秋徳に移動している。

漂着民は秋徳村の陸上の宿に収容された。一日あたり米三升五合と野菜六把ずつの食糧が支給されている。朝鮮人と配置された唐通事などの世話をする夫四人と野菜や薪類の提供は、秋徳村単独ではなく、六つの噯による「割合」とされた。十二月、伊仙噯惣横目など三名の島役人によって本琉球に送還されるが、三か月近くにわたって秋徳村に収容されていたのである。なお、嘉永七（一八五四）年三月、大島に漂着した朝鮮人六人を本琉球に送還する船舶が秋徳湊に停泊、五日ほどのち出帆した。大島の唐通事一名が同乗していた。この際、嘉永二年の漂着民は同四（一八五一）年に朝鮮へ

＊32　琉球を経由した漂着民の送還体制については、第八章参照。

＊33　奄美諸島と徳之島における唐通事の設置時期などについては、第五章参照。

帰着した旨の情報提供があったとある。唐通事を介したものであろう。

中国船が修理のため漂着地から秋徳湊に移動していること、朝鮮人が漂着地から移動して秋徳村に収容されたことはほかの地域に見られない特徴といえよう。前者では、船舶を修理するのに適した入り江の環境、派遣された可能性も含めた技能者集団の存在、後者では、地理的に亀津に近い場所での漂着民の管理などの理由が考えられる。また、秋徳湊は、奄美大島と喜界島に漂着した中国船や朝鮮船が本琉球に送還されるルート上での経由地として位置づけられていた可能性もあろう。山湊や井之川湊ではなかったのである。

なお、前述したように、『前録帳』には、十八世紀前半以降、代官など詰役人の乗船の到着地が明記されるが、秋徳湊の事例は早い時期に二件のみ見いだせる。初見の宝永七（一七一〇）年および享保五（一七二〇）年である。ほかにも、十八世紀後半の宝暦十三（一七六三）年十月、代官と附役の詰役人両名が面縄間切与人ほか十三名の島役人を伴い[*34]、大島に逃散（ちょうさん）した人びとを連れ戻すため井之川湊を出発したものの、逆風によって到着できず、秋徳湊に戻って待機、順風が吹かずに中止となった一件がある。一七七三年には大島に逃亡した人びとを実際に連れ戻しているが（第七章参照）、その十年前のできごとであること、島役人の職名と人数がわかること、秋徳湊で風待ちをしていること、乗船は船頭が種子島の喜右衛門の船舶（種子島船）であったことに触れておく。

亀津村（亀津噯）

まず、「徳之島全図」から亀津村の集落を概観してみたい（図32）。東側の海岸線には北から北瀬・中瀬・真ん中の瀬の干瀬が連続する。その割れ目に注ぐ河川（大瀬川）の両岸、特に右岸（南側）にはほかの村よりも多くの家屋が描かれている。「假屋（かりや）」の文字と囲いがある敷地と建物を五つ見いだせるが、詰役人の執務所である大仮屋（代官所）と滞在施設の仮屋である（コラム1参照）。集落の西側には丘が迫っている。決して広くはない空間に薩摩藩の統治拠点である施設と一般の民家が集まっていたことがわかる。集落の南側には水路（丹向川）が流れている。

一方、河川の左岸（北側）には流路に沿って家屋が並んでいるが、その数は右岸よりも少ない。集

＊34　面縄間切与人、同間切寄与人、西目間切寄与人、東間切惣横目、同間切横目二名、同間切寄目指三名、杣見廻四人の十三名である。三間切のなかでも東間切の島役人が多い。

図 1-32　亀津村集落と周辺
（「徳之島全図」を改変）

落北端の「蔵」の文字と囲いがある建物は御蔵(おくら)である（図33）。その先の断崖に沿って秋徳村に道路（朱線）が通じている。代官所などは集落のなかであるのに対して、御蔵は対岸の外縁部に位置したことを確認しておく。御蔵の立地は井之川村と異なるといえよう。

次に、亀津村をめぐる自然環境や条件を安住寺(あんじゅうじ)の再移転から考えてみたい。[*35]『前録帳』によると、天保三（一八三二）年三月、安住寺輪住の貞淳和尚が勧化米(かんげまい)と自らも米を準備しての移転の願い出がかない、同村の佐衛孝の屋敷地へ移転している。[*36] 移転を望んだ理由として、それまでの位置が亀津村でも「海辺」であり、集落から離れて「不締(ふじまり)」であること、大風などの節は波が打揚げ、堂社の破損も多々あったことをあげている。[*37] 移転の二年前、天保元（一八三〇）年七月には、北東から南東にかけての大風と津波により、同村の「浜辺」の人家が三十軒流出したとある。安住寺は流失こそしなかったものの、これが直接のきっかけとなり、亀津村のなかで移転したのではないだろうか。

これに先だって、文化七（一八一〇）年七月の大風高波でも亀津村の「海辺」の家屋が四十軒余り流失、文化十一（一八一四）年六月には、未曾有の大風波により徳之島全体で流失家屋百七十九軒を含む甚大な被害が発生している（序章略年表参照）。十九世紀前半に限っても、亀津村では「浜辺」や「海辺」の家屋が数十軒規模で流失する被害が三回繰り返されている。徳之島東側のほかの地域には見られない歴史的特徴といえる。亀津は徳之島における砂糖の集積地でもあったが、こうした条件の

＊35　元文元（一七三六）年に井之川村に建立され、延享元（一七四四）年には亀津村に移転している。『前録帳』の明和七（一七七〇）年の記事では面縄間切との関係も見いだせるが、少なくとも、十九世紀前半の段階では亀津村の「海辺」に位置したと考えられる。

＊36　『民俗編』亀津の「場所の記憶（亀津 東区・北区・中区）」に見える安住寺跡の位置は亀津村のなかでの移転が反映されていると思われる。

＊37　『徳之島事情』第十章の三「神社・寺院・旧蹟」によると、文政五（一八二二）年、大破した安住寺に本堂が再建されたとある。

図 1-33　亀津御蔵跡

もとにある場所に薩摩藩の統治拠点である代官所が置かれた意味を考える必要があろう。

前述した御蔵の先の断崖上には秋葉神社（図34）が立地する。[*38] 境内には天保十三（一八四二）年の寄進碑が二基現存する（文政年間の島役人の寄進碑は第五章図5—12参照）。そのうちの一基に注目したい。銘文から種子島出身の船舶乗組員である柳田新蔵が奉納したことがわかる。「徳之島全図」の砂糖の海上輸送に関する記載によると集積地の一つが鹿浦であった。『前録帳』の天保十一（一八四〇）年頃の記事には、寄進碑と同時期に鹿浦が港湾施設として整備されたことが記されている。

当時、鹿浦を大和船の「居船場」（停泊地）とする構想が浮上しており、事前調査のため船頭二、三名が派遣された。筆頭に種子島の柳田新蔵の名前を見いだすことができる。寄進碑の人物と同一と思われる。十分な整備をすれば条件は面南和湊よりも良好である旨を詰役人に報告している。その結果、寅年（一八四二）に着工されることと決定した。

伊仙噯与人や惣横目などが島役人の負担によって整備することを詰役人に申請、許可されたうえ、同噯中から「雇人」を集めて整備に取りかかった。海上では、「トビラ」の右側に波戸、「西の方水カキ」として大石垣を建造、河川河口部の石は除去、河口両岸には「大石」を築造している。また、陸上には、「上下砂糖蔵鋪」（砂糖蔵）を設置、日記所と番屋も併置され、いずれも同年中に竣工した。大規模な土木工事といえる。一八五〇年代に作製された「徳之島全図」には整備されたあとの状態が描かれていることになる。

そして、詰役人の検分を済まし、翌春（一八四三年）の「船居場」として供用することが指示された。そのとき、はじめて鹿浦を利用した船舶が種子島の柳田新蔵船であった。以降、毎年二、

図1-34　秋葉神社の鳥居と参道

＊38　宝永七（一七一〇）年、同地に弁財天堂が建立され、文化元（一八〇四）年には金比羅宮が勧請された。秋葉権現が祀られた時期は不明、秋葉神社は後年の呼称である。『民俗編』亀津の聖地の項目を参照。

図 1-36　柳田新蔵の寄進碑（左面の年号）

図 1-35　柳田新蔵の寄進碑（正面）

三艘ずつが砂糖を搬出するようになったとある。柳田新蔵は、同時期、徳之島への来航経験が豊富であり、鹿浦整備の事前調査に選出されたように、海岸地形も熟知していたのであろう。秋葉神社はそうした船舶関係者が海上安全を祈願する場であったため、寄進碑（図35・36）が奉納されたことを指摘しておきたい。[*39]

　奄美諸島のほかの島々での種子島出身者の活動に目を転ずると、文政十二（一八二九）年、喜界島で種子島の船頭や水主と島の人びとが黒糖二万二百斤もの抜け荷で捕まっている。これを契機として、翌年の天保元（一八三〇）年、藩家老四名の連署で「抜荷死罪」規程が種子島・奄美・琉球へ布達されることとなった。[*40] 鹿浦の整備はその十余年あとのことである。柳田新蔵はそれまでに徳之島との往還を重ね、詰役人に一定の信頼を得ており、結果、さらにその関係を安定させたのではないだろうか。

＊39　一方、詰役人が発着した井之川村のイビガナシに対して、享保十七（一七三二）年に任期を終えた徳之島代官が寄進をしている。復路の海上安全を祈願したのだろう。時期差はあるものの、詰役人と船舶関係者では祈願の場が異なった可能性もある。代官による寄進と銘文については、『民俗編』井之川の「イビガナシ」の項目を参照。

＊40　『喜界町誌』（喜界町、二〇〇〇年）所収、第六章第二節の四「抜荷と厳罰」に詳しい。

『前録帳』によると、一八四〇年代後半、亀津の大瀬川の上流と下流で「洗崩（あらいくずれ）」（氾濫や決壊）があり、流路をもとの川筋に固定しようとしていた。嘉永二（一八四九）年九月、亀津曖黍横目ほか十名の島役人による負担で土手を造営している。氾濫があった要注意箇所だったのだろう。また、同時期には、亀津川に板橋が架けられている。長さ十四間・幅六尺の板橋を掛けるよう仰せ渡されたとあり、あらかじめ詰役人が規格を指示していた。設置の理由は、三間切に対する御蔵での「御品物」の配当などの際、詰役人の移動に支障をきたすためであった。三間切の「割合」で造営するようにとも指示している。人数や数量は不明であるものの、三間切から夫遣による人員が動員され、費用となる「出米（でまい）」が供出された。土木工事の技術者として、大工は遠島人の濱島十助が関わっている。

さらには、これより前の弘化三（一八四六）年四月、亀津村の居木屋から失火、「御座（ござ）」・「五御仮屋」・与人役所・民家を含め百七十軒が焼失する大規模な火災が発生した。同年秋に「亀津御座」と「御仮屋方」は再建されている。弘化二（一八四五）年四月に徳之島代官として町田孫六が着任した翌年であった。弘化四（一八四七）年四月に宮内藤助、嘉永二年四月に福永仁右衛門が着任している。前後する時期には大瀬川も氾濫している。大瀬川の上流と下流に土手を造営すること、亀津川の対岸（北側）の御蔵に通じる箇所に架橋することは、大火災のあとの復旧とともに、三代の代官の在任期間にわたる懸案であり、連動したインフラ整備だったのではないだろうか。ただし、土手の造営は島役人の負担、架橋は代官の指示による三間切の負担という違いがあったことを確認しておきたい。

ちなみに、「徳之島全図」には板橋は描かれていないが、『徳之島事情』第一章の五「道路・港湾・堤防」によると、明治二十八（一八九五）年当時の現況として、「橋梁（きょうりょう）ト称セラルベキモノハ、亀津川ノ大瀬川ニ独リ一個ノ木橋ヲ架シアルノミニシテ、其他川流ニ橋梁ナシ」と見える。この木橋は、それまでに何回か改修されたようであるが、一八五〇年頃に架けられた板橋と同じ位置であろう。[*41]

＊41　『徳之島事情』では、明治八（一八七五）年から改修が亀津地方の負担に変更されたことに触れられている。

図 1-37　尾母村と白井村の集落位置（「徳之島全図」部分拡大）

尾母村（亀津噯）

　尾母村は亀津噯の村々のなかでも南端に位置する。集落の立地はほかの村とは異なり内陸部の台地上である。[*42]「徳之島全図」では集落から四本の道路（朱線）が延びている（図 37）。うち二本は喜念噯につながる。一つは、集落の北西から喜念噯の白井村に通じているが、「剥嶽」の左側（南側）の山麓で亀津村から通じる道路と合流している。白井村の集落近くには「尾母迄廿五丁」の文字を見いだせる。一つは、集落の南西から本川の上流を越えて喜念噯に入り、白井村から喜念村に通じる道路と合流している。道路が他地域につながるのは井之川噯の轟木村と同様である。尾母村は亀津噯から喜念噯への陸路の要衝だったのである。そして、残りの二本の道路は、船見崎から喜念崎の区間の海岸線に位置した別個の砂糖蔵にそれぞれ通じていた。

　尾母村の砂糖蔵は、砂糖の積み出し場所である「卸口」の浜（大浜）に面して「砂糖蔵」の文字と囲いがある建物が描かれている（図 38）。亀津村方面から海岸線をまわって喜念噯に至る道路に沿い、尾母村の集落の東で分岐した道路が砂糖蔵まで通じている。台地の集落とは完全に異なる空間に位置するといえる。小さな入り江の岩礁が点在する付近に「卸口」の文字があり、その右側（「此浦」）に砂糖輸送に関わる記載を見いだせる。

　また、前述したように、喜念噯の喜念村と佐弁村の砂糖は、亀津噯と喜念噯の境界でもある「本川」に積み出され亀津に輸送されていた。はたして、河口左岸（北側）に「砂

＊42『民俗編』尾母のトピック「尾母の高台から島影を見る」には、尾母から遠望した請島・与路島・加計呂麻島・奄美大島の写真が掲載されている。

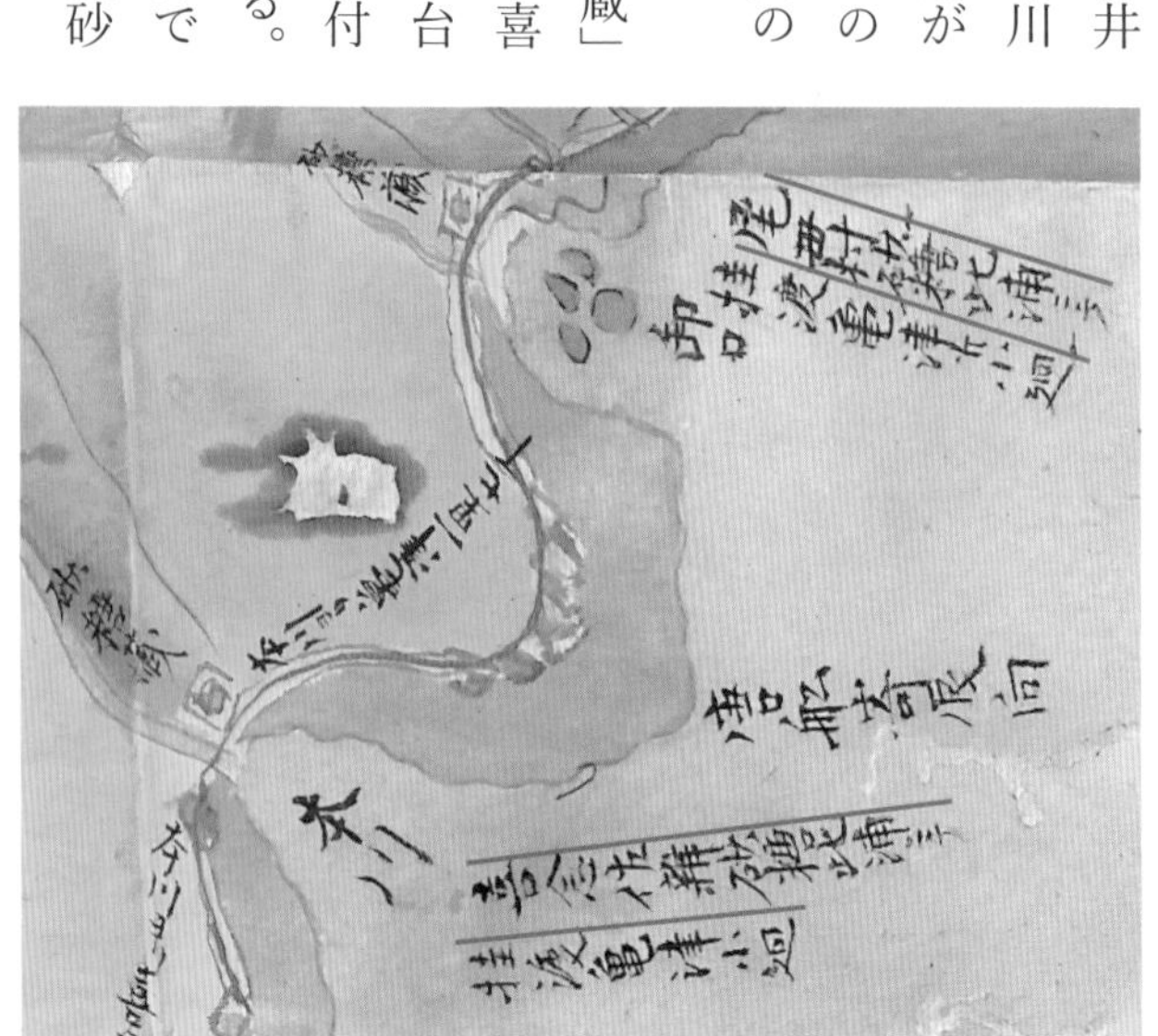
図 1-38　卸口と本川の砂糖蔵（「徳之島全図」を改変）

糖蔵」の文字と囲いがある建物を見いだせる。両村の砂糖蔵は、場所からすれば対岸の亀津噯側、すなわち尾母村に位置したことに触れておく。尾母村の集落の南から直接通じる道路（「本川廿一丁」）と喜念噯からの道路が交わる地点でもあった。河口の先に広がる入り江（「此浦」）に砂糖輸送に関する記載を見いだせる。

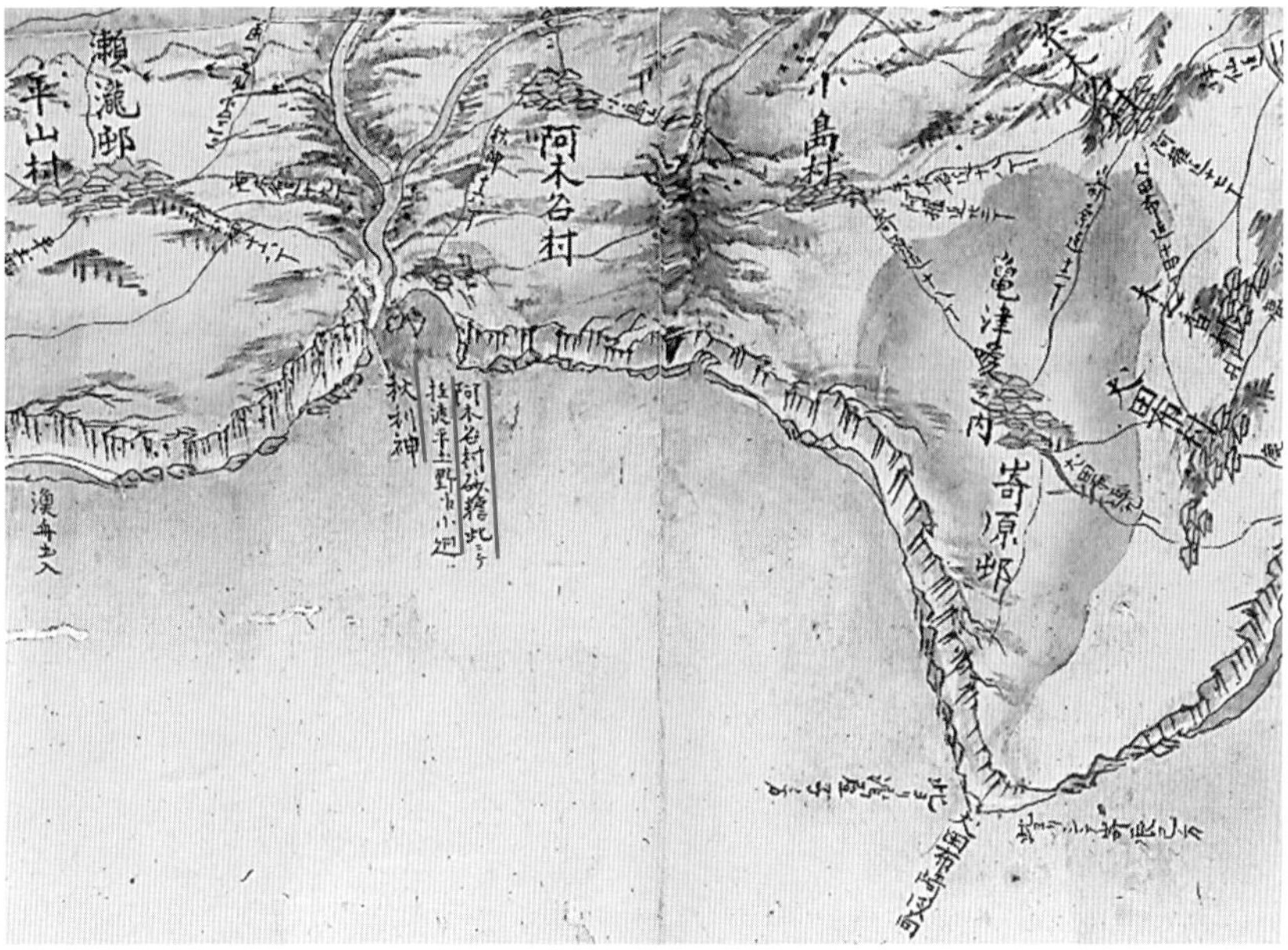

図 1-39　崎原村の位置（「徳之島全図」を改変）

『前録帳』によると、文化十五（一八一八）年三月、本多弾正少弼の領地の江戸御続御米積船が本川浦に漂着し、喜念村下の干瀬に乗りあげ破船している。船頭と水主十二名は無事上陸したが、船中で病死した一人の遺体は「本川砂糖木屋」の後方の山野に埋葬したとある。場所は尾母村であったことになる。

崎原村（亀津噯）　徳之島西側の伊仙噯の犬田布崎近くに位置する崎原村は亀津噯に属した（第五章参照）。寛延元（一七四八）年に亀津村・秋徳村・尾母村の人びとが原野を開墾し、同三年から年貢の上納が始まったとされる。[*43]『前録帳』によると、寛延三（一七五〇）年、崎原村の新畠に「御竿入」があり、徳之島代官と横目の詰役人が出張ったとある。

また、文政六（一八二三）年に鹿児島へ上国した兼久噯与人の道統に対して、翌年（一八二

＊43　『徳之島事情』第一章の二「位置地勢」。

四）二月付で藩家老の内蔵（新納久命）による褒美状が発給された。[*44] 鹿児島滞在中の同十九日に道之島掛の御用人を介して本人に手交されている。兼久噯の阿木名村から瀬瀧村までの道路は、秋利神村が往来の難所であり、以前から島役人が夫遣による「道普請」を検討していた。今回、道統など島役人の負担で「細道」の箇所はすべて開削、石垣も築造するなどして竣工、利便性が向上したとある。それまで、東間切（亀津噯）の崎原村と面縄間切（伊仙噯）の小島村・犬田布村・糸木名村の四か村で生産された砂糖は、湾屋湊が「津下之場所」（積み出し場所）とされていたが、陸路は坂道かつ「難場」のため、いったん崎原村の海岸線に下ろして小船で海上輸送していた。しかし、遅延や事故もあったとある。

「徳之島全図」では、犬田布崎から秋利神方面の崎原村の区間の海岸線は断崖が続き、わずかに小舟の繋留が可能と思われる場所も見いだせるが、作業は容易でなかったろう。前述したように、同図の砂糖輸送に関する記載では、崎原村を含む六か村の砂糖は鹿浦に集積されていた。一八二〇年代、難所である秋利神の土木工事によって、崎原村などの砂糖が陸路で湾屋湊に輸送される環境が改善されたが、一八五〇年頃までに積み出し場所が湾屋湊から鹿浦に変更されたのである。なお、「秋利神」の文字の右側には、「阿木名村砂糖此にて掛け渡し、平土野へ小廻り」との記載を見いだせる（図39参照）。

（深澤秋人）

＊44　『鹿児島県史料　旧記雑録追録七』一九三七号文書・一九六〇号文書などの差出人として新納内蔵（久命）の名前が見える。

コラム１

亀津村の大仮屋と五仮屋

『仲為日記』に見える詰役人の呼称

西目間切岡前噯出身で間切役人を歴任した琉仲為の公務日記として『仲為日記』が伝来する（第三章など参照）。文久三（一八六三）年から元治元（一八六四）年にかけて、井之川噯惣横目寄をつとめていた。そこには、薩摩藩から派遣された詰役人五名が次のような呼称でたびたび登場する。附役であると思われる禰寝助右衛門は東様、同じく附役と思われる寺師次郎右衛門は西目様、見聞役の福島二郎は上御仮屋様（または上御館様）、もう一人の見聞役の新納次郎五郎は前御仮屋様、そして徳之島代官の上村笑之丞は大御仮屋様である。

五名のうち三名には大仮屋、上仮屋、前仮屋が宛てられている。これらは、亀津村に設置された薩摩藩の統治拠点である詰役人の執務所と滞在施設の名称であり、それが呼称に反映しているのである。大仮屋は代官所であるが、代官の執務所のみならず、詰役人の協議の場などでもあり、代官の滞在施設が併設されていたと思われる。上仮屋と前仮屋は見聞役の滞在施設であろう。

東様と西目様の両名は間切名と一致することに気づく。附役二名は詰役人として担当する間切を分担し、当該間切の名称が呼称に反映していたのである。『前録帳』の十九世紀の記事には東仮屋と西目仮屋が散見する。東間切を担当する附役の滞在施設は東仮屋、西目間切は西目仮屋だったと思われる。職や役割によって、それぞれの滞在施設は固定されていたと思われる。『仲為日記』には総称として五御仮屋様とも見える。

「徳之島全図」に見える五つの仮屋

さて、「徳之島全図」の亀津村には、囲みがある五つの敷地と建物、「假屋」の文字を見いだせる（図40）。建物は南北に相対して並んでいる。大仮屋、上仮屋、前仮屋、東仮屋、西目仮屋と考えられる。

図1-40　仮屋付近（「徳之島全図」部分拡大）

北側（右側）には三つが並ぶが、一番奥の敷地が大仮屋であり、現在は徳之島町合同会館が立地する場所である。奥の二つの敷地は接するのに対し、手前の永浜（ながはま）寄りは少し隔てられている。南側（左側）には二つの敷地が並ぶが接してはいない。南北の両列のなかでも、最も奥まった場所に大仮屋が位置したことがわかる。実際にその場を訪れてみると、周囲よりも一段高くなっている（図41）。土地の造成は近世にさかのぼると思われる。残念ながら、上仮屋、前仮屋、東仮屋、西目仮屋がどこかは特定できないが、徳之島町生涯学習センターが面する郵便局筋を直進した中央通りとの十字路の四方に四つの仮屋が位置したと思われる。あるいは、上仮屋と前仮屋の名称は立地と関係する可能性もあろう。

図1-41　大仮屋（代官所）跡を望む

ところで、同じく薩摩藩から詰役人が派遣された大島の場合、十九世紀初頭、代官仮屋・附役仮屋・横目仮屋が笠利間切赤木名（かさりまぎりあかきな）村から名瀬間切名瀬方（なぜまぎりなぜほう）の金久（かねく）村に移転したことが明らかにされている。本仮屋（代官仮屋）を中心に浜金久の海岸線と並行して一列に並んでいた。また、琉球の場合は、十七世紀前半に那覇港の近くに、薩摩藩から派遣された在番奉行の執務所である御仮屋（在番奉行所）が設置され、周辺に派遣役人の滞在施設である複数の仮屋が位置した。徳之島とはそれぞれありかたが異なることがうかがえる。

今後は、伝来する史料は断片的ではあるものの、徳之島の大仮屋、大島の本仮屋、那覇の御仮屋の立地と施設、そこで行われた文書管理や儀礼、ほかの仮屋との関係を意識的に比較検討し、さらなる具体像が明らかにされるべきであろう。慶応三（一八六七）年から徳之島代官を務めた新納源左衛門の日記（『徳之島渡海日記』）は伝来し、『徳之島郷土研究会報』第十号に全文が紹介されている。

十九世紀前半から中頃までの改修と再建

『前録帳』によると、一八一〇年代、四つの仮屋が連続して改修・再建されたことが知られる。文化十四（一八一七）年、御代官仮屋が「古家」のため破損する事態となり、同年十月には「表之間」を改修している。御代官仮屋とは大仮屋であろう。文政元（一八一八）年には、横目仮屋も同様に「古家」であったため破損した状態であり、十月に「表之間」から「台所」までを改修している。徳之島には、文化元（一八〇四）年に見聞役が三名設置されたが、文化三（一八〇六）年には横目一名と蔵方目付一名の二名に減員されている（第三章表3―2参照）。横目仮屋は上仮屋か前仮屋のいずれか、もしくはその前身と思われる。

同じ文政元年の九月十二日夜、附役の春山休兵衛が滞在していた東仮屋が、「台所」からの出火によって全焼したが、翌十月には再建されている。同時進行で横目仮屋が改修され、東仮屋が再建されたのである。そして、文政二（一八一九）年夏には、西目仮屋が破損したため、「表之間」から「台所」にいたるすべてのスペースがリフォームされている。この段階で、東仮屋と西目仮屋が存在したこと、附役の滞在施設であったこと、間切を担当する詰役人は附役であったことがうかがえる。ただし、文政十三年に附役が二名とされるまでは三名体制であった（同前表参照）。

このように、五つの仮屋が揃っていたかは不明であるが、一八一七年から三年連続で四つの仮屋が改修・再建されている。さらに、天保七（一八三六）年には、大仮屋と東仮屋が「古家」となり、秋から冬にかけて「表之間」が改修されている。両者とも一八一〇年代に改修・再建されたが老朽化が進んだのだろう。二〇年程度のスパンで改修されていた可能性がある。

ところが、第一章第二節の亀津村の項目で触れたように、弘化三（一八四六）年四月の大規模な火災により、「御座」とともに「五御仮屋」も焼失している。大仮屋と東仮屋は改修からちょうど十年経って被災したことになる。また、「五御仮屋」とあることから、火災が発生する前の段階で五つの仮屋が設置されていたことがわかる。同年秋に諸施設がすべて再建されるまでのあいだ、詰役人は一時的に井之川へ移動していた。「徳之島全図」の原図は嘉永四（一八五一）年に作成されたが、そこに描かれた五つの仮屋は、大火災のあとで再建された様子だったのである。

なお、嘉永六（一八五三）年、海防体制強化のため、藩当局によって徳之島に大炮三挺が配備された。うち二挺は亀津村の御蔵に格納された。その後、安政三（一八五六）年、三間切の民衆が動員され、西目仮屋の東側に新たに「大炮蔵」が造営されている。西目仮屋が位置を示す目印となり、その東側とあることから、「徳之島全図」の北側に三つ並んだ一番手前の敷地が西目仮屋であった可能性がある。「大炮蔵」は当時の海岸線である永浜寄りに設置されたのであろう。

「御座」での儀礼と大仮屋からの盗難

『仲為日記』には「御座」をその場とする儀礼などが散見する。そこからは大仮屋と代官所と「御座」の関係をうかがえるように思える。大仮屋が代官所と代官の滞在施設の総称であるのに対して、「御座」は代官所、あるいは「表之間」などの一部に限定されると考える。「御座」には庭もあったが、敷地での配置や建物との位置関係は不明である。

　同日記元治元（一八六四）年正月元旦、井之川噯の間切役人が亀津に向かい、「御座」で御祝儀を申し上げ、そのあと、「五御仮屋」でも御祝儀を述べている。「御座」で公式行事を済ませたあと、五つの仮屋をまわって詰役人に年頭の挨拶をしたのだろう。そこに大仮屋も含まれたことになる。慶応二（一八六六）年正月三日には、三間切の与人から唐船方通事にいたる島役人が「代官所」に罷り出で、間切順の通り、一列ずつ、年頭御祝儀を申し上げたとある。順番が定まっていたこと、間切ごとに島役人が一列になって御祝儀を口頭で述べていたことがわかる。

　「御座」の庭を場とする儀礼や検査もあった。慶応二年二月には、岡前噯の島役人二名が藩当局からの褒美米を頂戴した様子が記されている。「御座庭」に尺筵を敷き、そこに御米（米俵）を積み上げ、高札が立てられ、両名によって拝礼が行われている。亀津村の老若男女が見物したともある。また、十月十五日には、三間切の手本樽改めが行われている。村々から黒砂糖のサンプル一丁ずつを「御庭」に差し出し、詰役人による検分を受けたところ、無事すべて通過したとある。

　同年八月朔日には、宗門手札改めの実施に先立ち、「御座」において、三間切の島役人が起請文の前半に当たる「誓詞前書」への誓約のため血判を執り行っている（第三章参照）。詰役人の面前であることに意味があったのだろう。ほかにも、「御座」は、藩当局からの通知が間切役人に伝達され、代官によって発給された「御褒詞」などが手渡される場でもあった。

　最後に、同日記元治元年二月五日条には、大仮屋から盗みをした者が行方不明であり、詰役人から不審な者を糾明するよう指示があったが、いまだ解決にいたっていないとあることを紹介しておく。偶然ではなく、統治拠点を狙った企図された盗難事件であった可能性がある。その対象は大仮屋であって「御座」ではないことを確認しておく。

（深澤秋人）

【参考文献】

真栄平房昭「在番制の成立」（『新琉球史―近世編（上）―』琉球新報社、一九八九年）
真栄平房昭「薩摩藩の琉球在番奉行について」（『黎明館調査研究報告』第三十一集別冊、鹿児島県歴史資料センター黎明館、二〇一九年）
山田尚二「徳之島代官新納源左衛門の日記」（『徳之島郷土研究会報』第十号、一九八四年）
弓削政己ほか『名瀬のまち　いまむかし―絵地図から地籍図まで』（南方新社、二〇一二年）

第二章　中世から近世へ

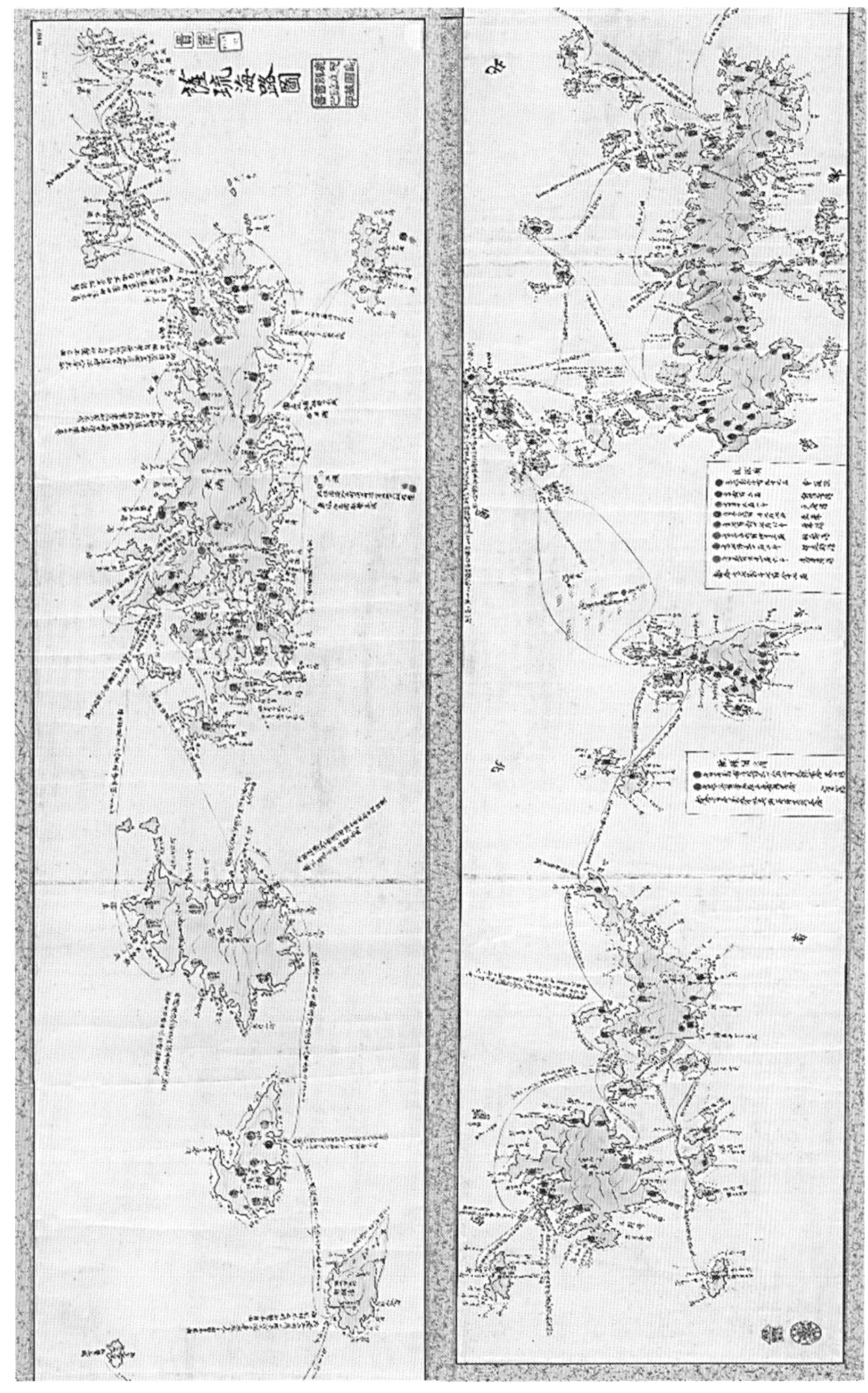

「薩琉海路図」（鹿児島県立図書館所蔵を改変/天地を回転）

左：トカラ列島から奄美諸島・硫黄鳥島

右：沖縄諸島から先島諸島

第一節　徳之島と琉球王国

1　琉球王国による奄美侵攻

奄美大島の「朝貢」

一六五〇年に成立した琉球王国の正史『中山世鑑』によると、奄美大島が琉球に「朝貢」を開始したのは英祖王の時代、一二六六年のことという。[*1] 朝貢とは、使者を派遣して貢物を献上することをいう。『中山世鑑』では奄美大島についてのみの記述であったが、雍正三（一七二五）年成立の『中山世譜』（蔡温本）では同じ一二六六年の出来事が「大島等の処、皆始めて来朝、入貢す」とあり、来朝・入貢（朝貢）したのが「大島等」と複数の島々を指す語となっている。[*2] 奄美大島だけではなく他の奄美諸島の島々も同時に朝貢するようになったという理解であろう。

『中山世鑑』や『中山世譜』が記すような古い時代から沖縄島の勢力と奄美諸島との関係があったことはもちろん考えられるが、それが朝貢という関係性であったかについては疑わしい。これら正史が近世期に成立したものであること、奄美諸島を支配していた琉球の側からの記述であることに注意を要する。『中山世鑑』では、英祖から来朝の理由を問われた大島の使者は、「天も海も三年も穏やかである。これは聖人がいるからであり、その聖人に謁見すべきである」と地元の老人に言われたから来たと答えている。[*3] 『中山世鑑』が描くこのやり取りは、中国の歴史書に見える、越裳（中国の南方に存在していた民族）が周の成王に白雉（白いキジ）を献上した際のやり取りとほぼ同様である。[*4] 『中山世鑑』の記述は中国の歴史書を模倣しながら聖人としての英祖を描こうとしているのだ。しかも、『中山世鑑』は奄美大島のことを「北夷大島」と記述している。「北夷」とは、北にいる未開の人々といった意味である。これは華夷意識（自国・自民族の文化を優れたものとし、周辺の異国・異民族の文化を劣ったものとする考え）に基づく記述であり、琉球が奄美大島を夷狄（異国・異民族への蔑称）とみなして

＊1　同書は、大島の朝貢に先立つ景定五（一二六四）年の出来事として、「西北ノ諸島、始テ来貢ス」と記す。大島よりも先に来貢（朝貢）していた「西北ノ諸島」とは、『中山世譜』（蔡温本）によると、久米島・慶良間・伊平屋などの島々だという。なお、『中山世鑑』は『琉球史料叢書　第五巻』（名取書店、一九四一年）、『中山世譜』は『琉球史料叢書　第四巻』（同）所収。

＊2　『琉球史料叢書　第四巻』三四頁。

＊3　『琉球史料叢書　第五巻』二七頁。原文は「我国ニ有黄耈曰。天無烈風淫雨、海不揚波、三年也。海不揚波、以聖徳下通於地。無烈風淫雨、以聖徳上通于天也。意者、今中国有聖人乎。何往（不脱カ）朝之哉ト、教ケル間、是以朝貢ス」（なお、返り点は省略した）。

＊4　『十八史略』には、越裳が「吾受命国之黄耈、天無烈風淫雨、海不揚波三年矣、意者中国有聖人乎」と述べたと記されている（林秀一『新釈漢文大系第20巻　十八史略（上）』明治書院、一九六七年、四六頁）。

いたことを示す。[*5] 英祖を中国の帝王のように描こうとする姿勢が『中山世鑑』には見られるのであり、だからこそ、周辺の島々は自発的に琉球に「朝貢」してきたものとして記されたのである。奄美大島などの島々と琉球との関係について、琉球の正史だけから判断することには慎重であるべきだろう。

十五世紀の南島

琉球の奄美支配を考える前提として、十五世紀の南島の動向を概観しておこう。

先史・古代・中世編第五章で述べられているように、十四世紀初頭の千竈時家譲状に薩南諸島の島々の名が見え、千竈氏がこれらの島々から何らかの利潤を得る権利（島々と交易をする権利など）を有していたと考えられる。その後、大隅諸島（種子島や屋久島などの島々）に新たな動きが見られる。種子島の領主である種子島氏が台頭し、周辺の島々にも影響力を持つようになるのである。種子島氏は、もともとは名越氏（北条氏の一族）に仕えていた肥後氏の一族だと考えられるが、鎌倉時代の末までには種子島へ来島し、土着化していった。[*6] 種子島氏は、薩摩国・大隅国の守護であった島津氏に接近し、島津氏の合戦に参加するなどして協力的な姿勢をとることで、島津氏から南島の支配権を認められていった。応永十五（一四〇八）年、島津元久は種子島清時に対し、屋久島・口永良部島を与えている。[*7] その後、島津久豊が清時に硫黄島・竹島・黒島を与えたという。さらに永享八（一四三六）年には島津好久（用久）が種子島幡時に対し、七島（トカラ列島）のうちの島二つを与えている。この二島は臥蛇島と平島だと考えられているが、興味深いのはこの二つの島を島津好久は「伊集院知行分島二」（伊集院氏が知行する島二つ）と述べている点である。つまり、もともと伊集院氏が支配していた二つの島を、今回、種子島氏に与えることにしたというのである。このことからは、島津氏が南島の島々の支配権を与えることで南九州の有力な領主を味方に付けようとしていたこと、それら領主にとっても南島の支配権を認められることに何らかのメリットがあったことが分かる。南島との交易の権利、または南島から貢納物を得る権利といったものが想定される。

以上のように、十五世紀には島津氏や種子島氏が大隅諸島やトカラ列島に対して影響力をもって

＊5　豊見山和行「琉球国の地域的構造について」網野善彦・石井進・鈴木稔編『帝京大学山梨文化財研究所シンポジウム報告集 中世日本列島の地域性』（名著出版、一九九七年）。

＊6　もともとは「肥後」を名字としていたが、種子島内で勢力を拡大していく過程で、十四世紀半ば頃から種子島氏を名乗るようになった。

＊7　以下、種子島氏についての記述は、『鹿児島県史料　旧記雑録拾遺家わけ四』所収の『種子島家譜』による。

いた。一方で、その南の奄美諸島の十五世紀の状況については、文献からはよく分からない。十四世紀初頭の千竈氏のように、奄美諸島の島々に権益をもつような日本の勢力は十五世紀の文献では確認できないのである。

十一世紀～十二世紀頃から琉球列島はグスク時代と呼ばれる時代に入った。沖縄島では按司（あじ）と呼ばれる地域の有力者が、城塞としての機能を持つグスクを拠点に成長していった。奄美諸島も同様な状況にあったと思われ、徳之島にも按司の拠点だったという伝承をもつ遺跡がある。徳之島町の宮城（みやぐすく）跡、伊仙町の恩納城（うんのーぐすく）跡、天城町の大城（ふうぐすく）跡・大和城（やまとぐすく）跡・玉城（たまぐすく）跡などである。[*8] 宮城を居城としたという花徳按司と大城を居城としたという大城按司との間には争いがあったと伝わる。[*9] また、玉城跡は出土遺物の年代から主に十三世紀から十四世紀に使用されたと考えられており、[*10] 恩納城跡から出土した中国産の青磁碗は、十四世紀半ばから十五世紀半ばにもたらされたと見られている。[*11]

この時期の徳之島の「按司」たちがどのような人物か、日本・琉球とどのような関わりがあったかは不明だが、右に挙げた遺跡が海を見渡せる地や港を見下ろす地に位置している[*12]のは興味深い。徳之島の「按司」たちが、島外との交易を重要視していたということをうかがわせる。

『朝鮮王朝実録』にみえる奄美諸島

沖縄島は、十四世紀後半の時点では北山（ほくざん）（山北）・中山（ちゅうざん）・南山（なんざん）（山南）という三つの勢力が分立していた。これを一四二九年に尚巴志（しょうはし）が統一したことで、琉球王国が成立する。沖縄島の統一の少し前から琉球と室町幕府との通交が確認され、[*13] 統一後には日本側の史料に琉球が登場する機会が増えてくる。琉球王国の成立により、琉球・日本の通交が活発となったようだ。また、沖縄島を統一したことで、島の周辺へと版図（はんと）拡大の動きも始まった。その様子を伝えるのが『朝鮮王朝実録（ちょうせんおうちょうじつろく）』に収録された朝鮮漂着民に関わる記述である。

一四五三年、琉球国王の使者の道安（どうあん）（博多の商人）が朝鮮の漂着民二名を連れて朝鮮を訪れた。[*14] 『朝鮮王朝実録』には、道安および漂着民の万年・丁録が語った話が記録されている。彼らの話した内

＊8 『日本歴史地名大系47 鹿児島県の地名』（平凡社、一九九八年）、八五二頁。

＊9 『天城町誌』（一九七八年）二六八—二七一頁。

＊10 『玉城遺跡』（熊本大学文学部考古学研究室、一九八六年）。

＊11 亀井明徳「南西諸島における貿易陶磁器の流通経路」『上智アジア学』一一号、一九九三年。

＊12 前掲註8『日本歴史地名大系47 鹿児島県の地名』九一四頁、九一八頁、九二〇頁、九二五頁。

＊13 足利義持から琉球の「よのぬし」へあてた応永二十一（一四一四）年の文書の写しが存在する。田中健夫『対外関係と文化交流』（思文閣出版、一九八二年）、一〇八頁。

＊14 『朝鮮王朝実録』端宗元年五月丁卯条。石上英一「琉球の奄美諸島統治の諸段階」『歴史評論』六〇三号、二〇〇〇年。

容をまとめると次のようになる。一四五〇年に朝鮮の人が四名、臥蛇島に漂着した。臥蛇島は琉球と薩摩の間にあり、なかば琉球に、なかば薩摩に属していたため、漂着した四名のうち二名を薩摩人が得た。残りの二名は、臥蛇島の島民によって奄美大島の笠利（『朝鮮王朝実録』では「加沙里島」と表記）に連れていかれた。やがて、笠利に来た「甘隣伊伯也貴」という琉球人が万年を琉球に連れ帰り（笠利の人から万年を買い取ったのだろう）、国王に献上した。それからしばらくして、別の琉球人「完玉之」が笠利に来て、銅銭で丁録を買い取り、琉球に連れ帰って使役した。琉球国王が奴隷一名と丁録とを交換したため、丁録は万年と共に琉球国王のもとに滞在した。そして琉球国王の依頼を受けた道安によって万年と丁録は朝鮮に送還されたのである。

　後述するように、奄美大島は一四四〇年頃には琉球の支配下に入っていた。二名の漂着民が笠利に届けられたのはそのためである。漂着民四名のうち二名を琉球が得て、二名を薩摩が得たという点に、琉球・薩摩の間の境界領域としての臥蛇島の性格が表れていて興味深い。[*15] ちなみに、先述したように、一四三六年には島津氏が種子島氏に対し、臥蛇島の支配を認めていたから、臥蛇島への漂着者の半分を獲得する権利を有していた「薩摩」は種子島氏のことを指すのかもしれない。

　なお、右で触れた『朝鮮王朝実録』の道安の証言によると、朝鮮漂着民が笠利に送られた頃には、琉球の「王弟」が「岐浦島」（喜界島）を征服するために兵を率いて来ていたという。一四五〇年の時点で琉球が喜界島を支配下に収めるために軍勢を派遣していたことが分かる。さらに、一四五六年に久米島に漂着した朝鮮人の報告によると、「奄美大島が琉球に攻められ、帰順してから十五年以上」であり、「喜界島を毎年討とうとしているが、いまだに服従しない」という。[*16] すなわち、奄美大島は一四四〇年代には琉球の支配下に入っていた一方、喜界島については一四五六年の時点でもなお征服できていなかったのである。近世に編纂された『中山世鑑』『中山世譜』などによると、喜界島は一四六六年に国王尚徳（しょうとく）が自ら兵を率いて征服したという。なお、臥蛇島が琉球・薩摩に属していたという道安の証言からすると、琉球は喜界島を征服できない一方で、奄美大島征服後に

＊15　村井章介『日本中世境界史論』（岩波書店、二〇一三年）、一〇七頁。

＊16　『朝鮮王朝実録』世祖八年二月辛巳条。この報告は漂着民が朝鮮に送還された後、一四六一年に行ったものである。奄美大島が琉球に服属した年は、「十五年以上」を漂着した一四五六年を基準とすると一四四一年前後、報告がなされた一四六一年を基準とすると一四四七年前後となる（前掲註14石上二〇〇〇：六頁）。

はさらに北方のトカラ列島（七島）へも進出していたと考えられる。

右のように、奄美大島が一四四〇年代、喜界島が一四六六年頃に琉球の支配下に入ったと考えられるが、徳之島がいつ琉球の支配下に入ったかは不明である。一四七一年に朝鮮の申叔舟が記した『海東諸国紀』所収の「琉球国之図」（図1）には徳之島は「度九島」と表記され、「去大島三十里、属琉球」（大島を去ること三十里、琉球に属す）とある。では、それがいつまでさかのぼるかということだが、おそらく一四四〇年頃の奄美大島の服属より前のことだろう。「琉球国之図」に「大島を去ること」とあるのは、徳之島が九州から琉球へ行く際に、奄美大島の次に船が寄る島だったことを推測させる。時代が下るが、近世の「正保琉球国絵図」では、奄美大島の西古見から徳之島の「井ノ川」と「わにや泊」へと航路を示す朱線が引かれている。逆に琉球から奄美大島へと渡海する上でも徳之島は重要な位置にあったと考えられる。琉球が奄美大島へと侵攻する上で徳之島は押さえておく必要があったであろう。徳之島同様に、史料からは琉球への服属の時期が明確ではない沖永良部島、与論島についても、一四四〇年以前と考えておきたい。[＊17]

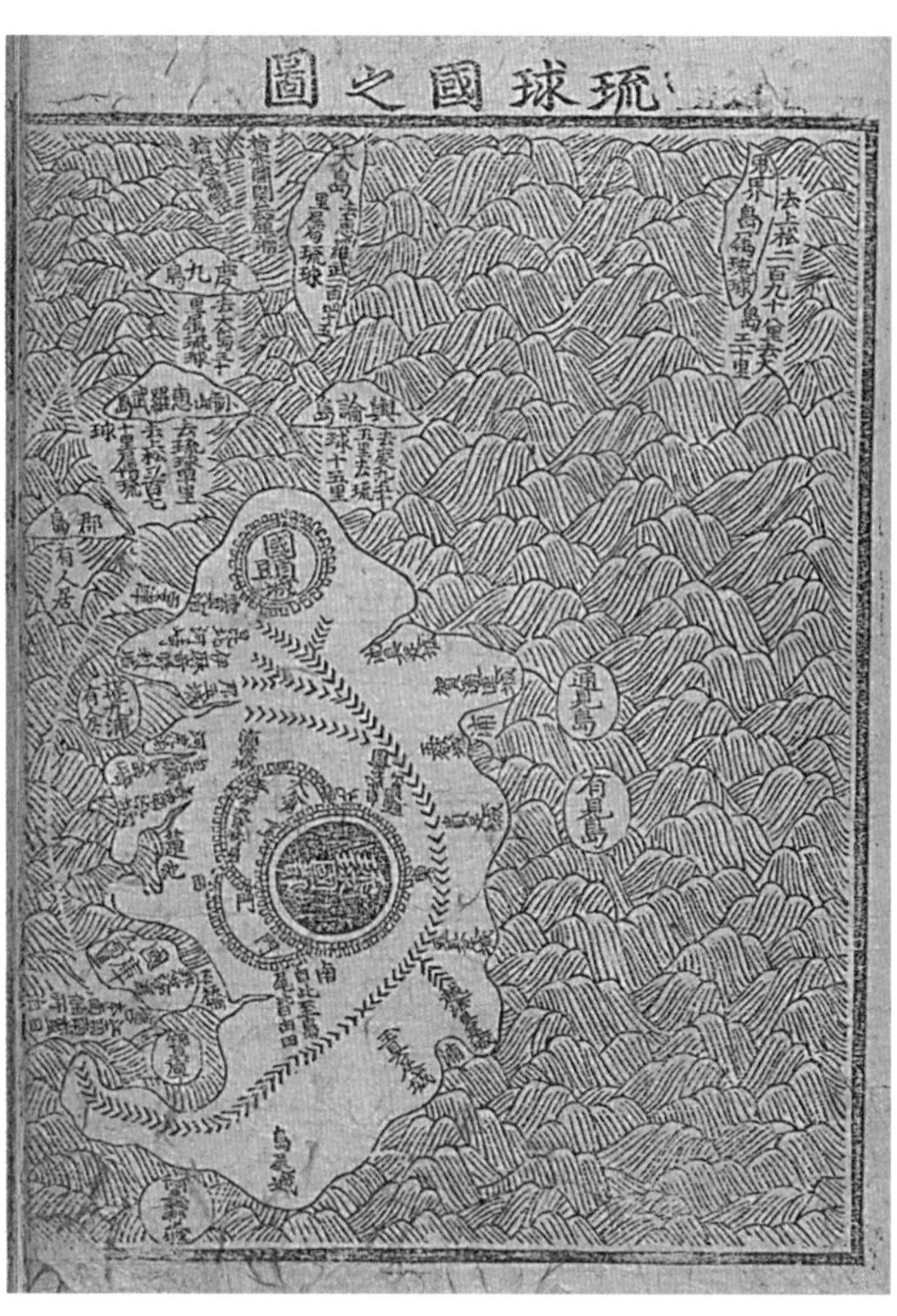

図 2-1　『海東諸国紀』所収の「琉球国之図」

喜界島を征服して

＊17　「世乃主かなし由緒書」（『沖永良部島郷土史資料』所収）は、沖縄島の三山統一よりも前、北山王が国頭（沖縄島北部）の他、伊江島、伊平屋島、与論島、沖永良部島、徳之島、大島、喜界島までを支配していたと記す。沖永良部島はもともと北山王の次男が支配していたが、三山統一により中山の支配する島となったという。

奄美諸島全域へと支配を拡大した琉球であったが、日本との間には争いもあったようだ。一四九三年には、琉球国王尚円(しょうえん)の使者と称する梵慶(ぼんけい)という人物が朝鮮を訪れ、書契(しょけい)をもたらした。そこには「わが国（琉球）に属する大島（奄美大島）という島がある。近頃、日本の兵が来て大島を奪おうとするため、戦死者がとても多く出ている。しかし、十回のうち、八回、九回は（琉球が）勝っている」と記されていたという。[＊18] 実際には尚円は一四七六年に死去し、この時期には尚真(しょうしん)が国王であり、この梵慶という人物は琉球国王が派遣した使者ではない偽物の使者（偽使）と考えられている。[＊19] そのため、この書契の内容の信憑性については判断が難しいが、日本と琉球との境界をめぐるせめぎ合いが垣間見える内容である。[＊20]

『おもろさうし』のなかの徳之島

『おもろさうし』は古歌謡であるおもろを収録した歌謡集で、首里王府によって一五三一年に巻一、一六一三年に巻二、一六二三年に巻三以下がまとめられたと考えられている。全二十二巻、一五五四首からなる。『おもろさうし』に徳之島がどのように謡われているのかを見てみよう。[＊21]

徳之島を謡ったおもろ（徳之島を謡ったと思われるものも含む）は、五十三番（巻二）、八六七番、九三〇番～九三二番、九三八番、九四三番（以上は巻十三）の七首である。五十三番は中城(なかぐすく)（現沖縄県中城村）を賛美するおもろで、そこでは中城が船によって「とく、大みや、かけて、ひきよせれ」（徳之島と大島を掛けて引き寄せよ）と詠まれている。[＊22]「かけて」（掛けて）は「支配して」の意である。また、八六七番は次のようなおもろである（図2）。中段が原文（ただし濁点を補ったもの）、下段がひらがなに漢字をあてたものである。[＊23]「勝連の人が船を派遣する。船を派遣することこそが貢物をもたらすことになる。徳之島と奄美大島を（勝連と）陸続きにして、（勝連の領主に）捧げよ。（勝連の人である）おと思いが船を派遣する」といった意味である。これらのおもろがいつ謡われたのかは不明であるが、中城・勝連といった沖縄島の東海岸の地域と徳之島・奄美大島との関係の深さや、これらの島との交易が利益をもたらすものと捉えられていたことがうかがえる。

＊18　『朝鮮王朝実録』成宗二十四年六月戊辰条。

＊19　橋本雄『中世日本の国際関係』（吉川弘文館、二〇〇五年）。

＊20　前掲註15 村井二〇一三：一〇六頁。

＊21　『徳之島町誌』（徳之島町、一九七〇年）でも第三章第二節「おもろさうしと徳之島」（三木靖執筆）でおもろがとりあげられている。

＊22　波照間永吉校注『琉球文学大系1 おもろさうし 上』（ゆまに書房、二〇二二年）、一一〇頁。

＊23　原文は波照間永吉校注『琉球文学大系2 おもろさうし 下』（ゆまに書房、二〇二三年）、二三二頁、漢字は外間守善校注『おもろさうし 下』（岩波書店、二〇〇〇年）、七三頁による。

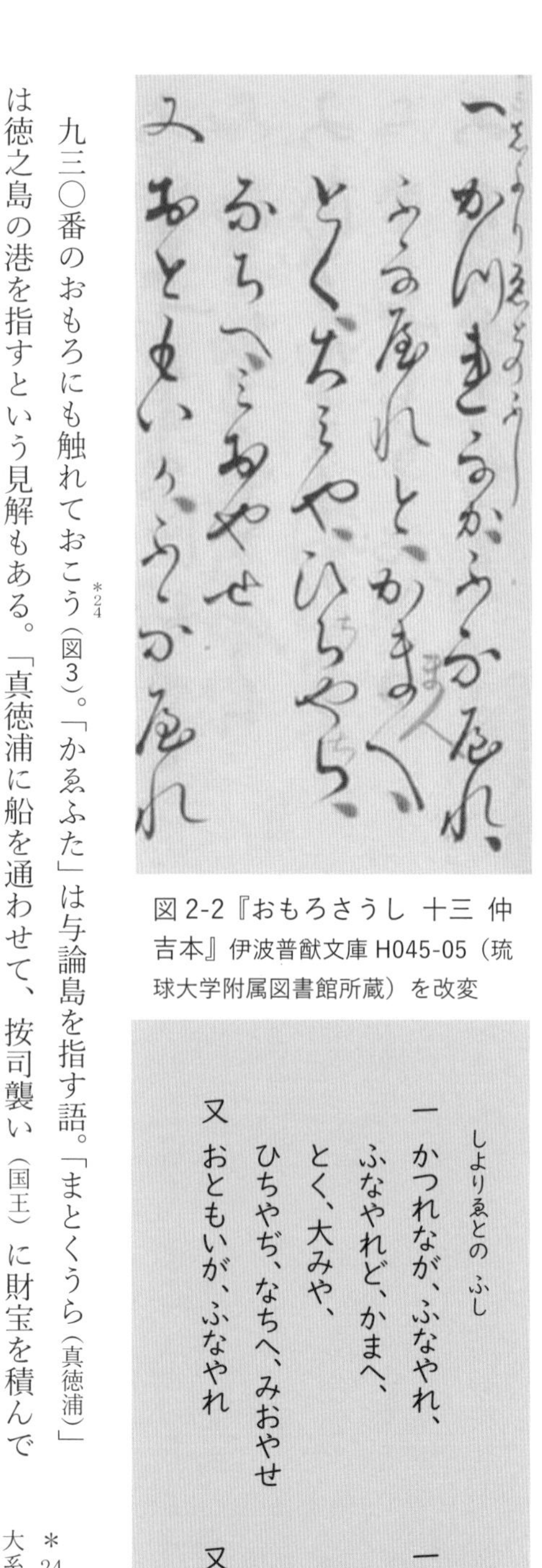

図 2-2『おもろさうし 十三 仲吉本』伊波普猷文庫 H045-05（琉球大学附属図書館所蔵）を改変

しよりゑとの ふし
一 かつれなが、ふなやれ、
ふなやれど、かまへ、
とく、大みや、
ひちやぢ、なちへ、みおやせ
又 おともいが、ふなやれ

首里ゑとの節
一 勝連人が 船遣れ
船遣れど 貢
徳 大みや
直地 成ちへ みおやせ
又 おと思いが 船遣れ

九三〇番のおもろにも触れておこう[＊24]（図3）。「かゑふた」は与論島を指す語。「まとくうら（真徳浦）」は徳之島の港を指すという見解もある。「真徳浦に船を通わせて、按司襲い（国王）に財宝を積んで奉れ」と与論の神女が航海安全を祈るおもろのようだ。「金」（財宝）を獲得する地として真徳浦が謡われている。

＊24 原文は波照間永吉校注『琉球文学大系2 おもろさうし 下』二七七―二七八頁。漢字は外間守善校注『おもろさうし 下』一〇七頁による。

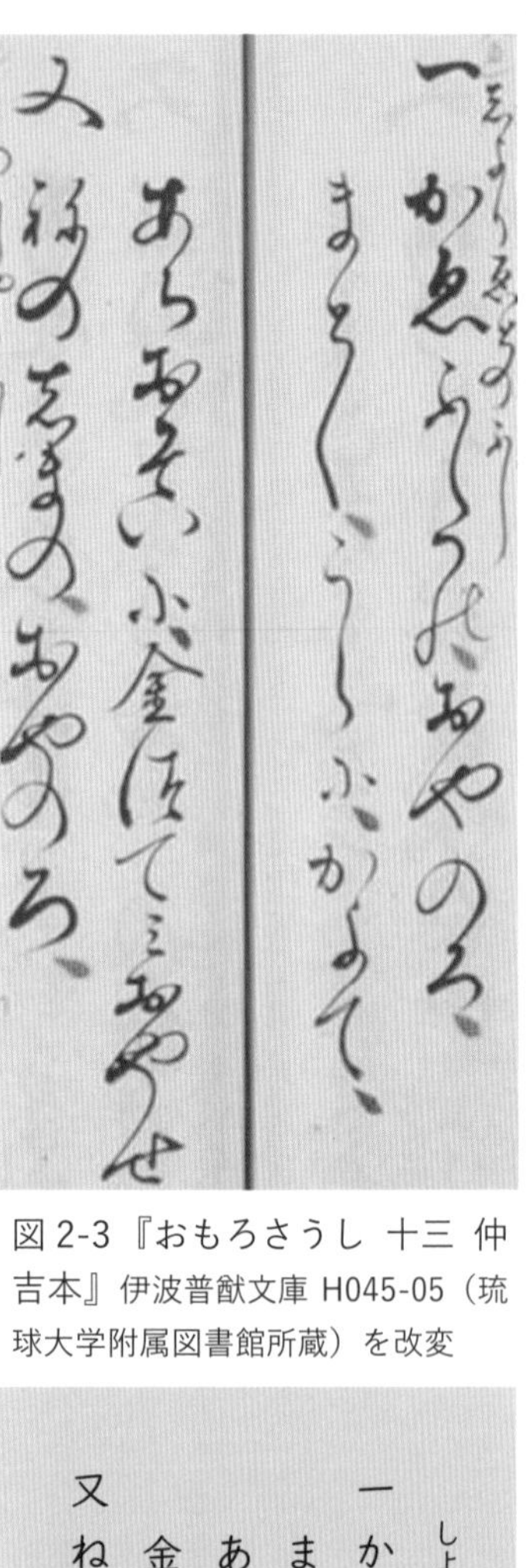

図 2-3『おもろさうし 十三 仲吉本』伊波普猷文庫 H045-05（琉球大学附属図書館所蔵）を改変

しよりゑとの ふし
一 かゑふたの、おやのろ、
まとく、うらに、かよて、
あぢおそいに、
金 つで みおやせ
又 ねの しまの、おやのろ、

首里ゑとの節
一 かゑふたの親のろ
真徳浦に 通て
按司襲いに
金 積で みおやせ
又 根の島の親のろ

2　琉球王国の奄美諸島統治

統治のあり方

琉球王国において、役人を任命する際などに発給された古文書を琉球辞令書(じれいしょ)という。[*25] 現存する辞令書のなかで最も古いものは嘉靖(かせい)二（一五二三）年のものであり、尚真王の治世のものである。尚真の時代には、沖縄島内の各地の有力者である按司を首里に集住させたり、神女組織を確立したりと、琉球王国の様々な制度が整えられていった。一五〇九年に尚真の事績を顕彰するために刻まれた碑文「百浦添之欄干之銘(ももうらそえのらんかんのめい)」には「千臣を官に任じ、百僚に職を分かつ」（臣下を官職に任命し、官人に職務を分担させた）とあり、職制が整備されたことが知られる。[*26] 職制が整えられるなかで、辞令書も発給されるようになったのだろう。この琉球辞令書のうち、一六〇九年の島津氏の侵攻よりも前に発給されたものを古琉球辞令書(こりゅうきゅうじれいしょ)という。古琉球辞令書は、侵攻前の琉球（古琉球）の制度を知る上で重要な史料である。

奄美諸島に関わる辞令書で最も古いものは嘉靖八（一五二九）年のもので、笠利間切(かさりまぎり)の宇宿大屋子(うしゅくおおやこ)という職に、「もとの首里大屋子の子」（以前、首里大屋子を務めていた人物の息子）を任じるものである。[*27] この辞令書から、遅くとも嘉靖八年の時点で奄美大島にも間切という行政区画が設けられていたこと、間切には首里大屋子や大屋子といった役人が置かれていたことが分かる。この嘉靖八年の辞令書は写(うつし)として伝わったもので、現存は確認されていないようだが、現存が確認される奄美諸島の辞令書の古い例（図4）として、嘉靖二十七（一五四八）年のものがある。[*28]

冒頭の「しよりの御ミ事」は「首里の詔(みことのり)」といった意味で、この文書が国王の命によって出されたことを示す。辞令書には二か所に「首里之印」という印が押されているが、この押印も国王の命による文書であることを表している。そして本文は「瀬戸内西間切の西大屋子の職は、東首里大屋子に与える」という意味である。本文に記されている「一人」は宛先を限定する文言（ここでは東首里大屋子その人に与えるという意味）と考えられている。そして最後に、この文書が「しより」（首里）か

＊25　琉球辞令書については、高良倉吉『琉球王国の構造』（吉川弘文館、一九八七年）に詳しい。
　琉球辞令書は近世期の史料では「御印判」や「御朱印」と呼称される。また、研究者によっては「国王辞令詔書」など別の呼び方を用いることもある。ここではよく知られている琉球辞令書（または単に辞令書）という呼称を用いる。

＊26　高良倉吉『琉球王国』（岩波書店、一九九三年）、六三頁。

＊27　山田尚二「奄美の古文書」『沖縄文化』第八巻二・三号、一九七一年。沖縄県教育庁文化課編『沖縄県文化財調査報告書18　辞令書等古文書調査報告書』（沖縄県教育委員会、一九七九年）。

＊28　前掲註27に同じ。

ら東首里大屋子に与えられるものであることを示す一文が入り、年月日には中国年号が使用されている。この辞令書は、奄美大島の瀬戸内東間切の東首里大屋子の職を務めている人物を、同じ大島内の瀬戸内西間切の西大屋子という職に異動させるものである。

右のような古琉球辞令書が、奄美諸島で二十通以上確認されているが、その多くが奄美大島に関わるものである。辞令書はそれが出された当時にどのような役人が存在したかを教えてくれる。辞令書を見ていくと、奄美大島の各間切には首里大屋子・大屋子・目差（めざし）・掟（おきて）・文子（てっこ）といった役人が置かれたことが分かる（表1）（第三章・第五章も参照）。徳之島に現存する辞令書（第五章図5―28）は神女であるノロを任命するものであり、役人の状況については不明だが、大島と同様だったのではないだろうか。[*29]

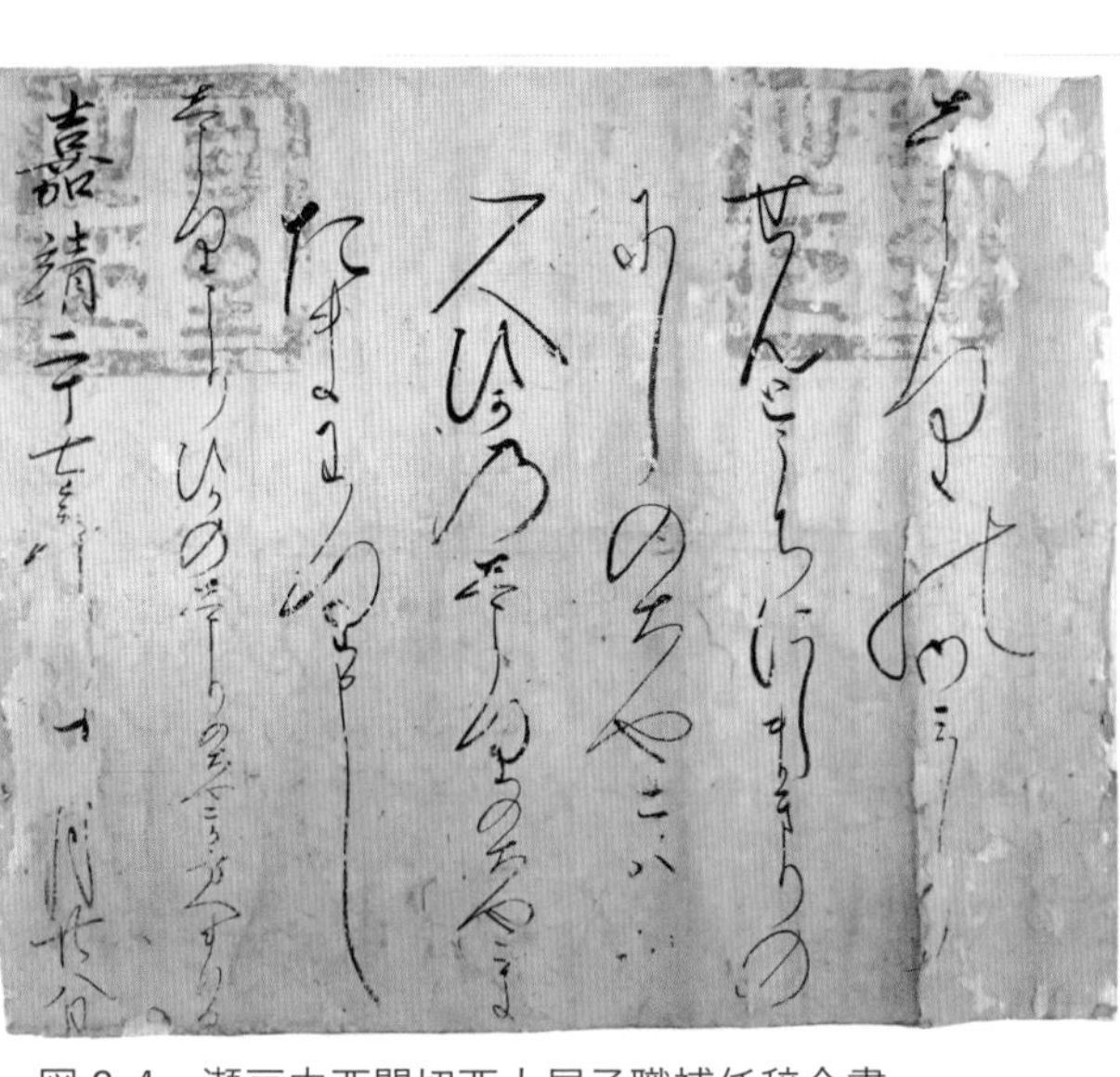

図2-4　瀬戸内西間切西大屋子職補任辞令書
（個人蔵、奄美市立奄美博物館保管）

しよりの御ミ□（事）
せんとうちにしまきりの
にしの大やこハ
一人ひかのしよりの大やこに
たまわり申候
しよりよりひかのしよりの大やこか方へまいる
嘉靖二十七年□（十）月廿八日

＊29　たとえば、近世に編纂された琉球の家譜からは、十六世紀〜十七世紀初頭の沖永良部島にも首里大屋子や文子といった役人が置かれたことがうかがえる（石上英一編『奄美諸島編年史料　古琉球期編上』吉川弘文館、二〇一四年、二一六頁、二七七頁）。このことから、奄美大島以外の島も同様の体制だったことが想像される。

奄美諸島統治に関わる職

中世（古琉球）の奄美諸島の状況を考えるにあたって、古琉球辞令書は、まさにその当時に作成された同時代の史料であり、有益な情報を含んでいる。しかし、現存数が必ずしも多くないことや、内容が簡潔であることから、辞令書から得られる情報にはどうしても限界がある。そこで、他の史料の助けが必要となる。奄美諸島で編纂された系譜や琉球で編纂された家譜（かふ）などである。[*30] これら系譜・家譜は近世になって編纂されたものであるため、中世（古琉球）の状況をどれだけ正確に記しているかという点で注意を要するが、貴重な史料であることは間違いない。また、同じく近世に編纂された琉球の正史もある。それらの史料から、琉球の奄美諸島統治に関わる職のあり方を見ていこう。[*31]

表 2-1　辞令書に見える間切・役人

	間切	役人
奄美大島	笠利間切	笠利首里大屋子、宇宿大屋子、喜瀬大屋子、東勢頭
	瀬戸内西間切	西大屋子、西掟、大さぢ、古志ノロ
	瀬戸内東間切	東首里大屋子、阿木名目差
	屋喜内間切	屋喜内大屋子、部連大屋子、大和浜目差、崎原目差、名音掟、名柄掟、名柄ノロ、屋鈍ノロ
	名瀬間切	名瀬首里大屋子、西里主、朝戸掟、文子、大熊ノロ
喜界島	志戸桶間切	大城大屋子
	東間切	阿伝ノロ
	荒木間切	手久津久大屋子、荒木目差、手久津久掟
徳之島	西目間切	手々ノロ

奄美諸島に置かれた役人のうちで、上級の役人である首里大屋子や大屋子にはどのような人が任じられたのだろうか。そのことを考える上では奄美諸島の系譜が参考になる。「嬉姓喜志統親方系譜（きせいきしとうえーかたけいふ）」[*32]によると、この家の元祖である喜志統親雲上（ぺーちん）は、もともと首里城に出仕しており、嘉靖年間の初め頃に笠利大屋子に任じられ、奄美大島の笠利間切に渡って来たという。その息子の三摩統親雲上は奄美大島で誕生し、幼少の頃は首里城に出仕し、のちに喜勢（きせ）大屋子を経て笠利首里大屋子に任じられた。また、「勘樽金（かんたるがね）一流系図」[*33]によると、喜界島の思語羅志は「荒木大役」に任じられているが、「大役」は首里大屋子または大屋子のことであろう。この思語羅志の祖父は喜界島の有力者であり、琉球の兵船が喜界島を攻めて来た際（一四五〇年代〜一四六〇年代の琉球による喜界島侵攻のことか）には島の人々を率いて戦ったという。首里大屋子や大屋子は、琉球から来た人物やその子孫が任じ

＊30　前掲註14石上二〇〇〇：一〇頁。

＊31　中世（古琉球）の奄美に関する史料の記述を編年順にまとめたものとして、石上英一編『奄美諸島編年史料 古琉球期編』上・下がある。以下の記述においては同書も参照した。

＊32　亀井勝信編『奄美大島諸家系譜集』（国書刊行会、一九八〇年）、三五頁。

＊33　前掲註32亀井一九八〇：一八〇頁。

られる場合も、地元の有力者の家系から任じられる場合もあったことが分かる。*34

琉球で編纂された近世史料からも、奄美に関わる職名を見てみよう。奄美諸島統治の早い段階から置かれたと考えられるのが、泊里主である。『琉球国由来記』によると、成化二（一四六六）年に置かれた職で、奄美大島・喜界島・徳之島・沖永良部島・与論島の年貢に関する業務を管轄したという。*35 また、自奥渡上之捌理という職もあった。『毛姓家譜』によると、毛氏の盛実が嘉靖十八（一五三九）年にこの職に任じられており、職務は「国頭より与論・永良部島に至る」と記されている。*36 つまり、国頭から与論・沖永良部島までを管轄する職であった。逆に言うと、奄美大島・喜界島・徳之島は自奥渡上之捌理の管轄外だったということになる。沖永良部島・与論島と、大島・喜界島・徳之島とでは、支配のあり方に差があったのだろう。*37

他にも、琉球の家譜には奄美諸島に関わる職が見られる。十六世紀半ばのことと思われるが、国頭親雲上憲宜が「大島奉行」に任じられ、奄美大島に渡っている。*38 家譜によると、憲宜の大島奉行は他の職との兼任であり、数回、奄美大島に渡ったという。この記述からは、大島奉行が首里大屋子以下の役人とは異なり、現地に常駐する職ではなく、必要に応じて大島に渡って統治にあたっていたことが想像される。また、万暦年間（一五七三年～一六二〇年）には豊見城儀保親方興房が「大島在番」を務めた。*39 後述するように徳之島の「地頭職」（大屋子の職に就いたことを指すか）に任じられた人物が「徳之島在番」と表現されていることから、「在番」は首里大屋子や大屋子などの役人として現地に赴任することを指すのだろう。一方、同じく万暦年間には謝国富の勢頭という職にあった屋宜政長が「仕置」のために大島に渡っている。*40「仕置」の内容は不明だが、これも「奉行」同様、臨時の派遣と思われる。「大島奉行」や「仕置」のための役人を派遣していたことからは、首里王府が奄美大島統治に注意を払っていたことがうかがえる。

不安定な統治

奄美大島は一四四〇年代に琉球の支配下に入ったものの、琉球の奄美統治は盤石なものではなかったようだ。先述のように、十五世紀末には琉球と日本との間で

*34 石上英一「古奄美社会研究の視角」『国文学 解釈と教材の研究』第四四巻一一号、一九九九年。

*35 『琉球史料叢書 第一巻』四六頁。

*36 「毛姓家譜（上里家）」『那覇市史資料篇第1巻7』（那覇市企画部市史編集室、一九八二年）、六九六頁。

*37 石上英一は、「奥渡より上」が奄美諸島全体を指す用例があることから、自奥渡上之捌理の管轄を与論・沖永良部だけではなく、奄美諸島全体と指摘する（前掲註14 石上二〇〇〇：一三頁）。

*38 「蘇姓家譜（奥島家）」『那覇市史資料篇第1巻7』、四二二頁、四二四頁。

*39 「雍姓家譜（目取真家）」『那覇市史資料篇第1巻7』八五八頁。興房は一六一二年に死去しているので、大島在番を務めたのは一五七三年から一六一二年の間ということになる。

*40 「東姓家譜（津波古家）」『那覇市史資料篇第1巻7』四七九頁。

奄美大島をめぐる争いがあった可能性がある。また、『おもろさうし』の四番（巻二）のおもろは、尚真王の治世に謡われたとみられるが、笠利を討つことを祈る内容となっている。[＊41] 具体的な年は不明ながら、尚真が国王の時代（一四七七年〜一五二六年）に奄美との戦いがあったようだ。尚真の次の国王である尚清は、嘉靖十六（一五三七）年に与湾大親（湯湾大屋子か）を討つために親征を行った。[＊42] 与湾の「同僚酋長」すなわち奄美大島の他の役人たちが、与湾が謀反を企んでいると讒言したためという。尚真や尚清の奄美への軍事行動との前後関係は不明ながら、嘉靖年間（一五二二年〜一五六六年）には、屋喜内間切の大親であった名柄八丸らが琉球へ貢物を運ぶ船を襲い、貢物を奪い取るなどしたため、琉球から派遣された軍に討伐されたという伝承もある。[＊43] さらには、尚清の次の国王である尚元の時代には、大島の「酋長」たちが琉球への貢物を納めなくなったため、隆慶五（一五七一）年に尚元が自ら兵を率いて大島を制圧している。[＊44] このように、琉球は十六世紀においてもしばしば奄美への軍事行動を起こしており、奄美諸島統治が不安定であったことがうかがえる。

琉球への渡海

これまで見てきたように、奄美諸島を統治するために、琉球から島々に役人が派遣されることがあった。逆に、奄美諸島の人々が琉球に渡海する事例についても見ておこう。[＊45] 琉球王国内では役人や神女であるノロを任命する際には辞令書が出されており、それは琉球の版図に組み込まれていた奄美諸島においても同様であった。首里大屋子以下の役人やノロに任じられた人々は、辞令書を受け取る際に琉球に渡ったと見られる。[＊46] 辞令書の受け取り以外の事例では、喜界島の荒木大役を務めた勘樽金が「調貢」（貢物を献上する）のために「中山之都」すなわち首里に渡ったことが系図に見える。[＊47] また、『中山世譜』によると、与湾大親の「同僚酋長」が貢納物を持って来た際に、与湾大親の謀反の企てを讒言したという。[＊48] これらからは、奄美諸島の上級役人が貢納物を運ぶために琉球に渡っていたことがうかがえる。なお、「宇宿大親家譜系図」[＊49] によると、屋喜内大親を務めた犬樽金の息子である思樽金は、屋喜内目差に任じられる前、琉球の円覚寺で学問を学んでいたという。奄美諸島の役人層の子弟の中には、沖縄島で修学する人もいたよう

＊41　波照間永吉校注『琉球文学大系1 おもろさうし 上』、六〇頁。外間守善校注『おもろさうし 上』、一五頁。

＊42　『中山世譜』巻七（『琉球史料叢書 第四巻』九五頁）。

＊43　坂口徳太郎『奄美大島史』（復刻版、丸山学芸図書、一九八四年）、一八八頁。

＊44　『中山世譜』巻七（『琉球史料叢書 第四巻』一〇二頁）。

＊45　前掲註34 石上一九九九：七七頁。

＊46　「笠利氏家譜」（前掲註32 亀井一九八〇：七八頁）。為吉は養父の為明の後継者として笠利間切の首里大屋子となった際、琉球に渡り国王から黄冠と御朱印（辞令書）を与えられたという。

＊47　前掲註33 に同じ。

＊48　前掲註42 に同じ。

＊49　前掲註32 亀井一九八〇：八六頁。

だ。同様に役人層の子弟が首里城に出仕することもあった。[*50] 役人層の子弟は幼少期や若い頃の琉球での修学や出仕によって、役人に必要な教養や経験を積んでいたのだろう。他にも、首里城の城壁の増築に奄美諸島の人々が動員された事例もあり、[*51] 王府の土木工事への人夫の徴用による琉球への人々の渡海もあった。

徳之島の大親

琉球の奄美諸島統治について述べてきた。この時期の徳之島の様子を見てみよう。『堵姓家譜』（図5）によると、堵良房の祖父が十六世紀後半に「大嘉喜地頭職」に任じられ、「徳之島在番」となったという。琉球の官人が徳之島の大屋子に任じられて現地に赴任したということだろう。[*52] また、文政六（一八二三）年の跋文を持つ『八十八呉良謝佐栄久由緒記』[*53] によると、徳之島を統治するために「譜代高家」（昔から琉球国王に仕えている名家）の子孫が「大親」として渡って来たという（第五章参照）（図6）。この「大親」は、「当島主大親役」（この島の主である大親役）とも記されており、徳之島全体を管轄する職だったらしい。慶長十三（一六〇八）年に大親を務めていた「東ヶ之主」という人物が死去した際、「沖永良部島詰之主大親役」が徳之島のことも差配したという。つまり、沖永良部島にも徳之島同様に「大親」がいて、それは徳之島の「大親」同様に島全体を管轄する職であった。沖永良部島には首里大屋子が置かれていたが、[*54]「大親」は首里大屋子のことを指すのだろうか。「大親」が徳之島にも沖永良部島にも島全体を管轄する役として一名ずつしか置かれていなかったとして、「大親」が首里大屋子のことだとすると、これらの

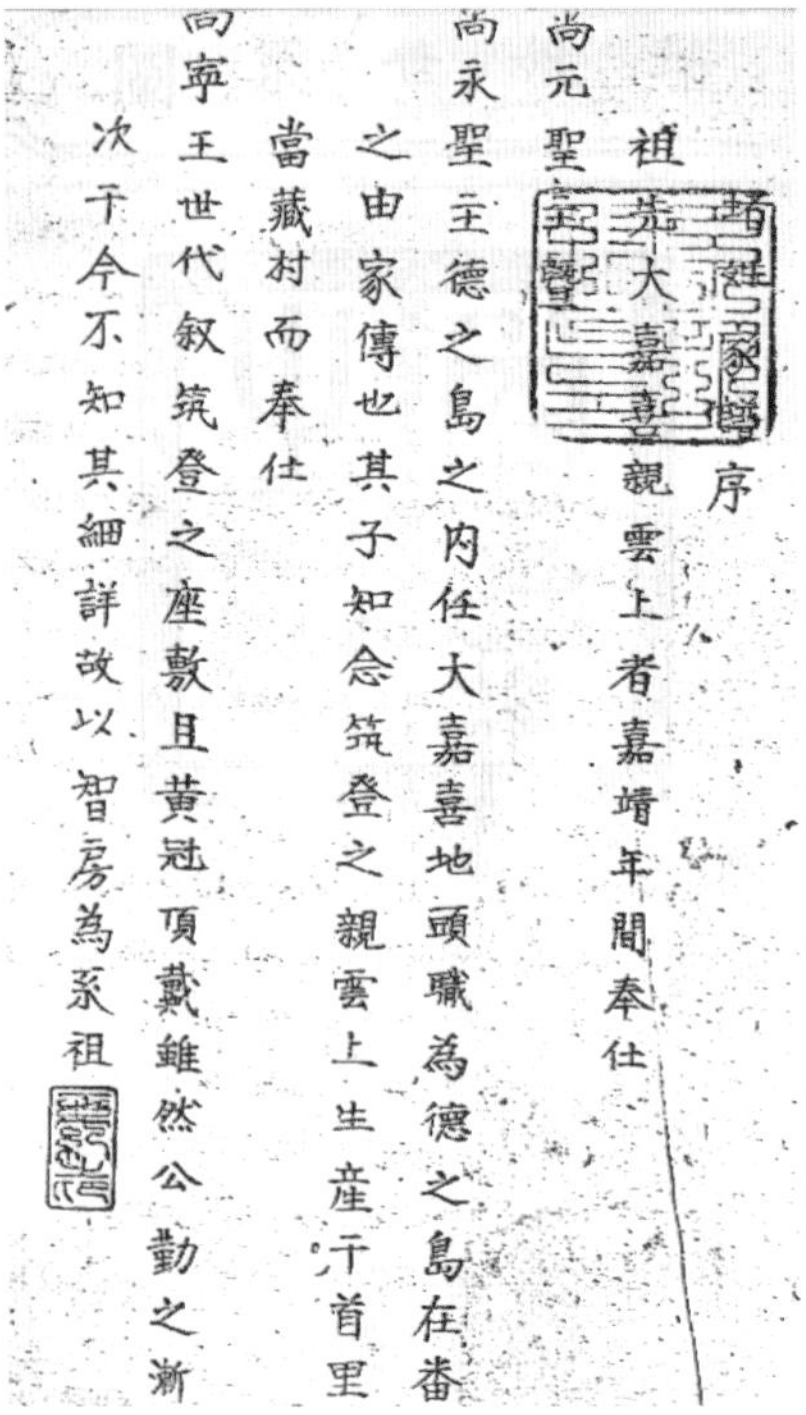

序
祖先大嘉喜親雲上者嘉靖年間奉仕
尚元聖主
尚永聖主徳之島之内任大嘉喜地頭職為徳之島在番
之由家傳也其子知念筑登之親雲上生産于首里
當藏村而奉仕
尚寧王世代叙筑登之座敷且黄冠頂戴雖然公勤之漸
次于今不知其細詳故以智房為系祖

図 2-5　『堵姓家譜』
（那覇市歴史博物館所蔵を改変）

＊50　前掲註45に同じ。

＊51　前掲註45に同じ。

＊52　前掲註29石上編二〇一四：一八九頁。石上によると、「大嘉喜地頭職」とは「大勝大屋子」のことだという。

＊53　『徳之島郷土研究会報』特集号、一九八一年。

＊54　前掲註29石上編二〇一四：二七七頁。

島には首里大屋子が一名しかいなかったことになる。首里大屋子が複数存在する奄美大島とは異なる形がとられていたのだろうか。

奄美大島の役人については古琉球辞令書からある程度の職名は確認できるものの、古琉球辞令書の現存数が少ない、または現存が確認されていない島々については、不明な点が多い。それらの島々の統治体制を明らかにすることが今後の課題である。

最後に琉球王国の統治時代に存在したと言われる徳之島の人物にも触れておこう。[*55] 徳之島の手々村の「掟大八目」は築城に優れた人物で、沖縄島で築城がある際に活躍し、褒美として唐焼の酒器（先史・古代・中世コラム6参照）を与えられたという。その後、琉球国王の命を受けて加計呂麻島の諸鈍城を攻めた際、城の裏門から入って敵将を討つなど活躍したが、樹上に隠れていた敵将の矢を受け、徳之島に戻った後に死去したという。その名前から掟という職を務めた人物のようだ。奄美大島と喜界島には掟が存在したことが辞令書から確認されるが、徳之島も同様だったのだろう。また、やはり十六世紀頃の手々村の人物に政勝がいる。政勝は射的の名人として知られており、諸鈍城で開催された射的の大会に参加した際、賞品として小銃を与えられることになった。政勝はこれを断り、蘇鉄を欲しがったという。こういった伝承も、史料の少ない琉球統治下の時代における徳之島と琉球、奄美大島などの関係を考える上で参考になるだろう。

（屋良健一郎）

図2-6　徳之島町徳和瀬の海岸
＊徳之島の「宝満家系図」によれば、「大親」は首里の港から小舟に乗り、6名の使者に護衛され和瀬（現徳和瀬）浦に到着したという（前掲註32 亀井 1980：413頁）。

＊55　前掲註43 坂口一九八四：一九二頁。

第二節　島津氏の琉球侵攻

1　研究の動向

近代の研究

慶長十四（一六〇九）年三月四日、薩摩半島の山川（やまがわ）港を約三千名の島津軍が出航した。島津軍は奄美諸島を攻略しながら南下し、一か月後の四月五日には首里城を接収した。島津氏が琉球を攻めるにいたった背景に関してはいくつもの研究があり、また、この歴史的事件をどう呼ぶかについても研究者によって異なる。ここではまず、この事件の背景や呼称といった観点から近現代における研究を振り返ってみたい。もとより、すべての研究に触れることはできないが、いくつかの代表的な書籍や論文を紹介することで、おおまかな研究の流れを示してみたい。なお、この一六〇九年の出来事を本節では「島津氏の琉球侵攻」と呼ぶこととする。

沖縄の歴史を通史として記した本としてまず挙げられるのが、明治三十二（一八九九）年の幣原坦（しではらたいら）*57の『南島沿革史論』である。*56同書において島津氏の侵攻は「慶長征縄」や「沖縄征伐」と呼ばれ、その原因は「一朝一夕の事にあらざりしなり」として、琉球と日本・薩摩との関係史が記述されている。*58幣原は、天正元（一五七三）年頃から島津氏に対する琉球の外交姿勢が変化し、日本との関係が疎遠になってきたと指摘する。そのような中で、豊臣秀吉の「朝鮮征伐」が起き、秀吉の命を受けた島津氏が琉球に兵糧の供出を求めたことで、琉球が日本とますます距離を置くようになり、明（みん）（中国）寄りの姿勢を強めたと述べる。また、日本へ漂着した琉球船を徳川政権が保護・送還させたものの、琉球側が御礼の使者を送らなかったことにも言及し、琉球が日本に対し、粗略な態度をとるようになったことを記す。このように、幣原は琉球が日本と疎遠になったこと、また、島津氏を侮辱するような外交姿勢をとったことが「慶長征縄」を招いたとする。『南島沿革史論』はその後の研究にも大きな影響を与えた。*59

＊56　幣原坦（一八七〇年～一九五三年）は大阪府出身の東洋史学者。『南島沿革史論』は、鹿児島高等中学造士館教授だった時期の著作。

＊57　幣原は、「琉球」が中国によって名付けられた漢名であり、「沖縄」が地元の人たちによる自称であると考え、後者を用いた。また、「琉球」よりも「沖縄」の名称のほうが古くから存在したと想定した（『南島沿革史論』富山房、一八九九年、五頁）。

＊58　前掲註57　幣原一八九九：七六頁。

＊59　侵攻の原因について同書を踏まえた記述が坂口徳太郎『奄美大島史』（一九二一年）や伊波普猷『孤島苦の琉球史』（一九二六年）などに見られる。

東恩納寛惇は、[*60]明治四十二（一九〇九）年に発表した「両属政策の真相」と「鄭迵及び其の時代」という論考において、島津氏の侵攻を「琉球征伐」や「慶長の役」と呼び、その背景についても考察している。[*61]「両属政策の真相」では、侵攻の最大の原因を、島津氏が琉球を支配下に置き、中国貿易の利潤を得ようとしたことだと述べている。また、当時の王府内の「日本思想」と「支那思想」との対立が侵攻につながったとしている点も注目される。[*62]日本寄りの考えを持つ勢力と、中国（明）寄りの考えを持つ勢力との対立という構図は、「鄭迵及び其の時代」でより強調されている。この論考の冒頭で寛惇は「琉球歴史は日支両思想消長の歴史なり」と述べ、「島津氏の琉球征伐」は「両思想不均衡の結果に外ならず」と記す。[*63]久米村（中国にルーツを持つ人々の集落）の出身である鄭迵（謝名利山）が三司官となって力をふるったことで、日本寄りの人々との間に対立が生まれて政治が安定しなかったことに加え、鄭迵の中国寄りの外交姿勢が島津氏の侵攻につながったとする。[*64]日本思想と中国思想との力関係で琉球史を捉えようとする視点自体は、寛惇のこれらの論考よりも先に伊波普猷にすでに見られるものの、[*65]さらに具体的な検討を加えたものとして、寛惇の論考を評価してもいいだろう。なお、鄭迵に対する寛惇の評価は、「今度の琉球の乱劇の根本を尋るに、若那一人の所為也。其上、佞臣也」（今回の騒乱の原因を考えると、謝名一人の責任である。しかも謝名は悪い臣下である）と記した『喜安日記』[*66]の影響が感じられ、議論の余地があろう。しかし、侵攻の頃の琉球国内の状況へと目を向けた点は重要である。

なお、寛惇と共に近代の沖縄研究をリードした伊波普猷[*67]は、大正三（一九一四）年の「琉球人の解放」において、島津氏の侵攻を「慶長役」や「琉球征伐」と呼び、島津氏が琉球を利用して中国貿易を営もうと考えたことが侵攻の目的であると述べた。[*68]

この時期には奄美諸島の郷土史に関する重要な研究も出ている。都成植義[*69]の『奄美史談』は、「琉球征伐」の原因については幣原坦『南島沿革史論』から多くを引用しているが、『琉球軍記』[*70]にもとづく独自の記述も見られる。『琉球軍記』によると、財政難の琉球が七島の船頭を仲介として島

＊60　東恩納寛惇（一八八二年～一九六三年）は沖縄県出身の歴史学者。

＊61　『東恩納寛惇全集4』（第一書房、一九七八年）所収。

＊62　前掲註61東恩納一九七八：一八七頁。

＊63　前掲註61東恩納一九七八：二〇八頁。

＊64　前掲註61東恩納一九七八：二一一―二一二頁。寛惇のこのような考えは、前年の明治四十一（一九〇八）年の論文「島津氏の対琉球政策」（『東恩納寛惇全集2』所収）にも見られる。

＊65　明治三十四（一九〇一）年の「琉球史の瞥見」（『伊波普猷全集第一巻』平凡社、一九七四年）など。

＊66　池宮正治解説『喜安日記』（榕樹書林、二〇〇九年）、六七頁。『喜安日記』は、尚寧に仕えた喜安蕃元の日記。

＊67　伊波普猷（一八七六年～一九四七年）は沖縄県出身。言語・文学・歴史・民俗といった様々な観点から沖縄を研究した。

＊68　伊波普猷「琉球人の解放」『伊波普猷全集第一巻』（平凡社、一九七四年）、四九一頁。

津氏から借銀をしたにもかかわらず、返済の督促に応じなかったことで島津氏が出兵したという。[*71] この史料をもとに、徳之島を含む奄美諸島での戦いの様子を記述しているのも『奄美史談』の特徴である。坂井友直『徳之島小史』[*72]（一九一七年）では、徳之島での戦いについて『奄美史談』よりも詳細に記されている。徳之島に伝わる様々な史料を参照したことで可能になった記述であろう。坂口徳太郎『奄美大島史』[*73]（一九二一年）も『奄美史談』同様、侵攻の原因については『南島沿革史論』に拠りながら、『琉球軍記』の記す借銀の話も紹介している。この『奄美大島史』は奄美の系図等も使用することで、奄美大島での戦いについての記述が増している。『琉球軍記』を活用したこれら奄美関係の著書の登場で、従来の幣原や東恩納・伊波の研究では見られなかった、借銀をめぐるトラブルが侵攻の原因の一つとして知られるようになった。沖縄出身者による琉球史の通史として著名なものに大正十二（一九二三）年の真境名安興[*74]『沖縄一千年史』がある。同書は「慶長役」の真の原因は中国貿易の利益獲得にあるとしているが、『奄美大島史』に記された『琉球軍記』の内容を引用しながら、借銀返済をめぐる説も紹介している。

以上のように、近代の研究においては、島津氏の侵攻の原因として、一五七〇年代からの琉球と薩摩・日本との外交関係の悪化が多く挙げられている。それに加えて、奄美諸島の研究書では借銀の返済をめぐるトラブルが、沖縄出身の研究者による論文・著書では島津氏が中国貿易の利益獲得を目指したことが、侵攻の原因・目的として強調されていた。また、侵攻の呼称としては「琉球征伐」が用いられることが多かった。なお、沖縄の研究者は「琉球征伐」と共に「慶長役」という呼称も用いていた。

戦後の研究

仲原善忠「十六世紀末における薩琉間の緊張をめぐって」（一九六〇年）は、天正年間（一五七三年～一五九二年）の薩摩・琉球が緊張関係にあったことを説き、それを「島津進入（一六〇九）の前奏曲」と捉えた。[*75] 天正の頃に琉球と薩摩の関係が悪化することについては『南島沿革史論』などでもすでに注目されていたが、この仲原論文では『上井覚兼日記』[*76]を丁寧に読み

＊69　都成植義（一八六六年～一九一四年）は現在の奄美市出身。『奄美史談』は死後の昭和八（一九三三）年に刊行された。

＊70　『琉球入ノ記』（『鹿児島県史料旧記雑録後編四』所収）と同内容の史料。『琉球入ノ記』については後述。

＊71　吉満義志信『徳之島事情』（一八九五年）も「琉球征討」の原因を借銀問題とする。

＊72　坂井友直（一八七五年～一九四〇年）は島尻村（現在の伊仙町）阿権出身。『徳之島小史』は小学校の校長であった坂井が、郷土史の教材にするために執筆した。

＊73　坂口徳太郎は愛媛県出身の教員。鹿児島県立大島中学校の教員として名瀬にいた大正七（一九一八）年に『奄美大島史』を執筆、三年後に出版された。

＊74　真境名安興『沖縄一千年史』（一九二三年）、三五四頁。真境名安興（一八七五年～一九三三年）は沖縄県出身。

＊75　『仲原善忠全集　第一巻』（沖縄タイムス社、一九七七年）、六二九頁。

解いた点に特徴がある。また、仲原はこの論文で「島津進入」を単に島津家による出兵としてではなく、中世から近世への展開という視点で見ることの大切さを説く。この論文を発展させたのが、仲原の遺稿となり、一九六九年に公刊された「島津進入の歴史的意義と評価」である。[*77] 中国との貿易の利益獲得を侵攻の最大の目的とする伊波普猷「琉球人の解放」に対し、仲原は「琉球出兵の動機はあくまでも日本全土の統一運動であり、貿易問題は付随的なことにすぎない」と述べた。[*78] 豊臣秀吉・徳川家康といった日本の支配者は、琉球を海外ではなく自国の支配権内（日本国内）と認識しており、琉球への軍事行動は国内統一の一環として行われたというのが仲原の考えである。このような仲原説は、現在の研究状況からすると問題もあるが、琉球侵攻を論じるにあたって、琉球・薩摩の二者間の関係だけではなく、統一政権（豊臣政権・徳川政権）の存在を重視した点は重要である。また、三司官（さんしかん）の鄭迵（ていどう）（謝名親方（じゃなうぇーかた））が中国寄りの外交姿勢をとったことにより薩摩との関係が悪化して侵攻につながったとする従来の考え方に対し、仲原が異を唱えていることも注目される。[*79]

その仲原善忠「島津進入の歴史的意義と評価」と同じ年に発表されたのが喜舎場一隆（きしゃばかずたか）「島津氏琉球侵入原因の再吟味」（一九六九年）である。この喜舎場論文は、一五七〇年代以降の琉球と薩摩との関係の変遷を、様々な史料を提示しながら詳述する。[*80] それまで友好的であった両者の関係が、一五七〇年代の「あや船」（琉球が薩摩に派遣した公式の通交船）などをめぐる外交上のトラブルにより疎遠となり、さらには島津氏が豊臣政権・徳川政権の支配下に入ることで、統一政権の影響を受けながら琉球と薩摩の関係は複雑化したと指摘する。天正期の琉球・薩摩関係の悪化に注目する点、統一政権の存在を重視する点で喜舎場と仲原の問題意識は近いと言えよう。なお、喜舎場は琉球侵攻を「進入」という語で表現するのは妥当ではなく、「侵入」とすべきと述べている。[*81]

梅木哲人（うめきてつと）「近世における薩藩琉球支配の形成」（一九七三年）は、島津氏の「琉球侵略」を江戸幕府の対外政策との関連で捉えるべきと提起する。[*82] 豊臣秀吉の朝鮮侵略によって日明関係が断絶した後、江戸幕府は日明貿易の再開に向けての対明交渉の仲介を琉球に期待した。漂着した琉球人を送

＊76　島津貴久・義久父子に仕えた戦国武将である上井覚兼の日記。『大日本古記録』所収。

＊77　『仲原善忠全集 第一巻』所収。初出は『仲原善忠選集 上巻』（沖縄タイムス社、一九六九年）。

＊78　前掲註75 仲原一九七七：二五九頁。

＊79　前掲註75 仲原一九七七：二四九、二六六頁。十六世紀後半以降の薩摩・統一政権と琉球との関係の変遷に注目する仲原は、鄭迵の三司官就任（一六〇六年）より前に侵攻につながる状況は存在していたとする。

＊80　喜舎場一隆『近世薩琉関係史の研究』（国書刊行会、一九九三年）所収。初出は一九六九年。なお、喜舎場は同書所収の「『あや船』考―島津氏琉球支配への経緯―」（初出は一九六八年）において、琉球が薩摩に派遣した「あや船」の性格を論じると共に、その船をめぐる問題が侵攻につながったと指摘している。

＊81　前掲註80 喜舎場一九九三：二〇一頁。

＊82　『史潮』第一一二号、一九七三年。

還したことに対する琉球からの御礼の使者派遣に幕府がこだわったのも、そのことが背景にある。幕府が求める琉球からの使者派遣を実現するという大義名分のもと、島津氏が軍事行動を起こしたと捉える。

その後、紙屋敦之（かみやのぶゆき）「島津氏の琉球侵略と権力編成」（一九八〇年）が島津氏の内部事情にも目を向け、これまでの研究に新たな視角を加えた。[*83] 紙屋は、慶長十一（一六〇六）年に島津氏が奄美大島への出兵を計画していたことに注目した。これ以前、琉球船が平戸に漂着したことをきっかけに、同地の領主である松浦氏と江戸幕府との間で琉球船をめぐるやり取りがなされており、琉球から幕府への使者派遣の交渉を松浦氏が担う可能性が出ていた。対琉球外交の窓口を他氏が担うことを避けたい島津氏は、琉球から幕府への使者派遣を実現させるために、琉球に軍事的圧力をかけようと大島への出兵を計画したと紙屋論文は捉える。また、この頃、島津氏の領国内に多くの隠知行（かくれちぎょう）（大名が存在を把握しておらず、年貢・諸役を徴収できていない地）が存在することも発覚していた。琉球への出兵には隠知行の糾明や領土拡大の意図があったと紙屋論文は指摘した。

この時期の奄美をめぐる研究としては松下志朗（まつしたしろう）『近世奄美の支配と社会』が挙げられる。同書はタイトルに示される通り、薩摩藩支配下の奄美に関する研究であるが、「琉球侵攻」についても記述されている。[*84] ここでは、江戸幕府が明との国交回復を重視していたこと、島津氏の琉球外交が幕府のそのような対外政策に影響を受けていたことが指摘されている。「琉球侵攻」のうち、奄美諸島での戦いが詳述されている点も本書の特徴と言えよう。

以上のように、一九六〇年代以降の研究は、島津氏の琉球侵攻の背景を考えるにあたり、琉球と薩摩という二者間の外交上のトラブルや衝突といっただけでは十分ではないこと、豊臣政権・徳川政権の存在も踏まえるべきこと、また、島津氏内部の問題も含めて検討しなくてはならないこと、などを明らかにしてきたといえよう。戦前の研究で多く用いられていた「征伐」の語にかわって、「進入」「侵入」「侵略」「侵攻」といった語が目立つようになった（表2）。

＊83 紙屋敦之『幕藩制国家の琉球支配』（校倉書房、一九九〇年）、一三六頁。初出は一九八〇年。

＊84 松下志朗『近世奄美の支配と社会』（第一書房、一九八三年）、一六一—一六三頁。

表 2-2 「琉球侵攻」の呼称の変化（1890 年代～ 1980 年代）

刊行年	著者・文献	用語
明治 32（1899）年	幣原坦『南島沿革史論』	「慶長征縄」「沖縄征伐」
明治 42（1909）年	東恩納寛惇「両属政策の真相」「鄭迵及び其の時代」	「琉球征伐」「慶長の役」
大正 12（1923）年	真境名安興『沖縄一千年史』	「慶長役」
昭和 44（1969）年	仲原善忠「島津進入の歴史的意義と評価」	「島津進入」
昭和 44（1969）年	喜舎場一隆「島津氏琉球侵入原因の再吟味」	「島津侵入」
昭和 48（1973）年	梅木哲人「近世における薩藩琉球支配の形成」	「琉球侵略」
昭和 55（1980）年	紙屋敦之「島津氏の琉球侵略と権力編成」	「琉球侵略」
昭和 58（1983）年	松下志朗『近世奄美の支配と社会』	「琉球侵攻」

近年の研究

侵攻から四百年にあたる平成二十一（二〇〇九）年には、島津氏の侵攻をテーマとした研究成果の発表やイベントの開催が相次いだ。二〇〇九年五月二日にはシンポジウム「未来への道しるべ」（主催：薩摩藩奄美琉球侵攻四〇〇年記念事業実行委員会、沖縄大学地域研究所）が徳之島町文化会館で開かれた（図7）。立ち見も出るほどの盛況で、約六百五十名が参加したという。当時の新聞報道には「討論では、奄美、鹿児島、琉球の歴史学者や郷土史家六人が、それぞれの立場から過去のわだかまりを克服して地域の発展につなげる道筋を提言した」とある。[*85] このシンポジウムに島津家の第三十二代当主である島津修久（のぶひさ）が参加したことも注目された。五月十七日には「〈琉球〉から〈薩摩〉へ～四〇〇年（一六〇九～二〇〇九）を考える～」（主催：知名町教育委員会）が沖永良部島のおきえらぶ文化ホール・あしびの郷ちなで開催された。沖縄でも、五月九日に沖縄県立博物館・美術館で「薩摩の琉球侵攻四〇〇年を考える」が行われたのをはじめ、多くのシンポジウムが実施された。

図 2-7　徳之島町で開催された奄美琉球侵攻 400 年記念シンポジウム「未来への道しるべ」（2009 年 5 月 2 日）

この年に出版された書籍では上原兼善（うえはらけんぜん）『島津氏の琉球侵略　もう一つの慶長の役』と上里隆史（うえざとたかし）『琉日戦争一六〇九　島津氏の琉球侵攻』が注目される。[*86] 両書とも琉球と薩摩・日本の関係の変遷を十六世紀の時点から丁寧に追っている。琉球史研究の立場から記されたものであるが、琉球に関する研究だけではなく、戦国大名島津氏に関する先行研究も踏まえることで、十六世紀の薩摩側の状況も充分に把握した記述となっている。また、侵攻の経過についても詳細に記述されており、島津軍に対する琉球の防戦の様子や和睦への経

＊85　『朝日新聞』二〇〇九年五月三日・西部地方版（鹿児島）、二五頁。

＊86　上原兼善『島津氏の琉球侵略―もう一つの慶長の役』は榕樹書林から、上里隆史『琉日戦争一六〇九　島津氏の琉球侵攻』はボーダーインクから刊行された。ともに沖縄県内の出版社からの出版である。

緯を知ることができる。一方、島津氏の侵攻を上原は「琉球侵略」「もう一つの慶長の役」と呼び、上里は「琉日戦争」「琉球侵攻」とした点に違いがある。上里は、侵攻を薩摩島津氏だけの問題として捉えるのではなく、幕藩制国家や東アジアの国際情勢も重視すべきであると説く。琉球と薩摩との限定された地域の戦いではなく、東アジアの中での琉球と日本との戦いであるとの視点を打ち出すために「琉日戦争」という呼称を用いたのであろう。

二〇〇九年に盛り上がりを見せた島津氏の侵攻をめぐる研究成果は、二〇一〇年以降にも刊行された。黒嶋敏（くろしまさとる）「島津侵入事件再考」[*87]は、関係史料を再検討することで侵攻に至る経緯に見直しを迫る。特に、豊臣政権下の日本・琉球関係が侵攻の契機になったとし、豊臣政権の影響を重視する視点が注目される。知名町で行われた二〇〇九年のシンポジウムをまとめた書籍には弓削政己（ゆげまさみ）「薩摩藩琉球侵攻時の琉球尚寧王の領土認識について」[*88]が掲載されている。島津氏の侵攻後にこの事件を明に報じた『歴代宝案（れきだいほうあん）』[*89]所収の文書を主な検討材料として、奄美諸島が島津氏に割譲された背景を探る。

なお、二〇〇九年の侵攻四百年を前に、二〇〇七年には「しまぬゆ」刊行委員会編『しまぬゆ1　一六〇九年、奄美・琉球侵略』も鹿児島の出版社から刊行された。義富弘（よしとみひろ）が多くを執筆しており、古代から侵攻後までを通史的に記述したものとなっている。義は奄美大島の出身であり、奄美側からの視点も重視されている。そのことが「奄美・琉球侵略」という副題に表れていよう。編集後記を記した薗博明（そのひろあき）は「暴力を組織しそれを正当なものとして行使する「国家」を形成しなかった奄美は、ナハン世、ヤマト世と外からの暴力を受け、支配・収奪・差別の屈辱を強いられてきた」と記す。[*90]

以上、島津氏の琉球侵攻をめぐる研究状況を紹介した。これらの研究成果も踏まえた上で、次項では侵攻の背景や経過を見ていこう。

＊87　小野正敏・五味文彦・萩原三雄編『考古学と中世史研究7　中世はどう変わったか』（高志書院、二〇一〇年）所収。

＊88　知名町教育委員会編『江戸期の奄美諸島「琉球」から「薩摩」へ』（南方新社、二〇一一年）所収。

＊89　首里王府と中国を中心とするアジアの国々との間で交わされた外交文書を収録したもの。

＊90　「しまぬゆ」刊行委員会編『しまぬゆ1　一六〇九年、奄美・琉球侵略』（南方新社、二〇〇七年）、二〇〇頁。

2　侵攻の背景

琉球・薩摩関係の変遷

かつては、琉球と薩摩との関係について、十五世紀後半以降、島津氏が琉球への影響力を段々と強め、やがて琉球が島津氏に従属するようになり、一六〇九年の侵攻へとつながっていくと捉えられていた。しかし、黒嶋敏などの研究によって、琉球・薩摩の関係史が見直され、両者は基本的には対等関係であったことが指摘されるようになった。[*91]むしろ、十六世紀初頭、一族の分立・台頭や南九州の諸勢力との戦いで弱体化していた島津本宗家（薩摩・大隅・日向の守護を継承していた奥州家）は、琉球国王尚真に対して非常に丁重な外交文書を送り、あたかも尚真を自らの上位に位置づけるような態度をとっていたことも指摘されている。[*92]そして琉球もまた、島津氏に対して低姿勢をとる時期があった。十六世紀後半、明が従来の海禁政策を緩和したことで明の民間商船が海外貿易を展開するようになったことに加え、ポルトガルなどのアジア進出によって、琉球のアジア諸国との貿易は縮小を余儀なくされる。そのことは琉球の海外貿易における日本の存在感を高めることとなり、特に島津氏との良好な関係の維持と円滑な貿易が重要になっていった。一方の島津氏はこの時期、南九州の領主たちを次々と服属させて勢力を拡大していった。そのような島津氏に対し、琉球は丁重な外交文書を送っている。[*93]このように、琉球と薩摩との外交文書の文言については、その時々の状況で変化も見られる。もちろん、あくまで外交文書の用語や外交上の姿勢の問題であり、丁重な文書を送り、相手を上位と見なしていたからといって、実際に従属していたわけではない。その意味で、琉球と薩摩との関係は、変化も見られながらも、基本的には長らく対等関係だったのである。しかし、南九州を統一し、さらに九州北部へと勢力を拡大していく島津氏は、琉球に対し高圧的な態度をとるようになり、「あや船一件」と呼ばれる外交上のトラブルも発生している。[*94]

やがて、九州において島津氏が強大化する中、豊後の大名である大友氏は豊臣秀吉を頼り、秀吉

＊91　黒嶋敏『中世の権力と列島』（高志書院、二〇一二年）所収「琉球王国と中世日本―その関係の変遷」（初出は二〇〇〇年）。

＊92　村井章介『日本中世境界史論』（岩波書店、二〇一三年）所収「古琉球をめぐる冊封関係と海域交流」（初出は二〇一一年）。

＊93　黒嶋敏『琉球王国と戦国大名　島津侵入までの半世紀』（吉川弘文館、二〇一六年）。

＊94　琉球が島津氏へ派遣したあや船（公式の通交船）の進物が先例より少ないこと、近年の琉球の薩摩に対する対応が非礼であること、薩摩が琉球に求めていた「印判制」が守られていないことなどについて、島津氏が琉球を詰問した。あや船については喜舎場一隆『近世薩琉関係史の研究』、「印判制」については黒嶋敏『中世の権力と列島』に詳しい。

が島津氏に対して大友氏との停戦を求めた。しかし、島津氏がこれに従わなかったため、天正十五（一五八七）年に秀吉は九州に出兵した。島津氏は九州統一を目前にしながら、この秀吉との戦いに敗れ、豊臣政権に服属することになる。以後、琉球と薩摩との関係は豊臣政権の意向を受けながら展開していく。

豊臣政権は島津氏に対し、琉球から秀吉への使節派遣を実現するように要求した。政権の意向を受けた島津義久は琉球に対し、秀吉の天下統一を祝うための使節を派遣すること、派遣が遅れれば豊臣政権による琉球への武力行使が行われるであろうことを告げる書状を作成した。琉球使節の上洛は天正十七（一五八九）年に実現し、秀吉はこの使節を自身への服属を示すものとして捉えた。天正十九（一五九一）年、朝鮮への出兵を前に秀吉は琉球にも軍役を割り当てており、これを受けて島津義久から琉球に対し、兵糧の供出が求められている。[*95]さらに秀吉は、琉球を島津氏の「与力」としている。[*96]与力とは大名や有力武将に属する武士を指す語であり、秀吉は琉球を島津氏の軍事指揮下に位置づけたのである。もちろん、これを琉球側が承知したわけではなく、あくまで秀吉の一方的な判断である。しかし、これがのちの琉球侵攻にも少なからぬ影響を与えることとなる。[*97]

文禄元（一五九二）年に開始された朝鮮出兵は、慶長三（一五九八）年の秀吉の死により日本軍が朝鮮半島から撤退することで終了する。その後、日本の支配者としての地位を確立したのが徳川家康である。慶長五（一六〇〇）年の関ヶ原の戦いで西軍に属して家康と敵対した島津氏だったが、戦後の交渉で領国の安堵が認められた。一方、秀吉の朝鮮出兵によって悪化していた日明関係の回復を目指す徳川政権は、明との交渉の仲介を琉球に期待した。慶長七（一六〇二）年に奥州の伊達氏の領内に琉球船が漂着すると、家康は漂着民を丁重に扱って琉球へ送還するよう伊達・島津両氏に命じた。琉球が漂着民送還に対する返礼の使節を徳川政権に送ってくることを期待したのである。しかし、琉球は徳川政権への使節派遣を行わなかった。かつて豊臣政権に使節を送ったことがきっかけで、朝鮮出兵への軍役負担を求められるなどの理不尽な要求を受けることになったことも、琉球側が使

＊95『鹿児島県史料　旧記雑録後編二』七八五号、五一八頁。
＊96『鹿児島県史料　旧記雑録後編二』八一〇号、五二九頁。
＊97　前掲註93　黒嶋二〇一六：一三八頁。

節派遣に消極的だった理由と考えられる。[*98]

侵攻の背景

慶長十一（一六〇六）年、島津家内部では「大島渡海」「大島入」が議論されていた。[*99] 琉球の版図である奄美大島への出兵計画である。この計画については、財政の窮乏にあえぐ島津氏が、[*100] あらたな領土を獲得しようとして計画したと考えられている。[*101] また、軍事侵攻によって日明復交の仲介などの交渉の進展を期待するという側面もあったのだろう。[*102] しかし、出兵の議論はうまく進まなかった。当時、島津忠恒（ただつね）（義弘（よしひろ）の子。この年に家久（いえひさ）に改名）は京都におり、出兵に関する協議は鹿児島の義久・義弘兄弟を中心に行われたが、義久やその家臣が協議に非協力的だったのである。忠恒の伯父である義久はかつて島津氏の当主であったことから、依然として島津家内に影響力をもっていた。島津氏は翌年（慶長十二、一六〇七）の奄美への出兵許可を幕府から得ることには成功したが、結局、この時の奄美出兵は実現しなかった。朝鮮使節が日本に来ることが決まったことを受け、幕府が方針を転換し、出兵中止を島津氏に求めたのである。

こうして琉球への武力行使はひとまず取り下げられたわけだが、慶長十四（一六〇九）年には薩摩・琉球の緊張関係がピークに達していた様子が、同年二月二十一日付の島津義久から尚寧（しょうねい）に宛てられた書状の案文（あんもん）からうかがえる。[*103] 琉球への最後通牒とも呼ばれるその内容は、次の四点について琉球を問責するものであった。

①亀井茲矩（かめいこれのり）が琉球へ出兵しようとした際、中止を義久が秀吉に求めたことで琉球は難を逃れたにもかかわらず、その恩を忘れていること。

②朝鮮出兵の際に、琉球も薩摩と共に軍役を負担するよう秀吉から命じられたが、一部しか負担しなかったこと。

③日本に漂着した琉球の船が徳川家康の厚意によって帰国できたにもかかわらず、御礼の使者を送らなかったこと。

④日本と明（中国）との貿易の件で琉球が仲介することをかつて了承したにもかかわらず、それを

＊98　前掲註86 上里二〇〇九：一九七頁。

＊99　『鹿児島県史料　旧記雑録後編四』一八四号。

＊100　江戸城修築のために幕府から課された負担や、島津義弘の養女の婚姻による出費などがあった（前掲註86 上原二〇〇九：一〇五頁）。

＊101　前掲註83 紙屋一九九〇：二四頁。

＊102　前掲註93 黒嶋二〇一六：一七〇頁。

＊103　前掲註87 黒嶋二〇一〇。

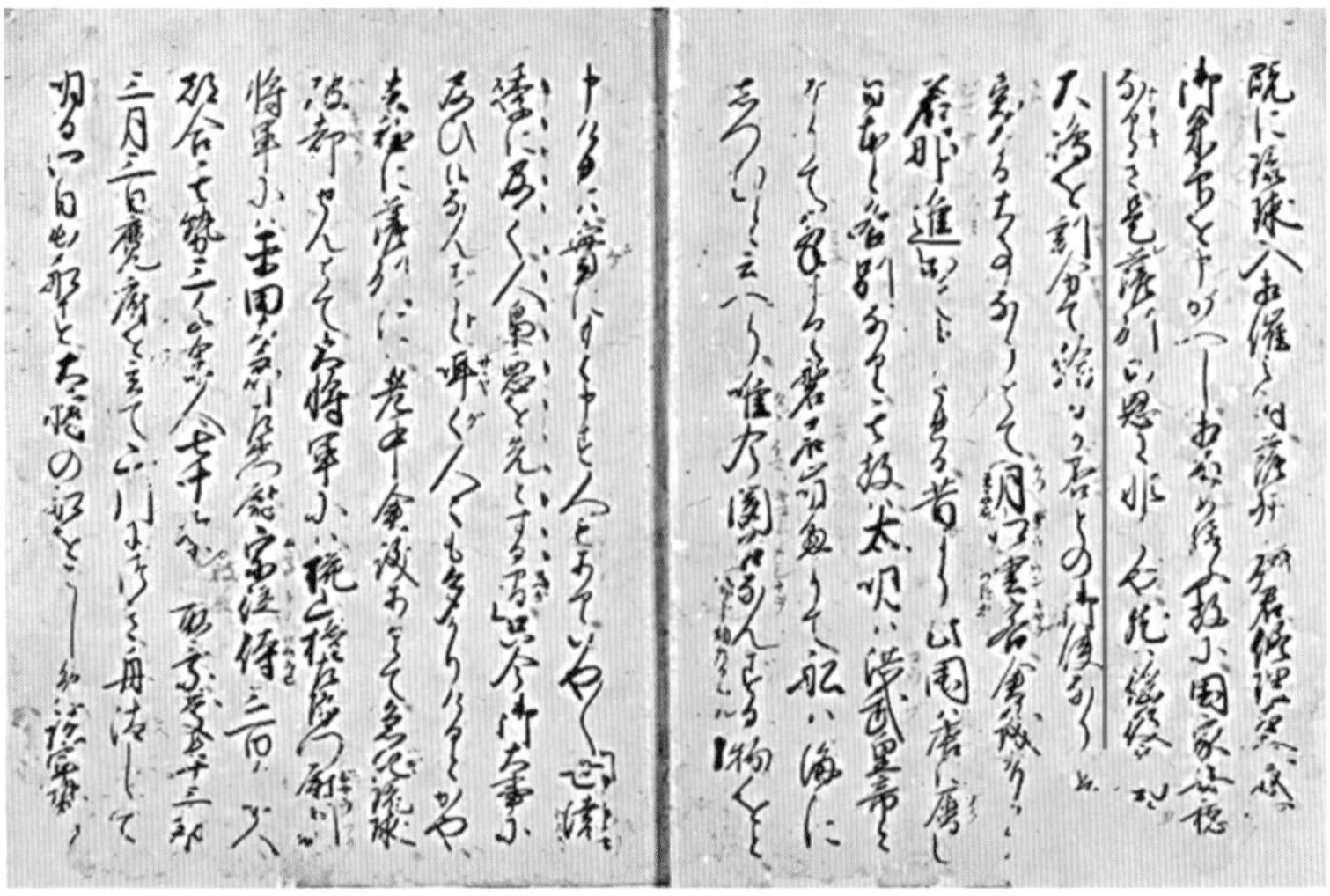

図2-8　『喜安日記』（伊波普猷文庫 IH010 琉球大学附属図書館所蔵を改変）
＊傍線に「大嶋を割分て給うか否との御使なり」とある。

怠っていること。

右の四点を述べた上で、琉球を誅罰（処罰）するようにという徳川将軍の命を受けて出兵が行われること、琉球が日本と明の仲介をするならば義久が出兵回避に努力する旨を伝えている。右の四点で特に注目されるのは①と②で、豊臣政権期の出来事が挙げられている点である。[*104] 豊臣政権下における薩摩・琉球関係が琉球侵攻にも少なからず影響を与えていた。

なお、島津義久が右の書状を出す前年、慶長十三（一六〇八）年にも島津氏から琉球に使者が派遣されている。[*105] 尚寧に仕えていた喜安蕃元の日記『喜安日記』（図8）によると、この時の使者は、亀井茲矩の「琉球入」を島津義久が止めさせたこと（右の①）を述べ、「徭役」を務めるか、「大島を割分て」島津氏に与えるかを求めたという。[*106]「徭役」は右の②も踏まえると、朝鮮出兵の際の未納分の負担（兵糧）を納めることを指すのだろう。これと引き換えに奄美大島の割譲を求めていることから、かつての大島出兵計画が中止された後も、島津氏が大島獲得を狙っていたことが分かる。兵糧の納入か土地の割譲という要求からは、琉球侵攻の背景に経済的な理由（島津氏の財政の困窮）もあったことが考えられる。

ところで、前項において、『琉球軍記』（『琉球入ノ記』）という史料が島津氏の侵攻の原因として借銀の返済をめぐるトラブルを挙げていることを述べた。『琉球軍記』は侵攻後、近世になってある程

＊104　前掲註103に同じ。

＊105　『南聘紀考』（『鹿児島県史料 旧記雑録拾遺 伊地知季安著作史料集六』）、五五一頁。

＊106　前掲註66池宮二〇〇九：二〇頁。

度時間が経ってから記されたものであり、実際に侵攻前に七島の船頭の仲介によって琉球が島津氏から借銀をしたかどうかは不明である。ただ、天正十七（一五八九）年に琉球が豊臣秀吉へ使者を派遣した際、京都で借銀をしたということがあったようだ。[*107] 中国から琉球に冊封使の使節団が来た際には、首里王府は彼らがもたらす品物を買い取る評価貿易を行う必要があった。その評価貿易で必要な銀を琉球は日本で調達する必要があったと考えられている。『琉球軍記』が記すような借銀をめぐるトラブルがあったことも考えられる。

3　島津氏の侵攻と徳之島

侵攻の経過

ここでは侵攻の全体を概観する。まずは『琉球渡海日記』[*108]と『肝付家文書』[*109]という二つの史料をもとに島津軍の動き（図9）を見てみよう。前者は高山（現肝付町）から参戦した高山衆の武将によって記されたもので、後者は喜入（現鹿児島市）の肝付兼篤の配下による記録を含む。この二つの史料にはどちらか一方にしか見られない記述もあるものの、共通する内容も多い。両方をあわせて読むことで島津軍の動きをある程度把握することができるであろう。

慶長十四（一六〇九）年三月三日の夜に乗船した島津軍は、四日に山川港を出発、同日の夜には口永良部島に到着した。翌日は風向きの関係で待機し、六日に口永良部島を出船、七日に奄美大島の深江浦（現龍郷町）に到着した。「かさん」（笠利。現奄美市笠利町）に敵が待ち構えていると聞いた島津軍は、八日に「かさん」へ進軍した。『肝付家文書』によると、「かさん」の人々が山林に逃げ隠れたため、現地の老人を呼び出し、「安堵するように」と人々に伝えたという。『琉球渡海日記』も「かさん」の人々がすぐに支配下に入ったと記す。

深江浦に数日滞在した後、十二日には出船、同じ奄美大島内の大和浜（現大和村）に着いた。十六日に大和浜を出船、西古見湊（現瀬戸内町）に到着。翌十七日に西古見をいったん出船したものの、

＊107　紙屋敦之「七島・七島衆と東アジア海域」（『東アジアのなかの琉球と薩摩藩』校倉書房、二〇一三年。初出は二〇〇九年）。

＊108　『鹿児島県史料　旧記雑録後編四』五五七号、二一二—二一五頁。

＊109　『鹿児島県史料　旧記雑録拾遺家わけ二』七五四—七五七頁。

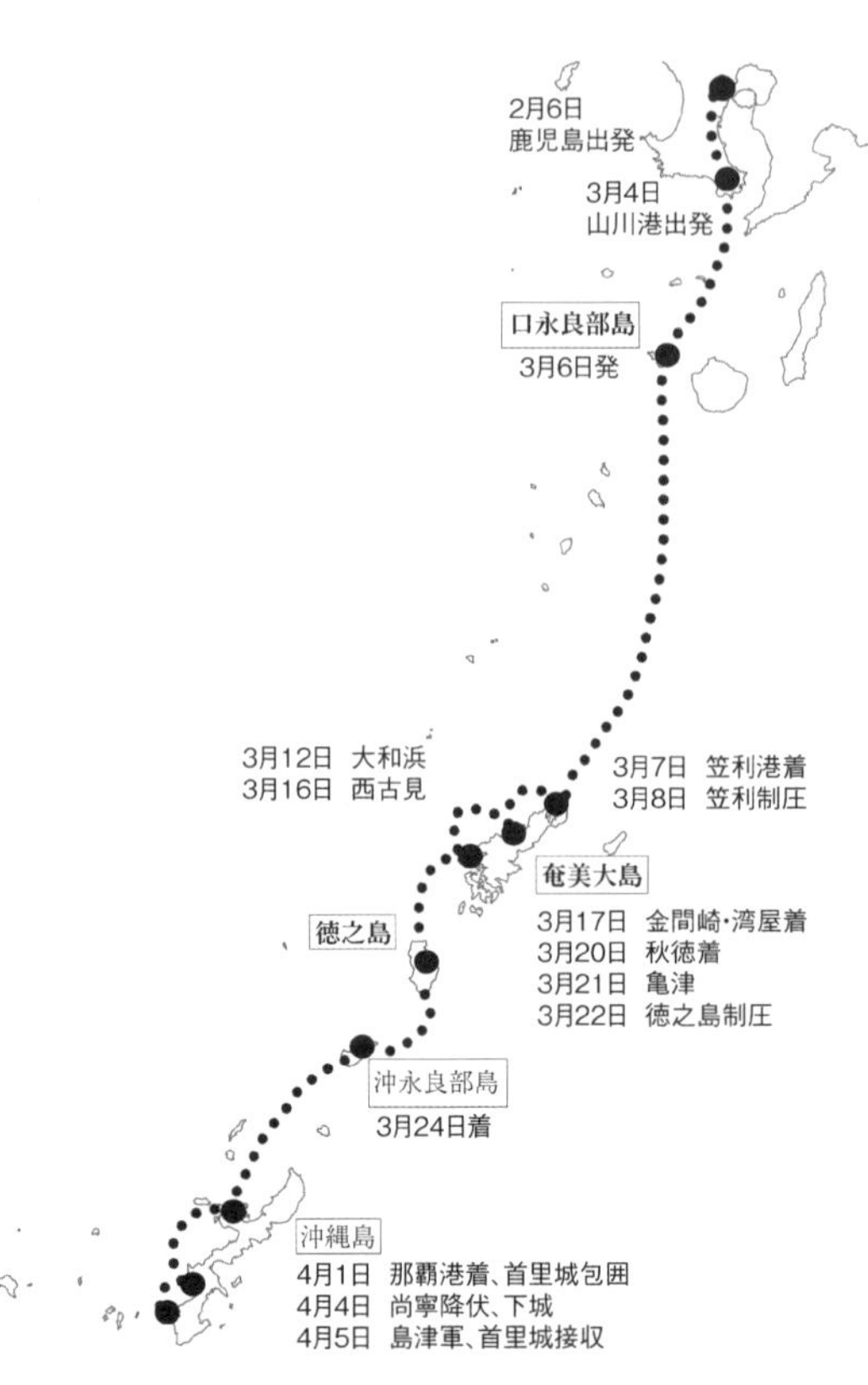

図2-9　侵攻の経過（鹿児島〜奄美諸島〜沖縄島）

風向きの関係で、もとの湊（西古見）に戻っている。『肝付家文書』によると、多くの船が西古見に戻る中、肝付兼篤の船と白坂篤利（篤国）の船の二艘が徳之島の「カナグマ」（金間崎（かなまざき））に、兼篤の従者の船と別の七艘の船が同じく徳之島の「ワイナ」（湾屋（わんや））に到着したという。他の島津軍の船は三月二十日に徳之島に到着した。徳之島では激しい戦いが展開されたが、その様子については後述する。徳之島を制圧した島津軍は、三月二十四日に亀津を出船、沖永良部島に着き、そこで大将の樺山久高（かばやまひさたか）をはじめ先行していた軍勢と合流し、沖縄島へ向かった。

翌二十五日に島津軍は沖縄島北部の要港である運天（うんてん）（現今帰仁（なきじん）村）やその沖に位置する古宇利島（こうりじま）に到着している。運天の近くには今帰仁グスクがあるが、島津軍が向かう前に琉球の人々は逃げていたという（『肝付家文書』）。『琉球渡海日日記』は、軍勢の一部が二十七日に今帰仁へ上陸し、方々を放火したと記す。なお、『肝付家文書』によると、二十六日には琉球からの和平の使者が運天の島津軍のもとを訪れていた。この時の使者は、僧の西来院菊隠（さいらいいんきくいん）、三司官（さんしかん）の名護親方（なごうぇーかた）（名護良豊）、御鎖之側（おさすのそば）（官職名）の三人であった。[*110]

*110　『肝付家文書』に「僧」と「名護ノ親方トテ三司官」と「オサセノソハ」と記されている。なお、『喜安日記』により、右の「僧」が西来院菊隠であったことが分かる。

三月二十九日に運天を出船した島津軍は沖縄島中部にある港の大湾（現読谷村）に到着。四月一日には陸路で南下して首里へ向かう軍勢と、船で那覇を目指す者とに分かれた。上陸した島津軍は鉄砲を放ち、各地に放火をしながら進軍、同日中に那覇に着いた。那覇の人々は家を空けて逃げていったため、島津軍は那覇の家宅を思い思いに宿にすることができたという。四日には国王尚寧が首里城から下城した。

琉球側の対応

この侵攻における琉球側の立場からの史料として『喜安日記』がある。同書によると、島津軍は三千余人、七十余艘の軍勢であった。「奄美大島に敵軍が到着し、大島の軍は弱かったために敵軍に敗れてしまった」という報告が三月十日に届いたとある。[*111] 先述したように、三月八日には島津軍が大島に上陸し、笠利を支配下におさめていた。そのことを知らせる飛脚が三月十日に到着したのだ。これを受けて琉球側は天龍寺の僧である以文を使僧として、北谷親雲上と共に奄美大島に派遣している。これは三月二十六日に運天の島津軍のもとを訪れた名護親方ら和平の使者とは別の使者である。なお、『肝付家文書』に「奄美大島を目指して派遣された使僧はあちこちに隠れていて、ついにやって来ることはなかった」とある。[*112] 以文と北谷親雲上は姿をくらませてしまったようだ。『喜安日記』は、今帰仁に兵船が到着したとの情報が三月十六日に届き、国中が混乱したと記す。ただ、『琉球渡海日日記』『肝付家文書』は運天への到着を二十五日としている。これら主力部隊の到着に先駆けて、沖縄島北部へ着いた先発隊がいたということだろうか。

琉球側が和平の使者として派遣した西来院菊隠、名護良豊、江洲栄真らは運天で島津軍と対面した。琉球からの和睦の申し出に対して、大将の樺山久高は那覇で話を聞くと述べ、西来院・江洲は那覇へ行くようにと告げ、名護親方は島津軍の船に留めた。西来院たちは急ぎ首里城へ戻り、状況を報告した。

四月一日には島津軍の船の一部が那覇に侵入した。一方、大将の樺山久高が率いる軍勢の大部分

＊111 「三月十日、兵船大島へ着津して、島の軍弱して敗軍すと飛脚到来す」とある（前掲註66 池宮二〇〇九：二二頁）。

＊112 「大島迄ト志シツカハレシ使僧ハ爰彼ニカクレ居テ終ニ出合ス」とある（『鹿児島県史料 旧記雑録拾遺家わけ二』七五六頁）。

は大湾渡口から上陸し、陸地を南下していた。琉球側は太平橋に百余人の軍勢を派遣したが、鉄砲の猛攻撃に遭い、城間鎖子親雲上が弾にあたって首をとられたのを見て、人々は首里城へ逃げ帰ったという。その頃、那覇では和睦の交渉がなされていた。首里城で島津軍に抵抗する者や、首里城を脱出して、追って来た島津軍の武将と戦って戦死した者たちもいたという。

『琉球入ノ記』の記す戦い

『琉球渡海日日記』『肝付家文書』の他にも、島津軍の側から琉球侵攻を記した史料として『琉球入ノ記』がある。『琉球軍記』『琉球征伐記』とも呼ばれる史料である。[*113] これは、琉球侵攻に参戦した七島（トカラ列島。現十島村）の影佐という人物によって記されたものである。中世の七島には七島衆と呼ばれる海商集団が存在し、琉球・薩摩間を往来して交易に従事していた。中世の七島は琉球王国と日本との境界領域にあたり（本章第一節参照）、七島衆も琉球・薩摩双方に従属的な存在だったと考えられる。その七島衆が琉球侵攻では薩摩方として参加し、その活躍を描いたのがこの『琉球入ノ記』という史料である。同書が記された具体的な年代は不明だが、はやくて一六三〇年代頃、あるいはもっと遅い成立と考えられる。[*114]

『琉球入ノ記』によると、千三百人、七十五艘の島津軍は山川港を出船後、奄美大島の津代湊（現奄美市笠利町）へ向かったが、風に吹かれて散り散りとなり、大将の樺山久高の船や七島衆の船五艘が津代湊へ、その他の船は奄美大島の他の場所へ着いたという。樺山・七島衆の船に奄美大島の人々が攻撃してきたが、鉄砲でこれを撃退している。樺山・七島衆らはその後、徳之島の足徳（秋徳）湊へ着船、現地で激しい戦いに勝利し、沖永良部島に向かったところ、沖永良部島の人々はすぐに降参したという。奄美諸島での戦いについては後述するが、『琉球入ノ記』では『琉球渡海日日記』『肝付家文書』よりも具体的に戦いの場面が記述される傾向がある。

その後、船は沖縄島に向かうが、ここで『琉球渡海日日記』『肝付家文書』との大きな違いが表れる。『琉球入ノ記』によると、樺山久高の船は那覇港の沖に控え、七島の頭立（リーダー）の者たちを大将として、七島の人々が七艘の船に乗って那覇港に侵入したという。迎え撃つ琉球側は、謝

＊113 『琉球入ノ記』は『鹿児島県史料 旧記雑録後編四』六五九号、二五二―二六二頁。山下文武『奄美・琉球歴史資料シリーズ1 琉球軍記 薩琉軍談』（南方新社、二〇〇七年）に『琉球軍記』として収録。

＊114 この史料には、大覚寺義昭を討伐した島津氏が足利将軍から琉球を与えられたとされる出来事（嘉吉附庸説）についての言及もある。この嘉吉附庸説が島津家で語られるようになる時期を踏まえると、成立は一六三〇年代以降であろう。また、奄美大島での戦いを描いた箇所で「焼内太郎」という侵攻当時十三歳だったという人物について「近キ比迄存命ニ而細々物語仕候」（焼内太郎は最近まで存命で、詳細に侵攻の時のことを語っていた）とあることから、侵攻からある程度時間が経ってからの成立と考えられる。

名親方を大将とする三千騎であった。港の海底には鉄の網が張られており、これを持ち上げることで船をひっかけたようだ。あわせて石火矢（大砲）を撃ったため、七島の人々の乗る船はことごとく破壊されてしまった。那覇港の防備が堅固であることを知った島津軍は、別の場所から攻め入ることとし、運天に船を移したというのである。

『琉球入ノ記』によると、運天に行く前に、少なくとも七島衆を含む島津軍の一部は那覇に出現したわけであるが、その時の那覇港での戦いの様子は『琉球渡海日日記』『肝付家文書』にも、琉球側の史料『喜安日記』にも見られない。運天到着前に、『琉球入ノ記』の記す那覇港での戦いは本当にあったのかという問題が出てくる。那覇港で戦いがあったことを示す史料として『歴代宝案』所収の琉球国王尚寧から布政司宛ての咨文がある。*115 現代語訳は次のようになる。

四月一日、倭寇（ここでは島津軍のこと）が那覇港に突入した。私（尚寧）は、鄭迵（謝名親方利山）・毛継祖（豊見城親方盛続）らに命じて、三千人以上の兵を統率させた。鄭迵らは兵を率い、武器を用いて勇敢に那覇港の入口で戦った。その時、琉球の兵は陸にいて兵力が強く、愚かな倭は海上にいて兵力が弱かった。兵を多く出して防戦すると、倭は勝てなかった。加えて、倭の船は小さく、兵は船上で武器を用いることは難しかった。琉球の兵が矢で射ると逃げるのも難しく、武器（ここでは鉄砲や大砲のことか）を放つと、よけることもできなかった。倭の兵たちはあわてふためき、逃げようとした船は珊瑚礁にぶつかった。溺死したり、殺されたりした倭の兵は数えることができない。

万暦三十七（一六〇九）年五月付のこの咨文では、島津氏の侵攻の状況が報告されている。那覇港から攻め入ろうとする「倭寇」（島津軍）であったが、そこには鄭迵（謝名親方）らが率いる三千名の兵が待ち構えており、弓矢や鉄砲・大砲で応戦した。この戦いの記述は、『琉球入ノ記』と似ており、同書の記述の信憑性を高めるもののように見える。だが、注意も要する。この咨文では那覇港での

＊115　『歴代宝案 訳注本第一冊』一―一八―三文書（沖縄県教育委員会、一九九四年、五三九頁）による訓読文は以下の通り。「四月初一日、倭寇、中山の那覇港に突入す。卑職、帥官鄭迵・毛継祖等に厳令して技兵三千余を統督せしむ。兵を披け、鋭を執り、雄として那覇江口に拠りて力敵す。彼の時、球兵は陸に居りて勢強し、蠢倭は水に処りて勢弱し。百出して拒敵すれば、倭は其れ左なり。且つ又、倭船は浅小にして勢は武を用い難し。箭もて射れば逃ぐるに難く、鋭もて発すれば避くる莫し。急処に愴忙し、船は各自携り角いて礁に衝る。沈斃し及び殺さるるもの、勝げて紀す可からず。」

戦いを四月一日としている。『琉球渡海日日記』は四月一日に陸路と海路に分かれて首里・那覇を目指したことを記し、『喜安日記』は四月一日に島津軍が那覇に着いたことを記していた。つまり、咨文に記された那覇港に現れた「倭寇」は、運天から南下して来た島津軍であり、『琉球入ノ記』が記すような運天に行く前の島津軍ではない。[*116]

また、そもそも那覇港での戦いが右に引用したように激しく展開され、琉球側優位に進んだのかという疑問もある。この咨文では、那覇港の戦いよりも前の箇所で、三月二十六日に馬良弼（名護親方良豊）が島津軍と戦って敗れ、捕らえられたことを記す。しかし、『喜安日記』によれば、名護良豊は、西来院菊隠らと共に和睦の使者として三月二十六日に首里を発ったのであった。[*117]『肝付家文書』も運天に「琉球ノ使者舟」が来て、そこに名護らが乗っていたことを記す。つまり、咨文が記すように名護が軍勢を率いて島津軍のもとに向かい、戦ったとは考え難い。咨文は琉球の奮闘ぶりを伝えるために誇張されているとみられ、[*118] 那覇港の戦いの記述もそのことを踏まえて読むほうがいいのだろう。

奄美大島の戦い

『琉球渡海日日記』と『肝付家文書』によると、高山衆や喜入衆は奄美大島のうち深江浦に着き、三月八日に上陸した。「かさん」（笠利）が「蔵本」であり、人々が集まって待ち構えているという風聞があったからであった（『琉球渡海日日記』）。この「蔵本」（蔵元）とは、首里王府が島嶼を統治するために島々に設置した役所と見られる。当時は蔵元が笠利にあり、島の行政の中心だったことが分かる。奄美大島に上陸した島津軍は、笠利を挟み撃ちする形で進軍したようである（『琉球渡海日日記』）。しかし、笠利にはさほどの人衆もなく、すぐに支配下に入ったという。『肝付家文書』も、人々が山林へ逃げ隠れたと記しており、大きな抵抗はなかったようである。樺山久高は奄美での戦況を伝える書状を三月十五日に記したようで、それを受け取った島津義弘から樺山に対しての返書（五月二日付）に「奄美大島のことがすぐに済んだことはとてもめでたく思う」（「大島之事、不日ニ相済候通、千万目出存事候」）とあり、[*119] 奄美大島制圧が容易に済んだ様子がう

＊116 上里隆史は、那覇港での戦いがあったのは事実と考えられるものの、島津軍が那覇港から退いた後に運天に向かったという部分については『琉球入ノ記』の記述は誤りと指摘する（前掲註86上里二〇〇九：二七一頁）。

＊117 『鹿児島県史料 旧記雑録拾遺家わけ二』、七五六頁。

＊118 目黒将史『薩琉軍記論』（文学通信、二〇一九年）、七五六頁。

＊119 『鹿児島県史料 旧記雑録後編四』五六八号、二一八頁。

かがえる。

なお、『琉球入ノ記』によると、樺山久高らの船は津代湊に、平田増宗らの船は西間切（奄美大島の南西部）に着いた。つまり、深江浦を含めて三つの地点に島津軍は到着していた。[*120] そして津代湊に着いた樺山らのもとに「大親」を大将とする島の人々三千騎が寄せてきたが、船から鉄砲を放ったところ、人々は逃げたという。実際には、この戦いが起きたのは津代湊ではなく大和浜（焼内間切）であり、島の人々を率いた「大親」は焼内間切の首里大屋子であった可能性がある。[*121]

以上の記述からすると、奄美大島では島津軍への多少の抵抗はあったものの、大きな戦闘には発展しなかったようだ。

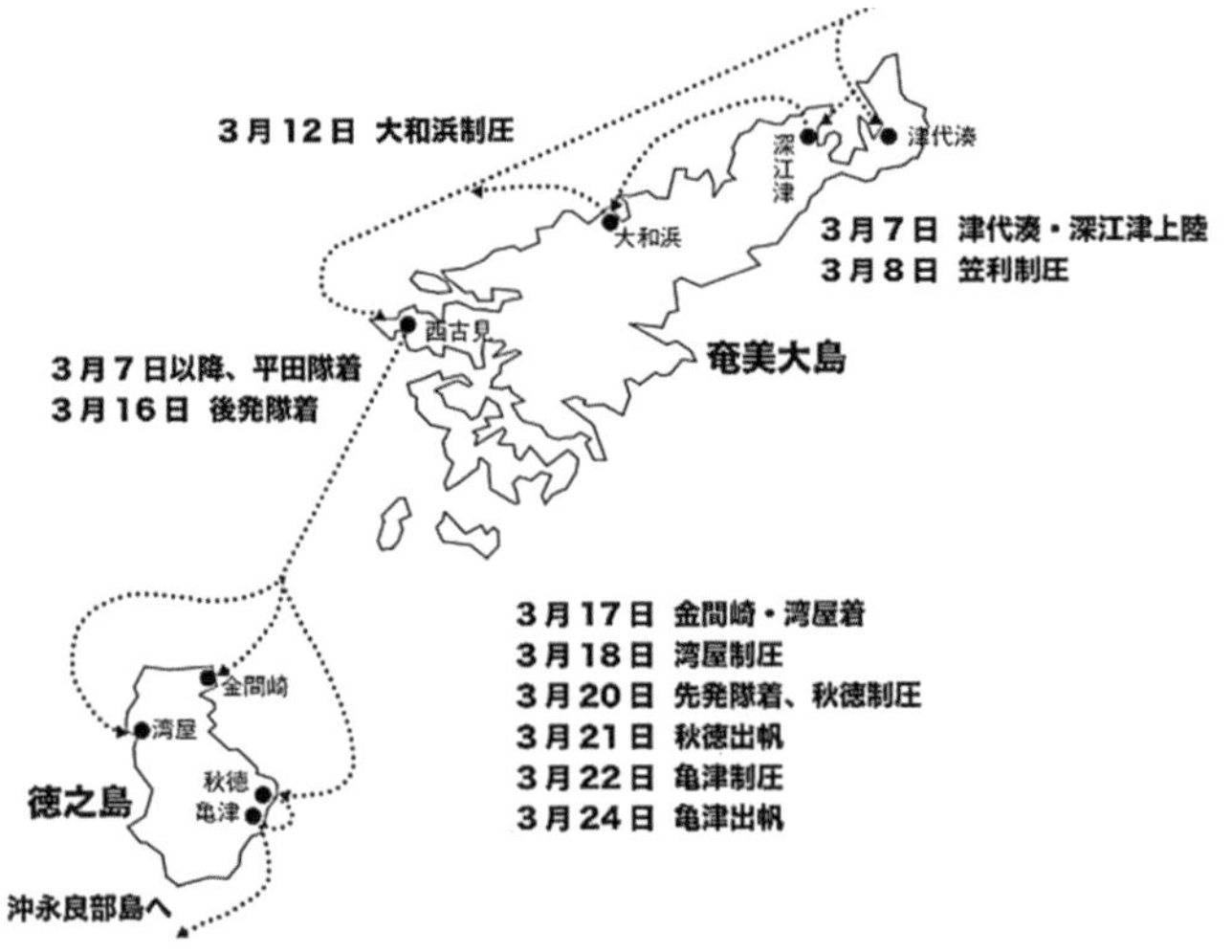

図 2-10　侵攻の経過（奄美大島～徳之島）

徳之島の戦い

『肝付家文書』によると、島津軍は三月十七日に西古見を出船したが、風の関係で多くの船はもとの西古見に戻り、肝付氏と白坂式部少輔の船の二艘だけは徳之島の「カナグマ」に着き、肝付氏の従者（喜入衆）の船は他の七艘の船と共に徳之島の「ワイナ」に着いたという（図10）。「カナグマ」は山村（井之川噯）の金間崎、「ワイナ」は浅間村（西目間切岡前噯）の湾屋湊であろう。

湾屋は徳之島の西側の湊で、「正保琉球国絵図」に「わにや泊」と見え、奄美大島の西古見から航路を示す朱線が引かれている。奄美大島から徳之島の西側へ行く際の重要な湊だったと見られ、そのため、琉球側もこの湾屋に軍勢を配置していたのだろう。湾屋に到着した島津軍の船は敵軍に船を囲まれた

＊120　『琉球入ノ記』は、島津軍は当初すべて津代湊を目指したが、風に流されて船がばらばらの地点に着いたとする。これに関して石上英一は、ひとつの湊に寄せることのできる船の数や、戦略上の観点から、もともと軍勢を三つに分けたのではないかと指摘する（「古奄美諸島社会の一七世紀における近世的編成の前提—慶長十四〜十六年の奄美諸島支配—」笹山晴生編『日本律令制の展開』吉川弘文館、二〇〇三年）。

＊121　前掲註120石上二〇〇三。

ため、翌十八日に船を下りて鉄砲で応戦、五十人ほどの首を討ち取った（『肝付家文書』）。

湾屋でそのような戦いが展開された一方、金間崎に着いた肝付氏らが島の人々と戦った様子は史料からはうかがえない。肝付氏らは三月二十日には金間崎から「アキ徳」（秋徳）に着いた。同じ日、西古見から高山衆の船も秋徳に着いている（『琉球渡海日日記』）。高山衆の船は三月十七日に西古見に戻っていたため、肝付氏の船とは離れていたが、ここで合流したようだ。秋徳に着いた時の様子を『肝付家文書』は「はじめ味方の船が二、三艘、ここに着いたところ、敵が寄せて来たので、敵をあちこちに追い詰め、二、三十人を討ち取ったということである」と記す。[＊122] 肝付氏や高山衆の船が到着するよりも前に、島津軍の一部がすでに秋徳湊に到着し、琉球側の軍勢と戦いを展開していたのだろう。

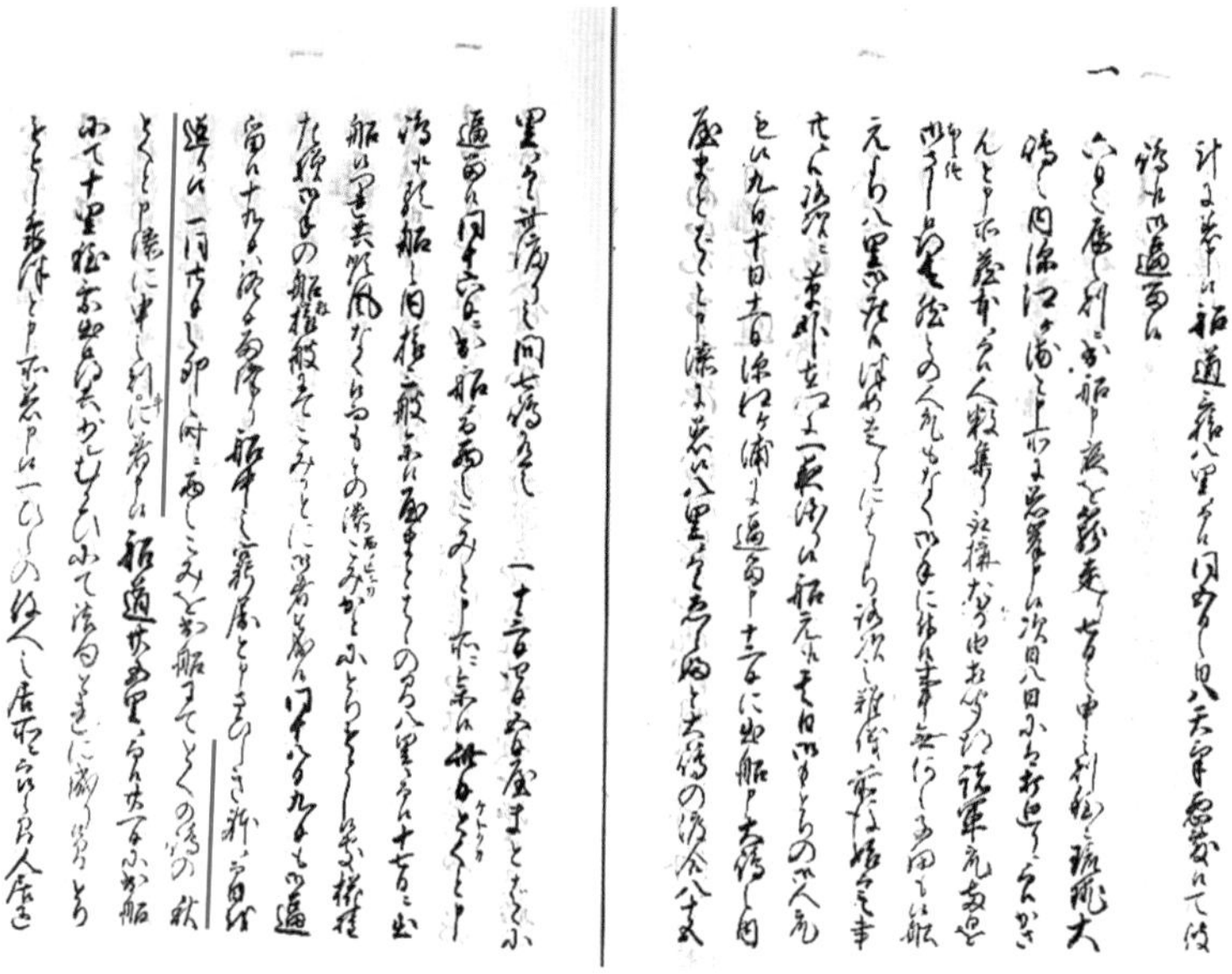

『琉球入ノ記』には「足徳」すなわち秋徳での島津軍と徳之島の役人との戦いが記されている。同書によると、奄美大島を出て徳之島に着いた島津軍を掟兄弟が待ち構えていた。掟兄弟は三尋（約五・四メートル。一尋は約一・八メートル）の棒を持ち、百姓たちには「家ごとに粥をたき、膝を火傷させるために坂や道に流し、水差しを使って粥を当てよ。残りの百姓たちは棒をとがらせ、または竹の先に包丁や山刀をつけ、島津軍を打ち殺せ」と命じたという。この

図2-11　『高山衆市来氏琉球征伐日記』（鹿児島大学附属図書館玉里文庫所蔵）　＊傍線に「とくの嶋の秋とくと申湊に申の刻斗に着申候」とある。

＊122　『鹿児島県史料 旧記雑録拾遺家わけ二』、七五五頁。「始味方ノ舟二、三艘、此所ニ着ケルニ、敵寄セ来リシヲ爰カシコニ追詰、二、三十人討取シト云々」とある。

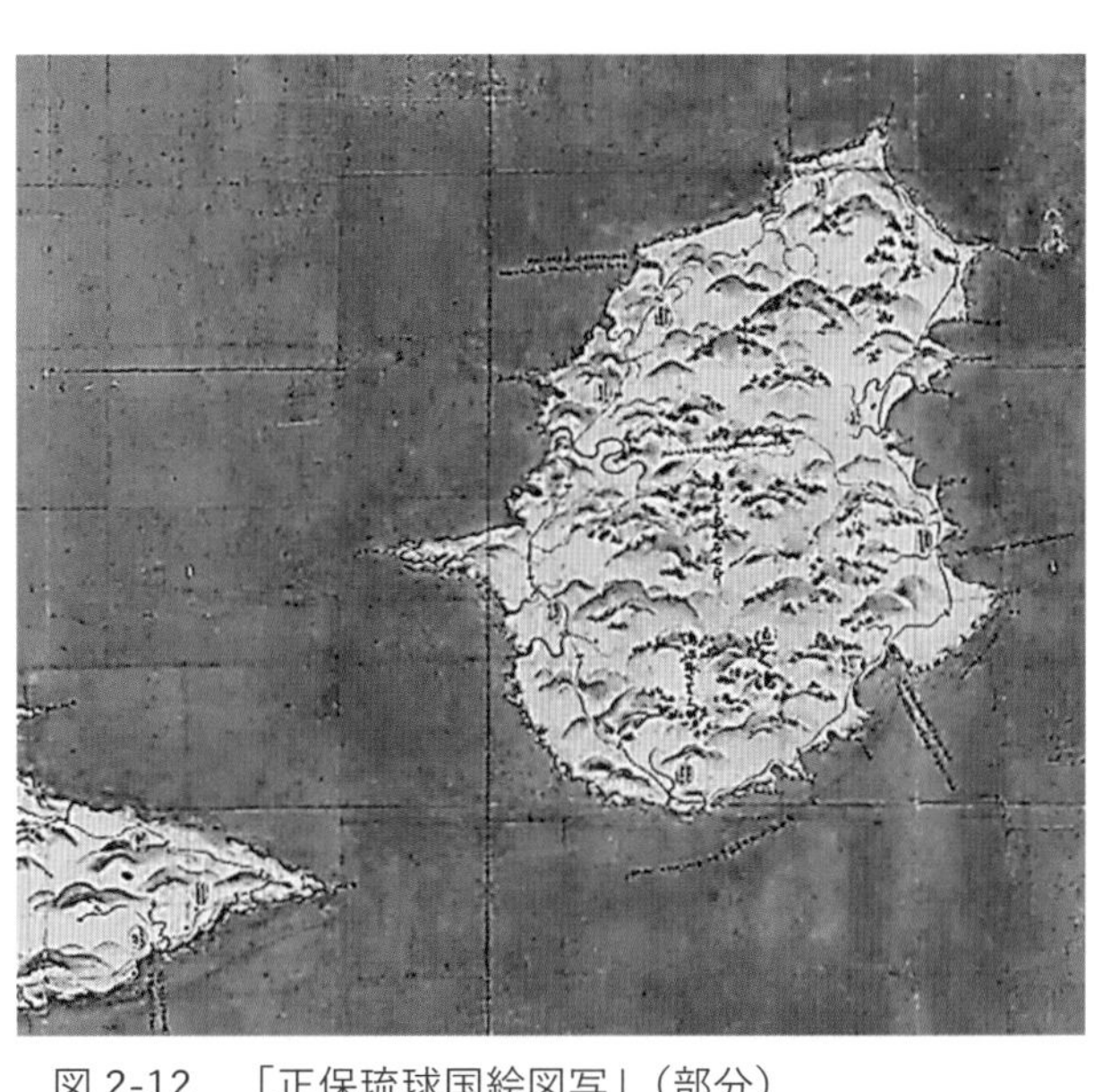

図 2-12　「正保琉球国絵図写」（部分）
＊徳之島（右）と沖永良部島（左）。

徳之島側の抵抗により庄内（しょうない）衆が六、七人倒されたが、掟兄弟の兄が島津軍の鉄砲に撃たれて戦死、弟もやがて討ち取られた。島津軍が百姓たちを切り払ったところ、島の人々は降伏した。この徳之島の戦いでは、七島衆も戦死した。先述のように、『肝付家文書』は肝付氏らの船が秋徳に到着する前に戦いが行われていたことを記すが、その戦いが『琉球入ノ記』の記す戦いなのだろう。

　秋徳に先着した島津軍によって、島の人々との間に『琉球入ノ記』の記すような激しい戦いが行われたと考えられる。そして三月二十日に秋徳に到着した肝付軍・高山衆なども含めた島津軍は、翌二十一日に秋徳を出発する。『琉球渡海日記』によると、秋徳を出航して十里ほど乗船したが、少し向かい風があり、結局、凪ぎになったので、引き返して亀津に着いたという。[*123]「正保琉球国絵図写」（図12）には「秋徳湊より永良部島和泊迄海上十八里」とあり、徳之島の秋徳と沖永良部島の和泊の距離が十八里あった。島津軍は沖永良部島の和泊へ向けて十里程進んだが、風や潮の関係で亀津に引き返したのである。ただ、樺山久高の船を含む十艘ほどは沖永良部島を目指したという。この亀津の地は「ひらの役人」の居所であり、人が多く住んでいた。亀津は琉球の徳之島支配の中心地だったのだろう。[*124]

　その翌日、三月二十二日は大勢で山狩りを行っている（『琉球渡海日記』）。亀津の役人が山に逃げ込んだためである。この時に捕らえられた人の中には、三司官の謝名親方（鄭迵）の婿という人物も含

＊123　『鹿児島県史料 旧記雑録後編四』五五七号、二一三頁。「出船にて十里程乗出候得共、少しむかひて結句とれに成候間、とりもどし亀津と申所に着申候」とある。

＊124　先田光演「薩摩軍琉球侵攻における徳之島の戦い」『徳之島郷土研究会報』第二六号、二〇〇四年。

まれていた。徳之島を守備するために沖縄島から派遣されていたのである。この謝名親方の婿とは、与那原親雲上（向　朝智）の可能性が指摘されている。[＊125] 彼は島津氏の侵攻に備え、琉球国王の命を受けて徳之島に派遣されていたが、島津軍の兵の多さを前に一戦も交えることができなかったという。[＊126] ちなみに『喜安日記』によると、与那原親雲上は侵攻の前年（一六〇八年）の冬から「御立願の御使」として徳之島に渡っていたという。この「御立願」が具体的にどういうことを指すのかは不明であるが、敵の降伏を祈る宗教的な行為だとも考えられる。[＊127] 侵攻前年の与那原親雲上の徳之島派遣からは、琉球が事前に王府役人を派遣することで防衛の準備をしていたこと、王国防衛の上で徳之島が重視されていたことがうかがえる。

以上見てきたように、島津軍と琉球側との徳之島での戦いは、湾屋と秋徳で行われた。この二か所が奄美大島からやって来る船が寄る可能性の高い重要な湊であったため、琉球側は守りを固めたのだろう。

島津家久は奄美方面での戦いを、江戸幕府に次のように報告したようだ。「大島という島はすぐに制圧し、それから「どく」という島（徳之島）に軍勢を行かせたところ、その島（徳之島）の者どもがやって来たので、一戦に及んで勝利した。その島の者どもを二百、三百人討ち取った」と。[＊128] 人数については誇張もあるかもしれないが、奄美大島を容易に制圧できたこととは対照的に徳之島の戦いが激しかったことをうかがわせる。

徳之島伝来の史料

では、最後に、この島津氏の侵攻が徳之島側の史料でどのように描かれているのかを見てみよう。『前録帳』（図13）は、徳之島が島津氏の支配下に入った経緯や役人の変遷を冒頭に記す。侵攻については簡潔な記述しかないが、琉球が借銀の返済を怠ったため、「琉球為御征伐（琉球御征伐のため）」に樺山久高・平田増宗らが渡海し、五枚帆の軍船七十五艘が徳之島の秋徳に入ったという。[＊129] 侵攻の原因を借銀問題としていることや、軍船に関する記述から、侵攻に関する『前録帳』の情報は『琉球入ノ記』をもとにしていると考えられる。

＊125　前掲註120 石上二〇〇三。

＊126　「向姓家譜」（辺士名家）『那覇市史』資料編第一巻七。

＊127　前掲註86 上里二〇〇九：二五一頁。

＊128　島津家久からの報告を受けて、本多正純が家久に宛てた書状に「大島と申島、早速被仰付、其よりどくと申島へ御人数趣被申候処ニ、彼島之者共出向候付而、及一戦、則被得勝利、彼島之者共二三百人被討捕候」とある（『鹿児島県史料　旧記雑録後編四』六〇三号、二二九頁）。

＊129　松下志朗編『奄美史料集成』（南方新社、二〇〇六年）、二二七頁。

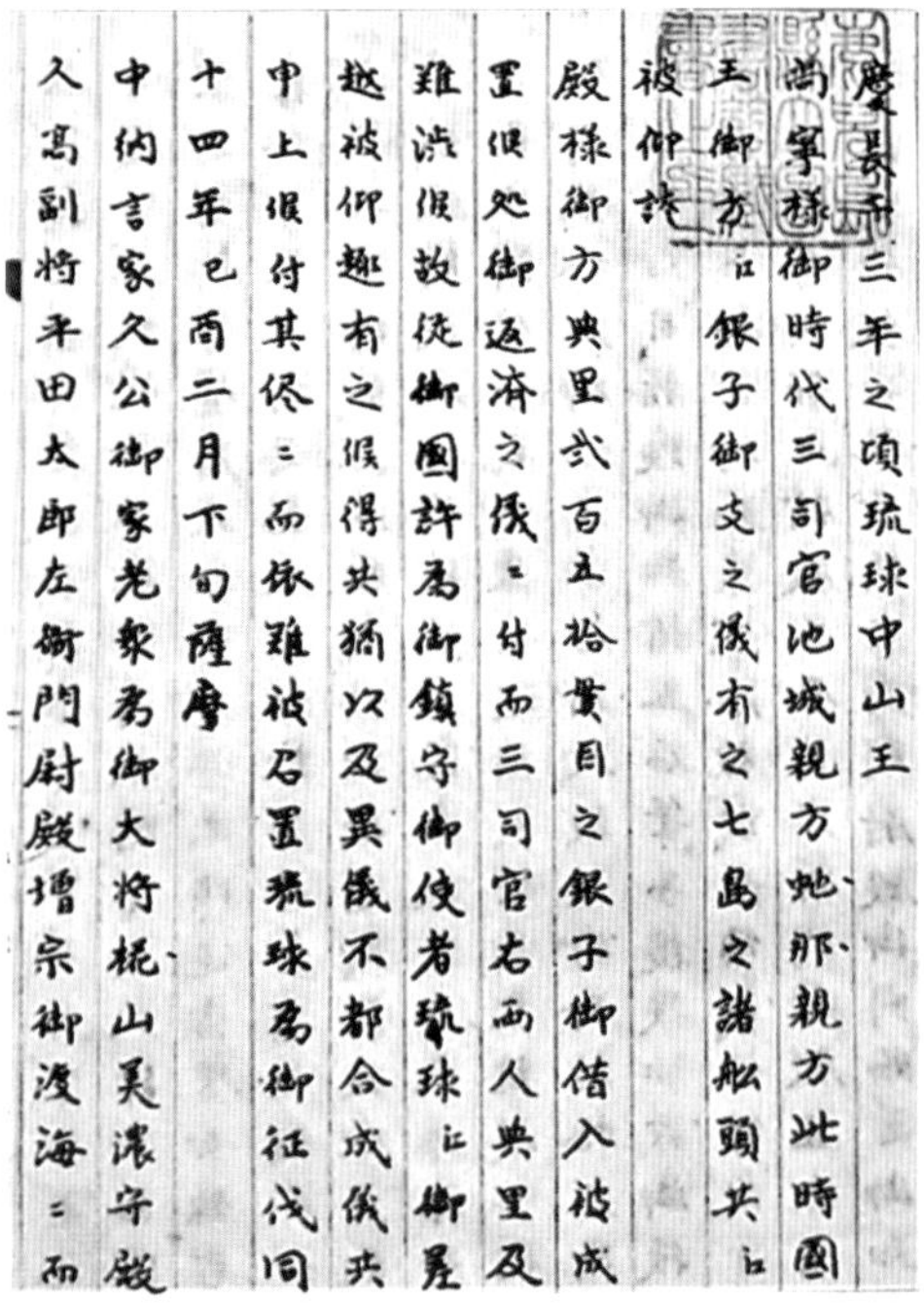
慶長十三年之頃琉球中山王
尚寧様御時代三司官池城親方虵那親方此時國
王御方江銀子御支之儀有之七島之諸船頭共江
被仰談
殿様御方與里弐百五拾貫目之銀子御借入被成
置候処御返済之儀ニ付而三司官右両人與里及
難渋候故従御國許為御鎮守御使者琉球江御差
越被仰趣有之候得共猶以及異儀不都合成儀共
申上候付其段ニ而依難被召置琉球為御征伐同
十四年己酉二月下旬薩摩
中納言家久公御家老衆為御大将樺山美濃守殿
入道副将平田太郎左衛門尉殿増宗御渡海ニ而

図 2-13　『前録帳』
＊琉球侵攻に触れている部分。

一方、『雑書由緒記写（ざっしょゆいしょきうつし）』の中の『三家録写（さんけろくうつし）』は侵攻に対する徳之島側の反応が比較的詳細に記述されている。[*130] 同書の記述を現代語訳で以下にまとめてみよう。慶長十四年の春、「琉球御征伐」のため、軍船七十五艘が秋徳港に現れた。船からは鉄砲が打ちかけられ、「薩摩から琉球国司（国王）が借りた銀子の返済について、虵那（三司官の謝名親方）が難渋し、不都合なことを申すので、止むを得ず兵が渡海した。早速、大島は薩摩に降参した。徳之島も降参せよ」との言葉があった。この島津軍からの呼びかけに対し、徳之島側は「こちらには、琉球の国主（国王）から何も連絡がなく、そちらの命令は受け入れ難い。虵那親方の考えで貴国（薩摩）に不都合なことを申しているというのは、島（徳之島）では詳細が分からない」と返答した上で、「道の島がすべて残らず降参することは、臣下として主君をないがしろにすることになる」「いまだ国司（国王）からの（降参するという）決定の連絡がない以上は、我々としては降参し難い」と述べた。徳之島側が「倭口（やまとぐち）雑之徳之島言葉（倭口雑じりの徳之島言葉）」で以上のようなことを述べたところ、島津軍の船から鉄砲が放たれて戦いが始まったという。島津軍が上陸したのは、島の人々が朝飯の粥を炊いている時間帯だったため、人々が逃げ惑う中で粥が路上にこぼれた。そのような中、思太郎金（めたらがね）（佐武良兼（さぶらがね））と坊太賀那（ぼうだがな）（思呉良兼（めごらがね））という兄弟[*131]や島の人々は奮戦する。やがて、島津軍の渋谷丹波守（しぶやたんばのかみ）が船上から鉄砲を放ち、思太郎金の胸を打ち抜く。思太郎金は船上からの砲撃を卑怯な行為として「徳之島言葉」で罵ったが、臓腑が

＊130　『徳之島郷土研究会報』特集号（一九八一年）、五一―五三頁。同誌掲載の『三家録写』は文字の脱落や写し間違いにより意味がとり難い箇所もある。『天城町誌』（一九七八年）、四四二―四四五頁も参考にした。

＊131　『琉球入ノ記』では「掟兄弟」として登場する。

図 2-14　思太郎金・坊太賀那の居住跡といわれる秋津神社

破れ、口と鼻から血を吐き、息絶えた。これがきっかけで島津軍は勢いを取り戻し、島に上陸して攻勢に出た。弟の坊太賀那は「今日、我ら兄弟は死で国に報いよう」と言って大勢を率いて戦い、戦死した。

『三家録写』も『前録帳』と同様に『琉球入ノ記』をもとにしていると考えられるものの、戦いの様子がかなり詳しく記されている点に特徴がある。『琉球入ノ記』には記述のない思太郎金（掟兄弟の兄）の吐血の様子などが記されることで、戦いの激しさが増している。特に強調されているのが琉球への忠節である。島津軍から降参を求められた徳之島側は、琉球国王の命がない以上は降参できないとして拒絶しているし、坊太賀那（掟兄弟の弟）は国に報いると宣言して戦死した。徳之島の人々が儒教道徳に基づいた行動をしており、それが徳之島での激しい戦闘につながっている。また、「徳之島言葉」というのが二度出てくる点も注目される。「倭口」とは異なる「徳之島言葉」を強調することで、「倭」とは異なる徳之島の姿が表れていると言えよう。

（屋良健一郎）

コラム2

線刻画

徳之島には船や弓矢の絵が刻まれた岩盤・転石がある。天城町の戸森の線刻画・三京の線刻画、伊仙町の犬田布岳の線刻画・馬根の線刻画、徳之島町の母間の線刻画（図15）である。

徳之島の線刻画群

　このような線刻画群は奄美諸島では徳之島だけで確認されていることから、「いつ描かれたのか、どのような人びとが描いたのか、線刻画の意味は何か」などの謎を解き明かすべく調査研究が進められてきた。その画期となるのは、天城町教育委員会が平成二十四年度から二十七年度に実施した発掘調査等事業であろう。この事業では戸森の線刻画を中心とした調査が行われ、描かれた船の帆のデザインや出土遺物の情報から、十七世紀以降に描かれた可能性が指摘されている。そしてその要因に、慶長十四（一六〇九）年の島津氏による琉球侵攻があげられている。すなわち、第二章で述べられている徳之島における戦闘を目撃した人びとが、それを伝え残すために描いた可能性が示唆されているのだ。

戦闘の様子

　徳之島の人びとが目撃・経験した戦闘はどのようなものだったのだろうか。七島船頭がのちに記した『琉球入ノ記』は、庄内士丹後守が掟（佐武良兼）の胸元を鉄炮で射抜いたと記す。その衝撃は佐武良兼の弟の次の証言が伝えている。「高らかに目にもとまらぬ棒の先から火が出て（佐武良兼を）打ち倒した。みな逃げよと家に走り入ったが終には死んだ」。

『琉球入ノ記』が描いた佐武良兼兄弟の奮闘は秋徳を戦場としたが、「ワイナ」（現・天城町湾屋）でも肝付勢により鉄炮が放たれ、五十人の首が討ち取られたという（『肝付家文書』）。

図2-15　母間の線刻画

　この二つの記録は侵攻した側の筆によるという性格をふまえると、自らの戦功を伝える意図もあり、鉄炮の威力と徳之島の人びとがそれに慄く姿が描写されたと考えられる。

　一方、『八十八呉良謝佐栄久由緒記』『諸田井之川村先祖写』という徳之島側の記録にも戦闘の激しさがうかがえる記述があるが、弓矢・鉄炮など具体的な武具の描写はない。『三家録写』は軍記物を思わせる文体で島津軍を記す。例えば、「左右の英雄威儀堂々と、前後に列び、万夫不当の鎧となり、数千の武者、甲冑の星を輝かし、鎧の袖を列ねて畳々累々と重なり、錦繡綾羅桜紅葉花を鋪くなり」(『天城町誌』)とある。これも後の執筆であろうが、徳之島の人びとの目に島津軍がどう映っていたのか、あるいはその衝撃を伝えようとする意識が読み取れるのではなかろうか。

本題は線刻画であった。琉球侵攻を経験した徳之島の人びとの脳裏に焼き付いたのは、文献史料を読むかぎりでは鉄炮だったと考えられる。そうであれば、鉄炮ではなく弓矢を線刻したのはなぜなのか。また、謎の入り口に立ってしまったようだ。

弓矢と船を描く

あらためて線刻画の画材をふり返ると、その多くは弓矢と船である。考古学の知見によると、描かれた矢の形状は十四世紀～十五世紀の遺跡から出土した鉄製のやじり(鉄鏃)と対応していることから、中世の状況を反映している可能性があると指摘されている。

そこから連想されるのは、倭寇と呼ばれた海民集団である。沖永良部島には、倭寇あるいは平家の落人で航海術に長けていたという後蘭孫八の伝説がある。「ゴラン」「グラル」という地名は倭寇に関係するといわれる。徳之島町においても「五ラン大原線」と呼ばれる道路があり、花徳集落の字名には「東小蘭」「西小蘭」がある。筆者の力量では徳之島の「ゴラン」地名と倭寇との関係を明らかにすることは難しいが、中世の国境なき海を舞台としたダイナミックな時代の足跡がどこかに隠されていないだろうか。

解けない謎

徳之島町で唯一確認されている母間の線刻画の特徴は、矢羽付きの弓矢を画材としていることだという指摘がある。また、母間の線刻画の一帯をノロが所有していたという聞き取りもある。「ノロ祭祀と弓矢・船との関係は?」、「ノロの許可なくその所有する場所に線刻することはできないだろうから、線刻されたのはノロ登場以前か?」などという問いや推理も聞かれる。

冒頭に記した「いつ描かれたのか、どのような人びとが描いたのか、線刻画の意味は何か」という謎。線刻画群はそれを解き明かす挑戦を引き続き待っているのだろう。

(竹原祐樹)

【参考文献】
天城町『天城町誌』一九七八年
木下尚子「戸森の線刻画に描かれた弓矢について」『戸森の線刻画シンポジウム発表資料集』(天城町教育委員会、二〇一九年)
具志堅亮編『天城町埋蔵文化財発掘調査報告書(7) 戸森の線刻画調査報告書』(天城町教育委員会、二〇一六年)
先田光演『沖永良部島の中世史—小さな島の不明な中世史に挑む—』(自家出版、二〇二〇年)
松山光秀「徳之島町母間の線刻画石群の調査報告—調査ノートから—」『徳之島郷土研究会報』第二四号、一九九九年

第三章　薩摩藩による徳之島統治

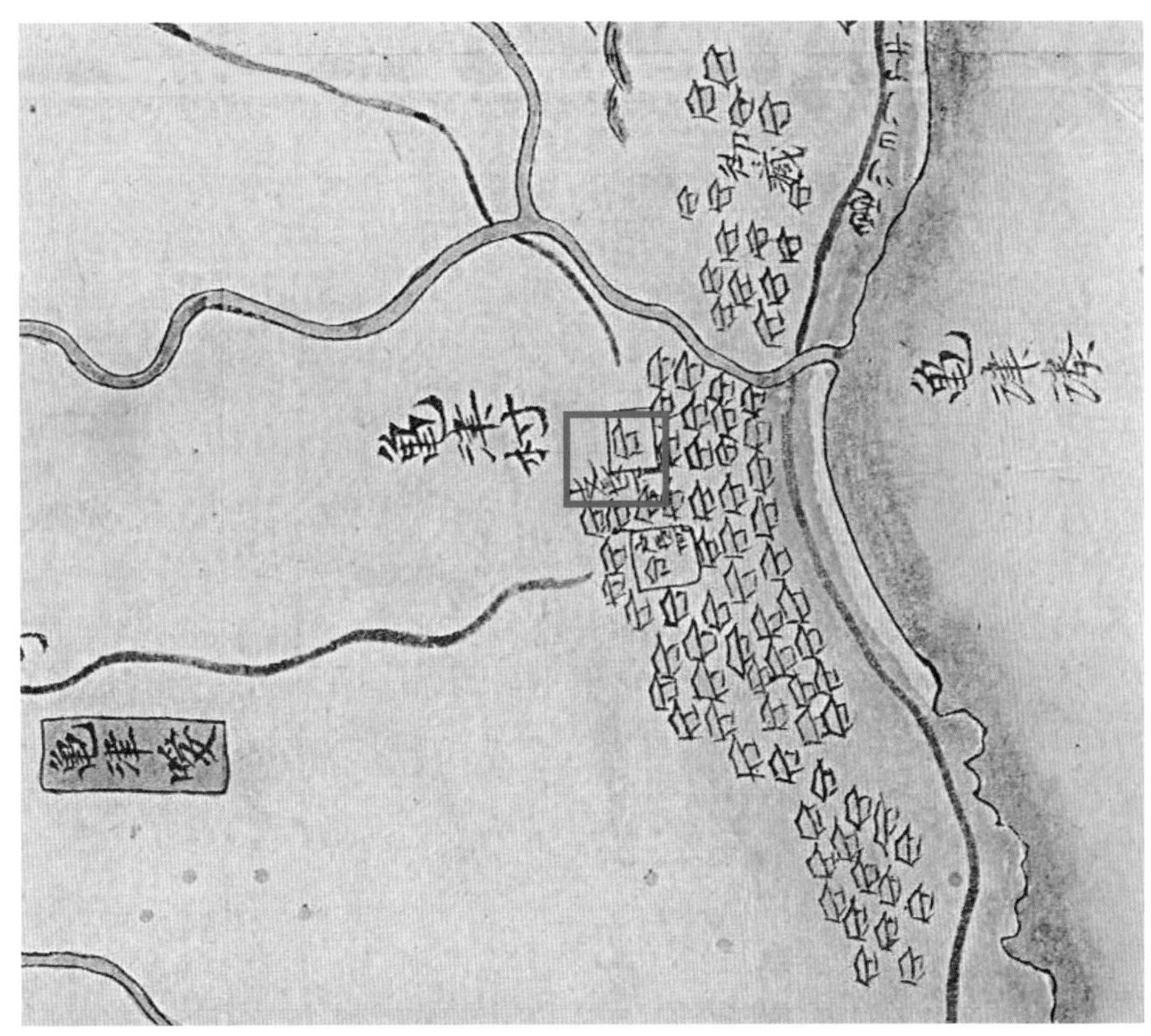

「鹿児島縣下徳之島全圖」に描かれた亀津村（神戸大学附属図書館住田文庫所蔵を改変）
＊「支長所」（赤枠）と書かれた場所に藩政期の統治拠点である代官所が置かれていた。

第一節 統治の諸段階

1 検地と知行目録の発給

慶長の検地

慶長十四（一六〇九）年七月七日、徳川家康から琉球の領知を認められた島津氏は、そう時を置かず、検地に着手した。近世初期の検地は、特に外様大名領の土地・身分制度に当面直接関与しなかった徳川政権の姿勢もあり、各地域で多様に展開した。[*1] 奄美諸島の検地も明らかになっていない点が多い。先行研究によりながら、まずはその過程を見ていきたい。[*2]

薩摩藩の記録奉行を勤めた伊地知季安の『南聘紀考』によれば、藩主島津家久は慶長十四年に上井里兼・阿多某らを琉球に派遣した。上井・阿多は琉球に留まっていた本田親政らと合議し、沖縄島の検地を行い、翌十五年三月には検地帳七冊を作成した。さらにその年の十月には、慶良間諸島・久米島・宮古・八重山諸島に十四人の竿奉行とその配下一六八人が派遣され、慶長十六（一六一一）年五月までに検地を終了した。

宮古・八重山諸島の検地を終えた一行は七月四日に那覇を出て、与論島・徳之島・大島等に滞在した。名瀬を出航したのは八月三日である。歴史学者の松下志朗はこのことについて、「それが丈量のための長期滞在であるかどうかは確証がないけれども、検地竿奉行一行の多人数が長期滞在する理由はほかにには考えられない」と述べている。[*3]

慶長期の奄美諸島において検地が行われたことを示す史料は知られていないが、『古老集記類』は慶長十五年に「道之島」（奄美諸島）で「御支配」（検地）があったとする。[*4] 伊地知季通の『薩隅日田賦雑徴』は、慶長十五年の検地に基づく琉球石高として奄美諸島の石高を含めた数字をあげている。[*5] そして石高を記載した慶長十八年の知行目録が大島・喜界島・沖永良部島の与人らに発給されている。[*6]

*1 牧原成征「兵農分離と石高制」『岩波講座日本歴史第10巻 近世1』（岩波書店、二〇一四年）、一六四頁。

*2 以下の検地の過程については、松下志朗『近世奄美の支配と社会』（第一書房、一九八三年）、石上英一「古奄美諸島社会の一七世紀における近世的編成の前提」笹山晴生編『日本律令制の展開』（吉川弘文館、二〇〇三年）を参照した。

*3 前掲註2松下一九八三：三五頁。

*4 「古老集記類の一」小野武夫編『近世地方経済史料』第一〇巻。

*5 「薩隅日田賦雑徴」小野武夫編『近世地方経済史料』第一巻。

*6 石上英一「奄美諸島における慶長十八年知行目録」『黎明館調査研究報告』第一八集、二〇〇五年、一三六—一四五頁。

このような経過から、琉球国統治下における貢租量の査定など、石高の設定作業が実施されたと推定されている。[*7] 徳之島の状況はどうだったのだろうか。次にみてみよう。

徳之島の状況

近世徳之島の公的記録である『前録帳』には記載がないが、『南聘紀考』に慶長十六(一六一一)年四月、後に(元和二年)奉行として徳之島に赴任する相良勘解由頼豊と有馬次右衛門重純が、根占郷士や大工・船頭など約二十名を率いて徳之島を鎮め、「租税事」を掌ったという記事がある。[*8] 歴史学者の上原兼善はこの記事および『旧記雑録』に収められた史料により、[*9] 河上彦左衛門・川越右近将監・野村但馬守・伊地知采女正らが慶長十六年二月十八日以前に徳之島で年貢を藩庫に収納する任務(「御蔵入方」)にあたっており、さらに河上らのもとに相良・有馬の検地衆が派遣されたことを示唆している。[*10]

また、第二十五代藩主島津重豪の命を受け、造士館の山本正誼が編纂した『島津国史』慶長十六年正月十一日の記事によれば、[*11] 藩主家久が官吏(「有司」)に琉球丈量のことを協議させたという。同十七日には本田親政・蒲池休右衛門が丈量法九か条を作成して宮古島に下し、[*12] それは大島・喜界島・徳之島などの官吏にも布達されたとする。『島津国史』のいう徳之島の官吏とは、この年の二月十八日以前から年貢の収納のため来島していた河上彦左衛門らを指していると考えられる。そして相良らは薩摩藩家老から「御検地衆」と位置づけられており、[*13] 『南聘紀考』が記す「租税事」とは検地を意図するものだったとみてよいだろう。

沖縄・先島検地衆とは別途、連続的に検地衆を送り込んで徳之島を把握しようとした背景には、派遣された相良・有馬が中堅城下士であることもふまえると、慶長十四年の徳之島における激しい戦闘の記憶があったのではないかという指摘がある。[*14] また、先発組として徳之島に派遣された河上らは収納に苦労し、結果、過年におよぶ不納(「残米」)となったとあることから、[*15] 徳之島における検地は容易に進まなかったのではないかと推察されている。[*16]

土地の生産力を米の収穫高で示す石高を、社会を編制する基礎とした石高制の特徴は、領内秩序の

*7 前掲註2松下一九八三：三七頁。

*8 「南聘紀考下」『鹿児島県史料　旧記雑録拾遺　伊地知季安著作史料集六』。

*9 「後編旧記雑録」巻六六『鹿児島県史料　旧記雑録後編四』八〇七号、八一〇号文書。

*10 上原兼善『島津氏の琉球侵略―もう一つの慶長の役』(榕樹書林、二〇〇九年)、二二〇―二二五頁。

*11 山本正誼編『島津国史七』巻之二十三。なお、『島津国史』は享和二(一八〇二)年に完成している。

*12 この九か条は「後編旧記雑録」巻六六(『鹿児島県史料　旧記雑録後編四』史料番号七九〇号)に収められている。

*13 「後編旧記雑録」巻六六『鹿児島県史料　旧記雑録後編四』史料番号八〇七号。

*14 前掲註2松下一九八三：三九頁。

*15 「後編旧記雑録」巻六六『鹿児島県史料　旧記雑録後編四』八一〇号文書。

基準となる知行高（所領の大小を示す数値）の表示と、百姓への年貢賦課の基準を定めるという二つの意味をもったことである。奄美諸島における慶長の検地は前者の性格であったと指摘されている。＊17 一方、『旧記雑録』中の史料（註15）からは年貢徴収への意向もかいま見える。ここでは、丈量の有無や規模はわからないが、慶長の検地が石高で支配の側に把握される近世という時代に組み込まれる端緒であったことを確認しておきたい。

なお、慶長十六年における奄美諸島の石高は、「慶長十五年之竿」の琉球石高一一万三〇四一石余り（『薩隅日田賦雑徴』）から慶長十六年藩主家久に提出された検地帳記載の沖縄・先島総計税額八万九〇八六石（『南聘紀考下』）を差し引いた、二万三九五五石余りと推計されている。＊18

知行目録の発給

慶長十六年までの検地により奄美諸島の石高を設定した薩摩藩は、同年九月十日、一紙目録＊19により尚寧王に対して奄美諸島を除く琉球国の知行高を示した。これにより、奄美諸島は琉球国から割譲され、島津氏がその領有権をもつことが確認された。＊20 そして、慶長十八（一六一三）年には奄美諸島の間切・シマ（村）役人に対する知行目録が発給された（図1）。

琉球国統治下の奄美諸島においては、間切という支配単位に首里大屋子・勢頭・筆子の間切役人が、間切を構成するシマ単位に大屋子・目指・里主・掟・筆子・居番のシマ役人が置かれていた。＊21 島津氏は間切制を再編成すべく、間切役人を間切惣役人、シマ役人を与人・目指・筆子・掟とした。＊22 間切・シマ役人に対しては、扶持米や役料を給付することが考えられたが実施されず、知行宛行というかたちをとった。＊23 徳之島には大親役へ知行二〇石・切米五石、用人役へ知行一〇

知行目録
大島焼内間切之内
高五石
右知行之事、於其地、別而依被召仕、被宛行畢、（田坪字）別紙二有、
弥抽御奉公者、可有御恩賞旨、所被仰出也、仍目録如件、
伊勢兵部少輔
慶長十八年九月廿四日　貞昌印
三原諸右衛門
重種印
焼内間切
（思樽金）めさし

図3-1　和家文書（大和村所蔵）に収録された知行目録の復元

＊16　前掲註10上原二〇〇九：二二五頁。

＊17　前掲註2松下一九八三：三七頁。

＊18　前掲註2松下一九八三：三七―三八頁。

＊19　『中山世譜』（蔡鐸本）附巻・尚寧王に「同年九月十日、家久公、出賜琉球一紙目録、此時、鬼界・大島・徳島・永良部・与論、皆属薩州」とある。

＊20　前掲註6石上二〇〇五：一三五頁。

＊21　前掲註6石上二〇〇五：一三六頁。なお、琉球国統治下の奄美諸島については第二章参照。

＊22　前掲註6石上二〇〇五：一三六―一三八頁。

＊23　「知行宛行は、実際の知行地を与えるものではなく、従来の土地所有を継続して認め、島津家の身分制度の中に琉球国の間切役人を編成するための施策」（前掲註6石上二〇〇五：一四一頁）とされる。

石・切米二石、目指役知行五石、筆子・掟役には切米二石という数字が伝わっていた（『前録帳』序文）。

慶長十八年の知行目録給付について、『前録帳』の序文にも薩摩藩家老から道之島に知行目録が言い渡され、拝領したとある。しかし上原兼善は、現在確認されている奄美諸島の八通（大島三通、喜界島四通、沖永良部島一通）の知行目録に徳之島の間切・シマ役人宛てのものが一通もないことに注目し、徳之島では土地の所有を認める／認められるという支配関係の構築がスムースではなかったのではないかと指摘している。[*24]

なお、慶長十八年の間切・シマ役人への知行目録は、その文言に「いよいよ御奉公を抽んぜば、御恩賞あるべし」などとあり、同時期の藩内に発給された知行目録と比べて薩摩藩への忠誠を求めていることが特徴とされる。[*25]

元和の検地と「御蔵入」

慶長十八年の知行目録発給を経て、元和七（一六二一）年、大島・喜界島などで検地が実施された。[*26] 鮫島孝左衛門を竿奉行に、有馬丹後守純定を附役とした。元和七年の検地は同十年に石高が確定（四万三二五七石余）したため、「元和十年竿」といわれる。その後、「大島等始めて本府に貢す」（『西藩田租考下』）となり、『薩隅日田賦雑徴』にも「琉球道之島」が寛永元（一六二四）年から「御蔵入」となったとある。

このことは、琉球侵攻後から寛永元年に至るまで、奄美諸島の年貢は薩摩藩に納められていなかったことを意味し、年貢は琉球の在番奉行のもとへ送り届けられていたと推察されている。[*27] 一方、弓削政己が指摘した[*28]元和二年八月の芝家所蔵「船切手」[*29]は、大島西間切の与人が船頭を務め、水手五十六人を乗組員とした十反帆船一艘が大島西目東から鹿児島へ米を上納したことを示しており、寛永元年以前の年貢上納のルートにはまだ謎が残る。

元和九（一六二三）年の『大島置目条々』により廃止されるまで、年貢の収納は大親役が担っていたが、薩摩藩からみるとその仕事ぶりは「不埒」であった。[*30] 元和九年以降、年貢の収納は与人の役目となった。その具体的な経過を『前録帳』の序文が記している。

＊24　前掲註10上原二〇〇九：二二七頁。

＊25　弓削政己「第三章藩政時代（1）」『大和村誌』（大和村、二〇一〇年）、一九七頁。

＊26　汾陽光遠「租税問答」小野武夫編『近世地方経済史料第二巻』。

＊27　前掲註2松下一九八三：三八頁。

＊28　知名町教育委員会編『江戸期の奄美諸島』（南方新社、二〇一一年）、一〇八頁。

＊29　『名瀬市誌』（名瀬市役所、一九六八年）、三〇三頁。

＊30　松下志朗解読、大山麟五郎解説「有馬丹後純定大島附肝付表代官相勤候覚」『奄美郷土研究会報』第九号、一九六七年、七三頁。

表3-1　道之島の石高

	元和10年竿	寛永12年	万治内検	享保内検
大島		10,455石500合	14,520石120合95斗	16,778石209合59斗
喜界島		6,932石400合	10,487石491合43斗	10,836石508合57斗
徳之島		10,009石700合	13,699石192合80斗	15,318石443合81斗
沖永良部島		4,158石500合	5,828石814合51斗	6,410石242合88斗
与論島		1,272石500合	2,402石759合18斗	2,413石235合24斗
計	43,257石76合34斗	32,828石600合	46,938石378合87斗	51,756石640合9斗

出典：松下志朗『近世奄美の支配と社会』（第一書房、1983年）、44頁。史料：「租税問答」

それによれば、奉行が置かれていた時期、その役目は島内の取り締まり（「島御仕置き」）にあったため、年貢に関する業務は与人が務めていた。与人は「勘定」のために三年に一度、頭取・目指・掟・筆子といった島役人を伴って上国（鹿児島に赴くこと）していた（「御勘定を遂げる」）。しかし、奉行が代官に替わり、附役も赴任することとなったため、島の代官所で勘定を遂げるよう藩当局から命じられた。

大島代官を勤めた有馬丹後守純定の記録に、寛永九（一六三二）年徳之島に赴任した野村五郎左衛門が代官役を拝命したとあるが、*31 附役は寛文十（一六七〇）年に配置されている。*32 二つの記録に従うと、徳之島代官の任命と附役の配置には約四十年の時間差があり、この間に前引の『前録帳』が記す年貢収納体制の変遷があったのだろう。

万治の検地

以後、寛永内検、*33 万治二（一六五九）年に完了した万治内検、徳之島では享保十一（一七二六）年または十二年に着手された享保内検があった*34（表1）。内検とは薩摩藩独自の検地をいう。ここでは、『前録帳』万治三年より寛文元年条から、徳之島における万治内検をみてみたい。次のように記されている。*35

万治内検の結果石高が増え、定められた年貢を納めることが難しくなった。そのため、用人大和瀬（亀樽）が上国し訴願したところ、増えた石高の分だけ免除され、田畑の状況に応じた上納となった。他にも上納品物七品ほどを断ったところ、以来、免除となった。

＊31　註30に同じ。

＊32　『前録帳』（松下志朗編『奄美史料集成』南方新社、二〇〇六年、二三二頁）に「寛文十年ゟ附役初ル」とある。

＊33　奄美諸島における寛永内検については、表1にあげた石高が確定されているが、それは丈量の結果ではなく、領地高設定による机上の作業の結果ではないかと推察されている（前掲註2松下一九八三：四四―四五頁）。

＊34　徳之島では郡奉行東郷十左衛門ら十（十一）名により検地が実施された。なお、奄美諸島における享保内検については、松下志朗「解題 奄美大島の享保内検」宇検村教育委員会編『奄美大島 屋喜内の文書』（宇検村、二〇〇七年）、一六八―一七五頁を参照されたい。

＊35　『前録帳』（前掲註32 松下編二〇〇六：二三〇頁）。
御検地増高有之島中御定代難勤ニ付、用人亀樽大和瀬上国仕訴詔申上、増高之分相下田畠見掛代ニ罷成候、此代ニモ上納品物七品程御断申上、夫ヨリ以来無納ニ相成候、

万治内検により石高が増加したことを受け、島役人が鹿児島に赴き苦しい実情を訴願したところ、田畑の状況に応じた上納が認められたという。ただし上納物七品の免除は一時的な措置ではなかったか。このできごとは『政家系図』大和瀬の条にもほぼ同じ内容が記されており、上国したのは万治四（寛文元）年六月のことであったと伝える。

近世という時代は、領主には「百姓成立」といわれる農家経営の維持を保障する責務があり、そのための「恵み」のある政治（「仁政」）にこたえて百姓は年貢を負担する責務をもつ、という認識が共有されていたという。[*36] 研究史上、このような相互の認識は「仁政イデオロギー」と呼ばれている。この事例も、近世前期の薩摩藩と徳之島の与人とのあいだにおける仁政イデオロギーという政治文化の表れと捉えられるのではないか。

2　支配の基本方針

大島置目条々

少し時をさかのぼり、元和九年の『大島置目条々』に戻りたい。全部で三十四条からなる法令であるが、それまで踏襲していた琉球国統治下の制度からの脱却が謳われている。具体的には、大親役（間切惣役人）の廃止である。[*37] それとあわせて、与人・掟・筆子など島役人の定数や俸禄米（「切米」）の額を定め、間切・シマ役人体制の改編も図った。注目されるのは知行の没収（「召上」）であり、[*38] 前述した慶長十八年の知行目録に基づく知行宛行制が廃止されたことになる。

さらに、島役人が琉球に渡り鉢巻の許しを得ることを禁止するという条文もあり、[*39] 間切・シマ役人と琉球国の関係を断つねらいが示された。このことに関連して、『前録帳』の序文には薩摩藩の危惧が記されており、[*40] 慶長十八年の知行目録発給後も間切・シマ役人が琉球国と結びつき、位階を示す鉢巻の許しを求めていたという。それは琉球への「慕親」となり、薩摩藩への「御奉公」が疎かになるのではないかと受けとめられていた。このような状況をふまえたと考えられるが、はたして『大島置目

＊36　深谷克己『百姓成立』（塙書房、一九九三年）、七―一二、三四―三五頁。

＊37　『大島要文集』（松下志朗編『南西諸島史料集』第三巻　南方新社、二〇〇九年、一一頁）に「オホヤ向後相ヤメラレヘキ事ニ付、御扶持米被下間敷事」とある。

＊38　『大島要文集』（前掲註37　松下編二〇〇九：一一頁）に「與人壹人ニ付切米五石被下、此中ノ知行シメシアケラレヘキノ事」とある。

＊39　『大島要文集』（前掲註37　松下編二〇〇九：一二頁）に「諸役人至琉球ハチマキノユルシヲ取事可為停止ニ付」とある。

＊40　『前録帳』（前掲註32　松下編二〇〇六：二二七頁）に「其後諸役人琉球江参位ニ付鉢巻之免ヲ申請候筋ニ有之候而者、猶又琉球江慕親自然与御奉公疎略仕候躰ニ茂有之候哉、無程大親役被召止被成下候、御知行茂被召上御切米迄ヲ被下候、諸役人琉球江参官位ニ相付鉢巻之免申請候事、堅御禁制被仰渡候」とある。

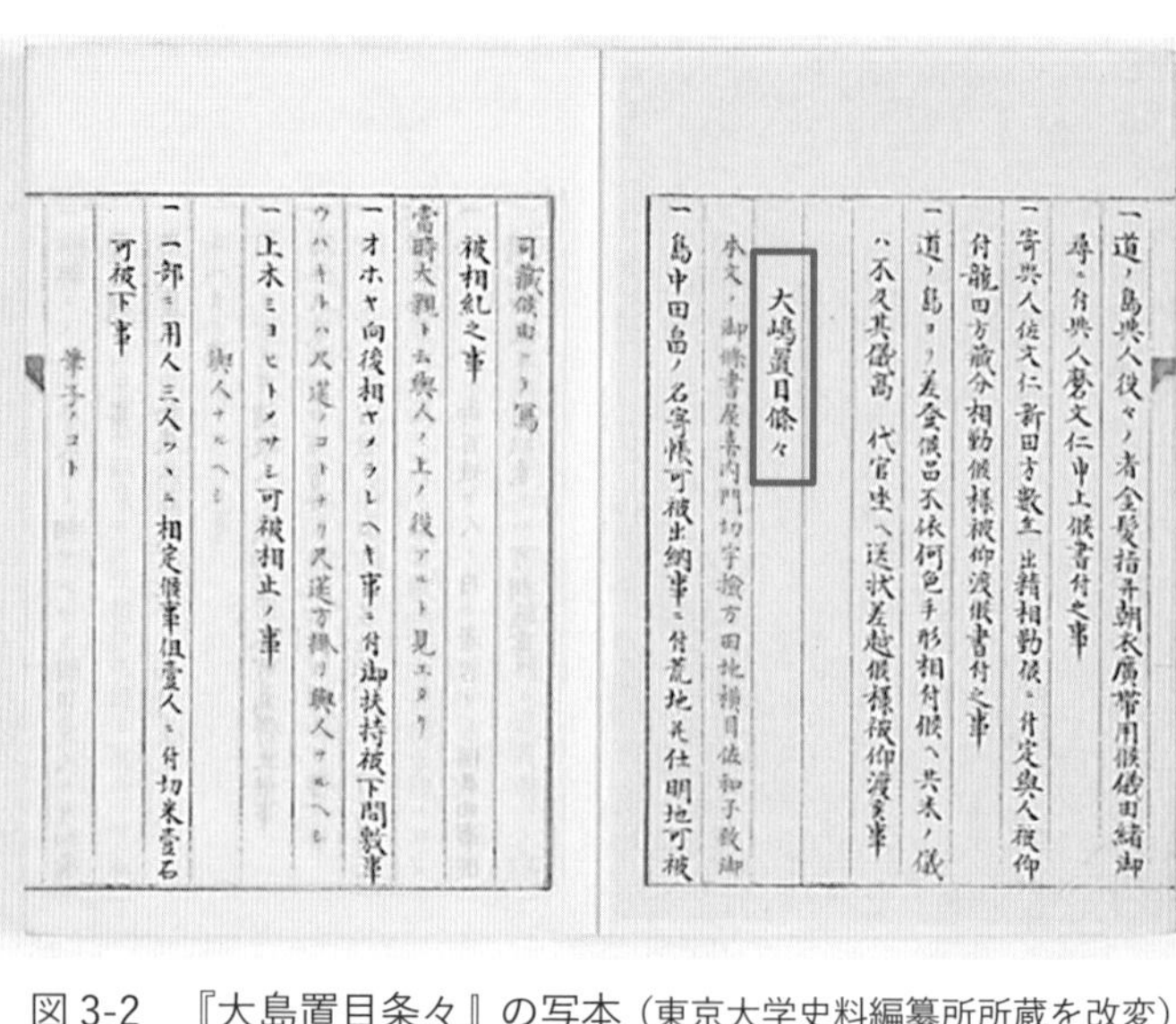

図3-2　『大島置目条々』の写本（東京大学史料編纂所所蔵を改変）
＊文化２（1805）年に大島代官本田孫九郎がまとめた『大島要文集』に収録されている。赤枠に「大島置目條々」とみえる。

条々』により大親役が廃止されるとともに、島役人が琉球に渡海し鉢巻を求めることが禁止されたのである。

年貢の収納と「御百姓」

『大島置目条々』の第一条（図2）では、田畑の名寄帳を作成し、荒地や開墾地（「仕明地」）を記入しておくことが求められた。名寄帳は年貢割付の基礎台帳であり、これ以後、シマジマへの年貢賦課が具体化していったと考えられる。年貢は米であり、上納（「仕上せ」）のため二月に鹿児島から船が送られ、三月には鹿児島へ到着することとした。さらに、四月から六月の間にも船を一往復させることとされた。米のほかにもヤシ科の植物クロツグ（綱の素材）・馬の尾・牛皮・麦（小麦）・焼酎・筵・芭蕉・綿など地域性をもった産物の上納も定められた。

しかし、元和九年以前は「数年百姓未進のこと」とされ、年貢の収納が不調であったことがうかがえる。元和七年の検地、元和九年の『大島置目条々』＊41の布達という段階を経て、年貢収納の実績と統治機構の整備が進んでいったと思われる。寛永元年に至るまで、奄美諸島の直轄支配化（蔵入地化）は円滑には進まなかったとみておきたい。＊42

領主による仁政と百姓による「年貢皆済」（年貢を完納すること）を理念とする近世においては、薩摩藩にとっても年貢収納をいかに確実にするかは藩政初期の目的であっただろう。その表現の一つが「お

＊41　前掲註10　上原二〇〇九：二二八頁。
＊42　註41に同じ。

つかの方に御百姓を人の内の者に召しなし候義曲事に候」である。「おつか」（負債）をもとに百姓を「人の内の者」（下人）にすることを禁じている。その前提に、島民は「御百姓」（公的な存在）であり、私益に支配することは許されないというたてまえがある。領内の農村と同じく年貢皆済を担う近世村へと奄美諸島のシマジマを改編しようとした、薩摩藩の意図が映し出されている。

楷船の建造禁止

奄美諸島を自らの立場から道之島と名づけた薩摩藩は、一方で「かいせん作まじき事」と命じた。「かいせん」（楷船）とは大型船のことをいう（図3）。『おもろさうし』巻十三に「徳山の撫で松　親御船は　孵ちへ　飛ぶ鳥と　競いして　走り〔や〕せ　又西嶽の撫で松」とあり、この歌は「徳之島の西嶽の立派な松材で親御船を造船して飛ぶ鳥と競争して走らせよ」と訳されている。[*43] 年代の特定は難しいが、中世には徳之島の松を材料にした造船が

図3-3　楷船ノ図（東京国立博物館所蔵）
出典：ColBase (https://colbase.nich.go.jp)

＊43 福寛美『奄美群島おもろの世界』（南方新社、二〇一八年）、一七七頁。なお、「おもろさうし」に詠まれた徳之島については第二章参照。

行われていたことを示唆している。しかし、『大島置目条々』により楷船の建造とそれを用いた交易が禁止された。薩摩藩が当時の奄美諸島にあった造船技術と島の人びとが携わっていた海上交易を不安視していた表れだろう。

大島御規模帳

元和九年の『大島置目条々』をはじめ、それまで令達された覚書類を集成して大島代官に渡されたものが『大島御規模帳』である。享保十三（一七二八）年に布達された一五〇か条からなる法令集であり、近世中期における奄美諸島統治の基本方針であるとされる。[*44]

『大島御規模帳』各条を三十三の共通項で分類した箕輪優によれば、[*45]内容において最も多いのが年貢の収納体制や各種上納物の取り扱い・規制である。次に多いのは代官・附役や奄美諸島を往還した船の船頭・水主らに対する倫理規定である。特徴的な条文としては、島役人（特に与人層）への取り締まり規定がある（島役人については第五章参照）。代官・附役など少数の詰役人が各島を所掌するという体制下では、島役人の協力を得なければ年貢収奪は困難であり、一方では島役人の島内での影響力を見過ごしていては支配体制がほころぶという矛盾の表現とされる。[*46]

農耕を疎かにする人びと

『大島御規模帳』には「田地を疎み、魚猟を好み、作織緩みに仕る」という奄美諸島の人びとの姿が指摘されている。農耕よりも漁猟を好むという姿勢は、年貢収納に支障をきたす恐れがあるため懸念を示したのであろう。歴史学者の豊見山和行によれば、[*47]琉球国三司官・蔡温の『平時家内物語』（一七四九年）でも琉球国の人びとの漁猟行為が非難されている。同じころの奄美諸島と琉球国の百姓が共通の志向をもっていたことがうかがえる。

時代は下るが、文化十三（一八一六）年の佐藤信淵『薩藩経緯記』（薩摩藩への献策書）にも次のようにある。それは「且ツ嶋ノ民ハ愚昧ニシテ甚ダ懶惰モノナルヲ以テ教戒スルコトナキトキハ大抵佚楽ノミヲ好ミ、産業ヲ励ミテ富ント欲スル者アルコト鮮ナシ、漁猟アル処は殊更ニ農事ヲ怠ルモノナリ」という記事であり、島民に対して支配層による「教戒」が必要であるとする政策思想を示すとともに、漁猟ができるところでは農耕を怠る傾向があると述べている。さらに、大蔵省の役人による奄美諸島

＊44 前掲註2松下一九八三：九三頁。

＊45 箕輪優「享保十三年「大島規模帳」に関する考察」『常民文化』第三九号、二〇一六年、四七―四八頁。

＊46 前掲註45箕輪二〇一六：四八頁。

＊47 豊見山和行「漁撈・海運・商活動」新崎盛暉・比嘉政夫・家中茂編『地域の自立 シマの力（下）』（コモンズ、二〇〇六年）、一七六頁。

の調査報告書である『南島誌』（明治七年）にも、「皆黍を植るを好まざるは各島同一般なり」とある。

近世中期から近代移行期までの約百五十年間、奄美諸島の人びとの生業形態は農耕に消極的で漁猟を好むというものであり、薩摩藩や経世家（治世のあり方を説く知識人）の懸念をよそに変わっていない。薩摩藩が一方的にもっていた理想像に簡単には従わない、粘り強い「抵抗」のあり方といえるだろう。

3　島民と武器の掌握

宗門手札改め

検地による土地の把握とともに、宗門手札改めを通した人身の掌握が図られた。早くも寛永十一（一六三四）年頃に「人体へ手札初めて渡る」[*48]とある。その執行方法について享保十九（一七三四）年のものと推定される喜界島代官宛の達書[*49]は次のように記している。

道之島の宗門手札改めにおいては、一戸ごとの人数と出入り・生子・死人などを調査し、キリシタンでないことを確認して帳面を整備する。代官所へ各々呼び出しての捺印を申し付けていたが、遠方の者を代官所へ呼び出すことは困難であるので、「公儀御条書」と「御家老書付」の写しを間切支配の与人役所（徳之島では曖役場と呼ばれた役所か）に配付し、これを読み聞かせ、捺印させるように。そして印形帳を作成して代官所へ提出、代官からは一紙書で毎年七月までに宗門改方へ提出すること。

この達書からは「家」を単位に人身を掌握しようとしたこと、生子・死人の調査も命じているように、年貢収納に影響する人口動態に関心を示していることがうかがえる。また、曖役場に各々を呼び出し、島役人が「公儀御条書」と「御家老書付」の写しを読み聞かせていることも注目される。薩摩藩主が自らを「公儀」と位置づけ島民に対峙していたこと、島役人に求められた役割の一つに文書の読み聞かせがあり、島役人の「声」[*50]を通して支配の施策が伝えられていたことを読み取れる。

手札改めの規則

近世末期になるが、嘉永五（一八五二）年の宗門手札改めに際して藩庁の宗門改役所から徳之島代官へ渡された「送状」および「條々」（図4）があ

*48　『前録帳』寛永十一年春ヨリ同十二年条（前掲註32　松下編二〇〇六：二二九頁）。

*49　「島津家歴代制度巻之十五」『薩摩藩法令史料集二』八四四号文書。

*50　古文書から読み取れる「声」に着目した民俗学者小池淳一の指摘を参照している。小池は、「声」を「紙へ文字によって固定された情報や意味が、ふたたび人間の身体を通して、個別の場面で現出する状態をとらえるための概念」としている（小池淳一「読書と民俗」若尾政希編『書籍文化とその基底』平凡社、二〇一五年、二七三頁）。

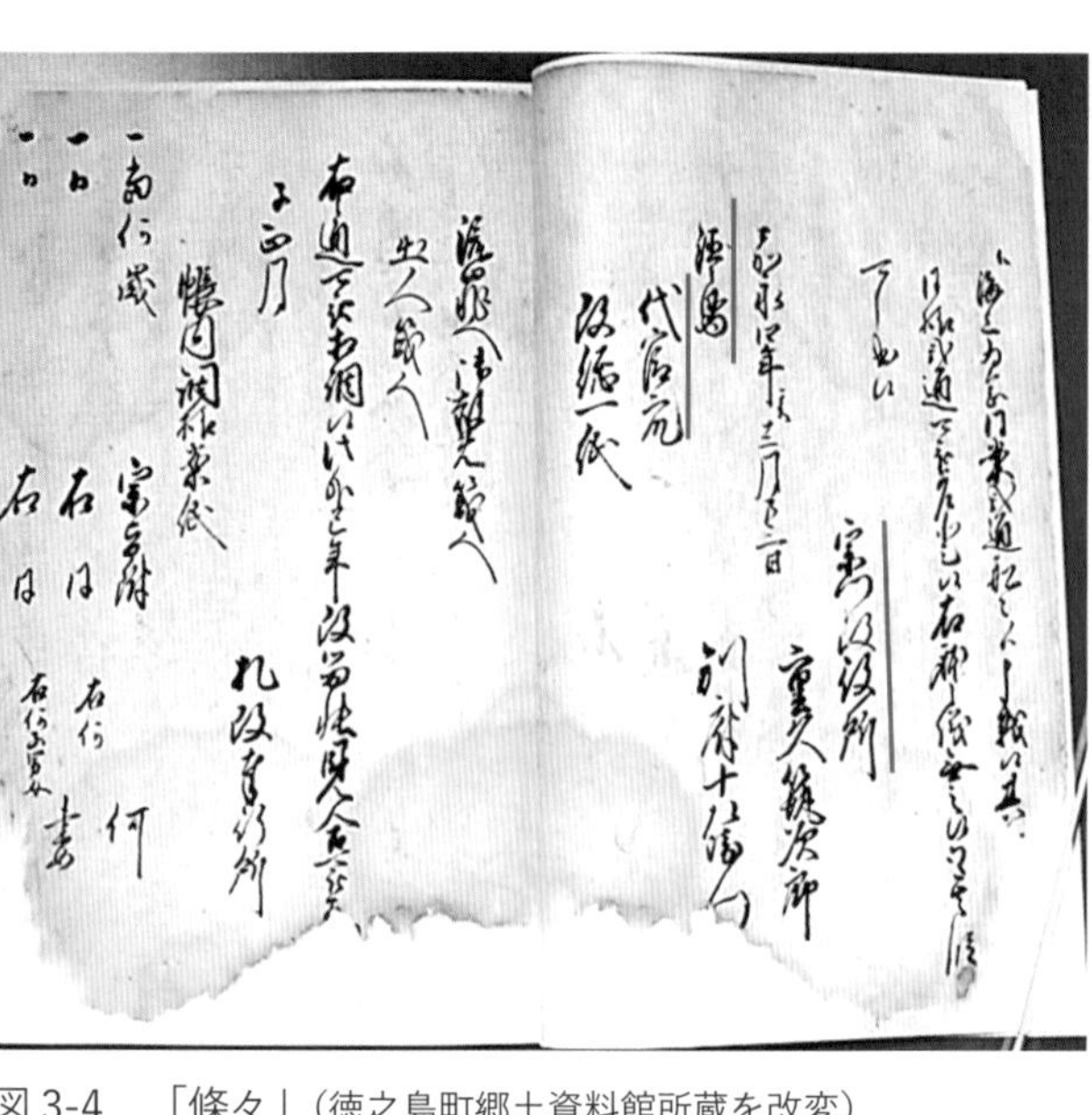

図3-4　「條々」（徳之島町郷土資料館所蔵を改変）
＊傍線の「宗門改役所」から「徳之島代官衆」に宛てられた文書。

る。*51「送状」のリストには、前引の達書にあった「御家老書付」に相当すると思われる「御家老衆御條書一通」や「誓詞前書」などがある。すでに先田光演が紹介しているが、*52『仲為日記』慶応二（一八六六）年七月晦日条に「札方誓詞御用」を命じられた惣横目の仲為らが代官所（亀津村）へ出向いたとある。翌日には、三間切の島役人が代官所へ参集し、「前書」を聞かされるとともに血判を取られた。その後、島役人一同は亀津の噯役場に立ち寄り、宗門手札改めの諸事を打ち合わせている。

島役人は宗門手札改めの正確な履行を血判により約束させられており、この施策が統治のうえで重要な位置を占めていたことを示す。そして、仲為らは血判をした後、「大日如来」および「湾屋弁財天堂」に参詣している。島役人にとって宗門手札改めは、神仏に祈願せざるを得ないほどの重責であったことが伝わってくる。

徳之島における宗門手札改めはどのような過程で実施されたのだろうか。嘉永五年正月の「覚」（「札改奉行所」から「徳ノ島代官」宛文書）*53によると、まずは予行調査（「内改」）を行い、それが終了した報告を受けてから本調査（「改」）を実施するよう求められている。慶応二年八月一日から始まった宗門手札改めにおいても、まず「手札内改」*54が実施された。兼久噯（現・天城町域）の事例*55を紹介すると次のようであった。

八月三日に阿布木名村の内改めに着手し、同七日に終了している。その後、他村の内改めを進め、

＊51　徳之島町郷土資料館小林正秀文庫所蔵。

＊52　先田光演（翻刻と解説）「嘉永五年徳之島 宗門手札改文書」『徳之島町古文書翻刻資料（第二集）』（徳之島町教育委員会、二〇二〇年）、一〇六頁。

＊53　嘉永五年正月「覚」（徳之島町郷土資料館小林正秀文庫所蔵）。
早速互之諸證文出入等之内改申渡相済候訳聞届改ニ可被取掛候、無左候へ者改手間取有之由

＊54　原本は所在不明であるが、小林正秀手写本「御用留 札方與人 福祐喜」（徳之島町郷土資料館所蔵）という嘉永五年に「札方与人」を勤めた福祐喜の記録があり、井之川噯の事例が記されている（ただし、亀津噯の花徳村でも「内改」を行っている）。本史料には、「札方与人」や「札方書役助」といった宗門手札改めに際して任命された職名が見える。なお、このときの宗門手札改めは、嘉永五年九月十二日に始まり、「札方掛リ役々免」となったのは翌年正月六日である。

＊55　『仲為日記』慶応二年八月三日条、同七日条など。

同十三日に他の噯との引き継ぎ（「請送」）を済ませ、内改めが完了した報告と前回の手札改め（「古札」）との照合を申請すべく話し合った。同十四日に三間切の十五夜があり、亀津へ参集する約束だったため、井之川噯・岡前噯との照合はその十五夜の席にて実施したいと申し出があり、各村の手札を十五夜の席に持参するよう兼久噯をともに担当した義峯山衆に連絡した。なお、兼久噯九村の内改めにはおよそ十四日間要した。

その後も西目間切の「古札」の照合[*56]や「札方算用」[*57]（改めの精査・計算か）などが続き、最終的に宗門手札改めが終了したのは十月三日であった。およそ二か月を要した業務の終了を祝うため、同四日には兼久村において闘牛（「牛突合」）が催されている。[*58]

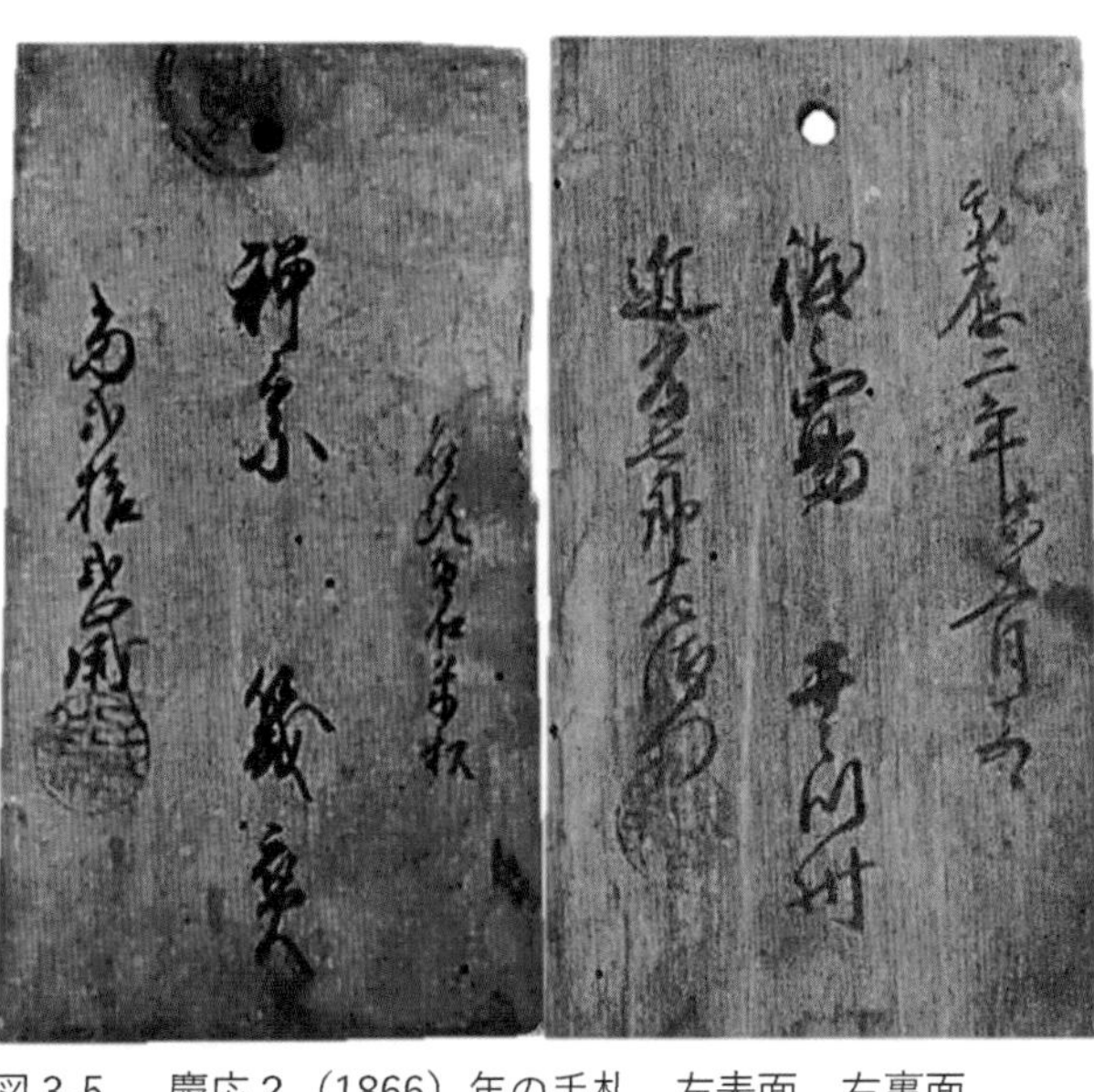

図 3-5　慶応２（1866）年の手札　左表面、右裏面

手札と身分

嘉永五（一八五二）年の宗門手札改めに際し、井之川噯の札方与人を勤めた福祐喜の「御用留」には、宗門手札改めに基づく「新札」（新しい手札）を村々へ配付したことも記されている。例えば、母間村から井之川村までの新札の配付には三日かかっていた。幸いなことに、井之川村の手札（図5）が現存している。[*59]慶応二年の手札であり、表面の中央には「禅宗　幾寳」、右端に「名頭本名米松」、左端に「当弐拾弐歳㊞」とある。裏面の中央には「徳之島　井之川村」、右端に「慶応二年寅十一月十五日」、左端に「近藤七郎左衛門㊞」とある。

墨書された文面の特徴としては、キリシタンでないことを証明する「禅宗」の文字がある。徳之

＊56　『仲為日記』慶応二年八月二十日条。

＊57　『仲為日記』慶応二年八月二十三日条。

＊58　『仲為日記』慶応二年十月四日条。

＊59　徳之島町井之川の個人宅に伝存している。なお、昭和五十一（一九七六）年に徳之島町指定文化財となった。

島の島民の宗旨は、元文元（一七三六）年の安住寺建立後の宗門手札改めから禅宗となっている。[*60] そして名頭であるが、これは薩摩藩の農政が施行した門割という土地制度に由来する。[*61] とはいえ、奄美諸島ではこの制度は実施されなかったという。[*62] 手札に記された名頭は家主を指すものとされる。

大島で宗門手札改めが実施されることになった際、与人らは驚いた。[*63] その理由は、宗門手札改めにより、島中に身分の別なく一様の手札が用いられることになったからである。以後の宗門手札改めを経て、享保十三（一七二八）年の『大島御規模帳』により「御蔵入に成候ては、皆百姓にて候」と、島民の身分は明確に「百姓」と規定された。

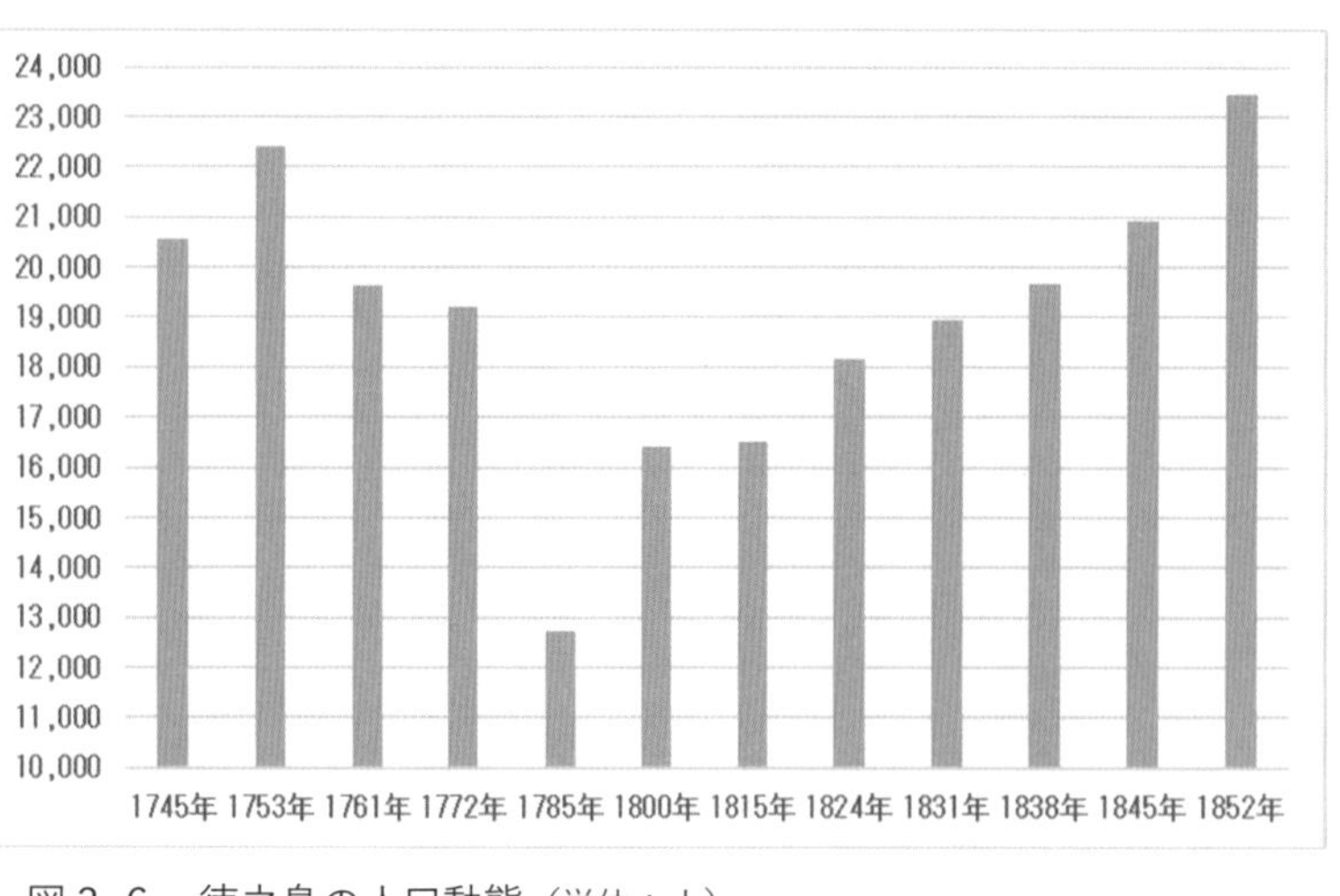

図3-6　徳之島の人口動態（単位：人）
出典：『前録帳』記載の宗門手札改めに基づく。「流罪人」「遠島人」は含めなかった。

宝永期までの宗門手札改めでは、与人以下の島役をもすべて「在郷」と記載しており、それは薩摩藩が奄美諸島の社会構造を充分に把握できていなかったことを示すとされる。[*64]

手札改めに表れる島の社会

『前録帳』では延享二（一七四五）年の宗門手札改めから、それに基づく人口が記載されてくる（図6）。文政七（一八二四）年条には初めて「流罪人一八四人」が記され、天保九（一八三八）年条では噯ごとの人口が記されるとともに、「在郷遠島人百九十九人」「四十一人郷士格」などとある。[*65]

遠島人が記載されるのは、先に紹介した宗門手札改めに関する「條々」の、遠島人はすべてその島で手札を取らせるという規定に対応している。[*66]『仲為日記』

＊60　『前録帳』元文元年条（前掲註32松下編二〇〇六：二四一頁）。

＊61　門割は、寛文～正徳期（一六六一～一七一六）にかけて整備され、享保の総検地（一七二二～一七二七）で最終的に確立したという薩摩藩の農地の地割制度。門は、四～五家部で組織された農民団体で、二〇～四〇石の耕地を受け持ち、一定期間後の割り替えをたてまえとした。門の代表者を名頭（みょうず）、他を名子（なご）と呼んだ（『角川新版日本史辞典』角川書店、二〇〇四年、二一六頁）。

＊62　前掲註2松下一九八三：五七頁。

＊63　前掲註25弓削二〇一〇：二〇八頁。

＊64　前掲註2松下一九八三：九一―九二頁。

＊65　亀津噯五〇二九人、井之川噯四三八一人、岡前噯二一五〇人、兼久噯二三一二人、伊仙噯三〇〇一人、喜念噯二七九一人とある。

文久三（一八六三）年十二月二十二日条の「覚」には、井之川村の観音堂で死亡していた「大和人」が手札一枚を所持していたとある。所持していた手札や聞き込みなどから、この人物が犬田布村に配流されていた休太郎であることを特定している。なお、所持していた手札は元の居住地における手札であり、「條々」の規定によれば本来は取り上げられるものである。休太郎の特定には代官も関与したこと[*67]が注目され、遠島人の島内における把握は統治のうえで重要であったことがうかがえる。

また、「四十一人郷士格」のひとり、代々郷士格奥家の天保九（一八三八）年十一月十五日付「宗門手札改帳」（図7）がある。[*68] 筆頭者は奥屋山であり、天保二年にその父が代々郷士格となっていた。宗門手札改帳には、「代々郷士格」「下人」「下女」「抱男」など奥家を構成する人びとの身分が記されている。

詳しくは第五章を参照されたいが、砂糖政策にかかわって郷士格という限定的な士分の扱い（苗字御免等）を受ける身分がつくられた島の社会構造の変化が、宗門手札改めにも反映している。

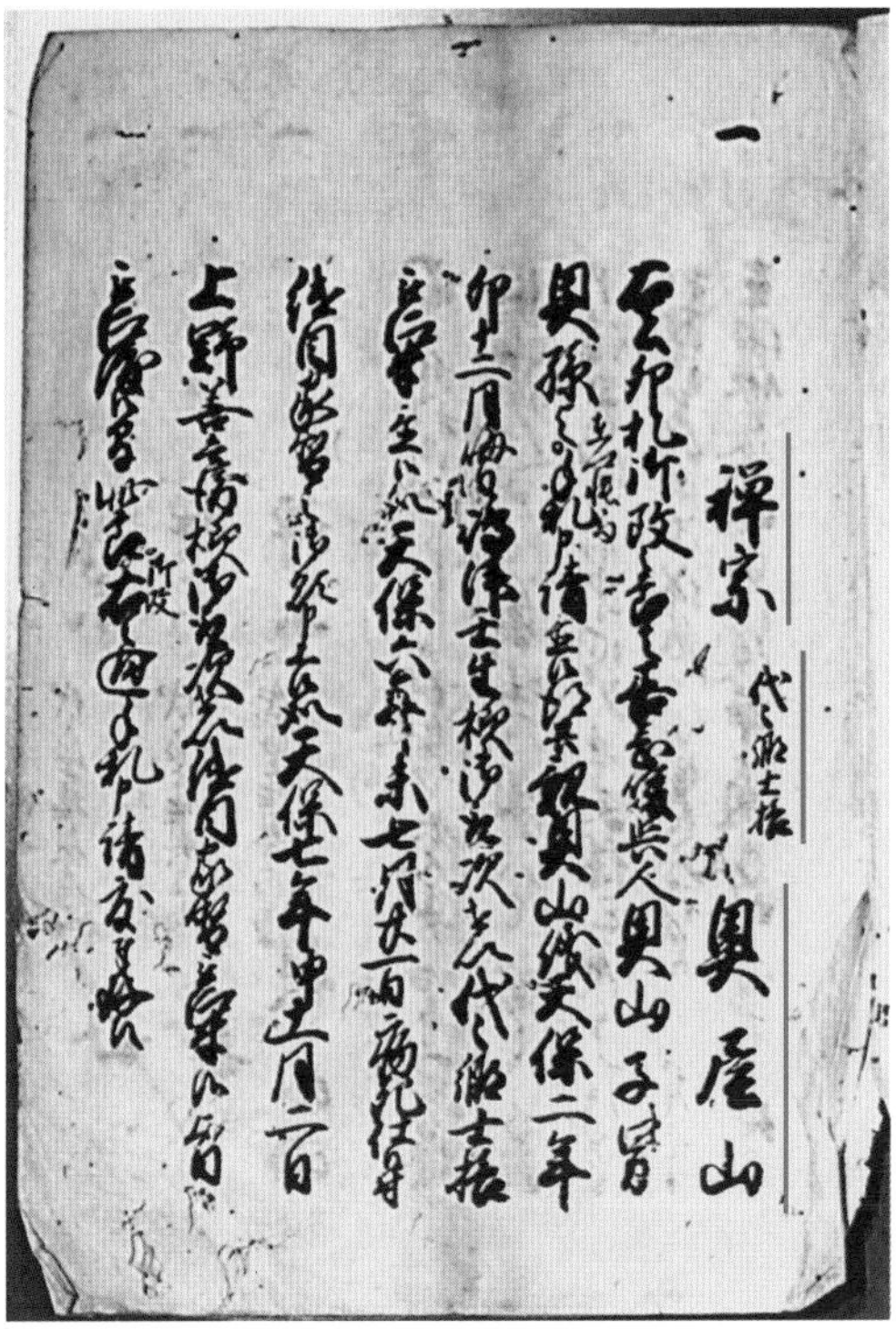

図3-7　天保9年の「宗門手札改帳」
（『奥山家文書』所収を改変）
＊傍線に「禅宗　代々郷士格 奥屋山」とある。

鉄炮改め

豊臣政権の施策として有名な刀狩であるが、歴史学者の塚本学によれば、延宝八（一六八〇）年八月に将軍職を継いだ徳川綱吉の政権下において、鉄炮改めは全国に拡大したとされる。[*69] さらに、綱吉政権下の諸国鉄炮改めを契機に、諸藩でも初めて領内の鉄炮を掌握した事例が多かったという。[*70] 全国的には元禄期が鉄炮改めにおけ

＊66　「島津家歴代制度巻之四十一」（『薩摩藩法令史料集三』二九一五号文書、鹿児島県、二〇〇六年、三七七頁）の寛政十二（一八〇〇）年八月「札改条目」にも、同趣旨の条文がある。
一　遠島被仰付候者共ハ於配所ノ島手札申請事候間、古札可取（揚カ）移事、

＊67　『仲為日記』文久三年十二月二十二日条。この事例は、以下のような経過であった。①惣横目寄の仲為・与人寄の平福憲名にて附役宛に聞き取り結果などを報告、②①が附役から代官へ報告されたと思われ、代官から井之川噯の与人・惣横目宛に休太郎特定の結果や手札など遺品の管理（今回は井之川噯の掟が預かるように）が申し渡された。③同二十四日には再び仲為・平福憲が附役宛に今回の結果を報告した。

＊68　個人蔵、徳之島町郷土資料館寄託。本史料は昭和四十二年に徳之島町指定文化財となっている。

＊69　塚本学『生類をめぐる政治 元禄のフォークロア』（講談社、二〇一三年）、二一頁。原著は平凡社、一九八三年。

＊70　前掲註69 塚本二〇一三：二八頁。

る画期であったということであるが、奄美諸島においては享保十三（一七二八）年の『大島御規模帳』における次の規定が知られる。

　島内一円に鉄炮などの兵具が過分にあるため、先年に検査を行い、兵具を没収した。その後、島民からの申し立てにより、借用鉄砲・自己調達の鉄炮の上限を別紙のとおり定めた。許可証なく勝手に自己調達することは固く禁止する。[*71]

享保十三年以前のどの時期に実施されたかはわからないが、島中に鉄炮などの武具が「過分」にあったため鉄炮改めを実施し、没収したという。しかし、その後、島民の申し立てをふまえ、薩摩藩（代官所を介して）から借用する分と自己調達する分の上限を設けることとし、それ以外の武具の所有を禁止した。許可制ではあるが、薩摩藩からの借用および自己資金での購入も認められている。

さらに、右の条文の但し書きによると、免許された鉄炮を損ない「用立たざる」場合は、代官へ申し出てその旨が付状とともに藩庁の「鉄炮御兵具所」に進達されると、代替の鉄炮が配付されるとある。鉄炮を使った用が成り立たないことに配慮しており、その用とは年貢を生み出す農業生産に欠かせない鳥獣への鉄炮使用（農具としての鉄砲）[*72]であろう。

鉄炮はどこから

島中に「過分」にあった鉄炮はどこから入手したものだろうか。その一つのルートを『大島御規模帳』の条文は推察させる。先に引用した条文に続き、「毎年渡海してくる船頭・水主が種類を問わず、武具などを持ち込んでくることは前々から厳禁してきた」とあり、大和船の船頭・水主らが武具を持ち込んでいたことがうかがえる。船頭らが持ち込んだ合口（つばのない短刀）を所望する島民への言及もある。この規定には、鉄炮などの入手ルートを借用鉄炮といった薩摩藩が管理できる範囲に収めたいという意向が表れている。

一方、薩摩藩の刀・脇差への対応は鉄炮とは異なっていた。[*73] 前引の武具没収の間に刀・脇差を身につけている者が見られ「不届」、としている。今後は、島役人はもちろん一般の島民にいたるまで刀・

＊71　『大島御規模帳写』（前掲註37　松下編二〇〇九：九九頁）。
嶋中鉄炮其外兵具過分有之ニ付、先年嶋中相改、兵具召上候、其後島人より依申分、□借鉄炮幷自分買入、免許之員数、別紙之通有之候、其外猥ニ無免証文、自分相調候義、堅令禁止候事

＊72　前掲註69　塚本二〇〇六：五二—五三頁。

＊73　前掲註71『大島御規模帳写』（松下編二〇〇九：九九頁）。

脇差をさすことを固く禁じるとした。近世社会での帯刀は武士身分の表現でもあることをふまえると、島民を「皆百姓」と規定した薩摩藩からすれば、原則的には奄美諸島の人びとが帯刀することは認められないということだろう。

鉄炮をもつ島民

『大島御規模帳』にみられる一定の規制はあったものの、徳之島においても島民は鉄炮を使用していた。近世末期になるが『仲為日記』文久三（一八六三）年十一月十四日条によると、美名田山（標高四三七メートル）で詰役人の狩猟（「御狩立」）が行われた際、三才猪一頭を猟犬で捕らえ、他に鉄炮十一挺で射撃したものの捕獲できなかったという。この条以外でも、狩猟の場面で鉄炮が使用されている。詰役が島役人を連れて行った狩猟のもつ意味も興味深いが、ここでは一日の狩猟に十一挺もの鉄炮を使用していることに注目しておきたい。[*74]「鉄炮吟味」[*75]は実施されていたが、鳥獣への鉄炮使用については寛容であったことを示す一例である。

薩摩藩が島民の鉄炮使用を認めざるを得なかった理由の一つに、高島と呼ばれる自然環境が思い浮かぶ。徳之島は標高が高い山々をもち、森林が発達し、多くの動植物の生息地になっている。[*76]近代史料であるが、『徳之島事情』（明治二十八年編）にそのことが確認できる。

　野生の猪は山林に非常に多く生息している。夜間は野畑の植物に被害を与えることが少なくない。島民は畑の側に落し穴を仕掛けて猪を獲る。または気温が下がってくると犬に追わせ、鉄炮で仕留める。その肉は美味しいため、島民は賞用している。[*77]

気温が低い時期の猟犬を使い鉄炮で仕留めるという狩猟法は、前引した旧暦十一月の『仲為日記』の記事とかさなる。また、夜間に畑を荒らすという猪の生態が把握されていること、猪の肉を味わう島民の嗜好も読み取れる。

百姓身分である島民の務めとされた年貢上納を確実にするには、制限をかけながらも鉄炮使用を認めなければならないという規定を、支配の側が受けていたということになろう。それが「矛盾」とし

＊74　鉄炮の所有形態についても今後の検討としたい。家単位、村単位、代官所保管などが想定されるが、その内容や変遷には多様な論点があろう。

＊75　『前録帳』享保十九年条にある大島の事例（前掲註32　松下編二〇〇六：二四〇頁）。

＊76　服部正策「はじめに」『徳之島町史　自然編　恵みの島』（南方新社、二〇二一年）、三頁。

＊77　吉満義志信『徳之島事情』（名瀬市史編纂委員会、一九六四年）、四六頁。原著は明治二十八年編集。
　野猪ハ山林中ニ極メテ多シ。夜間ハ野畑ノ植物ヲ害スルコト尠カラズ。土人（ママ）ハ畑ノ傍ニ落穴ヲ仕掛ケ其穴ニ落シテ之ヲ獲、又ハ冷気生ズレバ犬ヲ以テ逐ハシメ鉄炮ヲ以テ射殺ス。其肉ハ美味ニシテ土人（ママ）之ヲ賞用ス。

図 3-8　『南島雑話』に描かれた狩猟の様子

て現れたのが文化十三（一八一六）年のいわゆる母間騒動である。母間騒動については第六章を参照されたいが、ここでは母間村の六三〇人余りが「鉄炮・竹槍・魚突類」を所持していたことにふれておく。[*78] 村々に置かれた農具としての鉄炮が、武具に変わる潜在的な可能性が表れたといえるだろう。一方、前述した『大島御規模帳』の規定が浸透していたのか、刀類はみえない。

「山法」

『仲為日記』文久三年十一月十一日条には「山法」という狩猟の慣習が記されており、[*79] 島民にとって狩猟が歴史的な厚みをもった暮らしのひとこまだったことを伝えている（図8）。

とても珍しい獲物であるので一頭の半分（「片平」）ずつを詰役二人（「御館東御仮屋御両様」）に差し上げ、頭は「山法」に従い手柄をあげた（猪を仕留めた）亀津村の貞徳と諸田村の琉圓に渡し、残った部位で山祭りを行った。

時代は下るが、昭和九（一九三四）年の亀津村井之川をフィールドとした「山村調査」の記録がある。[*80] それによると、「ずっと以前に猪をとった時の分配法としては」、獲った猪をそのまま家に持ち帰ることはよくないとされ、山で料理・分配していたという。さらに、最初に打ち留めた人が頭を取り、その他の部位は平等に分けていたとある。前引の『仲為日記』の記事とこの昭和初期の聞き取り内容は共通しており、狩猟の方法とあわせて狩猟に伴う禁忌（タブー）の観念があったことを教えてくれる。

＊78　『前録帳』文化十三年条（前掲註32 松下編二〇〇六：二六五頁）。

＊79　『仲為日記』文久三年十一月十一日条（徳之島町郷土資料館小林正秀文庫所蔵）。
扨古今稀成得物ニ而片平ツツ東間切頭聞之上、御館東御仮屋御両様江差上、頭之儀ハ山法迚手柄之両人江相渡中身在合中山祭りいたし

＊80　加島繁滿「昭和九年度採集手帖」『徳之島町誌叢書（3）徳之島町「民俗文献選集」』（徳之島町誌編纂室、二〇二一年）、一七〇頁。なお、この調査記録は、柳田国男が主宰した「山村調査」の一環である。

第二節　支配の仕組みと詰役人

1　藩庁での所管と詰役人の職階

藩庁での所管

薩摩藩の行政機構においては勝手方掛(かってがたがかり)が奄美諸島を所管した。勝手方掛は「所帯方諸事」[*81]の高出入り、所務・耕作、江戸・京都・大坂蔵奉行、勘定方、諸金山などをすべて「差引(さしひき)」する部署である。『鹿児島県史』[*82]によれば、勝手方掛は万治・寛文頃まで御物座といい、後に国遣座(くにづかいざ)と改称、宝永二（一七〇五）年二月には勝手方、さらに勝手方掛と改められたという。薩摩藩の天保改革(てんぽうかいかく)以降には、大島・喜界島・徳之島の砂糖を管轄する三島方(さんとうほう)が置かれた。統治の初期から一貫して財政を担当する部署に奄美諸島を所管させていることは、薩摩藩にとっての位置づけを表していよう。

奉行と代官の設置

慶長十八（一六一三）年、大島に奉行として法元仁右衛門が派遣され、奄美諸島全域を所管した。当初、仮屋(かりや)と呼ばれた奉行（のち代官）の駐在する役所は笠利(かさり)にあった。

元和二（一六一六）年には管轄区域を大島・喜界島と徳之島・沖永良部島・与論島の二つに分け、前者を大島奉行、後者を徳之島に置かれた奉行[*83]（初代・相良勘解由頼豊）が所管した。その後、元禄四（一六九一）年には沖永良部島にも代官（初代・家村勘右衛門）を置き、徳之島支配と沖永良部島・与論島支配とを分けた。また、元禄六（一六九三）年には大島と喜界島をも分離し、喜界島代官（初代・伊知五兵衛）を置いた。これは、生産力の高まりを背景に[*84]、各島を専任する行政官の設置に迫られた結果とされる。[*85]

道之島の詰役人と「役」

薩摩藩から派遣された詰役人は、その最上位である代官、代官を補佐する附役(つけやく)、島内の取り締まりや財務を監察する横目(よこめ)を基本とした。道之島の詰役人体制は次頁の表2のように変遷した。

＊81　田地、山方、浦方、海川方、参勤料、京・大坂・国許入用、諸納方、琉球、道之島等に及ぶ（『鹿児島県史第二巻』鹿児島県、一九四〇年、一〇一頁）。

＊82　『鹿児島県史第二巻』（鹿児島県、一九四〇年）、一〇〇—一〇一頁。

＊83　『前録帳』には相良勘解由頼豊の役職名は記されていないが、「元和二丙辰春與里御奉行衆御下初」（前掲註32 松下編二〇〇六：二二八頁）とあることから、ここでは「奉行」としておく。

＊84　『喜界島代官記』元禄六年条（前掲註32 松下編二〇〇六：一三七頁）に「一大島之内鬼界島之儀、前々ゟ大島代官ゟ掛而差引被仰付置候、然共彼嶋之儀大分御高も有之候処」とある。沖永良部島代官の設置については、第四章でふれたい。

＊85　前掲註28 知名町教育委員会編二〇一一：六七—六八頁。

表 3-2 薩摩藩から派遣された役人の変遷

	喜界島	大島	徳之島	沖永良部島 与論島	備考
慶長十八（一六一三）年	奉行 法元仁右衛門				二年詰
元和二（一六一六）年			相良勘解由		二年詰 「御奉行衆」
寛永十一（一六三四）年頃			入佐郷左衛門 亀津で死亡		詰役赴任中の死亡初出
寛永十六（一六三九）年	代官と改称 附役三人				
寛永十八（一六四一）年	附役五人				
寛文十（一六七〇）年			附役始まる 附役二人		
延宝二（一六七四）年			附役三人		
元禄三（一六九〇）年			代官 南郷仁左衛門		
元禄四（一六九一）年	附役七人 内二名喜界島詰		代官 南郷仁左衛門	代官家村勘右衛門、附役四人	徳之島と沖・与の代官分離
元禄六（一六九三）年	代官 伊地知五兵衛 附役二人	代官村田半助（死亡） 附役五人			喜界島と大島の代官分離
延享二（一七四五）年	横目二人 仮屋は湾村に	横目二人	横目二人	横目二人	「見聞役」とあり（福田家前録帳）
寛延三（一七五〇）年	代官一人（座横目兼務） 附役二人 横目二人	代官一人 附役五人 横目二人	代官一人 附役三人 横目二人	代官一人 附役三人 横目二人	表横目、座横目二名の定員化
寛延四（一七五一）年	代官、附役、横目は一年詰。ただし、徳之島では崎原村の「新畠竿入」があったため、代官は「詰越」				
宝暦七（一七五七）年	代官、附役二年詰、横目は従来どおり一年詰				「四島与人」が藩へ上申
安永八（一七七九）年			横目が見聞役と表記（院家前録帳）		

	喜界島	大島	徳之島	沖永良部島 与論島	備考
天明七（一七八七）年	座横目を蔵方目付に	座横目を蔵方目付に		座横目を蔵方目付に	
寛政十（一七九八）年		御吟味役一人 蔵方目付一人			困窮百姓の御救のため、臨時に下島
寛政十一（一七九九）年		地方検者二人 当初は四人			享和元年より地方検者は引き取り
享和元（一八〇一）年	白砂糖方製法方掛兼蔵方目付	砂糖方横目	蔵方目付・白砂糖方掛		白砂糖方は臨時下島 大島は文化二年まで
文化元（一八〇四）年			見聞役三人		文化二年まで
文化三（一八〇六）年			見聞役を横目一人、蔵方目付一人に減員		
文政十三（一八三〇）年			附役二人		
弘化二（一八四五）年	横目を見聞役に改称	横目を見聞役に改称			
嘉永六（一八五三）年				附役二人	
慶応三（一八六七）年				横目、蔵方目付は御徒目付	
明治二（一八六九）年	代官は在番、附役は筆者、見聞役は検事	代官は在番、附役は筆者、見聞役は検事		御徒目付は巡察	
明治四（一八七一）年				代官は在番、附役は筆者、見聞役は検事	明治二年より異本にこの名称あり
明治六（一八七三）年	在番、筆者は附属、検[illegible]	在番、筆者は附属、検事は[illegible]		在番、筆者は附属、検[illegible]	

出典：弓削政己「薩摩藩役人の変遷」（『喜界町誌』所収）を改変　史料：『奄美史料集成』所収の各島代官記

薩摩藩では、一定の期間ごとに売却されることを前提とした「役」が家老や御家老座書役等に与えられていた。[86]道之島の代官・附役といった役職も売買の対象であったとされる。文化七（一八一〇）年の三島（大島・喜界島・徳之島）代官・附役への申し渡しにおいて、高額で道之島の役を購入することが問題視されている。それは、役の購入額を上回る収益を得ようとする企て（島民との過剰な「交易砂糖」）につながっていたためである。役の売買という慣行は認める一方、藩の砂糖政策との矛盾（「島民が迷惑し、黍作が減少してくる」）が起きていたとされる。[87]すでに近世中期の『大島御規模帳』においても代官・附役の「自分之勝手」が指摘されていたが、藩当局の道之島の位置づけと、それと完全には一致しない詰役人の思惑が交錯していたとみてよいだろう。

図3-9　徳之島代官所跡地（近代には徳之島警察署が置かれた）

道之島の詰役人と「役得」

売買の対象であった道之島の役であるが、代官・附役として赴任したのはどのような階層だったのだろうか。歴史学者の安藤保によれば、[88]正徳三（一七一三）年、道之島の代官附役は城下士に限定されたという。これは城下士の生活を保障するための施策とされる。『前録帳』には、寛文十二（一六七二）年着任の附役門松喜左衛門の「鹿児島士」という肩書きがみえるが、徳之島に赴任した附役の出身の把握は今後の課題である。

他の島の例を見ると、[89]大島の附役は寛永十六（一六三九）年から宝永六（一七〇九）年まで、二十二の郷から延べ五十三人の郷士がその役に就いた。喜界島の場合は、喜界島代官が置かれた元禄六（一六九三）年以後、同島の附役となった郷士は正徳三年・同五年の二人だけである。沖永良部島では宝永五年の二人を最後としている。

＊86　安藤保「解題」『薩摩藩法令史料集二』（鹿児島県、二〇〇五年）、五頁。

＊87　註86に同じ。

＊88　註86に同じ。

＊89　前掲註86　安藤二〇〇五：六頁。

このように、十八世紀初頭には道之島の附役は城下士で占められるようになったと考えられるが、その役得はどのようなものだったのだろうか。公的には、薩摩藩の法制をまとめた史料にある各島代官の「賄料・役料・付職の事」[*90]（年月日不明）が参考になるだろう。徳之島代官の場合、「付役人三人、御切米、三人賄」とあるのみだが、大島代官は「付役人五人、御切米二十石、上下三人賄」、喜界島代官は「付役人二人、御切米百俵宛、右同（上下—引用者註）三人賄」と定められている。

しかし、具体的な数字は把握できないが、『大島御規模帳』で代官・附役が「百姓が困窮することもわきまえず、島への赴任中に必要だからという理由でさまざまな品物を持ち渡り、与人以下の島役人に依頼して百姓が望まない物までを押し売りしている」[*91]と非難されている状況や、前引の文化七年の申し渡しにあった「交易砂糖」などによる収益が道之島詰役人の役得の内実であっただろう。

戦場経験をもつ徳之島の詰役人

徳之島に赴任した詰役人の経歴はどのようなものだったのだろうか。『前録帳』元和二（一六一六）年条には、この年赴任した奉行相良勘解由の付記として、「右は慶長四己亥年庄内入御供に、此の人相見え申し候」とある。「庄内入」とは慶長四（一五九九）年の庄内の乱を指す。これは、伊集院幸侃が京都伏見で島津忠恒（家久）によって暗殺されたことを発端に、島津方と伊集院方の間で起きた合戦である。庄内の乱では島津氏家臣団の内部分裂が起き、乱後に家臣の配置換えや再取り立てなどがなされたという。[*92] 近世初頭の薩摩藩にとって、領内編制にもかかわった事件であった。

庄内の乱を記した後代の軍記物『庄内陣記』中の「忠恒公日州庄内御進発之事」には、島津方の「布陣ノ次第」があり、相良勘解由次官、元和六年着任の野村但馬守の名前がみえる。[*93] また、同じく庄内の乱を記した『日州庄内軍記』にも、参戦した「士卒」として相良・野村の他に、元和四年着任の曾木甚右衛門があげられている。[*94] 野村但馬守について『前録帳』は、「右は慶長二丁酉年高麗入御供」とも記しており、豊臣秀吉による文禄・慶長の役にも参戦していたことがわかる。

徳之島統治の立ち上げ期に、対外戦争である文禄・慶長の役および領内最大の内乱とされる庄内の

＊90 「島津家歴代制度巻之五十二」『薩摩藩法令史料集四』四二六六号、四二六七号、四二六八号文書。

＊91 『大島規模帳写』（前掲註37 松下編二〇〇九：八一頁）。自分之勝手を心掛、百姓共及困窮程をも不弁、在島用物之由ニて品々持渡、与人并下役々共え頼ミ、百姓共望無之物を押て相渡し

＊92 「総論」『鹿児島県の地名』（平凡社、一九九八年）、三三頁。

＊93 鹿児島大学玉里文庫天の部五番一三一（写本）。

＊94 橋口晋作「翻刻 鹿児島県立図書館蔵『日州庄内軍記』」『鹿児島県立短期大学研究年報』一三巻、一九八五年、四七—五九頁。

乱の戦場経験をもつ武士を派遣していたのである。『大島代官記』に記載された奉行には同様の付記はみえず、徳之島代官らにとって印象深い人事であったのだろう。慶長十四年の徳之島での激しい戦闘をふまえた、薩摩藩の考慮の表れではなかったか。

代官の履歴書

天保十四（一八四三）年四月七日に徳之島に着任した、代官春山休兵衛の履歴書ともいえる記録がある。[*95] それによると、春山は文政九[*96]（一八二六）年の横目助からキャリアを開始し、天保七（一八三六）年に徳之島詰見聞役として来島している。同十年二月に山奉行見習御内用掛に任じられていたが、兼務というかたちで同十三年二月に徳之島代官となった。本来であれば、この年に徳之島へ着任するはずだったが、藩から大島・徳之島の詰役の任期延長が命じられたため、同十四年四月七日に亀津へ到着した。二年の任期を終え、弘化二（一八四五）年四月八日には後任の代官が着任、春山らは同年五月二十七日に湾屋湊から鹿児島に戻った。

すでに山田尚二が紹介しているが、[*97] この春山らの離任について『前録帳』は次のように記している。

> 前任の詰役人が乗った船は順風を待って出帆する予定で、砂糖・御手回り道具すべてを積み入れた。しかし、出帆した五月十九日は大風・大波であり代官・附役が乗船した宝来丸は湊内で沈み、横目が乗船した虎柳丸も破船した。宝来丸に積載していた砂糖は海中からすくい上げたが今後の「用」に使えるかはわからない。湾屋湊に入っていた栄立丸に乗って代官以下五人の詰役は上国することにした。[*98]

任期を終え、鹿児島に戻る船に積み入れていたのは砂糖であった。前述した道之島の詰役人の役得であるが、このような海路ゆえのアクシデントに見舞われることもあった。『前録帳』の記録者が、船の積載品の一番に「砂糖」と書いていることは、任期を満了した代官の心情とそう乖離したものではないだろう。

なお、春山はこの後、嘉永元（一八四八）年に郡奉行となり、菱刈・川内・肝付を担当した。そして、

＊95　「御内意之手控」の表題を持ち、山田尚二が「徳之島代官春山休兵衛の職歴」として翻刻（『徳之島郷土研究会報』第一五号、一九八九年、一―六頁）。山田によれば、島津久光関係文書として鹿児島県歴史資料センター黎明館（現・鹿児島県歴史・美術センター黎明館）に寄託保管されている文書の一点という。

＊96　史料には「文政十一年戊」とあるが、山田尚二が指摘するように、文政九年（一八二六）の誤記と考えられる。

＊97　前掲註95 山田一九八九：四頁。

＊98　『前録帳』弘化二年条（前掲註32 松下編二〇〇六：二九五頁）。
一　古方御詰役様方御乗船、両艘共近々順風次第出帆之賦ニ而、砂糖并御手回道具都而積入有之候処、巳五月十九日大風浪ニ而御代官様・御附役様御乗船宝来丸湊内ニ而沈ミ、御横目様御乗船虎柳丸破船、宝来丸ニハ積入砂糖取揚候処、本之通浮揚候得共用立候程合不相分、湾屋居船栄立丸ヨリ五人様共御上国相究

安政三（一八五六）年には郡奉行と兼務で喜界島代官となった。喜界島代官を勤めた後は郡奉行として真幸（現・宮崎県えびの市）を担い、安政七年に物奉行に「役替え」となっている。春山は、「山奉行見習より当御役まで、都合二十四ヶ年相勤め罷り居り申し候」とこの文書を締めている。

道之島の詰役人の傾向として、繰り返し代官・附役・横目などを勤める者がいたことがすでに指摘されている。*99 大島の事例では、附役のみを二回以上勤めた者が二十五名、代官・横目などの他の役、他島勤務までを含めて複数回勤める者は五十五名とされる。多くは十年以内に再勤している。

前述した春山休兵衛も天保七年に徳之島に見聞役（横目）として赴任し、七年後には再び代官として来島、さらにその後、喜界島代官（安政三年着任）となっている。春山のキャリアは、安藤保が指摘した大島の事例と同様のパターンであるが、さらに徳之島の詰役人の傾向を『前録帳』から拾いあげると次のようであった。*100

附役を二度勤めた者が十一名、*101 横目（見聞役、蔵方目付・白砂糖方掛を含む）を二度勤めた者が七名、*102 附役と横目など異なる役を勤めた者が七名、附役・横目を経験して代官となった者が六名、*103 附役・蔵方目付・代官の三役を勤めた者が一名である。大島と同様、多くが十年以内の再勤である。徳之島においては、寛文十（一六七〇）年から元禄三（一六九〇）年の間に複数回詰役を勤めた者が三名いたが、その後この傾向は止まり、再び複数回勤務の者が現れるのは寛保二（一七四二）年以降である。また、大島の事例から「道之島勤務の家」というような城下士の存在が指摘されているが、*104『前録帳』においては延宝八（一六八〇）年の代官有川蔵之丞の但し書きに、寛文十二（一六七二）年の代官「有川段右衛門殿御子孫之由」とある。そのほか、着任の間隔があいている同一人名の詰役人もおり、親子関係などの追究を必要としている。

これまでみてきたように、『前録帳』からは徳之島においても繰り返し詰役人となった者が確認されるが、そのような配置を敷いた藩当局のねらいと道之島詰役人の役得との矛盾など、一枚岩ではない統治の実態をみていく必要があるだろう。

*99 前掲註86 安藤二〇〇五：六頁。

*100 『前録帳』における同一人名の確認による。宝暦二（一七五二）年と天明元（一七八一）年の代官、宝暦七（一七五七）年と安永六（一七七七）年の代官は同一人名であるが、それぞれ二十九年、二十年の間隔があるため、同一人物と見なさなかった。詰役人の比定にあたっては他の史料からの補完が必要であるが、本稿では成し得なかった。批正を乞いたい。

*101 延宝四（一六七六）年の附役である「吉本八右衛門」は、福田家本『前録帳』では「吉元八右衛門」となっており、寛文十（一六七〇）年の附役の一人「吉元八右衛門」と同一人物と比定した。

*102 法元太郎左衛門が寛政三（一七九一）年、享和元（一八〇一）年、文化八（一八一一）年に着任しているが、三度とも同一人物であるかは他の史料からの検討を要する。

*103 文化十二（一八一五）年の横目である「石川傳兵衛」は、福田家本『前録帳』では「石原傳兵衛」となっており、文政七（一八二四）年の代官「石原傳兵衛」と同一人物と比定した。

*104 註99に同じ。

2　客死した役人たちの墓

シキントー墓

薩摩藩から派遣されてきた役人の中には、任期を終え鹿児島に帰った者だけでなく、徳之島で死去し、この地に葬られた者もいた。その一人に、元禄七（一六九四）年に記録奉行として諸家系図の吟味再撰を命じられ、同九年九月に辞任、同十四年に「文書改」のため徳之島に遣わされた伊地知重張がいる（「文書改」については第五章第二節参照）。重張が徳之島に赴任した経緯や背景は定かでなく、奄美諸島の他の島々においても文書改めが実施されていたのか、重張のような記録所関係者の派遣の有無も含めて検討課題とされている。*105

林匡が紹介した『曽木文書』*106中の元禄十五（一七〇二）年三月二日の日付をもつ一点に、徳之島における重張の姿がうかがえる。それには、重張が滞在していた亀津（または秋徳）の村びと（「浦の者」）に三月三日の「浜遊」*107に誘われるといった交流があったことや、諸田村の豊城のところへ行き書状を調え、一泊したこと、それ以降に朝夕認めていた書状が当初の想定を超えて百余通となり、それを箱に納めたことなどが記されている。しかし、重張の任務であった文書改めの内容を伝える史料は見つかっていない。重張は右の書状から半年後の元禄十五年九月に徳之島で死去し、諸田村のシキントー墓と呼ばれる墓地（図10）に葬られた。

図3-10　シキントー墓（徳之島町諸田）

なお、このシキントー墓には明和六（一七六九）年に横目として着任、安永四（一七七五）年に亀津で死去した法元太郎左衛門の墓もある。もう一基被葬者が不明の墓があるが、『前録帳』文化十四（一八一七）年条に「平右衛門

*105　林匡「薩摩藩記録所寸考（二）―伊地知重張の徳之島史料調査―」『黎明館調査研究報告』第一五集、二〇〇二年、一二頁。

*106　『曽木文書』（『鹿児島県史料　旧記雑録拾遺　家わけ七』史料番号〇四四、鹿児島県、一九九八年、六八頁）。

*107　三月三日の「浜遊」については、前掲註77吉満一九六四：二四頁にも「三月三日ハ上巳ノ祝儀」と記されているだけであり、『曽木文書』中の本史料は近世期の徳之島の民俗を記している点でも貴重であろう。

殿は丑十一月八日に御死去、諸田村にある池のうえに葬った」とあり、このとき死去した附役友野平右衛門のものかと考えられる。

トーチ墓

近世の亀津村には、詰役人の執務所である代官所と滞在施設の仮屋があった（コラム1参照）。そのためだと思われるが、亀津には地元で「トーチ墓」と呼ばれる墓地（図11）があり、文久元（一八六一）年十二月十四日に徳之島で死去した代官本田孫次郎が葬られている。その墓石（図12）には次のように刻まれている。*108

図3-11　トーチ墓（徳之島町亀津）

先考本覚君麑士家世列騎衛／辛酉三月以郡奉行宰徳之島任／未満嬰疾卒本館享年五十六葬／亀津村安住寺神主亦安眞焉／男親固謹

文久元年三月に徳之島代官に任じられたが、病に倒れ、五十六歳で死去したとある。すぐさま他の代官にあてはめることはできないが、着任時の徳之島代官の年齢がわかる貴重な資料である。また、代官の死去に際しては他の例*109と同様、安住寺で葬儀が行われた。他にも文久二年正月十九日に死去した川上伊左衛門（附役か）、元治元（一八六四）年四月九日に死去した新納次郎五郎（附役か）の墓がある。

考古学者の関根達人によれば、*110 奄美諸島は沖縄とは異なり、薩摩藩統治を契機として近世期には「墓石文化圏」に組み込まれたという。ただし、徳之島・沖永良部島では近世末期に至るまで墓の造立者はほとんどが島役人層に限られ、一般の島民にまで拡大普及することはなかったとする。この指

*108　スラッシュ（／）は、墓標において改行されている箇所を示す。

*109　例えば『前録帳』文政六年条には、代官藤崎次郎右衛門が同年八月四日に亀津で死去し、五日に安住寺境内で葬ったとある。

*110　関根達人「近世奄美における墓石の受容―沖永良部島と徳之島の比較から―」『人文社会科学論叢』第九号、二〇二〇年、一三頁。

図 3-12　徳之島代官本田孫次郎の墓

図 3-13 島役人を勤めた柳家の墓（部分）

摘をふまえ、あらためてトーチ墓の配列をみると、石垣で囲まれたエリアに代官本田孫次郎など詰役人の墓があり、そこから北側の二段低い場所に柳（やなぎ）家などの墓（図13）がある。図14中④の墓には、明和四（一七六七）年五十三歳で死去した義仙、その妻千靏（安永二年に五十八歳で死去、墓石には「明和十年」と刻字）、安永四（一七七五）年に十八歳で早世した義仙が葬られている。義仙という名の継承が確認できることから、十八世紀後半の島役人層（柳家は代々郷士格にもなる）の「家」意識がうかがえる。

　トーチ墓は詰役人および一部の島役人[*111]という島の統治にかかわった階層を中心とした墓地であること、さらに、後者の墓は詰役人のものよりも低いところに造成されていることから[*112]、近世徳之島社会の支配関係が目にみえるかたちで表現された特徴的な墓地といえるだろう。

（竹原祐樹）

図 3-14　トーチ墓配置図（部分）
＊❶〜❹は本章でふれた墓

表 3-3　トーチ墓の被葬者（抄）

No.	石材	被葬者	享年	役職名・身分
①	溶結凝灰岩	本田孫次郎	1861年12月14日	代官
②	溶結凝灰岩	新納次郎五郎	1864年4月9日	附役カ
③	溶結凝灰岩	川上伊左衛門	1862年1月19日	附役カ
④	山川石	義仙・千靏・義仙	明和（53歳・58歳）、安永（18歳）他刻字風化	代々郷士格となる柳家の墓

＊番号①〜④は図14に対応している。詰役人の墓石に使用された石材（鹿児島吉野火砕流の溶結凝灰岩（ようけつぎょうかいがん））の推定は、成尾英仁（なるおひでと）氏のご教示による。

＊111　詰役人の墓の一段下にも山川石製の墓が三基あり、中央北寄りの一基には文化十二年に七歳で死去した「加目」、文政五年に十二歳で死去した「千鶴」、文政十三年に十七歳で死去した「頂貞」と刻まれており、島役人層の家の墓と考えられる。

＊112　詰役人の墓の前方（東側）にある山川石製の墓一基は、明治二十八年九月二十日に死去した津留義仙など津留家の墓である。津留家も藩政期に代々郷士格となった家である（「身分之義ニ付再願」）。これは、明治になってから建てられたものではないか。

よむ・かく

手習師匠

代官などの詰役人、伊地知重張のような特別なミッションを携えた者、政治的抗争に敗れた遠島人。近世の徳之島には実に多様な人々がやってきた。そのなかに、島の子ども達への手習いをなりわいとした「手習師匠」もいた。『仲為日記』元治元（一八六四）年五月二十六日条には次のような「口上覚」がある。

口上覚

私こと安政六（一八五九）年に手習師匠として徳之島に渡海することが許されたが、滞島の年限のはずなので鹿児島に戻りたいと考えている。しかし子ども達の手習いが熟達せず、親たちから引き続き滞島してほしいと要請があったため、もう三年の滞島をお許しくだされたく思うので、御多忙の折恐縮だが、このような趣旨を詰役人にお申し上げいただきたい。

以上

子五月　　貴島新兵衛　印

安政六（一八五九）年、貴島新兵衛という城下士（御小姓与）は「手習師匠」として徳之島に渡海することが許されたという。藩当局からは五年間の任期を与えられていたが、子ども達の習熟度を心配した親たちから手習いを続けてほしいとの申し出があったようだ。そのため、もう三年の滞島を希望する、という内容である。

なおこの文書は、貴島新兵衛から伊仙噯与人衆・惣横目衆に出されたものであり、両者は、附役宛てに貴島の願いのとおり「御免」くださるようにと進達している。

この史料については早く小林正秀が紹介し、遠島人以外の者による手習いに注目している。「手習師匠」というなりわいが成立した徳之島の社会的な環境についても、先田光演が島役人層にとっての「家」の存続と成長に子弟教育が重要であったと指摘している。

島役人の家の蔵書

近世の日本においては、兵農分離により物理的に隔絶した支配者と被支配者相互の意思の疎通を図る手段として文字が必要であった。

近世の奄美諸島においても、島に常駐した代官・附役・横目など少数の詰役人のみでは統治が難しいことは明らかであり、それを円滑に進めるために島役人層の介在を必要としたことは推定してよいだろう。ここに、島役人層が文字を修得した前提があり、詰役人から出された文書の写しや提出した文書の控え、公務の内容をノートした「御用留」なども現在に遺された。

では、島役人層はどのように識字を修得していたのだろうか。藩政期に島役人を務めた諸田村の福田家には、「天保十五年五月　商売往来」「文集　□年六月」「初登山手習教訓書」「実語教」「童子教」「起請文」「寺子教訓書」「御教条」（琉球教条）の写本と「万歳大雑書日用寶」の版本が伝存している。もちろん近世期には他の蔵書もあったと思われるが、本稿では、現在に遺された福田家の蔵書から「よむ・かく」との歴史像の一端にふれたい。

福田家の蔵書を先行研究により分類すると、①手習いにあたっての教訓書、②書状文例集、③商売・日用の語彙や知識の習得に主眼をおいた教材、④学習者の道徳的な教化を図る教材、⑤地域性をもった教材、となる。

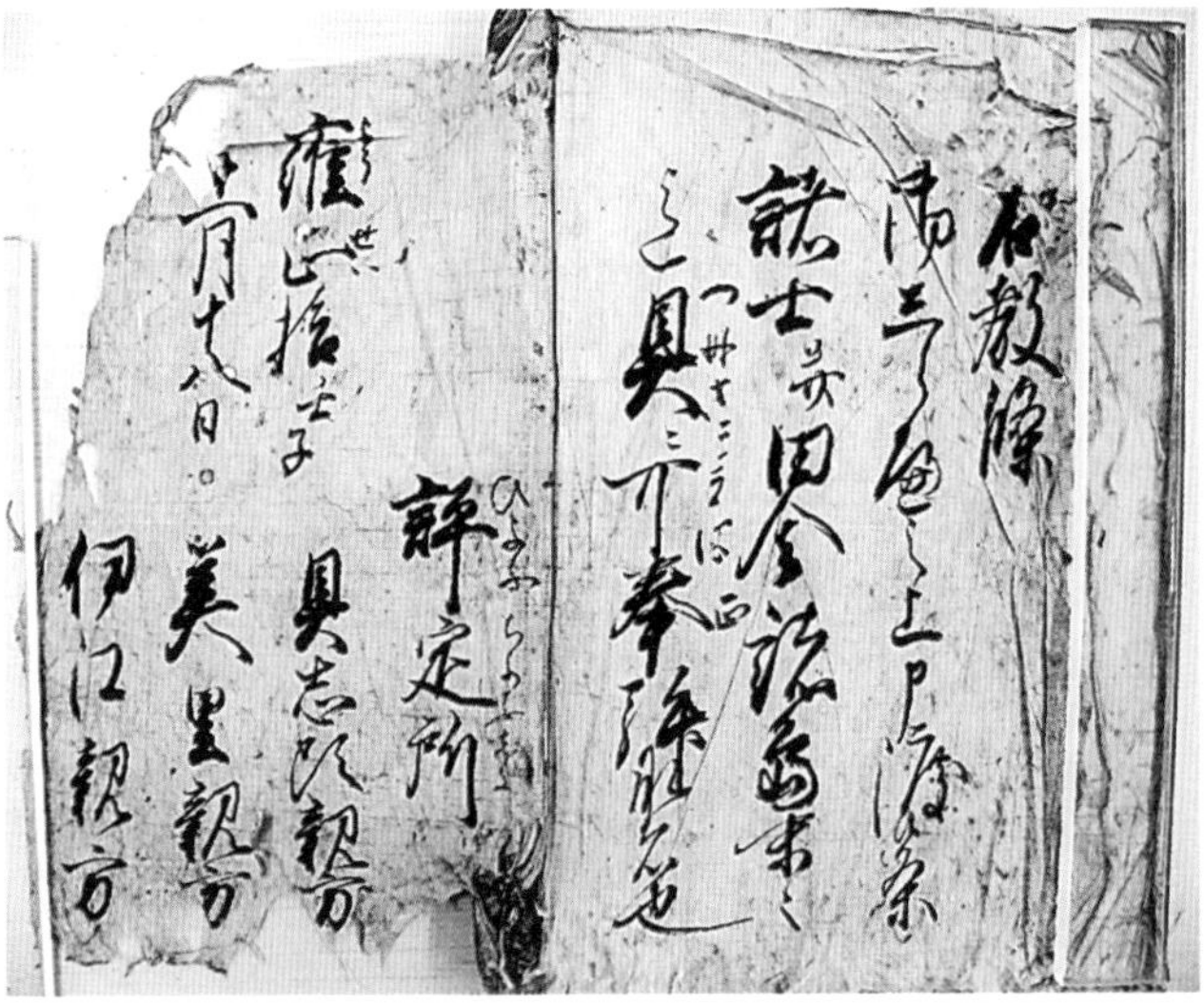

図 3-15　福田家所蔵「御教条」（部分）

テキストをよむ

教育史研究者の梅村佳代によれば、近世後期から幕末にかけて、子ども達の初学の基礎として仮名、文章、人名、村名、五十三次（駅名）、国尽、そこからやや進んで商売往来、消息往来などに進むという学びの共通性＝定型化が顕著に現れたという。

伝存している福田家の蔵書には仮名に関するテキストはないが、明治七（一八七四）年の大蔵省役人による調査報告『南島誌』徳之島の部には、「各島と同じく女子は一般に学問せず、男児八九歳に至れば漢籍学庸語（論カ）孟より五経を読み、習字はいろはより始む」とあり、徳之島の子ども達も「いろは」から習字を始めていた。梅村が指摘した近世後期から幕末にかけての学びの階梯と、福田家の蔵書からうかがえる島役人の家の手習いの様相は共通している。

一方、御教条は琉球国の摂政・三司官の連署で出された近世琉球における実践道徳を記した教書であるが、薩摩藩の統治下にあった徳之島でも流通し、手習いの教材となっていたようだ（図15）。『名瀬市誌』にも、大島名瀬方中勝村の亀太郎と浦上村の佐民が写したと思われる御教条が紹介されていることから、奄美諸島における同書の広がりが推測される。琉球国編纂の書物がどのような流通ルートで入ってきたのか、歴史学者の若尾政希が提起する「書物の流通史」に関する事例研究は今後の課題である。

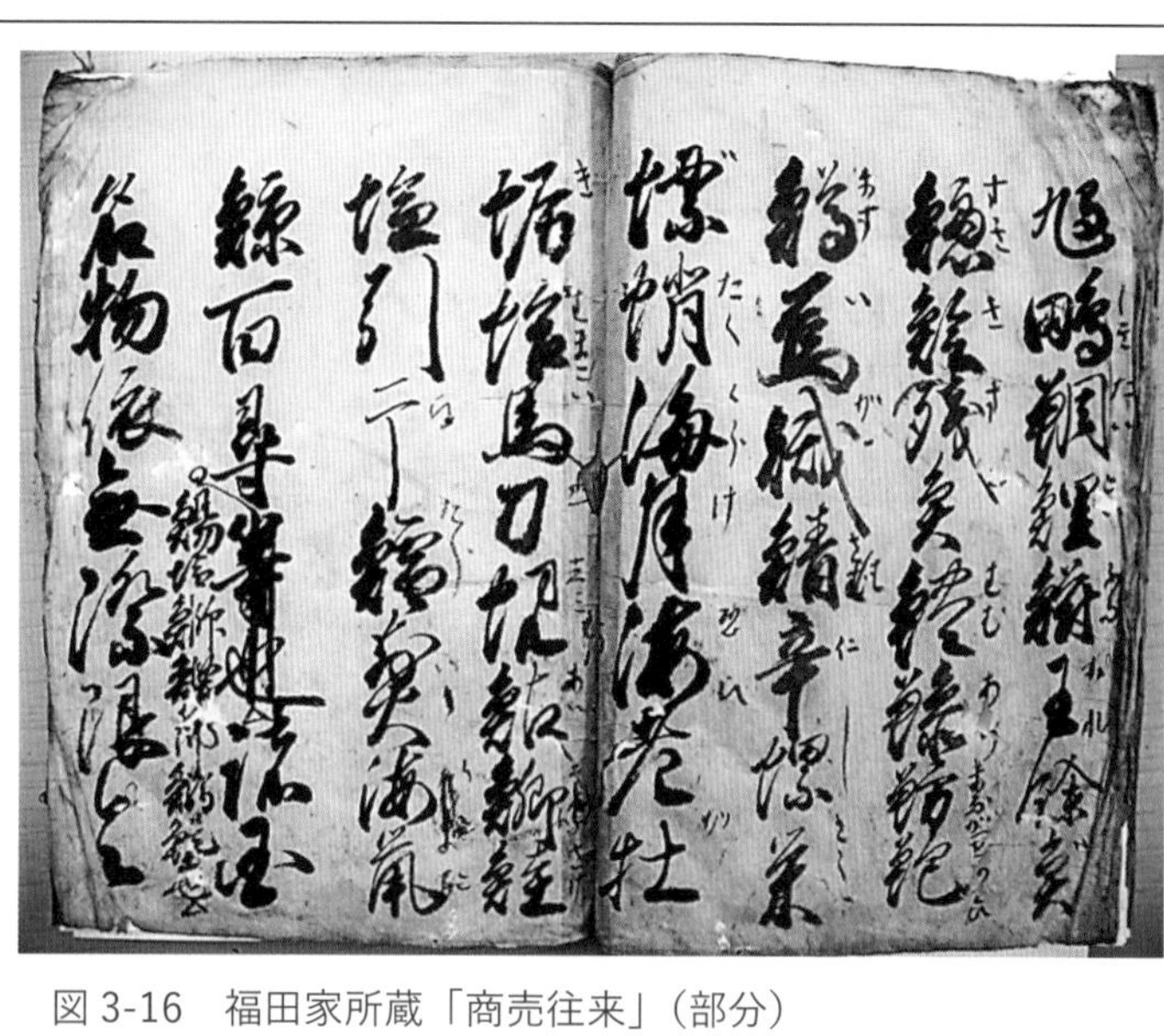

図 3-16　福田家所蔵「商売往来」（部分）

福田家に伝存した御教条はどのように読まれたのだろうか。テキストにはひらがな、カタカナ、変体仮名でルビが振られており、学習者の便宜を図ったものか、学習者自らが振ったものかはわからないが学びの様子が目に浮かぶようだ。

天保十年五月と記された「商売往来」（図16）では、魚名に集中してルビが振られており、学習者の関心を思わせる。また、別のテキストの余白には、島役人の役職名と人名（「奥屋山」「惣横目」「黍横目」「掟」「山下見廻」）などの練習の跡がある。島役人の業務で必須となる文字の練習だろうか。

読み書きの性差

明治七年の『南島誌』は「女子は一般に学問せず」と記していた。奄美諸島の自治体誌など先行研究においても、その具体に迫ることは課題となっている。

岡前村のなしりという女性に関する褒賞記事（『仲為日記』慶応元（一八六五）年五月十三日条）には、「もっとも子共両人養育に付ても慈愛にいたし、男子当拾才に罷成最早手習読物等も相応にいたし居候」とある。十歳の男子が手習・読物を相応にできたという背景には、なしりの「慈愛」と表現される教育熱があった。褒賞記事という史料の性格を考慮する必要があるが、なしりには文字にふれられる環境があったのではないか。

断片的な史料ではあるが、時代や階層、性差などをふまえ、近世奄美諸島の人びとと文字とのかかわりをさらに深く掘り下げていくことが促されている。

（竹原祐樹）

【参考文献】

梅村佳代「近世における民衆の手習いと読書」（若尾政希編『書籍文化とその基底』平凡社、二〇一五年）
小林正秀『犬田布騒動』（徳州新聞社、一九六八年）
先田光演『仲為日記』（南方新社、二〇一五年）
八鍬友広「往来物と書式文例集」（若尾政希編『書籍文化とその基底』平凡社、二〇一五年）
若尾政希「総論　書籍文化とその基底」（若尾政希編『書籍文化とその基底』平凡社、二〇一五年）

第四章　砂糖生産と島嶼間交易

砂糖小屋の図（『徳之島事情』の挿絵）

第一節　米からサトウキビへ

1　生産力の高まりとサトウキビの導入

徳之島の自然条件

奄美諸島の島々は高島タイプと低島タイプの二つに分類される。徳之島は高島タイプとされるが、奄美大島（以下「大島」という）と異なり、低くて平らな台地が山地の裾野を取りまいている（図1）。徳之島の河川は山地の分布に影響を受け、島の中央部から放射状に海岸に向かって流れているが、いずれも小さな河川で、最長の秋利神川（天城町域）で約一二キロメートル、他の河川は約四～六キロメートルである。[*1] そのなかで、轟木・花徳を流れる万田川の中流域には広い平坦地があることが特徴である。[*2]

図4-1　徳之島の山地と台地の分布
出典：成尾英仁作成の図（『徳之島町史 自然編 恵みの島』）を転載

徳之島町域のほとんどの集落内には河川が流れており、その水を土地に注ぎ込むことで水田をつくることができた。現在の聞き取りからも、いわゆる減反政策以前の稲作の様子をうかがうことができる。徳之島は、稲作に欠かせない水と土地を有する島であったことを確認しておきたい。[*3]

新田開発

元和九年の『大島置目条々』にある

＊1 以上の記述は、成尾英仁「第一章 徳之島の地質と岩石」『徳之島町史 自然編 恵みの島』（南方新社、二〇二一年）、八―一一頁を参照した。

＊2 この広い平坦地でかつては稲作が行われていたことを、シマウタ「全島口説」は「米ぐぁぬできやしどぅや轟木ど」（米ができやすいのは轟木だ）と唄っている。

＊3 徳之島の地形からこのように言えるが、天水に依存する水田もあった。代官が一年詰となることによる支障を述べた徳之島与人納山の寛延三年（一七五〇）の「留」に、「徳之島之儀ハ田方過半天水所ニて仕付植付方ニ別而隙取申候故」とある（『與論在鹿児島役人公文綴（仮題）』松下志朗編『奄美史料集成』南方新社、二〇〇六年、四四五頁）。

ように（「米此地へ仕上の時分」）、藩政下初期の年貢は米であった。台風常襲地帯という制約はあるものの、前述した徳之島の自然条件をふまえると、薩摩藩としても年貢米の収納に力を入れたであろう。その具体的な現れが、寛文十（一六七〇）年頃の諸田村での溜池造成である（図2）。諸田村の集落内には川が流れておらず、海に向かって緩やかな段丘状の台地が広がっている。この台地を水田にするための灌漑施設として、溜池が造られたと考えられる。

　また、溜池造成とあわせて、観音堂も建立されている。[*4] 奄美民俗研究者の高橋一郎はこのことと共に、元禄五（一六九二）年または六年の「この御代に三間切の豊作を祈るため、亀津神木屋の庭で踊りがあった」、宝永元（一七〇四）年または二年の「この御代に観音堂が亀津に建てられた」という『前録帳』の記事に注目し、新田開発に伴う祈祷が行われていたことを指摘している。そして観音堂建立の意図を、「大和の神による威光の発現でもあり、新田開発に伴う旧慣を編み換えていく」ものと読み取っている。[*5]

図4-2　諸田池と諸田集落

　新田開発の過程であらわれた島民の「旧慣」について、寛永十年または十四年に代官として大島に赴任した有馬丹後守純定の「覚」を参照したい。[*6] それによると、有馬が古見間切の戸口村（現・龍郷町戸口）を視察した際、谷水が潤沢で熟田となり得る土地を見つけたため開発を命じたところ、与人・百姓中から「ここは昔から神が遊ばれる場所であるため、人が指さしすることもできない。そのうえハブが多く生息している」と返答があったという。水田に適した好条件の土地も、神山（「神の御遊候所」）であるため、与人でも手を入れることができない場所として認識され

＊4『前録帳』寛文十年春同十一年条（前掲註3松下編二〇〇六：二三一頁）に「此御代諸田村溜池出来、同村江観音堂初而建立、破損之後亀津江直シ建立」とある。

＊5 高橋一郎『伝承のコスモロジー』（第一書房、一九九四年）、三七―三八頁。

＊6 松下志朗解読、大山麟五郎解説「有馬丹後純定大島附肝付表代官相勤候覚」『奄美郷土研究会報』第九号、一九六七年、七四頁。

ていた。このような、薩摩藩からすれば新田開発の妨げともなる島民の心性を、観音など外来の信仰によって変容させようとしたのが、溜池造成の記事に併記された「観音堂初て建立」という一文の趣旨だったのではなかろうか。

代官の分離

第三章でみたように、元禄四（一六九一）年には徳之島代官と沖永良部島代官を分離した。それは「この御代に三間切の新田開発が非常に進んだ」（『前録帳』）という、新田開発が進み、生産力が高まってきた徳之島の状況が要因だったと考えられる。元禄六年には大島代官と喜界島代官も分けられたが、その理由も喜界島の「非常に石高が増えた」（『喜界島代官記』）という状況にあった。各島における生産力の高まりに対応するため、専任の代官を配置する必要に迫られたのだろう。[*7]

サトウキビの導入

『前録帳』に確認できる徳之島の新田開発は、元文元（一七三六）年または二年の真瀬名川（天城町兼久）の水を引き、川筋を水田にしようとした喜念噯の与人與那嶺の試みが最後である（「成就これ無し」）。

奄美諸島における砂糖製造は、元禄初頭に大島の嘉和知と三和良が琉球に渡り、サトウキビの植え付け方法と砂糖製法を習得したことが画期となった。[*8] その後、元禄八（一六九五）年には砂糖生産を監督する黍検者が大島・喜界島に派遣されており、薩摩藩は元禄期に三島（大島・喜界島・徳之島—以下略）での砂糖生産に注目したとされる。[*9] 正徳二（一七一二）年には徳之島にも砂糖買入のことが命じられ、翌年、砂糖樽の手本が大島から渡されていることから、[*10] 十七世紀末から十八世紀初頭にはサトウキビ栽培が始まっていたと考えられる。

2　砂糖買入の二つの制度

サトウキビへの傾斜

十七世紀末から十八世紀初頭には徳之島でもサトウキビ栽培が始まったと推測したが、薩摩藩の政策展開は段階的であった。前述したように、大島では元禄八（一六九五）年に

*7 弓削政己「近世奄美諸島の砂糖専売制の仕組みと島民の諸相」『和菓子』一八、二〇一一年、四六頁。

*8 『和家文書』（『大和村の近世』大和村、二〇〇六年）、一二二頁。ただし、明治十（一八七七）年の直嘉和誠による書付には、嘉和誠の先祖川智が慶長年間、琉球渡海の途中に中国へ漂着し、そこで製糖技術を習得、サトウキビの苗を持ち帰ったとある（「明治十年甘蔗由来書付留」『大和村の近現代 大和村誌資料集1』大和村、二〇〇三年、一三九頁）。

*9 弓削政己「第三章藩政時代（1）」『大和村誌』（大和村、二〇一〇年）、二二〇—二二一頁。

*10 『喜界島代官記』正徳三年条。

黍検者が着任し、同十年に黍横目（島役人）が置かれた。さらに宝永五（一七〇八）年には黍見廻が三十一人任命されている（黍見廻の増員については第五章表5—2を参照）。正徳三（一七一三）年頃には一一三万斤の定式買入があった。

一方、徳之島では享保二十（一七三五）年に黍横目二人が任命されているが、それは大島に同役が置かれておよそ四十年後のことだった。寛保二（一七四二）年には、代官山田助右衛門が新田方・黍方与人を三間切に一人ずつ登用する予定だったが、藩当局からは「御用無」と命じられている。このできごとに、現地の代官の認識とは異なる、藩当局の徳之島における砂糖生産への意向が読み取れる。*11

その潮目が変わるのが、換糖上納制の施行である。これは、年貢の米をすべて砂糖に換えて納めさせるというものである。徳之島については、宝暦十（一七六〇）年に御勝手方喜入主馬（久福）から「有長け応分砂糖を以て引替上納申し付け候」と命じられたが、*12 大島ではすでに延享四（一七四七）年に始まっていた。*13 この換糖上納制は、三島の田を畑に変え、サトウキビ生産を中心とする農業形態に転換させる画期となるものであり、社会構造にも大きな影響をもたらしたと指摘されている。*14

図4-3　蔗畑の図（『徳之島事情』の挿絵）

砂糖買入の始まり

薩摩藩による砂糖買入には、毎年定まった額の砂糖を買い入れる定式買入と、臨時に買い入れる御買重があった。しかし、この御買重の額は年々の定式買入額に算入され、結果、定式買入額が増えていくという仕掛けになっていた。

現在のところ、徳之島における砂糖買入は、先にふれた正徳二（一七一二）年の「仰渡」（『喜界島代官記』）を嚆矢とした。

＊11　松下志朗『近世奄美の支配と社会』（第一書房、一九八三年）、一〇五頁。
＊12　「歴代制度巻之十五」『薩摩藩法令史料集二』八二九号文書。
＊13　従来の近世奄美諸島史研究において、大島での換糖上納制の開始は延享二年とされてきたが、前掲註7弓削二〇一一は、延享四年と修正した。
＊14　前掲註7弓削二〇一一：五〇頁。

大島についても、正徳三年の大島代官酒匂太郎左衛門の日記に[*15]「近年は砂糖百十三万斤ずつ、年々御買入あり」と記され、用夫人別に割り付けて上納していたが黍作が広まり「御買入」も増え、二五〇万斤が定納となったという。さらに、延享二（一七四五）年には一〇〇万斤の御買重が命じられ、あわせて三五〇万斤の定納となったとされる。

定式買入制と惣買入制

定納分と御買重分からなる砂糖買入には、定式買入制と惣買入制という二つの制度があり、それぞれ二度の変更があった。[*16] 定式買入制のもとでは、定納分と御買重分の買い入れ後、それでも余った砂糖（「余計糖」）があった場合、詰役人、船主・船頭・水主との取引（「脇売」）が許されていた。島民はこの余計糖で米・品物等を購入したが、その支払い後に残った砂糖（「正余計糖」）は主に島役人層に蓄財された。そして、正余計糖を有する島役人層は、上納糖を納めることのできない島民の負担分を代納し、その債務を履行できない下人・下女を抱えていった。

一方、惣買入制は「諸島産出の砂糖を尽く官に輸し、これに若干の米穀物品を下付して農民の私売を禁せしむ」（『南島雑集』）というものである。定式買入制では認められていた余計糖を使った取引は禁止され、薩摩藩以外との交換は許されなかった。ただし、惣買入制下においても、「各戸日用の黒白糖及び鹿児島の知人に贈遺する砂糖斤数制限アリは素之を許せり」（『南島雑集』）とされ、日用品や贈答用の砂糖の所持は認められていた。

なお、定式買入制と惣買入制の実施期間は、第一次定式買入制が正徳三（一七一三）年頃から安永六（一七七七）年、第一次惣買入制が安永六年から天明七（一七八七）年、第二次定式買入制が天明七年から文政十三（天保元年・一八三〇）年、第二次惣買入制が文政十三年から明治五（一八七二）年であった。

第一次定式買入制

前述したように、定式買入制のもとでは余計糖を元手とした交易が可能であった。第一次定式買入制が始まっておよそ二十年が経つと、この制度に内在した矛盾を薩摩藩は認識した。元文元（一七三六）年十一月の喜界島代官への申し渡しによれば、[*17] 代官・附役は藩庁から支給される給与の残りで、砂糖・筵・芭蕉布類を島民から相応の価格で購入することは許

＊15 「大島砂糖上納本田孫九郎様御考写」（『喜界島代官記』元禄二年条に添付）。

＊16 以下の記述は、前掲註7弓削二〇一一、前掲註9弓削二〇一〇：二三六―二三七頁を参照した。

＊17 「島津家歴代制度巻之十五」『薩摩藩法令史料集二』八四九（の1）、八四九（の2）号文書。

表 4-1　定式買入制の基本的な仕組み

上納糖・余計糖		島民・島役人	藩・詰役人・船主等
買入糖	①定納買入 ②御買重買入	藩へ上納 代米受け取り	（藩）貢租・鍋代・雑税を差し引き、島民へ米を支払う
余計糖	①余計糖 （物品購入）	品物購入 （不等価交換）	（藩）代価を品物で支払う （詰役人・船主・船頭・水主）米・品物で砂糖等を購入
	②正余計糖	（島役人層）藩へ献上、役人への贈答、負債肩代わり（下人・下女の確保）、島内での売買・貯蓄	（藩・詰役人）献上・贈答を受ける

出典：弓削政己「近世奄美諸島の砂糖専売制の仕組みと島民の諸相」、同「藩政時代（2）」『大和村誌』掲載の表4-4「砂糖買上制度の仕組み」を参考に作成。

されていた。しかし、鹿児島・山川の問屋から仕入れた品物と与人などに依頼した島の産物とを交換し、それらを船頭・水主の荷物と偽って鹿児島へ搬送させる実態が指弾されている。[*18]
同様の趣旨は、宝暦二（一七五二）年二月にも「島方御用人」宛てに出されているが、[*19]代官・附役らの余剰品を積み入れることで、上納砂糖を積んだ船の山川港到着が遅延するおそれにも言及し、さらには詰役人のみではなく与人など島役人層へもこの趣旨を申し渡すよう命じている。十八世紀中ごろには、第一次定式買入制下での余計糖取引が島役人層にとっても商機となっていたことをうかがわせる。

徳之島での展開

第一次定式買入制下の宝暦五年から六年は飢饉の年であった。それは類例がないほどの凶年で徳之島一円が困窮したとされ、薩摩藩は三間切の未納分の年貢を免除した。あわせて、サトウキビの植栽の追加を命じ、大量に植え付けさせた。[*20]なお、この施策を担った横目の川上郷次郎と西俣彦左衛門は、五年の任期延長を藩当局から命じられている。さらに、川上を始めとする詰役人と与人納山など総勢五名が、逃散した徳之島の人びとを連れ戻すため大島に渡った。[*21]これは、サトウキビ増産を任務とした川上が関わっていることから、黍作を担わせる労働力の確保を目的としたものではなかったか。

「島中困窮」といわれた飢饉下にもかかわらず、薩摩藩はサトウキビの増産を図った。結果、川上・西俣の赴任か

＊18　前掲註17「島津家歴代制度巻之十五」『薩摩藩法令史料集二』八四九（の1）号文書に「自分ノ勝手ヲ構、与人幷船頭共へ内談ヲ以仕繰ケ間敷致方於別条無ハ沙汰ノ限ニ候」とある。

＊19　「島津家歴代制度巻之十五」『薩摩藩法令史料集二』八六九号文書。

＊20　『前録帳』宝暦七年条（前掲註3松下編二〇〇六：二四八頁）。

＊21　『前録帳』宝暦七年条（前掲註3松下編二〇〇六：二四八—二四九頁）。

ら三年目には百万斤余りの砂糖が産出された。*22 前述したように、徳之島では宝暦十（一七六〇）年に換糖上納制が施行される。宝暦六年から実施されたサトウキビ生産の拡大は、それを準備するものだったのではないか。また、宝暦十一年にはサトウキビ増産に功績があったということで、井之川与人の嶺澄が嫡子代々衆中格（後の郷士格）となった。*23 他にも黍横目の官栄らが与人格となるなど、島役人の身分上昇を梃子としながらサトウキビの増産を進めた。*24

サトウキビの増産は畑地の増加を意味するが、それは水田の減少を伴う。そのため、島民の飯米の確保が困難となった。徳之島では宝暦十二（一七六二）年から翌年春まで再び飢饉に見舞われた。*25 飢饉に対応するための米（飢米）の確保は藩庫の米（御米）だけでは足りず、琉球から米・粟一八〇石を取り寄せている。この飢饉で露呈した島内における米の不足は、先にふれたサトウキビの増産による水田の減少が一因だったと推定してよいだろう。

明和三（一七六六）年には徳之島の定式買入額が七三万斤と定められた。*26 それ以前は生産した分だけを上納していたが、ここから、徳之島には定納七三万斤が課せられ、黍作の強制が本格化した。*27 さらに安永二（一七七三）年の秋には「稲虫」が発生し、種籾もなくなったことから飢饉となった。このとき漂着していた琉球の五枚帆船に詰役人・島役人が同船し、上納砂糖の代米を取り寄せるという名目（御買入砂糖代御取寄方）で琉球に渡海した。そして、米八〇〇石を調達し、三間切へ貸し付けている。*28

徳之島においては明和三年以降、七三万斤の砂糖を納めるため黍作に注力せざるを得なかったが、稲作は継続していたことがわかる。しかし、水田は減少していたため、虫害が起こるとこの事例のように飢饉を引き起こしたであろう。*29 注目したいのは、調達した米は上納砂糖の代米という性格であるため、弓削政己が指摘したように、その分は通常の砂糖代米から差し引かれたと思われることである。さらに、安永三年の夏に至っても飢饉の状況は続いており、*30 鹿児島から「御米」が搬送されるとともに、島役人からも三間切に貸し付ける米の申し出があった（一、尤 島役々よりも拝借申請候）。飢饉が長期間におよんでいること、一方で余計糖取引などで島役人が米を蓄財していたことをうかがわせる。

＊22 『前録帳』宝暦九年条。
＊23 『前録帳』宝暦十一年条。
＊24 宝暦八（一七五八）年には「嶋中江黍横目被仰渡候」（『前録帳』前掲註3松下編二〇〇六：二四八頁）とある。福田家本の記述であるが、享保二十（一七三五）年に初めて置かれた黍横目をこのタイミングで拡充したものかどうか、今後の課題である。
＊25 『前録帳』宝暦十二年条。
＊26 『前録帳』明和三年条。
＊27 前掲註11 松下一九八三：一〇九頁。
＊28 『前録帳』安永二年条。
＊29 弓削政己「奄美島嶼の貢租システムと米の島嶼間流通について」『沖縄県史 各論編 第四巻 近世』（沖縄県教育委員会、二〇〇五年）、二四三頁。
＊30 『前録帳』安永三年条。

第一次惣買入制

安永六（一七七七）年、大島・喜界島・徳之島の三島に砂糖惣買入制が命じられた。[*31]「様々な売買は厳しく差し止めるよう御命令があった」（『大島代官記』）と端的に述べられているように、第一次定式買入制のもとで許されてきた余計糖取引を禁止し、かわりに島民の必需品は薩摩藩の「御物（ごもつ）」から支給するという仕組みである。

第一次惣買入制が始まった安永六年の徳之島では、夏から秋にかけて台風の襲来が続き、島民の食糧となるサツマイモが塩害を受けた。非常用の米も不足していたため、代官所から藩当局に報告したうえで、琉球から五〇〇石の「寄元米」を調達、三間切へ飢饉用に貸し付けた。[*32] この米は砂糖代米と見なされており、前述した安永三年の飢饉と同様、後に差し引かれる性質のものだったのだろう。なお、この年は大島においても砂糖が不作で島中飢饉となった。米など島民の生活必需品の入手が薩摩藩からの支給に限られるという惣買入制下において、その初年に飢饉が起き、島民の生存が危機に瀕したということは、松下志朗（まつしたしろう）が薩摩藩政との関連のなかで指摘した[*33]「構造的飢饉」の本質を示している。

＊31　福田家本『前録帳』は安永五年から砂糖惣買入となったと記しているが、ここでは、『大島代官記』および「大島砂糖上納本田孫九郎様御考写」（『喜界島代官記』元禄二年条に添付）にしたがって、第一次砂糖惣買入制の開始を安永六年としておく。

＊32　『前録帳』安永六年条。

＊33　前掲註11　松下一九八三：一一二頁。

このことは、人口動態からもうかがえる。すでに第三章の図6において、『前録帳』記載の宗門手札改めの結果から徳之島の人口動態を掲げたが、あらためて人口の増減率に着目すると（表2）、第一次惣買入制が始まった安永六年をはさむ安永元年から天明五年の人口減少率は約三四パーセントとなっており、宗門手札改めで確認できる人口動態において最大の減少率である。もちろん各年の改めの精度は一定ではなかろうが、傾向を捉えることは許されよう。すなわち、惣買入制と農作物の凶年が重なっ

表 4-2　徳之島の人口増減率

年	人口	増減率（%）
延享2（1745）年	20,568	
宝暦3（1753）年	22,392	8.9
宝暦11（1761）年	19,645	-12.3
安永元（1772）年	19,217	-2.2
天明5（1785）年	12,734	-33.7
寛政12（1800）年	16,427	29
文化12（1815）年	16,522	0.6
文政7（1824）年	18,338	11.0
天保2（1831）年	18,963	3.4
天保9（1838）年	19,664	3.7
弘化2（1845）年	20,910	6.3
嘉永5（1852）年	23,447	12.1

出典：『前録帳』記載の宗門手札改めの数値

た時期に、近世において最も島民の生存が脅かされたのである。

また、徳之島の砂糖政策として、天明六（一七八六）年、白砂糖二五〇斤が定納となり、それは黒糖七五〇斤分に換算されたことにもふれておく。[*34]

第二次定式買入制

安永六（一七七七）年に始まった第一次惣買入制は十年間で終わり、天明七（一七八七）年からは第二次定式買入制となった。その変更理由について、第一次惣買入制のもとでは島民に生産意欲がなく、また取り締まりの緩みから砂糖の減産となったという藩当局の認識があった。[*35] そのため、惣買入制下では余計糖取引が禁じられていたが、それをもとに戻すことで、島民の砂糖生産意欲を再起させようとした。[*36]

第二次定式買入制の開始により、徳之島の定式上納額は定納分七三万斤、御買重分五万斤の合計七八万斤と定められた。[*37] あわせて、代官・附役による余計糖取引の上限額をそれぞれ五万斤、三万五〇〇〇斤としたが、寛政十一（一七九九）年頃にはその上限を撤廃し、自由な交易（勝手次第交易）を許可した。ただし、文化四（一八〇七）年には再び、代官は七万斤、附役・見聞役は五万五〇〇〇斤と一年間の余計糖取引額の上限を定めた（『大島要文集』）。文化七年の三島代官・附役人宛の申し渡しによれば、[*38] 厳しい藩財政や三島の負担が増えている状況にもかかわらず、詰役人の交代の際、過剰な額で役を譲り受け、結果、島民が「迷惑」するような余計糖取引を企てる傾向があるという。それにより、島民が疲弊し、黍作が減少しては厳しい財政状況を乗り切ることは難しいため、詰役人、船頭・水主の「不法の取引」を禁じるとした。[*39] 第二次定式買入制下で再び許された余計糖取引を活発化させる、詰役人、船頭・水主の動きがうかがえる。

第二次定式買入制下において注目されるのは、白砂糖製造と御買重の連続である。徳之島では享和元（一八〇一）年、白砂糖方掛（法元太郎左衛門）が着任し、白砂糖の製法も言い渡された。[*40]『前録帳』文化十一（一八一四）年条には「白砂糖黍横目 冨久岡」がみえ、島役人にも白砂糖製造を監督する者が配置された。享和三年には大島に一万斤、喜界島・徳之島にそれぞれ五〇〇〇斤の白砂糖上納が命じられ

＊34 『前録帳』天明六年条。

＊35 前掲註9弓削二〇一〇：二〇六頁。

＊36 前掲註9弓削二〇一〇：二四〇頁。

＊37 山下文武翻刻「加島家文書」（『奄美博物館紀要創刊号』一九九一年）、六―七頁。『鹿児島県史第二巻』（三九六頁）によれば、天明八年からは一一万斤の御買重が定められたという。

＊38 「島津家歴代制度巻之十五」『薩摩藩法令史料集二』八三二号文書。

＊39 島役人層の自物砂糖についても、文政元（一八一八）年、臨時的な措置であったが山川で買い取り、藩の管理下に置くという施策の対象となった（『大島代官記』文政元年条）。

＊40 『前録帳』享和元年条。

たが、たびたびの御買重により、島々は困窮したという。また、不慣れな白砂糖製造が過分に命じられると「諸百姓迷惑」であった。このような状況を受け、上納額が七割減じられ、大島は三〇〇〇斤、喜界島・徳之島はそれぞれ一五〇〇斤の上納となった。[*41] 文化三（一八〇六）年、大島代官本田孫九郎は、白砂糖の製造および代米配当にかかる経費や製造技術の難しさなどから、白砂糖生産を継続しては島民が疲弊し、藩政（「御国」）にも影響があると上申している。[*42] ここからも、白砂糖の上納は島民にとって大きな負担（「迷惑」）であったことがうかがえる。

先にふれたように、第二次定式買入制のもとで砂糖の御買重が続いた。徳之島については、享和二年頃に御買重三六万斤と推定され、[*43] 文化元（一八〇四）年に一五万斤、[*44] 同二年、三年に二五万斤、[*45] 同四年には五〇万斤[*46]の御買重があった。このような負担の連続は、薩摩藩の大坂市場での借銀（「上方表御借銀」）、類焼した江戸の三つの屋敷を建て直すための借り入れ引当の資金不足などを理由とした（『大島要文集』）。

藩主島津斉宣が文化三年に出した諭達[*47]には、このような厳しい財政状況への見解が示されている。その主張は次のようなものであった。

家老の協議（「議定」）を経て、享和元年から五年間領国中に負担を重ねてきたが、それでも財源が不足し、償還不可能だったという。文化三年からさらに五年間におよぶ領民の負担がなければ、藩財政が回らないとする家老の申し出に従うと述べている。このような状況について、斉宣は「結局、わが身を省みず、不行き届きのことがあるためであると自分自身を罪するしかない」と自身の責にふれながらも、「ただし、国家の政道は君子一人ではなく、臣下とともにしている。特に家老中には藩財政のすべてを預け置いているところ、財政が回らず、領民の負担以外のほか良策がないということは、家老中もその責任から逃れることはできない」という。

奄美諸島の砂糖政策を含む財政（「所帯向」）は、家老に「預け置」いているという藩主の認識が注目される。藩財政にかかわる政策がどのような過程（家老の「議定」など）を経て決定されていたのか、藩政

＊41　『喜界島代官記』文化五年条。

＊42　『大島要文集』所収の本田孫九郎上申書。

＊43　『前録帳』享和三年条。

＊44　『大島要文集』所収の「申渡」。

＊45　『大島要文集』所収の道之島掛御用人への「申渡」。ただし、文化三年の御買重の代米は、定式買入の代米より一合増と申し付けられた。

＊46　『大島要文集』所収の道之島掛御用人への「仰付」。

＊47　『鹿児島県史料　旧記雑録追録7』八三七号文書。

史料からの追究が必要であろう。

第二次惣買入制

文禄・慶長の役への出陣、宝暦四（一七五四）年から五年の濃尾平野を流れる木曽・長良・揖斐川の治水工事、享保十四（一七二九）年の将軍家養女竹姫と藩主継豊との縁組などで支出が膨らんだうえに、宝暦五（一七五五）年[*48]に藩政を継いだ島津重豪による諸政策の展開などにより、藩の負債はさらに増加した。結果、享和元（一八〇一）年には一二一万両、文政十二（一八二九）年には五〇〇万両の藩債を抱えていたという。[*49]

図4-4　調所広郷の像（鹿児島市天保山公園）

このような藩の状況のなか、大御隠居重豪と藩主斉興は文政十一（一八二八）年、調所広郷（図4）に「財政改革」を命じた。天保元（一八三〇）年には重豪から調所に対し、翌二年から十一年までの十年間に五〇万両を確保すること、幕府への金納と非常手当はこの五〇万両とは別であること、過去の借金証文（「古借証文」）を回収すること、という三項目の申し付けがあった。[*50] この三項目は大坂商人の浜村孫兵衛にも相談して、期限中に達成するようにという厳命であった。

重豪からの命を受け調所はさまざまな政策を実施したが、「砂糖惣買入ニ付ては御改革方第一之根本」と位置づけられたように、その中心には砂糖政策（第二次惣買入制）があった。第二次惣買入制を施行するにあたり、三島方掛を設置し、その人選に熟慮した。代官・附役・見聞役などの詰役人の人事についても「人柄吟味」を経て任命した。[*51]

『前録帳』から徳之島における第二次惣買入制下の状況をうかがうと、文政十三年条に「当春より三島の政策が転換され、永年砂糖惣買入が発せられた」とある。そして、これまでの年貢未納分は免除されたが、余計糖取引などの交易が停止させられた。

＊48　安永二（一七七三）年に藩学造士館・武芸練習場演武館を、同八年には明時館（天文館）を設置した。そのほか、『南山俗語考』『島津国史』『成形図説』『鳥名便覧』など書物の編纂や、三女茂姫の一橋豊千代（のち将軍徳川家斉）への縁組など幕府諸藩との婚姻政策を進めた（芳即正『調所広郷』吉川弘文館、一九八七年、三四―三五頁）。

＊49　芳即正『調所広郷』（吉川弘文館、一九八七年）、三七頁。

＊50　「島津重豪覚」「島津重豪朱印書写」『薩摩藩天保改革史料一』（鹿児島県、二〇〇〇年）、五四―五五頁。

＊51　「三島経営ノ改革ニ関スル事」『薩摩藩天保改革史料一』（鹿児島県、二〇〇〇年）、七七頁。

徳之島における天保年間の砂糖生産状況をみると、文政十三（天保元）年は豊作の年で三五〇万斤を産出し、積船が不足したほどであった。このような状況に対応するため、三間切に重黍見廻を十二人配置した。[*52] しかし、天保六（一八三五）年の新古黍地の面積について、春先の見積りと秋の検分・竿入れ実績とを比較すると、新黍地で約三十三町歩、古黍地で約二十二町歩の減少となった。[*53] この少し前の天保三年も凶年であり、正砂糖約七九万斤の未納が計上された。[*54] 天保十二年には大坂市場における三島砂糖の価格が下落し、和製砂糖の出荷に押され、惣買入制実施の意義がなくなってしまうという。そのため、砂糖製法や樽の規格の均一化を徹底するよう命じられ、二十七人の黍見廻重役が任命された。[*55]

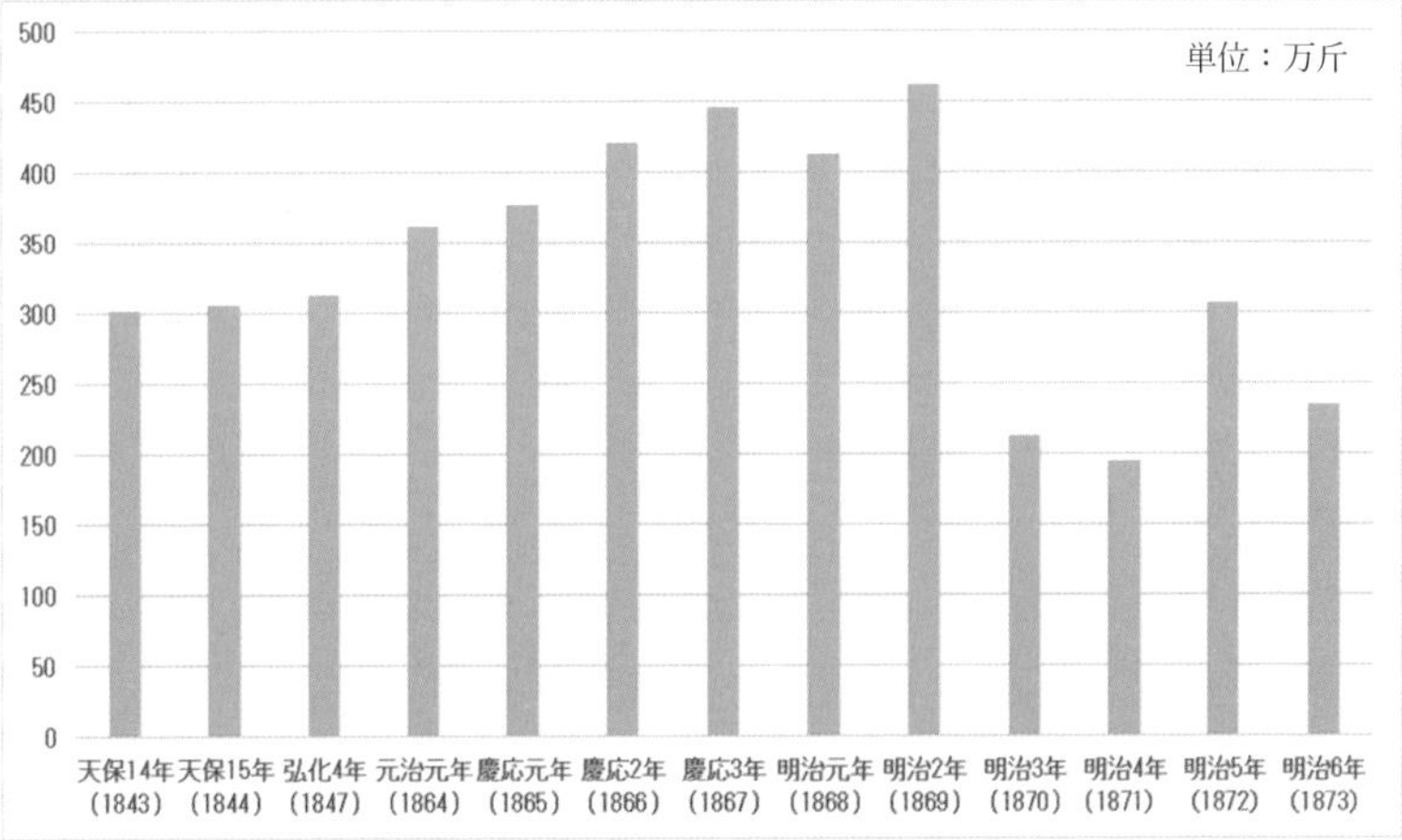

弘化二（一八四五）年の五月から七月にかけ三度の台風があり、米・サツマイモをはじめ諸作物が凶作となった。そのため島民の食糧が欠乏したと考えられ、この年の冬には大飢饉となった。結果、同四年（三年カ）春上納分の砂糖二五五万斤のうち約七〇万斤が未納となった。[*56]

転じて安政二（一八五五）年の春は砂糖がこれまでにないほどの豊作となり、正砂糖三一五万斤余りを産出した。しかし、そのうち九割を超える斤数（約二八八万斤）が上納分とされ、正余計糖として島民の手元に残ったのは約二七万斤であった。[*57]

さらに安政四年は同二年を超える豊作であった。前年秋の米・サツマイモも満作であり、安政四年春の砂糖は過去にない増収となった。その理由として、耕作

図 4-5　徳之島の砂糖産出額（近世後期～明治初頭）
出典：『南島雑集六』 第三章 徳ノ島 第二節 出産糖

＊52　『前録帳』文政十三年条（前掲註3松下編二〇〇六：二八四頁）に「一同年三間切江重黍見廻拾弐人被召立候事」とある。黍見廻の増員については第五章も参照。

＊53　『前録帳』天保六年条。

＊54　『前録帳』天保九年条。

＊55　『前録帳』天保十二年条。

＊56　『前録帳』弘化三年条には「大故当未春上納分」とあるが、「当午」か。

＊57　『前録帳』安政二年条。

表4-3 元治元（1864）年井之川噯の砂糖上納額

村	斤数	入樽
諸田・神之嶺	6万1千2斤	480丁
井之川	9万2千120斤	780丁
久志	3万1千135斤	241丁
母間	29万54斤	2059丁
轟木	3万7千380斤	302丁
山	9万5千32斤	749丁
合計	63万6千823斤	4611丁

出典：『仲為日記』 ＊合計が合わないが史料のとおり。

人に砂糖製法をしっかりと諭し、島役人による砂糖小屋への巡回指導、詰役人も巡回・検分を行ったことをあげている。また、サトウキビの圧搾機の取り付け（惣車立煎方取付）を厳しく催促した結果、三間切とも相応に「車立」を行ったという。この年に産出した正砂糖は三間切で三四〇万斤余り、樽数にして二万七〇〇〇丁余りであった。[＊58]

前頁の図5にあるように、第二次惣買入制下にあった天保十四（一八四三）年から慶応三（一八六七）年までの砂糖産出額は、台風の襲来や飢饉という厳しい状況を経験しながらも増加している。[＊59] すでに松下志朗が指摘しているように、[＊60] 天保期から嘉永期に至るまで徳之島の人口は増加傾向であり、それは産糖額の増加に表れた、人口扶養力の向上と無縁ではないことを思わせる。

砂糖流通の監視と厳禁

第二次惣買入制を中心とした天保改革以前、重量や品質が不均一な砂糖が「諸人交易」により買い争われたうえ、「抜砂糖」の売買も各所で起きていたことから、大坂市場での三島砂糖の価格は下落していた。[＊61] そのため、薩摩藩は島内外における砂糖の流通に手を入れた。

島内流通については、天保十（一八三九）年に羽書を導入した。[＊62] これは、正余計糖を現物ではなく黍横目が発給する羽書と呼ばれる補助紙幣で通用させる制度である。しかも、その有効期限は毎年五月から七月までの三か月間という短期であった。ただし『前録帳』の天保十年条には羽書導入に関する記述はみえない。『仲為日記』文久三（一八六三）年十月八日条に収録された代官から三間切の与人など島役人への言い渡しに、羽書に関する一条がある。[＊63] それによれば、島民への羽書交付は与人・惣横目立

＊58 『前録帳』安政四年条。

＊59 表3は『仲為日記』元治元年三月二十八日条にある「覚」（子春井之川噯惣納斤届）に記された数字であり、黍横目奥亀山・福與の連名で附役宛に提出された文書の控である。

＊60 前掲註11 松下一九八三：二〇八―二〇九頁。

＊61 「改革前後ノ大坂仕登砂糖ト年次別斤当り値段並ニ利益額」『薩摩藩天保改革史料一』（鹿児島県、二〇〇〇年）、六二頁。

＊62 『大島代官記』天保十年条。

＊63 『仲為日記』（徳之島町郷土資料館小林正秀文庫所蔵）。

年々砂糖掛渡相済候上、過砂糖有之者共へ者黍横目ゟ羽書を以留帳江致割印、与人惣横目立会作人銘々江相渡置、右を以島中貸借致取引旨被仰渡置候間、已来屹と可相守候、決而掟方ゟ自侭□共無之様堅可致取締候事

ち会いを条件とした厳重な態勢下で行われていた。

天保改革の砂糖政策では、特に抜荷対策に重点が置かれた（「就中抜荷之儀別テ厳しく密々御取締申渡」）。*64 そのきっかけとして、文政十二（一八二九）年に喜界島で起きた大規模な抜荷があり、*65 翌年十二月には薩摩藩家老四名の連署により抜荷を主謀した者の死罪・追随した者の遠島などの厳罰を定め、奄美諸島・種子島・琉球在番に通達した。*66

『仲為日記』には近世末の母間村で起きた砂糖の「押隠」「密々商売」が記録されている。前者は（図6）、母間村の十六人が砂糖を隠し持っているという情報があり、詰役人からその真偽を糺すよう命じられた島役人などが折檻まで行い、真偽を確かめたという事例である。*67 取り調べの結果、特別の不正があったとも思われないため事なきを得るよう代官所へ申し上げたところ、そのとおりとなったとある。後者は、母間村の三十八歳の元能富が「御物砂糖」を隠し置き、密売を行っているという情報があり取り調べたところ、焼酎を保管し、他人へ売り渡していたことを白状したという事件である。*68 その日の未明に元能富は自死しており、遺体の処置について津口横目の美代川と惣横目寄の仲為が附役宛てに届け出ている。その後、砂糖密売に関係した母間村の義寶直が母間村引き廻しと労役、藤仙と喜祐実も労役に処せられ、黍見廻の兼屋は免職となっている。

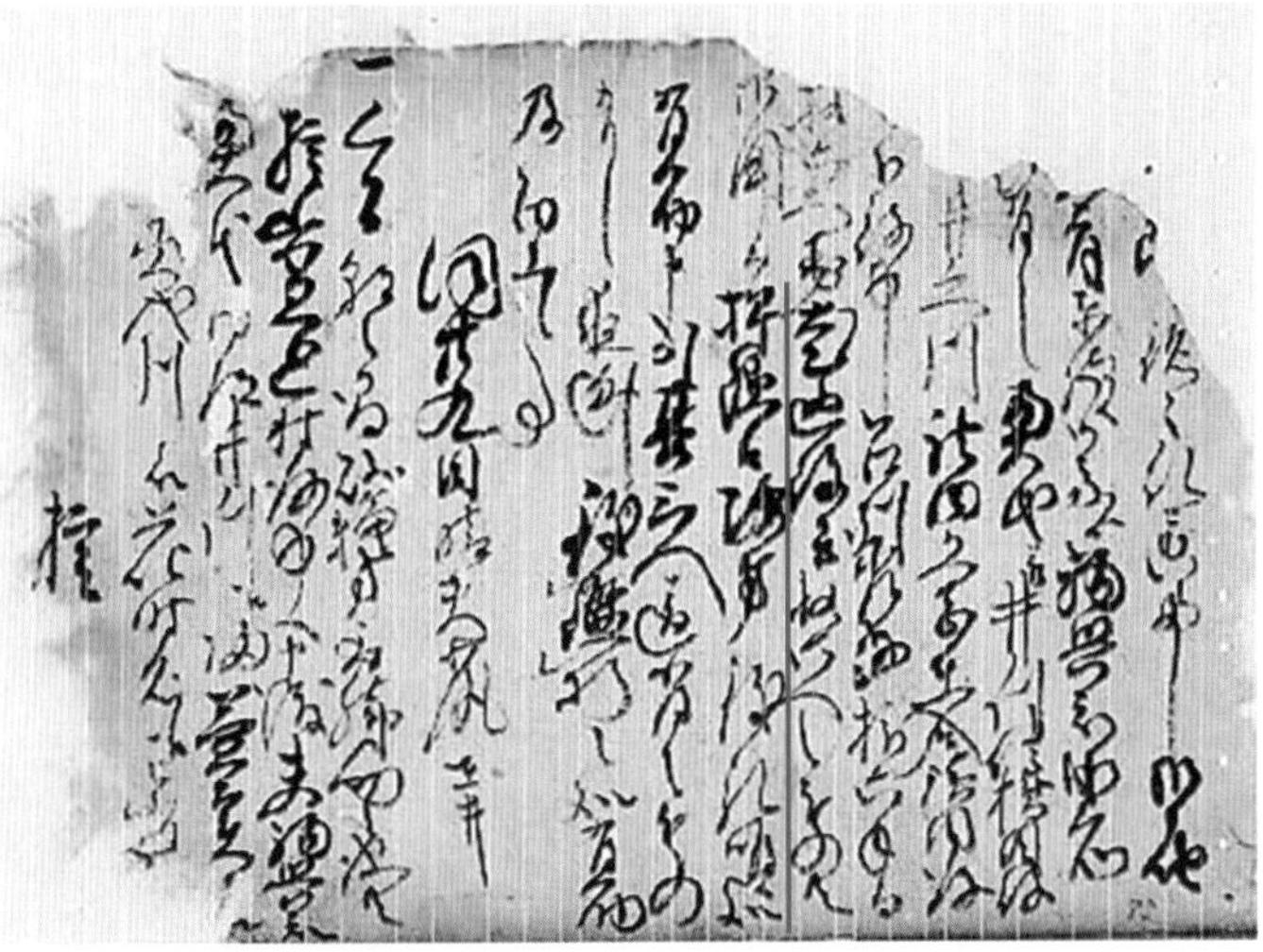

砂糖の「押隠」段階では刑罰の対象から外れたが（島役人による代官所への交渉もあったか）、「御物」と位

図4-6　『仲為日記』文久三年九月二十八日条
＊朱線部分に「押隠候次第致糺明候処」とある。

*64 「改革前後ノ大坂仕登砂糖ト年次別斤当り値段並ニ利益額」『薩摩藩天保改革史料一』（鹿児島県、二〇〇〇年）、六二頁。

*65 『種子島家譜（四十六）』（『鹿児島県史料 旧記雑録拾遺家わけ八』一九六一号文書、鹿児島県、二〇〇〇年）、三〇二―三〇三頁。文政十三年・天保二年には、徳之島で起きた二件の砂糖抜荷の対象者も処罰されている（『種子島家譜（四十六）（四十七）』）。

*66 弓削政己「藩政時代（2）」『喜界町誌』（喜界町、二〇〇〇年）、二三三頁。

*67 『仲為日記』文久三年九月二十八日条、十月四日条。

*68 『仲為日記』元治元年二月二十四日条、二月二十四日条。

置づけられた砂糖の「密々商売」に対しては刑罰が科せられたということになる。そして元能富の自死は、抜荷死罪を定めた通達が直接適用されたものではないが、[*69]抜荷対策が島民にどう捉えられていたのかを伝えているのではないか。

村と「抱」「下人」

砂糖政策の経過は島民の負担を増し、大島では「家人」、徳之島においては「使部」「草刈り坊」などと呼ばれた主家に従属する人びとを生んだ。[*70]砂糖上納や物品購入費（代糖）の支払いができない、または負債を償却できないために身代米（糖）と引き換えに郷士格や島役人層へ身売りするという構造であった。金久好が昭和初期に紹介した[*71]徳之島の「雇奉公証書」（年月日欠）の事例では「身代米十石」で「雇奉公」となっている。

『仲為日記』慶応二年（一八六六）八月二十一日条には、大島の義保志の「抱」である恵満が九歳のときに兼久噯瀬滝村に両親に引き連れられ逃散し、以後、同村に居留していたが、義保志の倅が恵満を連れ戻すために徳之島に来たという一件が記されている。その経過を見ると、瀬滝村の掟は兼久噯三役に対し、恵満への身代米八石の貸し付け（「御米」からか）を認めていただき、それをもって義保志への返済に充てさせたいと願い出ている。その拝借分は掟が来春の余計砂糖の代米で償却することを保証している。願いを受けた島役三役も連署押印のうえ、自分たちが責任をもって上納させることを附役に上申している。ここで注目したいのは、恵満が扶養家族をもち年貢負担や夫役を担っていることなどを理由に、掟が代表する「村」が恵満の大島への連れ戻しを阻止しようとしていることである。個別の状況[*72]をふまえる必要があるが、村という組織がもっていた村びとを保護しようとするはたらきの表れといえるだろう。

藩の利潤

第二次惣買入制の当初から、薩摩藩が島民に支給する諸品物と余計糖との交換比率は定められていた。文政十三（一八三〇）年九月四日付の「砂糖惣買入に付品直段之覚」と、天保六（一八三五）年大島代官肥後八右衛門が書いた「大島年中往来」収載の天保二年以降諸品代糖表にそれが示されている（『鹿児島県史第二巻』）。これらと大坂相場とを比較すると（表4）、島民は大坂相場の約

＊69　『種子島家譜（四十六）』には、喜界島で約二万斤の抜砂糖を行った種子島の船頭甚五左衛門他十名に対し、文政十三（一八三〇）年九月、「百姓の僕」に処したとある。いわゆる抜荷死罪の通達は、砂糖流通にかかわって利益を得ようとする者への警告であるとされる（知名町教育委員会編『江戸期の奄美諸島』南方新社、二〇一一年、八二―八三頁）。

＊70　前田長英『黒糖悲歌の奄美』（著作社、一九八四年）、一九一頁。『前録帳』『仲為日記』では「抱」「下人」等の語句が使用されているため、小見出しにはそれを採用している。

＊71　金久好『奄美大島に於ける「家人」の研究』（南方新社、二〇一四年）、三八頁。

＊72　例えば『前録帳』弘化三年条には、冨儀宝抱の佐衛員が主人を殺害する事件が記されており、徳之島でチケベンと呼ばれていた人びとの置かれていた状況を推測させる。

表 4-4　黒砂糖斤数換算の物価対照表

品　目	大坂相場	道之島の諸品代糖	
	天保2年	文政13年	天保6年
米　1石	79斤	507斤	333斤
大豆 1石	62.7		333
塩　4斗	4.2	120	
酒　1石	114.4	2,500	2,800
種油 1石	243.2	2,000	2,800
蝋燭　1斤	2	20	20
白木綿　1反	5.2	45	40
煎茶 10貫目	37～39		1,563
鰹節 10貫目	13.6	1,250	1,000
五寸釘 1,000本	15.0	三寸釘80	

出典：松下志朗『近世奄美の支配と社会』表25

四倍～九十二倍の価格で品物を入手していたことになる。すなわち、第二次惣買入制下には、黍作強制、惣買入、砂糖と諸品物の不等価交換という構造が現れた。*73 近世奄美諸島の砂糖史が、十七世紀カリブ海域の砂糖プランテーションや十九世紀ジャワのサトウキビ強制栽培といったヨーロッパによる植民地支配に比較されるゆえんである。*74

　このような構造から生み出された薩摩藩の利潤について、調所広郷が天保改革前後を対照して説明している。*75 それによれば、天保改革から十年間で二三五万両の売り上げとなり、天保改革前の文政の十一年間と比べて九八万四〇〇〇両の「御益高」を計上した。さらに天保十五（弘化元・一八四四）年から嘉永六（一八五三）年までの「御利益分」も一四九万三一七七両となった。*76

詰役人も大坂市場における三島砂糖の価格動向に注目していた。『前録帳』安政三年条に次の記述がある。

　四国の阿波・土佐などでは津波が甚大で、城下（じょうか）をはじめ田畑までも流されてしまった。サトウキビ畑も損傷した。そのため、大坂市場での砂糖価格が上昇しており、阿波・土佐両国には痛みであるが、わが国（薩摩藩）にとっては有利（御為）となっており、世の中は不思議である。

　安政元（一八五四）年十一月四日に発生した南海津波地震により、大坂市場への阿波・土佐産の砂糖出荷が止まり、三島砂糖の価格は上昇傾向となった。調所広郷が和製砂糖の栽培と作況に懸念を示していたように、*77 各島で砂糖政策を実行した詰役人の背景にも、三島砂糖の価格動向とそれに影響した和

*73　前掲註7弓削二〇一一：五〇頁。

*74　真栄平房昭「砂糖をめぐる世界史と地域史」荒野泰典・石井正敏・村井章介編『日本の対外関係6　近世的世界の成熟』（吉川弘文館、二〇一〇年）、八八頁。

*75　「改革前後ノ大坂仕登砂糖ト年次別斤当り値段並ニ利益額」『薩摩藩天保改革史料一』（鹿児島県、二〇〇〇年）、六一—六二頁。

*76　「竪山利武公用控二」『鹿児島県史料　斉彬公史料第四巻』（鹿児島県、一九八四年）、三〇〇—三〇三頁。

*77　調所広郷の「改革前後ノ大坂仕登砂糖ト年次別斤当り値段並ニ利益額」に、「然処近年者諸国和製（近年天草及ビ紀州・駿州・遠州辺。或ハ土州等ニ出産、年々許可ニナレリ、）砂糖殖へ立、殊ニ昨年者国々別而豊作ニ而、旧冬ヨリ直段礑ト下落致、当分ニ至リ猶以テ直下之方ニ罷成、甚心痛仕罷在候義ニ御座候」とあり、調所は和製砂糖の伸長に悩んでいた（『薩摩藩天保改革史料一』鹿児島県、二〇〇〇年、六三頁）。

製砂糖の情報があった。

幕末から明治維新期にかけて、薩摩藩の政治・軍事力が突出した。それを支えたのが奄美諸島の砂糖であることは、先田光演が史料を博捜して明らかにしている。*78

砂糖と幕末・維新期

ここでは視点を変え、明治五（一八七二）年の戸籍調査にあたり、県役人から「士族格ノ者モ悉皆平民籍ニ編入致すべき旨」と口達されたことに驚愕した旧郷士格三十八家が、明治十二年六月十七日に鹿児島県令宛「無禄士族ノ籍ニ御編入」を再願した文書に注目したい。*79 それによると、「特に砂糖は無類の産物となり、常に藩の支出のいくらかを補い」と徳之島の砂糖が藩財政に貢献したことをふり返るとともに、「戊辰戦争に際しては士族格以下製糖二〇万斤を出して軍資の一助とし、戦場に赴いて手柄を立てるということはなかったが、日々風雨に曝されながら畑を耕し、兵士の食糧を補うというのは銃剣を手に敵を倒す戦士と大差ないと存じます」と主張している。

明治元（一八六八）年に始まった戊辰戦争には、近世社会において本来的に軍役（主君に対して負う軍事上の負担）を担う武士だけでなく、都市下層民や博徒など武士身分以外の人びとも動員された。歴史学者の松沢裕作は、社会集団を「袋」と例え、その積み重ねによって近世身分制社会がつくられていたと指摘する。*80 しかし戊辰戦争において、その「袋」が破れてしまったという。はたして、戊辰戦争後には新政府の勝利に貢献したとする多様な武士身分以外の人びとが、統治者たる武士身分として処遇されることを求めた。*81

前引の旧郷士格三十八家の「願」も、戊辰戦争に際して薩摩藩の軍資の一助として砂糖二〇万斤を拠出しており、これは臨戦した戦士の功績と変わらず、また藩財政に貢献してきた「容易ならざる由緒」もあるため、全国の例に準じて無禄士族に編入してほしい、と述べていた。戊辰戦争での砂糖拠出という経験が、彼らを士分として処遇すべきという主張の根拠になっていたのである。近代移行期、旧郷士格が不安を抱えながら自分たちの立場を確保しようとした動きを見せたなかで、砂糖がもつ特別な意味が浮かび上がった。*82

＊78　先田光演『奄美諸島の砂糖政策と倒幕資金』（南方新社、二〇一二年）。

＊79　「身分之義ニ付再願控」（複写、徳之島町郷土資料館小林正秀文庫所蔵）。

＊80　松沢裕作『自由民権運動』（岩波書店、二〇一六年）、二四―二五頁。

＊81　前掲註80　松沢二〇一六：二六―二七頁。

＊82　この「願」は、「庶第五八号　書面願之趣聞届候事」（複写、徳之島町郷土資料館小林正秀文庫所蔵）にて、「但士族トナリタル者ノ家族ハ士族ノ取扱ヲ受ヘキ儀ニ有之、且又一代称呼ノ今ハ一代士族編入其身家督中ニ限リ候儀ト可相心得候事」と鹿児島県令渡辺千秋押印のうえ許可された。近代に入り、旧郷士格の家々がどのように自らの位置を模索していったのか、本事例のような請願と併せ、「亀津断髪」などといわれた身体的実践との関連も想定できるだろうか。

3　砂糖生産の諸相

奄美諸島における砂糖政策は、生産・販売から移出・流通までを薩摩藩が一貫して独占するものであり、島民はその厳しい条件下に置かれていたが、このような中でも生産技術の習得とその伝播に力を発揮してきた。

水車と砂糖車

享保二（一七一七）年、大島の田畑佐文仁が湯湾山中で製糖動力となる水車を製作した。徳之島においては、大富山（のち井之川噯与人）が伊仙村の上牧原で水車を仕立て、以来砂糖一万三〇〇〇～四〇〇〇斤を産出するようになったという。[*83] その時期は、延享三（一七四六）年から寛延三（一七五〇）年の間だと推定しておく。[*84] 水車という新技術の導入がサトウキビ増産に直結したことは見逃せない。

元禄初頭に大島の嘉和知と三和良が琉球に渡り習得した砂糖製法は、中国（福建）伝来のサトウキビ圧搾機であったと思われる。中国から琉球への技術移転の時点では竪型双ローラー式であったが、琉球の真喜屋実清により一六七一年には三転式に改良されていた。[*85] この三転式圧搾機が奄美諸島でも普及したことは、近世末の大島を描いた『南島雑話』および明治二十八年に編まれた『徳之島事情』の挿絵が示している（図7）。

図4-7　「砂糖車場の図」（『徳之島事情』の挿絵）

さらに文化五（一八〇八）年または八年、大島の柏有度が鹿児島の鋳物師上野新（金）左衛門の指

＊83　『八十八呉良謝佐栄久由緒記』（『徳之島郷土研究会報』特集号、徳之島郷土研究会、一九八一年）、二三頁。

＊84　水車の仕立てについて、喜念噯与人などを勤めた佐栄久が退役した延享三年以後のこととして、延享元年着任の代官川上十郎左衛門代と寛延三年着任の代官喜入佐司右衛門代の間に記されていることによる（前掲註83『八十八呉良謝佐栄久由緒記』、二〇―二三頁）。

＊85　真栄平房昭「砂糖をめぐる生産・流通・貿易史」『琉球海域史論（上）』（榕樹書林、二〇二〇年）、一三六頁。

導により、鉄輪車（金輪車）を開発した。木製ローラーから鉄製ローラーへの変化である。徳之島においては天保十（一八三九）年、山川の船主喜兵衛の亀喜丸が井之川湊に運び込んでおり[*86]、また鹿児島に上国した与人らの購入許可願いの一覧に金輪車があることから[*87]、島内において金輪車が作られていたのかはっきりしない。むしろ明治二十八年の時点で「徳之島従来のサトウキビ圧搾機はほとんどが木製のロクロであり、最近はこれに鋳鉄の輪を挟んで覆ったものを使用する人びとがいる」と記されているように[*88]、近世を通じて木製ローラーの圧搾機が主流だったと考えられる。

図7「砂糖車場の図」をみると、サトウキビを搾るローラーの下半分が水色に塗られていることが確認できる。この部分が「鋳鉄之銅輪」だろう。木製から鉄製への過渡期にみられた歩留まりを向上させる工夫である。また、砂糖車を牽引させる牛に鞭打つ男性も描かれている。右手に鞭を持ち、左手でつかんだサトウキビを齧っている姿がおもしろい。

技術を伝える

近世末の慶応元（一八六五）年閏五月七日、代官近藤七郎左衛門から伊仙噯の島役人（三役）に砂糖製法に関する次のような申し渡しがあった[*89]。

砂糖焚きの準備については、これまで決定されていたとおり、十一月二十五日に砂糖車を設置することを申し付ける。白灰の製法については、これまで各々で焼いていたが、砂糖焚きに入る前に村中で必要となるサンゴ石を確保しておき、島役人が立ち合い、火加減は口伝のとおり精細にして製造すること。

幕末の代官近藤は砂糖製法の細部にまで注文をつけていた。上質な砂糖を製造するために白灰が重視されていたこと、その方法が口承されていたことがわかる。近世日本においては農業技術を説明した農書と呼ばれる著作が普及したが、白灰製造の火加減など絶妙な勘所については、文字化が難しい口承の領域であっただろう[*90]。さらに前引史料の後段に、「三間切の与人など島役人に山口七之助（詰役人か）が習得している製法を詳しく教授し、実際に試し焚きを行ったところ、下黍でも上質の砂糖が

＊86 『前録帳』天保十年条。

＊87 『道統上国日記』文久三年九月二十日条の「口上覚」。

＊88 吉満義志信『徳之島事情』（名瀬市史編纂委員会、一九六四年、三七頁。原著は明治二十八年）に「本島従来ノ甘蔗圧搾機ハ大抵木製ノ轆轤ニシテ、近来此ニ鋳鉄ノ銅輪ヲ挿覆シタルモノヲ用ルモノ間々之レアリ」とある。

＊89 『仲為日記』慶応元年閏五月七日条（徳之島町郷土資料館小林正秀文庫所蔵）。

一　砂糖煎方取付之儀当年之儀者是迄被究置候通十一月廿五日車立申付候付、白灰製法方之儀是迄銘々致焼方由候得共、煎方不差掛内、前以一村中用分丈かき石一緒ニ取圓置、役々付添焼加減之儀ハ口傳之通□□精細ニ可致製法、

＊90 『南島雑話』は「白灰之事」として挿絵入りで詳述している。ここでは、農業技術普及のメディアとしての口承に着目した。

できた。これは喜界島などの製法を根拠とともに教えた結果であり当然のことだ」とある。[*91] 山口七之助は安政二（一八五五）年、喜界島に横目として赴任した経験があり、その際に砂糖製法を習得したのだろう。詰役人と思われる人物を介してであるが、喜界島から徳之島へ製糖技術が伝えられていた。

三島の島民が蓄積した製糖技術は藩内の他地域に伝えられた。[*92] 種子島の事例をみると、年代は不明だが製糖技術の習得のため種子島の足軽中原諸七郎を大島に派遣し、さらに天保元（一八三〇）年に[*93]大島の喜志行・中圓、「砂糖製師範」として徳之島の前久保（天保二年に種子島で病死）、嘉永四（一八五一）年九月に大島の東祖子が砂糖製法を教えるため種子島へ渡っている。これらは近世末の事例であるが、次の史料はすでに近世中期に三島から他地域へサトウキビ栽培・製糖技術が伝えられていたことを推測させる。

享保二十（一七三五）年十一月二十八日の「御証文」に「享保二十年十一月、公儀御用のため、砂糖黍五百斤と黒砂糖を製造する者として桜島小池村の作之丞、赤水村の源之丞・吉右衛門の三人が足軽を世話人として長崎へ遣わされた」とある。[*94] サトウキビ五〇〇斤と桜島の三人が幕府御用[*95]となった。このことは享保二十年の段階ですでに桜島の人びとが製糖技術を習得していたことを示しており、それはサトウキビ栽培と砂糖製造に先行していた三島から伝わったものではなかろうか。

図 4-8　「砂糖小屋内部の図」
（『徳之島事情』の挿絵）
＊鍋の黍汁を棒で攪拌し、空気に触れさせる。描かれた蒸気が砂糖小屋内部の温度を伝えている。

＊91　『仲為日記』慶応元年閏五月七日条（徳之島町郷土資料館小林正秀文庫所蔵）。
右ニ付白灰製法灰火差加減等ニ付而者三間切与人并役々召呼、山口七之助心得之傳法を以委相教為致焚試候処、下黍之場所格別位合宜焚上、役々共ニも初而発明いたし候由、右者見立ニも無之専喜界島等製法方的證を以差教至極尤之儀ニ而

＊92　前掲註9弓削二〇一〇：二二四頁。

＊93　前掲註9弓削二〇一〇：二二二―二二四頁。

＊94　「島津家歴代制度巻之十九」『薩摩藩法令史料集二』一一二五号文書（鹿児島県、二〇〇五年）、一八七頁。
享保二十年卯十一月、公儀御用ニ付、砂糖黍五百斤且又黒砂糖煉調候者御用ニ付、櫻嶋小池村ノ作之丞・赤水村ノ源之丞・吉右衛門三人、足軽才領ニて長崎江被遣候間

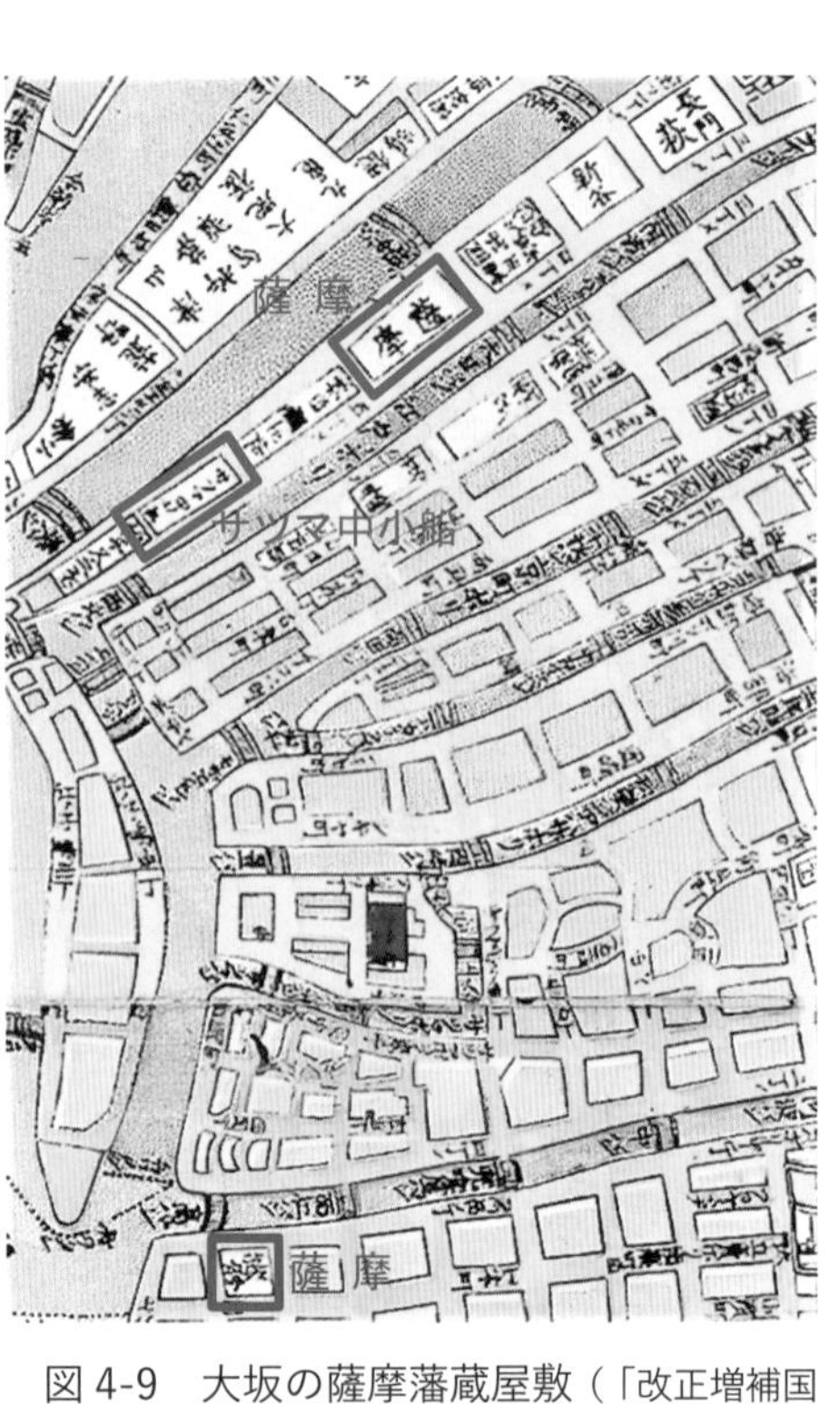

図4-9　大坂の薩摩藩蔵屋敷（「改正増補国宝大阪全図（大阪古地図集成第15図）」大阪市立図書館デジタルアーカイブを改変）
＊赤枠の場所に薩摩藩蔵屋敷があった。

砂糖のゆくえ

奄美諸島産の砂糖は「天下の台所」大坂に運ばれた。大坂での砂糖の軌跡を追いかけてみたい。三島産の砂糖は正徳三（一七一三）年から藩の大坂蔵屋敷（図9）に運び込まれていた。歴史学者の荒武賢一朗は、正徳三年から明治維新期までの薩摩藩による砂糖販売の構造を四期に分けて説明している。[*96] 慶応三（一八六七）年まで加筆された随筆『守貞漫稿』には、荒武が明らかにした砂糖販売の構造のうち、文政年間以降の状況が記されている。それによると、「琉球および薩の諸島産の黒糖は、当所にある薩州蔵屋敷に漕し、中間各入札にてこれを買う。故に問屋なし。文政比までは、西浜に薩摩問屋ありて、琉球産の那覇と云う黒糖は皆ここに来り、また大島・徳之島・喜界も往々ここに漕し、蔵やしきには大島以下の貢物のみにて、那覇は入らざりしが、大坂町人出雲屋孫右衛門と云う人の謀にて、全く蔵邸に漕し問屋を廃す」とある（傍線引用者）。

享保年間から琉球産の砂糖は薩摩藩の定問屋が販売権をもち、三島産の砂糖は蔵屋敷で入札販売されることとなったとされる。[*97] 一方、前引した『守貞漫稿』には文政頃まで定問屋（「薩摩問屋」）にも三島産の砂糖が卸されていたとあり、大坂商人の出雲屋孫右衛門（孫兵衛）の計略によって全量が蔵屋敷に卸されることになったとする。この記述は享保年間以降も三島産の砂糖の一部が定問屋にも卸されていたことを思わせるが、大坂商人と薩摩藩、大坂商人のあいだでの駆け引きなど検討すべきことが多く、断定は難しい。

＊95 この公儀御用は、八代将軍徳川吉宗による砂糖の国産化政策の一環と思われる。吉宗は琉球からサトウキビの苗を取り寄せ、苗の一部を葛飾郡砂村新田、橘樹郡大師河原村などへ移植、駿河・長崎へも分けられた（鬼頭宏「日本における甘味社会の成立—前近代の砂糖供給—」『上智経済論集』五三巻一・二号、二〇〇八年、四九頁）。

＊96 荒武賢一朗「大坂市場と琉球・松前物」菊池勇夫・真栄平房昭編『近世地域史フォーラム1 列島史の南と北』（吉川弘文館、二〇〇六年）、一二一—一二七頁。

＊97 前掲註96 荒武二〇〇六：一二二—一二三頁。

番付にみる砂糖

近世の早い時期から琉球産の商品（砂糖・薬種・唐物など）や三島産の砂糖などは「薩摩物（さつまもの）」と大坂商人などに認識され、市場で取り扱われていた。*98 大坂商人を介して三島産の砂糖を消費していた人びとは、その産地をどう認識していたのだろうか。

京都で作製された、諸国の産品を相撲番付に見立てた「諸国産物見立相撲（しょこくさんぶつみたてすもう）」（図10）がある。それを

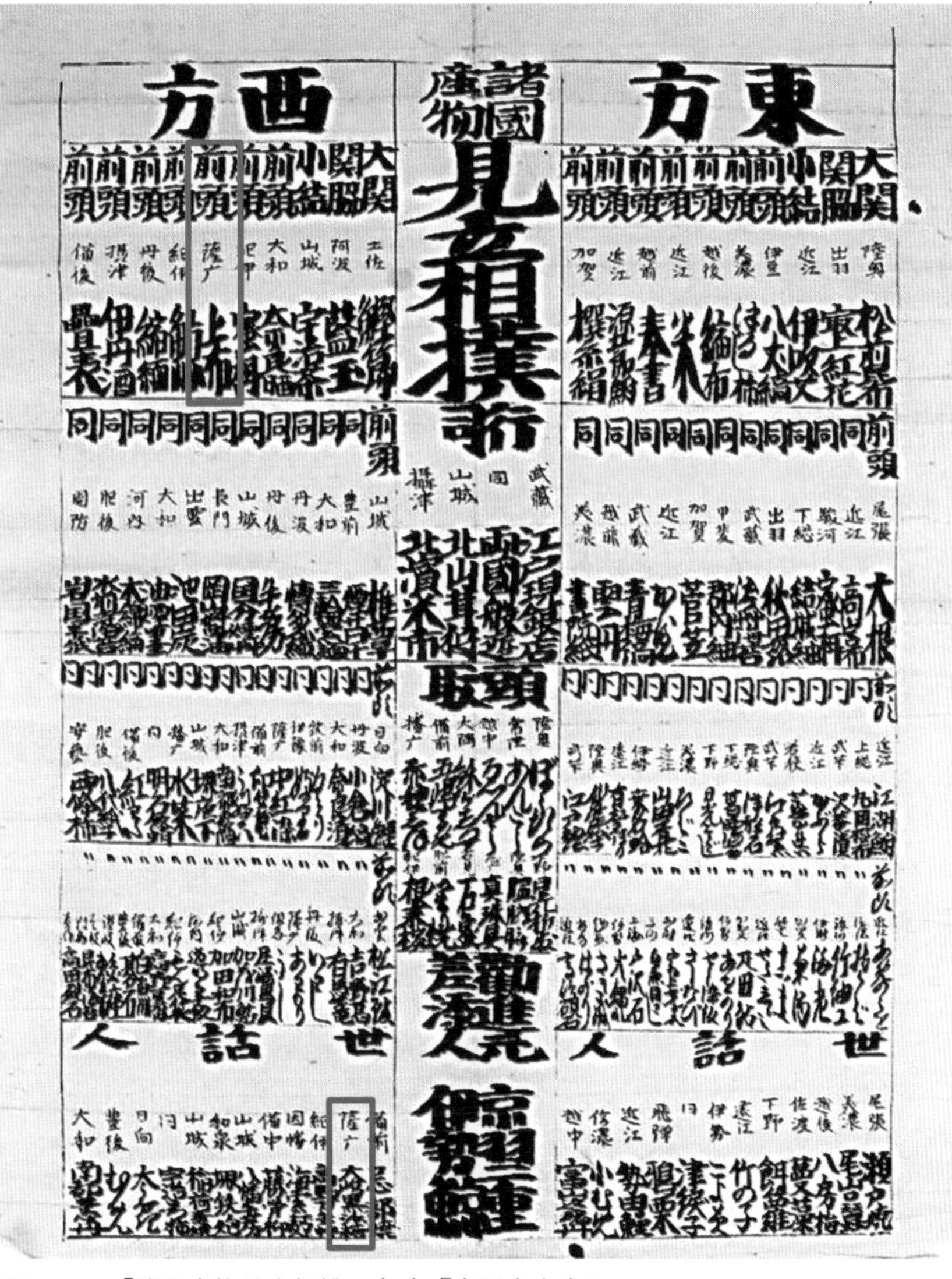

図 4-10 「諸国産物見立相撲」（写）『吉野家文書』B0030-01238

（福井県文書館所蔵を改変）

＊下の赤枠に「薩摩 大嶋黒沙糖」とある。上の赤枠にある「前頭　薩摩上布」とは宮古・八重山産の麻織物である。

＊「諸国産物見立相撲」は京都の正本屋堅治が板行したものであり、この図は福井藩松岡町の商家吉野屋が所蔵していた写し。

＊98　前掲註96　荒武二〇〇六：一一六頁。

みると、西方の「世話人」の二番手に「薩摩 大嶋黒沙糖」とある。「薩摩物」として捉えられていたともいえるだろうが、同じ番付に記された宮古・八重山産の麻織物が「薩摩 上布」と記され、宮古・八重山産であることが読み取れないこととの違いも見逃せない。番付の作成者や読者である京都の人びとのあいだでは、黒砂糖が「大嶋」という産地名とともに認識されていたことを示している。

奄美諸島の砂糖と甘味社会

大坂に集積された奄美諸島産の砂糖はどこに送られたのだろうか。明治三十四（一九〇一）年に大阪砂糖商組合総取締であった藤田助七によると、寛政十（一七九八）年から明治十（一八七七）年までの大坂で売り捌かれた薩摩藩黒砂糖は主に江戸・北国で消費されるという。[*99] また、意外にも大坂での消費は相対として少なかったことも指摘されている。

藤田助七の証言から、奄美諸島産を中心とした薩摩藩の砂糖の多くは大坂から江戸へ回送されていたことを確認したが、最終的に江戸でどのように消費されたのだろうか。近世後期の読本作者曲亭馬琴の日記から、馬琴とその周囲における砂糖の消費状況がうかがえる。[*100] 日記の天保二年には二十九回、同三年には三十六回砂糖が取り上げられ、その用途は贈答・供え物・注文品記録・購入品記録等であり、最も多かったのはいただき物としての砂糖であった。送り主は大家・身内・友人・板元などであり、近世後期の江戸における砂糖が交際品となっていた様子が読み取れる。

経済史研究者の鬼頭宏は、砂糖という強い甘味料が登場し、一般の人びとの間に甘さを享受することが広く普及したのが近世であったと指摘し、それを甘味社会と名づけている。[*101] たしかに砂糖の甘さは「魔力」とも例えられるように、一度砂糖の甘さを覚えた人びとがそれを忘却することはほぼ不可能と思われる。天保元年から同三年の砂糖回着量を見たとき、[*102] 鹿児島藩の砂糖は全体の約五一パーセント（一三二〇万斤）を占めていたが、その大部分の産地は奄美諸島（約三七パーセント）および琉球（約一一パーセント）であった。奄美諸島の砂糖がもった意味はこれまで注目されてきた政治・経済史上の役割とともに、甘味社会の登場という近世人の身体感覚の変化に深くかかわった側面からも問う必要があるだろう。

*99 前掲註96 荒武二〇〇六：一二七頁。

*100 小林史幸・小竹佐知子・大久保恵子 ポスターセッション「『曲亭馬琴日記』から読む江戸後期の菓子事情について―天保二および三年」（『一般社団法人日本家政学会研究発表要旨集』二〇一二年）。以下の馬琴日記の紹介も、小林・小竹・大久保三氏の発表要旨抄録による。

*101 前掲註95 鬼頭二〇〇八：五七頁。

*102 前掲註95 鬼頭二〇〇八：五〇―五一頁。

第二節　島嶼のつながり

1　奄美・琉球・鹿児島

砂糖政策と流通

明和五（一七六八）年、屋喜内間切阿室村（現・宇検村阿室）から喜界島に砂糖樽・帯竹を売りにいった船頭ら十三人が、与論島・琉球へ漂着した。[*103] この一件が大島・喜界島で換糖上納制が始まった延享四（一七四七）年の約二十年後であることから、砂糖政策が経過し、砂糖樽と樽を締める帯竹（図11）などの木材需要が喚起され、高島の大島と低島の喜界島間の流通を促したと推測される。徳之島では正徳二（一七一二）年に砂糖買入が命じられ、換糖上納制は宝暦十（一七六〇）[*104]年に導入された。しかし、徳之島は高島に分類されるように山林資源に比較的恵まれていたため、しばらくは砂糖樽・帯竹の島内調達ができていたと思われる。

図4-11　砂糖樽運搬の図（『徳之島事情』の挿絵）
＊二人の男性が担ぐ砂糖樽は複数の帯竹で締められている。

島外から木材を移入した例として、弘化元（一八四四）年五月と推定される山下見廻砂糖方・津口横目から伊仙噯与人・竹木横目宛の「口上覚」に、「右は近年竹が激減したため、藩から砂糖樽の帯竹用としてくだされたものであるが、鹿児島でも竹が少なくなっている」とある。[*105] 十九世紀半ばの

＊103　弓削政己「近世奄美船の砂糖樽交易と漂着」『琉球王国評定所文書』第一〇巻（浦添市立図書館、一九九四年）、八―九頁。

＊104　明治六（一八七三）年の大蔵省役人による調査に基づく報告書『南島誌』（徳之島の部）に、家屋の「材木ハ自ラ山林ニ入テ採ルモノニシテ敢テ米麦ト交易スルニ非ス」とあり、家屋の場合であるが、木材を交易で求めず島内で調達できていたことがわかる。明治二十八年編の『徳之島事情』にも「島ノ中央ハ、山脈縦列シテ丘嶽多ク」、「其他峰巒重畳緑樹鬱葱タリ」とあり、徳之島の山林資源の豊かさが記されている。

＊105　『寛家文書』（『伊仙町の文化遺産　伊仙町における奄美遺産悉皆調査報告書』伊仙町地域文化遺産総合活性化実行委員会、二〇一五年、一三六頁）に「右は近年竹絶に相成御国許より砂糖樽帯竹用被召下候処御国元の儀も竹無多事罷成」とある。

図 4-12　母間集落と港

伊仙噯では、「竹絶」と表現されるほど帯竹の調達が困難なためそれが薩摩藩から供給されていたが、鹿児島でも減少していた。

また、薩摩半島北部の阿久根郷を本拠地とした海商の河南源兵衛による嘉永三（一八五〇）年八月の「日帳写」（『河南文書』）に、「徳之島帯竹積船ニ大島御用船」とあり、大島砂糖を積み上る公務を担う船の下島に際して徳之島用の帯竹を積んでいたことがわかる。さらに、『仲為日記』文久三（一八六三）年十月二十六日条には母間村（図12）の福崎を船主とした船頭水主六人が「帯竹を求めるため大島への渡海が許可された」と記されている。しかし大島も徳之島と同様、一八五〇年頃には帯竹が藩から積み下される状況にあった。*106 そのため、福崎たちが求めた帯竹は、前引の『河南文書』の例のように藩から積み下されたものであったと考えられる。

徳之島に黍横目が置かれた享保二十（一七三五）年、大島・喜界島・徳之島へ琉球から米を搬送する「卸米」の仕組みが確立した。*107 また、年貢を米納していた沖永良部島から徳之島に米を送る「卸替御米」の仕組みも採られていた。*108 しかしそれは、嘉永六（一八五三）年に沖永良部島でも砂糖の惣買入制が始まったことで終了した。すなわち、奄美・琉球の島嶼間で砂糖上納の島とそこへの米の供給を担う島という構造がつくられたことを示している。

右のような仕組みのもと、三島の島民が入手できた米はどのようなものだったのだろうか。琉球から三島への卸米が始まって約二十年後の宝暦七（一七五七）年五月二十四日、藩から大坂市場での評価が低い赤米など品質の悪い米を「大島卸米」に充てるよう申し渡された鹿児島琉球館（鹿児島に

＊106　前掲註103　弓削一九九四：二八頁。

＊107　前掲註29　弓削二〇〇五：二四一頁。

＊108　『前録帳』安政二年条。なお、沖永良部島から大島にも米が卸されていたことは、第二次定式買入制下の享和三（一八〇三）年二月十三日の日付をもつ、「沖永良部島ヨリ大島卸カヘニテ砂糖積登候節、御物ハ半運賃ニテ候ヘトモ、諸人自物ハ相対運賃ニ被仰渡」（「島津家歴代制度巻之十八」）に確認できる。

置かれた薩摩藩と琉球国との連絡調整機関）は、国頭産(くにがみ)の米は赤米が多く、以前から大島御米として積み渡していると回答した。[*109]そして寛政四（一七九二）年二月、藩は「大島御続米(おおしまおつづきまい)」に赤米を混ぜて積み下すよう命じている。[*110]すでに弓削政己(ゆげまさみ)が指摘しているように、大坂市場での米価もふまえ、奄美・琉球・鹿児島をめぐる砂糖生産と米の流通構造がかたちづくられた。[*111]また、文化元（一八〇四）年八月七日、「真米(まごめ)不足いたし候(そうろう)」という理由で複数の経費の支出に赤米を用いるよう勝手方から申し付けがあったが、そのひとつに「琉球・道ノ嶋勤ノ役々」があげられ、「都テ(すべ)真赤半分」とされている。[*112]琉球・道之島の詰役人たちの手当にも赤米が使われたことがわかる。

冊封使への貢物

これまで砂糖政策と関連した流通をみてきたが、同様に支配政策が島嶼間の流通を必要とした場面に、清(しん)国冊封使の琉球来航（図13）がある[*113]（第八章参照）。

尚穆(しょうぼく)の琉球国王即位にあたり、清国から宝暦六（乾隆二十一・一七五六）年に冊封使が来琉した。その際、「御見次物(みつぎもの)」として徳之島から豚・庭鳥(にわとり)・玉子を納める予定であったが、この年の徳之島は凶年であり、現物を揃えることができなかった。そのかわり、米三八石余りを確保することが島役人三名に命じられている。[*114]この背景にあるのが、奄美諸島を薩摩藩の直轄下に置きながら一方では「琉球国之内(りゅうきゅうこくのうち)」（『大島要文集』）とした位置づけである。[*115]そのため、冊封使を迎える接待等に多額の費用を必要とした琉球国は、薩摩藩に対し、奄美諸島にも冠(かん)船(せん)への貢物(みつぎもの)を賦課するよう

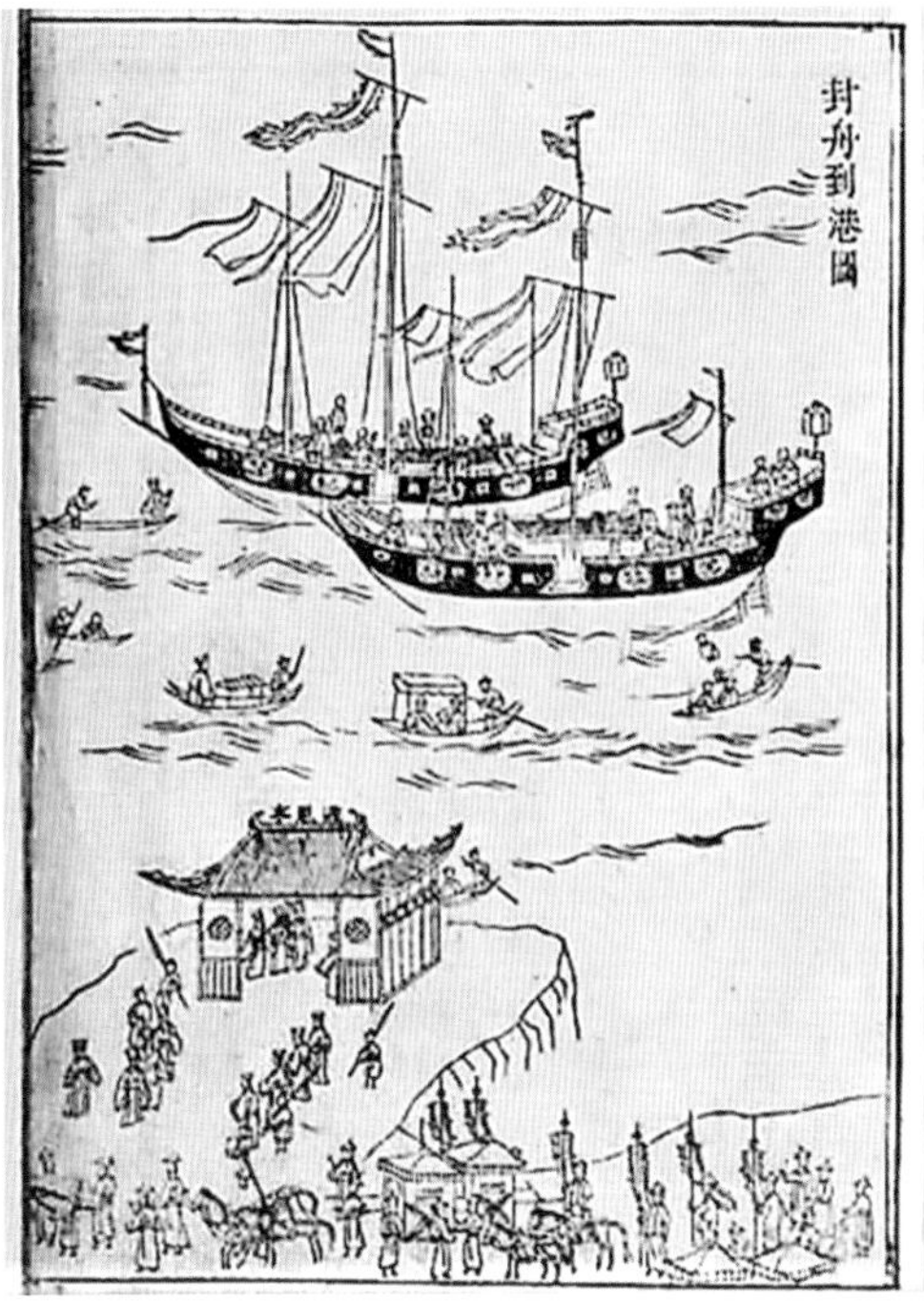

図 4-13　『中山伝信録　二』封舟到港図
（伊波普猷文庫 IH018-02 琉球大学附属図書館所蔵を改変）
＊清国からの冠船が那覇港に入った様子。

＊109　前掲註 29　弓削二〇〇五：二四一—二四二頁。

＊110　「島津家歴代制度巻之九」『薩摩藩法令史料集一』四五四号文書（鹿児島県、二〇〇四年）、三二四—三二五頁。

＊111　註 109 に同じ。

＊112　「島津家歴代制度巻之九」『薩摩藩法令史料集一』四四六号文書（鹿児島県、二〇〇四年）、三二一頁。

＊113　冊封（さくほう・さっぽう・さっぷう）は、前近代の東アジアにおける「中心」であった中国皇帝から、その領域の国王に叙任されること。冊封使は、琉球国王の冊封のため来琉した使者である。

＊114　『前録帳』宝暦六年条。

＊115　弓削政己「第七章藩政時代（3）」『喜界町誌』（喜界町、二〇〇〇年）、二七九—二八〇頁。

求めていた。[*116] この琉球国の要請が認められたことの現れが右に引用した徳之島の事例である。なお、寛政十二（嘉慶五・一八〇〇）年、文化五（嘉慶十三・一八〇八）年の冊封使来琉の際も徳之島からは代米を送っている（『前録帳』）。天保九（道光十八・一八三八）年の冠船渡来の際には宝暦六年の際に貢物のリストとしてあげられていた豚・鶏・卵などの現物を送ったと考えられる。[*117]

トカラとの関係

トカラ列島のひとつ、宝島（図14）への流通もあった。『前録帳』天保九年条によると、正砂糖二五〇八斤の代米九石二斗八升を天保三（一八三二）年に凶年となった宝島に貸し付けている。その分は徳之島に差し下されたい旨の「願」があり、砂糖の定式買入額から宝島へ貸し付けた額を控除するという対応がとられた。[*118] トカラの島々の非常時における米の入手先として徳之島を含む奄美諸島が位置づけられていたのか、この史料だけでは断定できず、[*119] 今後の課題としてふれておきたい。

挽臼・農具

食や農業生産に不可欠な道具が島嶼間の交易でもたらされることもあった。『前録帳』安政二年または三年条からは徳之島の西側から眺めることができる硫黄鳥島（以下「鳥島」）との交易が次のように記されている。[*120]

沖永良部島から四艘の舟が徳之島へ「卸替米」を積み渡している際、花徳村と母間村の三名が無手形のまま板付舟で乗り付け、沖永良部島からの二十石米を積み入れその

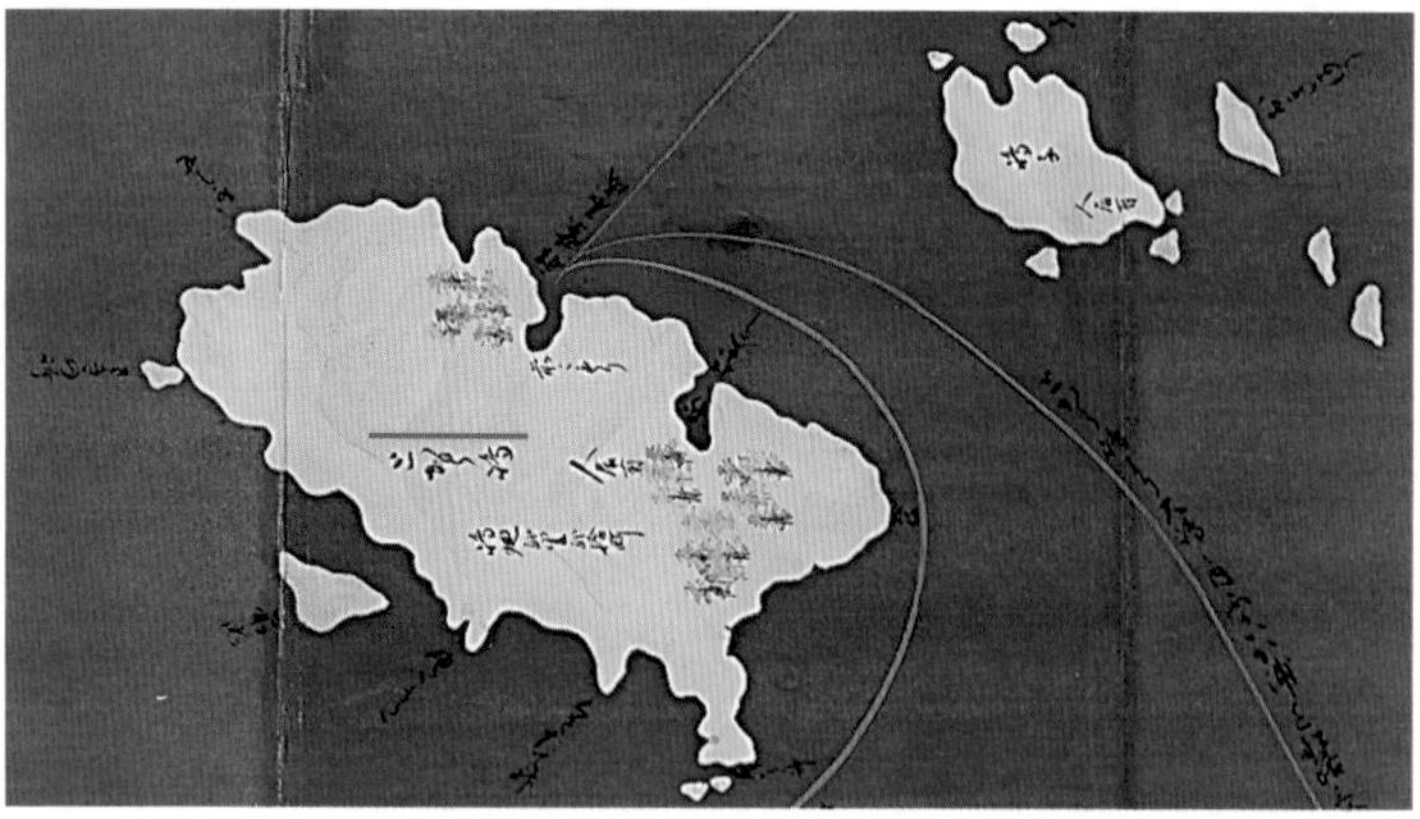

図 4-14　「天保国絵図写」（薩摩国）部分
（国立公文書館デジタルアーカイブ所蔵を改変）
＊傍線に「とから嶋」（宝島）とある。また、「とから嶋より大嶋之内ふかいか浦迄船路三十五里」と記されており、「ふかいか浦」とは慶長 14 年の琉球侵攻を記した史料に出てくる「深江ヶ浦」（現・龍郷湾）だろう。

＊116　『那覇市史 資料編第一巻一〇 琉球資料（上）』（那覇市、一九八九年）、六六頁。

＊117　『前録帳』天保十年条（前掲註3 松下編二〇〇六：二八九頁）に「諸入目島々ヨリ被差渡候処」とある。

＊118　『前録帳』天保九年条（前掲註3 松下編二〇〇六：二八九頁）に「定式御下シ米之内差引上納相成候」とある。

＊119　弓削政己は、トカラ列島の近世史料に「琉米」と出てくることを指摘している（前掲註29 弓削二〇〇五：二四八頁）。徳之島など三島に卸された琉球からの米との関係など、今後の検討課題である。

＊120　本件については、琉球側史料の分析ともあわせて叙述している第七章を参照。ここでは、モノの移動とともにそれを使う場面を紹介する。

まま鳥島へ向かった。そして本来御蔵に入れるべき「御米」を自分たちの米（「自米」）とし、それをもって鳥島で諸品物を買い入れていた。惣横目寄二名が鳥島に渡り聞き取ったところ、鳥島の島民もそのように申告した。あわせて挽臼などを入手・上納させた。

藩の砂糖政策に埋め込まれていた沖永良部島から徳之島への「卸替米」の時機を見計らい、米と鳥島の諸品物との交易を企てた徳之島の人びとの姿があった。花徳村・母間村の三名は処罰されたが、砂糖政策を利用する島民の実践といえるだろう。

また、鳥島南東部のグスク火山体の火口丘は安山岩で構成されており、その岩石は沖縄各地で鳥島産の石臼の材料として知られている。[*121] 前引の史料からは、徳之島にも鳥島産の挽臼（図15・16）が搬送されていたことがわかる。挽臼は粉食のための道具であるが、徳之島ではどのように使用されていたのだろうか。『徳之島事情』には蘇鉄・百合・薇の用途として葛粉にして菓子類を作る、米に加えて食するなどの記述があり、[*122] 植物の実・根からつくる粉は菓子類の原料であった。これらは「舂砕」とあることから、挽臼ではなく竪臼などが用いられたと思われる。挽臼を使用した事例としては、名越左源太『南島雑話』に「搗豆腐」の製造法として「米と大豆と当分なるを、大豆は煎りて引臼にて細末の粉にし」とあり、[*123] 豆腐づくりに挽臼を使用していたことがわかる。

農具について『徳之島事情』は、「なお従前通りにして」と前置きし、斧・鎌・鍬・山鍬・鋤・マガ（草を集採）・ヒラ（除草する）を紹介している。すなわち、明治二十八年の史料であっても近世期の状況

図4-15　徳之島町郷土資料館所蔵の挽臼

図4-16　鳥島の挽臼（平成28年）

＊121　神谷厚昭・野原朝秀「硫黄鳥島の地質」『沖縄県史資料編13 硫黄鳥島』（沖縄県教育委員会、二〇〇二年）、一七頁。

＊122　前掲註88 吉満一九六四：三一―三二頁。

＊123　国分直一・恵良宏校注『南島雑話1』（平凡社、一九八四年）、八九頁。

図 4-17　蔗畑の図（『徳之島事情』の挿絵）
＊鎌でサトウキビの葉などを刈り落とす。

を示すものと理解してよいだろう。徳之島町域では「カンジャ」などの言葉で鍛冶屋が働いていた場所が伝承されているが、[124]そこでの活動が近世にさかのぼるかは不明である。

嘉永二（一八四九）年閏四月二十日付薩摩藩の琉球詰役人から三島・沖永良部島代官宛に出された通知によると、[125]「当島から農具を求めるため来ていた船が幸いにも今日出帆した」とあり、三島・沖永良部島から農具を購入するために琉球へ渡った船の存在がうかがえる。農具を購入するために琉球に渡った別の事例を一点だけ確認しておくと、文化二（一八〇五）年五月、与論島の島役人十二名が連署して黍作導入の免除を依願した「口上書」からも、与論島の人びとが農具などを沖縄島北部で購入していたことがわかる。[126]黍作など農業に欠かせない道具（図17）をどのように調達していたか、琉球からの購入は前引の史料からうかがえたが、島内でも製作していたのかどうかは今後の課題である。

2　人の移動と生業

海を越えて「稼ぐ」

奄美・琉球の島嶼間では津口通手形と呼ばれる通行許可証を条件に、人びとの移動が認められていた（「津口通手形」については第七章を参照）。一方、『仲為日記』文久三（一八六三）年十月十日条に収められた、代官上村笑之丞から井之川噯の島役三役および津

＊124　『徳之島町史民俗編　シマの記憶』（南方新社、二〇二二年）所収の各集落の地図。

＊125　『前録帳』に写された嘉永二年閏四月琉球ヨリ之御問合（前掲註3松下編二〇〇六：二九七―二九八頁）。

＊126　『與論在鹿児島役人公文綴』（前掲註3松下編二〇〇六：四四六頁）。

口横目への申し付けには次のようにある。[*127]

「島内一円の港の取り締まりについては重ねて命じているので抜かりはないはずであるが、この春、菓子用砂糖や牛皮などを来航中の船頭などへ密売している状況がある。そのため、三月に取り締まりを徹底するよう細かく廻達したところであるが、山原（やんばる）(沖縄島北部)や隣島などから無手形で徳之島に渡り、様々な物を交換しているという情報があり、非常に不届きのことである」。

ここでは次の二点に注目したい。一つは、菓子用砂糖という名目で砂糖を所持できた人びとの存在と、第二次惣買入制下においても港はこのような交易の場となり得たことである。二点目は、山原と呼ばれる沖縄島北部や隣島から無手形で徳之島に来航し、交易を行っていた人びとの存在である。交易品の特定はできないが、沖縄島北部の資源(木材や米か)と奄美諸島の資源との交換が双方の生活に必要であったことがうかがえる。[*128] このような港での「密売」の取り締まりは、島役人に依存しなければならないという実状をふまえた行動といえるだろう。

徳之島から沖永良部島に渡海し、暮らしを立てようとした島民もいた。『仲為日記』文久三(一八六三)年十一月十日条に収められた惣横目寄仲為・与人寄平福憲が月番附役に届け出た文書をみてみたい。母間村の札年四十歳になる安沢は、弘化二(一八四五)年の手札改めの後、沖永良部島に「稼方（かせぎかた）」に出ていた。ハンセン病を患ったため帰島していたが、前年、湾屋（わんや）に停泊していた沖永良部島船にて手形を受けずに「逃渡（にげわた）」り、沖永良部島で稼方と養生をしていた。しかし、体調が悪化したため再び帰島した。稼方の内容は記されていないが、病を患いながらも再度沖永良部島へ渡っていたことから、安沢はそこで何らかの商機を得ていたのではないか。

一方、沖永良部島から徳之島に稼ぎのため渡来した人もいた。『仲為日記』慶応二(一八六六)年十二月三日条の「口上手控（こうじょうてびかえ）」に、「代官より承っていた(通手形の許可を得ていたか—引用者註)沖永良部島下城村の西原という者、昨秋徳之島に稼ぎのため来島、帰島の際に乗り遅れ、その後徳之島でうろたえていたところ」とある。さらにこの一節の後段によると、帰島の船に乗り遅れた西原はそのまま

＊127　『仲為日記』文久三年十月十日条(徳之島町郷土資料館小林正秀文庫所蔵)
津々浦々取締向之儀追々被仰渡趣茂有之候付、緩之義無之筈候処、当春菓子用之砂糖亦者牛皮等船中之者共江密々売渡候儀も有之、就而者当三月廻文を以向後取締向之行届候様細々申渡候処、山原辺亦者隣島ゟ無手形船等追々差越、場所ニ依而者色々品替等いたし候やに相聞得、別而不届之事候

＊128　久高島民や渡名喜島民が奄美諸島で交易に携わっていたことも知られる(豊見山和行「漁撈・海運・商活動」新崎盛暉・比嘉政夫・家中茂編『地域の自立 シマの力(下)』コモンズ、二〇〇六年、一八二—一八五頁)。

図 4-18　井之川村の船頭「直廣」らの漂流状況

徳之島に留まり、福世喜の下女めしやと一緒に木之香村（現・伊仙町木之香）に小屋を作って住んでいた。このような届けがあったため、仲為は詰役人にその対応を伺っている。

徳之島と沖永良部島を往来する稼ぎは島民の生業の一つであり、安沢のように無手形での渡海を辞さない動きもあった。

さらに、『中之島文書』[*129]には、井之川村の船頭直廣、同村の水主宮順・對嶺静、琉球の佐久本・兼城琎筑登之[*130]の五名の乗組員をあげ、「私どもは徳之島東間切井之川噯井之川村より材木を積み入れ、稼ぎのため旧三月十九日に出帆し、沖永良部島へ渡り用事を済ませ、去る五日に帰帆したところ」とある。[*131]

明治九（一八七六）年三月十九日、井之川村の船頭・水主三名と琉球の二名が沖永良部島で木材を販売するために井之川湊を出帆したという内容であるが、徳之島船に琉球の人びとが同行していることに注目したい。低島である沖永良部島の木材需要を捉え、領域を越えて徳之島と琉球の船頭・水主が結びつきをもっていた。この一件は木材の交易であることから、琉球の二名は沖縄島北部の木材を供給していたことも推測される。

遊女

これまで述べてきた流通・交易はモノに焦点をあてていたが、ここでは徳之島を往来した人びとに注目したい。例えば、『仲為日記』文久三年（一八六三）十月十日条に記された代

＊129　『中之島文書』（『十島村文化財調査報告書（第四集）』史料番号⑫、十島村教育委員会、一九八二年）、四一―四二頁。

＊130　「琎」は誤記か。

＊131　沖永良部島での「用事」を済ませた五名の船は帰帆中に流され、トカラ列島の中之島に漂着した。そのため、この件は『中之島文書』に記録された。

官からの口達五か条の一つに、「船乗女は以来、大和船はもちろん他島舟に乗り付け、交流することは一切禁止する」とある。[*132] 徳之島の女性が「船乗女」として活動することがあったと考えられる。

一方、『南島雑話』の「琉球より出奔して大嶋に来るもの間々あり。此図は満ると云ゾフリの図にして、謡をうたひ、三線をひき渡世す」という記述から、[*133] 琉球から大島に渡った「ゾフリ」（遊女）が謡と三線を生業としていたことも知られている（図19）。また、近世末期に徳之島代官となった新納源左衛門の『徳之島渡海日記』慶応四（明治元）年十一月二十八日条には、「鹿児島へ吉左右状を送り、その祝いとして詰役と島役三役・書役を連れ立ち津口番所に出張り、夜十時頃に帰宅した。琉球人二人が来て、謡・三味線で賑やかだった」とあり、[*134] 代官はじめ詰役人と島役三役・書役などが津口番所（井之川か）で祝宴をあげた際、遊女と思われる二人の琉球人が謡と三線で場を盛り上げたことが記されている。津口通手形制度のもとでも琉球の遊女が来島していたことを示しているが、彼女らが当時の徳之島でどのように活動していたのか、公的な記録には書き遺されていないというあり方を念頭に、今後の課題としたい。

図4-19　『南島雑話』に描かれた「ゾフリ」の図

医師と医道稽古

徳之島から琉球に医道稽古のため渡航した医師もいた。明治四（一八七一）年九月二十三日、徳之島在番（代官の後継職）の染川五郎左衛門から薩摩藩の琉球詰役所である在番奉行所に次のような申請があった。[*135]

＊132　『仲為日記』文久三年十月十日条（徳之島町郷土資料館小林正秀文庫所蔵）に「船乗女已来大和船ハ勿論他島舟乗付致交合候義一切不相成候事」とある。

＊133　前掲註123　国分・恵良一九八四：二〇二頁。

＊134　『徳之島渡海日記』複写（鹿児島県立奄美図書館所蔵）

倭江吉左右状、祝として五館其外三役書役共召列、番所江出張、同夜四つ時分帰宅、琉球人両人参り、謡三味線賑々敷候事

＊135　『明治五年　日記』尚家文書四一二号（那覇市歴史博物館所蔵）。

徳之島
醫師
竹徳

右者医道稽古方与して渡海暇之願申出令免許差渡候間、醫師渡嘉敷親雲上方江入門之都合可然御取計給度、此段御頼申進候、以上、

未九月廿三日　　徳之島
在番
染川五郎左衛門

琉球
在番衆

徳之島の医師竹徳という者が医道稽古のため琉球への渡海暇（いとま）を願い出てきたため、それを許可した。ついては、医師渡嘉敷親雲上に入門できるよう配慮していただきたい、という内容である。翌年二月二十三日、在番奉行所から依頼を受けた那覇役人は首里王府に伺いを立て、結果二日後には竹徳の琉球での医道稽古が許可されている。なお、竹徳が師事した渡嘉敷親雲上は琉球国王の治療をも担当する「御医者（おいしゃ）」であった。

人の移動に焦点を絞ると、鹿児島・琉球、福州・琉球間で医療技術の伝播があったこと、[*136]徳之島から医者二名が医道稽古のため上国（じょうこく）していたことがすでに指摘されている。[*137]徳之島の医師養成・医療技術の習得過程は、鹿児島・奄美諸島・琉球・福州といった東アジアに広がるネットワークのなかにあったことが想定される。このことは、明治二（一八六九）年に与論島の田地横目（でんちよこめ）・医道稽古人の前偉（ぺーちん）が琉球の「御医者」濱川親雲上から種痘法を学んだという記事もあることから、[*138]単発的なこととは思われず、奄美の各島々の医道稽古のあり方に注目する必要がある。[*139]

職人

技能をもつ職人も鹿児島から来島していた。『仲為日記』元治元（一八六四）年五月十一日条に記された「写（うつし）」によると、赦免になっても徳之島に滞在している遠島人がおり、今般罪を許された者は連絡船を決めて津口通手形を申請するよう申し渡されている。あわせて、滞島の年限に至った職人も遠島人同様に鹿児島に帰るよう申し渡すことが代官上村笑之丞から三間切の与人・惣横目に命じられている。許可の年限を超えてもなお、徳之島に留まる職人がいたことがわかるが、彼らは徳之島でどのように働いていたのだろうか。

『道統上国日記』文久三（一八六三）年九月二十七日条の「口上覚（こうじょうおぼえ）」は、上国していた与人道統が藩庁の三島方（さんとうほう）書役宛に訴願した内容を控えたものであるが、「徳之島は全体的に木挽人が少なく、家作りや砂糖車・砂糖樽製作に支障が出ているが、代官上村笑之丞家来の山下喜助は以前から木挽きをしており、許可が出たら徳之島に渡島することを内約していた。このようなことがあり、来年春から三年間の徳之島渡海を許可いただくようお願い申し上げる」とある。

＊136 勝連晶子「近世琉球の医師養成に関する試論—医道稽古と〈留学〉—」『人の移動と21世紀のグローバル社会Ⅰ 沖縄・ハワイ コンタクトゾーンとしての島嶼』（彩流社、二〇一〇年）。

＊137 小林正秀「第十三章 医療と病気」『天城町誌』（天城町、一九七八年）、六〇八頁。

＊138 『十一月中日記（評定所）』尚家文書四〇八号（那覇市歴史博物館所蔵）。

＊139 これまで述べてきた「医師と医道稽古」に関する史料および先行研究の所在、ここで叙述した論点については、徳之島町史近世部会における麻生伸一氏の御教示を得た。

砂糖政策の展開はサトウキビの圧搾機や砂糖樽を製作するための木材伐り出しに長けた木挽人を必要としていた。前引の『仲為日記』において代官が指摘していた許可年限を過ぎても徳之島に滞在した職人の存在をふまえると、一定の需要と職人たちにとっても好都合であったことがうかがえる。また、民俗学者の宮本常一は、薩摩藩の郷士が明治維新に際して大工・左官・鍛冶屋など職人となっていることを紹介しているが、[*140] この史料は近世期の薩摩藩士のひとりが木挽を生業としていたことを示し、かつ宮本の指摘の前史として捉えられる。

さらに、『仲為日記』慶応二（一八六六）年二月十四日条には「鍛治源之進へ西目様（詰役人）が腰物製作のため異人刃金を渡した」とあり、徳之島に滞在していた鍛冶源之進へ詰役人が刀の製作を依頼している。先に農具の島内製作については今後の課題としたが、鹿児島から鍛冶屋が来島していたことから、彼らがその一端を担っていたとみてよいだろう。他にも谷山郷士田中源太郎が大工職として来島、阿布木名村（現・天城町天城）に滞在している。[*141] ここでも武士身分である谷山郷士が徳之島では大工職という技能で暮らしを立てていたことがわかる。徳之島での活動の詳細は不明だが、大工伊太郎・ぬり師吉次郎という名前もみえる。[*142]

図 4-20　徳之島町郷土資料館所蔵の木挽き道具・樽ユイ道具

＊140　宮本常一『生きていく民俗』（河出書房新社、二〇一二年）、一九頁。原著は一九六三年。

＊141　『仲為日記』慶応二年七月十七日条の「覚」。なお、谷山郷士田中源太郎は滞在していた阿布木名村で客死した。

＊142　『仲為日記』慶応二年九月二十五日条。

3 暮らしのなかのモノ

これまで、十八世紀以降の海を介したモノの流通・交易や人の移動をみてきたが、最終的に島民の手元にはどのようなモノがもたらされていたのだろうか。

モノと嗜好

岡前村の義直の娘で永徳の嫁なしりという慶応元（一八六五）年で三十六歳となる女性は、舅姑への様々な「孝養」で褒賞された。『仲為日記』慶応元年閏五月十五日条に次のようにある。＊143

子ども二人の養育についても慈愛に満ち、十歳になった子どもは早くも一年を通して読物などを相応にできている。なしりの舅姑二人は年老いているが下女もいない。しかし、嫁なしりの働きで砂糖など作物の栽培にかけては村で一、二番を争う農家である。なしりは焼酎はもちろん茶・たばこを嗜好せず、「美食」を嫌っているが、その理由は舅姑がそれを気に入っていないから絶っているのではないかと世間は噂している。

図 4-21　酒宴の様子（『徳之島事情』の挿絵）
＊「カラカラ」「シジ」と呼ばれる酒器がみえる。

まず、永徳の同居人には下女がいないということから、郷士格または与人など島役人層ではないことを確認しておきたい。なしりの二人の子どもが習熟していた「読物」の存在は、島役人層ではない一般の島民の子ども達も書籍を手にしていたことを示しており、徳之島での書物の流通・受容史を考えるうえで重要な事実

＊143　『仲為日記』慶応元年閏五月十五日条（徳之島町郷土資料館小林正秀文庫所蔵）。
なしり儀うみつむぎ織物等も達者ニ有之、舅姑着類ニ付而も直子共罷居候時分と相替リ入念織物為着、其身ハ可也ニ繕立着用相働居、尤子共両人養育ニ付而も慈愛ニいたし男子当拾才ニ罷成最早手習読物等も相応ニいたし居候、永徳儀夫婦とも老体ニ而外ニ下女迚も不罷居候得共、なしり働を以砂糖其外作物等当村ニ而ハ壱弐番目之作人ニ御座候、尤なしり儀焼酎ハ勿論茶たばこ等給不申、美食屹与嫌居候由、茶たばこ等給候ハバ夫丈隙を費し候ニ付舅姑之気ニ入間敷所存ニ而たちたる事共ニ而ハ有之哉と世間取沙汰有之候、舅永徳儀者焼酎数寄ニ付不尽様相働、姑儀者茶数寄ニ付及払底候節ハ何方迄も相掛貫得又者買入不絶様懸心頭居候由御座候

である（コラム3参照）。また、なしりが焼酎・茶・たばこを嗜好しないことが特筆されていることは、その裏返しでこの時代の島民がこれらを嗜んでいたことを伝えている。実際、前引の史料を見ると、永徳とその妻はそれぞれ焼酎と茶を好んでいた。近世の徳之島の人びとが「密造」の取り締まりを受けながらも宴会を開き焼酎を楽しんでいたことは、明治期に描かれてはいるが『徳之島事情』の挿絵からもうかがえる（図21）。

図21には酒を飲みながら「箸戦」を楽しむ人びとが描かれている。「箸戦」はナンコウと呼ばれ、箸（または箸のような棒）を一～三個握り、互いに六以下の数字を呼び、手を開いたときにその数の箸をもっていた者が負けとなり酒を飲むという遊びであった。[*144] 徳之島では見られなくなったが、大島では現在でも伝承されている。

昭和十（一九三五）年、喜界島出身の民俗学者岩倉市郎（いわくらいちろう）は、薩摩半島南部の山川（やまがわ）で明治初年に三島航路の黒糖運搬に従事していた古老から聞き取りを行っている。[*145] それによると、「島の人はお茶が好きで、お茶一斤と砂糖何十斤と交換した。そうして大概の人（船員）が砂糖二三十挺、多い人で四五十挺も持って帰った」、「こっちで金にならん茶を持って行った。それをあっちの人は、茶煎でまぜくってブク（泡）を立てて飲み居った。」とあり、[*146]『仲為日記』のなしりの姑同様、奄美諸島の人びとの茶への嗜好と泡立てた茶を飲む慣習が記されている。[*147] 一方、鹿児島からもたらされた茶は船頭などからすれば利益の出る交易品であった。

図4-22　茶桶（茶を泡立てる容器）

琉球渡海

琉球への渡海や鹿児島への上国（じょうこく）は、様々なモノを入手する機会でもあった。

＊144　前掲註88 吉満一九六四：二七頁。「箸戦」に「サメ」というルビが振られているが、ナンコウの別称か、箸・棒の呼称か不明である。

＊145　岩倉市郎『日本常民生活資料叢書第二四巻　薩州山川ばい船聞書』（三一書房、一九七三年）。

＊146　前掲註145 岩倉一九七三：三一頁。

＊147　民俗語彙では「フイチャ」と呼ばれていた（『徳之島採集手帖―徳之島民俗の聞き取り資料―』鹿児島短期大学付属南日本文化研究所、一九九六年、一四頁）。

表 4-5　鹿児島での買い付け注文リスト（慶応元年春用）

注文品	数　量	注文者	代砂糖	備　考
中　壷	100本	徳之島中		
金　床	1挺	徳之島松原の実誠	枡目50斤	
鉄　碇	1頭	亀津村 清信・纛令	枡目30斤	
玉屋形石塔	7連石2組		1600斤	1組につき800斤
石灯籠	2つ			
玉屋形石塔	5連石1組	徳之島惣横目 栄福□	600斤	
玉屋形石塔	5連石1組	徳之島黍横目 福□□	600斤	
玉屋形石塔	5連石1組	徳之島津口横目 福世喜	600斤	
玉屋形石塔	5連石1組	伊仙村の仲明	600斤	
玉屋形石塔	5連石1組	火消方組頭 藤郷	600斤	
石塔	1組	筆子 義志□	600斤	
石塔	1組	徳之島面南和村の実生	600斤	
石塔	1組	徳之島山村の（記載なし）	600斤	
一尺五寸金輪車	5切	嶺順、面南和村の富盛・栄悦・実生、亀津村の元儀美		1人前1切ずつ
一尺二寸金輪車	10切	面南和村の富盛・栄悦・実生、元儀美、徳貞		1人前2切ずつ
乗　轡	3掛	道董、富盛、元儀美		1人1掛・追加注文

出典：『道統上国日記』文久三（一八六三）年九月二十日条

代官新納源左衛門の『徳之島渡海日記』慶応三（一八六七）年五月二日条によると、「今日より琉球渡海のため、直嘉多と盛善へ注文書を預け、品々の取り寄せを頼んだ。元悦にも同様に依頼した」とある。[*148] 同年七月二十一日に彼らは帰島し、「京土産」を持ち帰っている。[*149] 品名は記されていないが、代官に近いと思われる島民が琉球に渡海し、そこで品物を調達していた。あわせて、代官新納が記した「京土産」という言葉も見逃せない。ここでいう「京」がどこを指すのか明らかではないが、琉球で調達した中国の物産の可能性もあろうか。

近世初期にさかのぼると、元和九（一六二三）年に生まれ、山村の旧用人を勤めた大宝山の履歴の一つに、「若年のころから琉球へ買物のため」とある。[*150] 島役人を務めた有力者は、近世の早い段階から琉球に渡海し物品を購入していた。このことが家譜に記録されていることから、後世に伝えるべき由緒と考えられていたことも重要だろう。

上国と買い物

文久三（一八六三）年、島津斉彬への追贈や貞姫（斉彬養女）と近衛忠房との縁組、島津久光が藩主忠義の後見役に就いたことへの「御祝儀」を申し上げるため、喜念嗳の与人道統が上国している。その際に認められた『道統上国日記』（コラム5参照）には、鹿児島に渡る

＊148　『徳之島渡海日記』慶応三年五月二日条。

＊149　『徳之島渡海日記』慶応三年七月二十一日条。

＊150　前掲註83『八十八呉良謝佐栄久由緒記』、八－九頁。

道統へ島民が購入を依頼した品々の注文書が書き留められている。

文久三年九月二十日条に記された「口上覚」には、再来年（慶応元年）春の買い付け用として島民の在所・名前と注文品名があげられている（表5）。それをみると、惣横目・黍横目・津口横目などの島役人とともに肩書きの付いていない島民も注文願いを出しており、例えば、亀津村の清信・靏令は「鉄碇一頭」を砂糖三〇斤で求めている。鉄碇は船を係留する道具であることから（図23）、この二人は海運に携わっていたと考えられる。

このときの注文は石塔が多く、それは墓石の材料となったのではないか。なお、注文書は上国した島役人三名の連署押印で三島方の書役中へ提出していることから、品々の購入には三島方の許可が必要であったことがわかる。

図4-23　徳之島町金見近海で発見された鉄碇

さらに同条には五月十七日付の「覚」[*151]もあり、喜念噯の与人・惣横目・黍横目から道董宛ての「追注文」の品々が記されている。それによれば、木挽鋸・投網糸・火縄・稲扱き・一尺三寸金輪車など、黍作や家作り、漁、狩猟、稲作といった島民の生業に欠かせない道具があげられている。

数量的な把握は難しいが、琉球や鹿児島から入ってきた様々なモノから、近世の島民の暮らしがかいま見える。本稿はその一端にふれたという段階だが、今後の近世考古学と文献史学との共同研究が期待される。[*152]

（竹原祐樹）

＊151　文久三年四月三日に「道統」から改名した。

＊152　その成果に、石井龍太『ものがたる近世琉球』（吉川弘文館、二〇二〇年）がある。

コラム4

情報はどこからきたか

図 4-24　神之嶺集落にあるハチネィ（八之嶺）

情報

第四章第二節において、モノの流通・交易や人の移動を取り上げた。このコラムでは、近世の徳之島にかたちのない情報がどこから伝えられてきたのか、その一端を紹介したい。

のろし

第二尚氏王統八代目の尚豊を琉球国王に叙任する冠船来航にあたり、寛永八（崇禎四・一六三一）年閏十月三日、薩摩藩家老三名は琉球国三司官宛に「道之島つゝき狼烟之火立談合之事」（『旧記雑録後編巻八三』）と発した。冠船が那覇に入港する際、「道之島」で狼煙をあげることを協議するという達示である。島伝いの狼煙によって冠船来航を確認したいという趣旨だったのではないか。

徳之島町域においては、神之嶺集落のハチネィ（八之嶺）と呼ばれる丘（図24）や花徳集落の宮城山が狼煙場だったという伝承がある。二か所とも晴れた日には大島が鮮明にみえ、たしかに狼煙場として適していたと思われる。

高札

統治を進めるうえでは、命令などの意図を村々や島民に正確に伝えることが重要であっただろう。その一つの手段に、高札に文字で記し周知することがあった。例えば、文政二（一八一九）年、和瀬村（現・徳和瀬）の溜池の樋の修理工事に一五四〇人が徴発されているが、このことは「同村へ板書にて詳しく知らせる」（『前録帳』）とある。

次に、『仲為日記』文久四（一八六四）年二月十日条の「口上覚」を意訳して紹介したい。黍見廻の資清が所持している二歳くらいの黒毛の雄牛一頭が、同年二月五日の晩、喜念噯目手久村の上原に繋いでいたところを何者かによりと殺され、骨だけが残されたという事件がおきた。そのため、張紙をして村々に取り調べさせ、不審の点があれば届け出るようにと命じられた。代官所からの以上の内容が記された封書は、島役人が署名押印して継ぎ渡している。この史料の記主仲為が惣横目寄を勤めていた井之川噯では不審の点はなかったという。

なお、この一件と関係していると思われるが、『仲為日記』同条に記された「写」には、「井之川噯の高札の文面を書いたので受け取り、立てかけるように」と代官上村笑之丞から井之川噯与人に申し渡されている。

いわば公共工事の情報や嫌疑者の捜索を村中に周知するにあたって、「板書」「張紙」という手段がとられていた。当時の徳之島の識字率はわからないが、掲示の内容を村中に知らせるにも島役人の存在が不可欠だっただろう。また、文字を読むことのできなかった人びとは高札というモノにどのような印象を抱いていたのだろうか。

かつお船

徳川将軍の代替わりおよび琉球国王の即位にあたり、琉球国はそれぞれ慶賀使・謝恩使という使節を江戸へ派遣した。徳川家定の十三代将軍襲職に際して予定されていた慶賀使は、安政二（一八五五）年十月に起きた江戸地震で延期となった。この情報は次のようなかたちで徳之島にも伝えられていた（『前録帳』）。

「当年（安政三）に琉球国の慶賀使が参府する（「琉人立」）予定だった。しかし前年の大火で江戸は騒然としているためであろうか、派遣は来年に延期となったという連絡を井之川湊に汐掛していた緊急の連絡船であるかつお船から受けた」。

安政二年の地震による江戸府内の延焼面積は一・五平方キロメートルであったという。前引した史料によると、この火災により江戸は混乱しているだろうと代官所が推測していることから、江戸地震の情報はすでに徳之島に伝わっていたと考えられる。今回の情報はおそらく津口番所においてかつお船から聞き取りが行われ、代官所まで伝えられたのではなかろうか。船は汐掛（潮の干満が船の進行と逆になっているとき、船を停泊させて順潮を待つこと）していたと記されていることから、緊急連絡の途上のできごとであったと思われ、徳之島が江戸や琉球の情報と無縁ではなかったことがうかがえる一件である。

疱瘡

藩主島津斉彬は大船・砲器類を幕府へ献上した（日本初と言われる洋式軍艦昇平丸を安政二年八月に幕府へ納めた）功績により、安政二年十一月二十五日、江戸城の御座之間において将軍徳川家定に「御目見」した。この際、将軍直々の拝領物や老中から「御菓子」を「頂戴」したことに御祝儀を申し上げるため、伊仙噯与人の喜祐実が安政三年の夏に上国（上国については第五章・コラム5参照）し、翌年正月に山湊へ帰り着いている（『前録帳』）。ここまでは御慶事上国の一環であるが、『前録帳』安政三年条にはその続きとして、「お国元で疱瘡が流行しているという情報があり、上陸が差し止められた。その後、井之川湊へ廻船し、数日船中で過ごした後、上陸が許され、帰郷した」とある。

喜祐実の上国中、鹿児島では疱瘡が流行していたため、罹患を懸念した代官所から喜祐実の上陸にストップがかけ

図4-25　喜祐実が数日間船中で過ごした井之川湊の現在
＊「五百石クビリ」「千石クビリ」などとサンゴ礁の干瀬につけられた呼称が、近世期に船が停泊していたことを今に伝えている。

られ、さらに山湊から井之川湊（図25）へ廻船させたうえで数日間船の中で待機、その後上陸が御免（ごめん）となった。鹿児島での疱瘡流行という情報が徳之島代官所に伝えられていたこと、それに基づく「水際対策」の状況が記されている。疱瘡が感染症であることが認識されており、「コロナ禍」と言われる現在においても通用されている一定期間の隔離という方法がとられていたことがわかる。

情報の受け方　近世期の徳之島に情報を伝えたいくつかの媒体にふれたが、これらによってもたらされた情報がどのように受けとめられていたのか、詰役人、島役人、一般の島民などそれぞれの立場に応じたあり方が次の問いとして残る。

（竹原祐樹）

【参考文献】

小林茂「第五章　疾病にみる近世琉球列島」（『沖縄県史　各論編4　近世』沖縄県教育委員会、二〇〇五年）
中央防災会議『一八五五安政江戸地震報告書』（中央防災会議災害教訓の継承に関する専門調査会、二〇〇四年）
徳之島町誌編纂室編『徳之島町史　民俗編　シマの記憶』（南方新社、二〇二二年）
宮城栄昌『琉球使者の江戸上り』（第一書房、一九八二年）

第五章　近世徳之島の地域社会

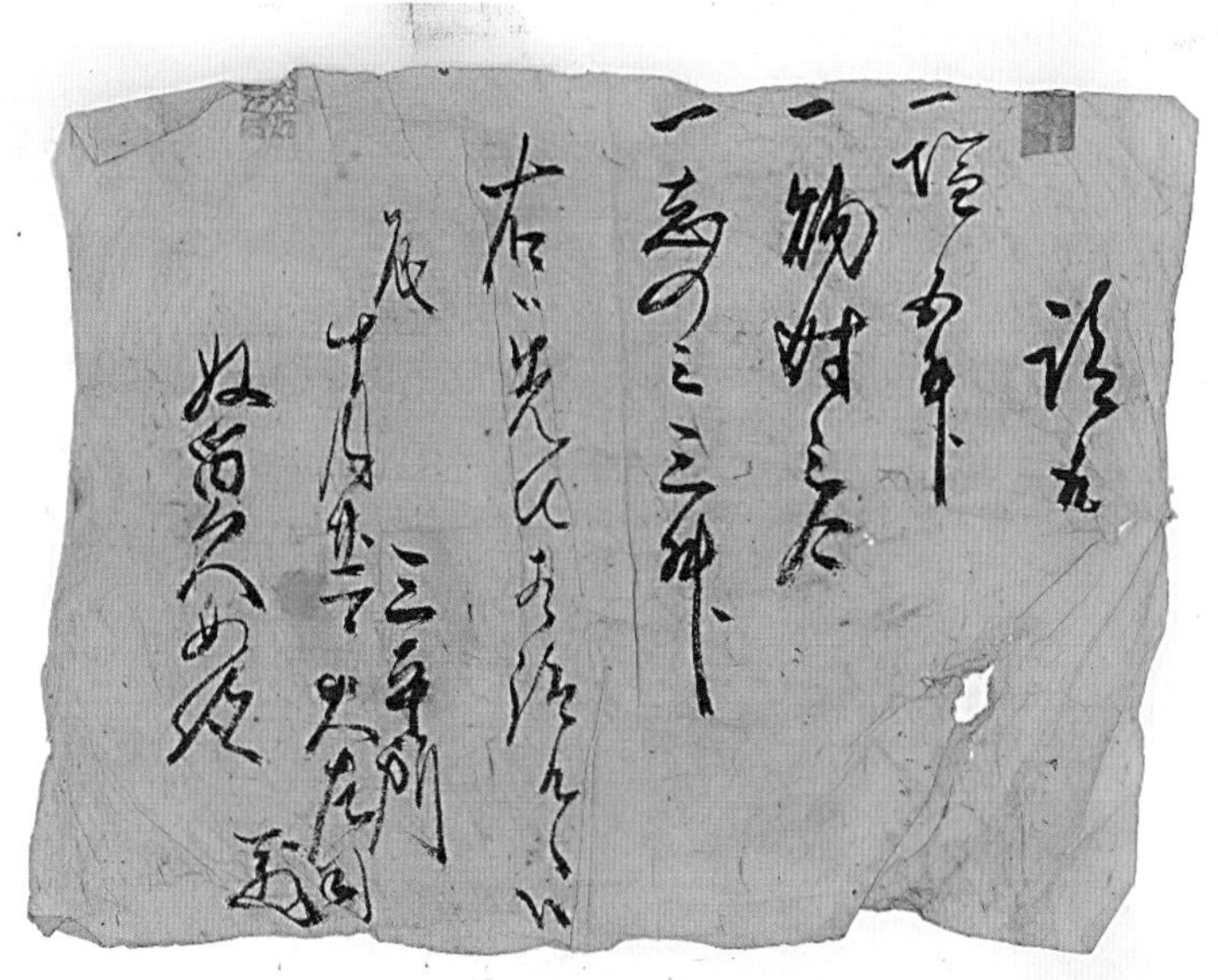

上：「闘牛の図」（『徳之島事情』の挿絵）

下：「請取」（『堀田家文書』）

第一節　島役人体制の成立と展開

1　近世徳之島の行政区画

琉球から薩摩へ―近世徳之島の胎動

一六〇九年の島津氏による琉球侵攻によって、奄美諸島（奄美大島・喜界島・徳之島・沖永良部島・与論島等）は割譲され、島津氏の領分に加えられた。以後、島津氏による奄美諸島（道之島）の直轄支配が段階的に進められていくなかで、近世徳之島の地域社会を形作る空間や、行政を担う役人の体制（島役人体制）が成立していく。その推移を割譲直後の状況から見てみることとしたい。

近世初頭の徳之島

十七世紀初頭の徳之島を含む奄美の島々には、すでに琉球式の役人体制が浸透し機能していた。そこでは、集落の単位であるシマ（後に村）を基盤に、複数のシマを包括する行政単位としての間切が設置されており、これら行政区画は近世においても踏襲されていく。

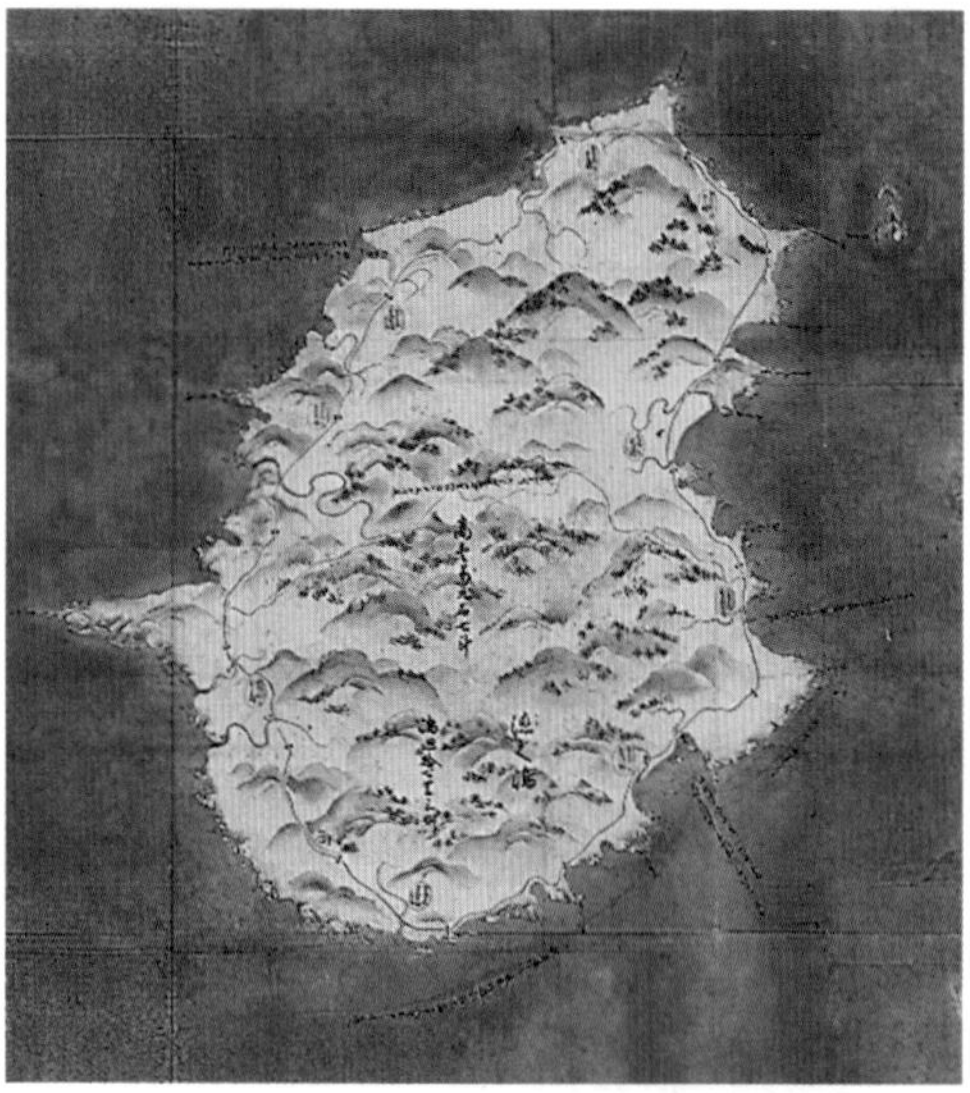

一六四四年に江戸幕府の命で作成された正保の国絵図（「正保琉球国絵図写」）の徳之島部分には、琉球統治時代の間切・シマ制度に準じた名称が記され、西目間切（てて村・よなま村・せたき村）・東間切（花徳村・かめ津村）・面縄間切[＊1]（あごん村）などの名が見られる[＊2]（図1）。もっともここに見られる名称が、そのまま当時の徳之島のす

図5-1　「正保琉球国絵図写」徳之島部分
（東京大学史料編纂所所蔵）

＊1　面縄間切は、『前録帳』などでは、面縄のほかに「面南和」とも記した。また、琉球国時代は恩納とも記し（『伊仙町誌』第二編六節・行政区域）、さまざまな表記がある。本章では史料の引用時以外は面縄と表記した。

＊2　国絵図については、沖縄県教育委員会編『琉球国絵図史料集』（第1～3集、沖縄県、一九九二～四年）のほか、小野寺淳他編『国絵図読解事典』（創元社、二〇二一年）を参照。二〇二一年十一月には高精細画像がインターネット上で閲覧できる正保琉球国絵図デジタルアーカイブが公開されている。

べての集落名を表したものではなかった。

幕府によって作成された国絵図は、各藩などから提出された郷帳（奄美諸島の記載は『琉球国郷帳』所収）の記載（石高や村名）と一致するように描くことが義務づけられており、表現には多くの点で制約があった。同じく絵図の陸地部分の表現も主要な村や街道、海につながる河川以外は実態を反映しておらず、とりわけ山や高地などは画一的な表現で描かれている。一方、幕府による鎖国令の展開による海防策の観点から、航路や港湾・沿岸情報は高い精度が要求され、地図上でそれらを可視化するため、海岸線やサンゴ礁、港湾周辺などの海域情報が詳細に描かれるという、陸と海の対称的な表現を特徴とする。[*3] 時代的な変化もあるが、正保国絵図が作成された後も、同様の特徴を有しながら元禄十（一六九七）年には「元禄国絵図」、天保六（一八三五）年には「天保国絵図」が作成されている。

なお徳之島内の三間切の区域は、「正保国絵図」の記載からも分かるように、南部の面縄間切が現在の伊仙町と一致するのに対し、現在の天城町と徳之島町域に相応する西目間切と東間切は、重なる部分を持ちつつも、金見や手々の集落が西目間切の域内に属するなど、現在と異なっていた。[*4]

行政範囲としての「噯」

近世における行政制度が、当初、琉球式の制度を踏襲したように、行政区画も踏襲していたと考えられる。近世を通じた徳之島の行政制度・区画の様相を伝える資料としては、『前録帳』に記された村名や役人設置の記録などが、もっとも信頼性の高い情報である。また、近世末期については、嘉永四（一八五一）年頃の地名情報をもととする「徳之島全図」の記載が、もっとも詳細に伝えるものとなっている（第一章参照）。

近世期における徳之島の行政の特徴として、琉球統治時代には見られなかった「噯」という複数の村（六〜九の村）を包括した管轄単位が導入されたところにある。[*5] 徳之島では、一つの「間切」内に二つの「噯」が設けられ、役人や役場の配置も「噯」ごとに機能していた。

もともと「噯」の語は、薩摩藩では外城制における郷の上役（役人）を指す言葉として使われており、薩摩藩による統治が徳之島に浸透するなかで適用されていったと考えられている。行政範囲としての「噯」

＊3　国絵図の陸域と海域に対する対称的な描かれ方については、黒嶋敏「正保琉球国絵図を読み解く」（琉球沖縄歴史学会二〇二二年二月例会報告資料）参照。

＊4　現在の町域は明治二十年の町村区画改正、同四十一年の島嶼町村制の施行、昭和三十三年の町村合併促進法の施行などによる（『徳之島町誌』一三八―一三九頁）。

＊5　行政単位「噯」については、林蘇喜男「薩摩藩下の徳之島における行政区域名「噯（あつかい）」について」（『奄美博物館紀要』第四号、名瀬市立奄美博物館、一九九四年）および「間切の編成」『大和村誌』二一三―二一四頁参照。

＊6　前掲註5林一九九四参照。

＊7　「列朝制度巻之十四」鹿児島県維新史料編さん所編『鹿児島県史料　薩摩藩法令史料集一』（二〇〇三年）。また、松下志朗『近世奄美の支配と社会』（第一書房、一九八三年）、四八―七五頁参照。

の語は、それを取り仕切る人物を示すものともなり、与人を「アチケー（＝噯）」と呼称したともいう。*6

「噯」という行政用語・制度が、徳之島においていつごろ導入されたのか、史料の制約もあり確かなことは分かっていない。奄美大島や喜界島では、ほぼ同義の用語として「方」が用いられており、こちらも明確な成立時期を知ることはむずかしいが、一般に藩による奄美支配の強化が進められた万治期または元禄期以降の改革に連動するとされる。

喜界島では、元禄五（一六九二）年に五間切を三噯に区分し、与人を五人から六人に増員（一噯に二名の与人）する布達があったことが知られる。*7 奄美大島では、少なくとも正徳三（一七一三）年に、「東間切東方」の呼称を確認することができる。*8 このことから考えれば、徳之島でも十七世紀後半から十八世紀前半までに「噯」による区分けが成立していたのではないかと思われる。『前録帳』によれば、享保二十（一七三五）年の条に、黍横目の設置に関連し、「噯」の言葉が記されているので、*9 遅くともこのころまでには「噯」の制度が確立していたといえる。

間切（噯）の管轄範囲

これら徳之島における間切─噯─村による行政区画の詳細を空間的に確認するには、近世末期から明治初年にかけて作成された「徳之島全図」（鹿児島県立奄美図書館所蔵）によらなければならない。また、同図の欄外には、噯と集落の名前が列記されており、間切─噯─村の構成を掲げておきたい*10（噯役所が所在した村に「○」を付した【表1】）。

すでに述べたように、一つの「噯」のもとに六から九の村がおかれ、噯全域の行政は与人を頂点とした島役人によって担われていた。東間切には亀津噯と井之川噯、面縄間切には喜念噯と伊仙噯、西目間切には兼久噯と岡前噯があった。

例えば、徳之島町域と重なる東間切の亀津噯につ

表 5-1　行政区画

間切	噯	村								
東間切	亀津噯	亀津村○	花徳村	秋徳村	崎原村※	尾母村	和瀬村			
	井之川噯	井之川村○	神之嶺村	轟木村	諸田村	山村	母間村	久志村		
面縄間切	喜念噯	喜念村	佐弁村	目手久村	面縄村○	古里村	検福村	中山村	白井村※	
	伊仙噯	伊仙村○	浅間村	阿権村	木之香村	犬田布村	小島村	糸木名村	八重竿村※	馬根村
西目間切	兼久噯	当部村	瀬瀧村	三京村	平山村	兼久村○	大津川村	阿布木名村	九年母村	
	岡前噯	岡前村○	浅間村	松原村	与名間村	手々村	金見村			

※は近世に成立した村

*8 『大島代官記』（松下志朗編『奄美史料集成』南方新社、二〇〇六年、三九頁）によれば「右御代、東間切東方御蔵役所古仁屋村へ引直方被仰付候」などとある。

*9 『前録帳』（前掲註8松下編二〇〇六：二四一頁）によれば「此御代同年、御國許ヨリ當島江初而黍横目役被召立、伊仙噯黍横目佐栄久・喜念噯黍横目郡司統江被仰付候、三間切共同列ニ被仰渡候」とある。

*10 噯役所の所在地については、明治十二年成立の「鹿児島縣下徳之島全圖」（神戸大学附属図書館所蔵）内に「戸長（役）所」と記す村が見え、井之川噯については現在も残る「ヤクジョウアト」の位置による。

図 5-2　鹿児島県立奄美図書館所蔵「徳之島全図」（左：亀津部分、右：井之川部分）

いて「徳之島全図」を見てみると、その中心地である亀津村には村の前面に港（「亀津湊」とある）をもち、隣接する秋徳村の秋徳港とともに徳之島全島の交通・行政の中心地として栄え、人家が立ち並んでいる様子が分かる。村内には四角い囲みをもつ「蔵」が描かれるとともに、中心部には代官や横目、附役などの藩役人が居住した「仮屋」が描かれている（コラム1参照）。

また同じく井之川噯について見てみると、井之川村が貢納物の集積・積み出し港としての機能を備え、諸田・神之嶺・久志・母間・轟木・山の集落を管轄し、史跡としても残る噯役場や津口番所、御用蔵などが立ちならび、地域行政の拠点となっていた。噯の役人たちは、与人や惣横目の役場に詰めながら、地域の行政を指揮していた（図2）。

「徳之島全図」には、噯ごとの管轄区域が色分けされて示されている。基本的に噯ごとに陸続きの区域が設定されているが、よく見ると特異な区分けになっていたことが分かる。例えば、亀津噯は、井之川噯の中央部にある花徳村、伊仙噯と連続する崎原村などを範囲内としていた。亀津噯は、他の村から飛び地になるような形で管轄地を有しており、井之川

図 5-3　井之川噯役場跡

図 5-4　津口番所跡

備考…●印は砂糖蔵の所在地
×印は御蔵の所在地

図 5-5　噯ごとの管轄範囲
出典：松下志朗『近世奄美の支配と社会』図３・図７を参考に加筆作成

噯の管轄範囲は花徳村域を挟んで二つの区域に分かれる形となっている（図5）。

その要因として『徳之島事情』によれば、崎原村（図6）は寛延元（一七四八）年に亀津村・秋徳村・尾母村の人々が原野を開墾し新設した村であることを述べている。[*11] 同三（一七五二）年には、竿入れ（検地）が行われたことが『前録帳』にも見え、飛び地のような形となるが、村立ての経緯から亀津噯に編入されたことが分かる。[*12] 一方で、花徳村が亀津噯に属している経緯は明確ではない。大きくみれば、亀津噯も井之川噯も、ともに東間切に属するものであるので、そのことが「噯」制度導入当初の区分けに影響したものとも推測させるが、はっきりしたことは分からない。

また、近世末期にみられる村でも、伊仙噯に属する八重竿村などは、『徳之島小史』に慶応年間（一八六五～七年）に伊仙噯与人の平福憲が私財を投じて開墾し、伊仙外からの住民も集めて新設された村であったとする[*13]（村立て当時、三〇戸一三八人が居住）。最後の徳之島代官となった新納源左衛門の『徳之島渡海日記』には、阿権村の内にある八重竿を新村とするため、役人たちを引き連れ村の境内において検分をおこなったことが記されている[*14]（慶応三（一八六七）年十月十八日の条）。

＊11　吉満義志信『徳之島事情』（名瀬市史編纂委員会、一九六四年）の「二、位置地勢」の項参照。

＊12　『前録帳』（前掲註8松下編二〇〇六：二四五頁）に「一　同崎原村江新畠御竿入、御同人御詰越」とある。

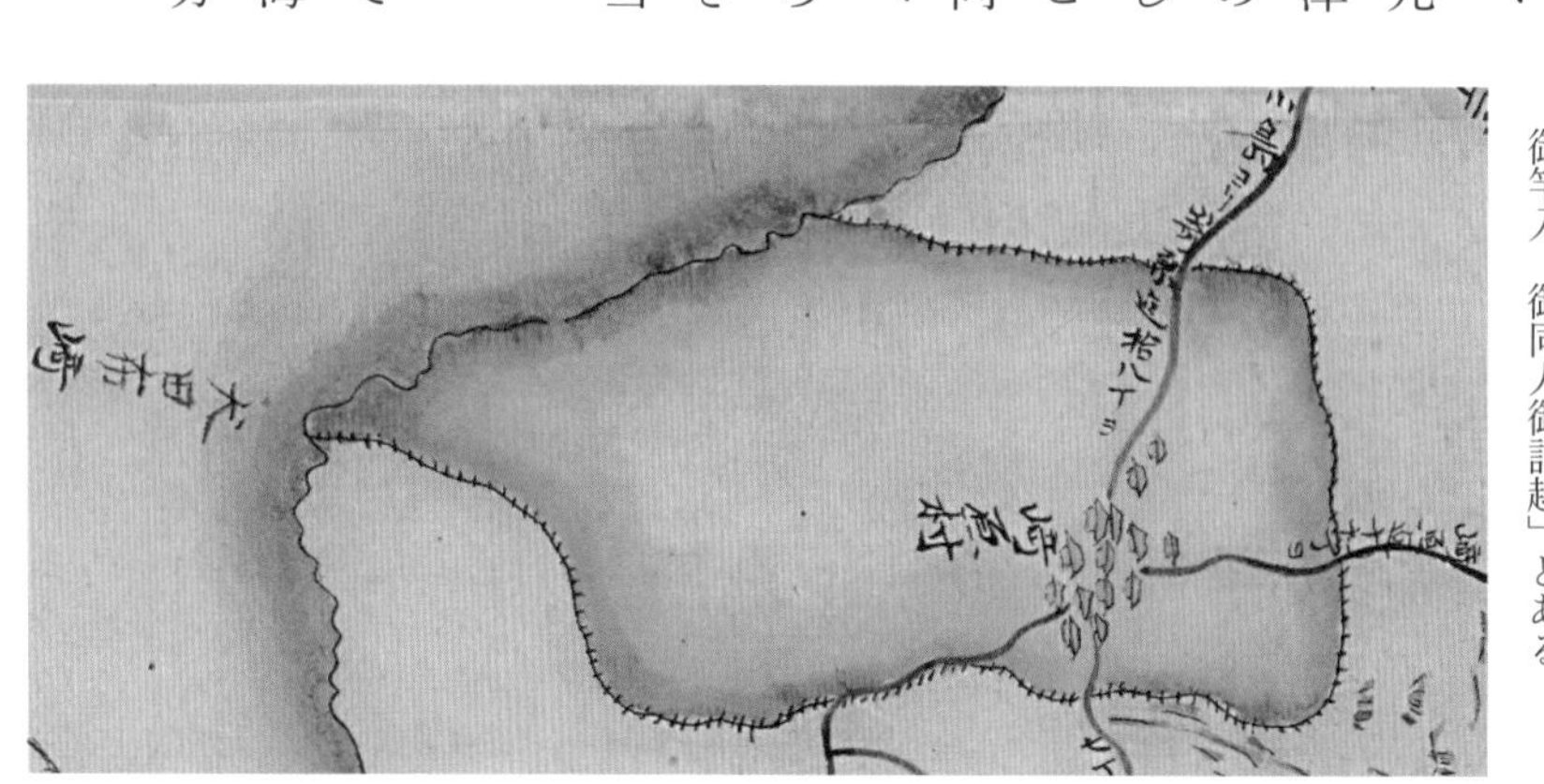

図 5-6　崎原村（「鹿児島縣下徳之島全圖」部分拡大）

図 5-7　現在の新村集落

　同日記にはそのほかにも、慶応四（一八六八）年十月八日の条として、花徳村の浜辺近くに新村をつくることの立願（祈願）をおこない、「三町九反弐畦（畝）」の山野地の検地をおこなったとの記載がある。[*15] 現在の花徳村内にある新村を、新しく村内に建てた時の記録で、村内に複数の区を設定し拡大するなども見られた。同様に村から枝分かれして定着したものとして、白井村の例もある。もともとは目手久村の人々が利用する農耕時の泊所であったものが村建てされた例となる。このように近世末期に知られる村も、近世を通じて開拓や本村の拡大など、居住地が分散・増加するなかで変遷しており、地域空間もそれら近世期の島民の活動を経て形作られていったのである。

＊13　『徳之島小史』（『奄美郷土史選集第一巻』一〇七―八頁）参照。

＊14　山田尚二「徳之島代官新納源左衛門の日記」（『徳之島郷土研究会報』一〇号、一九八四年）に新納源左衛門の『徳之島渡海日記』が紹介され、検分について「一　十月十七日　阿権村の内八重竿新村立て見分として、外館々列立て四つ時出立、白井村へ在宿、四つより少々雨降り出す、五つ過八重竿へ着、それより境々坪々開地見分相済み、平福憲所へ一宿、初旅宿色々馳走の事」とある。

＊15　前掲註14 山田一九八四：一二頁。

2　徳之島の行政組織―島役人体制

近世初頭の島役人体制

　噯や村という単位を中心に近世徳之島の行政はどのようにおこなわれていたのであろうか。行政を担う役人の体制は、鹿児島から派遣され亀津の仮屋に詰めた代官ほか六名ほどの藩役人を頂点としつつも、実際面では徳之島出身の島役人たちが担うものであった。村々の運営や農政、上納などにかかわるさまざまな業務を、島役（島役人）が担い、代官らはそれらを監督する形であった。

　近世における徳之島の島役人体制について、その概略を最初に述べたのは、明治二十八（一八九五）年に刊行された吉満義志信著『徳之島事情』である。近世末の記憶も鮮やかな時期に書かれた同書は、その後の徳之島の歴史を語るバイブルとして、後世に大きな影響を与えた。例えば、坂井友直（栄友直）による『徳之島小史』（一九一七年）、『首里之主由緒記』（一九二六年）、『更正の伊仙村史』（一九三六年）などは、『徳之島事情』の記載を踏襲している点が多い。

戦後に刊行された『徳之島町誌』（一九七〇年）、『天城町誌』（一九七八年）、『伊仙町誌』（一九七八年）なども、基本的な理解を踏襲しつつ、研究の蓄積に合わせて内容を詳細化させ徳之島社会を活写している。徳之島の島役人体制がどのように変化、確立していったのか、近年の研究も踏まえ見てみることとしたい。

まず、琉球国統治時代の奄美諸島（第二章参照）には、間切役人として首里大屋子、勢頭、大筆子（大文子）などの役職が置かれ、シマ（近世では村）ごとに大屋子、目指、掟などを置く体制が敷かれていた。この時期に役人となった人びとには、①琉球国王に任命され沖縄島から赴いてきた者、②琉球から赴任した者の子どもで島に定着した二世代目以降の者、③在地居住の一族の者などがいたとされる。[*16] 一六〇九年以前の徳之島の体制も、概ね琉球国による奄美支配の制度にならい、間切にはそれを統括する首里大屋子、シマにはシマ名を冠する大屋子などが置かれていたと考えられる。

これら琉球式の役人体制も、一六〇九年以降に薩摩藩による統治が開始されると、徐々に手が加えられていくこととなる。もっとも、侵攻直後は、既存の統治体制を急激に変えたわけではなかった。『前録帳』の序文によれば、慶長十五（一六一〇）年ごろについて、（琉球以来の体制について）従来の役数を変えず、「大親役」「用人役」「目指役」「筆子・掟役」などの職を置いたとしており、在地社会の動揺を抑えるため、既存の体制を維持したと考えられる。[*17]

島役人体制の変容

体制が変化していくのは、元和九（一六二三）年閏八月二十五日付けで『大島置目条々』や『鬼界島置目条々』などが布達されたころからとなる。薩摩藩による奄美統治の方針を示した、全三十四条からなるこれらの布達は、奄美大島（および喜界島）におい

＊16　弓削政己「第四章　中山政権と奄美」『沖縄県史　各論編3　古琉球』（沖縄県教育委員会、二〇一〇年）、二一七―二三九頁のほか、石上英一「古奄美社会研究の視角」『国文学―解釈と教材の研究』第四巻一一号（學燈社、一九九九年）。

＊17　石上英一「奄美諸島における慶長十八年知行目録」『黎明館調査研究報告一八集』（鹿児島県歴史資料センター黎明館、二〇〇五年）。

て、間切惣役人である大親役、「上木の用人」と目指を廃止し（第二・三条）、変わって一間切に用人三員（第四条）・筆子一員（第六条）、村ごとに掟一員（第五条）を置く体制を敷いたことが記されている。*18 ここで記される「用人」は、間切（噯）を所管した後の与人のことで、『前録帳』の記載を見ると、元禄四（一六九一）年ごろまでには与人の名称に改められたようである。

徳之島に『大島置目条々』に類する文書が布達された事実を示す史料はみられないが、役人の配置状況などを見る限り、『大島置目条々』と同様の布達が徳之島にも出されていたと考えるのが妥当であろう。一六〇九年の侵攻時に激しい抵抗を示した徳之島と、大島や喜界島などとで異なる対応が取られたとする向きもあるが、史料の制約から詳しいことは推測の域を出ない。ひとまず近世初頭の改革によって、他の奄美の島々と同様に、島内統治の安定と直轄支配の浸透が徳之島でも図られていったと考えられる。

近世初頭に続き島役人の主要ポストに変化が起こるのは、十七世紀後半以降のことである。背景には、十七世紀後半から十八世紀前半に領内の状況を把握するためにおこなわれた万治内検（一六五七～五九年）や享保内検（一七二二～二七年）を契機とした藩内改革が進められたことがあるとされ、島役人の体制が拡充されていった（近世前半の島役人体制の変遷については図8参照）。

変革の第一歩としておこなわれたのは、寛文十一（一六七一）年における用人（与人）を補佐する「惣横目（間切横目）」の新設である。惣横目は、当初、間切ごとに一名であったが、後に噯ごとに一名が配置されていく。与人の補佐役として、また間切（噯）における宗門手札の整理や人夫、牛馬の調査、犯人の糺問や流人の管理など、幅広い業務を監督・実施する役職となっていく。*19 後に与人と惣横目は、人事の固定化や権限の私物化を防ぐため、文化十四（一八一七）年から五年ごとの交替制

*18 『大島置目条々』（『名瀬市誌1巻 歴史編』など）、『鬼界島置目条々』（喜界町誌編纂委員会編『喜界町誌』喜界町、二〇〇〇年）。

*19 伊仙町誌編さん委員会編『伊仙町誌』（伊仙町、一九七八年）、一二三頁。

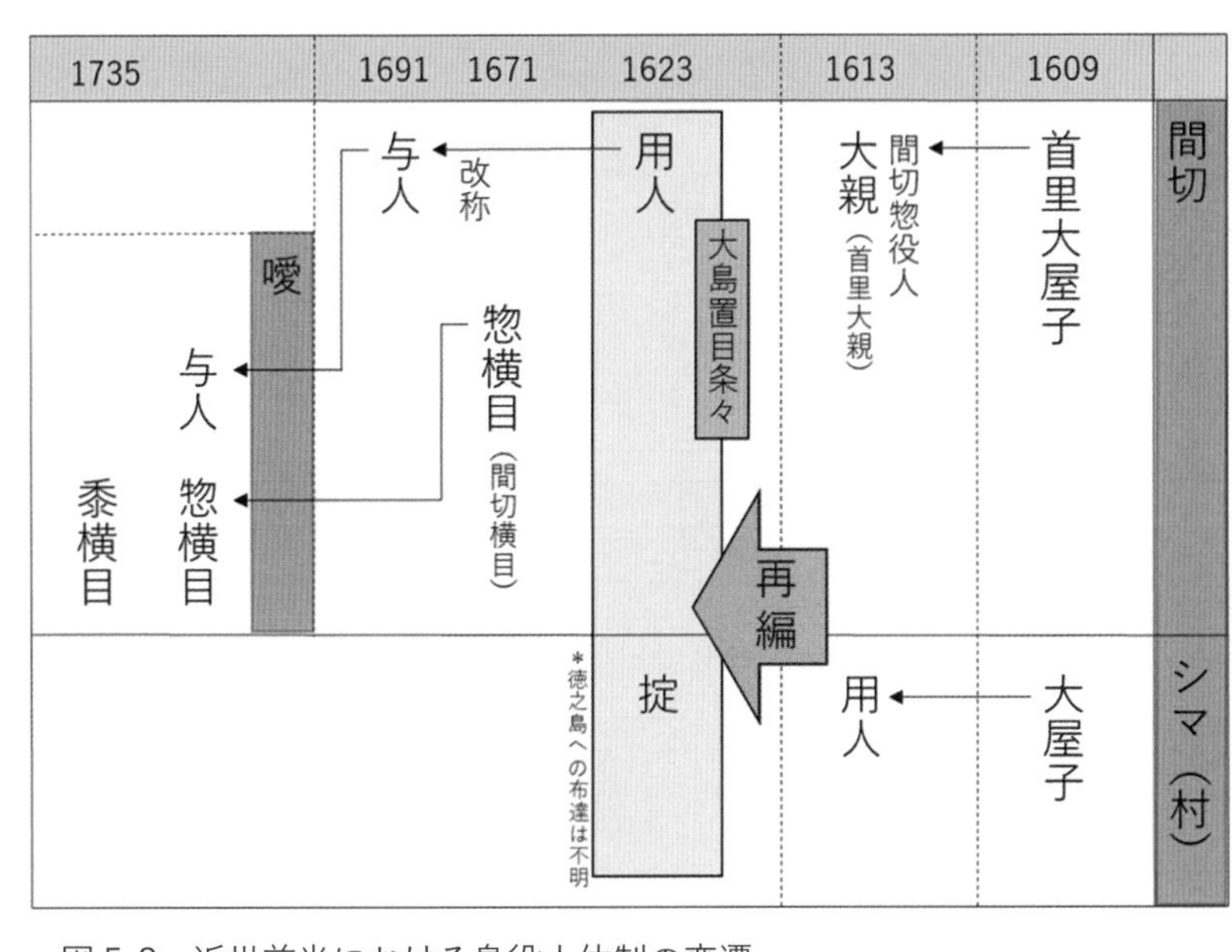

図5-8　近世前半における島役人体制の変遷

となり、島内六噯を順繰りに勤めるように改められている。[*20]

また、十七世紀後半ごろと思われるできごととして、『永喜家家譜』(『八十八呉良謝佐栄久由緒記』)の宮里の項に、宮里が東間切の「山之与人」(山与人)を勤めていた際、徳之島では九人の与人が配置されており、藩庁の指示で一間切に二人ずつの六人制に変更されることとなった逸話が記されている。[*21] 記事によれば、当時、九人の与人が集まって対応を協議し、宮里はそのなかにあってもっとも若年であったことから、自ら職を辞することを進言したという。徳之島の奉行(代官)らはこの件を聞き藩庁に報告すると、欲深く役に執着しない人柄を讃え、宮里に「与人役所」を与えたとする。関連する史料がないため、改革の全容ははっきりとしないが、間切の下に「噯」を導入していく過程との関連も含め、十七世紀後半ごろに島役人の体制が変化していたことを物語っているのではないかと考えられる。

図 5-9 黍横目格への申し付け(『奥山家文書』所収)

砂糖生産と島役人

十八世紀になると、砂糖生産にかかわる役職が次々と整備されていった。奄美諸島における砂糖生産は、十七世紀末ごろから本格化し、大島・喜界島では元禄十(一六九七)年頃に島役人として黍横目が設置されている。徳之島内でも、正徳二(一七一二)年ごろから砂糖の買い入れが命じられるようになっており(第四章参照)、生産を監督する役職が必要になっていたとみられる。享保二十(一七三五)年に、噯ごとに一名ずつ黍横目の職が設置された。[*22]

始期は不明だが、黍見廻とよばれる監督役が、村ごとに置かれた。これは噯単位の黍横目の下役として砂糖の増産、調達を村々で指揮する役職である(宝永五(一七〇八)

＊20 『前録帳』(前掲註8松下編二〇〇六:二六六頁)には「一 當島與人之儀、是迄一噯ツヽ受持相勤来候処、文化十四丑年以来六噯繰廻相勤候様被仰渡、同年六月朔日ヨリ銘々移替リ、此以後五ケ年目致交代候筋相究候」とある。

＊21 『永喜家家譜』(『八十八呉良謝佐栄久由緒記』)『徳之島郷土研究会報』特集号、一九八一年、一〇頁。

＊22 『前録帳』(前掲註8松下編二〇〇六:二四一頁)に「一 此御代同年、御國許ヨリ當島江初而黍横目役被召立、伊仙噯黍横目佐栄久・喜念噯黍横目郡司統江被仰付候、三間切共同列ニ被仰渡候」とある。

年に三十一名任命）。黍見廻は、砂糖の増産がより求められた天保元（一八三〇）年から天保四（一八三三）年に十二名が増員され（重黍見廻）、天保十二（一八四二）年には規模の大きい村などを中心にさらに一～二名の増員がおこなわれている（島内で合計二十七〔または二十九〕名の配置となる。表2参照）。島役人のポストは、藩の政策と強く連動し、とりわけ砂糖生産と密接に関連しながら展開していくこととなる（図9）。

このほかにも間切（噯）単位に配置された役職として、田畠での生産など農政を監督する「田地横目」、港を出入りする船や漂着船に対応する「津口横目」（ともに『前録帳』における初出は宝暦三（一七五三）年）、山林の監督をつかさどった「竹木横目」などの職が置かれていた。

このように近世の徳之島では、間切（噯）ごとに行政全体を総裁する与人、その補佐役である惣横目（間切横目）、砂糖生産を主管する黍横目ら、いわゆる噯三役を中心に、島内の行政、農政、林政、砂糖生産などがおこなわれていった。

島役人と『大島御規模帳』（一七二八年）の布達

見てきたように島役人は、島内の統治・行政の実質的な担い手として幅広い業務を受け持っていた。そのため、さまざまな権限（さらに特権）を与えられた存在でもあった。例えば、人夫や物資の徴発、与人の嫡子に対する免税権などである。一方でこれらの権限は、私的に乱用されやすく、近世初頭に出された『大島置目条々』（一六二三年）などでも、島役人が百姓を私的に使役することを禁止する条項（第十条）などがみえる。*23

『前録帳』の序文によれば、島役人について、「（一六一〇年の）大親役の廃止後は、その子孫らを用人

表 5-2　天保 12 年の黍見廻増員

噯	村名	増員数
亀津噯	亀津村	2名
	花徳村	2名
	秋徳村	1名
	崎原村	1名
井之川噯	井之川村	1名
	母間村	2名
	山村	1名
喜念噯	喜念・佐弁村	2名
	目手久村	1名
	面縄村	1名
	検福村	1名
伊仙噯	伊仙村	1名
	浅間村	1名
	阿権村	1名
	犬田布村	1名
兼久噯	阿布木名村	1名
	兼久村	1名
	瀬瀧村	1名
	当部村	1名
岡前噯	岡前村	1名
	浅間村	1名
	松原村	1名
	手々村	1名
合計　27（『前録帳』では29）		

＊23　『大島置目条々』第十条に「よひとてくこ百姓をいろいろ召しつかう儀かたく可為停止事」とある。

や高官に任命するようにとの指示があり、以降は（道之島の）四島の用人にはその子孫たちを代々任用」したことが記されている。*24 琉球国統治時代以来の高官の子孫たちが、独占的に島役を世襲する状況にあった。これに対し、藩もたびたび権力の私物化を抑制しようとしていた。

例えば、元禄四（一六九一）年に許可された与人の上国に際し、亀津与人の大勝に出された「覚写」には、上国許可が特別な処遇であり名誉であることを強調したうえで、「公位」（役職）に驕り私欲に走るようなことがあってはならず、島にあって特に職務に専念しなければならないと強調する。*25 先に紹介した『永喜家家譜』に記された宮里の、役職辞退への称賛も、権力の固定化を危惧する背景があったものと考えられる。

島役人のあり方をめぐっては、享保内検を含む諸改革が進められると、藩庁は島役人らが担う職務（行政）の裁量範囲や処理方針をより明確に規定することを目指した。すでに島役人などが遵守すべき事項などについては、十七世紀前半までにさまざまな形で出されていたが、それらをまとめる形で制定されたのが、享保十三（一七二八）年に発布された『大島御規模帳』である。*26 規模帳では、島役人が百姓を私的に使役することをあらためて禁止し（三十八条、一三六条）、規定に沿わない勝手な沙汰（指示）を禁止する（六十一条）など、権限を悪用した行為を強く戒めている。

また、第六十六条では、島民の身分はすべて「平百姓」であることが明言される。名家の世襲による権限の私物化を抑制するため、島役人の最高位である与人役の選出も、「筋目」（家柄）にとらわれず「器量」（能力）を重視することが唱えられた。与人の選出にあたっては、複数人の候補者から選ぶこと、筋目を理由に申し立てることを禁止し、藩への貢献度に応じて役人を取り立てることが明言されている。功績に応じた郷士格などの身分制も用いて、奄美社会の再編が進められた。*27

徳之島規模帳の発布

近世の奄美社会を規定した法令集『大島御規模帳』の内容は、例えば同規模帳の第一四七条における「（徳之島・沖永良部・喜界島の）三島代官へも同様に通達」などの文言や、*28 伊地知季安の『南聘紀考』に規模帳・用夫改帳・物定帳同様を薩摩藩家老

*24 『前録帳』（前掲註8松下編二〇〇六：二二七頁）序文に「大親役被召止候以後者、其子孫共ニ用人・高官役可被仰付旨道島江被仰渡候、以後迠茂四島用人役之者共其子孫代々引續被召仕来候」とある。

*25 『前録帳』（前掲註8松下編二〇〇六：二三三頁）の元禄三年の条に「覚写」が記され、本文には「殊之外御取持ニ而献上物備所其上與人於鋪舞台ニ御家老衆御列座ニ而被成御覧、拝領物迠被仰付、冥加至極難有仕合面目不可過之候、然者向後公位ヲ借驕ヲ成構私欲之由被聞及召候ツ（ママ）ゝ、尤以可為曲事条、抽諸人萬端入念其身之勤専一ニ候」とある。

*26 『大島御規模帳』は、全一五〇条からなり、島役人への規定だけでなく、島に派遣される代官等や島々を行き来した船頭・水手らに対する規定も多い（箕輪優『大島御規模帳から見る奄美近世史』ブックコム、二〇二一年）。また、本規模帳は、大島代官を発布対象としたものとなるが、同様の規定が奄美諸島内に適用されたと考えられる。

*27 前掲註7松下一九八三：七五―七六頁。また、享保十一（一七二六）年には、奄美大島龍郷の佐文仁為辰（この時「龍」姓を許可）が外城衆中格（後の郷士格）に奄美諸島内で初めて認められた。

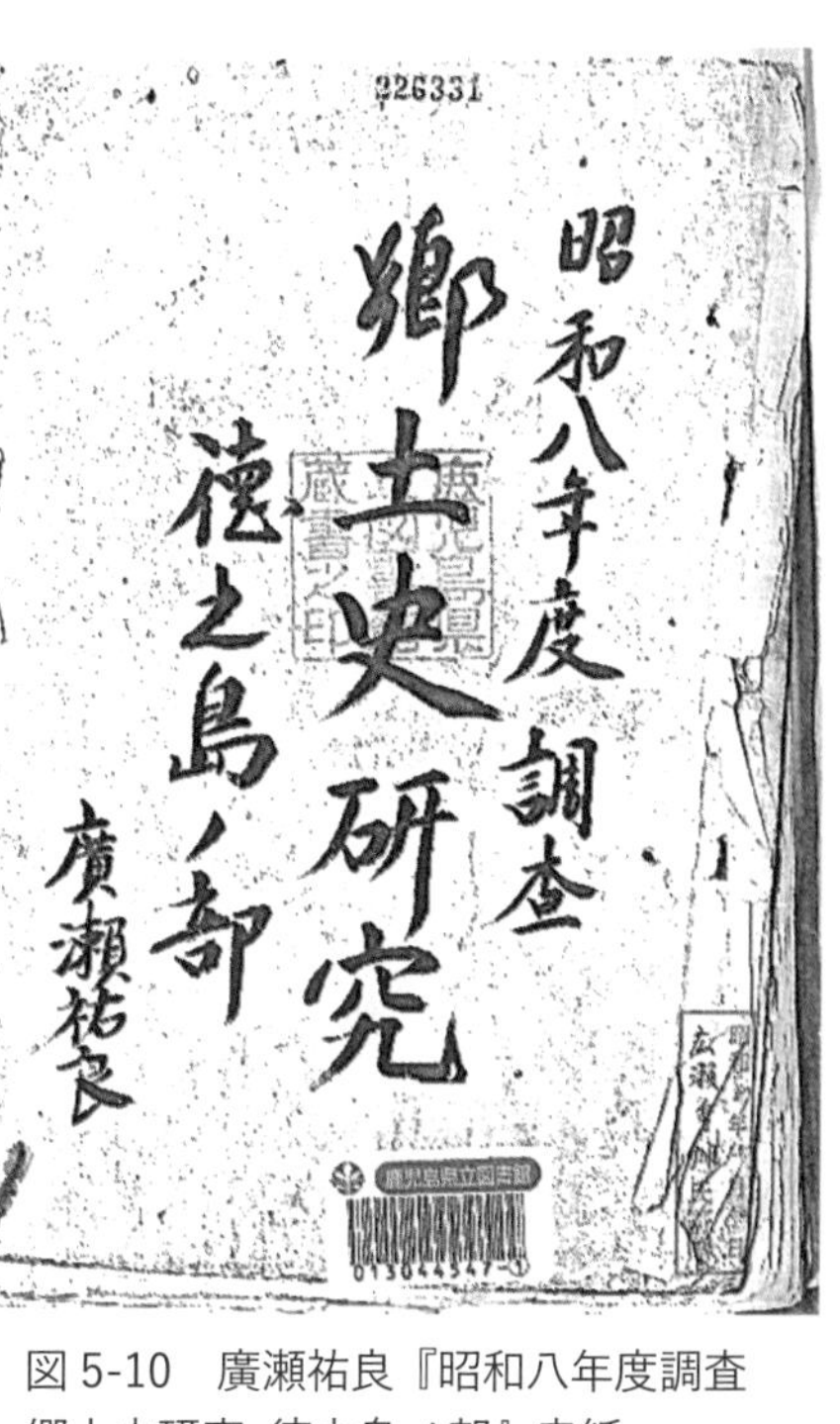

図 5-10　廣瀬祐良『昭和八年度調査　郷土史研究　徳之島ノ部』表紙

川上久国が奄美五島を回って代官に渡したとすることなどから、[*29]徳之島にも同種の布達がおこなわれたと考えられている。[*30]一方で、徳之島において『大島御規模帳』に類する法令集の原本や写しは見つかっておらず、規模帳の適用について、実際のところは不明な部分も多い。

このことに関連して注目されるのが、昭和八（一九三三）年ごろに廣瀬祐良が著した『昭和八年度調査　郷土史研究　徳之島ノ部』【稿本】（図10）引用の、享保十三年十二月十二日付けの「徳之島規模帳　写」である。[*31]

文書の内容は、用夫（人夫として公的に動員され働くこと）に関する法令を徳之島代官に通達するもので、内容はほぼ『大島御規模帳』とともに定められた『大島用夫改規模帳』（享保十三年十二月十五日発布）と相似している。ただし、文言の一部に「一徳之島百姓仕并出物・・・」とあるなど、徳之島での適用・施行を前提としたものであったことが分かる。

いつどのような経緯で本史料を廣瀬が閲覧し引用したのか不明であるが、昭和初期から十年ごろに面縄貝塚などの発掘や調査研究に携わるなかで、収集（筆写）された可能性が高い。廣瀬が引用した『用夫改規模帳』の徳之島への発布を根拠に類推すれば、『大島御規模帳』に類する法令集も、一部文言を徳之島の実情に合わせた形で発布されたと考えるのがよさそうである。

唐通事と漂着事件

十八世紀中頃に新設された役職のなかには、海上交通にかかわるポストもあった。それが唐通事である。当時の帆船を主とする航海は、天候などに左右されるため、嵐などに巻き込まれた清国（中国）や朝鮮国の船が、たびたび奄美の島々に漂着した。漂着船

＊28　『大島御規模帳』に「一　徳之島、永良部島、喜界島代官諸事問合之上を以御為に宜様可相勤候。尤三島代官同前ニ申渡候事。」（前掲註26　箕輪二〇二一）とある。

＊29　『南聘紀考』鹿児島県維新史料編さん所編『鹿児島県史料　旧記雑録拾遺　伊地知季安著作史料集6』二〇〇五年。

＊30　『天城町誌』（一九七八年）、四六三—四頁。

＊31　徳之島町誌編纂室編『徳之島町誌叢書（1）「徳之島町史」基礎資料集』（二〇一九年）、七二—七三頁。

への円滑な対応のため、通訳としての唐通事が必要とされていく。[*32]

『前録帳』の寛保三(一七四三)年の条には、奄美諸島全域に唐通事を設置するので、(徳之島からも)自費で鹿児島に渡り通事としての稽古を積む命が出されたことが記されている。島内での協議の結果、候補者として面縄間切与人の佐栄久の息子・佐栄城を派遣することが決定された。鹿児島における唐通事の稽古は、上国および滞在時における費用が自己負担であったことから、事前の負担を強く求めるもので、実質的に島役人層の子弟が担うものであった。佐栄城は、延享元(一七四四)年に上国して稽古を積むと、翌年には惣横目格(惣横目と同等の役位)の待遇で正式に唐通事として任じられている。[*33]

ちなみに、稽古を積んで任命された唐通事は、島内に複数いたようである。(鹿児島城下にいた唐通事)鮫島正次郎の記録には、奄美諸島で唐通事が多くなっていることから、定数を安永七(一七七八)年以降、大島八人、徳之島五人、喜界島四人、沖永良部島四人に定められたことが記されている。状況に応じて定数は変化したとみられるが、唐通事の設置によって、薩摩藩領全域で漂着船への対応体制が整えられていくこととなった。

実際に、唐通事の能力が発揮されるような事件があったのか。十八〜十九世紀における清国(中国)や朝鮮国の船が漂着した事例をみてみると、全体で十五件ほど確認することができる(第八章表8―1参照)。奄美諸島への漂着は、一般的な日本国内における長崎からの送還という方法とは異なり、奄美諸島を「琉球国の内」と位置づけたこととも関係し、元禄九(一六九六)年から漂着人は、原則琉球を経由して送還させるものとなった。[*34]

送還の例について見ると、福建省漳州府龍渓県の商船に乗り込んだ蔡永盛等二十三名が、浅間村沖に漂着する事件が明和三(一七六六)年に起こっている。『前録帳』には、このことについて「唐船壱艘」と「乗組人数二十三人」が漂着し、面縄間切与人寄と惣横目が移送の担当者となり、摺之浜の船頭の筑兵衛の船で琉球へ護送した、とする。

この時のことは、後に唐通事となった佐栄富の系図にも記されている。佐栄富は、初代唐通事の佐

*32 薩摩藩における唐通事の沿革については、徳永和喜『薩摩藩対外交渉史の研究』(九州大学出版会、二〇〇五年)があり、近年では同「第二章第一節 東アジア世界の中の奄美群島」(宇検村誌編纂委員会編『宇検村誌 自然・通史編』宇検村教育委員会、二〇一七年)などが詳しい。

*33 『前録帳』(前掲註8松下編二〇〇六:二四三頁)に、「一 寛保三亥年、従御國許道之島江始テ唐通事御取立被仰渡、自分物入ヲ以御國許江罷登、御用向見馴滞在仕稽古致成就候節ハ品能可被仰付旨、四島共被仰渡候処、始テノ事ニ而當島ヨリ罷登リ自分物入ヲ以稽古可仕与申出者壹人モ無之候ニ付、御代官所ヨリ三間切與人中江被仰渡候ハ、御國許ヨリ偶當島江始テ唐通事御取立被仰渡事候間、自分物入ヲ以稽古ニ罷登候而公私之差支無之、滞在中續方相調御用致稽古可然者吟味仕可申上旨被仰渡候ニ付、与人中吟味仕、面縄間切與人佐栄久悴佐栄城事、自分物入ヲ以稽古ニ差登候而公私之支無之可然ト與人中ヨリ首尾申上候処、延享元年子夏佐栄城自分物入ヲ以唐通事稽古ニ罷登候様ニ御國許ヨリ被仰渡、大冨山嫡子佐栄冨同心ニテ上國仕候而、翌丑年佐栄城事惣横目格被仰渡候段、御國許ヨリ當島御代官所江被仰越候」とある。

栄城と同様、鹿児島での数年におよぶ稽古を積み徳之島に戻っており、病もあって無役のまま過ごしていた明和三（一七六六）年に、中国船が面縄間切浅間村沖に漂着する事件に出くわすこととなった。佐栄富は、唐人との連絡役や文書を和訳するなど、大いに活躍したようである。この時の活躍で佐栄富は、正式に与人格の待遇を得て唐通事へ任命されている。*35

奄美大島で唐通事を勤めた程進儀の経歴記録（「程進儀由来勤功書」）を見ても、唐通事は漂着現場に詰め、「唐話」で「対談・通弁」し、漂着の事情や必要物資を聞き出すなど、通訳、そして文書の翻訳官としての役割を果たすものであったことが分かる。

琉球側が漂着民を清国へ送還する際に作成した『歴代宝案』所収の文書には、佐栄富がかかわったとみられる記述がある（図11）。文書は、「本国属地の徳島（徳之島）地方官の報に拠るに称す」と、徳之島からの連絡であると断ったうえで、「乾隆三十一（一七六六）年正月八日に・・・難民蔡永盛等の駕船一隻が、風に遭い本島（徳之島）に飄入し」たことなど、蔡永盛等の供述内容を引用している。また、蔡等は一月八日に徳之島の沖合に到り、風浪が激しくなったため、身の回りの荷物だけを持って船板（杉板）を海に投げ、それにつかまって生き残ったこと、乗っていた船はその後、行方知れずとなったことなど、当時の状況を生々しく証言している。*36 これらの内容を聞き取り報告したのは、佐栄富であったと考えられる。

なお、同年には「大島地方官」からの報告も琉球側に届いており、四月二日に行方知

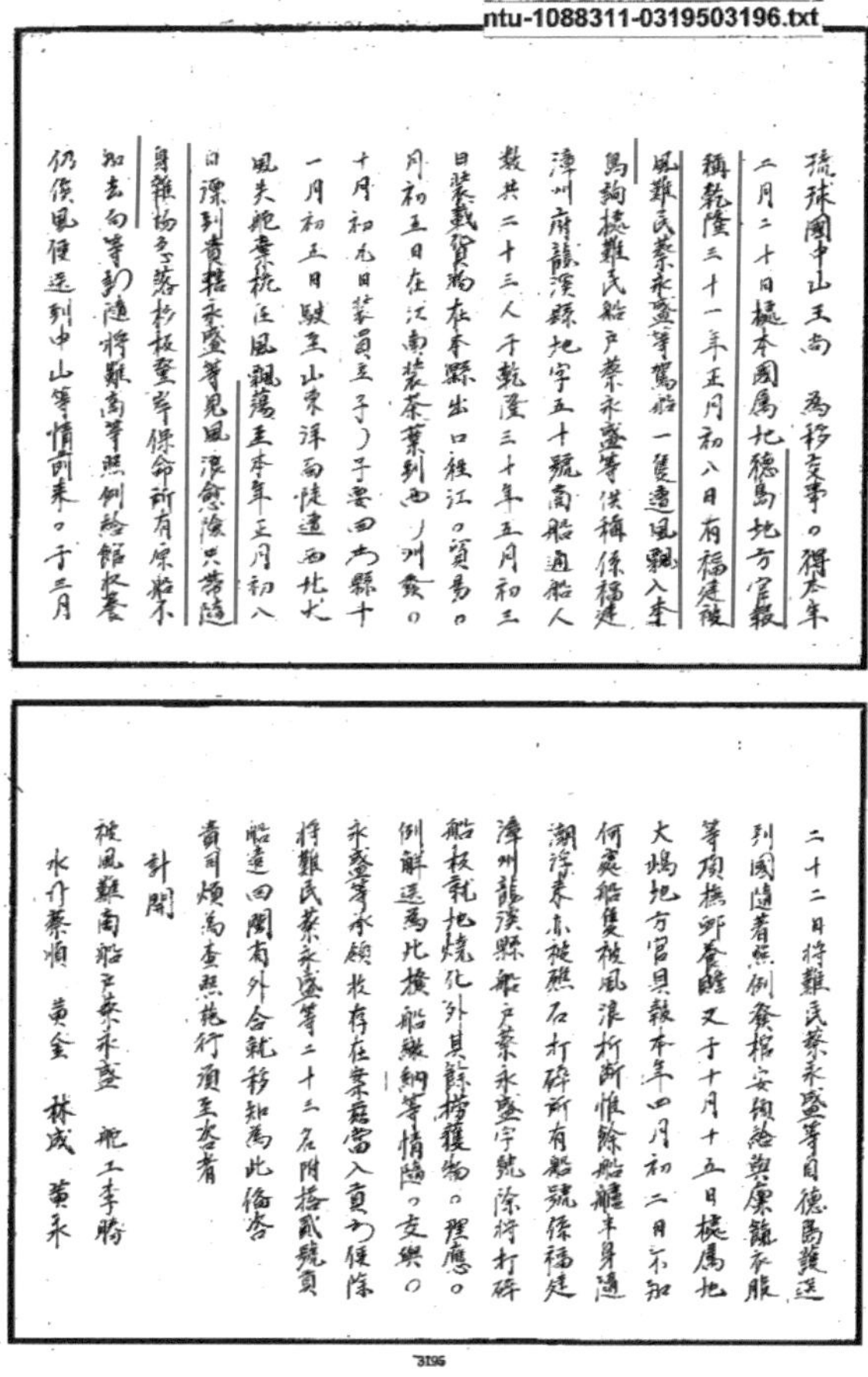
ntu-1088311-0319503196.txt

琉球國中山王尚　為移咨事。竊本年
二月二十日據本國屬地德島地方官報
稱乾隆三十一年正月初八日有福建被
風難民蔡永盛等駕船一隻遭風飄入本
島詢據難民船戶蔡永盛等供稱係福建
漳州府龍溪縣地字五十號商船通船人
數共二十三人于乾隆三十年五月初三
日裝載貨物在本縣出口往江南貿易。
同月初五日在江南裝茶葉到[illegible]州發。
十月初九日裝貨[illegible]要回本縣十
一月初五日駛至山東洋面陡遭西北大
風失舵棄桅任風飄蕩至本年正月初八
日漂到貴轄永盛等見風浪愈險只帶隨
身雜物[illegible]落杉板登岸保命所有原船不
知去向等動隨將難商等照例給館收養
仍候風便送到中山等情前來。于三月

二十二日將難民蔡永盛等自德島護送
到國遵着照例發給安頓給與廩餼衣服
等項撫卹養贍。又于十月十五日據屬地
大島地方官具報本年四月初二日不知
何處船隻被風浪折斷惟餘船艙半身隨
潮浮來亦被瀝石打碎所有船號係福建
漳州龍溪縣船戶蔡永盛字號除將打碎
船板就地燒化外其餘撈獲物。理應。
例解送為此撥船繳納等情隨。交與。
永盛等承領收存在案茲當入貢之便除
將難民蔡永盛等二十三名附搭貳號貢
船送回閩省外合就移知為此備咨
貴司煩爲查照施行須至咨者
計開
被風難商船戶蔡永盛　舵工李勝
水手蔡順　黄釜　林成　黄永

3196

図 5-11　『歴代宝案』2-50-25 号文書
（国立台湾大学図書館所蔵）

*34 鹿児島県立図書館奄美分館編『奄美史料（1）大島要文集』（一九七一年）所収の「7 道之島漂着唐船の扱いにつき」（元禄九年子十一月十五日付け大島代官あて）、一二二頁参照。

*35 前掲註21『永喜家家譜』、一三三頁。

*36 『歴代宝案』二—五〇—二五号文書（琉球国中山王尚穆より福建布政使司あて、徳之島漂着の清国人蔡永盛等を進貢二号船にて送還する旨の咨文）（沖縄県教育庁文化財課史料編集班編『歴代宝案訳注本　第六冊』沖縄県教育委員会、二〇一九年）。

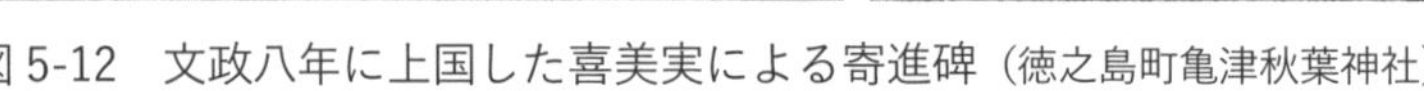

図 5-12 文政八年に上国した喜美実による寄進碑（徳之島町亀津秋葉神社）

らずとなった船（半身）は、大島の岩礁にあたって壊れ、海に潜って回収された貨物が琉球に送られている。[*37] 現場対応の唐通事、そして島嶼間の連携を通じて奄美の島々には、漂着民を送還する体制が敷かれていたのである。

与人の上国

間切（噯）行政の総裁役であった与人は、島内でおこなう業務のほかに、鹿児島や琉球などへ赴く業務も担った。特に鹿児島へ赴くことを広く「上国」といったが、慶事に際し祝いのため与人が赴くことを「上国与人」と呼び、頻繁におこなわれた（図12）。この与人が上国する制度は、元禄四（一六九一）年に奄美四島の与人が藩主に謁見（御目見）することが許されたことに始まる。

この制度は、与人を藩主に謁見させることで、島役人らに忠誠を誓わせ、藩政への一層の協力を促すことを目的に開始された。[*38] 徳之島における開始の経緯は、『前録帳』の元禄四（一六九一）年の条に詳しく、この時、亀津の与人であった大勝がはじめて藩主に謁見している。[*39] この後、宝永三（一七〇六）年まで毎年上国がおこなわれ、その後は経費節減のため藩主等に慶事があれば指示を受けておこなう制度へと改められた。

宝永三（一七〇六）年に、毎年の上国が改められた背景について、『大島要文集』にある「覚」がその

＊37 前掲註36『歴代宝案』二—五〇—二五号文書には、救助された人物と、徳之島と奄美大島で回収された貨物の一覧が記載されている。

＊38 前掲註7松下一九八三：五八—六四頁。

＊39 『前録帳』（前掲註8松下編『奄美史料集成』、二三三頁）元禄四年の条に「〈前略〉元禄四 天（ママ） 辛未年道之島與人初而上國被仰渡候而、徳之島ヨリ亀津與人大勝罷登御目見被仰付、尤献上物差上拝領物被成下頂戴仕候、左候而未年以後ハ年々與人上國被仰出候ニ付、毎年罷登花金之髪指・朝衣・大帯・胴衣・袴着用仕、御目見被仰付候処、宝永三 天（ママ） 戌年上國仕候儀被召留、何ソ御折目之節御祝儀被仰渡罷上リ来リ候」とある。

一端を伝えている。それによれば、上国にかかる島内での物資調達の負担が大きかったこと、これにより百姓らが困窮していることなどが挙げられている。[*40] 記事に見るように、与人らはただ上国したのではなく、さまざまな献上物を島民に割り当てて用意しており、島民にとっては例年の上納に付加される新たな負担となっていた。一方で、島役人たちにとっては、藩主謁見の栄誉だけでなく、鹿児島城下の文化に触れ、同じく上国してきた他島の与人たちと交流する重要な機会となった。他にも応対を担当した問屋との関係構築や、同伴させた子弟の教育機会など、鹿児島と奄美諸島間をつないだ点で重要な意味をもっていた。

与人上国の回数と上国日記

近世を通じた与人の上国が、どの程度おこなわれたのか。諸史料に散見される記事をつなぎ合わせるほか確認のすべがなく判然としないが、例えば『前録帳』に記されたものだけをみても、上国制度が開始された一六九一年から一八五七年までの間に四十五回を確認することができる。さらに、与人の上国は、常に道之島の四島（徳之島を含む奄美大島・喜界島・沖永良部）へ同時に指示されたことから、諸代官記にある記録を掛け合わせると、少なくとも六十九回（一六九一～一七〇一年まで毎年上国したことを含めると七十六回）にも上ることが分かる。確認できる数から見れば、ほぼ三年に一回の割合で上国がおこなわれていたこととなる（表3）。

それぞれの上国がどのようなものであったのかについては、準備の過程とやりとり、お目見えなどの詳細が「上国日記」として残されており、徳之島においても複数の「日記」を確認することができる。また、日記形式ではないものの、『前録帳』内に比較的詳細に記した例がいくつか確認できる。主なものは、①宝暦五（一七五五）年の与人大富山、②明和二（一七六五）年の与人佐栄城、③文政六（一八二三）年の与人道統、④安政四（一八五七）年の与人徳善の上国の例である。

例えば、①宝暦五（一七五五）年の与人大富山の例（図13）は、上国の指示を受ける前後の状況も記している。宝暦四年に島津善次郎（後の第八代藩主・島津重豪）が江戸で後継ぎとして認められ、松平又三郎忠洪へと改名したこと（八月）にはじまり、お祝いのために道之島の与人らへ翌年夏（一七五五年）の上国

＊40　鹿児島県立図書館奄美分館編『奄美史料（1）大島要文集』（一九七一年）所収の「10　与人一人祝儀上国の件」に「〈前略〉此已前年々上国仕候付テハ島中江諸用物大分相掛候ニ付百姓中及困窮候由其聞へ候〈後略〉」とある。

表 5-3 『前録帳』および諸代官記にみる与人上国（1691〜1871）

No.	年号(西暦)年	上国理由	徳之島の上国与人	徳	大	喜	沖
1	元禄4（1691）年	元禄4（1691）〜宝永3（1706）年まで毎年上国	大勝（亀津与人）	○	○		○
2	元禄7（1694）年		古仲（東間切与人）	○			
3	元禄14（1701）年		白満（伊仙与人）	○			
4	正徳元（1711）年	祝儀	義真（伊仙与人）	○			
5	享保元（1716）年	祝儀（若殿様御前髪取り）	義宝（伊仙与人）	○			
6	享保5（1720）年	祝儀（若殿様御初入部）	前幸（伊仙与人）	○			
7	享保19（1734）年	慶事	大和瀬（井之川与人）	○			
8	元文5（1740）年	＊慶事祝儀（又三郎様松平の称号拝領）			○		
9	延享2（1745）年	祝儀（薩州様御初入部）	佐栄久（面南和間切与人）	○			
10	寛延2（1749）年ヵ	＊祝儀（太守様従四位上中将に昇進）				○	
11	宝暦5（1754）年	祝儀（島津善次郎の嫡子誕生等）	大富山（東間切与人）	○			
12	宝暦6（1756）年	祝儀（家督相続）	納山（伊仙与人）	○		△	
13	宝暦7（1757）年ヵ	慶事				○	
14	宝暦9（1759）年	—				○	
15	宝暦10（1760）年	＊慶事祝儀（＊藩主様・保姫様縁組み）			○	○	
16	宝暦11（1761）年	祝儀（＊家督相続後はじめて御下国）	嶺澄（井之川与人）	○		○	
17	宝暦13（1763）年	祝儀	福澄（岡前与人）	○			
18	明和2（1765）年	祝儀（太守の従四位上中将の官位昇進）	佐栄城（喜念与人）	○		○	
19	安永元（1772）年	＊慶事祝儀			○		△
20	安永3（1774）年ヵ	祝儀（若君様誕生）					○
21	安永4（1775）年	慶事	政幸（岡前与人）	○			○
22	安永5（1776）年ヵ	＊祝儀（茂姫様縁組み）				○	
23	安永6（1777）年	＊慶事祝儀			○		△
24	天明2（1782）年ヵ	＊祝儀（茂姫様一橋家へ引き取り）				○	
25	天明5（1785）年	＊慶事（＊太守様加冠・元服、又三郎・忠尭様と改称等）			○	○	
26	寛政元（1789）年	＊祝儀（若殿様御入国）			○	○	
27	寛政3（1791）年	慶事	義山（井之川与人）	○	○	○	
28	寛政8（1796）年	慶事	正智（井之川与人）	○	○		
29	寛政10（1798）年	慶事	福祐基（兼久噯与人）	○	○	○	
30	享和元（1801）年	慶事	角孫（喜念噯与人）	○		○	
31	享和3（1803）年	慶事	奥山（岡前与人）	○	○		
32	文化2（1805）年	慶事（＊若殿様元服、一字偏諱し斉興に改称、従四位下侍従昇進等）	泰安（与人）	○		○	
33	文化7（1810）年	慶事（＊若殿様婚姻、家督相続、少将任官等）	名嘉郷（井之川噯与人）	○	○	△	
34	文化8（1811）年	慶事	福美（岡前噯与人）	○		○	
35	文化9（1812）年	慶事（＊太守様御初入部）	正城（井之川噯与人）	○		○	
36	文化10（1813）年	＊慶事			○	○	
37	文化12（1815）年	＊慶事			○		
38	文化13（1816）年	慶事（＊都姫様縁組み、若殿様軽く疱瘡罹患等）	松里（岡前噯与人）	○	○	○	
39	文化14（1817）年	慶事	福祐基（兼久噯与人）	○			
40	文政元（1818）年ヵ	慶事祝儀				○	
41	文政2（1819）年	慶事（＊太守様従四位上中将任官）	富屋（岡前噯与人）	○	○	○	
42	文政3（1820）年	慶事（＊大御隠居様病気快復）	義山（伊仙噯与人）	○	○	○	
43	文政4（1821）年	慶事	資山（兼久噯与人）	○			
44	文政5（1822）年	慶事（＊若殿様加冠・元服、又三郎忠方様と改称）	記福美（喜念噯与人）	○		○	
45	文政6（1823）年	祝儀（大御隠居の老年により江戸吹上御庭見物）	道統（兼久噯与人）	○	○		
46	文政7（1824）年	慶事	頂喜（岡前噯与人）	○			
47	文政8（1825）年	慶事	喜美実（伊仙噯与人）	○	○		
48	文政10（1827）年	慶事（＊若殿様婚姻）	竹仁角（喜念噯与人）	○	○	○	
49	天保2（1831）年	慶事	屋山（亀津噯与人）	○			
50	天保3（1832）年	慶事	古知村（井之川噯与人）→（病気名代）角勇（伊仙噯与人）	○	○	○	
51	天保4（1833）年	慶事	福登美（与人面南和間切田地方掛）	○	○		
52	天保6（1835）年	慶事	福祐（岡前噯与人）	○	○		
53	天保10（1839）年	慶事	富屋（井之川噯与人）	○		△	
54	天保11（1840）年	祝儀ヵ（中将様、正四位の官位に昇進）	勇喜応（亀津噯与人）	○			
55	天保13（1842）年	＊慶事			○		
56	天保14（1843）年	祝儀（中将様、正四位上の官位に昇進）	義山（兼久噯与人）	○		○	
57	嘉永4（1851）年	祝儀（太守様御隠居、少将様御家督、宰相様御茶入拝領）	頂喜（伊仙与人）	○	○	○	
58	嘉永5（1852）年	祝儀（太守様御初入部、若殿様御嫡子届出済）	奥□山（亀津与人）	○	○	○	
59	嘉永6（1853）年	慶事（太守様従四位上へ昇進、中将任官）	福喜祐（兼久噯与人）	○	○	○	○
60	安政3（1856）年	祝儀（両殿様、大砲献上により江戸にて将軍より拝領等）	喜祐実（伊仙噯与人）	○	○	○	○
61	安政4（1857）年	祝儀（篤君様婚礼等）	徳善（井之川噯与人）	○	○	○	
62	安政5（1858）年	＊慶事（宰相様御官位）			○		○
63	安政6（1859）年	＊慶事（＊又次郎様聟養子、御初入部等）			○		○
64	文久2（1862）年	＊慶事（＊又三郎様関白より烏帽子・直垂拝領等）			○		△
65	文久3（1863）年	＊慶事祝儀（＊少将・太守様国家藩屏の任を尽くし太刀・馬等拝領、三郎様朝議参与就任等多数）			○		○
66	慶応元（1865）年	＊慶事（四種の慶事）			○		
67	明治元（1868）年	＊慶事（＊太守様天朝より剣・勅書頂戴、殉死者葬礼の一社創建の勅命到来の祝儀）			○		○
68	明治2（1869）年	＊慶事			○		△
69	明治4（1871）年ヵ	＊慶事（勅使下向）					○

＊本表は「徳」は『前録帳』、「大」は『大島代官記』、「喜」は『喜界島代官記』、「沖」は『沖永良部島代官系図』の記載によるものに「○」を記し、「△」は当該年の派遣に関わると推定されるものに付した。

＊表内の「＊」は『前録帳』以外の記載から補ったものを示す。

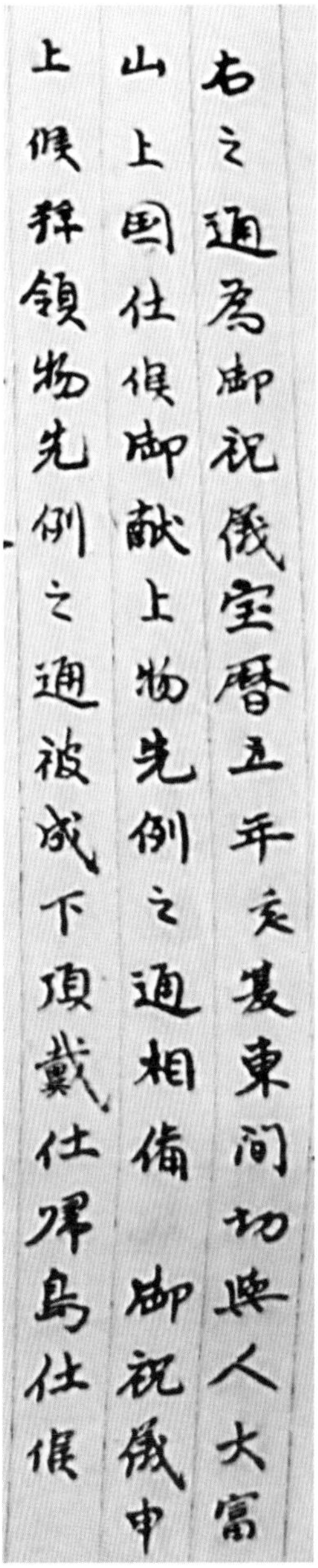
右之通為御祝儀宝暦五年亥裏東間切與人大富
山上国仕候御献上物先例之通相備　御祝儀中
上候拝領物先例之通被成下頂戴仕帰島仕候

図 5-13　『前録帳』宝暦４年の条部分（鹿児島県立図書館所蔵）

が指示された（代官宛ての九月二十八日付けの文書）。これに対し、十二月十六日付けで代官の山田九郎左衛門は、指示された連絡を与人らへすぐに伝えると、三間切の与人らはその日のうちに亀津の代官所へ祝意を伝えている。また、与人らは、代官所との連名で間切（噯）役人（与人から杣見廻まで）らへ、十二月二十八日にお祝いのため、みなで代官所へ赴くよう伝達している。『前録帳』には、その後、翌年夏に献上品を揃えて大富山が上国し、藩主から返礼品を拝領して帰島するまでを記す。また、もっとも詳しく上国の過程を記したのは、③の文政六（一八二三）年に上国した与人道統の一件である。これは文政五年に島津重豪が、吹上御庭（ふきあげおにわ）（徳川家の庭園、現在の吹上御苑）に招待されたことをお祝いするための上国であった。記録は、上国指示の伝達から同年五月二十五日の徳之島出航、鹿児島までの航路、大御隠居（島津重豪）・御隠居（島津斉宣（なりのぶ））・藩主（島津斉興（なりおき））および家老等への献上品の進上、四島与人らとの祝宴、鹿児島城への登城と謁見・宴席、拝領物の受領、郷士格（ごうしかく）と「与人上席（よひとじょうせき）」を与えられたことなど、文政七年三月の帰島までを詳述している。

（山田浩世）

コラム5 上国日記――近世島人の「旅」

近世島役人の上国と日記

近世の島役人たちのなかにあって最高職の与人役には、藩において特別な慶事があると、そのお祝いとして献上品を携えて上国することが命じられた。徳之島には、その時の上国がどのようなものであったのか、業務の内容を記録した「上国日記」が多数残されている。複数伝来する上国日記のなかで、もっともよく知られたものの一つに、喜念噯の与人で、文久三（一八六三）年に上国した道統が書き残した『道統上国日記』がある（図14）。

道統の上国は、まず文久三年正月十二日に故島津斉彬の朝廷への忠節から位階と官位（権中納言・従三位）が贈られたことを祝うものとして指示が出された。後に、貞姫と近衛左大将との縁組み、藩主島津忠義の後見役に島津久光が命じられたことなどの理由も加えられて、上国が進められていく。なお上国は、奄美四島の与人らだけでなく、薩南諸島に属する七島（トカラ列島）や三島（硫黄島・黒島・竹島）の人びとへも命じられている。

道統の上国日記には、上国の指示をうけた後、五月二十四日の出発まで、献上物の調達や安全祈願、道統に従い上国するメンバーらとの諸準備が島内で進められていく過程も詳細に記されている。また、徳之島出航後、六月に山川に入り、七月初頭に城下に入ろうとする矢先、薩英戦争に出くわすなど波瀾に富んだ旅となった。日記は、戦火をやり過ごし、ようやく九月に藩主へ謁見し、十二月に鹿児島を

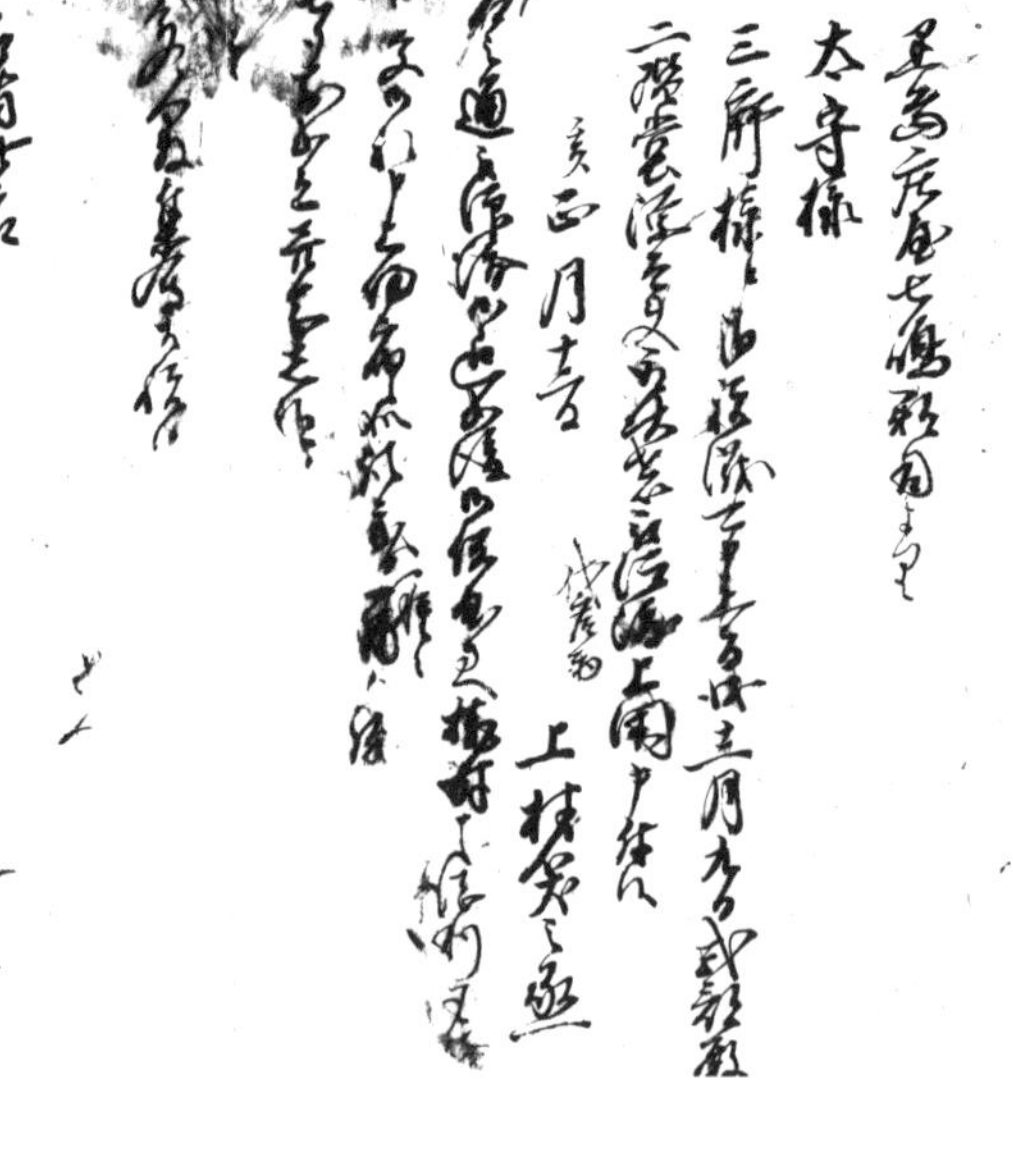

図 5-14 『道統上国日記』 複写（伊仙町歴史民俗資料館所蔵）

出発するまでほぼ一年にわたっている（十二月二十四日以降は欠損）。

この非常に詳細な記録『道統上国日記』は、郷土史家の山下文武が、日記の所有者（伊仙町出身の重武克彦）から書き写したものがよく知られている。全文は山下が編者となった『南西諸島史料集　第四巻』（南方新社、二〇一〇年）に収録されているほか、冒頭から七月二十三日まで（全体の約三分の一ほど）の内容は、現代語訳したうえで注を付し、『徳之島郷土研究会報』（九～十一号、一九八二～五年）に上・中・下（訳注者は前田長英）として掲載されており、比較的手に取りやすく紹介されているので、興味のある方は是非一読をおすすめしたい。

次に日記のなかから、近世の島人がおこなった鹿児島への旅の一端を紹介してみたい。

上国への祝いと不安

道統は、代官の上村笑之丞から正月十四日に上国を命じられると、そのお礼を伝えるとともに、亀津の宿に戻り、方々からお祝いの挨拶と品物を受け取っている。また、その日の午後に亀津の市街を出て、喜念に戻る途中、「先祖所」（墓所）へ立ち寄ったところ、夕方になってここでも方々から人が集まり、みなで任命のお祝いをおこなっている（正月十二日の条）。与人として上国するという島役人としての慶事を、先祖に報告し喜び合ったのであろう。道統の人生においてもこの上国という旅は、重要な節目であったのである。

一方で、上国は、危険と隣り合わせの旅でもあった。そのことは、各所で道統が航海安全の祈願をおこなっていることとともに（例えば四月十八日の条）、鹿児島で流行病で免疫がなく重症化すれば死亡する可能性の高い疱瘡流行の噂を耳にした折に、随行者の安全も含め不安を吐露している記事からも分かる（四月朔日の条）。

この日、道統は、徳之島に詰役人として新しく赴任してきた横目らに鹿児島での疱瘡流行の状況を尋ねている。彼らによれば、当時、鹿児島の上町で一人が罹患し、長崎で痘種を植え付けて免疫力を人為的につける「植疱瘡」をおこなった者が、結局「本疱瘡」となるなど、城下の各所で流行していることを伝え聞いている。疱瘡の症状は、近年の種痘によって軽くなっているとは知りながらも、随行者らに罹ったことのないものが多いことから、彼らをメンバーから外すべきか、旅への不安を記している。

なお、道統らは、上国途中の山川で疱瘡に罹ったことのなかった七名に、人為的に痘種を植付ける「植疱瘡」をおこない（六月十四日～十五日の条）、免疫力を獲得し体調が整った後、万全の状態で城下へ向かう手はずを整えている。その後も疱瘡流行の最新情報に注意を払うなど、島人らの旅を知るうえで興味深い場面が続く。

薩英戦争による爪痕が色濃く残る城下にあって道統らは、九月九日になって、ようやく藩主へのお目見えとなった。

献上物お披露目と宴席

前日には、一度登城し謁見の手順などを練習したうえで、本番に臨んでいる（九月八日の条）。

九月九日当日、鶴丸城へ登城した後、献上物をならべ、奄美の他島の与人らとともにお目見えの順番を待った。この間にも献上物を確認するさまざまな役人らが出入りし、係りの役人らがくると挨拶をかわし用意していた贈り物を渡すなど、儀式にともなう複雑な作法とやりとりが繰り返される。

そしてついに、係りの者に連れられて城内（じょうない）の杉の間に入るとお目見えがおこなわれた。この時、奏者番（そうじゃばん）らとともに控えていたところ、藩主が（部屋へ）出座（しゅつざ）する音が聞こえた、とその場にいた道統ならではの臨場感ある記載が続く。お目見えは、まず諸役人ら数十人が順々におこない、それに続いて奄美四島の与人らが案内されて対面所で謁見している。時間にすれば短くあるものの、張り詰めたなかで藩主謁見を無事済ませ、退城となった。

図 5-15　現在に伝わるトンダフ（徳之島町郷土資料館所蔵）

退城にあたっては、案内役などの役人たちへ、与人らが連名で持参した（料理を盛った）東道盆（トンダフ）一面（図15）・酒二十盃・肴一折などを贈り、各所へお礼を述べて宿にもどった。

帰宿後、世話役の問屋らとともに、与人ら面々は、祝いの宴席を設けている。料理には、吸物二種・（料理を盛りつけた）硯蓋（すずりふた）一面・丼物二台・さしみ鉢一つが用意され、重責を果たしたお祝いを、賑やかにおこなったと日記は記している。

長い緊張の一日を終え、少しは肩の荷がおりた気分であったのだろうか。

（山田浩世）

【参考文献】

「道統上国日記」（山下文武編『南西諸島史料集　第四巻』（南方新社、二〇一〇年）

前田長英（訳註）「道統上国日記（上）～（下）」『徳之島郷土研究会報』九～十一号、一九八二～一九八五年

第二節　系図・徳之島物語からみた地域社会の諸相

1　島役人と系図

藩による古記録収集と系図

琉球統治時代の最高位である大親の後裔にして、近世においても代々島役人を輩出した政家の系図の序文には、興味深い一節が残されている。「貞享五（一六八八）年、（代官の）大島慶左衛門が在島の時、一門が繁栄していることを聞きつけ、系図をご覧になられ、当時の家老衆・新納又左衛門殿にお目にかけたところ、『珍しいほどの繁栄である』と、ご褒美を…古仲に下された」との一節である。

続く序文のただし書きには、代官（大島）や家老（新納）に見せた系図は、虫食いや字形が不確かなところがあり、また、新たに生まれた者もあって、これらを整序し、正徳三（一七一三）年に徳之島に滞在した御附役・木上清左衛門に依頼し書き改めたこと、明治九（一八七六）年にも木場善兵衛によって調えてもらったことを述べている。[*41] 早くから政家では系図が認められていたこと、その編纂を来島した藩役人などに依頼し書き継いでいたことなどを知ることができる。

奄美の系図は、島役人を務めた家系によく見られ、一族の出自や来歴を示す資料として重視されてきた。今では地域の歴史を書き記す貴重な資料ともなっている。[*42]

これら系図などに代表される古記録は、長らく元禄・宝永期の藩庁による古文書収集によって取り上げられ、隠滅の対象となったと考えられてきた（系図焼却論）。しかし、最近では幕府による諸大名家の由緒確定などを目指した寛政家譜の編纂に影響され、薩摩藩内で進められていた記録所設置による家譜や由緒の整理にかかわる動向と連動しておこなわれていたことが指摘されるようになっている。[*43] 一連の古記録収集は、元禄八（一六九五）年・同十（一六九七）年・宝永三（一七〇六）年の系図等の提出

＊41　『政家系図』序文に「于時、貞享五辰九月、大島慶左衛門殿御在島之砌、一類手廣有之由、被聞召、系圖御調、御家老衆新納又左衛門殿江被為掛御目候處、弥鋪類中廣有之由、御褒美之御返礼［　］ヨリ古仲方江被下之候ニ付、系［圖　］置者也／但、慶左衛門殿御状被下候系図或ハ虫喰字形不慥或其後出生之者共数多有之、依難書加、正徳三癸巳閏五月木上清左衛門殿相頼改置候處、又ハ虫喰、其後出生ノ者多人数相及于時明治九丙子歳閏五月依頼ニ木場善兵衛改之」とある（徳之島町郷土資料館編『徳之島町古文書翻刻資料（第二集）　徳之島町手々集落深見家ノロ文書・堀田家神役文書・宗門手札改文書・天城町岡前政家系図』徳之島町教育委員会、二〇二〇年）。

＊42　門外不出とされていた『永喜家家譜』（『八十八呉良謝佐栄久由緒記』）を、『徳之島郷土研究会報』（特集号、一九八一年）で全文翻刻公開した際の序文において、前田長英は「これはただ一永喜家の家譜として、人の流れを把えるだけではなく、時代時代における薩摩や琉球への対処の仕方、全島の村々のかかわり合い、災害・疫病その他の社会事象からさまざまなものを酌みとることができます。その意味で貴重な歴史資料と言えます」と地域の資料としての重要さを説く。

命令としておこなわれた。奄美の旧家にかかる古記録が、意図的に隠滅されたと考えられた背景には、元禄九（一六九六）年四月に起こった鹿児島城（鶴丸城）の火災およびそれによる記録所の類焼によって、保管されていた古記録が失われてしまったことがあった。[*44] このため、提出された古記録は戻されることはなく、都成植義による『奄美史談』以来、記録は藩によって奪われ焼き捨てられてしまったとの理解につながった。

図5-16　シキントー墓にある伊地知重張の墓

当時の古記録収集は、藩内の各所でおこなわれていたようで、よく知られる元禄から宝永の三度の収集以外にも断続的におこなわれていた。徳之島町諸田にあるシキントー墓に葬られている伊地知重張（いじちしげはる）は、元禄十四年に「文書改め」を目的に来島し亡くなったとされ（図16）、文書提出後の追加調査などとして訪れていたとされる[*45]（第三章参照）。

三回目の提出令となった宝永三（一七〇六）年の指示を見てみると、①所持している系図文書や旧記類は残らず提出し、以後に未提出の記録があった場合、それを根拠に由緒を申し出ても証拠として採用しないことや、②文書は記録所で写し取って返却し、藩のものとして召し上げることはないので安心して提出せよ、との文言も見える。また、③系図などの文書を持たなくても由緒や家伝があれば文書に認めて提出することも述べられている。[*46] 執拗な催促は、逆に火災による焼失の体験もあって、古記録を「召し上げ」られてしまうのではないかとの懸念をつきまとわせていたことを読み取ることができよう。

＊43　弓削政己「奄美諸島の系図焼棄論と『奄美史談』の背景」『沖縄文化研究』三八号、法政大学沖縄文化研究所、二〇一二年。

＊44　「覚」に「御方文書、先年御記録所御用ニ付被差出置候、然処元禄九年四月廿三日、御城御類焼之節、古文書惣様罹火災候」とある（『菱刈文書』鹿児島県歴史史料センター黎明館編『鹿児島県史料　旧記雑録拾遺　家わけ七』鹿児島県、一九九九、四三九頁）。

＊45　『宇検村誌』三七三頁。

＊46　鹿児島県立図書館奄美分館編『奄美史料（1）大島要文集』（一九七一年）所収の「9　系図文書差出令」二三―二四頁。

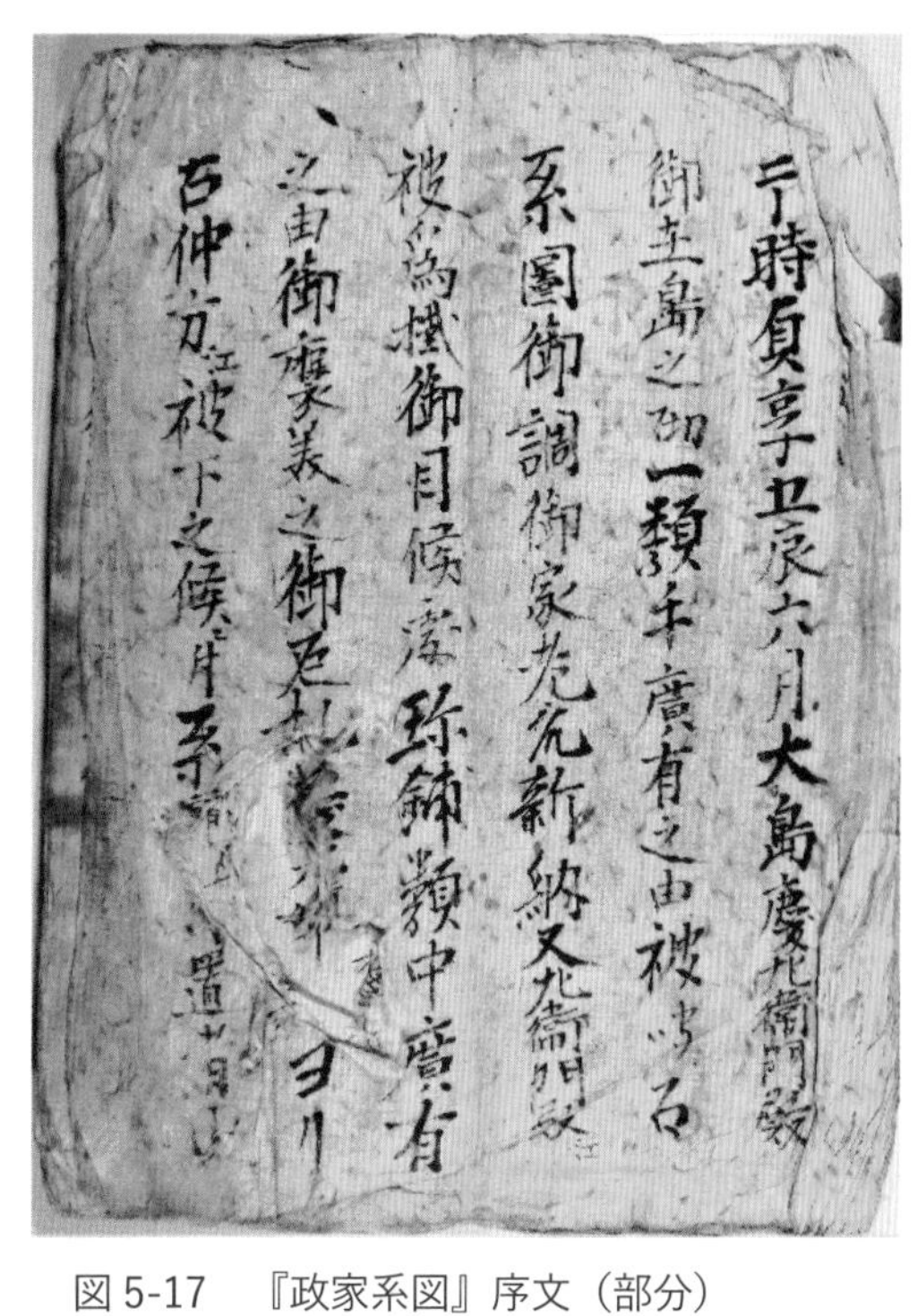

図 5-17　『政家系図』序文（部分）

また、系図などの旧記類が重視されたのは、島役人らが藩に由緒を訴える証拠文書として用いていたことも関係していた。島役人らは、琉球国統治時代以来の名門家の子弟がほぼ独占していたが、宗門手札改めに際しては島役人らも「百姓同然」に「無位無官」とされたため、たびたび由緒を強調する動きがあった。*47 先に紹介した貞享五（一六八八）年の『政家系図』序文（図17）に記された一件も、主旨は同様で、自らの由緒を示すうえで系図が大きな意味をもっていたことを表している。

島役人を勤めた者の多くは、琉球統治時代から続く名門家の出身者らであった。

「首里之衆」（大親）の後裔たち

これらの家には、由緒を示すため、系図や由来を記した文書が大切に保管され、その一部が現在まで伝わっている。先に紹介した『政家系図』を書き継いだ政家が属するのは、琉球統治時代に島内統治の最高職であった首里大屋子（後の大親）を勤めた初代島主とされる「首里之衆」（首里之主とも）の一族である。「首里之衆」にはじまる一族の系図を集め、代々の人物を紹介しながら徳之島の歴史を示した代表的な著作に、坂井友直（栄友直）の『首里之主由緒記』があるが、以下では「首里之衆」から分かれた家々について見てみることとしたい。

首里から派遣され赴任した「首里之衆」は、『永喜家家譜』（『八十八呉良謝佐栄久由緒記』）*48 などによると、二人の子どもをもうけたとある。長男は思太良金でのちに二代目島主となって「西世之主」（西之主）と称され、その弟は思祢戸金で、兄の死後、三代目島主となって「東ヶ之主」（東之主）と称され、

＊47　『大和村誌』（大和村、二〇一〇年）、二〇七—二一〇頁。

＊48　永喜家の系図である『永喜家家譜』（『八十八呉良謝佐栄久由緒記』）は、『徳之島郷土研究会報』（特集号、一九八一年）に全文翻刻され紹介されている。

琉球侵攻がおこなわれる前年の一六〇八年二月に亡くなったことが記されている。[*49]

三代目の突然の死去により、新たに島主が任命されるまで、沖永良部島詰めの主であった大勝（思鎌戸）が四代目の島主となって兼務した。大勝は、徳之島に渡り亀津に役所を建てて詰めたが、たまたま沖永良部島に戻っていた折に琉球侵攻に遭ったとされる。この四代目島主は、前代の徳之島島主の後妻（真加戸）と縁組みし、その子どもは亀津用人などを勤めた大勝（思鎌登）となり、その後裔も島主（大親）の系譜を引く一族として繁栄した（『大勝家系図』）。

二代目島主であった西世之主の後裔らも代々島役人を輩出する家系となり、その息子の大和瀬は岡前の政家（『政家系図』）や小林家（『小林家系図』）の祖先である。また、三代目島主の東ヶ之主の長男は、徳之島に侵攻した島津軍に激しく抵抗し弟の思呉良兼とともに亡くなった掟・佐武良兼にあたる。この佐武良兼の息子に東之主と大屋子和の二人がおり、それぞれ伊仙の永喜家（『永喜家家譜』・『八十八呉良謝佐栄久由緒記』）や、宝満家（『宝満家系図』）へとつながっていった。

述べたように、諸家へと分かれた代々の島主の後裔（図18）から、とりわけ十八世紀頃まで数多くの与人（用人）が任命されていたことを確認できる。徳之島町域に属する亀津や井之川の与人について見てみると、亀津与人は四代目島主の遺児で、一六〇八年生まれの大勝（思鎌登）が与人となっており、その息子の大勝（思鎌戸）と坂元（思彌戸）の兄弟、さらにそれぞれの息子となる亀樽大勝、池城も亀津与人に就任している。また、二代目島主の西世之主の系統にあたる、大勝（永安）は、元禄二（一六八九）年に亡くなるまで亀津与人を勤めていたことが系図から分かる。

＊49　沖永良部世之主との関係については、先田光演『沖永良部島の世之主伝説—資料と解説』自家出版、一九九七年。

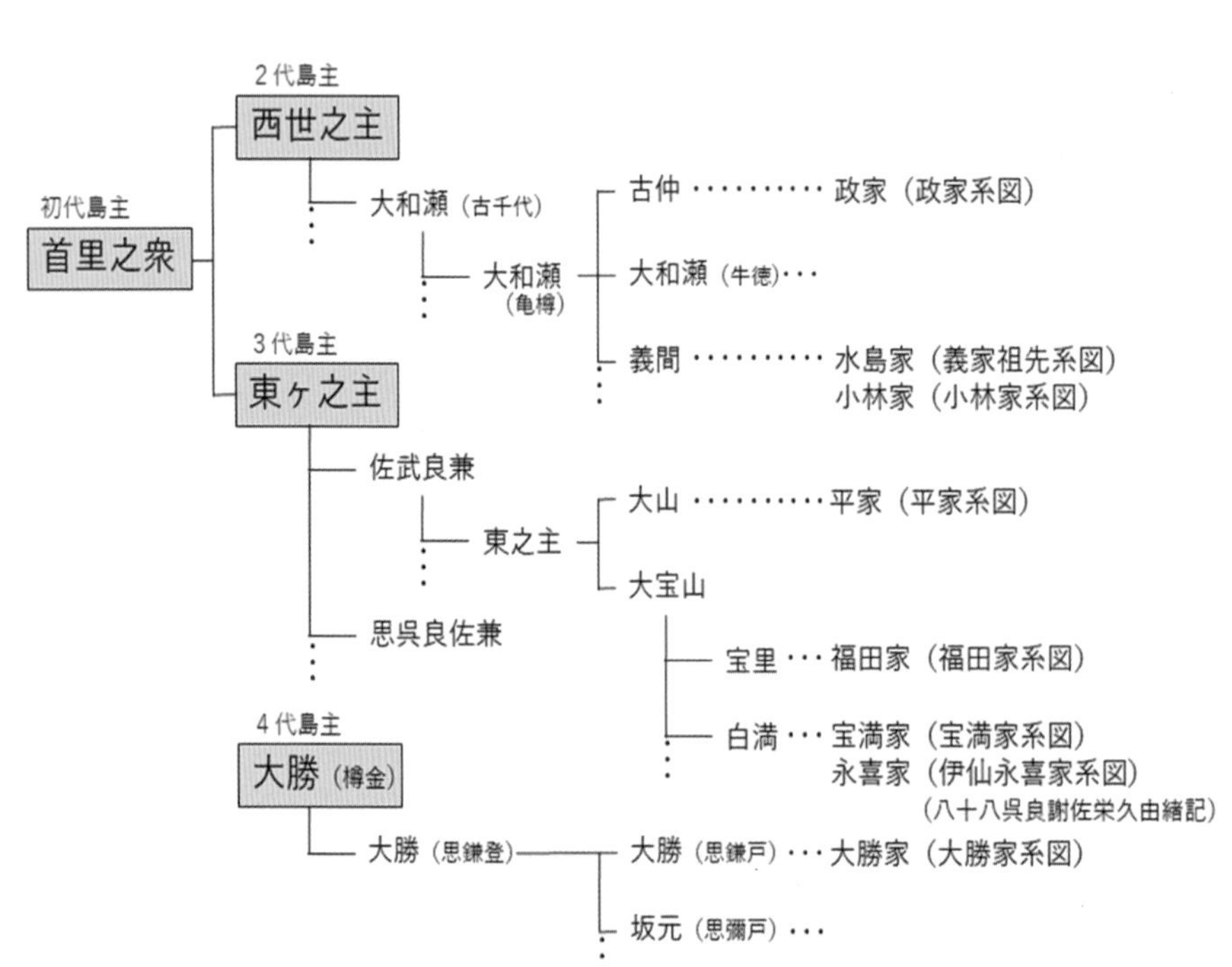

図5-18　首里之衆系統の主な系統と諸家

また、井之川与人は、西世之主の直系にあたる大和瀬（義勝）が五十四歳（一六五九年頃）で隠居するまで数年勤め、その息子の大和瀬（亀樽）も万治二（一六五九）年に「東間切用人」となっている（『政家系図』）。『前録帳』によれば、寛文四（一六六四）年ごろに「井之川用人」であったとあることから、一六五〇〜六〇年代ごろに親子で連続して与人を勤めたことが分かる。さらに、その大和瀬（亀樽）の息子である古仲は、元禄三（一六九〇）年から井之川与人を勤めたとされ、その兄弟の大和瀬（牛徳）の記事には、「元禄十四（一七〇一）辛巳年に（兄弟である）井之川与人古仲の隠居にともない、その次役を勤め」たという（『政家系図』）。また、古仲の息子に大和瀬（亀樽）がおり、こちらも井之川与人を勤めている。『前録帳』の享保十七（一七三二）年に「東間切与人大和瀬」、享保十九（一七三四）年に「井之川与人大和瀬」の名前が見えており、これらは大和瀬（牛徳）・大和瀬（亀樽）のどちらかであるとすれば、少なくとも一七三〇年代ごろまで一族内で井之川与人の職を多く輩出していたことが分かる。

薩摩系島役人の登場

琉球統治時代からの旧家による独占的ともいえる状況に変化が現れ始めるのは、十八世紀前半、とりわけ奄美大島で起こった文仁演事件（一七三四年）を契機とするとされる。*50 事件を通じて藩によって旧家出身の与人等が一斉に処罰されたことは、藩と在地島役人らの上下関係を明確にするものとなったと評価される。また、このころから、島に派遣された藩役人がもうけた子どもらを祖とし、薩摩系の家々が登場しており、彼らが代を重ねながら島役人へと登用されるようになっていく。

薩摩系の家の出身者が、島役人の最高位である与人などへ就任しはじめたのは、確認できる限り、徳之島の場合は十八世紀後半からである。島内で薩摩系の家として知られるのは、面縄の院家や井之川の奥山家などのほか、柳・林・井・太・泉家などを挙げることができる*51（表4）。

例えば院家のはじまりは、伊集院弥八郎の来島を契機とし、紀明奉行（一七一一年）や大島代官（一七二九年から三一年）などを勤めた伊集院が、事件に連座して享保二十（一七三五）年から延享四（一七四七）年まで徳之島に配流された。在島中に六名の子どもをもうけたが、その内の富芳（一七三六〜八五年）や

＊50　文仁演事件の概略（『名瀬市誌』名瀬市役所、一九六八年、四九三—四九四頁）。

＊51　ここまで、中村憲良「藩政下の薩摩系島役人の登場について」（『徳之島郷土研究会報』二五号、二〇〇一年）による。

表 5-4　薩摩系役人後裔の諸家（一字苗字・郷士格）一覧

一字苗字	郷士格許可者（許可年）	始祖（来島理由）
院	道統（1823年）	伊集院弥八郎（配流）
奥	亀上（1831年）	奥山八左衛門（代官所横目）
柳	義昇（1860年代）	本田家（未詳）
林	為喜祐（1870年）	鵜木又右衛門（未詳）
井	義美屋（1870年）	本田家（未詳）
太	頂山（1870年）	本田家（未詳）
泉	福喜祐（1872年）	小牧一郎左衛門（配流）

富盛（一七四一～一八〇〇）は与人職を勤めている。富盛の息子の道統（一七六六～一八三六年、初代道統）も与人などを歴任し、文政六（一八二三）年に一代郷士格と「院」の苗字を与えられた。

このように近世後期に入ると、琉球統治時代から続く家柄だけでなく、薩摩藩士の後裔などさまざまな来歴を持つ家々が島役人を勤めるようになっていく。そのなかから藩への貢献をもとに一代または代々の郷士格の身分を持つ人びとも現われていくようになる。

徳之島の郷士格

奄美において初めて郷士格を認められたのは、享保十一（一七二六）年の新田開発の功績による大島龍郷の田畑家の例[*52]を嚆矢とするが、数家が認められる例をはさんで、文政年間（一八一八～三〇）以降、砂糖増産の政策と連動し、急激に認められる例が増加していった。[*53]郷士格を認められるには、藩政への貢献が挙げられ、多くは莫大な砂糖の献納などが近世後期以降は求められた。逆に、郷士格を認められる人びとは、それに耐えうる経済力を必要とし、歴代にわたって島役人などを勤めた家がその候補であった。

徳之島で最初に郷士格の身分を認められたのは、宝暦十一（一七六一）年の伊仙の砂守嶺澄（後に一字姓「伊」を許可）の例で、砂糖増産に貢献したことを評価されてのことであった（『前録帳』宝暦十一年の条）。近世を通じて徳之島は、奄美大島に次いで多くの郷士格を輩出した島となる。天保九（一八三八）年ごろすでに郷士格は四十一名（『前録帳』天保九年の条）に上っており、明治期の身分改革（平民身分への移行）に際し訴え出た明治十二（一八七九）年の記録（『徳之島士族三十八家身分保障嘆願書（控）』）には三十八名が名を連ねる。

徳之島町の貴重史料―『福田家系図』『奥山家系図』

徳之島町内にみられる特徴的な系図としては、「首里之衆」の系譜を引く『福田家系図』や、薩摩藩役人である奥山八左衛門政賢（横目）にはじまる『奥山家系図』などを挙げることができる。

『福田家系図』は、諸田村に居住した「首里之衆」の息子で三代目島主を勤めた東ヶ之主の後裔にあたり、諸田村居住の宮栄喜と宮嘉美が、明治四十（一九〇七）年に編纂した系図である。[*54]形状は、冊子

＊52　代々の嫡子が「外城衆中格」を認められ、後に龍の苗字を名乗ることを許可された。

＊53　前掲註7松下一九八三：一五二―一六三頁。

＊54　『福田家系図』（福田博繁氏蔵）。

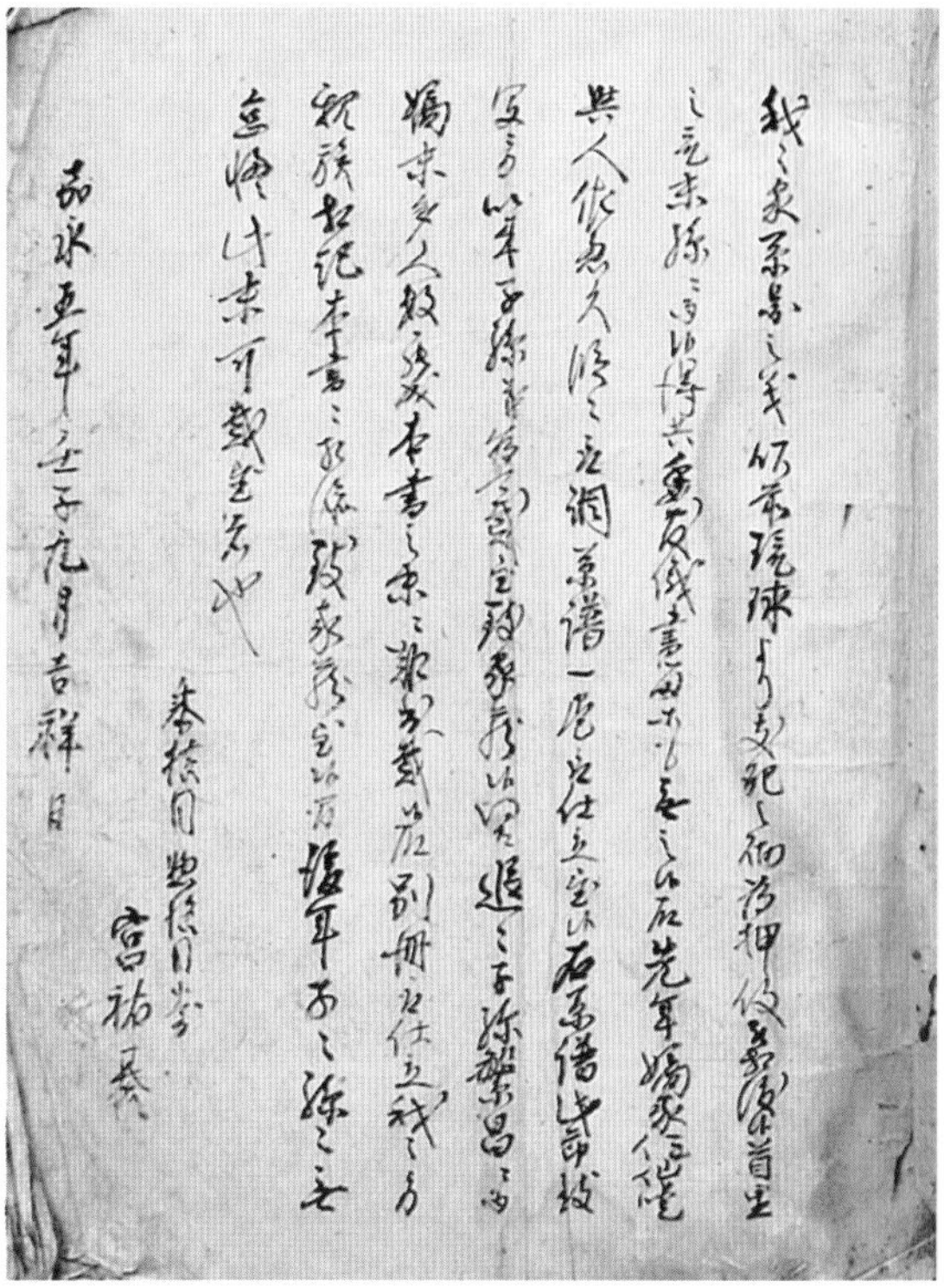

図 5-19　『福田家系図』序文

状に装丁された横系図で、縦の朱線で父子の関係を、横の朱線で兄弟関係を示し、童名や生没、事蹟や妻などの情報を記す。

この系図の由来について「序文」（図19）によれば、家には先祖の系譜が分かる記録がなく、そのため過去に同系統の（永喜家の祖先）佐栄久が作成した系図を書き写して家蔵したこと、それに書き足す形で先祖を記録してきたことを述べている。その後、書き足して記すことも難しくなったため、明治四十年ごろに新たに作成し直したのが本系図であるという。記載内容の多くは、十八世紀中頃に佐栄久が編集した系図の内容を引き継ぎ、十九世紀の福田家祖先の事蹟を記したもので、近世を通じて由緒を継承・記録しつづけた人びとの動きをよく伝えている。

『奥山家系図』は、宝暦三（一七五三）年に横目として徳之島に赴任した奥山八左衛門政賢が島でもうけた子ども「政」を元祖とする一族の系図（図20）である。[＊55] 本系図は、巻物仕立ての横系図で、元祖や重要人物に朱で「∴」（三点丸印）や「〇」（丸印）を付す。系図そのものは、奥山家の祖とされ、十六世紀に幾内で三好長慶などに仕えた奥山和泉守忠政（∴を付す）から説かれ、七代目の奥山八左衛門政賢（〇を付す）、その子どもである徳之島赴任前の寛保二（一七四二）年に生まれた政苗（幸右衛門・勘右衛門）と徳之島で生まれた「政」（∴を付す）を記している。系図自体は、「政」の息子である政親（〇を付す）が、天保

＊55　『奥山家系図』については、徳之島郷土研究会「奥山家系図」『徳之島郷土研究会報』（三号、一九六九年）に全文が翻刻紹介されている。

二（一八三一）年に多年の奉公と功績に対し代々郷士格と一字姓（奥氏）を許され、役から退き隠居した天保三（一八三二）年七月に仕立てられたようである（巻子（かんす）を納める箱（図21）の記銘による）。系図には、その後も追記がなされたようで、弘化二（一八四五）年までの記載を見ることができる。内容から見て、鹿児島の奥山本家の家譜を参照し仕立てられたとみられる格式高い様式を持ち、系図を作成すること自体が藩役人を祖とした由緒を意識した、当時の奥山家の性格を反映しているようである。系図は、人物の事跡を知らせるとともに、家の継承、そして地域社会を生きた人物の目線から島の諸相を伝えている。

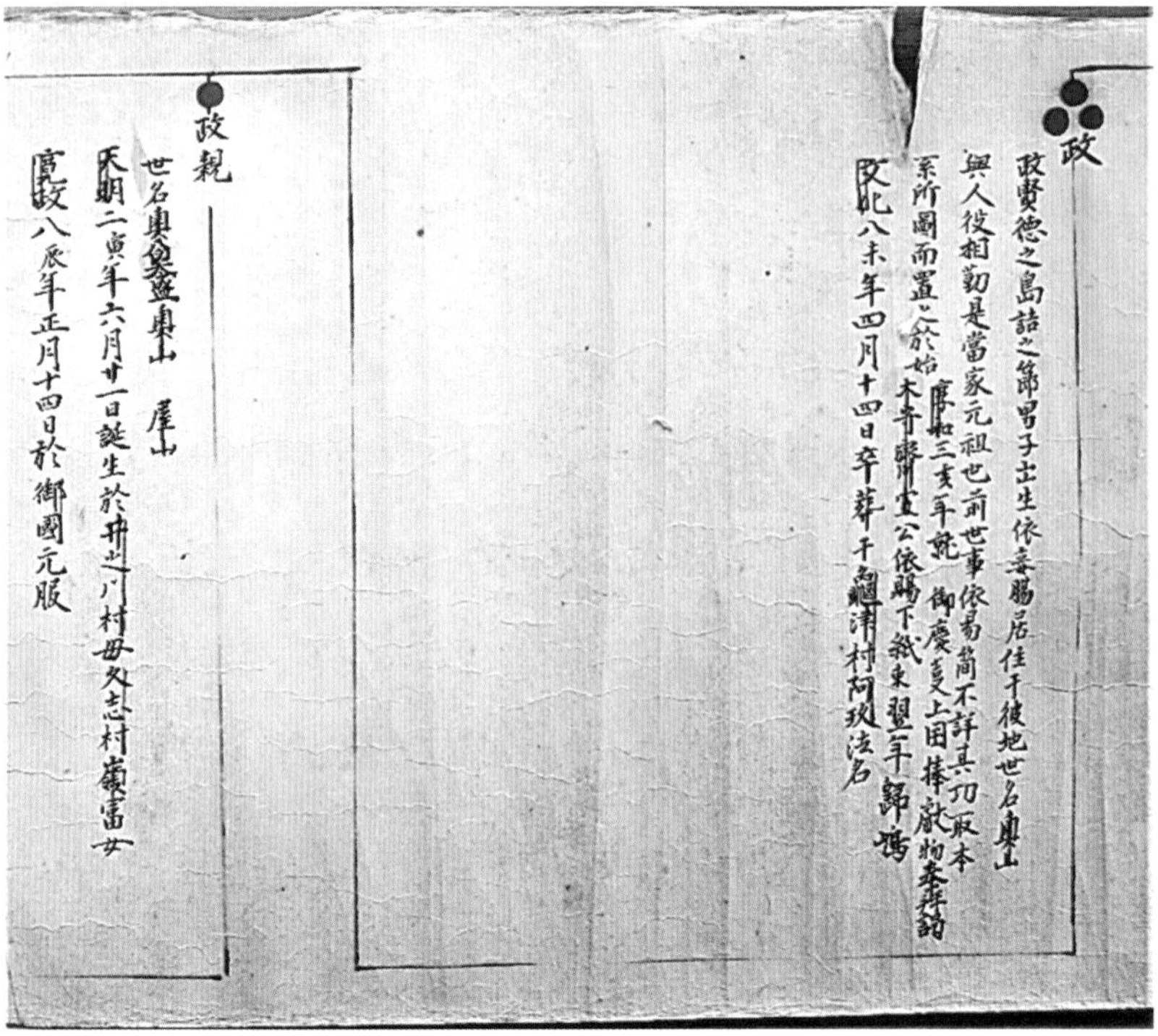

図 5-20　「奥山家系図」（初代 政）部分（系図全体：長さ 1208 ㎝・幅 38 ㎝）

図5―21　奥山家系図入（長さ 45.5 ㎝・幅 17 ㎝・厚さ 12.5 ㎝）

2　外から見た徳之島社会――『徳之島物語』

近世徳之島の社会を見聞きし、記録に残した人びとは、島内の役人らだけではなかった。予期せず来島し、帰国までの一時を過ごした尾州知多郡半田村（現在の愛知県半田市）出身の船主文吉は、島内の日常を異なる視点から観察し、後に『徳之島物語』（以下、物語と略す）という興味深い記録を残した。[*56]『前録帳』にも、文吉らについて短い記録が残るが、多くは語られていない。[*57] ここでは、文吉の目と文を借りて、十八世紀初頭の徳之島の状況を見てみたい。文吉らの出身地である知多郡半田村は、酒・味噌・醤油などの醸造業が盛んで、三河湾に面することから海上交通の要衝として江戸への海運業などで栄える半島内でも有数の村であった。

享保十一（一七二六）年に漂着した文吉

物語において文吉たちの船は、享保十（一七二五）年十一月十二日に商品を積んで江戸へと向かった。途中、伊勢沖で波風が荒れたため、積み荷であった瓦を一部破棄し危機を脱することなどもあったが、二十三日に浦賀（現在の神奈川県横須賀市浦賀）の関で船舶検査（舟改）を受け、翌日には江戸へ到着した。約半月の滞在で商売を終えると、十二月十七日に江戸、十九日に浦賀を出発して帰路に着く。雲行きが怪しくなったのはこの後である。伊豆沖（現在の静岡県の伊豆半島沖）を航行中に突然、悪風（北西の風）が吹き、辰巳（東南）方向に流されてしまった。この時、帆柱も折れ、気づけば島影もみえない大海のなかを漂流していたという。

文吉たちは神仏に祈りながら、「北西」からの風が吹けば吉であるとの占いを信じ、その到来を待った。徐々に食料・水などが尽きようとしていたころ、順風がようやく吹き、壊れた帆などを修理し流され続け、漂流から三か月半あまりを耐えた三月九日の夜明け頃、海上に「山のかたちのごとくなる所」が見えた。徳之島の山が目印となり救われたのである。

文吉たちは、喜び勇んで舟を岸にこぎ寄せたところ、磯場がひろがり「あし・まこも」（葦・真菰）の

＊56　『徳之島物語』については、山田尚二「漂流記「徳之島物語」」『徳之島郷土研究会報』（一一号、一九八五年）においてはじめて紹介され、記載内容を分析した山下欣一「奄美を見た人々（1）」『地域総合研究』（一七巻一号、鹿児島経済大学地域総合研究所、一九八九年）がある。

＊57　『前録帳』（前掲註8松下編二〇〇六：二三八頁）に「一　此御代巳三月十二日、尾張國船頭文吉七人乗組ニ而面縄泊リ江漂着、本船破船ニ付、當島ヨリ御國許江便船ニ而被召登候」とある。巳年（享保十年）三月十二日とあるが、午年の誤りか。

ようなものが茂って、船を着けることができずにいたという。しばらくして、繋留された小船一艘を見つけると、文吉たちは上陸を決意した。島に近づく場面では「日頃まであつかりしも事かわり、風も身にしみ、潮もつめたくひえける故、扨々異国にてもなきやらんと、さもおそろしき」と緊張する面持ちが描かれる。物語は、文吉たちの感覚や体験を見事につたえており、臨場感のある場面が続く。

上陸した一行は、この後、島民と遭遇し、「日本言葉」を解する人物を発見すると、この島が徳之島という名であること、領主は薩摩守であることを知ることとなる。薩摩そして琉球近くであることに安心した一行は、「日本言葉」を解する人物に連れられて「奉行所」に赴いた。物語の後半では、徳之島で見聞きしたことが箇条書きで示されているが、そのなかに「所の奉行を与人と号し、名はおもなわのくぶちと申すよし」と記しており、この時、文吉たちが赴いた「奉行所」とは、面縄間切の（喜念か伊仙の）噯役場であったと考えられる。

役人より、尾陽公（尾張徳川家）の船乗りならば無事に送り届けなければならない、と宿を設けて救助され、帰国のための風を待つこととなった。順風が吹いたのは、島に到着してから二か月後の五月（二十一日）である。鹿児島の山川（六月六日）へ送られ、京都（八月二十一日）を経由して尾張名古屋へと帰ることができた。

文吉たちが見た徳之島

物語には、帰るまでの約二か月（旧暦三月から五月）の間に起こった島内でのさまざまなできごとが記されている。その内容は、文吉たちの記憶違いや伝聞によるためか、子細について実際と異なる部分もあるが、概ね十八世紀初頭の島の様子を伝えている。

まず、文吉たちは、役場に赴くと島には「はう」（ハブ）（図22）という毒虫がいて、人を大いに悩ませており、あまり外出などしないように、と注意を受けている。その被害について、咬まれれば大毒があり足の「ふし」（つけ根）より上であれば、その日のうちに死にいたり、それより下であれば「かたわ」（片輪、ここではハブ毒によ

図5-22　ハブの図
（『徳之島事情』の挿絵）

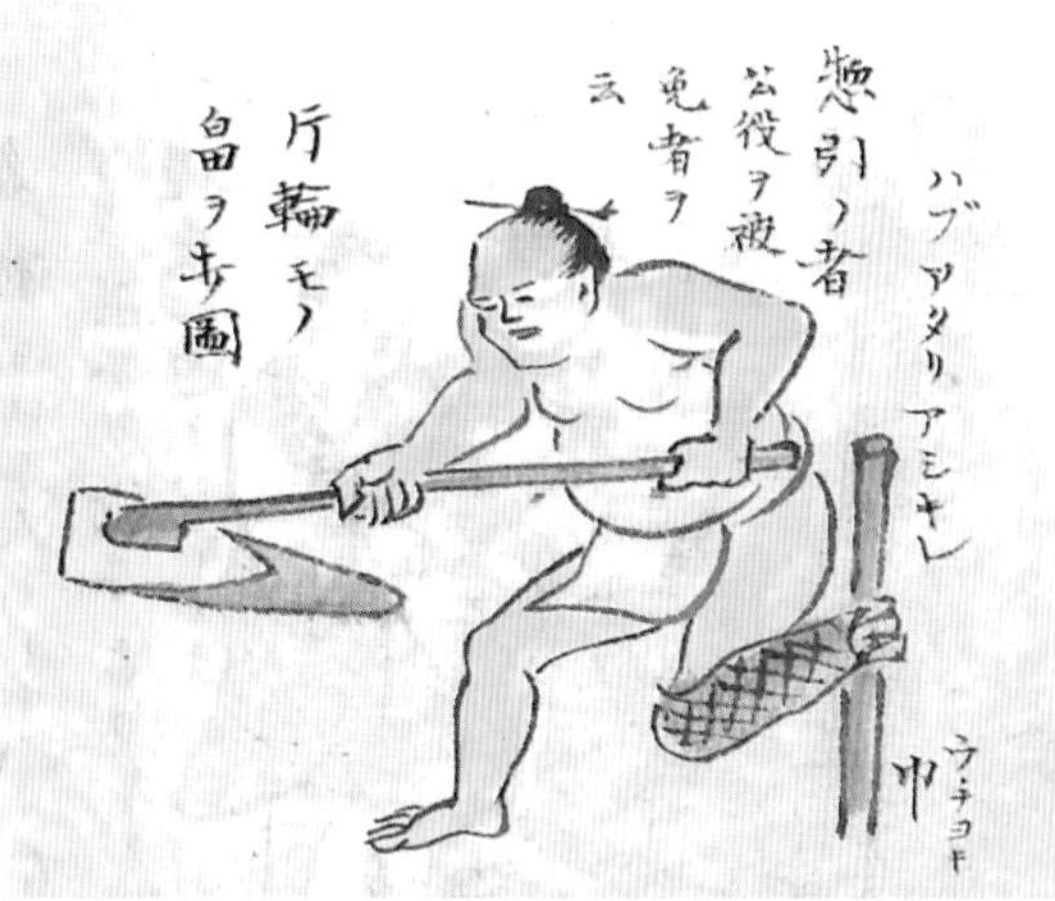

図 5-23　「片輪モノ畠ヲ打図」（『南島雑話』を改変）

り片足を切断した者）になると聞き、子どもなどは十人中八人はこれに咬まれ「片わ」であるとされた（図23）。多くのものが咬まれていることをことさらに強調しての表現とも考えられるが、ハブは漂着者にとっても関心を集めるものであった。

　村のくらしや島民についても興味を惹いたようである。島民の身なりについて、男は髭を長くはやし、祢宜（神社の下位の宮司）のような装束に細帯をしている。子どもも両刃の短い山刀のようなものを一本ずつさしている、とする。女は、お歯黒の代わりに手に赤黒の紋様を入れ（図24）、服はつつ袖のようなものを着てひもでくくっているとしている。『徳之島事情』にある「風俗ノ図」（図25）などでも似通った芭蕉の単衣をまとう姿が描かれており、概ね実情を反映したものとみられる。

　一方で、男が髭を長くはやしていることは、当時の江戸の人びとからみれば珍しいものであった。島に上陸した直後の文吉たちは、二尺あまりの髭をはやし日焼けした赤黒い簑を着た島民を、真っ赤な赤熊のごときと表現し驚いている。髭を長く伸ばし日焼けした男を熊と見間違うところに、見知らぬ土地にきた恐怖におびえる文吉等の心情を読み取ることができそうである。

島の祭祀

　物語において、村には「女庄屋」が一人ずつおり、「のうろ」（ノロ）と呼ばれ、祭

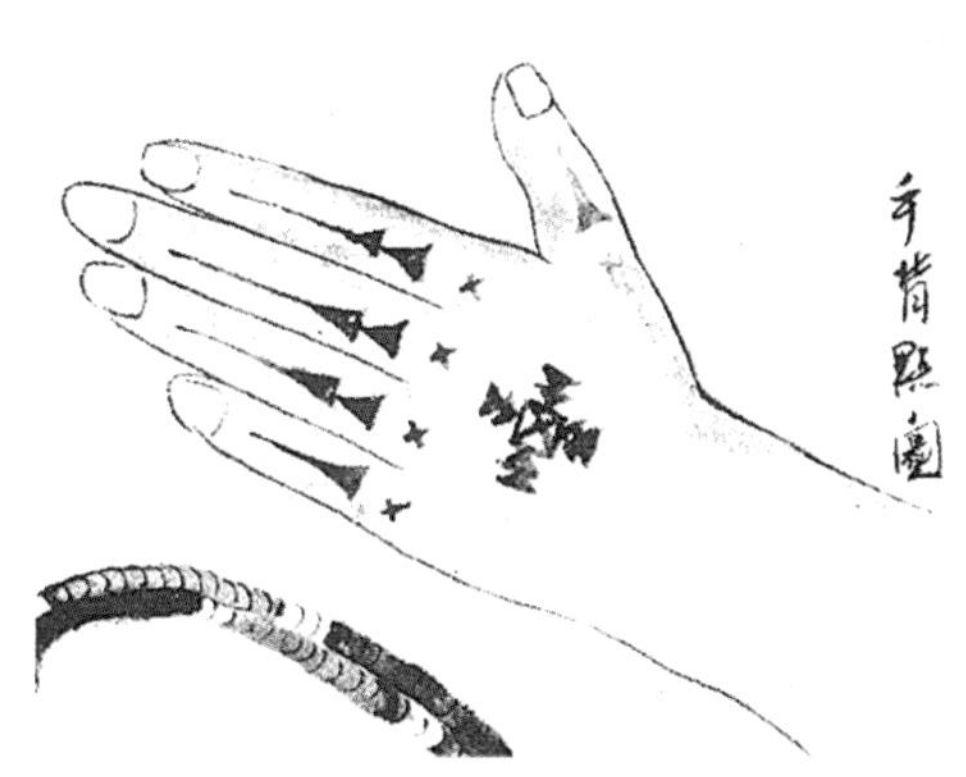

図 5-24　「手背点ノ図」（『徳之島事情』の挿絵）

図 5-25　「風俗ノ図」
（『徳之島事情』の挿絵）

礼を執り行っていると記している。祭祀を担う神女（ノロ）の権威ある姿を「庄屋」と呼んだとみられる。

同様に、祭礼について、旧暦五月六日におこなわれた、村ごとに牛一頭をつぶして煮焼し食べる「龍宮まつり」を見学したことを記している。祭りでは、クバの団扇（うちわ）をもって歌い踊っているとする。この祭りがどのようなものであったのか、不明な部分も多いが、これまでシマクサラ（旧暦四月二十七日に牛を殺し肉を村で分け合い骨を要所に吊るして悪魔退散を祈る儀礼）などとする説[*58]や、五月の壬辰（みずのえたつ）の日におこなうアンダネ（各家でかまどに火を入れず、戸を閉め、庭に日よけなどを作って前夜に作ったものを飲食する）、または四月の壬辰日におこなうノロによるウホリ（神送祭）などとする説があり結論をみていない。[*59] 徳之島における祭祀も近世を通じて変化が大きく、今に知られていない多くの祭祀があったことを記す点で貴重であろう。

図5-26　蔗運搬の図（『徳之島事情』の挿絵）

文吉からほぼ七十年後の一七九九年の五月ごろの祭事について、五月九日に浜辺の「宮所（みやどころ）」で西（目）間切の女が集まり、神廻りのようなことをおこなったとの記録（沖永良部に赴任する藩役人が徳之島に立ち寄った際の記録『沖永良部島渡航日記』）もあり、こちらも詳しくは不明であるが関連性が想起される。[*60]

島人と牛

祭りの記事に関連し、牛についての記載も散見される。物語では島内には牛が多く飼われていること、裕福な者は一軒で四、五十頭も飼っていること、祝いごとに牛をつぶして煮て食すことなどを記しており、牛と徳之島の深い関わりを記述する。

享保十二（一七二七）年の徳之島における人口と牛馬の数は、検地に基づく統計資料によれば、人口は一七四二三人（男八七一一人・女八七一二人）、牛馬の合計数は五七九三頭、その内、

＊58　山下欣一「奄美を見た人々（1）」『地域総合研究』第一七巻一号（鹿児島経済大学地域総合研究所編、一九八九年）。

＊59　前田長英「二三　徳之島物語」『奄美文庫1　道の島史論：奄美の歴史を考える』（奄美文化財団、一九九三年）。

＊60　『沖永良部島渡航日記』については山下欣一「奄美を見た人々（2）」『地域総合研究』第一七巻二号（鹿児島経済大学地域総合研究所編、一九九〇年）。

牛は三八九三頭、馬は一九〇〇頭となっており、ほぼ四（人）対一（頭）の割合で飼われていたことがわかる。[*61] 牛が多く飼われているとの記載も納得できよう。

牛馬は、藩から見れば農耕や物資運搬の助けとなる耕牛・耕馬（図26）であり、その屠殺は厳しく取り締まられていた。一七二八年に発布された法令集『大島御規模帳』には、牛馬の屠殺について以前から禁止していること、届け出もせず密かに屠るものがいれば処罰することなどを定めている。[*62]

牛馬の管理は、島役人の惣横目によっておこなわれ、毎年七月におこなわれる牛馬改め（牛馬登録・調査）をへて代官所に報告されていた。牛馬が死んだ場合も届け出が必要であった。[*63] 厳しい管理制度が敷かれながらも、物語では、祭りや祝事に際し頻繁に牛が供される世界が描かれている。

例えば文吉たちは、死者の葬儀（物語では両親とする）にあたって遺体を山へ運んだ後、みなで集まって牛の両角を松の木にかけ、一頭を煮焼きして浜辺へ出て泡盛酒を呑んで酔って騒ぐ、との話を聞いている。また、島ではこれが弔意を示すものであるとされていたことを述べる。文吉らは村へ赴いた際にこの場面に実際に立ち会ったようで、興味を抱いて村の人々に煮焼きした牛（の料理）をもらえないか尋ねている。村人からは、牛は諸神へ「りうぐわん」（立願）したものであるといっ

図5-27　闘牛の図（『徳之島事情』の挿絵）

＊61　「大御支配次第帳（抄）」『福岡大学研究所資料叢書第1冊　道之島代官記集成』（福岡大学研究所、一九六九年）。

＊62　『大島御規模帳』九十九条に「一牛馬殺之儀、従前々致禁制候間、弥可相守。此旨若密々害候者於有之ハ、急度其科可申付事」とある。

＊63　「2　牛馬登録」「3　牛馬税定納」『伊仙町誌』（一六一頁）参照。

て断られ、食べることはできなかったとしており、神への捧げ物として牛が煮焼きされるさまを読み取ることができる。

　牛は、徳之島へ赴任した代官らの日記にも散見される。新納源左衛門が書いた『徳之島渡海日記』の慶応三（一八六七）年六月十九日の条に、数日前から続く黍地（甘蔗の畑）の検分を崎原村で終えた後、闘牛（牛角）を見物したこと、続く二十八日の条にも亀津で浜に出て闘牛と踊りを見物したことを記している。[*64]『徳之島事情』に載せられた闘牛（ウシトラセ）の図（図27）もそのような場面を描いたものと思われ、亀津の場合、その場所は亀津永浜であろうか。[*65]牛を突き合わせる場面の奥には、仮設されたとみられる見物小屋が見え、そこから観覧する月代の藩役人が三名、それを接待するように横を向く島役人とみられる人物が居並ぶ。一方で、その小屋の下には、寝そべって見る子どもや、あぐらをかく男性、やや表情が柔和な女性にもみえる人物などが描かれており、多くの人がくつろぐ様子は興味深い。

　『徳之島物語』や『徳之島渡海日記』などに見える風景は、牛が島の祭事や日常に深く繋がっていたことをよく物語っている。島外から訪れた人びとの目は、そういった島の何気ない、島民からみれば特筆することのない日常の風景を見事に捉え、今の私たちに伝えてくれるものとなっている。

＊64　前掲註14　山田一九八四：五―六頁。

＊65　徳之島町誌編纂室『徳之島町史　民俗編　シマの記憶』（南方新社、二〇二二年）参照。

第三節　徳之島の神役組織―深見・堀田家文書―

1　神役の世界と三平所（みひら）

祭祀を執り行う神役

奄美における村落祭祀は、琉球統治時代に各集落などに置かれた「ノロ」と呼ばれる神役（神女）を中心におこなわれていた。ノロは、敬称を付して「のろくめ」とも呼ばれた。前節で紹介したように、『徳之島物語』においてもノロは、村落ごとに祭事をおこなう（宗教的）権威ある存在として捉えられており、古くから続く村には概ねノロがいたようである。[*66]

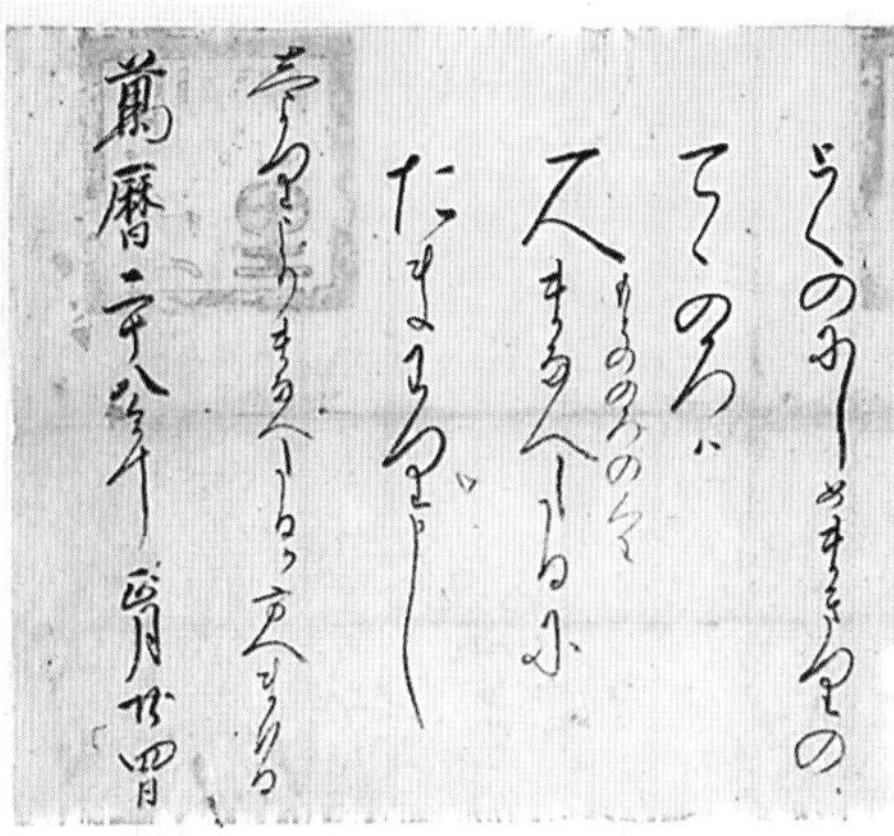

図5-28　深見家伝来の万暦二十八年付ノロ任命文書

これら琉球国時代（第二章参照）にさかのぼるノロを中心とした祭祀の体制は、一六〇九年以降の藩政下でも継続され、五穀豊穣や航海安全、無病息災などを祈る祭祀をとりしきっていた。

ノロの任命については、徳之島町手々の深見（ふかみ）家に、万暦（ばんれき）二十八（一六〇〇）年正月二十四日付けで発給された西目間切手々のノロあての任命書（琉球辞令書）（図28）が伝わっており、堀田家には神役衣裳と簪（かんざし）（図29）などが残されている。[*67]

近世を通じて薩摩藩は、ノロを中心とした祭祀が、遊休による農耕の停止や生産物を神へ捧げるため浪費されているとし、たびたび取り締まりの対象としてきた。し

＊66　実際にどの程度のノロが徳之島内の村にいたのか、詳細を把握できる資料はのこされていないが、村ごとにいたノロの名について三十五の名前が伝わっている（徳富重成「徳之島の信仰と祭詞―山方の神・各種の祭詞―」『徳之島郷土研究会報』一号、一九六七年）。例えば、亀津村は「アマンミシリキョウ」、秋徳村は「テコノクシリヤレ」などである。

＊67　ノロへの任命書（琉球辞令書）は、徳之島町の指定文化財「手々ノロ関連史料」の一つとして郷土資料館に収蔵されている。

かし、これらは倹約令の一環としての取り締まりであり、村人から崇敬を集めていたノロそのものを排斥するものではなかった。[*68]

一方で徳之島では、例えば『前録帳』の安政二（一八五五）年の記事には、「神立女（かみだちおんな）」（ノロなどの女性神役）たちの役を廃止し、島内に建てられている祭祀の場である「神木屋（かみきや）」もすべて解体することを指示したことが記されている。[*69]

指示の詳細について、文書の原本は確認されていないが、坂井友直（さかいともなお）（栄友直）が著した『徳之島小史』に、徳之島代官（速水郷右衛門）から徳之島三間切の与人に宛（あ）てられた十二月五日付けの三条からなる指示文書が引用されており、内容を知ることができる。

図 5-29　堀田家伝来の神役衣裳・簪

それによると、①折々に女性たち（ノロなどの女性神役）が神事であるとして「奇怪」な儀式を執りおこない米穀などを浪費することは、以前から禁止してきたが繰り返されておりよろしくない。ついては、調査をおこない取り締まり、祈願などを頼むものについても取り締まるようにせよ。②「神木屋」と名づけてあちこちに小屋を建てているところがあるので、撤去・焼却した上で報

＊68　例えば大和村誌編纂委員会編『大和村誌』（大和村、二〇一〇年）、二〇五—二〇四頁参照。

＊69　『前録帳』（前掲註8松下編二〇〇六：三一九頁）安政二年の条内に「一神立女共引取被仰渡、島中神木屋迫都而取除被仰渡、取除候御届相成候」とある。

告せよ、などとある（第三条はユタの禁令にかかわるものであり割愛）。為政者から見れば、生産の障害となり、不要な出費を生む在来の祭祀をこれまでの禁令・倹約令をもとに取り締まろうとした動きとみられる。一方で、これらを村の立場から見れば、ノロを中心とした在地の神事が公的に排除される対象となったことと映ったであろう。*70

『徳之島小史』によれば、明治二（一八六九）年に高千穂神社の創建に合わせ、ノロ祭祀が再度規制され、祭具などが集められて焼却されたという。ノロを中心とした村落における民間の祭祀は、幕末から明治にかけて急激に廃れていった。もっとも、それでも昭和二十年頃まで徳之島町山(さん)の集落などではほそぼそとではあるが祭祀が続けられており、禁令・規制と実態はやや異なっていたとみるべきであろう。*71

深見・堀田家のノロ関係文書

前近代において島内の祭祀を司った神役たちの活動を伝える資料は、奄美諸島全域を見まわしても、まとまった形のものはほとんど見つかっていない。しかし、徳之島町手々には、先にも紹介したノロを輩出した深見家と、ノロの補佐役とされる「大神(おおがみ)」を輩出した堀田家（旧稲富家）に、祭事や神役継承にかかわる文書がまとまって残されていた。

深見家の文書は、一九六四年に手々を訪れた先田光演(さきだみつのぶ)によってその一部が鹿児島民俗学会で紹介され、*72 ほぼ同時期に宮城栄昌(みやぎえいしょう)によっても紹介がなされて知られるようになった。*73 堀田家の文書は、一九八九年に国際基督教大学の調査報告書において、その一部が翻刻・紹介された。*74

新聞紙上では、小林正秀(こばやしまさひで)により両家の文書を使った解説の記事が掲載されたが、資料を利用しての本格的な研究が二〇一五年に弓削政己(ゆげまさみ)によって発表されたことで再び注目を集めることとなった。*75 二〇二〇年には、徳之島町から深見家・堀田家の主要な文書が翻刻・刊行されたことで、ようやく両家の文書を比較的容易に通覧できるようになった。*76 両家の文書は、近世期の徳之島において神役による祭祀がどのようにおこなわれていたのか。神役が継承されていく過程や、神役と村々と

*70　『徳之島小史』の「第十三章　宗教」の項目（坂井友直編著『奄美郷土史選集　第一巻』国書刊行会、一九九二年所収）参照。

*71　前掲註70 坂井一九九二。ほかに町健次郎「第二章第一節　奄美諸島の村落祭祀」（『沖縄県史　各論編　民俗』二〇二〇年、四八六―四八七頁）参照。

*72　先田光演「大島郡徳之島町手々深見文書」（『民俗研究』二号、一九六五年）。後に玉木順彦「史料紹介「申ノ年手々村神方居方究帳」について」（『浦添市立図書館紀要』No.5、一九九三年）にて紹介されている。

*73　宮城栄昌「奄美大島のノロについて」（『日本民俗学会報』四〇号、一九六五年）。

*74　大森元吉ほか編『文化人類学調査実習報告書　第七輯』（国際基督教大学社会科学科人類学研究室、一九八九年）において小川徹「深見家文書および堀田家文書について」として紹介された。

*75　小林正秀「手々ノロ関係文書（解説）」（『徳州新聞』昭和五十六年十二月十四・二十八日号掲載）。弓削政己「徳之島における三平所と手々村神役の継承システム―琉球と薩摩藩の影響を受けた文書とシマの運営を含め」（『沖縄文化研究』四一号、二〇一五年）。

のかかわり、徳之島独自の「三平所」の存在など、興味深い内容を多く含んでいる。以下ではその一部を紹介したい。

ノロ・大神の継承と三平所

女性神役であるノロは、どのように任命されたのか。これまでも、主に奄美大島や喜界島に残る事例などを中心に、その継承のありかたなどが知られてきた。[*77] ノロを継承する家柄であった深見家および大神を継承する家柄であった堀田家の文書には、女性神役の就任にかかわる文書（写し）が残されている。神役がどのように継承されたのか、まずは深見家文書4や堀田家文書8を見てみたい。[*78]

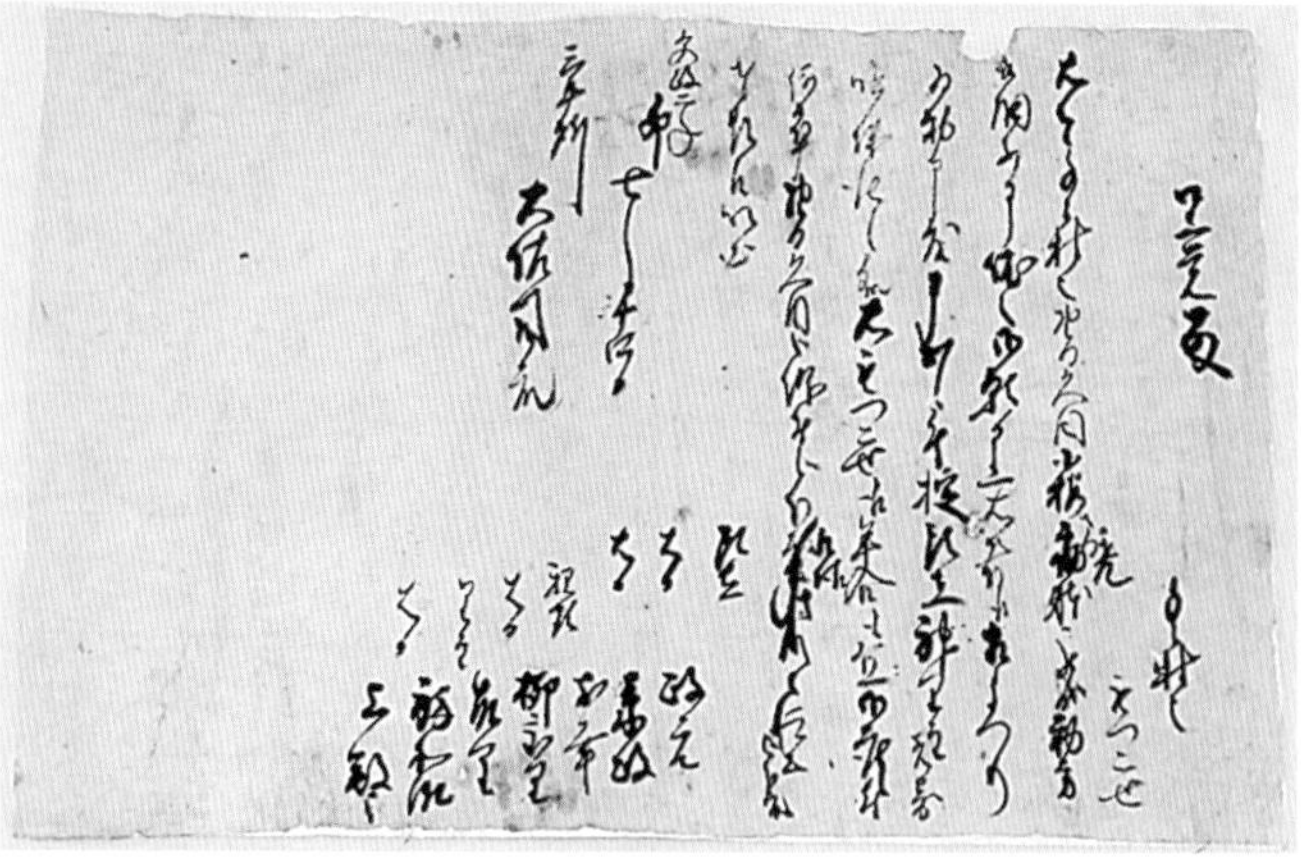

「口上覚留」と題された深見家文書4（図30）には、現役の手々村のノロである「小按」が、老齢により役目を果たせなくなったため引退すること、その後任を手々村の「もつこせ」へ譲ること、願い出を三平所の大佐司衆に上役へ上申してくれることを願い出た文書（の写し）となる。差出は、手々村の主立った者（頭立ちの政元・栄政・前幸）ともつこせの親類とみられる柳置里・藤里、村内祭祀の仕切り役である里主の福和瀬・上朔らが連署し、宛先は「三平所」の「大佐司衆」（「大さじ」とも）となっている。文書の形式から、ノロの後任を村内の有力者たちが連名で推薦したこと、その申請を「三平所」という組織が受け取っていたことが分かる。

「三平所」については、不明な点も多々あるが、徳之島で独自に設けられた神役を束ねる組織であったとされる。三平所の名称からみると、琉球の最高神女・聞得大君を補佐する三平等の大あむしられ（首里・真壁・儀間）の職制を模

図5-30　「口上覚留」（深見家文書4）

＊76 徳之島町郷土資料館『徳之島町手々集落　深見家ノロ文書・堀田家神役文書・宗門手札改文書・天城町岡前政家系図』（徳之島町教育委員会、二〇二〇年）。

＊77 近世においてノロの継承は、血筋を重視したものから家筋を中心にしたものへと変化したとされ、歴史的に変遷があったことが知られる（弓削政己「奄美島嶼の大あむについて―継承・人数・管轄地域について―」『奄美郷土研究会報』四〇号、奄美郷土研究会、二〇〇八年）。他に津波高志『沖縄側から見た奄美の文化変容』（第一書房、二〇一二年）参照。

＊78 文書番号は以下、すべて前掲註76 徳之島町郷土資料館編二〇二〇に拠る。

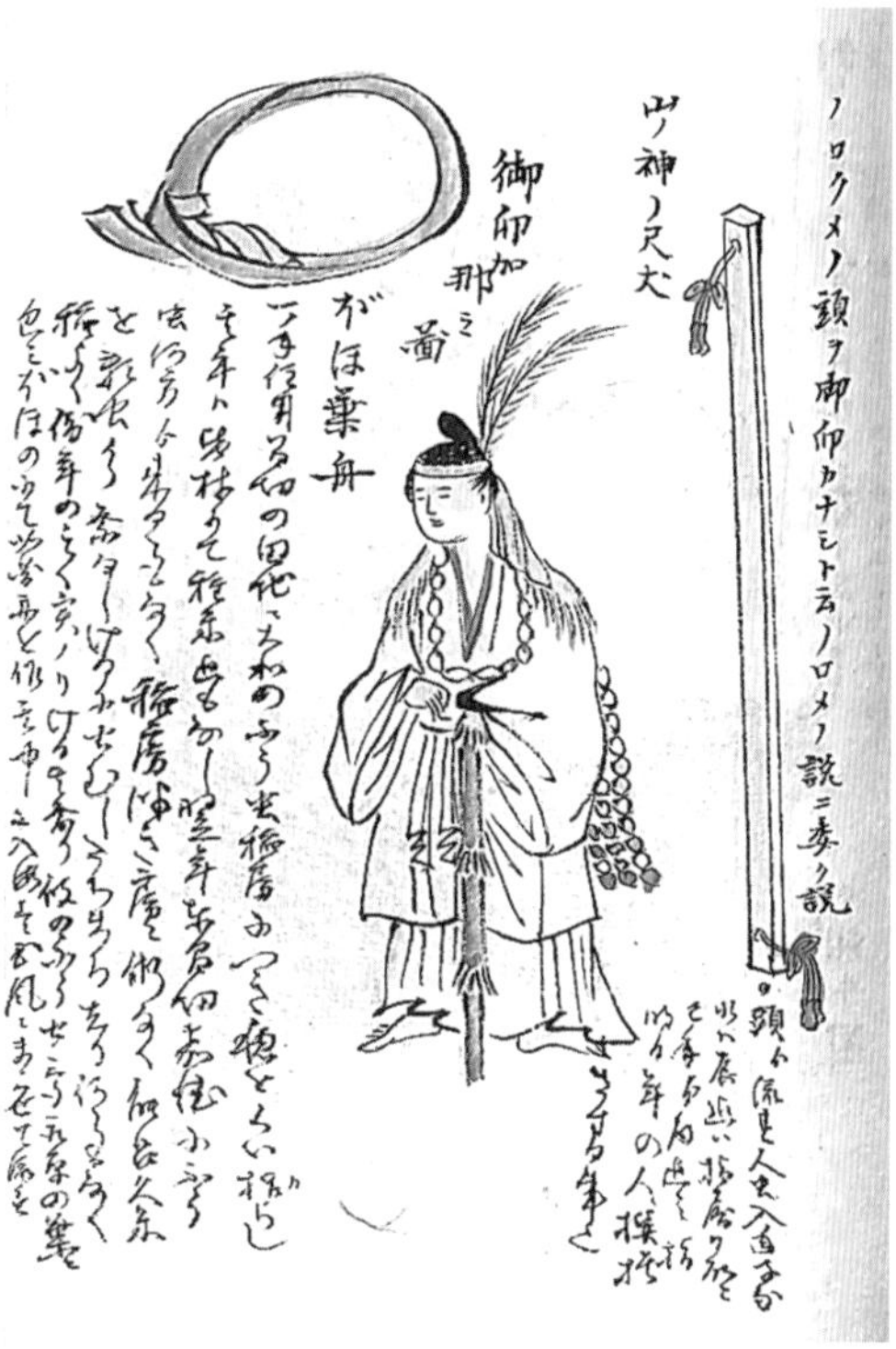

図 5-31　「御印加那之図」(『南島雑話』)

したものと推察され、「三平所」は薩摩藩の統治下にあって祭祀の制度が琉球と切り離された結果、徳之島で創出されたものと考えられる。三平所は、村々の垣根を越えて徳之島内の祭祀組織を広域的に管轄する役割を担い、少なくとも天城町の兼久、徳之島町の花徳に置かれていたようである。先田は、伊仙にも三平所が置かれていた可能性を指摘しており、それを踏まえれば島内三間切に三つの三平所があったこととなる。[*79]

この三平所には、深見家文書4に見える男性官職である「大佐司衆」が置かれたことが分かり、その上役は深見家文書2に見える「大あむしゃら」となろう。「大あむしゃら」は、さまざまな表記方法があり、例えば「大はむ」「おはむ」「大阿む」「おはむかなし」などとされ、『三家録写（さんけろくうつし）』に見る、亀津の大用人と婚姻した「三平の大繁務」の免行図（名前）も関連した記録と見られる。奄美大島で聞き書きされた『南島雑話』には、村々のノロを統括する上位の神役として「御印加那之（がなし）」がいたことを紹介し、挿絵として白衣に勾玉（まがたま）を着けた姿が描かれている（図31）。

ノロと同じ女性の神役である大神への就任を願う文書（の写し）が、堀田家文書8である（図32）。手々村の大神であったく茂りかね（別の文書では「く茂り兼」「久盛兼」）

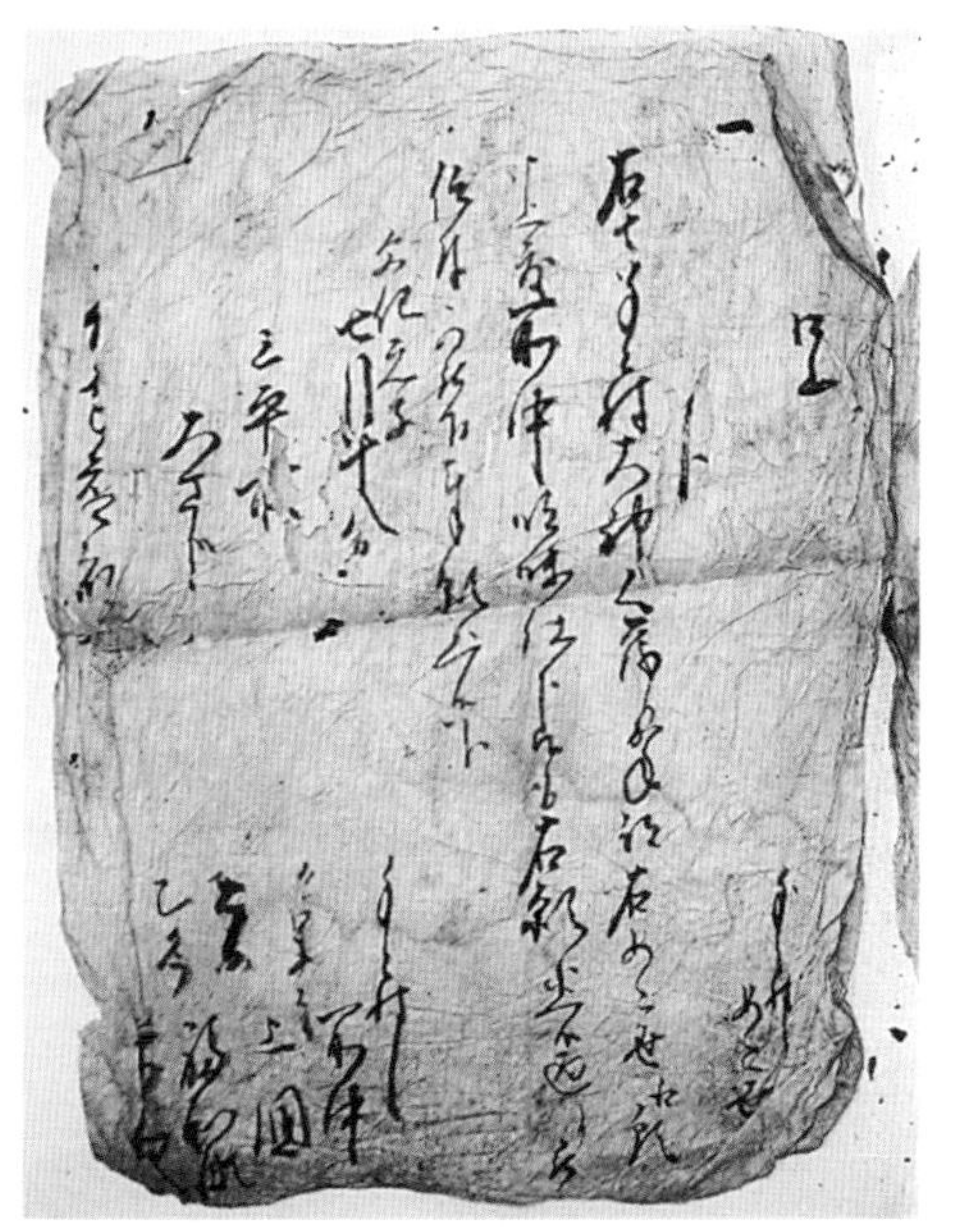

図 5-32　「口上」（堀田家文書８）

＊79　前掲註76に同じ。

の後任にこせを推薦することを協議したので、上役へ許可してくれるようお願いするとの申請がなされている。差出は、手々村中（所中）と里主（上潤・福和瀬）、門の頭にあたる乙名（名頭の別称）となっており、三平所の「大さじ」へ提出された。

「時之配」と神役の任職文書

堀田家文書8に関連し、深見家文書には見られなかった興味深い日撰の文書が、堀田家文書7（図33）として残されている。

文書中の「覚」および「時之配」の上下に朱印が捺されており、当時発給された原文書であることが分かる。内容は、「時之配」が新たに手々村のこせを大神として選出するに、時期として（翌年の）文化元子年がふさわしいとする文書である。

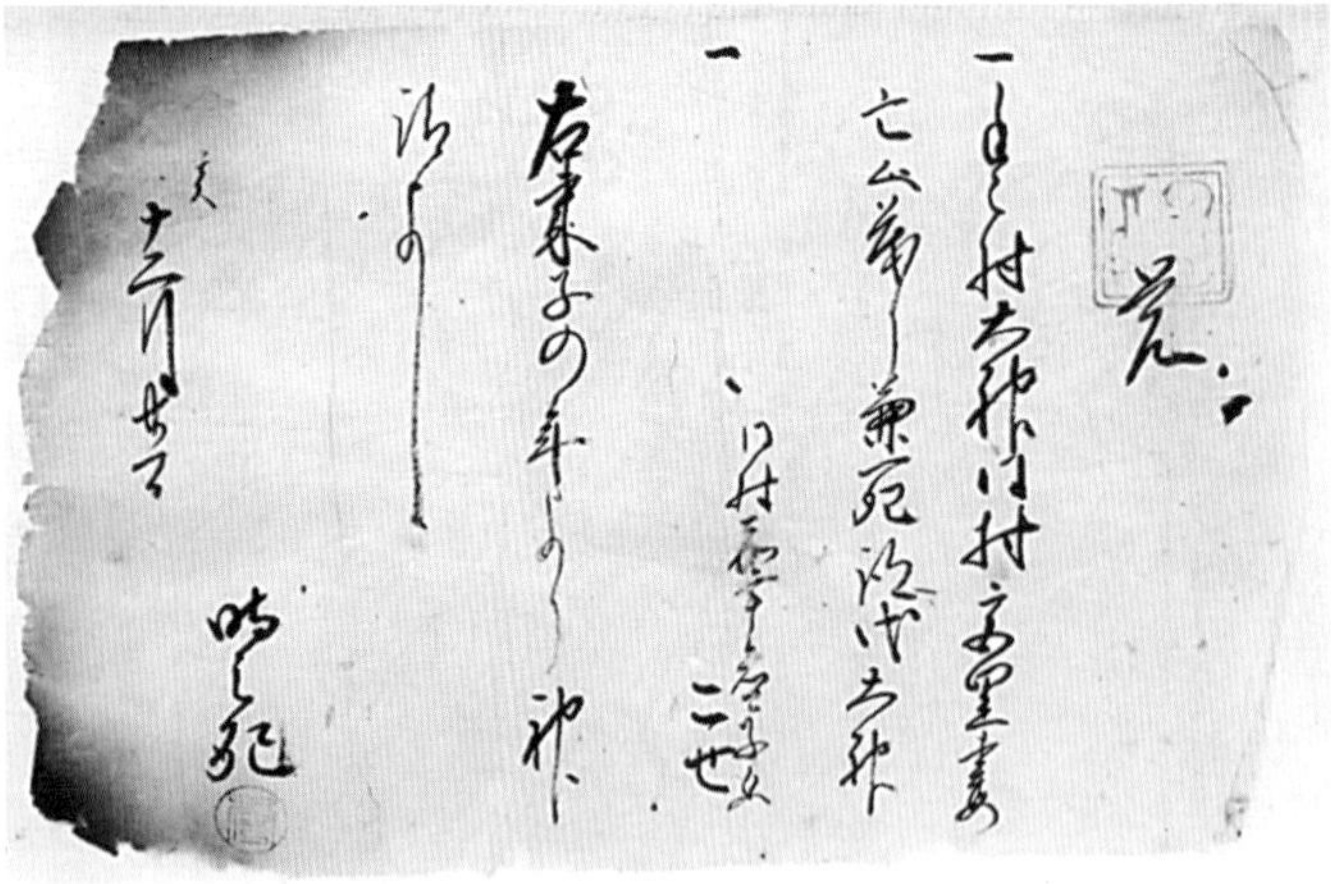

図5-33　「覚」（堀田家文書7）

「時之配」は、『首里之主由緒記』によれば、島役を歴任した人物が隠居後に務める役目とされ、年中行事の祝祭の布令などを担ったという。[*80] 堀田家文書7をみると、すでに内々にこせが大神候補として内定していたが、就任の日撰を「時之配」がつかさどり、結果として堀田家文書8に見たように三平所への申請は半年以上を待った子年七月におこなっている。「時之配」の暦判断が重視されていたことを伝えていよう。傍証する資料に欠けるが、ノロの就任時も大神の時と同様に「時之配」による日撰がおこなわれていたと思われる。

「時之配」が重要な行事の吉凶を選ぶ日撰をおこなっていたことと関係すると考えられるのが、島内各地で確認されている「萬年暦」の存在である。暦の内容と村落における祭祀とのつながりなども指摘されており、「時

＊80　坂井友直『首里之主由緒記』（『坂井友直編著　奄美郷土史選集　第一巻』国書刊行会、一九九二年所収）参照。

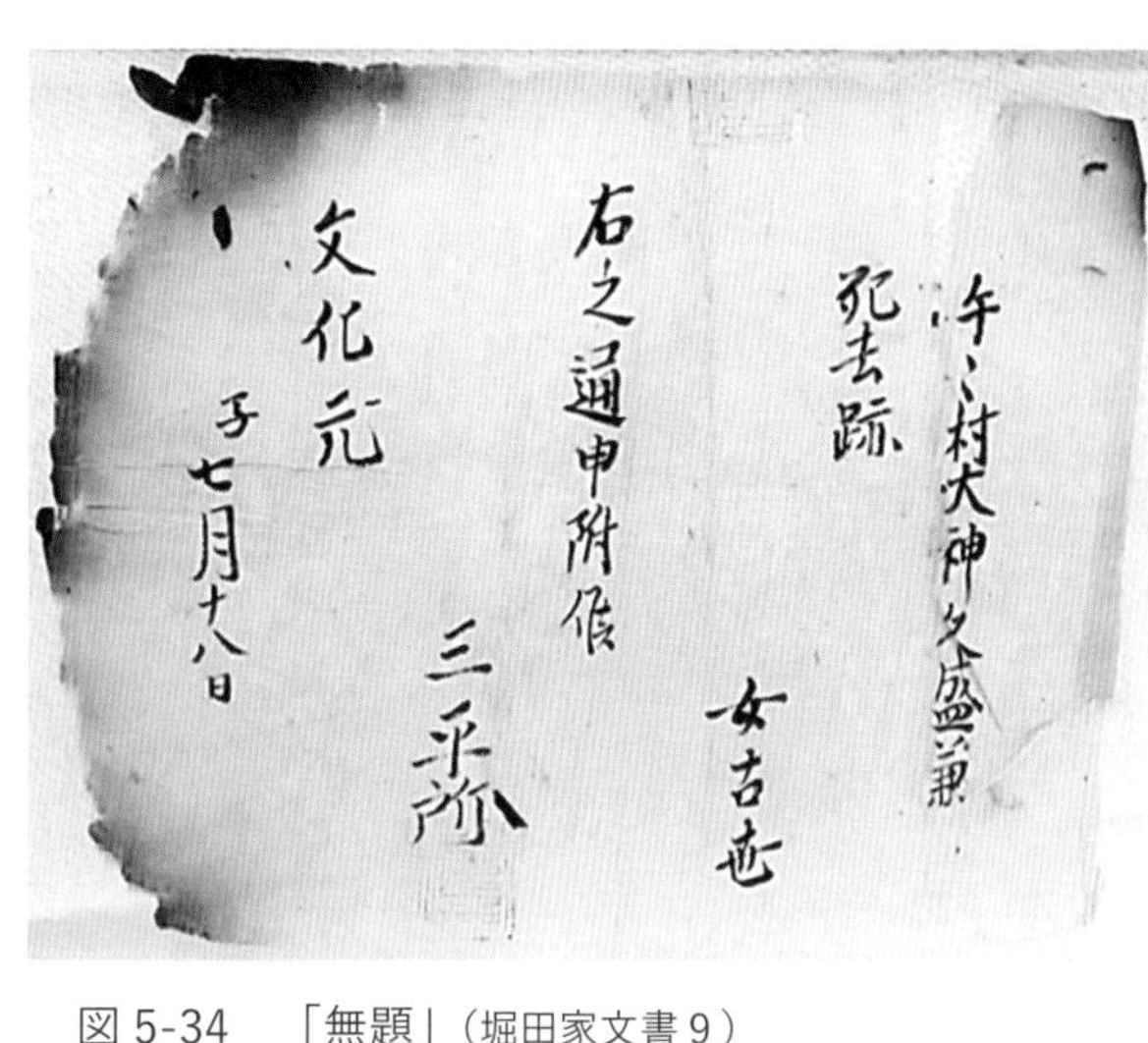

図 5-34　「無題」（堀田家文書 9）

之配」が重要な役割をになっていたことを傍証している。[*81]

日撰の後、文化元子年七月十八日付けで三平所へこ・せの推薦（堀田家文書8）が出されると、今度は「三平所」の名義で「女古世」（こせ）に、手々村の大神へ任じる文書が同日の日付けで発給された（堀田家文書9）（図34）。「三平所」の下には、「首里之印」に倣ったのか朱印が捺されており、三平所の権威を示しているようである。

村・神役・三平所という存在は、精緻な組織が徳之島の祭祀を支えていたこと、また、藩役人を通さない独自の組織制度が、村々を広域的につなげ徳之島社会を動かしていたことを示しており、そのことを両家の文書は如実に示している。

＊81　萬年暦について、徳富重成「徳之島の萬年暦—資料紹介—」（『徳之島郷土研究会報』一八号、一九九二年）、同「徳之島の萬年暦・ノロ文書—資料紹介2—」（『徳之島郷土研究会報』一九号、一九九三年）、同「徳之島の萬年暦—資料紹介（3）—」（『徳之島郷土研究会報』二〇号、一九九四年）参照。

2　神役を支える村

ノロの代替わりとノロ屋敷

深見・堀田家文書にみられる神役の世界について、今ひとつ興味深いのが、神役がどのように村と結びついたのかを垣間みせていることである。深見家文書3および5は、就任したノロが住む屋敷を村が保証し、維持していたことを示す文書である。

宝暦十四（一七六四）年十一月三日付けの深見家文書3（図35）は、手々村の長老格とみられる老人や年寄り、村横目、村長にあたる掟が指印（ゆびいん）や花押（かおう）を捺しており、ノロへ屋敷を提供することが村の

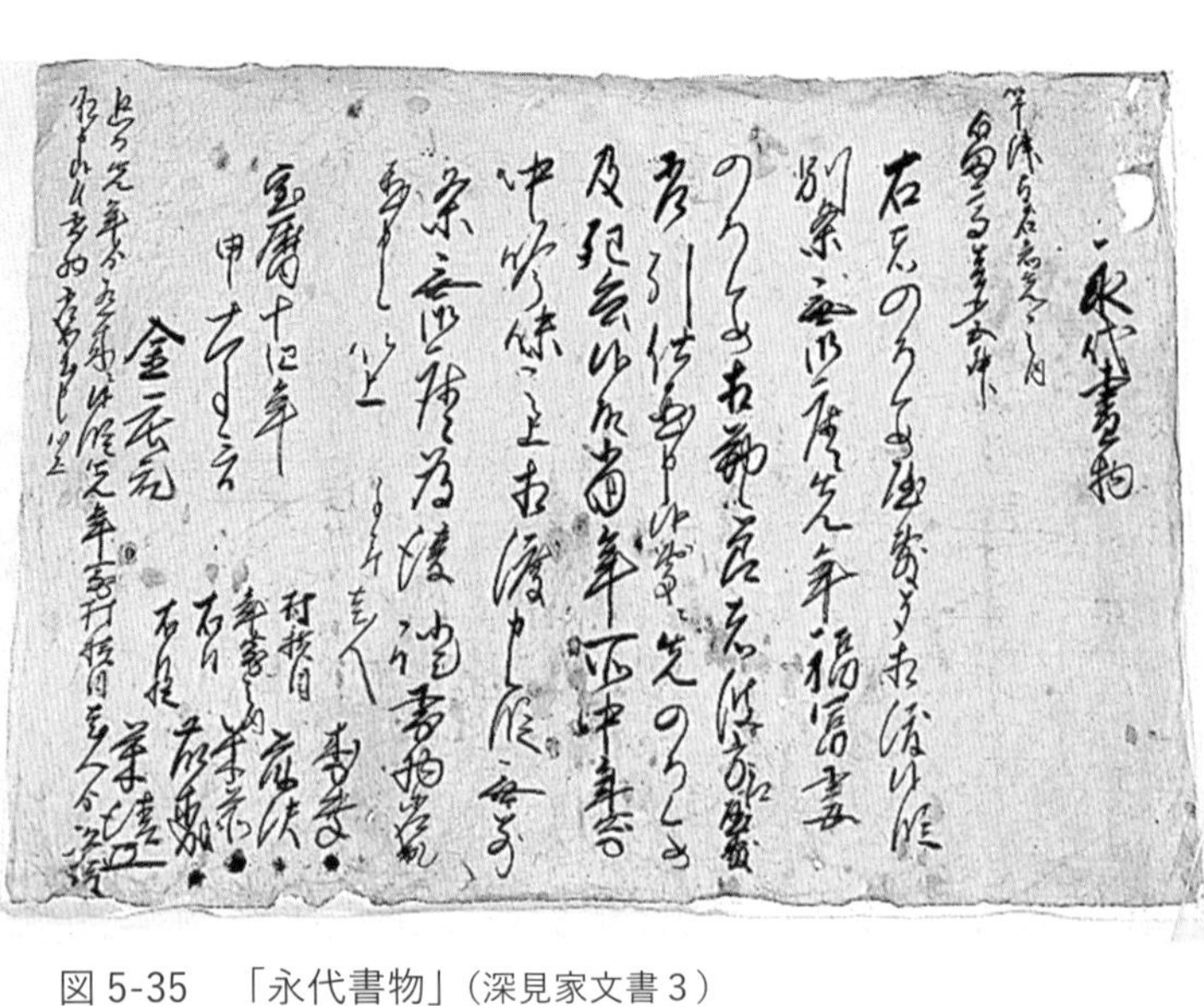

図 5-35　「永代書物」（深見家文書 3）

総意であることを立証した文書である。冒頭に「永代書物」と題され、末尾の追書でも、ノロに対する屋敷の提供を永続して維持することを確認する証拠文書となっている。

琉球統治時代においてノロは、任命されれば公的な存在として、また役地としてノロクモイ地が与えられておりそれを収入にした。その後、近世となり、琉球国の統治から切り離されたノロが、どのように徳之島社会に再定置されていったのか、移行の過程など関心を惹くが、その解明は今後の課題であろう。ひとまず深見家文書3によって、少なくとも近世において「のろくめ屋敷」が村役人の承認のもと、村をあげて屋敷が提供されていたことを知らせることを確認しておきたい。

また、深見家文書5（図36）は、ノロのために提供する屋敷を新築する際、手々村の人びと（所中）が協力して建てることを確認した文書となる。屋敷を新しく建てる時、一家族からそれぞれ一日分の労働力の提供（加勢）をおこなうものとし、屋根を葺き替える場合は、一家族から茅二束（六尺廻り）を用意することなどを定めている。村から与えられる待遇を明確にし、証拠文書を取り交わすなど、村がノロという神役を詳細な規定をもうけて支えていたことを知らせてくれよう。

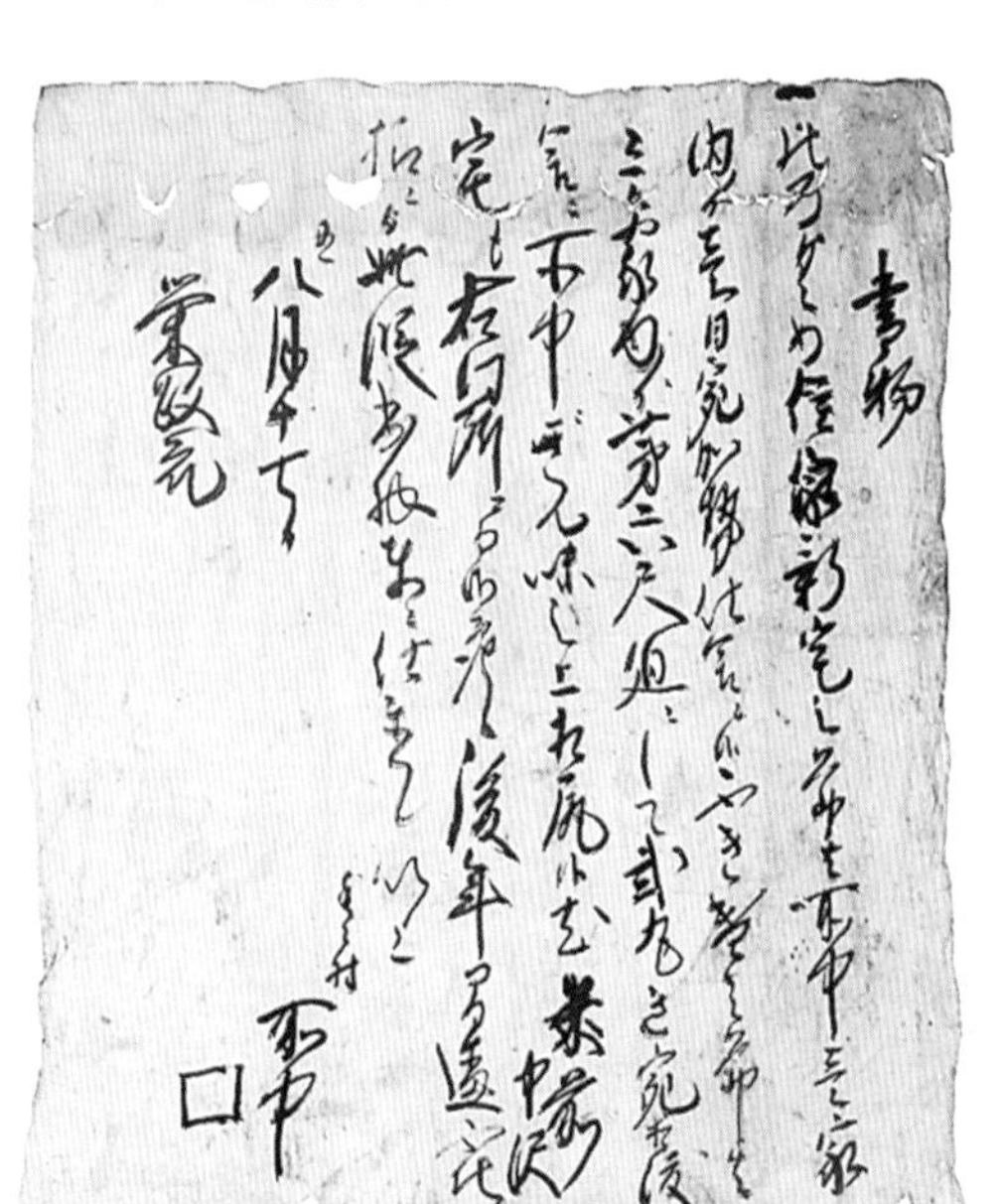

図 5-36　「書物」（深見家文書 5）

村と神木屋

村が支えていたのは、ノロの屋敷だけではなかった。屋敷と同様に、神事の場として使われた「神木屋」についても、深見・堀田家文書に関連する文書を見ることができる。

年代は不明であるが、深見家文書7の一節には、老朽化のためか、「神木屋一軒」を作り替えようとしたが、むしろ手間がかかるので、村内（所中）で協議し新しく建てることとしたとの経緯が記されている。文書自体は、新築した経緯を帳簿（「居方帳」）に書きとどめ、後年の証拠にしようとの意図があった。[*82]

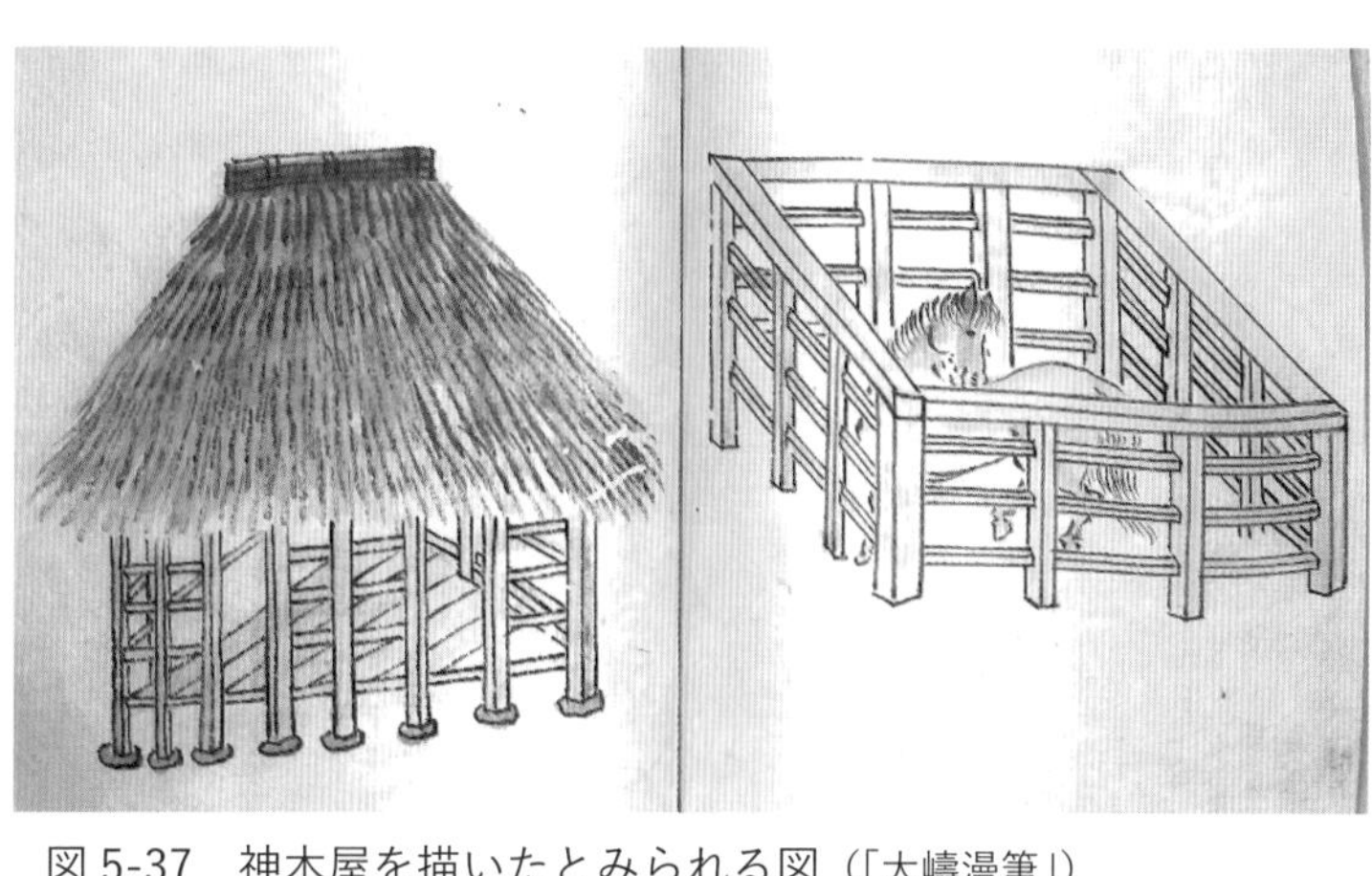

図 5-37　神木屋を描いたとみられる図（「大嶹漫筆」）

同じ深見家文書7の別の一節には、ノロ屋敷の新築や改修に際し、村内からの労働力の提供は以前からおこなってきた慣例であると記し、「まつり神木屋」の新築・改修も、村をあげておこなうことを確認している。「神木屋」もまた、ノロ屋敷と同様に村内の共有施設との位置づけを与えられ、村をあげて維持するシステムが確立していたことを知ることができる。深見・堀田家文書は、手々の集落内にあった神木屋の世界をありありと伝えてくれている。

なお、神木屋については、幕末の奄美について記した「大嶹漫筆」のなかに関係する記事が見られる。[*83] それによれば、奄美大島でのことであるが、村の神事を執り行い、神木屋は村々に一軒ずつあり、村によって異なるが、時に村役人たちの集会にも使われたという。茅葺きで床を設け、四方に入り口がある作りであったことを絵図とともに記録して

＊82　該当の一節は「一　神木屋一軒／右者先年米前主付ニ而作り調候節者、壱家内ニ付壱日ツ、かせ夫有之候処ニ、此節作替仕候ニ付、右米前先年之通り作り調候様ニ、所中ヨリ相達せし候処ニ、作調方及手ニ不申候段申出候ニ付、所中吟味を以新宅作調置申候、後年ニ至り米前ヨリ所中江何様之儀も不申出候様ニ相究申候為者、居かた長ニ書印置候事、」とある。

＊83　国分直一・恵良宏『東洋文庫四三一　南島雑話』（一巻）（平凡社、一九八四年）、六八—六九頁。

いる（図37）。また、奄美大島では、神事が規制されると、村役人の集会場としてのみ使われたという。

また、『前録帳』には、元禄五（一六九二）年ごろの記事として「徳之島の三間切の豊作祈願のために、亀津の神木屋の庭で踊りをおこなった」とするものや、元文（げんぶん）五（一七四〇）年ごろには「疫病（疱瘡）の流行に際し、疫病退散を祈って代官所の許可をもらい、亀津の神木屋の前で踊りをおこなった」ことなどが記されている。[*84] 亀津の神木屋は、集落内におけるノロの祭場とされていた亀津森（かむぃじむぃ）にあったのではないかと推定されている。[*85] 神木屋は村落祭祀の中心的な施設であり、各集落の祭祀において非常に重要なものであった。

この後、神木屋は先に紹介した安政二（一八五五）年十二月の代官所から布達された文書のとおり、ノロの排斥に合わせて解体と焼却が命じられるなど、強圧的な施策の結果、公的には姿を消した。近世を通じた村によるノロへの崇敬と協力が、どのように解体されたのか。かかる課題は多いが、近世の徳之島社会を明らかにする上で欠くべからざるテーマであろう。

（山田浩世）

＊84　それぞれの記事を挙げると元禄五年の条（前掲註8松下編二〇〇六：二三四頁）に「一　此御代三間切諸作職為祈禱、亀津神木屋之於庭ニ踊有之候」、元文五年の条（前掲註8松下編二〇〇六：二四二頁）に「一　此御代疱瘡流行、為祈禱御座ヨリ御免ニテ、亀津神木屋前ニテ踊有之候」とある。

＊85　徳之島町誌編纂室『徳之島町史　民俗編　シマの記憶』（南方新社、二〇二二年）、三七頁参照。

第六章　災害と抵抗

平成 26 年 12 月に建立された「母間騒動之碑」

第一節　近世徳之島における災害

1　近世の災害

災害と社会

台風銀座という言葉があるように、現在でも夏から秋にかけて奄美の島々には、多くの台風が襲来する。島に住む人びとにとって台風は、大きな被害をもたらすものであるとともに、毎年のものとして日常的な存在でもある。家を囲う石垣や屋敷林（図1）、海岸沿いに植えられた防風林など、人が自然環境に適応し生き抜こうとするなかで育んできたものも多い。近世の徳之島の人びとも、災害を含む自然環境とともに生活を営んできた。

近世において災害は、台風だけでなく、干ばつなどもたびたび猛威を振るった。現代とは異なり、ダムや用水路などの設備が不十分な近世において、日照りが続けば干ばつは避けがたく、作物に大きな影響を与えた。一方で、雨が降り続くことも問題であった。長雨や台風時における激しい雨などは、山があり河川の発達した徳之島では、洪水などをたびたび引き起こした。このほかにも、史料で「津波（つなみ）」などと記される高波（高潮）なども、海辺に建てられた家々に被害をあたえた。

図6-1　諸田集落の人家を囲む屋敷林

人類学者のホフマンらは、災害と人間社会の関係をみつめるなかで、単に強い自然エネルギーの襲来が災害を招くとは限らないことを指摘する。[*1] 災害の発生は、自然エネルギーの強さだけでなく、それを

＊1　ホフマン、スザンナ・M、アンソニー・オリバー＝スミス（若林佳史訳）『災害の人類学』（明石書店、二〇〇六年）。

受け止める政策や流通のあり方、社会の構造的な強弱、環境との関係など、さまざまな要素がかかわりながら引き起こされていくとする。例えば、しっかりとした石垣（図2）を持つ家とそうでない家では、同じ規模の自然エネルギーに対し結果が異なることは当然で、災害になるとは限らないことは分かりやすい例であろう。

徳之島における災害の歴史

近世の徳之島でおこった災害について、奄美の歴史においては比較的詳しい紹介がこれまでになされてきた。というのも、徳之島には、島内で起こったできごとを詳細に記した『前録帳』という、非常に稀有な記録があったからである。『前録帳』を利用した例としては、近代直後に書かれた『徳之島事情』（明治二十八年）などをあげることができ、「災害」という項目を設けてその沿革を示している。[＊2]

『徳之島事情』では、『前録帳』を根拠史料としながら、台風（大風）や干ばつ、さらには虫害や疫病など、さまざまな災害が徳之島を襲ったことを紹介する。また、『前録帳』の記載が途切れる明治期の災害についても、『徳之島事情』では、明治二十八年までの記録を紹介しており（一部は明治四十四年の地震の記録もあり、後に書き足されたか）、その点も貴重である。

このように、徳之島の歴史においてどのような災害があったのかは、『徳之島事情』という先駆的な成果もあり、戦後に刊行された町誌（『徳之島町誌』『伊仙町誌』『天城町誌』）でも近世の災害として紹介されてきた。

図6-2　シュートノチにある石垣（亀津）

＊2　吉満義志信『徳之島事情』（名瀬市史編纂委員会、一九六四年）、原著は明治二十八年。

一方で災害は、十八世紀後半にはじまる苛烈な藩による砂糖生産の強制と拡大を背景にして、災害とそれに続く飢饉などによってその被害を増大させたことが指摘されている（第四章参照）。災害は、近世後期の徳之島、さらには奄美諸島の歴史を語るうえで、生活をかえりみない厳しい収奪と支配のあり方に密接に関係するできごとでもあった。

史料に現れる災害・疫病の記事

近世において徳之島では、どのような災害が発生したのだろうか。『前録帳』の記事を抜き出してみると、概ね表1のような状況をみることができる。確認できるもっとも早いものは、一七〇八年の疱瘡流行に関するものである。この一七〇八年の記録は、疱瘡流行にはじまり一七〇九、一〇年が大飢饉となり多くの餓死者を生んだことを記している。記事では、翌年以降のできごとも含め疱瘡流行とともに記していることから、数年におよんだ被害を一連のできごととして理解していたことが分かる。この時の飢饉については、沖縄で発生していた飢饉（三一九九人が死亡）との関連も指摘されており、その原因は台風と干ばつであったとされる。[*3] 一七〇八年の疱瘡流行、そして一七〇九年の台風と干ばつが、大飢饉を引き起こしたのである。

『前録帳』はこの後、一七四〇年の疱瘡、一七五五年の餓死者三〇〇〇人あまりをだした「凶

表 6-1　『前録帳』にみられる災害・疫病

西暦	主な災害	内容
1708年	疫病・飢饉	疱瘡が流行。翌年から翌々年にかけて大飢饉により餓死者多数。
1740年	疫病	疱瘡が流行。
1755年	凶年・飢饉	凶年となり、3,000人余りの餓死者。
1761年	飢饉	翌年の春まで飢饉。
1767年	疫病	疱瘡が流行。
1772年	疫病	大熱病が翌年5月まで流行し、1,700人余りが亡くなる。
1777年	台風	夏から秋にかけ数度の台風で潮を被り食料が確保できず、琉球から救援米を受け取る。
1781～2年	凶年	凶年となり、鹿児島・琉球より救援米を受け取る。
1783～4年	凶年	大凶年となり、鹿児島・琉球より救援米を受け取る。
1786年	凶年	凶年となり、鹿児島より救援米を受け取る。
1790年	疱瘡	疱瘡が流行し、6,840人が罹患、431人が亡くなる。
1802年	虫害	カタ虫が大量に発生し、翌年の春から翌々年まで島内で大きな被害。
1810年	疫病・台風・高波	初秋のころより麻疹・痢病が流行し、300人余りが亡くなる。7月26日からの台風で亀津の海辺に高波被害。
1814年	台風・高波	5月および6月の台風により死者8人、家屋1,059軒に被害。
1815年	疫病	4月から12月まで疱瘡が流行し、9,672人が罹患、1,891人が亡くなる。
1830年	台風・高波・凶年	4・6・7月の台風により凶年となり飢饉があり、救援米を鹿児島・琉球より受け取る。
1832年	干ばつ・台風	6～8月に干ばつが続き、9月の台風により死人および家屋数百軒への被害。
1836年	台風	台風が襲来し被害。
1845年	台風・飢饉	5・6・7月の台風で作物に被害が出て飢饉。
1850年	台風・高波	6・9月に台風があり高波や潮風などにより作物に被害。
1852年	台風・高波・洪水・飢饉	8・9月にたびたび台風および高波があり家屋に被害があり、前後して洪水も発生し、大飢饉。
1853年	疫病	流行病があり死者多数。
1854年	疫病・凶年・飢饉	アセブが流行し、翌年にかけて寒気強く、食料に被害があり飢饉。
1855年	高波	8月の台風で高波による被害。
1856年	凶年・干ばつ	5月ごろから食料が続かず凶年。9月以降、干ばつ。

＊3　小林茂『農耕・景観・災害―琉球列島の環境史―』（第一書房、二〇〇三年）、一二〇頁。球陽研究会編『球陽』（角川書店、一九七四年）所収の六五四号記事によれば、「颱颶屢々起り、旱魃虐を肆にす。田野焦くが如く、禾稲枯槁す」と台風と干ばつの被害に苦しんだことが分かる。

年」を記録する。一七五五年のできごとは、『窪田家文書』にも記載があり、台風被害によって不作となり、冬ごろから飢饉となって、翌年（一七五六）までに膨大な餓死者を出した。また、生存のため多くの人びと（男女一七〇〇人あまり）が、奄美大島へ逃散（ちょうさん）した。島では、人びとを連れ戻すべく、詰役人・島役人らを奄美大島へ派遣する措置をとったが、背景には砂糖増産を強行する藩の政策も関わっていた（島民の逃散については第七章、砂糖増産については第四章参照）。[*4]

災害を記録すること

災害が記録される時期について見てみると、奄美大島（『大島代官記』など）では一七七八年の台風被害、沖永良部島（与論島の内容も含め、『沖永良部島代官系図』）では一七七五年の台風被害が最初の記録となっており、代官記などが作成されはじめた当初から災害の記録が意図して残されたものではなかったことが分かる。

例えば、喜界島（『喜界島代官記』）では、災害に関する記事はほとんど見られない。わずかに十八世紀で、一七四三・六七・九〇年の疫病（疱瘡）流行の記事が見いだされるのみである。十九世紀についても一八二五年に凶年であったことを記録するが、その他はほぼ記されていない。これは喜界島において災害がなかったというわけではなく、記録されなかったと考えるのが妥当であろう。代官記がどのような意図や傾向をもって書かれていたのかという編纂方針の違いによっているのであろう。[*5]

この点で徳之島の『前録帳』は、十八世紀初頭から災害の記事を収録し、特に十八世紀後半以降、年ごとの詳細な記録を残している。その意味で『前録帳』は、一定の規模の災害を記録する傾向をもった稀有な史料である（厳密には被害の記録）。時期的な変遷などもあろうが、人間と災害のかかわりを知るうえで、『前録帳』は非常に貴重な史料と言える。[*6]

気候変動と災害

近世の徳之島における災害の発生は、稀有な史料である『前録帳』によって知られてきたが、近世後半期の災害がどのように引き起こされたのかについてはさまざまな検討がなされている。例えば災害発生のプロセスについては、地球規模で変化す

＊4　『窪田家文書』に記された逃散の記録について、仲地哲夫「宝暦期の徳之島における逃散関係史料―窪田家文書の紹介を中心に」『徳之島調査報告書（1）』（沖縄国際大学南島文化研究所、一九八四年）参照。

＊5　前掲註3小林二〇〇三：二一七頁。

＊6　『前録帳』は、安政四年（一八五七）までが記されているため、一八六〇～七〇年代にかけての記録を見ることができない。その点については、明治期までの災害を列挙した、『徳之島事情』の記載などを参考にする必要がある。

表 6-2　17～19 世紀の小氷期

	時代	西暦		気候
小氷期	第1小氷期	1610～1650		非常に寒冷
	第1小間氷期	1650～1690		温暖
	第2小氷期	1690～1740	1690～1720	非常に寒冷
			1720～1740	寒冷
	第2小間氷期	1740～1780		温暖
	第3小氷期	1780～1880	1780～1820	寒冷
			1820～1850	非常に寒冷
			1850～1880	寒冷

出典：前島郁雄・田上善夫「中世・近世における気候変動と災害」『地理』27（12）（古今書院、1992 年）

図 6-3　台風による高波・サトウキビの倒伏

る気候・環境の問題との関連からも理解されるようになっている。[*7] 特に十八世紀後半以降の災害の激甚化は、気候や環境の変化に強く影響されていた。近世期は、温暖化する現在とは異なり、時期によって極度の寒冷化が繰り返される小氷期と呼ばれる気候下にあった（表2参照）。数十年規模で気候が激しく変化し、温暖な気候をはさみながら異常な天候が社会を襲ったのである。

近世において災害による被害が広範な地域で顕著に確認される時期として、享保（一七三〇年代）・天明（一七八〇年代）・天保（一八三〇年代）期などが存在した。近世の災害は、個々の地域が持つ社会状況や構造的なあり方とも関わりながら、例えば奄美地域、より広くは琉球列島、日本列島などの広範な空間で起っていた現象の一つとして推移していたのである。ただし、これら特徴的な時期にあっても、すべての地域で同一の結果（災害による被害や飢饉）が起こされたわけではなかった。災害の現れは地域ごとにさまざまな様相を呈していたからである。

災害が激甚化したころの徳之島では、どのような状況が展開したのだろうか。『前録帳』の記載を手がかりに、より広域的な地域（奄美諸島や琉球、種子島など）にも目配りしながら、天明期（一七八〇年代）や天保期（一八三〇年代）などを中心にして徳之島で見られた災害を確認してみることとしたい。

＊7　中塚武『気候適応の日本史　人新世をのりこえる視点』（吉川弘文館、二〇二二年）など参照。

2　一七八〇年代における災害

一七八〇年代の災害

『前録帳』を見てみると、表1にあげたように、三件の記録を見ることができる。一七八一～二年ごろと一七八三～四年ごろ、一七八六年である。記事の内容を見てみると、どれも似たような簡潔な内容に終始している。①この「御代（みよ）」は凶年となったこと、②鹿児島（御国元）や琉球から救援米があったことなどである。「御代」との語は、徳之島へ来島する藩役人（詰役人）との関係から記された言葉で、『前録帳』は来島した藩役人の在任期間を目安として、その間に起こったできごとを示すように記されている。

このため『前録帳』から知られるのは、天明元年（一七八一）四月に来島した代官の山田一郎左衛門の時期（一七八一～二年）に凶年があったこと、同様に天明三年（一七八三）二月に来島した代官の伊勢四郎兵衛の時期（一七八三～四年）に凶年があったこととなる（図4）。ともに非常に短い記述であることから、凶年の具体的な状況などはよく分からない。

一方で、天明五（一七八五）年に来島した代官の松井新右衛門の時期の記載については、最初の条で年次などはなく凶年であったことが記され、次条の冒頭で「天明六午（うま）年」（一七八六年）と記している。このことから、前条までは天明五年のことを記したと考えられる。そのため、一七八五年も何かしらの要因により「凶年」となって困窮する事態が続いたと考えられよう。

では一七八〇年代前半の徳之島における「凶年」とはどのような状況によるものであるのか。周辺地域の記録から、同時期の奄美諸島域（またより広くは琉球列島域）の状況を確認してみたい。

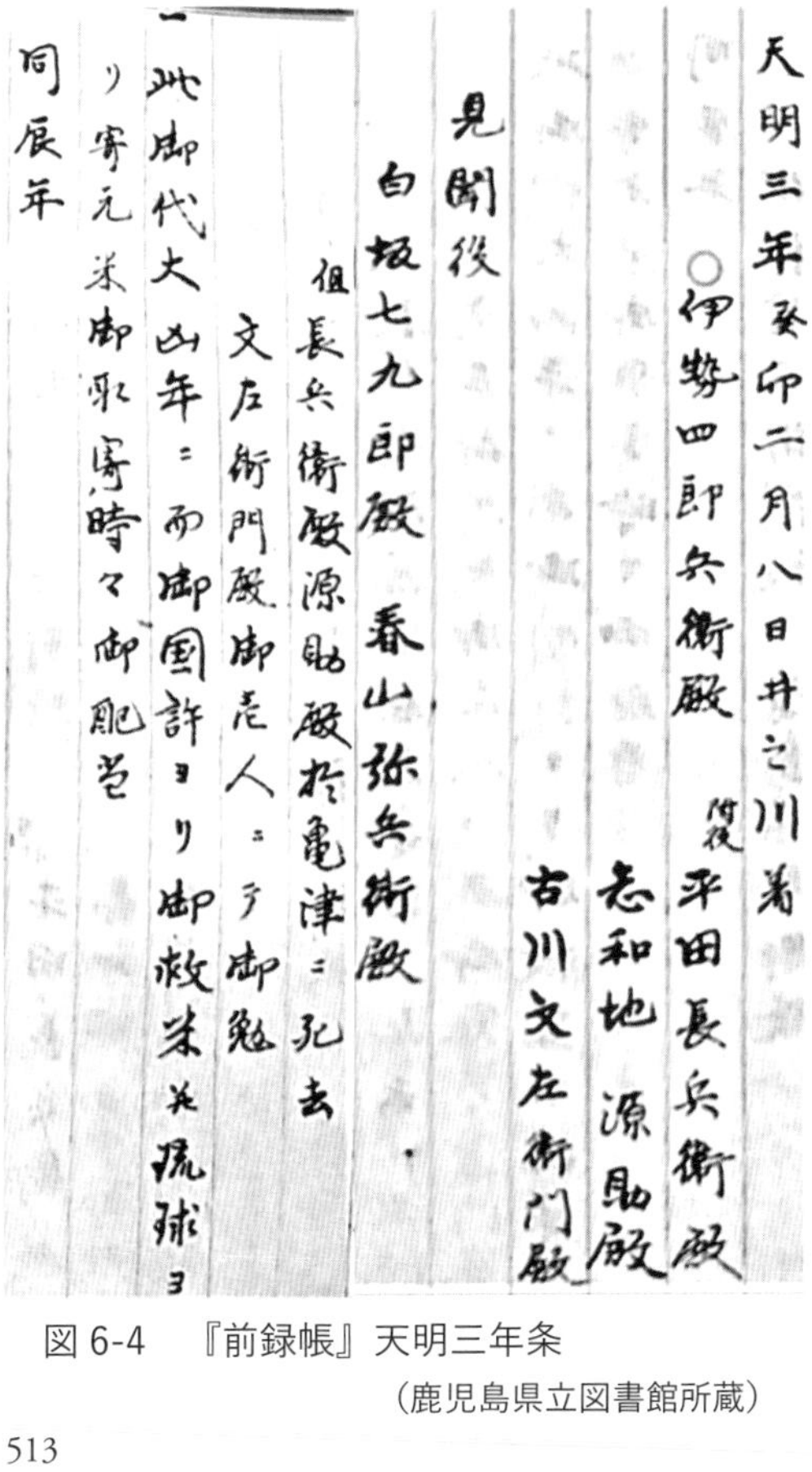

天明三年癸卯二月八日井之川着
○伊勢四郎兵衛殿　附役 平田長兵衛殿
志和地源助殿
古川文左衛門殿
見聞役
白坂七九郎殿　春山弥兵衛殿
但長兵衛殿源助殿於亀津ニ死去
文左衛門殿御花人ニテ御勉
一此御代大凶年ニ而御国許ヨリ御救米并琉球ヨ
リ寄元米御取寄時々御配当
同辰年

図6-4　『前録帳』天明三年条
（鹿児島県立図書館所蔵）

一七八一年の災害

天明元年の記録として注目されるのが『大島代官記』の記事である。[*8] それによれば大島では、年明けの砂糖は豊作であったが、五月から八月にかけて干ばつが続いたうえ、八月までに五回の台風が襲来した。特に八月の台風は非常に強力で、島内で二〇〇軒あまりの家に被害を出したという。島では、食料となる米やサツマイモの生育が阻害され、結果、大凶作となった。

大島と同様のことは、沖永良部島でも見られる。それによれば、①天明元年五月十九日夜、②六月十七日夜、③七月二十六日夜、④八月四日と四回の台風が襲来し、十月までに大飢饉が発生したという。[*9] 大島の記事に見られた五回の台風に近い記録であり、台風により年内に飢饉が発生したことが分かる。地理的に奄美大島と沖永良部島の間に位置する徳之島でも、両島を襲った四、五回の台風の影響を受けたことが想像される。

さらにこの年の台風について種子島における記録を見ると、天明元年七月二十七日に台風が襲来し島内では洪水が発生し、石高にして八九四石、倒壊した家五四四軒、損壊した家四五八軒などの被害があったことを記している。[*10] これは、沖永良部島で観測された七月二十六日夜（③）の台風が、そのまま北上し翌二十七日に上陸したとみてよいであろう。これは七月末の台風が、沖永良部島、奄美大島、種子島と北上する動きを捉えたものとみられ、徳之島は当然、その影響を受けたと考えられる。一方、大島では八月に上陸した台風を特筆するが、これは沖永良部島において観測された④の台風であるとみられる。こちらもやはり徳之島に影響をあたえたものと考えるのが妥当であろう。

ひとまず、周辺地域の記録を確認していくと、天明元（一七八一）年に徳之島周辺で台風を原因とする被害があったことを確認できる。そこから類推すれば、『前録帳』にみられる天明元年～二年ごろの「凶年」とは、天明元（一七八一）年の台風被害を起点とすることが想起され、凶年とはそれによる凶作と食糧不足による飢饉を指していると考えられる。

＊8　『大島代官記』（松下志朗編『奄美史料集成』南方新社、二〇〇六年、五九頁）によれば、「一　當丑春島中砂糖満作、凡六百萬斤餘出來ニテ候、然處五月ヨリ八月迄大旱魃、且八月迄大風五度有之、稲作・唐芋作島中大凶年」とある。

＊9　『沖永良部島代官系図』（前掲註8松下編二〇〇六：三五三頁）によれば、「右長太夫殿御代、丑五月十九日夜大風・六月十七日夜大風・七月廿六日夜大風・八月四日大風ニ付、同十月大飢饉・・・」とある。

＊10　『種子島家譜』を用いて近世の災害と生活を描いた佐藤宏之『自然災害と共に生きる―近世種子島の気候変動と地域社会』（北斗書房、二〇一七年）参照。本章で用いた『種子島家譜』は、すべて鹿児島県歴史資料センター黎明館編『鹿児島県史料　旧記雑録拾遺　家わけ八』（鹿児島県、二〇〇〇年）所収の巻二七～七三に含まれる。

一七八四～五年の災害

続いて『前録帳』には、天明三（一七八三）年から四（一七八四）年に在任した代官の伊勢四郎兵衛の時期は、「凶年」であったことを記す。奄美大島や沖永良部島など、徳之島周辺における記録を見ても、このころについて特段の記載がなく、種子島でも天明五年に二回の台風襲来を受けたことが記されるのみであり、状況ははっきりとしない。

一方で一七八四～五年は、全国的には寒冷な気候と降り続く雨（長雨）によって日射量が落ち込み、天明の大飢饉がピークを迎えた時期として知られている。この時期の災害については、前年の一七八三年の浅間山、世界的にはアイスランドのラキ火山、グリムスヴォトン火山などが次々に噴火したことで、大量の噴煙と火山灰が降り注ぎ異常天候が続いた。[*11]

目を転じて沖縄島の記録を見ると、『球陽』には一七八四～五年について、両年とも無類の凶作となり、飢饉が発生して餓死者や身売り人が相次いだとある。[*12] 当時、王府の高官（三司官）を勤めていた伊江親方朝睦（唐名は向天迪）の日記には、一七八四年の王府における動向が記されている。[*13] それによれば、三月二日から五日にかけて、すでに穀物価格が高騰して世間は困窮にあえいでいるため、祭礼などの場での酒の使用禁止や製造の禁止が指示されている。前年から続く不作に苦しむ様子を垣間見ることができる。

さらに五月二十六日には、不作によって鹿児島へ上納する物品の積み込みが遅れていること、「大和」でも凶作が続き備蓄米一四〇〇石の輸送が要請されていることが記されている。この大和とは、一般に鹿児島を指すと考えられるが、実際の配給先はその支配下にあった奄美諸島の島々であった可能性もある。

次に八月から十月にかけて、同じ三司官の与那原親方と未曾有の事態に対処するため今後の対応方針を協議したことが記されている。そのなかで、本年は異常な長雨が続き、作物が傷んで腐れかかっていることや、六月二十二日および七月二十五日の二回の台風が襲来したことを記している。[*14]

＊11　全国的に寒冷であったとの記録は、三上岳雄「一八世紀末における日本の気候復元」『気候変動の周期性と地域性』（古今書院、一九八六年）、増田耕一「小氷期の原因を考える」『地理』37（2）、（古今書院、一九九二年）など参照。

＊12　球陽研究会編『球陽』（角川書店、一九七四年）一三八四・一四〇四号記事。

＊13　沖縄県公文書館管理部史料編集室編『沖縄県史』資料編7『伊江親方日々記』（沖縄県教育委員会、一九九九年）。

＊14　前掲註13　沖縄県公文書館管理部史料編集室編『沖縄県史』資料編7『伊江親方日々記』によれば、同年の天候について「当年之儀天気不順有之、災変共出来世振あしく世上及困窮候」（十月二十日の条）や、「いもかつら虫付候儀ニ付、取納奉行両人近方之間切々点江見分ニ差遣候付、検者・さはくり・耕作当召寄吟味させ候処、当年之儀雨天相続候付、草取方も差支、其上湿之痛有之、かつら相草臥候付虫付出来候様ニ相見得申候」（十月十九日の条）などとある。

このような沖縄島の記録を参考にすれば、『前録帳』にみられた天明三～四年、五年の「凶年」の記事について推定が可能であろう。当時の沖縄島では、異常な天候不順を要因とした大飢饉が起こっていたが、それは当時の日本の各地で確認されていた長雨や日射量の不足による災害と連動したものであった。災害は広範な地域におよび、日本において天明の飢饉を招いていくが、より南方の沖縄島の被害を鑑みれば、徳之島における天明三～四年と五年の「凶年」の記述もそれらと連動したものであったと言えよう。広域的な状況から確認すると、徳之島を襲った状況も概ね同じような状況にあったのであろう。

天明期の災害と人口

一七八〇年代の状況を徳之島における人口の面からもみてみたい。『前録帳』には、宗門手札改めによる人口数が記されている。それによれば安永元（一七七二）年は、一万九二一七人であったが、凶年を経た天明五（一七八五）年にその数は、一万二七三四人へと落ち込んでいる。この約十三年の間に、数にして六四八三人、割合にして約三四％にあたる人口が減少したのである（第四章表4―2参照）。

これらの人口減少のすべてが、一七八〇年代の凶年を原因にするものではないと思われるが、少なくない影響があったことは確かであろう。砂糖生産が強化される一方で、慢性的な食糧不足という社会的な脆弱性を抱えつつ（第四章参照）、一七七〇～八〇年代におけるたび重なる台風の襲来や疫病（一七七二年に大熱病の流行により島民一七〇〇人あまりが亡くなる）の発生など、異常な天候が島を襲ったのである。

3　一八三〇年代における災害

一八三〇～一年の災害

一七八〇年代に続いて複数の災害が集中して発生したのが、一八三〇年代の天保期である。『前録帳』によれば、一八三〇（文政十三・天保元）年の記事として、四月二十二日の夜から二十五日まで台風が襲来し、面縄港に停泊していた長久丸が砂糖の積み込み中に沈没（破船）し、湾屋に停泊していた白山丸と行安丸も六月四日から六日に襲来した台風によって沈没したとある。[*15] この記事により、少なくとも二回の台風が襲来したことが分かる。また、四月二十五日まで襲来した台風は、その後、北上して四月二十七日に種子島へ到っている。この年、種子島ではたび重なる台風や洪水により、九月ごろから作物は不作（不熟）となるなど凶年となったという。[*16]

さらに、年次の比定が難しいが、『前録帳』には同じく一八三〇年のものと思われる内容として、徳之島では凶年となり鹿児島に救援米を申請し、年内に四回の支給を受けたとする記事が見られる（運搬に関わった船名は宝珠丸・栄久丸・観珠丸とする）。[*17] 翌一八三一年にも記事があり、昨年夏の台風（＝一八三〇年）によって島内は食糧が足りず飢饉（飢餓）となり、救援米をお願いするため与人らが翌一八三一年五月に飛船（緊急の連絡船）で琉球に赴いたとする。[*18] 一八三〇年夏までに台風で受けた被害により、島内では飢饉となり鹿児島や琉球に救援米を求めるなどの措置が採られたが、その影響は翌年まで続いていたのである。

目を転じて一八三一年の奄美大島の記事を見ると、前年の寅年（一八三〇）五月から七月にかけて台風が三回、小規模の台風が二回襲来したため、卯年（一八三一）は砂糖もサツマイモも凶作になったという。[*19] 一八三〇年の五月から六月に襲来した五回の台風とは、『前録帳』に記された二回の台風と重なるものであろう。

また、徳之島では一八三一年に台風や高波の被害があったようである。『前録帳』に「天保元年

＊15　『前録帳』（前掲註8松下編二〇〇六：二八三頁）に「一　寅四月廿二日夜半ヨリ同廿五日迄大風、面縄居船長久丸砂糖積入半破船、湾屋居船白山丸幷行安丸同六月四日ヨリ六日迠之大風ニ而破船・・・」とある。

＊16　前掲註10佐藤二〇一七：四六頁所収の災害年表二―一三所収の二二六号記事。前掲註10『鹿児島県史料旧記雑録拾遺 家わけ八』の三〇三頁（巻四六）参照。

＊17　『前録帳』（前掲註8松下編二〇〇六：二八三頁）に「一　島中凶年ニ而、冬中御下米倭へ御伺相成候処、四度下リ宝珠丸幷栄久丸・観珠丸ヨリ御米幷御品物年内被差下候」とある。

＊18　『前録帳』（前掲註8松下編二〇〇六：二八三頁）に「一　去夏大風ニ而島許飯料差支既ニ及飢躰、琉球江御救米及御掛合ニ、與人福信・惣横目喜鶴、卯五月飛船ヲ以被差渡・・・」とある。

辛卯(かのとう)」のこととあって、年号年次は一八三〇年、干支(えと)は一八三一年を指す記事がある。[*20] それによれば、七月二十六日から二十八日までに丑(うし)(北北東)・寅(とら)(東北東)・卯(う)(東)・辰(たつ)(東南東)の方角からの大風と高波により、亀津村の浜辺にあった人家三〇軒が流されたり、倒壊したという(第一章参照)。東側からの風が吹き荒れ沿岸にあった家々が高波によりさらわれたのであろう。

実は種子島でも、天保二(一八三一)年七月二十七日から二十八日にかけて、種子島南端の西之村(にしのむら)で潮があふれ水田に大きな被害があったことを記しており、同一の台風による高波被害と思われる。[*21] 七月二十六日に徳之島に接近した後、翌日から翌々日にかけて種子島へ北上し村々に被害を及ぼしたとすれば、これは一八三一年のできごとと考えられよう。

図 6-5 『南島雑話』に収録された台風で舟が屋根に吹き上げられた図(右)、強風で屋根が吹き飛ばされた図(左)
＊絵は 1850 年代の奄美大島で台風被害を描いたもの。吹き飛ばされた家は藩役人が居住した仮屋(伊地知六郎仮屋と呼称)であるという。

一八三二～三三年の災害

一八三〇年初頭に立て続けに襲来した台風によって、徳之島を含む奄美諸島は大きな被害を受けたが、続く一八三二年から三三年にかけても災害が頻発した。

『前録帳』によると、天保三(一八三二)年の六月から八月にかけて雨が降らず、厳しい干ばつが続いたという。さらに、干ばつ直後の九月十日夜から翌十一日昼にかけて、「近年では稀なほどの(強力な)大風・波」に襲われた。これにより弱っていた作物はことごとく傷み、さらに島

＊19 『大島代官記』(前掲註8松下編二〇〇六:八四頁)に「…尤寅年五月ヨリ七月迄大風三度、小大風二度、都合五度之大風、卯年砂糖・唐芋凶作」とある。

＊20 『前録帳』(前掲註8松下編二〇〇六:二八三―四頁)に「一 天保元年辛卯七月廿六日ヨリ同廿八日マテ、丑・寅・卯・辰之方ヨリ大風・津浪ニ而、亀津村濱辺人家三十軒流失又ハ致破損候」とある。

＊21 前掲註10佐藤二〇一七:四七頁所収の災害年表二―一四所収の二三三号記事。前掲註10『鹿児島県史料旧記雑録拾遺 家わけ八』の三一八頁(巻四七)参照。

内で怪我人や死人が続出し、牛馬なども相当の数が亡くなる事態となった。高波により海辺にあった津口番所（どの村かは不明）やクリ舟のほか、人家数百軒が吹き倒されたという。[22]

奄美大島について見ると一八三二年は、年明けから寒さが強く、サツマイモ（唐芋）とサトウキビが育たず不作がちとなり、六月から八月にかけて干ばつとなっている。そして九月十一日になると、徳之島を襲った非常に強い台風が大島をも襲い、作物がことごとく被害を受け、十月ごろから食糧が尽きて山野からの収穫でなんとか生きながらえる状況になったという。もっとも、年内は前年の米が豊作であったことから食いつなぐことができたようで、それらを食べ尽くした翌一八三三年の春ごろになると、厳しい状況を迎えた。[23] 翌年はサツマイモ・砂糖が凶作となり、ソテツ（図6）まで食べ尽くされると、飢餓の苦しみは例えるものがないほどであるとの悲痛な言葉が並んでいる。また、世間では混乱する世を例え「猿化騒動」との書物が出まわったとする。[24]

次に一八三二年の沖縄島の状況を王府の正史である『球陽』から見てみると、奄美の島々と似た厳しい状況が起こっていた。やはり沖縄島周辺でも、一八三二年の六月から九月までまったく雨が降らずに干ばつとなり、王府では八月六日から八日にかけて大規模な雨乞いを実施している（『球陽』一七〇八号記事）。しかし事態は改善せず、そのまま九月を迎えたところ、徳之島に襲来することとなる未曾有の台風が、九月十日に沖縄島に上陸した。

その被害をみると、沖縄島全域のものとみられるが、人家三二九三戸が吹き倒され、船も大小九九〇隻、

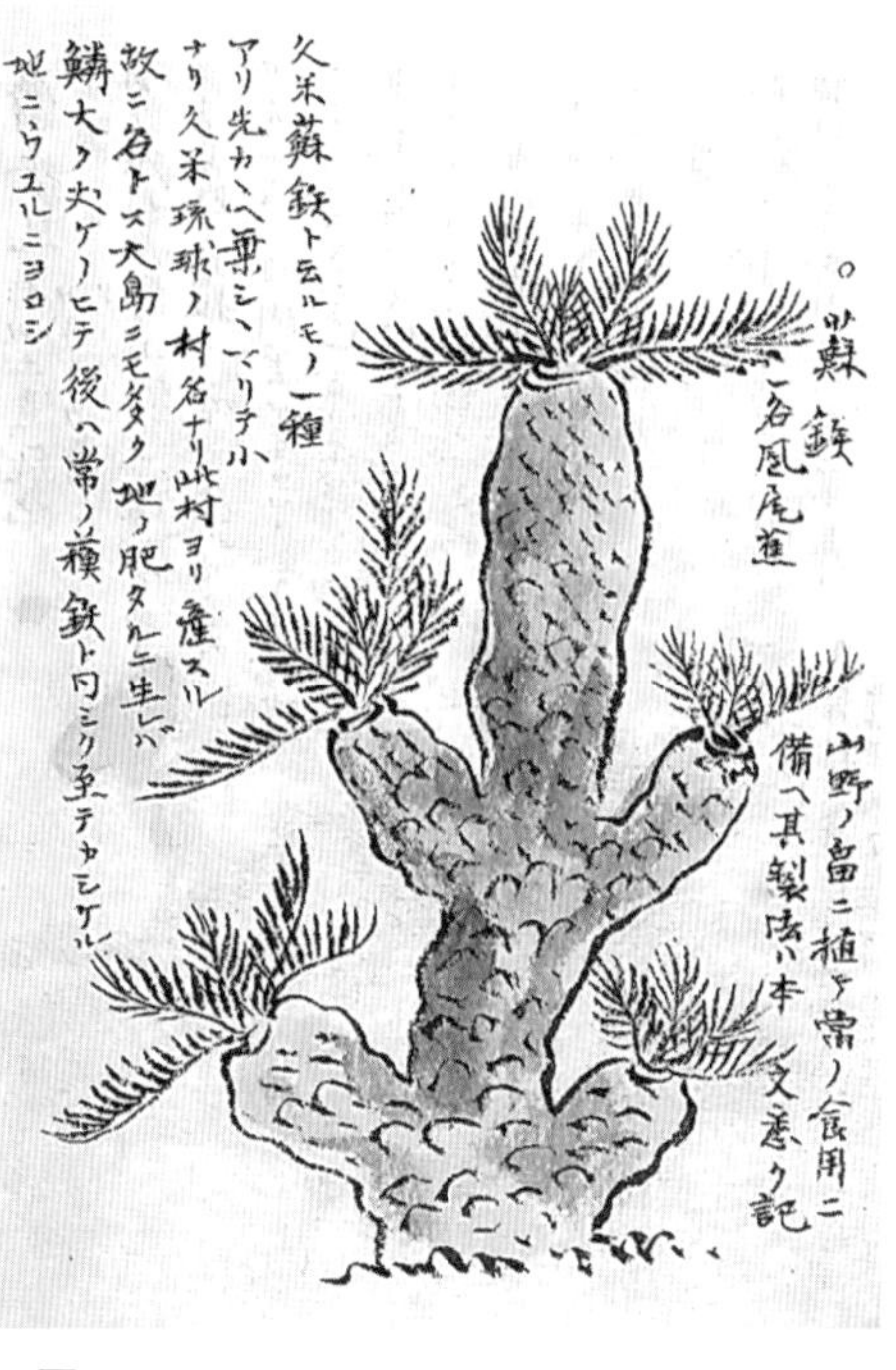

図6-6　ソテツ（『南島雑話』）

＊22　『前録帳』（前掲註8松下編二〇〇六：二八五頁）に「一　同年六月初ヨリ同八月末マテ、旱魃ニ而諸作物不致盛長候処、九月十日夜ヨリ翌十一日昼時分迠近年稀成大風波ニ而、島中黍作其外諸作物相痛、死人・死牛馬・軽我人等有之、津口番所又ハ繰舟流失人家砂糖木屋数百軒吹タヲシ、其外損物過分ニ及候…」とある。

＊23　『大島代官記』（前掲註8松下編二〇〇六：八六頁）に「此御代春先餘寒強、唐芋植付不相調黍生立悪敷、六月ヨリ八月初マテ大旱魃、九月十一日稀成非常之大風諸作大痛、十月頃ヨリ一統飯料支山野抹ニテ漸ク助命ス…翌巳春ニ至リ飯料極々差迫リ、砂糖昔ヨリ稀成凶作辰年稲作豊作之蔭ヲ以年内ハ漸ク助命」とある。

＊24　『大島代官記』（前掲註8松下編二〇〇六：八六頁）に「此年五[正]月ヨリ三月迄雨降リ續、去年ノ旱魃・大風ニテ黍・唐芋相痛非常之凶作…唐芋大不作ハ霜月頃ヨリ此夏迄山野之抹又ハ蘇鐵ヲ以漸ク助命、夏ニ至リ蘇鐵モ切絶程之凶年…窮民之苦タトフルニモノナシ、此年何國ヨリ出來候哉猿化騒動ト名付シ書見得タリ、余リ[後]百姓之窮ヨリ出來タリト見ユ、後年見合ニ書記」とある。

そのほか役所や蔵、農作物などに大きな被害があった。沖縄島南部の玉城(たまぐすく)では、高波によって人家七戸が、沖縄島北部の久志(くし)でも人家四七戸が浸水し、一〇名が死亡したという（『球陽』一七一〇号記事）。さらに、長く続いた干ばつと九月の台風によって秋ごろから翌年春にかけて飢饉が発生し、二四五五人の死者を出したほか、疫病によって一四七三人が亡くなったことが報告されている（『球陽』一七一五号記事）。

種子島の記録にも、一八三二年の四月から八月まで干ばつとなり、水田が干上がるなどの被害が報告され、九月十一日に台風が襲来して弱っていた田畑に無類の被害をあたえ、人家九〇軒あまりを吹き倒したという。結果、種子島でも翌年まで飢饉が発生し、非常な凶年が続いている。[*25]

このように、徳之島で記録された一八三二年の災害の痕跡は、琉球列島の各地で同じような現象をともないながら展開していた。六月から九月にかけての干ばつ、九月十日から十一日にかけて沖縄島（十日）、徳之島（十日から十一日）、奄美大島（十一日）、種子島（十一日）と北上していった台風は、各地に甚大な爪痕を残した。徳之島における記事は、これら広い範囲で見られた災害の一場面を記録したものであった。多くの島々では、作物への被害がその後の飢饉を招き、一八三三年の春まで共通して死者を出していく。直接語る史料はないが、徳之島においても打ち続く災害によって大きな被害が出たものと考えられる。

4 徳之島における疫病の流行

疫病の流行

災害の頻発によって社会は何度も危機に陥ったが、それら自然災害と並んで脅威となったのは疫病であった。『前録帳』には、疱瘡(ほうそう)など、島内で流行した疫病についての記載が散見される。

疱瘡は、天然痘(てんねんとう)の通称で、ウイルスに感染すると水疱ができ、治癒の時に瘡(かさ)をかぶるさまに由

＊25 前掲註10 佐藤二〇一七：四七頁所収の災害年表二―一四所収の二三六―二五〇号記事。前掲註10『鹿児島県史料 旧記雑録拾遺 家わけ八』の三三六〜三四二頁（巻四八）参照。

来する伝染病である。強い感染力を持ち、高熱と水疱が全身にあらわれ高い死亡率を持つ。種痘（しゅとう）によって現代では根絶されたが、前近代においては船乗りなどを介して島外から持ち込まれる代表的な伝染病の一つであった。一度克服すれば天然痘への免疫がえられるため、流行すればその世代間での再流行は防げるが、免疫を持たない人びとが増える数十年おきに流行が繰り返される特徴がある。薩摩藩や琉球では、疫病流行にそなえ、海上で一定期間停泊させるなどの措置が採られたり、人為的に感染させて免疫を持たせる人痘接種の政策などが採られたりしていた。[*26]

徳之島における疱瘡（天然痘）流行

実際に『前録帳』には、早い例として前述した宝永五（一七〇八）年に島内で疱瘡が流行し飢饉が翌年から発生したものがあり、その後は元文五（一七四〇）年に流行したことが記されている。

さらに明和四（一七六七）年に疱瘡が再度流行し、この時、疱瘡は前回の流行から二十七年ぶりであると記すなど、『前録帳』の記載が流行のサイクルの確認に用いられていることをうかがわせる。疱瘡はその後も、寛政二（一七九〇）年に流行し、この時は島民六八四八人が感染し（四三二人が亡くなる）、文化十二（一八一五）年の流行では九六七二人が感染（一八九一人が亡くなる）するなど、たびたび大流行している（図7）。

図6-7　文化13年「疱瘡安全」寄進碑
（伊仙町義名山神社）

紹介した徳之島における疱瘡の流行は、他の島々の動向とも関わっていた。例えば元文五（一七四〇）年の流行の後、徳之島内で数年にわたって飢饉を生んだが、寛保三（一七四三）年には喜界島でも

＊26　前掲註3小林二〇〇三：三〇六―七頁参照。

疱瘡の流行が記録されている。[*27] 関係性を断定することはできないが、島から島へと人の移動にともない流行したものと考えられよう。

また、明和四（一七六七）年についても、喜界島に疱瘡の記録がみられる。同年八月から流行し五千人あまりが罹患して、十月までに終息したという。[*28] 徳之島ではその年の冬から流行がはじまっているため、経路は不明だが喜界島で先に流行したものが、徳之島にも入り感染が拡大したと考えられる。島々の歴史は、時にゆるやかに、時に密となりながら影響をあたえあっていたことが分かる。同様のことは、寛政二（一七九〇）年の流行でも確認でき、この時、喜界島でも疱瘡が流行している。

麻疹・大熱病・流行病

疱瘡（天然痘）のほかに、『前録帳』にはさまざまな疫病流行の記事が見いだされる。例えば、子どもが多く罹り赤い発疹をともなう麻疹（ましん）（一八一〇年）や、病名は特定できないものの高熱をともなう「大熱病」（一七七二年）の流行などである。

文化七（一八一〇）年の麻疹流行では、徳之島で痢病（りびょう）（激しい下痢などをともなう感染症で、赤痢などと推定される）も流行しており、合わせて三百人あまりが亡くなったとされる。[*29] 麻疹は、子どもが罹りやすいとされるが、島嶼においては相当の期間をあけて流行することから、老若問わず罹患した。この時、沖永良部島や与論島でも七月ごろから麻疹が流行し多くの死者を出している。[*30] 疱瘡だけでなく麻疹も、島々を伝わり流行していた。

同じように疫病の流行が島々で同時に発生した例として、一八五三年にみられた「流行病」がある。具体的な病名は不明で、胸の痛みが一週間ほど続く症状をともなうとの特徴を持ち、亡くなる者が続出した。同時期（一八五三～四年）の種子島でも、病状は不明ながら流行病（「大疫」と記載）が発生し死者が多数出ていた。[*31] また、沖縄島の北谷間切（ちゃたんまぎり）や久米島でも疫病が発生し、久米島の具志川（ぐしかわ）間切で五十人あまり、仲里（なかざと）間切で八十九人の死者を出しており、関連が疑われる（『球陽』一九六六・一九六八号）。このように島々のひろがりのなかで、徳之島の疫病も推移していたと言えよう。

＊27 『喜界島代官記』（前掲註8松下編二〇〇六：一四七頁）に「一　翌亥年疱瘡流行」とある。

＊28 『喜界島代官記』（前掲註8松下編二〇〇六：一五七頁）に「一　當亥年八月、貳拾五ケ年振リ疱瘡五千人餘之煩候間、同十月相濟候段…」とある。

＊29 『前録帳』（前掲註8松下編二〇〇六：二六二頁）に「一　文化七午初秋ヨリ麻疹并痢病相流行、島中死人三百人余有之…」とある。

＊30 『沖永良部島代官系図』（前掲註8松下編二〇〇六：三六一頁）に「一　此詰巳八月比ゟ午三・四月迠、近年無之大旱魃打續田畠作職不出來之上、午七月より両嶋共ニ麻疹流行、五拾七年廻之由ニテ老若死人夥敷相聞得候ニ付、拝借米相渡候事」とある。

＊31 前掲註10佐藤二〇一七：五六頁所収の災害年表二―二三所収の三六四号記事。前掲註10『鹿児島県史料旧記雑録拾遺　家わけ八』の七三〇頁（巻七〇）参照。

第二節　抵抗―母間騒動を中心に―

1　語り継がれる抵抗

創作劇「母間騒動千年物語」

平成二十八（二〇一六）年に、徳之島町の母間小学校（旧母間村）で、一八一六年に起こったいわゆる「母間騒動」から二百年の節目を記念して、有識者によるシンポジウムが開催された。あわせて同校教職員やＰＴＡ、児童ら約五十名によって、「母間騒動千年物語」と題する島口劇が上演された（図８・10）。島口劇は、その後、十一月にも学習発表会の演目として上演され、現在まで代々の母間小学校の児童らによって演じられている。

この「母間騒動千年物語」のあらすじは、概ね次のプロローグを含む四つの構成からなる。プロローグでは、藩政時代の支配の厳しさを詠んだとする「徳之島節」（かしゅて気張たんち、誰が為どぅなりゆる、大和いちゅぎりゃんきゃぬ）が唄われる。

次に第一幕では、連年の災害で疲弊した母間村に、隣接する轟木村に入作していた地にかかる税として、一五〇石あまりであったものを二〇〇石あまりにして上納せよとの指示が届いたことを述べる。なお、この決定は、井之川村の田地横目である直勝の一存で決められたという。理不尽な指示の撤回を求めて村を束ねる掟役の喜玖山は、直勝に談判するが聞き入れられ

図 6-8　二百石の上納指示が届く場面（「母間騒動千年物語」）

ず、徳之島代官の新納仁左衛門へ訴え出るが、藩命に背いたとの罪で捕らえられてしまう。

第二幕では、囚われの喜玖山を救出すべく、村民六三〇名が鉄炮や竹槍・魚突きなどで武装して亀津の牢屋（格護所）を襲撃する。救出された喜玖山は、事態の打開をはかるため、流人宇宿十郎太の助言も踏まえ、海を渡って鹿児島の藩庁に事情を訴え出るため出航する。鹿児島に訴え出た人びとは、通手形（第七章参照）を持たずに鹿児島に赴いたことを咎められて三年の入牢とされ、六人は無罪で帰島し、喜玖山をはじめ八人は翌年に七島へ流刑となり、一名が獄死する結果となったことが伝えられる。不条理な決定に果敢に正道を通そうとした母間の人びとの行動が強調される。

第三幕では、騒動後の母間の沿革について触れ、母間の人びとの気質とされる「母間正直」「母間魂」が騒動以来受け継がれてきたことを回想する。母間の不条理に抗う精神がこれからも続いていくことを願い終幕となる。

創作劇では、島役人である田地横目の直勝と徳之島代官らが結託し無理難題を命じ、母間の住民から過酷な取り立てを進めようとしたこと、これに善良な掟役の喜玖山を中心に母間の住民が気高く抵抗したことが演じられる。島役人を含む支配への抵抗は、同じく島役人である掟役の喜玖山らによる訴え、理不尽に捕らえられた喜玖山を村民が実力で救出し、鹿児島当局への訴え（と裁き）など段階的におこなわれ、大きな騒動となったことに比して中心人物ら八名のみ流刑という比較的軽い罰に止まったことを述べる。

研究史のなかの母間騒動（戦前）

創作劇として演じられた「母間騒動」のストーリーは、明治以降の研究史の系譜を汲んだ騒動観が反映されたものであった。本騒動が、これまでどのように理解されてきたのかを整理しておきたい。

最初に母間騒動を取り上げたのは、明治二十八（一八九五）年に著された吉満義志信による『徳之島事情』である。「五、賞罰」の項目において、徳之島のいわゆる事件史を列挙するなかで、その一つとして取り上げている。文面から根拠史料は『前録帳』を参照してまとめたとみられ、事件の発生から鹿児島への越訴、処罰されての流刑までの結果を記している。ただし、『前録帳』を根拠とするだけではわかり得ない情報も、説明のなかには含まれている。その全文を掲げると以下のようになる（『前録帳』ではわかり得ない部分に傍線を引いた）。

> 文化十三子年母間村百姓ノ内轟木村へ入作アリテ、該村ノ賦課米一升ニ因リ、終ニ徒党ヲ団結シ、代官所へ強訴ヲ為シタル処、其発起人ノ内首魁タル掟役喜玖山ヲ逮捕シ入牢シタルニ、村民ハ大ニ之ヲ憤リ、同年六月九日母間村人民六百三十余人、鉄炮、竹鎗、棒棒等ヲ携へ莚旗ヲ掲ゲ、仮屋許（政吏ノ居留村即チ亀津村ナリ。）へ押寄セ、牢屋ヲ破壊シテ該喜玖山ヲ脱監シ居村へ列帰リ、凶徒ノ内十五人ハ翌十日母間村海岸ヨリ船ニ乗リ鹿児島表へ越訴シ、終ニ十余名ハ流刑ニ処セラレシコトアリシ。然レドモ今ハ此風絶ヘテナシ。（『徳之島事情』八七頁）

特に興味深いのは、母間村の人びとが、轟木村に入作していた二〇五石分の耕作地が問題となるなかで、その理由を「該村ノ賦課米一升ニ因リ」と記している点であろう。本文から見るに、入作している分への（一石につき）一升の賦課米（税負担）が不当であるとして代官所への強訴がおこなわれたと解していると考えられる。ただし、この賦課の詳細を記す記述はこれ以外には見当たらず、その理解が妥当であるのかはっきりしない。あるいは、『前録帳』にある「出米一件」との字句を「出米一升」と誤読した可能性も考えられる。

ほかに住民が牢屋へ押しかけた際の記述として、いわゆる「一揆」を想像させる莚旗を掲げたと記しているが、根拠は不明である。騒動発生から八十年あまり後の時代であることから、当時、何らかの伝承が残っていた可能性も想定されるが、

図 6-9　現在の轟木集落

＊シマウタに「米ぐぁぬできやしどぅや轟木ど」と唄われる米どころだった。

はっきりしたことは分からない。

次に騒動のことが取り上げられたのは、文化十二年からほぼ百年後となる、大正六（一九一七）年に書かれた坂井友直（栄友直）の『徳之島小史』である。「母間騒動の話」との項目を設け紹介している。全文は次のとおりである。

> 轟木村御高の内母間より二百五石餘の入作ありたるが文化十二年轟村に於ける母間入作地出米事件に関して母間村民より苦情あり沸騰を起さんとす時の代官は仝村掟喜玖山を其主動者として捕へ牢獄に監禁せり爰に於て仝村民増々激興し六百三十餘人徒黨を組み仝年六月九日鐵砲、竹鎗、魚突、山刀等思々に相携へ牢屋を破壊して喜玖山を引出し夫れより有志のもの十五人を委員に特選して事件の顚末を藩廳へ報告せしめ以て公平なる判決を仰がんと決議し仝月十日の夜板付船より鹿児島へ派出せり藩廳に於ては直ちに彼等十五人を沸騰組の主動として監禁し後ち島々へ流せり世に之を母間騒動と云ふ（『徳之島小史』五九―六〇頁）

同書は、知られる限り本事件をはじめて「母間騒動」と称したものとなる。また、騒動に関する説明として、村民がおこなった代官所や鹿児島への訴えを『前録帳』に見られる強訴や越訴などの言葉で表現せず、徒党を組んでの「沸騰」と記し、その中心人物たちは「沸騰組」と呼ばれたことを記している。沸騰組との呼称が同時代の用語であるのかの根拠については記していない。

研究史のなかの母間騒動（戦後）

戦前の吉満や坂井（栄）などによる紹介後、戦後においても一九七〇年に刊行された『徳之島町誌』でも、事件についての理解は概ね踏襲された。また、史料的な制約を踏まえながら、さまざまな解釈が提示されながら騒動への理解が深められていく。

特に従来よりも踏み込んだ理解として、まず一九七八年に刊行された『天城町誌』（十一月刊行）を挙げることができる。執筆を担当した郷土史家の小林正秀は、幕末の島役人の業務記録『仲為日記』

などを用いて犬田布騒動を詳細に紹介したことでも知られるが（小林正秀『犬田布騒動』徳州新聞社、一九六八年）、近世後期の砂糖収奪に抗う事件の一つとして母間騒動を紹介した。*32『天城町誌』は、一九七〇～一九七八年にかけて刊行された徳之島三町の町誌のなかでもっとも大きく「母間騒動」を取り上げており、『徳之島採集手帖』に収録された伝承「母間ドンギ（論議）」を踏まえ「母間騒動（母間ドンギ）」と両名称を使用した項目名を採用している。

　母間に伝わる「母間ドンギ（論議）」の伝承については、『前録帳』が記す母間騒動の流れと似通った点（例えばキクザンなどの人名）を多く持つ一方、異なる内容も多い。例えば、騒動の原因がヘートマイ（配当米）をだまし取られたこととする点や、抗議の首謀者が処刑されたとする点などはその最たるものであろう。伝承されるなかで、事件の内容が少しずつ変化しながら伝えられたものと思われる。現在、一般に「母間騒動」と呼ぶ事件が、母間では、「母間ドンギ（論議）」と呼称され言い伝えられてきた点などは重要であろう。小林はその点を重視し、名称の採用をおこなったものと考えられる。*33

図6-10　「越訴」のため出航する場面
（「母間騒動千年物語」）

　また、一九八三年に刊行された『沖縄大百科事典』（下巻、沖縄タイムス社）において小林は、「母間騒動」の項目を執筆した。このなかで騒動の原因を「母間村の農民は入作をしていた轟木村から出米（税外の部落運営米）を要求され、これを拒絶したため」と記す。騒動の発端となった轟木村への入作分への出米（賦課）とは、誰が課したものであろうか。出米は、上納すべき税の一種であるが、問題となる出米を課したのは、藩庁また

＊32　『天城町誌』（天城町、一九七八年）、六二四―二五頁参照。

＊33　同様に母間騒動についての伝承は、三浦義秋「母間の歴史—母間騒動を中心として」（『ちゅっきゃいぶし歌碑建設並びに記念誌』ちゅっきゃいぶし歌碑建設記念誌編纂委員会、一九七三年）にも細々としながら残されていたことが記されている。

は徳之島代官、島役人、轟木村のだれであるのかは、『前録帳』の記述だけで判断することはできない。その意味で小林の指摘は、従来の理解から一歩踏み込んだものとなっている。

ほかにも一九八〇年に籾芳晴も搾取の歴史の一端として母間・犬田布騒動を取り上げている（『碑のある風景』大和学芸図書、一九八〇年）。このなかで、主に『徳之島小史』の紹介を踏襲しながら、越訴の実行を島役人らが主導した点に、本事件の特徴があるのではないかと指摘する。本事件が、一般島民と島役人・代官所・藩庁という単純な二項対立に回収されえないことを指摘した点は重要であろう。

翌年（一九八一）に刊行された『鹿児島大百科事典』（南日本新聞社）の「母間村一揆」（執筆者：原口泉）の項目で、籾の指摘は踏襲され紹介されている。また、本事典において、母間騒動と呼ばれてきた本事件に、はじめて「母間村一揆」との名称が用いられた。別項でも従来「犬田布騒動」と称してきたものを「犬田布一揆」としており、幕末（一八五八年）の著名な事件である加世田一揆の名称との関係から、事典の編集上、用語の統一が図られたものとも考えられるが詳細は不明である。ひとまず、一九八〇年前後にいわゆる「母間騒動」の別称として、母間ドンギ（論議）や母間村一揆との名称が見られるようになった。

このような新たな解釈や名称が登場する一九八〇年前後において、その後の騒動へのイメージを大きく決定づけたものとして、前田長英が南海日日新聞紙上で長期連載し、一九八一年に刊行された『薩摩藩圧政物語』（JCA出版）がある。同連載において近世後期の藩による奄美支配の苛烈な搾取と島民の悲哀（砂糖地獄）が、フィクションとしての人物や場面を織り交ぜ一つの物語として描かれた。一七三六年の伊仙の栄文仁らによる島外脱出事件、母間騒動、犬田布騒動などが題材となり、歴史小説としての読みやすさなどもあいまって現在知られる母間騒動のイメージとして広く浸透した。

『薩摩藩圧政物語』の内容は、歴史小説として多分にフィクションを含むが、随所で『前録帳』

を始めとした歴史史料が引用され、さらにこれまで見過ごされてきた史料を利用して描いてもいる。例えば、奄美大島の記録である『連官史』中の記事や面縄の『伊集院家系図』に記載された初代道統の記載は、従来の『前録帳』のみに依拠した説明よりも、より厚みと深みをもたせている。また、物語は島で起こったできごとを時系列に取り上げ、一八一四～五年に起こった飢饉や疱瘡流行などを前史に置くことで、村が置かれていた状況をより広い視野から描くことにも成功している。ただ研究として書かれたものではないため、歴史小説としてのフィクションの部分であるのか、歴史史料を活かした部分であるのか判別は難しく、史料が述べる範囲と騒動へのイメージのギャップを十分に理解することが難しいのが難点である。

次いで鹿児島・奄美史研究者の松下志朗は、『近世奄美の支配と社会』（第一書房、一九八三年）において母間騒動を取り上げ、苛酷な支配への抵抗であるとともに、たび重なる災害などが影響したことを述べる。また、対処した藩側の処罰が、実行犯の内の八人のみを流刑としたことに、騒動の鎮静化を藩庁が優先し寛大な処置が採られたものと指摘する。

以上のような一九七〇～八〇年代の蓄積のうえに、母間騒動から二百年を記念し、二〇一六年に母間小学校でシンポジウムがおこなわれ、最新の知見が報告された（図11）。登壇者は、民俗・人類学者の津波高志、郷土史家の先田光演、徳之島町職員の米田博久である。とりわけシンポジウムでは、母間騒動の特徴や歴史的背景が紹介された。徳之島における十八世紀から十九世紀にかけての人口減少が回復しつつあるものの、十八世紀後半から続く天候不順の影響などにより厳しい生活が続いていたこと、翌年に藩命により島役人の交代が五年ごとの異動制となったことなどとの関連が指摘されている。騒動の契機と影響をより幅広い文脈から捉えようとの試みがなされながら、今にいたっている。

図 6-11　母間騒動 200 周年記念シンポジウム（2016 年）

2 史料に見る母間騒動

では、母間騒動が、史料にどのように記されていたのかそれぞれ確認したい。

まず本事件をもっとも詳しく記した史料は、『前録帳』（の文化十三年の条文）である。ただしこのよく知られた『前録帳』も、島内の複数の家に伝わる諸本（院家・福田家・南家）が存在し、基本的な内容は共有しながらも、子細において異なる部分も多い。

院家前録帳

まず、本事件についてもっとも多くの記述を有するのが、村に立てこもった母間村住民を説得してまわった道統の家系に残された『院家前録帳』である。ここには、他の史料には見られない、喜玖山を流刑（遠島）とした文政二（一八一九）年ごろの記述もある。関係する記事の全文は次の通りである。*34

文化十三年の条（図12）

一此御代轟木村御高之内母間村百姓中二百五石余入作ニ而致作職居、右村出米一件ニ付文化十三年子五月母間村之者共筋違之儀及強訴、六百三十人徒黨イタシ、右張本人之内本掟喜玖山格護所江召入置候ヲ、右人数同六月九日鉄炮・竹鎗・魚突類致所持、牢屋本江差越格護所ヲ打破、喜玖山列出在郷江帰リ、徒黨張本人喜玖山幷喜佐知・喜久澄外十二人板附船取仕立、同十日夜母間村下ヨリ出帆、直乗ニ而為越訴之鹿児島江罷登候処、御糺明之上牢囚被仰付候、左候而惣横目冨屋、右者無手形ニ而抜登イタシ候次第御届方ニ付、上国被仰付置、登御届方首尾能為相済、御褒美迄茂被仰付、丑（春）東下島、（前掲註8松下編二〇〇六：二六五頁）

*34 他の前録帳諸本と記述が異なる箇所に傍線を加筆する。

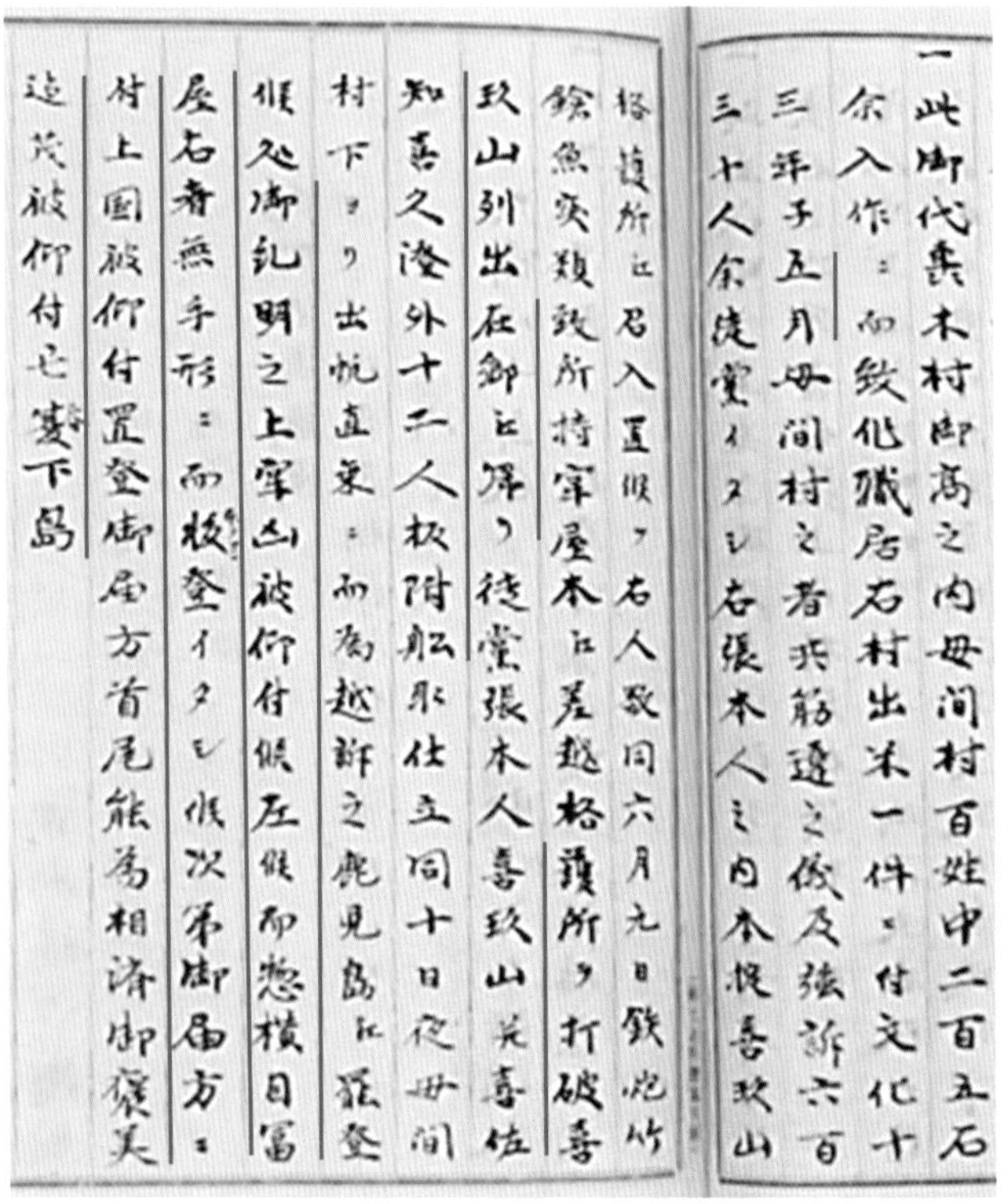
一此御代轟木村御高之内母間村百姓中二百五石
余入作ニ而致作職居右村出米一件ニ付文化十
三年子五月母間村之者共筋違之儀及強訴六百
三十人徒黨イタシ右張本人之内本掟喜玖山
格護所江召入置候ヲ右人数同六月九日鉄炮竹
鎗魚突類致所持牢屋本江差越格護所ヲ打破喜
玖山列出在郷江帰リ徒黨張本人喜玖山幷喜佐
知喜久澄外十二人板附船取仕立同十日夜母間
村下ヨリ出帆直乗ニ而為越訴之鹿児島江罷登
候処御糺明之上牢囚被仰付候左候而惣横目冨
屋右者無手形ニ而抜登イタシ候次第御届方ニ
付上国被仰付置登御届方首尾能為相済御褒美
迄茂被仰付丑春東下島

図6-12 『院家前録帳』文化十三年の条
（鹿児島県立図書館所蔵を改変）

文政二年の条（図13）
一母間村ヨリ無手形ニ而御国元江罷登候者之内、喜玖盛・冨里外ニ四人卯□(虫)月島次飛船ヲ以被召下候、御構無之由冨奥事ハ御国許病死、外人数ハ翌辰年七島江遠島、（前掲註8松下編二〇〇六：二六七頁）

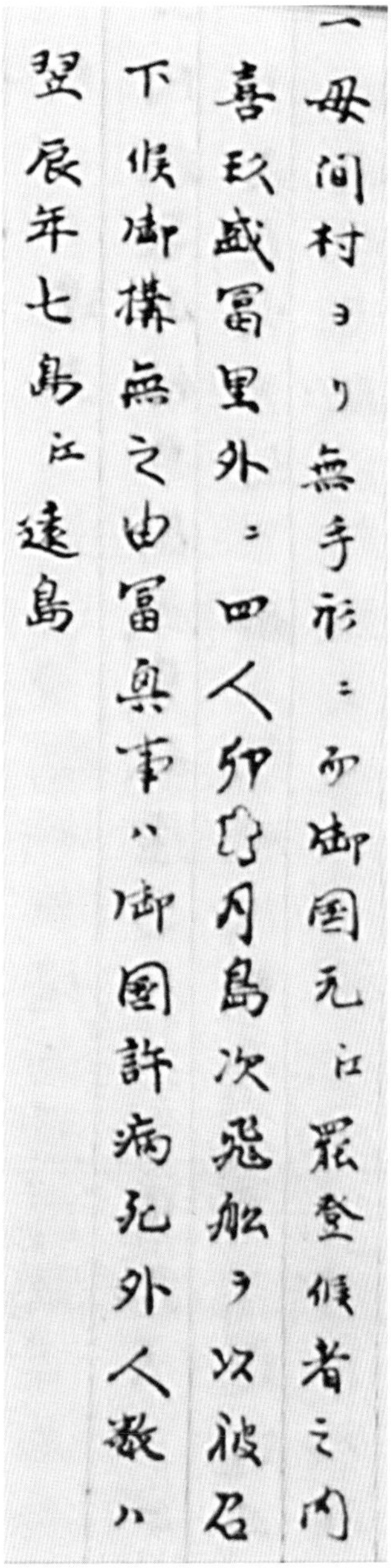

図 6-13　『院家前録帳』文政二年の条
（鹿児島県立図書館所蔵を改変）

轟木村の村域内にある耕作地二〇五石分を（村域を越えて）入作で耕していた母間村の人びとは、そこにかかる出米（でまい）（賦課税）について、文化十三（一八一六）年の「五月」に強訴（ごうそ）した。強訴そのものの内容は不明であるが、島役人または代官所から見て、筋違いの（道理にはずれた）主張であったという。

また、この強訴の首謀者と目され牢屋に置かれた喜玖山を救出するため、六月九日に六三〇名あまりの村人が、武器を手におそらく亀津にあったであろう牢屋（格護所）へ押しかけ救出している。その後、喜玖山らは鹿児島へ越訴のため、六月十日に「板附船（いたつけぶね）」（図14）に乗船して上国したと述べる。対して代官所は、島役人である惣横目（そうよこめ）の富屋に指示し、島民が無手形（むてがた）で上国したことを国許（くにもと）へ報告し、事態が深刻とならないよう手配させた。なお報告のため上国した惣横目の富屋は、無事に任務を果たし褒賞を受けて翌年島に戻っている。

図 6-14　四艘の板付舟を連結した沖永良部島の組み舟
出典：茂野幽考「南島の独木舟研究」（『旅と伝説』2巻2号、1929年）より転載

次に記事が現われるのは、事件から三年後の文政二年ごろにおける記事で、越訴のため鹿児島に渡った人びとは、手形（許可証）を得ずに島外へ出たという罪で罰せられた。しかし、鹿児島に上った十五人の内、喜玖盛・富里などの六人はお咎めなく騒動の翌年に飛船（臨時の連絡船）で島に戻され、富奥一人は獄中で病死、喜玖山を含む、そのほかの者たちは、文政三（一八二〇）年に七島へ流刑に処されたとする。

福田家前録帳と南家前録帳

紹介した『院家前録帳』の記載に比べれば、越訴以後の経過が記されず省略した記述となっているのが、福田家および南家の前録帳である。[*35] 事件の経過を示す部分については、多くの部分で文章が共通しており、ともにほぼ同様の記録を引き写したものであることが分かる。一方で、これらは全く同じものを筆写したものであるかについては疑問が残り、些細ではあるが、①『院家前録帳』で文化十三年子（ね）「五月」と記した部分は福田・南家本ではともに「春」と記し具体的な月の記載を欠く、②越訴のため上国した際の船についても『福田家前録帳』（図15）では夜の出航とのみ記し船種についての具体的な記載は見られない。一方、『南家前録帳』（図16）には「操船（くりぶね）」に乗り込んで出航したと記されており、大木をくり抜いて作るクリ船（操船）に乗り込んだとする。出航部分の記述については、三者ともに表現が異なっている。どのような経過からこのような表現となったのかについてははっきりしない。

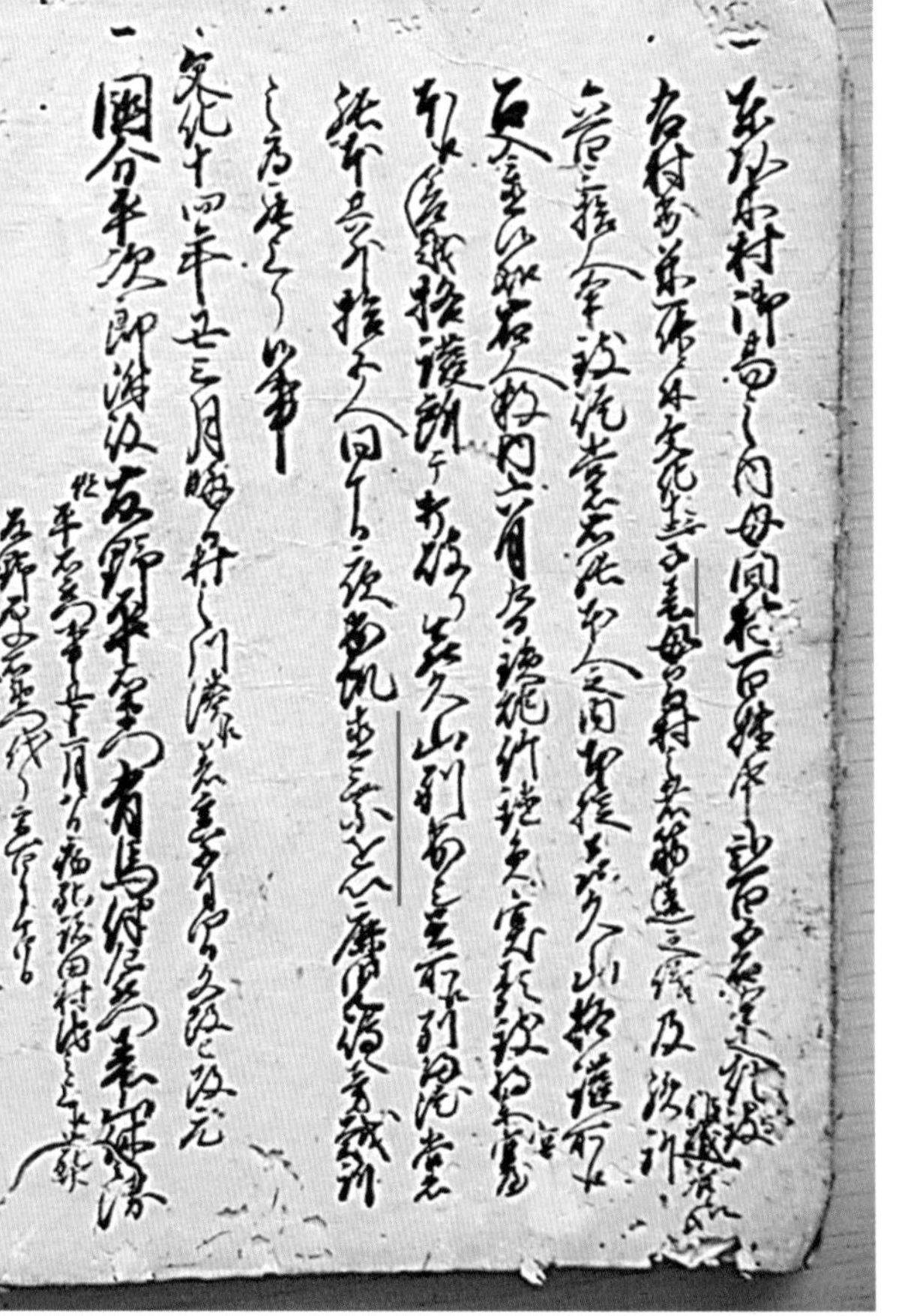

図 6-15　『福田家前録帳』の母間騒動を記した部分

＊35　『福田家前録帳』は徳之島町諸田の福田家が所蔵し、『南家前録帳』は徳之島町郷土資料館小林文庫に含まれる複写資料であり、伊仙町地域文化遺産総合活性化実行委員会事務局編『伊仙町の文化遺産』（伊仙町地域文化遺産総合活性化実行委員会、二〇一五）によって翻刻されて紹介されている。

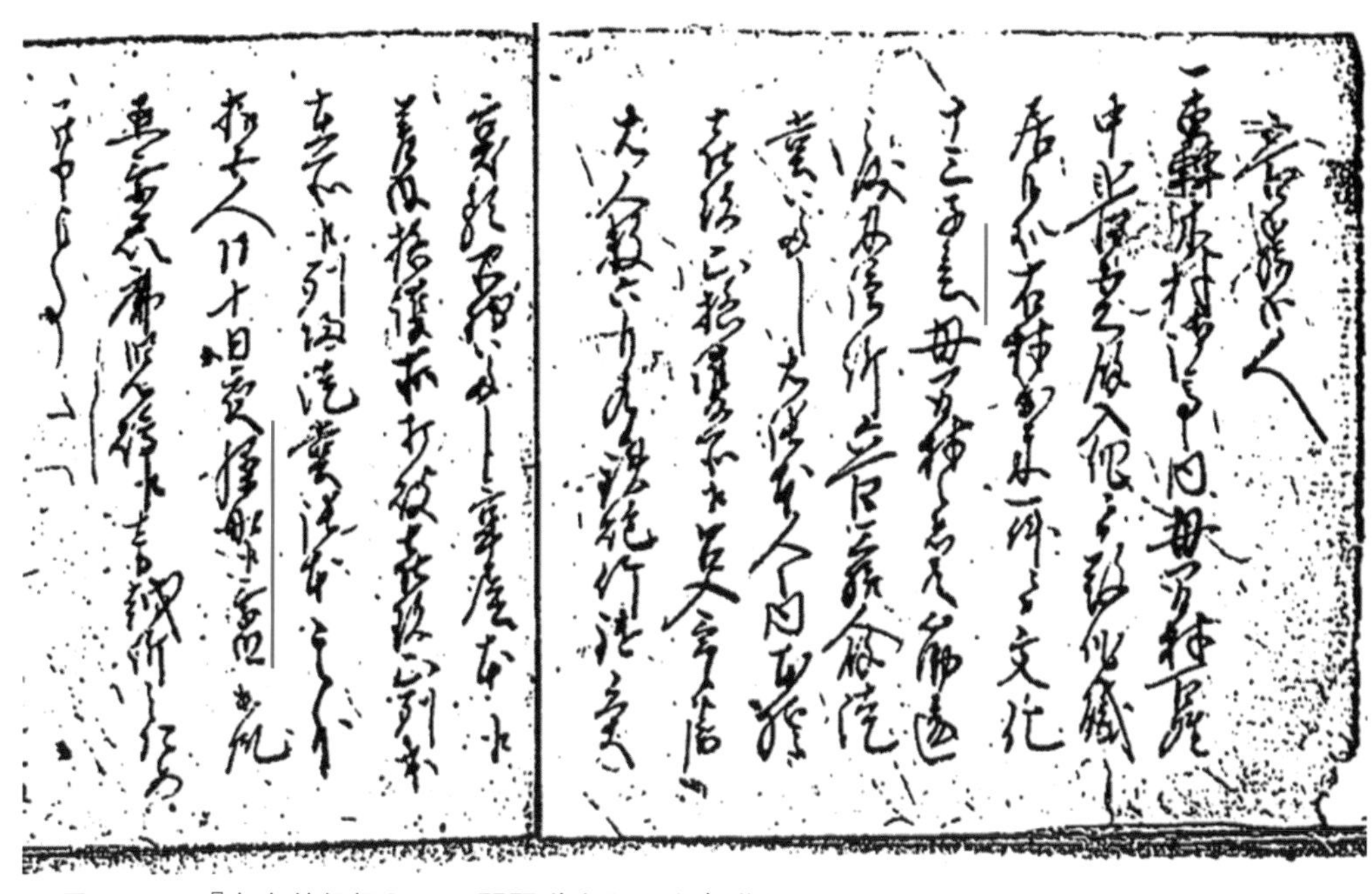

図 6-16　『南家前録帳』の母間騒動を記した部分

関連史料

母間騒動を記す記録は、先述したように『前録帳』のほかにも、一八二五年に奄美大島で与人役などを勤めた家々に伝わる系図記録をまとめた『連官史』や、徳之島の島役人層をなした院家（伊集院家）の系図（『伊集院家系図』）などにその記事が残る。

『連官史』には、ほぼ同様の記事が二件あり、宇検方田地横目であった宮行と黍横目であった喜祖為の文化十三年の条に記録がある。それによれば、彼ら二人は、徳之島の母間で七百人あまりの人びとが徒党を組んで（母間村の）麦田（ムギジャ）に立て籠もって騒動を起こしているとの連絡を受け、情報収集のため徳之島へ派遣されたという。母間での騒動は、島外にまで噂が広がっていたことが分かるとともに、徳之島外からこれによって島役人らが派遣されていた。記録によれば二人は、無事任務を果たして帰島し、翌年春に与人格に任じられた。おそくとも翌年春までにはそれぞれ奄美大島へ帰島していたということであろう。

また、代官も務めた伊集院弥八郎を祖とする伊集院家の系図には、道統の項目に騒動にかかる記事がある。系図では、当時の代官和田平七から、立て籠もる住民の説得を道統が指示され、現地に赴いて解決にあたったという。騒動の沈静化にむけて、島役人がかり出されていたことが見て取れる点でも興味深い。

・連官史〈宮行の項〉
「文化十三子年徳之島東間切井之川嗳母生(間カ)村百姓共七百人余徒党を組、麦田村と申所江楯籠及騒動候段追々相聞得、右聞合トして黍横目喜祖為両人渡海被仰付、罷渡御用相弁候御取訳を以、翌丑春与人格被仰付」(前掲註8松下編二〇〇六：四二三頁引用)

・連官史〈喜祖為の項〉
「同十三子年徳之島母間村之百姓七百余人結党、麦田村と申所江楯籠及騒動候段相聞得、右為聞合宇検方田地横目宮行両人江被仰付、致渡海御用相弁シ候御取訳を以、翌丑四月与人格被仰付」(前掲註8松下編二〇〇六：三九六頁引用)

・伊集院家系図〈道統の項〉
「文化十三年、母間村の住民騒動を起し、治まらず、時の代官道統に取り鎮め方を申し付けた。道統直ちに現地に出向き、部落民を説いて引き取らしめた」(『薩摩藩圧政物語』一七八頁引用)

史料のなかの母間騒動

史料にもとづき、母間騒動の経過と解釈上の課題について整理しておきたい。まず第一に課題となるのは、母間騒動への引き金となった轟木村内で入作し耕作していた二〇五石分への出米(でまい)についてである。出米は、一般に村などへ課された税金(賦課)の一種で、公租(こうそ)とは別にさまざまな理由から設定され収納が命じられた。その主体は、藩や代官所、嗳役場(あつかいやくじょう)など、公儀(こうぎ)のもとに指示されるのが一般であるが、本騒動に関する史料を見る限り、どのような背景をもった出米であったのかははっきりしない。これを轟木村による課税と解釈する説（小林説）も出されているが、管見の史料に依拠する限り断定は難しそうである。

掟役の喜玖山は、出米にかかる何らかの事情に対し代官所へ訴え（強訴）、「筋違い」の申し立てであるとして拘留された。その点から見て、代官の許可を得て通達された（出米に関する）何らかの内容に反論したのであろうが、委細ははっきりとしない。

前田長英は『薩摩藩圧政物語』においてこの不明な経緯を、架空の島役人である田地横目の直勝を登場させ、代官と結託して藩の許可を得ないで搾取を企てたものと位置づけたが、その結論は、新たな史料の発見を待ちつつ、今後の課題となろう。

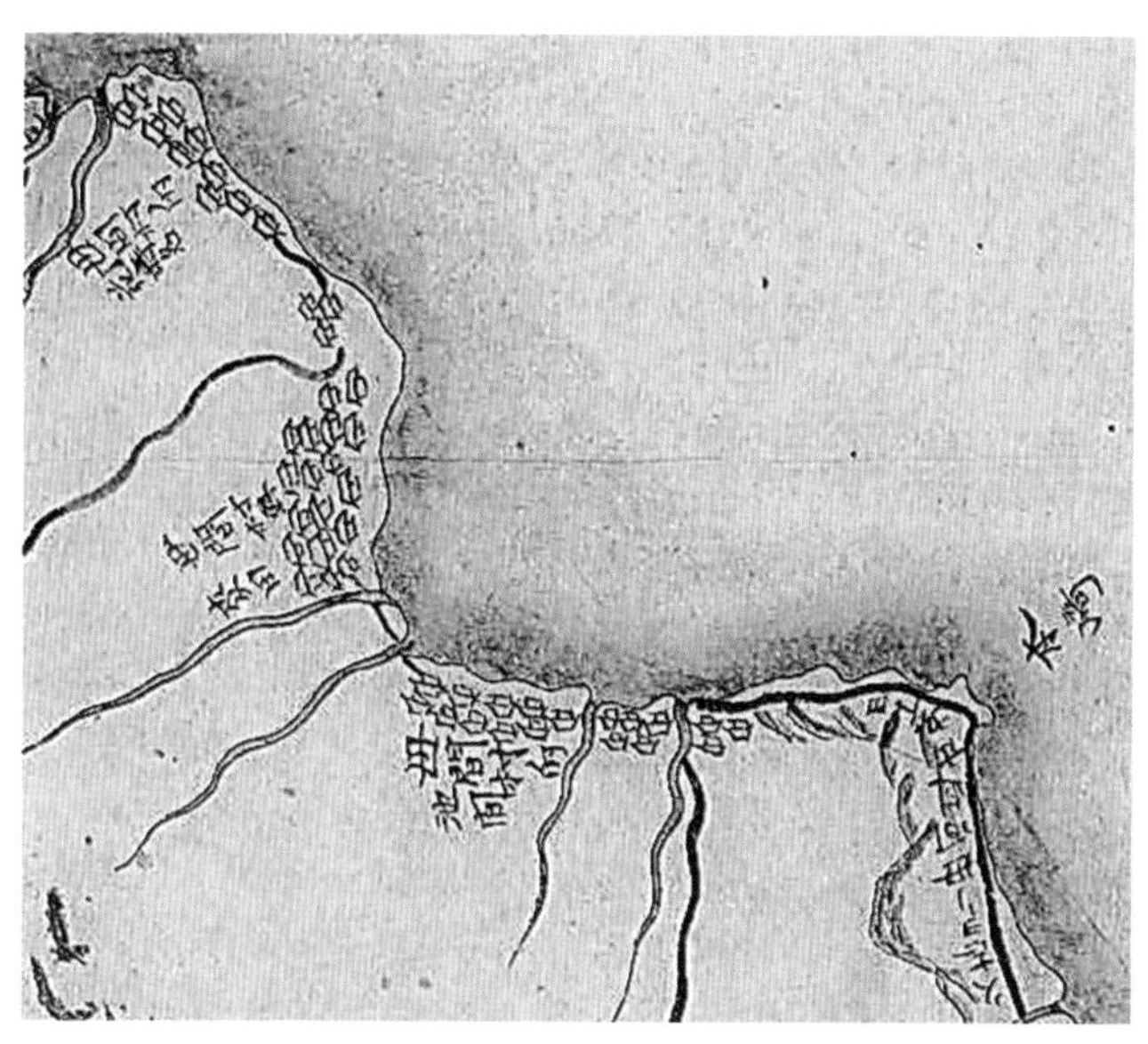
図 6-17　「鹿児島縣下徳之島全圖」に描かれた母間村

次に、越訴に出た人びとへの処罰についてである。喜玖山が牢に拘留されると、母間村（図17）の人びと六三〇人ほど（『連官史』では七百人あまりとする）は、六月九日、武器を手に牢屋へ押し寄せた。この間、喜玖山の強訴は五月であったから、最大で一か月ほどの期間をあけて解放のための行動がおこなわれたこととなる。解放されると喜玖山は、すぐに（翌日の十日）、舟へ乗り込み鹿児島へと上った。代官所への強訴では解決が見込めないとみて、さらに上位の藩庁へと訴え出ること（越訴）を計画していたものと考えられる。

『連官史』の記述にも見えるように、騒動の余波は島内に止まらず、大島でも風聞が流

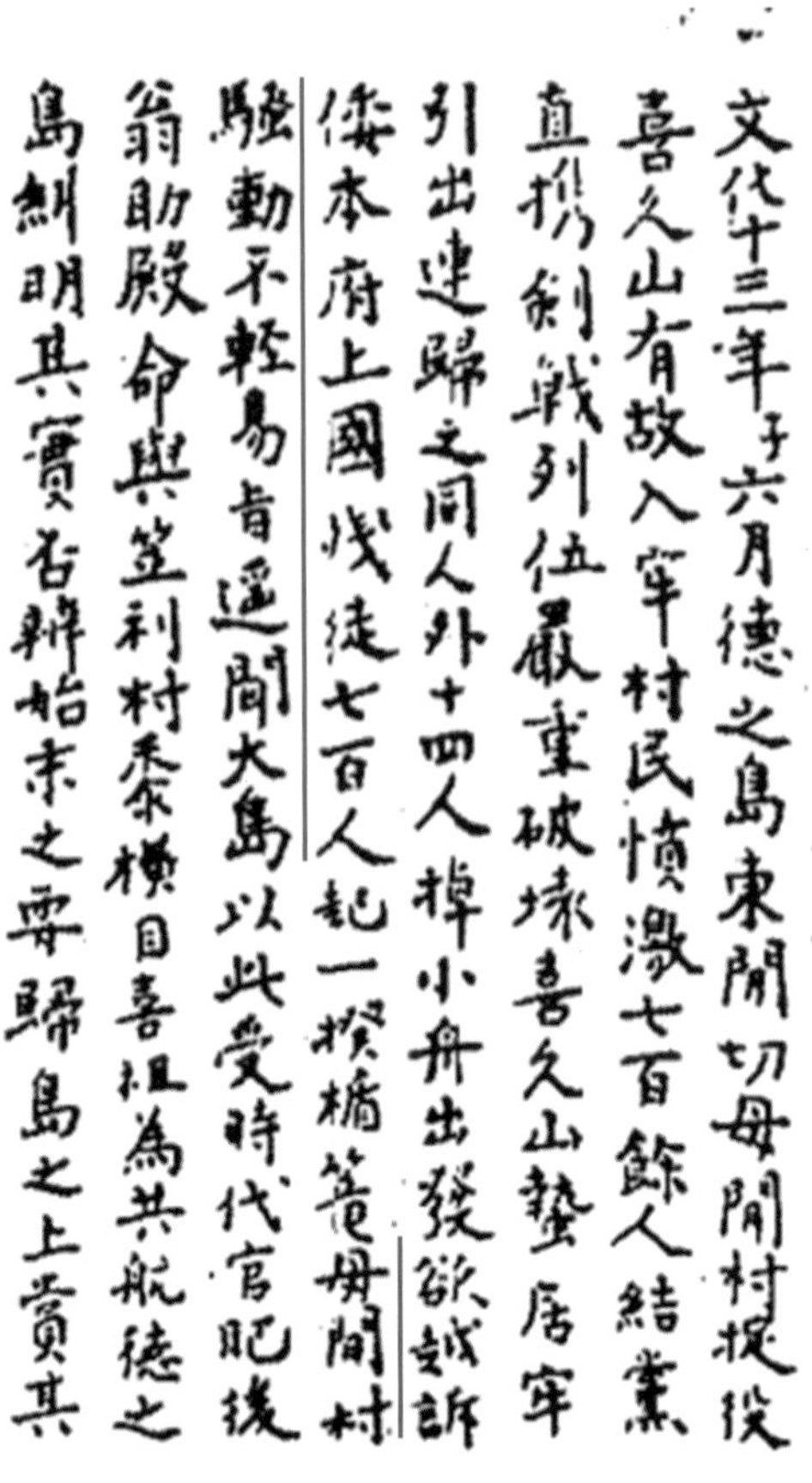

文化十三年子六月徳之島東間切母間村掟役
喜久山有故入牢村民憤激七百餘人結黨
直携剣戟列伍嚴重破壊喜久山繫居牢
引出連帰之同人外十四人棹小舟出發欲訴
倭本府上國伐徒七百人起一揆楯篭母間村
騒動不軽易音遥聞大島以此愛時代官肥後
翁助殿命與笠利村黍横目喜祖為共航徳之
島糾明其實否辨始末之要帰島之上賞其

図 6-18　『屋宮家自家正統系図』 部分
＊大島での母間騒動の風聞を伝える。

れるなど、大きな注目をあびていた（図 18）。『院家前録帳』にはこのことに対し、代官所の対応として藩庁へ富屋を通じての報告の経緯が記されるが、そこでは通手形（とおりてがた）を得ずに上国した人びとがいることが強調されていた。

代官側は、当初、喜玖山らの要求を「筋違い」の申し立てと切り捨てながら、藩庁へと争論の場が移ると、上国にともなう不法を第一の理由に押し立てた。申し立てに対し、藩庁がどのような議論をおこない判断したのか。それを示す史料は見つかっていないが、同種の事件から類推するなど、より幅広い事例のなかから母間騒動を位置づけることが重要であろう。藩庁は、数年をかけて中心人物らを流刑とするが、本事件における処罰の軽重についても同様に、藩政史の文脈のなかで検討を深め明らかにしていくことで、新たな騒動への理解を得ることにつながるのではないだろうか。

（山田浩世）

第七章　海域史のなかの徳之島

井之川湊の五百石クビリ　五百石積みの船を係留したといわれる

第一節 『仲為日記』にみえる大和船

1 一八六四年の発着状況と積載物

近世において、薩摩藩内の海商の船や藩当局がチャーターした御用船などの大和船が鹿児島と道之島（以下、奄美諸島）や琉球のあいだを往還した。十九世紀前半の第二次砂糖惣買入制のもと、大島・喜界島・徳之島の三島で生産された砂糖を輸送したのは復路の大和船である。これまで、十九世紀中頃における大和船の船賦（配船）、島ごとの船数、船主の本拠地、運賃などは明らかにされている。[*1]徳之島への船数は二十艘（うち御用船四艘）である。しかし、典拠史料が規定であることなどに起因するが、船舶が島に到着してから出発するまでの様子は詳細に把握されていないのが現状である。

徳之島には間切レベルの島役人の公務日記である『仲為日記』が伝来する。[*2]日記の記主（作成者）は琉仲為（以下、仲為）、日記の期間は、途中の欠落はあるものの、文久三（一八六三）年九月から明治元年にわたる。この間、仲為は、東間切井之川噯と面縄間切伊仙噯の惣横目寄、西目間切兼久噯の惣横目を務めている。島役人として体験・伝聞した日々のできごとはもちろん、やりとりした文書の控えや写しも収録されている。元治元（一八六四）年正月から七月までのあいだは、欠落もなく、[*3]記事が連続していることから、徳之島に来航した大和船の様子を具体的に追うことができる。当該期間に見える船舶名、到着・出発などの日付、場所、往路の積載物、砂糖の積み込みの状況をまとめたのが表1である。

到着日と到着地

この期間に徳之島を発着した大和船は十五艘を数える。日記に見える順番に船舶名をあげると、寳寿丸、自福丸、盛徳丸、弁天丸、三直丸、青龍丸、稲荷丸、順通丸、幸福丸、三神丸、寳吉丸、三社丸、松恵丸、長生丸、八幡丸である。寳寿丸は「御船」（御用

*1 松下志朗『近世奄美の支配と社会』（第一書房、一九八三年）所収、「道之島における海運」。琉球とのあいだを往還した大和船については、真栄平房昭「琉球海域における交流の諸相—海運・流通史の視点から—」『沖縄県史 各論編4 近世』（沖縄県教育委員会、二〇〇五年）がある。

*2 山下文武氏による翻刻・現代語訳のうえ、徳之島町教育委員会から発行されている。本章の『仲為日記』はこれによる。徳之島町郷土資料館編『仲為日記 文久三年九月二十一日途中より明治元年正月十三日まで』（徳之島町教育委員会、二〇一二年）。

*3 表1では、船舶の到着日の関係から、前年十二月までさかのぼっている。

船）、盛徳丸は「湾屋早舟（はやぶね）」、順通丸は「井ノ川早舟」とも見える。*4 まず、到着日と到着地について概観し、関連付けて紹介してみたい。

十五艘のうち、盛徳丸・弁天丸・松恵丸の三艘を除き、十二艘の到着日を確認できる。七か月のあいだでも二つの時期に七艘が到着しており、比較的集中する傾向がうかがえる。一つは、三月下旬の青龍丸・稲荷丸・順通丸の三艘、一つは、四月下旬から五月上旬の幸福丸・三神丸・寶吉丸・三社丸の四艘である。

到着日を確認できる十二艘のうち十一艘は到着地も判明する。四か所に分布するが、東間切は、亀津六艘、井之川二艘、山一艘と九艘を数える。西目間切は湾屋のみ二艘である。亀津が目的地であった船舶が多いといえよう。*5 亀津に到着したのは、自福丸・三直丸・青龍丸・順通丸・三神丸・寶吉丸であり、正月から二月の自福丸と三直丸のほかは、前述した二つの時期に到着している。なお、同じ日に同じ場所へ到着した事例は見いだせない。亀津への到着日が接近する青龍丸と順通丸、三神丸と寶吉丸は五日以上間隔が空いている。また、寶吉丸と到着日が同じ三社丸の到着地は井之川である。偶然とは思えない。

そこで、『仲為日記』から、四月下旬以降に寶吉丸と前後して到着した船舶の状況を丹念に追ってみたい。四月二十六日条で、同日、幸福丸が山湊に入着、寶吉丸も大島の「同湊」（場所不明）を出帆ののち、井之川沖で終日停船した旨の情報がもたらされている。五月四日条では、前日（三日）、三神丸が亀津に入着、そして、同八

表 7-1　『仲為日記』に見える 1864 年の大和船発着状況

船舶名	日付	場所	発着など	経由地など	積載物/「御取納方」と「配当」*	砂糖の「掛渡」や積み込みなど
寶寿丸	12/24	井之川	到着	大島の西古見	御米五百石〔12/25、12/27に実施〕	
自福丸	正/6	亀津	到着		（御品物）〔2/12に後者を実施〕	
盛徳丸	2/3	湾屋	停泊中		（積み下り茶）〔2/3、2/6に実施〕	
弁天丸	2/15	亀津	汐掛	本琉球行き		
三直丸	2/19	亀津	到着		大豆	
寶寿丸	3/13	井之川	停泊中			母間村など4か村の「掛渡」を済ます
盛徳丸	3/22	湾屋	停泊中			手々村の砂糖輸送への指示、3/26事故発生
青龍丸	3/23	亀津	到着		大豆・わた・茶・焼物	
稲荷丸	3/28	湾屋	到着		御米五百石〔3/30予定が雨天中止〕	
順通丸	3/30	亀津	到着	喜界島・大島花天	御米五百石	
弁天丸	4/24	平土野	停泊中			平土野・秋利神出し砂糖の「掛渡」を済ます
幸福丸	4/26	山	到着	大島	御米六百石	
稲荷丸	5/3	鹿浦	出発	湾屋から移動		砂糖樽を積み終え出帆、4/23には鹿浦出し砂糖の「掛渡」を済ます
順通丸	5/4	鹿浦	出発	亀津から移動		砂糖樽を積み終え出帆、4/23同上
三神丸	5/3	亀津	到着		御米・御品物	
寶吉丸	5/8	亀津	到着	大島、井之川沖	御米・御品物	
三社丸	5/8	井之川	到着		御米・御品物	
三神丸	5/18	亀津	停泊中			面縄出し砂糖の「掛渡」を済ます**
松恵丸	5/29	平土野	停泊中			鹿浦出し砂糖の「掛渡」を済ます
寶吉丸	6/9	亀津	停泊中			面縄出し砂糖、5/28には鹿浦出し砂糖の「掛渡」を済ます
長生丸	6/12	湾屋	到着		御米五百石〔6/16に前者を実施〕	
松恵丸	6/24	平土野	出発			
八幡丸	7/25	不明	到着			8/2に面縄湊出し残り砂糖の「掛渡」を実施

〈凡例〉*日付が二つある場合は両者を実施、一つの場合の前者は「御取納方」、後者は「配当」を指す。　**砂糖を生産した村は伊仙噯の伊仙・馬根村のほか喜念方も（村名不明）。

＊4　前掲註1松下一九八三によると、大島早船は正月十五日まで、喜界島早船は年内までと到着期限が設定されていた。

日条で亀津湊に寶吉丸、井之川湊に三社丸が下着している。すなわち、寶吉丸は、徳之島の沖合いに三神丸より早く到達していたと思われるものの、三神丸が先に亀津に入り、間隔を空けて井之川沖から移動、井之川湊には三社丸が入っているのである。港湾の規模や積載物のほか、曳航や繋留から始まる港湾労働が繰り返されるため、必要な人員の確保などが考慮されたと思われる。船舶乗組員の判断や詰役人や島役人による陸上での差配があったと思われる。

到着地だけでなく、徳之島に到着するまでの経由地など具体的な航跡をうかがえる船舶も二艘存在する。寶寿丸と順通丸である。日記の記事を情報源も含めて紹介する。文久三（一八六三）年十二月十八日条には寶寿丸に関する記事が見える。当日の朝、「先原（とん原）沖」を通過する下り船を発見、陸地に近づいてきた（トンハラは第一章図1―18参照）。詳細を確認するため現地から漕番を遣わし、乗組員と応答している。船舶は沖永良部島への下り船であった。徳之島への下り船の有無を問うたところ、寶寿丸が大島の西古見に「汐掛かり（＝停泊）」しており、順風になれば下島するとのことであった。当日は沖永良部島への下り船がもう一艘通過している。寶寿丸が井之川湊に到着したのは六日後の同二十四日である。*6

翌年三月二十八日条には稲荷丸が湾屋に到着した記事が見える。その朱書として、「順通丸にも御米積み入れ大島花天へ汐掛かりの段、稲荷丸船頭より申したる由奥氏より承り候」と記されている。稲荷丸の船頭から順通丸は大島の花天に停泊の情報提供があったことが知られる。島役人が後続の船について質問したのであろう。順通丸が亀津に到着したのは二日後の同三十日である。なお、前後する同二十三日条では、青龍丸の亀津下着とともに、順通丸が正月に喜界島で「破舟」したとの情報ももたらされている。青龍丸に乗船した詰役人からの伝聞のようである。

寶寿丸と順通丸が停泊した西古見と花天の両所は、ともに大島海峡西口（奄美大島側）に位置する。数日後に到着していることから正確な情報であると思われる。ほかの船舶の船頭や乗船者などから情報を得ていたこと、それを記録として残していることは留意されるべきであろう。ほかにも、前

*5 第一章第二節（2）で述べた『前録帳』に見える詰役人の到着地の変遷とも一致する。

*6 同日条に収録された井之川噯物横目寄の仲為など三名が御横目所と月番の御附役に宛てた報告書によると、大和船一艘が「井ノ川湊口親干瀬内」に乗り入れたとある。

述したように、幸福丸と寳吉丸の二艘は、四月下旬に大島の「同湊」を出帆(しゅっぱん)したことが把握されている。

また、弁天丸は到着日を確認できない三艘に含まれるが、その航跡は追うことができる。元治元年二月十五日条には、惣横目寄の仲為が津口横目寄と連名で御横目所と月番の御附役に宛てた大和船に関する同日付の報告書が収録されている。井之川沖に大和船を発見したが、亀津に向かう可能性があることを伝えている。報告書には朱書があり、「本文弁天丸御積み入れ、本琉球行き、亀津へ汐掛かり」と見える。仲為が事後に知り得た情報を追記したと思われる。報告書の大和船は弁天丸であり、本琉球に向かう途中で亀津に停泊したことがわかる。往路の目的地は琉球だったのである。そして、二か月余りが経った四月二十日条の記事では、弁天丸が平土野に停泊、同二十四日条の朱書によると、同日までに次項で述べる砂糖樽の「掛渡(かけわたし)」(積み込み)を済ましていることが知られる。すなわち、弁天丸は四月二十日までに琉球とのあいだを往復して徳之島に戻っていたのである。

図7-1　井之川御蔵跡

積載物の「配当」

また、『仲為日記』では、大和船の到着記事やその朱書から、船舶が「御米」や「御品物」を積載していたことが知られる。第二次砂糖惣買入制により、薩摩藩が積み下して給付した物品である(第四章参照)。表1によると、到着日が判明する十二艘のうち、過半の十艘から積載物を確認できる。「御米」の数量が明記されたのは五艘を数える。寳寿丸・稲荷丸・順通丸・長生丸の四艘は五百石、幸福丸は六百石である。「御品物」の品目が明記されたのは二艘である。三直丸は大豆、青龍丸は大豆・わた(繰綿(くりわた))・茶・焼物であった。三神丸・寳吉丸・三社丸の三艘は数量や品目は不

図 7- 2　湾屋御蔵跡

明であるものの、「御米」と「御品物」を積載していた。青龍丸の「御品物」の記載は具体的であるといえよう。

　さらには、「御米」や「御品物」を積載した大和船が到着すると、詰役人によって、数日後、早ければ翌日に御蔵（おくら）（図1・2）への収納の立ち合い検査である「御取納方」[*7]、その後、村単位への給付である「配当」（「御払（おはらい）」）が実施された。寳寿丸・自福丸・盛徳丸・稲荷丸・長生丸の五艘はいずれかの日程を確認できる。[*8]

　前出の井之川湊に到着した寳寿丸の事例を紹介する。文久三年十二月二十五日条によると、寳寿丸が積載した「御米」の「御取納方」のため、前仮屋様（新納次郎五郎）が当日四ツ過時分（十時過ぎ）に現地に出張（でば）った。すぐに着手し、二百二十八俵の検査を済ませた。明後日二十七日に井之川嗳と西目間切への「配当」を仰せ付けられたため、島役人から村々に通知したとある。「御米」の数量（俵の数）、対象と伝達経路を知ることができる。また、盛徳丸の場合、到着時の記事はないものの、翌年二月三日条では、前御仮屋様が湾屋（図3）に停泊中の同船が積載した「御品物」の「御取納方」を実施、同六日条では、「積み下り茶」の配当について村々へ申し渡していることがわかる。盛徳丸は「御品物」として茶を搬送していたこと、一連の日程からして正月末頃までには到着していたことがうかがい知れよう。

日記の性格と記載事項

　『仲為日記』において、同年の大和船の徳之島出発に関わる記事は、到着時に対して著しく少ない。十五艘のうち稲荷丸・順通丸・松恵丸の三艘に限られる。出発日と出発地は稲荷丸が五月三日（鹿浦）、順通丸が同四日（鹿浦）、松恵丸が六月二十四日（平土野）である。よって、到着から出発までの日程を確認できるのは稲荷丸と順通丸のみと

＊7　前掲註1松下一九八三によると、御蔵の所在地は亀津・面縄・湾屋とされるが、井之川にも置かれていた。また、『仲為日記』慶応二（一八六六）年十月十三日条では平土野御蔵が竣工している。

＊8　二月十二日には、井之川嗳を対象として、自福丸が積載した「御品物」の「御払」が亀津御蔵で実施されている。

図 7-3　湾屋川河口

なる。両船の停泊期間は一か月余りであった。これよりも長い事例としては、出発日は不明であるものの、寳寿丸の二か月余りがあげられる。

同日記の大和船関係記事は、次項で述べる砂糖の「掛渡」を終えたのを最後に、日記から当該船舶が見えなくなる事例が圧倒的に多い。ただし、後述するように、稲荷丸と順通丸は砂糖を積み込み次第出発している。ほかの船舶もさほど間を置かず出発し、出発地も船舶が移動しない限りは「掛渡」の場と同様であったと思われる。また、出発に関わり、徳之島での手続きなどがあったと思われるが記載自体はない。これらは記主の関心事もしくは日記の性格と関係するのではないだろうか。すなわち、島役人の日記に記載すべき事項は、「御米」や「御品物」を積載しての到着、「御取納方」と「配当」、砂糖の「掛渡」までだったのである。到着に関する情報量との違い、出発日と出発地に関する記事が少ないのはこのことと関係すると思われることを指摘しておく。

2　大和船への砂糖の「掛渡」

『仲為日記』には、大和船への砂糖の「掛渡」の記事を多数見いだせる。陸から船への荷物の積み渡しであり、詰役人と島役人立ち合いのもと、砂糖樽を船舶へ積み込む作業である。詰役人の指示で開始される。第一章第一節では、「徳之島全図」に見える砂糖積み出し場所（九か所）と集積地（五か所）の関係を整理した。引き続き、表1に基づき、元治元年における大和船への砂糖の「掛渡」や積み込みの概況をみてみたい。

「掛渡」の場所と語句

「掛渡」や積み込みの日程が判明する船舶は十五艘のうち次の九艘を数える（括弧内は基本的に作業を終えた日付）。寳寿丸（三月十三日）、盛徳丸（三月二十六日以降）、弁天丸（四月二十四日）、稲荷丸（五月三日）、順通丸（五月四日）、三神丸（五月十八日）、松恵丸（五月二十九日）、寳吉丸（六月九日）、八幡丸（八月二日）である。時期としては、四月下旬から六月上旬まで

図 7-4　面縄村の砂糖蔵
（「徳之島全図」部分拡大）

の一か月半のあいだに九艘のうち六艘への積み込みが行われている。場所ごとに分類すると次のようになる。[*9] 場所が明記されていない八幡丸は除いた。

すなわち、その場所は、前述した五か所の集積地のうち、屋久泊と湾屋の異同を除けば、四か所は一致する。このうち到着地が判明する船舶は五艘であるが、「掛渡」と場所が同一であるのは、寳寿丸・寳吉丸・三神丸の三艘である。一方、稲荷丸と順通丸の二艘は到着地から移動しており、「掛渡」の語句も用いられていない。また、日記の記事には、四艘に積み込まれた砂糖について、面縄出し砂糖などの表記が見られるが、地名は積み出し場所に当たろう。集積地との関係は概ね「徳之島全図」の記載と一致する。それでは、この表記の場合、「掛渡」の語句はどのように用いられているのであろうか。

同日記六月八日条から翌九日条にかけて、面縄出し砂糖の寳吉丸への「掛渡」の記事が見える。八日の四ツ時分（十時頃）に面縄の砂糖蔵（図4）で島役人と詰役人（上御仮屋様）が合流、雨天による中断はあったものの、九日の七ツ時分（十六時頃）迄に作業を終えている。島役人は結果報告のため亀津に向かおうとしている。寳吉丸が亀津から移動した形跡はなく、停泊したままと思われる。砂糖は亀津に輸送されたのであろう。ここでの「掛渡」の語句は、積み出し場所での立ち合いと作業に用いられているのである。以上を整理すると、大

場所	船舶
井之川	寳寿丸（同／母間村など四か村）
湾屋	盛徳丸（不明／手々村）
平土野	弁天丸（不明／平土野・秋利神出し砂糖） 松恵丸（不明／鹿浦出し砂糖）
鹿浦	稲荷丸（湾屋／鹿浦に集積された砂糖） 順通丸（亀津／同前）
亀津	寳吉丸（同／鹿浦出し砂糖、面縄出し砂糖） 三神丸（同／面縄出し砂糖）

＊9　船舶の括弧内の上部は到着地、下部は積み込まれた砂糖の生産地や史料での表記。

和船に砂糖が積み込まれた場所は概ね集積地と一致するものの、「掛渡」の語句は、必ずしも集積地での積み込みに限定されず、積み出し場所での立ち合い検査や集積地への搬送を指す場合もあったことを確認しておく。

「掛渡」の事例と事故

具体的な状況がうかがえるいくつかの事例を紹介したい。まず、『仲為日記』元治元年三月十三日条には、井之川で寳寿丸に積み込まれた砂糖のリストが収録され、村ごとの数量も把握できる。総量は「正砂糖」三三万八七斤、砂糖樽では二四七三丁であった。村ごとには、母間村が砂糖樽一八二二丁（二四万四六一七斤）、久志村は二三四丁（三万六八六斤）、井之川村は三〇三丁（四万三〇八斤）、諸田村は一一四丁（一万四四七六斤）である。[*10] このときの「掛渡」では、母間村で生産された砂糖が突出して多く、砂糖樽では七三パーセントを占める。

図 7-5　現在のムシロ瀬

積み出し場所から集積地に輸送する途中での事故も発生している。同日記三月二十二日条には、詰役人の弥寝助右衛門が同日付で井之川噯の惣横目と井之川村・母間村の掟に宛てた通知が収録されている。手々村の砂糖五三〇丁余りを湾屋の盛徳丸に「掛渡」するには、同村の板付舟一艘だけでは「津廻」（輸送）の態勢が整わないので、井之川村と母間村にある板付船二艘を至急差し廻し、「津廻」を申し渡すように指示している。これを受け、惣横目寄の仲為は、両村の掟と黍見廻に対して、板付船の船頭へ当日中に差し廻すよう申し付けよと同日付で通達している。ところが、同二十六日条の記事によると、手々村から砂糖樽五〇丁を積んだ「橋舟」

＊10　井之川噯全体の上納額は第四章の表4―3を参照。

が輸送途中の「崎原海」（図6）で沈没し、[*11]同村の者も行方不明となったとある。徳之島北西端の海上輸送は危険と隣り合わせであったが、井之川村と母間村の板付船も数回にわたって往復していたと思われる。

到着地でいったん「掛渡」を済ましたあと、船舶が集積地に移動して砂糖を積み込んでいる事例もある。前出の稲荷丸と順通丸である。同日記四月二十四日条には、鹿浦（しかうら）出し砂糖の両船への「掛渡」を前日（同二十三日）までに済ました記事が見える。稲荷丸は到着地の湾屋、順通丸は亀津に停泊していたと思われる。順通丸への積み込みのため、鹿浦出し砂糖が亀津に輸送されたことは、「徳之島全図」の鹿浦の砂糖輸送情報として、「嶮難（けんなん）」の場所であるため亀津への「小廻（こまわり）」もあるとされる記載と合致する（第一章図1―17参照）。さらに、五月三日条によると、稲荷丸が昨日（同二日）湾屋から鹿浦に移動、本日九ツ時分（正午）までに砂糖樽を積み終えて直ちに出帆、順通丸も当日八ツ時分（十四時頃）に亀津より到着、直ちに積み入れに取りかかったとある。そして、翌四日条に、順通丸は昼頃までに積み終えて出帆と見える。両船とも砂糖樽の積み込みを終え次第、時をおかず出帆している。これも同図の「平洋に本船乗り廻り積み入れ、直ちに出船す」の記載と合致する。数少ない徳之島出発に関わる記事でもある。両船とも鹿浦に集積された砂糖を二回にわたって積み込んでいること、到着地での「掛渡」とともに、鹿浦に移動してさらに砂糖樽を積み込んでいることを確認しておきたい。後者の場合、「掛渡」の語句は用いられていないことも改めて指摘しておく。

なお、前出の寳吉丸には、鹿浦出し砂糖も積み込まれていた。同日記五月十九日条には、詰役人の弥寝助右衛門が同日付で亀津噯と伊仙噯の与人と黍横目に宛てた通知が収録されている。松恵丸と寳吉丸への鹿浦出し砂糖の「掛渡」のため、二十一日に阿権（あごん）村に赴き、二十二日から作業に着手する旨を申し渡している。松恵丸は出発地の平土野に停泊していたと思われる。雨天延期が続いたものの、同二十八日条に寳吉丸、翌二十九日条に松恵丸に対する「掛渡」を済ました記事が見える。数量は不明であるが、松恵丸は寳吉丸への残りの分であったようである。両日とも詰役人（東様）は

図7-6　「徳之島全図」に描かれた「筵瀬」と「與名間嵜」

＊11　「徳之島全図」では「與名間嵜」の手前に位置する「筵瀬」の沖合いに当たろう。

鹿浦に立ち合いのため出向いている。ここでも、「掛渡」の語句は、面縄出し砂糖と同様、積み出し場所に関して用いられていることを確認しておく。ともあれ、寶吉丸には五月末に鹿浦出し砂糖、六月上旬に面縄出し砂糖が別々に積み込まれていたことになる。鹿浦出し砂糖に着目すれば、亀津の順通丸と寶吉丸だけでなく、湾屋の稲荷丸、平土野の松恵丸にも輸送されていたのである。

3　一八六六年と一八六七年における破船

徳之島での砂糖樽の積み込みを終えた大和船が復路で破船することもあった。元治元年に来航した前出の盛徳丸は、その後、砂糖樽二九〇七丁を積み、四月十六日に湾屋を出帆、同十八日には帆柱が折れた状態で中之島に漂着、修理をして再出発を試みたものの、同二十二日に荒天のため破船している。翌日には乗組員と同島の民衆によって「汐濡（しおぬれ）」の砂糖樽を取り揚げているが、その数は二五丁であった。[*12]『仲為日記』によると、慶応二（一八六六）年は盛福丸、同三（一八六七）年には寶山丸と寶圓丸などが徳之島を出発する前の停泊地において二年連続で破船している。

一八六七年の盛福丸の事例

同日記慶応二年五月十三日条から七月四日条にかけて、盛福丸が破船した状況、砂糖樽の取り揚げ、船体の解体と用材の配分など一連の経緯を知ることができる。五月十三日条と同十四日条によると破船に至る詳細が知られる。五月十三日、盛福丸は湾屋に停泊していたが、[*13]すでに波が荒く危険な状態であった。いち早く、間切役人が阿布木名村の村役人に動員をかけている。作業のため同村の民衆も徴発されたと思われる。九ツ時分（正午頃）に詰役人の西目様（人名不明）が現地に到着すると、事故を避けるため、直ちに砂糖樽の荷下ろしの作業に取りかかった。次第に風波がおさまり、同船の船頭から、もう荷下ろしの必要はないとの申し出があり、いったんは採用した。しかし、日暮れ頃から大波が起こり、荷下ろしを再開したものの、「橋舟」の往復が困難となり、作業は中止せざるを得なかった。詰役人と間切役人などは海岸線で

＊12　『十島村文化財調査報告書（第二集）』所収、史料⑤「元治二年乙丑六月改破船並難船御届書留」による。中之島での盛徳丸破船に関する一件文書である。

＊13　『仲為日記』同年四月朔日条によると、同船は前日の四月三十日に湾屋に到着したようである。

夜通し待機していたが、波立ちが強まり、再開できなかった。翌十四日、波がさらに高くなり、八ツ時分（十四時頃）にはついに同船の取舵が外れ、艫綱が切れ、北側の「瀬涯」（図7・8）に衝突して破船するに至った。状況を亀津の代官所に報告したところ、明日までに波が穏やかになれば、海中に沈んだ砂糖樽の取り揚げ作業をするので、「水入共」を徴発するよう指示があった。

五月十五日条から同十九日条によると、砂糖樽の取り揚げからほかの大和船への「掛渡」までを知ることができる。五月十五日、波がおさまった。亀津から詰役人の前御仮屋様（人名不明）が東間切の「水入人数」を帯同して到着した。早速、砂糖樽を取り揚げ、直ちに焚き直しの作業にも取りかかった。湾屋で破船した大和船の砂糖樽を取り揚げるため、現場近辺でなく、東間切の「水入人数」が徴発されていることに注目したい。前日の指示に基づき、潜水しての作業に熟練した者が急遽集められたのであろう。焚き直しは、海中から取り揚げた砂糖樽とともに、船内に残ったものの、海水に濡れた分を乾かす作業も含むのだろう。翌十六日、砂糖樽の取り揚げと焚き上げ（焚き直し）の作業が完了した。数量は不明である。同十九日、平土野に停泊する弁天丸と三興丸へ取り揚げた砂糖の「掛渡」を済ましている。破船した盛福丸に積まれていた砂糖樽は再び両船に積み込まれたのである。しかし、船体の処理と処分はまだ終わっていなかった。

六月朔日条から七月四日条では、船体の解体と用材の配分に至るまでの経過を断片的にうかがえる。六月朔日、「船崩方」（解体）が始まったようである。同七日、湾屋で関係者による「舟崩方」の協議があった。同十五日、盛福丸の「解方」が湾屋で行われた。「崩方」とは異なる工程であった可能性もあろう。解体作業に確保された人員、具体的な場所などは不明である。七月三日と四日、湾屋で「船滓」の配分が行われた。解体した盛福丸の用材であったと思われる。部位や用途は不明であるが、用材は徳之島で再利用されたのであろう。

図 7-7　湾屋側河口から見た空港側干瀬

また、同日記慶応三年四月には、寳圓丸と寳山丸（御用船）のほかにも一艘の大和船が破船している。寳圓丸は四月六日以前、寳山丸は同九日に平土野に到着している。四月十六日から二十三日までの記載はないが（欠落か）、四月二十四日条によると、船舶名は見えないが、砂糖樽の「卸方」と焚き直しの作業を済ませている。破船は記載がない期間であったことになる。以下では前年の盛福丸の事例ではうかがい知れない情報を取り上げる。

一八六七年の寳圓丸と寳山丸の事例

四月二十五日条には、寳圓丸から取り揚げて無事であった砂糖樽は二百丁余り、焚き直したのは五百丁余りと見える。具体的に数量を把握できる。これら七百丁余りの砂糖樽を湾屋に停泊中の泰運丸に対して「掛渡」をしている。

同二十六日条から同二十八日条は寳山丸に関する記事が続く。二十六日、御船寳山丸の「船淬」の入札について詰役人が通知をしている。文面は引用されていないが、「船淬」の配分に際しては入札を実施していたことがわかる。二十七日条には、「御船寳山丸船淬番付け并びに帳留めいたし候」とある。同船の「船淬」を用材や部位ごとにナンバリングしたうえ、間切役人が作成したと思われる帳簿類に逐一記載していたことが知られる。船体の解体をめぐる文書管理に関わる貴重な情報といえよう。入札とも関連すると思われる。二十八日、寳山丸の網（綱カ）類を鹿児島に搬送するにあたり、詰役人による検分が実施されている。破船した船舶の船具の一部は入札の対象から外れ、現物は鹿児島まで搬送されていたのである。

そして、五月三日条によると、寳山丸の「船淬」の入札結果を四月三十日に詰役人に報告したところ、存外の安値であり、はなはだ納得できないため、ほかの二艘についても同様の「人数組合」で売却する方針を示している。対象は浅間と松原の人びとだったようである。[*14] 日記は同四日条以降が欠落しているため、その後の状況は不明である。

＊14　同日条では、島役人が「船淬」を買い入れた人々に打診したところ、「願書」が提出されている。

図 7-8　上空から見た湾屋川河口と干瀬

第二節　徳之島に関わる「津口通手形」

1　奄美諸島における全体状況

近世における薩摩・奄美・琉球のあいだの海上交通では、各地の船改所を通過するための証明書である「津口通手形」（以下、括弧略）を必要とした。文書個々のタイトルは「差出」である。弓削政己は、奄美諸島の津口通手形を博捜し、系譜と種類、効力や性質、出島と帰島の手続きなど全体状況について分析を加え、重要な論点を示した。やや長くなるが以下に引用する。[*15] 番号は弓削によるものと一致する。

まず、文書の用いられた区域と種類について、次のように述べた。①「差出」＝津口通手形（本項では通手形）であること、薩摩藩・奄美・琉球の海上交通で共通して使われたこと、②文書形式としては十七世紀前半の元和年間にさかのぼること、種類には代官手形と与人手形があること、詰役人である代官の奥書がある代官手形が基本であること、享保六（一七二一）年以降は、代官手形の一種として、日本年号や薩摩役人名を記載せず、島役人である与人の奥書に代官が捺印した「代官免印」も用いられたこと、③与人手形は大島と喜界島のあいだで使用されたこと、藩命・公務を除き、奄美の島民が奄美の各島間や琉球へ行く場合は「代官免印」が使用されたこと、通手形は便船人（便乗者）も所持する必要があったことである。①に関連して、那覇から鹿児島に向かった楷船などの琉球船、鹿児島琉球館から那覇に向けチャーター船として派遣された鰹飛舟の津口通手形などは紹介されている。[*16] 船・ヒト・モノに対して発給された。

次に、証明書としての効力や性質については、④薩摩藩の御船手・津口番所、奄美の各島の代官、琉球の薩摩在番が許可する仕組みであったこと、⑤抜荷禁止のため積荷を明記させ、禁制宗教（キ

＊15　弓削政己「近世奄美の通手形」（『地域総合研究』第二二巻第一号、一九九四年）。筆者によって一部補足などを加えた箇所がある。同氏には、「海上交通と通手形」（『喜界町誌』喜界町、二〇〇〇年）もある。

＊16　『那覇市史 資料篇第一巻一二近世資料補遺・雑纂』第三章「家文書」所収、「福地家文書」の①「差出（船頭関係文書）」および同章解説、深澤秋人「鹿児島琉球館における「役所」の機能—尚家文書三四一号を中心に—」（『国史学』第二一九号、二〇一六年）。徳之島に関しては、次項で触れる「乾隆七年 親見世日記」に代官手形が二件収録されている。『南西諸島史料集Ⅴ』（南方新社、二〇一二年）所収、「叶生家文書」にも複数の津口通手形が収録されている。中之島に関しては、『十島村文化財調査報告書（第二集）』所収、史料⑰「明治三庚午七月ヨリ 津口通留帳」がある。

リスト教）の流布にならないよう乗船者の宗旨を記入させたこと、通手形には積荷許可申請の性格も有していたことを述べた。④⑤については、証明や許可を得るため当事者が発給を申請する必要があったのである。

そして、奄美諸島での出島と帰島の手続きについて、次のように説明した。⑥まず、出地や出島を居住地の役人・掟職に願い出ること、次に、通手形の申請を船頭名で居住地の役人・掟職に対して行うこと、⑦出島者（申請者）の親類名で公役・高格護などの誓約を「請合証文」として提出すること、⑧奄美への入港時（帰島時）には、「津口通御手形」で調べて、与人・横目を通して代官に報告する仕組みである。⑧の「津口通御手形」とは、目的地や交易地で発給された「帰帆津口通り御手形」であり、出発時の通手形とは別であることも示唆している。

以下では、琉球側の那覇関係史料である十八世紀前半の『親見世日記』、十九世紀後半における徳之島の間切役人の公務日記である『仲為日記』に収録された徳之島に関わる津口通手形を具体的に紹介してみたい。

2　『親見世日記』に収録された「差出写」の文面

親見世は首里王府の下部機関として那覇四町を管轄した。親見世が作成・管理した業務日誌が『親見世日記』である。国立台湾大学図書館には乾隆年間の『親見世日記』が六件伝来する。近年、同館が所蔵する琉球関係史料を集成した史料集が刊行され、同日記も収録されている。日記は年次ごとに作成され、六件の内訳は乾隆元（一七三六）年、乾隆四（一七三九）年、乾隆七（一七四二）年、乾隆九（一七四四）年、乾隆十一（一七四六）年、乾隆五十三（一七八八）年である。[*17] 時期的には十八世紀前半に集中している。[*18]

『乾隆九年　親見世日記』四月十七日条には、首里王府の野国親雲上が四月十六日付で那覇の里

＊17　『国立台湾大学図書館典蔵　琉球関係史料集成　第一巻』（国立台湾大学図書館、二〇一三年）には乾隆元年と同四年の二件、『同第二巻』（国立台湾大学図書館、二〇一四年）には乾隆七年から同五十三年の四件の『親見世日記』が収録されている。

＊18　沖縄県立図書館には、乾隆元年から光緒元（一八七五）年にわたる百五十七冊の『親見世日記』が所蔵されていた。『沖縄研究資料2　沖縄県立沖縄図書館郷土史料目録』（法政大学沖縄文化研究所、一九八二年）。乾隆三十三（一七六八）年などの日記は『琉球資料』（京都大学文学部博物館蔵）、道光二十五（一八四五）年の日記は那覇士族の家文書である福地家文書に伝来する。『那覇市史　資料篇第一巻九、一〇』に収録されている。

主・御物城に宛てた通知が収録されている。王府に提出された諸浦在番からの報告書である「別紙」を送付するので、薩摩藩派遣役人の御附衆方（附役衆）へ届けるように指示している。報告書は文中で要約され、口之島船の伊江島への漂着と読谷山間切長浜津口への潮懸かり（停泊）に関わる内容であったことがわかる。また、附書として、「通手形写二通取り添え差し越し申し候、御覧相済み候はば、早々差し返され候」と記している。里主・御物城に送付した「別紙」には「通手形写二通」を添付していたこと、附役衆が確認を終えたら返却するよう指示していることがわかる。「通手形写」とは津口通手形の写しであることが想定される。

同日記同日条には、読谷山在番（諸浦在番）の外間親雲上が四月十四日付で王府の御鎖之側御方御取次衆に提出した報告書である「覚（口之島船の潮懸かりに関する報告）」も収録されている。これが里主・御物城に送付した「別紙」に当たる。冒頭、口之島船の規模は「二十三石（二百三十石ノ誤カ）積船一艘」、但書として、船舶乗組員の構成と人数は「船頭・水主五人」、ほかにも「徳之島五人拵（稼ぎ）のため大島へ便船乗り合わせ申し候」と記されている。徳之島出身者五人が大島への稼ぎのため便乗していたことが知られる。まさしく便船人に当たる。

本文では、まず、口之島船の潮懸かりまでの経緯を説明している。読谷山在番は、当日（十四日）の朝、口之島の船頭助八の乗船（口之島船）が昨晩（同十三日）長浜津口に潮懸かりしたと役負担の津番の者からの報告を受けた。現地に出向き、乗組員に詳細を尋ねたところ、口之島船の航跡が次の通り明らかとなった。正月二十三日に商売のため徳之島へ渡航、三月二十七日に帰帆しようと同島を出発したものの、風が不順となり、四月三日に伊江島に漂着、船体を破損したため、那覇での修理を検討し、同十三日に出発したところ「高風」により長浜津口に潮懸かりしたとのことである。口之島船は徳之島からの復路であったこと、大島までの便船人は徳之島出身者であったが、復路の出発の際に便乗したことがうかがい知られる。文末では、順風となり次第那覇に向け出発したいと乗組員が申し出ていることを報告し、適宜対処してくれるよう願い出ている。

そして、但書に「通手形二通、御覧のため、書き写し差し上げ申し候」とあることに注目したい。「通手形二通」を筆写して報告書に添付して提出していたことがわかる。船舶乗組員などが所持していた津口通手形二通を読谷山間切で筆写したのである。これが、「別紙」（「覚」）とともに王府から里主・御物城に送付された「通手形写二通」である。「御覧のため」とは附役衆の確認に供することを指そう。

はたして、同日記同日条には、王府の野国親雲上から里主・御物城への通知に続き、「差出写」二件の全文が収録されている。読谷山間切で筆写され、王府から那覇に送付された「通手形（写）二通」である。それぞれの文面を確認してみたい。いずれも徳之島に直接関わるものである。

一つは弓削の分類によれば代官手形に当たる（図9）。タイトルは「差出写」であるが、原本は「差出」と思われ、読谷山間切で筆写されたため「写」とあるのであろう。前半部分は、船頭の助八が三月十六日付で徳之島代官座の附役人衆（附役衆）に宛て提出した申請に当たる。船舶の規模、五名の船舶乗組員（船頭と水主）の年齢・出身地・名前・宗旨、「積荷物」四品目のリストをあげたうえ、稼ぎ（商売）のため「大島・徳之島御手形」によって徳之島へ渡航したこと、次は大島に移動したいこと、リストのほか禁制品は一切積載していないことを述べ、「御免御手形」（津口通手形）の発給手続きを進めてほしいことを申請している。船舶乗組員の出身地は、五名のうち二名が口之島（一名は船頭）、二名が大根占（おおねじめ）（両名とも水主）であった。年齢別では二十歳代と四十歳代が各二名、三十歳代が一名である。

（申請）

差出写

一、二百三十石積船一艘

一、札弐拾九　船頭 口之嶋　助八

一、同四拾歳　山川町　文右衛門

一、同弐拾七歳　口之嶋　彦四郎

一、同三拾弐歳　大根占の宇左衛門

一、同四拾七歳　同所の仲左衛門

〆船頭・水主五人〈四人禅宗／一人真言宗〉

積荷物

一、柳こおり五ツ　一、米拾石　一、砂糖弐千斤　一、脇差弐ツ

右は稼ぎとして大嶋・徳之嶋御手形にて罷り下り申し候処に、此の節大嶋の積もりに罷り渡り存じ奉り候、此外何そ御法度の諸品積み入れ申さず候条、御免御手形仰せ付けられ下され候様御申し上げ下さるべき事願い上げ奉り候、以上、

三月十六日　右の船頭　助八

徳之嶋御代官座　御附役人衆中

（裏書）

此の表相違無きに於いては差し通すべく候、以上、

三月十七日　徳之嶋代官　山田助右衛門

山川諸所　船改所

図 7-9　差出写（大島への移動に伴う津口通手形）

＊括弧は割書の箇所、スラッシュは改行を示す。読み下しと傍線および句読点は筆者による。以下同じ。

これを受け、後半部分では、徳之島代官の山田助右衛門が、翌三月十七日の日付で裏書を加え、[*19]薩摩半島の山川と領内諸所の船改所に対して、文面に相違が無い場合は通過させるべき旨を依頼している。すなわち、船頭が附役衆に「御免御手形」の発給を申請し、徳之島代官がそれを許可したうえ裏書の文言を加えることによって、はじめて津口通手形の一つである代官手形の様式が整ったのである。これを申請者である船頭の助八が所持していたと思われる。

なお、前半部分の「大島・徳之島御手形」は往路で所持した津口通手形であった可能性があるが、ここでは船頭が発給申請をしていることから、別に、復路のそれが必要であったことが知られる。大島に向かう際には、徳之島での代官手形の発給が必要だったのである。さらには、このときの直接の申請理由は大島への移動であるが、徳之島代官による裏書の宛名は「山川諸所　船改所」である。大島のみならず、復路行程の山川などの船改所まで証明書としての効力は有効であったと考えるべきであろう。

もう一方は、弓削の分類によれば与人手形に当たる（図10）。かつ、便船人が所持したものである。前者と同様、タイトルは「差出写」であるが、原本は「差出」であったと思われる。前半部分は、子（一七四四）三月十七日付で、亀津村の梅実が同村の掟衆に宛てた申請に当たる。五名の出身地・年齢・名前・宗旨、私物と思われる荷物四品目のリストをあげ、本文では、助八船（口之島船）に便乗し、挊（稼ぎ）をするため大島に渡航したいこと、諸公役は親類が引き受けることを述べ、[*20]「津口通御免御手形」の発給手続きを進めてほしい旨を申請している。便乗者五名は、申請

*19　弓削は前掲した論点の②で代官手形には代官の奥書があることを述べているが、必ずしも奥書でなく、裏書であった可能性がある。前掲註15　弓削一九九四論考。

（申請）

差出写

一、当年三拾六歳　亀津村　梅実
一、同弐拾壱歳　小嶋村　宮政
一、同弐拾六歳　伊根村　久仕岡
一、同四拾九歳　亀津村　儀浦
一、同弐拾八歳　右同村　宮里
〆人数五人皆禅宗
右荷物
一、着替櫃五ツ　一、よき五ツ　一、麦五斗　但し、飯米用　一、小壺五ツ
右は口之島の船頭助八船より便船、大嶋へ挊として罷り渡り申したく御座候間、尤も諸公役の儀は一門中請け合い申し候間、何卒津口通御免御手形仰せ付けられ下され候様に仰せ上げられ下さるべく儀願い上げ奉り候、以上、
子三月十七日　亀津村　梅実
亀津　掟衆

（次書）

右の通り願い申し出候に付きて承け届け、別条御座無く候間、願い奉る津口津通御手形御免仰せ付けられ下されたく存じ奉り候、以上、
三月十七日　亀津掟　代正
東間切　與人衆

（裏書）

此の表相違無きに於いては差し通すべく候、以上、
子三月十七日　徳之嶋東間切與人　重眞
與人衆

図7-10　差出写（助八船への便乗と大島での稼ぎに関わる津口通手形）

者の梅実を含む三名が亀津村出身であった。年齢別では二十歳代が三名、三十歳代と四十歳代が各一名である。亀津村出身者は各世代に分布している。

後半部分は、前掲の代官手形とは異なり、二段階に分かれる。まず、亀津掟の代正が同日付の次書を加え、東間切与人衆に宛てている。申請を受け付けた結果、不備は無かったため、「津口津（ママ）通御手形」の発給手続きを進めてくれるよう改めて要請している。これを受け、東間切与人である重眞は、同日付の裏書によって、文面に相違が無い場合は通過させるべき旨を与人衆に依頼している。文言は代官手形と同一である。宛名の与人衆とは大島各間切の与人を指すのであろう。

すなわち、与人手形は、亀津村の梅実が、便船人を代表して亀津村掟衆に「津口通御免御手形」の発給を申請し、亀津掟が次書によって内容を保証し、東間切与人が許可をしたうえ裏書の文言を加えることによって様式が整ったのである。これを申請者である梅実が所持し、そのまま琉球に漂着したことになる。なお、当史料は、与人手形の文書様式に変化があった一七二一年から二十年程経った時期になるが、「代官免印」が捺印された痕跡は確認できない。

以上、『乾隆九年　親見世日記』に収録された徳之島に関わる津口通手形二件を紹介した。その文面は、口之島船の船頭と便船人が所持していた原本を筆写した系譜に連なるため、申請経路の途中ではなく、発給され、様式が整った状態であることを指摘しておきたい。偶然漂着したことによって、完備された文面を知ることができるのである。合わせて、史料の伝来と文書管理について、王府から里主・御物城に送付された写しを、附役衆が確認する前後、少なくとも王府に返却する前の段階で親見世でも筆写していたため、それが転記され『親見世日記』に収録されたであろうことに触れておく。

なお、次節で後述するが、十八世紀後半には徳之島から大島への逃亡者が多数存在する。しかし、十八世紀前半には、大島での稼ぎのため、全体のごく僅かの事例ではあるものの、正規の津口通手形（与人手形）の手続きを踏んだヒトの移動があったこと、年齢層も判明すること、移動手段は口之島

＊20　弓削の論点の⑦と関わり、親類による「請合証文」の提出があったと思われる。前掲註15弓削一九九四論考。

船への便乗だったことに留意すべきであろう。

3 『仲為日記』に見える申請手続きと文書管理

前述したように、弓削は奄美諸島の津口通手形について論点を提示したが、基本的に、そこでの申請者は島役人や通常の生活をする民衆を想定している。しかし、『仲為日記』によると、徳之島での刑期途中に赦免された流刑人（コラム6参照）、沖永良部島へ「借島」となった者も津口通手形の発給を申請していたことが確認できる。[*21]

同日記元治元（一八六四）年五月七日条には「写（御赦免状の通知について）」が収録されている。徳之島への流刑人を大赦によって赦免する内容である。そこには同じ四月五日の日付が二か所と異なる差出人が見える。前者の差出人は藩家老と思われる丹波である。受取は記載がない。冒頭に伊仙噯に配流された七人の名前と肩書が見いだせる。[*22] 続いて、「右（流刑人）、遠島并びに居住申し付け置き候得共、此の節天朝より太守様御事御馬御拝領遊ばされ、（中略）重畳の御慶事に付き、格別の思し召しを以て大赦仰せ出でられ、御赦仰せ付けられ候条有り難く承知奉るべく候、（但書は略）右申し渡すべく候」とあり、大赦の措置を執る理由が記され、決定を承知すべきこと、関係者に周知すべきことが記されている。藩当局の決定である「御赦免状」そのものといえよう。

同日付の後者の差出人は川上正十郎、[*23] 受取は徳之島代官である。本文には「右（御赦免状）の通り仰せ渡され候間、海上故、同案を以て此の段申し越し候、以上」と短い文言がある。「御赦免状」の原本は別途搬送されるものの、海上輸送で危険を伴うため、その写しである「同案」を作成し、文言を書き加えて徳之島代官に伝えているのである。この通知は五月四日までに徳之島代官のもとに到着したようである。

同日条には、川上正十郎の通知に続き、代官の上村笑之丞が子（一八六四）五月四日付で亀津噯と面

＊21 『仲為日記』の語注によると、「借島」とは代官所権限でする遠島処分のことである。

＊22 ほかの地域への流刑人については「外噯略ス」とあるが、省略されたのは本通知が徳之島に到着したあとであろう。

＊23 『仲為日記』慶応三（一八六七）年三月三日条に収録された「赦免写」によると、川上正十郎の役職は御用人と思われる。

縄間切の与人と惣横目に宛てた通達が収録され、本文には「別紙御本文写しの通り仰せ渡され候間、申し渡すべく候」とある。「別紙御本文写し」の「御本文」は「御赦免状」、「御本文写し」が「同案」を指す。徳之島代官は通達に「別紙」として「同案」を添付し、与人と惣横目に対して内容の把握と島内関係者へのさらなる通知を指示しているのである。そして、これを受け取った伊仙噯惣横目寄の仲為は、子五月七日付で伊仙・阿権両村の掟に宛て、「右の通り仰せ渡され候間、早々便舟相究め、津口通願い出候様申し渡すべく、此の旨申し渡し候、以上」と通知している。対象者に乗船を決めさせ、「津口通」（津口通手形）を申請することを申し渡すように伝えているのである。ここにいたって、ようやく津口通手形の申請に関わる一節を見いだせるが、該当者に対しては、村レベルの島役人である掟によって申し渡していた一連の伝達経路を追うことができる。なお、「御赦免状」の原本は五月十四日に徳之島に到着したようである。代官の通達の肩書に「右、御本文御赦免状の儀は今月十四日相届き、便舟（びんしゅう）次第、津口通願い出申し渡し候事」と朱書による情報を見いだせる。

仲為による通達から二十日近くが経った頃、伊仙噯への流刑人で赦免されたなかの一人から津口通手形の申請がなされた。同日記五月二十六日条には小番を務めた諏訪甚兵衛の下人（げにん）である伝兵衛が提出した「差出」が収録されている。同日条には、伊仙村掟の直禎が子五月付で作成した「口上覚（こうじょうおぼえ）（船中飯米の拝借願い）」も収録されている。[*24] それによると、伝兵衛は天保十五（一八四四）年に喜界島に遠島の措置、文久元（一八六一）年に徳之島への「島替え」を仰せ付けられていた。徳之島での配所は伊仙村であった。以下に「差出」の全文を引用する（図11）。

＊24　伝次郎は船中飯米として米一斗六升の拝借を伊仙村掟に願い出ている。作成者が本人でないことを除けば、次書以降の申請経路は「差出」と同一である。

差出　　（申請）

飯米一斗六升

右は御赦免仰せ付けられ有り難く存じ奉り、此の節、井之川居舟三社丸沖舟頭山川の孝平次舟へ便舟相頼み罷り登りたく存じ奉り候間、何卒津口通御手形御免仰せ付けられ下され候様仰せ上げられ下さるべく儀頼み奉り候、以上、

子五月　　小番／諏訪甚兵衛下人　伝次郎

伊仙村　掟衆

（次書）

右申し出趣承け届け候間、津口通御手形御免仰せ付けられ下され候様仰せ上げられ下さるべく儀頼み（奉りヲ脱カ）候、以上、

子五月　　掟　直禎

伊仙　与人衆／惣横目衆

（奥書）

右の通り申し出候間、津口通御手形御免仰せ付けられ下されたく存じ奉り、此の段申し上げ候、以上、

子五月　　惣横目寄　仲為／与人寄　平福憲

月番　御附役様

図 7-11　差出（赦免に伴う津口通手形の発給申請）

文書の様式を見ると、当事者の伝兵衛が子五月付で伊仙村掟衆宛てに提出した申請に当たる箇所、伊仙村掟の直禎が同月付で伊仙噯に宛てた次書、伊仙噯惣横目寄の仲為と与人寄の平福憲が同月付で徳之島代官所の附役に宛てた奥書からなる。よって、申請経路は、伝兵衛→伊仙村掟→伊仙噯惣横目寄・与人寄→附役となる。前項で取り上げた口之島船船頭の「差出」は附役人衆に直接提出されていたが、村・噯レベルの島役人を経ている点が異なる。しかし、申請箇所とともに、次書と奥書でも「津口通御手形」の発給手続きを進めてほしいことを述べている点は同様であり、百二十年が経過しても変化はなかったといえよう。伝兵衛による申請箇所からは、「便舟」は井之川に停泊の三社丸に決めたことが知られる。

なお、本文書は惣横目寄と与人寄の両名が附役に宛てた奥書で終わっているが、津口通手形の種別としては代官手形であると思われる。この段階では作成途中であり、これに、代官による「此の表相違無きに於いては～」の裏書が加わったのであろう。はたして、同日条には、「右二通相認め、右伝次郎を以て邦通衆へ頼み越し候事」とある。当事者の伝次郎が「口上覚」と「差出」を持参して邦通衆（職名不明）に代官所への手続きを依頼したようである。仲為によって、代官手形の様式が整う以前の文面の控えが残され、日記に収録されたのである。

ほかにも、『仲為日記』には、同年九月二十日条から同二十五日条にかけて、沖永良部島への「借島」となった者に関わる記事を見いだせる。そこでも津口通手形を申請していたことが知られる。

まず、九月二十日条によると、当日の朝、阿権村に滞在する仲為に対して、急ぎ代官所へ参上せよとの「御用封」が届いた。参上したところ、詰役人（東様）から、伊仙村の砂糖の津下ろしが滞った者および砂糖を品質悪く焚き上げた者への処罰の検討、同村の宮賢については、「借島」を願い出るように仰せ付けられたと見える。二十三日条には、伊仙村宮賢の「借島願」が親類方から仲為に届けられ、[*25]「津口通」（津口通手形の申請）を添付して東様御方へ提出したとある。「借島」を願い出るよう命じられてから僅か三日後の短期間であること、「借島願」と提出は同時であったろうこと

＊25　同日条では「借島願」の文面は確認できないが、同年六月十三日条に収録された別件の「口上覚」（「借島願」）から様式や申請経路を知ることができる。

がうかがえる。

翌二十四日条には「借島願」と津口通手形に関わる三つの項目が立てられている。一つは、当日の朝、宮賢の「借島願」が許可された旨の「御書付」が仲為のもとに届き、面縄に汐掛かりしている馬艦船に乗せ、早々に送致するよう仰せ渡されている。一つは、宮賢の「借島願書」と「津口通り」を役所（役場）（図12）の「御用留」に記した旨が記載されている。津口通手形についても許可があったと思われることから、種別は代官手形だったのではないだろうか。合わせて、噯レベルでの文書管理のありかたがうかがえる貴重な情報であることを指摘しておく。一つは、宮賢の「津口通り」の肩書を修正して再提出するように代官所から通知があったため対応している。

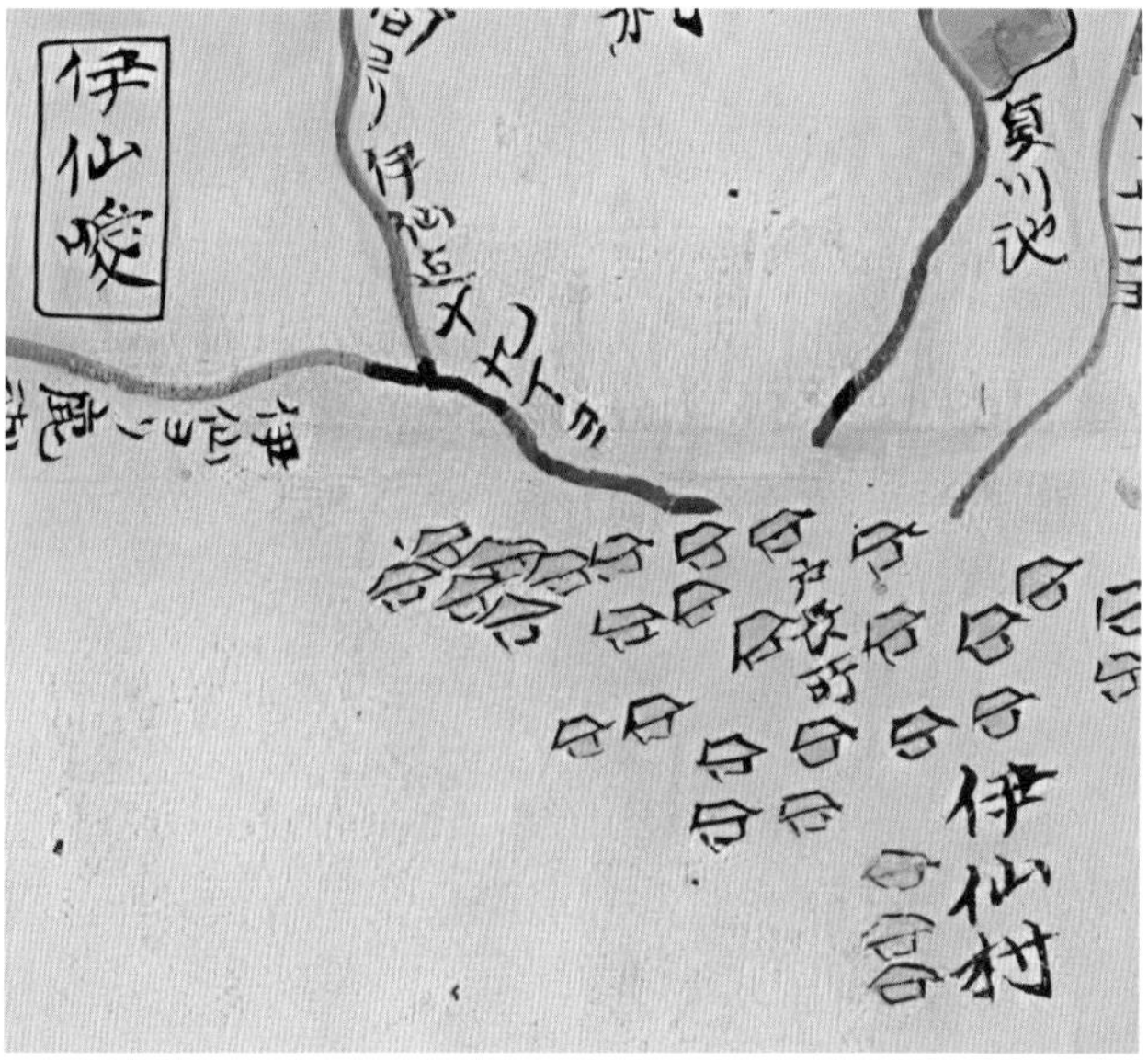

図 7-12　伊仙村戸長所、もとの伊仙噯役場
（「鹿児島縣下徳之島全圖」部分拡大）

そして、二十五日条には、六ツ時分（六時頃）、代官所の書役方より、宮賢の「借島」「津口通」と沖永良部島への「御用封」一通を面縄湊の馬艦船に渡すよう、現物が送付されるとともに連絡があった。仲為は、津口横目と福厚（職名不明）に対して、同船への搬送を託すこと、三件の書類の「請取書」を受領することを依頼している。津口通手形の文面は確認できないものの、「借島」に伴う申請、文書管理、モノとしての移動をうかがい知ることができる事例として紹介しておく。

第三節　十八・十九世紀の徳之島と琉球

1　沖縄島に向かった徳之島船

奄美諸島から琉球に向かった道之島船（以下、奄美諸島船）の状況を把握できる琉球側の史料として、十八世紀前半の那覇関係史料である『親見世日記』と十九世紀中頃の首里王府関係史料である『年中各月日記』の目録がある。後者は王府の中枢部に位置した評定所の日記の目録である。両者には所管が異なることによる記載や情報の相違点があり、伝来する史料は百年以上の時期差もある。ここでは、それぞれの史料に見える奄美諸島船のなかでも徳之島船を紹介してみたい。

『親見世日記』にみえる徳之島

親見世は、那覇港を出入りした大和船・奄美諸島船・琉球船の出入港管理にも関わったため、業務日誌である『親見世日記』には船改めの記事が頻出する。

乾隆元（一七三六）年と乾隆九（一七四四）年の日記に見える奄美諸島船については研究成果が存在するが[*26]、両年の日記において徳之島船はどのように見いだせるのだろうか。

豊見山和行は、『乾隆元年　親見世日記』を用い、総数七十件に及ぶ同年の那覇港への船舶の出入港状況をまとめ、奄美諸島船について次の指摘をしている[*27]。入港は二十艘、出港は八艘であったこと、船の規模は三反（枚）帆から五反帆の小型船であったこと、大和船とは船の規模では比較にならないが、数的にはほぼ拮抗していたことである。奄美諸島船は、少なくとも十八世紀前半から、那覇港とのあいだを活発に往還していたことが知られる。しかし、船籍の所属地やその分布に関する言及はないため、まず確認してみることにする。

同日記では、入津改めもしくは出船改めの記事として、まず、一艘ごとの船舶の規模、船頭の出身地（間切・村）と名前があげられ（順不同）、次に船改めに立ち合った薩摩藩派遣役人と琉球側役人

＊26　知名町教育委員会編『江戸期の奄美諸島―「琉球」から「薩摩」へ』（南方新社、二〇一一年）所収「沖永良部島船・与論島船と琉球」、豊見山和行「島津氏の琉球侵略と琉球海域の変容」『日本の対外関係5　地球的世界の成立』（吉川弘文館、二〇一三年）、真栄平房昭「海域史からみた王国時代の那覇港～船の活動と港湾施設～」（『しまたてぃ』七四、二〇一五年）。

＊27　前掲註26豊見山二〇一三。大和船についても触れ、出入港はともに二十一艘、鹿児島・奄美諸島間を往来する船舶は反映されないことを考慮する必要があると述べている。

の名前などが記される。再確認したところ、奄美諸島船はほかにも八件ほど見え、計二十八件であった。船籍の所属地は、船頭の出身地をあて、〇〇島船とするが、その分布は、大島十四件（西間切七件、屋喜内間切六件、不明一件）、沖永良部島七件、与論島六件、徳之島一件である。大島船・沖永良部島船・与論島船が多く、喜界島船は見いだせない。[*28] 徳之島船は一件のみであるが、四月五日条には「徳之島西間切目手久村船頭島室船、三枚帆一艘、今日入津に付き、改めとして御横目後醍院半左衛門殿・御附衆春田喜右衛門殿・大和横目津堅筑登之親雲上（那覇筆者と問役は略）立ち合い、手形引き当て相改め候也」と見える。船頭は西間切目手久村の島室であった。「手形」とは前節で扱った「津口通手形」であろう。ほかにも、同七日条の船頭が西間切西阿室村の池富の大島船の入津改めでは、「便人」（便乗者）二名のうちの一名として、徳之島の東間切和瀬村の者が見える。与人手形を所持していたのであろう。

真栄平房昭は、『乾隆九年　親見世日記』から、沖永良部島船三艘と与論島船一艘が琉球へ来航したことを取りあげたうえ、沖永良部島船一艘については、島では鉄製農具が不足していたため農具を買う目的で渡航したと指摘した。[*29] 同日記二月八日条には、大和横目などが二月付で王府に宛てた報告書が収録されている。正月二十七日に浦添間切城間の沖合いで破船した沖永良部島船一艘の乗船者と積荷物改めに関する内容である。[*30] そこには「右の者共御当地へ農具買用として罷り渡り候処」と見える。ただし、これらの奄美諸島船は正月条から二月条の船改めの記事に限定されたものである。たとえば、五月二日条の入津改めの記事には、沖永良部島船二艘と大島船一艘が見える。そのうち沖永良部島船一艘の但書には「農具買用に罷り渡り」とあり、同島から農具を買う目的で渡航したのは一回ではなかったことがわかる。

徳之島船については、西目間切浅間村の福富が船頭である四枚帆船の着発状況を把握できる。三月九日条に入津改め、四月二十三日条には出船改めの記事が見えることから、同船は一か月半にわたって那覇港に停泊していたようである。さらには、出発から一か月近くが経った五月十九日条に

＊28　『乾隆九年　親見世日記』五月八日条の出船改めの記事では、乾隆元年の日記には登場しなかった喜界島船一艘を見いだせる。

＊29　前掲註26 真栄平二〇一五。前掲註15 弓削一九九四では、論点の⑧と関わり、十九世紀後半、大島渡連方の船頭や水主六名などが、「若狭町道具入半櫃」「同焼物入付」「唐櫃」などを入手して琉球から帰島した事例を扱っている。時期差もあるが、農具だけを購入したわけでない可能性はある。

＊30　報告書では「本手形」（津口通手形）は紛失したと見える。

よると、前年十二月に琉球に漂着した大島間切串村（間切名は脱）の池保の小船に、琉球側と薩摩藩派遣役人の御附衆との相談の結果、徳之島船（船頭福富）の水主である安栄を「乗り加え」させる措置が執られている。水主の安栄は船が出発したあとも那覇に残っていたことが知られる。こうした事例はほかにも存在した可能性があろう。また、三月六日条には、船頭が富久衣の徳之島船（三枚帆船）の漂着改め、同二十二日条には出船改めの記事が見える。漂着とあるが本来の目的地は不明である。今後、すでに指摘がある両年の日記のほかにも、『親見世日記』に見いだせる奄美諸島船について、網羅的に検討される必要があろう。

『年中各月日記』の目録にみえる徳之島

王府関係史料のなかでも、『年中各月日記』は、首里王府中枢の評定所が各年次の月ごとに処理した案件をまとめた日記である。評定所と王府の下部機関とのやりとりが多いが、那覇役人（里主と御物城）からの報告や那覇役人への返答が頻出する。『年中各月日記（道光二十九年）』（『琉球王国評定所文書』第五巻）などによると、一八四八年から一八六一年に沖縄島にやってきた奄美諸島船は八十三艘を数える。うち、往復路を合わせ、六十件の停泊地が判明するが、国頭間切三十六件、本部間切十五件、今帰仁間切四件の三間切で五十五件を占め、全体の九割を超える。さらには、国頭方三間切から那覇に向かったことを確認できる例を十八件ほど見いだせる。停泊地は国頭方が多いが、目的地は那覇であったケースは少なくなかったといえよう。[*31] 当該期間の前半に見える徳之島船を紹介する。

『日記総目録（道光二十九年より三十年）』（同書）は、『年中各月日記』の道光二十九（一八四九）年と同三十（一八五〇）年の両年分の目録である。日記の記事が月ごとに要約されている。本文は伝存していないものの、徳之島船をめぐる情報を具体的に知ることができる。

道光二十九年五月中の目録には、「国頭間切へ徳之島船汐懸かりこれ有り、御在番所お届けの事」とある。徳之島船が国頭間切へ停泊した旨を那覇の在番奉行所に届け出ていたことがうかがえる。在番奉行所に届け出たことがなぜ評定所によって把握されているのであろうか、どのような経路で

＊31　深澤秋人「小那覇湊と道之島船・くり舟飛舟の航跡」（『西原町史　第一巻　通史編Ⅰ』西原町教育委員会、二〇一一年〈第二章第二節二「村（シマ・ムラ）を歩く」（5）〉）。

把握するにいたったのであろうか。はたして、道光三十年九月中の目録には、「徳之島船洋中乗り沈み、本部・今帰仁へ死骸寄せ揚げ、又は生き揚がり候者共、定式・産物方お届け仕り置き候段、那覇役人より問合の事」とある。徳之島船が沖縄島近海の海上で沈没し、溺死者の遺体が本部・今帰仁両間切（図13）の沿岸に漂着した。一方、生存者もおり、那覇役人がこれらの情報を合わせて薩摩藩の定式方と産物方に届け出たことを評定所へ報告していたことが知られる。同じ『年中各月日記』の記事の要約であるため、前年五月の情報についても、在番奉行所への届け出のみならず、那覇役人によって評定所へと報告され、把握されるにいたったと思われる。管見の限りでは、『親見世日記』には、那覇港での船改めの記事は頻出するものの、国頭方への停泊や漂着の記載は見いだせない。停泊などの情報は現地から那覇役人にもたらされ、在番奉行所や王府に報告されていたのである。*32 親見世も把握はしていたと考えられる。しかし、それが見えないのは、日記の所管や性格に起因するのではないだろうか。立項すべき事項が異なったのである。両史料では奄美諸島船の取りあげられ方に相違点があることを指摘しておきたい。

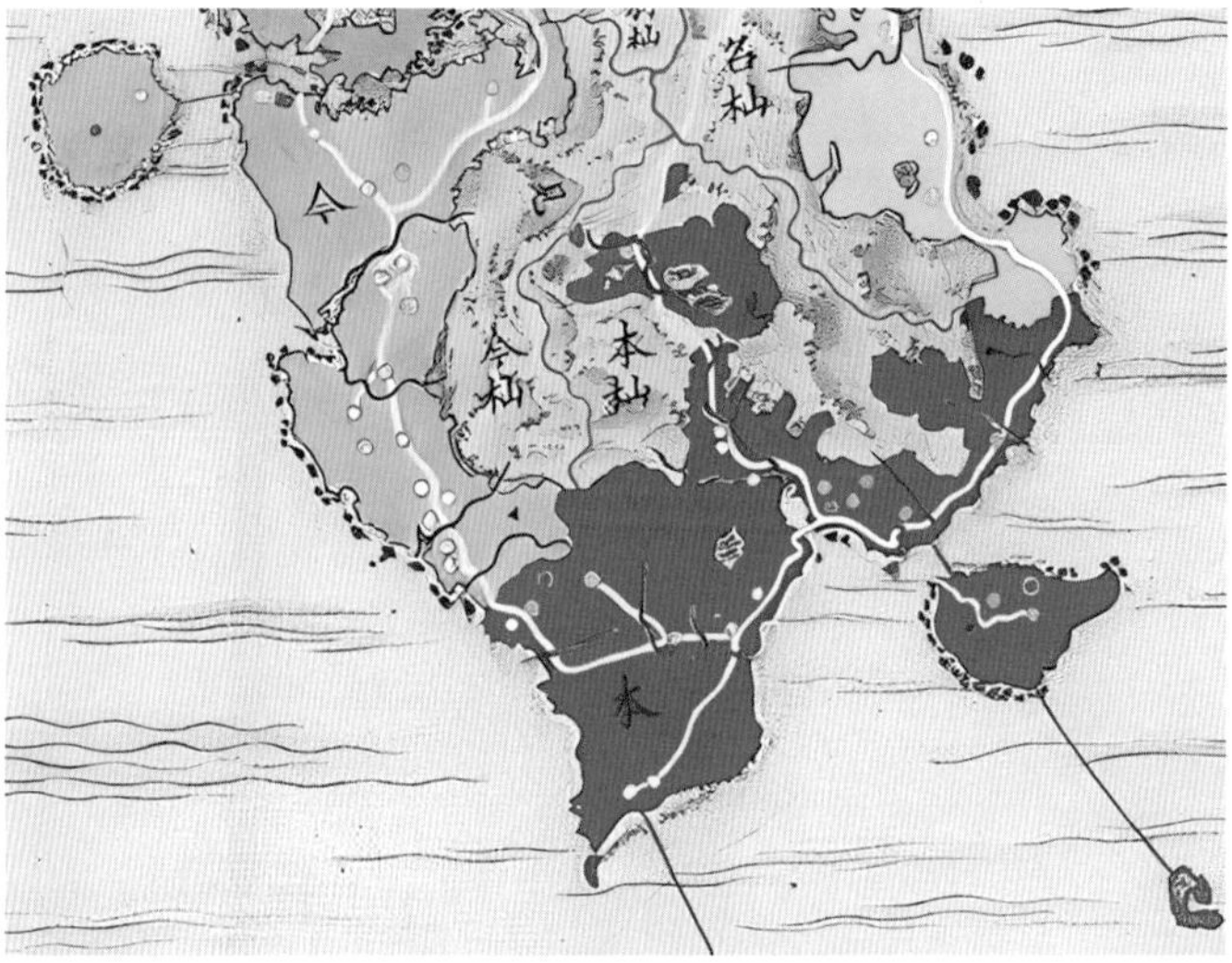

図 7-13　色分けされた本部間切と今帰仁間切
（沖縄県立図書館所蔵「琉球国之図」部分拡大）

また、『年中各月日記（咸豊元年）』（同書）には、日記の本文は伝来しないものの、「三月中日記」の目録には、「徳之島船国頭・本部・今帰仁へ汐懸かり、那覇如く出帆、且つ国頭間切外干瀬へ走り揚げ候沖永良部島船修補相調い、島元如く出帆致し候段申し来たり候付き、御在番所御届けの

＊32　第二節で扱った事例と伝達経路が異なるが、この点は保留としたい。

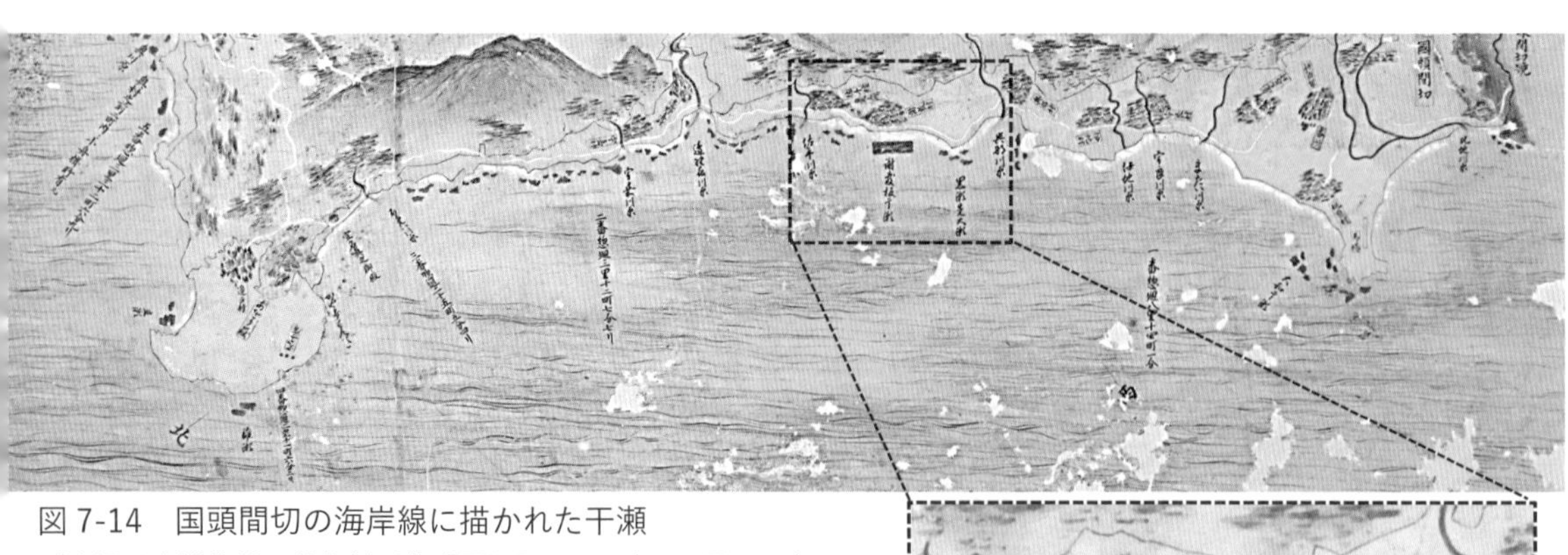

図7-14　国頭間切の海岸線に描かれた干瀬
（沖縄県立博物館・美術館所蔵「間切図 国頭（国頭間切 西）」を改変）

事」とある。すなわち、咸豊元（一八五一）年三月、徳之島船が三間切に停泊したのち那覇に向け出発したこと、国頭間切の外干瀬（図14）で座礁した沖永良部島船の修理が完了し、同島に向け帰帆した旨の情報が那覇役人にもたらされ、在番奉行所に届け出たことを評定所に報告したのであろう。ここにおいて、国頭間切からは徳之島船と沖永良部島船、本部間切・今帰仁間切からも徳之島船と複数の情報が逐一那覇役人にもたらされていること、それらを集約して在番奉行所や王府に報告していた様子がうかがえる。さらには、三間切に停泊した徳之島船の目的地は那覇であった。道光二十九年の場合も、それが往路であれば目的地は那覇であった可能性があろう。目録での記載が国頭方への停泊であっても、それは必ずしも目的地とは限らないことを確認しておきたい。合わせて、同じ徳之島船が三間切へ停泊したこととともに、複数の船舶も考えられよう。

このように、『年中各月日記』の目録から、一八五〇年前後に沖縄島（那覇）に向かった徳之島船の情報が三年連続で日記に立項されていたことを見いだせる。この時期、増加していた可能性もあろう。

2　王府関係史料と『前録帳』にみえるできごと

『琉球王国評定所文書』に収録された一八五〇年代前半の王府関係史料からは、沖縄島を往来した徳之島船のほかにも、徳之島と琉球のあいだに様々な関係があったことをうかがえる。『前録帳』に記されたできごとと関連する以下の三項目について紹介してみたい。

三司官の書状の伝達経路

第一章第二節の山村の項目で、『前録帳』の記事より、嘉永三（一八五〇）年、宮古島から那覇に向かった琉球船が船梶を破損、帆柱を切り捨てた状態で亀津に漂着したこと、帆柱の用材の供給地として与名間と山が選定されたことを述べた。宮古島を出発したのは七月、琉球に帰帆するため徳之島を出発したのは十月であった。

関連史料として、『御状案書（咸豊元年）』（『琉球王国評定所文書』第十巻）五八号文書がある（図15）。本史料を含む「案書」は王府から鹿児島琉球館に送付した通知などの控えをファイルしたものである。当該文書は翌年の亥（一八五一）四月十五日付で、首里王府の三司官から鹿児島琉球館の琉球館聞役と新旧の在番親方に宛てた連絡である。前半では、三司官の池城親方・座喜味親方・国吉親方が同日付で徳之島代官の福永仁右衛門など詰役人五名に宛てた書状（礼状）が引用されている。書状からは『前録帳』でうかがえない情報を見いだせる。前年、徳之島に漂着した琉球船は馬艦船であったこと、「沖干瀬」と「浜」に乗り揚げたものの、二回とも無事船体が引き移されているこ

一筆啓達致し候、去る年当地馬艦船、徳之島沖干瀬又は浜へ走り揚げ候付き、両度共卸し方且つ楫檣等相与えられ、其の外段々御厄害に預かりたる由、国王承れ忝く存じられ候、右御礼私共より申し入るべき旨申し付けられ候、随って〈太平布三疋・焼酎一壺・太平布二疋〉これを遣わされ候、恐惶謹言、
四月十五日　池城親方／座喜味親方／国吉親方
上書ニ
徳之島御代官
福永仁右衛門様〈太平布三疋／焼酎一壺〉
*同島詰見聞役
村田源右衛門様　太平布二疋
*同
深見休八様　右同、銘々
*同島詰附役
有川彦四郎様　右同
*同
仁礼平右衛門様　右同
人々御中
（書状）

右の通り書状・品物差し遣わし候間、届け方申し渡さるべく候、以上、
亥四月十五日　池城親方／座喜味親方／国吉親方
新納新助殿／垣花親方／奥武親方
（連絡）

図7-15　『御状案書（咸豊元年）』58号文書
＊を付けた四名の職名の肩書に「同」の字あるも略。「同」とは傍線の「上書ニ」のこと。

とである。「沖干瀬」は亀津村の海岸線に発達した干瀬の外側、「浜」は干瀬の割れ目の奥の永浜ではないだろうか。夫遣によって民衆が動員され、安全な場所に移動させたと思われる。座礁に関する情報が具体的である。檣（帆柱）とともに楫が提供されたこともわかる。徳之島での便宜供与の詳細は、帰帆した琉球船によって琉球国王の知るところとなり、三司官（「私共」）から関係者にお礼をするよう指示があったのである。宛先の五名それぞれの肩書に「上書ニ」とあることから、原本は連名でなく、個別に宛てた五件の書状であり、それぞれの包みの「上書」に職名・名前・お礼の品物が記されていた。それが鹿児島琉球館への連絡では連名となったのである。書状の文面では、お礼の品として太平布三疋・焼酎一壺・太平布二疋の三点が割書で記されているが、原本では「上書」のその箇所に品目が記入されたことにも触れておく。

後半の「右の通り」からが鹿児島琉球館への連絡である。三司官が琉球館聞役と在番親方に対して、詰役人への「書状」と「品物」を搬送すること、送り届ける手配をするよう依頼している。同文書の行間には、亥八月二十一日付で琉球館聞役と在番親方が三司官に宛てた返信の写しが記され、「御本文承知仕り、御状・品物相届け申し候」とある。「御状」（「書状」）と品物は、鹿児島琉球館に到着したあと、薩摩藩当局を介して徳之島に搬送されたと思われる。首里王府から徳之島に直接送られたのではないことを確認しておく。

沖縄島への逃亡

王府関係史料には、『年中各月日記』とは別に、『年中各月日記（帳当座）』が存在する。内容は王府と間切とのやりとりが多く、帳当座は御物奉行管轄の部署が間切とやりとりした文書を管理した機関と思われる。その帳当座が年次ごとにまとめた日記である。

『年中各月日記（帳当座）（咸豊元年）』（『琉球王国評定所文書』第五巻）には、日記の本文は伝来しないものの、「咸豊元年辛亥正月より十二月迄日記目録」が収録されている。一件文書の見出しに当り、通し番号が付され、テーマごとにまとめられている。そのなかの「五十八」として、「本部・山原辺りへ徳之島人逃げ渡り居り候者これ有り、列帰り方として渡海致し候者これ有り候付き、仰せ付けられ申し渡しの事」とある。咸豊元（一八五一）年当時、徳之島から沖縄島の本部間切や「山原」に逃亡した者がおり、連れ戻すため、徳之島の島役人が渡海した旨の通達が王府からあり、これを受けた所管の部署は関係各所へその旨を通知していたことが知られる。逃亡先が本部間切と「山原」（国頭方）とに書き分けられていることに留意したい。一か所ではなかったようである。徳之島から派遣された島役人、連れ戻された人数ともに不明であるが、十八世紀後半には大島に逃亡した者が島役人によって連れ戻された事例が存在する（序章略年表参照）。徳之島からの逃亡をさかのぼって概観することにしたい。

『前録帳』によると、宝暦十三（一七六三）年、大島に「離散」（逃散）した人びとを連れ戻すため、代官と附役の詰役人が面縄間切与人・西目間切寄与人・東間切惣横目などの島役人十三名を伴って井之川湊を出発したものの、順風が吹かずに中止となった（第一章第二節の秋徳村の項目参照）。一七六〇年代には、いったんは連れ戻すことを実行していること、詰役人と島役人が出張るほどの規模で大島への逃亡が発生していたことを確認しておきたい。十年近く経った安永元（一七七二）年から翌年にかけての関連記事には次のように見える。現代語訳して紹介する（図16）。

一　安永元年の春頃から徳之島の各地で「大熱病」が流行した。（具体的な症状の記載は略）翌年の五月までその状態が続き、島中の老若男女は残らず罹患した。三間切で千七百人余りの死者が出たため、詰役人は藩当局に対処策を伺い出た。

一　藩当局からの「大島へ離散した者たちを連れ戻し、西目間切の荒地の開墾を担わせるように」との指示が詰役人から島役人に伝えられた。そして、西目与人ほか四名などが大島に派遣され、三百人余りを連れ戻した。（以下略）

一　藩当局より「西目間切から三間切に身売りした者たちは、荒地を開墾させるために西目間切に戻すように」との指示もあり、それに従った措置をとった。（以下略）

すなわち、安永元年春から翌年五月にかけて徳之島では「大熱病」が流行し、三間切で千七百人余りが死亡する事態となっていたことがわかる。安永二（一七七三）年、詰役人は「御国許（藩当局）」に対処策を伺い出た。当局から「徳之島から大島へ離散（逃亡）した者たちを連れ戻し、西目間切の荒地開墾に充てるように」との指示があり、島役人に周知された。さらに、西目与人・横目寄・田地横目寄など島役人十名が渡海を仰せ付けられ、*33大島から三百人余りを連れ戻している。これは当局の指示に基づいていたことを確認しておきたい。また、当局から「西目間切から三間切に身売りした者たちを荒地開墾のため西目間切に戻すように」との指示も出されている。藩当局の二件の指示は詰役人の伺い出を踏まえたものであったが、熱病による死者で三間切の人口が減少する状況にあるなか、当局は西目間切の荒地開墾を優先する方針をとったのである。その担い手の多くが逃亡した大島から連れ戻された人びとだったであろうことを指摘しておく。

さらには、安永八（一七七九）年頃の記事には「此の御代、大島へ逃げ渡る者共男女二百人余、御取り帰しこれ有り候」とある。このときは、宝暦十三年と同様に詰役人が自ら出張った可能性があろう。男女二百人余りを連れ戻している。藩当局の指示の有無、島役人の人数は不明であるが、一連の事例では唯一、逃亡した人びとの性別が判明する。また、数年前に三百人程が連れ戻されたにも関わらず、このときも二百人規模である。この間、代々の詰役人は対策を講じたものの、新たな逃亡が止まらなかったようである。『前録帳』に記載がある限りでも、徳之島から大島へ逃亡する人びとは一七六〇年代から後を絶たなかったことが知られる。*34

それから八十年程経った十九世紀中頃、『年中各月日記（帳当座）（咸豊元年）』によって、徳之島

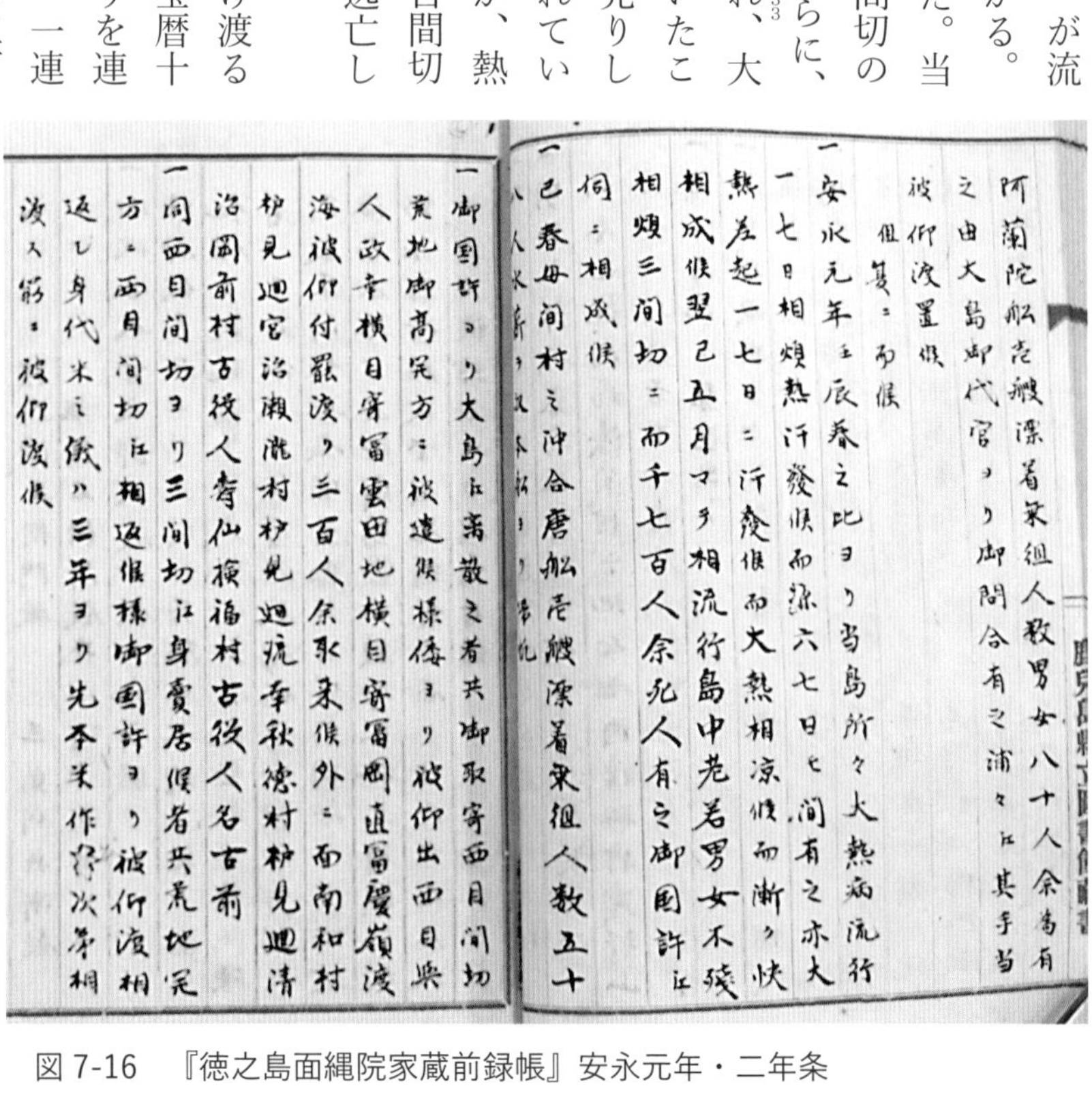
阿蘭陀船壱艘漂着乗組人数男女八十人余当有
之由大島御代官ヨリ御問合有之浦々江其手当
被仰渡置候
但書ニ而候
一安永元年壬辰春之比ヨリ当島所々大熱病流行
一七日相煩熱汗發候而詠六七日も間有之亦大
熱差起一七日ニ汗發候而大熱相涼候而漸ク快
相成候翌巳五月マテ相流行島中老若男女不残
相煩三間切ニ而千七百人余死人有之御国許江
伺ニ相成候
一巳春母間村之沖合唐船壱艘漂着乗組人数五十
一御国許ヨリ大島江離散之者共御取寄西目間切
荒地御高冤方ニ被遣候様係ヨリ被仰出西目與
人政幸横目寄富雲田地横目寄冨岡直富慶嶺渡
海被仰付罷渡リ三百人余取来候外ニ面南和村
柳見廻宮治瀬瀧村柳見廻福幸秋徳村柳見廻清
治岡前村古役人寄仙横福村古役人名古前
一同西目間切ヨリ三間切江身賣居候者共荒地冤
方ニ西目間切江相返候様御国許ヨリ被仰渡相
返レ身代米之儀ハ三年ヨリ先本米作得次第相
渡ス筋ニ被仰渡候

図 7-16　『徳之島面縄院家蔵前録帳』安永元年・二年条

＊33　一七六三年の場合は、三間切の与人と惣横目クラスの島役人が派遣されているが、ここでは荒地開墾の指示があった西目間切のみである。詰役人が出張った形跡もない。

の人びとが沖縄島に逃亡していたことがうかがえるのである。前述したように、前後する一八四九年から一八五一年には、徳之島船が那覇に向かっていた。これらは「津口通手形」を所持する正規の手続きを踏んだ船舶であると思われ、那覇役人から在番奉行所に届け出たうえ、王府にも報告されていた。そこでは逃亡には触れられておらず、徳之島船に便乗するなどしていたのかも不明である。しかし、情報収集の経路は判然としないが、沖縄島の本部間切や「山原」への逃亡が徳之島の詰役人の把握するところとなり、連れ戻すため島役人を派遣したのである。[*35]

すなわち、一八五一年にはじめて逃亡を企てたというよりも、それ以前からすでに沖縄島へ逃亡していたため、同年にいたって島役人が派遣されたと考えるべきであろう。このときがはじめてでなかった可能性が高いと思われる。前提として徳之島船を含む奄美諸島船の沖縄島との活発な往還があげられよう。十九世紀中頃には沖縄島も逃亡先となっていたこと、逃亡先は徳之島船を含む奄美諸島船が停泊した場所（間切）と重複することを指摘しておきたい。乗船は不明であるが、停泊地から上陸したのだろう。また、沖縄島の場合の人数は明らかでないが、十八世紀後半の大島の事例では、派遣された島役人は十名程度、連れ戻された人数は百人規模であった点も再確認しておく。

図 7-17　上空から見た硫黄鳥島（北側より）

鳥島との関係

『年中各月日記（咸豊二年）』（『琉球王国評定所文書』第五巻）は、日記の本文は伝来しないが、「七月中日記」の目録には十六の項目があげられている。「道之島船本部浦汐掛かりに付き、御在番所御届けの事」、「鳥島飢饉に付き、徳之島において米

＊34　一七五〇年代における大島への逃亡については、仲地哲夫「〈史料紹介〉宝暦期の徳之島における逃散関係史料—窪田家文書の紹介を中心に—」（『徳之島調査報告書(1)—地域研究シリーズNo.6—』沖縄国際大学南島文化研究所、一九八四年）がある。第六章も参照。

＊35　『前録帳』には、嘉永二（一八四九）年に福永仁右衛門、同四（一八五一）年に税所源左衛門が徳之島代官として着任したことが見える。

図 7-18　海上から見た硫黄鳥島

拝借これ有り候段、那覇役人より問合・返答并びに御物奉行へ通達の事」の二項目を接近して見いだせる。後者から、咸豊二（一八五二）年七月の段階で、那覇役人（里主と御物城）が、鳥島（図17・18）の飢饉のため徳之島から米を拝借した旨の情報を首里王府の評定所に報告していることがわかる。評定所は那覇役人に了承した旨の返答、王府の財政部門を掌る御物奉行に支出に関わると思われる通達をしている。

はたして、『前録帳』によると、嘉永五（一八五二）年、鳥島は「大飢饉」の状態であり、「拝借願」のため、鳥島の横目一名が徳之島に小船で渡海している。御蔵米二十石が支出されることとなり、亀津村の喜美愛によって板付船で湾屋御蔵から搬送したとある。『年中各月日記』の目録の後者に見える「米拝借」の一件と符合するものであろう。「拝借願」を受けて御蔵米が支出されたこと、その数量、鳥島への搬送形態は琉球側史料では知り得ない具体的な情報である。このことが徳之島から沖縄島に連絡されたため、那覇役人によって王府に報告されることとなったのである。[*36]

翌年にも、鳥島との関係がうかがえる記事を見いだせる。嘉永六（一八五三）年、沖永良部島から徳之島に充当された「卸替御米」（砂糖代米）は同島も砂糖上納に変更となったため、この年限りの措置となった（第四章参照）。沖永良部島の地船四艘が徳之島に向かおうとしたところ、事前に徳之島の花徳村と母間村の者が「無手形」で同島に渡っており、宰領（運搬管理担当）を乗せず、彼らの板付船で砂糖代米二十石余りを搬送する話がまとまったとのことである。さらには、徳之島でなく鳥島に

＊36　鳥島から那覇役人に報告があったことも考えられるが、『年中各月日記』の前者の項目から、本部浦に汐掛かりした道之島船が徳之島代官から在番奉行への連絡をもたらし、陸路で那覇に搬送され、那覇役人が経緯を把握した可能性がある。

向かったうえ、現地では「自米（じまい）」と偽って諸品を買い付け、残りのわずかの現米（げんまい）を積んで帰島したところ即座に捕まるにいたった。花徳村の者は二人、母間村は一人が「牢込（ろうごめ）」を言い渡されている。

一八六〇年代における両村の人びとの山中での活動は第一章第二節で扱ったが、前後して、徳之島・沖永良部島・鳥島にまたがる海域でも活動していたのである。徳之島東側海岸線の特定の区間で村をまたぐ人びとのつながりがあったこと、三人は沖永良部島と鳥島に以前にも渡航した経験者であった可能性が高いこと、その経験があったため沖永良部島からの搬送の交渉に成功したであろうことを指摘しておく。

なお、本件の糺明のため、鳥島に惣横目寄二名が派遣され詳細を調査したところ、同島の人びとから、確かに「自米」と説明して諸品を買い付けて帰帆（きはん）した旨の証言を得た。三人に処分が下されたのは安政二（一八五五）年五月であった。一八五〇年代、拝借米（御蔵米）と砂糖代米の搬送をめぐり、さまざまな階層の人びとがそれぞれの任務や目的のため徳之島と鳥島のあいだを往還していたのである。

（深澤秋人）

第八章　徳之島と近世東アジア

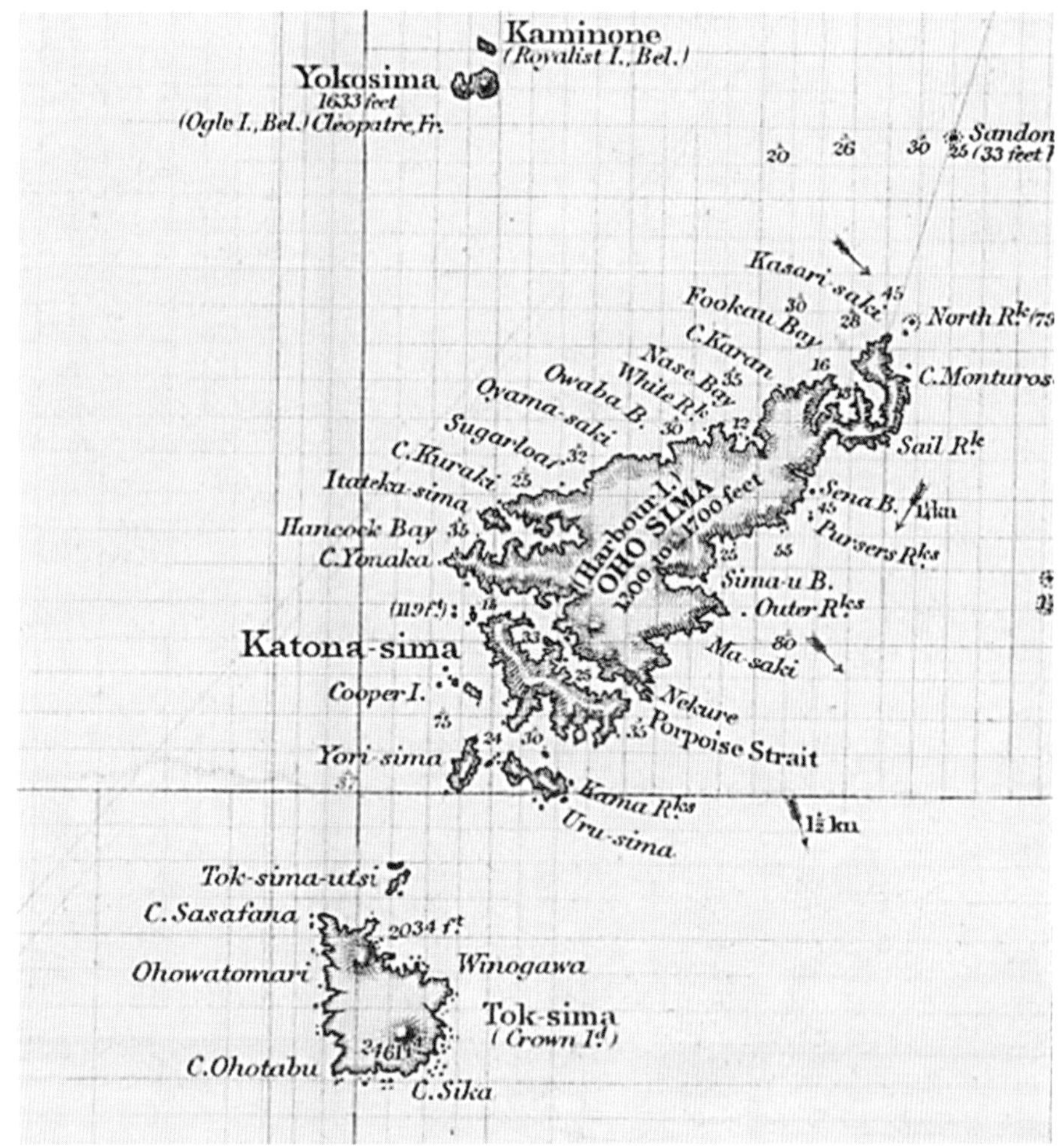

「Tung or Eastern Sea, The Islands between Formosa and Japan with the Adjacent coast of China」(東京大学史料編纂所所蔵を改変)

＊1855 年にイギリス海軍水路部の測量で作成された海図。徳之島の情報も記載されている。

第一節　中国・琉球・日本関係のなかの徳之島
――漂流・漂着事件、流人、「五島一件」から

ここでは、東アジアのなかの徳之島の位置を、近世日本・琉球・明清王朝との関係を踏まえながら述べていきたい。その際、徳之島を含む奄美諸島全体を視野に入れつつ、そのうえで徳之島にも触れていくこととする。

1　近世の奄美諸島

『中山伝信録』の奄美諸島　まずは図1を見ていただきたい。これは一七一九年に琉球を訪れた清朝皇帝の使者（冊封副使）である徐葆光がまとめた『中山伝信録』に所収される「琉球三十六島図」である。中央に沖縄島を配し、左側が北、右側が南として琉球諸島を描いており、北側を見ると、「土噶喇」（トカラ列島）という文字の右側に「奇界」（喜界島）、「佳奇呂麻」（加計呂麻島）、「大島」（奄美大島）、「烏奇奴」（請島）、「由呂」（与路島）、「度姑」（徳之島）、「永良部」（沖永良部島）、「由論」（与論島）といった奄美諸島の島々が記載されている。図のタイトルに「琉球三十六島図」とあるように、十八世紀前半に琉球を訪れた徐葆光は、奄美諸島を含む琉球諸島をひとつのまとまりとして理解していたことになろう。

また、『中山伝信録』には「琉球三十六島」という項目があり、そこに琉球諸島の島々に関する簡略な説明が付されている。「琉球三十六島」のなかで奄美諸島は「東北八島」と表記され、徳之島もそこに含まれる。徳之島には「度姑　訳曰徳島。在中山東北六百里。」（度姑。徳島と訳す。沖縄島の北東六〇〇里に所在する）とあるだけで詳細な説明はない。

『中山伝信録』にある奄美諸島関連の記事で注目したいのは、首里王府が各島に監督官（奉行官）を派遣しているという内容である。「小島」に一人、慶良間諸島、宮古島、八重山、奄美大島にはそ

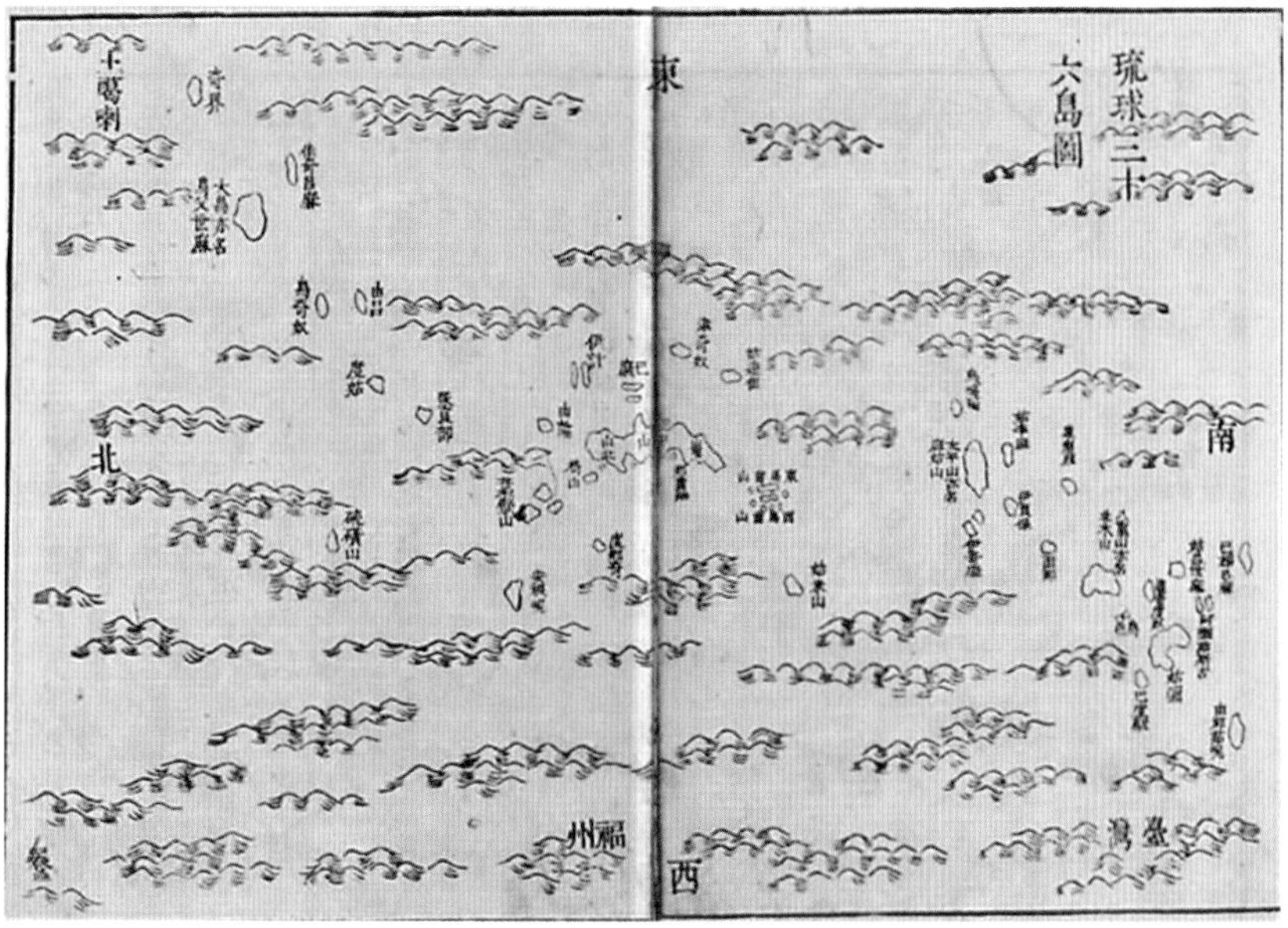

図 8-1　『中山伝信録』巻四所収の「琉球三十六島図」
（伊波普猷文庫 IH018-04　琉球大学附属図書館所蔵を改変）

れぞれ三人の監督官が任にあたっているという。この解説に拠るならば、徳之島にも王府から奉行が派遣されていることになるが、徳之島には琉球からではなく薩摩藩から代官が派遣されているため実態は異なる。しかし、徐葆光は徳之島を含む奄美諸島を琉球の支配がおよぶ地域として「琉球三十六島図」をまとめたのである。

徐葆光は図1と島々の解説を記すにあたり、琉球側から資料の提供を受けたと記載している。具体的には、基礎資料として程順則（ていじゅんそく）（名護寵文（なごちょうぶん））から地図をもらい受け、その地図をもとに、程順則以外の琉球人にも確認しながら、図や解説を作成したという。[*1] つまり奄美諸島を含む琉球の情報は、当時の琉球人が冊封使に示したものであった。なぜ奄美諸島が琉球に所属していると琉球側が冊封使に説明し、それが冊封使の作成した記録に掲載されたのであろうか。本章では、東アジアにおける奄美諸島の位置づけについて、日本・琉球関係、琉球・中国（明清）関係を踏まえつつ、その実態と観念を紹介していきたい。

日琉関係と奄美諸島

十四世紀末に明朝と朝貢（ちょうこう）関係を結んだ琉球は、明朝との関係を前提に日本や中国、東南アジア諸地域、朝鮮と広く貿易をおこなっていった。十五世

＊1　『中山伝信録』巻四。関係する原文はつぎの通り。
今從國王所請示地圖、王命紫金太夫程順則爲圖徑丈有奇、東西南北方位略定。然但注三十六島土名而已。其水程之遠近、土産之磽瘠、有司受事之定制、則倶未詳焉。葆光周諮博采、絲聯黍合、又與中山人士反覆互定。今雖略見眉準、恐舛漏尚多。加詳審定、請俟後之君子。

紀から十六世紀にかけて琉球は商業的な成功を収め、国家基盤を固めていくが、十六世紀の後半になってくると東アジアや東南アジアにおける貿易構造の変化や明朝の影響力低下などが要因となって衰退していく。一方、日本側の政治的あるいは軍事的な圧力が強まっていくなかで、一六〇九年に江戸幕府の承認を得た薩摩藩が琉球を侵攻する。[*2] この戦争に敗北した琉球は、中国王朝（明朝、のち清朝）との朝貢関係を維持したままで、江戸幕府や薩摩の支配を受けるようになった（第二章参照）。

一六〇九年の薩摩藩による琉球侵攻以降、徳之島を含む奄美諸島は薩摩藩による直接的な支配下に置かれた。薩摩藩は[*3]元和九（一六二三）年の『大島置目之条々』などにより奄美諸島に対する統治を強化していくが、一方で冠船（冊封使）対応の一環として奄美諸島が琉球国の内側にあるように振る舞うことを限定的に認めていく。[*4] 例えば、寛永三（一六二六）年に琉球は、明朝勅使の渡来を想定し、一時的に（一筋成とも）奄美諸島を琉球に帰属させること、それが難しければ五島（奄美大島・徳之島・鬼界・永良部島・与論島）から「飯米・野菜・薪・種々肴」を提供させることを薩摩藩に要請し、後者のみ許可されている。また、寛永九（一六三二）年に薩摩藩は琉球に、冠船渡来中に限り「大島」の琉球付属を認めている。[*5]

このように奄美諸島が琉球所属のように取り扱われた背景には、いわゆる「隠蔽策」があったものと思われる。隠蔽策とは、日本と琉球との関係を清朝に対して隠匿する政治方針・政治実践を指す。隠蔽策の特徴は、①清朝に対して日本との関係を隠すこと、②琉球侵略を契機に薩摩に割譲された奄美諸島を清朝に対して「琉球領」とすること、③やむを得ない際には日本とのあいだにあるトカラ列島あたりを日本の属島として琉球と日本との関係を偽装する点にあるとされる。[*6]

渡辺美季によると、隠蔽策は明清交替のあった十七世紀中頃に薩摩藩の指示によってはじまった可能性が高いとする。[*7] 明清交替の影響で隠蔽策が確立していったとされるため、十七世紀前期の勅使への対応を隠蔽策の一環と考えるかは慎重になりたいが、隠蔽策の前提に十七世紀前半の冊封使対応があったのかもしれない。ともかく、隠蔽策の設定と運用は、明清交替という東アジア規模の

＊2 上里隆史『琉日戦争一六〇九―島津氏の琉球侵略』（ボーダーインク、二〇〇九年）。

＊3 「大島統治を語る「大島置目条々」」『瀬戸内町誌 歴史編』（瀬戸内町、二〇〇七年）、「大島置目条々全文」『天城町誌』（天城町、一九七八年）。

＊4 金城正篤「冊封体制と奄美」『琉大史学』一二、一九八一年。

＊5 上原兼善「中国に対する琉日関係の隠蔽政策と「道之島」」真栄平房昭・菊池勇夫編『列島史の南と北』（吉川弘文館、二〇〇六年）、四三―四四頁。

＊6 渡辺美季「隠すという外交―清に対する琉日関係の隠蔽政策」『響き合う東アジア史』（東京大学出版会、二〇一九年）、二〇八頁。

＊7 註6に同じ。

権力構造再編のなかで、幕府が中国王朝（明清朝）との摩擦を回避しながら、琉球と中国王朝との関係を維持する方針を打ち出したことと無関係ではないだろう。中国王朝に日本と琉球との関係をどれほど隠し通せていたかは不明だが、薩摩藩と琉球関係の「隠蔽」を前提として、中国王朝（のちに欧米も）に対して琉球による奄美諸島支配を演出していたと言えよう。

ところで、このような琉球国と中国王朝との関係を前提に、奄美諸島を琉球の支配下にあるように見せる政治方針や政治実践は、琉球による奄美諸島支配の「虚構（きょこう）」と理解される。[*8] たしかに奄美諸島と琉球との関係は冠船渡来時など一時的なものであり、実質的に奄美諸島は薩摩藩の支配下にあったため、琉球の奄美支配が「虚構」であったという評価は妥当である。しかし、中国王朝（明清朝）の存在を踏まえると、実態はともかく理念的には、「虚構」という表現だけでは奄美諸島と琉球との関わりは説明できないだろう。むしろ、支配の重層性や交流という観点から奄美諸島、徳之島を捉え直していく必要があると思われる。そこで、本節では、近世の奄美諸島が日本と琉球の「境界領域」であったと仮定し、漂流・漂着事件、冠船と奄美諸島、抜け荷（ぬに）事件をめぐる流刑地選定問題、明治維新期の奄美諸島をめぐる琉球の対応方針から、中国王朝（明清朝）・琉球・近世日本関係から見た奄美諸島および徳之島の位置を考えてみたい。

*8　前掲註5に同じ。

2　境界領域としての奄美諸島・徳之島

薩摩藩による社会統制

日琉関係の隠蔽や、それに伴う琉球による奄美諸島支配の演出は、薩摩藩の奄美社会に対する具体的な統治策としてあらわれた。すでに弓削政己（ゆげまさみ）や先田光演（さきだみつのぶ）によってまとめられているため繰り返さないが、十七世紀末から剃髪（ていはつ）・月代（さかやき）の禁止という身体的な統制や「日本風」の名前の使用に関する統制がたびたび出されている。[*9] 弓削が指摘するように、薩摩藩の奄美諸島支配を対外的に隠蔽するという方針のもとでおこなわれた統制とみなた。

*9　弓削政己「第七章　藩政時代（3）」『大和村誌』（大和村、二〇一〇年）。同「奄美群島歴史文書の概要と歴史像の再構築について」『情報処理学会研究報告』（一般社団法人情報処理学会、二〇一二年）。先田光演「藩政時代の屋喜内間切」『宇検村誌 自然・通史編』（宇検村教育委員会、二〇一七年）。なお、薩摩藩による奄美支配の統括過程については、イゴル コロチンスキ「奄美諸島の在地勢力と習慣の検討―道之島役人の成立の事例から」『南島史学』八七号（南島史学会、二〇一九年）を参照した。

せるだろう。

また、弓削は郷士格の一字姓の設定も「隠蔽策」が背景にあるとする。すなわち薩摩藩内での郷士格の名字に関する審議は「異国方」でおこなわれたため、対中国関係を意識した政策であったとするのである。

中国船・朝鮮船の漂流・漂着への対応

奄美の人々への身体や衣装、名乗りに関する統制や制限は、薩摩藩による奄美諸島支配を隠しつつ、奄美諸島が琉球の内側にあることを示すための方策の一環であったと言える。東アジアにおける琉球の立ち位置が背景となり、「隠蔽策」の実践を通して奄美諸島の人々は鹿児島とは異なる身なりなどが求められたのである。

そのようななか、貞享元（一六八四）年に清朝は、中国の商人・民衆の出海を禁じる海禁令を解除する展界令を出して、近隣地域に漂着した中国船舶の送還を命じる。以降、東アジア全域に構築された漂流民送還体制は、東アジアの国際関係を特徴付けるものとなっていくが、[＊10] この展界令も徳之島に住む人々の生活にとって無関係とは言えなかった。

東アジア規模で起こった漂流民送還体制の再編は、奄美諸島でも漂流民の送還規定の変更として確認できる。それを示すのが本田孫九郎親孚により十九世紀初頭にまとめられた『大島要文集』[＊11]（図2）にある元禄六（一六九三）年の漂着唐船取り扱い規定である。やや長文ではあるが引用したい。

道之島に漂着した唐船は、これまで長崎に送り届けていたが、琉球国に漂着した唐船があった際には唐人を介抱して送還するようにとの通達が大清国から琉球に出された。琉球国司（琉球国王）からの依頼で（薩摩藩が）江戸と長崎へ問い合わせたところ、琉球の内に漂着した唐船で破損のない場合には、これまで通りに漂着地から出帆させ、（船体に）破損が見られたならば、琉球から進貢船に乗せて大清国に送還することが許可された。道之島（奄美諸島）も琉球国の内であるため、今後は唐船が漂着し破損箇所がない場合には琉球と同じく、順風を見計らってそのまま（現地から）出帆させること。もしも、（漂着船が）破損しているならば、乗組員と荷物を琉球に送

＊10　荒野泰典『近世日本と東アジア』（東京大学出版会、一九八八年）。豊見山和行「冊封関係からみた近世琉球の外交と社会」『琉球王国の外交と王権』（吉川弘文館、二〇〇四年）、渡辺美季「中日の支配秩序と近世琉球」『近世琉球と中日関係』（吉川弘文館、二〇一二年）。

＊11　『大島要文集』松下志朗編『南西諸島史料集』第三巻（南方新社、二〇〇九年）、一八頁。傍線は筆者による。

道ノ島江漂着ノ唐船、従前ノ長崎へ被送越候処、琉玖国江漂着ノ唐船致破損候節ハ、唐人致介抱被送帰候様ニト大清国ヨリ琉球へ申渡有之、国司依頼江戸・長崎へ被相伺、琉球ノ内江漂着ノ唐船不致不致破損節ハ、此中之通出帆可申付候、致破損候ハヽ、琉球ヨリ進貢船便ニ、大清国江送遣ノ儀被成御免候、道ノ島ノ儀モ琉球国ノ内ニテ候間、向後唐船漂着不致破損節ハ、琉球同前ニ順風次第出帆可申付候、若致破損候ハヽ、乗組候人数幷荷物共琉球へ送越之、琉球ヨリ大清国へ送物候様ニト被仰出候間、可有其心得候事、

り、琉球から大清国に送還するようにせよとの指示があったので、そのように了解せよ。

ここでは、清朝からの漂着民送還の通知を受けて琉球が薩摩藩へ送還方法の変更を要請したこと、薩摩藩は江戸と長崎へ問い合わせて琉球からの要請が許可されたことなどが記されている。この条文にあるように、奄美に漂着した唐船・朝鮮船はこれまでは長崎に回送されてきたが、清朝から漂着民の保護・送還が指示されると、長崎ではなく琉球に送り、琉球から中国（琉球の通交拠点が置かれた福建省福州）へ漂着民を送還するようになったのである。また、隠蔽策にもとづいて清朝による漂着民の保護・送還命令を整合的に説明するため奄美地域を「琉球国ノ内」と表現しているのが、この条文の特徴でもある。[*12]

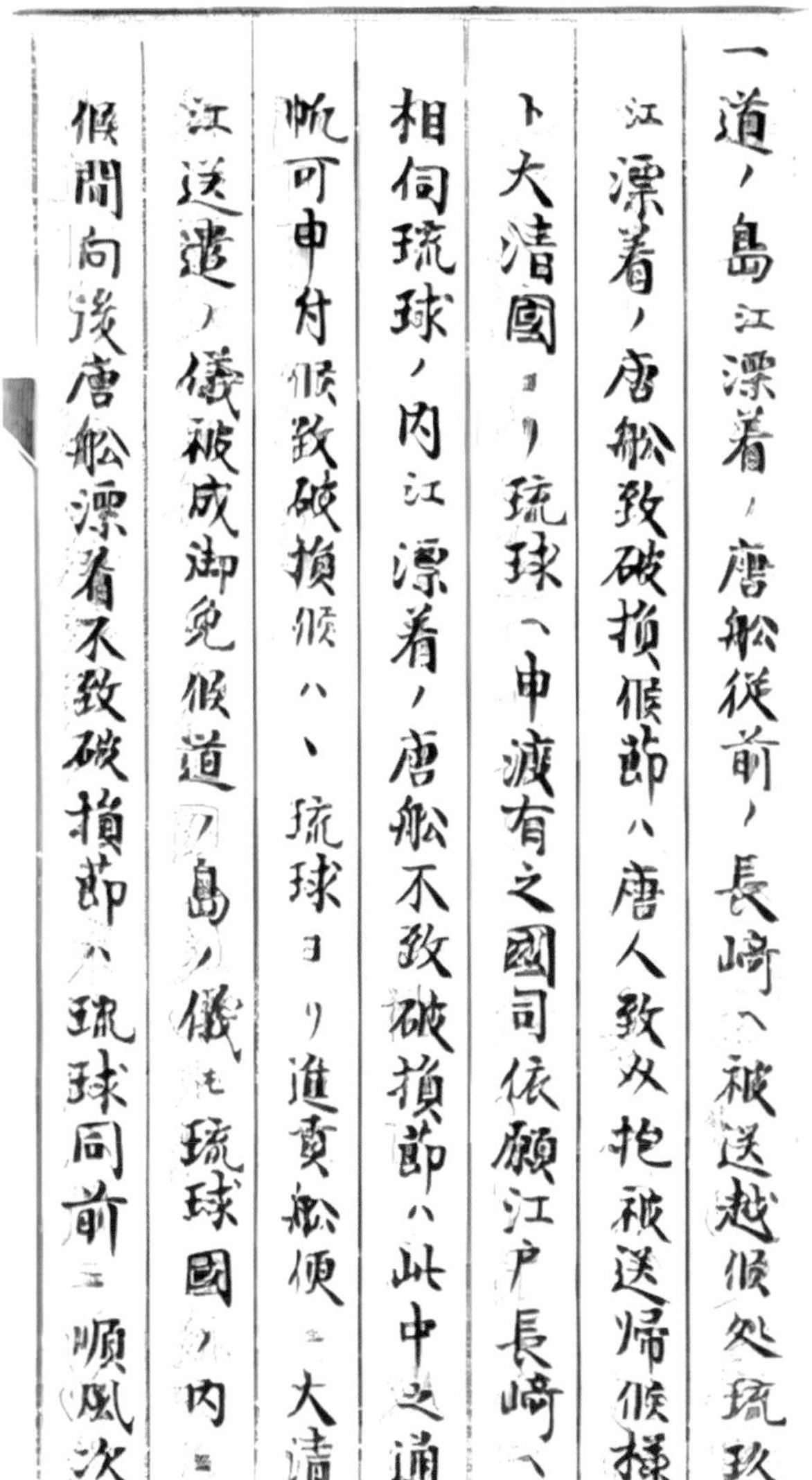

一道ノ島江漂着ノ唐船従前ノ長崎へ被送越候処琉球國
江漂着ノ唐船致破損候節ハ唐人致介抱被送帰候様ニ
ト大清國ヨリ琉球へ申渡有之國司依願江戸長崎へ被
相伺琉球ノ内江漂着ノ唐船不致破損節ハ此中之通出
帆可申付候致破損候ハヽ琉球ヨリ進貢船便ニ大清國
江送遣ノ儀被成御免候道ノ島ノ儀も琉球國ノ内ニ付
候間向後唐船漂着不致破損節ハ琉球同前ニ順風次第

図 8-2　『大島要文集』部分
（東京大学史料編纂所所蔵を改変）

＊12　前掲註9弓削二〇一〇。

表 8-1　18～19 世紀における徳之島漂着の唐船・朝鮮国船

No.	西暦	漂着民	漂着後の経路・対応	典拠資料
1	1721年	南京船	【経路】徳之島金間浜漂着（直接帰国？）	・前録帳（享保６年の条）
2	1731年	唐船	【経路】面南和村下（面縄浜）漂着	・前録帳（享保16年の条）
3	1733年	江南省太倉州宝山県商船（船戸顧洪順等15名）	【経路】10/25和瀬村下漂着→11/29今帰仁停泊（別の漂着船に便乗し帰国） ・漂着船は破損により海上で破棄 ・琉球への護送担当は東間切与人大和瀬・西目間切与人宮澄	・前録帳（享保18年の条） ・宝案2-19-14
4	1735年	朝鮮人男女26名（男18・女8・赤子2）	【経路】沖永良部伊延漂着→2/25徳之島澄屋泊漂着	・前録帳（享保20年の条） ・沖永良部島代官系図（享保19年の条）
5	1739年	朝鮮国羅州の人20名	【経路】1/3徳之島手々村下漂着→4/14琉球（接貢船に便乗し帰国） ・琉球への護送担当は東間切与人古知平・西目間切与人実堵	・前録帳（元文４年の条） ・歴代宝案2-23-11
6	1749年	江南太倉州鎮洋県商人（船戸鄧福臨等17名）	【経路】11/24徳之島喜念村下漂着→1/5運天へ向け出航→琉球（別の漂着船に便乗し帰国） ・琉球への護送担当は面縄間切与人喜□□・東間切与人与那城	・前録帳（寛永２年の条） ・歴代宝案2-31-14
7	1749年	江南蘇州府常熟県商船（船戸沈恵等12名）	【経路】11/25徳之島喜念村下漂着→琉球泊村（護送船にて帰国） ・琉球へは事例6の漂着人とともに護送	・前録帳（寛永２年の条） ・歴代宝案2-31-13
8	1766年	福建漳州府龍渓県商船（船戸蔡永盛等23名）	【経路】1/7(8)徳之島面縄間切浅間村之下志□之浦漂着→湾屋出発→3/23琉球へ到着（進貢船に便乗し帰国） ・琉球への護送担当は面縄間切与人寄佐栄郷、同惣横目□砂寺栄郷	・前録帳（明和３年の条） ・歴代宝案2-50-25
9	1768年	唐船一艘（26名）	【経路】6月、徳之島尾母村下卸口浦漂着→秋徳湊（直接帰国） ・船を秋徳湊へ回送し修理	・前録帳（明和５年の条）
10	1773年	唐船一艘（58名）	【経路】春、徳之島母間村沖漂着（直接帰国） ・水や薪を補給し帰国	・前録帳（安永２年の条）
11	1785年	福建漳州府龍渓県商人（船戸金乾泰等26名）	【経路】2/3徳之島漂着→琉球（接貢船に便乗し帰国） ・船は徳之島で焼化	・歴代宝案2-72-08
12	1785年	福建漳州府龍渓県商人（黄宝金等）	【経路】徳之島漂着→翌年1/22徳之島出航ヵ（直接帰国）	・歴代宝案2-72-22
13	1809年	江南蘇州府鎮洋県商人（兪富南等17名）	【経路】3/1徳之島東間切洋面（徳之島井之川湊沖）漂着→秋徳湊へ牽引中に破船→4/14琉球泊村に到着（護送船に便乗し帰国）	・前録帳（文化６年の条） ・歴代宝案2-108-17
14	1841年	浙江省杭州府仁和県商人（財副顧雲生等61名）	【経路】1/19喜界島漂着→３隻に分乗し琉球へ護送→秋徳湊停泊（１隻は徳之島松原漂着）→3/25および閏3/21琉球泊村へ到着（護送船に乗り帰国） ・漂着時に39名死亡し帰国までに1名病死	・前録帳（天保12年の条） ・歴代宝案2-173-08
15	1849年	朝鮮国全羅道江洋之済州民（船主任尚日等7名）	【経路】8/18大島漂着→9/5徳之島山湊漂着→11/25沖永良部島→琉球泊村（進貢船に便乗し帰国） ・徳之島からの護送担当として伊仙噯惣横目美能富（渡海与人）・唐稽古通事徳正理（唐通事）・亀津目指前徳が乗船	・前録帳（嘉永２年の条） ・歴代宝案2-189-38

表1は、徳之島に来航もしくは漂着した唐船・朝鮮船一覧である。表から十八世紀以降、各地の船舶がたびたび漂着・来航していたことが確認できる。このうちNo.15は、嘉永二（一八四九）年に朝鮮人七人が小型の船で山港に漂着したという事件であった。事件の発生を受けて漂着状況の確認のために唐通事が派遣され、筆談での意思疎通がはかられている。それによると、朝鮮人七人は同年七月に漁に出たところ風に巻き込まれ漂流し、一度は奄美大島に漂着し、その後、南風となったため大島を出航するも、北風に変わりどうしようもなく徳之島に漂着したという。徳之島では山村に十一日間滞在させたあと秋徳に移送し、津口横目に漂着民の取り締まりを指示している。その後、漂着民を琉球に送ることになり、伊仙噯の惣横目である美能富が渡海与人、唐稽古通事の徳正理が通事役、また亀津目指の前徳を含む三人が護送責任者として、同年十二月に徳之島を出航している。なお、徳之島滞在中の漂着民には一人あたり一日に米三升五合と野菜六把ずつが、漂着民への家屋提供者には一日あたり米二升が、唐通事には宿代として米一升が、六つの噯の分担で支給された。*13

また、No.3は享保十八（雍正十一、一七三三）年十月に和瀬村近海に唐船が漂着した事件である。この漂着船は、損傷が激しかったため乗員の判断で廃棄され、乗員十五人は橋船（はしけ）で上陸し、琉球に護送された。護送責任者には、東間切与人の大和瀬と西目間切与人の宮澄が任命されている。*14ほかの事例でも、自力での帰国が難しい場合には琉球に送り届けられ、そこから中国に送還されていた。『大島要文集』の漂着民送還条項が機能していたと言えよう。

いくつかの事例をみてきたが、琉球への護送に際して複数の間切の与人役が責任者となっていることに気づく。漂着民の食料や宿代の負担と同じように、漂着事件の対応をひとつの間切ではなく徳之島全体で負担しようとしていたものと思われる。また、No.6の事件で唐人との交渉などに携わった佐栄富が、この事件をきっかけに与人格となり唐通事に任じられたのは、第五章で紹介している通りである。徳之島の人々にとって漂着民対応は臨時的な負担とはなったが、役人らにとっては琉球に行く機会を得、あるいは新たな役職に任じられるきっかけとなっていた。

＊13　『前録帳』による。なお、この事件の経緯は『歴代宝案』（二―一八九―三八号文書）にも掲載されている。それによると、修理ができなかったため徳之島で船を焼却処分したこと、徳之島では食料のほかに衣類も提供されたこと、琉球に向かう途中に風が安定しなかったため沖永良部島にて風待ちをしたこと、琉球で食料を支給され、琉球の進貢船にて中国に送り届けられたこと、漂着した朝鮮人の名前などが確認できる（沖縄県文化振興会公文書管理部史料編集室編『歴代宝案 訳注本』第一三冊、沖縄県教育委員会、二〇〇二年、四三八―四三九頁）。

＊14　『前録帳』。

図8-3 「唐船クビリ」沿岸（徳之島町南原）
＊明和5（1768）年6月に漂着した唐船（表1中No.9）を係留した場所といわれる（『徳之島事情』）。

ところで、千石クビリ（図4）や五百石クビリ（第七章扉絵）と呼ばれる大型船の係留地が残される井之川には、津口番所が置かれていた。井之川では津口横目が船舶の管理や見張りを勤めたが、[＊15] 津口番所設置の背景には漂着唐船の増加が見込まれたことがあった。このように、徳之島の対外関係、とくに琉球との関わりの変化のほか、徳之島の役人の昇進、各地役所の設置など、展界令がもたらした影響を少なからず確認できる。

さて、展界令により唐船の漂着増加が見込まれる一方、奄美諸島の人々が中国沿岸に漂着することも想定された。とくに薩摩船に搭乗した奄美諸島の人が中国沿岸に漂着した場合、薩摩と琉球が無関係であることとともに、琉球が奄美諸島を支配しているという「虚構」に合わせて対応する必要があった。関連する命令として、元文三（一七三八）年のつぎの条文がある。[＊16]

奄美大島や徳之島などの者が、大和船に便乗して渡海している途中で中国に漂着した際には、「私どもは琉球三十六島のうちの何島の者である。公務で「中山」（沖縄島中部地域）に向かう準備をしていたところ、「中山」に赴く宝島商船が風不順のため、我々の島で潮待ちしてきた。好都合だったため（宝島商船に）便乗して「中山」に向かったが、逆風に遭い中国に漂着した」と釈明すること。

このように、日本船に偶然乗り込んだと説明して「琉球の影響の及ぶ」奄美諸島の人が日本の船

＊15 徳之島町誌編纂室編『徳之島町史 民俗編 シマの記憶』（南方新社、二〇二二年）、一四九―一五〇頁。

＊16 『乾隆三年 唐琉球問答集』（沖縄県立芸術大学附属図書・芸術資料館蔵）。
大嶋、徳之嶋抔之人、大和船江致便船渡海之時、唐江漂着仕候ハヽ、其晴様、私共琉球三十六島之内、何嶋之人ニ而為公務中山江罷登候支度候内、中山参り候宝嶋商船風不順ニ付而当嶋江致潮掛候故幸致便船如中山出帆仕候處、逆風唐江漂着為仕由可申晴候、

図8-4 千石クビリ（徳之島町井之川）

に搭乗しているという「不自然さ」を取り繕っていたのである。

これらの規定は実際に運用されており、寛政二（一七九〇）年に朝鮮国全羅道興陽県（ぜんらどうこうようけん）に漂着した沖永良部島民の伊名川ら七名は、寛永通宝など日本との関わりを示す物品を隠すことはなかったが、筆談でみずからを「琉球国中山王」の支配下にあると述べたという。[*17] また「日本」と書いた文字を見せられると首を振り、「大清」の文字には手を合わせて沈黙したともある。上記に類した規定を遵守した反応であったと考えられる。

表 8-2　奄美諸島への琉球人流刑一覧

	事件発覚年	名前（所属など）	事件種類	発覚状況	処　罰	備　考
1	1844年	金城筑登之（那覇東村／飛船水手）	抜け荷（人参）	山川の改めで露見	徳之島へ5年流刑	
2	1845年カ	金城筑登之（夏運送船佐事）	抜け荷（朱粉・爪）	不明（鹿児島で露見）	喜界島へ5年流刑	
3	1853年	不明	砂糖樽への土砂混入	御用聞き商人と船頭に売却後に発覚	奄美諸島へ10年流刑	裁定後に犯人死亡のため流刑執行されず。
4	1854年	照屋（泊村／春運送船、具志川親方従者）	抜け荷(朱墨など)	前之浜の改めで露見	奄美大島へ5年流刑	
5	1859年	小嶺（渡嘉敷間切渡嘉敷村／大唐船佐事） 知念（那覇西村／大唐船大工）	抜け荷（朱粉・丁子・木綿経）	帰唐船帰国時に露見	奄美大島へ5年流刑	同一案件として処理。 薩摩藩の慶事（馬拝領、官位昇進）により1864年に大赦。
6	1859年	知念（久米村／小唐船水主）	抜け荷（丁子）	帰唐船帰国時に露見	奄美大島へ5年流刑	薩摩藩の慶事（馬拝領、官位昇進）により1864年に大赦。
7	1863年	内間（知念間切久高村／大唐船足佐事）	抜け荷（朱粉）	帰国途中に前之浜に寄港した際の改めで露見	科銀50目	福州にて出国前に無理矢理渡された朱粉を利益を求めて鹿児島の下町茶屋の市太郎に売却

出典：作表にあたり『琉球王国評定所文書』（第2巻、第6巻、第17巻）、「産物方日記」（尚家文書391号）、註20［箕輪優2018］を参照した。

ほかにも、例えば安永二（一七七三）年に中国に漂着した薩摩船に搭乗していた沖永良部の登世村、嶋森を日本人のすがたに変え、それぞれ村右衛門、嶋右衛門と名乗らせた事例や、[*18] 文化十二（一八一五）年に中国に漂着した薩摩船に搭乗していた大島の水主らが日本人の姿に変装し、実孝を孝助、伊久貞を矢太郎と名付けた事例がある。[*19]

琉球人の流刑地としての奄美諸島・徳之島

奄美諸島は琉球人の流刑地でもあった。近世初期から中期にかけての状況は不明な点もあるが、十九世紀以降の流刑については諸資料から確認できる。まずは、流刑一覧をもとに事件の概要を紹介したい。

表2で確認できるように、琉球人の奄美諸島への流刑は、ほとんどが抜け荷（密貿易）事件の犯人に対する刑罰として行われた。そのうち事件1、

＊17　『世祖実録』巻三〇。世祖十四年七月十一日条。和泊町歴史民俗資料館編『薩摩侵攻四〇〇周年記念　藩政時代の沖永良部島の記録』（和泊町、二〇〇九年）。

＊18　前掲註9弓削二〇一〇：二七五頁。

＊19　渡辺美季「清に対する琉日関係の隠蔽と漂着問題」『中日関係と琉球』（吉川弘文館、二〇一二年）、二二五頁。

図 8-5　「中城王子上国船行列図」に描かれた山川港

2、4は、琉球人が鹿児島に赴いた際に唐物の抜け荷が露見した事例である。事件1は、漢方薬である「人参」を、飛船水手である金城筑登之が鹿児島に持ち込もうとしたが、山川（図5）での改めの際に摘発された事件である。[*20] 事件2は、夏運送船佐事である金城筑登之の密輸が荷役の際に露見した事件で、「朱粉四拾六斤程・爪壱斤程」を「塩豚中壷」に入れたとあるように抜け荷の方法も分かる事例である。[*21] この事件で犯人とされた金城筑登之は、琉球の裁定と薩摩藩の承認を経て、徳之島に流刑となる。

事件4は、事件1、2からおよそ十年後に起こっている。この事件は、春運送船で鹿児島に渡った年頭使者・具志川親方の従者である照屋が朱墨などの抜け荷を企図した事件で、前之浜での船改めの際に発覚した。[*22]

琉球人の抜け荷の遠島先が奄美諸島となる背景には、薩摩藩による琉球貿易への介入拡大があったと思われる。天保七（一八三六）年から二十年という長期にわたる長崎商法の継続許可を得た薩摩藩は、琉球を介した唐物貿易の拡大を目指すが、琉球側が注文通りに唐物を調達できず、また抜け荷を十分に取り締まれないという問題があった。[*23] 抜け荷に関

＊20 箕輪優「流人種別」『近世・奄美流人の研究』（南方新社、二〇一八年）。「案書」『琉球王国評定所文書』第二巻（浦添市教育委員会、一九八九年）、一四二頁。

＊21 前掲註20 箕輪「流人種別」。『琉球王国評定所文書』第二巻、九三頁。

＊22 「従大和下状」『琉球王国評定所文書』第九巻（浦添市教育委員会、一九九三）、二六七—二六九頁。

＊23 上原兼善「貿易の推進と渡唐役者の動向」『近世琉球貿易史の研究』（岩田書院、二〇一六年）。真栄平房昭「幕藩制下における唐物抜荷と琉球—輸入品の流通構造をめぐる一視点—」『琉球海域史論　上』（榕樹書林、二〇二〇年）。

しては、琉球からもたらされる唐物が北信越地域にひろく流通していたようで、幕府は同地域での薩摩船の抜け荷を警戒している。[*24] 密貿易を牽制する意図から、幕府は長崎商法停止の可能性をちらつかせながら、薩摩藩および琉球での抜け荷対策を徹底するよう指示した。その幕府令を受けた薩摩藩は、天保七（一八三六）年に琉球に対して、長崎での犯人の死罪事例を提示しながら抜け荷の取り締まり強化を通達するのである。[*25]

以上のような経緯で薩摩藩は琉球人の抜け荷規制を強化していくのだが、注目したいのは、事件2の犯人とされた金城筑登之を「天保七年抜荷一件」に則して処罰するという方針が立てられた点である。「天保七年抜荷一件」の詳細が不明なため、この時の首里王府と薩摩藩のやりとりは分からないが、少なくとも天保七年以降、抜け荷で捕まった琉球人は奄美諸島に配流されるようになったものと思われる。

さて、一八四〇年代から五〇年代前半期まで琉球人の奄美諸島への流刑は、基本的には鹿児島との商取引のなかで露見した抜け荷や詐欺事件が適用されたが、一八五〇年代末になると福州・那覇

＊24　上原兼善「薩摩藩による北国筋における抜荷」『近世琉球貿易史の研究』（岩田書院、二〇一六年）。

＊25　前掲註24　上原二〇一六。『唐物方日記』道光一六年（法政大学沖縄文化研究所蔵）。

図 8-6　唐船図（沖縄県立図書館所蔵を改変）
＊図下方の黒い船体のものが渡唐船。

間の事件も対象となった。すなわち事件6は中国（福州）から那覇に帰ってきた渡唐船[*26]（図6）で唐物抜け荷が発覚した事件で、犯人とされた知念は奄美大島に五年流刑となっている。同時期の事件5も那覇で摘発された可能性がある。

さらに、事件5、6では薩摩側の大赦が琉球人に適用された。後述するように、抜け荷の犯人は、あくまで琉球側の宰領で処罰方針が決定されるが、事件5、6で奄美諸島に流刑となった琉球人に薩摩側の大赦が適用されたのは、[*27]奄美諸島に流刑中の琉球人も薩摩藩主の権威の影響下にあるとみなされていたためであろう。

事件7は鹿児島で露見した事件である。摘発された内間の供述によると、文久二（同治元　一八六二）年に、大唐船足佐事として中国に渡った内間筑登之親雲上は、「六々」という中国商人に琉球から持ち込んだ商品を渡し、その代品として漢方薬と砂糖類を注文したが、帰国間際まで商品を渡されず出航直前に予定の品が調達できなかったという理由で「朱粉」を無理矢理に渡されたという。何も持ち帰れないことになってしまっては、損失が大きいため、内間は仕方なく朱粉を受け取り、琉球に帰国後に王府に報告しようとするが、帰国途中に鹿児島に漂着した際に、「下町薬屋」の「市太郎」に密かに売却した。[*28] このように、事件7から想定できるのは、中国商人との商取引トラブル（押し売り）の延長上に抜け荷があることである。さらに言えば、中国商人、琉球人船乗り、鹿児島商人がおこなう個人レベルの取引のなかに抜け荷の余地があった。琉球人の奄美諸島への流刑の背景に、日本・琉球・中国間に展開した個人貿易の存在が指摘できるだろう。

弓削政己や箕輪優が明らかにしたように、抜け荷をおこなった者の裁定と処罰は、摘発後に薩摩藩から琉球側へ裁定の要請があり、琉球側で量刑（奄美諸島への流刑）を決定後、薩摩藩の承認のうえで流刑先を調整するという流れとなっていた。[*29] 裁定から刑の執行までの決定権は首里王府が持つが、琉球が単独で処罰内容を決定したのではなく、薩摩藩とのすり合わせが求められていたのである。抜け荷事件以外も含め、琉球人の裁判権・処罰権は基本的に琉球側が保持していたが、とくに

＊26　大唐船については不明だが、小唐船は、大通事を勤めた鄭宏謨の家譜に「咸豊八年戊午…諸凡公務全竣。九年己未五月…二十二日五虎門放洋、二十六日歸國復　命」（「鄭氏家譜」『那覇市史 資料篇第一巻七（首里系）家譜資料三』那覇市企画部市史編集室、一九八二年、六一二―六一三頁）とあり、福州からそのまま那覇に帰着したことが確認できる。

＊27　大城直也「琉球王国における恩赦の実施―近世中後期の事例から―」『地域文化論叢』沖縄国際大学大学院地域文化研究科、第二〇号、二〇二一年。

＊28　『産物方日記』尚家文書三九一号（那覇市歴史博物館蔵）。

＊29　前掲註20　箕輪二〇一八。

政治や外交に関する犯罪の場合、薩摩藩への「伺い」が立てられることもあった。[*30] 十九世紀の抜け荷事件もこのような方針で処理されたと言える。

しかし、一連の事件の特徴は流刑先にある。薩摩藩の流刑地のひとつであったトカラ列島などではなく、あるいは首里王府の直接影響の及ぶ地域でもなく、奄美諸島が流刑地として選ばれたのは、琉球人への裁判権・処罰権を持つ琉球側と、抜け荷関連の規制主体である薩摩藩双方の関与が必要であったためであろう。すなわち、琉球側は対外的に「琉球国之内」としてきた奄美へ遠島処分とすることで裁判権・処罰権の保持を確認し、一方の薩摩藩は実効支配している奄美に琉球人の抜け荷犯を遠島とすることで、厳格な抜け荷対策を示そうとしていたものと思われる。

以上から奄美諸島は、薩摩藩と琉球の支配の理念と実態が重なるという意味で、支配構造の多重性のある地域、あるいは奄美諸島が薩摩藩と琉球国の「境界領域」という性格を持っていたと言えよう。なお、徳之島は流刑地として近世期に薩摩藩からもっとも多くの流人を受け入れた島である。[*31] その理由もあって事件1の金城筑登之（ちくどぅん）も配されたと思われるが、残念ながら金城の徳之島での生活などは不明である。

冠船と奄美諸島の人々

第四章に詳しく紹介されているが、琉球に中国皇帝からの使者である冊封使が派遣されると、奄美諸島からも冊封使接遇に必要な物資が「見次物（みつぎもの）」（「貢物」とも）というかたちで送られた。徳之島が供出した物資の品目や数量は不明な点もあるが、宝暦六（乾隆二十一　一七五六）年には「豚・庭鳥・玉子」が課されるも、現物がなかったため代米にて支払っている。[*32] また、慶応二（同治五　一八六六）年には奄美諸島全体から表3の通りの物資が供出された。天保八（道光十七　一八三七）年の喜界島の事例には、豚・鶏・玉子・塩魚・キノコ・紫のり・あわさのり・いきすのり・キクラゲ・白菜・ふのりを代米一二石余りで支払っている。徳之島でも、寛政十二（嘉慶五　一八〇〇）年と文化五（嘉慶十三　一八〇八）年は代米での供出となっているが、天保九（一八三八）年の沖永良部島からの「見付物」の豚が代銭換算で支払われたように、[*33] 冊封使の

＊30　豊見山和行「薩摩藩支配下の裁判権」『琉球王国の外交と王権』（吉川弘文館、二〇〇四年）。

＊31　前掲註20　箕輪二〇一八。

＊32　第四章にもあるように、凶年のために物資を用意できず代米三十八石余りを供出している。

＊33　坦晋『渡琉日記』山下文武編『南西諸島史料集』第四巻（南方新社、二〇一〇年）。

琉球渡来に伴う物資供出は米や銭で支払われた。

なお、表3によると慶応二（一八六六）年には喜界島と徳之島からは物資の供出はなかったようである。その理由として、喜界島は到来する船舶がなかったためで、翌年の砂糖代米を鹿児島琉球館に納めるとしている。[*34] 他方、徳之島からはなにか間違いがあったのか琉球への物資の搬送はなかったとある。[*35] 詳細は不明だが、情報の行き違いもしくは負担できない事情があったのであろう。

表 8-3　1866 年の奄美諸島から琉球への供出物資一覧

品名	数量	内訳	数量
豚	206匹	奄美大島	44匹
		与論島	78匹
		沖永良部島	84匹
庭鳥	220羽	奄美大島	162羽
		与論島	31羽
		沖永良部島	27羽
玉子	4,917個	奄美大島	3,502個
		与論島	763個
		沖永良部島	652個
塩魚	800匹		
キノコ	7合		
紫のり	9斤		
ふのり	37斤85匁6分		
アオサ	1斤70匁7分		
いきすのり	180斤		
白菜	210斤		
キクラゲ	9斤100匁8分		

出典：『道之島御見次物請取総帳』（琉球冠船記録「玉里文庫番外の部」鹿児島大学附属図書館所蔵）より作成

薩摩藩への上納との差し引きの有無なども検討しなければならないが、奄美諸島の人々にとって琉球国王の冊封は負担となったものと思われる。奄美諸島と琉球との関係は、一時的、臨時的ながら税負担を伴うものであった。

一方で、奄美諸島の人々にとって冠船（図7）は、琉球体験の機会となり得た。天保九（道光十八　一八三八）年に徳之島の勇喜応が「御貢物」を琉球に運送したように、[*36] 冠船時には奄美諸島の関係者が琉球を訪れている。慶応二（同治五　一八六六）年には、簪を挿していない那覇滞在中の奄美諸島の人々の簪使用の許可を琉球側が那覇駐在の在番奉行（薩摩役人）に要請している。冊封使行列（図8）を見学する者のなかに簪を指していない者がいると冊封使節から疑念を持たれる可能性があるため、冠船の琉球滞在中は奄美諸島の人々も簪を着用する必要があるという。[*37] 日本人の琉球滞在が冊封使側に露見すると政治的な問題となる恐れがあるため、

図 8-7　那覇港に着いた冠船（『奉使琉球図巻』から「入境登岸」）

＊34 『喜界島代官記』。

＊35 『道之島御見次物請取総帳』（琉球冠船記録「玉里文庫　番外の部」鹿児島大学附属図書館所蔵）。

薩摩役人などは在番奉行所のある那覇から近郊の浦添間切城間（ぐすくま）村に引っ越し、冊封使節団と接触しないように過ごしているなか、[38]奄美諸島の人々は「琉球人」として冊封使の行列を見学することができたのである。

図8-8　「冊封使行列図」（部分）

また、琉球滞在中の奄美諸島の人々に対しては、首里王府からいくつかの統制が加えられていた。それを示すひとつが「道之嶋人江仮里主・ヤマト横目ニ而申渡候条々」である。[39]「仮里主・ヤマト横目」という琉球役人から那覇に滞在している奄美諸島の人々に対して出された十か条からなる取締令である。

琉球と日本との関わりを冊封使（唐人）に露見しないようにするという内容で、例えば第一条では、奄美諸島の船が那覇に到着したならば、日本年号や日本人の名前、そのほか唐人に見せると支障のある物を那覇役人（仮里主・大和横目）の検査のうえで隠すようにとある。また、奄美諸島が琉球に属していることを唐人に対して話してはならないという条項や、大和歌をうたったり大和言葉を使ったりしないようにせよという条項もある。いずれも琉球人に対して出された取締令と同じであり、ここでも琉球滞在中の奄美諸島の人々は、「琉球人」として振る舞うことが求められたと言える。

ところで、沖永良部島の与人格であった坦晋（たんしん）が天保九（一八三八）年の冊封時に「見付物」を琉球に搬送するため琉球を訪れた際の記録[40]（『渡琉日記（わたんじ）』）がある（図9）。那覇に到着した坦晋は、那覇港に面する渡地を旅宿とし、浦添間切城間村に引っ越し

料集成』南方新社、二〇〇六年）。
此節御慶事与人上国ニ付、亀津曖与人勇喜応順番候処、去戌夏琉球国王様御即位、大清国ヨリ冊船勅使就渡来、諸入目島々ヨリ被差渡候処、右勇喜応御貢物宰領ニ而被渡候ニ付、古来ヨリ例ニ通御慶事上国差引相成富屋罷登候、左候而已来定式与人御慶事上国不罷登内右通致渡海候ハヽ、右同様上国順番差引之筋取究置、御座江右之趣申出置候事、

＊37　『冠船付日帳』（琉球冠船記録「玉里文庫 番外の部」鹿児島大学附属図書館所蔵）。史料の概要については、麻生伸一「【史料紹介】「冠船付日帳」「冠船付締方申渡候書付寫」」（『琉球アジア社会文化研究』一一号、二〇〇八年）を参照。

＊38　麻生伸一「琉球王国の財制と外交儀礼—戌冠船をめぐって—」『世界とつなぐ起点としての日本列島史』（清文堂出版、二〇一六年）。

＊39　『冠船付締方申渡候書付寫』（琉球冠船記録「玉里文庫 番外の部」鹿児島大学附属図書館所蔵）。

＊40　前掲註33 坦晋『渡琉日記』。詳細については、伊波普猷「『渡琉日記』を紹介す」（『伊波普猷全集』第七集、平凡社、一九七五年）を参照。

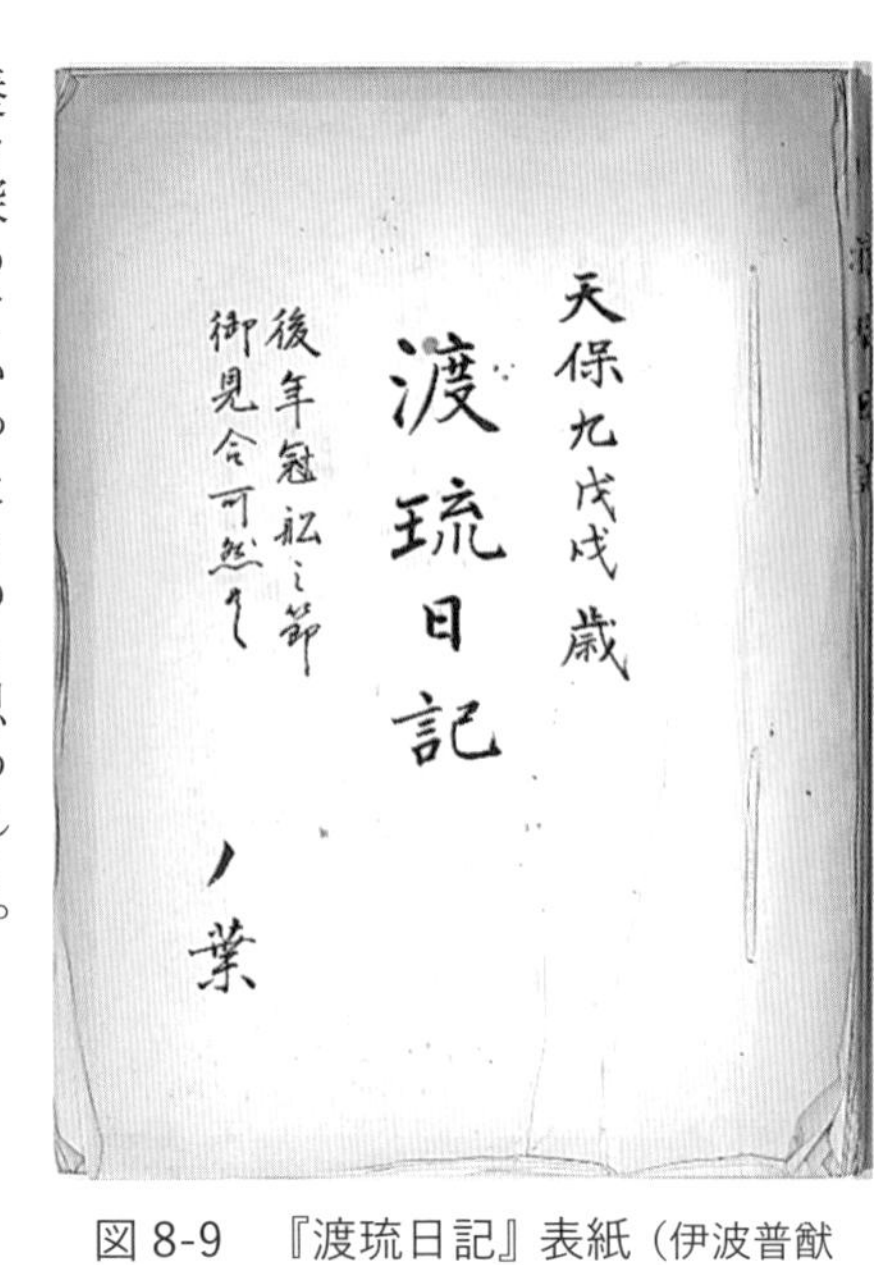

図 8-9　『渡琉日記』表紙（伊波普猷文庫 IH027　琉球大学附属図書館所蔵）

た薩摩役人への挨拶や事務報告などをおこなう一方で、琉球の御典薬である盛元親雲上や板良敷里之子（のちの牧志朝忠）と漢語で書状をやりとりし、あるいは漢詩・和歌・琉歌を交わして親交を深めている。また、冊封使節行列を見学したり、唐人から漢詩の教授を受けたりもしている。坦晋は自身の置かれた立ち位置を生かして、薩摩役人が表だってできない方法で自身の文化的素養を深めていったものと思われる。

「五島一件」からみる奄美諸島

明治四（一八七一）年になると「御一新」（明治維新）への対応の一環で、首里王府が作成した明治政府との想定問答のなかに、奄美諸島（「五島」）についての記事が登場する。そのなかには、明治政府が「五島」を支配し続けようとした場合、明治維新が「復古」という性格を持つのであれば、「御一新」（明治維新）を期に「往古」の通りに琉球の奄美支配を復活するよう要請すべきであるとする。*41

また、同年十二月の想定問答では、琉球の石高のなかに「道之島」の石高が加えられているという認識を示しつつ、「これまで薩摩藩の支配にあった五島は、今後は朝廷（明治政府）による支配をおこなうという通知が出された」*42と想定して次の回答を準備した。すなわち、「琉球は全体的に石高が少なく、慶長検地以降は五島が薩摩藩の支配となったためにさらに石高が減り、財政の安定や諸士（支配階級層）への補助などが行き届かない状況である。なお、この五島がもともと琉球三十六島のなかにあるのは清国や異国にも知られているので、以前のように琉球の管轄下にしてもらいたいとお願いすること」である。*43

＊41　『御内用日記　御所帯方』尚家文書一三六四号（那覇市歴史博物館蔵）、「史料稿本（尚泰王関係史料）」『那覇市史』資料篇第二巻中四（那覇市役所、一九七一年）、一〇五頁。

＊42　前掲註41『御内用日記　御所帯方』尚家文書一三六四号。五嶋之儀、薩州之御支配為相成事候間、以来／朝廷より御支配被仰付候段御達相成候ハヽ、…

＊43　前掲註41『御内用日記　御所帯方』尚家文書一三六四号。琉球総体少高之上、慶長御検地以後、五嶋薩州之御支配相成、夫丈琉球高引入、蔵方続方幷諸士補助向等届兼居、尤右五嶋者素より琉球三拾六嶋之内ニ而、其段者唐異国江茂相知居申事候間、跡々之通当地支配被仰付候方奉願…

以上は、一見すると荒唐無稽な要請のように見えるが、琉球側にとってはそれなりに実現可能であると判断したものであった。明治七（一八七四）年二月に琉球から鹿児島琉球館に送付された文書には、①去年上京した与那原親方や浦添親方らが琉球による「五島」支配を要請したところ、伊地知貞馨の感触が良かったこと、②伊地知からは、鹿児島では功労者に「五島詰役」を任命しているので奄美諸島を琉球の管轄下にするまでにはしばらく調整期間が必要であり、琉球の要請は必ず認められるだろうが、現状、鹿児島県令が「五島巡廻」中なので時期を見計らって要請すべきであると助言されたこと、③伊地知や奈良原幸五郎らの差配で鹿児島県当局と調整をおこない、外務省や正院、大蔵省の関係者とも調整すべきこと、などが記載されている。*44

右のような状況は、時代の過渡期特有の動きのため、琉球側が近世の全期間を通して同様の発想を持ち続けていたかは慎重に判断しなければならない。さらに、琉球による「五島」支配を前向きに捉えているように見える伊地知や奈良原の思惑や本心も不明である。先行研究が示すように、この時期の薩摩藩は琉球側との摩擦を避ける必要があったため、琉球側のやや突拍子もない要請を無碍に退けなかったとも想像できる。*45 しかし、明治維新直後、「琉球処分」直前の段階で奄美諸島の所属に関して琉球側が積極的に動いていた点は興味深い。*46 以上の史料は、「明治維新」「琉球処分」の諸過程や、一八七〇年代の日本や琉球を取り巻く国際関係の文脈で位置づける必要があるが、琉球側が近世期に薩摩藩による奄美諸島（「五島」）の支配を、あくまで一時的なものとして（史料上には「一往」と表記）理解していた点に注目したい。近世の奄美諸島の支配は、薩摩藩による支配が実態であったが、少なくとも近世末期の首里王府が奄美諸島の潜在的な支配権を主張する余地が残されていたと言えよう。

この「五島一件」に関する鹿児島や明治政府側の意見は確認できていないが、奄美諸島が明治以降も鹿児島県内に組み込まれたのは、薩摩藩による「一時的な」奄美支配や、「復古」に伴う琉球の奄美支配の復活という見通しに限界があったことを意味する。しかしながら、琉球側の一連の認識

*44　『案書 評定所』尚家文書一三六六号（那覇市歴史博物館蔵）。

*45　波平恒男「琉球藩王冊封とその歴史的意味」『近代東アジア史のなかの琉球併合―中華世界秩序から植民地帝国日本へ』（岩波書店、二〇一四年）、一二五―一三一頁。

*46　喜舎場朝賢『琉球見聞録』には、明治五（同治十一 一八七二）年九月に副島種臣に対して奄美諸島の琉球への所属を要請したとある。東恩納寛惇『尚泰侯実録』（原書房、一九七一年）、一七六―一七七頁。前利潔「琉球処分と奄美諸島」『江戸期の奄美諸島―「琉球」から「薩摩」へ』（南方新社、二〇一一年）参照。

は、近世期の奄美の領有意識に対する薩摩藩と琉球の理念と実態のズレや支配構造の重なりが存在していたことを示し、またそのようなズレや重なりを前提のうえに近世期の奄美諸島は存在していたと考えられるのである。

これまでの文脈で言えば、近世の奄美諸島の支配について薩摩藩の優位性や対中関係上の奄美諸島の位置づけを共通認識としつつも、琉球と薩摩側はあえて奄美諸島の所属に関する核心には触れず、認識のズレや重なりを保持したままで存在していたことになろう。あるいは薩摩・琉球関係に厳然たる上下関係があっても、地理的に薩摩と琉球の中間に位置した奄美諸島が、理念と実態のうえで「境界領域」のようにみなせるのは、外交の主体（ここでは薩摩藩や首里王府）それぞれが自身の都合の良いように実状を解釈し、それを互いが暗黙の内に了解するという当時の東アジア世界における外交理念の特徴を示しているのかもしれない。[*47]

ただし、「五島一件」に関して、奄美諸島の人々の思いや考えがほとんど反映されていない点も留意すべきである。日中間における琉球の所属問題の議論の場に、首里王府当局が関与できなかったように、[*48]「五島一件」の王府側の意見や根拠に奄美諸島の人々の意思が不在であることも確認しておきたい。

日本・琉球・中国と奄美の人々

奄美諸島に対する薩摩側と首里王府側のズレや重なりが存在する「境界領域」に近い性格を持つ奄美諸島では、日本と琉球との関係を中国に対して隠匿する「隠蔽策」の影響が及んでいた。そのため、徳之島を含む奄美諸島の人々にとって、外とのつながりは身近であったと思われる。徳之島に漂着した中国人や朝鮮人を琉球に送り届けることや、一時的な「琉球人」として冊封に関わったこと、あるいは中国への漂着時に「日本人」に変装するといった実践を通して東アジアにおける奄美諸島の立ち位置を確認していたものと思われる。

もちろん漂流者の琉球送還や冊封は、日常的なイベントではなく、また多くの者が琉球に赴いた

＊47　三谷博「外交規範」『日本史のなかの「普遍」—比較から考える「明治維新」—』（東京大学出版会、二〇二〇年）。

＊48　いわゆる「琉球処分」に関しては、西里喜行『清末中琉日関係史の研究』（京都大学学術出版会、二〇〇五年）および前掲註45波平二〇一四を参照した。

図 8-10　「琉球人行列図」（部分）

訳ではないが、琉球をはじめとする外部とのむすびつきが奄美諸島の文化や社会形成にまったく影響を及ぼさなかったとは言えないであろう。

安政五（一八五八）年に鹿児島に赴いた際の坦晋（たんしん）の日記（『上国日記』）[*49]によると、七月九日に多くの鹿児島の人々ともに「中山王子（ちゅうざんおうじ）」（伊江王子）[*50]の行列を見学した際に、琉球の王子や若衆の華々しい装束を「目が覚めるようである」と記録している。冊封使が琉球に訪れた際には「琉球人」として振る舞った坦晋が、鹿児島では、外部から琉球人を見ているのである。徳之島の者ではないが、坦晋の活動は、奄美諸島と鹿児島・琉球の交流を考えるうえで示唆的である。

このように、政治外交的に境界領域に置かれた奄美諸島の人々は、日本と中国、琉球をとりまく国際関係と無縁ではなかった。むしろ薩摩人とは異なる琉球とのつながり方や琉球人とは異なる鹿児島とのつながり方を見いだしていきながら、大和や琉球と独自の関係を構築し、さらには奄美諸島の人としての自己認識を深めていったのである。

（麻生伸一）

＊49　坦晋『上国日記』前掲註33 山下編『南西諸島史料集』第四巻所収。

＊50　『大和江御使者記』咸豊八年条、尚家文書三一〇号（那覇市歴史博物館所蔵）。

コラム6 流人（遠島人）と徳之島

徳之島にいた流人（遠島人）

近世の徳之島には、島人だけが住んでいたわけではない。亀津には、徳之島代官以下、鹿児島から派遣されてきた詰役人や海運業に従事し一時的に滞在していた他島の人びと、さらに流刑罰を科せられ送られてきた流人と呼ばれる人びとがいた。史料上では彼らは「遠島人」とも称された。

奄美諸島へ送られた流人については、断片的な史料しか残っておらず、不明な部分も多い。しかし、断片的な史料をつなぎ合わせることで、徐々にその解明が進められてきた。例えば、箕輪優『近世・奄美流人の研究』（南方新社、二〇一八年）などは、その最たる成果の一つであろう。

流人の種別

では奄美諸島には、どのような流人がいたのであろうか。流人の出身別に見ると、それらは概ね（1）徳川幕府直轄地（「公儀流人」とも）、（2）鹿児島および奄美諸島の他の島、（3）琉球国から送られてきた人びとに類型化できることが分かってきている（琉球からの流人については第八章参照）。これらのなかで、その数は確認される限りほとんどが鹿児島から送られた者で占められていた。

主流を占めた鹿児島からの流人のなかには、藩主の近くに仕えたり、奄美で代官などを勤めたこともあるような高官も含まれていた。その理由は、薩摩藩内（または支藩）でのお家騒動に連座したもので、例えば実学朋党事件、文化朋党事件（近思録崩れ・秩父崩れとも）、嘉永朋党事件（高崎崩れ・お由羅騒動とも）、鳴之口騒動などにかかわっての遠島が多かった。また、流人のなかには、懲らしめの一環として、親族からの申請によって送られた人もいた。遠島となった人びとの事情は、想像よりも非常に幅広かったことが分かる。

徳之島にいた流人

先に示した箕輪の研究によれば、徳之島にいたことが確認される流人は八十一例を数え、判明するだけで一七二四年〜一八七四年の期間におよんでいる。

さらに『徳之島郷土研究会報』第一号（徳之島郷土研究会、一九六七年）所収の小林正秀「安田佐和人 明治九年の御用日記（抄）」では、十一人の流人の状況（配流先や遠島理由・期間など）が紹介され、流人それぞれの具体的な状況が判明する貴重な史料である。彼ら十一人の内訳をみると、半数以上の六人は、主人や親類からの申請によって徳之島へ送られた者で、この種の遠島が非常に多かったことが分かる記録ともなる。

また、文化朋党事件で徳之島に四人の藩士が流されているが、そのなかに御広敷番頭であった木藤市右衛門武清と

図8-11　諸田集落ムェー墓にある木藤七左衛門貞長の墓標（右表、左裏）

御小納戸（おこなんど）であった永田佐一郎がいた。諸田には文化年間ごろのものとみられる木藤七左衛門貞長と書かれた墓（図11）が残されており、遠島となった木藤市右衛門武清と同一人物ではないかとの指摘がある（前田長英「木藤七左衛門貞長の墓」『徳之島郷土研究会報』第八号、一九八〇年）。また、花徳のクロギリ墓地にある乾（いぬい）家の墓地内には、合葬された永田佐一郎のものとみられる墓がある（『徳之島採集手帖―徳之島民俗の聞き取り調査』）。流人として島にわたった人びとの存在を示す確かな痕跡と言える。

このほか幕末に書かれた『仲為日記』には、数多くの流人に関する記録が見られ、知られる数と比較しても、まだまだ歴史に埋もれたままの流人が数多くいることを教えてくれる。今後、さらに各種史料を博捜（はくそう）することで、より多くの人びとが、さまざまな事情のもとに徳之島に住んでいたことを明らかにすることができよう。

流人は、一般的に罰を科されて徳之島にやってきたわけであるが、他方で彼らは外の世界と島の世界を結びつける役割を果たすなど、すくなくない影響を残した存在でもあった。徳之島の歴史世界を明らかにしていくうえで、流人は引き続き明らかにされるべき重要なテーマであり、存在と言えよう。

（山田浩世）

第二節　異国船の来島と徳之島

1　異国船の来島

島々からなる奄美諸島には、意図的かそうでないかは問わず域外からの船がたびたび訪れた。そのなかには欧米各国の船（異国船）も含まれており、薩摩藩はこれらの船を警戒していた。異国船に対する警戒は、宝永七（一七一〇）年の喜界島役人が薩摩側に提出した起請文（きしょうもん）から確認できる。[＊51] ここでの起請文とは、役人が就任時に忠誠を示すために提出する誓約書である。それによると奄美諸島の役人の忠義、怠慢のない勤務、ひいきをしない職務態度とともに、異国船が来航した際には規定通りに勤めることを誓約している。[＊52] 起請文の提出は、その後、享保五（一七二〇）年に奄美大島、喜界島、徳之島、沖永良部島の役人が提出するようになったとされ、[＊53] 当該期の異国船問題の重要性を物語る。

十九世紀になると欧米の諸勢力が日本や琉球を訪れるようになる。とくに琉球には、一八四〇年代前後から通商や条約締結を求めるようになり、その過程で奄美諸島にも異国船が来航するようになっていった。

異国船の来島

例えば、『徳之島前録帳』（以下『前録帳』）によると嘉永元（一八四八）年四月六日から八日まで、亀津村の沖に異国船一艘が訪れ、八日の正午頃に七人がボートで上陸し、津口番所までやってきたという。しかし、とくになにをすることもなく本船に戻り、船は奄美大島の方に向かっていった。[＊54] この事例のように、異国船は漂流や漂着ではなく、情報収集や島民などへの接触を目的として訪れるようになっている。

また本章扉絵に紹介した十九世紀中頃のイギリス海図にある徳之島に着目すると、地名が記され

＊51　竹内穣『伝説補遺　趣味の喜界島史』（南陽社、一九三三年）、五六―五七頁。ただし、原史料の所在および後述の『大島政典録』との関連は不明である。

＊52　『伊仙町誌』一四二頁、『天城町誌』五一三頁。

＊53　前掲註51 竹内一九三三：五六―五七頁。なお、前掲註52『伊仙町誌』と『天城町誌』には『大島政典録』からの引用として起請文全文が引用されている。

＊54　『前録帳』前掲註36 松下編二〇〇六：二九九頁。記事はつぎの通り。
此御代弘化五申四月六日ヨリ同八日マテ、亀津村沖江異国船壱艘相見得居候処、八日九ツ時分橋舟ヨリ七人上陸、津口番所江参リ壱人黒坊ニ而所持之道具中斧壱丁持合居、何トナク八ツ時分本船江帰リ大島之様乗行候由、

図 8-12　「首里那覇港図屏風」に描かれた異国船
（沖縄県立博物館・美術館所蔵を改変）

ていることに気づく。例をあげると、徳之島南西にある犬田布は「C.Ohotabu」と記されており、おそらく漢字表記の「犬」を「大」と間違え、「大田布」と理解した記載がある。また、「Winogawa」は井之川であろう。正確さに問題はあるが、航路上の指標となる「トンタブ」を強調して描くなど航海に関する情報をもとに作製された図として本図は注目できよう。

ところで、異国船（図12）の来航は、先述した「隠蔽策」とも関わる問題であった。嘉永二（一八四九）年に那覇を訪れたイギリス船ナンシー・ドーソン号[＊55]が日本に向け出航したという情報が那覇詰めの倉山作太夫・島津登から徳之島代官にもたらされたが、そこには、近年、奄美諸島近海を異国船が通過しているため大島花天（けてん）港の測量や「三島・沖永良部アタリ」への異国人逗留が懸念されると述べられており、さらに弘化三（一八四六）年にフランス側に伝えた「三島幷与論島・沖永良部・由呂・宇検・□（加カ）奇呂麻都合八ケ島」が「吐噶喇島」に「支配」されているという情報がイギリスにも共有されている可能性があるため、異国船が来航したならば、すぐに薩摩と琉球に連絡するよう求めている。[＊56]

ここで登場する「吐噶喇島」とは、清朝や欧米に対して日本との関係をどうしても取りあげなければならない際に偽装のために使用される名称である。「琉球」と「日本」とのあいだにある「トカラ列島」を日本の「属島」と位置づけ、そのトカラと琉球が関わっているとして、日本と琉球は直接には無関係であると清朝側などに表明していた。[＊57]つまり「対清関係や対欧米関係において近世の

＊55　照屋善彦『英宣教医ベッテルハイム―琉球伝道師の九年間』（人文書院、二〇〇四年）。

＊56　『前録帳』前掲註36 松下編二〇〇六：二九八頁。

＊57　紙屋敦之「幕藩体制下における琉球の位置―幕・薩・琉三者の権力関係―」『幕藩制国家の琉球支配』（校倉書房、一九九〇年）、渡辺美季『近世琉球と中日関係』（吉川弘文館、二〇一二年）。

トカラは、日本との直接的な交流・交易を隠蔽する楯、あるいはクッションボード」[*58]とされていたのである。なお、「トカラ」は「宝島」とも置き換えられて使われていたため、日本と琉球の関係を隠匿した外交の実践は「宝島のレトリック」と呼ばれている。[*59]

　異国船の来航は、東アジアにおける奄美諸島の国際的な立ち位置とも密接に関わる問題だったと言えよう。

イギリス船の漂着事例

　以上を踏まえてここでは安政六（一八五九）年に徳之島に漂着したイギリス船の事件を紹介して、異国船漂着事件への対応を確認したい。[*60] この船は、イギリスからニュージーランドを経由して上海に向かう途中で徳之島に漂着したイギリスの商船で、安政六（一八五九）年十月九日、徳之島面縄間切佐弁（さべん）村（図13）の「下やれん崎干瀬」で破船となった。二十五人が上陸し、そのうち一人は病気のためほどなく死亡する。死亡した者については、イギリス側の希望により土葬することになり、場所を選んで埋葬している。もともとこのイギリス船には二十九人が搭乗していたらしく、上陸できなかった四人は溺死したという。その後、二人の遺体が徳之島に漂着したため、やはり現地で埋葬されている。

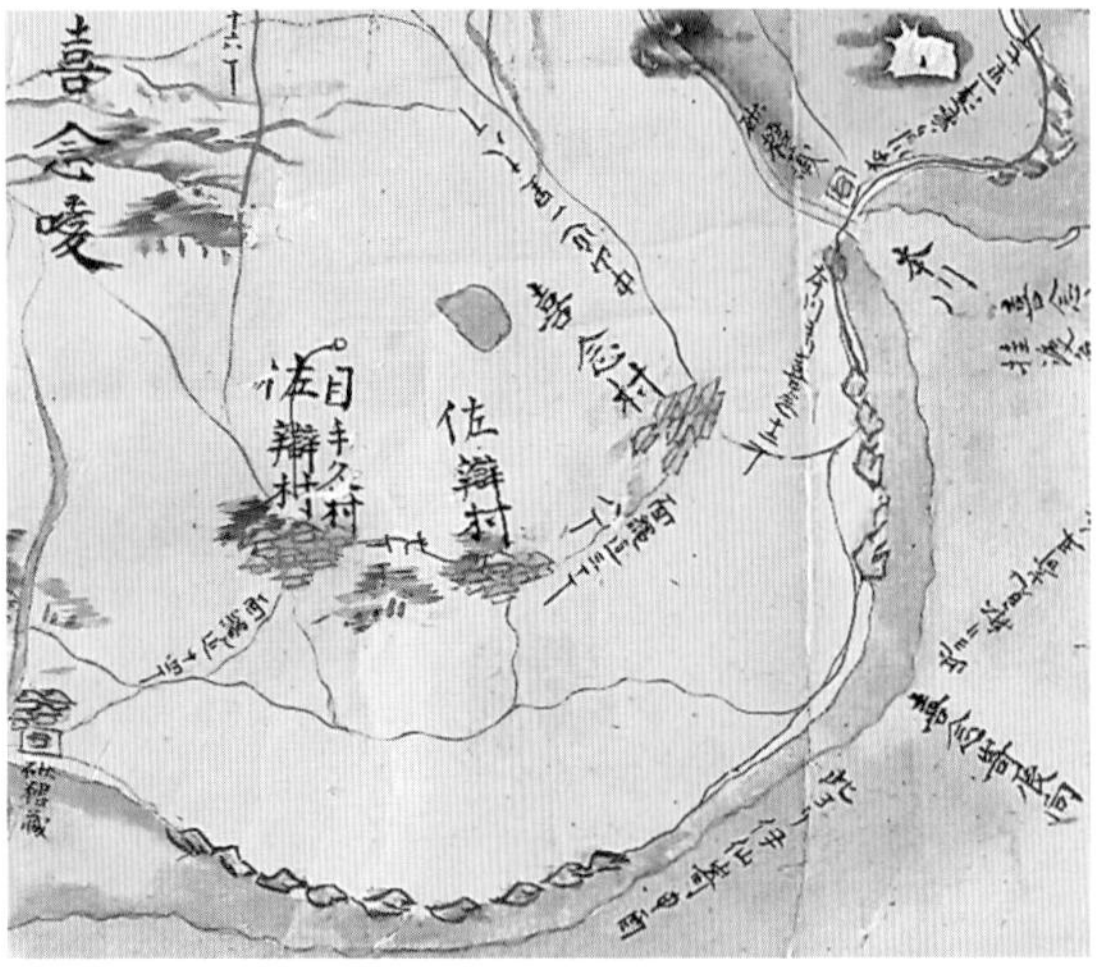

　無事に上陸を果たした二十四人について、はじめは仮小屋や人家を明け渡して住まわせていたが、取り締まりのため面縄間切の「砂糖掛渡場」に移住させている。徳之島代官の供述によると、漂着民は「非常に平穏な者ども」（別而平穏之者共）で、支給した食事や物品以外に所望することもなかったとある。徳之島滞在中に漂着民に与えられた食料や物品は、白米七斗四合、

図 8-13　面縄間切佐弁村（「徳之島全図」部分拡大）

＊58　豊見山和行「虚構と実像の錯綜する島＝トカラ—近世琉球におけるトカラの歴史的役割—」『琉球と日本本土の遷移地域としてのトカラ列島の歴史的位置づけをめぐる総合的研究—平成13・14・15年度科学研究費補助金（基盤研究B）研究成果報告書（代表・高良倉吉）』二〇〇四年。

＊59　前掲註57 渡辺二〇一二。

＊60　以下、徳之島での漂着民介抱については、『徳之嶋より送来候暎人介抱日記』（尚家文書六三六号）、『球陽』（二〇八一号）に拠った。

味噌十七斤、鶏十六羽、玉子七十個、豚二頭、塩二十四合、野菜二十一把、東瓜八個、焼酎二沸、油九合九勺、蒲団十二枚、煙草十一斤、木棉針二十四本、煙管一本のほか、鍋、すり鉢、茶碗、湯飲み、急須（茶家）などであった。さらに那覇への送還時には上記とは別の物品を支給し、医師の盛統則に怪我人を治療させている。

送還には、たまたま徳之島に潮掛かりしていた「渡名喜船」（琉球船）を借り入れ、「嶋船在合之板附船三艘」（徳之島の板付け船・第七章参照）と合わせて那覇に送ることになる。護送責任者（宰領）である与人の道統、唐本通事の竹鼎元、筆子の元儀美・佐和賢とともに、漂着民の希望で医師の盛統則も沖縄島に派遣された。徳之島代官は、那覇駐在の在番奉行（薩摩役人）へ飛船（至急船）で状況を報告しておきたかったが、「当島在船相少」と徳之島にある船が少ないため送還のための船舶以外は飛船として供出できなかったと記載されている。

徳之島の板付け船三艘と渡名喜船の割り当ては不明だが、いずれかの三艘に漂着民八人ずつ、残りの一艘に荷物や飯米を搭載し、十月十八日に徳之島を出航した。翌十九日には、沖縄島北部にある国頭間切奥間村沿海に到着する。那覇に直行しなかったのは、徳之島から飛船を派遣できなかったため、いち早く琉球側にイギリス人回送を伝える必要があったからである。国頭間切では板付け船の船頭である宮儀志と正貞が、宰領の与人らを通じて国頭間切役人に漂着の状況を報告しつつ、冬場の航海で傷んだ帆柱の提供を要請している。その後、無事に那覇まで送り届けられた漂着民は、琉球から与えられた馬艦船一隻に搭乗して中国を目指した。

2　薩摩藩の異国船対策と徳之島

琉球への異国船来航と薩摩藩

一八四〇年代の東アジアは、アヘン戦争に代表されるように欧米諸国と東アジア諸国が衝突する時期となり、日本・薩摩や琉球もこの流れに無関係でいることはできなかった。弘化元（一八四四）年にフランスが琉球にアルクメール号を派遣し、宣教師のフォルカードらを琉球に残すと、危機感を覚えた薩摩藩は、幕府へ状況を報告しつつ、御用人である二階堂右八郎らの琉球派遣を計画する。その際、フランス側への刺激を避けるため、できるだけ穏便に対応すべきとして、琉球の状況を見極めながら慎重に守備兵の派遣計画が進められた。二階堂らは弘化元（一八四四）年九月までに那覇に到着するも、薩摩藩の幕府対策もあって翌年七月までには帰国した[*61]（第一次守備兵派遣）。

弘化三（一八四六）年、那覇にフランス・インドシナ艦隊のセシーユ提督が来航すると、薩摩藩は村橋左膳ら守備兵を琉球に向かわせているが、遭難のため琉球にはたどり着かなかった。そのため、在番奉行である倉山作太夫を番頭（守備兵統率）としての名目で琉球に派遣している（第二次守備兵派遣）。さらに、翌年八月ごろには村橋の後任である島津権五郎、田和上次郎兵衛らが奄美大島に向かった[*62]（第三次守備兵派遣）。このようにフランス船の琉球来航に伴い、薩摩藩は琉球や奄美大島に警衛を送ったが、幕府向けに異国対策を実行していると見せるための派遣であり、むしろフランス側には「避戦」方針で臨んだと考えられている[*63]。

しかし、嘉永五（一八五二）年閏二月に石垣島でロバート・バウン号事件が起きると事態は急変した[*64]。琉球における異国船対応を、那覇駐在の在番奉行から軍役方に管轄させることにし、同年十月に川上式部らを那覇に派遣するなど、薩摩藩はより積極的に関与していくのである。その後、琉球に長期滞留しているイギリス人宣教師ベッテルハイムの退去問題やペリー来航、安政元（一八五四）年の琉米条約の締結など異国船の琉球来航から派生する諸問題は薩摩藩にとって無視できないものとなり、その影響は奄美諸島にも広がっていった。

異国船来航情報と『前録帳』

頻発する欧米船の来島に薩摩藩は危機感を示し、奄美諸島全体で異国船対策が強化されていく。それは、『前録帳』に琉球や日本に来航した異国船情報が頻出するようになることからもうかがえる。

＊61　上原兼善「フランス船の来航」『黒船来航と琉球王国』（名古屋大学出版会、二〇二〇年）。

＊62　上原兼善「薩摩藩による琉球守備兵派遣の偽装工作」『黒船来航と琉球王国』（名古屋大学出版会、二〇二〇年）。

＊63　前掲註62上原二〇二〇。

＊64　ロバート・バウン号事件については、西里喜行『清末中琉日関係史の研究』（京都大学学術出版会、二〇〇五年）を参考とした。

例えば、前述の二階堂右八郎らが琉球に派遣されるきっかけとなったアルクメール号の那覇到来についての情報はつぎのようであった。

弘化元年三月十一日に那覇に到来したフランス船とは、はじめ言語が通じなかったが、船に中国人が搭乗していたため意思の疎通が可能となった。漂着民の供述によると、船には二三〇人が乗り込み、航海の途中で遭難し、船の修理と食料が必要となったために那覇を訪れたという。船には石火矢などの武器が搭載されているが、首里王府は兵船ではないと判断し、修理用材と食料を支給した。ところが船長より、フランスは中国と通交関係にありフランス皇帝の命を受け中国近隣の国との通融を目指しているので、琉球とも交易をしたいという申し出があった。王府は琉球の物産は少ないため交易はできないと回答するも、フランス側はまったく承知せず、さらに条約締結を申し込んできた。条約締結を拒否した琉球に対して、今後「大総兵船」が琉球に来て交易を実現するために交渉するので、回答を準備しておくようにと述べ、今後の交渉のためにフランス人（フォルカード）と中国人を置いて出航した。

さらに、琉球に残ったフォルカードらは王府に対してイギリスが琉球を狙っており追って兵船を派遣するだろうからフランスに保護を求めるようにと述べるなど王府に圧力をかけてきていた。このような状況にあるため薩摩藩より二階堂右八郎をはじめとする一軍が琉球に派遣されることになったのである（図14）。また、長崎にフランスの「大総兵船二艘」が来着したため、筑前と筑後の大名が派遣されたともある。[*65] このように『前録帳』に琉球到来のフランス船情報が詳細に記載されていることが分かる。

つづく弘化三（一八四六）年には、琉球在番奉行から徳之島の三間切へ二十人が乗ったイギリス船が琉球を訪れ、無理矢理イギリス人医師（ベッテルハイム）の家族などを残置して出航したため、彼らを波之上護国寺に住まわせることにし、フォルカードと同様に警固をつけているという情報ももた

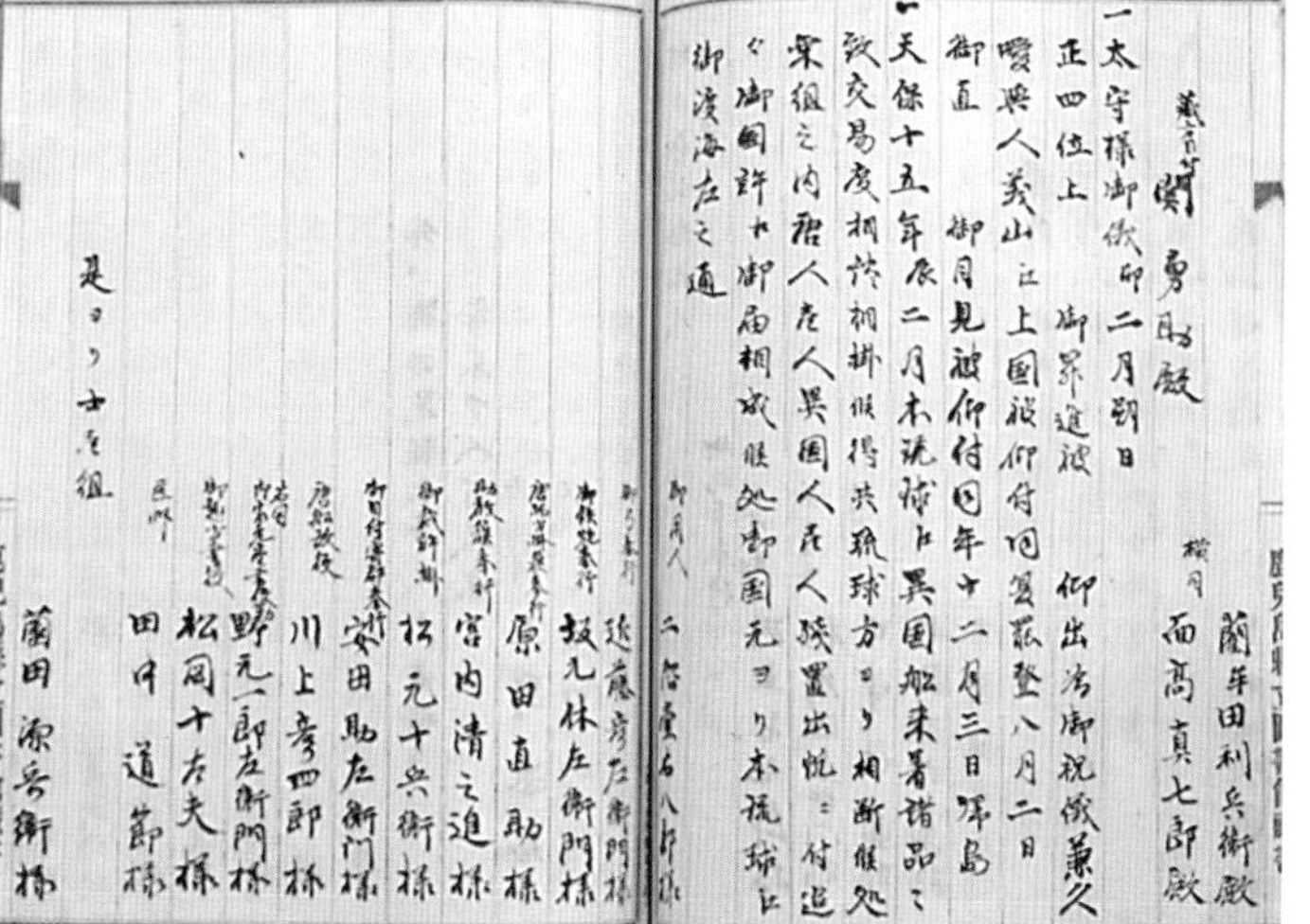

図 8-14　『前録帳』天保 15（1844）年条の部分

＊65　『前録帳』前掲註 36 松下編二〇〇六：二九四―二九五頁。

らされている。

また、同年四月七日に琉球に異国船が来航したため、鹿児島から「御軍備」のために琉球に倉山作太夫が派遣されたという情報が徳之島に届けられた。さらにフランス船三艘が連続して到来したため、日本に向かうことを懸念した那覇駐在の在番奉行（薩摩役人）は、これまでの経緯を琉球の飛船に託して鹿児島に報告したという。徳之島にこの情報がもたらされたのは、もしフランス船が風待ちを理由に徳之島に到来し、さらに測量を要請してきたら、薪木を与えたうえで、丁寧に測量を断るようにせよという助言を与えるためと、フランス船来航を事前に想定し対応を練っておく必要があるためとしている。

そのほかにも嘉永六（一八五三）年に浦賀を訪れたペリー艦隊の情報や、[*66]安政四（一八五七）年に京都所司代からもたらされた下田沖でのロシア船の破船情報、寺院に架けられた鐘から火器（「大砲・小筒」）を製造せよという命令が「京都禁庭」（天皇）から出されたという情報など、徳之島や奄美諸島とは直接関係のないと思われる内容も『前録帳』に掲載されている。[*67]

このように『前録帳』には、異国船の来航情報とそれに対する薩摩側の対応などが緊迫感を持って記載されている。日本や琉球の緊迫した状況は、そのまま徳之島を含む奄美諸島の緊張へとつながっていたと言えよう。

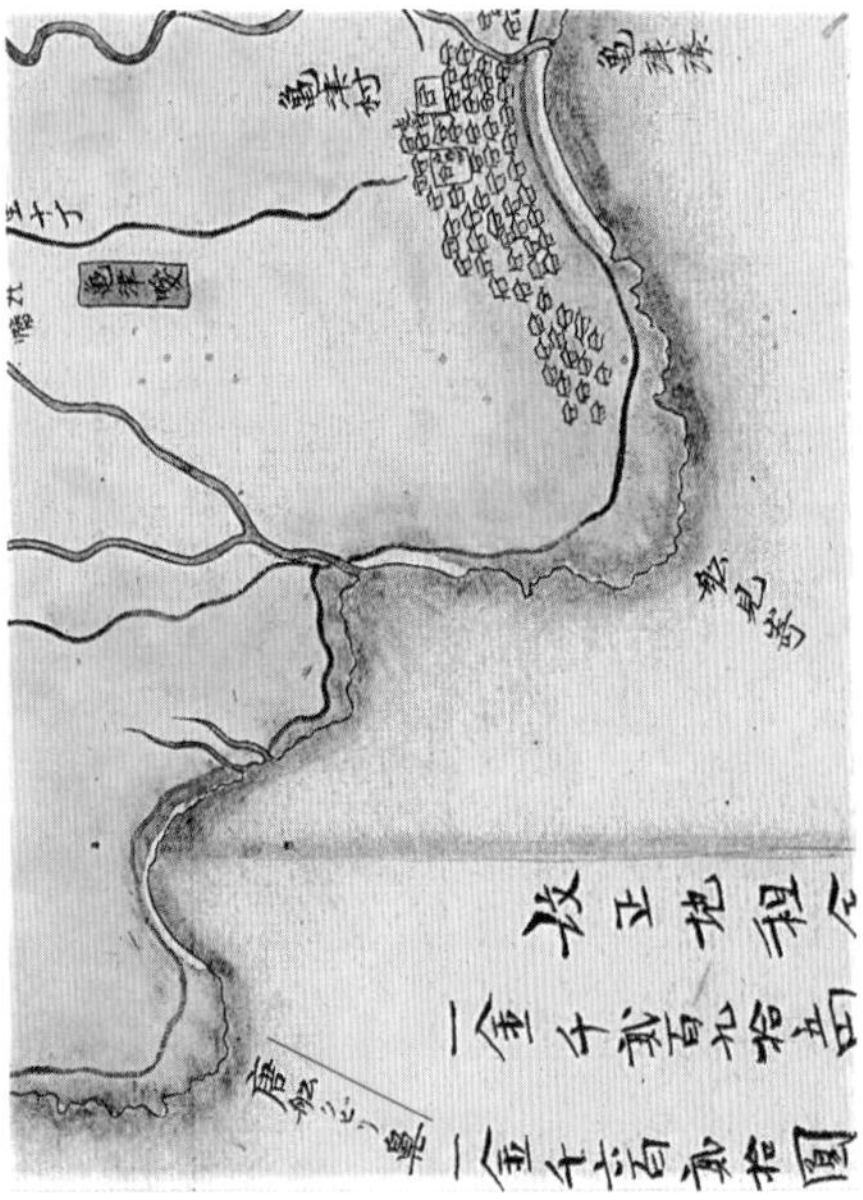

ところで、異国船への警戒が強まるなか、天保八（一八三七）年に徳之島に対して「異国船と異国人の様子を記した絵図一枚ずつを六嗳与人と役所に渡した。異国船が来航した際には浦々で対

図 8-15　「唐船クビリ鼻」

（「鹿児島縣下徳之島全圖」を改変）

＊図 8-3 に「唐船クビリ」の写真を掲載。

＊66 『前録帳』前掲註36 松下編二〇〇六：三〇八―三一〇頁。

＊67 『前録帳』前掲註36 松下編二〇〇六：三一三―三一四頁。

応すること」[68]とあり、異国船・異国人の絵図が配布されるなどの対策がとられている。[69]

また、嘉永六（一八五三）年には、鹿児島から「大炮三挺」が支給され、そのうち一挺は西目間切に、残りの二挺は亀津に配備された。その後、安政三（一八五六）年には西目間切仮屋の東側に三間切の負担で大砲蔵が作られ、毎月二日、十二日、二十二日に「大炮打稽古」がおこなわれている。[70]

一八五〇年代のはじめには、異国船および財政対策を総括するために「絵図」が作製された。奄美諸島の島役人からの情報などにもとづき守衛方（しゅえいほう）が作製した地図が、現在「大島古図」（鹿児島県立図書館所蔵）として確認できる。この「大島古図」には、「①異国船の漂船繋場、②島役人の居住番所・役場、③耕作地（黍地・芋地・芭蕉地・水田・当原など）、④銅山…、⑤大小湊…、⑥離島・離島の周囲、⑦河川（川上より川尻までの里数、川幅、浅深、歩渡、岩瀬、砂川）」という広範な情報が細かに記載されており、異国船対策を前提とした「島政改革」[71]が広く展開していたとされる。

徳之島では、嘉永四（一八五一）年に島役人が分担して「山嶽・川・海辺」を測量し、さらに翌年二月から四月にかけて「伊仙噯与人寄徳善・惣横目名目・伊仙村実定」らが「島中廻村」し、「作場」を再測量して絵図を作成し、それを薩摩藩に提出したという[72]（第一章参照）。この図の現況については不明な点があるが、二度の測量を経て作製されたことや「大島古図」の持つ情報の精緻さを踏まえるならば、かなり詳細な絵図が作られたものと思われる。

日本や琉球への異国船来航は、奄美諸島全域にとっても無視できない危機であった。異国船対策は、具体的に武器稽古や絵図の作成などを通して、奄美諸島の人々に異国船来航という非常事態を意識させたのである（コラム7参照）。

西郷隆盛の来島

異国船の来航に代表される幕末の混乱は、日本に明治維新という政変を起こした。この幕末維新期には、存在感をあらわす人物が多く輩出されたが、そのひとりが西郷隆盛であった。徳之島に関連する西郷の動向や言動を取り上げた書籍や論考は多数刊行されているため[73]、ここでは先学が紹介した諸資料のなかから、書状などを取りあげて、西郷隆盛と

＊68　『前録帳』前掲註36　松下編二〇〇六：二八七頁。

＊69　『前録帳』前掲註36　松下編二〇〇六：一一八頁。

＊70　『前録帳』前掲註36　松下編二〇〇六：三〇七頁。コラム1も参照。

＊71　前掲註9弓削二〇一〇：二六六頁。

＊72　『前録帳』前掲註36　松下編二〇〇六：三〇六頁。

＊73　本稿でおもに参考にしたのはつぎの論考と書籍である。山田尚二「西郷隆盛の手紙と徳之島」（『徳之島郷土研究会報』第十三号、一九八七年）、同「西郷書簡と徳之島」『敬天愛人』第七号（西郷南洲顕彰会、一九八八年）、小林正秀「徳之島岡前村と西郷隆盛」（『徳之島郷土研究会報』第十四号、一九八八年）、先田光演「西郷隆盛と仲為と仲祐」（『徳之島郷土研究会報』第三二号、二〇一二年）、『遠島一五五周年記念誌　西郷南洲翁と徳之島』（天城町教育委員会、二〇一七年）、箕輪優「名越左源太と西郷隆盛」前掲註20『近世・奄美流人の研究』。

幕末の徳之島との関わりを示しておきたい。

　幕末の混乱のなかで西郷は、幕府からの追求を逃れるために安政六（一八五九）年には奄美大島龍郷（たつごう）で過ごし、文久二（一八六二）年には島津久光の命令に背いたため、徳之島と沖永良部島に遠島となった（徳之島の流人についてはコラム6参照）。遠島生活を送る文久二から元治元（一八六四）年までのあいだに西郷は知人に書状を出している。これらの書状は、『西郷隆盛全集』や、その他の資料で解説が加えられており、遠島中の西郷の生活や思想、徳之島のようすを知るうえで有用である。以下、表4の書状を中心に取りあげて内容を紹介したい。[*74]

　文久二（一八六二）年六月六日に大嶋三右衛門から大島吉之助への改名を命じられた西郷は、[*75]六月十一日に山川を出航して屋久島を経由し、六月三十日には風待ちのために奄美大島西古見（にしこみ）にしばらく滞在した。書状①には、西郷が徳之島に赴くことになったら、西郷の子どもを産んだ愛加那がぜひとも徳之島に行きたいと申すはずだが、来ることのないようにしっかりと申しつけるようにと述べている。

表 8-4　西郷隆盛書状

番号	書状	年月日
①	得藤長宛て書状	文久二（一八六二）年六月三十日
②	両謙宛て書状	文久二年六月三十日
③	木場伝内宛て書状	文久二年七月末
④	木場伝内宛て書状	文久二年八月二十日
⑤	琉仲為宛て書状	文久二年閏八月十一日
⑥	得藤長宛て書状	文久三（一八六三）年三月二十一日
⑦	禎用喜宛て書状	文久三年六月二日
⑧	琉仲為宛て書状	文久三年六月二日
⑨	徳之島与人宛て書状	文久三年九月中旬ごろ
⑩	米良助右衛門宛て書状	文久三年九月二十六日
⑪	琉仲為宛て書状	文久三年十月十六日
⑫	禎用喜宛て書状	文久三年十月二十日

＊74　以下、特記しない限り西郷の書状は『西郷隆盛全集』第一巻（大和書房、一九七六年）、前掲註73 山田一九八七、同一九八八、先田二〇一二に拠った。

＊75　山田尚二「詳説　西郷隆盛年表」『鹿児島県立錦江湾高等学校研究紀要』一九九〇年、一一頁。

図 8-16　湾屋湊（「天保国絵図」部分拡大）

愛加那の兄弟である両謙宛て書状②では、息子（菊次郎）の成長を喜びつつ、西郷自身は「無調法」をして徳之島に遠島となったと書いている。また書状①と同じように愛加那が徳之島に来ないようにと依頼し、奄美大島にいる桂久武[*76]に菊次郎の面倒を頼んだとも記している。

奄美大島西古見を発した西郷らは七月五日ごろに徳之島湾屋（図 16）に到着したとされる。[*77] その後、閏八月十四日には沖永良部島に移送となるため、徳之島に滞在したのは文久二年七月上旬から閏八月中旬までの期間であった。

七月末ごろに出された書状③は、以前奄美大島で知り合った木場伝内宛ての長文の書状である。そこには薩摩藩や江戸幕府の政策に関する意見や徳之島へ流刑となった背景などが記載されるほか、徳之島での生活にも触れていて、「今回（の遠島）は、御扶持米が支給されそうもなく、島元（徳之島）で謹慎するようにと徳之島代官から通達させるという書状を受け取った。そのため、仮屋（亀津代官所）から五里離れた岡前という場所に謫居している。まったく世事を忘れているが、なんの不都合もなく、さらに御扶持米が支給されていないので（とくに義務もなく）ありがたいことである」と、扶持米支給状況や岡前に送られた理由が述べられている。

また、八月の木場宛ての書状④では、島民の注文品、砂糖生産時期、余計糖の代米に関する島民の不利益を徳之島代官が改善した点を述べたあと、「当島（徳之島）は小島であり、全体的に弊害も少なく、「豪族」もいないため（島の権力者が）権威を振りかざすこともない。（略）人事の事前調整に関しても進物などを贈ることもなく、内願はするが、（賄賂などの）弊害はないとのことである」と徳之島

＊76　大島警衛のため文久元（一八六一）年に奄美大島に赴任している。前掲註 74『西郷隆盛全集』第一巻、一八二頁、参照。

＊77　前掲註 73『遠島一五五周年記念誌　西郷南洲翁と徳之島』三頁。

内政について触れている。つづいて「仮屋には一度も出向いておらず、代官からの招待もあるが、面倒であるため関わっていない。（仮屋まで）五里ほど離れているので、まったく（政治的な）物音が聞こえず非常によろしい」と述べる。さらに「（徳之島は奄美）大島より余程夷の風盛ん」と大島と比べて徳之島が鹿児島の影響を受けていないと評価しつつ、徳之島の人々が西郷をどのように扱って良いか判断できずにいる状況や、大島と比べて徳之島の「島役」が遠島人である西郷に対し「卑劣」な扱いをしていないとある。ほかにも徳之島が「米国」であるという記載も見られる。また、西郷は、安政六（一八五九）年に奄美大島に配流された際、西郷の子を産んだ愛加那がさらに女児（菊子）を出産した知らせも受けており、奄美大島への「島替え」（流刑地の変更）を願っている。

岡前噯の惣横目である琉仲為へ送った閏八月一日付け書状⑤は、西郷が沖永良部島への移送のため井之川に滞在（図17）しているなかで書かれた書状で、仲為が病気をおして西郷に書状を送ったことや、仲為が子の仲祐を西郷の身辺を世話するために遣わしたことに対して謝意を述べるなど、西郷と仲為の交流の様子を垣間見ることができる。なお、沖永良部島への移送の直前に奄美大島から愛加那と息子の菊次郎、娘の菊子が西郷のもとを訪れている。その際、仲為が愛加那などを世話したことなどが沖永良部島への移送後に書かれた書状⑧に記載されている。

図8-17　西郷隆盛が滞在した現在の奥山家（徳之島町井之川）

琉仲為に書状⑤を送った数日後、閏八月十四日に西郷は沖永良部島に移送される。その後、しばらくは書状を出すことができなかったようだが、文久三（一八六三）年三月十一日に得藤長（奄美大島の役人）に宛てた書状⑥によると、西郷の徳之島滞在中に藤長から焼酎が送

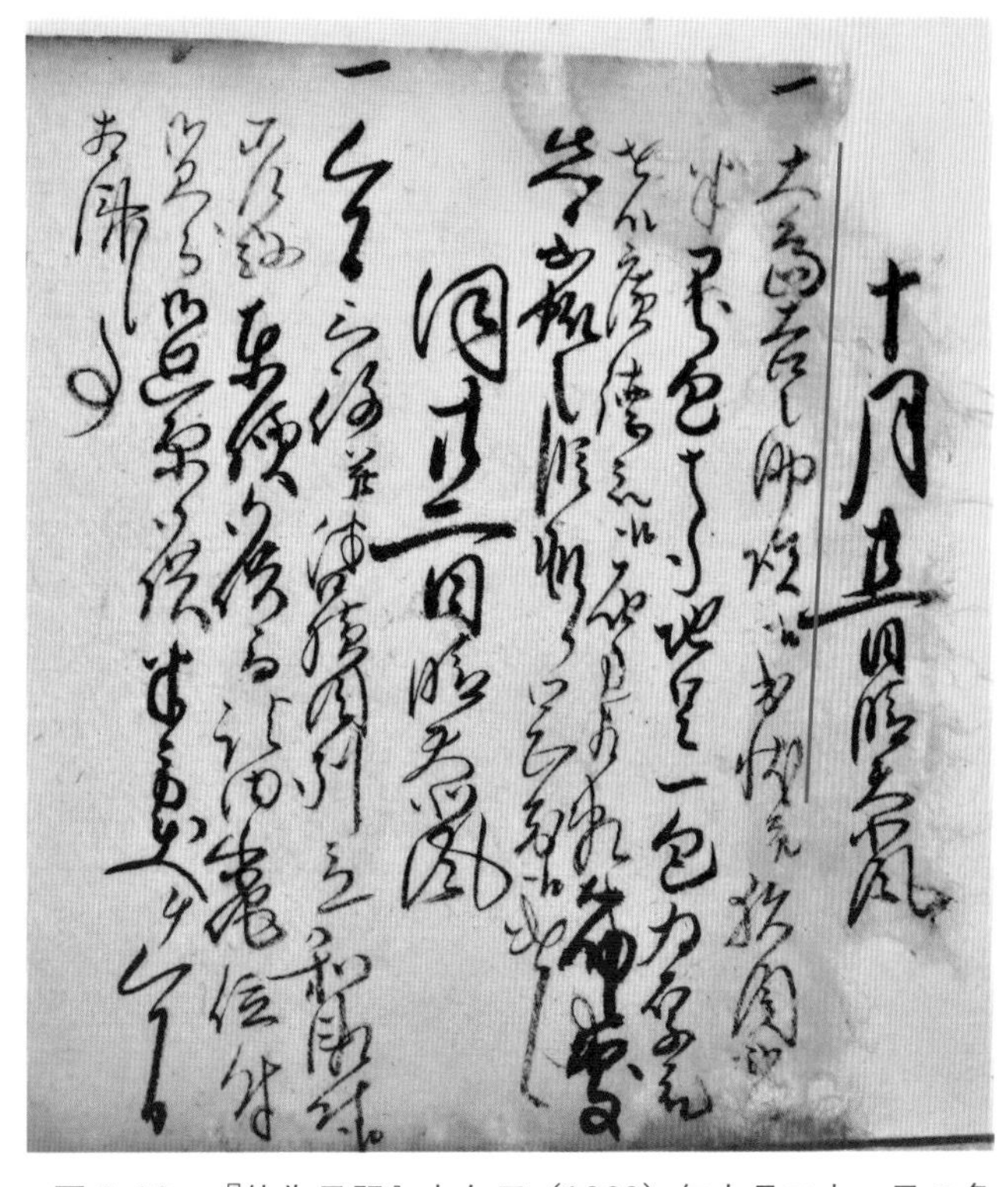

図 8-18　『仲為日記』文久三（1863）年十月二十一日の条
＊沖永良部島に遠島となった西郷隆盛（大島吉之助）へ仲為が書状と猪肉、地豆（落花生）などを送ったことを記す。

られたことや、沖永良部島では入牢の身で学問に打ち込んだことが記されている。また、徳之島で愛加那や子どもと面会したことも影響したのであろうか、今回の遠島は重罪のためか西郷自身が年齢を重ねたためかと述べながら「少し気弱になり子どものことを思い出して、なかなかつらい」とも述べている。

琉仲為には文久三（一八六三）年六月二日（書状⑧）と十月十六日（書状⑪）に書状を出しており（図18）、前者にはさきに述べた徳之島での妻子との面会時に助力を得たことへの謝辞などを述べる。後者には当時の世情とともに、仲祐を沖永良部島に派遣するという仲為の申し出に対する謝礼と沖永良部島で子どもらに「書物指南（かきものしなん）」をおこなって生活していると書かれている。

ほかに西郷が徳之島東間切井之川で横目を勤めていた禎用喜に送った書状が二通ある（書状⑦⑫）。いずれも沖永良部島から発出した書状で、書状⑦は禎用喜への返信で、徳之島滞在時に丁寧に処遇されたことや礼物への謝意を示しつつ、横目役を罷免された禎用喜を慰撫（いぶ）している。また、牢中の西郷にも西洋との緊迫した状況に関する情報が入っていたらしく、戦争がはじまるのではないかと考えるも牢中の西郷にとっては「全く夢」「安気」「安心」などというものであったと述べている。書状⑫は、禎用喜から猪肉をもらい仮屋の薩摩役人と共有して食したことや禎用喜が求めた釣り糸を贈ったことが書かれており、禎用喜との交友関係を読み解くことができる。また、薩英戦争の詳細を手紙で教えてもらったことの謝意なども記載されている。鹿児島の情報を充分に入手できなかった西郷は、書状⑨で徳之島与人に、書状⑩で琉球の在番奉行にイギリスとの戦争に関する詳しい情報を求めている。西郷ができるかぎりの方法で薩英戦争に関わる情報を得ようとしていたことが分かるだろう。[*78] そのようななかで書状⑫など徳之島からもたらされた知らせは貴重であったものと思われる。西郷が満足するほどの情報を禎用喜が所持していたということは、喫緊の情報を徳之島の役人が所持し得たことを示す。

以上、徳之島の生活に関する西郷隆盛の書状をいくつか紹介した。遠島人から見た徳之島という制限のかかった情報ではあるが、西郷の人となりや、徳之島の社会がわかる貴重な史料といえる。また、これらの書状は、徳之島の人々が十九世紀の異国船(西洋)との緊張関係に接しながら生活していたことを確認できる史料であるともいえよう。

(麻生伸一)

＊78 山田尚二「沖永良部島の西郷と薩英戦争」『敬天愛人』第七号(西郷南洲顕彰会、一九八九年)、一五八頁。

コラム7　砲術指南

『奥山家文書』にある「免書」（図19）と「起請文前書」（図20）（ともに徳之島町郷土資料館寄託）は稲留流砲術に関する史料である。

「免書」は、嘉永七（一八五四）年十月に郷原転から奥亀山宛てに出された指南許可状で、①奥亀山が稲留流砲術を熱心に学んでいるため指南役とすること、②起請文前書を送るので入門者から起請文（誓詞）を受け取っておくこと、③伝書を渡したいが遠海にて（しっかりと届くか）心配なので奥亀山が鹿児島に来たときに渡すようにする、という内容となっている。

「免書」と一緒に送付されたのが「起請文前書」である。起請文とは、誓約内容をやぶると神仏の罰を受けると記した文書で、前書き部分に誓約を記載し、前書きに続けて神仏名や違反した場合の罰を書く。この部分は神文や罰文と呼ばれ牛王宝印という熊野三社の神符の裏に書かれることもあり、末尾には日付と名前・花押が記され血判をおす。江戸時代でいえば幕府将軍や大名の代替わりごとに大名が将軍への忠誠を表明するために作成された起請文が有名であろう。薩摩藩主は江戸幕府将軍に起請文を提出する一方で、琉球国王や摂政・三司官という王府高官からも起請文を提出させている。また、琉球に派遣する在番奉行からも起請文を取っており、これは現在『島津家文書』にて伝来する。奄美諸島では津口横目が起請文を作成していたという記録が残されるが、起請文自体は現存していない。

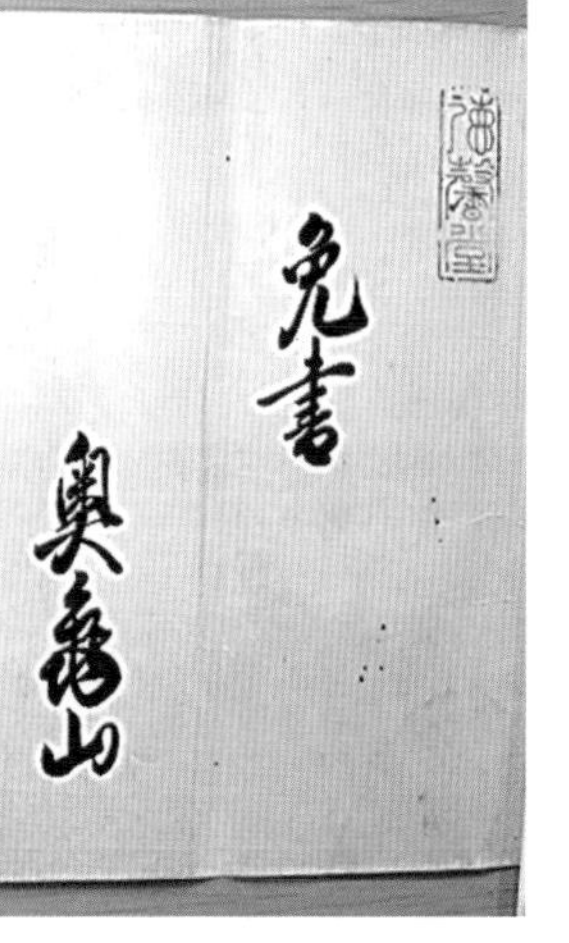
免書

奥亀山

図8-19　「免書」の部分（『奥山家文書』所収）

さて、奥山家文書「起請文前書」に神文はなく誓約内容を記した前書きだけが存在する。誓約は三か条からなり、入門の者に学んだ稲留流砲術の撃ち方を他言しないこと、稲留流を別の流派に替えないこと、師匠をうとんじないことを約束するものとなっている。

「奥山家系図」によると「免書」を受け取った奥亀山は、政寛（奥屋山）の子で「奥八」「亀山」と記録される者であろう。天保二（一八三一）年二月十五日

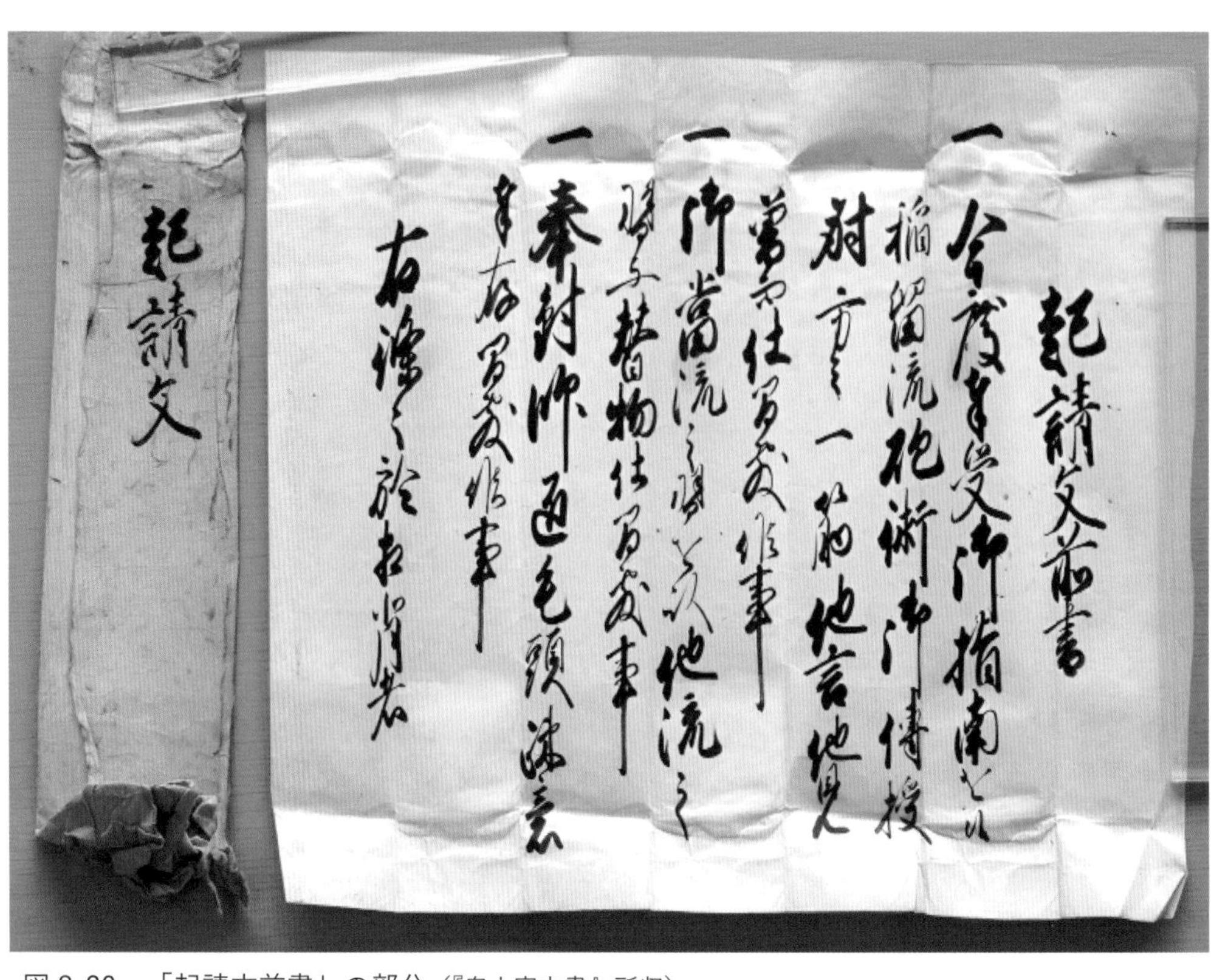

図 8-20　「起請文前書」の部分（『奥山家文書』所収）

に生まれている。やはり『奥山家文書』にある天保九（一八三八）年「宗門手札改帳」にも「代々郷士格奥屋山嫡子」として「奥亀山」が登場する（第三章・第五章参照）。

他方、差出人の郷原転については不明な点もあるが、安政七（一八六〇）年の「万記一帳」には郷原転が四十九歳と注記されているため、文化八（一八一一）年生まれの薩摩藩士と思われる。そうであれば、奥亀山よりおよそ二十歳年上ということになる。郷原転の経歴もよくわからないが、嘉永二（一八四九）年には日置郡郡山地頭を勤め（「諸郷地頭系図」）、安政二（一八五五）年には御小姓与番頭から琉球在番奉行に転任となっている（「従大和下状」）。安政七（一八六〇）年には高四九〇石余りを与えられていた（「万記一帳」）。興味深いのは、郷原転が在番奉行の任を終えて鹿児島に戻ったあとの文久元（咸豊十一 一八六一）年に伊江王子・宮里按司・糸嶺親雲上に対して「鉄砲之御伝書」を送っているところである（「嶋津帯刀様御仮屋守日記」）。郷原転は、徳之島の郷士格だけでなく琉球にも砲術指南をおこなっていることになろう。

薩摩藩の支配下にあった徳之島や琉球に砲術を指導する背景には、異国船の渡来があったものと思われる。喜界島で寛保元（一七四一）年に刀剣類や鑓類の没収が企図されたが、他国船・異国船が漂着したときに必要になる可能性があるため代官所で武器を管理するようになっているように、薩摩藩は奄美諸島の武器をすべて没収することはできなかった。また、「南島雑話　前編」には「大炮鍛錬図」（図21）が掲載されていて奄美大島東間切与人の当済によって技術が伝承しているようすが描かれており、「南島雑話　後編」では当済が大筒大小数十挺を所持していると記載されている。

徳之島でも一八三〇年代からはじまる薩摩藩による大砲の支給（第八章参照）を踏まえて、「起請文前書」と「免書」の史料的性格を考える必要があるだろう。

（麻生伸一）

図8-21　大炮鍛錬図（「南島雑話　前編」）

【史　料】

「諸郷地頭系図」『鹿児島県史料　旧記雑録拾遺諸氏系譜一』（鹿児島県、一九八九年）

「万記一帳」『鹿児島県史料　名越時敏史料七』（鹿児島県、二〇一七年）

「奥山家系図」「起請文前書」「免書」「宗門手札改帳」松下志朗編『南西諸島史料集』第五巻（南方新社、二〇一二年）

「従大和下状（咸豊四年～五年）」『琉球王国評定所文書』九巻（浦添市教育委員会、一九九三年）

「嶋津帯刀様御仮屋守日記」『那覇市史　資料篇第一巻九　近世那覇関係資料』（那覇市役所、一九九八年）

「南島雑話　前編」『南島雑話1　東洋文庫四三一』（平凡社、一九八四年）

「南島雑話　後編」『南島雑話2　東洋文庫四三二』（平凡社、一九八四年）

【参考文献】

麻生伸一「琉球における薩摩藩の武具統制令について」『沖縄文化』一〇二号（沖縄文化協会、二〇〇七年）

麻生伸一「近世琉球の国王起請文」黒嶋敏・屋良健一郎編『琉球史料学の船出』（勉誠出版、二〇一七年）

麻生伸一「近世琉球の起請文に関する基礎考察」『芸術論の現在　沖縄からの発信　沖縄県立芸術大学開学30周年記念論集』（沖縄県立芸術大学、二〇一八年）

佐藤雄基「起請文と誓約」『歴史評論』七七九号、二〇一五年